Die Rolle des Steuerberaters im elektronischen Veranlagungsverfahren

Bochumer Schriften zum Steuerrecht

Herausgegeben von Roman Seer

Band 47

Lisa Klüger

Die Rolle des Steuerberaters im elektronischen Veranlagungsverfahren

PETER LANG

Bibliografische Information der Deutschen Nationalbibliothek
Die Deutsche Nationalbibliothek verzeichnet diese Publikation in der Deutschen Nationalbibliografie; detaillierte bibliografische Daten sind im Internet über http://dnb.d-nb.de abrufbar.

Zugl.: Zugl.: Bochum, Univ., Diss., 2023

Abbildung auf dem Umschlag: Siegel der Universität Bochum.
Abdruck mit freundlicher Genehmigung der Universität Bochum.

Gedruckt auf alterungsbeständigem, säurefreiem Papier.
Druck und Bindung: CPI books GmbH, Leck

D 294
ISSN 1613-933X
ISBN 978-3-631-90370-4
E-ISBN 978-3-631-90377-3
E-ISBN 978-3-631-90378-0
DOI 10.3726/ b20928

Peter Lang – Berlin · Bern · Bruxelles · New York ·
Oxford · Warszawa · Wien

Diese Publikation wurde begutachtet.

www.peterlang.com

Vorwort

Als Steuerberaterin wird mir allzu oft bewusst, dass das elektronische Veranlagungsverfahren in der Praxis in vielerlei Hinsicht ein Segen ist, manchmal aber auch ein Fluch. Man mag an die vielen praktischen Fragen denken, beispielsweise, ob man zum Täter einer Steuerhinterziehung durch die elektronische Übermittlung einer authentifizierten Steuererklärung wird und welche Nachteile ein Verzicht auf die Vorlage von Belegen bei Abgabe der Steuererklärung hat. Sicher denkt man aber auch an das Konvolut der erforderlichen Arbeiten im Zusammenhang mit der E-Bilanz. Der Wandel zum elektronischen Veranlagungsverfahren hat bei genauerer Betrachtung erhebliche Änderungen in der täglichen Arbeit als Steuerberater zur Folge, die mich auch zu der Frage geführt haben, ob sich die Rolle des Steuerberaters in diesem geänderten Umfeld wandelt und wie ein elektronisches Veranlagungsverfahren in der Zukunft sinnvoll ausgestaltet werden kann.

Die vorliegende Arbeit wurde im Wintersemester 2021/2022 von der Juristischen Fakultät der Ruhr-Universität Bochum als Dissertation angenommen. Die mündliche Prüfung fand am 09.03.2023 statt. Ich habe das Manuskript zu der Arbeit im April 2022 abgeschlossen. Später veröffentlichte Rechtsprechung, Literatur sowie Verwaltungsauffassungen wurden nicht mehr berücksichtigt.

An dieser Stelle möchte ich allen beteiligten Personen danken, die mich bei der Anfertigung meiner Dissertation unterstützt haben. Mein besonderer Dank gilt meinem Doktorvater, Herrn Prof. Dr. Roman Seer, für die Chance, zu promovieren, die hervorragende Betreuung meiner Dissertation und die wertvolle Unterstützung im gesamten Promotionsverfahren. Herrn Prof. Unger möchte ich für die Erstellung des Zweitgutachtens danken.

Bedanken möchte ich mich außerdem bei Irina und Hans-Georg Augustinowski sowie bei Franzi und Michael Rasch für den fachlichen Austausch und die kritische Auseinandersetzung mit meinen Ideen und Vorschlägen unter Berücksichtigung der langjährigen Erfahrungen in der Beratungspraxis bzw. in der Finanzverwaltung. Den größten Dank schulde ich jedoch meinem Ehemann Clemens Klüger und meiner gesamten Familie, die großes Verständnis und viel Geduld während der Zeit der Erstellung der Dissertation aufgebracht haben und mir stets zur Seite stehen.

München, den 12.08.2023
Lisa Klüger

Inhaltsverzeichnis

Abkürzungsverzeichnis

BBK	Buchführung, Bilanzierung, Rechnungswesen
beBPo	besonderes Behördenpostfach
BOStB	Berufsordnung der Bundessteuerberaterkammer
BStBK	Bundessteuerberaterkammer
DIVA	Digitaler Verwaltungsakt
DStJG	Deutsche Steuerjuristische Gesellschaft
E-Bilanz	Elektronische Bilanz
E-Government	Electronic Government
ELSTER	Elektronische Steuererklärung
EriC	Elster Rich Client
EÜR	Einnahmen-Überschuss-Rechnung
FAQ	Frequently Asked Questions
GAAP-Modul	Generally Accepted Accounting Principles - Modul
GCD-Modul	Global Common Data - Modul
GuV	Gewinn- und Verlustrechnung
IFSt	Institut für Finanzen und Steuern
IKS	Internes Kontrollsystem
jurisPR SteuerR	Juris Praxisreport Steuerrecht
KMU	Kleine und mittlere Unternehmen
KONSENS	Koordinierte Neue Software-Entwicklung der Steuerverwaltung
kösdi	Kölner Steuerdialog
NACHDiGAL	Nachreichung digitaler Belege
NIL-Werte	not in list / Nullwerte
RABE	Referenzierung Auf Belege
RAO	Reichsabgabenordnung
RMS	Risikomanagementsystem
SKR	Standardkontenrahmen
StBVV	Steuerberatervergütungsverordnung
VDB	Vollmachtsdatenbank

XBRL	eXtensible Business Reporting Language
XML	eXtensible Markup Language
VaSt	Vorausgefüllte Steuererklärung
zit.	zitiert

Im Übrigen wird verwiesen auf *Kirchner, Hildebert*: Abkürzungsverzeichnis der Rechtssprache, Verlag Walter de Gruyter GmbH, 9. Auflage, Berlin 2018.

1. Kapitel: Einführung

A. Problemstellung und Gang der Untersuchung

Der digitale Wandel ist auch im Besteuerungsverfahren in vollem Gange. Ein automatisiertes Veranlagungsverfahren bedeutet vereinfacht gesagt in der derzeitigen Ausgestaltung, dass die Steuererklärung per Datensatz an die Finanzbehörde übermittelt wird, die Daten dort automatisiert verarbeitet werden und automationsgestützt ein Steuerbescheid ergeht.[1] Doch nicht nur bei der Steuerveranlagung hält die Digitalisierung Einzug. Schon seit einigen Jahren kann man Korrespondenz mit der Finanzverwaltung, wenn auch mit einigen Sicherheitsbedenken und Problematiken bei großen oder passwortverschlüsselten Anhängen, per E-Mail führen.[2] Mittlerweile ist auch eine elektronische Übermittlung der Korrespondenz über ELSTER möglich; seit dem Jahr 2020 können auch Anhänge beigefügt werden. Mit der elektronischen Außenprüfung und Durchsuchung schlagen sich die Auswirkungen der Digitalisierung auch auf weitere Elemente des Besteuerungsverfahrens nieder. Die elektronische Außenprüfung und Durchsuchung ermöglichen einen rechnerischen Abgleich der elektronischen Daten verknüpft mit einer Suche nach Stichworten in Sekundenschnelle; Zufallsfunde werden häufiger.[3]

Die Akzeptanz des elektronischen Besteuerungsverfahrens war anfangs gering. So wurde davon abgeraten, Steuererklärungen elektronisch zu übermitteln, da es unübersichtlich ist. Weiter fehlen die erheblichen Hinweise der amtlichen Vordrucke, sodass die herkömmlichen Steuererklärungsformulare noch immer ergänzend zu berücksichtigen sind. Dies führt im Ergebnis zu einem Effizienzverlust durch Doppelarbeiten.[4] Die E-Bilanz und die elektronische

---

1 *Hellmann*, in: GS Joecks 2018, S. 485.

2 *Ehrenberg*, Die Verschwiegenheit der Angehörigen rechtsberatender, steuerberatender und wirtschaftsprüfender Berufe, S. 187; *Lewandowski/Ackermann*, DStR 2014, 1646, 1646 ff.

3 Siehe zur elektronischen Außenprüfung und Durchsuchung und insbesondere zu Zufallsfunden siehe BVerfG, Beschluss vom 12.04.2005, 2 BvR 1027/02, BVerfGE 113, 29, Rz. 132; *Basar/Hiéramente*, NStZ 2018, 681, 682 f.; *Blechschmitt*, MMR 2018, 361, 364; *Hamann/Härtl/Kurz/Ludwig/Schmieder*, Elektronische Betriebsprüfung, S. 17 und 41; *Heuel/Beyer*, AO-StB 2011, 245, 245; *Neubert*, AO-StB 2018, 291, 293 f.; *Kamps*, in: Streck/Mack/Schwedhelm, Tax Compliance, S. 269 f.; *Seer*, DStR 2008, 1553, 1559; *Strunk*, Steuern und Electronic Business, S. 310 ff.; *Tormöhlen*, AO-StB 2018, 348, 350.

4 *Schneider*, NWB 2013, 1864, 1865.

Außenprüfung wurden als „Entwicklung zum gläsernen Bürger und Berater" bezeichnet, da große Datenmengen gespeichert, analysiert, verglichen und ausgewertet werden, sodass man faktisch komplett durchleuchtet wird.[5] Auch wird vom „Hunger nach Daten" der Finanzverwaltung gesprochen.[6] Es wurde sogar vorgeschlagen, die Attraktivität der elektronischen Steuererklärung durch einen Belegverzicht (wie er mittlerweile zumindest im Hinblick auf die Aufgabe der Belegvorlagepflicht umgesetzt wurde) und einen Rabatt von 50 Euro auf die Steuerzahllast zu steigern.[7]

Ein elektronisches Besteuerungsverfahren bietet jedoch auch viele Vorteile. Das elektronische Veranlagungsverfahren ist Teil des Projektes „E-Government". In diesem Rahmen sollen geschäftliche Prozesse im Zusammenhang mit dem Regieren und Verwalten mit Hilfe von Informations- und Kommunikationstechniken über elektronische Medien abgewickelt werden, um die Effektivität, Effizienz und Bürgerfreundlichkeit der Verwaltung zu steigern.[8] Durch die Verhinderung von Medienbrüchen können Kosten und Zeit gespart werden. Elektronische Dokumente können vervielfältigt und von überall abgerufen werden.[9] Durch einheitliche Taxonomien kann die Gleichmäßigkeit der Besteuerung, beispielsweise mit Hilfe eines sachgerechten Risikomanagementsystems und einem nach Fehlerwahrscheinlichkeit ausgerichteten System der Auswahl von Außenprüfungsfällen, gesteigert werden. Angesichts dessen ist fraglich, wieso weitere Anreize zur Akzeptanz des elektronischen Besteuerungsverfahrens geschaffen werden müssen, obwohl dieses doch eigentlich schon wesensgemäß Vorteile schaffen sollte.[10]

Basierend auf diesen zu befürwortenden Vorteilen eines elektronischen Besteuerungsverfahrens befasst sich die vorliegende Arbeit mit der Frage, welche Auswirkungen für Steuerpflichtige und Steuerberater aus dem Wandel zum „E-Government" resultieren und welche Funktionen der Steuerberater im elektronischen Veranlagungsverfahren hat. Es wird untersucht, inwieweit sich im elektronischen Veranlagungsverfahren neue Pflichten und Obliegenheiten für Steuerpflichtige und Steuerberater ergeben und ob es hierdurch auch zu einer

---

5 *Eichhorn*, DStR 2012, 2354, 2354; *Karla*, Ubg 2012, 753, 754.

6 *Doll/Walter*, beck.digitax 1/2020, 2, 6.

7 *Keilen*, StB 2015, 440, 441.

8 Deutscher Bundestag, Drucksache 17/11473 vom 14.11.2012, S. 20.

9 *Frizen*, S. 87; *Groß/Möslein*, in: Pelka/Petersen, Beck'sches Steuerberater-Handbuch 2019/2020, Rz. 147 zu I „Elektronische Steuerkommunikation".

10 Siehe zu weiteren Anreizen auch *Groß/Möslein*, in: Pelka/Petersen, Beck'sches Steuerberater-Handbuch 2019/2020, Rz. 147 zu I „Elektronische Steuerkommunikation".

Verschiebung von Verantwortlichkeiten von der Finanzverwaltung auf die Steuerpflichtigen und deren Berater kommt. Hierbei werden sowohl mögliche Gefahren im Zusammenhang mit dem elektronischen Veranlagungsverfahren für Steuerpflichtige und Steuerberater aufgezeigt als auch Lösungen für Arbeitsabläufe in der Praxis herausgearbeitet. Zu prüfen ist, ob die so positiv klingenden Worte der „vorausgefüllten Steuererklärung" oder der „Belegvorhaltepflicht" tatsächlich zu einer Vereinfachung und Erhöhung der Effizienz auch auf Seiten der Steuerpflichtigen und der Steuerberater führen oder ob es sich hier derzeit noch um eine Hybridlösung, die einseitig zum Nutzen der Finanzverwaltung ausgestaltet wurde, handelt. In dieser Weise wird herausgearbeitet, ob sich die Stellung des Steuerberaters in einem elektronischen Veranlagungssystem durch eine Erweiterung von Pflichten und Obliegenheiten sowie Übernahme neuer Verantwortlichkeiten ändert und wie die aktuellen gesetzlichen Vorschriften angepasst werden müssen, um die angestrebte Effizienz auch den Steuerpflichtigen und Steuerberatern zugutekommen zu lassen. Ziel dieser Arbeit ist damit die Erarbeitung eines effizienten elektronischen Veranlagungsverfahrens „mit und für" die Steuerpflichtigen und deren Berater unter besonderer Berücksichtigung des Pflichtenkreises der Steuerpflichtigen und der Stellung des Steuerberaters.

Der Schwerpunkt der Arbeit liegt auf dem Veranlagungsverfahren, also dem Verfahren von der Ermittlung des steuererheblichen Sachverhaltes bis zur Festsetzung der Steuerschuld[11], da insbesondere im Veranlagungsverfahren erhebliche Änderungen der Abläufe und Verantwortlichkeiten aus der Digitalisierung resultieren. Der Steuerpflichtige hat die größte Nähe zum steuererheblichen Sachverhalt; seine Mitwirkung ist damit Dreh- und Angelpunkt des Steuervollzugs. Für den Steuerpflichtigen ergeben sich aufgrund dessen im Veranlagungsverfahren eine Reihe von Pflichten und Obliegenheiten. Die Befolgung von Obliegenheiten erfolgt ausschließlich im Interesse des Steuerpflichtigen. Die Verletzung von Obliegenheiten führt nicht zu Sanktionen, sondern zu einer Hemmung, Minderung oder Vernichtung der Rechtsposition desjenigen, der die Obliegenheit nicht befolgt.[12] Im steuerlichen Veranlagungsverfahren bietet das Gesetz oft Vorzüge (Steuerentlastungen, Rechtsschutz o.Ä.), die mit

11 *Faber*, in: Beck'sches Steuer- und Bilanzrechtslexikon, Rz. 1 zu „Veranlagung"; *Frizen*, S. 2.

12 *Henß*, Obliegenheit und Pflicht im Bürgerlichen Recht, S. 61; *Schmidt*, Die Obliegenheiten, S. 104; *Sutschet*, in: Hau/Poseck, BeckOK BGB, Rz. 25 zu § 241 BGB; siehe im Hinblick auf Obliegenheit eines Versicherers: BGH, Urteil vom 02.11.1994, IV ZR 201/93, NJW 1995, 401, 402.

Obliegenheiten verbunden sind, die der Steuerpflichtige erfüllen muss, um diese in Anspruch nehmen zu können. Wenn die Obliegenheiten nicht befolgt werden, ist dies nicht sanktionsbewehrt, führt jedoch zur Nichtinanspruchnahme der steuerlichen Vorzüge.[13] Obliegenheiten tragen damit durch nachteilige Auswirkungen das Risiko des Steuerpflichtigen in sich. Im Gegensatz dazu folgen aus der Verletzung von Pflichten Sanktionen, im Zivilrecht beispielsweise eine Erfüllungsklage oder der Anspruch auf Schadenersatz[14], im steuerlichen Veranlagungsverfahren beispielsweise die Erzwingbarkeit mit Zwangsmitteln.[15] Um ein vollständiges Bild der Auswirkungen des E-Governments im Veranlagungsverfahren zu schaffen, werden im Folgenden sowohl Pflichten als auch Obliegenheiten dargestellt.

Der Steuerpflichtige übernimmt grundsätzlich im Rahmen seiner Mitwirkungspflichten die Mitteilung von Tatsachen. Die Steuererklärungsformulare erfordern jedoch in vielen Fällen bereits eine Subsumtion durch Anwendung der Gesetze auf die steuerlich erheblichen Tatsachen. Neben dem Steuerpflichtigen ist daher, wie im Folgenden dargestellt wird, der Steuerberater die zweite tragende Säule des gesetz- und gleichmäßigen elektronischen Steuervollzugs, da in einer automationsgestützten Steuerveranlagung einer Subsumtion Grenzen gesetzt sind. Der Steuerberater übernimmt in weiten Teilen die Rechtsanwendung und Mitwirkung bei der Abgabe gesetzeskonformer Steuererklärungen. Aufgrund dessen untersucht diese Arbeit insbesondere die Auswirkungen für Steuerberater, deren Pflichtenstellung und Verantwortung für einen funktionierenden Steuervollzug. Es ist anzumerken, dass der Fokus dieser Arbeit auf Steuerberatern liegt, die Ergebnisse jedoch in weiten Teilen auch auf andere Personen, die nach § 3 StBerG zur steuerlichen Hilfeleistung befugt sind, wie beispielsweise Rechtsanwälte oder Wirtschaftsprüfer, übertragen werden können.

Im ersten Kapitel werden zunächst grundlegend die Pflichten und Obliegenheiten im steuerlichen Veranlagungsverfahren unter Berücksichtigung des Verantwortungsverhältnisses der Abgabenordnung dargestellt, um hieraus im weiteren Verlauf Änderungen im elektronischen Veranlagungsverfahren ableiten zu können. Gegenstand der Arbeit sind die Obliegenheiten und Pflichten für Steuerberater. Da Steuerberater jedoch die Interessen ihres Mandanten vertreten und sowohl eine Steuermehrbelastung als auch eine Steuerminderbelastung

13 Siehe zu Beispielen im Bereich der Umsatzsteuer: *Weber*, Die Zusage im Umsatzsteuerrecht, S. 41.

14 *Henß*, Obliegenheit und Pflicht im Bürgerlichen Recht, S. 60.

15 *Schmidt*, Die Obliegenheiten, S. 104; *Weber*, Die Zusage im Umsatzsteuerrecht, S. 42.

zu einer zivilrechtlichen Haftung des Steuerberaters führen kann[16], sind hierfür auch die Obliegenheiten und Pflichten der Steuerpflichtigen zu prüfen.

In den folgenden Kapiteln werden Pflichten und Obliegenheiten im Zusammenhang mit verschiedenen Elementen des elektronischen Veranlagungsverfahrens untersucht. Hierbei werden jeweils zunächst Pflichten und Obliegenheiten für Steuerpflichtige erläutert; anschließend folgen darauf basierende Ausführungen unter Berücksichtigung des Pflichtenkanons der Steuerberater. Der Steuerberater ist zwar selbst nicht Beteiligter im Sinne von § 78 AO, sodass ihn selbst die allgemeinen Mitwirkungspflichten der AO nicht treffen. Jedoch hat er diese aufgrund seiner zivilrechtlichen und berufsrechtlichen Pflichten und Obliegenheiten zu beachten, sodass eine Gesamtbetrachtung der Risiken für Steuerberater nur unter Berücksichtigung der Pflichten des Steuerpflichtigen erfolgen kann.[17] Hierdurch wird zum einen abgeleitet, welche Risiken für Steuerpflichtige im elektronischen Veranlagungsverfahren bestehen, aber auch, in welchen Bereichen und aus welchen Abläufen Gefahren für die Arbeit der Steuerberater resultieren.

Es werden im zweiten und dritten Kapitel zunächst die Pflichten und Obliegenheiten im Rahmen der elektronischen Übermittlung der elektronischen Steuererklärung und der E-Bilanz untersucht. In diesem Zusammenhang werden die gesetzlichen Grundlagen der elektronischen Übermittlungspflicht und etwaige Auswirkungen bei fehlender elektronischer Übermittlung dargestellt. Weiter werden die Pflichten und Obliegenheiten für Steuerberater im Zusammenhang mit der elektronischen Übermittlung dargestellt. Hierbei wird insbesondere auf die Pflichten und Obliegenheiten zur Übersendung der elektronischen Daten und Formulare an den Steuerpflichtigen sowie auf die Identifikationspflicht und etwaige hieraus resultierende Gefahren für Steuerberater eingegangen. Des Weiteren wird die straf- und bußgeldrechtliche Zurechnung der Daten geprüft, hinsichtlich der sich insbesondere bei fehlender Unterschrift des Steuerpflichtigen Besonderheiten im elektronischen Veranlagungsverfahren ergeben.

Im vierten bis sechsten Kapitel werden die Anlagen und Inhalte der elektronischen Steuererklärung betrachtet. Zunächst wird im vierten Kapitel untersucht, inwieweit Belege mit der Steuererklärung eingereicht werden müssen. Insbesondere wird der Begriff „Belegvorhaltepflicht" kritisch unter Berücksichtigung

---

16 *Felix/Streck*, Stbg 1980/4, 78, 78; *Prowatke/Stang*, StB 2017, 300, 300.

17 Siehe zur Rolle des Steuerberaters und dessen abgabenrechtlichen Pflichten im Detail Kapitel 1 C II „Abgabenrechtliche Pflichten und Obliegenheiten des Steuerberaters im Veranlagungsverfahren"

der bestehenden Aufbewahrungspflichten untersucht. Ausgehend hiervon wird anschließend geprüft, welche Auswirkungen sich für Steuerpflichtige und Steuerberater ergeben, wenn keine Belege mit der Steuererklärung eingereicht werden bzw. wenn die Belege nicht aufbewahrt werden.

Im Anschluss hieran wird im fünften Kapitel auf die Inhalte des Freitextfelds in der elektronischen Steuererklärung eingegangen. Es wird hierfür zunächst dargestellt, inwieweit eine Pflicht für Steuerpflichtige und Steuerberater zum Hinweis auf etwaige abweichende Rechtsansichten in der Steuererklärung besteht. Ausgehend hiervon wird dargestellt, ob dieser Hinweis zwingend im Freitextfeld erfolgen muss. Weiter wird basierend auf den Ergebnissen des vierten Kapitels zur Belegübersendung dargestellt, ob im Freitextfeld auf die beigefügten Belege verwiesen werden muss und welche Auswirkungen sich bei einem fehlenden Verweis ergeben können.

Das sechste Kapitel behandelt den Umgang mit Daten, die von Dritten elektronisch übermittelt wurden. Insbesondere wird der Frage nachgegangen, inwieweit diese Daten bei Erstellung der Steuererklärung zu prüfen sind. In diesem Zusammenhang werden auch Pflichten und Obliegenheiten des Steuerberaters im Zusammenhang mit der Vollmachtsdatenbank, die Grundlage für einen Abruf der elektronischen Daten ist, dargestellt.

Im siebten Kapitel wird basierend auf der zuvor dargestellten Herausarbeitung von Pflichten und Obliegenheiten untersucht, ob sich die Rolle und die Verantwortlichkeiten von Steuerpflichtigen und Steuerberatern im elektronischen Veranlagungsverfahren gegenüber dem traditionellen Veranlagungsverfahren ändern. Hierbei wird unter anderem erörtert, ob sich ein strukturelles Vollzugsdefizit im elektronischen Veranlagungssystem in der derzeitigen Ausgestaltung ergibt, ob nicht schon derzeit ein faktisches Selbstveranlagungsverfahren besteht, ob die Mitwirkung der Steuerberater in einem elektronischen Veranlagungsverfahren erforderlich ist und inwieweit der geänderte Pflichtenkanon des Steuerberaters mit dessen Stellung gegenüber dem Mandanten und im Rahmen der Rechtspflege vereinbar ist. Abschließend werden Vorschläge für eine Neugestaltung des elektronischen Veranlagungsverfahrens gemacht, um die Effizienz zu steigern sowie die Gesetz- und Gleichmäßigkeit der Besteuerung sicherzustellen.

B. Mitwirkungspflichten im Veranlagungsverfahren

I. Allgemeine Mitwirkung des Beteiligten bei der Sachverhaltsermittlung

Die Sachverhaltsermittlung bezeichnet die Ermittlung aller tatsächlichen Verhältnisse, die die Tatbestandsmerkmale der einschlägigen Steuernormen erfüllen und einen Steueranspruch begründen.[18] Die allgemeine Mitwirkungspflicht bei der Sachverhaltsermittlung ist in § 90 AO geregelt. Mitwirkungsverpflichtet ist der Beteiligte im Sinne von § 78 AO.[19] Es handelt sich bei § 90 AO zwar nach dem Wortlaut um eine echte Pflicht, die jedoch nach der überwiegenden Auffassung in der Literatur mangels hinreichender Bestimmtheit nicht mit Zwangsmitteln nach §§ 328 ff. AO durchgesetzt werden kann. Damit begründet § 90 AO allein keine Beweisführungs-, Aufbewahrungs- oder Nachweispflicht.[20] Die Begründung von echten Pflichten und deren zwangsweise Durchsetzung sind nur im Zusammenspiel mit speziellen Mitwirkungspflichten möglich.[21] So führte auch der Bundesfinanzhof aus, dass die allgemeine Mitwirkungspflicht des § 90 AO keine echte Pflicht ist, aber in Obliegenheiten resultieren kann, beispielsweise zum Nachweis der Herkunft von Einlagen in das Betriebsvermögen, um eine nachteilige Schätzung zu vermeiden.[22]

In Verbindung mit spezielleren Mitwirkungsvorschriften kann § 90 Abs. 1 AO jedoch Gegenstand einer zwangsweisen Durchsetzung der Finanzbehörde sein. In der Praxis erfolgt die Aufforderung zur Mitwirkung in einem Mitwirkungsverlangen. Dieses greift nicht in die Rechtslage ein, sondern hat nur eine Erinnerungsfunktion.[23] Bei hinreichender Bestimmtheit kann jedoch ein Mitwirkungsverlangen ein Verwaltungsakt sein, der zur zwangsweisen Durchsetzung

---

18 *Weber*, Die Mitwirkungspflichten, S. 7.

19 *Kobor*, in: Pfirrmann/Rosenke/Wagner, BeckOK AO, Rz. 15 zu § 90 AO; *Seer*, in: Tipke/Kruse, Kommentar AO, Rz. 10 zu § 90 AO.

20 *Seer*, in: Tipke/Kruse, Kommentar AO, Rz. 4 und 6 zu § 90 AO; *Söhn*, in: Hübschmann/Hepp/Spitaler, Kommentar AO, Rz. 33 zu § 90 AO; *Weber*, Die Mitwirkungspflichten, S. 29.

21 *Hahlweg*, in: Koenig, Kommentar AO, Rz. 11 zu § 90 AO; *Kobor*, in: Pfirrmann/Rosenke/Wagner, BeckOK AO, Rz. 72.1 zu § 90 AO; *Seer*, in: Tipke/Kruse, Kommentar AO, Rz. 3 zu § 90 AO; *Söhn*, in: Hübschmann/Hepp/Spitaler, Kommentar AO, Rz. 183 und 183a zu § 90 AO; a.A.: *Frizen*, S. 41; *Rätke*, in: Klein, Kommentar AO, Rz. 1 zu § 90 AO.

22 BFH, Beschluss vom 03.04.2013, X B 8/12, BFH/NV 2013, 1065, Rz. 16 ff.

23 *Schulz*, Das finanzbehördliche Mitwirkungsverlangen, S. 50.

führen kann. Für eine solche hinreichende Bestimmtheit reicht ein allgemeines Berufen auf die Mitwirkung nach § 90 Abs. 1 AO nicht aus.[24] Spezielle Mitwirkungspflichten sind beispielsweise die Vorlage von Urkunden nach § 97 AO, die Anzeigepflichten nach § 137 ff. AO, Steuererklärungspflichten nach § 149 ff. AO, Berichtigungspflichten nach § 153 AO, Benennung von Gläubigern nach § 160 AO sowie besondere Mitwirkungspflichten in der Außenprüfung nach § 200 AO. Auf einzelne dieser speziellen Mitwirkungspflichten wird im Folgenden noch im Detail eingegangen. Auch bei speziellen Mitwirkungspflichten sind die Finanzbehörden nicht gezwungen, eine Mitwirkung mit Zwangsmitteln durchzusetzen, sondern können stattdessen auch andere für den Beteiligten nachteilige Folgen ziehen (z.B. im Rahmen einer Schätzung). Jedoch darf eine bewusst nachteilige Schätzung nicht eingesetzt werden, um eine Mitwirkung durchzusetzen.[25]

Die Mitwirkungsverpflichtung der Beteiligten ist darin begründet, dass diese im Regelfall die meisten Informationen über steuerlich erhebliche Tatsachen haben und somit deren Mitwirkung für die Gewährleistung einer gleichmäßigen und gesetzmäßigen Besteuerung zwingend erforderlich ist.[26] § 90 Abs. 1 AO bezieht sich auf die wahrheitsgemäße und umfassende Offenlegung von steuerlich relevanten Tatsachen. Diese Offenlegung ist nicht von der Aufforderung durch die Finanzverwaltung abhängig.[27] Damit weitet § 90 Abs. 1 AO die für die Steuererklärung bestehende Wahrheitspflicht gemäß § 150 Abs. 1 S. 2 AO auf das gesamte Besteuerungsverfahren aus.[28] Die rechtliche Würdigung und Subsumtion dieser Tatsachen obliegt jedoch dem Finanzamt und ist nicht Gegenstand der Mitwirkungspflicht, sodass aus Fehlern in der rechtlichen Würdigung keine negativen Folgen aus einer Verletzung der Mitwirkungspflicht gezogen werden dürfen.[29] Dies folgt auch daraus, dass Fehler in der Rechtsanwendung begrifflich nicht unwahr sein können, sondern nur falsch.[30]

---

24 *Kobor*, in: Pfirrmann/Rosenke/Wagner, BeckOK AO, Rz. 72.1 zu § 90 AO; *Schulz*, Das finanzbehördliche Mitwirkungsverlangen, S. 1; *Seer*, in: Tipke/Kruse, Kommentar AO, Rz. 3 zu § 90 AO.

25 *Söhn*, in: Hübschmann/Hepp/Spitaler, Kommentar AO, Rz. 128 zu § 90 AO.

26 *Drüen*, FR 2011, 101, 104; *Söhn*, in: Hübschmann/Hepp/Spitaler, Kommentar AO, Rz. 24 zu § 90 AO.

27 *Kobor*, in: Pfirrmann/Rosenke/Wagner, BeckOK AO, Rz. 16 zu § 90 AO; *Seer*, in: Tipke/Kruse, Kommentar AO, Rz. 3 und 8 zu § 90 AO - steuerlich relevant: für die Entstehung oder Bemessung des Steueranspruchs erheblich.

28 *Rätke*, in: Klein, Kommentar AO, Rz. 6 zu § 90 AO.

29 *Rätke*, in: Klein, Kommentar AO, Rz. 6 zu § 90 AO; *Söhn*, in: Hübschmann/Hepp/Spitaler, Kommentar AO, Rz. 44, 49 zu § 90 AO.

30 *Seer*, in: Tipke/Kruse, Kommentar AO, Rz. 9 zu § 90 AO.

Die Inhalte der Mitwirkungspflicht werden durch Gesetze bestimmt.[31] Gemäß dem Rechtsstaatsprinzip darf nichts Unmögliches oder Unzumutbares (und damit nichts Unverhältnismäßiges[32]) vom Beteiligten verlangt werden. Bürger dürfen der staatlichen Gewalt nicht unbegrenzt und willkürlich ausgeliefert sein.[33] Nach dem Prinzip der Verhältnismäßigkeit muss die Mitwirkung zur Aufklärung des Sachverhaltes geeignet, möglich und erforderlich sein.[34] Ungeeignet ist ein Beweismittel, wenn es zur Sachaufklärung nichts beitragen kann; damit sind diese Beweismittel in der Praxis selten.[35] Unmöglichkeit liegt vor, wenn das Beweisverlangen nicht vom Beteiligten erfüllbar ist.[36] Die Erforderlichkeit beinhaltet die Voraussetzung, dass der Staat aus den geeigneten Mitteln das mildeste auswählt, also das, welches die geschützte Rechtsposition am wenigsten beeinträchtigt. Es darf keine Alternative geben, die den Zweck in gleicher Weise erfüllt und die Grundrechte weniger beschränkt.[37] Die Unverhältnismäßigkeit im engeren Sinne (sog. Übermaßverbot) liegt vor, wenn sie Nachteile für den Beteiligten auslöst, die außer Verhältnis zum Zweck, also zum Aufklärungserfolg, stehen.[38] Der Nutzen für die zutreffende Besteuerung ist gegenüber den Beeinträchtigungen in Form der Kosten der Informationsbeschaffung abzuwägen.[39] Je größer die Beeinträchtigung ist, desto wichtiger muss das Schutzgut sein.[40] Hierbei kommt es im Zusammenhang mit den steuerlichen Mitwirkungspflichten auf

---

31 *Seer,* in: Tipke/Kruse, Kommentar AO, Rz. 5 zu § 90 AO

32 *Seer,* in: Tipke/Kruse, Kommentar AO, Rz. 10 zu § 92 AO.

33 *Grzeszick,* in: Maunz/Dürig, Kommentar GG, Rz. 107 zu Art. 20 GG; *Hahlweg,* in: Koenig, Kommentar AO, Rz. 6 zu § 92 AO; *Huster/Rux,* in: Epping/Hillgruber, BeckOK GG, Rz. 190 zu Art. 20 GG.

34 *Grzeszick,* in: Maunz/Dürig, Kommentar GG, Rz. 111 ff. zu Art. 20 GG; *Hahlweg,* in: Koenig, Kommentar AO, Rz. 12 zu § 90 AO und Rz. 6 zu § 92 AO; *Huster/Rux,* in: Epping/Hillgruber, BeckOK GG, Rz. 193 ff. zu Art. 20 GG; *Kobor,* in: Pfirrmann/Rosenke/Wagner, BeckOK AO, Rz. 18 zu § 90 AO; *Seer,* in: Tipke/Kruse, Kommentar AO, Rz. 13 zu § 90 AO und Rz. 26 zu § 85 AO.

35 *Huster/Rux,* in: Epping/Hillgruber, BeckOK GG, Rz. 194.1 zu Art. 20 GG; *Seer,* in: Tipke/Kruse, Kommentar AO, Rz. 7 zu § 92 AO.

36 *Seer,* in: Tipke/Kruse, Kommentar AO, Rz. 9 zu § 92 AO.

37 *Grzeszick,* in: Maunz/Dürig, Kommentar GG, Rz. 113 zu Art. 20 GG; *Huster/Rux,* in: Epping/Hillgruber, BeckOK GG, Rz. 196 zu Art. 20 GG.

38 *Grzeszick,* in: Maunz/Dürig, Kommentar GG, Rz. 117 zu Art. 20 GG; *Huster/Rux,* in: Epping/Hillgruber, BeckOK GG, Rz. 197 zu Art. 20 GG; *Seer,* in: Tipke/Kruse, Kommentar AO, Rz. 8 zu § 92 AO.

39 *Grzeszick,* in: Maunz/Dürig, Kommentar GG, Rz. 117 zu Art. 20 GG; *Marx,* Ubg 6/2016, 358, 358.

40 *Huster/Rux,* in: Epping/Hillgruber, BeckOK GG, Rz. 197 zu Art. 20 GG.

das Verhältnis zwischen dem Aufwand für den Beteiligten und der steuerlichen Bedeutung, insbesondere im Hinblick auf die Gleichmäßigkeit und Wettbewerbsneutralität sowie die Durchsetzung der Gesetzmäßigkeit der Besteuerung im Steuervollzug, an.[41] Die genaue Grenze der Zumutbarkeit ist im Einzelfall unter Berücksichtigung der Grundsätze von Treu und Glauben zu ziehen.[42] Hierbei ist eine Abwägung von Zweck und Mittel vorzunehmen, die sich insbesondere auch an der Beweisnähe des Beteiligten orientiert.[43] Wenn der Beteiligte unmittelbaren Zugriff auf die Beweismittel hat, ist er zur Mitwirkung verpflichtet.[44] Damit sind die Mitwirkungspflichten umso größer, je mehr die Tatsachen und Beweismittel zur Sphäre des Beteiligten gehören.[45] Umkehrschluss daraus, dass die Mitwirkungspflichten aus der Sphärentheorie resultieren, ist, dass keine Mitwirkungspflicht besteht, wenn der Beteiligte kein Wissen über etwas hat bzw. dies nicht seiner Sphäre zuzurechnen ist.[46] Bei steuerrechtlichen Laien ist die Grenze der Erfüllbarkeit grundsätzlich eher erreicht.[47] Die Finanzbehörde kann innerhalb des Rahmens der Verhältnismäßigkeit die Beweismittel auswählen, die sich am besten zur Aufklärung des Sachverhaltes eignen, wobei zu berücksichtigen ist, welches Beweismittel den Beteiligten am wenigsten belastet.[48]

Zu beachten ist, dass die Mitwirkungspflichten auch nach Einleitung eines Steuerstrafverfahrens fortbestehen. Trotz des Grundsatzes „nemo tenetur" ist der Beteiligte weiterhin verpflichtet, im Besteuerungsverfahren mitzuwirken.[49] Allerdings kann die Mitwirkung nach Einleitung des Strafverfahrens nach § 393

---

41 BFH, Urteil vom 24.10.1989, VII R 1/87, BStBl. II 1990, 198, Rz. 22; *Hahlweg*, in: Koenig, Kommentar AO, Rz. 12 zu § 90 AO; *Seer*, in: Tipke/Kruse, Kommentar AO, Rz. 8 zu § 92 AO.

42 BFH, Urteil vom 12.07.1962, IV 124/58 U, BFHE 75, 700, Rz. 22.

43 *Kobor*, in: Pfirrmann/Rosenke/Wagner, BeckOK AO, Rz. 18 zu § 90 AO; *Schulz*, Das finanzbehördliche Mitwirkungsverlangen, S. 11; *Seer*, in: Tipke/Kruse, Kommentar AO, Rz. 12 f. zu § 90 AO; *Söhn*, in: Hübschmann/Hepp/Spitaler, Kommentar AO, Rz. 96 ff. zu § 90 AO; *Weber*, Die Mitwirkungspflichten, S. 63 f.

44 *Kobor*, in: Pfirrmann/Rosenke/Wagner, BeckOK AO, Rz. 18 zu § 90 AO.

45 *Hahlweg*, in: Koenig, Kommentar AO, Rz. 12 zu § 90 AO; *Rätke*, in: Klein, Kommentar AO, Rz. 7 zu § 90 AO.

46 *Seer*, in: Tipke/Kruse, Kommentar AO, Rz. 12 zu § 90 AO.

47 *Söhn*, in: Hübschmann/Hepp/Spitaler, Kommentar AO, Rz. 80 zu § 90 AO.

48 *Baum*, NWB 2016, 2636, 2638; *Seer*, in: Tipke/Kruse, Kommentar AO, Rz. 5 zu § 92 AO.

49 *Kobor*, in: Pfirrmann/Rosenke/Wagner, BeckOK AO, Rz. 18.1 zu § 90 AO; *Rätke*, in: Klein, Kommentar AO, Rz. 4 zu § 90 AO; *Seer*, in: Tipke/Kruse, Kommentar AO, Rz. 10 zu § 90 AO; *Söhn*, in: Hübschmann/Hepp/Spitaler, Kommentar AO, Rz. 10 zu § 90 AO; *Weber*, Die Mitwirkungspflichten, S. 51.

Abs. 1 S. 2 AO nicht mehr erzwungen werden. Bei steuerlicher Vertretung bleiben die Mitwirkungspflichten für den Beteiligten ebenfalls bestehen.[50] In diesem Fall soll sich die Finanzverwaltung zwar zur Mitwirkung an den Bevollmächtigten wenden, sie kann sich aber auch an den Beteiligten wenden, wenn er selbst zur Mitwirkung verpflichtet ist (§ 80 Abs. 5 S. 1-3 AO). Dies kann in der Praxis insbesondere bei Wissenserklärungen und höchstpersönlichen Wahrnehmungen der Fall sein.[51]

Umstritten ist das Verhältnis der Mitwirkungspflicht zum Amtsermittlungsgrundsatz. Hierauf basiert die Frage, inwieweit Verletzungen der Mitwirkungspflicht den Untersuchungsgrundsatz nach § 88 AO einschränken. Im Gegensatz zum Zivilprozessrecht, in dem der Beibringungsgrundsatz gilt (da mihi facta, dabo tibi ius), gilt im Steuerverfahrensrecht der Untersuchungsgrundsatz.[52] Hiernach ermittelt die Finanzbehörde den Sachverhalt von Amts wegen (§ 88 Abs. 1 S. 1 AO) und hat die Verantwortung für die Aufklärung des Sachverhalts.[53] Dies dient dem Zweck, Steuern gesetzmäßig und gleichmäßig festzusetzen, wozu die Finanzbehörde berechtigt und verpflichtet ist (Legalitätsprinzip und Rechtsanwendungsgleichheit, § 85 AO, verfassungsrechtlich begründet gemäß Art. 20 Abs. 3 GG und Art. 3 Abs. 1 GG[54]). Anderenfalls würde die Steuerfestsetzung von der ungeprüften Deklaration der Steuerpflichtigen abhängig gemacht werden, was dem Gesetzmäßigkeitsprinzip widerspricht.[55] § 88 AO umfasst damit die Sachaufklärungspflicht der Finanzverwaltung; die Ermittlung und Anwendung der Rechtsnormen durch die Finanzverwaltung folgt aus § 85 AO.[56] Nichtsdestotrotz sind die Mitwirkungspflichten auch unter Geltung des Amtsermittlungsgrundsatzes anerkannt.[57] Die Finanzverwaltung ist nicht nur berechtigt, sondern auch verpflichtet, die Ermittlungsmöglichkeiten und damit auch die Mitwirkung der Beteiligten auszuschöpfen.[58] Nach Art. 20 Abs. 3 GG

---

50 *Kobor*, in: Pfirrmann/Rosenke/Wagner, BeckOK AO, Rz. 15 zu § 90 AO; *Scheel/Brehm/Holzner*, S. 138; *Seer*, in: Tipke/Kruse, Kommentar AO, Rz. 10 zu § 90 AO; *Weber*, Die Mitwirkungspflichten, S. 24 f.

51 *Scheel/Brehm/Holzner*, S. 138; *Weber*, Die Mitwirkungspflichten, S. 24 f.

52 *Preißer/Wind*, S. 16.

53 *Seer*, Besteuerungsverfahren: Rechtsvergleich USA - Deutschland, S. 51; *Seer*, SteuerStud 8/2010, 369, 371.

54 *Beckmann*, S. 20 und S. 35; *Seer*, in: FS Kirchhof, 1765, 1766.

55 *Seer*, StuW 4/2015, 315, 317.

56 *Wittmann*, StuW 1/1987, 35, 37.

57 BFH, Urteil vom 12.07.1974, III R 116/72, BStBl. II 1975, 25, Rz. 18; BFH, Urteil vom 12.07.1962, IV 124/58 U, BFHE 75, 700, Leitsatz sowie Rz. 22.

58 BFH, Urteil vom 22.02.2000, VII R 73/98, BStBl. II 2000, 366, Rz. 31.

ist die vollziehende Gewalt an Gesetz und Recht gebunden. Diese Bindung hat den Zweck, staatliches Handeln an die Rechtsnormen zu binden, um die Rechtsstaatlichkeit zu sichern und Vorhersehbarkeit und Sicherheit für den Bürger im Hinblick auf staatliches Handeln zu gewähren.[59] Zur Gewährleistung der gleichmäßigen Steuerfestsetzung ist es nicht ausreichend, dass das materielle Recht die Gleichmäßigkeit der Besteuerung gewährleistet. Erforderlich ist zudem, dass die tatsächlich festgesetzten Steuern dem Gleichheitsgrundsatz entsprechen (Art. 3 Abs. 1 GG). Dies erfordert wiederum, dass gleich kontrollbedürftige Sachverhalte gleich kontrolliert bzw. aufgeklärt werden und dass die Ermittlung nicht den Beteiligten auferlegt wird.[60] Die Sicherstellung der Gesetz- und Gleichmäßigkeit der Besteuerung im Steuervollzug wird aus dem Urteil des Bundesverfassungsgerichtes vom 27.06.1991 geschlussfolgert, gemäß dem die Gleichheit auch in der Durchsetzung bei der Steuererhebung gewährleistet sein muss, was entsprechende Verifikationen erfordert.[61] Bestätigt wurde dies in einem Urteil des Bundesverfassungsgerichtes aus dem Jahr 2004, nach dem ein Entdeckungsrisiko realistisch bestehen muss, wenn der Steuerpflichtige einen Fehler in der Steuererklärung macht; anderenfalls liegt eine Ungleichmäßigkeit in der Rechtsanwendung und damit ein Verstoß gegen Art. 3 GG vor.[62] Seer führt basierend hierauf aus: „Die Steuerpflicht bestimmter Einkünfte darf nicht nur auf dem Papier stehen.“[63]

Früher ging man davon aus, dass die Gleichmäßigkeit der Besteuerung nur durch eine 100%ige Sachverhaltsermittlung durch die Finanzverwaltung erfolgen kann, was auch heute noch vereinzelt vertreten wird.[64] Reine Vermutungen oder Wahrscheinlichkeiten genügen daher für eine gesetzmäßige Besteuerung nicht.[65] Von der herrschenden Meinung wird heute jedoch vertreten, dass im

---

59 *Grzeszick*, in: Maunz/Dürig, Kommentar GG, Rz. 58 ff. zu Art. 20 GG.

60 *Seer*, SteuerStud 8/2010, 369, 369 f.; *Zapf*, S. 26.

61 BVerfG, Urteil vom 27.06.1991, 2 BvR 1493/89, BVerfGE 84, 239, Leitsatz 1 sowie Rz. 109 f. und Rz. 115.

62 BVerfG, Urteil vom 09.03.2004, 2 BvL 17/02, BVerfGE 110, 94, Rz. 35 und Rz. 68.

63 *Seer*, in: FS Brzezinskiemu, 456, 465.

64 *Lanwehr*, Faktische Selbstveranlagung und Fehlerkorrektur im Besteuerungsverfahren von Arbeitnehmern, S. 41; auch heute noch vertreten: *Müller-Franken*, S. 131; *Wittmann*, StuW 1/1987, 35, 36, 45; siehe auch die ältere BFH-Rechtsprechung, vgl. BFH, Urteil vom 11.02.1993, V R 128/89, BFH/NV 1994, 109, Rz. 16 (nur bei Verstoß gegen die Mitwirkungspflichten kann u.U. höchstmögliche Wahrscheinlichkeit genügen).

65 *Drüen*, in: Hübschmann/Hepp/Spitaler, Kommentar AO, Rz. 214 zu § 88 AO; so auch: *Jakob*, Abgabenordnung, Rz. 180 („hoher Grad an Wahrscheinlichkeit“).

Rahmen einer kooperativen Zusammenarbeit der Großteil der Informationen im Rahmen der Mitwirkungspflichten vom Beteiligten geliefert wird und die Finanzverwaltung diese kontrolliert. Hierbei muss die Finanzbehörde Zweifeln nachgehen, d.h., wenn sich die Unrichtigkeit aufdrängt. Dies ist insbesondere bei Lücken, Unschlüssigkeiten oder Angaben, die den Erfahrungen zuwider laufen, der Fall.[66] Eine 100%ige Sicherstellung, dass die Tatsachen korrekt dargestellt und erfasst werden, ist in der Praxis schlichtweg nicht möglich.[67] Zum einen ist Hauptinformationsquelle die Steuererklärung des Steuerpflichtigen selbst, welche nicht selten angesichts des äußeren Erscheinungsbildes der Steuererklärung beurteilt wird.[68] Zum anderen ist das steuerliche Veranlagungsverfahren Teil einer Massenverwaltung.[69] In einer solchen Massenverwaltung kann die Gleich- und Gesetzmäßigkeit der Besteuerung nach § 85 AO nicht im Einzelfall sichergestellt werden, sondern ist an der Realisierbarkeit des gesamten Steuervollzugs in der Praxis auszurichten.[70] Im Rahmen der kooperativen Zusammenarbeit ist der Steuerpflichtige die wichtigste Informationsquelle, sodass ihm die Funktion eines Zeugen zukommt, obwohl er selbst Partei im Veranlagungsverfahren

66 *Seer*, in: Tipke/Kruse, Kommentar AO, Rz. 22 zu § 88 AO.

67 *Eckhoff*, StuW 2/1996, 107, 114; *Haunhorst*, DStR 2010, 2105, 2107; *Huber/Seer*, StuW 4/2007, 355, 356; *Keilen*, StB 2015, 440, 442; *Kobor*, in: Pfirrmann/Rosenke/Wagner, BeckOK AO, Rz. 20 zu § 88 AO; *Lanwehr*, Faktische Selbstveranlagung und Fehlerkorrektur im Besteuerungsverfahren von Arbeitnehmern, S. 42 f.; *Preißer/Wind*, S. 38; *Scheel/Brehm/Holzner*, S. 148 f.; *Seer*, FR 1997, 553, 556; *Rätke*, in: Klein, Kommentar AO, Rz. 20 zu § 88 AO; *Seer*, in: Brandt, Mitverantwortung von Bürger und Staat, S. 101; *Seer*, in: FS Kirchhof, 1765, 1768; *Seer*, in: Jahrbuch des Bundesverbands der Steuerberater 2016, 55, 57; *Seer*, in: Steuerberater-Jahrbuch 2004/2005, S. 55; *Seer*, in: Tipke/Kruse, Kommentar AO, Rz. 25 f. zu § 85 AO; *Seer*, in Widmann, Der Vollzug von Steuergesetzen unter den Bedingungen einer Massenverwaltung, 7, 11; *Seer*, SteuerStud 8/2010, 369, 370; *Seer*, StuW 4/2015, 315, 317 ff.; *Seer*, Verständigungen in Steuerverfahren, S. 175 und 187; *Seewald*, in: Brandt, Europäische Perspektiven im Steuerrecht; Steuergerechtigkeit und Steuervereinfachung, S. 183; *Weber*, Die Mitwirkungspflichten, S. 61 und S. 102 f.; siehe auch bereits grundlegend zu Praktibilitätserwägungen in diesem Zusammenhang: *Arndt*, Praktibilität und Effizienz, S. 37 und S. 58 ff.

68 *Frizen*, S. 17.

69 *Seer*, in: Tipke/Kruse, Kommentar AO, Rz. 25 zu § 85 AO: 38 Millionen Steuerfestsetzungen (Stand 2012).

70 *Arndt*, Praktibilität und Effizienz, S. 83; *Frizen*, S. 6, 214 f.; *Münch*, DStR 2013, 2150, 2151; *Seer*, Besteuerungsverfahren: Rechtsvergleich USA - Deutschland, S. 32; *Seer*, in: Tipke/Kruse, Kommentar AO, Rz. 24 f. zu § 85 AO; *Seer*, SteuerStud 8/2010, 369, 369.

ist.[71] Die Mitwirkung ist ein Beweismittel, das der Aufklärung des Sachverhaltes dient.[72] Allein mit den Mitwirkungspflichten der Beteiligten könnte die Gleichmäßigkeit der Besteuerung jedoch nicht eingehalten werden, da es zu einer subjektiven und damit ungleichen Besteuerung kommt. Die Mitwirkungspflichten erfordern daher wirksame Instrumente zur Verifikation der Angaben (sog. Verifikationsprinzip).[73] Durch ein Zusammenspiel der Mitwirkungspflichten mit dem Verifikationsprinzip soll eine möglichst umfassende und effektive Aufklärung des Sachverhaltes erfolgen.[74]

Spiegelbildlich zur Mitwirkungspflicht des § 90 Abs. 1 AO, die sich auf steuerlich erhebliche Tatsachen bezieht, ist auch der Anwendungsbereich des § 88 AO auf steuererhebliche Tatsachen beschränkt, d.h., eine Ermittlung der Finanzverwaltung ist nur bei steuerlich relevanten Tatsachen zulässig.[75] Die steuerliche Erheblichkeit von Tatsachen bestimmt sich nach den materiellen Steuergesetzen.[76] Des Weiteren müssen die Tatsachen aufklärungsbedürftig sein. Ermittlungen sind daher nicht erforderlich, wenn Tatsachen offenkundig sind oder fingiert werden.[77]

Die Sachverhaltsermittlung der Finanzverwaltung ist abgeschlossen, wenn festgestellt wird, dass sich ein Sachverhalt auch tatsächlich so zugetragen hat. Bis dahin muss seitens der Finanzbehörde ermittelt werden.[78] Da eine vollständige Überzeugung von der Richtigkeit der Steuererklärung nicht möglich ist, wird in der Praxis der Untersuchungsgrundsatz durch den Verhältnismäßigkeitsgrundsatz beschränkt. Auch die Finanzverwaltung muss keine unzumutbaren Ermittlungsmaßnahmen ergreifen.[79] Es kann davon ausgegangen werden, dass Angaben des Steuerpflichtigen richtig sind, außer es drängen sich Zweifel oder

---

71 *Frizen*, S. 1, 18.

72 *Seer*, in: Tipke/Kruse, Kommentar AO, Rz. 3 zu § 88 AO.

73 *Drüen*, FR 2011, 101, 106; *Haunhorst*, DStR 2010, 2105, 2106; *Preißer/Wind*, S. 31 f.; *Puhl*, DStR 1991, 1141, 1143; *Seer*, in: Widmann, DStJG 31 (2008), 7, 16; *Seer*, StuW 4/2015, 315, 317; *Weber*, Die Zusage im Umsatzsteuerrecht, S. 4.

74 *Kobor*, in: Pfirrmann/Rosenke/Wagner, BeckOK AO, Rz. 1 zu § 90 AO; *Rätke*, in: Klein, Kommentar AO, Rz. 1 zu § 90 AO; *Schulz*, Das finanzbehördliche Mitwirkungsverlangen, S. 3 und S. 6.

75 *Frizen*, S. 15; *Preißer/Wind*, S. 33.

76 *Frizen*, S. 14.

77 *Baum*, NWB 2016, 2636, 2637.

78 *Weber*, Die Mitwirkungspflichten, S. 11.

79 BFH, Urteil vom 12.07.1962, IV 124/58 U, BFHE 75, 700, Leitsatz sowie Rz. 22; *Seer*, in: Tipke/Kruse, Kommentar AO, Rz. 11 zu § 92 AO.

Unstimmigkeiten auf bzw. sind überwiegend wahrscheinlich.[80] Damit wird dem Steuerpflichtigen auf Ebene der Sachverhaltswürdigung ein Vertrauensvorschuss gewährt, umso mehr, je mehr er mitwirkt.[81] Grundlage für diesen Vertrauensvorschuss ist die Regelung des § 150 Abs. 2 AO, nach der der Steuerpflichtige zu versichern hat, dass er die Angaben in der Steuererklärung wahrheitsgemäß nach bestem Wissen und Gewissen abgegeben hat[82], oder nach anderer Auffassung die Regelung des § 158 AO, der impliziert, dass die Abgabenordnung auf einer Vermutung für die Steuerehrlichkeit des Bürgers basiert.[83] Dieser Vertrauensvorschuss wird kritisiert, da kein Erfahrungssatz existiert, gemäß dem Steuererklärungen überwiegend richtig sind.[84] Eine vollumfängliche Prüfung aller Angaben des Steuerpflichtigen wäre in der Praxis aber schlichtweg unmöglich und würde die Funktionsfähigkeit der Verwaltung beeinträchtigen und zu einem vollständigen Überwachungsapparat der Finanzverwaltung führen.[85] Die „Beweiskonzentration"[86] auf Zweifel an der Richtigkeit der Angaben unter Berücksichtigung des Vertrauensvorschussprinzipes ist damit Voraussetzung für die Funktionsfähigkeit des Besteuerungsverfahrens. Dies gilt auch bei Steuererklärungen von Laien[87], jedoch wird in der Literatur vorgebracht, dass bei steuerlich beratenen Steuerpflichtigen ein höherer Vertrauensvorschuss zu gewähren ist.[88] Seer führt hingegen hierzu aus, dass bei Laien gerade kein

80 *Ahrendt*, NJW 2017, 537, 537; *Haunhorst*, DStR 2010, 2105, 2107; *Lanwehr*, Faktische Selbstveranlagung und Fehlerkorrektur im Besteuerungsverfahren von Arbeitnehmern, S. 61; *Preißer/Wind*, S. 16; *Seer*, Besteuerungsverfahren: Rechtsvergleich USA - Deutschland, S. 82.

81 *Eckhoff*, StuW 2/1996, 107, 113 f.; *Frizen*, S. 216; *Seer*, in: Tipke/Kruse, Kommentar AO, Rz. 73 zu § 88 AO; *Seer*, in: Tipke/Lang, Rz. 21.5; *Seer*, in: Widmann, DStJG 31 (2008), 7, 16; a.A., da die Wechselwirkung zu den Mitwirkungspflichten sowie ein allgemeines Vertrauen auf die Rechtmäßigkeit des Handelns ablehnend: *Müller-Franken*, S. 345.

82 Siehe hierzu Kapitel 1 B II „Steuererklärungspflichten des Steuerpflichtigen".

83 *Frizen*, S. 217; zu § 158 AO siehe *Huber/Seer*, StuW 4/2007, 355, 359; *Seer*, in: Widmann, DStJG 31 (2008), 7, 16; *Seer*, Verständigungen in Steuerverfahren, S. 187.

84 *Nagel*, Selbstveranlagung im britischen und amerikanischen Steuerrecht, S. 5 f.

85 *Frizen*, S. 216 f. und 220; *Seer*, SteuerStud 8/2010, 369, 370.

86 *Seer*, Verständigungen in Steuerverfahren, S. 190.

87 BFH, Urteil vom 07.07.2004, XI R 10/03, BStBl. II 2004, 911, Rz. 14; *Lanwehr*, Faktische Selbstveranlagung und Fehlerkorrektur im Besteuerungsverfahren von Arbeitnehmern, S. 82 f.; *Weber*, Die Mitwirkungspflichten, S. 20 und 60.

88 *Preißer/Wind*, S. 37; *Seer*, in: Widmann, DStJG 31 (2008), 7, 35; *Seewald*, in: Brandt, Europäische Perspektiven im Steuerrecht; Steuergerechtigkeit und Steuervereinfachung, S. 184 (hierin ist erläutert, dass bei Steuererklärungen, die von beratenen Steuerpflichtigen eingereicht werden, die Fehlerquote gegen 0 geht); *Thiel*, in: Tipke,

Vertrauensvorschuss zu gewähren sei, da hier sogar eine Vermutung gegen die Richtigkeit der Erklärung spreche. Bei Angehörigen der steuerberatenden Berufe sei hingegen ein Vertrauensvorschuss zu gewähren, da sich diese als Organe der Steuerrechtspflege an die Gesetzgebung halten müssen; auch hier sind jedoch Kontrollmechanismen zur Verifikation erforderlich.[89] Das Vertrauensvorschussprinzip wird begrenzt durch Zweifel, die sich der Finanzverwaltung aufdrängen und denen sie nachgehen muss (sog. Untermaßverbot).[90]

Ausgehend von diesen Prinzipien befindet sich die Verwaltung in einem Spannungsverhältnis zwischen Verhältnismäßigkeitsgrundsatz, welcher die Freiheitsrechte garantiert, und Verifikationsprinzip, welches für die Gesetzmäßigkeit und Gleichheit der Besteuerung erforderlich ist.[91] Gesetzlich fundiert ist dieses Spannungsverhältnis in § 88 Abs. 2 AO. Gemäß § 88 Abs. 2 S. 2 AO können bei der Bestimmung von Art und Umfang der Ermittlungen allgemeine Erfahrungen der Finanzverwaltung sowie Wirtschaftlichkeits- und Zweckmäßigkeitsgesichtspunkte berücksichtigt werden. Die Wirtschaftlichkeit und Zweckmäßigkeit müssen der Gesetz- und Gleichmäßigkeit dienen, stellen also keine gleichberechtigten Kriterien dar. Die Finanzverwaltung darf daher ihre Ermittlungen nicht am fiskalischen Interesse ausrichten, sondern nur an der Gleich- und Gesetzmäßigkeit der Besteuerung.[92] Zu beachten ist weiter, dass durch die Wirtschaftlichkeits- und Zweckmäßigkeitskriterien des § 88 Abs. 2 S. 2 AO nur die Pflicht zur Aufklärung durch die Finanzverwaltung beschränkt wird; nichtsdestotrotz kann die Finanzverwaltung auch in diesen Fällen den Sachverhalt vollständig untersuchen.[93]

Welche Rolle nun der Steuerpflichtige im Rahmen seiner Mitwirkungspflichten im Umfeld des Untersuchungsgrundsatzes einnimmt, wird diskutiert. Es

---

Steuerberatung und Rechtsstaat, S. 16; siehe hierzu Kapitel 7 C I 2 „Berücksichtigung des Steuerberaters als positiven Faktor im Risikomanagementsystem".

89 *Seer*, SteuerStud 8/2010, 369, 372 f.; so auch: *Seer*, in: Tipke/Kruse, Kommentar AO, Rz. 22 zu § 88 AO; *Tipke*, BB 2009, 636, 638.

90 *Drüen*, in: Brandt, Europäische Perspektiven im Steuerrecht; Steuergerechtigkeit und Steuervereinfachung, S. 264; *Münch*, DStR 2013, 212, 212; *Seer*, FR 1997, 553, 558; *Seer*, SteuerStud 8/2010, 369, 371.

91 *Lanwehr*, Faktische Selbstveranlagung und Fehlerkorrektur im Besteuerungsverfahren von Arbeitnehmern, S. 83; *Rätke*, in: Klein, Kommentar AO, Rz. 20 zu § 85 AO; *Seer*, in: Tipke/Kruse, Kommentar AO, Rz. 26 zu § 85 AO.

92 Siehe hierzu im Detail Kapitel 7 A II „Risikomanagementsystem im Kontext des Amtsermittlungsgrundsatzes".

93 *Weber*, Die Mitwirkungspflichten, S. 69.

zeigt sich, dass im Regelfall der Steuerpflichtige wegen der Beweisnähe für die Beschaffung von Informationen zuständig ist[94], während die Finanzbehörde die Informationen würdigt und rechtlich einordnet sowie ggf. zur weiteren Informationsbeschaffung auffordert.[95] Eine Literaturauffassung sieht hierin ein zwangsweise erzeugtes Kooperationsverhältnis und eine Verantwortungsgemeinschaft von Finanzbehörde und Beteiligtem, wobei der Behörde allerdings die Letztverantwortung obliegt.[96] Seer spricht von einer „sphärenorientierten Mitverantwortung für die Aufklärung des Sachverhalts“[97] auf Seiten des Beteiligten sowie einem „kooperativen Steuerstaat“[98]. Die Letztverantwortung der Finanzverwaltung ergibt sich auch aus der notwendigen Verifikation der Angaben des Beteiligten.[99] Damit wird der Beteiligte als aktiver Teil des Veranlagungsverfahrens angesehen.[100] Dessen Mitwirkung wird durch strukturelle Anreize gefördert.[101] Dies ist bereits darin begründet, dass die ausschließliche Sachverhaltsermittlung durch die Finanzbehörde gar nicht möglich ist, und die Auffassung, dass durch die Mitwirkungspflichten nur die Aufklärung durch die Finanzverwaltung erleichtert wird, die Realität verkennt, in der der Steuerpflichtige die Informationsherrschaft hat.[102] Drüen führt aus, dass sich dieses Kooperationsverhältnis

---

94 Siehe zum Sphärengedanken im Detail Kapitel 4 A III „Beweisführungspflichten“.

95 *Ax/Große/Melchior/Lotz/Ziegler*, Rz. 992 f.; *Weber*, Die Zusage im Umsatzsteuerrecht, S. 76 f.

96 *Drüen*, FR 2011, 101, 101; *Eckhoff*, StuW 2/1996, 107, 111; *Haunhorst*, DStR 2010, 2105, 2106; *Loschelder*, AO-StB 2003, 25, 26; *Nagel*, Selbstveranlagung im britischen und amerikanischen Steuerrecht, S. 1; *Nieskens*, UR 2009, 408, 408; *Seer*, in: Tipke/Kruse, Kommentar AO, Rz. 1 zu § 90 AO und Rz. 3 zu § 88 AO; *Seer*, in: Tipke/Lang, Rz. 22.190; *Seer*, SteuerStud 8/2010, 369, 371; *Seer*, Verständigungen in Steuerverfahren, S. 176; *Weber*, Die Mitwirkungspflichten, S. 116; zur gemeinsamen Verantwortung siehe auch BFH, Urteil vom 15.02.1989, X R 16/86, BStBl. II 1989, 462, Rz. 15; *Haunhorst*, DStR 2010, 2105, 2106.

97 *Seer*, in: Tipke/Kruse, Kommentar AO, Rz. 1 zu § 90 AO und Rz. 3 zu § 88 AO; so auch: *Loschelder*, AO-StB 2003, 25, 26; *Seer*, SteuerStud 8/2010, 369, 371.

98 *Seer*, SteuerStud 8/2010, 369, 372; so auch: *Eckhoff*, StuW 2/1996, 107, 110; *Huber/Seer*, StuW 4/2007, 355, 357; *Seer*, in: Steuerberater-Jahrbuch 2004/2005, S. 57; *Seer*, in: Tipke/Kruse, Kommentar AO, Rz. 28 zu § 85 AO; kritisierend *Müller-Franken*, S. 22 f.

99 *Seer*, in: Jahrbuch des Bundesverbands der Steuerberater 2016, 55, 58; *Seer*, in: FS Kirchhof, 1765, 1768; *Seer*, StuW 4/2015, 315, 319.

100 *Frizen*, S. 171 und 179; *Weber*, Die Zusage im Umsatzsteuerrecht, S. 33.

101 *Seer*, in: Steuerberater-Jahrbuch 2004/2005, S. 57.

102 *Frizen*, S. 171.

insbesondere im Bereich der Steueranmeldungen zeigt, welche durch die Selbstverantwortung des Steuerpflichtigen der rein hoheitlichen Steuerveranlagung widersprechen.[103] Kowallik vergleicht dieses Kooperationsverhältnis mit dem Nash-Gleichgewicht in der Weise, dass der Steuerpflichtige einen größeren Aufwand hat, wenn er nicht kooperiert.[104] Da die Letztverantwortung bei der Finanzverwaltung bleibt, kann Kooperation hier jedoch nicht als Synonym für Konsens verwendet werden, da bei Widerstand eine entsprechende Sanktionierung erfolgt.[105] Auch steht Kooperation nicht im Widerspruch zu einem Über- und Unterordnungsverhältnis sowie zu einem hoheitlichen Besteuerungsverfahren, welches weiterhin besteht.[106] Die private Verantwortung deckt sich nicht mit der staatlichen Verantwortung. Der Steuerpflichtige darf die Gestaltungen wählen, die möglichst wenig Steuerzahlungen nach sich ziehen, und hierfür auch entsprechende Rechtsmittel verwenden; der Steuerpflichtige hat damit auch in einem kooperativen Staat in erster Linie keine Pflicht zur Gemeinwohlverwirklichung.[107] Voraussetzung dafür, dass ein kooperatives Steuerveranlagungsverfahren funktioniert, ist somit, dass Anreize für den kooperativen Beteiligten geschaffen werden und unehrliches Verhalten sanktioniert wird.[108] Resultierend aus dem Sphärengedanken kann die Amtsermittlung beschränkt sein, wenn der Beteiligte gegen Mitwirkungspflichten verstößt, da weitere Ermittlungsmaßnahmen für die Finanzbehörde unzumutbar sind. De facto besteht damit eine entsprechende Wechselwirkung.[109] So kommt es bei steuererhöhenden Tatsachen bei unzureichender Mitwirkung zu einer Reduzierung des Beweismaßes; im

---

103 *Drüen*, FR 2011, 101, 104.

104 *Kowallik*, IWB 2014/11, 406, 407.

105 *Drüen*, FR 2011, 101, 113; *Frizen*, S. 180; Konsens jedoch nicht als Widerspruch ansehend: *Seer*, Verständigungen in Steuerverfahren, S. 181.

106 *Rohner*, Rechtsprobleme der elektronischen Veranlagung, S. 104.

107 *Drüen*, in: Hübschmann/Hepp/Spitaler, Kommentar AO, Rz. 86 zu § 88 AO; *Drüen*, FR 2011, 101, 104.

108 *Seer*, SteuerStud 8/2010, 369, 372.

109 BFH, Urteil vom 15.02.1989, X R 16/86, BStBl. II 1989, 462, Leitsatz 2 sowie Rz. 17 ff.; FG München, Urteil vom 28.01.2015, 3 K 2267/12, EFG 2015, 882, Rz. 34: im Erlassverfahren liegen die entscheidungserheblichen Tatsachen im Wissens- und Einflussbereich des Steuerpflichtigen, sodass dieser diese darlegen muss; siehe auch AEAO Nr. 5 zu § 88 AO: Begrenzung der Aufklärungspflicht durch die Mitwirkungspflicht; *Seer*, in: Tipke/Kruse, Kommentar AO, Rz. 3 zu § 88 AO; de iure aber keine unmittelbare Wechselwirkung, da mit weiteren Erkenntnisquellen die Ermittlung fortgeführt werden muss - *Seer*, Verständigungen in Steuerverfahren, S. 177; *Jakob*, Abgabenordnung, Rz. 184 und 184a.

Gegensatz dazu kommt es bei steuermindernden Tatsachen bei Verstößen gegen die Mitwirkungspflicht nicht zu einer Änderung des Beweismaßes, da ansonsten die Mitwirkungspflichtverletzung belohnt werden würde.[110] Da die Erfüllung der Mitwirkungspflichten im Widerspruch zu dem Willen des Steuerpflichtigen an einer möglichst steuersparenden Veranlagung stehen kann, müssen Verstöße gegen die Mitwirkungspflichten entsprechend sanktioniert werden.[111] Verletzungen der Mitwirkungspflichten lösen zwar keine subjektive Beweislast und damit keine zwingenden negativen Folgen für den Beteiligten aus[112] und sind im Rahmen der Beweiswürdigung frei zu würdigen, jedoch können sich hieraus belastende Rechtsfolgen wie Schätzungen, Verspätungszuschläge, Zwangsmittel oder strafrechtliche Risiken ergeben.[113] Auf einzelne Sanktionen bei Verstößen gegen die Mitwirkungspflichten im Kontext des elektronischen Veranlagungsverfahrens wird in den folgenden Kapiteln eingegangen.

Die andere, die Verantwortungsgemeinschaft ablehnende, Auffassung, die insbesondere auf der Grundkonzeption der Abgabenordnung basiert[114], sieht im Beteiligten einen reinen „Ermittlungsgehilfen“[115] bzw. „Erforschungsgehilfen des Finanzamtes“[116], ein „Hilfsorgan des Finanzamtes“[117] und ein „unentbehrliches Mittel zur Verwirklichung der Aufklärungspflicht des Finanzamts“[118]. Die Finanzverwaltung hat die Letztverantwortung für die Aufklärung des Sachverhaltes und beherrscht das Verfahren.[119] Nach dem Amtsermittlungsgrundsatz hat die Finanzverwaltung keine Bindung an den Vortrag des Beteiligten, sondern ermittelt von Amts wegen. Eine Abhängigkeit vom Parteivortrag ist hiermit nicht vereinbar.[120] Dies zeigt sich bereits daran, dass die Finanzverwaltung durch

---

110 *Seer*, in: Tipke/Lang, Rz. 22.190.

111 *Frizen*, S. 3.

112 Siehe hierzu nachfolgend im Detail in Kapitel 4 A III „Beweisführungspflichten“.

113 *Seer*, in: Tipke/Kruse, Kommentar AO, Rz. 3 zu § 88 AO; *Seer*, Verständigungen in Steuerverfahren, S. 177 f.

114 *Frizen*, S. 179.

115 *Müller-Franken*, S. 166.

116 *Puhl*, DStR 1991, 1141, 1142; so auch: *Söhn*, in: Hübschmann/Hepp/Spitaler, Kommentar AO, Vorkomm. 259. Ergänzungslieferung Stand 2020, Rz. 94 zu § 88 AO; *Wittmann*, StuW 1/1987, 35, 44; explizit ablehnend *Seer*, in: FS Kirchhof, 1765, 1768; *Seer*, in: Steuerberater-Jahrbuch 2004/2005, S. 57.

117 *Krüger*, Steuerberatung und Gerechtigkeit, S. 364 f.

118 *Mack*, in: Streck/Mack/Schwedhelm, Tax Compliance, S. 40.

119 *Wittmann*, StuW 1/1987, 35, 44.

120 *Wittmann*, StuW 1/1987, 35, 36.

den Erklärungsvordruck Gegenstand und Umfang der Mitwirkung bestimmt.[121] Die Offenlegung der Tatsachen sowie die Mitwirkungspflichten ersetzen in keinem Fall die Amtsermittlung seitens der Finanzbehörde, sodass auch de lege lata keine Verantwortung des Beteiligten für die Sachaufklärung begründet wird.[122] Der Beteiligte hat nach dieser Auffassung keine rechtlich zugewiesene Entscheidungsmacht, sodass man zwar aufgrund der Mitwirkungspflichten von einem Kooperationsverhältnis sprechen kann, jedoch nicht von einer Verantwortungsteilung, da diese stets allein bei der Finanzbehörde liegt.[123] Aufgrund des konträr zu den Interessen der Finanzverwaltung liegenden Interesses des Steuerpflichtigen an einer möglichst geringen Steuerlast wird eine Wechselwirkung zwischen den Mitwirkungspflichten und der Untersuchungspflicht der Finanzverwaltung abgelehnt, da sich der Amtsermittlungsgrundsatz ausschließlich nach der gesetzmäßigen Entscheidung zu bestimmen hat.[124] Hierbei ist die Mitwirkung des Beteiligten nur eines unter vielen denkbaren Beweismitteln, an welches die Finanzverwaltung aber nicht gebunden ist (Opportunitätsgrundsatz).[125] Auch wird die Ermittlungsbefugnis der Finanzbehörde durch Mitwirkung des Beteiligten nicht eingeschränkt.[126] Im Gegenteil kann die Mitwirkungspflicht die Amtsermittlungspflicht nur erweitern, wenn sich ein Anlass für weitere Ermittlungen ergibt.[127] Diese Auffassung betrachtet die notwendige Mitwirkung des Beteiligten für die Aufklärung als rein faktische Arbeitsteilung, jedoch ohne Auswirkungen auf die Verantwortung für die Sachaufklärung.[128] Dementsprechend haben Verstöße gegen die Mitwirkungspflichten nach dieser Auffassung auch keine Einschränkung der Amtsermittlung zur Folge; die Behörde bleibt

---

121 *Wittmann*, StuW 1/1987, 35, 44.

122 *Baum*, NWB 2016, 2636, 2637; *Kobor*, in: Pfirrmann/Rosenke/Wagner, BeckOK AO, Rz. 20 zu § 88 AO; *Müller-Franken*, S. 236; *Preißer/Wind*, S. 35 f.; *Puhl*, DStR 1991, 1141, 1142; *Söhn*, in: Hübschmann/Hepp/Spitaler, Kommentar AO, Vorkomm. 259. Ergänzungslieferung Stand 2020, Rz. 94 zu § 88 AO; Rz. 30 zu § 88 AO.

123 *Müller-Franken*, S. 236; *Söhn*, in: Hübschmann/Hepp/Spitaler, Kommentar AO, Vorkomm. 259. Ergänzungslieferung Stand 2020, Rz. 94 zu § 88 AO.

124 *Frizen*, S. 163; *Müller-Franken*, S. 36 und 317; *Söhn*, in: Hübschmann/Hepp/Spitaler, Kommentar AO, Vorkomm. 259. Ergänzungslieferung Stand 2020, Rz. 95 und 100 zu § 88 AO; *Wittmann*, StuW 1/1987, 35, 45.

125 *Hanßen*, S. 90; *Klein*, Die Auswirkungen der unterschiedlichen Beweislast, S. 6; *Marx*, Ubg 6/2016, 358, 358; *Müller-Franken*, S. 166.

126 *Hanßen*, S. 90.

127 *Müller-Franken*, S. 317.

128 *Hanßen*, S. 90.

zur Letztaufklärung verpflichtet, solange andere mögliche, verhältnismäßige und zumutbare Erkenntnismittel vorliegen.[129] Lediglich im Rahmen der freien Beweiswürdigung kann sich bei einer Verletzung der Mitwirkungspflichten, sofern keine Aufklärung des Sachverhaltes möglich ist, das Beweismaß entsprechend reduzieren, sodass eine größtmögliche Wahrscheinlichkeit im Rahmen der Sachverhaltsaufklärung (statt der von dieser Auffassung grundsätzlich geforderten 100%igen Sicherheit) bei der Steuerfestsetzung genügt.[130]

II. Steuererklärungspflichten des Steuerpflichtigen

Die Pflicht zur Abgabe einer Steuererklärung ist Ausfluss der allgemeinen Mitwirkungspflicht des § 90 AO.[131] Derjenige, der zur Abgabe einer Steuererklärung verpflichtet ist, ist Steuerpflichtiger gemäß § 33 Abs. 1 AO.[132] Gemäß § 149 Abs. 1 S. 1 AO ergibt sich aus den Steuergesetzen, wer zur Abgabe einer Steuererklärung verpflichtet ist. Gesetze in diesem Sinne sind auch Rechtsverordnungen, aber keine Verwaltungsanweisungen.[133] Die Abgabepflicht einer Steuererklärung ist beispielsweise für die Einkommensteuererklärung in § 23 Abs. 3 EStG i.V.m. § 56 EStDV, für die Körperschaftsteuererklärung in § 31 KStG, für die Gewerbesteuererklärung in § 14a GewStG i.V.m. § 25 GewStDV und für die Umsatzsteuererklärung in § 18 UStG geregelt.

Nach § 149 Abs. 1 S. 2 AO ist ebenso zur Abgabe einer Steuererklärung verpflichtet, wer von der Finanzbehörde dazu aufgefordert wird. Satz 2 ist rein deklaratorisch und erfasst nur Fälle, in denen bereits gesetzlich eine Abgabepflicht besteht. Insbesondere hat die Aufforderung zur Abgabe einer Steuererklärung Bedeutung, wenn die Finanzverwaltung (begründete) Anhaltspunkte für eine Erklärungspflicht hat, der Steuerpflichtige dies aber verneint.[134] Es ergibt

---

129 *Müller-Franken*, S. 318; *Söhn*, in: Hübschmann/Hepp/Spitaler, Kommentar AO, Vorkomm. 259. Ergänzungslieferung Stand 2020, Rz. 95 zu § 88 AO; *Wittmann*, StuW 1/1987, 35, 45.

130 BFH, Beschluss vom 17.03.1997, I B 123/95, BFH/NV 1997, 730, Leitsatz sowie Rz. 14; BFH, Urteil vom 11.02.1993, V R 128/89, BFH/NV 1994, 109, Orientierungssatz sowie Rz. 16; *Müller-Franken*, S. 301; *Söhn*, in: Hübschmann/Hepp/Spitaler, Kommentar AO, Vorkomm. 259. Ergänzungslieferung Stand 2020, Rz. 231 ff. zu § 88 AO.

131 *Seer*, in: Tipke/Kruse, Kommentar AO, Rz. 1 zu § 149 AO.

132 *Rosenke*, in: Pfirrmann/Rosenke/Wagner, BeckOK AO, Rz. 50 zu § 149 AO.

133 *Seer*, in: Tipke/Kruse, Kommentar AO, Rz. 1 zu § 149 AO.

134 *Rosenke*, in: Pfirrmann/Rosenke/Wagner, BeckOK AO, Rz. 90 zu § 149 AO; *Seer*, in: Tipke/Kruse, Kommentar AO, Rz. 10 zu § 149 AO.

sich hieraus kein Erfindungsrecht für zusätzliche Abgabefälle.[135] Aus diesem Grund stellt die Aufforderung zur Abgabe der Steuererklärung auch keinen Verwaltungsakt dar, da hierdurch nicht in die Rechtslage eingegriffen wird und es damit an der für den Verwaltungsakt erforderlichen Regelung fehlt.[136] Eine Ausnahme besteht dann, wenn das Steuergesetz selbst die Abgabe von einer Aufforderung abhängig macht, wie es beispielsweise bei § 31 Abs. 1 S. 1 ErbStG der Fall ist – in diesem Fall wirkt die Aufforderung konstitutiv.[137] Derjenige, der eine Steuererklärung abzugeben hat, ist Steuerpflichtiger nach § 33 Abs. 1 AO.[138]

Bei Nichtabgabe einer Steuererklärung trotz gesetzlicher Pflicht kann die Abgabe mit Zwangsmitteln nach §§ 328 ff. AO erzwungen werden.[139] Auch eine nicht wirksame Steuererklärung, beispielsweise bei fehlender Unterschrift, Nichtabgabe auf amtlichem Formular oder bei unleserlichen Angaben, steht einer Nichtabgabe gleich.[140] Es handelt sich damit um eine echte Pflicht. Auch nach der Einleitung eines Steuerstrafverfahrens bleibt die Pflicht zur Abgabe von Steuererklärungen bestehen, kann aber dann nicht mehr erzwungen werden.[141] Des Weiteren können die Besteuerungsgrundlagen bei Nichtabgabe der Steuererklärung geschätzt werden. Auch nach einer Schätzung besteht die Abgabepflicht fort, um der Gefahr einer zu niedrigen Schätzung Rechnung zu tragen, sodass auch nach einer Schätzung noch Zwangsmittel eingesetzt werden

---

135 *Ortwald*, in: Zugmaier/Nöcker, Kommentar AO, Rz. 15 zu § 149 AO; *Rätke*, in: Klein, Kommentar AO, Rz. 5 zu § 149 AO; *Rosenke*, in: Pfirrmann/Rosenke/Wagner, BeckOK AO, Rz. 22 f. zu § 149 AO; *Seer*, in: Tipke/Kruse, Kommentar AO, Rz. 10 f. zu § 149 AO; a.A.: *Dißars*, in: Schwarz/Pahlke, Kommentar AO, Rz. 33 zu § 149 AO (gibt der Finanzbehörde die Rechtsgrundlage, eine steuerliche Mitwirkungspflicht in Form einer Steuererklärungspflicht zu konkretisieren, wenn ihr dies geboten erscheint); *Weber*, Die Mitwirkungspflichten, S. 44 (der in der Aufforderung aber unter Umständen einen Ermessungsfehlgebrauch sieht, wenn definitiv keine Abgabepflicht besteht).

136 *Rätke*, in: Klein, Kommentar AO, Rz. 6 zu § 149 AO; *Rosenke*, in: Pfirrmann/Rosenke/Wagner, BeckOK AO, Rz. 22 f. zu § 149 AO; *Seer*, in: Tipke/Kruse, Kommentar AO, Rz. 10 f. zu § 149 AO.

137 *Rätke*, in: Klein, Kommentar AO, Rz. 6 zu § 149 AO; *Rosenke*, in: Pfirrmann/Rosenke/Wagner, BeckOK AO, Rz. 22 f. zu § 149 AO; *Seer*, in: Tipke/Kruse, Kommentar AO, Rz. 11 zu § 149 AO.

138 *Rosenke*, in: Pfirrmann/Rosenke/Wagner, BeckOK AO, Rz. 50 f. zu § 149 AO.

139 *Seer*, in: Tipke/Kruse, Kommentar AO, Rz. 17 zu § 149 AO.

140 *Frizen*, S. 60 f.

141 *Seer*, in: Tipke/Kruse, Kommentar AO, Rz. 21 zu § 149 AO.

können.[142] Eine Schätzung ist auch ohne vorherige Zwangsmittel möglich, der Steuerpflichtige muss jedoch vorab gemahnt werden, da eine Anhörung nach § 91 AO erforderlich ist.[143] Des Weiteren kann die Finanzverwaltung bei Nichtabgabe der Steuererklärung einen Verspätungszuschlag nach § 152 Abs. 1 AO festsetzen. Nach Ablauf bestimmter Fristen muss ein Verspätungszuschlag festgesetzt werden (§ 152 Abs. 2 AO).[144] Die Nichtabgabe einer Steuererklärung kann bei Vorliegen von Vorsatz oder Leichtfertigkeit auch strafrechtlich oder bußgeldrechtlich relevant werden.[145] Außerdem kommt es zu einer Anlaufhemmung für die Festsetzungsverjährung, d.h., das Ende dieser kann sich durch Nichtabgabe einer Steuererklärung hinauszögern (§ 170 Abs. 2 Nr. 1 AO).[146]

Die Unvollständigkeit einer Steuererklärung führt grundsätzlich nicht zu den genannten Rechtsfolgen. Die Abgabe einer unvollständigen Steuererklärung ist eine wirksame Steuererklärung, es sei denn aufgrund der eingereichten Steuererklärung kann kein Besteuerungsverfahren in Gang gesetzt werden.[147]

Die Vorschrift des § 150 AO regelt, wie eine Steuererklärung abzugeben ist.[148] Nach § 150 Abs. 1 AO ist eine Steuererklärung nach amtlich vorgeschriebenem Vordruck abzugeben, wenn keine elektronische Steuererklärung abgegeben wird oder keine Steuererklärung in anderer Form zulässig ist. Im Umkehrschluss bedeutet dies, dass im Falle einer Pflicht zur Abgabe einer elektronischen Steuererklärung, welche sich aus den Einzelsteuergesetzen ergibt, eine Abgabe in Papierform unzulässig und unwirksam ist. Dies gilt auch, wenn die eingereichte Papierform dem amtlichen Vordruck entspricht.[149]

§ 150 Abs. 2 AO enthält das Vollständigkeits- und Wahrheitsgebot der Steuererklärung. Hierdurch wird das Wahrheitserfordernis der allgemeinen Mitwirkungspflicht gemäß § 90 Abs. 1 S. 2 AO nochmals konkretisiert. Die Steuererklärung muss alle für die Besteuerung erheblichen Tatsachen ohne Unwahrheiten enthalten.[150] Die Vollständigkeit und Wahrheit der Steuererklärung

---

142 *Preißer/Wind*, S. 143; *Rätke*, in: Klein, Kommentar AO, Rz. 4 zu § 149 AO; *Seer*, in: Tipke/Kruse, Kommentar AO, Rz. 17 zu § 149 AO.
143 *Seer*, in: Tipke/Kruse, Kommentar AO, Rz. 17 zu § 149 AO.
144 *Seer*, in: Tipke/Kruse, Kommentar AO, Rz. 18 zu § 149 AO.
145 *Seer*, in: Tipke/Kruse, Kommentar AO, Rz. 20 zu § 149 AO.
146 *Seer*, in: Tipke/Kruse, Kommentar AO, Rz. 18 zu § 149 AO.
147 *Seer*, in: Tipke/Kruse, Kommentar AO, Rz. 58 zu § 150 AO.
148 *Seer*, in: Tipke/Kruse, Kommentar AO, Rz. 1 zu § 150 AO.
149 *Seer*, in: Tipke/Kruse, Kommentar AO, Rz. 3 zu § 150 AO; siehe hierzu im Detail Kapitel 2 A II „Gesetzliche Übermittlungspflichten".
150 *Kobor*, in: Pfirrmann/Rosenke/Wagner, BeckOK AO, Rz. 17 zu § 90 AO.

musste früher schriftlich versichert werden, was jedoch bei elektronischen Steuererklärungen nicht mehr der Fall ist. Das Vollständigkeits- und Wahrheitsgebot besteht jedoch weiterhin unverändert fort.[151] Für Laien birgt dieses Gebot oft Unmögliches. Zwar soll die Steuererklärung im Wesentlichen eine Abfrage von Tatsachen (Vorgängen, Zuständen) sein, da die rechtliche Würdigung der Finanzverwaltung obliegt.[152] Jedoch werden in vielen Fällen in der Steuererklärung ausschließlich Beträge angegeben, sodass diese zwangsläufig auch Willenserklärungen und Rechtsanwendungen enthält.[153] Damit kann eine Steuererklärung auch Rechtsfehler des Steuerpflichtigen enthalten, obwohl die zugrunde liegenden Tatsachen vollständig und richtig dargestellt sind.[154] Dies kann auch daraus folgen, dass Steuerpflichtige oft die in den Vordrucken gestellten Fragen oder Erläuterungen hierzu falsch verstehen.[155] Da sich § 150 Abs. 2 AO auf die Angaben in den Steuererklärungen bezieht, ist es einem Laien kaum möglich, zu bestätigen, dass diese Angaben vollständig und richtig sind, sodass in vielen Fällen eine faktische Pflicht zur Inanspruchnahme des steuerlichen Beraters besteht.[156] Gerade die Komplexität der Steuererklärung stellt ein Hindernis hinsichtlich der ordnungsgemäßen Erfüllung der Steuererklärungspflicht dar.[157] Dieser Problematik wird teilweise damit begegnet, dass im Rahmen des Amtsermittlungsgrundsatzes eine Vermutung gegen die Richtigkeit der Steuererklärung eines Laien sprechen muss und infolgedessen eine erhöhte Untersuchungspflicht seitens der Finanzbehörde besteht.[158]

§ 150 Abs. 3 AO regelt, dass eine Unterzeichnung der Steuererklärung erforderlich ist, wenn die Steuergesetze eine eigenhändige Unterschrift anordnen. In diesem Fall muss die Steuererklärung im Regelfall durch den Steuerpflichtigen selbst und nicht durch einen Bevollmächtigten unterzeichnet werden.

---

151 *Seer*, in: Tipke/Kruse, Kommentar AO, Rz. 43 zu § 150 AO.

152 *Weber*, Die Mitwirkungspflichten, S. 39; siehe Kapitel 1 B I „Allgemeine Mitwirkung des Beteiligten bei der Sachverhaltsermittlung".

153 *Frizen*, S. 84; *Preißer/Wind*, S. 142; *Weber*, Die Mitwirkungspflichten, S. 39 ff.

154 *Seer*, in: Tipke/Kruse, Kommentar AO, Rz. 44 zu § 150 AO; *Weber*, Die Mitwirkungspflichten, S. 40 f.

155 *Frizen*, S. 80.

156 *Seer*, in: Tipke/Kruse, Kommentar AO, Rz. 44 zu § 150 AO und Rz. 43 zu § 149 AO: allgemeine Hilfe bei Steuererklärungen nicht von Fürsorgepflicht des Finanzamtes umfasst.

157 *Frizen*, S. 4.

158 *Seer*, in: Tipke/Kruse, Kommentar AO, Rz. 46 zu § 150 AO; siehe hierzu auch bereits Kapitel 1 B I „Allgemeine Mitwirkung des Beteiligten bei der Sachverhaltsermittlung".

Gesetzliche Unterschriftserfordernisse enthalten § 25 EStG, § 14a GewStG und § 18 Abs. 3 UStG. Im Umkehrschluss ist eine Unterzeichnung durch einen Bevollmächtigten mit entsprechender Kennzeichnung der Bevollmächtigung möglich, wenn das Gesetz keine eigenhändige Unterschrift vorsieht, beispielsweise bei Umsatzsteuervoranmeldungen.[159] Das Unterschriftserfordernis ist allerdings nur noch dann relevant, wenn Steuererklärungen in Papierform abgegeben werden dürfen. Bei elektronischer Übermittlung wird die Unterschrift durch digitale Authentifizierung des Datenübermittlers ersetzt.[160]

Zweck des Unterschriftserfordernisses ist die Verantwortung für die Daten in der Erklärung sowie die Verdeutlichung des Wahrheits- und Vollständigkeitsgebotes. Insbesondere soll sich der Steuerpflichtige über die von Dritten vorgenommenen Eintragungen vergewissern und diese bestätigen. Dies ist darin begründet, dass die Abgabe der Steuererklärung eine höchstpersönliche Pflicht ist, die auch im Falle steuerlicher Beratung bestehen bleibt.[161] Die Verantwortlichkeit des Steuerpflichtigen für die Steuererklärung, die für ihn vom Steuerberater erstellt wird, zeigt sich insbesondere auch in § 153 Abs. 1 Nr. 1 AO und indirekt in § 150 Abs. 2 AO.[162] Der Wahrheitsversicherung in der Steuererklärung kommt jedoch neben der Verdeutlichung der Bedeutung der Erklärung des Steuerpflichtigen keine eigenständige Funktion zu, da sie insbesondere keine eidesstattliche Versicherung im strafrechtlichen Sinne ist.[163] Inwieweit die Steuererklärung in Zeiten der elektronischen Steuererklärung noch eine höchstpersönliche Pflicht ist und wie sich die Verantwortlichkeiten in diesem Fall darstellen, wird in Kapitel 2[164] erläutert.

In Anbetracht der allgemeinen Mitwirkungspflicht, die nur für steuererhebliche Tatsachen besteht[165], darf auch der Vordruck der Steuererklärung bzw.

---

159 *Seer*, in: Tipke/Kruse, Kommentar AO, Rz. 19 zu § 150 AO; *Söhn*, in: Hübschmann/Hepp/Spitaler, Kommentar AO, Rz. 145a zu § 80 AO.

160 *Seer*, in: Tipke/Kruse, Kommentar AO, Rz. 10 zu § 150 AO; siehe hierzu Kapitel 2 A IV „Unterschriftserfordernisse“.

161 *Frizen*, S. 4, 81 f.; *Seer*, in: Tipke/Kruse, Kommentar AO, Rz. 12 zu § 150 AO; *Weber*, Die Mitwirkungspflichten, S. 46; siehe jedoch *Heuermann*, in: Hübschmann/Hepp/Spitaler, Kommentar AO, Rz. 22 zu § 150 AO, der ausführt, dass nur die Unterschrift höchstpersönlicher Natur ist, aber nicht die Abgabepflicht.

162 *Heuermann*, in: Hübschmann/Hepp/Spitaler Kommentar AO, Rz. 23 zu § 150 AO.

163 *Frizen*, S. 84 f.

164 Siehe Kapitel 2 C „Elektronische Datenübermittlung durch den Steuerberater“.

165 Siehe Kapitel 1 B I „Allgemeine Mitwirkung des Beteiligten bei der Sachverhaltsermittlung“.

die elektronische Steuererklärung nur Dinge abfragen, die für die Besteuerung erheblich sind.[166] Mittels der Steuererklärung sollen in formalisierter Form Tatsachen abgefragt werden, um die Festsetzung einer Steuer oder die Feststellung von Besteuerungsgrundlagen ermöglichen zu können, sodass der gesamte für die Besteuerung erhebliche Sachverhalt enthalten sein muss.[167] Dies hat zur Folge, dass in der Praxis der Steuerpflichtige seinen Beitrag zur Sachverhaltsaufklärung im Rahmen des kooperativen Besteuerungsverfahrens[168] bereits fast vollständig im Rahmen der Abgabe der Steuererklärung erbringt, sodass die weiteren Mitwirkungspflichten in der Praxis oft nur von untergeordneter Bedeutung sind.[169] Der Frage, welche Tatsachen im Rahmen der Steuererklärung mitgeteilt werden müssen, kommt damit entscheidende Bedeutung zu.

III. Vorlage von Unterlagen im Veranlagungsverfahren durch die Beteiligten und andere Personen

Die Pflicht zur Urkundenvorlage nach § 97 AO ergänzt die allgemeine Mitwirkungspflicht nach § 90 AO.[170] Vorlagepflichtig sind die Beteiligten und subsidiär auch andere Personen, wenn die Aufklärung durch die Beteiligten nicht zum Ziel führt.[171] Es ist ein separates Verlangen des Finanzamtes erforderlich, in dem die vorzulegenden Unterlagen zu benennen sind. Dieses Verlangen ist formfrei und stellt einen Verwaltungsakt dar.[172] Der Unterlagenbegriff umfasst sämtliche schriftlichen oder auf einem Bild- oder Datenträger festgehaltenen Gedankenerklärungen, die zum Beweis einer rechtlich erheblichen Tatsache geeignet sind. Insbesondere sind dies Bücher, Aufzeichnungen, Geschäftspapiere, Bilanzen, Schreiben, Fahrtenbücher, Kontoauszüge, Aufsichtsratsprotokolle, Buchungsbelege, Buchhaltungsauswertungen und unter Umständen auch Due Diligence – Berichte. Diese werden sowohl in Schriftform als auch als Datei von § 97 AO

166 *Seer*, in: Tipke/Kruse, Kommentar AO, Rz. 37 zu § 150 AO.

167 *Rosenke*, in: Pfirrmann/Rosenke/Wagner, BeckOK AO, Rz. 31 zu § 149 AO.

168 Siehe hierzu Kapitel 1 B I „Allgemeine Mitwirkung des Beteiligten bei der Sachverhaltsermittlung".

169 *Weber*, Die Mitwirkungspflichten, S. 46 f.

170 *Kobor*, in: Pfirrmann/Rosenke/Wagner, BeckOK AO, vor § 97 AO.

171 *Kobor*, in: Pfirrmann/Rosenke/Wagner, BeckOK AO, Rz. 6 f. zu § 97 AO.

172 *Frizen*, S. 44; *Kobor*, in: Pfirrmann/Rosenke/Wagner, BeckOK AO, Rz. 5 zu § 97 AO; *Rätke*, in: Klein, Kommentar AO, Rz. 26 zu § 97 AO; *Seer*, in: Tipke/Kruse, Kommentar AO, Rz. 14 zu § 97 AO.

erfasst.[173] Die Unterlagen sind grundsätzlich im Original vorzulegen, außer es ist für die Besteuerung unerheblich, ob ein Original oder eine Kopie vorgelegt wird (sog. „intendierter Beweiswert"[174]). Zur Abgrenzung vorlagepflichtiger von nicht vorlagepflichtigen Unterlagen entscheidend ist insbesondere, dass nur rechts- und beweiserhebliche Urkunden vorlagepflichtig sind.[175] Des Weiteren muss die Belegvorlage geeignet, erforderlich und verhältnismäßig sowie möglich sein (d.h., der Vorlagepflichtige muss Verfügungsmacht über die Urkunden haben). Eine gesetzliche Aufbewahrungspflicht ist für eine Vorlagepflicht nicht erforderlich.[176]

Die Urkundenvorlage ist, da ein Verwaltungsakt vorliegt, erzwingbar nach §§ 328 ff. AO, sodass es sich um eine echte Pflicht handelt.[177] Ein Verstoß gegen ein Unterlagenvorlageverlangen nach § 97 AO stellt außerdem eine Verletzung der Mitwirkungspflicht dar. Dies kann zu einer Verringerung des Beweismaßes und damit zu negativen Auswirkungen im Rahmen einer Schätzung führen und auch zur Nichtberücksichtigung von steuermindernden Tatsachen nach den Grundsätzen der Beweislast.[178]

Die Pflicht zur Vorlage von Urkunden nach § 97 AO ist abzugrenzen von der Pflicht, der Steuererklärung Unterlagen beizufügen. Gemäß § 150 Abs. 4 S. 1 AO müssen den Steuererklärungen die Unterlagen beigefügt werden, die nach den Steuergesetzen vorzulegen sind. In Abgrenzung zu § 97 AO umfasst § 150 Abs. 4 S. 1 AO nicht sämtliche Urkunden, die die Finanzbehörde nach § 97 AO verlangen könnte, sondern nur die gemäß den Steuergesetzen vorlagepflichtigen Urkunden. Für sämtliche weitere Unterlagen ist ein separates Vorlageverlangen

---

173 *Kobor*, in: Pfirrmann/Rosenke/Wagner, BeckOK AO, Rz. 8 zu § 97 AO; *Rätke*, in: Klein, Kommentar AO, Rz. 8 zu § 97 AO; *Seer*, in: Tipke/Kruse, Kommentar AO, Rz. 2 zu § 97 AO.

174 *Rätke*, in: Klein, Kommentar AO, Rz. 10 zu § 97 AO; *Seer*, in: Tipke/Kruse, Kommentar AO, Rz. 2 zu § 97 AO; *Weber*, Die Mitwirkungspflichten, S. 53.

175 *Weber*, Die Mitwirkungspflichten, S. 52.

176 *Kobor*, in: Pfirrmann/Rosenke/Wagner, BeckOK AO, Rz. 10 zu § 97 AO; *Rätke*, in: Klein, Kommentar AO, Rz. 12 zu § 97 AO; a.A.: *Frizen*, S. 44: folgt aus dem Vorbehalt des Gesetzes, wonach jede belastende Maßnahme der Verwaltung einer besonderen gesetzlichen Grundlage bedarf.

177 *Seer*, in: Tipke/Kruse, Kommentar AO, Rz. 16 zu § 97 AO.

178 *Rätke*, in: Klein, Kommentar AO, Rz. 28 zu § 97 AO; siehe zu Verstößen gegen Mitwirkungspflichten Kapitel 1 B I „Allgemeine Mitwirkung des Beteiligten bei der Sachverhaltsermittlung".

nach § 97 AO erforderlich.[179] Welche Unterlagen nach den Steuergesetzen vorlagepflichtig sind, wird nachfolgend noch im Detail erläutert.[180]

Aus § 150 Abs. 4 S. 1 AO ergibt sich damit keine originäre Pflicht, da die Vorschrift nur auf die in den Steuergesetzen enthaltenen Pflichten verweist.[181] Für die Einkommensteuererklärung ist dies beispielsweise in § 60 EStDV geregelt. Die Regelung des § 150 Abs. 4 S. 1 AO ist damit rein deklaratorisch und bestätigt nur die Verpflichtung zur Unterlagenvorlage, die sich aus anderen Steuergesetzen ergibt.[182] Die nach § 150 Abs. 4 S. 1 AO der Steuererklärung beizufügenden Unterlagen sind kein Bestandteil der Steuererklärung, sondern nur Anlagen hierzu. Es handelt sich damit um selbständige Beweismittel, deren Vorlage nach §§ 328 ff. AO eigenständig erzwingbar ist.[183] Damit handelt es sich bei § 150 Abs. 4 S. 1 AO um eine echte Pflicht, soweit die Unterlagen gemäß den Steuergesetzen der Steuererklärung beizufügen sind. Die freiwillige Beifügung zusätzlicher Unterlagen stellt hingegen eine bloße Obliegenheit dar.[184]

IV. Berichtigung von Erklärungen durch den Steuerpflichtigen

Gemäß § 153 Abs. 1 S. 1 Nr. 1 AO ist der Steuerpflichtige zur Berichtigung verpflichtet, wenn er nachträglich vor Ablauf der Festsetzungsfrist erkennt, dass eine von ihm oder für ihn abgegebene Erklärung unrichtig oder unvollständig ist und es dadurch zu einer Steuerverkürzung kommen kann oder bereits gekommen ist. Die Berichtigungspflicht dient dem Fortbestehen der Wahrheits- und Vollständigkeitspflicht des § 150 Abs. 2 AO nach Abgabe der Erklärung und zielt damit auf die Sicherstellung der Gesetzmäßigkeit der Besteuerung ab.[185]

---

179 *Rosenke,* in: Pfirrmann/Rosenke/Wagner, BeckOK AO, Rz. 304 zu § 150 AO; *Seer,* in: Tipke/Kruse, Kommentar AO, Rz. 55 zu § 150 AO.

180 Siehe hierzu Kapitel 4 A II „Vorlagepflichten".

181 *Ortwald,* in: Zugmaier/Nöcker, Kommentar AO, Rz. 23 zu § 150 AO; *Seer,* in: Tipke/Kruse, Kommentar AO, Rz. 54 zu § 150 AO.

182 *Haselmann,* in: Koenig, Kommentar AO, Rz. 26 zu § 150 AO; *Rosenke,* in: Pfirrmann/Rosenke/Wagner, BeckOK AO, Rz. 299 zu § 150 AO; *Seer,* in: Tipke/Kruse, Kommentar AO, Rz. 54 zu § 150 AO.

183 *Ax/Große/Melchior/Lotz/Ziegler*, Rz. 1095; so auch: *Rosenke,* in: Pfirrmann/Rosenke/Wagner, BeckOK AO, Rz. 302 f. zu § 150 AO; *Seer,* in: Tipke/Kruse, Kommentar AO, Rz. 56 zu § 150 AO.

184 Siehe zu etwaigen Nachteilen bei Nichtbeifügung Kapitel 4 B II „Auswirkungen bei fehlender Belegvorlage im Rahmen der Steuererklärung".

185 *Haselmann,* in: Koenig, Kommentar AO, Rz. 2 zu § 153 AO; *Jesse,* BB 2011, 1431, 1431; *Rätke,* in: Klein, Kommentar AO, Rz. 1 zu § 153 AO; *Rosenke,* in: Pfirrmann/Rosenke/

Ebenso wie bei der allgemeinen Mitwirkungspflicht hat der Steuerpflichtige in vielen Fällen bessere Erkenntnismöglichkeiten als die Finanzbehörde. Aus § 153 AO ergibt sich bei vorangegangenem fehlerhaftem Verhalten, welches erkannt wird, eine gesetzliche Garantenpflicht des Steuerpflichtigen.[186]

Die Berichtigungspflicht des § 153 AO greift jedoch nicht nur bei Steuererklärungen im engeren Sinne, sondern bei allen steuerlichen Erklärungen, die gegenüber dem Finanzamt abgegeben werden. Dies sind alle Äußerungen, die erheblich für die Feststellung der Besteuerungsgrundlagen oder für die Festsetzung, Erhebung oder Vollstreckung der Steuer sind. Es sind ausschließlich unrichtige oder unvollständige Tatsachendarstellungen betroffen, nicht jedoch falsche Rechtsauffassungen (außer sie wurden nicht kenntlich gemacht und dadurch nicht erkannt).[187] Ob das Finanzamt die unrichtigen Tatsachendarstellungen erkennen konnte, ist unerheblich und begründet trotzdem eine Berichtigungspflicht.[188] Bei Offenlegung korrekter Tatsachen und falscher Rechtsanwendung, die das Finanzamt erkennen konnte, gilt jedoch keine Berichtigungspflicht, da sich die Wahrheitspflicht nur auf Tatsachen bezieht.[189] Nachträgliche Änderungen von Gesetzen, Rechtsprechung oder Verwaltungsauffassungen sind unerheblich und können keine Berichtigungspflicht begründen.[190]

Weitere Voraussetzung der Berichtigungspflicht ist das nachträgliche positive Wissen von der Unrichtigkeit oder Unvollständigkeit. Ein Wissenmüssen reicht nicht aus, es ist auch keine Nachforschung erforderlich.[191] Das nachträgliche Erkennen der Unrichtigkeit oder Unvollständigkeit ist, neben dem Vorliegen eines Verschuldens, das Abgrenzungskriterium einer Berichtigungserklärung nach § 153 AO zur Selbstanzeige nach § 371 AO. Eine Überschneidung kann

---

Wagner, BeckOK AO, Rz. 1 ff. zu § 153 AO; *Seer,* in: Tipke/Kruse, Kommentar AO, Rz. 1 zu § 153 AO.

186 *Rätke,* in: Klein, Kommentar AO, Rz. 1 zu § 153 AO; *Rosenke,* in: Pfirrmann/Rosenke/Wagner, BeckOK AO, Rz. 3 zu § 153 AO; *Seer,* in: Tipke/Kruse, Kommentar AO, Rz. 1 zu § 153 AO.

187 *Haselmann,* in: Koenig, Kommentar AO, Rz. 8 zu § 153 AO; *Rätke,* in: Klein, Kommentar AO, Rz. 2 zu § 153 AO; *Rosenke,* in: Pfirrmann/Rosenke/Wagner, BeckOK AO, Rz. 35, 39 f. und 82 zu § 153 AO; *Seer,* in: Tipke/Kruse, Kommentar AO, Rz. 10 zu § 153 AO.

188 *Rätke,* in: Klein, Kommentar AO, Rz. 4 zu § 153 AO.

189 Siehe Kapitel 1 B II „Steuererklärungspflichten des Steuerpflichtigen".

190 *Neuling,* DStR 2016, 1652, 1655.

191 *Neuling,* DStR 2016, 1652, 1657; *Rätke,* in: Klein, Kommentar AO, Rz. 9 zu § 153 AO; *Seer,* in: Tipke/Kruse, Kommentar AO, Rz. 16 zu § 153 AO.

insbesondere bei einer Steuerhinterziehung mit bedingtem Vorsatz vorliegen, wenn diese erst nachträglich als sicher erkannt wird, oder bei einer leichtfertigen Steuerverkürzung, die erst nachträglich erkannt wird.[192] In diesem Fall gilt die Berichtigungserklärung als Selbstanzeige nach § 371 AO, wenn deren Voraussetzungen erfüllt sind. Die Berichtigungspflicht gilt gemäß dem Wortlaut des § 153 AO auch bei etwaigem Vorliegen einer Steuerhinterziehung. Der nemo-tenetur-Grundsatz wird durch die Berichtigungspflicht des § 153 AO verdrängt.[193]

Die Berichtigungspflicht greift gemäß dem Wortlaut des § 153 Abs. 1 S. 1 AO für Steuerpflichtige und damit nur für Personen, die steuerlich relevante Erklärungen abgeben oder für sich abgeben lassen.[194] Nach § 153 Abs. 1 S. 2 AO trifft die Berichtigungspflicht auch den Gesamtrechtsnachfolger sowie etwaige gesetzliche Vertreter, Vermögensverwalter und Verfügungsberechtigte nach §§ 34, 35 AO.

Im Falle einer Berichtigungspflicht erfolgt eine zweistufige Richtigstellung durch den Steuerpflichtigen: Er ist unverzüglich zur Anzeige und anschließend in angemessener Frist zur Berichtigung der fehlerhaften Angabe verpflichtet. Hierbei besteht keine Pflicht zur Abgabe einer geänderten Erklärung, dies ist aber im zweiten Schritt möglich.[195]

Bei Verstößen gegen die Berichtigungspflicht können sowohl die Anzeige- als auch die Berichtigungspflicht mit Zwangsmitteln nach §§ 328 ff. AO durchgesetzt werden. Im Falle einer möglichen Straftat gilt dies nur eingeschränkt, da nach § 393 Abs. 1 S. 2 AO Zwangsmittel unzulässig sind, gemäß denen der Steuerpflichtige gezwungen werden würde, sich wegen einer Steuerordnungswidrigkeit oder Steuerstraftat selbst zu belasten.[196] Des Weiteren kann es zu einer Steuerhinterziehung durch Unterlassen nach § 370 Abs. 1 Nr. 2 AO kommen, wenn die Anzeige- und Berichtigungspflicht nicht erfüllt wird. Eine leichtfertige Steuerverkürzung kommt hingegen nicht in Betracht, da ein Verstoß gegen § 153 AO nur bei positivem Wissen in Frage kommt, sodass die Pflichtverletzung stets

---

192 *Rätke,* in: Klein, Kommentar AO, Rz. 8 zu § 153 AO; *Seer,* in: Tipke/Kruse, Kommentar AO, Rz. 20 zu § 153 AO.

193 *Rätke,* in: Klein, Kommentar AO, Rz. 8 zu § 153 AO; nach dem Wortlaut ebenfalls bejahend: *Seer,* in: Tipke/Kruse, Kommentar AO, Rz. 20 zu § 153 AO.

194 *Jesse,* BB 2011, 1431, 1432; *Rosenke,* in: Pfirrmann/Rosenke/Wagner, BeckOK AO, Rz. 50 zu § 153 AO.

195 *Haselmann,* in: Koenig, Kommentar AO, Rz. 3 zu § 153 AO; *Rosenke,* in: Pfirrmann/Rosenke/Wagner, BeckOK AO, Rz. 25 ff. zu § 153 AO.

196 *Rosenke,* in: Pfirrmann/Rosenke/Wagner, BeckOK AO, Rz. 180 zu § 153 AO; *Seer,* in: Tipke/Kruse, Kommentar AO, Rz. 30 zu § 153 AO.

vorsätzlich ist.[197] Verspätungszuschläge nach § 152 AO können bei unterlassener Berichtigung nicht festgesetzt werden, da es sich begrifflich bei der Anzeige bzw. der Berichtigung nicht um Steuererklärungen handelt.[198]

C. Pflichtenkanon des Steuerberaters

I. Historische Entwicklung der Rolle des Steuerberaters

1919 wurde § 88 RAO[199] eingeführt, in dem geregelt war, dass steuerliche Rechte und Pflichten durch Bevollmächtigte ausgeübt werden dürfen. Es bestand der Grundsatz der Gewerbefreiheit, sodass es nur nach § 35 RGewO bei unzuverlässigen Personen möglich war, die Befugnis zu untersagen.[200] Anfangs wurde der Steuerberater, beispielsweise von Max Lion, insbesondere als Interessenvertreter seiner Mandanten gesehen, der für einen Rechtsschutz gegen zu hohe Steuerbelastung sorgt.[201] Max Lion führte insbesondere aus, dass grundlegend hierfür das Vertrauensverhältnis zwischen Steuerberater und Steuerpflichtigem sei.[202] Er verglich den Steuerberater mit einem Rechtsanwalt und führte bereits aus, dass der Steuerberater Organ der Rechtspflege ist, der zwar unmittelbar nur die Interessen seines Mandanten fördert, mittelbar jedoch durch seine Bindung an die Steuergesetze auch die des Staates.[203]

Die heute geltenden Zulassungsbeschränkungen für Steuerberater stammen aus der Zeit des Nationalsozialismus. So wurde im Jahr 1935 § 107a RAO geschaffen, in dem explizit der Beruf des Helfers in Steuersachen und des Steuerberaters aufgenommen wurde.[204] Hierdurch wurde die bisherige Gewerbefreiheit durch den staatlichen Konzessionszwang ersetzt. Um den Beruf ergreifen zu

---

197 *Haselmann,* in: Koenig, Kommentar AO, Rz. 24 zu § 153 AO; *Rätke,* in: Klein, Kommentar AO, Rz. 24 zu § 153 AO; *Rosenke,* in: Pfirrmann/Rosenke/Wagner, BeckOK AO, Rz. 182 f. zu § 153 AO.

198 *Haselmann,* in: Koenig, Kommentar AO, Rz. 23 zu § 153 AO; *Rosenke,* in: Pfirrmann/Rosenke/Wagner, BeckOK AO, Rz. 181 zu § 153 AO; *Seer,* in: Tipke/Kruse, Kommentar AO, Rz. 30 zu § 153 AO.

199 RGBl. S. 1993.

200 RGewO v. 26.07.1900, RGBl. S. 871

201 *Lion,* in: Bensheimer, Steuerstrafrecht und Steuerstrafverfahren, 49, 54.

202 *Lion,* in: Bensheimer, Steuerstrafrecht und Steuerstrafverfahren, 49, 58.

203 *Lion,* in: Bensheimer, Steuerstrafrecht und Steuerstrafverfahren, 49, 66 und 69 f.

204 RGBl. 1935 I S. 1478; Steuerberater und Helfer in Steuersachen unterschieden sich im Hinblick auf die Ausbildung.

können, bedurfte es der vorherigen Erlaubnis des Finanzamtes.[205] Die Erlaubnis konnte jederzeit zurückgenommen werden.[206] Reinhardt begründete dies mit einer Erhöhung der Sicherheit des Steuerpflichtigen, richtig beraten und vor der Finanzverwaltung richtig vertreten zu werden.[207] Hierbei ist auch zu berücksichtigen, dass jeder Finanzbeamte Nationalsozialist sein musste und gemäß §§ 1 und 2 des Steueranpassungsgesetzes alle Steuergesetze nach nationalsozialistischer Weltanschauung auszulegen waren.[208] Juristische Spitzfindigkeiten, die dem Mittelbedarf des Reiches entgegenwirkten, sollten abgelehnt werden.[209] Hiermit sollte das Ziel einer einheitlichen Rechtsmeinung basierend auf einer einheitlichen Weltanschauung erreicht werden.[210] Zur Ausbildung des Steuerberaters gehörte auch, dass man mindestens eineinhalb Jahre beim Finanzamt tätig war.[211] Ein Helfer in Steuersachen musste aufgrund seiner Fachkenntnis im Steuer- und Verfahrensrecht, seiner politischen Zuverlässigkeit und seines Vorbildes in der Erfüllung der eigenen steuerlichen Pflichten würdig sein.[212] Der Steuerberater musste „charakterlich und weltanschaulich als Berater und Vertreter in Steuersachen geeignet“[213] sein. Juden wurden nicht als Helfer in Steuersachen zugelassen.[214] Der Steuerberater wurde nicht mehr als Vertreter privater Interessen angesehen, sondern als Bindeglied zwischen Staat und Steuerzahler.[215] Es wurde zwar nach wie vor ein Vertrauensverhältnis zwischen Steuerberater und Steuerpflichtigem angenommen, jedoch auch zwischen Finanzverwaltung und Steuerberater. Basierend hierauf durfte der Steuerberater nicht gegen die Belange der Volksgemeinschaft verstoßen; im Zweifel gingen die Interessen der Volksgemeinschaft den Interessen des Einzelnen vor.[216] Hierzu gehörte, dass der

---

205 *Reinhardt*, DStZ 1936, 18,19; *Reinhardt*, DStZ 1943, 337, 340; *Spohr*, Recht der Steuerberatung, S. 18.

206 *Reinhardt*, DStZ 1936, 18,19; *Spohr*, Recht der Steuerberatung, S. 47.

207 *Reinhardt*, DStZ 1943, 337, 339.

208 *Reinhardt*, DStZ 1936, 1167 (1207), 1169 (1209).

209 *Reinhardt*, DStZ 1937, 989, 997.

210 *Reinhardt*, DStZ 1936, 1167 (1207), 1170 (1210).

211 *Reinhardt*, DStZ 1943, 337, 339.

212 *Reinhardt*, DStZ 1936, 513 (553), 518 (558); *Reinhardt*, DStZ 1943, 337, 338.

213 *Reinhardt*, DStZ 1943, 337, 338.

214 *Reinhardt*, DStZ 1937, 217, 218; *Spohr*, Recht der Steuerberatung, S. 35.

215 *Reinhardt*, DStZ 1936, 18,18; auch als Mittler zwischen Steuerpflichtigen und Finanzbehörde bezeichnet in *Reinhardt*, DStZ 1943, 337, 339.

216 *Reinhardt*, DStZ 1943, 337, 339; so auch *Spohr*, Recht der Steuerberatung, S. 151: die Pflicht des Steuerberaters zur Vermeidung von Steuerzuwiderhandlungen steht im Gegensatz zum Interesse des Steuerpflichtigen an einer Steuervermeidung.

Steuerberater eine umfassende Prüfung der vom Steuerpflichtigen vorgelegten Unterlagen vornahm; wenn dies nicht möglich war, musste er darauf hinweisen, dass die Bilanz oder Steuererklärung basierend auf ungeprüften Unterlagen erstellt wurde. Infolgedessen wurde eine Betriebsprüfung durchgeführt.[217] Der Steuerberater sollte sich vom „Gemeinschaftsgeist und von kameradschaftlicher Gesinnung"[218] leiten lassen. Bereits hieran zeigt sich, dass Steuerberater dem Nationalsozialismus und dem hiermit verstandenen Gemeinwohl verpflichtet waren und dies in der laufenden Beratung beachten mussten.[219] Enno Becker führte im Jahr 1933 aus, dass der Steuerberater sich bei unklarer Rechtslage sorgfältiger um Steueransprüche des Reiches kümmern muss als das Finanzamt selbst.[220] Nach § 109 Abs. 1 RAO hafteten Steuerberater für die Steuerschulden des Mandanten.[221] Hintergrund war, dass ein Vertreter Pflichten gegenüber dem Steuergläubiger hat und er damit bei Pflichtverletzung persönlich in Anspruch genommen werden kann.[222] Dies wurde als eine „durch Staatsnotwendigkeiten gebotene wichtige Errungenschaft des neuen Steuerrechts"[223] bezeichnet. Zur Haftungsvermeidung waren Steuerberater damit umso mehr zu einer rechts- und verwaltungskonformen Beratung angehalten.[224]

Auch straf- und ordnungswidrigkeitenrechtlich konnte ein Steuerberater im Nationalsozialismus verfolgt werden. So konnte eine Steuerhinterziehung oder Steuergefährdung vorliegen, wenn der Steuerberater zum Vorteil eines anderen gegen die steuerrechtlichen Vorschriften verstößt.[225] Dies galt auch, wenn ein Steuerberater nach außen nicht in Erscheinung getreten ist und wenn dem Steuerberater unvollständige Unterlagen vom Steuerpflichtigen zur Verfügung

---

217 *Reinhardt,* DStZ 1943, 41, 41; siehe zur Prüfung der Unterlagen auch: *Reinhardt,* DStZ 1943, 337, 339; kritisch hierzu: *Spohr,* Recht der Steuerberatung, S. 152 f., der ausführt, dass eine umfassende Prüfung der Unterlagen nur bei einer separaten Auftragserteilung erfolgen muss.

218 *Reinhardt,* DStZ 1943, 337, 340.

219 So auch: *Krüger,* Steuerberatung und Gerechtigkeit, S. 319.

220 *Becker,* Zur Rechtsprechung, StuW 1933, Bd. 1, Sps. 681, 686.

221 RGBl. 1931 I, 161.

222 *Becker,* Zur Rechtsprechung, StuW 1933, Bd. 1, Sps. 681, 686; *Hartwich,* Die Haftung des Vertreters im Steuerrecht, Steuer und Wirtschaft 1939, Teil 1, Sp. 609, 611 ff.; *Spohr,* Recht der Steuerberatung, S. 74.

223 *Becker,* Zur Rechtsprechung, StuW 1933, Bd. 1, Sps. 681, 686.

224 So auch: *Mutschler,* Vom „Soldaten Adolf Hitlers" zum unabhängigen Organ, S. 74.

225 *Gierschmann,* DStZ 1937, 225, 225 zur Steuerhinterziehung und 228 zur Steuergefährdung; *Reinhardt,* DStZ 1943, 337, 339; *Spohr,* Recht der Steuerberatung, S. 130.

gestellt wurden.[226] Das Reichsgericht entschied, dass, wenn einmal Steuerunehrlichkeit bei einem Mandanten erkannt wurde, eine verstärkte Überwachung erforderlich sei, da sich der Berater sonst mitschuldig mache.[227] Allgemein galt Steuerhinterziehung als Schädigung der Allgemeinheit, sodass Steuerhinterzieher als „Volksschädlinge" bezeichnet wurden, gegen die härteste Strafen ergriffen werden müssen.[228] Im Nationalsozialismus wandelte sich die Rolle des Steuerberaters damit zum „Hüter der Steuermoral"[229], von dem erwartet wurde, dass er zum Vorteil der Volksgemeinschaft handelte.

Erst nach dem Nationalsozialismus wurde die Unabhängigkeit der Steuerberater etabliert. Spitaler führte aus, dass der Steuerberater kein verlängerter Arm der Finanzverwaltung sei, sondern ein beratender Beruf. Weiter betonte er das zwingend notwendige Vertrauensverhältnis zwischen Steuerberater und Mandant. Er bezeichnete den Steuerberater als Organ der Steuerrechtspflege, dessen Handeln durch das Berufsrecht und das Steuerstrafrecht begrenzt ist.[230] Der Steuerberater darf damit keine ungerechtfertigten Vorteile für seinen Auftraggeber herausholen, sondern ist Diener des richtigen Rechts; dies bezeichnete Spitaler als ureigentliche „Mission des Steuerberaterberufs"[231]. Ausgehend hiervon stellte Spitaler ebenfalls dar, dass wegen dieses Ziels der gesetzmäßigen Steuerfestsetzung Steuerberater und Finanzverwaltung zusammenarbeiten können und damit Steuerberater die Finanzverwaltung erheblich entlasten können. Im Zusammenhang hiermit sollte die Finanzverwaltung den Steuerberatern auch entsprechend entgegenkommen, beispielsweise durch ausreichende Fristen.[232] Nichtsdestotrotz sprach Spitaler im Jahr 1948 die Aufsichtsrechte über die Steuerberater der Finanzverwaltung zu, da kein anderes Ressort mit den Anforderungen an Steuerberater so vertraut sei.[233] Auch führte er aus, dass der

226 *Gierschmann*, DStZ 1937, 225, 225.

227 Urteil Reichsgericht 09.05.1933, RStBl. 1933, 577; RStBl. 1934, 1588; ebenso zu einem Angestellten, der bereits wegen Steuerhinterziehung bestraft worden ist: *Gierschmann*, DStZ 1937, 225, 226; *Spohr*, Recht der Steuerberatung, S. 154.

228 *Henze*, DStZ 1937, 1103, 1104.

229 *Reinhardt*, DStZ 1943, 337, 339.

230 *Spitaler* in Tagungsbericht der Bizonalen Arbeitsgemeinschaft der Steuerberater und Helfer in Steuersachen in Köln, FR 1948, 99, 100.

231 *Spitaler* in Tagungsbericht der Bizonalen Arbeitsgemeinschaft der Steuerberater und Helfer in Steuersachen in Köln, FR 1948, 99, 101.

232 *Spitaler* in Tagungsbericht der Bizonalen Arbeitsgemeinschaft der Steuerberater und Helfer in Steuersachen in Köln, FR 1948, 99, 101.

233 *Spitaler* in Tagungsbericht der Bizonalen Arbeitsgemeinschaft der Steuerberater und Helfer in Steuersachen in Köln, FR 1948, 99, 100.

Steuerberater eine „Erziehungspflicht" gegenüber seinem Auftraggeber hat, die eine ständige kritische Prüfung der Angaben des Steuerpflichtigen erfordert.[234] Thoma führte aus, dass der Steuerberater unabhängig ist und insbesondere gegenüber der Finanzverwaltung nicht weisungsgebunden. Steuerberater seien damit keine Treuhänder des Staates, sondern ausschließlich gegenüber dem Auftraggeber, dem Gesetz und den Berufskollegen verpflichtet. Weiter führte er aus, dass der Steuerberater die Unterlagen des Auftraggebers prüfen muss. Falls er jedoch ausdrücklich vom Auftraggeber von dieser Pflicht entbunden ist, müsse er den Auftrag nur niederlegen, wenn offensichtliche Anhaltspunkte für ein Steuervergehen vorliegen. Weiter führte Thoma aus, dass die Beurteilung von Verstößen von Steuerberatern wegen seiner unabhängigen Stellung zwingend durch Gerichte und nicht mehr durch die Finanzverwaltung erfolgen soll.[235] Er argumentierte außerdem, dass der Steuerberater an Verwaltungsanweisungen nicht gebunden ist und auch entgegen dieser handeln muss, wenn dies zugunsten seines Mandanten ist.[236]

Maassen führte im Jahre 1963 explizit aus, dass der Berater nicht der verlängerte Arm der Finanzverwaltung ist, sondern der Interessenvertreter seines Mandanten.[237] Demgemäß wurde auch dem Vertrauensverhältnis zwischen Steuerberater und Mandant eine übergeordnete Rolle beigemessen.[238] Nichtsdestotrotz stellte er hohe Anforderungen an die Steuerberater, die auch eine strengere Behandlung durch die Finanzverwaltung rechtfertigt.[239] Maassen befürwortete auch eine Überprüfungspflicht des Steuerberaters im Hinblick auf die Unterlagen des Steuerpflichtigen und führte aus, dass bei Verstößen auch eine strafrechtliche Verantwortung des Steuerberaters vorliegen kann.[240] Nichtsdestotrotz führte er aus, dass auch die strafrechtliche Beurteilung auf der Stellung des Steuerberaters als Interessenvertreter basieren muss. So müssen die

---

234 *Spitaler* in Tagungsbericht der Bizonalen Arbeitsgemeinschaft der Steuerberater und Helfer in Steuersachen in Köln, FR 1948, 99, 101.

235 *Thoma*, FR 1949, 207, 208; *Thoma* in Tagungsbericht der Bizonalen Arbeitsgemeinschaft der Steuerberater und Helfer in Steuersachen in Köln, FR 1948, 99, 102; so auch: *Schroeder* in Tagungsbericht der Bizonalen Arbeitsgemeinschaft der Steuerberater und Helfer in Steuersachen in Köln, FR 1948, 99, 103.

236 *Thoma*, in: Steuerberater-Jahrbuch 1971/72, 59, 63.

237 *Maassen*, Das Recht der Steuerberatung, S. 3.

238 *Maassen*, Das Recht der Steuerberatung, S. 15.

239 *Maassen*, Das Recht der Steuerberatung, S. 3 (führt das Beispiel eines Rechtsmittelverzichts nach unrichtiger Belehrung durch die Finanzverwaltung aus).

240 *Maassen*, Das Recht der Steuerberatung, S. 17 f.

Bücher des Steuerpflichtigen ohne separaten Auftrag nicht auf Vollständigkeit und Richtigkeit geprüft werden, da der Steuerberater dem Steuerpflichtigen nicht mit Misstrauen begegnen muss. Auch bei erkannten Steuerstraftaten ist der Steuerberater nicht zur Anzeige verpflichtet. Er darf jedoch nicht selbst an einer Steuerstraftat mitwirken.[241]

Auch Zacharias sah im Steuerberater einen vom Staat unabhängigen Vertreter des Mandanten, führte jedoch auch aus, dass die Steuerberater Partner der Finanzverwaltung sind, beispielsweise indem sie sämtliche Steuergesetze gegenüber dem Mandanten erläutern und deren Einhaltung sicherstellen.[242]

Anfang der 70er Jahre verglich Rose die Steuerberater mit der Feuerwehr, da diese „den Freiheitsraum des Individuums vor unberechtigten Steuerzugriffen schützen“[243] und damit „Steuerwehrleute“[244] seien, die unnötige Steuerzahlungen durch ihre Mandanten vermeiden sollen. Hierbei nannte er als Aufgaben des Steuerberaters insbesondere „Durchsetzungsberatung“[245], also die Unterstützung bei der Erstellung der Steuererklärung, und vorsorgliche „Gestaltungsberatung“[246]. Hierbei muss der Steuerberater auch die übrigen Ziele des Mandanten im Blick behalten. So führt Rose aus: „Man darf nicht ohne Steuer fahren, man sollte aber nicht nur nach Steuern steuern.“[247] Durch diese Tätigkeit als Wahrer der Interessen des Steuerpflichtigen trägt der Steuerberater zu einer gesetzmäßigen Steuerfestsetzung bei, sodass der Steuerberater zwar kein Vertreter des Staates ist, aber trotzdem nicht „antistaatlich“ handelt.[248] Die Stärkung der Position des Steuerpflichtigen durch die steuerliche Beratung ermöglicht ein partnerschaftliches Zusammenwirken von Steuerpflichtigem und Staat.[249] Damit befand sich der Steuerberater nicht mehr in einem Abhängigkeitsverhältnis der Finanzbehörde, er trug jedoch durch eine gesetzmäßige Interessenvertretung trotzdem zu einer wirksamen Rechtspflege bei.

Das Bundesverfassungsgericht sah den Steuerberater ebenfalls als Interessenvertreter des Mandanten an, betonte jedoch auch die Mittlerrrolle wegen seiner

---

241 *Maassen,* Das Recht der Steuerberatung, S. 61.

242 *Zacharias,* Der Steuerberater 1966, 6, 81, 83.

243 *Rose,* Der Steuerberater 1972, 3/23, 41, 43.

244 *Rose,* Der Steuerberater 1972, 3/23, 41, 43.

245 *Rose,* Der Steuerberater 1972, 3/23, 41, 43.

246 *Rose,* Der Steuerberater 1972, 3/23, 41, 43; so auch: *Rose,* StbJb 1969/70, 31, 31 ff.

247 *Rose,* Der Steuerberater 1972, 3/23, 41, 44.

248 *Rose,* Der Steuerberater 1972, 3/23, 41, 44.

249 *Rose,* Der Steuerberater 1972, 3/23, 41, 46; so auch: *Rose,* in: Steuerberaterkongressreport 1977, 191, 205.

„Vertrauensstellung gegenüber den Finanzbehörden und -gerichten“[250]. Genau hieran bestehe ein hohes öffentliches Interesse.[251] Auch Rudel führte Ende der 1970er Jahre aus, dass der Steuerberater eine Mittelsperson sei und auch Interessen des Staates wahrnimmt, beispielsweise bei der Durchsetzung von Steueransprüchen und bei der Beeinflussung der Steuermoral des Steuerpflichtigen.[252]

Der Entwurf des Steuerberatungs-Notgesetzes 1953[253] enthielt Ausführungen dazu, dass der Steuerberater einen freien und unabhängigen Beruf ausübt. Dieses Gesetz wurde jedoch nicht verabschiedet.[254] Seit 1961 (erstmaliges Inkrafttreten der ursprünglichen Fassung; Neubekanntmachung vom 07.11.1975)[255] ist die Unabhängigkeit des Steuerberaters im Steuerberatungsgesetz manifestiert.[256] Seitdem wird der Steuerberater, auch in der Rechtsprechung des Bundesverfassungsgerichts, entweder als unabhängiges Organ (vergleichbar einem Rechtsanwalt)[257] oder, wie auch schon vor Inkrafttreten des StBerG, als Mittler zwischen der Interessenvertretung für den Mandanten und der Verpflichtung für das Gemeinwohl[258] betrachtet. Da Menschen im Regelfall nicht freiwillig Steuern zahlen, sollen Steuerberater auch die Steuermoral fördern.[259] Auch Späth führte in den 90er Jahren aus, dass der Steuerberater in erster Linie Interessenvertreter seines Mandanten ist, aber auch die öffentlichen Belange berücksichtigen muss, da die Finanzverwaltung auf die Tätigkeit der Steuerberater aufgrund der Kompliziertheit des Steuerrechts nicht verzichten kann.[260] Späth grenzte aufgrund dessen den Steuerberater klar vom Rechtsanwalt ab, da der Rechtsanwalt alle gegen seinen Mandanten sprechenden Sachverhalte bis zur Grenze

---

250 BVerfG, Beschluss vom 15.02.1967, 1 BvR 569/62, BVerfGE 21, 173, Rz. 19.

251 BVerfG, Beschluss vom 15.02.1967, 1 BvR 569/62, BVerfGE 21, 173, Rz. 19.

252 *Rudel*, Praxis der Steuerberatungsbetriebe, S. 43 f.

253 BT-Drs. 1/4221.

254 *Mutschler*, Vom „Soldaten Adolf Hitlers“ zum unabhängigen Organ, S. 80.

255 BGBl. Nr. 67 vom 23.08.1961 sowie BGBl. Nr. 123 vom 7.11.1975.

256 *Stalf*, Steuerumgehung als Mittel der Steuerberatung?, S. 22; *Maassen*, Das Recht der Steuerberatung, S. 120.

257 BVerfG, Beschluss vom 04.07.1989, 1 BvR 1460/85, BVerfGE 80, 269, Rz. 42; *Maxl*, in: Kuhls/Meurers/Maxl/Schäfer/Goez, Kommentar StBerG, Rz. 34 zu § 57 StBerG; *Ring*, DStR-Beih 2019, 54, 57; *Ring*, in: Mann/Kämmerer/Kilian/Ring/Stein/, Der Steuerberater als Organ der Steuerrechtspflege, S. 26 f.; *Seer*, DStR 2008, 1553, 1553 f.; *Stalf*, Steuerumgehung als Mittel der Steuerberatung?, S. 38.

258 *Hommerich*, DStR 2008, 1161, 1165; *Krüger*, Steuerberatung und Gerechtigkeit, S. 348, 353; *Späth*, Die zivilrechtliche Haftung des Steuerberaters, S. 89 f.

259 *Krüger*, Steuerberatung und Gerechtigkeit, S. 367.

260 *Späth*, Die zivilrechtliche Haftung des Steuerberaters, S. 87.

der Wahrheit seinem Gegner überlassen könne; der Steuerberater sei hingegen in das öffentlich-rechtliche Gewaltverhältnis der Finanzverwaltung eingebunden und seine Arbeit stelle oft die wichtigste Grundlage für eine gesetzmäßige Steuerfestsetzung dar.[261]

Die Mittlerrolle wird allerdings kritisiert, da die Rolle des Steuerberaters, der zur Sicherung der Steuereinnahmen beiträgt, einer wirksamen Rechtspflege widerspricht. Mutschler spricht hier von einem „Steuerpolizisten", in den der Mandant das Vertrauen verliert.[262] Eine Mittlerrolle zwischen Finanzverwaltung und Steuerpflichtigem würde einem doppelten Mandat ähneln, welches dem Mandatsbegriff widerspricht, der eine exklusive Interessenvertretung des Mandanten vorschreibt.[263] Eine wirksame Rechtspflege erfordert, dass der Berater das ausschöpft, was gesetzlich möglich ist. Mittlerweile wird daher dem Begriff der „Organstellung" der Vorzug gegeben.[264] Seit 18.12.2019 enthält auch § 32 StBerG die explizite Regelung, dass Steuerberater ein unabhängiges Organ der Steuerrechtspflege sind. Eine „Mittlerrolle" hat der Steuerberater nur insoweit inne, als dass er die Kommunikation zwischen Steuerpflichtigem und Finanzverwaltung vermittelt.[265] Der Steuerberater dient wie der Rechtsanwalt der Verwirklichung des Rechts, jedoch im Sonderinteresse eines Mandanten.[266] Damit erbringen Steuerberater auch erhebliche Aufgaben für die Allgemeinheit.[267] Hierdurch wird der Steuerberater mittelbar durch seine Tätigkeit auch zum „Partner der Finanzverwaltung".[268]

---

261 *Späth,* Die zivilrechtliche Haftung des Steuerberaters, S. 90.

262 *Mutschler*, Vom „Soldaten Adolf Hitlers" zum unabhängigen Organ, S. 130.

263 *Krüger*, Steuerberatung und Gerechtigkeit, S. 359.

264 *Krüger*, Steuerberatung und Gerechtigkeit, S. 351; *Linnemann*, StB 2019, 139, 142; *Stalf*, Steuerumgehung als Mittel der Steuerberatung?, S. 39 f.; Motto des Steuerberater-Kongresses 2008: „Der Steuerberater als Organ der Steuerrechtspflege".

265 *Rüping*, DStR 2006, 1249, 1249.

266 *Stalf*, Steuerumgehung als Mittel der Steuerberatung?, S. 41.

267 *Krüger*, Steuerberatung und Gerechtigkeit, S. 355; *Stalf*, Steuerumgehung als Mittel der Steuerberatung?, S. 29.

268 *Seer*, DStR 2008, 1553, 1554; so auch: *Drüen*, DStR 2010, 2, 8; *Seer*, SteuerStud 8/2010, 369, 371 f.; so auch schon früher zum Zusammenspiel zwischen Steuerpflichtigem (nicht Steuerberater) und Finanzverwaltung: BFH, Urteil vom 25.02.1972, VIII R 141/71, BStBl. II 1972, 550, Rz. 11 (Hilfsorgan); *Lanwehr*, Faktische Selbstveranlagung und Fehlerkorrektur im Besteuerungsverfahren von Arbeitnehmern, S. 121; zur Änderung der Rolle im elektronischen Veranlagungsverfahren und den Grenzen der Stellung als Partner siehe nachfolgend Kapitel 7 B II „Die Organstellung des Steuerberaters im Kontext des elektronischen Veranlagungsverfahrens".

II. Abgabenrechtliche Pflichten und Obliegenheiten des Steuerberaters im Veranlagungsverfahren

1. Allgemeine Mitwirkungspflichten und Steuererklärungspflichten

Der Steuerberater kann Bevollmächtigter sein, ist aber im Besteuerungsverfahren kein Beteiligter im Sinne von § 78 AO.[269] Damit hat er selbst in der Regel keine Mitwirkungspflichten gemäß der Abgabenordnung, da diese an die Beteiligtenstellung anknüpfen.[270] Im Ergebnis treffen die allgemeinen Mitwirkungspflichten im Veranlagungsverfahren den Steuerberater nicht selbst, sondern nur den Steuerpflichtigen. Ebenso ist der Steuerberater selbst im Hinblick auf das Veranlagungsverfahren seines Mandanten nicht Steuerpflichtiger, sodass er keine Pflicht zur Abgabe einer Steuererklärung hat und auch keine Berichtigungspflicht nach § 153 AO.[271]

Im Regelfall ist der Steuerberater Bevollmächtigter, also gewillkürter Vertreter des Beteiligten im Besteuerungsverfahren, und handelt damit im Namen des Beteiligten.[272] Dies deckt sich auch mit § 33 StBerG, nach dem der Steuerberater Hilfe in Steuersachen leistet und zwar entweder in Form der Beratung, der Vertretung oder der Hilfeleistung bei der Bearbeitung der Steuerangelegenheiten und bei der Erfüllung der steuerlichen Pflichten.[273] Im Wege der Vertretung können auch die Mitwirkungspflichten im Besteuerungsverfahren für den Beteiligten durch den Bevollmächtigten erfüllt werden.[274] Die Bevollmächtigung im Besteuerungsverfahren ist in § 80 AO geregelt. Eine Bevollmächtigung erfordert eine Vollmacht des Steuerberaters nach § 164 Abs. 1 BGB, wodurch der Steuerberater den Mandanten wirksam im Außenverhältnis vertreten kann.[275]

---

269 So zu anderen Personen, die in einer fremden Sache zur Mitwirkung in Anspruch genommen werden: *Seer,* in: Tipke/Lang, Rz. 21.154.

270 *Krüger*, Steuerberatung und Gerechtigkeit, S. 367; Bevollmächtigter kein Beteiligter laut *Söhn,* in: Hübschmann/Hepp/Spitaler, Kommentar AO, Rz. 42 zu § 78 AO und Rz. 37 zu § 80 AO; zur Beteiligtenstellung und den Mitwirkungspflichten: *Drüen,* in: Tipke/Kruse, Kommentar AO, Rz. 1 zu § 78 AO; *Hahlweg,* in: Koenig, Kommentar AO, Rz. 9 zu § 90 AO; *Söhn,* in: Hübschmann/Hepp/Spitaler, Kommentar AO, Rz. 37 zu § 80 AO.

271 Zur Berichtigungspflicht nach § 153 AO siehe noch im Detail Kapitel 1 B IV „Berichtigung von Erklärungen durch den Steuerpflichtigen".

272 *Kobor,* in: Pfirrmann/Rosenke/Wagner, BeckOK AO, Rz. 11 zu § 80 AO.

273 *Koslowski*, Kommentar Steuerberatungsgesetz, Rz. 6 zu § 33 StBerG.

274 *Söhn,* in: Hübschmann/Hepp/Spitaler, Kommentar AO, Rz. 8 bis 8b zu § 90 AO.

275 *Ax/Große/Melchior/Lotz/Ziegler*, Rz. 975.

Infolge der Bevollmächtigung wirken die im Namen des Mandanten abgegebenen Willenserklärungen des Steuerberaters unmittelbar für und gegen den Mandanten. Der Beteiligte im Besteuerungsverfahren, hier der Mandant, muss sich die Verfahrenshandlungen des Bevollmächtigten unabhängig von seinem Willen zurechnen lassen. Ebenso wird ein Verschulden des Bevollmächtigten dem Beteiligten im Besteuerungsverfahren zugerechnet.[276]

Der Steuerberater ist Bevollmächtigter, wenn er erkennbar, beispielsweise an der Erstellung von Steuererklärungen, mitgewirkt hat. Eine rein interne Unterstützung allein, z.B. durch Vorbereitung der Buchführung, führt nicht zur Bevollmächtigung im Sinne des § 80 AO.[277] Bei höchstpersönlichen Pflichten, beispielsweise der eigenhändigen Unterzeichnung der Steuererklärung oder bei Wissenserklärungen des Steuerpflichtigen, ist keine Bevollmächtigung möglich.[278] Bei Abgabe einer persönlich unterschriebenen Steuererklärung tritt der Steuerberater damit nur als Erfüllungsgehilfe und nicht als Bevollmächtigter auf.[279]

Wenn ein Bevollmächtigter bestellt ist, soll sich die Behörde zur Erfüllung der Mitwirkungspflichten vorrangig an den Bevollmächtigten wenden; sie kann sich jedoch auch an den Beteiligten wenden, soweit dieser zur Mitwirkung verpflichtet ist (§ 80 Abs. 3 S. 1 AO).[280] Im Rahmen der Ermessensausübung („soll") hat sich die Finanzbehörde hierbei vorrangig an den Bevollmächtigten und nur in Ausnahmefällen an den Beteiligten selbst zu wenden (z.B. bei Abwesenheit des Bevollmächtigten und Eilbedürftigkeit, bei keiner Reaktion des Bevollmächtigten oder bei Zweifeln an der Bevollmächtigung). Bei steuerlichen

---

276 *Kobor,* in: Pfirrmann/Rosenke/Wagner, BeckOK AO, Rz. 18 zu § 80 AO; *von Wedelstädt,* AO-StB 2015, 99, 103; jedoch nicht strafrechtlich, vgl. hierzu *Steinhauff,* AO-StB 2016, 176, 176.

277 *Söhn,* in: Hübschmann/Hepp/Spitaler, Kommentar AO, Rz. 146 zu § 80 AO.

278 *Hahlweg,* in: Koenig, Kommentar AO, Rz. 9 zu § 90 AO; *Rätke,* in: Klein, Kommentar AO, Rz. 56 zu § 80 AO; *Söhn,* in: Hübschmann/Hepp/Spitaler, Kommentar AO, Rz. 41 zu § 80 AO.

279 BFH, Urteil vom 19.10.2016, II R 44/12, BStBl. II 2017, 797, Rz. 21; BFH, Urteil vom 03.02.1983, IV R 153/80, BStBl. II 1983, 324, Orientierungssatz 2 sowie Rz. 12; *Heuermann,* in: Hübschmann/Hepp/Spitaler, Kommentar AO, Rz. 23 zu § 150 AO; a.A. (weder Erfüllungsgehilfe noch Vertreter): *Loose,* in: Tipke/Kruse, Kommentar AO, Rz. 83 zu § 173 AO.

280 *Kobor,* in: Pfirrmann/Rosenke/Wagner, BeckOK AO, Rz. 15 zu § 90 AO.

Stellungnahmen sowie Verhandlungen hat sich die Finanzverwaltung stets an den Bevollmächtigten zu wenden.[281]

Damit treffen den Steuerberater als Bevollmächtigten unmittelbar nicht die allgemeinen Mitwirkungspflichten nach der Abgabenordnung. Etwas anderes gilt, wenn der Steuerberater selbst gesetzlicher Vertreter oder Verfügungsberechtigter im Sinne der §§ 34, 35 AO ist, was aber in der Regel nicht der Fall ist.[282] Im Innenverhältnis zwischen Mandanten und Steuerberater übernimmt der Berater im Rahmen eines Dienstvertrages mit Geschäftsbesorgungscharakter[283] Pflichten, die jedoch für das Besteuerungsverfahren nach der AO ohne Bedeutung sind.[284]

2. Steuerrechtliche Haftungstatbestände

Jedoch können auch Steuerberater Beteiligte im Besteuerungsverfahren nach § 78 AO werden, wenn Sie Haftungsschuldner und damit Adressat eines Haftungsbescheides sind.[285] Hierfür existieren in der Abgabenordnung diverse Haftungsvorschriften. Gemeinsam ist den Haftungsschulden im Besteuerungsverfahren, dass der Haftungsschuldner akzessorisch für die Steuerschuld eines Dritten einsteht und diese damit gerade nicht den Steuerschuldner selbst betrifft.[286] Im Folgenden werden die Haftungstatbestände, die unter Umständen für Steuerberater relevant sein können, dargestellt.

Nach § 69 AO haftet der gesetzliche Vertreter (§ 34 AO) sowie der Verfügungsberechtigte (§ 35 AO). Anwendbar ist die Haftungsvorschrift beispielsweise für den Vormund, den Nachlasspfleger, für gesetzliche Vertreter von Kapitalgesellschaften, faktische Geschäftsführer sowie Verwalter fremden Vermögens.[287] Da der Steuerberater in der Regel kein gesetzlicher Vertreter seines

---

281 *Kobor*, in: Pfirrmann/Rosenke/Wagner, BeckOK AO, Rz. 60 f. zu § 80 AO und Rz. 15 zu § 90 AO; *Rätke*, in: Klein, Kommentar AO, Rz. 55 zu § 80 AO.

282 *Rüsken*, in: Klein, Kommentar AO, Rz. 11 zu § 35 AO; *Wollweber*, in: Gräfe/Wollweber/Schmeer, S. 597 ff.

283 Im Regelfall; teilweise auch Werkvertrag, siehe *Busche*, in: Säcker/Rixecker/Oetker/Limperg, Münchener Kommentar BGB, Rz. 164 f. zu § 631 BGB; *Gehrlein*, Anwalts- und Steuerberaterhaftung, Rz. 3 zu Kapitel A (Werkvertrag bei konkreten Einzelaufgaben); siehe hierzu im Detail Kapitel 1 C III 1 „Umfang des Mandats basierend auf dem Steuerberatungsvertrag".

284 *Ax/Große/Melchior/Lotz/Ziegler*, Rz. 975.

285 *Drüen*, in: Tipke/Kruse, Kommentar AO, Rz. 18 zu § 78 AO; siehe hierzu auch *Rüsken*, in: Klein, Kommentar AO, Rz. 1 zu § 34 AO (für gesetzliche Vertreter).

286 *Wollweber*, in: Gräfe/Wollweber/Schmeer, S. 596.

287 *Wollweber*, in: Gräfe/Wollweber/Schmeer, S. 600 ff.

Mandanten gemäß § 34 AO ist, findet diese Alternative des § 69 AO hier keine Anwendung. Ein Verfügungsberechtigter gemäß § 35 AO ist, wer rechtlich und tatsächlich über Wirtschaftsgüter, Mittel, Sachen oder Rechte eines anderen verfügen kann.[288] Des Weiteren muss er auch nach außen als Verfügungsberechtigter auftreten und am Rechtsverkehr teilnehmen.[289] Entscheidend ist, dass der Verfügungsberechtigte rechtlich und tatsächlich die Pflichten eines anderen erfüllen kann und dies auch tut.[290] Im Detail wird hierzu ausgeführt, dass bereits die Unterzeichnung einer Eröffnungsbilanz sowie von Steuererklärungen auf ein Auftreten als Verfügungsberechtigter hindeuten kann.[291] Jedoch erfordert eine Verfügungsmacht, dass Verfügungen unter Umständen auch gegen den Willen des Steuerpflichtigen vorgenommen werden können.[292] Dies ist bei Steuerberatern nicht der Fall, da diese weisungsgebunden gegenüber dem Mandanten sind und nicht gegen dessen Willen Entscheidungen treffen dürfen. Allein die Abgabe von Erklärungen oder tatsächlichen Handlungen reicht für eine Verfügungsberechtigung im Sinne des § 35 AO nicht aus.[293] Auch wenn der Steuerberater als Bevollmächtigter nach § 80 AO auftritt, bedeutet dies nicht gleichzeitig, dass er Verfügungsbefugnis hat; die rechtsgeschäftliche Vertretungsmacht nach §§ 164 ff. BGB umfasst keine Pflichtenübertragung.[294] Damit ist der Steuerberater in der Regel kein Verfügungsberechtigter in diesem Sinne, sodass auch diese Alternative des Haftungstatbestandes des § 69 AO für Steuerberater regelmäßig keine Anwendung findet.[295] Sofern im Ausnahmefall § 69 AO für Steuerberater Anwendung finden sollte, ist zu beachten, dass vor Erlass des Haftungsbescheides

288 *Rosenke,* in: Pfirrmann/Rosenke/Wagner, BeckOK AO, Rz. 35 zu § 35 AO; *Rüsken,* in: Klein, Kommentar AO, Rz. 3 f. zu § 35 AO.

289 *Nacke*, S. 15, Rz. 2.29; *Rosenke,* in: Pfirrmann/Rosenke/Wagner, BeckOK AO, Rz. 35 zu § 35 AO.

290 *Specker,* in: Pfirrmann/Rosenke/Wagner, BeckOK AO, Rz. 45 zu § 69 AO.

291 BFH, Beschluss vom 13.08.2007, VII B 20/07, BFH/NV 2008, 10, Leitsatz 2 und Rz. 10; mit Verweis auf BFH, Urteil vom 16.01.1980, I R 7/77, BStBl. II 1980, 526, Rz. 14; siehe auch: *Heuel,* in: Kohlmann, Kommentar Steuerstrafrecht, Rz. 48 zu § 378 AO (der ausführt, dass es unklar ist, ob eine Einreichung und Unterzeichnung von Voranmeldungen genügt, oder auch eine Kontovollmacht erforderlich ist); *Rüsken,* in: Klein, Kommentar AO, Rz. 8 zu § 35 AO.

292 *Rüsken,* in: Klein, Kommentar AO, Rz. 17 zu § 35 AO.

293 *Rüsken,* in: Klein, Kommentar AO, Rz. 3 und 15 zu § 35 AO.

294 *Hanßen*, S. 80.

295 *Rüsken,* in: Klein, Kommentar AO, Rz. 11 zu § 35 AO; so auch: VG München 10. Kammer vom 21.03.1991, M 10 S 91.644, ZKF 1991, 231, Orientierungssatz; *Loose,* in: Tipke/Kruse, Kommentar AO, Rz. 7 zu § 35 AO; *Nacke*, S. 16, Rz. 2.31.

die Berufskammer nach § 191 Abs. 2 AO zu konsultieren ist, wenn der Steuerberater in Ausübung seines Berufes gehandelt hat. Etwaige Stellungnahmen der Kammer sind im Rahmen der Ermessensentscheidung bei Erlass des Haftungsbescheides zu berücksichtigen.[296]

Des Weiteren haftet nach § 71 AO der Steuerhinterzieher. Zweck der Vorschrift ist es, den Schaden für den Fiskus, der durch eine Steuerhinterziehung entstanden ist, auszugleichen, sodass dies in der Literatur auch als Schadenersatz bezeichnet wird.[297] Im Gegensatz zum Haftungstatbestand des § 69 AO ist bei § 71 AO der Kreis der Haftenden nicht auf gesetzliche Vertreter oder Verfügungsberechtigte beschränkt, da die Steuerhinterziehung kein Sonderdelikt darstellt, sondern von jedermann begangen werden kann.[298] Voraussetzung einer Haftung nach § 71 AO ist das Vorliegen des objektiven und subjektiven Tatbestandes einer Steuerhinterziehung.[299] Daraus folgt, dass die Haftung auch nur besteht, soweit der Tatbestand der Steuerhinterziehung vorliegt (also z.B. nur für den Steuerbetrag, der vorsätzlich hinterzogen wurde).[300] Hierbei ist unerheblich, ob eine strafbefreiende Selbstanzeige nach § 371 AO eingereicht wurde, da diese nur einen Strafaufhebungsgrund darstellt, aber den Tatbestand der Steuerhinterziehung nicht entfallen lässt.[301] Eine leichtfertige Steuerverkürzung nach § 378 AO reicht nicht aus.[302] Nach § 71 AO haftet jeder Täter oder Mittäter, auch der Gehilfe im Rahmen einer Beihilfe oder der Anstifter bei einer Anstiftung. Damit ergibt sich eine Haftung nach § 71 AO für den Steuerberater, wenn dieser selbst Täter oder Teilnehmer ist.[303] Der Steuerschuldner

---

296 *Loose*, in: Tipke/Kruse, Kommentar AO, Rz. 31 ff. zu § 191 AO; *Specker*, in: Pfirrmann/Rosenke/Wagner, BeckOK AO, Rz. 245 zu § 191 AO.

297 *Loose*, in: Tipke/Kruse, Kommentar AO, Rz. 1 zu § 71 AO; *Wollweber*, in: Gräfe/Wollweber/Schmeer, S. 671; ebenfalls von einer Abschöpfung des Steuerschadens sprechend: *Krause*, DStR 1998, 553, 553 f.

298 Siehe nachfolgend Kapitel 1 C V 2 „Steuerhinterziehung durch aktives Tun".

299 *Specker*, in: Pfirrmann/Rosenke/Wagner, BeckOK AO, Rz. 20 zu § 71 AO.

300 *Joecks*, Praxis des Steuerstrafrechts, S. 81; *Krause*, DStR 1998, 553, 554; *Nacke*, S. 195, Rz. 5.63.

301 *Nacke*, S. 191, Rz. 5.57; *Schwedhelm*, DStR 2006, 1017, 1021; *Wollweber*, in: Gräfe/Wollweber/Schmeer, S. 672.

302 *Specker*, in: Pfirrmann/Rosenke/Wagner, BeckOK AO, Rz. 20 zu § 71 AO.

303 *Schaaf*, AO-StB 2012, 349, 349; *Schwedhelm*, DStR 2006, 1017, 1017; *Podewils/Hellinger*, DStZ 2013/18, 662, 662; *Weckerle*, in: Mellinghoff, DStJG 38 (2015), 171, 191; *Wegner*, in: Wannemacher, Steuerstrafrecht, Rz. 2590; *Wenzel*, NWB 2011, 3449, 3450.

selbst haftet nicht nach § 71 AO, sondern schuldet die Steuer bereits selbst als Beteiligter.[304]

Die Haftung umfasst die verkürzte Steuer, Steuervorteile sowie Hinterziehungszinsen. Säumniszuschläge und Zinsen nach § 233a AO sind gemäß dem Wortlaut des § 71 AO nicht von der Haftung umfasst.[305] Der Haftungsschuldner nach § 71 AO haftet unabhängig vom Grad seiner Pflichtverletzung für die volle hinterzogene Steuer.[306]

Die Haftung nach § 71 AO kann für den Steuerberater Anwendung finden.[307] Dies gilt insbesondere, da eine Selbstanzeige den Haftungstatbestand nicht entfallen lässt. Infolgedessen kann eine Selbstanzeige geradezu die Haftung eines Steuerberaters nach § 71 AO ebnen.[308] § 71 AO greift nur bei eigener Tatbeteiligung des Steuerberaters an der Steuerhinterziehung, jedoch reicht eine Beihilfe aus.[309] Erst kürzlich hatte das FG Berlin-Brandenburg mit Urteil vom 06.03.2018 entschieden, dass ein Steuerberater nach § 71 AO haftet, wenn er, trotz der erkennbaren großen Wahrscheinlichkeit einer Straftat, weiterhin Umsatzsteuervoranmeldungen abgibt, da er hierdurch Beihilfe zur Steuerhinterziehung geleistet hat.[310] Auch die Berufshaftpflichtversicherung greift im Regelfall nicht bei vorsätzlichen Taten und deckt somit eine Haftung nach § 71 AO nicht ab.[311] Nichtsdestotrotz ergibt sich durch § 71 AO für den Steuerberater keine Pflicht oder Obliegenheit, eine Steuerstraftat anzuzeigen.[312]

Des Weiteren wurde mit dem Gesetz zur Modernisierung des Besteuerungsverfahrens mit Wirkung ab 01.01.2017 eine neue, für Steuerberater bedeutsame,

---

304 *Gotzens,* in: Wannemacher, Steuerstrafrecht, Rz. 2761; *Kratzsch,* in: Koenig, Kommentar AO, Rz. 11 zu § 71 AO; *Nacke*, S. 192, Rz. 5.59; *Nickert/Nickert/Lienhard*, Die Haftung des Steuerberaters, S. 149; *Rüsken,* in: Klein, Kommentar AO, Rz. 1 zu § 71 AO; *Specker,* in: Pfirrmann/Rosenke/Wagner, BeckOK AO, Rz. 22 f. zu § 71 AO.

305 *Nacke*, S. 195, Rz. 5.62.

306 *Schwedhelm*, DStR 2006, 1017, 1021.

307 *Nacke*, S. 191, Rz. 5.57.

308 *Nacke*, S. 192, Rz. 5.57.

309 *Loose,* in: Tipke/Kruse, Kommentar AO, Rz. 6 ff. zu § 71 AO.

310 FG Berlin-Brandenburg, Urteil vom 06.03.2018, 9 K 9306/12, DStRK 2019, 21, Orientierungssatz 5 und Rz. 141; BFH hierzu anhängig Aktenzeichen VII R 29/18 (wegen Übermittlung Steueranmeldungen durch Mitarbeiter ohne Kenntnis des Steuerberaters).

311 *Ehlers*, DStR 2008, 578, 583; *Prowatke/Stang*, StB 2017, 300, 302; im Detail zur Berufshaftpflichtversicherung und dem Deckungsumfang: Diller, DStR 2016, 2305, 2305 ff.

312 *Streck*, BB 1984, 2205, 2207; siehe auch Kapitel 1 C V 3 „Steuerhinterziehung durch Unterlassen“.

Haftungsvorschrift eingeführt. Nach § 72a AO kann der Steuerberater bei fehlerhafter elektronischer Datenübermittlung haften.[313] Die Haftungsvorschrift gilt nur für Steuerausfälle und nicht für Nebenleistungen.[314] Auf die Voraussetzungen und Haftungsgefahren für Steuerberater nach § 72a AO wird im zweiten Kapitel separat eingegangen.[315]

3. *Anzeigepflichten und Pflichten für Datenübermittler*

Neben den allgemeinen Mitwirkungspflichten für Beteiligte und den Pflichten für Steuerpflichtige (z.B. § 149 AO, § 153 AO) sieht die Abgabenordnung Pflichten für weitere Personen vor, zu denen auch Steuerberater gehören können.

So besteht gemäß § 138d Abs. 1 AO eine Anzeigepflicht für grenzüberschreitende Steuergestaltungen für sogenannte Intermediäre, also Personen, die entsprechende Gestaltungen vermarkten, konzipieren, organisieren, zur Nutzung bereitstellen oder verwalten. Hierzu können auch Steuerberater gehören.[316] Die Meldepflicht geht auf den Nutzer der Gestaltung, also im Regelfall den Steuerpflichtigen, über, sofern der Intermediär zur Verschwiegenheit verpflichtet ist und sobald der Intermediär den Nutzer über die Pflicht und die erforderlichen Angaben informiert hat. Diese Anzeigepflicht ist kein Schwerpunkt dieser Arbeit, ist aber bei der Untersuchung der Rolle des Steuerberaters im Gesamtzusammenhang zu berücksichtigen.[317] Hiervon zu unterscheiden sind die Anzeigepflichten der §§ 137 und 138 AO, die ausschließlich die Steuerpflichtigen treffen.

Weiter bestehen gemäß § 87d Abs. 2 und 3 AO Pflichten für Datenübermittler, also Personen, die Daten nach amtlich vorgeschriebenem Datensatz durch Datenfernübertragung über die amtlich bestimmten Schnittstellen für steuerliche Zwecke an die Finanzverwaltung übermitteln. Hierzu zählen insbesondere Steuerberater, die beispielsweise die elektronische Übermittlung von Steuererklärungen und Steueranmeldungen vornehmen und damit „Auftragnehmer" im Sinne von § 87d AO sind.[318] Hierauf wird nachfolgend im Zusammenhang mit der elektronischen Übermittlung von Steuererklärungen sowie der E-Bilanz

---

313 *Nacke*, S. 217, Rz. 5.138.

314 *Nacke*, S. 218, Rz. 5.138.

315 Siehe hierzu insbesondere Kapitel 2 C IV „Pflichten und Obliegenheiten für Steuerberater im Rahmen der elektronischen Datenübermittlung".

316 *Brandis*, in: Tipke/Kruse, Kommentar AO, Rz. 6 zu § 138d AO.

317 Siehe hierzu Kapitel 7 B II „Die Organstellung des Steuerberaters im Kontext des elektronischen Veranlagungsverfahrens".

318 *Kobor*, in: Pfirrmann/Rosenke/Wagner, BeckOK AO, Rz. 5 zu § 87d AO.

im Detail eingegangen.[319] Nicht den Steuerberater selbst trifft § 93c AO, der eine elektronische Mitteilungspflicht von Dritten voraussetzt und damit zum Beispiel Versicherungen im Bereich der Vorsorgeaufwendungen, Träger der Rentenversicherung, Arbeitgeber und Banken trifft.[320]

III. Zivilrechtliche Pflichten und Obliegenheiten des Steuerberaters gegenüber dem Mandanten

1. Umfang des Mandats basierend auf dem Steuerberatungsvertrag

Es existieren keine gesetzlich allgemein festgelegten Pflichten für die beratenden Berufe[321], sofern man die Sonderregelungen für bestimmte Berufskreise nach dem Berufsrecht[322] außer Betracht lässt. Die zivilrechtlichen Pflichten des Steuerberaters ergeben sich aus dem mit dem Mandanten abgeschlossenen Steuerberatungsvertrag und sind auch hierdurch begrenzt.[323] Der Steuerberater muss im Rahmen des Steuerberatungsvertrages ungefragt über steuerliche Folgen (steuerliche Gefahren und mögliche Steuerersparnisse) belehren, Mandanten vor Schaden bewahren und den sichersten Weg aufzeigen.[324] Die Kardinalpflichten im Rahmen des Mandats wie die Aufklärung des Sachverhalts, die Prüfung der Rechtslage, die Beratung und Vertretung des Mandanten sowie

319 Siehe hierzu Kapitel 2 C IV „Pflichten und Obliegenheiten für Steuerberater im Rahmen der elektronischen Datenübermittlung“ und 3 E II „Pflichten für Steuerberater im Rahmen der Datenübermittlung“.

320 *Kobor,* in: Pfirrmann/Rosenke/Wagner, BeckOK AO, Rz. 10 zu § 93c AO; *Seer,* in: Tipke/Kruse, Kommentar AO, Rz. 3 zu § 93c AO.

321 *Müller*, AO-StB 2015, 139, 140.

322 Siehe hierzu nachfolgend Kapitel 1 C IV „Berufspflichten und -obliegenheiten des Steuerberaters“.

323 BGH, Urteil vom 26.01.1995, IX ZR 10/94, BGHZ 128, 358, Leitsatz 1 und Rz. 12; *Fischer,* in: Hau/Poseck, BeckOK BGB, Rz. 45 zu § 675 BGB; *Fuldner*, StB 2006, 383, 384; *Heuel*, Haftung für Steuerberatung, S. 147; *Nickert/Nickert/Lienhard*, Die Haftung des Steuerberaters, S. 2; *Prowatke/Stang*, StB 2017, 300, 305; *Zugehör*, Grundsätze der zivilrechtlichen Haftung, Rz. 15.

324 BGH, Urteil vom 15.07.2004, IX ZR 472/00, Juris, Rz. 7; OLG Oldenburg, Urteil vom 02.11.2017, 14 U 21/17, Juris, Leitsatz 1 und Rz. 14; OLG Frankfurt a.M, Urteil vom 01.06.2017, 17 U 151/16, Juris, Rz. 47; *Alvermann*, Stbg 2008, 356, 356; *Fehrenbacher,* in: Prütting/Wegen/Weinreich, Kommentar BGB, Rz. 20 zu § 675 BGB; *Gehrlein*, Anwalts- und Steuerberaterhaftung, Rz. 1 zu Kapitel C; *Kilian,* in: v. Westphalen/Thüsing, Vertragsrecht und AgB-Klauselwerke, Rz. 4 und 15 zu „Steuerberater“; *Martini*, AO-StB 2016, 140, 141; *Nickert/Nickert/Lienhard*, Die Haftung des Steuerberaters, S. 5.

die Bewahrung vor Schaden, die im Folgenden noch einzeln erläutert werden, können auch nicht durch allgemeine Auftragsbedingungen eingeschränkt werden.[325] Pflichten zur Belehrung des Mandanten außerhalb des Mandats entstehen, wenn ein Anlass besteht, beispielsweise wenn der Steuerberater Grund zu der Annahme haben muss, dass der Mandant eine steuerliche Fehlentscheidung trifft und sich dessen nicht bewusst ist und dies auf den ersten Blick ersichtlich ist.[326] Hierbei kann die steuerliche Beratung selbständige Hauptleistungspflicht eines Beratungsvertrages sein oder Nebenpflicht nach § 242 BGB.[327] Des Weiteren hat der Steuerberater eine vertragliche Verpflichtung, steuerlich bedeutsame Vorgänge gegenüber dem Finanzamt richtig darzustellen.[328]

Aus den vertraglichen Pflichten resultieren diverse Nebenpflichten für den Steuerberater, beispielsweise die unabhängige, gewissenhafte und verschwiegenhafte Berufsausübung. Ebenso ist der Steuerberater nach § 613 S. 1 BGB bzw. § 631 Abs. 1 BGB bereits zur höchstpersönlichen und eigenverantwortlichen Leistungserbringung verpflichtet. Da diese Pflichten auch nochmals berufsrechtlich konkretisiert sind, werden sie nachfolgend bei den Berufspflichten[329] dargestellt. Es ist jedoch zu beachten, dass Verstöße hiergegen im Regelfall auch zivilrechtliche Auswirkungen nach sich ziehen.

Zur Eingrenzung der zivilrechtlichen Pflichten empfiehlt es sich daher, den genauen Umfang im Steuerberatungsvertrag in schriftlicher Form zu dokumentieren.[330] Der Steuerberatungsvertrag stellt grundsätzlich einen Dienstvertrag mit Geschäftsbesorgungscharakter dar, insbesondere wenn es sich um einen Dauervertrag handelt. Die Tätigkeiten des Steuerberaters sind nicht auf einen bestimmten Erfolg gerichtet. Hieran ändert es nichts, dass innerhalb des Mandats einzelne Tätigkeiten (z.B. die Erstellung einzelner Steuererklärungen) Werkvertragscharakter haben.[331] Etwas anderes gilt, wenn Einzelaufträge erteilt

---

325 *Waschk*, SteuK 2012, 92, 92.

326 *Fischer*, in: Hau/Poseck, BeckOK BGB, Rz. 47 zu § 675 BGB; *Gehrlein*, Anwalts- und Steuerberaterhaftung, Rz. 8 zu Kapitel C; *Gehrlein*, DStR 2018, 487, 488; *Menkel*, DStR 2010, 2477, 2477 f.; *Waschk*, SteuK 2012, 92, 92; von einer „Ausuferung der Beraterhaftung sprechend: *Alvermann*, Stbg 2008, 356, 356.

327 *Fischer*, in: Hau/Poseck, BeckOK BGB, Rz. 47 zu § 675 BGB; *Kilian*, in: v. Westphalen/Thüsing, Vertragsrecht und AgB-Klauselwerke, Rz. 4 zu „Steuerberater"; *Menkel*, DStR 2010, 2477, 2479.

328 *Prowatke/Stang*, StB 2017, 300, 302.

329 Siehe Kapitel 1 C IV „Berufspflichten und -obliegenheiten des Steuerberaters".

330 *Laumen*, DStR 2015, 2514, 2517.

331 *Busche*, in: Säcker/Rixecker/Oetker/Limperg, Münchener Kommentar BGB, Rz. 164 zu § 631 BGB; *Gehrlein*, Anwalts- und Steuerberaterhaftung, Rz. 3 zu Kapitel A; *Jilg*,

werden (z.B. ausschließlich die Erstellung einzelner Steuererklärungen oder Bilanzen oder die Erstellung eines Steuergutachtens). In diesem Fall kann ein Steuerberatungsvertrag ausnahmsweise auch als Werkvertrag klassifiziert werden.[332] Bei einem echten Steuerberatungsvertrag enthält der Vertrag hauptsächlich berufstypische Tätigkeiten nach §§ 33 und 57 Abs. 3 StBerG.[333] Im Falle eines Dauermandats hat der Steuerberater den Mandaten bei allen steuerlichen Angelegenheiten zu betreuen, wenn die steuerlichen Fragen auf den ersten Blick ersichtlich sind.[334] Hier können die Pflichten des Steuerberaters daher über den genauen Einzelauftrag hinausgehen, insbesondere hinsichtlich einer vollumfassenden Beratung zu steuerlichen Risiken und Hinweisen außerhalb des Mandats.[335] Das Vorliegen eines Dauermandats muss vom Mandanten bewiesen werden, allerdings gilt eine Vermutung für ein Dauermandat, wenn der Steuerberater die Bücher führt.[336] Ebenfalls ist von einem Dauermandat auszugehen, wenn der Steuerberater die Steuererklärungen sowie etwaige Rechtsbehelfe bearbeitet und er nicht von vornherein klargestellt hat, dass er bestimmte Bereiche nicht bearbeitet.[337] Ein Dauermandat liegt daher insbesondere in der hier betrachteten Deklarations- und Veranlagungstätigkeit der Steuerberater in vielen Fällen vor.[338] Nichtsdestotrotz gibt es keinen allgemeinen Erfahrungssatz

---

in: Niebling, AnwaltKommentar AgB-Recht, Rz. 1908 zu „Steuerberater-AgB"; *Koslowski*, Kommentar Steuerberatungsgesetz, Rz. 19 f., 24 zu § 33 StBerG; *Laumen*, DStR 2015, 2514, 2514; *Zugehör*, Grundsätze der zivilrechtlichen Haftung, Rz. 3, 6.

332 *Busche,* in: Säcker/Rixecker/Oetker/Limperg, Münchener Kommentar BGB, Rz. 165 zu § 631 BGB; *Kilian,* in: v. Westphalen/Thüsing, Vertragsrecht und AgB-Klauselwerke, Rz. 4 zu „Steuerberater".

333 *Zugehör*, Grundsätze der zivilrechtlichen Haftung, Rz. 2.

334 BGH, Urteil vom 26.01.1995, IX ZR 10/94, BGHZ 128, 358, Leitsatz 2 sowie Rz. 14 f.; vorher noch abstellend auf die Schwierigkeit der Rechtsfrage: BGH, Urteil vom 25.11.1987, IVa ZR 162/86, Juris, Leitsatz 2 sowie Rz. 10; siehe auch: *Gehrlein*, Anwalts- und Steuerberaterhaftung, Rz. 31 zu Kapitel C.

335 *Kilian,* in: v. Westphalen/Thüsing, Vertragsrecht und AgB-Klauselwerke, Rz. 19 zu „Steuerberater"; *Linnemann*, StB 2019, 139, 142; *Menkel*, DStR 2010, 2477, 2479; *Zugehör*, Grundsätze der zivilrechtlichen Haftung, Rz. 8, 15.

336 *Laumen*, DStR 2015, 2514, 2517.

337 *Waclawik*, DStR 2019, 2713, 2713.

338 So z.B. auch *Linnemann*, StB 2019, 139, 142.

zum Vorliegen eines Dauermandates, sodass die Prüfung im Einzelfall erfolgen muss.[339]

Abzugrenzen von den zivilrechtlichen Pflichten gemäß dem abgeschlossenen Vertrag sind Obliegenheiten, die sich für beide Vertragsparteien auch zivilrechtlich ergeben können. Ein obliegenheitsgemäßes Verhalten unterliegt weder einem Erfüllungsanspruch noch einer Klage- oder Vollstreckungsmöglichkeit. Des Weiteren besteht kein Schadenersatzanspruch nach § 280 BGB bei Verletzung einer Obliegenheit. Jedoch können sich Nachteile für die eigene Rechtsposition bei Verletzung einer Obliegenheit ergeben.[340] Eine Obliegenheit kommt damit nur dann in Betracht, wenn sich nicht explizit aus dem Gesetz oder aus der Vereinbarung der Parteien eine Mitwirkungspflicht ergibt.[341]

2. *Interessenvertretung*

Im Rahmen des Mandatsvertrages hat der Steuerberater die Arbeiten so zu erledigen, wie es den Interessen des Mandanten am besten entspricht. Dies kann sein, dass der Mandant so wenig Steuern wie möglich zahlt.[342] Je nach Einzelfall können dies jedoch auch andere Interessen sein, beispielsweise eine möglichst große Rechtssicherheit.

Ausgehend vom Interesse an einer möglichst geringen Steuerlast ist es legitim und erforderlich, hinsichtlich entsprechender Gestaltungen zur Steuerminderung Ratschläge zu erteilen.[343] Dies bedeutet, dass höhere als gesetzlich notwendige Steuern vermieden werden sollen, wobei alle gesetzlich möglichen Steuerminderungen und unter Umständen auch eine günstige Praxis der Finanzverwaltung (auch wenn diese im Widerspruch zum geltenden Steuerrecht steht) ausgenutzt werden müssen.[344] Hierbei dürfen steuergestaltende oder bilanzpolitische Maßnahmen genutzt werden, solange diese gesetzmäßig sind

---

339 *Waclawik*, DStR 2019, 2713, 2714; so auch: *Zugehör*, DStR 2010, 2595, 2595; jeweils mit Verweis auf BGH, Urteil vom 20.07.2006, IX ZR 47/0, Juris, Rz. 7 (allerdings zum Rechtsanwalt ergangen).

340 *Ernst*, in: Säcker/Rixecker/Oetker/Limperg, Münchener Kommentar BGB, Rz. 14 zu Einl SchuldR; siehe zum Beispiel des Werkvertrags auch *Voit*, in: Hau/Poseck, BeckOK BGB, Rz. 6 zu § 642 BGB.

341 *Voit*, in: Hau/Poseck, BeckOK BGB, Rz. 6 zu § 642 BGB.

342 *Schwedhelm*, DStR 2006, 1017, 1017.

343 *Wegner*, in: Wannemacher, Steuerstrafrecht, Rz. 2586.

344 *Gehrlein*, Anwalts- und Steuerberaterhaftung, Rz. 14 zu Kapitel C; *Gehrlein*, DStR 2018, 487, 487; *Gräfe*, in: Gräfe/Wollweber/Schmeer, S. 102.

und die Grenze zur Bilanzmanipulation nicht überschritten wird.[345] Hiermit ist auch verbunden, dass Fehler des Finanzamtes zugunsten des Steuerpflichtigen nicht gegenüber der Finanzverwaltung angezeigt werden müssen. Der Steuerberater ist kein Sachwalter der Finanzverwaltung. Des Weiteren liegt mangels eigenen Tuns hier keine Steuerhinterziehung vor. Es ist allerdings ein Hinweis an den Mandanten wegen späterer möglicher Änderungen des Bescheides erforderlich.[346]

In diesem Rahmen tritt der Steuerberater auch dafür ein, dass die Steuern für seinen Mandanten gerecht erhoben werden. Für den Steuerberater als Interessenvertreter des Steuerpflichtigen ist die Steuergerechtigkeit dann hergestellt, wenn der Steuerpflichtige – im Rahmen der gesetzlichen Möglichkeiten – so wenig wie möglich Steuern zahlt, um die verhältnismäßig schwache Rechtsposition des Steuerpflichtigen gegenüber dem Staat auszugleichen.[347]

Bei mehreren Möglichkeiten ist der Mandant über die steuerlichen Einzelheiten der verschiedenen Varianten sowie die Höhe des Risikos umfassend aufzuklären. Der Steuerberater hat den sichersten Weg zu empfehlen.[348] Hier wird auch dem Interesse an Rechtssicherheit Rechnung getragen. Wenn die Rechtslage ungeklärt ist und hiervon eine erhebliche und nicht mehr rückgängig zu machende Gestaltung abhängt, muss der Steuerberater eine verbindliche Auskunft empfehlen, wobei derzeit noch offen gelassen wurde, ob diese Pflicht auch bei bestehender Gebührenpflicht der verbindlichen Auskunft besteht.[349] Ziel der

345 *Gräfe*, in: Gräfe/Wollweber/Schmeer, S. 179.

346 *Gräfe*, in: Gräfe/Wollweber/Schmeer, S. 446 f.

347 *Krüger*, Steuerberatung und Gerechtigkeit, S. 372 f.

348 ständige Rechtsprechung siehe z.B. BGH, Urteil vom 08.02.2007, IX ZR 188/05, Juris, Leitsatz 1 sowie Rz. 8; BGH, Urteil vom 15.07.2004, IX ZR 472/00, Juris, Rz. 7; BGH, Urteil vom 12.02.2004, IX ZR 246/02, Juris, Rz. 11; BGH, Urteil vom 16.10.2003, IX ZR 167/02, Juris, Rz. 8; BGH, Urteil vom 11.05.1995, IX ZR 140/94, BGHZ 129, 386, Rz. 23; BGH, Urteil vom 03.06.1993, IX ZR 173/92, Juris, Rz. 11; BGH, Urteil vom 03.12.1992, IX ZR 61/92, Juris, Rz. 16; BGH, Urteil vom 07.05.1992, IX ZR 151/91, Juris, Rz. 27; in Anlehnung an den Rechtsanwalt siehe z.B. BGH, Urteil vom 08.12.1983, I ZR 183/81, BGHZ 89, 178, Rz. 12; BGH, Urteil vom 22.09.1958, III ZR 16/58, Leitsatz; siehe auch: *Fischer*, in: Hau/Poseck, BeckOK BGB, Rz. 45 zu § 675 BGB; *Gehrlein*, Anwalts- und Steuerberaterhaftung, Rz. 2 zu Kapitel C; *Kilian*, in: v. Westphalen/Thüsing, Vertragsrecht und AgB-Klauselwerke, Rz. 16 zu „Steuerberater"; *Spinner*, in: Säcker/Rixecker/Oetker/Limperg, Münchener Kommentar BGB, Rz. 21 zu § 611 BGB; *Zugehör*, Grundsätze der zivilrechtlichen Haftung, Rz. 40.

349 BGH, Urteil vom 08.02.2007, IX ZR 188/05, Juris, Rz. 11 und Rz. 18 (bei schwerwiegender und nicht mehr rückgängig zu machender Entscheidung, Frage der Gebühren

Beratung des Mandanten ist es, dass der Steuerberater dem Mandanten verschiedene Möglichkeiten aufzeigt, sodass dieser eine eigenverantwortliche Entscheidung treffen kann.[350] Eine abgelehnte Empfehlung muss bei gleicher Sachlage auch bei einem Dauermandat nicht vom Steuerberater wiederholt werden.[351]

Inwieweit der Steuerberater potenzielle Steuergestaltungen oder Gesetzeslücken trotz Empfehlung des sichersten Weges ausnutzen muss, ist in der Praxis schwer zu entscheiden, da er sich hier in einem Widerspruch zwischen den Interessen des Mandanten sowie dem Berufsethos befindet.[352] Da der Steuerberater als Organ der Steuerrechtspflege auch Gemeinwohlaufgaben fördert, darf der Steuerberater nicht uneingeschränkt die Interessen seines Mandanten verfolgen, auch wenn dies seitens des Mandanten erwartet wird.[353] Die Grenze zwischen bestmöglicher Steuerberatung und aggressiver Steuergestaltung ist berufsrechtlich nicht festgelegt, sodass nur eine strafrechtliche Grenze gezogen werden kann.[354] Marx bezeichnet dies als „Gratwanderung zwischen guter Steuerberatung und Beihilfe zur Steuerhinterziehung“[355].

Hierbei ist zu beachten, dass der Steuerberater zweifelhafte Entscheidungen nicht allein treffen darf, sondern die Weisungen des Mandanten befolgen muss.

---

jedoch offengelassen); siehe hierzu Anmerkung von *Waclawik* zu BGH, Urteil vom 15.11.2007, IX ZR 34/04, DStR 2008, 321, 322 (Gebühren dürften im Regelfall zu keinem anderen Ergebnis führen); siehe auch: *Gehrlein*, Anwalts- und Steuerberaterhaftung, Rz. 20 zu Kapitel C; *Kilian*, in: v. Westphalen/Thüsing, Vertragsrecht und AgB-Klauselwerke, Rz. 16 zu „Steuerberater“ (jedoch keine generelle Pflicht zur Empfehlung einer verbindlichen Auskunft); *Spinner*, in: Säcker/Rixecker/Oetker/Limperg, Münchener Kommentar BGB, Rz. 21 zu § 611 BGB; *Zugehör*, Grundsätze der zivilrechtlichen Haftung, Rz. 31.

350 *Alvermann*, Stbg 2008, 356, 356; *Kilian*, in: v. Westphalen/Thüsing, Vertragsrecht und AgB-Klauselwerke, Rz. 16 zu „Steuerberater“; *Zugehör*, Grundsätze der zivilrechtlichen Haftung, Rz. 41.

351 *Kilian*, in: v. Westphalen/Thüsing, Vertragsrecht und AgB-Klauselwerke, Rz. 21 zu „Steuerberater“.

352 *Linnemann*, StB 2019, 139, 143.

353 *Kuhls*, in: Kuhls/Meurers/Maxl/Schäfer/Goez, Kommentar StBerG, Rz. 8 zu § 32 StBerG; *Linnemann*, StB 2019, 139, 143 f.; *Ring*, in: Mann/Kämmerer/Kilian/Ring/Stein, Der Steuerberater als Organ der Steuerrechtspflege, S. 27; siehe hierzu bereits Kapitel 1 C I „Historische Entwicklung der Rolle des Steuerberaters“.

354 *Linnemann*, StB 2019, 139, 144; siehe hierzu nachfolgend Kapitel 1 C V „Pflichten des Steuerberaters aus strafrechtlicher Sicht“.

355 *Marx*, DStR 1993, 1901, 1901; so auch („schmaler Pfad“): *Seer*, in: Tipke, Steuerberatung und Rechtsstaat, S. 35.

Dies ergibt sich zivilrechtlich aus §§ 675 in Verbindung mit 665 BGB. Hiernach darf der Steuerberater als Beauftragter nur von den Weisungen des Auftraggebers (Mandanten) abweichen, wenn er annehmen durfte, dass der Auftraggeber diese Abweichung billigt. Auch dann ist jedoch vorher eine Anzeige an den Auftraggeber zu machen und dessen Entscheidungen abzuwarten, wenn keine Gefahren aus einer nicht unverzüglichen Handlung drohen.[356] Wenn der Steuerberater die Weisung für unsachgemäß hält, sie jedoch nicht rechtswidrig ist, muss er sie grundsätzlich trotzdem befolgen. Nichtsdestotrotz muss der Mandant auf mögliche negative Folgen hingewiesen werden, was sich aus der Pflicht zur gewissenhaften Berufsausübung ergibt.[357] Bei unklaren oder fehlenden Weisungen muss der Steuerberater nachfragen, bei steuerrechtlichen oder taktischen Fragen hinsichtlich des weiteren Vorgehens kann der Steuerberater jedoch selbst entscheiden.[358] Ein Verstoß gegen die Pflicht zur Interessenvertretung kann auch strafrechtliche Auswirkungen in Form der Untreue nach § 266 StGB haben.[359]

3. *Sachverhaltsaufklärung*

Im Rahmen seines Mandats hat der Steuerberater, resultierend aus seiner umfassenden Beratungspflicht, den Sachverhalt zu ermitteln, um eine zuverlässige Grundlage für seine Tätigkeiten zu schaffen.[360] Zur Sachverhaltsaufklärung eines Rechtsanwalts wurde beispielsweise entschieden, dass dieser sich nicht ohne weiteres mit den Informationen des Auftraggebers begnügen darf, sondern zusätzliche Aufklärung betreiben muss, wenn dies für die rechtliche Beurteilung

356 *Fischer*, in: Hau/Poseck, BeckOK BGB, Rz. 1 zu § 665 BGB; *Gehrlein*, Anwalts- und Steuerberaterhaftung, Rz. 23 zu Kapitel C; *Gehrlein*, DStR 2018, 487, 489; *Kilian*, in: v. Westphalen/Thüsing, Vertragsrecht und AgB-Klauselwerke, Rz. 21 zu „Steuerberater"; *Koslowski*, in: Pelka/Petersen, Beck'sches Steuerberater-Handbuch 2019/2020, Rz. 87 zu X „Berufsrecht in der Praxis"; *Koslowski*, Kommentar Steuerberatungsgesetz, Rz. 12 zu § 57 StBerG; *Laumen*, DStR 2015, 2514, 2518; *Martini*, AO-StB 2016, 140, 142.

357 *Gräfe*, in: Gräfe/Wollweber/Schmeer, S. 114.

358 *Gräfe*, in: Gräfe/Wollweber/Schmeer, S. 115; zum Rechtsanwalt BGH, Urteil vom 10.06.1980, VI ZR 127/79, Juris, Rz. 13 ff.

359 *Schwedhelm*, DStR 2006, 1017, 1017.

360 BGH, Urteil vom 07.02.2002, IX ZR 209/00, NJW 2002, Juris, Rz. 11 f. zur Aufklärungspflicht eines Rechtsanwalts; BGH, Urteil vom 17.10.1991, IX ZR 255/90, BGHZ 115, 382, Rz. 20 zu Hinweisen auf erforderliche Unterlagen durch Steuerberater; *Fuldner*, StB 2006, 383, 385; *Gräfe*, in: Gräfe/Wollweber/Schmeer, S. 103; *Wacker*, DStR 2013, 2025, 2027 f.

erforderlich und für seinen Mandanten nicht ohne weiteres ersichtlich ist.[361] Ausgehend hiervon muss der Steuerberater konkret die steuerlich erheblichen Unterlagen benennen, diese beim Mandanten anfordern und sichten, auch wenn dieser die Steuererheblichkeit selbst erkennen konnte.[362] Bereits bei Annahme des Mandats muss er Informationen über Güterstand und persönliche Daten des Mandanten einholen.[363] Bei Änderungen während der Vertragslaufzeit ist jedoch davon auszugehen, dass der Mandant etwaige Änderungen dem Steuerberater mitteilt, sodass diese nicht ständig verifiziert werden müssen.[364] Im Rahmen der laufenden Beratung müssen das Ziel des Mandanten sowie die Sachverhalte und Beweismittel geklärt werden. Des Weiteren hat der Steuerberater auch eine Pflicht zur Beweissicherung.[365]

Gegenstück zur Aufklärungspflicht des Steuerberaters ist die Mitwirkungs- und Informationspflicht des Mandanten. Hierbei handelt es sich um eine vertragliche Nebenpflicht, gemäß der der Mandant den Steuerberater wahrheitsgemäß und vollständig über erhebliche Tatsachen informieren muss.[366] Die Muster-AgB für Steuerberatungsverträge enthalten in Ziffer 6 Abs. 1 eine Klausel, die dem Mandanten eine weitreichende Obliegenheit zur Übermittlung aller erforderlichen Unterlagen ohne Aufforderung durch den Steuerberater auferlegt.[367] Die Wirksamkeit dieser Klausel ist zweifelhaft, da der Mandant im Regelfall nicht im Detail weiß, welche Informationen für die steuerliche Beratung erforderlich sind, sodass die Klausel in diesen Fällen eine unangemessene Benachteiligung für den Mandanten nach § 307 Abs. 2 Nr. 1 BGB darstellt, die mit der Pflichtenstellung des Steuerberaters nicht zu vereinbaren ist.[368] Der

---

361 BGH, Urteil vom 07.02.2002, IX ZR 209/00, Juris, Rz. 11.

362 BGH, Urteil vom 12.03.1986, IVa ZR 183/84, Juris, Rz. 7; OLG Düsseldorf, Urteil vom 25.11.2008, 23 U 64/08, Juris, Rz. 4; OLG Düsseldorf, Urteil vom 20.12.2001, 23 U 49/01, Juris, Rz. 23.; *Gräfe,* in: Gräfe/Wollweber/Schmeer, S. 103.

363 *Gräfe,* in: Gräfe/Wollweber/Schmeer, S. 104.

364 BGH, Urteil vom 06.12.1979, VII ZR 19/79, Juris, Rz. 16; *Gräfe,* in: Gräfe/Wollweber/Schmeer, S. 105.

365 *Gräfe,* in: Gräfe/Wollweber/Schmeer, S. 103; *Zugehör*, Grundsätze der zivilrechtlichen Haftung, Rz. 24.

366 *Zugehör*, Grundsätze der zivilrechtlichen Haftung, Rz. 26; so auch: *Heuel*, Haftung für Steuerberatung, S. 148; siehe auch: BGH, Urteil vom 12.02.2004, IX ZR 246/02, Juris, Rz. 17 zu Informationspflichten des Mandanten gegenüber dem Steuerberater.

367 Allgemeine Geschäftsbedingungen für Steuerberater, Steuerbevollmächtigte und Steuerberatungsgesellschaften des DWS-Verlages, Stand 07/2018.

368 *Kilian,* in: v. Westphalen/Thüsing, Vertragsrecht und AgB-Klauselwerke, Rz. 11 und 28 zu „Steuerberater“.

Berater muss den Mandanten darüber belehren, welche Unterlagen steuerlich erheblich sind, um ein vollständiges Bild der Sachlage zu erhalten. Hierbei muss er davon ausgehen, dass der Mandant unkundig ist.[369] So muss beispielsweise nach dem Beleg für die Schuldzinsen einer fremdvermieteten Wohnung gefragt werden, da die Fremdfinanzierung der Regelfall ist.[370] Der unwissende Mandant muss sich gerade darauf verlassen können, dass der Steuerberater die Sachverhaltsaufklärung im Wesentlichen selbst vornimmt. Auch im Rahmen der Rechtsprechung des groben Verschuldens des steuerlichen Beraters im Rahmen der Änderungsvorschrift des § 173 Abs. 1 Nr. 2 AO wird angeführt, dass ein Steuerberater nicht davon ausgehen kann, dass keine Krankheitskosten vorliegen, sondern im Rahmen der umfassenden Beratung unter Annahme der Belehrungsbedürftigkeit des Mandanten nachfragen muss.[371] Des Weiteren ergibt sich aus den Berufspflichten des Steuerberaters, insbesondere der Eigenverantwortlichkeit und der Gewissenhaftigkeit, dass der Steuerberater die Sachverhaltsaufklärung übernimmt.[372] Die Klausel in den AgB ist daher so zu verstehen, dass der Mandant insbesondere die erhaltene Korrespondenz des Finanzamtes sowie offensichtlich steuerlich relevante Schriftstücke unverzüglich weiterleitet.[373] Daher hat der Steuerberater die Pflicht im Rahmen der umfassenden Beratung und Sachverhaltsaufklärung, sämtliche Informationen und Dokumente, die für die Auftragserfüllung benötigt werden, anzufordern. Dies gilt selbst dann, wenn der Steuerberater davon ausgehen konnte, dass der Mandant die steuerliche Relevanz der Informationen selbst kennt.[374]

Die erhaltenen Belege müssen vom Steuerberater eingesehen werden, wobei die rechtliche Einordnung nicht auf den Mandanten verlagert werden darf (z.B. durch Aufstellungen der Werbungskosten durch den Mandanten).[375] Inwieweit

---

369 BGH, Urteil vom 12.03.1986, IVa ZR 183/84, Juris, Rz. 20; BGH, Urteil vom 06.12.1979, VII ZR 19/79, Juris, Rz. 15; zum Rechtsanwalt: BGH, Urteil vom 21.11.1960, III ZR 160/59, Juris, Rz. 20.

370 *Gräfe,* in: Gräfe/Wollweber/Schmeer, S. 202.

371 BFH, Urteil vom 03.12.2009, VI R 58/07, BStBl. II 2010, 531, Rz. 19.

372 *Kilian,* in: v. Westphalen/Thüsing, Vertragsrecht und AGB-Klauselwerke, Rz. 94 zu „Steuerberater"; siehe hierzu nachfolgend Kapitel 1 C IV 2 und 3 „Eigenverantwortlichkeit" und „Gewissenhaftigkeit".

373 *Kilian,* in: v. Westphalen/Thüsing, Vertragsrecht und AGB-Klauselwerke, Rz. 94 zu „Steuerberater".

374 *Gräfe,* in: Gräfe/Wollweber/Schmeer, S. 103; *Kilian,* in: v. Westphalen/Thüsing, Vertragsrecht und AgB-Klauselwerke, Rz. 28 zu „Steuerberater".

375 *Gräfe,* in: Gräfe/Wollweber/Schmeer, S. 196.

die übergebenen Dokumente und erhaltenen Informationen vom Steuerberater geprüft werden müssen, ergibt sich aus dem Auftrag zwischen Steuerberater und Mandant.[376] Die Muster-AgB enthalten hierzu in Ziffer 1 Abs. 4 im Hinblick auf die Bilanzerstellung die Regelung, dass die Prüfung der Richtigkeit, Vollständigkeit und Ordnungsmäßigkeit der übergebenen Unterlagen und Zahlen nur zum Auftrag des Steuerberaters gehört, wenn dies schriftlich vereinbart wurde; ansonsten kann der Steuerberater von einer Richtigkeit ausgehen.[377] Eine Prüfpflicht besteht also dann, wenn der Steuerberater vertragsgemäß zur Sachverhaltsermittlung verpflichtet ist.[378] Des Weiteren kann der Steuerberater nicht von der Richtigkeit ausgehen, wenn das Fehlverhalten evident ist oder sich offensichtliche Zweifel (beispielsweise auch wegen möglicher Unwissenheit des Mandanten) ergeben, denen er nachgehen muss (siehe hierzu auch Ziffer 1 Abs. 4 S. 3 der Muster-AgB).[379] Rückfragen, die sich aus den Belegen ergeben, sind entsprechend aufzuklären.[380] Auf für den Steuerberater ersichtliche Mängel in der Buchführung oder in den Belegen hat er hinzuweisen und ggf. weitere Nachweise hierzu anzufordern (zum Beispiel Nachweise zu Salden in der Buchhaltung).[381]

4. *Rechtsprüfung*

Im Rahmen der Pflicht zur umfassenden Beratung muss der Steuerberater nicht nur den Sachverhalt erforschen, sondern auch die rechtliche Einordnung

376 *Mutschler*, Vom „Soldaten Adolf Hitlers" zum unabhängigen Organ, S. 135.

377 Allgemeine Geschäftsbedingungen für Steuerberater, Steuerbevollmächtigte und Steuerberatungsgesellschaften des DWS-Verlages, Stand 07/2018.

378 *Kilian,* in: v. Westphalen/Thüsing, Vertragsrecht und AgB-Klauselwerke, Rz. 11 zu „Steuerberater"; *Menkel*, DStR 2010, 2477, 2479; *Stoffels,* in: Wolf/Lindacher/Pfeiffer, Kommentar AGB-Recht, Rz. R16 zu „Klauseln".

379 BGH, Urteil vom 01.07.1971, VII ZR 295/69, BeckRS, Juris, Rz. 24 ff.; OLG Köln, Urteil vom 09.06.1993, 13 U 22/93, Juris, Rz. 3; zum Rechtsanwalt: BGH, Urteil vom 15.01.1985, VI ZR 65/83, Juris, Rz. 13 sowie BGH, Urteil vom 21.11.1960, III ZR 160/59, Juris, Rz. 20; zum Notar: BGH, Urteil vom 06.11.1986, IX ZR 125/85, Juris, Rz. 32; siehe auch: *Felix/Streck*, Stbg 1980/4, 78, 80 f.; *Gräfe,* in: Gräfe/Wollweber/Schmeer, S. 103 f.; *Kilian,* in: v. Westphalen/Thüsing, Vertragsrecht und AgB-Klauselwerke, Rz. 11 und 28 zu „Steuerberater"; *Menkel*, DStR 2010, 2477, 2478 f.; *Mutschler*, Vom „Soldaten Adolf Hitlers" zum unabhängigen Organ, S. 131 f.; *Zugehör*, Grundsätze der zivilrechtlichen Haftung, Rz. 26.

380 *Gräfe,* in: Gräfe/Wollweber/Schmeer, S. 196.

381 BGH, Urteil vom 01.07.1971, VII ZR 295/69, Juris, Rz. 23.

vornehmen.[382] Er muss für die mandatsbezogene Kenntnis und ordnungsgemäße Anwendung des einschlägigen Steuerrechts unabhängig von der Komplexität einstehen. Auf mögliche steuerliche Risiken infolge anderer rechtlicher Bewertungen hat der Steuerberater hinzuweisen.[383] Der Steuerberater ist an die höchstrichterliche Rechtsprechung (insbesondere des BFH und des EuGH) gebunden und muss hierfür die Urteile des BFH, die im Bundessteuerblatt veröffentlicht werden, kennen.[384] Hierbei ist unerheblich, ob eine für den Mandanten günstige Rechtsprechung in der Literatur kritisiert wird, solange das Gericht nicht selbst eine mögliche Änderung ankündigt. Der Steuerberater darf einer, wenn auch strittigen, höchstrichterlichen Rechtsprechung folgen, sofern nicht eindeutig eine geänderte Rechtsprechung zu erwarten ist.[385] Ebenso kann der Steuerberater auf die Verfassungsmäßigkeit einer Norm vertrauen, solange hierzu noch kein Vorlagebeschluss an das Bundesverfassungsgericht oder ein anderer konkreter Anlass vorliegt.[386] Die Pflicht zur Kenntnis der höchstrichterlichen Rechtsprechung wird kritisiert, da aufgrund der Menge der vorhandenen Rechtsprechung eine entsprechende Pflichtverletzung praktisch vorprogrammiert ist.[387] Des Weiteren ist die Zeitschrift DStR, die von der Bundessteuerberaterkammer herausgegeben wird, Pflichtlektüre für Steuerberater.[388] Die Inhalte anderer Fachzeitschriften muss der Steuerberater nicht kennen, außer er hat einen expliziten Auftrag zur Klärung einer Fachfrage, die dort diskutiert wird.[389]

---

382 *Gräfe,* in: Gräfe/Wollweber/Schmeer, S. 643.

383 *Fischer,* in: Hau/Poseck, BeckOK BGB, Rz. 45 zu § 675 BGB.

384 Vgl. BGH, Urteil vom 25.09.2014, IX ZR 199/13, Juris, Rz. 14; BGH, Urteil vom 23.09.2010, IX ZR 26/09, Juris, Rz. 24; BGH, Urteil vom 07.11.1991, IX ZR 3/91, Juris, Rz. 12 (zu, Kennenmüssen der BFH-Rechtsprechung zu verdeckten Gewinnausschüttungen); für den Rechtsanwalt: BGH, Urteil vom 29.03.1983, VI ZR 172/81, Juris, Leitsatz 1 und Rz. 16; *Ehlers,* DStR 2010, 2154, 2154; *Gräfe,* in: Gräfe/Wollweber/Schmeer, S. 145; *Martini,* AO-StB 2016, 140, 141.

385 BGH, Urteil vom 25.09.2014, IX ZR 199/13, Juris, Rz. 11 f.; BGH, Urteil vom 03.06.1993, IX ZR 173/92, Juris, Leitsatz 1 und Rz. 14; *Kilian,* in: v. Westphalen/Thüsing, Vertragsrecht und AgB-Klauselwerke, Rz. 12 zu „Steuerberater"; *Martini,* AO-StB 2016, 140, 141.

386 *Kilian,* in: v. Westphalen/Thüsing, Vertragsrecht und AgB-Klauselwerke, Rz. 13 zu „Steuerberater".

387 *Sixdorf,* StB 2008, 452, 452.

388 BGH, Urteil vom 25.09.2014, IX ZR 199/13, Juris, Rz. 14; BGH, Urteil vom 23.09.2010, IX ZR 26/09, Juris, Rz. 24.

389 BGH, Urteil vom 25.09.2014, IX ZR 199/13, Juris, Rz. 5; *Ehlers,* DStR 2010, 2154, 2154; *Gräfe,* in: Gräfe/Wollweber/Schmeer, S. 145; *Martini,* AO-StB 2016, 140, 141.

Urteile der Finanzgerichte, Revisionsverfahren sowie Verfügungen und Erlasse des Finanzamtes hat der Steuerberater nur zu kennen, wenn diese im Bundessteuerblatt oder in der DStR veröffentlicht sind.[390] Drucksachen des Bundesrates oder Bundestages stellen ebenfalls keine Pflichtlektüre für Steuerberater dar.[391] Allerdings ist die Tagespresse insbesondere hinsichtlich steuerlicher Gesetzesänderungen und im Rahmen von Gestaltungsberatungen zu verfolgen.[392] Inwieweit je nach den Umständen des Einzelfalls über das Bundessteuerblatt und die DStR hinausgehende Fachliteratur berücksichtigt werden muss, wird in der Rechtsprechung uneinheitlich behandelt und ist vom genauen Auftrag abhängig.[393] Bei steuerlichen Sonderfragen, beispielsweise im Steuerstrafrecht, muss der Steuerberater bei Auftragsannahme die einschlägigen Vorschriften kennen.[394] Sofern zu einer Frage noch keine höchstrichterliche Rechtsprechung vorliegt, sind Kommentare sowie die untergerichtliche Rechtsprechung zu berücksichtigen. Hierbei ist die Intensität nach dem Inhalt des Auftrags zu richten, wobei in der Regel ein Standardkommentar ausreicht. Erlasse und Verfügungen sind nur dann verpflichtend zu lesen, wenn diese im BStBl. oder in der DStR veröffentlicht sind oder wenn es sich um mandatsrelevante Erlasse oder Verfügungen der örtlich zuständigen Finanzverwaltung handelt.[395]

Teilweise wird aus der zivilrechtlichen Pflicht zur Rechtsprüfung auch geschlussfolgert, dass sich hieraus bereits eine faktische Pflicht (bzw. richtigerweise Obliegenheit) zur Fortbildung für den Steuerberater ergibt, um Haftungsgefahren zu vermeiden.[396] Diese Obliegenheit allein reicht jedoch für das

390 *Gräfe,* in: Gräfe/Wollweber/Schmeer, S. 146; *Kilian,* in: v. Westphalen/Thüsing, Vertragsrecht und AgB-Klauselwerke, Rz. 12 zu „Steuerberater".

391 *Gräfe,* in: Gräfe/Wollweber/Schmeer, S. 380.

392 BGH, Urteil vom 15.07.2004, IX ZR 472/00, Juris, Leitsatz und Rz. 8; *Ehlers,* DStR 2010, 2154, 2154; *Gräfe,* in: Gräfe/Wollweber/Schmeer, S. 380; *Kilian,* in: Westphalen/Thüsing, Vertragsrecht und AgB-Klauselwerke, Rz. 14 zu „Steuerberater"; *Zugehör,* Grundsätze der zivilrechtlichen Haftung, Rz. 30 f.

393 Siehe z.B. BGH, Urteil vom 15.07.2004, IX ZR 472/00, Juris, Rz. 7: mandatsbezogene Gesetz- und Rechtskenntnisse; klar abgrenzend zwischen Pflichtlektüre und anderer Fachliteratur: Kammergericht, Urteil vom 08.09.2006, 4 U 119/05, Juris, Rz. 13; für eine weitergehende Lektüre bei konkreten Anhaltspunkten: OLG Stuttgart, Urteil vom 15.12.2009, 12 U 110/09, Juris, Rz. 42.

394 *Peter,* StB 2017, 106, 110.

395 *Fuldner,* StB 2006, 383, 386; *Grürmann/Wanagas,* DStR 2010, 1400, 1402; *Kilian,* in: v. Westphalen/Thüsing, Vertragsrecht und AgB-Klauselwerke, Rz. 14 zu „Steuerberater"; *Müller,* AO-StB 2015, 139, 140.

396 *Kilian,* DStR 2017, 219, 223.

Ansehen des Berufsstandes nicht aus. Die zivilrechtliche Schadenersatzpflicht ist begründet auf einer Vertrauensstellung des Berufsstandes, was jedoch erfordert, dass die Anforderungen auch geregelt und nicht einzelfallabhängig sind. Aus diesem Grund existieren berufsrechtliche Regelungen zur Fortbildungspflicht, auch wenn diese ebenfalls nicht hinreichend konkretisiert sind.[397]

Trotz dieser Einschränkungen zeigt sich, auch aufgrund der Einzelfallabhängigkeit des genauen Umfangs der Pflicht zur Lektüre von weitergehender Fachliteratur, ein erheblicher „Know-How-Druck" für Steuerberater. Die Steuergesetze, Urteile und Beschlüsse sowie Verwaltungsanweisungen und Anmerkungen in der Literatur nehmen immer mehr zu und sind kaum zu überblicken, insbesondere da eine Spezialisierung für Steuerberater in vielen Fällen nicht möglich ist.[398] Hinzu kommt, dass der BGH bereits angesprochen hat, dass möglicherweise zukünftig infolge der Digitalisierung und des schnelleren Zugriffs auf verschiedene Fachliteratur über Steuerrechtsdatenbanken wie DATEV, JURIS und Beck auch strengere Anforderungen an die Rechtsprüfung seitens der Steuerberater gestellt werden. Der BGH ließ diese Frage jedoch noch offen.[399] Entscheidend ist der unbestimmte Rechtsbegriff der „Standardausstattung einer Steuerberatungspraxis".[400]

Der Mandant hat keine vertragliche Obliegenheit, Beratungsfehler durch eigene Bemühungen zu erkennen und auszugleichen. Ihn trifft kein Verschulden, wenn er Fehler des Beraters auch selbst bei entsprechenden Bemühungen hätte erkennen können.[401]

5. *Schadensverhütungspflicht*

Neben der möglichst optimalen steuerlichen Beratung muss der Steuerberater den Mandanten jedoch auch vor einer strafrechtlichen Verfolgung oder Festsetzung eines Bußgeldes durch Überschreitung des zulässigen Rahmens schützen.

---

397 *Kilian*, DStR 2017, 219, 223; siehe hierzu nachfolgend Kapitel 1 C IV 3 „Gewissenhaftigkeit".

398 *Gräfe*, in: Gräfe/Wollweber/Schmeer, S. 144; so auch: *Grürmann/Wanagas*, DStR 2010, 1400, 1402.

399 BGH, Urteil vom 23.09.2010, IX ZR 26/09, Juris, Rz. 26; hierzu auch *Kilian*, in: v. Westphalen/Thüsing, Vertragsrecht und AgB-Klauselwerke, Rz. 14 zu „Steuerberater"; *Müller*, AO-StB 2015, 139, 140.

400 *Kilian*, in: v. Westphalen/Thüsing, Vertragsrecht und AgB-Klauselwerke, Rz. 14 zu „Steuerberater".

401 BGH, Urteil vom 12.03.1986, IVa ZR 183/84, Juris, Rz. 20.

Der Steuerberater haftet nicht nur für Steuermehrbelastungen, sondern auch für rechtswidrige Steuerminderbelastungen.[402] Jehke bezeichnet diese vertragliche Pflicht zur Bewahrung vor strafbaren oder bußgeldbewehrten Handlungen als „Pflichtenmaximierung" des Steuerberaters.[403] Die Schadensverhütungspflicht gilt grundsätzlich nicht bei Vorsatz des Mandanten, da er sich in diesem Fall selbst der Gefahr der strafrechtlichen Verfolgung bewusst war, jedoch bei Leichtfertigkeit.[404]

Diese Schadensverhütungspflicht ist zu unterscheiden von einer Pflicht, Steuerhinterziehungen zu verhindern oder die Früchte einer Steuerhinterziehung zu wahren. Diese Pflicht hat der Steuerberater nicht. Eine Verletzung der Schadensverhütungspflicht kommt daher nur dann in Betracht, wenn der Steuerberater das Überschreiten des gesetzlichen Rahmens erkennen konnte.[405] Zur Schadensverhütungspflicht zählt auch der Hinweis eines Steuerberaters auf eine Selbstanzeige oder unter Umständen die Vornahme einer Zuschätzung zur Vermeidung strafrechtlicher Nachteile.[406]

Neben dem Schutz vor strafrechtlicher Verfolgung umfasst die Schadensverhütungspflicht des Steuerberaters auch, behördlichen oder gerichtlichen Fehlentscheidungen entgegenzuwirken, den Mandanten auf wirtschaftliche Fehlentscheidungen hinzuweisen und gegen die eventuelle Verfassungsmäßigkeit einer Norm vorzugehen.[407] Jedoch greift die Schadensverhütungspflicht nur

---

402 BGH, Urteil vom 07.11.1991, IX ZR 3/91, Juris, Rz. 12 ff. – zur Überprüfung tatsächlicher Vereinbarungen sowie der Angemessenheit hinsichtlich des Betriebsausgabenabzuges und der Verhinderung einer verdeckten Gewinnausschüttung; siehe auch: *Prowatke/Stang*, StB 2017, 300, 300.

403 *Heuel*, Haftung für Steuerberatung, S. 20.

404 *Ehlers*, DStR 2010, 2154, 2155; *Gehrlein*, DStR 2018, 487, 490; *Gräfe,* in: Gräfe/Wollweber/Schmeer, S. 171; *Heuel*, Haftung für Steuerberatung, S. 187; *Kilian*, in: v. Westphalen/Thüsing, Vertragsrecht und AgB-Klauselwerke, Rz. 16 zu „Steuerberater"; *Prowatke/Stang*, StB 2017, 300, 303; *Zugehör*, Grundsätze der zivilrechtlichen Haftung, Rz. 45 und Rz. 75; bereits bei Leichtfertigkeit kein Vertrauen des Mandanten auf den Berater gemäß BGH, Urteil vom 14.11.1996, IX ZR 215/95, Juris, Rz. 16; die Ausnahme bei Vorsatz einschränkend wenn der subjektive Tatbestand nicht abschließend festgestellt wurde: BGH, Urteil vom 15.04.2010, IX ZR 189/09, Juris, Rz. 9 f.

405 *Gehrlein*, DStR 2018, 487, 490; *Prowatke/Stang*, StB 2017, 300, 300.

406 *Gräfe*, in: Gräfe/Wollweber/Schmeer, S. 171; *Zugehör*, Grundsätze der zivilrechtlichen Haftung, Rz. 45.

407 *Zugehör*, Grundsätze der zivilrechtlichen Haftung, Rz. 45; beispielsweise zu Schäden aus verdeckten Gewinnausschüttungen: BGH, Urteil vom 18.12.1997, IX ZR 153/96, Juris, Rz. 16; zu wirtschaftlichen Fehlentscheidungen: BGH, Urteil vom 04.03.1987,

bei offensichtlichen Fehlentscheidungen, die ohne Analyse des Steuerberaters auf der Hand liegen.[408] Da die Einzelheiten vom Einzelfall abhängig sind, ist die Schadensverhütungspflicht eine der größten Unsicherheitsfaktoren in der Beratungshaftung.[409]

Im Falle von Verstößen gegen die Schadensverhütungspflicht kommt ein Ersatz des Schadens aus der straf- oder bußgeldrechtlichen Verfolgung in Betracht (z.B. Geldstrafe, Bußgelder, Rechtsberatungskosten).[410]

IV. Berufspflichten und -obliegenheiten des Steuerberaters

1. Unabhängigkeit

Die Berufspflichten ergeben sich aus dem Steuerberatungsgesetz und sind daher zugleich eine vertragliche Pflicht gegenüber dem Mandanten als auch eine Pflicht gegenüber der Allgemeinheit. Dies stellt auch nochmal § 13 Abs. 1 BOStB dar, der ausführt, dass der Auftrag unter Einhaltung der Grundsätze pflichtgemäßer Berufsausübung auszuführen ist. Die Pflicht zur Einhaltung der Berufspflichten wird aus der Rolle des Steuerberaters als Mittler zwischen Staat und Steuerpflichtigem[411] oder aus der Stellung als unabhängiges Organ der Steuerrechtspflege[412] abgeleitet.

Die Unabhängigkeit des Steuerberaters ist vergleichbar mit der Unabhängigkeit eines Rechtsanwalts. Die anwaltliche Unabhängigkeit wurde historisch bedingt hauptsächlich als Unabhängigkeit vom Staat angesehen. Durch die Anerkennung als freier Beruf[413] wurde die staatliche Macht rechtlich begrenzt, sodass auch Mandanten auf eine unabhängige rechtliche Beratung vertrauen

---

IVa ZR 222/85, Juris, Rz. 15; siehe hierzu aber auch Kapitel 1 C III 4 „Rechtsprüfung“: nur wenn Anhaltspunkte dafür bestehen.

408 Siehe z.B. BGH, Urteil vom 07.05.1991, IX ZR 188/90, Juris, Rz. 13; OLG Düsseldorf, Urteil vom 02.06.2018, I-23 U 27/15, Juris, Rz. 32.

409 *Ehlers*, DStR 2010, 2154, 2155.

410 *Bornheim*, AO-StB 2001, 28, 29; *Ransiek*, in: Kohlmann, Kommentar Steuerstrafrecht, Rz. 190 zu § 370 AO.

411 *Spinner*, in: Säcker/Rixecker/Oetker/Limperg, Münchener Kommentar BGB, Rz. 20 zu § 611 BGB.

412 *Heilgeist*, DStR 2016, 189, 189 f.; *Willerscheid*, DStR 2018, 635, 635 f.

413 Zum Begriff und zur Einordnung siehe Taupitz, Die Standesordnungen der freien Berufe, S. 17 ff.

können. Auch der Rechtsanwalt ist ein Organ der Rechtspflege (§ 1 BRAO).[414] Er ist an das Gesetz gebunden, jedoch nicht an die Interessen des Staates, insbesondere nicht an Organisations- und Verwaltungsinteressen.[415] Die Unabhängigkeit bedeutet insbesondere, dass der Rechtsanwalt vom Staat weder bevormundet noch kontrolliert wird.[416]

Die Pflicht zur unabhängigen Berufsausübung ergibt sich aus § 57 Abs. 1 StBerG sowie § 2 BOStB und ist unabdingbare Voraussetzung für die Rechtsschutzfunktion und die freie Berufsausübung des Steuerberaters.[417] Mit Wirkung vom 18.12.2019 wurde § 32 StBerG neu gefasst. In § 32 Abs. 2 S. 1 StBerG ist nun explizit geregelt, dass Steuerberater ein unabhängiges Organ der Steuerrechtspflege sind. Hierdurch soll die besondere Funktion des Steuerberaters als unabhängiges Organ der Rechtspflege festgehalten und die Formulierung an § 1 BRAO angeglichen werden.[418] Hieran wird deutlich, dass die Unabhängigkeit der Steuerberater der der Rechtsanwälte entspricht; auch die Berufspflichten, die Stellung und Organisation gleichen sich.[419] Steuerberater sind damit „Träger von Funktionen zur Wahrung des Rechts“[420].

Die Berufsausübung muss ohne sachfremde Einflüsse und Interessenskonflikte erfolgen. Hierzu gehört sowohl die persönliche als auch die wirtschaftliche Unabhängigkeit.[421] Die steuerberatende Tätigkeit ist grundsätzlich neutral ausgerichtet, d.h., das Ziel einer Steuerminimierung wird mit den rechtlich zulässigen Möglichkeiten aufgezeigt.[422]

Die Unabhängigkeit des Steuerberaters umfasst zum einen die Unabhängigkeit vom Mandanten, sodass der Steuerberater nicht durch externe Faktoren zu

---

414 BVerfG, Beschluss vom 12.04.2005, 2 BvR 1027/02, BVerfGE 113, 29, Rz. 94; *Brüggemann,* in: Feuerich/Weyland, Kommentar BRAO, Rz. 15 zu § 1 BRAO; *Krüger,* Steuerberatung und Gerechtigkeit, S. 357 f.

415 *Krüger,* Steuerberatung und Gerechtigkeit, S. 358.

416 *Krüger,* Steuerberatung und Gerechtigkeit, S. 357 f.

417 Deutscher Bundestag, Drucksache 3/128 vom 10.01.1958, S. 23 f.; *Ring,* DStR-Beih 2019, 54, 56; *Stalf,* Steuerumgehung als Mittel der Steuerberatung?, S. 16 und 34.

418 Referentenentwurf des BMF vom 08.05.2019 zum Entwurf eines Gesetzes zur weiteren steuerlichen Förderung der Elektromobilität und zur Änderung weiterer steuerlicher Vorschriften, S. 206 f.; Bundesrat, Drucksache 356/19 vom 09.08.2019, S. 225.

419 *Ring,* DStR-Beih 2019, 54, 54.

420 *Ring,* DStR-Beih 2019, 54, 54.

421 *Geißler,* Berufsrecht der Steuerberater, NWB-Infocenter Stand November 2018, zu VI 1 Unabhängigkeit; *Ring,* DStR-Beih 2019, 54, 56 f.

422 *Wenzel,* NWB 2011, 3449, 3459.

einem Verhalten gezwungen wird, welches mit den gesetzlichen Vorschriften nicht vereinbar ist.[423] Das Mandanteninteresse darf nicht über der Einhaltung steuerlicher Regeln stehen, sodass rechtswidrige Weisungen des Mandanten nicht befolgt werden dürfen.[424] Das Weisungsrecht des Mandanten im Rahmen des Dienstvertrages findet daher aufgrund der Organstellung und der Unabhängigkeit des Steuerberaters dort seine Grenze, wo etwas gesetzlich verboten ist.[425] Daher wird die Unabhängigkeit des Steuerberaters auch als „Konkurrenz zum Status des Steuerberaters als Interessenvertreter des Mandanten"[426] bezeichnet.

Auf der anderen Seite ergibt sich durch die Unabhängigkeit auch, dass der Steuerberater kein verlängerter Arm der Finanzverwaltung ist.[427] Diese auch als Staatsunabhängigkeit bezeichnete Unabhängigkeit erfordert, dass kein Weisungsrecht der Finanzbehörde gegenüber dem Steuerberater besteht.[428] Aus diesem Grund werden mittlerweile die Steuerberater auch nicht mehr, wie in Zeiten des Nationalsozialismus[429], von der Finanzverwaltung überwacht, sondern durch die Steuerberaterkammer (§ 76 Abs. 1 StBerG).[430] Der Steuerberater befindet sich in einer Konfliktsituation zwischen dem öffentlichen Interesse und dem Mandanteninteresse, welche durch eine gesetzmäßige Beratung gelöst wird.[431] Hierbei ist der Steuerberater unabhängig von den Interessen des Staates, jedoch fördert er durch die Interessenvertretung seines Mandanten mittelbar auch die Interessen des Staates.[432] Dies zeigt sich beispielsweise darin, dass die Mitwirkung eines Steuerberaters die Tätigkeit der Finanzverwaltung erleichtert, da die unter deren Mitwirkung erstellten Steuererklärungen im Regelfall richtig sind (sog. Vertrauensvorschussprinzip[433]). Durch gesetzmäßige Beratung trägt er des Weiteren auch zur Beschleunigung des Besteuerungsverfahrens bei.[434]

---

423 *Ueberfeldt*, DStR 2016, 1574, 1574.

424 *Gräfe*, in: Gräfe/Wollweber/Schmeer, S. 113; *Heuel*, Haftung für Steuerberatung, S. 228; *Willerscheid*, DStR 2018, 635, 636; siehe auch Kapitel 1 C III 2 „Interessenvertretung".

425 *Ring*, DStR-Beih 2019, 54, 58.

426 *Ring*, DStR-Beih 2019, 54, 60.

427 *Sieja*, DStR 2012, 991, 992.

428 *Maxl*, in: Kuhls/Meurers/Maxl/Schäfer/Goez, Kommentar StBerG, Rz. 32 zu § 57 StBerG; *Ring*, DStR-Beih 2019, 54, 57.

429 Siehe hierzu Kapitel 1 C I „Historische Entwicklung der Rolle des Steuerberaters".

430 *Stalf*, Steuerumgehung als Mittel der Steuerberatung?, S. 34.

431 *Schwedhelm*, DStR 2006, 1017, 1017; *Sieja*, DStR 2012, 991, 992.

432 *Rüping*, DStR 2006, 1249, 1249.

433 Siehe Kapitel 1 B I „Allgemeine Mitwirkung des Beteiligten bei der Sachverhaltsermittlung".

434 *Krüger*, Steuerberatung und Gerechtigkeit, S. 36 f.

Des Weiteren umfasst die Unabhängigkeit auch die Vermeidung von widerstreitenden Interessen verschiedener Mandanten oder Dritter. Auch strafrechtlich kann ein Verstoß gegen die Unabhängigkeit relevant werden, beispielsweise in Form eines Parteiverrats.[435]

2. *Eigenverantwortlichkeit*

Neben der Unabhängigkeit ergibt sich aus § 57 Abs. 1 und § 60 StBerG sowie § 3 BOStB, dass der Steuerberater seinen Beruf eigenverantwortlich auszuüben hat. Dies folgt auch bereits zivilrechtlich aus § 613 S. 1 BGB bzw. § 631 Abs. 1 BGB, da die Arbeiten sowohl bei einem Dienst- als auch bei einem Werkvertrag höchstpersönlich zu erbringen sind.[436] Durch die berufsrechtlichen Regelungen zur Eigenverantwortlichkeit wird dies für den Fall der Steuerberater konkretisiert.

Eine eigenverantwortliche Berufsausübung bedeutet, dass der Steuerberater einen persönlichen Einsatz bei der Ausübung des Berufs erbringt, eigene Entscheidungen treffen muss und hierfür auch die Verantwortung trägt.[437] Er darf nicht an Weisungen gebunden sein, durch die ihm die Freiheit zur Erfüllung seiner Pflichten genommen wird.[438] Des Weiteren ergibt sich aus der Eigenverantwortlichkeit, dass der Berater selbst über die Art und Weise seiner Auftragserfüllung entscheidet, jedoch in dem vom Mandanten gesetzten Rahmen.[439] An Weisungen des Mandanten fachlicher Art ist er nicht gebunden.[440] Wenn der Mandant ein rechtswidriges Verhalten verlangt, muss der Steuerberater das Mandat niederlegen.[441] Zwingende Voraussetzung für eine eigenverantwortliche Berufsausübung ist die wirtschaftliche und persönliche Unabhängigkeit des Steuerberaters.[442] Die Pflicht zur höchstpersönlichen und eigenverantwortlichen Berufsausübung bedeutet jedoch nicht, dass sich der Steuerberater keine

---

435 *Geißler*, Berufsrecht der Steuerberater, NWB-Infocenter Stand November 2018, zu VI 1 Unabhängigkeit; *Gutenberg/Giesen*, NWB-Beilage 2/2017, 1, 1 ff.; *Schramm*, DStR 2003, 1364, 1368.

436 *Gräfe*, in: Gräfe/Wollweber/Schmeer, S. 105.

437 *Linnemann*, StB 2019, 139, 142; *Maxl*, in: Kuhls/Meurers/Maxl/Schäfer/Goez, Kommentar StBerG, Rz. 108 zu § 57 StBerG; *Ueberfeldt*, DStR 2016, 1574, 1574.

438 *Koslowski*, Kommentar Steuerberatungsgesetz, Rz. 28 zu § 57 StBerG.

439 *Koslowski*, in: Pelka/Petersen, Beck'sches Steuerberater-Handbuch 2019/2020, Rz. 85 zu X „Berufsrecht in der Praxis"; *Maxl*, in: Kuhls/Meurers/Maxl/Schäfer/Goez, Kommentar StBerG, Rz. 146 zu § 57 StBerG.

440 *Koslowski*, Kommentar Steuerberatungsgesetz, Rz. 33 zu § 57 StBerG.

441 *Ueberfeld*, DStR 2016, 1574, 1576.

442 *Ueberfeld*, DStR 2016, 1574, 1574.

Mitarbeiter zu Hilfe nehmen darf. Jedoch müssen die steuerliche Beratung selbst, die Prüfung komplexer Spezialfälle und auch die Sachverhaltsermittlung durch den Steuerberater oder einen Mitarbeiter mit entsprechender Qualifikation erfolgen.[443] Vorarbeiten, insbesondere im Rahmen der Buchhaltung und Lohnbuchhaltung, können delegiert werden.[444] Die Eigenverantwortlichkeit kommt insbesondere dadurch zum Ausdruck, dass der Steuerberater selbst Schriftsätze und Bilanzen[445] und gemäß § 9 StBVV auch seine Rechnungen, sofern der Auftraggeber nicht einer Abrechnung in Textform zustimmt, unterzeichnet. Im Rahmen der Digitalisierung wird es schwieriger, die eigenverantwortliche Berufsausübung durch Unterschriften sicherzustellen, da Dokumente vermehrt elektronisch übermittelt werden und keine Unterschrift mehr erfordern. In diesem Zusammenhang wird eine interne Dokumentation der Abläufe zur Sicherstellung der Eigenverantwortlichkeit an Bedeutung gewinnen.[446]

3. *Gewissenhaftigkeit*

Die Gewissenhaftigkeit ergibt sich aus § 57 Abs. 1 StBerG sowie § 4 BOStB und aus der Stellung des Steuerberaters als Organ der Steuerrechtspflege. Sie umfasst die sorgfältige Wahrnehmung der Interessen des Auftraggebers, eine Wahrheitspflicht sowie die Beachtung der steuerlichen und berufsrechtlichen Vorschriften.[447] Während die Eigenverantwortlichkeit erfordert, dass der Steuerberater eigene Entscheidungen trifft, erfordert die Gewissenhaftigkeit, dass die Entscheidungen unter Beachtung der gesetzlichen Bestimmungen und der sorgfältigen Wahrnehmung der Interessen des Auftraggebers getroffen werden.[448] Hierzu gehört die Schaffung personeller, fachlicher und organisatorischer Voraussetzungen sowie, dass Steuerberater Aufträge nur annehmen dürfen, wenn sie die erforderliche Zeit und Fachkunde besitzen. Ebenso ist Teil der Gewissenhaftigkeit

---

443 *Gräfe,* in: Gräfe/Wollweber/Schmeer, S. 105 f.; *Kilian,* in: v. Westphalen/Thüsing, Vertragsrecht und AgB-Klauselwerke, Rz. 10 zu „Steuerberater"; *Linnemann*, StB 2019, 139, 142.

444 *Kilian,* in: v. Westphalen/Thüsing, Vertragsrecht und AgB-Klauselwerke, Rz. 10 zu „Steuerberater".

445 *Gräfe,* in: Gräfe/Wollweber/Schmeer, S. 106.

446 *Ueberfeldt*, DStR 2016, 1574, 1576.

447 Deutscher Bundestag, Drucksache 3/128 vom 10.01.1958, S. 32; *Heuel*, Haftung für Steuerberatung, S. 142; *Koslowski*, Kommentar Steuerberatungsgesetz, Rz. 40 zu § 57 StBerG; *Stalf*, Steuerumgehung als Mittel der Steuerberatung?, S. 23.

448 *Koslowski*, Kommentar Steuerberatungsgesetz, Rz. 40 zu § 57 StBerG.

der sorgsame Umgang des Steuerberaters mit Fremdgeldern.[449] Mit der Schaffung fachlicher Voraussetzungen ist auch die Kenntnis entsprechender Fachliteratur sowie Rechtsprechung verbunden.[450] Die gewissenhafte Berufsausübung unter Beachtung der steuerlichen und berufsrechtlichen Vorschriften erfordert eine Beachtung der für den Steuerpflichtigen oder Beteiligten geltenden Vorschriften, aber auch der des Berufsrechts. Damit ist aus berufsrechtlicher Sicht nicht in jedem Fall alles, was steuerstrafrechtlich nicht verboten ist, dem Steuerberater erlaubt; auch bei steuerstrafrechtlicher Zulässigkeit kann eine berufsrechtliche Pflichtverletzung im Hinblick auf die gewissenhafte Berufsausübung vorliegen.[451] Der Steuerberater darf nichts tun, was seinem Mandanten einen im Gesetz nicht vorgeschriebenen Steuervorteil verschaffen könnte. Der Konflikt zur Interessenvertretung seines Mandanten, der sich aus dieser Position ergibt, liegt auf der Hand.[452] Die Pflege des Steuerrechts hat auch Vorrang vor den Eigeninteressen des Steuerberaters, was sich beispielsweise auch am Verbot eines Erfolgshonorars nach § 9a StBerG zeigt.[453]

Des Weiteren wird die Fortbildungspflicht nach § 57 Abs. 2a StBerG und § 4 Abs. 3 BOStB unter die Gewissenhaftigkeit subsumiert. Die Gewissenhaftigkeit geht über die eigenverantwortliche Berufsausübung hinaus und erfordert aktuelle Rechtskenntnis zur richtigen Entscheidungsfindung. Derzeit bestehen jedoch keine genauen Regelungen zur Fortbildungspflicht der Steuerberater, sodass der genaue Umfang vom Steuerberater selbst festgelegt werden kann.[454] Lediglich § 4 Abs. 3 BOStB bestimmt, dass Steuerberater verpflichtet sind, sich in dem Umfang fortzubilden, wie dies zur Weiterentwicklung und Sicherung der für ihre Tätigkeit erforderlichen Sachkunde notwendig ist. Die Fortbildungspflicht wird beim Steuerberater derzeit nicht kontrolliert. Wegen dieser fehlenden Kontrolle wird die Sinnhaftigkeit der Fortbildungsverpflichtung angezweifelt.[455] Es können sich jedoch allgemeine berufsrechtliche Sanktionen

---

449 *Koslowski,* in: Pelka/Petersen, Beck'sches Steuerberater-Handbuch 2019/2020, Rz. 122 zu X „Berufsrecht in der Praxis".

450 *Gräfe,* in: Gräfe/Wollweber/Schmeer, S. 143 f.; *Zugehör,* Grundsätze der zivilrechtlichen Haftung, Rz. 30 f.; siehe hierzu auch bereits Kapitel 1 C III 4 „Rechtsprüfung".

451 *Stalf,* Steuerumgehung als Mittel der Steuerberatung?, S. 2.

452 Kritisiert in *Stalf,* Steuerumgehung als Mittel der Steuerberatung?, S. 44 ff.

453 *Stalf,* Steuerumgehung als Mittel der Steuerberatung?, S. 33.

454 *Kilian,* DStR 2017, 219, 220; *Linnemann,* StB 2019, 139, 142.

455 Siehe zur fehlenden Kontrolle *Heilgeist,* DStR 2016, 189, 191.

ergeben, wenn wegen eines Verstoßes gegen die Fortbildungspflicht eine Pflichtverletzung begangen wird.[456]

Nicht jede zivilrechtliche Pflichtverletzung hat auch einen Verstoß gegen die Pflicht zur gewissenhaften Berufsausübung zur Folge. In der Regel liegt dies nur bei schwerwiegenden oder wiederholten Beratungsfehlern sowie bei groben Organisationsfehlern vor.[457] Hierbei gilt der Grundsatz, dass eine Berufspflichtverletzung nur dann vorliegt, wenn das Fehlverhalten evident war, da der Steuerberater nicht von der Ordnungsmäßigkeit seines Verhaltens ausgehen konnte.[458] Wegen ihrer geringen Konkretisierung wird die Gewissenhaftigkeit nur zurückhaltend ausgelegt.[459] Da wegen der Vielgestaltigkeit der steuerlichen Beratungstätigkeit eine Konkretisierung der Einzelfälle, in denen eine gewissenhafte Berufsausübung nicht vorliegt, nicht möglich ist, wird die Regelung trotzdem, wie auch § 43 BRAO für Rechtsanwälte, überwiegend als verfassungsgemäß angesehen.[460] Infolge der zurückhaltenden Anwendung von Berufspflichtverletzungen im Hinblick auf die Gewissenhaftigkeit liegt diese aber in der Regel nur vor, wenn bereits gegen zivilrechtliche oder strafrechtliche Regelungen verstoßen wurde, die dann auch berufsrechtlich sanktioniert werden.

4. *Verschwiegenheit*

Nach § 57 Abs. 1 StBerG hat der Steuerberater eine Verschwiegenheitspflicht über die aus dem Mandatsverhältnis erlangten Sachverhalte. Diese erstreckt sich auf alles, was im Rahmen des Mandats bekannt wurde (unabhängig von wem) und gilt zeitlich unbeschränkt.[461] Die Muster-AgB enthalten in Ziffer 2 und 3 Regelungen zur Verschwiegenheitspflicht. In Nummer 3a wurden kürzlich

---

456 *Grürmann/Wanagas*, DStR 2010, 1400, 1401.

457 *Koslowski,* in: Pelka/Petersen, Beck'sches Steuerberater-Handbuch 2019/2020, Rz. 52 zu X „Berufsrecht in der Praxis".

458 *Busse*, DStR 2010, 2652, 2655.

459 *Koslowski,* in: Pelka/Petersen, Beck'sches Steuerberater-Handbuch 2019/2020, Rz. 121 zu X „Berufsrecht in der Praxis".

460 BVerfG, Beschluss vom 04.04.1984, 1 BvR 1287/83, BVerfGE 66, 337, Rz. 52 ff.; *Busse*, DStR 2010, 2652, 2653 f.; *Träger,* in: Feuerich/Weyland, Kommentar BRAO, Rz. 2 zu § 43 BRAO.

461 *Ehrenberg*, Die Verschwiegenheit der Angehörigen rechtsberatender, steuerberatender und wirtschaftsprüfender Berufe, S. 104; *Gräfe,* in: Gräfe/Wollweber/Schmeer, S. 108.

Regelungen zur elektronischen Kommunikation aufgenommen.[462] Auch der bloße Anschein einer Verschwiegenheitsverletzung ist zu vermeiden.[463] Ebenso sind Tatsachen von der Verschwiegenheitspflicht umfasst, die bereits allgemein (beispielsweise in der Presse) bekannt sind; auch diese darf der Steuerberater nicht bestätigen oder verneinen.[464] Zweck der Verschwiegenheitspflicht ist der Schutz des besonderen Vertrauensverhältnisses zwischen Steuerberater und Mandant, welches für eine bestmögliche Interessenvertretung[465] und auch für eine wirksame Rechtspflege zwingend erforderlich ist, da anderenfalls der Mandant dem Steuerberater heikle Informationen nicht anvertrauen würde.[466] Aufgrund dieser Unerlässlichkeit für die Berufsausübung ist die Verschwiegenheitspflicht auch verfassungsrechtlich (Eingriff in die Berufsfreiheit) zulässig.[467] Die Verschwiegenheitspflicht ist damit auch vertragliche Nebenpflicht.[468]

Basierend auf der Verschwiegenheitspflicht existieren verschiedene Auskunftsverweigerungsrechte (§ 102 Abs. 1 Nr. 3b AO, §§ 383 Abs. 1 Nr. 6 und 385 ZPO, §§ 53 Abs. 1 Nr. 3 und 53a StPO). Das Steuergeheimnis nach § 30 AO wäre ohne die Verschwiegenheitspflicht des Steuerberaters wertlos.[469] Ein Verstoß gegen die Verschwiegenheitspflicht ist auch strafrechtlich relevant nach § 203 StGB[470], hat aber weder im Besteuerungs- noch im Strafverfahren ein

---

462 Allgemeine Geschäftsbedingungen für Steuerberater, Steuerbevollmächtigte und Steuerberatungsgesellschaften des DWS-Verlages, Stand 07/2018; *Kilian,* in: v. Westphalen/Thüsing, Vertragsrecht und AgB-Klauselwerke, Rz. 22 zu „Steuerberater“.

463 *Ehrenberg,* Die Verschwiegenheit der Angehörigen rechtsberatender, steuerberatender und wirtschaftsprüfender Berufe, S. 50, 105.

464 *Ehrenberg,* Die Verschwiegenheit der Angehörigen rechtsberatender, steuerberatender und wirtschaftsprüfender Berufe, S. 105.

465 Siehe Kapitel 1 C III 2 „Interessenvertretung“.

466 *Ehrenberg,* Die Verschwiegenheit der Angehörigen rechtsberatender, steuerberatender und wirtschaftsprüfender Berufe, S. 33; *Schaaf,* AO-StB 2012, 349, 349; *Stalf,* Steuerumgehung als Mittel der Steuerberatung?, S. 36.

467 *Ehrenberg,* Die Verschwiegenheit der Angehörigen rechtsberatender, steuerberatender und wirtschaftsprüfender Berufe, S. 36.

468 *Ehrenberg,* Die Verschwiegenheit der Angehörigen rechtsberatender, steuerberatender und wirtschaftsprüfender Berufe, S. 32, 58, 128; *Kilian,* in: v. Westphalen/Thüsing, Vertragsrecht und AgB-Klauselwerke, Rz. 22 zu „Steuerberater“.

469 *Ehrenberg,* Die Verschwiegenheit der Angehörigen rechtsberatender, steuerberatender und wirtschaftsprüfender Berufe, S. 105 f.; *Gräfe,* in: Gräfe/Wollweber/Schmeer, S. 108.

470 *Gräfe,* in: Gräfe/Wollweber/Schmeer, S. 108; *Schaaf,* AO-StB 2012, 349, 349; *Sieja,* DStR 2012, 991, 994.

Verwertungsverbot zur Folge.[471] Dies führt dazu, dass ein Steuerberater sicherheitshalber stets von den Auskunftsverweigerungsrechten Gebrauch machen und Rücksprache mit dem Mandanten halten sollte. Hierbei ist auch zu beachten, dass Steuerberater nicht hinsichtlich des Auskunftsverweigerungsrechtes belehrt werden müssen, sodass diese der Berufsträger selbst kennen und erkennen muss.[472]

Der Mandant, der den Auftrag erteilt, ist Träger des Geheimhaltungsinteresses und kann den Steuerberater auch hiervon entbinden, wodurch die zivilrechtliche, berufsrechtliche und strafrechtliche Verschwiegenheitspflicht entfällt.[473] Eine Durchbrechung der Verschwiegenheitspflicht ist außerdem möglich, wenn der Steuerberater eigene berechtigte Interessen hieran hat, beispielsweise zur Durchsetzung von Gebührenansprüchen, zur Abwehr von Schadenersatzansprüchen oder zur Verteidigung gegen eigene straf- oder berufsrechtliche Vorwürfe. Strafrechtlich folgt dies aus § 34 StGB (rechtfertigender Notstand).[474] Anders ist dies jedoch, wenn nur der Mandant selbst eine strafbare Handlung begangen hat. In diesem Fall darf der Steuerberater die Behörden nicht diesbezüglich informieren oder eine strafbefreiende Selbstanzeige gegen den Willen des Mandanten machen, solange der Berater nicht selbst Teilnehmer ist.[475] Es liegt kein Verstoß gegen die Verschwiegenheitspflicht vor, wenn der Berater wegen gesetzlicher Regelungen befugt ist, die Informationen offenzulegen. Hierzu gehören zum Beispiel § 12 GWG zur Identitätsprüfung sowie §§ 138 und 139 StGB bei geplanten schweren Straftaten (wobei die Ausnahme der Nichtanzeigepflicht nach § 139 Abs. 2 StGB nach dem Gesetzeswortlaut nur für Rechtsanwälte und nicht für Steuerberater

---

471 *Schaaf*, AO-StB 2012, 349, 350.

472 *Schaaf*, AO-StB 2012, 349, 350.

473 *Ehrenberg*, Die Verschwiegenheit der Angehörigen rechtsberatender, steuerberatender und wirtschaftsprüfender Berufe, S. 139; *Koslowski*, in: Pelka/Petersen, Beck'sches Steuerberater-Handbuch 2019/2020, Rz. 284 zu X „Berufsrecht in der Praxis".

474 *Kilian*, in: v. Westphalen/Thüsing, Vertragsrecht und AgB-Klauselwerke, Rz. 22 zu „Steuerberater"; *Koslowski*, in: Pelka/Petersen, Beck'sches Steuerberater-Handbuch 2019/2020, Rz. 285 zu X „Berufsrecht in der Praxis"; *Sieja*, DStR 2012, 991, 994; *Weyand*, Was weiß das Finanzamt vom Steuerzahler? S. 89 f.

475 LG Kiel, Urteil vom 28.03.2003, 29 StL 6/02, Juris, Orientierungssatz und Rz. 8; *Gräfe*, in: Gräfe/Wollweber/Schmeer, S. 115; *Nickert/Nickert/Lienhard*, Die Haftung des Steuerberaters, S. 15.

476 *DWS-Institut*, DStR-Beih 2012, 123, 129; *Hohmann*, in: Joecks/Miebach, Münchener Kommentar StGB, Rz. 16 zu § 139 StGB (keine Nennung von Steuerberatern).

gilt[476]).[477]

V. Pflichten des Steuerberaters aus strafrechtlicher Sicht

1. *Verhältnis zu den übrigen Pflichten des Steuerberaters*

Durch den strafrechtlichen Rahmen wird die gesetzmäßige Tätigkeit des Steuerberaters beschränkt. Es existiert kein Sonderstrafrecht für Steuerberater, er ist also weder privilegiert noch unterliegt er strengeren Anforderungen.[478] Bei Verstößen gegen strafrechtliche Vorschriften setzt sich der Steuerberater selbst einer strafrechtlichen Verfolgung aus. Streck bezeichnet dies als „Pflichten-Zange" des Steuerberaters.[479] Er soll gleichzeitig die Interessen des Mandanten vertreten, jedoch auch an die fiskalischen Belange denken.[480] Hierbei ist zu beachten, dass der Beratungsvertrag den Umfang des Mandats bestimmt, jedoch die straf- oder bußgeldrechtliche Verantwortung des Beraters nicht einschränken kann.[481] Die Hauptanwendungsfälle von straf- oder bußgeldrechtlich relevantem Handeln durch steuerliche Berater sind die Steuerhinterziehung nach § 370 AO sowie die leichtfertige Steuerverkürzung nach § 378 AO. Die Steuerhinterziehung und die leichtfertige Steuerverkürzung erfordern Angaben gegenüber der Finanzverwaltung, sodass insbesondere bei der Deklarationsberatung des Steuerberaters steuerstrafrechtliche und bußgeldrechtliche Gefahren für den Steuerberater drohen.[482]

Außerdem ergeben sich im Falle einer strafrechtlichen Verfolgung des Steuerberaters im Regelfall auch berufsrechtliche Konsequenzen nach § 89 StBerG in Verbindung mit § 57 StBerG, da die Beteiligung an einer Steuerstraftat dem Ansehen des Berufs schadet. Insbesondere bei Steuerstraftaten werden wegen des disziplinären Überhangs berufsrechtliche Verfahren eingeleitet.[483] Bei Beteiligung an einer Straftat außerhalb des Berufs sind höhere Anforderungen an

---

477 *DWS-Institut*, DStR-Beih 2012, 123, 130; *Ehrenberg*, Die Verschwiegenheit der Angehörigen rechtsberatender, steuerberatender und wirtschaftsprüfender Berufe, S. 160 ff.; *Sieja*, DStR 2012, 991, 994.

478 *Wegner*, in: Wannemacher, Steuerstrafrecht, Rz. 2591.

479 *Streck*, BB 1984, 2205, 2206; so auch: *Felix/Streck*, Stbg 1980/4, 78, 78 f.

480 *Felix/Streck*, Stbg 1980/4, 78, 78; siehe hierzu auch *Gotzens/Heinsius*, Stbg 2000/5, 209, 209.

481 *Felix/Streck*, Stbg 1980/4, 78, 79.

482 *Marx*, DStR 1993, 1901, 1903.

483 *Rüping*, DStR 2006, 1249, 1251; *Wegner*, in: Wannemacher, Steuerstrafrecht, Rz. 2, 590; *Wenzel*, NWB 2011, 3449, 3450.

eine berufsrechtliche Ahndung zu stellen, da hier nach § 89 Abs. 2 StBerG eine besondere und bedeutsame Beeinträchtigung für die Ausübung der Berufstätigkeit und das Ansehen des Berufs erforderlich ist.[484] Als berufsrechtliche Maßnahmen kommen die Rüge oder auch ein berufsgerichtliches Verfahren mit einer Verwarnung, einem Verweis, einer Geldbuße oder einer Ausschließung aus dem Beruf in Betracht.[485] Die Ausschließung aus dem Beruf stellt hierbei jedoch das letzte Mittel dar und ist nur im Einzelfall je nach finanziellem Ausmaß, Vorverurteilungen und Dauer der Hinterziehungshandlung anzuwenden.[486] Die berufsrechtlichen Auswirkungen sind umgekehrt auch strafrechtlich als Strafzumessungsgrund strafmildernd zu berücksichtigen.[487]

Des Weiteren kommt aufgrund der zivilrechtlichen Schadensverhütungspflicht[488] des Steuerberaters unter Umständen eine zivilrechtliche Haftung gegenüber dem Mandanten infolge einer Steuerhinterziehung oder leichtfertigen Steuerverkürzung des Beraters in Betracht. Dies gilt insbesondere, wenn der Steuerberater vorsätzlich oder grob fahrlässig falsche Steuererklärungen vorbereitet und dies vom Mandanten nicht erkannt wird. In diesem Fall kann bei Vorsatz eine eigene Steuerhinterziehung oder bei Leichtfertigkeit eine leichtfertige Steuerverkürzung vorliegen; dies schließt jedoch eine zivilrechtliche Haftung des einen Täters gegenüber dem anderen nicht aus.[489] Eine Haftung des Steuerberaters kommt insbesondere für Hinterziehungszinsen nach § 235 AO, für Geldstrafen, für Verdienstausfall infolge einer Freiheitsstrafe, für die Kosten der Strafverteidigung und ggf. für eine durch den Steuerberater verursachte schärfere Bestrafung in Betracht.[490] Das Mitverschulden des Mandanten kann unter

484 *Ibold,* in: Pfirrmann/Rosenke/Wagner, BeckOK AO, Rz. 777 zu § 370 AO.

485 *Schwedhelm*, DStR 2006, 1017, 1022; *Sieja*, DStR 2012, 991, 991.

486 BGH, Urteil vom 25.04.1994, StBSt(R) 1/94, Juris, Rz. 26; BGH, Urteil vom 06.08.1993, StBSt(R) 1/93, BGHSt 39, 281, Leitsatz 2 und Rz. 27; BFH, Urteil vom 27.03.1968, VII 118/65, BStBl. II 1968, 487, Rz. 8; *Schwedhelm*, DStR 2006, 1017, 1022.

487 BGH, Beschluss vom 27.07.2016, 1 StR 256/16, Juris, Leitsatz 1 und Rz. 8; zum Rechtanwalt: BGH, Beschluss vom 11.04.2013, 2 StR 506/12, Juris, Orientierungssatz und Rz. 4 f.; BGH, Beschluss vom 02.02.2010, 4 StR 514/09, Juris, Orientierungssatz 1 und Rz. 4; BGH, Beschluss vom 27.08.1987, 1 StR 412/87, Juris, Orientierungssatz und Rz. 6.

488 Siehe Kapitel 1 C III 5 „Schadensverhütungspflicht".

489 BGH, Urteil vom 15.04.2010, IX ZR 189/09, Juris, Rz. 13 ff.; BGH, Urteil vom 14.11.1996, IX ZR 215/95, Juris, Leitsatz und Rz. 18; *Prowatke/Stang*, StB 2017, 300, 300 und 302.

490 *Joecks*, Praxis des Steuerstrafrechts, S. 3.

Umständen bei der Bemessung der Schadenshöhe berücksichtigt werden, wobei die Verletzung von Kontrollpflichten durch den Mandanten im Regelfall weniger bedeutsam ist als die vertragliche Pflichtverletzung durch den Steuerberater.[491] Jedoch kann bei eigener vorsätzlicher Steuerhinterziehung des Mandanten eine zivilrechtliche Haftung des Steuerberaters für Geldstrafen und Strafverfahrenskosten, die der Mandant zahlen muss, nicht in Betracht kommen. Voraussetzung für eine Schadenersatzpflicht ist, dass der Schaden durch die Pflichtverletzung verursacht wurde, wobei zwischen dem haftungsbegründenden Ereignis und dem Schaden ein Rechtswidrigkeitszusammenhang bestehen muss. Damit muss es sich um Nachteile handeln, die zu dem Schutzbereich der verletzten Norm gehören. Zweck einer Geldstrafe ist gerade, dass der Täter selbst bestraft wird. Bei mehreren Tätern ist durch den Strafrichter eine entsprechende Gewichtung vorzunehmen, jedoch nicht im Rahmen einer zivilrechtlichen Haftung zwischen mehreren Tätern.[492]

2. *Steuerhinterziehung durch aktives Tun*

Nach § 370 Abs. 1 Nr. 1 AO ist die unrichtige oder unvollständige Angabe von steuerlich erheblichen Tatsachen strafbar, wenn dadurch Steuern verkürzt oder ungerechtfertigte Steuervorteile erlangt werden. Die Steuerhinterziehung nach § 370 Abs. 1 AO ist kein Sonderdelikt und kann auch durch den Steuerberater begangen werden.[493] Hierbei muss der Steuerberater jedoch Täter oder Teilnehmer nach §§ 25 ff. StGB sein. Trotz seiner Rolle als Organ der Steuerrechtspflege

491 BGH, Urteil vom 15.04.2010, IX ZR 189/09, Juris, Rz. 4; *Prowatke/Stang*, StB 2017, 300, 300 und 302; *Zugehör*, DStR 2001, 1663, 1663.

492 *Prowatke/Stang*, StB 2017, 300, 301; zur Haftung bei Leichtfertigkeit: BGH, Urteil vom 14.11.1996, IX ZR 215/95, Juris, Rz. 16.

493 BGH, Urteil vom 05.09.2017, 1 StR 198/17, Juris, Orientierungssatz 1, Rz. 20; *Flore*, in: Flore/Tsambikakis, Kommentar Steuerstrafrecht, Rz. 81 zu § 370 AO; *Gebhardt*, AO-StB 2008, 11, 13 (mit Verweis auf § 71 AO: Haftung des Steuerhinterziehers unabhängig von Steuerschuldnerschaft); *Joecks*, in: Joecks/Jäger/Randt, Kommentar Steuerstrafrecht, Rz. 31 zu § 370 AO; *Krumm*, in: Tipke/Kruse, Kommentar AO, Rz. 22 zu § 370 AO; *Ransiek*, in: Kohlmann, Kommentar Steuerstrafrecht, Rz. 108 zu § 370 AO; *Schwedhelm*, DStR 2006, 1017, 1019; *Seer*, Ad Legendum 4/2015, 292, 293; *Seer*, SteuerStud 1/2016, 1, 3; a.A.: *Felix/Streck*, Stbg 1980/4, 78, 79; *Gotzens/Heinsius*, Stbg 2000/5, 209, 209; *Hanßen*, S. 16 f.; *Marx*, DStR 1993, 1901, 1902; *Schmitz/Wulf*, in: Joecks/Miebach, Münchener Kommentar StGB, Rz. 300 und 416 zu § 370 AO (nur bei Verstoß gegen Erklärungs-/Mitwirkungspflichten); *Weckerle*, in: Mellinghoff, DStJG 38 (2015), 171, 172.

und der Neutralität der steuerlichen Beratung wird die Steuerberatungsleistung nicht aus dem objektiven Tatbestand herausgenommen, sodass die allgemeinen strafrechtlichen Grundsätze gelten.[494]

Täter einer Steuerhinterziehung ist nach § 25 Abs. 1 Alt. 1 StGB die Person, die die Erklärung bestimmt, also die Erklärungsherrschaft hat.[495] Hierbei reicht es auch aus, dass der Täter im Interesse einer anderen Person handelt, also hier, dass ihm die Steuervorteile nicht selbst zugutekommen.[496] Dies kann bei Steuerberatern insbesondere dann Anwendung finden, wenn sie Pflichten für den Mandanten übernehmen, die sie zum originären Täter machen.[497] Eine Täterschaft des Steuerberaters kommt insbesondere bei Steuererklärungen in Betracht, die keine eigenhändige Unterschrift verlangen. Des Weiteren hat der Steuerberater die Tatherrschaft unter Umständen bei eigenen Begleitschreiben und Erläuterungen.[498] In der Literatur wird auch vorgebracht, dass eine Täterschaft auch dann in Betracht kommen kann, wenn der Mandant die Steuererklärung unterzeichnet, aber der Berater eine bewusst falsche Erklärung an die Finanzverwaltung weiterleitet.[499] Allein ein Auftreten als Bote oder ein Mitwirkungsvermerk reicht aber für eine Erklärungsherrschaft nicht aus.[500] Insbesondere mit dem Mitwirkungsvermerk werden selbst weder unrichtige Angaben gemacht noch ein Gütesiegel für die Richtigkeit der Erklärung erteilt, sodass dies keine strafrechtliche Bedeutung hat.[501] Eine rein interne Beratung, z.B. in Form der Beratung, Erstellung der Buchführung oder Vorbereitung von Steuererklärungen, kann keine Täterschaft einer Steuerhinterziehung begründen.[502]

---

494 *Beyer*, NWB 2016, 1304, 1306; *Gotzens*, in: Wannemacher, Steuerstrafrecht, Rz. 2591; *Wenzel*, NWB 2011, 3449, 3450.

495 *Beyer*, NWB 2016, 1304, 1305; *Beyer*, NWB 2018, 1625, 1627; *Ransiek*, in: Kohlmann, Kommentar Steuerstrafrecht, Rz. 107.2 zu § 370 AO.

496 *Krumm*, in: Tipke/Kruse, Kommentar AO, Rz. 26 zu § 370 AO.

497 BFH, Urteil vom 19.12.2002, IV R 37/01, BStBl. II 2003, 85, Rz. 23; *Sieja*, DStR 2012, 991, 992.

498 *Sieja*, DStR 2012, 991, 992; *Weckerle*, in: Mellinghoff, DStJG 38 (2015), 171, 173.

499 *Flore*, in: Flore/Tsambikakis, Kommentar Steuerstrafrecht, Rz. 83 ff. zu § 370 AO; auch bei „Einreichen“: *Ransiek*, in: Kohlmann, Kommentar Steuerstrafrecht, Rz. 107.3 zu § 370 AO.

500 *Dörn*, DStR 1993, 374, 379; *Ransiek*, in: Kohlmann, Kommentar Steuerstrafrecht, Rz. 107.2 zu § 370 AO, *Rüping*, DStR 2006, 1249, 1249.

501 *Bülte*, in: Hübschmann/Hepp/Spitaler, Kommentar AO, Rz. 36 zu § 378 AO; *Gotzens*, in: Wannemacher, Steuerstrafrecht, Rz. 2648; *Gotzens/Heinsius*, Stbg 2000/5, 209, 209; *Joecks*, in: Joecks/Jäger/Randt, Kommentar Steuerstrafrecht, Rz. 29 zu § 378 AO.

502 *Schwedhelm*, DStR 2006, 1017, 1019.

Neben der unmittelbaren Täterschaft kann ein Steuerberater auch mittelbarer Täter nach § 25 Abs. 1 Alt. 2 StGB sein, beispielsweise wenn er keine eigenen Angaben macht, aber dem Mandanten eine unrichtige Steuererklärung zur Unterschrift vorlegt, z.B. wenn bewusst nicht abzugsfähige Betriebsausgaben bei der Steuererklärung berücksichtigt werden, in dem Wissen, dass diese in der Außenprüfung ohnehin gestrichen werden.[503]

Eine gemeinschaftliche Tatbegehung, bei der der Steuerberater als Mittäter nach § 25 Abs. 2 StGB fungiert, ist in der Praxis eher von untergeordneter Bedeutung. Hierbei wird eine Mit-Herrschaft über den Erklärungsinhalt gefordert sowie ein bewusstes und gewolltes Zusammenwirken. Gestaltungsempfehlungen oder der Mitwirkungsvermerk des Beraters reichen hierfür nicht aus.[504]

Eine Teilnahme an einer Steuerhinterziehung des Beraters, beispielsweise durch Beihilfe nach § 27 StGB, kann jedoch auch bei rein internen Vorbereitungshandlungen vorliegen.[505] Beihilfe erfordert eine rechtswidrige und vorsätzliche Steuerstraftat des Täters (hier im Regelfall des Mandanten) sowie eine aktive Förderung der Haupttat (Verstärkung oder Erleichterung) durch eine physische oder psychische Beeinflussung seitens des Beraters. Beihilfe setzt regelmäßig ein eigenes Interesse am Taterfolg voraus.[506] Beihilfe kann hierbei sogar dann vorliegen, wenn die steuerliche Beratung objektiv zur Steuerhinterziehung geeignet ist, aber in keiner Weise ursächlich hierfür geworden ist.[507] Die Abgrenzung zwischen Täterschaft und Teilnahme erfolgt im Zweifel basierend auf dem finanziellen Interesse am Taterfolg, dem Umfang der Tatbeteiligung und der Beherrschung des Tatgeschehens.[508]

Jedoch hat der Steuerberater selbst keine allgemeine Verantwortung für Steuerhinterziehungen des Mandanten, sondern er muss selbst schuldhaft den

---

503 *Ransiek*, in: Kohlmann, Kommentar Steuerstrafrecht, Rz. 107.4 zu § 370 AO.

504 *Prowatke/Stang*, StB 2017, 300, 301; *Ransiek*, in: Kohlmann, Kommentar Steuerstrafrecht, Rz. 114 zu § 370 AO.

505 *Beyer*, NWB 2018, 1625, 1627; *Dörn*, DStR 1993, 374, 375; *Prowatke/Stang*, StB 2017, 300, 301; *Ransiek*, in: Kohlmann, Kommentar Steuerstrafrecht, Rz. 107.2 zu § 370 AO.

506 *Dörn*, DStR 1993, 374, 375; *Nickert/Nickert/Lienhard*, Die Haftung des Steuerberaters, S. 20; *Prowatke/Stang*, StB 2017, 300, 301; *Wenzel*, NWB 2011, 3449, 3450.

507 BGH, Urteil vom 22.07.2015, 1 StR 447/14, Juris, Rz. 15; BGH, Urteil vom 01.08.2000, 5 StR 624/99, BGHSt 46, 107, Rz. 8; *Schwedhelm*, DStR 2006, 1017, 1020; *Wenzel*, NWB 2011, 3449, 3450.

508 *Beyer*, NWB 2016, 1304, 1305.

Tatbestand verwirklichen.[509] Infolge der Komplexität des deutschen Steuerrechts sowie der möglichen Lebenssachverhalte ist es auch für Steuerberater möglich, ungewollt falsche steuerliche Angaben zu machen.[510] Neben der Täterschaft oder der Teilnahme muss daher auch der subjektive Tatbestand einer Steuerhinterziehung vorliegen, d.h. der Vorsatz bezüglich der Haupttat und im Falle der Beihilfe zusätzlich der Vorsatz hinsichtlich der eigenen Hilfeleistung.[511] Hierbei wird von den äußeren Tatsachen auf die inneren geschlossen.[512] Der mangelnde subjektive Tatbestand führt in vielen Fällen bei Steuerberatern zum Nichtvorliegen einer Steuerhinterziehung, jedoch wird bei ihm als Fachmann das Wissen bzw. Kennen einer steuerlichen Unrichtigkeit auch eher vermutet.[513] Des Weiteren reicht bedingter Vorsatz aus, d.h., wenn der Berater billigend in Kauf nimmt, dass Steuern hinterzogen werden.[514] Der bedingte Vorsatz besteht damit aus einer Wissenskomponente (für möglich halten) und einer Willenskomponente (dies billigend in Kauf nehmen).[515] Podewils und Hellinger führen hierzu aus, dass dies in der Praxis nicht passend sei, da der Steuerberater fast schon im Regelfall fehlerhafte Angaben des Steuerpflichtigen für möglich halten muss.[516] Die Abgrenzung zu leichtfertigem Handeln, welches nur zu einer leichtfertigen Steuerverkürzung nach § 378 AO führt[517], ist fließend.[518] Nicht ausreichend für einen bedingten Vorsatz des steuerlichen Beraters ist es jedoch, wenn er die Steuerhinterziehung nur durch intensive Nachforschungen erkennen konnte oder wenn die Hinterziehung vom Mandanten verschleiert wurde.[519] Auch

---

509 *Krumm*, in: Tipke/Kruse, Kommentar AO, Rz. 31 zu § 370 AO; *Ransiek*, in: Kohlmann, Kommentar Steuerstrafrecht, Rz. 107.4 zu § 370 AO; *Rüping*, DStR 2006, 1249, 1249; *Sieja*, DStR 2012, 991, 993.

510 *Halldorn*, S. 101; alleinige schuldhafte Verwirklichung ohne Täterschaft des Steuerberaters ist jedoch auch nicht ausreichend, siehe BFH, Urteil vom 29.10.2013, VIII R 27/10, BStBl. II 2014, 295, Rz. 23.

511 *Beyer*, NWB 2016, 1304, 1306; *Dörn*, DStR 1993, 374, 375.

512 *Wenzel*, NWB 2011, 3449, 3451.

513 *Schwedhelm*, DStR 2006, 1017, 1022.

514 *Beyer*, NWB 2016, 1304, 1306; *Beyer*, NWB 2018, 1625, 1626; Joecks, Handbuch des Steuerstrafrechts, S. 18 f.

515 *Dörn*, DStR 1993, 374, 375.

516 *Podewils/Hellinger*, DStZ 2013/18, 662, 663.

517 Siehe hierzu nachfolgend Kapitel 1 C V 4 „Leichtfertige Steuerverkürzung".

518 *Beyer*, NWB 2018, 1625, 1626.

519 *Wenzel*, NWB 2011, 3449, 3452.

strafrechtlich darf der Steuerberater auf die Angaben des Mandanten vertrauen, wenn es keine Anhaltspunkte für deren Unrichtigkeit gibt.[520]

Der subjektive Tatbestand einer Steuerhinterziehung ist verzahnt mit der Aufklärungspflicht des Beraters[521], wobei strafrechtlich ein bedingter Vorsatz nur dann angenommen wird, wenn die Haupttat sich aufgedrängt und der Steuerberater die Augen davor verschlossen oder nicht beim Mandanten nachgefragt hat.[522] Auch wenn der Mandant die Angaben bestätigt und den Steuerberater anweist, diese entsprechend zugrunde zu legen, entlastet ihn dies bei begründeten Zweifeln bzw. positiver Kenntnis von der Unrichtigkeit nicht von der strafrechtlichen Verantwortlichkeit.[523] Auch sogenannte „Angstklauseln", bei denen der Mandant nochmal explizit die Richtigkeit bestätigt, sind strafrechtlich ohne Bedeutung, wenn der Steuerberater die Unrichtigkeit kannte.[524] Im Falle von Zweifeln können entsprechende Bestätigungen des Mandanten von Steuerberatern eingeholt werden; diese können jedoch je nach Einzelfall auch zum Belastungsdokument für ein „Augenverschließen" durch den Berater werden.[525]

Bei einer Beihilfe reicht es nicht aus, wenn es der Steuerberater für möglich hält, dass der Steuerpflichtige eine Steuerstraftat begeht, sondern er muss diese auch unterstützen.[526] Psychische Beihilfe kann hierbei schon in einer Zustimmung oder einem Kopfnicken zum Handeln des Mandanten liegen, nicht jedoch in der passiven Anwesenheit des Steuerberaters.[527] Ein Vorsatz hinsichtlich des Taterfolges muss nicht vorliegen; es ist ausreichend, wenn der Berater ein hohes Risiko der Tatbestandsverwirklichung des Mandanten erkennt.[528] Jedoch

---

520 *Beyer*, NWB 2018, 499, 500; *Beyer*, NWB 2018, 1625, 162; *Randt,* in: Pelka/Petersen, Beck'sches Steuerberater-Handbuch 2019/2020, Rz. 191 zu O „Steuerfahndung und Steuerstrafrecht"; siehe auch BFH, Urteil vom 19.12.2002, IV R 37/01, BStBl. II 2003, 85, Rz. 24 (hier allerdings bloßes Vertrauen auf die Angaben des Steuerpflichtigen abgelehnt); auch bei leichtfertiger Steuerverkürzung: *Joecks,* in: Joecks/Jäger/Randt, Kommentar Steuerstrafrecht, Rz. 54 zu § 37 StGB.

521 Siehe Kapitel 1 C III 3 „Sachverhaltsaufklärung".

522 *Dörn*, DStR 1993, 374, 376 (wenn die Daten des Mandanten unmöglich stimmen können); *Wenzel*, NWB 2011, 3449, 3453 (wenn Dokumente nicht schlüssig sind).

523 *Dörn*, DStR 1993, 374, 378; *Sieja*, DStR 2012, 991, 995 f.; a.A.: *Gotzens/Heinsius*, Stbg 2000/5, 209, 209 (da sich die für eine strafrechtliche Verurteilung erforderliche hinreichende Sicherheit kaum feststellen lassen wird).

524 *Dörn*, DStR 1993, 374, 378.

525 *Schwedhelm*, DStR 2006, 1017, 1023.

526 *Nickert/Nickert/Lienhard*, Die Haftung des Steuerberaters, S. 148; *Rüping*, DStR 2006, 1249, 1250.

527 *Wenzel*, NWB 2011, 3449, 3455 f.

528 *Sieja*, DStR 2012, 991, 993.

wird in der Rechtsprechung die Beihilfe an einer Steuerstraftat durch Steuerberater mittlerweile eingeschränkt, wenn es sich um berufstypisches Verhalten handelt. Hiernach können auch berufstypische Handlungen eine Steuerhinterziehung darstellen, jedoch muss im Einzelfall untersucht werden, wie hoch das vom Steuerberater erkannte Risiko eines strafbaren Verhaltens war. Bei berufstypischen Tätigkeiten muss der Steuerberater von der Haupttat wissen oder das Risiko muss derart hoch sein, dass er durch seine Leistungen die Förderung des tatgeneigten Täters bewirkt.[529] Auch hieraus ergibt sich damit, dass der Steuerberater im Rahmen seiner typischen Berufsausübung auf die Gesetzmäßigkeit des Handelns des Mandanten vertrauen kann, soweit sich keine anderweitigen Anhaltspunkte ergeben.[530] Zu beachten ist, dass nicht alle Tätigkeiten des Steuerberaters zwingend berufstypisch sind und damit unter die Entlastungsregel fallen. So ist beispielsweise eine Hinauszögerung von Steuererklärungen, von Stellungnahmen im Rahmen der Außenprüfung oder ein nachträglicher Austausch von Belegen nicht berufstypisch, sodass dies für eine strafbare Beihilfe sprechen kann.[531] Hier kann auch eine Strafvereitelung des Beraters vorliegen.[532] Fraglich ist auch, wann offensichtliche Zweifel beim Steuerberater aufkommen müssen. So ist es in der Praxis beispielsweise nicht selten, dass offenbare Mängel in der Kassenführung vorliegen. Fraglich ist, inwieweit dies bereits zu einem bedingten Vorsatz des Beraters hinsichtlich der Haupttat des Mandanten führen kann.[533]

Jedoch darf der Steuerberater bei Vorliegen einer Steuerhinterziehung seines Mandanten nicht gegen dessen Willen das Finanzamt informieren. Dies würde eine Berufspflichtverletzung bedeuten, und er würde sich zudem wegen der Verletzung von Privatgeheimnissen nach § 203 Abs. 1 Nr. 3 StGB strafbar machen. In diesem Falle ist daher der Steuerberater zur Mandatsniederlegung verpflichtet, sofern er sich selbst im Rahmen seiner steuerlichen Beratung der Beihilfe zur Steuerhinterziehung strafbar machen würde.[534]

---

529 BGH, Beschluss vom 21.12.2016, 1 StR 112/16, Orientierungssatz und Rz. 29 ff.; BGH, Beschluss vom 15.03.2005, 5 StR 592/04, Juris, Rz. 8; *Beyer*, NWB 2018, 1625, 1625 f.; *Bilsdorfer*, NJW 2018, 1443, 1445; *Harms*, StbG 1/2005, 12, 14.

530 *Janz*, StB 2019, 67, 68.

531 *Janz*, StB 2019, 67, 70; siehe zu Beispielen der Beihilfe durch Steuerberater in diesen Fällen auch *Schwedhelm*, DStR 2006, 1017, 1022.

532 *Schwedhelm*, DStR 2006, 1017, 1020 ff.; wobei der Hinweis auf § 371 AO keine Strafvereitelung darstellt; bei Vorliegen einer eigenen Steuerhinterziehung kann keine Strafvereitelung vorliegen.

533 *Janz*, StB 2019, 67, 71.

534 *Janz*, StB 2019, 67, 70.

3. *Steuerhinterziehung durch Unterlassen*

Die Steuerhinterziehung durch Unterlassen ist in § 370 Abs. 1 Nr. 2 AO geregelt. Es handelt sich um eine strafrechtliche Gebotspflicht, also eine Pflicht, die ein bestimmtes Handeln gebietet.[535] Voraussetzung hierfür ist, dass eine gesetzliche Handlungspflicht besteht und das Unterlassen strafbewehrt ist.[536] Pflichten in diesem Sinne sind Steuererklärungspflichten, Berichtigungspflichten und Garantenpflichten.[537]

Die Steuerhinterziehung nach § 370 Abs. 1 Nr. 2 AO ist nach herrschender Auffassung ein Sonderdelikt, da der Tatbestand an eine Handlungspflicht anknüpft. Täter kann damit nur derjenige sein, der eine Pflicht zur Abgabe der Steuererklärung, Berichtigung o.Ä. hat.[538] Nach der neueren Rechtsprechung liegt ausgehend vom Gesetzeswortlaut kein Sonderdelikt vor, im zweiten Schritt wird der Anwendungsbereich jedoch eingeschränkt, da ein Unterlassenstatbestand eine entsprechende Handlungspflicht erfordert, sodass Täter nur derjenige sein kann, der „zur Aufklärung steuerlich erheblicher Tatsachen besonders verpflichtet ist".[539] Hierzu gehören Steuerpflichtige, Personen nach §§ 34, 35 AO sowie Personen, die eine Garantenstellung haben.[540] Den Steuerberater treffen, da er nicht Beteiligter im Steuerverfahren ist, nicht die Handlungspflichten des Steuerpflichtigen. Die Steuererklärungspflicht geht durch einen Steuerberatungsvertrag nicht auf den Steuerberater über, solange er nicht ausdrücklich entsprechende Pflichten übernommen hat.[541] Ebenso haben nur der Steuerpflichtige

---

535 *Schmeer*, in: Gräfe/Wollweber/Schmeer, S. 730.

536 BGH, Urteil vom 09.04.2013, 1 StR 586/12, BGHSt 58, 218, Rz. 52; *Schmeer*, in: Gräfe/Wollweber/Schmeer, S. 730.

537 *Schmeer*, in: Gräfe/Wollweber/Schmeer, S. 730.

538 *Hadamitzky/Senge*, in: Erbs/Kohlhaas, Kommentar Strafrechtliche Nebengesetze, Rz. 8 zu § 370 AO; *Ibold*, in: Pfirrmann/Rosenke/Wagner, BeckOK AO, Rz. 159, 189 zu § 370 AO; *Krumm*, in: Tipke/Kruse, Kommentar AO, Rz. 63 und 23 zu § 370 AO; *Ransiek*, in: Kohlmann, Kommentar Steuerstrafrecht, Rz. 288 zu § 370 AO; *Schmitz/Wulf*, in: Joecks/Miebach, Münchener Kommentar StGB, Rz. 302 zu § 370 AO; *Seer*, Ad Legendum 4/2015, 292, 294; a.A.: *Flore*, in: Flore/Tsambikakis, Kommentar Steuerstrafrecht, Rz. 81 zu § 370 AO; *Gaede*, in: Esser/Rübenstahl/Saliger/Tsambikakis, Kommentar Wirtschaftsstrafrecht, Rz. 130 f. zu § 370 AO; *Weckerle*, in: Mellinghoff, DStJG 38 (2015), 171, 172.

539 BGH, Beschluss vom 14.10.2015, 1 StR 521/14, Juris, Rz. 13; so auch: BGH, Urteil vom 09.04.2013, 1 StR 586/12, BGHSt 58, 218, Rz. 52.

540 *Hanßen*, S. 14.

541 *Schmeer*, in: Gräfe/Wollweber/Schmeer, S. 731.

und ggf. Personen nach §§ 34, 35 AO eine Berichtigungspflicht nach § 153 AO.[542] Der Steuerberater hat auch grundsätzlich keine strafrechtliche Garantenstellung.[543] Dies gilt unabhängig vom Umfang des Mandats, also auch bei Dauermandaten.[544] Der Steuerberater muss daher nicht eingreifen, wenn er erkennt, dass der Mandant eine Steuerhinterziehung begeht; der Mandant müsste jedoch eingreifen, wenn der Steuerberater in seinem Namen eine Steuerhinterziehung begeht und er dies erkennt.[545] Der Steuerberater trägt keine Verantwortung für die Hinterziehung des Mandanten und ist auch kein Sachwalter der Finanzverwaltung.[546] Die Bestimmung strafrechtlicher Pflichten für Steuerberater richtet sich allein nach § 370 ff. AO.

Der Steuerberater muss den Mandanten daher aus strafrechtlicher Sicht weder kontrollieren und beaufsichtigen noch hinsichtlich Steuerunehrlichkeiten aufklären, wenn er nicht selbst hieran beteiligt ist.[547] Die Verbotspflicht des § 370 Abs. 1 Nr. 1 AO führt auch nicht zu einer spiegelverkehrten Gebotspflicht, die Nachforschungen vom Steuerberater verlangt. Damit hat er im Regelfall keine strafrechtlichen Gebotspflichten.[548]

Sofern Steuererklärungen jedoch eine eigenhändige Unterschrift des Steuerpflichtigen nicht erfordern, wie beispielsweise Umsatzsteuervoranmeldungen, ist eine Handlungspflicht des Steuerberaters denkbar, wenn dieser sich zur Abgabe der Voranmeldungen verpflichtet hat.[549] Bei der Erstellung von Erklärungen in eigener Verantwortung wird auch vertreten, dass den Berater eine eigene Berichtigungspflicht nach § 153 AO trifft.[550] Sofern der Steuerberater keinen Auftrag

542 Siehe Kapitel 1 B IV „Berichtigung von Erklärungen durch den Steuerpflichtigen".

543 Siehe hierzu im Detail nachfolgend Kapitel 7 B III „Prüfung einer strafrechtlichen Garantenstellung des Steuerberaters" mit weiteren Nachweisen.

544 *Schmeer,* in: Gräfe/Wollweber/Schmeer, S. 731.

545 *Prowatke/Stang*, StB 2017, 300, 301 f.; *Schmeer,* in: Gräfe/Wollweber/Schmeer, S. 730 f.; wegen der Schadensverhütungspflicht jedoch Hinweis an den Mandanten erforderlich, siehe Kapitel 1 C III 5 „Schadensverhütungspflicht".

546 *Bornheim*, AO-StB 2001, 28, 30; *Müller*, AO-StB 2015, 139, 145; *Prowatke/Stang*, StB 2017, 300, 300; *Schaaf*, AO-StB 2012, 349, 350.

547 *Schmeer,* in: Gräfe/Wollweber/Schmeer, S. 731.

548 *Schmeer,* in: Gräfe/Wollweber/Schmeer, S. 735.

549 OLG Koblenz 11.06.1987, 1 Ss 198/87, wistra 1987, 263, 263; *Gotzens,* in: Wannemacher, Steuerstrafrecht, Rz. 2642; *Müller*, AO-StB 2015, 139, 140; *Schmeer,* in: Gräfe/Wollweber/Schmeer, S. 732; *Weckerle,* in: Mellinghoff, DStJG 38 (2015), 171, 173; siehe hierzu im Detail nachfolgend Kapitel 2 C VI „Strafrechtliche Pflichten des Steuerberaters im Zusammenhang mit § 370 Abs. 1 Nr. 2 AO".

550 Siehe hierzu im Detail nachfolgend Kapitel 2 C VII „Auswirkungen auf die Berichtigungspflicht nach § 153 AO".

hat, hat er auch keine strafrechtlichen Pflichten, sodass strafrechtlichen Gefahren durch eine genaue Eingrenzung des Beratungsauftrages begegnet werden kann.[551]

4. Leichtfertige Steuerverkürzung

Das Strafrecht erfordert Vorsatz, sodass bei Leichtfertigkeit nur der Bußgeldtatbestand der leichtfertigen Steuerverkürzung nach § 378 AO in Betracht kommt.

Täter einer leichtfertigen Steuerverkürzung können der Steuerpflichtige, dessen gesetzliche Vertreter nach §§ 33 bis 35 AO sowie Personen, die der Steuerpflichtige zur Wahrnehmung seiner steuerlichen Angelegenheiten bevollmächtigt hat, sein.[552] Damit kann eine leichtfertige Steuerverkürzung auch durch den Steuerberater als Bevollmächtigten des Steuerpflichtigen begangen werden. Hierbei ist nach der herrschenden Meinung erforderlich, dass der Steuerberater selbst im Außenverhältnis unrichtige Steuererklärungen abgegeben hat, jedoch nicht bei der bloßen Teilnahme (z.B. im Rahmen der Beihilfe), da er selbst eigene Angaben im Sinne des § 370 Abs. 1 Nr. 1 AO machen muss.[553] Nach anderer Auffassung und auch der älteren Auffassung der Rechtsprechung führt auch eine leichtfertige Beihilfe zur Anwendbarkeit von § 378 AO, da sich §§ 370 und 378 AO allein im Schuldvorwurf unterscheiden, jedoch beide nicht ausdrücklich die eigene Tatbegehung voraussetzen.[554]

---

551 *Dörn*, DStR 1993, 374, 375; *Schaaf*, AO-StB 2012, 349, 351.

552 *Beyer*, NWB 2016, 1304, 1305; *Marx*, DStR 1993, 1901, 1902 f.; *Weckerle*, in: Mellinghoff, DStJG 38 (2015), 171, 172.

553 BFH, Urteil vom 29.10.2013, VIII R 27/10, BStBl. II 2014, 295, Rz. 19; BGH, Urteil vom 19.12.1997, 5 StR 569/96, BGHSt 43, 381, Rz. 71; *Bülte*, in: Hübschmann/Hepp/Spitaler, Kommentar AO, Rz. 31 zu § 378 AO; *Dörn*, DStR 1993, 374, 377 (da § 378 AO Bezug auf § 370 AO nimmt, welcher eigene Handlungen voraussetzt); *Dörn*, DStZ 1993/15-16, 478, 479; *Fissenewert*, DStR 1992, 1488, 1492; *Gotzens*, in: Wannemacher, Steuerstrafrecht, Rz. 2706 f.; *Gotzens/Heinsius*, Stbg 2000/5, 209, 216; *Harms*, StbG 1/2005, 12, 16; *Heuel*, in: Kohlmann, Kommentar Steuerstrafrecht, Rz. 24 zu § 378 AO (der aber hieraus keine generelle Freizeichnung der steuerlichen Berater in bußgeldrechtlicher Sicht ableitet, da häufig eigene Angaben gemacht werden); *Krumm*, in: Tipke/Kruse, Kommentar AO, Rz. 11 zu § 378 AO; *Jäger*, in: Klein, Kommentar AO, Rz. 9 zu § 378 AO; *Joecks*, in: Joecks/Jäger/Randt, Kommentar Steuerstrafrecht, Rz. 31 und 60 zu § 378 AO; *Podewils/Hellinger*, DStZ 2013/18, 662, 665; *Rolletschke*, wistra 2/2004, 49, 51; *Rüping*, DStR 2006, 1249, 1250; *Schwedhelm*, DStR 2006, 1017, 1020; zum Notar: BFH, Urteil vom 03.03.2015, II R 30/13, DStRE 2015, 1003, 1007.

554 *Heuel*, in: Kohlmann, Kommentar Steuerstrafrecht, Rz. 41 zu § 378 AO; so auch: BFH, Urteil vom 19.12.2002, IV R 37/01, BStBl. II 2003, 85, Rz. 22 (leichtfertige

Ob ein Steuerberater eigene Angaben macht und somit unmittelbarer Täter einer leichtfertigen Steuerverkürzung ist, richtet sich nach den gleichen Grundsätzen wie bei § 370 AO und damit nach der Erklärungsherrschaft.[555] Hiernach sind eigenhändige Unterschriften auf Steueranmeldungen oder Begleitschreiben eigene Angaben, nicht jedoch reine Mitwirkungsvermerke.[556]

Neben der Täterschaft muss im Rahmen der Prüfung des subjektiven Tatbestandes ein leichtfertiges Handeln des Steuerberaters vorliegen. Der Begriff der Leichtfertigkeit entspricht der groben Fahrlässigkeit im Zivilrecht und liegt vor, wenn die gebotene Sorgfalt in ungewöhnlich hohem Maße verletzt wird, also wenn nicht beachtet wird, was jedem einleuchten müsste, oder wenn völlig unbekümmert vorgegangen wird.[557] Der Täter muss in der Lage gewesen sein, den gesetzlichen Sorgfaltspflichten zu genügen.[558] Auch der Anwendungserlass zu § 153 AO enthält eine Definition der Leichtfertigkeit in der Form, dass diese eine besondere Form der Fahrlässigkeit darstellt, die vorliegt, wenn jemand in besonders großem Maße gegen die Sorgfaltspflichten verstößt und ihm dieser Verstoß besonders vorzuwerfen ist, weil er den Erfolg leicht hätte vorhersehen oder vermeiden können.[559] Grundlage für die Beurteilung der Leichtfertigkeit ist damit der grundsätzliche Sorgfaltsmaßstab bei der Erfüllung steuerlicher Pflichten, der grob missachtet werden muss.[560] Normale Fahrlässigkeit ist nicht ausreichend für § 378 AO.[561]

Beispiele für leichtfertiges Handeln des Steuerberaters sind insbesondere die unkontrollierte Delegation von Pflichten an die Mitarbeiter, fehlerhafte oder lückenhafte Arbeitsanweisungen, die Überforderung von Mitarbeitern, ein

---

Steuerverkürzung einer Steuerfachangestellten, die die EÜR vorbereitete, aber die Steuererklärung nicht selbst unterzeichnete).

555 *Heuel,* in: Kohlmann, Kommentar Steuerstrafrecht, Rz. 40 zu § 378 AO.

556 *Heuel,* in: Kohlmann, Kommentar Steuerstrafrecht, Rz. 35 ff., 43 zu § 378 AO.

557 *Dörn*, DStR 1993, 374, 375; *Heuel,* in: Kohlmann, Kommentar Steuerstrafrecht, Rz. 55 zu § 378 AO; *Jäger,* in: Klein, Kommentar AO, Rz. 20 zu § 378 AO; *Jehke,* in: Pfirrmann/Rosenke/Wagner, BeckOK AO, Rz. 44 f. zu § 378 AO; *Krumm,* in: Tipke/Kruse, Kommentar AO, Rz. 14 zu § 378 AO; *Schwedhelm*, DStR 2006, 1017, 1020.

558 BFH, Beschluss vom 22.08.2011, III B 4/10, BFH/NV 2011, 2092, Orientierungssatz 2 und Rz. 4; BGH, Urteil vom 13.04.1960, 2 StR 593/59, BGHSt 14, 240, Rz. 39; *Jehke,* in: Pfirrmann/Rosenke/Wagner, BeckOK AO, Rz. 45 zu § 378 AO; *Joecks,* in: Joecks/Jäger/Randt, Kommentar Steuerstrafrecht, Rz. 34 zu § 378 AO.

559 AEAO Nr. 2.7 zu § 153 AO.

560 Joecks, Handbuch des Steuerstrafrechts, S. 27.

561 *Dörn*, DStR 1993, 374, 375; *Müller,* AO-StB 2015, 139, 141.

Handeln ohne Abstimmung mit dem Mandanten, eine fehlerhafte Rechtskenntnis[562], eine mangelnde Nachprüfung oder mangelndes Nachfragen bei Zweifeln[563] (wobei hier je nach Einzelfall auch ein bedingter Vorsatz vorliegen kann) oder das Ignorieren von Angaben und die mangelnde Nachprüfung von Angaben der Finanzbuchhaltung.[564] Zweifel können sich hier bereits daraus ergeben, dass der Mandant in der Vergangenheit keine ausreichenden Kenntnisse hatte, zu wenig Sorgfalt auf die Vorbereitung der Unterlagen verwendet hat oder zur Steuerunehrlichkeit neigte.[565] Auch hierbei gilt bei berufstypischen Handlungen ein Privileg für Steuerberater, sodass dieser im Regelfall auf die Angaben des Mandanten vertrauen kann. Jedoch stellt beispielsweise ein Einsatz von unqualifizierten oder zeitlich überlasteten Mitarbeitern keine berufstypische Handlung des Steuerberaters dar.[566]

Die genauen Kriterien für ein leichtfertiges Handeln sind einzelfallabhängig. Grundlage ist zum einen die Rechtsprechung zum groben Verschulden nach § 173 Abs. 1 Nr. 2 AO.[567] Zum anderen sind die Berufspflichten für die Auslegung des Begriffs der Leichtfertigkeit auch im Bereich des Strafrechts von Bedeutung. Da der Begriff der Leichtfertigkeit auf die gewöhnlich gebotene Sorgfalt des jeweiligen Verkehrskreises abstellt, setzt hier die herausgehobene Stellung des Steuerberaters einen strengeren Maßstab an.[568] Es ist nicht nur die fachliche Sorgfalt entscheidend, sondern beispielsweise auch, inwieweit der Steuerberater von der Richtigkeit der Informationen des Steuerpflichtigen ausgehen darf und inwieweit er diese prüfen muss.[569] Wegen der Komplexität des Steuerrechts kann jedoch nicht in jedem Fall von vornherein eine Leichtfertigkeit des Steuerberaters angenommen werden.[570] Schmeer führt aus, dass die Berufspflichten im bußgeldrechtlichen Bereich unerheblich sind und hier nur

---

562 *Beyer*, NWB 2016, 1304, 1306; *Beyer*, NWB 2018, 1625, 1628; *Bülte*, in: Hübschmann/Hepp/Spitaler, Kommentar AO, Rz. 77 ff. zu § 378 AO; *Rüping*, DStR 2006, 1249, 1251.

563 *Bülte*, in: Hübschmann/Hepp/Spitaler, Kommentar AO, Rz. 79 ff. zu § 378 AO; *Dörn*, DStR 1993, 374, 376; *Rüping*, DStR 2006, 1249, 1251.

564 *Rüping*, DStR 2006, 1249, 1251.

565 *Felix/Streck*, Stbg 1980/4, 78, 82.

566 *Beyer*, NWB 2018, 1625, 1628.

567 *Beyer*, NWB 2016, 1304, 1310.

568 *Dörn*, DStR 1993, 374, 375; *Dörn*, DStZ 1993/15-16, 478, 479; *Gotzens/Heinsius*, Stbg 2000/5, 209, 218; *Stalf*, Steuerumgehung als Mittel der Steuerberatung?, S. 93.

569 *Krekeler*, Praxis Steuerstrafrecht 6/2002, 129, 136.

570 *Podewils/Hellinger*, DStZ 2013/18, 662, 665.

eine zufällige Übereinstimmung bestehen kann[571]; jedoch wirken sich diese über die Subjektivität der Leichtfertigkeit im Verkehrskreis mittelbar aus. Allerdings reicht nicht jede Berufspflichtverletzung für das Vorliegen von Leichtfertigkeit aus, sondern nur eine grobe Pflichtverletzung.[572] Weckerle führt aus, dass die Leichtfertigkeit von Steuerberatern in Abhängigkeit der jeweiligen Tathandlung bestimmt werden muss, wobei den Steuerberater nicht allgemein höhere Sorgfaltspflichten treffen.[573] Die zivilrechtlichen Pflichten gemäß dem Beratungsvertrag bestimmen den sachlichen Rahmen der Tätigkeit des Beraters, können jedoch den Sorgfaltsmaßstab nicht einschränken und auch nicht ausdehnen.[574]

---

571 *Schmeer,* in: Gräfe/Wollweber/Schmeer, S. 816; so auch: *Gotzens,* in: Wannemacher, Steuerstrafrecht, Rz. 2717.

572 *Dörn*, DStR 1993, 374, 375.

573 *Weckerle,* in: Mellinghoff, DStJG 38 (2015), 171, 190.

574 *Gotzens,* in: Wannemacher, Steuerstrafrecht, Rz. 2716; *Joecks,* in: Joecks/Jäger/Randt, Kommentar Steuerstrafrecht, Rz. 53 zu § 378 AO; *Schmeer,* in: Gräfe/Wollweber/Schmeer, S. 816.

2. Kapitel: Elektronische Übermittlung von Steuererklärungen und Steueranmeldungen

A. Gesetzliche Grundlagen der elektronischen Übermittlungspflicht

I. Zweck

Die elektronische Übermittlung von Steuererklärungen bietet der Finanzverwaltung viele Vorteile. Hiermit sind eine computergestützte Plausibilitätskontrolle der elektronischen Daten in den elektronischen Steuererklärungen sowie ein automatisierter Abgleich mit elektronischem Kontrollmaterial möglich. Daten verschiedener Steuererklärungen und Steueranmeldungen (beispielsweise der Kapitalertragsteueranmeldungen und der Angaben zu Ausschüttungen in der Körperschaftsteuererklärung) können automatisiert miteinander abgeglichen und verplausibilisiert werden, wodurch auch die Arbeitsqualität erhöht und zu einer gesetzmäßigen Steuerfestsetzung beigetragen werden kann. Des Weiteren kann das Risikomanagement des Finanzamtes, welches prüfwürdige von nicht prüfwürdigen Fällen separiert, durch direkten Datenzugriff auf die elektronischen Daten verbessert werden.[575] Mittels der elektronischen Steuererklärung soll ein Großteil der Steuerbescheide vollautomatisiert ergehen, wodurch eine erhebliche Fallzeitreduzierung und Reduzierung der personellen Kapazitäten erreicht werden soll.[576] Hierdurch kommt es zu einer höheren Effizienz der Verwaltung, sodass deren Ressourcen vermehrt in anderen Bereichen (z.B. Außenprüfung, Steuerfahndung) eingesetzt werden können.[577] Dies ist Teil des in 2007 in Kraft getretenen Verwaltungsabkommens „KONSENS"[578], in welchem ein elektronischer bundesweiter Datenaustausch mit einheitlichen Strukturen

---

575 *Seer*, FR 2012, 1000, 1004; *Seer*, in: FS Kirchhof, 1765, 1774.

576 *Keilen*, StB 2015, 440, 441.

577 *Lankes*, Rechtliche Grenzen elektronischer Datenübermittlungspflichten am Beispiel des Elster-Verfahrens, S. 64 f.; *Preißer/Wind*, S. 84.

578 Verwaltungsabkommen v. 5. 7. 2006 zur Regelung der Zusammenarbeit im Vorhaben KONSENS, Amtsblatt 2007, 2247.

zur Datenverwaltung und -auswertung sowie automatischer Steuerfestsetzung umgesetzt werden soll.[579]

Auch für den Steuerpflichtigen bietet die elektronische Steuererklärung Vorteile. So werden Eingabefehler zum Teil vermieden, insbesondere durch Kombination mit einem Abruf der elektronisch an die Finanzverwaltung gemeldeten Daten. Vorjahresdaten können übernommen werden und die elektronische Steuererklärung ermöglicht automatische Steuerberechnungen, sodass steuerliche Auswirkungen von Eingaben direkt ersichtlich sind. Dies führt zu einer Kosten- und Zeitersparnis auch auf Seiten der Steuerpflichtigen. Fehlerfassungen auf Seiten der Finanzverwaltung werden reduziert, sodass weniger Einspruchsverfahren erforderlich sind. Hinzu kommt, dass elektronische Erklärungen vorrangig bearbeitet werden und somit auch der Steuerbescheid im Regelfall schneller erstellt wird.[580] Wegen der Vorabprüfungen durch den ELSTER Client werden Daten vorab geprüft und Rückfragen der Finanzverwaltung vermieden. Auch Druckkosten werden durch den nicht mehr notwendigen Ausdruck und die deutlich verminderten Angaben im elektronischen Vordruck gespart.[581] Kombiniert mit dem elektronischen Verwaltungsakt und dem elektronischen Bescheidabgleich ist auch eine Erleichterung bei der Prüfung der Bescheide infolge des automatischen Abgleiches von Erklärungs- und Bescheiddaten mit der elektronischen Steuererklärung verbunden. Damit stellt die elektronische Steuererklärung auch ein Instrument der höheren Serviceorientierung der Finanzverwaltung dar.[582] In der Praxis findet die elektronische Steuererklärung mittlerweile guten Anklang, insbesondere jedoch auch, da in vielen Bereichen mittlerweile Übermittlungspflichten bestehen.[583] So konstatierte die Bundesregierung im Jahr 2019 im Hinblick auf eine Anfrage der FDP zum Bekanntheitsgrad der vereinfachten Steuererklärung[584], dass mittlerweile nahezu 100% der

579 *Seer*, DStR 2008, 1553, 1557; *Senger*, Die Reform der Finanzverwaltung in der Bundesrepublik Deutschland, S. 153 ff.

580 *Kußmaul/Ruiner*, StB 2008, 238, 242; *Lankes*, Rechtliche Grenzen elektronischer Datenübermittlungspflichten am Beispiel des Elster-Verfahrens, S. 64 f.

581 *Kußmaul/Ruiner*, StB 2008, 238, 242.

582 *Preißer/Wind*, S. 84.

583 Siehe hierzu nachfolgend Kapitel 2 A II „Gesetzliche Übermittlungspflichten".

584 Auf die vereinfachte Steuererklärung für Arbeitnehmer wird hier nicht eingegangen, da der praktische Anwendungsbereich im Bereich der steuerlichen Beratung gering ist.

Unternehmenssteuererklärungen und für das Jahr 2017 ca. 62% der Einkommensteuererklärungen elektronisch übertragen wurden.[585]

Infolge der Möglichkeit der vollelektronischen Verarbeitung der Daten der elektronischen Steuererklärung wird teilweise von einer Selbstveranlagung gesprochen. Lediglich rechtlich verbleibt noch ein Unterschied zur Selbstberechnung der Steuer durch den Steuerpflichtigen, welcher jedoch in der Praxis faktisch überlagert wird.[586] Nach anderer Auffassung besteht ein erheblicher Unterschied zwischen einer automatisierten Veranlagung und einer echten Selbstveranlagung. Ein echtes Selbstveranlagungssystem sei wegen der Komplexität des deutschen Steuerrechts nicht möglich und führe zu höheren straf- und bußgeldrechtlichen Gefahren sowie zu einer Verlagerung der Verantwortung auf die Steuerpflichtigen und deren Berater.[587]

In der Praxis wird infolge der elektronischen Steuererklärung, beispielsweise von Drüen, eine Arbeitsverlagerung auf die Steuerpflichtigen und deren Berater kritisiert: „Die bisherigen Schritte zum steuerrechtlichen Teil des übergreifenden Ziels des Bürokratieabbaus (...) konnten eher als euphemistische Umschreibung einer Verlagerung der Steuerbürokratie auf den Steuerbürger und seinen Berater verstanden werden. Das gilt namentlich für die durch das sog. Steuerbürokratieabbaugesetz eingeführte, ab dem Veranlagungszeitraum 2011 geltende Pflicht zur elektronischen Übermittlung von Bilanzen, GuV und Steuererklärungen."[588]

II. Gesetzliche Übermittlungspflichten

Die materiellen Steuergesetze bestimmen, ob eine Pflicht zur elektronischen Übermittlung von Steueranmeldungen und Steuererklärungen besteht. So besteht beispielsweise eine Pflicht zur elektronischen Übertragung für Umsatzsteuervoranmeldungen nach § 18 Abs. 1 S. 1 UStG, für Kapitalertragsteueranmeldungen gemäß § 45a Abs. 1 S. 1 EStG und für Lohnsteueranmeldungen nach

---

585 Deutscher Bundestag, Drucksache 19/8106 vom 04.03.2019 (Antwort der Bundesregierung auf die Kleine Anfrage), S. 4.

586 *Preißer/Wind*, S. 15; so auch: *DWS-Symposium*, DStR-KR 2015, 1, 1; *Kirchhof*, DStR 2018, 497, 503; *Rolletschke*, NzWiSt 2018, 185, 186; *Seer*, DStR 2008, 1553, 1560; *Seer*, StuW 4/2015, 315, 323.

587 *Bachmann/Gebhardt/Richter*, DStR 2019, 1879, 1880; *DWS-Symposium*, DStR-KR 2015, 1, 1; siehe hierzu im Detail nachfolgend Kapitel 7 A III „Elektronisches Veranlagungsverfahren als faktisches Selbstveranlagungssystem".

588 *Drüen*, DStR 2010, 2, 4; insgesamt hierzu auch: *Bachmann/Gebhardt/Richter*, DStR 2019, 1879, 1879 f.

§ 41a Abs. 1 S. 2 EStG. Die elektronischen Abgabepflichten für Steuererklärungen ergeben sich für die Einkommensteuererklärung aus § 25 Abs. 4 EStG und § 60 Abs. 4 EStDV (sofern Gewinneinkünfte erzielt werden, keine elektronische Abgabepflicht für Antragsveranlagungen[589]), für die Körperschaftsteuer aus § 31 Abs. 1a S. 1 KStG, für die Gewerbesteuererklärung aus § 14a S. 1 GewStG und für die einheitliche und gesonderte Feststellung aus § 181 Abs. 2a S. 1 AO. Mittlerweile wurden auch Sondervorschriften für die elektronische Übermittlung eingeführt, zum Beispiel für die E-Bilanz nach § 5b EStG und für Investitionsabzugsbeträge in § 7g Abs. 1 S. 2 Nr. 2 S. 1 EStG.

Während früher die elektronische Übermittlung basierend auf der möglichen Erklärungsabgabe nach amtlich vorgeschriebenem Vordruck gemäß § 150 Abs. 1 S. 1 AO gerechtfertigt wurde, wenn das der Finanzbehörde übermittelte Dokument vollständig dem amtlichen Vordruck entspricht[590], hat sich mittlerweile der elektronische Datensatz weit von dem amtlichen Vordruck der Steuererklärung entfernt.[591] Teilweise werden auch heute noch die komprimierten Vordrucke für die elektronische Steuererklärung unter den Begriff der amtlichen Vordrucke subsumiert.[592] In der AO wird mittlerweile jedoch die elektronische Datenübermittlung von der Erklärungsabgabe nach amtlichen Vordruck klar abgegrenzt (vgl. § 150 Abs. 1 S. 1 Nr. 1 AO) und man spricht von einer Erklärungsabgabe nach amtlich vorgeschriebenem Datensatz (siehe z.B. § 25 Abs. 4 EStG). § 87b Abs. 1 AO regelt hierzu, dass das Bundesministerium der Finanzen in Abstimmung mit den obersten Finanzbehörden der Länder die amtlich vorgeschriebenen Datensätze bestimmt. Die amtlichen Schnittstellen werden über das Internet zur Verfügung gestellt (§ 87b Abs. 2 S. 2 AO). Damit sind diese grundsätzlich unabhängig von den Formularen zur Steuererklärung, es müssen jedoch dieselben Grundsätze gelten, insbesondere da mit den Datensätzen steuerlich erhebliche Daten abgefragt werden.[593] Die enorme Menge der

---

589 *Deutschländer*, NWB 2017, 3836, 3837; *Seer*, in: Tipke/Kruse, Kommentar AO, Rz. 10 zu § 150 AO; siehe zur elektronischen Abgabepflicht bei Einkommensteuererklärungen auch: BFH, Urteil vom 28.10.2020, X R 36/19, BStBl. II 2021, 841, Rz. 25 ff..

590 Bundesrat, Drucksache 343/02 vom 19.04.2002, S. 85; *Drüen/Hechtner*, DStR 2006, 821, 823.

591 Siehe hierzu auch *Ortwald*, Steuererklärungspflicht und Verfahrensleistungsfähigkeit, S. 176; *Rätke*, in: Klein, Kommentar AO, Rz. 31 zu § 150 AO.

592 *Rosenke*, in: Pfirrmann/Rosenke/Wagner, BeckOK AO, Rz. 85 zu § 150 AO.

593 Siehe zur Gestaltung der Vordrucke: *Rosenke*, in: Pfirrmann/Rosenke/Wagner, BeckOK AO, Rz. 101 zu § 150 AO; *Seer*, in: Tipke/Kruse, Kommentar AO, Rz. 5 f. und 37 f. zu § 150 AO.

Formularfragen sowie Datensätze sorgt für Kritik, insbesondere angesichts der Abkehr von der 100%-Doktrin im Veranlagungsverfahren. So ist fraglich, ob ein Steuerstaat solche Datenmengen erfragen soll, wenn ihm doch nur eine Überprüfung weniger Fälle möglich ist.[594] Zudem führt die Abweichung des elektronischen Datensatzes von der Formularsteuererklärung zu der Schwierigkeit, im Steuervollzug sicherzustellen, dass der Steuerpflichtige tatsächlich den gesamten Inhalt des Steuererklärungsformulars zur Kenntnis genommen hat.[595] Diesem wird im Falle der steuerlichen Beratung durch eine faktische Pflicht zur vorherigen Übersendung der Formulare entgegengewirkt.[596]

III. Verfahren

Bereits seit 1999 können Steuererklärungen elektronisch übertragen werden.[597] Im Jahr 2003 trat die Steuerdaten-Übermittlungsverordnung[598] in Kraft, welche die rechtliche Grundlage für eine elektronische Übermittlung war. Die Steuerdaten-Übermittlungsverordnung war jedoch nur bis 31.12.2016 anzuwenden. Ab 01.01.2017 finden sich die grundlegenden Vorschriften zur elektronischen Übermittlung in § 72a AO und §§ 87a ff. AO.[599] § 87a Abs. 6 AO regelt, dass die Übermittlung in einem sicheren Verfahren, welches die Vertraulichkeit und Integrität des Datensatzes gewährleistet, erfolgen muss. Hierfür ist zwingend die Authentifizierung des Datenübermittlers erforderlich, d.h., die Daten müssen zweifelsfrei einem Datenübermittler zugeordnet werden können.[600] Nach § 87d Abs. 1 AO kann die Übermittlung der Daten auch durch Dritte erfolgen, beispielsweise durch einen Steuerberater.[601] Es ist weiter zwingend eine Übermittlung über die amtlich vorgeschriebenen Schnittstellen erforderlich.

594 *Geißler*, Der Unternehmer im Sinne des Steuerstaats, S. 66 f.

595 Dies auch kritisierend: *Ortwald*, Steuererklärungspflicht und Verfahrensleistungsfähigkeit, S. 91, 179.

596 Siehe hierzu nachfolgend Kapitel 2 C IV 2 „Zurverfügungstellung der Formulare“.

597 *Senger*, Die Reform der Finanzverwaltung in der Bundesrepublik Deutschland, S. 137; explizit den Begriff der „elektronischen Steuererklärung“ nennt nur § 150 Abs. 1 AO; im Übrigen wird von einer Übermittlung „nach amtlich vorgeschriebenem Datensatz durch Datenfernübertragung“ gesprochen; es handelt sich damit nicht um eine eigene Steuererklärung, sondern nur um eine Änderung des Übermittlungsweges, siehe hierzu auch *Ortwald*, Steuererklärungspflicht und Verfahrensleistungsfähigkeit, S. 77.

598 BGBl. 2003 I, S. 139.

599 Zur Anwendung siehe § 27 Abs. 1 EGAO.

600 *Kobor*, in: Pfirrmann/Rosenke/Wagner, BeckOK AO, Rz. 30 und 30.1 zu § 87a AO.

601 *Seer*, in: Tipke/Kruse, Kommentar AO, Rz. 28 zu § 150 AO.

Die elektronischen Daten dürfen beispielsweise nicht per E-Mail oder auf einem USB-Stick an das Finanzamt übermittelt werden; auch eine Übermittlung per Fax stellt keine elektronische, sondern eine schriftliche Steuererklärung dar.[602] Ein sicheres Verfahren stellt beispielsweise ELSTER dar.[603] Früher existierte hierfür die separate Software ELSTER Formular, welches die Unterzeichnung eines Lizenzvertrages erforderte. Eine gesetzliche Grundlage hierfür existierte nicht, sodass man Bürger nicht zum Abschluss des Lizenzvertrages zwingen konnte.[604] Seit 2006 ist eine Übermittlung über ELSTER Online, eine vollständig internetbasierte Lösung, möglich. Hierfür ist kein Lizenzvertrag erforderlich, sodass auch eine gesetzliche Grundlage nicht zwingend bestehen muss.[605] Die Übermittlung erfolgt im Rahmen des ELSTER I - Verfahrens (Einreichen einer komprimierten Erklärung auf elektronischem Wege und zusätzlich Einreichung des unterzeichneten Papierformulars) oder über das ELSTER II - Verfahren, in welchem eine authentifizierte Erklärung übermittelt wird. In diesem Verfahren ist keine Unterschrift mehr auf der komprimierten Erklärung erforderlich, d.h., die Steuererklärung ist mit der elektronischen Datenübermittlung wirksam eingereicht.[606] Das Einreichen des unterzeichneten Papierformulars ist nicht mehr erforderlich (so wie es vorher beim ELSTER I – Verfahren war).[607] Voraussetzung ist, dass sich der Steuerpflichtige oder der Datenübermittler eindeutig authentifiziert hat, was mittels eines Softwarezertifikates, eines Sicherheitssticks oder einer Signaturkarte erfolgen kann.[608] Hierfür ist zwingend eine Registrierung beim kostenlosen Online-Portal der Finanzverwaltung (ELSTER Online) oder eine Übermittlung über das Rechenzentrum der DATEV erforderlich.[609]

---

602 Baum, NWB 2016, 2778, 2779; *Seer,* in: Tipke/Kruse, Kommentar AO, Rz. 26 zu § 150 AO.

603 *Kobor,* in: Pfirrmann/Rosenke/Wagner, BeckOK AO, Rz. 30 zu § 87a AO.

604 *Lankes*, Rechtliche Grenzen elektronischer Datenübermittlungspflichten am Beispiel des Elster-Verfahrens, S. 143.

605 *Lankes*, Rechtliche Grenzen elektronischer Datenübermittlungspflichten am Beispiel des Elster-Verfahrens, S. 151.

606 *Groß/Möslein*, in: Pelka/Petersen, Beck'sches Steuerberater-Handbuch 2019/2020, Rz. 70 zu Kapitel I „Elektronische Steuerkommunikation"; *Reimann*, StB 2019, 381, 384.

607 *Gebhardt*, AO-StB 2008, 11, 12; zu ELSTER I siehe: *Deutschländer*, NWB 2017, 3836, 3837 f.

608 *Groß/Möslein,* in: Pelka/Petersen, Beck'sches Steuerberater-Handbuch 2019/2020, Rz. 70 zu Kapitel I „Elektronische Steuerkommunikation"; *Lewandowski/Ackermann*, DStR 2014, 1646, 1652.

609 *Groß/Möslein,* in: Pelka/Petersen, Beck'sches Steuerberater-Handbuch 2019/2020, Rz. 72 zu Kapitel I „Elektronische Steuerkommunikation".

Ab 2017 ist für alle betrieblichen Steuererklärungen bereits zwingend das ELSTER II - Verfahren zu verwenden, ebenso bei Einkommensteuererklärungen von steuerlich beratenen Steuerpflichtigen.[610] Aufgrund dessen wird in dieser Arbeit nur noch auf das ELSTER II – Verfahren eingegangen.

Die Übermittlung über ELSTER entspricht nicht einer qualifizierten elektronischen Signatur im Sinne des Signaturgesetzes, da ausschließlich der Datenübermittler authentifiziert wird.[611] Das ELSTER - Verfahren soll einen Standard, der mit einer qualifizierten elektronischen Signatur vergleichbar ist, schaffen.[612] Tatsächlich ist das Verfahren jedoch nicht mit einer elektronischen Signatur vergleichbar, sondern stellt ein „sicheres Verfahren unterhalb der Schwelle der Signatur“[613] dar. Begründet wurde dies mit der geringen Verbreitung der elektronischen Signatur und einer damit im Zusammenhang stehenden deutlichen Verzögerung der elektronischen Steuererklärung.[614] Es wird jedoch kritisiert, dass dieses Verfahren die Bedeutung der elektronischen Signatur untergräbt.[615]

IV. Unterschriftserfordernisse

Umstritten ist, wie das ELSTER II – Verfahren im Zusammenhang mit dem Unterschriftserfordernis von Steuererklärungen zu betrachten ist. Die Pflicht zur eigenhändigen Unterzeichnung der Steuererklärung ergibt sich aus § 150 Abs. 3 S. 1 AO in Verbindung mit den einzelnen Steuergesetzen (für die Einkommensteuer z.B. § 25 Abs. 3 S. 1 EStG). Das Unterschriftserfordernis dient dazu, dass sich der Steuerpflichtige bewusst wird, dass er eine wahrheitsgemäße Steuererklärung nach § 150 Abs. 2 AO abzugeben hat und er die Angaben vor der Unterschrift nochmals prüfen kann. Dadurch hat das Unterschriftserfordernis auch eine Warn- und Schutzfunktion für den Steuerpflichtigen.[616] Durch die

610 *Groß/Möslein,* in: Pelka/Petersen, Beck'sches Steuerberater-Handbuch 2019/2020, Rz. 72 zu I Elektronische Steuerkommunikation; Datev Hilfe-Center, "Authentifizierungsverfahren" - Elektronische Datenübermittlung ohne Abgabe des Freizeichnungsdokuments/der Komprimierten Erklärung, zuletzt aktualisiert 16.04.2021, Lexinform 9240107.

611 *Frizen*, S. 91.

612 *Rätke,* in: Klein, Kommentar AO, Rz. 47 zu § 87a AO.

613 *Brandis,* in: Tipke/Kruse, Kommentar AO, Rz. 18 zu § 87a AO; zur Sicherheit siehe: *Drüen/Hechtner*, DStR 2006, 821, 825 f.

614 Siehe z.B. Deutscher Bundestag, Drucksache 17/11473 vom 14.11.2012, S. 22; *Drüen/Hechtner*, DStR 2006, 821, 824; *Roßnagel*, K&R 2003, 379, 380.

615 *Roßnagel*, K&R 2003, 379, 385.

616 *Beyer*, NWB 2018, 499, 499 f.; *DWS-Institut*, DStR 2006, 1588, 1589; *Rätke,* in: Klein, Kommentar AO, Rz. 35 zu § 150 AO; *Rosenke,* in: Pfirrmann/Rosenke/Wagner,

Unterschrift wird die Steuererklärung zu einer höchstpersönlichen Pflicht.[617] Blankounterschriften werden ausgehend vom Zweck der Unterschrift als unzulässig angesehen.[618] Im Gegensatz dazu sieht Heuermann in der Unterschrift einen reinen Autorisierungsakt, da der Steuerpflichtige insbesondere bei steuerlicher Beratung den Berater nicht überwachen müsse und die Erklärungspflicht als solche auch keine höchstpersönliche Pflicht sei.[619] Er erachtet auch Blankounterschriften als zulässig, da der Steuerpflichtige den Steuerberater weder überwachen könne noch müsse.[620] Auch von Seer wird ausgeführt, dass hierbei vom Steuerpflichtigen nicht verlangt werden könne, dass alle Einzelheiten der Steuererklärung nachgeprüft werden, insbesondere nicht die rechtliche Beurteilung.[621] Daher hat die Unterschrift allein keine strafrechtliche Bedeutung, sodass auch § 150 Abs. 2 S. 2 AO alte Fassung, der die Möglichkeit der Einholung einer schriftlichen Wahrheitsversicherung bot, aufgehoben wurde.[622] Im Gegensatz zu den USA, wo die Unterschrift auf einer falschen Steuererklärung selbst, auch ohne Vorliegen einer Steuerverkürzung, strafbar sein kann, kann die falsche Unterschrift in Deutschland allein keinen Straftatbestand erfüllen.[623]

Für die steuerliche Beratung von Bedeutung ist aber, dass durch die eigenhändige Unterschrift des Steuerpflichtigen die Steuererklärung „autorisiert [wird] und (..) ihm daher ab diesem Zeitpunkt zuzurechnen“[624] ist. Mit der

---

BeckOK AO, Rz. 232 zu § 150 AO; *Seer,* in: Tipke/Kruse, Kommentar AO, Rz. 12 zu § 150 AO; *Weber*, Die Mitwirkungspflichten, S. 46; zu den Auswirkungen der Unterschrift auf die Steuermoral siehe: *Kummert,* FR 2018, 425, 427.

617 *Rosenke,* in: Pfirrmann/Rosenke/Wagner, BeckOK AO, Rz. 244 zu § 150 AO; *Seer,* in: Tipke/Kruse, Kommentar AO, Rz. 12 zu § 150 AO; so auch: BFH, Urteil vom 30.10.2008, III R 107/07, BStBl. II 2009, 352, Rz. 10; BFH, Urteil vom 15.10.1998, III R 58/95, BStBl. II 1999, 237, Rz. 18.

618 BFH, Urteil vom 20.01.1984, VI R 16/82, BStBl. II 1984, 436, Leitsatz und Rz. 5; BFH, Urteil vom 08.07.1983, VI R 80/81, BStBl. II 1984, 13, Leitsatz und Rz. 15 ff.; *Haselmann,* in: Koenig, Kommentar AO, Rz. 20 zu § 150 AO; *Rosenke,* in: Pfirrmann/Rosenke/Wagner, BeckOK AO, Rz. 245 zu § 150 AO; *Weber*, Die Mitwirkungspflichten, S. 46.

619 *Heuermann,* in: Hübschmann/Hepp/Spitaler, Kommentar AO, Rz. 35 f. zu § 150 AO.

620 *Heuermann,* in: Hübschmann/Hepp/Spitaler Kommentar AO, Rz. 36 zu § 150 AO; *Seer,* in: Tipke/Kruse, Kommentar AO, Rz. 12 zu § 150 AO.

621 *Seer,* in: Tipke/Kruse, Kommentar AO, Rz. 12 zu § 150 AO.

622 Deutscher Bundestag, Drucksache 18/7457 vom 03.02.2016, S. 78; *Rätke,* in: Klein, Kommentar AO, Rz. 36 und 22 zu § 150 AO.

623 *Seer*, Besteuerungsverfahren: Rechtsvergleich USA - Deutschland, S. 40; insbesondere kein Fall des § 156 StGB.

624 *Rosenke,* in: Pfirrmann/Rosenke/Wagner, BeckOK AO, Rz. 232 zu § 150 AO; so auch: *Seer,* in: Tipke/Kruse, Kommentar AO, Rz. 12 zu § 150 AO.

eigenhändigen Unterzeichnung erfolgt damit eine geänderte Zurechnung der in der Steuererklärung enthaltenen Angaben, sodass diese auch eine Autorisierungs- und Identifizierungsfunktion hat.[625] Nun sind diese dem Steuerpflichtigen zuzurechnen und nicht dem steuerlichen Berater.

Das Unterschriftserfordernis wird nun im Falle des ELSTER II - Verfahrens durch die Authentifizierung des Datenübermittlers „ersetzt"[626], d.h., die Einreichung einer eigenhändig unterzeichneten Steuererklärung ist nicht mehr erforderlich.[627] Anfangs wurden Zweifel geäußert, dass eine elektronische Steuererklärung über ELSTER II wegen der fehlenden Unterschrift keine wirksame Steuererklärung darstelle und basierend hierauf ergangene Bescheide tatsächlich eine Schätzung nach § 162 AO auf Grundlage der nicht formgemäß übermittelten Daten darstellen.[628] Es wurde jedoch aus Treu und Glauben geschlussfolgert, dass die Finanzverwaltung aus einem Verstoß gegen das eigentlich erforderliche Unterschriftserfordernis nach den Einzelsteuergesetzen, welcher infolge der nicht wirksamen Signatur nach dem Signaturgesetz vorliegt, keine negativen Folgen ziehen darf, da auch die Finanzverwaltung ein großes Interesse an der Nutzung der elektronischen Steuererklärung hat.[629] Weiter erfolgt eine Heilung durch die Steuerfestsetzung.[630]

Infolgedessen wurde in § 87a Abs. 6 AO explizit geregelt, dass durch Rechtsverordnung ein anderes sicheres Verfahren neben der elektronischen Signatur eingeführt werden kann.[631] Die aktuelle Fassung von § 87a Abs. 6 AO erwähnt die elektronische Signatur nicht mehr, nichtsdestotrotz ist die Gesetzesbegründung so zu verstehen, dass eine elektronische Signatur weiterhin durch ein anderes sicheres Verfahren ersetzt werden kann, da § 87a Abs. 6 AO dies als

---

625 *Rosenke*, in: Pfirrmann/Rosenke/Wagner, BeckOK AO, Rz. 232 zu § 150 AO.

626 Siehe hierzu noch kritisch nachfolgend, dass die Authentifizierung nur die Datenübermittlung betrifft, aber nicht die Unterschrift des Steuerpflichtigen ersetzen kann.

627 *Seer*, in: Tipke/Kruse, Kommentar AO, Rz. 10 und 27 zu § 150 AO; so auch: *Heuermann*, in: Hübschmann/Hepp/Spitaler, Kommentar AO, Rz. 34 zu § 150 AO; *Rätke*, in: Klein, Kommentar AO, Rz. 38 zu § 150 AO; *Rosenke*, in: Pfirrmann/Rosenke/Wagner, BeckOK AO, Rz. 236 zu § 150 AO: Finanzverwaltung verzichtet auf die eigenhändige Unterschrift.

628 *Gebhardt*, AO-StB 2008, 11, 13.

629 *DWS-Institut*, DStR 2006, 1588, 1589 f.; *Frizen*, S. 91.

630 *Rolletschke*, in: GS Joecks 2018, S. 572.

631 Siehe hierzu auch: Deutscher Bundestag, Drucksache 17/5125 vom 21.03.2011, S. 14; *Frizen*, S. 91 f.; *Hahlweg*, in: Koenig, Kommentar AO, Rz. 60 zu § 87a AO; *Musil/Burchard/Hechtner*, DStR 2007, 2290, 2296.

lex specialis explizit so regelt.[632] Dies kann auch aus § 87a Abs. 3 S. 4 Nr. 1 AO geschlussfolgert werden, nach dem die Schriftform und damit auch die qualifizierte elektronische Signatur durch die unmittelbare Abgabe einer Erklärung in einem elektronischen Formular ersetzt werden können, wozu auch ELSTER Online gehört.[633]

Da der Datenübermittler, insbesondere bei steuerlicher Vertretung, im Normalfall nicht mit dem Steuerpflichtigen übereinstimmt, der die eigenhändige Unterschrift leisten muss, ergibt sich ein „Wertungswiderspruch zu dem der eigenhändigen Unterschrift (…) beigemessenen Bedeutungsgehalt“[634]. Authentifizierender ist im Regelfall der Steuerberater oder bei Übermittlung über die DATEV diese.[635] Das Unterschriftserfordernis durch den Steuerpflichtigen kann daher nicht durch die Authentifizierung ersetzt werden, da zweiteres nur die Datenübermittlung, aber nicht den Inhalt der Erklärung betrifft. Faktisch wird auf das Unterschriftserfordernis durch den Steuerpflichtigen verzichtet. Es wird auch ausgeführt, dass die Bedeutung der Daten und die Wahrheitspflicht dem Steuerpflichtigen im Falle der elektronischen Steuererklärung nicht ausreichend bewusst wird, insbesondere durch die fehlende Unterschrift und da die elektronischen Daten nicht sämtliche Zeilen und Hinweise aus den amtlichen Vordrucken enthalten. Es wird daher ausgeführt, dass bei einer elektronischen Steuererklärung nicht davon ausgegangen werden kann, dass sich der Steuerpflichtige „die für den angegebenen Abzug wesentlichen Fragen gestellt und beantwortet hat.“[636] Aufgrund dieser Problematiken, insbesondere für steuerlich beratene Steuerpflichtige, wurde ab dem Veranlagungszeitraum 2017 ein Freizeichnungsdokument geschaffen. In diesem kann der Mandant am Ende der elektronischen Steuererklärung durch eigenhändige Unterschrift versichern, dass die vom Steuerberater erstellte Erklärung auf Vollständigkeit und Richtigkeit geprüft wurde.[637]

---

632 Deutscher Bundestag, Drucksache 18/7457 vom 03.02.2016, S. 64 f.; so auch: *Musil/Burchard/Hechtner*, DStR 2007, 2290, 2296; *Rolletschke*, in: GS Joecks 2018, S. 573.

633 *Brandis*, in: Tipke/Kruse, Kommentar AO, Rz. 13a zu § 87a AO; *Rosenke*, in: Pfirrmann/Rosenke/Wagner, BeckOK AO, Rz. 17 zu § 87a AO.

634 *Rosenke*, in: Pfirrmann/Rosenke/Wagner, BeckOK AO, Rz. 236 zu § 150 AO; so auch: *DWS-Institut*, DStR 2006, 1588, 1589.

635 *DWS-Institut*, DStR 2006, 1588, 1589; *Rolletschke*, in: GS Joecks 2018, S. 574.

636 *Rohner*, Rechtsprobleme der elektronischen Steuerveranlagung, S. 48 f.

637 *Beyer*, NWB 2018, 499, 499; NWB Nr. 40 vom 02.10.2017, S. 3049; *Groß/Möslein*, in: Pelka/Petersen, Beck'sches Steuerberater-Handbuch 2019/2020, Rz. 74 zu I „Elektronische Steuerkommunikation“; *Rätke*, in: Klein, Kommentar AO, Rz. 10 zu § 87d AO.

Infolge des Verzichts auf das Unterschriftserfordernis des Steuerpflichtigen bei elektronischen Steuererklärungen im ELSTER II - Verfahren stellt die Steuererklärungspflicht keine höchstpersönliche Pflicht mehr dar. Der Steuerberater ist damit nicht mehr nur Erfüllungsgehilfe, sondern tritt auch im Rahmen der Abgabe der Steuererklärung als Bevollmächtigter auf. Eine klare Regelung, wer welche Verantwortung im Falle steuerlicher Vertretung hat, fehlt.

B. Elektronische Datenübermittlung durch den Steuerpflichtigen

I. Auswirkungen bei Nichtabgabe in elektronischer Form

1. Zwangsmittel

Nach § 328 AO kann ein Verwaltungsakt, der auf die Vornahme einer Handlung gerichtet ist, mit Zwangsmitteln (Zwangsgeld, Ersatzvornahme oder unmittelbarer Zwang) durchgesetzt werden. Insbesondere die Abgabepflicht von Steuererklärungen stellt eine erzwingbare Handlung in diesem Sinne dar.[638] Auch die elektronische Abgabe kann hiermit erzwungen werden, wenn kein Befreiungstatbestand vorliegt.[639] Es ist jedoch erforderlich, dass die gesetzliche Abgabepflicht durch einen Verwaltungsakt konkretisiert und individualisiert wird.[640] Weiter ist das Zwangsmittel anzudrohen. Dies kann mit dem Verwaltungsakt zur Abgabe der Steuererklärung verbunden werden.[641]

Im Hinblick auf die Nichtabgabe elektronischer Steuererklärungen ist insbesondere das Zwangsgeld relevant.[642]

Die Ersatzvornahme kommt nur bei vertretbaren Handlungen in Betracht. Dies war für die eigenhändig zu unterzeichnende Steuererklärung als höchstpersönliche Pflicht bisher nicht anzuwenden, da es sich gerade um keine vertretbare Handlung handelte.[643] Bei elektronischen Steuererklärungen, bei denen keine

---

638 *Holzner,* in: Pfirrmann/Rosenke/Wagner, BeckOK AO, Rz. 51 zu § 328 AO; *Rolletschke,* in: GS Joecks 2018, S. 574; *Zöllner,* in: Koenig, Kommentar AO, Rz. 9 zu § 328 AO.

639 *Holzner,* in: Pfirrmann/Rosenke/Wagner, BeckOK AO, Rz. 2 zu § 328 AO; *von Wedelstädt,* AO-StB 2015, 99, 100.

640 *Holzner,* in: Pfirrmann/Rosenke/Wagner, BeckOK AO, Rz. 2 zu § 328 AO.

641 *Deckers/Fiethen,* MMR 2013, 158, 161.

642 *Deckers/Fiethen,* MMR 2013, 158, 161.

643 BFH, Urteil vom 29.02.2000, VII R 109/98, BStBl. II 2000, 573, Rz. 17; *Holzner,* in: Pfirrmann/Rosenke/Wagner, BeckOK AO, Rz. 28 zu § 330 AO; siehe auch: *Tillmann,* in: Herrmann/Heuer/Raupach, Kommentar EStG, Rz. 14 zu § 46 EStG; so auch: BGH, Beschluss vom 27.03.2008, VII ZB 70/06, BGHZ 176, 79 ff., Rz. 16: „Die

eigenhändige Unterschrift mehr erforderlich ist, sondern nur die elektronische Authentifizierung des Datenübermittlers, liegt keine höchstpersönliche Pflicht mehr vor.[644] Dementsprechend ist im Hinblick auf Pflichten zur Abgabe elektronischer Steuererklärungen eine Ersatzvornahme möglich. So wurde auch bisher schon die Aufstellung einer Bilanz durch einen Steuerberater als vertretbare Handlung im Sinne von § 330 AO behandelt[645], was vergleichbar einer elektronischen Steuererklärung ist. Fraglich ist jedoch, wie ein Dritter die Erfordernisse des § 150 Abs. 2 AO, eine Steuererklärung nach bestem Wissen und Gewissen zu erstellen, erfüllen kann. Dies kann daher nur dann Anwendung finden, wenn der Dritte überhaupt in der Lage ist, die Steuererklärung zu erstellen[646], also wenn sämtliche Sachverhalte bekannt sind. Im Regelfall wird die Finanzverwaltung in der Praxis den Weg des Zwangsgeldes gehen, anstatt eine Ersatzvornahme hinsichtlich der elektronischen Steuererklärung vorzunehmen. Derzeit nimmt die Finanzverwaltung bei Abgabe der Steuererklärung auf herkömmlichen Formularen üblicherweise eine Schätzung vor, was jedoch nicht dem Wortlaut des § 162 AO entspricht[647], sodass unter Umständen die Ersatzvornahme zukünftig für elektronische Erklärungen an Bedeutung gewinnen könnte.

Als letztes Mittel kommt unmittelbarer Zwang gemäß § 331 AO in Betracht. Da der unmittelbare Zwang nur zur Anwendung kommt, wenn Zwangsgeld oder Ersatzvornahme das Ziel nicht erreichen können, dafür nicht geeignet sind oder nicht zum Ziel geführt haben[648], wird im Regelfall bei Steuererklärungen der unmittelbare Zwang nicht in Betracht kommen. Des Weiteren findet unmittelbarer Zwang wegen der nicht möglichen Ersatzvornahme insbesondere bei unvertretbaren Handlungen Anwendung[649], wozu die elektronische Steuererklärung

---

Abgabe der Einkommensteuererklärung und sonstige Verfahrenshandlungen des Schuldners im Steuerfestsetzungsverfahren sind unvertretbare Handlungen, da sie nicht durch einen Dritten vorgenommen werden können, sondern vom Willen des Schuldners abhängen. (…) Dies erschließt sich daraus, dass im Steuerfestsetzungsverfahren die Rechtsstellung des Steuerpflichtigen so eng mit dessen Person verbunden ist, dass ein Übergang von Rechten und Pflichten des Steuerpflichtigen im Wege der Abtretung, Pfändung oder sonstigen Schuldübernahme ausgeschlossen ist."

644 Siehe hierzu im Detail Kapitel 2 A IV „Unterschriftserfordernisse".

645 *Drüen,* in: Tipke/Kruse, Kommentar AO, Rz. 4 zu § 330 AO; *Holzner,* in: Pfirrmann/Rosenke/Wagner, BeckOK AO, Rz. 29 zu § 330 AO.

646 *Rosenke,* in: Pfirrmann/Rosenke/Wagner, BeckOK AO, Rz. 28 zu § 330 AO.

647 Siehe hierzu nachfolgend Kapitel 2 B I 2 „Schätzung".

648 *Drüen,* in: Tipke/Kruse, Kommentar AO, Rz. 1 zu § 331 AO.

649 *Drüen,* in: Tipke/Kruse, Kommentar AO, Rz. 3 zu § 331 AO.

nun nur noch bei unbekannten Sachverhalten gehört. Im Normalfall kann bei fehlenden elektronischen Steuererklärungen die Steuerfestsetzung basierend auf den eingereichten Formularsteuererklärungen oder im Rahmen einer Schätzung erreicht werden. Auch wenn eine Schätzung nicht direkt als vorrangig in § 331 AO genannt ist, so muss diese Möglichkeit im Rahmen der Ermessens- und Verhältnismäßigkeitsprüfung (§ 328 AO) bei der Entscheidung über den unmittelbaren Zwang berücksichtigt werden. Unmittelbarer Zwang wegen Nichtabgabe der elektronischen Steuererklärung ist damit im Normalfall nicht anzunehmen.

Damit wird im Regelfall das Zwangsgeld das übliche Zwangsmittel bei Nichtabgabe der elektronischen Steuererklärung sein. Dieses darf nach § 329 AO 25.000 Euro nicht überschreiten und steht nach dem Wortlaut des § 328 Abs. 1 S. 1 AO wie alle Zwangsmittel im Ermessen des Finanzamtes. Ein Raum für eine Ermessensausübung durch die Finanzverwaltung besteht hier jedoch kaum, da der Gesetzgeber bereits Ausnahmen von der elektronischen Übermittlung durch Härtefallregelungen[650] vorgesehen hat, sodass außerhalb dessen keine Unzumutbarkeit der elektronischen Übermittlung vorliegt.[651]

2. *Schätzung*

Ein Steuerbescheid, der basierend auf einer unwirksamen Steuererklärung ergeht, ist nicht nichtig.[652] Soweit die Finanzbehörde die Besteuerungsgrundlagen nicht ermitteln oder berechnen kann, hat sie diese nach § 162 Abs. 1 S. 1 AO zu schätzen; dies gilt insbesondere, wenn der Steuerpflichtige seine Mitwirkungspflichten verletzt hat. Die Schätzung ist in der gemeinsamen Verantwortung des Steuerpflichtigen und der Finanzverwaltung für die Sachverhaltsaufklärung begründet, wobei der Steuerpflichtige die Beweislast für steuermindernde Umstände hat.[653] Nach dem Gesetzeswortlaut erfordert eine Schätzung Mängel in der Sachverhaltsaufklärung.[654] Auch das Unterlassen der Abgabe einer Steuererklärung stellt einen Anlass für eine Schätzung dar.[655]

---

650 Siehe hierzu nachfolgend Kapitel 2 B II „Härtefallregelungen".

651 *Deckers/Fiethen*, MMR 2013, 158, 162.

652 Zu Erklärung mit fehlender Unterschrift siehe BFH, Urteil vom 28.02.2002, V R 42/01, BStBl. II 2002, 642, Rz. 23.

653 *Matthes*, in: Pfirrmann/Rosenke/Wagner, BeckOK AO, Rz. 25 ff. zu § 162 AO; siehe im Detail nachfolgend in Kapitel 4 A III „Beweisführungspflichten".

654 *Matthes*, in: Pfirrmann/Rosenke/Wagner, BeckOK AO, Rz. 125 zu § 162 AO: wenn die Besteuerungsgrundlagen nicht ermittelt oder berechnet werden können.

655 *Rüsken*, in: Klein, Kommentar AO, Rz. 22 zu § 162 AO.

Bei Abgabe einer Steuererklärung auf den amtlichen Vordrucken anstatt einer elektronischen Steuererklärung geht die Finanzverwaltung, sofern eine Pflicht zur elektronischen Abgabe besteht, vermehrt dazu über, in den Erläuterungen des Bescheides eine Passage aufzunehmen, dass es sich um eine Schätzung handelt.[656] In jedem Fall sind bei einer Schätzung trotz Abgabe der Papiererklärung die Angaben in der Papiersteuererklärung zu berücksichtigen, da eine Schätzung keinen Strafcharakter hat.[657] Ob die Voraussetzungen einer Schätzung im Sinne des § 162 AO tatsächlich vorliegen, ist fraglich. Die Finanzverwaltung kann sich hierbei auf eine BFH-Rechtsprechung berufen, nach der das Finanzamt auch zur Schätzung befugt bleibt, wenn der Steuerpflichtige die Besteuerungsgrundlagen formlos mitteilt.[658] Gleiches gilt, wenn eine Steuererklärung (früher) ohne Unterschrift abgegeben wurde und damit unvollständig war.[659] Nach anderer Ansicht liegen die gesetzlichen Voraussetzungen für eine Schätzung nicht vor, da die Besteuerungsgrundlagen basierend auf der Papiererklärung ermittelt werden können. Die Finanzverwaltung scheint die Problematik erkannt zu haben, so formuliert sie anstatt wie sonst üblich „hat die Besteuerungsgrundlagen geschätzt" „wurden im Wege der Schätzung zugrunde gelegt".[660] Inwieweit die BFH-Rechtsprechung tatsächlich auf den Fall nicht erfolgter elektronischer Übermittlung anwendbar ist, ist fraglich. Eine Steuererklärung, bei der die Unterschrift fehlte, konnte wegen der mangelnden Versicherung zur Wahrheit der enthaltenen Angaben als Mangel in der Sachverhaltsaufklärung gewertet werden. Auch eine formlose Mitteilung der Besteuerungsgrundlagen liegt in einer Übermittlung auf dem amtlichen Formular gerade nicht vor. Die Kommentarliteratur nennt zwar die Nichtabgabe von Steuererklärungen gerade als Beispiel für Schätzungen[661], jedoch kann hier, selbst wenn man eine unwirksame

---

656 *Deckers/Fiethen*, MMR 2013, 158, 160 f.; *Gebhardt*, AO-StB 2012, 246, 246; *Ortwald*, Steuererklärungspflicht und Verfahrensleistungsfähigkeit, S. 381, *Rolletschke*, in: GS Joecks 2018, S. 574 f.; *Wacker*, DStR 2013, 2025, 2025 f.

657 *Heuel/Harink*, AO-StB 2020, 49, 50.

658 BFH, Urteil vom 09.05.1996, IV B 59/95, BFH/NV 1996, 801, Orientierungssatz 2 und Rz. 9; siehe hierzu auch: *Deckers/Fiethen*, MMR 2013, 158, 160 f. (zweifelhaft, aber einem Einspruch dürfte wohl das Rechtsschutzbedürfnis fehlen).

659 BFH, Urteil vom 14.01.1998, X R 84/95, BStBl. II 1999, 203, Rz. 20; *Wacker*, DStR 2013, 2025, 2026; im Ergebnis auch bejaht von: *Rosenke*, in: Pfirrmann/Rosenke/Wagner, BeckOK AO, Rz. 182 zu § 150 AO: aber Formulierung „Besteuerungsgrundlagen im Wege der Schätzung zugrundegelegt" statt „Besteuerungsgrundlagen geschätzt".

660 *Gebhardt*, AO-StB 2012, 246, 247.

661 *Seer*, in: Tipke/Kruse, Kommentar AO, Rz. 36 zu § 162 AO.

Steuererklärung im Falle einer Abgabe der Formularerklärung annimmt, im Gegensatz zur umfänglichen Nichtabgabe eine Ermittlung der Besteuerungsgrundlagen erfolgen. So führt auch Matthes aus, dass eine Schätzung bei nicht abgegebener Steuererklärung nur dann in Betracht komme, wenn die Finanzverwaltung die Besteuerungsgrundlagen nicht anderweitig ermitteln kann.[662] Ausgehend vom Wortlaut kann daher keine Schätzungsbefugnis der Finanzverwaltung bei Abgabe der Steuererklärung auf den herkömmlichen Formularen in Betracht kommen.

3. *Verspätungszuschläge*

Gegen denjenigen, der seiner Verpflichtung zur Abgabe einer Steuererklärung nicht oder nicht fristgemäß nachkommt, kann nach § 152 Abs. 1 S. 1 AO ein Verspätungszuschlag festgesetzt werden. Der Verspätungszuschlag setzt also eine Abgabepflicht bezüglich einer Steuererklärung voraus, die verletzt wird. Neben der Nichtabgabe fällt hierunter auch die Abgabe einer nicht den formellen Anforderungen entsprechenden und damit unwirksamen Steuererklärung. Dementsprechend kann im Falle eines Verstoßes gegen die elektronische Übermittlungspflicht ein Verspätungszuschlag festgesetzt werden, auch wenn die Steuererklärung fristgemäß auf Papier abgegeben wird, sofern eine gesetzliche Verpflichtung zur elektronischen Übermittlung besteht.[663] Gleiches gilt für eine fehlende Authentifizierung im Falle der elektronischen Übermittlung.[664] Die Verletzung von Nebenpflichten, beispielsweise die Verletzung der Wahrheitspflicht oder der Pflicht zur Beifügung von Unterlagen, ist hingegen unerheblich.[665]

Die Festsetzung des Verspätungszuschlages nach Absatz 1 steht im Ermessen der Finanzverwaltung. Entschuldigungsgründe des Steuerpflichtigen sind nach § 152 Abs. 1 S. 1 AO zu berücksichtigen, wobei dies kaum Anwendung finden wird, wenn die Härtefallregelungen keine Ausnahme der elektronischen Übermittlung zulassen.[666] Zu beachten ist zudem, dass nach § 152 Abs. 2 AO in bestimmten Fällen und bei Überschreiten bestimmter Fristen verpflichtend ein

---

662 *Matthes,* in: Pfirrmann/Rosenke/Wagner, BeckOK AO, Rz. 14 zu § 162 AO.

663 *Deckers/Fiethen,* MMR 2013, 158, 161; *Heuel/Harink,* AO-StB 2020, 49, 50; *Rolletschke,* in: GS Joecks 2018, S. 574; *Rosenke,* in: Pfirrmann/Rosenke/Wagner, BeckOK AO, Rz. 111 f. zu § 152 AO; *Seer,* in: Tipke/Kruse, Kommentar AO, Rz. 11 zu § 152 AO.

664 *Seer,* in: Tipke/Kruse, Kommentar AO, Rz. 13 zu § 152 AO.

665 *Rosenke,* in: Pfirrmann/Rosenke/Wagner, BeckOK AO, Rz. 114 zu § 152 AO.

666 *Deckers/Fiethen,* MMR 2013, 158, 161; *Seer,* in: Tipke/Kruse, Kommentar AO, Rz. 3 zu § 150 AO.

Verspätungszuschlag festzusetzen ist, die Entscheidung also nicht vom Ermessen der Finanzverwaltung abhängt. Da sich auch Absatz 2 auf die Pflicht zur Abgabe einer Steuererklärung und einen Verstoß hiergegen bezieht, muss auch hierunter ein Formverstoß, beispielsweise eine nicht erfolgte elektronische Übermittlung, fallen. Die Festsetzung des Verspätungszuschlages ist in diesem Fall grundsätzlich verschuldensunabhängig und führt somit zu einer erheblichen Verschärfung der Gefahr eines Verspätungszuschlages.[667] Wenn man ohne Verschulden an der elektronischen Übermittlung verhindert war, ist nur ein Erlassantrag möglich.[668]

Kahl-Hinsch führt hingegen aus, dass bei einem rein formalen Fehler, wie beispielsweise der Nichteinhaltung der elektronischen Übermittlungspflicht, fraglich sei, ob die Finanzbehörde den Steuerpflichtigen nicht darauf hinweisen müsste, bevor sie einen Verspätungszuschlag festsetzt. Bei rein formalen Fehlern ist, wenn sich die Besteuerungsgrundlagen aus den in Papierform eingereichten Unterlagen ergeben, nichtsdestotrotz eine Steuerfestsetzung möglich.[669] Gesetzliche Voraussetzung für die Festsetzung eines Verspätungszuschlages ist jedoch, dass der Steuerpflichtige seiner Verpflichtung zur Abgabe der Steuererklärung nicht nachkommt. Die gesetzliche Pflicht bestimmt, wie eine Steuererklärung abzugeben ist. Auch ein formeller Fehler führt daher dazu, dass der Steuerpflichtige seiner Verpflichtung nicht nachkommt. Anderenfalls würde beispielsweise auch eine formlose und nicht formularkonforme Abgabe auf Papier zu einem nur formellen Fehler führen, der nichtsdestotrotz eine Steuerfestsetzung ermöglicht. Eine solche Auslegung würde die Effizienzvorteile der Standardisierung der Steuererklärung und auch des elektronischen Veranlagungsverfahren zunichtemachen.

4. *Steuermehrbelastungen durch späteren Verjährungsbeginn*

Für den Verjährungsbeginn nach § 170 Abs. 2 Nr. 1 AO ist, sofern eine Pflicht zur Abgabe der Steuererklärung besteht, entscheidend, wann eine Steuererklärung eingereicht wird, da die Festsetzungsfrist mit Ablauf des Kalenderjahres der Einreichung beginnt. Wenn keine Steuererklärung eingereicht wird, beginnt die Festsetzungsfrist erst mit Ablauf des dritten Kalenderjahres, das auf das Kalenderjahr der Entstehung der Steuer folgt, was zu einer erheblichen Ausweitung der Verjährungsfrist und damit auch zu einer erheblich längeren Änderbarkeit der Steuerfestsetzung führt.

---

667 *Seer*, in: Tipke/Kruse, Kommentar AO, Rz. 11 zu § 152 AO.

668 *Baum*, NWB 2016, 2706, 2712 ff.

669 *Kahl-Hinsch*, in: Zugmaier/Nöcker, Kommentar AO, Rz. 19 zu § 152 AO.

Die Einreichung einer Steuererklärung im Sinne des § 170 Abs. 2 Nr. 1 AO erfordert, dass der zur Abgabe der Steuererklärung Verpflichtete die Steuererklärung entsprechend den gesetzlichen Bestimmungen an die Finanzverwaltung übermittelt und diese der Finanzverwaltung zugeht, also von der Finanzverwaltung zur Kenntnis genommen werden kann.[670] Auf die tatsächliche Kenntnisnahme durch die Finanzverwaltung kommt es nicht an.[671] Erforderlich ist, dass eine wirksame Erklärung vorliegt, die insbesondere der gesetzlichen Form entsprechen muss.[672] Wenn die Erklärung teilweise unvollständig oder unrichtig ist, führt dies trotzdem zum Anlauf der Festsetzungsfrist, außer die Mängel sind so erheblich, dass es faktisch einer Nichtabgabe gleichsteht.[673] Sofern jedoch gesetzlich eine Unterschrift erforderlich ist, setzt eine nicht unterschriebene Steuererklärung die Festsetzungsfrist nicht in Gang, da die Steuererklärung nicht ordnungsgemäß ist.[674] Unterschriften eines Bevollmächtigten genügen nicht, da anderenfalls ein Dritter ohne Wissen des Steuerpflichtigen den Beginn der Festsetzungsfrist bewirken könnte.[675] Auch ein Abweichen von der gesetzlich vorgeschriebenen Form (beispielsweise eine Abgabe nicht auf den amtlich vorgeschriebenen Formularen) führt nicht zu einem Beginn der Festsetzungsfrist.[676] Im Falle der elektronischen Datenübermittlung ist der Fristbeginn nach § 170 Abs. 2 Nr. 1 AO der Zeitpunkt der Datenfernübertragung, sofern ELSTER II genutzt wird. Bei ELSTER I ist auf den Eingang des unterschriebenen Ausdrucks beim Finanzamt abzustellen.[677] Eine Schätzung führt nicht zum Anlauf der

670 *Drüen,* in: Tipke/Kruse, Kommentar AO, Rz. 11 zu § 170 AO; *Fink,* in: Pfirrmann/Rosenke/Wagner, BeckOK AO, Rz. 77 zu § 170 AO.

671 *Fink,* in: Pfirrmann/Rosenke/Wagner, BeckOK AO, Rz. 77 zu § 170 AO; *v. Groll,* in: Hübschmann/Hepp/Spitaler, Kommentar AO, Rz. 240 zu § 173 AO.

672 BFH, Urteil vom 14.01.1998, X R 84/95, BStBl. II 1999, 203, Rz. 14.

673 *Drüen,* in: Tipke/Kruse, Kommentar AO, Rz. 12 zu § 170 AO; *Fink,* in: Pfirrmann/Rosenke/Wagner, BeckOK AO, Rz. 80 zu § 170 AO; *Rüsken,* in: Klein, Kommentar AO, Rz. 12 zu § 170 AO.

674 BFH, Urteil vom 14.01.1998, X R 84/95, BStBl. II 1999, 203, Rz. 14; *Drüen,* in: Tipke/Kruse, Kommentar AO, Rz. 12 zu § 170 AO; *Fink,* in: Pfirrmann/Rosenke/Wagner, BeckOK AO, Rz. 88 zu § 170 AO; *Rüsken,* in: Klein, Kommentar AO, Rz. 12 zu § 170 AO.

675 *Fink,* in: Pfirrmann/Rosenke/Wagner, BeckOK AO, Rz. 89 zu § 170 AO.

676 *Fink,* in: Pfirrmann/Rosenke/Wagner, BeckOK AO, Rz. 81 zu § 170 AO; *Rüsken,* in: Klein, Kommentar AO, Rz. 14 zu § 170 AO.

677 *Fink,* in: Pfirrmann/Rosenke/Wagner, BeckOK AO, Rz. 90 zu § 170 AO; aufgrund dessen wurde früher bereits empfohlen, ELSTER II statt ELSTER I zu nutzen, sodass Risiken aus der verspäteten Eingang der Papiererklärung beim Finanzamt vermieden

Festsetzungsfrist.[678]

Ausgehend von diesen Grundsätzen stellt eine auf Papier abgegebene Steuererklärung keine ordnungsgemäße Steuererklärung dar, wenn eine Pflicht zur elektronischen Abgabe besteht. Dementsprechend beginnt die Festsetzungsfrist nach § 170 Abs. 2 Nr. 1 AO nicht. Dies gilt auch, wenn die Finanzverwaltung basierend auf der eingereichten Papiererklärung die Steuerfestsetzung im Schätzungswege vornimmt.[679] Es kommt damit bei Nichtabgabe in der gesetzlich vorgeschriebenen elektronischen Form zu einer erheblichen Verlängerung der Verjährungsfrist.

Eine andere Ansicht vertritt Gebhardt, der die elektronische Übermittlung nur als Nebenpflicht ansieht, da die Steuergesetze nach wie vor eine eigenhändige Unterschrift der Erklärung verlangen.[680] Infolgedessen schlussfolgert er, dass ein Verstoß gegen die Nebenpflicht durch Abgabe der Papiererklärung geheilt werden könne, wodurch die Abgabe einer wirksamen Erklärung vorliegt. Weiter führt er aus, dass bei Erlass des Bescheides durch die Finanzverwaltung konkludent auf die elektronische Erklärung verzichtet werde (was jedoch ebenfalls zu einer zeitlichen Verzögerung des Anlaufs der Festsetzungsverjährung führen kann, wenn der Bescheid ein Jahr später ergeht).[681]

Diese Ansicht des konkludenten Verzichtes bei Erlass des Bescheides hat auch Heuel, jedoch führt er aus, dass nur dann ein konkludenter Verzicht auf eine elektronische Steuererklärung durch den Erlass des Bescheides vorliege, wenn das Finanzamt nicht in den Erläuterungen darauf hinweist, dass es sich um eine Schätzung handelt oder dass der Steuerpflichtige seiner Pflicht zur Abgabe einer elektronischen Steuererklärung nicht nachgekommen ist.[682]

Für die Praxis bedeutsam ist außerdem bei Einreichung der Steuererklärung am Jahresende der genaue Zugang von elektronischen Dokumenten. Regelungen hierzu enthält § 87a AO, der auch für elektronische Steuererklärungen gilt.[683]

---

werden – siehe *Deutschländer*, NWB 2017, 3836, 3838 f.; a.A.: *Rätke,* in: Klein, Kommentar AO, Rz. 15 zu § 87a AO, der dies damit begründet, dass die Telenummer gemäß der Papiererklärung nur eine technische Selbstbeschränkung ist.

678 *Drüen,* in: Tipke/Kruse, Kommentar AO, Rz. 11a zu § 170 AO; *Fink,* in: Pfirrmann/Rosenke/Wagner, BeckOK AO, Rz. 91 zu § 170 AO.

679 *Heuel/Harink*, AO-StB 2020, 49, 51; wobei die Voraussetzungen einer Schätzung hier ohnehin fraglich sind, siehe Kapitel 2 B I 2 „Schätzung".

680 *Gebhardt*, AO-StB 2012, 246, 247.

681 *Gebhardt*, AO-StB 2012, 246, 247.

682 *Heuel/Harink*, AO-StB 2020, 49, 50.

683 *Rätke,* in: Klein, Kommentar AO, Rz. 10 zu § 87a AO.

§ 87a Abs. 1 S. 2 AO regelt hierzu, dass ein elektronisches Dokument zugegangen ist, sobald es die für den Empfang bestimmte Einrichtung in für den Empfänger bearbeitbarer Weise aufgezeichnet hat. Hierfür muss das Dokument lesbar sein und abgespeichert werden können, wobei auch hier die tatsächliche Kenntnisnahme unerheblich ist.[684] Der Absender hat den Zugang zu beweisen.[685] Üblicherweise erfolgt jedoch der Eingang bei der Finanzverwaltung noch am selben Tage, an dem die Steuererklärung abgesendet wird.

5. *Straf- und bußgeldrechtliche Auswirkungen*

Die Abgabe der Steuererklärung in falscher Form hat selbst keine strafrechtlichen Folgen.[686] Dies resultiert daraus, dass § 370 Abs. 1 Nr. 1 AO keine formell wirksame Steuererklärung voraussetzt, sondern nur unrichtige oder unvollständige Angaben gegenüber der Finanzbehörde.[687] Damit kann der Tatbestand des § 370 Abs. 1 Nr. 1 AO auch im Rahmen einer nicht der elektronischen Form entsprechenden Steuererklärung erfüllt werden; es ergeben sich keine Besonderheiten infolge eines Formverstoßes.

Auch der Unterlassenstatbestand des § 370 Abs. 1 Nr. 2 AO erfordert, dass der Steuerpflichtige die Finanzbehörde pflichtwidrig über steuerlich erhebliche Tatsachen in Unkenntnis lässt. Zwar kann die Nichtabgabe von Steuererklärungen den Unterlassenstatbestand des § 370 Abs. 1 Nr. 2 AO erfüllen[688], jedoch erfordert § 370 Abs. 1 Nr. 2 AO, dass die Finanzbehörde in Unkenntnis über bestimmte steuerlich relevante Tatsachen gelassen wird.[689] Damit sind Formfehler oder fehlende Unterschriften für die Unterlassensvariante des § 370 AO ohne Bedeutung.[690] Etwas anderes gilt nur, wenn aus der Steuererklärung der Urheber der Daten nicht erkennbar wird, da in diesem Fall die Unkenntnis nicht beseitigt wird.[691] Die Finanzverwaltung wird im Falle der Abgabe einer

---

684 *Brandis,* in: Tipke/Kruse, Kommentar AO, Rz. 8 zu § 87a AO; *Kobor,* in: Pfirrmann/Rosenke/Wagner, BeckOK AO, Rz. 6 zu § 87a AO; *von Wedelstädt,* AO-StB 2015, 99, 101.

685 *Brandis,* in: Tipke/Kruse, Kommentar AO, Rz. 8 zu § 87a AO; *Kobor,* in: Pfirrmann/Rosenke/Wagner, BeckOK AO, Rz. 6.1 zu § 87a AO.

686 *Deckers/Fiethen,* MMR 2013, 158, 162.

687 *Ibold,* in: Pfirrmann/Rosenke/Wagner, BeckOK AO, Rz. 115 zu § 370 AO; *Krumm,* in: Tipke/Kruse, Kommentar AO, Rz. 37 zu § 370 AO.

688 *Ransiek,* in: Kohlmann, Kommentar Steuerstrafrecht, Rz. 318 zu § 370 AO.

689 *Ibold,* in: Pfirrmann/Rosenke/Wagner, BeckOK AO, Rz. 222 und 232 zu § 370 AO.

690 *Schmitz/Wulf,* in: Joecks/Miebach, Münchener Kommentar StGB, Rz. 316 zu § 370 AO.

691 *Schmitz/Wulf,* in: Joecks/Miebach, Münchener Kommentar StGB, Rz. 316 zu § 370 AO.

Papiersteuererklärung anstatt einer gesetzlich vorgeschriebenen elektronischen Steuererklärung gerade nicht in Unkenntnis gelassen. Der objektive Tatbestand einer Steuerhinterziehung ist damit nicht erfüllt.

Dementsprechend können sich durch die Abgabe einer Steuererklärung auf den amtlichen Formularen trotz einer elektronischen Übermittlungspflicht weder strafrechtliche noch bußgeldrechtliche Vorteile (falsche Angaben können trotzdem unrichtige oder unvollständige Angaben im Sinne der §§ 370, 378 AO darstellen) noch Nachteile (allein der Formfehler erfüllt nicht den Unterlassenstatbestand des § 370 AO) ergeben.

II. Härtefallregelungen

Sämtliche Pflichtvorschriften für die elektronische Datenübermittlung enthalten Härtefallklauseln, gemäß denen das Finanzamt auf Antrag zur Vermeidung unbilliger Härten auf eine elektronische Datenübermittlung verzichten kann.[692] Solche Härtefallklauseln sind erforderlich, da es nicht möglich ist, sämtliche Menschen in jedem Fall zu einer elektronischen Übermittlung zu verpflichten (beispielsweise da die technischen Möglichkeiten nicht bestehen oder Sicherheitsbedenken vorgebracht werden können).[693] Eine allgemeine Verpflichtung ohne Härtefallklausel würde damit zu einer Spaltung der Gesellschaft führen. Dies wäre verfassungsrechtlich unzulässig, weil die Verwaltungsvereinfachung nicht gegenüber den gravierenden Nachteilen für technisch nicht entsprechend ausgestattete Steuerpflichtige überwiegt.[694] Dementsprechend wurde eine großzügige Ausnahmeregelung geschaffen.[695] Nach anderer Ansicht ist zu berücksichtigen, dass explizit eine umfassende Pflicht zur elektronischen Übermittlung eingeführt wurde, die auch der Sicherstellung der Gleichmäßigkeit der Besteuerung durch verbesserte Kontrollmöglichkeiten seitens der Finanzverwaltung dient, sodass Zurückhaltung hinsichtlich der Ausnahmen von der elektronischen Übermittlungspflicht erforderlich ist.[696]

---

692 Siehe z.B. § 181 Abs. 2a S. 2 AO, § 25 Abs. 4 S. 2 EStG, § 14a S. 2 GewStG, § 31 Abs. 1a S. 2 KStG, § 18 Abs. 3 S. 3 und Abs. 1 S. 2 UStG.

693 *Lankes*, Rechtliche Grenzen elektronischer Datenübermittlungspflichten am Beispiel des Elster-Verfahrens, S. 79, 82; *Rohner*, Rechtsprobleme der elektronischen Veranlagung, S. 149 f.

694 *Lankes*, Rechtliche Grenzen elektronischer Datenübermittlungspflichten am Beispiel des Elster-Verfahrens, S. 70, 77 f.

695 Deutscher Bundestag, Drucksache 16/10940 vom 13.11.2008 (Bericht des Finanzausschusses), S. 3.

696 *Deckers/Fiethen*, MMR 2013, 158, 160.

Der Härtefallantrag ist formlos. Sofern trotz gesetzlicher Verpflichtung keine elektronische Übermittlung erfolgt, kann dies einen konkludenten Härtefallantrag darstellen.[697] Nach anderer Ansicht fehlt hier die Begründung, sodass dies keinen Härtefallantrag darstellen kann.[698] Die Gesetzesbegründung führt jedoch explizit aus, dass der Härtefallantrag auch durch Abgabe der Papiererklärung gestellt werden kann.[699] Auch der Bundesfinanzhof sieht eine Einreichung in Papierform als konkludent gestellten Härtefallantrag an.[700] Ebenso erfordert der Gesetzestext keine Begründung, sodass diese auf Nachfrage nachgereicht werden kann. Wenn die Finanzbehörde den Härtefallantrag jedoch nicht genehmigt, drohen wegen der Nichtabgabe der Erklärung in der gesetzlich vorgeschriebenen Form Verspätungszuschläge, Zwangsgelder und (so zumindest derzeit in der Praxis vorgenommen) Schätzungen der Besteuerungsgrundlagen seitens der Finanzbehörde, die allerdings basierend auf den im Papierformular mitgeteilten Werten erfolgen müssen.[701] Des Weiteren verlängert sich die Verjährungsfrist mangels wirksam abgegebener Steuererklärung.[702]

Einem Härtefallantrag ist nach § 150 Abs. 8 AO zu entsprechen (Ermessensreduzierung auf 0[703]), wenn eine elektronische Erklärungsabgabe für den Steuerpflichtigen wirtschaftlich oder persönlich unzumutbar ist. Wirtschaftliche Unzumutbarkeit liegt nur in Ausnahmefällen vor, wenn ein erheblicher und nicht zumutbarer finanzieller Aufwand für die Anschaffung von Hardware erforderlich ist oder in bestimmten Regionen kein Internetzugang besteht.[704]

---

697 *Lewandowski/Ackermann*, DStR 2014, 1646, 1651; *Preißer/Wind*, S. 146; *Rosenke*, in: Pfirrmann/Rosenke/Wagner, BeckOK AO, Rz. 444 zu § 150 AO.

698 *von Wedelstädt*, AO-StB 2015, 99, 100; zur Begründungspflicht des Antrags siehe auch *Rätke*, in: Klein, Kommentar AO, Rz. 95 zu § 150 AO (welche aber mit Abgabe der Erklärung verbunden werden kann).

699 Deutscher Bundestag, Drucksache 16/10940 vom 13.11.2008 (Bericht des Finanzausschusses), S. 10.

700 Siehe zur E-Bilanz: BFH, Urteil vom 15.05.2018, VII R 14/17, BFH/NV 2018, 1137, Rz. 19.

701 *Groß/Möslein*, in: Pelka/Petersen, Beck'sches Steuerberater-Handbuch 2019/2020, Rz. 75 zu Kapitel I „Elektronische Steuerkommunikation"; *Lewandowski/Ackermann*, DStR 2014, 1646, 1651; kritisch zu den Voraussetzungen einer Schätzung siehe Kapitel 2 B I 2 „Schätzung".

702 Siehe Kapitel 2 B I 4 „Steuermehrbelastungen durch späteren Verjährungsbeginn".

703 *Rätke*, in: Klein, Kommentar AO, Rz. 93 zu § 150 AO; *Rosenke*, in: Pfirrmann/Rosenke/Wagner, BeckOK AO, Rz. 430 zu § 150 AO.

704 *Heuermann*, in: Hübschmann/Hepp/Spitaler, Kommentar AO, Rz. 53 zu § 150 AO; *Preißer/Wind*, S. 146; *Rätke*, in: Klein, Kommentar AO, Rz. 96 zu § 150 AO; *Rosenke*, in: Pfirrmann/Rosenke/Wagner, BeckOK AO, Rz. 469 zu § 150 AO; siehe

Hierbei ist der finanzielle Aufwand für die elektronische Übermittlung gegenüber den Einkünften abzuwägen, wobei nur die Einkünfte zu berücksichtigen sind, für die eine Pflicht zur elektronischen Übermittlung besteht.[705] Teilweise wird die Kleinunternehmergrenze als Anhaltspunkt herangezogen[706], die jedoch im Einzelfall unter Abwägung des finanziellen Aufwandes für die elektronische Übermittlung anzupassen ist.[707] Persönlich unzumutbar ist die elektronische Erklärungsabgabe, wenn die individuelle Medienkompetenz fehlt, insbesondere im fortgeschrittenen Alter, bei krankheitsbedingten Einschränkungen, bei Kleinstbetrieben oder bei vorübergehend fehlender technischer Ausstattung.[708] Auch hierbei gilt, dass der Steuerpflichtige nicht verpflichtet ist, einen steuerlichen Berater zu beauftragen[709], wobei dies jedoch im Einzelfall zumutbar sein kann.[710] Allgemeine Sicherheitsbedenken hinsichtlich der elektronischen Übermittlung stellen keinen Grund für einen Härtefallantrag dar, da die elektronische Übertragung nicht manipulationsanfälliger als die Abgabe auf Papierformularen ist.[711]

Weiter ist zu berücksichtigen, dass nicht zwingend eine wirtschaftliche oder persönliche Unzumutbarkeit für einen Härtefallantrag vorliegen muss. In diesen Fällen erfolgt eine Ermessensreduzierung auf Null nach § 150 Abs. 8 AO, auch in anderen Fällen kann jedoch im Rahmen einer freien Ermessensentscheidung ein Verzicht auf die elektronische Übermittlung nach dem jeweiligen Einzelsteuergesetz erfolgen. Hierbei sind die Gründe, die der Steuerpflichtige vorträgt,

---

auch: *Deckers/Fiethen*, MMR 2013, 158, 160: führen aus, dass die wirtschaftliche Unzumutbarkeit höchstens bei Kleinstbetrieben erfüllt sein kann.

705 BFH, Urteil vom 16.06.2020, VIII R 29/19, BStBl. II 2021, 290, Rz. 16.

706 FG Rheinland-Pfalz, Urteil vom 12.10.2016, Juris, Rz. 30 f., bestätigt vom BFH, Urteil vom 16.06.2020, VIII R 29/17, BStBl. II 2021, 288, Rz. 17.

707 *Seer*, in: Tipke/Kruse, Kommentar AO, Rz. 34 zu § 150 AO.

708 *Heuermann*, in: Hübschmann/Hepp/Spitaler, Kommentar AO, Rz. 53 zu § 150 AO; *Preißer/Wind*, S. 146; *Rätke*, in: Klein, Kommentar AO, Rz. 97 zu § 150 AO; *Rosenke*, in: Pfirrmann/Rosenke/Wagner, BeckOK AO, Rz. 460 zu § 150 AO; siehe auch: *Deckers/Fiethen*, MMR 2013, 158, 160: führen aus, dass die persönliche Unzumutbarkeit bei Kapitalgesellschaften jedenfalls nicht erfüllt sein kann.

709 *Rosenke*, in: Pfirrmann/Rosenke/Wagner, BeckOK AO, Rz. 460 zu § 150 AO.

710 *Seer*, in: Tipke/Kruse, Kommentar AO, Rz. 35 zu § 150 AO.

711 BVerfG, Kammerbeschluss vom 05.07.2019, 1 BvR 1656/18, LSK 2019, 31809; BFH, Beschluss vom 14.02.2017, VIII B 43/16, BFH/NV 2017, 729, Leitsatz 1 und Rz. 19; BFH, Urteil vom 14.03.2012, XI R 33/09, BStBl. II 2012, 477, Rz. 68; *Deckers/Fiethen*, MMR 2013, 158, 160; *Rosenke*, in: Pfirrmann/Rosenke/Wagner, BeckOK AO, Rz. 479 zu § 150 AO; *von Wedelstädt*, AO-StB 2015, 99, 100.

sowie das Interesse der Finanzverwaltung an der elektronischen Übermittlung abzuwägen.[712] Eine solche Ermessensentscheidung ohne Vorliegen der Voraussetzungen einer persönlichen oder wirtschaftlichen Unzumutbarkeit ist jedoch nur in Ausnahmefällen denkbar, da angesichts der oben dargestellten Grundsätze im Regelfall die elektronische Übermittlung zumutbar ist.

C. Elektronische Datenübermittlung durch den Steuerberater

I. Zulässigkeit des Auftrags zur elektronischen Datenübermittlung durch den Steuerberater

Eine reine elektronische Datenübermittlung oder Übernahme von Daten durch den Steuerberater, der die Steuererklärung nicht selbst erstellt hat, ist berufsrechtlich nicht zulässig, da er in diesem Fall nicht eigenverantwortlich tätig ist. Des Weiteren ergeben sich Haftungsgefahren infolge des Verstoßes gegen zivilrechtliche Pflichten. Der Steuerberater hat, auch bei einem eingegrenzten Auftrag, die Pflicht, den Sachverhalt zu klären und steuerliche Hinweise im Rahmen der Interessenvertretung zu erteilen. Er muss von der Belehrungsbedürftigkeit des Steuerpflichtigen ausgehen, auch wenn dies über den reinen Übermittlungsauftrag hinausgeht.[713] Ebenso entfernt sich der Steuerberater infolge von voll automatisierten Arbeiten von freiberuflichen Tätigkeiten.[714] Eine elektronische Übermittlung aus Gefälligkeit sollte daher unter Berücksichtigung der Haftungsgefahren und Berufsverstöße vermieden werden.[715]

Erforderlich ist weiter, dass der Steuerberater auch in der digitalen Welt seine Berufspflichten erfüllt, hierbei insbesondere die Gewährleistung der Gewissenhaftigkeit, Eigenverantwortlichkeit und Verschwiegenheit.[716] § 62a Abs. 1 StBerG regelt hierzu, dass Dienstleister, wie beispielsweise die DATEV, trotz Verschwiegenheitspflicht und eigenverantwortlicher Berufsausübung in Anspruch genommen werden dürfen, soweit dies für die Inanspruchnahme der Dienstleistung erforderlich ist. Die Dienstleister müssen jedoch sorgfältig ausgewählt,

---

712 BFH, Urteil vom 14.03.2012, XI R 33/09, BStBl. II 2012, 477, Rz. 74; *Rätke*, in: Klein, Kommentar AO, Rz. 100 zu § 150 AO.

713 OLG Hamburg, Urteil vom 23.05.2017, 9 U 51/14, Juris, Rz. 48.

714 *Gutenberg/Giesen*, NWB-Beilage 2/2017, 1, 3.

715 Anmerkung *Schröder* zu OLG Hamburg, Urteil vom 23.05.2017, 9 U 51/14, DStR 2018, 2498, 2500.

716 Henke/Sommer, DStR 2018, 1253, 1255.

zur Verschwiegenheit verpflichtet und über die strafrechtlichen Folgen belehrt werden. Bei Verstößen muss die Beauftragung unverzüglich beendet werden.[717] Ebenso wurde § 203 StGB, der die Verletzung von Privatgeheimnissen unter Strafe stellt, neu gefasst. § 203 Abs. 3 StGB bestimmt, dass kein strafrechtlich relevantes unbefugtes Offenbaren vorliegt, wenn Geheimnisse gegenüber Personen offenbart werden, die an der beruflichen oder dienstlichen Tätigkeit mitwirken, soweit dies für die Inanspruchnahme der Tätigkeit erforderlich ist. Damit darf der Steuerberater auch aus strafrechtlicher Sicht IT-Dienstleister in Anspruch nehmen, welche jedoch zur Geheimhaltung verpflichtet werden müssen.[718] Erforderlich ist, dass das Offenbaren von Geheimnissen für die Tätigkeit des externen Dienstleisters (z.B. für die Wartung der IT-Einrichtung[719] oder im vorliegenden Fall für die elektronische Übermittlung der Erklärung) notwendig ist. Wegen der großen Bedeutung des Vertrauensverhältnisses zum Mandanten wurde dies in der Rechtsprechung bei Rechtsanwälten eng ausgelegt, sodass beispielsweise eine verschlüsselte Speicherung von Daten nach Möglichkeit der Offenbarung vorgezogen werden muss.[720] Im Gegensatz zu der berufsrechtlichen Vorschrift des § 62a StBerG ist in strafrechtlicher Hinsicht die Zuverlässigkeit des Dritten unerheblich, da dies in § 203 StGB nicht genannt wird.[721]

II. Auswirkungen für Steuerberater bei Nichtabgabe in elektronischer Form

1. Zivilrechtliche Haftung für Verspätungszuschläge, Zwangsmittel und einen Steuerschaden durch späteren Verjährungsbeginn

Sofern der Steuerberater die Steuererklärung trotz gesetzlicher Verpflichtung nicht elektronisch übermittelt, obwohl er hierzu beauftragt ist, begeht er eine Pflichtverletzung. Infolge der Pflicht zur bestmöglichen Interessenvertretung des Mandanten, der Wahl des sichersten Weges und Behütung vor Schaden[722] hat der Steuerberater seinen Mandanten vor etwaigen nachteiligen Auswirkungen zu schützen, sodass eine Pflichtverletzung vorliegt, wenn eine elektronische Übermittlung nicht vorgenommen wird (sofern sich der Mandant mit der

717 *Brüggemann/Rein*, DStR 2017, 2572, 2574; *Günther*, NWB 2017, 3365, 3367.
718 *Brüggemann/Rein*, DStR 2017, 2572, 2574.
719 *Weidemann*, in: Heintschel-Heinegg, BeckOK StGB, Rz. 37.1 zu § 203 StGB.
720 *Hassemer*, in: Auer-Reinsdorff/Conrad, Rz. 157 zu § 43.
721 *Brüggemann/Rein*, DStR 2017, 2572, 2574.
722 Siehe Kapitel 1 C III 2 „Interessenvertretung".

fehlenden elektronischen Übermittlung nicht einverstanden erklärt). Der Schaden bestimmt sich nach den Auswirkungen für den Steuerpflichtigen, die eine Nichtabgabe in elektronischer Form nach sich zieht. Ein Schaden, der zu einer Haftung des Steuerberaters führen kann, entsteht insbesondere dann, wenn Verspätungszuschläge festgesetzt oder Zwangsmittel ergriffen werden (insbesondere Zwangsgeld oder unter Umständen auch Kosten für Ersatzvornahme). Sofern die Finanzverwaltung die Besteuerungsgrundlagen schätzt, muss dies basierend auf den Daten der Steuererklärung auf den amtlichen Vordrucken erfolgen, sodass sich hieraus allein kein Haftungsschaden ergibt. Jedoch ergibt sich durch den späteren Verjährungsbeginn bei Nichtabgabe der elektronischen Erklärung, insbesondere auch wenn die Finanzverwaltung im Bescheid auf die Schätzung hingewiesen hat und der Steuerberater hiergegen nicht vorgegangen ist, eine Haftung für etwaige Steuernachforderungen nach Ablauf der regulären Festsetzungsfrist. Eine Kausalität zwischen Pflichtverletzung des Steuerberaters durch die fehlende elektronische Übermittlung und dem Schaden wird regelmäßig basierend auf den Grundsätzen des Anscheinsbeweises vorliegen, da davon auszugehen ist, dass der Steuerpflichtige die elektronische Übermittlung vornehmen möchte, wenn hierzu eine gesetzliche Pflicht besteht.

2. *Straf- und bußgeldrechtliche Auswirkungen*

Da sich für den Steuerpflichtigen keine straf- oder bußgeldrechtlichen Auswirkungen aus einem Formfehler bei der Übermittlung der Steuererklärung ergeben[723], also beispielsweise, wenn die Übermittlung trotz gesetzlicher Pflicht nicht in elektronischer Form erfolgt, kann nichts anderes für den Steuerberater gelten. Demnach ergeben sich hieraus keine straf- oder bußgeldrechtlichen Auswirkungen.

III. Härtefallregelungen für Steuerberater

Wie dargestellt[724] erfordern die Härtefallregelungen, die Ausnahmen von den elektronischen Übermittlungspflichten vorsehen, im Regelfall wirtschaftliche oder persönliche Unzumutbarkeit. Für die Prüfung dieser wirtschaftlichen oder persönlichen Unzumutbarkeit ist bei steuerlicher Beratung auf den Steuerberater abzustellen, da dieser die Pflichten für den Steuerpflichtigen erfüllt und damit auch die elektronische Übermittlung vornimmt. So ist es insbesondere

723 Siehe Kapitel 2 B I 5 „Straf- und bußgeldrechtliche Auswirkungen ".
724 Siehe Kapitel 2 B II „Härtefallregelungen".

dem Steuerpflichtigen zumutbar, wenn er einen Steuerberater mit der Vorbereitung der Steuererklärung beauftragt hat, auch die elektronische Übermittlung durch diesen vornehmen zu lassen, sodass die elektronischen Übermittlungspflichten nicht durch eine Übermittlung durch den Steuerpflichtigen selbst umgangen werden können.[725]

Die persönliche Unzumutbarkeit kann für Steuerberater im Regelfall keine Anwendung finden, da diese die entsprechenden Fähigkeiten zum Umgang mit Computern im Regelfall besitzen oder von ihnen erwartet werden kann, diese zu erlernen. So führt auch Rätke aus, dass die entsprechende Befähigung bei Angehörigen der steuerberatenden Berufe unterstellt wird.[726] Ebenso kommt wirtschaftliche Unzumutbarkeit für Steuerberater in der Regel nicht in Betracht, da ihnen die Anschaffung entsprechender Computer sowie Internetzugänge wirtschaftlich zuzumuten ist (im Regelfall sind diese ohnehin vorhanden). An den Steuerberater sind im Rahmen seiner Berufsausübung erhöhte Anforderungen zu stellen, sodass es ihm regelmäßig möglich ist, entsprechende Anschaffungen und Installationen zu tätigen.[727] Ebenso wie bei Steuerpflichtigen können Sicherheitsbedenken des steuerlichen Beraters oder die Befürchtung von Verschwiegenheitsverletzungen nicht zu einer Ausnahme von der elektronischen Übermittlungspflicht führen.[728] Auch strafrechtliche Befürchtungen des Steuerberaters führen nicht zu einer Unzumutbarkeit der elektronischen Übermittlung.[729]

Die Härtefallklauseln, insbesondere die hier aufgeführten Fälle wirtschaftlicher oder persönlicher Unzumutbarkeit, finden damit für Steuerberater grundsätzlich keine Anwendung, sodass sich hieraus keine Ausnahme von der elektronischen Übermittlungspflicht ergeben kann.[730]

Nicht thematisiert von § 150 Abs. 8 AO werden Fälle, in denen die Übermittlung technisch nicht möglich ist. Insbesondere bei komplizierteren Fällen, die typischerweise von Steuerberatern bearbeitet werden, kommt dies in der Praxis vor. So kann beispielsweise eine Erklärung zur einheitlichen und gesonderten Feststellung mit ausländischen Beteiligten und automatisierter Verteilung auf die Beteiligten nicht elektronisch übermittelt werden. Die elektronische

725 *Rosenke*, in: Pfirrmann/Rosenke/Wagner, BeckOK AO, Rz. 460 zu § 150 AO.

726 *Rätke*, in: Klein, Kommentar AO, Rz. 97 zu § 150 AO.

727 FG Berlin-Brandenburg, Beschluss vom 08.10.2015, 7 V 7195/15, Juris, Rz. 42.

728 Siehe zu den Voraussetzungen für Härtefallanträge Kapitel 2 B II „Härtefallregelungen“.

729 FG Berlin-Brandenburg, Beschluss vom 08.10.2015, 7 V 7195/15, Juris, Rz. 42.

730 *Deckers/Fiethen*, MMR 2013, 158, 160.

Übermittlung lässt eine Zusammenfassung der ausländischen Beteiligten nicht zu, da nicht alle erforderlichen Felder hierfür ausgefüllt werden können (Adresse etc.). Eine Angabe aller Beteiligten ist aber für die automatisierte Verteilung der Einkünfte erforderlich. Auch weitere Feststellungen im Rahmen der Erklärung zur einheitlichen und gesonderten Feststellung sind derzeit teilweise noch nicht Gegenstand der elektronischen Steuererklärung und damit in dem Datensatz nicht enthalten (z.B. Einkünfte aus Carried Interest gemäß § 18 Abs. 1 Nr. 4 EStG). Damit ist in diesen Fällen technisch eine elektronische Übermittlung nicht bzw. nicht vollständig möglich. Auch wenn diese Fälle nicht explizit unter die persönliche oder wirtschaftliche Unzumutbarkeit subsumiert werden können, gilt auch hier eine Härtefallregelung wegen Unmöglichkeit (im Falle der gesonderten und einheitlichen Feststellung nach § 180 Abs. 2a S. 2 AO, der nicht explizit die wirtschaftliche oder persönliche Unzumutbarkeit erfordert).

IV. Pflichten und Obliegenheiten für Steuerberater im Rahmen der elektronischen Datenübermittlung

1. *Zurverfügungstellung der Daten nach § 87d Abs. 3 AO*

Der Steuerberater als Auftragnehmer (die Regelung gilt auch für andere Datenübermittler[731], worauf hier jedoch nicht im Detail eingegangen werden soll), hat die gesetzliche Pflicht, die elektronischen Daten dem Steuerpflichtigen als Auftraggeber in leicht nachprüfbarer Form zur Verfügung zu stellen, sodass dieser die Daten auf Vollständigkeit und Richtigkeit prüfen kann (§ 87d Abs. 3 AO). Die Überprüfung hat unverzüglich zu erfolgen. Die notwendige Überprüfung der Daten der Steuererklärung durch den Steuerpflichtigen ergibt sich mittelbar auch bereits aus § 150 Abs. 2 AO.[732]

Zweck der Informationspflicht des § 87d Abs. 3 AO ist, gemäß der Gesetzesbegründung, die Vermeidung von Pflichten für den Datenübermittler nach § 153 AO sowie die Vermeidung der Haftung des Datenübermittlers für Steuerverkürzungen aufgrund unrichtiger oder unvollständiger Daten.[733] Inwieweit für den Steuerberater überhaupt eine Pflicht nach § 153 AO zur Berichtigung bzw. eine Haftung als Steuerhinterzieher in Frage kommen kann, wird nachfolgend noch erläutert.[734]

---

731 *Kobor*, in: Pfirrmann/Rosenke/Wagner, BeckOK AO, Rz. 5 zu § 87d AO.

732 *Beyer*, NWB 2018, 499, 501.

733 Bundesrat, Drucksache 631/15 vom 18.12.2015, S. 79.

734 Siehe Kapitel 2 C VII „Auswirkungen auf die Berichtigungspflicht nach § 153 AO".

Die Erfüllung der Pflichten nach § 87d Abs. 3 AO kann mittels des Freizeichnungsdokumentes erfolgen.[735] Dies ist eine Anlage zur elektronischen Steuererklärung, in der der Steuerpflichtige als Auftraggeber die Richtigkeit bestätigt und erklärt, dass diese übermittelt werden soll. Es ist zweifelhaft, ob die elektronische Steuererklärung mit den sehr abgekürzten Ausführungen eine leicht nachprüfbare Form im Sinne des § 87d Abs. 3 AO ist.[736] Die Gesetzesbegründung definiert die „leicht nachprüfbare Form" nicht. Die Formulierung wurde aus der früheren Fassung in § 6 Abs. 2 StDÜV übernommen.[737] Hierzu hatte die Senatsverwaltung für Finanzen Berlin ausgeführt, dass eine leicht nachprüfbare Form durch Überlassung der Ausdrucke der Software erfolge[738], auch hier fehlt jedoch eine Konkretisierung.

§ 87d Abs. 3 AO enthält außerdem keine explizite Regelung, wann die Zurverfügungstellung der Daten erfolgen muss (vor der elektronischen Übermittlung oder nachträglich). Im Hinblick auf die zivilrechtliche Bedeutung des Begriffes der „Zustimmung" gemäß §§ 182 ff. BGB erfüllt auch eine Genehmigung nach der elektronischen Übermittlung die Voraussetzungen des § 87d Abs. 3 AO.[739] Der Mandant hat aber auch zivilrechtlich ein Recht auf Zurverfügungstellung der Unterlagen nach § 675 Abs. 1 BGB i.V.m. §§ 666, 667 BGB.[740] Eine nachträgliche Genehmigung erfüllt damit die Voraussetzungen des § 87d Abs. 3 AO, ist aber aus berufs- und zivilrechtlichen Gründen nicht zulässig. Gemäß § 675 Abs. 1 BGB i.V.m. § 665 BGB ist der Berater weisungsgebunden, sodass grundsätzlich eine vorherige Abstimmung mit dem Mandanten erfolgen muss.[741] Des

---

735 *Beyer*, NWB 2018, 499, 499 f.; *Groß/Möslein,* in: Pelka/Petersen, Beck'sches Steuerberater-Handbuch 2019/2020, Rz. 74 zu I „Elektronische Steuerkommunikation".

736 *Rätke,* in: Klein, Kommentar AO, Rz.10 zu § 87d AO.

737 Bundesrat, Drucksache 631/15 vom 18.12.2015, S. 79.

738 FSen Berlin vom 09.05.2007, III E – O 2398 – 28/2007, BeckVerw 094908.

739 *Brandis,* in: Tipke/Kruse, Kommentar AO, Rz. 4 zu § 87d AO; *Thürmer,* in: Hübschmann/Hepp/Spitaler, Rz. 51 zu § 87d AO; so auch: Deutscher Bundestag, Drucksache 18/8434 vom 11.05.2016 (Beschlussempfehlung und Bericht des Finanzausschusses), S. 100.

740 Zur Anwendbarkeit auf Steuerberater siehe LG Stuttgart, Urteil vom 16.01.2019, 27 O 272/18, Juris, Rz. 24 ff.; *Fiala*, DStR 1998, 736, 736; *Obenhaus/Zimmermann*, Stbg 10/20, 418, 420.

741 *Fischer,* in: Hau/Poseck, BeckOK BGB, Rz. 1 zu § 665 BGB; *Gehrlein*, Anwalts- und Steuerberaterhaftung, Rz. 23 zu Kapitel C; *Gehrlein*, DStR 2018, 487, 489; *Kilian,* in: v. Westphalen/Thüsing, Vertragsrecht und AgB-Klauselwerke, Rz. 21 zu „Steuerberater"; *Koslowski,* in: Pelka/Petersen, Beck'sches Steuerberater-Handbuch 2019/2020, Rz. 87 zu X „Berufsrecht in der Praxis"; *Koslowski*, Kommentar Steuerberatungsgesetz, Rz.

Weiteren ergibt sich die Notwendigkeit der vorherigen Zustimmung aus berufsrechtlichen Gründen und zur Haftungsvermeidung sowie zum Nachweis der Tatherrschaft des Steuerpflichtigen.[742] Der Steuerberater hat die Weisungen des Steuerpflichtigen, sofern diese nicht dem geltenden Recht widersprechen, zu befolgen, was nur durch eine vorherige Information und Überlassung der Daten erfolgen kann.[743] Vetten schlussfolgert aus der unverzüglichen Überprüfungspflicht des Steuerpflichtigen als Auftraggeber nach § 87d Abs. 3 S. 2 AO, dass sich dieser Satz nur auf die nachträgliche Genehmigung bezieht, da die Unverzüglichkeit nur dann Sinn mache.[744] Ausgehend von dieser Argumentation muss die Überprüfung der Daten vor der elektronischen Übermittlung nicht innerhalb einer bestimmten Zeitvorgabe erfolgen.[745] Thürmer führt hingegen aus, dass die Frist nach Übermittlung der Daten sehr kurz sei, bei Vorlage der Daten vor Übermittlung jedoch entsprechend länger.[746]

Eine Pflichtverletzung nach § 87d Abs. 3 AO wird durch § 72a AO nicht sanktioniert und bleibt damit abgabenrechtlich ohne Folgen.[747] Es können sich jedoch berufsrechtliche Folgen ergeben, da die Nichterfüllung der Pflicht einen Verstoß gegen die gewissenhafte Berufsausübung darstellen kann. Weiter können sich zivilrechtliche Haftungsfolgen bei Übermittlung der Daten ohne Abstimmung mit dem Mandanten ergeben.[748]

Für den Steuerpflichtigen ist zu beachten, dass eine Berichtigungspflicht nach § 153 AO für den Steuerpflichtigen nicht besteht, wenn ihm die Daten nicht zur Verfügung gestellt werden, da er in diesem Fall keine Kenntnis von den Daten hat.[749] Fraglich ist, ob sich hierdurch ein strafrechtliches Risiko für den Steuerberater infolge einer Garantenstellung aus Ingerenz ergibt. Im Falle einer

---

12 zu § 57 StBerG; *Laumen*, DStR 2015, 2514, 2518; *Martini*, AO-StB 2016, 140, 142; siehe auch Kapitel 1 C III 2 „Interessenvertretung“.

742 *Brandis,* in: Tipke/Kruse, Kommentar AO, Rz. 4 zu § 87d AO; *Heuel/Harink*, AO-StB 2020, 49, 58; *Rätke,* in: Klein, Kommentar AO, Rz. 12 zu § 87d AO; *Thürmer,* in: Hübschmann/Hepp/Spitaler, Kommentar AO, Rz. 51 zu § 87d AO; zur Tatherrschaft siehe nachfolgend Kapitel 2 C V „Straf- und bußgeldrechtliche Zurechnung der Angaben im Sinne von § 370 Abs. 1 Nr. 1 AO“.

743 Siehe Kapitel 1 C III 2 „Interessenvertretung“.

744 *Vetten*, NWB 2016/41, 3105, 3110.

745 *Brandis,* in: Tipke/Kruse, Kommentar AO, Rz. 4 zu § 87d AO.

746 *Thürmer,* in: Hübschmann/Hepp/Spitaler, Kommentar AO, Rz. 54 zu § 87d AO.

747 *Rätke,* in: Klein, Kommentar AO, Rz. 12 zu § 87d AO.

748 *Boeker,* in: Hübschmann/Hepp/Spitaler, Kommentar AO, Rz. 20 zu § 72a AO.

749 *Baum*, NWB 2016, 2778, 2782; *Rätke,* in: Klein, Kommentar AO, Rz. 12 zu § 87d AO.

Garantenstellung kann der Straftatbestand des § 370 Abs. 1 Nr. 1 AO in Verbindung mit § 13 StGB als unechtes Unterlassungsdelikt erfüllt werden.[750] Hiernach ist strafbar, wer es unterlässt, den tatbestandlichen Erfolg des § 370 Abs. 1 Nr. 1 AO abzuwenden.[751] Der BGH bejahte eine grundsätzlich mögliche Garantenstellung aus Ingerenz für einen Bevollmächtigten im Zusammenhang mit einer Steuerhinterziehung im Urteil vom 19.12.1997.[752] Bei der Garantenstellung aus Ingerenz resultiert die Gefahrenquelle aus einem gefährdenden Vorverhalten.[753] Weiter muss ein pflichtwidriges Vorverhalten vorliegen.[754] Die Pflichtwidrigkeit muss sich auf die Verletzung eines Gebots beziehen, welches dem Schutz des Rechtsguts zu dienen bestimmt ist, d.h., eine besondere Schutzpflicht zur Verhinderung von Steuerhinterziehungen müsste verletzt werden.[755] Voraussetzung für ein Vorliegen einer Garantenstellung aus Ingerenz ist damit, dass ein pflichtwidriges Vorverhalten ursächlich für das Verfehlen des Ziels der gesetzmäßigen Steuerfestsetzung[756] ist. Eine Garantenstellung aus Ingerenz tritt nicht ein, wenn der Steuerberater Fehler des Mandanten übersieht, sondern nur dann, wenn ein eigener Fehler des Steuerberaters vorliegt.[757] Die Risikoerhöhung muss im Verantwortungsbereich des Steuerberaters liegen.[758] Das gilt beispielsweise auch, wenn der Steuerberater den Mandanten falsch berät und der Mandant deshalb eine unrichtige oder unvollständige Steuererklärung abgegeben hat.[759]

---

750 Die Anwendung von § 13 StGB im Bereich der Steuerhinterziehung ist strittig; siehe hierzu im Detail Kapitel Prüfung einer strafrechtlichen Garantenstellung des Steuerberaters"; im Folgenden wird von einer Anwendung ausgegangen.

751 *Müller*, AO-StB 2015, 16, 18; *Ransiek*, in: Kohlmann, Kommentar Steuerstrafrecht, Rz. 84 f. zu § 370 AO.

752 BGH, Urteil vom 19.12.1997, 5 StR 569/96, BGHSt 43, 381, Rz. 59 ff.

753 *Heuchemer*, in: Heintschel-Heinegg, BeckOK StGB, Rz. 37 zu § 13 StGB; *Heuel*, in: Kohlmann, Kommentar Steuerstrafrecht, Rz. 47 f. zu § 378 AO; *Krumm*, in: Tipke/Kruse, Kommentar AO, Rz. 68 zu § 370 AO.

754 *Jäger*, in: Klein, Kommentar AO, Rz. 61c zu § 370 AO.

755 *Heuel*, in: Kohlmann, Kommentar Steuerstrafrecht, Rz. 47 zu § 378 AO; *Jäger*, in: Klein, Kommentar AO, Rz. 220 zu § 370 AO.

756 Zum von § 370 AO geschützten Rechtsgut siehe *Seer*, Steuerstud 1/2016, 1, 2

757 *Harms*, StbG 1/2005, 12, 14; *Jäger*, in: Klein, Kommentar AO, Rz. 41a zu § 370 AO; *Joecks*, in: Joecks/Jäger/Randt, Kommentar Steuerstrafrecht, Rz. 238 zu § 370 AO; zur Ingerenzgarantenstellung siehe auch: BGH, Urteil vom 09.05.2017, 1 StR 265/16, Juris, Rz. 77 ff.

758 *Harms*, StbG 1/2005, 12, 14; *Jaeger*, in: Klein, Kommentar AO, Rz. 65 zu § 370 AO; *Rätke*, in: Klein, Kommentar AO, Rz. 6 zu § 153 AO.

759 *Timpe*, HRRSt 6/2018, 243, 249.

Es ist unerheblich, ob das gefährdende Vorverhalten schuldhaft herbeigeführt wurde.[760] Weiter muss nach § 13 StGB ein Unterlassen der Abwendung eines Erfolgs vorliegen. Hieraus folgt, dass der Täter in der Lage sein muss, den Erfolg abzuwenden, da Unmögliches nicht Gegenstand einer Rechtspflicht sein darf (impossibilium nulla est obligatio).[761]

Sofern wegen der Nichtübersendung der elektronischen Daten ein Fehler übersehen wird und es hierdurch zu einer Steuerverkürzung kommt, ist daher fraglich, ob den Steuerberater infolge einer Garantenstellung aus Ingerenz eine strafrechtliche Verantwortung trifft. Zweck der Pflicht zur Übersendung der elektronischen Daten in § 87d Abs. 3 AO ist eine Information des Steuerpflichtigen, da anderenfalls der Datenübermittler die Pflichten nach § 153 AO übernehmen und für etwaige Steuerverkürzungen haften müsste.[762] Damit zielt die Regelung des § 87d Abs. 3 AO auf die Vermeidung von Steuerkürzungen ab. Bei Nichtübersendung wird die Pflicht des § 87d Abs. 3 AO verletzt. Es ist jedoch im Einzelfall die Kausalität zu prüfen, also ob die pflichtwidrige Nichtübersendung der elektronischen Daten tatsächlich ursächlich für die Steuerverkürzung war, d.h., ob infolge der Nichtübersendung der elektronischen Daten eine gesetzmäßige Steuererklärung abgegeben worden wäre und die Steuerverkürzung nicht eingetreten wäre. Hierzu ist insbesondere entscheidend, wer kausal die Steuerverkürzung zu verursachen hat. Sofern der Steuerberater die fehlenden Einkünfte auf andere Weise angefragt, jedoch vom Steuerpflichtigen nicht erhalten hat, ist die Nichtübersendung der elektronischen Daten nicht kausal für die Steuerverkürzung. Gleiches gilt, wenn die Formularsteuererklärung übersandt wurde, wenn auch hier der Fehler erkennbar war. Eine Garantenstellung aus Ingerenz kann damit nur in Betracht kommen, wenn bei Übersendung der elektronischen Daten der Fehler erkannt worden wäre, der Steuerpflichtige aber ansonsten keine Möglichkeit hatte, den Fehler zu erkennen.

Weiter ist fraglich, ob der Steuerberater in diesem Fall auch verpflichtet wäre, entgegen dem Willen des Steuerpflichtigen zu berichtigen. Joecks führt aus, dass in einem solchen Fall, wenn der Berater neue Risiken geschaffen hat, die Pflicht zur Unterrichtung der Finanzverwaltung gegenüber der Verschwiegenheitspflicht

---

760 *Heuchemer,* in: Heintschel-Heinegg, BeckOK StGB, Rz. 93 ff. zu § 13 StGB; *Jäger,* in: Klein, Kommentar AO, Rz. 65 zu § 370 AO.

761 *Ransiek,* in: Kohlmann, Kommentar Steuerstrafrecht, Rz. 84 f. zu § 370 AO.

762 Deutscher Bundestag, Drucksache 18/7457 vom 03.02.2016, S. 67.

überwiegt.[763] In diesem Fall muss daher, wenn der Mandant nicht selbst berichtigt, der Berater berichtigen, um die Gefahr einer Steuerhinterziehung zu vermeiden.[764] Ansonsten kommt es zu Gefahren für den tatsächlichen Steuervollzug, da Steuerpflichtige bei Nichterhalt der elektronischen Daten die Unrichtigkeit im Sinne von § 153 AO nicht erkennen können, der Steuerberater jedoch auch nicht nach § 153 AO zur Berichtigung verpflichtet ist.

2. *Zurverfügungstellung der Formulare*

a) *Obliegenheit des Steuerberaters zur Zurverfügungstellung der Formulare*

Da sich § 87d Abs. 3 AO ausschließlich auf die elektronische Datenübermittlung bezieht, kann sich eine darüberhinausgehende Übersendung der Formulare nicht aus § 87d Abs. 3 AO ergeben. Dementsprechend hat der Steuerberater keine gesetzliche Pflicht zur Übersendung der Formulare an den Steuerpflichtigen. Auch aus den zivilrechtlichen Pflichten, beispielsweise der Sachverhaltsaufklärung, ergibt sich keine Pflicht zur Übersendung der Formulare. Zwar stellt das Erklärungsformular eine Orientierungshilfe für den Steuerpflichtigen dar, um steuerlich wesentliche Sachverhalte von steuerlich unwesentlichen Sachverhalten zu unterscheiden.[765] Jedoch kann der Steuerberater auch in anderer Weise die steuerlich erheblichen Tatsachen erfragen. Zudem hat der Mandant die Obliegenheit zur Übermittlung der erforderlichen Unterlagen an den Steuerberater.[766] Die Formulare sind auch für den Steuerpflichtigen frei zugänglich, sodass dieser sich bei Bedarf über die genaue Fragestellung informieren kann. Eine zivilrechtliche Pflicht des Steuerberaters zur Übersendung der Formulare besteht daher nicht. Jedoch können sich Haftungsgefahren für Steuerberater bei Nichtübersendung der Formulare ergeben, die im Folgenden dargestellt werden.

---

763 *Joecks*, Praxis des Steuerstrafrechts, S. 52; zweifelnd zur beruflichen Schweigepflicht in diesem Zusammenhang: *Schmitz/Wulf*, in: Joecks/Miebach, Münchener Kommentar StGB, Rz. 359 zu § 370 AO.

764 *Harms*, StbG 1/2005, 12, 14.

765 *Frizen*, S. 69.

766 Siehe Kapitel 1 C III 3 „Sachverhaltsaufklärung".

b) *Haftung für den Steuerschaden mangels Änderungsmöglichkeit nach § 173 Abs. 1 Nr. 2 AO bei fehlerhafter Festsetzung zuungunsten des Steuerpflichtigen*

Die Zurverfügungstellung der elektronischen Daten allein ohne detaillierte Nachfragen zu den übrigen im Formular abgefragten Tatsachen reicht für den Steuerberater für eine Haftungsvermeidung nicht aus, da unterlassene Eintragungen anhand der elektronischen Daten nicht festgestellt werden können. Das Nichtbeantworten von Fragen des amtlichen Formulars stellt ein grobes Verschulden dar, welches eine spätere Änderung zugunsten des Steuerpflichtigen nach § 173 Abs. 1 Nr. 2 AO ausschließt, auch wenn der Steuerpflichtige einem Rechtsirrtum unterliegt.[767] Dies gilt nicht, wenn der Steuerpflichtige wusste, dass eine steuerliche Relevanz vorliegt, eine Frage jedoch wegen schlichten Vergessens nicht beantwortet.[768] Anfangs wurde vom BFH hinsichtlich des groben Verschuldens bei Nichtbeantwortung von Fragen der Steuererklärung noch auf die Erläuterungen und Angaben in der elektronischen Erklärung abgestellt, sodass der BFH wegen der Unübersichtlichkeit des ELSTER-Formulars 2008 zum Ergebnis kam, dass anhand der dort enthaltenen Hinweistexte für den Steuerpflichtigen nicht offensichtlich war, dass Unterhaltszahlungen an die Kindsmutter ansetzbar sind.[769] Infolgedessen wurden bereits Bedenken geäußert, dass der eigentliche Erklärungsinhalt bei elektronischen Steuererklärungen nicht mehr umfassend aus den Akten ersichtlich ist, sodass im Einzelfall ermittelt werden muss, welchen Inhalt die elektronischen Erklärungen, Anlagen und Hilfstexte zum Zeitpunkt der Erstellung der Steuererklärung genau hatten.[770] Mittlerweile wurde jedoch vom BFH entschieden, dass das grobe Verschulden bei elektronischen Steuererklärungen nicht anders als bei Steuererklärungen auf amtlichen

767 BFH, Urteil vom 18.03.2014, X R 8/11, BFH/NV 2014, 1347, Rz. 26 f.; *Heuel/Harink*, AO-StB 2020, 49, 50.

768 BFH, Urteil vom 10.02.2015, IX R 18/14, BStBl. II 2017, 7, Leitsatz 2 und Rz. 16; AEAO Nr. 5.1.1 zu § 173 AO; *Peters*, in: Pfirrmann/Rosenke/Wagner, BeckOK AO, Rz. 219 zu § 173 AO; siehe auch: FG Rheinland-Pfalz, Urteil vom 13.12.2010, 5 K 2099/09, Juris, Rz. 16 (Folgeinstanz BFH, Urteil vom 18.03.2004, X R 8/11, BFH/NV 2014, 1347, Rz. 26: dagegen entschieden, auf den Übertragungsfehler jedoch nicht eingehend, da von Rechtsirrtum ausgehend).

769 BFH, Urteil vom 20.03.2013, VI R 9/12, BFHE 240, 507, Rz. 15; anders entschieden jedoch vom BFH, Urteil vom 20.03.2013, VI R 5/11, BFHE 240, 504, Rz. 15 zu ELSTER-Formular 2006, da hier die Erläuterungen zur elektronischen Erklärung vollständig und übersichtlich im Hinblick auf den Streitgegenstand waren.

770 *Schneider*, NWB 2013, 1864, 1865.

Vordrucken auszulegen ist, da man sich auch den amtlichen Erklärungsvordruck bei einer elektronischen Steuererklärung anzeigen lassen kann.[771] Sofern der steuerliche Berater ausschließlich die elektronischen Daten zur Überprüfung an den Steuerpflichtigen weiterleitet, kann der Steuerpflichtige nicht prüfen, ob die Angaben im Hinblick auf die Formularfragen vollständig sind, sodass insoweit der Steuerberater die Verantwortung hierfür übernimmt und bei unterlassenen Angaben grob fahrlässig handelt.[772]

Nach der herrschenden Meinung wird das Verschulden des steuerlichen Beraters im Sinne von § 173 AO dem Steuerpflichtigen zugerechnet.[773] Die Zurechnung des Verschuldens wird aus einer Analogie zu § 152 Abs. 1 S. 3 und § 169 Abs. 2 S. 3 AO begründet.[774] Außerdem wird es aus dem Sinn und Zweck abgeleitet, da der Steuerpflichtige weiterhin nach § 150 Abs. 2 AO die Verantwortung für die Angaben in der Steuererklärung trägt, sodass er sich dessen nicht durch Beauftragung eines Steuerberaters entziehen darf.[775] Anderenfalls würde ein steuerlich vertretener Steuerpflichtiger bessergestellt werden als ein steuerlich nicht vertretener Steuerpflichtiger.[776] Es ergibt sich keine Änderung dadurch, dass der Steuerberater mangels Unterschriftserfordernis bei einer elektronischen Steuererklärung nicht mehr wie früher als Erfüllungsgehilfe auftritt,

---

771 BFH, Urteil vom 10.02.2015, IX R 18/14, BStBl. II 2017, 7, Leitsatz 1 und Rz. 14; BFH, Urteil vom 18.03.2014, X R 8/11, BFH/NV 2014, 1347, Leitsatz und Rz. 27 f..

772 BFH, Urteil vom 16.05.2013, III R 12/12, BStBl. II 2016, 512, Leitsatz 1 und Rz. 28 f.; *Peters,* in: Pfirrmann/Rosenke/Wagner, BeckOK AO, Rz. 219 zu § 173 AO; *von Wedelstädt,* AO-StB 2015, 99, 103.

773 BFH, Urteil vom 17.05.2017, X R 45/16, BFH/NV 2018, 10, Leitsatz 1 und Rz. 32; BFH, Urteil vom 10.02.2015, IX R 18/14, BStBl. II 2017, 7, Rz. 14; BFH, Urteil vom 02.08.1994, VIII R 65/93, BStBl. II 1995, 264, Rz. 25; BFH, Urteil vom 03.02.1983, IV R 153/80, BStBl. II 1983, 324, Rz. 11 ff.; *Peters,* in: Pfirrmann/Rosenke/Wagner, BeckOK AO, Rz. 224 zu § 173 AO; *Rüsken,* in: Klein, Kommentar AO, Rz. 125 zu § 173 AO; *von Wedelstädt,* AO-StB 2015, 99, 103; so auch die Verwaltungsauffassung in AEAO Nr. 5.4 zu § 173 AO.

774 BFH, Urteil vom 17.11.2005, III R 44/04, BStBl. II 2006, 412, Rz. 22; BFH, Urteil vom 03.02.1983, IV R 153/80, BStBl. II 1983, 324, Rz. 20; kritisch hierzu *Loose,* in: Tipke/Kruse, Kommentar AO, Rz. 83 zu § 173 AO.

775 BFH, Urteil vom 03.12.2009, VI R 58/07, BStBl. II 2010, 531, Rz. 16; BFH, Urteil vom 17.11.2005, III R 44/04, BStBl. II 2006, 412, Rz. 23; *Peters,* in: Pfirrmann/Rosenke/Wagner, BeckOK AO, Rz. 224 zu § 173 AO; so im Ergebnis auch: *Heuermann,* in: Hübschmann/Hepp/Spitaler, Kommentar AO, Rz. 26 zu § 150 AO.

776 BFH, Urteil vom 16.05.2013, III R 12/12, BStBl. II 2016, 512, Rz. 29; *Heuel/Harink,* AO-StB 2020, 49, 50; *von Wedelstädt,* AO-StB 2015, 99, 103.

sondern als Bevollmächtigter.[777] Denn das Verschulden des gewillkürten Bevollmächtigten ist dem Steuerpflichtigen ebenfalls zuzurechnen.[778] Zum gleichen Ergebnis kommend führt auch Heuermann aus, dass es unerheblich für die Verantwortung des Steuerpflichtigen für die Richtigkeit sei, ob der Steuerpflichtige die Steuererklärung unterzeichnen muss und damit die Verantwortung über die Daten übernimmt, was Heuermann bereits aus der Unterscheidung zwischen Erklärungspflicht (nicht höchstpersönlich) und Unterschriftspflicht (höchstpersönlich) sowie daraus, dass es für das Beraterverschulden keine Auswirkungen haben kann, ob eine Unterschrift gesetzlich vorgeschrieben ist oder nicht, schlussfolgert.[779] Loose hingegen führt aus, dass im Hinblick auf die Änderungsmöglichkeit nach § 173 AO nur das Verschulden des gesetzlichen Vertreters zuzurechnen sei, nicht jedoch das eines gewillkürten Vertreters oder Erfüllungsgehilfen; dies schlussfolgert er daraus, dass die Vertretung auf die persönlichen Mitwirkungspflichten des Steuerpflichtigen keinen Einfluss habe.[780] Ein Steuerpflichtiger, der steuerlich vertreten ist, handelt nur dann grob fahrlässig, wenn er seine persönliche Mitwirkungspflicht verletzt, wobei er jedoch nicht alle Handlungen des Dritten nachvollziehen muss. Grobe Fahrlässigkeit liegt aber auch nach Auffassung von Loose vor, wenn Erklärungsvordrucke blindlings unterschrieben werden oder der Steuerberater mangelhaft unterrichtet wird.[781]

Aufgrund dieser von der herrschenden Meinung vertretenen Zurechnung des Verschuldens des steuerlichen Beraters im Rahmen des § 173 AO zum Steuerpflichtigen gehen die tatsächlichen Obliegenheiten der steuerlichen Berater im Hinblick auf die Zurverfügungstellung der Informationen an den Steuerpflichtigen erheblich über die gesetzliche Vorschrift des § 87d Abs. 3 AO hinaus, da zur Vermeidung einer Haftung infolge einer nicht mehr möglichen Änderung nach § 173 Abs. 1 Nr. 2 AO die gesamten Formulare übersandt werden müssen und nicht nur die elektronischen Daten in leicht nachprüfbarer Form. Das Urteil des BFH, gemäß dem ein grobes Verschulden angenommen wird, wenn nur die komprimierte Steuererklärung dem Steuerpflichtigen zur Prüfung zugesandt wird[782], wird jedoch in der Literatur kritisiert. Der steuerliche Berater muss

---

777 Siehe hierzu Kapitel 2 A IV „Unterschriftserfordernisse".

778 *Hahlweg,* in: Koenig, Kommentar AO, Rz. 32 zu § 80 AO; *Kobor,* in: BeckOK AO, Rz. 18 zu § 80 AO.

779 *Heuermann,* in: Hübschmann/Hepp/Spitaler, Kommentar AO, Rz. 25 zu § 150 AO.

780 *Loose,* in: Tipke/Kruse, Kommentar AO, Rz. 82 zu § 173 AO.

781 *Loose,* in: Tipke/Kruse, Kommentar AO, Rz. 81 zu § 173 AO.

782 BFH, Urteil vom 16.05.2013, III R 12/12, BStBl. II 2016, 512, Leitsatz 1 und Rz. 28 f.;

keine Fragen zu steuerlich relevanten Sachverhalten stellen, wenn hierfür keine Anhaltspunkte vorliegen.[783] Dies ergibt sich aus der Mitwirkungs- und Informationspflicht des Mandanten sowie aus den Allgemeinen Auftragsbedingungen, die in Ziffer 6 Abs. 1 dem Mandanten eine weitreichende Obliegenheit zur Übermittlung aller erforderlichen Unterlagen ohne Aufforderung durch den Steuerberater auferlegen (zur eventuellen Unwirksamkeit dieser Klausel siehe jedoch die Ausführungen im ersten Kapitel[784]). Der Steuerberater kann von der Richtigkeit der übergebenen Unterlagen und Informationen ausgehen. Weiter wird kritisiert, dass die komprimierte Erklärung gerade von der Finanzverwaltung gewünscht ist, sodass infolge der Verwendung dieser weder dem Steuerpflichtigen noch dem Steuerberater ein Vorwurf gemacht werden kann.[785] Lanwehr spricht von einem „deutlich höheren Maßstab an die vom steuerlichen Berater zu erfüllenden Pflichten“[786].

Hinsichtlich der Auswirkungen der Rechtsprechung des BFH ist damit zu differenzieren. Der Begriff des groben Verschuldens in § 173 Abs. 1 Nr. 2 AO knüpft an die Sorgfalt an, zu der der Steuerpflichtige oder der Steuerberater nach seinen persönlichen Kenntnissen und Fähigkeiten verpflichtet ist.[787] Grob fahrlässig handelt, wer die ihm zuzumutende Sorgfalt in ungewöhnlich hohem Maße und nicht entschuldbarer Weise verletzt.[788] Dementsprechend kann ein grobes Verschulden des steuerlichen Beraters nicht weitergehen als seine Pflichten, hier insbesondere als die zivilrechtliche Pflicht zur Sachverhaltsaufklärung.[789] Es ist also in Anlehnung an die BGH-Rechtsprechung[790] zu prüfen, ob die steuerliche

---

783 *Wacker*, DStR 2013, 2025, 2027.

784 Siehe Kapitel 1 C III 3 „Sachverhaltsaufklärung“.

785 *Lanwehr*, Faktische Selbstveranlagung und Fehlerkorrektur im Besteuerungsverfahren von Arbeitnehmern, S. 197.

786 *Lanwehr*, Faktische Selbstveranlagung und Fehlerkorrektur im Besteuerungsverfahren von Arbeitnehmern, S. 220.

787 *Loose,* in: Tipke/Kruse, Kommentar AO, Rz. 76a zu § 173 AO.

788 *Loose,* in: Tipke/Kruse, Kommentar AO, Rz. 76a zu § 173 AO; *Peters,* in: Pfirrmann/Rosenke/Wagner, BeckOK Rz. 208 zu § 173 AO.

789 So auch argumentierend: *Wacker*, DStR 2013, 2025, 2028; kann geschlussfolgert werden aus FG Niedersachsen, Urteil vom 24.05.2011, 3 K 249/10, Juris, Rz. 27 (kein grobes Verschulden eines Beraters bei fehlender Nachfrage zu Änderung der Familienverhältnisse, da dieser hierzu nicht verpflichtet war); folgende Instanz: BFH, Urteil vom 16.05.2013, III R 12/12, BStBl. II 2016, 512, Rz. 28 (zum anderen Ergebnis kommend, jedoch da die Formularsteuererklärung nicht übersandt wurde).

790 Siehe hierzu Kapitel 1 C III 3 „Sachverhaltsaufklärung“.

Relevanz für den Steuerpflichtigen offensichtlich und er damit zur Weiterleitung verpflichtet war. In diesem Fall liegt kein grobes Verschulden des steuerlichen Beraters vor, aber ggf. des Steuerpflichtigen. Der Steuerpflichtige wäre in diesen Fällen nicht bessergestellt, da er durch die Nichtinformation oder die falsche Information des Beraters selbst grob fahrlässig handelt. Da der steuerliche Berater jedoch stets von der Beratungsbedürftigkeit des Steuerpflichtigen auszugehen hat, muss er in Zweifelsfällen nachfragen, um den Sachverhalt genau zu ermitteln, sodass in diesen Fällen ein grobes Verschulden vorliegt. Hierfür ist jedoch nicht zwingend eine Übersendung der Formulare erforderlich. Der Sachverhalt kann auch durch gezieltes Nachfragen, Checklisten o.Ä. ermittelt werden, sodass sich allein aus der Nichtübersendung der Formulare kein grobes Verschulden ergibt.

Nichtsdestotrotz ist zur Vermeidung einer Haftung wegen einer späteren Änderungsmöglichkeit nach § 173 Abs. 1 Nr. 2 AO zu empfehlen, das gesamte Formular nebst allen zur Prüfung notwendigen Anlagen dem Steuerpflichtigen zur Durchsicht zur Verfügung zu stellen.[791] Dies führt zu einem erheblichen Mehraufwand, der im Widerspruch zu der angestrebten Vereinfachung der komprimierten Erklärung für die Beraterschaft und deren Mandanten steht, da nun die komprimierte Erklärung (wegen § 87d Abs. 3 AO) und die gesamten Formulare zur Durchsicht zugesandt werden müssen. Der Steuerpflichtige ist hierdurch angesichts der Menge der zu prüfenden Unterlagen nicht selten überfordert. Um diese Hybridlösung zukünftig zu vermeiden, muss die elektronische Erklärung zwingend so ausgestaltet werden, dass sämtliche steuerrelevanten Informationen, auch wenn keine Angaben gemacht wurden, dargestellt werden. Nur in dieser Weise kann die Steuererklärung auf amtlichen Vordrucken auch in der Praxis vollständig abgelöst werden und die Akzeptanz der elektronischen Steuererklärung steigen. Hierfür ist nicht nur eine entsprechende Erweiterung der Ausdrucke der ELSTER-Erklärung erforderlich, sondern es müssen auch Verpflichtungen für Softwareanbieter zur genauen Ausgestaltung der gestellten Fragen geschaffen werden, um sicherzustellen, dass weiterhin die steuerrelevanten Tatsachen erkannt werden.[792]

---

791 *Wacker*, DStR 2013, 2025, 2028.

792 Siehe zur Ausgestaltung im Detail nachfolgend Kapitel 7 C II 1 „Überarbeitung der Inhalte der elektronischen Steuererklärung und Aufnahme von Erläuterungen“.

c) Haftung für den Zinsschaden bei späterer Änderung nach § 173 Abs. 1 Nr. 1 AO bei fehlerhafter Steuerfestsetzung zugunsten des Steuerpflichtigen

In der anderen Richtung kann sich auch eine Steuerverkürzung ergeben, sofern der Steuerberater lediglich die elektronischen Daten übersendet und der Steuerpflichtige dadurch nicht erkennt, dass weitere steuerpflichtige Einnahmen anzugeben sind (z.B. private Veräußerungsgeschäfte). In diesem Fall kann der Bescheid später nach § 173 Abs. 1 Nr. 1 AO unabhängig vom Verschulden geändert werden. Eine Haftung des Steuerberaters für die Steuernachzahlung, die sich aus dem geänderten Bescheid ergibt, kommt nicht in Betracht, da als zu ersetzende Schäden nur vermeidbare Steuerbelastungen in Betracht kommen.[793] Hier handelt es sich jedoch um die materiellrechtlich richtige Steuer, die bei vollständiger Übersendung und Erkennens der Unrichtigkeit von vornherein zu entrichten gewesen wäre. Es kann sich jedoch ein Zinsschaden für den Steuerpflichtigen durch die spätere Änderung nach § 233a AO ergeben.

Die Nichtübersendung der amtlichen Vordrucke an den Mandanten stellt an sich keine Pflichtverletzung des Beraters dar. Jedoch kann sich eine Pflichtverletzung ergeben, wenn hierdurch der Sachverhalt nicht vollständig aufgeklärt wird, insbesondere wenn die steuerliche Relevanz von Einnahmen für den Steuerpflichtigen nicht offensichtlich war. Infolge der Nichtangabe von Einnahmen kommt es zu einer niedrigen Steuerfestsetzung, die später geändert wird. Dementsprechend besteht eine Kausalität zwischen der Pflichtverletzung des Steuerberaters und dem Zinsschaden, da bei Prüfung im Rahmen der Steuererklärung von vornherein eine richtige Steuerfestsetzung erfolgt wäre, sodass es im Regelfall nicht zu einer Zinsfestsetzung gekommen wäre.

Der Steuerberater haftet damit, wenn ein Verstoß gegen die Pflicht zur Sachverhaltsaufklärung vorliegt, für die Nachzahlungszinsen. Hierbei ist im Rahmen der Bemessung der Schadenshöhe jedoch der Liquiditätsvorteil abzuziehen, den der Mandant dadurch erlangt hat, dass er mit dem verspätet gezahlten Steuerbetrag wirtschaften konnte.[794] Im Hinblick auf die aktuelle Zinssituation im

---

793 BGH, Urteil vom 09.11.2017, IX ZR 270/16, Juris, Rz. 26 f.; *Fischer,* in: Hau/Poseck, BeckOK BGB, Rz. 49 zu § 675 BGB; *Gehrlein*, DStR 2018, 487, 492; so auch: *Gräfe,* in: Gräfe/Wollweber/Schmeer, S. 375: ein Steuerschaden kann nur entstehen, wenn er rechtmäßig hätte vermieden werden können; *Gehrlein*, Anwalts- und Steuerberaterhaftung, Rz. 48 zu Kapitel E: der Verlust einer rechtlichen Position, auf die kein Anspruch nach der materiellen Rechtslage besteht, ist kein erstattungsfähiger Nachteil sowie Rz. 51 explizit zu unvermeidbaren Steuernachteilen.

794 *Gräfe,* in: Gräfe/Wollweber/Schmeer, S. 382.

Vergleich mit dem derzeit laut der Abgabenordnung gesetzlich vorgeschriebenen Zinssatz von 6%[795] wird sich hieraus jedoch nur eine vergleichsweise geringe Schadensminderung ergeben.

d) Straf- und bußgeldrechtliche Auswirkungen

Sofern es durch die Nichtübersendung der Formulare zu fehlenden steuerpflichtigen Einnahmen kommt, liegt eine Steuerverkürzung durch unvollständige Angaben vor, sodass der objektive Tatbestand einer Steuerhinterziehung nach § 370 Abs. 1 Nr. 1 AO erfüllt ist. Fraglich ist jedoch der subjektive Tatbestand. Vorsatz des Steuerpflichtigen scheidet aus, da dieser mangels Übersendung der Formulare keine Kenntnis von der Steuerrelevanz hat. Ein vorsätzliches Handeln des Beraters kann nur vorliegen, wenn der Steuerberater Zweifel hat, denen er entsprechend durch Nachfrage beim Mandanten begegnen muss. Ein Kennen-Müssen reicht für den bedingten Vorsatz nicht aus.[796]

Damit kommt im Regelfall nur eine leichtfertige Steuerverkürzung durch Steuerberater bei Nichtübersendung der Formulare in Betracht. Der Tatbestand der leichtfertigen Steuerverkürzung kommt jedoch nur für den Täter in Betracht, also im vorliegenden Fall nur, wenn der Steuerberater eigene Angaben gegenüber der Finanzbehörde macht.[797]

3. Richtige und vollständige Übermittlung nach § 72a Abs. 2 S. 1 Nr. 1 AO

Die richtige und vollständige Übermittlung der Daten der elektronischen Steuererklärung ist keine öffentlich-rechtliche Pflicht, kann sich jedoch aus dem abgeschlossenen Vertrag als zivilrechtliche Pflicht ergeben.[798] Neben etwaigen zivilrechtlichen Schadenersatzansprüchen des Steuerpflichtigen bei einer Pflichtverletzung führt § 72a Abs. 2 Nr. 1 AO zu einer Haftung des Datenübermittlers,

---

795 In dieser Arbeit wird von der aktuell geltenden Zinsregelung in §§ 233 ff. AO ausgegangen; unvereinbar mit Art. 3 Abs. 1 GG gemäß BVerfG, Beschluss vom 08.07.2021, 1 BvR 2237/14, 1 BvR 2422/17, BVerfGE 158, XX, Rz. 260 ff.; der Gesetzgeber ist verpflichtet, eine Neuregelung zu treffen.

796 *Krumm,* in: Tipke/Kruse, Kommentar AO, Rz. 134 zu § 370 AO.

797 Siehe zu den Voraussetzungen einer leichtfertigen Steuerverkürzung Kapitel 1 C V 4 „Leichtfertige Steuerverkürzung"; siehe zur Tatherrschaft des Steuerberaters nachfolgend Kapitel 2 C V „Straf- und bußgeldrechtliche Zurechnung der Angaben im Sinne von § 370 Abs. 1 Nr. 1 AO".

798 *Specker,* in: Pfirrmann/Rosenke/Wagner, BeckOK AO, Rz. 138 zu § 72a AO.

soweit auf Grund unrichtiger oder unvollständiger Übermittlung Steuern verkürzt oder zu Unrecht steuerliche Vorteile erlangt werden (unabhängig von einer etwaigen Pflichtverletzung[799]). Es handelt sich um eine Vorschrift, nach der der Steuerberater als Datenübermittler direkt als Haftungsschuldner für die Steuerlast des Steuerpflichtigen in Anspruch genommen werden kann[800], was sonst grundsätzlich nur möglich ist, wenn der Steuerberater eine Steuerhinterziehung begeht.[801] Die Vorschrift übernimmt ohne Änderung den bisherigen § 5 Abs. 2 S. 1 StDÜV.[802] Die Haftung des § 72a Abs. 2 Nr. 1 AO bezieht sich nur auf Steuern und nicht auf steuerliche Nebenleistungen.[803]

Die Haftung knüpft an die unrichtige oder unvollständige Übermittlung an, jedoch nicht an die Daten selbst, sodass die Unrichtigkeit der Daten nicht zu einer Haftung führt.[804] Diese Auslegung entspricht der Systematik und Gesetzesbegründung zu § 87d Abs. 3 AO, der sicherstellen soll, dass der Steuerpflichtige selbst für den Inhalt der Steuererklärung verantwortlich bleibt.[805] Der Übermittlungsfehler und damit nicht die fehlerhaften Angaben in der Steuererklärung muss ursächlich für die Steuerverkürzung sein.[806] Boeker diskutiert, ob die unterschiedliche Formulierung in § 72a Abs. 1 AO (unrichtige oder unvollständige Verarbeitung der Daten) und § 72a Abs. 2 Nr. 1 AO (unrichtige oder unvollständige Übermittlung der Steuererklärung) darauf hindeutet, dass eine Verletzung der Pflichten bei der Datenübermittlung nach § 87d Abs. 3 AO, also die Nichtzurverfügungstellung der Daten an den Auftraggeber, zu einer Haftung nach § 72a Abs. 2 Nr. 1 AO führen kann. Im Ergebnis verneint sie dies jedoch, da § 87d Abs. 3 AO nur für nicht amtliche Datenverarbeitungsprogramme gelte (damit nicht für ELSTER) und eine Haftung ausschließlich für nicht amtliche Datenverarbeitungsprogramme dem Gleichbehandlungsgrundsatz nach Art. 3 GG widersprechen würde.[807] Dem ist zuzustimmen. Die unterschiedliche

799 *Specker*, in: Pfirrmann/Rosenke/Wagner, BeckOK AO, Rz. 138 zu § 72a AO.

800 *Baum*, NWB 2016, 2778, 2782; *Loose*, in: Tipke/Kruse, Kommentar AO, Rz. 8 zu § 72a AO; *Nacke*, S. 217, Rz. 5.138.

801 Siehe Kapitel 1 C II 2 „Steuerrechtliche Haftungstatbestände“.

802 Deutscher Bundestag, Drucksache 18/7457 vom 03.02.2016, S. 61.

803 *Nacke*, S. 218, Rz. 5.138.

804 *Preißer/Wind*, S. 92; *Specker*, in: Pfirrmann/Rosenke/Wagner, BeckOK AO, Rz. 137 und 139 zu § 72a AO.

805 Deutscher Bundestag, Drucksache 18/7457 vom 03.02.2016, S. 67; *Specker*, in: Pfirrmann/Rosenke/Wagner, BeckOK AO, Rz. 137 zu § 72a AO.

806 *Nacke*, S. 218, Rz. 5.139.

807 *Boeker*, in: Hübschmann/Hepp/Spitaler, Kommentar AO, Rz. 20 zu § 72a AO.

Wortwahl in § 72a Abs. 1 AO und § 72a Abs. 2 Nr. 1 AO ergibt sich aus dem Anwendungsbereich. § 72a Abs. 1 AO bezieht sich auf den Hersteller, sodass sich hier der Haftungstatbestand auf die gesamte Datenverarbeitung bezieht. Im Gegensatz hierzu ist § 72a Abs. 2 Nr. 1 AO an den Auftragnehmer, also Datenübermittler, adressiert, sodass auch der Haftungstatbestand auf die Datenübermittlung begrenzt ist. Hieraus ergibt sich kein Bezug auf eine Pflichtverletzung nach § 87d Abs. 3 AO. Hierfür spricht auch, dass in § 72a Abs. 2 Nr. 2 AO ein expliziter Hinweis auf eine Pflichtverletzung nach § 87d Abs. 2 AO enthalten ist[808], in § 72a Abs. 2 Nr. 1 AO ein solcher Verweis jedoch fehlt. Dementsprechend kann ein Verstoß gegen § 87d Abs. 3 AO keine Haftung nach § 72a Abs. 2 Nr. 1 AO nach sich ziehen. Der Haftungstatbestand ist auf reine Übermittlungsfehler beschränkt.

§ 72a Abs. 2 S. 2 AO ermöglicht eine Enthaftung, soweit der Datenübermittler nachweist, dass die unrichtige oder unvollständige Übermittlung der Daten nicht grob fahrlässig oder vorsätzlich erfolgt ist. Dieser Nachweis wird einem Steuerberater wegen der höheren Anforderungen an die von ihm anzuwendende erforderliche Sorgfalt schwerer gelingen als einem Hersteller der Steuerprogramme, für die in Abs. 1 eine entsprechende Enthaftungsmöglichkeit enthalten ist.[809] Diese Beweislastumkehr zulasten der Steuerberater wird in der Literatur als zu weitgehend kritisiert.[810] Des Weiteren wird kritisiert, dass infolge der Haftungsregelung des § 72a Abs. 2 Nr. 1 AO den Steuerberater ein höheres Haftungsrisiko als bei der Papiererklärung trifft und die Formulierungen insbesondere hinsichtlich der Kausalität zu unbestimmt sind.[811] Boeker hingegen führt aus, dass ein Vorsatz oder eine grobe Fahrlässigkeit hinsichtlich des Übermittlungsvorgangs bereits dann ausgeschlossen werden könne, wenn die Software regelmäßig geprüft und aktualisiert wird.[812]

Dementsprechend kann eine Haftung nach § 72a Abs. 2 Nr. 1 AO nur dann in Betracht kommen, wenn der Fehler in der elektronischen Übermittlung liegt, d.h., wenn es sich um einen Programmfehler handelt. Bei der DATEV gab es beispielsweise in der Vergangenheit den Fall, dass haushaltsnahe Dienstleistungen

---

808 Siehe nachfolgend Kapitel 2 C IV 4 „Identifikation nach § 87d Abs. 2 AO und § 72a Abs. 2 S. 1 Nr. 2 AO“.

809 *Preißer/Wind*, S. 94.

810 *Preißer/Wind*, S. 92.

811 Stellungnahme der Bundessteuerberaterkammer an den Finanzausschuss des Bundestages zum Gesetzesentwurf zur Modernisierung des Besteuerungsverfahrens vom 05.04.2016.

812 *Boeker*, in: Hübschmann/Hepp/Spitaler, Kommentar AO, Rz. 22 f zu § 72a AO.

bei Ehegatten aufgrund eines Programmfehlers trotz Erfassung der Daten im Programm nicht in die komprimierte Erklärung übernommen wurden. Dies führte hier zu einer Steuerbelastung, könnte bei Einnahmen aber gegenläufig auch zu einer Steuerverkürzung führen. Es ist fraglich, ob es der im Verkehr erforderlichen Sorgfalt eines Steuerberaters entspricht, neben den Eintragungen in der Steuererklärung zu prüfen, ob diese auch korrekt in die elektronisch gemeldeten Daten eingehen. Das FG Münster hat im Hinblick auf eine Änderung nach § 173 Abs. 1 Nr. 2 AO entschieden, dass den Steuerberater ein grobes Verschulden trifft, wenn Unterhaltsleistungen, die zwar im Bildschirmausdruck enthalten waren, jedoch in den elektronisch übermittelten Daten sowie auf dem Papierausdruck fehlen, nicht steuermindernd angesetzt werden. Zwar hat das Gericht offengelassen, ob den Steuerberater nur ein leichtes oder grobes Verschulden trifft, wenn er den Formularausdruck der Steuererklärung nicht prüft, jedoch hätte sich ihm der Fehler spätestens bei der Bescheidprüfung aufdrängen müssen.[813] Umgekehrt kann es nun auch dazu kommen, dass steuererhöhende Eintragungen in den elektronischen Daten fehlen. Sofern man auch hier, in Anlehnung an die Rechtsprechung zum groben Verschulden nach § 173 Abs. 1 Nr. 2 AO, eine grobe Fahrlässigkeit des Steuerberaters wegen fehlender Überprüfung der übermittelten Daten annimmt, kommt eine Haftung nach § 72a Abs. 2 Nr. 1 AO in Betracht.

Jedoch hat der Steuerberater im Rahmen der Bescheidprüfung nur die Pflicht, die Daten mit den Angaben in der Steuererklärung abzugleichen. Es ist keine vollumfängliche Prüfung der Daten des Bescheides erforderlich.[814] Dementsprechend fallen Übermittlungsfehler, wenn diese in der Berechnungsliste zur Steuererklärung ebenfalls bereits enthalten sind, auch bei der Bescheidprüfung nicht auf. Angesichts dieser Grundsätze stellt sich die Frage, die in dem oben genannten Urteil nicht beantwortet wurde, nämlich ob der Steuerberater den Papierausdruck der Steuererklärung und der übermittelten Daten überprüfen muss, da im Rahmen der Bescheidprüfung kein pflichtwidriges Verhalten mehr angenommen werden kann. Angesichts der Rechtsprechung bezüglich der Zurverfügungstellung der Formulare zur Prüfung durch den Steuerpflichtigen[815] kann jedoch argumentiert werden, dass auch im Hinblick auf den Steuerberater

---

813 FG Münster, Urteil vom 05.09.2012, 12 K 1948/11 E, Juris, Orientierungssatz 3 und Rz. 42; bestätigt von BFH, Urteil vom 20.08.2014, X R 33/12, BStBl. II 2015, 138, Rz. 11.

814 *Gräfe,* in: Gräfe/Wollweber/Schmeer, S. 204.

815 Siehe Kapitel 2 C IV 2 „Zurverfügungstellung der Formulare".

eine Überprüfung sämtlicher Formulare und der übermittelten elektronischen Daten erforderlich ist, um ein Verschulden zu vermeiden.

Nach der Rechtsprechung zu § 173 AO ist es damit möglich, dass eine Haftung nach § 72a Abs. 2 Nr. 1 AO für den Steuerberater in Betracht kommt, sofern er die tatsächlich elektronisch übermittelten Daten nicht nochmals mit den im Steuerprogramm eingegebenen Daten abgleicht. Dies würde zu einer erheblichen Erweiterung der Pflichten gegenüber der Papiererklärung führen, da nun eine doppelte Überprüfung erforderlich ist. Auch Preißer und Wind führen aus, dass die Haftungsnorm nur eingeschränkte Anwendung finden bzw. sogar ein Moratorium gewährt werden sollte, bis die elektronische Steuererklärung vollständig umgesetzt ist und keine doppelten Abgleiche erforderlich sind.[816] Ausgehend von der Kommentierung von Boeker musss das grobe Verschulden in § 72a Abs. 2 Nr. 1 AO zumindest einschränkend ausgelegt werden, sodass den Steuerberater nur eine Pflicht zur regelmäßigen Softwareaktualisierung trifft und er nicht für technische Fehler haftet. Eine solche Softwareaktualisierung ist zwingend notwendig für ein gesetzmäßiges elektronisches Veranlagungsverfahren, darüberhinausgehende Pflichten zur Durchführung von doppelten Abgleichen führen jedoch zu einer ausufernden Beraterhaftung.

4. *Identifikation nach § 87d Abs. 2 AO und § 72a Abs. 2 S. 1 Nr. 2 AO*

Nach § 87d Abs. 2 AO muss der Datenübermittler als Auftragnehmer die Person, für die die Daten übermittelt werden, identifizieren und dies entsprechend dokumentieren. Zweck der Identifizierungspflicht ist die Sicherstellung der Identität des Steuerpflichtigen als Auftraggeber, da im Rahmen der authentifizierten Erklärung diese nicht mehr durch Unterschrift durch die Finanzverwaltung geprüft werden kann, sondern nur noch die Daten des Datenübermittlers für die Finanzverwaltung erkennbar übermittelt werden.[817] Auch diese bisher von der Finanzverwaltung vorgenommene Identifizierung wird damit auf den Datenübermittler, beispielsweise den Steuerberater, ausgelagert, der entsprechende Betrugsfälle nun aufspüren muss.[818] Im Gegensatz zur fehlenden zeitlichen Angabe in § 87d Abs. 3 AO regelt Absatz 2 der Vorschrift explizit, dass die Identifizierung vor der Datenübermittlung erfolgen muss.[819] Die Identifizierung

816 *Preißer/Wind*, S. 93.

817 Deutscher Bundestag, Drucksache 18/7457 vom 03.02.2016, S. 55; *Kobor*, in: Pfirrmann/Rosenke/Wagner, BeckOK AO, Rz. 10 zu § 87d AO.

818 *Preißer/Wind*, S. 92 f.

819 *Rätke*, in: Klein, Kommentar AO, Rz. 5 zu § 87d AO.

muss nicht jedes Jahr erneut erfolgen, da es ausreicht, wenn eine Identifikation bereits zu einem früheren Zeitpunkt erfolgt ist und keine Zweifel an den Angaben bestehen.[820]

Der Gesetzeswortlaut enthält keine genauen Aussagen zur Art und Weise der Identifizierung. Die Vorlage eines Personalausweises ist bei Privatpersonen nach der Literaturauffassung für die Identifizierung nach § 87d Abs. 2 AO nicht zwingend erforderlich; die Identifizierung kann auch durch andere geeignete Maßnahmen erfolgen.[821] Zur Identifizierung sind Steuerberater im Regelfall bereits aufgrund des Geldwäschegesetzes verpflichtet (§ 2 Abs. 1 Nr. 12 GWG).[822] Auch nach dem GWG ist eine Identifizierung anhand sämtlicher zur Erfüllung der Pass- und Ausweispflicht geeigneter Dokumente möglich (z.B. auch anhand des elektronischen Identitätsnachweises nach § 18 Personalausweisgesetz oder anhand der qualifizierten elektronischen Signatur).[823] Die Verwaltungsauffassung erfordert jedoch eine Identifizierung anhand des Personalausweises oder Reisepasses mit entsprechender Aufzeichnung der Ausweisnummer.[824] Dieses Erfordernis ergibt sich nicht aus dem Gesetz und ist auch nicht zwingend für die Identifizierung des Auftraggebers erforderlich. Im Hinblick auf juristische Personen und Personengesellschaften muss sich die Identifizierung auf den Auftraggeber, also auf den Vertragspartner des Beraters, beziehen, was im Regelfall die Gesellschaft selbst ist.[825] Bei juristischen Personen erfolgt die Identifizierung mittels eines Auszuges aus dem Register oder der Gründungsdokumente. Bei GbRs sind gemäß der Verwaltungsauffassung die Daten der fünf größten Gesellschafter gemäß den Gesellschafterlisten aufzuzeichnen.[826] Dies entspricht den Regelungen nach dem GWG, ergibt sich jedoch ebenfalls nicht aus dem Wortlaut des § 87d Abs. 2 AO. Eine solche Auslegung wäre allenfalls für eine Feststellungserklärung möglich, bei der die elektronische Erklärung für die Gemeinschaft der

---

820 *Brandis,* in: Tipke/Kruse, Kommentar AO, Rz. 3 zu § 87d AO; *Kobor,* in: Pfirrmann/Rosenke/Wagner, BeckOK AO, Rz. 10 zu § 87d AO; *Rätke,* in: Klein, Kommentar AO, Rz. 6 zu § 87d AO; *Vetten*, NWB 2016/41, 3105, 3109.

821 *Kobor,* in: Pfirrmann/Rosenke/Wagner, BeckOK AO, Rz. 10.1 zu § 87d AO; *Rätke,* in: Klein, Kommentar AO, Rz. 5 zu § 87d AO.

822 Siehe hierzu auch *Brandis,* in: Tipke/Kruse, Kommentar AO, Rz. 3 zu § 87d AO; *Rätke,* in: Klein, Kommentar AO, Rz. 5 zu § 87d AO.

823 *Figura,* in: Herzog/Achtelik, Kommentar GWG, Rz. 1 zu § 11 GWG; *Scaraggi-Kreitmayer,* DStR 2018, 1388, 1389 f.

824 AEAO Nr. 1.2 und 4 zu § 87d AO.

825 *Vetten*, NWB 2016/41, 3105, 3109.

826 AEAO Nr. 2.2-2.4 zu § 87d AO.

Feststellungsbeteiligten abgegeben wird. In anderen Fällen müssen auch hier die Gründungsdokumente ausreichen (insbesondere der Gesellschaftsvertrag). Zudem fordert die Finanzverwaltung für die fünf größten Gesellschafter, dass eine Identifizierung der natürlichen Person mittels eines gültigen Personalausweises oder Reisepasses erfolgen muss.[827] Auch hierfür fehlt es an der gesetzlichen Grundlage.

Die Gesetzesbegründung beziffert den Mehraufwand für die Identifizierung nach § 87d Abs. 2 AO mit 1,79 Millionen Euro, der jedoch hauptsächlich nicht für Steuerberater, sondern für andere Datenübermittler anfällt, die nicht ohnehin schon zur Identifizierung nach dem GWG verpflichtet sind.[828]

Analog zu den Pflichten für Datenübermittler nach § 87d AO wurde in § 72a Abs. 2 Nr. 2 AO eine Haftungsvorschrift eingeführt. Hiernach haftet der Datenübermittler, also im hier betrachteten Fall der steuerliche Berater[829], soweit er seine Pflichten zur Identifikation verletzt hat und aufgrund der von ihm übermittelten Daten Steuern verkürzt oder zu Unrecht steuerliche Vorteile erlangt werden. Sofern § 72a Abs. 2 AO anwendbar ist, haftet der Datenübermittler für die infolge der Pflichtverletzungen entgangenen Steuern, d.h., es kommt zu einer direkten Inanspruchnahme des Datenübermittlers als Haftungsschuldner für die Steuerlast.[830] Sofern gegen die Identifizierungspflicht verstoßen wird, reicht es für eine Haftung aus, dass der steuerliche Fehler auf den übermittelten Daten beruht und ein Verstoß gegen § 87d Abs. 2 AO vorliegt.[831] Boeker führt aus, dass eine Kausalität zwischen der Nichtidentifikation und der Steuerverkürzung erforderlich sei, d.h., die Verletzung der Identifizierungspflicht muss ursächlich für die Steuerverkürzung sein.[832] Dies liegt in der Praxis im Regelfall wohl nur dann vor, wenn der tatsächliche Auftraggeber abweicht, sodass es durch die fehlende Identifikation zu einer Steuerverkürzung gekommen ist. Der Wortlaut des § 72a Abs. 2 Nr. 2 AO erfordert jedoch nur einen Verstoß gegen

827 AEAO, Nr. 2.1, Sps. 4 zu § 87d AO.

828 Deutscher Bundestag, Drucksache 18/7457 vom 03.02.2016, S. 55; siehe hierzu auch: *Preißer/Wind*, S. 85; *Vetten*, NWB 2016/41, 3105, 3109.

829 Wobei auch § 72a AO nicht auf Steuerberater begrenzt ist, vgl. *Loose*, in: Tipke/Kruse, Kommentar AO, Rz. 8 zu § 72a AO.

830 *Specker*, in: Pfirrmann/Rosenke/Wagner, BeckOK AO, Rz. 185 zu § 72a AO.

831 *Specker*, in: Pfirrmann/Rosenke/Wagner, BeckOK AO, Rz. 165 zu § 72a AO.

832 *Boeker*, in: Hübschmann/Hepp/Spitaler, Kommentar AO, Rz. 22 f. zu § 72a AO; so auch ausgeführt von der Bundessteuerberaterkammer in Stellungnahme der Bundessteuerberaterkammer zum Gesetzesentwurf der Bundesregierung zur Modernisierung des Besteuerungsverfahrens vom 05.04.2016; *Preißer/Wind*, S. 93.

die Identifizierungspflicht und dass aufgrund der elektronisch übermittelten Daten Steuern verkürzt werden. Specker schlussfolgert hieraus, dass allein der Verstoß gegen § 87d Abs. 2 AO ein Risiko von Fehlern im Besteuerungsverfahren verursache, wodurch die Haftung des Datenübermittlers gerechtfertigt sei.[833] Dementsprechend ist gemäß dem Wortlaut keine Kausalität zwischen der Nichtidentifikation und einer Steuerverkürzung erforderlich, sondern nur eine Kausalität zwischen den übermittelten Daten und der Steuerverkürzung und zusätzlich das Vorliegen eines Verstoßes gegen § 87d Abs. 2 AO.[834] Dieser Wortlaut lässt auf einen deutlich größeren Anwendungsbereich der Haftungsregelung des § 72a Abs. 2 Nr. 2 AO schließen. In diesem Fall würde der Steuerberater als Datenübermittler immer dann, wenn die Identifizierung nach § 87d Abs. 2 AO nicht erfolgt ist und die Daten in der Steuererklärung unrichtig oder unvollständig sind und basierend auf diesen Daten eine Steuerverkürzung eintritt, haften. Die Haftung ist damit unabhängig davon, ob die Steuerverkürzung durch eine ordnungsgemäße Identifizierung hätte vermieden werden können. Diese unklare Regelung zur Kausalität wurde bereits vom DStV kritisiert; dieser führte wie die Bundessteuerberaterkammer insbesondere aus, dass bewusst auf die Unterschrift des Steuerpflichtigen im Rahmen der elektronischen Steuererklärung verzichtet wurde, sodass hieraus entstehende Folgen nicht durch die Aufbürdung eines höheren Haftungsrisikos für Steuerberater ausgeglichen werden dürfen.[835]

Bei leichter Fahrlässigkeit entfällt die Haftung ebenso wie bei der Haftung nach § 72a Abs. 2 Nr. 1 AO.[836] Die Beweislast hierfür hat der steuerliche Berater.[837] Nach dem Wortlaut liegt eine Haftung nur dann vor, wenn die Verletzung der Identifizierungspflicht vorsätzlich oder grob fahrlässig erfolgt ist; hier ist also nur auf die Pflichtverletzung nach § 87d Abs. 2 AO abzustellen und nicht auf die Unrichtigkeit der übermittelten Daten. Daher wird es für Steuerberater schwer

833 *Specker*, in: Pfirrmann/Rosenke/Wagner, BeckOK AO, Rz. 156 zu § 72a AO.

834 *Specker*, in: Pfirrmann/Rosenke/Wagner, BeckOK AO, Rz. 165 zu § 72a AO.

835 Stellungnahme DStV vom 14.03.2016 S 03/16 zum Gesetzentwurf der Bundesregierung zur Modernisierung des Besteuerungsverfahrens; Stellungnahme der Bundessteuerberaterkammer zu Deutscher Bundestag, Drucksache 18/7457 vom 03.02.2016, S. 3; dies auch bereits kritisierend: *Peters*, FR 2015, 1026, 1026 f.

836 Siehe Kapitel 2 C IV 3 „Richtige und vollständige Übermittlung nach § 72a Abs. 2 S. 1 Nr. 1 AO".

837 *Krömker/Nöcker*, AO-StB 2017, 305, 307.

zu beweisen sein, dass der Verstoß gegen die Identifizierungspflicht nur leicht fahrlässig war.[838]

Dementsprechend führt die Identifizierungspflicht zwar in den meisten Fällen nicht zu einer Ausweitung der Pflichten für Steuerberater, da diese Pflicht bereits nach dem GWG besteht. Die weitergehenden Anforderungen der Finanzverwaltung gemäß AEAO, insbesondere zur zwingenden Identifizierung mittels Personalausweis oder Reisepass sowie zu den detaillierten Angaben bei Gesellschaftern, sind jedoch vom Gesetzeswortlaut nicht gedeckt und widersprechen auch der Gesetzesbegründung, in der schon ausgeführt wird, dass sich für Steuerberater wegen der bestehenden Verpflichtungen nach dem GWG kein Zusatzaufwand ergibt.[839] Sofern die Pflichten nach dem GWG erfüllt werden, muss dies damit auch für § 87d Abs. 2 AO ausreichen. Da es auch andere Datenübermittler als Steuerberater gibt, die nicht nach dem GWG zur Identifizierung verpflichtet sind, ist eine separate Regelung nach der AO erforderlich[840], die jedoch entsprechend auf vom GWG nicht betroffene Fälle eingeschränkt werden muss. Insbesondere infolge der Haftungsvorschrift ergeben sich deutlich schärfere Auswirkungen eines Verstoßes im Vergleich zum GWG. Die Kausalität in § 72a Abs. 2 Nr. 2 AO muss zwingend klar geregelt und auf die Fälle einer Kausalität zwischen der nicht erfolgten Identifizierung und der Steuerverkürzung beschränkt werden. Der derzeitige Wortlaut der Haftungsnorm ist deutlich zu weitgehend, auch unter Berücksichtigung dessen, dass bei einem Verstoß bereits Bußgelder nach dem GWG für Steuerberater verhängt werden können.[841]

V. Straf- und bußgeldrechtliche Zurechnung der Angaben im Sinne von § 370 Abs. 1 Nr. 1 AO

1. *Täterschaft bei der Steuererklärung auf amtlichen Vordrucken*

Weiter ist im Rahmen der steuerlichen Beratung im Zusammenhang mit der elektronischen Steuererklärung zu klären, wie sich das fehlende Unterschriftserfordernis der elektronischen Steuererklärung auf die Täterschaft des

838 Fahrlässigkeit bezieht sich auf Verstoß gegen die Identifizierungspflicht; siehe hierzu: *Specker*, in: Pfirrmann/Rosenke/Wagner, BeckOK AO, Rz. 170 zu § 72a AO.

839 Deutscher Bundestag, Drucksache 18/7457 vom 03.02.2016, S. 55.

840 A.A.: *Rätke*, in: Klein, Kommentar AO, Rz. 5 zu § 87d AO.

841 Siehe hierzu auch Stellungnahme DStV vom 14.03.2016 S 03/16 zum Gesetzentwurf der Bundesregierung zur Modernisierung des Besteuerungsverfahrens; *Peters*, FR 2015, 1026, 1027; *Preißer/Wind*, S. 92 f.

Steuerberaters bei Abgabe der Steuererklärung auswirkt. Eine Täterschaft des Steuerberaters kann neben der Höhe des Strafmaßes insbesondere Auswirkungen für die leichtfertige Steuerverkürzung haben, da hierfür die bloße Teilnahme nicht ausreicht.[842]

Hierzu ist zunächst zu klären, wer Täter einer Steuerhinterziehung nach § 370 Abs. 1 Nr. 1 AO bei der herkömmlichen Papiersteuererklärung (mit Unterschriftserfordernis des Steuerpflichtigen) ist. Auch bei einer Papiersteuererklärung, die wegen des persönlichen Unterschriftserfordernisses eine höchstpersönliche Pflicht ist[843], ist die Steuerhinterziehung ein Jedermannsdelikt, sodass auch ein Steuerberater nach der herrschenden Meinung Täter einer Steuerhinterziehung sein kann.[844] Eine andere Ansicht hierzu vertreten Schmitz und Wulf, die ausführen, dass auch die Tatbestandsalternative des § 370 Abs. 1 Nr. 1 AO ein Sonderdelikt sei, welches nur bei einem Verstoß gegen steuerliche Erklärungs- oder Mitwirkungspflichten vorliegen könne.[845] Da den Steuerberater selbst keine Erklärungs- und Mitwirkungspflichten treffen, kann nach dieser Auffassung der Steuerberater selbst kein Täter einer Steuerhinterziehung nach § 370 Abs. 1 Nr. 1 AO sein. In Anlehnung hieran führen auch Spatscheck und Wimmer aus, dass in tatsächlicher Hinsicht der Fall, dass eine Person ohne rechtliche Verpflichtung steuerliche Angaben für andere machen und damit den Verkürzungserfolg herbeiführen kann, kaum vorkommen wird.[846]

Sofern man der herrschenden Auffassung und auch dem Wortlaut folgt, dass § 370 Abs. 1 Nr. 1 AO ein Jedermannsdelikt ist, kommt eine Täterschaft des Steuerberaters in Betracht.[847] Der Tatbestand des § 370 Abs. 1 Nr. 1 AO erfordert weiter das Machen von unrichtigen oder unvollständigen Angaben gegenüber den Behörden. Das Machen einer Angabe ist eine Handlung, „die auf die Psyche eines anderen in der Weise einwirkt, dass in diesem die Vorstellung von Tatsachen entstehen soll"[848] und erfordert damit begrifflich bereits ein Tätigwerden

842 Siehe Kapitel 1 C V 4 „Leichtfertige Steuerverkürzung".

843 Siehe zu etwaigen Änderungen durch die elektronische Steuererklärung nachfolgend Kapitel 2 C V 2 „Täterschaft bei elektronischer Übermittlung".

844 Siehe Kapitel 1 C V 2 „Steuerhinterziehung durch aktives Tun" mit weiteren Nachweisen.

845 *Schmitz/Wulf*, in: Joecks/Miebach, Münchener Kommentar StGB, Rz. 419 zu § 370 AO.

846 *Spatscheck/Wimmer*, AO-StB 2017, 121, 123.

847 Siehe Kapitel 1 C V 2 „Steuerhinterziehung durch aktives Tun" mit weiteren Nachweisen.

848 *Schmeer*, in: Gräfe/Wollweber/Schmeer, S. 739; so auch: *Joecks*, in: Joecks/Jäger/Randt, Kommentar Steuerstrafrecht, Rz. 171 zu § 370 AO; *Ransiek*, in: Kohlmann, Kommentar Steuerstrafrecht, Rz. 107 f. zu § 370 AO.

nach außen. Die Abgrenzung von Täterschaft und Teilnahme erfolgt danach, wer die Tatherrschaft hinsichtlich der unrichtigen oder unvollständigen Angaben hat, d.h., „wer bestimmt, für wen und mit welchem Inhalt die Erklärung in den Rechtsverkehr gelangt und wer die Erklärung der zuständigen Behörde körperlich zugänglich macht“[849]. Dies folgt aus der Tatherrschaftslehre des § 25 StGB, nach der derjenige Täter ist, der die Tatausführung beherrscht.[850] Dementsprechend ist der Täter derjenige, der den Willen hat, die Tat als eigene zu begehen, die Tatbestandsverwirklichung beherrscht und lenkt sowie das Ob und Wwie der Tat mitbestimmt.[851] Ob die Tat eigen- oder fremdnützig ist, ist unerheblich, sodass kein persönliches Interesse des Täters am Taterfolg vorliegen muss.[852] Auch wer die Tat ausführt, ist unerheblich, da die Tat auch durch jemand anderen begangen werden kann.[853] Nach Ransiek hat die Tatherrschaft hinsichtlich einer Steuerhinterziehung der, der „das „Ob“ und „Wie“ der Tatbestandsverwirklichung in der Weise beherrscht oder mitbeherrscht, dass der tatbestandliche Erfolg als das Werk auch seines zielstrebig lenkenden, die Tat mitgestaltenden Willens erscheint“[854]. Entscheidend ist also, wer die Angaben gegenüber der Behörde macht, was bei rein internen Tätigkeiten (z.B. Beratung, Buchführung, interne Aktenvermerke) nicht der Fall sein kann.[855] Weiter ist ausschlaggebend, wer die Entscheidung über den Inhalt der Erklärung trifft.[856] Daher liegen bei einer reinen Botentätigkeit, bei der der Steuerberater die Steuererklärung nur auftragsgemäß weiterleitet, keine eigenen Angaben vor.[857] Bei

849 *Krumm*, in: Tipke/Kruse, Kommentar AO, Rz. 31 zu § 370 AO; so auch: *Heuel/Harink*, AO-StB 2020, 49, 58.

850 *Schünemann/Greco*, in: Cirener/Radtke/Rissing-van Saan/Rönnau/Schluckebier, Leipziger Kommentar StGB, Band 1, Rz. 7 zu § 25 StGB; siehe auch: *Schild*, in: Kindhäuser/Neumann/Paeffgen, Kommentar Strafgesetzbuch, Rz. 23 ff. zu § 25 StGB mit Nachweisen zu den verschiedenen Theorien.

851 *Schünemann/Greco*, in: Cirener/Radtke/Rissing-van Saan/Rönnau/Schluckebier, Leipziger Kommentar StGB, Band 1, Rz. 8 f. zu § 25 StGB; so auch: *Joecks*, Praxis des Steuerstrafrechts, S. 33; *Kudlich*, in: Heintschel-Heinegg, BeckOK StGB, Rz. 13 f. zu § 25 StGB; *Joecks/Scheinfeld*, in: Joecks/Miebach, Münchener Kommentar StGB, Rz. 10 zu § 25 StGB.

852 *Ransiek*, in: Kohlmann, Kommentar Steuerstrafrecht, Rz. 96 ff. zu § 370 AO.

853 *Ransiek*, in: Kohlmann, Kommentar Steuerstrafrecht, Rz. 97 zu § 370 AO.

854 *Ransiek*, in: Kohlmann, Kommentar Steuerstrafrecht, Rz. 98 zu § 370 AO.

855 *Schmeer*, in: Gräfe/Wollweber/Schmeer, S. 740.

856 *Beyer*, NWB 2016, 1304, 1309; *Ransiek*, in: Kohlmann, Kommentar Steuerstrafrecht, Rz. 107.2 zu § 370 AO.

857 *Heuel/Harink*, AO-StB 2020, 49, 58; *Ransiek*, in: Kohlmann, Kommentar Steuerstrafrecht, Rz. 107.2 zu § 370 AO; *Schmeer*, in: Gräfe/Wollweber/Schmeer, S. 740.

einer Papiersteuererklärung wird hieraus zum Teil geschlussfolgert, dass im Falle einer Unterschrift auf der Steuererklärung derjenige der Täter ist, der die Steuererklärung unterschreibt, da dieser sich die Steuererklärung mit der Unterschrift zu eigen macht.[858] Durch die eigenhändige Unterschrift übernimmt der Steuerpflichtige die Verantwortung für die Vollständigkeit und Richtigkeit der Erklärung.[859] Dies gilt auch strafrechtlich, da durch die eigenhändige Unterschrift das Hin- und Herschieben der Verantwortlichkeiten verhindert werden soll.[860] Nichtsdestotrotz hat die eigenhändige Unterschrift selbst keine strafrechtliche Bedeutung, da die Unterschrift auf einer falschen Steuererklärung selbst nicht strafbar ist, sondern nur der Tatbestand der Steuerhinterziehung, wenn dieser erfüllt ist.[861] Auch ist die Unterschrift nicht zwingend notwendig für die Erklärungsherrschaft. Es genügt, dass tatsächlich eine Erklärungsherrschaft besteht, diese muss nicht nach außen erkennbar sein.[862] Entscheidend ist, ob es sich um eine eigene Wissenserklärung gegenüber den Finanzbehörden handelt.[863] Ebenso führt die Unterschrift nicht zwingend in jedem Fall zu einer Erklärungsherrschaft des Steuerpflichtigen. So kann beispielsweise im Falle von Blankounterschriften eine Erklärungsherrschaft des Steuerberaters in Betracht kommen. Sofern Blankounterschriften unvermeidbar sind, sollte zumindest eine Freigabe der Daten seitens des Steuerpflichtigen erfolgen.[864]

Teilweise wird in der Literatur aus diesen Grundsätzen geschlussfolgert, dass eine Täterschaft des Steuerberaters bei einer Papiersteuererklärung dann

---

858 BFH, Urteil vom 29.10.2013, VIII R 27/10, BStBl. II 2014, 295, Rz. 19; *Gotzens*, in: Wannemacher, Steuerstrafrecht, Rz. 2646; *Gotzens/Heinsius*, Stbg 2000/5, 209, 216; *Hellmann*, in: GS Joecks 2018, S. 491; *Heuel/Harink*, AO-StB 2020, 49, 58; *Ibold*, in: Pfirrmann/Rosenke/Wagner, BeckOK AO, Rz. 543 zu § 370 AO; *Krekeler*, Praxis Steuerstrafrecht 6/2002, 129, 133; *Krumm*, in: Tipke/Kruse, Kommentar AO, Rz. 31 zu § 370 AO; *Ransiek*, in: Kohlmann, Kommentar Steuerstrafrecht, Rz. 108.2 und 107.4 zu § 370; *Weckerle*, in: Mellinghoff, DStJG 38 (2015), 171, 173.

859 BFH, Urteil vom 14.01.1998, X R 84/95, BStBl. II 1999, 203, Rz. 17; *Beyer*, NWB 2016, 1304, 1308; *Seer*, Besteuerungsverfahren: Rechtsvergleich Deutschland – USA, S. 53.

860 BFH, Urteil vom 13.12.2001, III R 24/99, BStBl. II 2002, 159, Rz. 14 (zu Unterschrift auf dem Antrag auf Investitionszulage).

861 Siehe Kapitel 2 A IV „Unterschriftserfordernisse".

862 *Ransiek*, in: Kohlmann, Kommentar Steuerstrafrecht, Rz. 107.5 zu § 370 AO: stellt ab auf den Urheber der Erklärung; so auch: BGH, Urteil vom 14.01.2015, 1 StR 93/14, Juris, Rz. 84 (selbst wenn gesetzlich eine eigenhändige Unterschrift vorgeschrieben ist, diese aber fehlt).

863 *Rolletschke*, wistra 2/2004, 49, 51.

864 *Gräfe*, in: Gräfe/Wollweber/Schmeer, S. 198.

in Betracht kommt, wenn er diese entgegen dem gesetzlichen Erfordernis der Unterschrift des Steuerpflichtigen selbst unterschreibt[865] oder in den gesetzlichen Fällen der Stellvertretung, bei denen keine eigenhändige Unterschrift des Steuerpflichtigen erforderlich ist (z.B. bei Umsatzsteuervoranmeldungen oder Lohnsteueranmeldungen).[866] Ebenso macht der Steuerberater Angaben, wenn er durch eigene Begleitschreiben den Erklärungswert des Steuerpflichtigen erhöht.[867] Selbst wenn der Steuerberater die Erklärung selbst unterschreibt, führt dies jedoch nicht zwingend zur Erklärungsherrschaft. Die Tatbestandsvoraussetzung „Angabenmachen" im Sinne des § 370 AO erfordert kein eigenhändiges Handeln[868], sodass hierfür eine Unterschrift weder ausschlaggebend noch erforderlich ist. Ausschlaggebend ist, wer den Inhalt der Erklärung bestimmt.[869] So führt auch Beyer aus, dass die Täterschaft bei einer Papiersteuererklärung nicht an der Unterschrift konkretisiert werden könne, sondern ausschließlich die Erklärungsherrschaft ausschlaggebend sei. Die Unterschrift auf der Erklärung sei hierfür jedoch ein Indiz.[870]

Auch wenn keine eigenen Angaben gemacht werden, kommt nach der BGH-Rechtsprechung eine Mittäterschaft durch Vorbereitungshandlungen in Betracht, insbesondere wenn Konzepte zur Steuerhinterziehung ausgearbeitet, Verträge rückdatiert oder unrichtige Übersichten erstellt werden. Voraussetzung hierfür ist ein gemeinsamer Tatplan.[871] Diesbezüglich ergeben sich jedoch im Rahmen der elektronischen Steuererklärung keine Besonderheiten, sodass im Folgenden insbesondere die Tatherrschaft und damit das Tatbestandsmerkmal des „Angabenmachens" untersucht wird.

---

865 *Bornheim*, AO-StB 2001, 28, 29; *Gotzens*, in: Wannemacher, Steuerstrafrecht, Rz. 2646; *Schmeer*, in: Gräfe/Wollweber/Schmeer, S. 741; *Schwedhelm*, DStR 2006, 1017, 1019.

866 *Beyer*, NWB 2016, 1304, 1310; *Heuel/Harink*, AO-StB 2020, 49, 58; *Ransiek*, in: Kohlmann, Kommentar Steuerstrafrecht, Rz. 108 zu § 370 AO.

867 *Schmeer*, in: Gräfe/Wollweber/Schmeer, S. 741.

868 *Krumm*, in: Tipke/Kruse, Kommentar AO, Rz. 32 zu § 370 AO.

869 *Rolletschke*, wistra 2/2004, 49, 51; *Spatscheck/Wimmer*, AO-StB 2017, 121, 124.

870 *Beyer*, NWB 2016, 1304, 1309.

871 BGH, Urteil vom 18.06.1991, 5 StR 32/91, Juris, Orientierungssatz 1 und Rz. 8; so auch: *Jäger*, in: Klein, Kommentar AO, Rz. 32 zu § 370 AO; kritisch hierzu: *Krumm*, in: Tipke/Kruse, Kommentar AO, Rz. 33 zu § 370 AO; *Ransiek*, in: Kohlmann, Kommentar Steuerstrafrecht, Rz. 108.2 und 114 zu § 370 AO (mangels Herrschaft über die Herbeiführung eines Taterfolgs).

2. *Täterschaft bei elektronischer Übermittlung*

Bei der authentifizierten elektronischen Steuererklärung ist keine eigenhändige Unterschrift des Steuerpflichtigen erforderlich.[872] Der Steuerpflichtige muss an dem Übermittlungsverfahren nicht beteiligt sein.[873] Wie im vorherigen Kapitel dargestellt, führt die fehlende Unterschrift allein nicht dazu, dass die Tatherrschaft nicht beim Steuerpflichtigen liegt. Abzustellen ist darauf, wer die Entscheidung über den Inhalt der Erklärung getroffen hat.

Bei der authentifizierten Steuererklärung wird die eigentlich gesetzlich erforderliche eigenhändige Unterschrift auf der Steuererklärung durch die elektronische Übermittlung in einem sicheren Verfahren mit Authentifizierung des Datenübermittlers ersetzt.[874] Anfangs wurde hierzu die Befürchtung geäußert, dass verfahrensrechtlich nun der Datenübermittler die Steuererklärung durch die Authentifizierung unterschreibt, da keine andere Unterschrift mehr vorgesehen ist. Hieraus würde dann unter Umständen eine Tatherrschaft des Datenübermittlers resultieren.[875] Jedoch führt die Authentifizierung des Datenübermittlers nicht dazu, dass dieser die Verantwortung für die Vollständigkeit und Richtigkeit der Erklärung übernimmt; auch die indizielle Wirkung einer Unterschrift auf einer Papiersteuererklärung erfolgt durch die Authentifizierung nicht. Es liegt gerade kein „Ersetzen" der Unterschrift des Steuerpflichtigen vor. Das ELSTER-Zertifikat identifiziert lediglich den technischen Übermittler der Steuererklärung und stellt damit kein Indiz für die Erklärungsherrschaft dar. Zudem wird argumentiert, dass es sich nicht um eine elektronische Signatur handelt, da bereits die Anforderungen des § 126a BGB nicht erfüllt sind. Damit kann hierdurch nicht die Verantwortung für die Vollständigkeit und Richtigkeit übernommen werden.[876] Da im vorherigen Kapitel dargestellt wurde, dass die Unterschrift ohnehin nicht zu einer Erklärungsherrschaft führt, ist es jedoch unerheblich, ob die Anforderungen des § 126a BGB erfüllt sind. Auch wenn diese erfüllt sind, führt die Authentifizierung nicht zur Erklärungsherrschaft. Auch ein Indiz für eine Erklärungsherrschaft ist hiermit in keinem Fall verbunden, da die Authentifizierung nur den Übermittler identifiziert, jedoch nicht den Zweck einer Bestätigung der Vollständigkeit und Richtigkeit wie die Unterschrift auf der Papiererklärung hat. Beyer vergleicht die Authentifizierung mit

---

872 Siehe Kapitel 2 A IV „Unterschriftserfordernisse".

873 *Schelling*, PStR 5/2008, 114, 115.

874 Siehe Kapitel 2 A IV „Unterschriftserfordernisse".

875 *DWS-Institut*, DStR 2006, 1588, 1591.

876 *Schmeer*, in: Gräfe/Wollweber/Schmeer, S. 741.

dem Mitwirkungsvermerk auf der Steuererklärung, welcher keine Angabe im Sinne der §§ 370 und 378 AO darstellt und keine eigenständige Erklärung zur Richtigkeit der Steuererklärung beinhaltet.[877] Ebenso ist die Übermittlung der Steuererklärung kein Indiz für die Erklärungsherrschaft.[878] Weckerle bezeichnet den Steuerberater in diesem Zusammenhang als reinen „Dienstleister bei der elektronischen Übermittlung“[879]. Dies zeigt sich auch daran, dass, da der Steuerberater nur als Datenübermittler auftritt, die zusätzlichen Erfordernisse des § 87d AO eingeführt wurden, sodass der Auftraggeber identifiziert wird und Kenntnis von den elektronisch übermittelten Daten erhält.[880] Zu beachten ist jedoch, dass der Steuerberater nun als Bevollmächtigter des Mandanten bei Erstellung der Steuererklärung auftritt und nicht mehr als reiner Erfüllungsgehilfe bei einer höchstpersönlichen Handlung.[881] Teilweise wird ausgeführt, dass der Steuerberater bei der Erstellung der Steuererklärung eine reine Vorbereitungshandlung vornimmt, bei der keine eigenen Angaben gemacht werden.[882] Diese Argumentation greift nicht mehr, da die Höchstpersönlichkeit der Steuererklärung nicht mehr existiert. Auch der Steuerberater kann eine Steuererklärung nach bestem Wissen und Gewissen im Sinne des § 150 Abs. 2 AO erstellen, sofern er vom Steuerpflichtigen die erforderlichen Angaben zu den steuererheblichen Tatsachen abfragt und erhält. Es ist jetzt für den Steuerberater möglich, auch im Rahmen einer Steuererklärung eigene Angaben zu machen, da die Höchstpersönlichkeit der Erklärung durch Wegfall des Unterschriftserfordernisses weggefallen ist.

Es kommt für die Erklärungsherrschaft also nach wie vor darauf an, wer Urheber der Erklärung ist und die Entscheidung zur Einführung in den Rechtsverkehr trifft. Ein Auftreten nach außen und entsprechende Kenntlichmachung der Urheberschaft durch eine Unterschrift sind hierfür nicht erforderlich, da diese

---

877 *Beyer*, NWB 2016, 1304, 1308 und 1311; so auch: *Heuel*, in: Kohlmann, Kommentar Steuerstrafrecht, Rz. 38 zu § 378 AO; *Heuel/Harink*, AO-StB 2020, 49, 58; *Joecks*, Praxis des Steuerstrafrechts, S. 46; *Krekeler*, Praxis Steuerstrafrecht 6/2002, 129, 133; *Wenzel*, NWB 2012, 905, 908.

878 *Rolletschke*, wistra 2/2004, 49, 51.

879 *Weckerle*, in: Mellinghoff, DStJG 38 (2015), 171, 174.

880 *Hellmann*, in: GS Joecks 2018, S. 491 f.

881 Siehe zum Erfüllungsgehilfen Kapitel 2 A IV „Unterschriftserfordernisse“.

882 *Heuel*, in: Kohlmann, Kommentar Steuerstrafrecht, Rz. 19 zu § 378 AO; so auch: *Krekeler*, Praxis Steuerstrafrecht 6/2002, 129, 119 und 133 (aus der Unterschriftspflicht schlussfolgernd).

Aspekte nur das Außenverhältnis betreffen.[883] Ebenso sind Formulierungen wie „namens und im Auftrag des Mandanten“ oder „in Vertretung“ unbeachtlich, da diese nur das Außenverhältnis betreffen und keine Aussage über die tatsächliche Erklärungsherrschaft beinhalten. Bei möglichen Fällen der Stellvertretung, also beispielsweise bei Umsatzsteuervoranmeldungen, bei denen keine eigenhändige Unterschrift des Steuerpflichtigen erforderlich ist, kommt insbesondere eine Tatherrschaft des Steuerberaters in Betracht.[884] Allein, dass der Steuerberater nur als Bevollmächtigter (§ 164 BGB) auftritt und die von ihm abgegebenen Willenserklärungen dem Mandanten zuzurechnen sind, hat strafrechtlich keine Bedeutung, da sich hieraus nicht ergibt, wer tatsächlich den Inhalt der Erklärung bestimmt. Bei der Mitwirkung eines Steuerberaters ist auf das Innenverhältnis abzustellen, d.h., ob der Steuerberater auf Anweisung des Mandanten handelt oder ob er ohne Freigabe durch den Mandanten handelt.[885] Sofern der Mandant den Inhalt der Erklärung bestimmt, tritt der Steuerberater durch die elektronische Übermittlung nur als Bote auf.[886] Dementsprechend hat der Steuerberater allein durch die elektronische Übermittlung einer authentifizierten Steuererklärung keine Erklärungsherrschaft.[887] Sofern aber der Steuerberater ohne Wissen des Mandanten eine Steuererklärung oder Steueranmeldung abgibt, die den Anschein erweckt, vom Steuerpflichtigen zu stammen, und hierdurch Steuern verkürzt werden, kommt der Steuerberater als unmittelbarer Täter in Betracht.[888]

Problematisch ist, dass es nun in vielen Fällen an der gesetzlich erforderlichen Unterschrift als Indiz für die Erklärungsherrschaft fehlt. Es ist damit, sofern keine Unterschrift des Mandanten eingeholt wird[889], schwieriger zu bestimmen, wer den Inhalt der Erklärung bestimmt, insbesondere wenn die Daten nicht vom Steuerpflichtigen, sondern vom Steuerberater übermittelt werden.[890] Technisch

---

883 *Ransiek*, in: Kohlmann, Kommentar Steuerstrafrecht, Rz. 107.4 und 107.5 zu § 370 AO; so auch: *Krumm*, in: Tipke/Kruse, Kommentar AO, Rz. 32 zu § 370 AO.

884 *Ransiek*, in: Kohlmann, Kommentar Steuerstrafrecht, Rz. 108 zu § 370 AO.

885 *Krumm*, in: Tipke/Kruse, Kommentar AO, Rz. 32 zu § 370 AO.

886 *Krumm*, in: Tipke/Kruse, Kommentar AO, Rz. 32 zu § 370 AO.

887 *Schmeer*, in: Gräfe/Wollweber/Schmeer, S. 741.

888 *Herrmann*, in: GS Joecks 2018, S. 495.

889 Siehe zur Auswirkung einer Unterschrift auf „Freizeichnungsdokumenten“ seitens des Steuerpflichtigen nachfolgend Kapitel 2 C V 3 „Auswirkungen einer Bestätigung des Mandanten zur Vollständigkeit und Richtigkeit“.

890 *Beyer*, NWB 2016, 1304, 1308; *Joecks*, in: Joecks/Jäger/Randt, Kommentar Steuerstrafrecht, Steuerstrafrecht, Rz. 172 zu § 370 AO; *Ortwald*, Steuererklärungspflicht und Verfahrensleistungsfähigkeit, S. 167; *Rätke*, in: Klein, Kommentar AO, Rz. 14 zu § 150 AO; *Seer*, in: FS Kirchhof, 1765, 1776; *Seer*, in: Widmann, DStJG 31 (2008), 7, 21.

ist eine Zurechnung der Daten zu einem bestimmten Computer und einem registrierten Benutzerkonto möglich[891], was jedoch nur zum Übermittler der Daten und damit nicht zwingend zum Urheber der Daten führt. Es ist daher im Einzelfall zu prüfen, wer die Erklärungsherrschaft hat.[892] Diese Schwierigkeit in der Beweisführung in der Praxis darf jedoch nicht dazu führen, dass Steuerberater als Übermittler automatisch straf- und/oder bußgeldrechtlich für den Inhalt der Erklärung verantwortlich gemacht werden.[893]

In der Praxis ist im Rahmen der steuerlichen Beratung zu prüfen, welche Angaben der Steuerberater überhaupt machen kann, also bezüglich welcher Angaben in der Steuererklärung er die Erklärungsherrschaft haben kann. Dies ist einzelfallabhängig. Sofern in der Steuererklärung nur Tatsachen abgefragt werden, sind diese vom Steuerberater beim Mandanten abzufragen und in die Steuererklärung einzutragen. Da der Steuerberater keine vollumfängliche Kenntnis von der Einnahmen- und Ausgabensituation des Mandanten hat, kann der Steuerberater hinsichtlich der zugrunde liegenden Tatsachen den Inhalt der Erklärung überhaupt nicht bestimmen und damit auch keine Tatherrschaft haben (von Fällen abgesehen, in denen der Steuerberater bewusst von Tatsachenangaben des Mandanten in der Steuererklärung abweicht). Eine Erklärungsherrschaft des Steuerberaters ist nur dann möglich, wenn von ihm aus den zugrunde liegenden Tatsachen (zumeist rechtliche) Schlussfolgerungen gezogen werden und er basierend hierauf Eintragungen in der Steuererklärung vornimmt, bei denen die zugrunde liegenden Tatsachen nicht mehr erkennbar sind. Als Beispiel sei eine ausgiebige Verkaufstätigkeit des Steuerpflichtigen über Ebay genannt, bei der der Steuerberater annimmt, dass es sich nicht um eine gewerbliche Tätigkeit handelt und er daher keine Eintragung in die Steuererklärung und auch keine Offenlegung gegenüber der Finanzverwaltung vornimmt, dies jedoch der Rechtsprechung und auch den Verwaltungs- und Literaturauffassungen widerspricht. Als weiteres Beispiel sei das komplette Übersehen von rechtlichen Auswirkungen durch den Steuerberater genannt, z.B. § 14c UStG bei fälschlichem Umsatzsteuerausweis auf Rechnungen oder das Übersehen von umsatzsteuerbaren Vorgängen trotz Mitteilung durch den Mandanten. In diesen

---

891 *Beyer*, NWB 2016, 1304, 1307; kritisch hierzu: *Ibold*, in: Pfirrmann/Rosenke/Wagner, BeckOK AO, Rz. 115.1 zu § 370 AO – soll hier undiskutiert bleiben, da sich aus dem Übermittler ohnehin nicht auf den Urheber schließen lässt; *Musil/Burchard/Hechtner*, DStR 2007, 2290, 2297 (da die IP-Adresse nicht dauerhaft gespeichert wird).

892 *Beyer*, DB 2017/38, 2196, 2196.

893 *Beyer*, NWB 2016, 1304, 1315.

Fällen bestimmt faktisch nicht der Mandant den Inhalt der Erklärung, sondern der Steuerberater durch seine fehlende oder fehlerhafte rechtliche Prüfung. Die Tatherrschaft kann daher nur in der Weise bestimmt werden, dass geprüft wird, welche Unterlagen und Informationen dem Steuerberater zur Verfügung standen, und aus welcher Sphäre der Fehler, der eine Steuerverkürzung zur Folge hat, resultiert. Hierfür hat weder eine Unterschrift auf der Steuererklärung noch die Datenübermittlung an die Finanzverwaltung eine Bedeutung.

Das Problem der Beweisführung hinsichtlich der Tatherrschaft wurde von der Finanzverwaltung früh erkannt. So regelte § 6 StDÜV in den Jahren bis 2006, dass der Steuerpflichtige eine eigenhändig unterschriebene Erklärung abgibt, in der er versichert, dass die Unterlagen und Angaben nach bestem Wissen und Gewissen vollständig und richtig übermittelt bzw. zur Verfügung gestellt werden.[894] Dieser Passus wurde mit Wirkung ab 2007 entfernt. Die Finanzverwaltung löste das Problem der Beweisführung im Hinblick auf den Urheber der Erklärung in Zeiten der Geltung der Steuerdatenübermittlungsverordnung ab 2007 nach den Prinzipien des Anscheinsbeweises. Der Anscheinsbeweis leitet sich aus § 96 Abs. 1 S. 1 FGO ab. Die AO enthält keine explizite Vorschrift zur Beweiswürdigung, jedoch gilt für das behördliche Verfahren entsprechend, dass die Entscheidung nach der freien, aus dem Gesamtergebnis des Verfahrens gewonnen Überzeugung erfolgt.[895] Der Anscheinsbeweis wendet allgemeine Erfahrungssätze auf einen bestimmten Geschehensablauf an, wenn nach der Lebenserfahrung auf eine bestimmte Ursache oder einen bestimmten Geschehensablauf geschlossen werden kann.[896] Der Anscheinsbeweis ist keine besondere Erscheinungsform der objektiven Beweislast, da Beweislastregeln erst dann greifen, wenn Tatsachen auch mit Hilfe des Anscheinsbeweises nicht ausreichend ermittelt werden können. Des Weiteren ist hiermit keine Umkehr der Beweislast oder eine Verringerung des Beweismaßes verbunden.[897] Es handelt sich um eine

---

894 § 6 StDÜV in der Fassung vom 05.02.2003 bis 31.12.2006; *Gebhardt*, AO-StB 2008, 11, 13.

895 *Seer*, in: Tipke/Kruse, Kommentar AO, Rz. 35 zu § 88 AO.

896 *Greger*, in: Zöller, Kommentar ZPO, Rz. 29 vor § 284 ZPO; *Rätke*, in: Klein, Kommentar AO, Rz. 48 zu § 88 AO; *Seer*, in: Tipke/Kruse, Kommentar AO, Rz. 37 zu § 96 FGO; *Seer*, in: Tipke/Lang, 22.194; *Weber*, Die Mitwirkungspflichten, S. 21.

897 *Loschelder*, AO-StB 2003, 25, 27; *Rätke*, in: Klein, Kommentar AO, Rz. 48 zu § 88 AO; *Seer*, in: Tipke/Kruse, Kommentar AO, Rz. 39 f. zu § 96 FGO; hingegen spricht Wünsch von einer Verringerung des Beweismaßes in *Wünsch*, in: Koenig, Kommentar AO, Vorkomm. 3. Auflage, Rz. 39 zu § 88 AO; auch Weber spricht von einer typischen Beweisnotsituation: *Weber*, Die Mitwirkungspflichten, S. 23.

Besonderheit im Rahmen der Beweiswürdigung.[898] Der Anscheinsbeweis kann dadurch entkräftet werden, dass der Steuerpflichtige darlegt, dass es auch anders gewesen sein könnte; hierbei reicht der Beweis einer ernsthaften Möglichkeit eines atypischen Geschehens aus.[899]

Nach diesen Grundsätzen des Anscheinsbeweises wurde davon ausgegangen, dass eine von einer Person im Sinne der §§ 3, 4 StBerG übermittelte Steuererklärung tatsächlich vom Steuerpflichtigen genehmigt worden ist, sodass die Daten ihm zuzurechnen sind.[900] Jedoch mangelt es an einer diesbezüglichen gesetzlichen Regelung in der Abgabenordnung. Zwar verweist § 87a Abs. 5 S. 2 AO hinsichtlich der Beweiskraft elektronischer Dokumente auf § 371a ZPO und zieht damit den Anscheinsbeweis für die Echtheit eines Dokuments mit einer elektronischen Signatur heran.[901] Dieser kann nur erschüttert werden, wenn es überwiegend wahrscheinlich ist, dass die enthaltene Erklärung nicht mit dem Willen des Inhabers des Signaturschlüssels abgegeben wurde.[902] Jedoch enthält die authentifizierte elektronische Steuererklärung keine qualifizierte elektronische Signatur.[903] Für Dokumente ohne qualifizierte elektronische Signatur gilt die Beweisregel nach § 87a Abs. 5 S. 2 AO nicht. Hier unterliegt die Ermittlung des Urhebers der Erklärung der freien Beweiswürdigung.[904] Hierfür spricht auch die Entwicklung im Rahmen des Gesetzgebungsverfahrens. Anfangs war in § 87a Abs. 6 AO in der Entwurfsfassung folgender Satz vorgesehen: „Soweit ein anderes sicheres Verfahren zugelassen worden ist, gilt Absatz 5 Satz 2 sinngemäß."[905] Hierdurch sollte der Anscheinsbeweis des § 87a Abs. 5 S. 1 AO auf

---

898 *Greger*, in: Zöller, Kommentar ZPO, Rz. 29a vor § 284 ZPO.

899 *Greger*, in: Zöller, Kommentar ZPO, Rz. 29 vor § 284 ZPO; *Rätke*, in: Klein, Kommentar AO, Rz. 48 zu § 88 AO.

900 BMF-Schreiben vom 15.01.2007, BStBl. I S. 95, Ziffer 6; so auch: *Frizen*, S. 91 f.; dies ebenfalls basierend auf der StDÜV bejahend: *Günther*, AO-StB 2008, 78, 89; *Schelling*, PStR 5/2008, 114, 115; *Seer*, in: Tipke/Kruse, Kommentar AO, Rz. 28 zu § 150 AO; *Seer*, in: Widmann, DStJG 31 (2008), 7, 22; auch aktuell bejahend: *Durst*, kösdi 4/2019, 21201, 21206; *Heuel/Harink*, AO-StB 2020, 49, 58.

901 *Brandis*, in: Tipke/Kruse, Kommentar AO, Rz. 15 zu § 87a AO; *Kobor*, in: Pfirrmann/Rosenke/Wagner, BeckOK AO, Rz. 26 zu § 87a AO; *Musil/Burchard/Hechtner*, DStR 2007, 2290, 2297.

902 *Kobor*, in: Pfirrmann/Rosenke/Wagner, BeckOK AO, Rz. 26 zu § 87a AO; *Rätke*, in: Klein, Kommentar AO, Rz. 41 zu § 87a AO.

903 Siehe Kapitel 2 A III und IV „Verfahren" und „Unterschriftserfordernisse".

904 *Brandis*, in: Tipke/Kruse, Kommentar AO, Rz. 15 zu § 87a AO; *Kobor*, in: Pfirrmann/Rosenke/Wagner, BeckOK AO, Rz. 26.1 zu § 87a AO.

905 Bundesrat. Drucksache 622/06 vom 01.09.2006, S. 42; so auch: Deutscher Bundestag, Drucksache 16/2712 vom 25.09.2006, S. 28.

die Echtheit eines in einem sicheren Verfahren übermittelten elektronischen Dokumentes ausgeweitet werden.[906] Nach Vorschlag des Bundesbeauftragen für den Datenschutz und die Informationsfreiheit wurde dieser Satz nicht in die endgültige Fassung aufgenommen und damit auf die Beweislastumkehr verzichtet.[907] Dementsprechend sollte bewusst keine Beweislastumkehr in Fällen greifen, in denen keine qualifizierte elektronische Signatur verwendet wird. Des Weiteren kann der Anscheinsbeweis nur Anwendung finden, wenn allein aufgrund der Anwendung des Erfahrungsgrundsatzes eine volle Überzeugung zu den entscheidungserheblichen Tatsachen möglich ist. Es muss sich damit um einen besonders qualifizierten Erfahrungssatz handeln. Atypische Sachverhaltsalternativen müssen nicht absolut undenkbar sein, aber unwahrscheinlich. Es genügt nicht, dass eine Alternative wahrscheinlicher ist als die andere.[908] Ein solch typischer Geschehensablauf kann nach Ansicht von Söhn nur vorliegen, wenn das Geschehen vom menschlichen Willen unabhängig ist und mechanisch abrollt. Es genügt nicht, dass eine Verhaltensweise die Regel ist und eine andere die Ausnahme.[909] Hinzu kommt, dass in der Literatur ausgeführt wird, dass es im Bereich individueller Willensentscheidungen ohnehin keine typischen Abläufe gibt.[910]

Der Anscheinsbeweis kann nach diesen Grundsätzen bei der elektronisch übermittelten Steuererklärung nicht unbedingt für eine Tatherrschaft des Steuerpflichtigen sprechen. Zwar ist der Steuerpflichtige nach § 150 Abs. 2 AO noch immer verpflichtet, die Angaben nach bestem Wissen und Gewissen zu machen, jedoch wurde auf das Unterschriftserfordernis, das die Erklärung zu einer eigenhändigen Erklärung macht oder zumindest zu einer Authentifizierung durch den Steuerpflichtigen führt[911], explizit im Rahmen der elektronischen Steuererklärung verzichtet. Auch der Steuerberater kann eigene Angaben gegenüber

906 Bundesrat. Drucksache 622/06 vom 01.09.2006, S. 137; so auch: Deutscher Bundestag, Drucksache 16/2712 vom 25.09.2006, S. 79.

907 Deutscher Bundestag, Drucksache 16/3368 vom 09.11.2006 (Bericht des Finanzausschusses), S. 24.

908 *Greger*, in: Zöller, Kommentar ZPO, Rz. 30b vor § 284 ZPO; *Seer*, in: Tipke/Kruse, Kommentar AO, Rz. 41 f. zu § 96 FGO; *Seer*, in: Tipke/Lang, 22.194.

909 *Söhn*, in: Hübschmann/Hepp/Spitaler, Kommentar AO, Vorkomm. 259. Ergänzungslieferung Stand 2020, Rz. 214 zu § 88 AO; dagegen *Drüen*, in: Hübschmann/Hepp/Spitaler, Kommentar AO, Rz. 206 zu § 88 AO, der eine Öffnung des Anscheinsbeweises für innere Tatsachen für möglich hält (aber zurückhaltende Anwendung).

910 *Greger*, in: Zöller, Kommentar ZPO, Rz. 30b vor § 284 ZPO.

911 Zum Meinungsstreit siehe Kapitel 2 A IV „Unterschriftserfordernisse“.

der Finanzverwaltung durch eigene Erklärungen machen. Insbesondere bei Voranmeldungen erstellt der Steuerberater die Voranmeldungen basierend auf den Angaben zum Sachverhalt des Mandanten, übernimmt jedoch die Subsumtion und bestimmt damit insoweit den Inhalt der Voranmeldungen. Auch wenn der Steuerberater weisungsgebunden gegenüber seinem Mandanten ist, bedeutet dies nicht, dass in jedem Fall sämtliche Handlungen vorab mit dem Mandanten abgestimmt und freigegeben werden. Es ist für die Tatherrschaft unerheblich, ob der Handelnde im Innenverhältnis zu dem Handeln berechtigt war oder nicht.[912] Dass der Steuerpflichtige die Tatherrschaft bei der elektronischen Steuererklärung hat, kann daher keinen besonders qualifizierten Erfahrungssatz darstellen, insbesondere da dies auch abhängig vom menschlichen Willen ist. Zudem wird ausgeführt, dass der Anscheinsbeweis allein im strafrechtlichen Verfahren keine Bedeutung hat, da hier die volle richterliche Überzeugung von der Tatherrschaft des Steuerpflichtigen erforderlich ist.[913]

Hingegen führt der Wissenschaftliche Arbeitskreis des DWS-Instituts aus, dass ein entsprechender Erfahrungssatz, dass der Steuerpflichtige im Regelfall Urheber einer von einem Steuerberater übermittelten Steuererklärung ist, im Rahmen der Beweiswürdigung zu berücksichtigen sei, und damit der Steuerpflichtige nach dem Beweis des ersten Anscheins Urheber der Erklärung ist. Dies gelte auch für straf- und bußgeldrechtliche Zwecke, jedoch dürfen hier nach dem Grundsatz „in dubio pro reo“ nur geringe Anforderungen an den Gegenbeweis des Steuerpflichtigen gestellt werden.[914] Ebenso führen auch Seer sowie Lewandowski und Ackermann aus, dass, wenn eine Vielzahl von Steuererklärungen über den Computer eines Steuerberaters oder das Rechensystem eines Software-Unternehmens übermittelt wird, nach dem Anscheinsbeweis von der Genehmigung seitens des Steuerpflichtigen auszugehen ist, sich der Steuerberater jedoch sicherheitshalber trotzdem die Vollständigkeit und Richtigkeit der Erklärung vom Mandanten bestätigen lassen sollte.[915] Es ist jedoch zu beachten, dass diese Literatur sich unter anderem auf die Regelung in der StDÜV und dem hierzu ergangenen BMF-Schreiben vom 15.01.2007[916] bezogen hatte. Dieses ist

---

912 *Ransiek*, in: Kohlmann, Kommentar Steuerstrafrecht, Rz. 93 zu § 370 AO.

913 *Heuel/Harink*, AO-StB 2020, 49, 58; siehe hierzu allgemein auch: *Krause*, DStR 1998, 553, 555 f.

914 *DWS-Institut*, DStR 2006, 1588; so auch: *Schelling*, PStR 5/2008, 114, 115.

915 *Lewandowski/Ackermann*, DStR 2014, 1646, 1653; *Seer*, DStR 2008, 1553, 1556.

916 BMF-Schreiben vom 15.01.2007, IV C 6 – O 2250 – 138/06, DStR 2007, 349, 350, Ziffer 6.

jedoch in der Positivliste des BMF vom 21.03.2016 nicht mehr enthalten und damit für Steuertatbestände, die ab dem 01.01.2016 verwirklicht werden, nicht mehr anzuwenden.[917] Ein Anscheinsbeweis, dass die vom Steuerberater übermittelte Steuererklärung dem Willen des Mandanten entspricht, besteht daher nach geltendem Recht nicht.[918] Dies führt jedoch umgekehrt auch nicht dazu, dass der Steuerberater als Urheber der Erklärung anzusehen ist. Die Ermittlung des Urhebers obliegt der freien Beweiswürdigung durch die Finanzverwaltung.

Gebhardt führte im Jahr 2008 aus, dass bei Verwendung des ELSTER II – Verfahrens keiner ohne weiteres darauf vertrauen könne, dass ihm im Falle einer unrichtigen Steuererklärung kein Vorwurf gemacht werde.[919] Aus den vorherigen Ausführungen ergibt sich, dass zumindest nicht automatisch der Übermittler als Urheber der Erklärung anzusehen ist, sodass in dieser Hinsicht kein Nachteil für Steuerberater im Vergleich mit der herkömmlichen Papiersteuererklärung resultiert. Jedoch bestehen im Rahmen der freien Beweiswürdigung erhöhte Schwierigkeiten, den Urheber der Erklärung zu ermitteln. Da nicht zwingend eine vom Steuerpflichtigen unterzeichnete Steuererklärung vorliegt, ist es nicht nur für die Finanzverwaltung, sondern auch für den Steuerberater schwieriger zu beweisen, dass die Tatherrschaft beim Steuerpflichtigen liegt. Um diesbezügliche Risiken abzuwenden, sollte stets eine Bestätigung des Mandanten eingeholt werden.[920]

Insbesondere bei Voranmeldungen ist die Tatherrschaft in der Praxis schwierig zu bestimmen, da hier im Regelfall keine Bestätigung des Mandanten eingeholt wird. Gemäß der Rechtsprechung ist entscheidend, wer die Daten für die Voranmeldung zusammenstellt und wer die Tatherrschaft über die Umsatzsteuervoranmeldungen hat.[921] Teilweise lassen sich Berater bevollmächtigen,

---

917 BMF-Schreiben vom 21.03.2016, BStBl. I 2016, 486; Fußnote 1 zu BMF-Schreiben vom 16.11.2011, BStBl. I 2011, 1063.

918 Den Anscheinsbeweis auch in Frage stellend: *Beyer*, NWB 2016, 1304, 1308; *Heuel*, in: Kohlmann, Kommentar Steuerstrafrecht, Rz. 38 zu § 378 AO; *Heuermann*, in: Hübschmann/Hepp/Spitaler, Kommentar AO, Rz. 36 f. zu § 150 AO; *Musil/Burchard/Hechtner*, DStR 2007, 2290, 2297 f.; den Anscheinsbeweis für strafrechtliche Zwecke ablehnend: *Beyer*, NWB 2016, 1304, 1308 f.

919 *Gebhardt*, AO-StB 2008, 11, 13.

920 Siehe hierzu nachfolgend Kapitel 2 C V 3 „Auswirkungen einer Bestätigung des Mandanten zur Vollständigkeit und Richtigkeit".

921 BGH, Urteil vom 05.09.2017, 1 StR 198/17, Juris, Orientierungssatz 2 und Rz. 22; auch entschieden für eine Steuerberaterin, die unrichtige Auskünfte gegeben hat sowie die unrichtigen Umsatzsteuervoranmeldungen erstellt und unterschrieben hat: BGH, Urteil vom 30.06.2005, 5 StR 12/05, Juris, Rz. 6; eine täterschaftliche Begehung durch

eigenständig über die elektronische Abgabe von Voranmeldungen zu entscheiden. Dies stellt ein gewichtiges Indiz für die Erklärungsherrschaft dar.[922] Nach Heuel und Harink reicht es auch aus, wenn der Steuerberater die steuerrelevanten Daten für die Umsatzsteuervoranmeldungen zusammenstellt und diese an die Finanzverwaltung ohne vorherige Rücksprache mit dem Mandanten übermitteln darf, da er in diesem Fall den Inhalt der Steueranmeldung bestimmt.[923] Auch dies muss in der Weise konkretisiert werden, dass der Steuerberater nicht die Tatherrschaft über Angaben des Steuerpflichtigen zum Sachverhalt haben kann, jedoch hinsichtlich rechtlicher Schlussfolgerungen.

In der Rechtsprechung sind die Details der Frage nach der Täterschaft bei elektronischen Steuererklärungen noch nicht einheitlich entschieden. Das FG Berlin Brandenburg ging im Urteil vom 06.03.2018[924] für einen Steuerberater, der falsche und nicht unterschriebene Umsatzsteuervoranmeldungen übermittelte, „nur" von Beihilfe aus. Die Revision hierzu ist beim BFH anhängig[925], wobei hier insbesondere die Frage geklärt werden soll, ob auch eine Beihilfe vorliegt, wenn die Übermittlung durch Mitarbeiter des Steuerberaters ohne dessen Kenntnis erfolgt ist. Hingegen führt der BGH mit Urteil vom 10.10.2017 aus, dass bei Steuerberatern bei Erstellung der Umsatzsteuervoranmeldungen auch eine täterschaftlich begangene Steuerhinterziehung vorliegen kann, wobei der BGH nicht im Detail auf die Prüfung der Erklärungsherrschaft eingeht.[926] Weiter wurde vom BGH am 05.09.2017 entschieden, dass derjenige, der die Daten für die Umsatzsteuervoranmeldung zusammenstellt und die alleinige Tatherrschaft über die elektronische Einreichung der Umsatzsteuervoranmeldungen hat, Täter einer Steuerhinterziehung ist (hier jedoch kein Fall steuerlicher Beratung, sondern eines Dritten).[927] Hier wird also in Anlehnung an die Fachliteratur auf die Erklärungsherrschaft abgestellt, es wird aber nicht erläutert, wie diese bestimmt wird. Wörtlich zitiert führte der BGH aus: „Denn bereits die festgestellte elektronische Einreichung vom Angeklagten erstellter unrichtiger Umsatzsteuervoranmeldungen bei den Finanzbehörden würde eine Verurteilung wegen

den Steuerberater auch für möglich haltend bei Abgabe der Umsatzsteuervoranmeldungen: BGH, Urteil vom 10.10.2017, 1 StR 447/14, BGHSt 63, 29-39, Rz. 75.

922 *Beyer*, NWB 2016, 1304, 1310.

923 *Heuel/Harink*, AO-StB 2020, 49, 58.

924 FG Berlin-Brandenburg, Urteil vom 06.03.2018, Aktenzeichen 9 K 9306/12, Juris, Rz. 142.

925 BFH, Aktenzeichen VII R 29/18 (anhängiges Verfahren).

926 BGH, Urteil vom 10.10.2017, 1 StR 447/14, BGHSt 63, 29, Rz. 75.

927 BGH, Urteil vom 05.09.2017, 1 StR 198/17, Juris, Rz. 22.

täterschaftlich begangener Steuerhinterziehung tragen."[928] Die Bedeutung dieses Satzes ist fraglich, da allein die elektronische Übermittlung ohne Tatherrschaft gerade nicht ausreicht. Es ist allerdings auch zu beachten, dass damals noch eine Unterschrift erforderlich war und auch entsprechend durch den Übermittler erfolgt ist.[929]

Wenzel wendet die Bedenken der Beraterschaft im Hinblick auf eine mögliche Täterschaft bei elektronischer Übermittlung damit ab, dass im Regelfall der Steuerberater keine Kenntnis von der Hinterziehung habe und es damit am subjektiven Tatbestand fehle, sodass die Authentifizierung unerheblich für eine etwaige strafrechtliche Verantwortlichkeit des Steuerberaters sei.[930] Dieser sehr vereinfachten Auffassung kann jedoch insbesondere im Hinblick auf bußgeldrechtliche Auswirkungen für den Steuerberater nicht zugestimmt werden. Zwar ist es korrekt, dass die Steuerhinterziehung eines Steuerberaters in vielen Fällen am subjektiven Tatbestand scheitert, da auch der bedingte Vorsatz zumindest voraussetzt, dass die Steuerverkürzung für möglich gehalten wird, wobei ein Kennen-Müssen nicht ausreicht.[931] Dies wird zumindest im Falle einer gewissenhaften Arbeit von Steuerberatern in der Regel nicht vorliegen, da diese die Tatsachen vom Mandanten mitgeteilt bekommen und – bei gewissenhafter Berufsausübung – eine etwaige Steuerverkürzung meist durch Fehler bei der Rechtsanwendung durch den Steuerberater unwissentlich erfolgt. Jedoch würde eine Täterschaft des Steuerberaters im Rahmen der elektronischen Steuererklärung zu einer erhöhten Anwendbarkeit der leichtfertigen Steuerverkürzung führen, da diese nur vom Täter selbst und nicht vom Teilnehmer verwirklicht werden kann.[932] Eine Leichtfertigkeit, also das Verletzen der gebotenen Sorgfalt in ungewöhnlich hohem Maße, kann beim Steuerberater deutlich leichter vorliegen als Vorsatz, insbesondere da erhöhte Anforderungen an ihn gestellt werden.[933] Ein Erkennen der Steuerverkürzung ist hierfür nicht erforderlich, da auch unbewusste Fahrlässigkeit den Begriff der Leichtfertigkeit

---

928 BGH, Urteil vom 05.09.2017, 1 StR 198/17, Juris, Rz. 19.

929 BGH, Urteil vom 05.09.2017, 1 StR 198/17, Juris, Rz. 22.

930 *Wenzel*, NWB 2012, 905, 905 ff.

931 *Ibold*, in: Pfirrmann/Rosenke/Wagner, BeckOK AO, Rz. 461 zu § 370 AO; *Krumm*, in: Tipke/Kruse, Kommentar AO, Rz. 125 sowie Rz. 129 zu § 370 AO zum Tatumstandsirrtum; *Ransiek*, in: Kohlmann, Kommentar Steuerstrafrecht, Rz. 619 zu § 370 AO.

932 Siehe Kapitel 1 C V 4 „Leichtfertige Steuerverkürzung".

933 Siehe Kapitel 1 C V 4 „Leichtfertige Steuerverkürzung".

erfüllen kann.[934] Dementsprechend ist es zwingend notwendig, zu klären, wer die Erklärungsherrschaft im Falle elektronisch übermittelter Steuererklärungen hat und wie der Steuerberater entsprechend darlegen kann, dass er nicht die Erklärungsherrschaft hat.

Gebhardt schlägt vor, eine gesetzliche Regelung einzuführen, nach der die bloße Übermittlung der Daten nicht zu einer Erklärungsherrschaft führt.[935] Dies ergibt sich jedoch schon aus der Erklärungsherrschaft an sich. Zielführender ist es, klar die Verantwortungen zu regeln und eine Möglichkeit der digitalen Unterzeichnung der Steuererklärung durch den Steuerpflichtigen zu schaffen, um auch weiterhin die Bedeutung der Erklärung und der Bestätigung zur Richtigkeit der zugrunde gelegten Angaben für den Steuerpflichtigen deutlich zu machen.[936]

3. *Auswirkungen einer Bestätigung des Mandanten zur Vollständigkeit und Richtigkeit*

In der Praxis lösen Steuerberater die Problematik der Erklärungsherrschaft damit, dass sie sich bei der elektronischen Übermittlung von Steuererklärungen eine Bestätigung des Mandanten unterzeichnen lassen. Dies basiert darauf, dass die Tatherrschaft derjenige hat, der die Erklärung in den Rechtsverkehr einführt, d.h., wer bestimmt, dass die Erklärung in dieser Form an die Finanzverwaltung weitergeleitet wird.[937] Durch die Unterzeichnung der Freigabeerklärung übernimmt der Steuerpflichtige, wie früher mit der Unterschrift auf der Steuererklärung selbst, die Verantwortung hierfür. Hierzu existiert zum einen ein Vordruck vom DWS-Verlag, nach dem der Auftraggeber (hier: der Mandant) bestätigt, dass ihm ein Ausdruck der Einkommensteuererklärung vorliegt und der Auftraggeber die Freigabe zur elektronischen Übermittlung an die Finanzverwaltung erteilt. Da diese Bestätigung nicht ausdrücklich die Richtigkeit der Erklärung enthält, ist fraglich, ob sich hieraus auf die Tatherrschaft schließen lässt. Dem Wortlaut nach enthält die Bestätigung nur den Auftrag zur elektronischen Übermittlung.[938]

---

934 *Jehke,* in: Pfirrmann/Rosenke/Wagner, BeckOK AO, Rz. 48 zu § 378 AO (Nichterkennen obwohl es sich aufdrängen müsste); *Heuel,* in: Kohlmann, Kommentar Steuerstrafrecht, Rz. 55 zu § 378 AO.

935 *Gebhardt,* AO-StB 2008, 11, 14.

936 Siehe Kapitel 7 C II 2 „Neugestaltung der „Freizeichnung Online" bei elektronischer Übermittlung".

937 *Ransiek,* in: Kohlmann, Kommentar Steuerstrafrecht, 69. Rz. 107.4 zu § 370 AO.

938 Siehe hierzu auch *Gebhardt,* AO-StB 2008, 11, 14.

Mittlerweile ist bei der authentifizierten Steuererklärung ein Freizeichnungsdokument angefügt. Das Freizeichnungsdokument, welches bei Mitwirkung eines Steuerberaters dem ELSTER-Protokoll-Ausdruck beigefügt ist, enthält hierzu folgende Formulierung: „Die vorstehenden Daten dieser Steuererklärung, die durch einen Angehörigen der steuerberatenden Berufe erstellt und elektronisch übermittelt werden/wurden, habe ich auf Vollständigkeit und Richtigkeit geprüft. Ich habe keine Änderungswünsche."[939] Hintergrund ist die Regelung des § 87d Abs. 3 AO.[940]

In der Fachliteratur sind die Auffassungen zur Sinnhaftigkeit einer solchen Vollständigkeitserklärung in strafrechtlicher Hinsicht unterschiedlich. Beyer führt aus, dass ein „Persilschein", also eine Vollständigkeitserklärung des Mandanten zur Entlastung des Steuerberaters, auch nachteilig wirken und dem Steuerberater den Vorwurf einbringen könne, sich wider besseres Wissen entlasten zu wollen.[941] Dieser Befürchtung kann jedoch nur zugestimmt werden, sofern eindeutig festgestellt wird, dass der Steuerberater Kenntnis von der Unrichtigkeit der Erklärung hat, sich eine dem entgegenstehende Bestätigung des Mandanten einholt und basierend hierauf trotzdem die Erklärung übermittelt. Zudem führt Beyer aus, dass nicht abschließend geklärt sei, ob ein Freizeichnungsdokument den Steuerberater überhaupt wirksam rechtlich entlastet.[942] Außerdem merkt er an, dass sich mithilfe des Freizeichnungsdokuments Rückschlüsse auf den zeitlichen Ablauf ergeben können, die unter Umständen strafrechtlich nachteilig für den Mandanten sein können.[943] Wenzel, der ohnehin ausschließlich auf den subjektiven Tatbestand des Steuerberaters abstellt[944], hält eine Enthaftung des Steuerberaters durch eine Unterschrift des Mandanten unter Berücksichtigung dessen, dass der Steuerberater ohnehin nur bei Vorsatz eine strafrechtliche Verantwortung hat, für nicht erforderlich und auch strafrechtlich für eine Entlastung des Steuerberaters für ungeeignet.[945] Weiter führt Gebhardt aus, dass es rechtlich ohnehin nicht ausreiche, sich die übermittelten Daten vom Mandanten abzeichnen zu lassen und dieses Dokument zu den Handakten zu nehmen, da hierdurch nur das Innenverhältnis zwischen Mandant und Steuerberater

---

939 Freizeichnungsdokument Datev zur Einkommensteuererklärung 2018, Stand 26.01.2020.

940 Siehe Kapitel 2 C IV 1 „Zurverfügungstellung der Daten nach § 87d Abs. 3 AO".

941 *Beyer*, NWB 2018, 499, 500.

942 *Beyer*, NWB 2018, 499, 503.

943 *Beyer*, NWB 2018, 499, 502.

944 Siehe hierzu Kapitel 2 C V 2 „Täterschaft bei elektronischer Übermittlung".

945 *Wenzel*, NWB 2012, 905, 909.

betroffen sei.[946] Gemäß den vorstehenden Ausführungen ist jedoch für die Erklärungsherrschaft gerade nicht das Außenverhältnis entscheidend, d.h., ob der Urheber der Erklärung für die Finanzverwaltung erkennbar ist, sondern nur das Innenverhältnis, also wer den Erklärungsinhalt tatsächlich bestimmt. Durch das Unterzeichnen der Freizeichnungserklärung vor Übermittlung der Steuererklärung übernimmt der Mandant die Erklärungsherrschaft, sodass dies für eine entsprechende „Enthaftung“, also Ablehnung der Erklärungsherrschaft des Steuerberaters, ausreichen muss.

Andere Stimmen in der Literatur stehen dem Freizeichnungsdokument als Indiz für die Erklärungsherrschaft wohlwollender gegenüber. So wird empfohlen, dass der Steuerberater zur Vermeidung etwaiger Beweisschwierigkeiten im Hinblick auf die strafrechtliche Zurechnung der Erklärung unbedingt ein vom Mandanten unterschriebenes Exemplar der Steuererklärung zu seinen Akten nehmen sollte.[947] Auch Hellmann misst der Unterzeichnung weiterhin eine hohe Bedeutung für die Tatherrschaft zu, in der Weise, dass die Voranmeldung zumindest dann dem Mandanten zuzurechnen sei, wenn dessen elektronische Signatur verwendet wird.[948] Weiter wird im Umkehrschluss angeführt, dass bei Fehlen eines solchen Freizeichnungsdokumentes oder einer entsprechenden Bestätigung der Daten durch den Mandanten der Steuerpflichtige im Regelfall den etwaig bestehenden Anscheinsbeweis[949], dass die Daten ihm zuzurechnen seien, leicht widerlegen kann.[950] Wie dargelegt, kann allein das Widerlegen der Erklärungsherrschaft des Steuerpflichtigen jedoch nicht automatisch dazu führen, dass der Steuerberater die Erklärungsherrschaft hat.

Es geht bei der Tatherrschaft nicht nur darum, wem die Tat geistig zuzurechnen ist, sondern auch, wer die Erklärung aufgrund seiner Entscheidung in den Rechtsverkehr einführt und sie damit als eigene anerkennt. Auf dieser

---

946 *Gebhardt*, AO-StB 2008, 11, 13.

947 *DWS-Institut*, DStR 2006, 1588, 1589 (jedoch darauf verweisend, dass fraglich ist, ob dies für eine Entlastung hinsichtlich der inhaltlichen Verantwortung für die elektronisch übermittelte Erklärung ausreicht); so auch: *Heuel*, in: Kohlmann, Kommentar Steuerstrafrecht, Rz. 38 zu § 378 AO; *Musil/Burchard/Hechtner*, DStR 2007, 2290, 2297 f.; *Schaaf*, AO-StB 2012, 349, 351; ebenfalls Vollständigkeitserklärungen bejahend *Sieja*, DStR 2012, 991, 994; siehe auch: *Kobor*, in: Pfirrmann/Rosenke/Wagner, BeckOK AO, Rz. 15.1 zu § 87d AO; *Streck*, BB 1984, 2205, 2207.

948 *Hellmann*, in: GS Joecks 2018, S. 491.

949 Zur Diskussion, ob ein Anscheinsbeweis der Zurechnung der Daten zum Steuerpflichtigen besteht, siehe Kapitel 2 C V 2 „Täterschaft bei elektronischer Übermittlung“.

950 *Musil/Burchard/Hechtner*, DStR 2007, 2290, 2297 f.

Basis beruhte auch die generelle Zurechnung der Erklärung zum Steuerpflichtigen im Falle einer Unterzeichnungspflicht.[951] Sofern also der Steuerpflichtige die Steuererklärung unterzeichnet, macht er sich die enthaltenen Daten und auch die zugrunde liegenden Rechtauffassungen zu eigen und trifft die Entscheidung, dass die Steuererklärung so beim Finanzamt eingereicht wird. Damit ist, der herrschenden Literaturauffassung folgend, zur Vermeidung einer strafrechtlichen Zurechnung der Daten zum Steuerberater unbedingt erforderlich, dass der Steuerberater vorab eine Unterschrift des Mandanten auf dem Freizeichnungsdokument einholt. Zu beachten ist auch, dass eine Unterschrift auf dem Freizeichnungsdokument nicht zu einer wirksamen Entlastung des Steuerberaters führt, wenn dieser positive Kenntnis von der Unrichtigkeit hat. Dies ist unverändert zur bisherigen Abgabe der Papiersteuererklärung. Sollte der Mandant die Unterzeichnung des Freigabedokumentes verweigern, darf der Steuerberater die Steuererklärung nicht abgeben, da er sich ansonsten selbst strafrechtlichen Gefahren aussetzt.[952] Infolge der Einholung der Unterschrift auf dem Freizeichnungsdokument übernimmt der Steuerberater faktisch die Aufgabe, die Beweisschwierigkeiten der Finanzverwaltung im Hinblick auf die Tatherrschaft bei einer nicht unterzeichneten authentifizierten Steuererklärung zu beseitigen. Es liegt im Verantwortungsbereich des Beraters, ob er die Steuererklärung seinem Mandanten zur Kenntnis und Unterzeichnung zuleitet und den damit verbundenen Mehraufwand in Kauf nimmt.[953] Zu beachten ist auch, dass sich die Freizeichnungserklärung nach dem Wortlaut nur auf die elektronischen Daten bezieht (in Anlehnung an § 87d Abs. 3 AO). Der Steuerberater sollte die elektronische Steuererklärung zusammen mit den etwaigen Begleitschreiben und eingereichten Belegen dem Steuerpflichtigen zur Überprüfung und Unterzeichnung vorlegen. Zur Klarstellung wäre es wünschenswert, dass die Freizeichnungserklärung den Zusatz enthält, dass sich diese nicht nur auf die vorstehenden Daten, sondern auch auf etwaige Begleitschreiben und ergänzend zu den elektronischen Daten eingereichte Anlagen und Belege bezieht.

Die DATEV bietet alternativ zur Unterzeichnung des Freizeichnungsdokumentes die „Freizeichnung Online“ an, ein Verfahren, mit Hilfe dessen der Steuerpflichtige online (d.h. ohne Medienbrüche durch Ausdruck und Unterzeichnung des Originals) die elektronischen Daten freigeben kann.[954] Das

951 *Ransiek*, in: Kohlmann, Kommentar Steuerstrafrecht, Rz. 107.4 zu § 370 AO.

952 *Beyer*, NWB 2018, 499, 503.

953 *Rätke*, in: Klein, Kommentar AO, Rz. 14 zu § 150 AO.

954 Siehe hierzu Datev Hilfe-Center, ELSTER: Haftung beim Elektronischen Authentifizierungsverfahren, zuletzt aktualisiert 12.10.2018, Lexinform 1034534; Datev

Verfahren der „Freizeichnung Online“ ist im Hinblick auf den vollelektronischen Ablauf zu begrüßen und erfüllt auch die Voraussetzungen der Zurverfügungstellung der elektronischen Daten nach § 87d Abs. 3 AO. Es ist jedoch zu beachten, dass der Mandant hier ausschließlich die elektronischen Daten freigibt. Insbesondere im Falle von Begleitschreiben sind diese nicht in den mittels „Freizeichnung Online“ enthaltenen Daten enthalten. Ebenfalls werden mitgesendete Belege, solange diese noch nicht der elektronischen Erklärung in digitaler Form beigefügt werden können, hiermit nicht freigegeben. Um auch die Tatherrschaft hinsichtlich dieser Daten beim Steuerpflichtigen nachzuweisen, sollte der Steuerberater auf entsprechende Dokumentation und Freigaben achten, dass auch hierüber der Mandant die Entscheidungsgewalt hat.

Der derzeit übliche Ablauf bei Steuerberatern, die die Steuererklärung mit allen Anlagen drucken und mit dem Freizeichnungsdokument dem Steuerpflichtigen in Papierform oder per E-Mail übersenden, führt nicht zu einem vereinfachten Verfahren, welches mit der elektronischen Steuererklärung angestrebt wird.[955] Ein tatsächlich entbürokratisiertes und medienbruchfreies Verfahren kann nur dann erfolgen, wenn Begleitschreiben mit Anlagen im Freitextfeld in unbegrenzter Länge ermöglicht werden und auch der Steuererklärung weitere Belege in digitaler Form beigefügt werden können. Unter diesen Voraussetzungen kann eine vollumfängliche Freigabe des Mandanten durch „Freizeichnung Online“, die auch für einen entsprechenden Nachweis der Erklärungsherrschaft genügt, erfolgen. Eine solche Freigabe sollte auch materiellrechtliche Voraussetzung für eine wirksame Steuererklärung bei steuerlicher Beratung sein, um dem Steuerpflichtigen die Bedeutung der Abgabe der Erklärung und der Versicherung der Richtigkeit der Angaben weiterhin bewusst zu machen. Weiter sollte im Freizeichnungsformular die Verantwortung klar ersichtlich sein; der Steuerpflichtige kann nicht für eine vom Steuerberater vorgenommene Rechtsprüfung einstehen, sondern nur für die zugrunde liegenden Tatsachen.[956]

Hilfe-Center, Steuererklärungen und E-Bilanz bestätigen mit Freizeichnung online, zuletzt aktualisiert 16.01.2021, Lexinform 1070799.

955 *Preißer/Wind*, S. 92 f.

956 Siehe zu möglichen Vorschlägen nachfolgend in Kapitel 7 C II 2 „Neugestaltung der „Freizeichnung Online“ bei elektronischer Übermittlung“.

VI. Strafrechtliche Pflichten des Steuerberaters im Zusammenhang mit § 370 Abs. 1 Nr. 2 AO

Den Tatbestand einer Steuerhinterziehung erfüllt nach § 370 Abs. 1 Nr. 2 AO auch, wer die Finanzbehörden pflichtwidrig über steuerlich erhebliche Tatsachen in Unkenntnis lässt. In Abgrenzung zu § 370 Abs. 1 Nr. 1 AO erfasst der Unterlassenstatbestand des § 370 Abs. 1 Nr. 2 AO damit Fälle der Verletzung der Erklärungspflicht.[957] Hieraus ergibt sich, dass es sich im Unterschied zu § 370 Abs. 1 Nr. 1 AO bei § 370 Abs. 1 Nr. 2 AO um ein Sonderdelikt handelt, da es nur diejenigen betrifft, die überhaupt zur Abgabe steuerlicher Erklärungen bzw. zur Mitteilung steuerlich erheblicher Tatsachen verpflichtet sind.[958]

Adressat steuerlicher Erklärungspflichten sind insbesondere der Steuerpflichtige selbst sowie Personen nach § 34 AO (gesetzliche Vertreter) und § 35 AO (Verfügungsberechtigte).[959] Der Steuerberater selbst ist, bei Vertretung seines Mandanten, weder selbst Steuerpflichtiger noch gesetzlicher Vertreter noch Verfügungsberechtigter.[960] Hieran ändert auch die Tatsache nichts, dass die Pflicht zur Abgabe einer authentifizierten Steuererklärung keine höchstpersönliche Pflicht mehr ist und keine eigenhändige Unterschrift des Steuerpflichtigen mehr erforderlich ist, da nach wie vor eine Weisungsgebundenheit des Steuerberaters gegenüber dem Mandanten vorliegt. Für eine Verfügungsberechtigung gemäß § 35 AO ist es erforderlich, selbständig rechtlich und wirtschaftlich über

---

957 *Ibold*, in: Pfirrmann/Rosenke/Wagner, BeckOK AO, Rz. 159 zu § 370 AO.

958 *Hadamitzky/Senge*, in: Erbs/Kohlhaas, Kommentar Strafrechtliche Nebengesetze, Rz. 8 zu § 370 AO; *Ibold*, in: Pfirrmann/Rosenke/Wagner, BeckOK AO, Rz. 84.1, 159, 189 zu § 370 AO; *Krumm*, in: Tipke/Kruse, Kommentar AO, Rz. 23 zu § 370 AO; *Ransiek*, in: Kohlmann, Kommentar Steuerstrafrecht, 65. Rz. 288 zu § 370 AO; *Schmitz/Wulf*, in: Joecks/Miebach, Münchener Kommentar StGB, Rz. 302 zu § 370 AO; *Seer*, Ad Legendum 4/2015, 292, 294; im Ergebnis so auch der BGH, selbst wenn er von Jedermannsdelikten spricht: BGH, Beschluss vom 14.10.2015, 1 StR 521/14, Juris, Orientierungssatz 1 und Rz. 13; BGH, Urteil vom 09.04.2013, 1 StR 586/12, BGHSt 58, 218, Rz. 54 und 56; a.A.: *Flore*, in: Flore/Tsambikakis, Kommentar Steuerstrafrecht, Rz. 81 zu § 370 AO; *Gaede*, in: Esser/Rübenstahl/Saliger/Tsambikakis, Kommentar Wirtschaftsstrafrecht, Rz. 130 f. zu § 370 AO; *Weckerle*, in: Mellinghoff, DStJG 38 (2015), 171, 172.

959 *Ibold*, in: Pfirrmann/Rosenke/Wagner, BeckOK AO, Rz. 189 ff. zu § 370 AO; *Ransiek*, in: Kohlmann, Kommentar Steuerstrafrecht, Rz. 118.4 zu § 370 AO: keine unzulässige Erweiterung der zur Abgabe verpflichteten Personen.

960 Siehe Kapitel 1 C II 2 „Steuerrechtliche Haftungstatbestände“.

die Wirtschaftsgüter eines anderen zu verfügen und entsprechend so aufzutreten.[961] Hierbei reicht tatsächliche Verfügungsmacht nicht aus. Die Verfügungsmacht muss auch rechtlich bestehen, beispielsweise kraft Gesetz, behördlicher oder gerichtlicher Anordnung oder Rechtsgeschäft, z.B. durch eine Generalvollmacht.[962] Beispiele für Verfügungsberechtigte sind Treuhänder, faktische Geschäftsführer, Generalbevollmächtigte, Inhaber einer Kontovollmacht etc..[963] Die Abgabe von Steuererklärungen für einen anderen, also basierend auf einer Vollmacht, reicht für § 35 AO nicht aus.[964] Die Voraussetzungen des § 35 AO liegen nur vor, wenn der Berater bevollmächtigt ist, ohne vorherige Freigabe durch den Mandanten zu arbeiten[965] oder zur Unterzeichnung der Voranmeldungen beauftragt wurde und Kontovollmacht hat oder die Finanzverwaltung die Steuerbeträge einziehen kann; entscheidend ist also eine eigenständige Entscheidungsbefugnis[966]. Dies widerspricht im Regelfall der Weisungsgebundenheit des Steuerberaters im Rahmen des Dienstvertrages.[967] Nur Personen, die tatsächlich verfügungsberechtigt sind, fallen unter § 35 AO. Wer irrtümlich glaubt, verfügungsberechtigt zu sein, fällt nicht hierunter.[968]

Unter Berücksichtigung dieser Grundsätze trifft den Steuerberater im Normalfall, d.h., wenn keine über den üblichen Umfang hinausgehenden Aufgaben, die einem Treuhänder vergleichbar sind, übernommen werden, keine strafrechtliche Verantwortlichkeit nach § 370 Abs. 1 Nr. 2 AO, da er nicht zum entsprechenden Täterkreis gehört.

Jedoch regelt § 14 Abs. 2 Nr. 2 StGB, dass ein Gesetz, nach dem besondere persönliche Merkmale die Strafbarkeit begründen, auch auf einen Beauftragten anzuwenden ist, wenn dieser vom Inhaber des Betriebs ausdrücklich beauftragt ist, in eigener Verantwortung Aufgaben wahrzunehmen, die dem Inhaber

961 *Loose*, in: Tipke/Kruse, Kommentar AO, Rz. 2 zu § 35 AO; *Schmitz/Wulf*, in: Joecks/Miebach, Münchener Kommentar StGB, Rz. 352 zu § 370 AO.

962 BFH, Urteil vom 09.01.2013, VII B 67/12, BFH/NV 2013, 898, Rz. 7; *Loose*, in: Tipke/Kruse, Kommentar AO, Rz. 5 zu § 35 AO.

963 *Boeker*, in: Hübschmann/Hepp/Spitaler, Kommentar AO, Rz. 8 zu § 35 AO.

964 *Boeker*, in: Hübschmann/Hepp/Spitaler, Kommentar AO, Rz. 18 zu § 35 AO (normales Auftrags- und Vollmachtsverhältnis reicht nicht aus, nur bei Treuhandstellung); *Loose*, in: Tipke/Kruse, Kommentar AO, Rz. 7 zu § 35 AO; *Rüsken*, in: Klein, Kommentar AO, Rz. 6 zu § 35 AO.

965 *Beyer*, NWB 2016, 1304, 1313 f.; so auch: *Beyer*, NWB 2018, 499, 500.

966 *Joecks*, Praxis des Steuerstrafrechts, S. 50.

967 Siehe Kapitel 1 C III 2 „Interessenvertretung".

968 *Boeker*, in: Hübschmann/Hepp/Spitaler, Kommentar AO, Rz. 13 zu § 35 AO.

obliegen, und er aufgrund dieses Auftrages handelt, vorausgesetzt, dass die besonderen persönlichen Merkmale beim Inhaber vorliegen. Anfangs wurde vom BFH die Frage, ob die Pflicht nach § 370 Abs. 1 Nr. 2 AO ein besonderes persönliches Merkmal im Sinne des § 28 Abs. 1 StGB ist, verneint.[969] Mittlerweile wurde die Rechtsprechung hierzu jedoch geändert, sodass das Fehlen der Erklärungspflicht einen gesetzlichen Milderungsgrund im Falle der Beihilfe gemäß § 28 Abs. 1 StGB darstellt.[970] Der Begriff der besonderen persönlichen Merkmale in § 14 StGB unterscheidet sich jedoch von dem in § 28 StGB.[971] Bezüglich § 14 StGB kommt es darauf an, ob eine durch einen Tatbestand beschriebene Pflicht auch durch einen anderen wahrgenommen werden kann, also, ob es sich um vertretbare Sonderdelikte handelt. Damit scheiden persönliche Pflichten aus dem Anwendungsbereich des § 14 StGB aus.[972] Nach Auffassung von Merz reichen Sonderdelikte kraft Funktionsbeschreibung aus.[973] Nach Auffassung von Schröder und Bergmann findet § 14 StGB nur Anwendung, wenn die Straftat ein Sonderdelikt darstellt, die eine strafbegründende Sondereigenschaft beim Täter voraussetzt, jedoch nicht, wenn an Funktionen angeknüpft wird, da es dann keiner separaten Zurechnungsnorm wie § 14 StGB bedarf.[974] Radtke führt

---

969 BGH, Urteil vom 25.01.1995, 5 StR 491/94, BGHSt 41, 1, Leitsatz und Rz. 25; Beihilfe zu einer Unterlassenstat ist bei aktiver Tat des Teilnehmers möglich, z.B. Anstiftung zum Unterlassen, *Ransiek,* in: Kohlmann, Kommentar Steuerstrafrecht, Rz. 89 zu § 370 AO – hierauf wird hier nicht im Detail eingegangen, da dies im Regelfall bei Steuerberatern nicht vorliegt.

970 BGH, Beschluss vom 21.05.2019, 1 StR 92/19, Juris, Orientierungssatz und Rz. 3; BGH, Beschluss vom 13.03.2019, 1 StR 50/19, Juris, Orientierungssatz 1 und Rz. 6; *Ibold,* in: Pfirrmann/Rosenke/Wagner, BeckOK AO, Rz. 750 f. zu § 370 AO.

971 *Merz,* in: Graf/Jäger/Wittig, Kommentar Wirtschafts- und Steuerstrafrecht, Rz. 12 und 14 f. zu § 14 StGB; *Momsen/Laudien,* in: Heintschel-Heinegg, BeckOK StGB, Rz. 28 f. zu § 14 StGB; *Perron/Eisele,* in: Schönke/Schröder, Kommentar StGB, Rz. 8 zu § 14 StGB.

972 *Böse,* in: Kindhäuser/Neumann/Paeffgen, Kommentar Strafgesetzbuch, Rz. 14 zu § 24 StGB; *Brodowski,* in: Leitner/Rosenau, Kommentar Wirtschafts- und Steuerstrafrecht, Rz. 9 zu § 14 StGB; *Kühl,* in: Lackner/Kühl, Kommentar StGB, Rz. 10 zu § 14 StGB; *Merz,* in: Graf/Jäger/Wittig, Kommentar Wirtschafts- und Steuerstrafrecht, Rz. 12 und 14 f. zu § 14 StGB; *Momsen/Laudien,* in: Heintschel-Heinegg, BeckOK StGB, Rz. 25 zu § 14 StGB; *Radtke,* in: Joecks/Miebach, Münchener Kommentar StGB, 51 und 53 zu § 14 StGB.

973 *Merz,* in: Graf/Jäger/Wittig, Kommentar Wirtschafts- und Steuerstrafrecht, Rz. 12 und 14 f. zu § 14 StGB.

974 *Schröder/Bergmann,* in: Matt/Renzikowski, Kommentar StGB, Rz. 13 f. zu § 14 StGB.

aus, dass Straftatbestände, die Funktions- oder Tätigkeitsbeschreibungen enthalten, grundsätzlich Allgemeindelikte sind, sodass bei diesen § 14 StGB keine Anwendung findet, es sei denn, es ist eine entsprechende Konkretisierung erforderlich.[975] Er subsumiert sämtliche Sonderdelikte unter § 14 StGB, außer, es handelt sich um Organisationsdelikte, bei denen der Straftatbestand an ein Ensemble betrieblicher Abläufe anknüpft.[976] Böse hält ebenso die Anwendung des § 14 StGB in den Fällen, in denen sich aus dem Tatbestand eine Beschränkung des Täterkreises ergibt, für bedenklich, da in diesem Fall Handlungsmerkmale in Tätermerkmale umgedeutet werden. Hier bedarf es keines Rückgriffs auf § 14 StGB.[977] Neben einem Sonderdelikt, welches an übertragbare Pflichten anknüpft, erfordert die Anwendung von § 14 StGB, dass der Straftatbestand selbst keine speziellere Vertreterregelung enthält.[978] Dies gilt insbesondere, wenn der Tatbestand selbst bereits an den Vertreter adressiert ist.[979] Brodowski führt hierzu aus, dass bei spezifischen Regelungen des personellen Anwendungsbereiches des strafrechtlichen Tatbestandes § 14 StGB nachrangig sei, da eine lex specialis existiert.[980]

Ob § 14 Abs. 2 Nr. 2 StGB für den Unterlassenstatbestand der Steuerhinterziehung nach § 370 Abs. 1 Nr. 2 AO anwendbar ist, ist umstritten.

Nach Auffassung von Schmitz und Wulf ist § 14 StGB auf die Vorschrift des § 370 Abs. 1 Nr. 2 AO anwendbar, da es sich bei dem Tatbestandsmerkmal „pflichtwidrig" um ein besonderes persönliches Merkmal handelt. Angesichts der eigenhändigen Unterschrift der Steuererklärungen konnte jedoch bisher keine Übertragung der Pflichten stattfinden, da es sich um höchstpersönliche Pflichten handelte. Schmitz und Wulf nahmen jedoch auch bisher bereits an, dass Steuerberater mögliche Täter des Unterlassenstatbestands sein können bei Steueranmeldungen, die keine eigenhändige Unterschrift vorsehen.[981] Die

---

975 *Radtke,* in: Joecks/Miebach, Münchener Kommentar StGB, Rz. 39 zu § 14 StGB.

976 *Radtke,* in: Joecks/Miebach, Münchener Kommentar StGB, Rz. 56 und 40 zu § 14 StGB.

977 *Böse,* in: Kindhäuser/Neumann/Paeffgen, Kommentar Strafgesetzbuch, Rz. 10 zu § 14 StGB.

978 *Momsen/Laudien,* in: Heintschel-Heinegg, BeckOK StGB, Rz. 15 ff. zu § 14 StGB.

979 *Brodowski,* in: Leitner/Rosenau, Kommentar Wirtschafts- und Steuerstrafrecht, Rz. 9 zu § 14 StGB; *Trüg,* in: Esser/Rübenstahl/Saliger/Tsambikakis, Kommentar Wirtschaftsstrafrecht, Rz. 18 zu § 14 StGB; siehe auch: *Radtke,* in: Joecks/Miebach, Münchener Kommentar StGB, Rz. 44 zu § 14 StGB: insbesondere im Wirtschaftsstrafrecht für AG/GmbH, § 15a InsO etc.

980 *Brodowski,* in: Leitner/Rosenau, Kommentar Wirtschafts- und Steuerstrafrecht, Rz. 6 zu § 14 StGB.

981 *Schmitz/Wulf,* in: Joecks/Miebach, Münchener Kommentar StGB, Rz. 356 zu § 370 AO.

gleiche Auffassung vertritt Pelz. Er führt ergänzend zu Steueranmeldungen aus, dass dies auch für sonstige Auskunftspflichten, die nicht eigenhändig zu erfüllen sind, gelte.[982] In Anlehnung an diese Argumentation würde dies im Rahmen der authentifizierten Steuererklärung auch hierfür gelten, da auch hier keine eigenhändige Unterschrift mehr vorgesehen ist, sodass die Erstellung der Steuererklärung auf den Berater übertragen werden kann.

Ransiek führt hingegen aus, dass sich aus den Vorschriften der AO abschließend ergibt, wer die steuerlichen Pflichten zu erfüllen hat. Eine Ausdehnung auf weitere Personen über § 14 StGB würde zu einer strafrechtlichen Verantwortung von Personen führen, die gerade keine steuerlichen Erklärungspflichten treffen.[983] Ebenso argumentiert Ibold, dass § 14 StGB keine Anwendung findet, da das Organ- und Vertreterhandeln bereits vom Tatbestand des § 370 Abs. 1 Nr. 2 AO über §§ 34 und 35 AO erfasst ist, die auf den Steuerberater im Regelfall keine Anwendung finden. Der Anwendungsbereich des § 14 Abs. 2 StGB wird von § 35 AO abgedeckt, auch wenn dieser nicht identisch ist. Eine Anwendung von § 14 StGB würde zu einer strafrechtlichen Sanktionierung führen, die über die abgabenrechtlichen Pflichten hinausgeht, was dem ultima-ratio-Gedanken des Strafrechts sowie der Einheit der Rechtsordnung widerspricht.[984] Ebenso führt Peters aus, dass sich die Pflichten nach § 370 Abs. 1 Nr. 2 AO nach den Steuergesetzen ergeben und kein Rückgriff auf die allgemeinen strafrechtlichen Grundsätze erfolgen darf.[985]

Angesichts des Anwendungsbereiches des § 14 StGB ist der Auffassung zuzustimmen, dass die Vorschrift grundsätzlich für den Tatbestand des § 370 Abs. 1 Nr. 2 AO Anwendung finden kann, da es sich um ein Sonderdelikt handelt, welches, unter Berücksichtigung der authentifizierten Steuererklärung, vermehrt auch eine vertretbare Handlung darstellt, die vom Steuerberater übernommen werden kann. Dieser ist im Regelfall nicht von §§ 34, 35 AO umfasst. Wenn der Steuerpflichtige nun seine Pflichten, da es sich nicht um höchstpersönliche Pflichten handelt, auf den Steuerberater überträgt und dieser diese nicht erfüllt, kann es zu Strafbarkeitslücken kommen.

---

982 *Pelz,* in: Leitner/Rosenau, Kommentar Wirtschafts- und Steuerstrafrecht, Rz. 114 zu § 370 AO.

983 *Ransiek,* in: Kohlmann, Kommentar Steuerstrafrecht, Rz. 293 zu § 370 AO.

984 *Ibold,* in: Pfirrmann/Rosenke/Wagner, BeckOK AO, Rz. 209 zu § 370 AO.

985 *Peters,* in: Hübschmann/Hepp/Spitaler, Kommentar AO, Rz. 138 zu § 370 AO, Rz. 177 zu Vorschriften des materiellen Steuerrechts zur Pflichtwidrigkeit (§§ 34, 35, 93, 135, 179 ff., 149 AO; § 25 EStG etc.).

Unabhängig von dieser grundsätzlichen Frage zur Anwendbarkeit des § 14 StGB ist für eine Strafbarkeit nach § 14 Abs. 2 Nr. 2 StGB erforderlich, dass der Inhaber des Betriebes den Steuerberater ausdrücklich beauftragt hat, in eigener Verantwortung Aufgaben zu übernehmen, die dem Inhaber des Betriebes obliegen. Die typischen Aufgaben eines Steuerberaters, beispielsweise die Erstellung der Buchhaltung[986] oder der Steuererklärungen, obliegen dem Inhaber des Betriebes. Eine ausdrückliche Beauftragung liegt normalerweise im Rahmen eines Dienstvertrages vor.[987] Fraglich ist jedoch, ob der Steuerberater in eigener Verantwortung handelt. Der Beauftragte muss hierfür weisungsfrei und eigenverantwortlich entscheiden dürfen. Hierfür sprechen insbesondere Zeichnungsbefugnisse.[988] Nachträgliche Kontrollen schließen die Eigenverantwortlichkeit nicht aus.[989] Ausgehend von der Tätigkeit des Steuerberaters ist fraglich, ob hier eine Tätigkeit in eigener Verantwortung vorliegt. In der Kommentarliteratur wird angeführt, dass beispielsweise ein Buchführungsunternehmen eigenverantwortlich Aufgaben wahrnimmt.[990] Auch Steuerberater werden als Beispiele für § 14 Abs. 2 Nr. 2 StGB genannt, wenn diese „selbständige Entscheidungsbefugnisse im betrieblichen Zusammenhang innehaben"[991]. Auf der anderen Seite fällt die rein beratende Tätigkeit von Rechtsanwälten oder anderen Betriebsfremden nicht unter § 14 Abs. 2 Nr. 2 StGB.[992] Es kommt darauf an, ob der Steuerberater die Angelegenheiten im Dialog mit dem Mandanten erledigt oder ob eine etwaige Unterschrift des Mandanten rein formal ist.[993]

---

986 *Brodowski,* in: Leitner/Rosenau, Kommentar Wirtschafts- und Steuerstrafrecht, Rz. 21 zu § 14 StGB.

987 Kann auch konkludent erfolgen, vgl. *Hoyer,* in: Wolter, Kommentar StGB, Rz. 63 zu § 14 StGB.

988 *Brodowski,* in: Leitner/Rosenau, Kommentar Wirtschafts- und Steuerstrafrecht, Rz. 21 zu § 14 StGB; *Hoyer,* in: Wolter, Kommentar StGB, Rz. 69 zu § 14 StGB.

989 *Böse,* in: Kindhäuser/Neumann/Paeffgen, Kommentar Strafgesetzbuch, Rz. 43 zu § 14 StGB.

990 *Schröder/Bergmann,* in: Matt/Renzikowski, Kommentar StGB, Rz. 68 zu § 14 StGB.

991 *Böse,* in: Kindhäuser/Neumann/Paeffgen, Kommentar Strafgesetzbuch, Rz. 43 zu § 14 StGB; so auch: *Trüg,* in: Esser/Rübenstahl/Saliger/Tsambikakis, Kommentar Wirtschaftsstrafrecht, Rz. 68 zu § 14 StGB (wenn nicht nur beratend tätig); ebenso zu Gefahren für Steuerberater resultierend aus § 14 Abs. 2 Nr. 2 StGB: *Wessing,* NJW 2003, 2265, 2265 f.

992 *Merz,* in: Graf/Jäger/Wittig, Kommentar Wirtschafts- und Steuerstrafrecht, Rz. 47 zu § 14 StGB; *Schröder/Bergmann,* in: Matt/Renzikowski, Kommentar StGB, Rz. 68 zu § 14 StGB; *Trüg,* in: Esser/Rübenstahl/Saliger/Tsambikakis, Kommentar Wirtschaftsstrafrecht, Rz. 68 zu § 14 StGB.

993 *Dörn,* DStZ 1993/15-16, 478, 481.

Zu prüfen ist in diesem Zusammenhang, ob aus der Aufgabe der Höchstpersönlichkeit der Steuererklärungsabgabe nun eine eigene Verantwortung des Steuerberaters für die Abgabe der Steuererklärung resultieren kann. So wurde bereits in der Vergangenheit bei Voranmeldungen, die keine eigenhändige Unterschrift des Steuerpflichtigen erfordern, eine Handlungspflicht des Steuerberaters angenommen.[994] Nach anderer Ansicht kann eine steuerstrafrechtlich relevante Handlungspflicht nicht durch Vertrag delegiert werden, da sich die Verpflichtung gegenüber der Finanzverwaltung ausschließlich nach der AO richtet, sodass eine Steuererklärungspflicht nur dann besteht, wenn die Vollmacht die Abgabe der Steuererklärung umfasst und die Voraussetzungen des § 35 AO vorliegen.[995]

Um die Frage der Tätigkeit aus eigener Verantwortung aus Sicht der Stellung des Steuerberaters zu beantworten, ist zum einen die berufsrechtliche Pflicht zur eigenverantwortlichen Berufsausübung zu berücksichtigen, gemäß der der Steuerberater eigene Entscheidungen treffen muss.[996] Diese Entscheidungen darf der Steuerberater jedoch nur in dem vom Mandanten gesetzten Rahmen treffen, was aus der Weisungsgebundenheit gegenüber dem Mandanten, die sich zivilrechtlich aus §§ 675 in Verbindung mit 665 BGB ergibt, resultiert.[997] Insbesondere darf der Steuerberater daher nicht gegen den Willen des Steuerpflichtigen handeln. Unter Berücksichtigung dessen kann nicht von einer eigenen Verantwortung im Sinne des § 14 Abs. 2 Nr. 2 StGB gesprochen werden. Dies muss jedoch auch praktisch so umgesetzt werden.

Es ist damit auch im Hinblick auf den Unterlassenstatbestand des § 370 Abs. 1 Nr. 2 AO zu beachten, dass die Entscheidung seitens des Steuerpflichtigen genau dokumentiert wird, um darzulegen, dass der Steuerberater nicht in eigener Verantwortung handelt. So sind beispielsweise ausdrückliche Hinweise auf bestehende Fristen und Steuererklärungspflichten erforderlich. Bei unterlassenen Handlungen ist die Dokumentation schwieriger, sodass sich hieraus ein Risiko für Steuerberater ergeben kann, insbesondere vor dem Hintergrund

---

994 *Schmeer,* in: Gräfe/Wollweber/Schmeer, S. 732.

995 *Joecks,* in: Joecks/Jäger/Randt, Kommentar Steuerstrafrecht, Rz. 253 zu § 370 AO; *Krumm,* in: Tipke/Kruse, Kommentar AO, Rz. 70 zu § 370 AO; unklar: *Ibold,* in: Pfirrmann/Rosenke/Wagner, BeckOK AO, Rz. 207 zu § 370 AO (keine Steuerhinterziehung durch Unterlassen, wenn sich die Tätigkeit auf eine Beratungstätigkeit beschränkt); so wohl im Ergebnis auch: *Gotzens,* in: Wannemacher, Steuerstrafrecht, Rz. 2649 (jedoch in Rz. 2642 - u.U. eine Unterlassensstraftat bejahend für Voranmeldungen).

996 Siehe Kapitel 1 C IV 2 „Eigenverantwortlichkeit".

997 Siehe Kapitel 1 C III 2 „Interessenvertretung".

der nun vertretbaren Handlung der authentifizierten Steuererklärung, die den potenziellen Anwendungsbereich des § 14 StGB deutlich vergrößert. Man kann jedoch nicht allein aus dem fehlenden Unterschriftserfordernis der elektronischen Steuererklärung bzw. der elektronischen Steueranmeldung schlussfolgern, dass hieraus nun eine Handlungspflicht des Steuerberaters, der die Steuererklärungen erstellt, resultiert, da auch eine eigene Verantwortung des Steuerberaters erforderlich ist.

Sollte der Steuerberater über § 14 Abs. 2 Nr. 2 StGB den Unterlassenstatbestand des § 370 Abs. 1 Nr. 2 AO verwirklichen können, so würde ein Vorsatz schon dann vorliegen, wenn er es ernsthaft für möglich hält, dass er die Finanzbehörde über steuerlich erhebliche Tatsachen in Unkenntnis lässt, ihn eine Rechtspflicht zur Offenbarung dieser Tatsachen trifft und durch sein Verhalten Steuern verkürzt werden.[998] Da der Steuerberater die steuerlichen Pflichten und deren Fristen regelmäßig kennt, liegt hier im Regelfall Vorsatz vor.

Sollte der Steuerberater nicht vorsätzlich, aber leichtfertig handeln, existiert mit § 9 Abs. 2 Nr. 2 OWiG eine dem § 14 Abs. 2 Nr. 2 StGB entsprechende Vorschrift für Ordnungswidrigkeiten, sodass sich hierüber auch eine Ordnungswidrigkeit für Steuerberater ergeben kann. Hier ist jedoch zu beachten, dass über § 9 OWiG nur ein persönliches Merkmal zugerechnet, aber nicht die eigenständige Handlung begründet werden kann.[999] Zudem erstreckt sich der Tatbestand des § 378 Abs. 1 S. 1 AO bereits auf den Steuerpflichtigen und auf Personen, die in Wahrnehmung der Angelegenheiten eines Steuerpflichtigen handeln. Aufgrund dessen bleibt kein praktischer Anwendungsbereich mehr für § 9 OWiG.[1000] Unter den Begriff derjenigen, die mit der Wahrnehmung der Angelegenheiten eines Steuerpflichtigen betraut sind, fallen insbesondere auch Steuerabteilungsleiter und Buchhalter, die mit der Fertigung und Übersendung von Voranmeldungen beauftragt sind, sowie Steuerberater.[1001] Nichtsdestotrotz kommt der

---

998 *Ransiek,* in: Kohlmann, Kommentar Steuerstrafrecht, Rz. 625 zu § 370 AO; siehe auch: *Joecks,* in: Joecks/Jäger/Randt, Kommentar Steuerstrafrecht, Rz. 504 zu 370 AO: Kenntnis der Tatsachen, die Aufklärungspflicht begründen.

999 *Gotzens/Heinsius,* Stbg 2000/5, 209, 217; *Kleemann,* in: Gassner/Seith, Kommentar OWiG, Rz. 10 und 12 zu § 9 OWiG; *Rogall,* in: Mitsch, Karlsruher Kommentar zum OWiG, Rz. 27 zu § 9 OWiG; zum Begriff des besonderen persönlichen Merkmals: *Valerius,* in: Graf, BeckOK OWiG, Rz. 6 ff. zu § 9 OWiG.

1000 *Heuel,* in: Kohlmann, Kommentar Steuerstrafrecht, Rz. 28 zu § 378 AO; *Krumm,* in: Tipke/Kruse, Kommentar AO, Rz. 7 zu § 378 AO.

1001 *Heuel,* in: Kohlmann, Kommentar Steuerstrafrecht, Rz. 17 f. zu § 378 AO; *Jehke,* in: Pfirrmann/Rosenke/Wagner, BeckOK AO, Rz. 16 zu § 378 AO; *Joecks,* in: Joecks/

Steuerberater im Regelfall nicht als Täter einer leichtfertigen Steuerverkürzung durch Unterlassen im Sinne des § 378 Abs. 1 Nr. 1 AO i.V.m. § 370 Abs. 1 Nr. 2 AO in Betracht, da er selbst keine steuerlichen Pflichten gegenüber der Finanzverwaltung hat, sofern er die Voraussetzungen der §§ 34, 35 AO nicht erfüllt.[1002] Jehke führt zwar aus, dass für den Steuerberater eine leichtfertige Steuerverkürzung durch Unterlassen in Betracht kommen würde, wenn er dem Steuerpflichtigen gegenüber zur Erfüllung von dessen Erklärungspflichten verpflichtet ist[1003], was wegen des Wegfalls der Höchstpersönlichkeit der Steuererklärung nun möglich wäre. Jedoch hat der Steuerberater nur eine zivilrechtliche Verpflichtung und keine abgabenrechtliche und würde zudem unter Umständen gegen seine Verschwiegenheitspflicht verstoßen.[1004] Bülte hingegen führt aus, dass entscheidend sei, ob der Steuerberater im Rahmen seines Mandats die Pflicht zur Abgabe der Steuererklärung übernommen hat. Auch er erläutert jedoch, dass es hierbei nicht auf die zivilrechtliche Vereinbarung ankommen könne, sondern nur darauf, ob der Steuerberater eine Offenbarungspflicht gegenüber der Finanzverwaltung habe.[1005]

Es muss daher in Zeiten der elektronischen authentifizierten Steuererklärung, die im Gegensatz zur bisherigen Papiersteuererklärung eine vertretbare Handlung darstellt, umso mehr vom Steuerberater darauf geachtet werden, dass keine eigenen Entscheidungen getroffen werden und der Steuerpflichtige vorab auf sämtliche Erklärungs- und Abgabepflichten hingewiesen wird. Auch im Hinblick hierauf ist eine elektronische Freizeichnung des Mandanten der elektronischen

---

Jäger/Randt, Kommentar Steuerstrafrecht, Rz. 21 zu 378 AO; *Krumm,* in: Tipke/Kruse, Kommentar AO, Rz. 8 zu § 378 AO.

1002 *Heuel,* in: Kohlmann, Kommentar Steuerstrafrecht, Rz. 44 zu § 378 AO; so auch: *Joecks,* in: Joecks/Jäger/Randt, Kommentar Steuerstrafrecht, Rz. 21 zu 378 AO (da Steuerberater nur den Steuerpflichtigen aufklären und beraten müssen); *Krumm,* in: Tipke/Kruse, Kommentar AO, Rz. 11 zu § 378 AO (da es an einer Garantenstellung fehlt); offen gelassen in BFH, Urteil vom 29.10.2013, VIII R 27/10, BStBl. II 2014, 295, Rz. 22.

1003 *Jehke,* in: Pfirrmann/Rosenke/Wagner, BeckOK AO, Rz. 34 zu § 378 AO; so auch, wenn es die Hauptpflicht des Vertrages ist: *Jäger,* in: Klein, Kommentar AO, Rz. 16 zu § 378 AO; siehe auch: *Heuel,* in: Kohlmann, Kommentar Steuerstrafrecht, Rz. 44 zu § 378 AO.

1004 *Jehke,* in: Pfirrmann/Rosenke/Wagner, BeckOK AO, Rz. 34 zu § 378 AO; dies auch ansprechend: *Heuel,* in: Kohlmann, Kommentar Steuerstrafrecht, Rz. 44 zu § 378 AO; *Joecks,* in: Joecks/Jäger/Randt, Kommentar Steuerstrafrecht, Rz. 21 zu 378 AO.

1005 *Bülte,* in: Hübschmann/Hepp/Spitaler, Kommentar AO, Rz. 30 und 35 zu § 378 AO.

Erklärung wünschenswert, sodass die Steuererklärung weiterhin eine höchstpersönliche Pflicht darstellt und § 14 Abs. 2 Nr. 2 StGB hierauf keine Anwendung finden kann. Weiter sollte im Steuerberatungsvertrag explizit geregelt werden, dass der Steuerberater nur eine Hilfeleistung/Beratung bei der Vorbereitung der Steuererklärung erbringt.

VII. Auswirkungen auf die Berichtigungspflicht nach § 153 AO

Nach § 153 AO besteht eine Anzeige- und Berichtigungspflicht, wenn der Steuerpflichtige nachträglich erkennt, dass eine von ihm oder für ihn abgegebene Erklärung unrichtig oder unvollständig ist und dass es dadurch zu einer Verkürzung von Steuern kommen kann oder bereits gekommen ist. Neben dem Steuerpflichtigen trifft die Pflicht nach § 153 AO auch Personen nach §§ 34, 35 AO (§ 153 Abs. 1 S. 2 AO). Die Pflicht nach § 153 AO gehört zu dem echten Unterlassenstatbestand nach § 370 Abs. 1 Nr. 2 AO und kann damit bei Verstoß eine strafbare Handlung nach sich ziehen.[1006]

Angesichts dieses Wortlautes gilt die Berichtigungspflicht im Regelfall nur für den Steuerpflichtigen, aber nicht für den Steuerberater, da dieser vom Wortlaut des § 153 AO nicht erfasst ist.[1007] Der BGH hat offengelassen, ob etwas anderes gilt und damit eine Berichtigungspflicht für den Steuerberater greift, wenn er die Steuererklärung in eigener Verantwortung erstellt und selbst unterschrieben hat.[1008]

Nach dem Wortlaut des § 153 AO kann die Berichtigungspflicht nicht auf den Steuerberater übergehen. Selbst wenn er die Steuererklärung authentifiziert hat, ändert dies nichts daran, dass die Steuererklärung im Namen des Steuerpflichtigen verfasst wird und damit nur den Steuerpflichtigen die Berichtigungspflicht trifft.[1009] Seer führt aus, dass dies sogar dann gelte, wenn der Steuerberater die

---

1006 *Krumm*, in: Tipke/Kruse, Kommentar AO, Rz. 65 zu § 370 AO.

1007 *Gotzens/Heinsius*, Stbg 2000/5, 209, 215; *Harms*, StbG 1/2005, 12, 13; *Jesse*, BB 2011, 1431, 1432; *Joecks*, Praxis des Steuerstrafrechts, S. 48 f., *Podewils/Hellinger*, DStZ 2013/18, 662, 664; *Rätke*, in: Klein, Kommentar AO, Rz. 6 zu § 153 AO; *Schaaf*, AO-StB 2012, 349, 350; *Schmitz/Wulf*, in: Joecks/Miebach, Münchener Kommentar StGB, Rz. 338 zu § 370 AO; *Timpe*, HRRSt 6/2018, 243, 249; *Wenzel*, NWB 2011, 3449, 3455; *Wulf*, in: FS Samson, 619, 623; so auch: BGH, Beschluss vom 20.12.1995, 5 StR 412/95, Juris, Orientierungssatz 2 und Rz. 47 (früher noch anders, OLG Koblenz, Beschluss vom 15.12.1982, 1 Ss 559/82, Juris, Orientierungssatz: die Berichtigungspflicht trifft auch denjenigen, der nach § 378 AO die steuerlichen Angelegenheiten des Steuerpflichtigen wahrgenommen hat).

1008 BGH, Beschluss vom 20.12.1995, 5 StR 412/95, Juris, Rz. 47.

1009 *Seer*, in: Tipke/Kruse, Kommentar AO, Rz. 6 zu § 153 AO.

Erklärung selbst unterschrieben hat, da auch in diesem Fall nur eine Erklärung im Namen des Steuerpflichtigen abgegeben wurde; es bleibe die Erklärung des Steuerpflichtigen.[1010] Dies gilt entsprechend für die Abgabe von Umsatzsteuervoranmeldungen durch den Steuerberater und erst recht im Falle der elektronischen Übermittlung der Steuererklärung durch den Steuerberater, der hierbei nur als Einreicher der Steuererklärung authentifiziert wird.[1011] Die entgegenstehende Auffassung, dass eine Berichtigungspflicht für den Steuerberater gilt, wenn er diese selbst unterschrieben hat[1012], ist abzulehnen. Diese Auffassung unterscheidet sich insbesondere von Gotzens, der die Berichtigungspflicht von der Höchstpersönlichkeit der Erklärung abhängig macht und so bei einer zulässigen Pflichtenübernahme des Beraters nach außen (z.B. durch die Übermittlung einer unrichtigen Umsatzsteuervoranmeldung) eine Berichtigungspflicht des Steuerberaters nach § 153 AO annimmt. Gotzens führt aus, dass in diesen Fällen der Steuerberater zum Steuerpflichtigen nach § 153 AO werde und damit zur Berichtigung verpflichtet sei.[1013] Diese Auffassung würde mittlerweile unter Umständen dazu führen, dass auch im Rahmen der über ELSTER II übermittelten Steuererklärungen eine Pflichtenübernahme durch den Steuerberater vorliegt, was entsprechend zu einer Berichtigungspflicht nach § 153 AO führen würde. Auch Jesse begründet die Pflichten nach § 153 AO für Steuerpflichtige damit, dass sich für diese Personen eine Garantenstellung aus verursachendem vorangegangenem Tun ergibt.[1014] Wenn die Mitwirkung des Steuerpflichtigen bei der Abgabe der Steuererklärung jedoch gar nicht mehr erforderlich ist, ist fraglich, ob in diesem Fall nicht der Steuerberater zur Berichtigung verpflichtet werden muss.

Jedoch stellt der derzeitige Wortlaut des § 153 AO ausdrücklich auf den Steuerpflichtigen ab. Der Steuerpflichtige ist in § 33 Abs. 1 AO definiert. Hiernach

---

1010 *Seer*, in: Tipke/Kruse, Kommentar AO, Rz. 6 zu § 153 AO; so auch: *Jesse*, BB 2011, 1431, 1432.

1011 *Jesse*, BB 2011, 1431, 1432.

1012 *Beyer*, NWB 2016, 1304, 1313; *Gotzens*, in: Wannemacher, Steuerstrafrecht, Rz. 2603; *Tormöhlen*, AO-StB 2010, 141, 142; zur Berichtigungspflicht des Steuerpflichtigen in diesem Fall siehe auch: *Hellmann*, in: GS Joecks 2018, S. 495; nicht entschieden vom BGH, Beschluss vom 20.12.1995, 5 StR 412/95, Juris, Rz. 47 („Ob etwas anderes für den Fall gilt, daß der Steuerberater die Steuererklärung in eigener Verantwortung erstellt und selbst (…) unterschrieben hat (…) kann hier dahingestellt bleiben.").

1013 *Gotzens*, in: Wannemacher, Steuerstrafrecht, Rz. 2603; *Gotzens/Heinsius*, Stbg 2000/5, 209, 215.

1014 *Jesse*, BB 2011, 1431, 1432.

sind weder gesetzliche (welche aber über § 153 Abs. 1 S. 2 AO separat von der Berichtigungspflicht betroffen sind) noch gewillkürte Vertreter Steuerpflichtige, sondern diese erfüllen nur die Steuererklärungspflicht für den Vertretenen.[1015] Damit kann der Steuerberater unabhängig davon, ob er die Steuererklärung oder Anmeldung unterzeichnet und ob es sich um eine höchstpersönliche Pflicht handelt, nicht Berichtigungsverpflichteter nach § 153 AO sein, solange er nicht die Voraussetzungen der §§ 34, 35 AO erfüllt.[1016] Dies ergibt sich bereits daraus, dass die elektronische Authentifizierung nicht den Urheber der Erklärung identifiziert, sondern eher einem Mitwirkungsvermerk entspricht.[1017] Auch die Unterschrift des Beraters kann angesichts des engen Wortlautes nicht zu einer Berichtigungspflicht nach § 153 AO führen.[1018] Es soll hierdurch gerade nur derjenige zur Berichtigung verpflichtet werden, für den die Erklärung abgegeben wurde.[1019] Es ergibt sich damit für den Kreis der berichtigungspflichten Personen keine Änderung durch die elektronische Steuererklärung. Auch wenn die authentifizierte Steuererklärung keine Unterschrift des Steuerpflichtigen mehr vorsieht, so wird der Steuerberater hierdurch nicht zum Steuerpflichtigen, sodass ihn nach dem Wortlaut des § 153 AO keine Berichtigungspflicht trifft.[1020]

Die Berichtigungspflicht nach § 153 AO ist damit aufgrund des eingegrenzten Anwendungsbereiches im Wortlaut der Vorschrift unabhängig davon, wer die Erklärungsherrschaft hat. Selbst wenn der Steuerberater die Steuererklärung ohne Wissen des Steuerpflichtigen abgegeben und unterzeichnet oder authentifiziert hat, ist er hierdurch nicht Steuerpflichtiger, nicht gesetzlicher Vertreter nach § 34 AO und allein hierdurch auch kein Verfügungsberechtigter nach § 35 AO[1021], sodass ihn keine Berichtigungspflicht

1015 *Drüen*, in: Tipke/Kruse, Kommentar AO, Rz. 10 zu § 33 AO; *Rosenke*, in: Pfirrmann/Rosenke/Wagner, BeckOK AO, Rz. 231 zu § 33 AO.

1016 *Heuermann*, in: Hübschmann/Hepp/Spitaler, Kommentar AO, Rz. 4 zu § 153 AO.

1017 So im Ergebnis auch: *Kobor*, in: Pfirrmann/Rosenke/Wagner, BeckOK AO, Rz. 15.1 zu § 87d AO (Datenübermittler erfüllt nicht die Pflichten des Steuerpflichtigen).

1018 *Beyer*, NWB 2016, 1304, 1314; *Rosenke*, in: Pfirrmann/Rosenke/Wagner, BeckOK AO, Rz. 68 f. zu § 153 AO.

1019 *Heuermann*, in: Hübschmann/Hepp/Spitaler, Kommentar AO, Rz. 4 zu § 153 AO.

1020 *Schmeer*, in: Gräfe/Wollweber/Schmeer, S. 733; dies kritisierend: *Schelling*, PStR 5/2008, 114, 114 f. (da der Steuerpflichtige mangels Unterschrift überhaupt nicht mehr beteiligt sein muss).

1021 Siehe Kapitel 1 C II 2 und 2 C VI „Steuerrechtliche Haftungstatbestände" und „Strafrechtliche Pflichten des Steuerberaters im Zusammenhang mit § 370 Abs. 1 Nr. 2 AO".

trifft.[1022]

Das Ergebnis, dass der Steuerberater im Regelfall auch in Zeiten der elektronischen Steuererklärung nicht zur Berichtigung nach § 153 AO verpflichtet ist, wird auch im Hinblick auf die Notwendigkeit der Vorschrift des § 87d Abs. 3 AO deutlich. Die Papiersteuererklärung sah eine Unterschrift des Steuerpflichtigen vor, sodass dieser die Daten verifizierte und entsprechend mit der Unterschrift bestätigte. Infolge des Verzichtes auf das Unterschriftserfordernis besteht die Möglichkeit, dass der Steuerpflichtige überhaupt keine Kenntnis mehr von den elektronisch übermittelten Daten erhält. Dies würde, mangels tatsächlichen Erkennens, dazu führen, dass ihn keine Berichtigungspflicht trifft. Gemäß den obigen Ausführungen trifft auch den Datenübermittler, hier im Regelfall den Steuerberater, keine Berichtigungspflicht. Aufgrund dessen regelt § 87d Abs. 3 AO, dass derjenige, der die Daten elektronisch übermittelt, die Daten dem Auftraggeber (in der Regel dem Steuerpflichtigen) zur Verfügung stellt und dieser die Daten unverzüglich auf Vollständigkeit und Richtigkeit zu prüfen hat.[1023] Nur hierdurch kann eine Berichtigungspflicht nach § 153 AO für den Steuerpflichtigen zum Tragen kommen.[1024]

Ebenso ergibt sich dieses Ergebnis aus der Stellung des Steuerberaters als unabhängiges Organ der Steuerrechtspflege, der mit seinem Mandanten einen Dienstvertrag abgeschlossen und entsprechende Treuepflichten hat. Der Steuerberater kann nicht gegen den Willen seines Mandanten eine Berichtigungserklärung nach § 153 AO abgeben.[1025] Er könnte sich bei Abgabe einer Berichtigungserklärung nach § 153 AO gegen den Willen des Mandanten des Geheimnisverrats nach § 203 StGB strafbar machen, da die Verschwiegenheit des Steuerberaters gemäß § 57 Abs. 1 StBerG auch gegenüber der Finanzverwaltung gilt.[1026]

1022 *Haselmann*, in: Koenig, Kommentar AO, Rz. 5 zu § 153 AO; *Rosenke*, in: Pfirrmann/Rosenke/Wagner, BeckOK AO, Rz. 70 f. zu § 153 AO.

1023 Siehe Kapitel 2 C IV 1 „Zurverfügungstellung der Daten nach § 87d Abs. 3 AO".

1024 *Rätke*, in: Klein, Kommentar, AO, Rz. 12 zu § 87d AO; so auch: Deutscher Bundestag, Drucksache 18/7457 vom 03.02.2016, S. 67.

1025 *Mack*, in: Streck/Mack/Schwedhelm, Tax Compliance, S. 39; *Seer*, in: Tipke/Kruse, Kommentar AO, Rz. 4 zu § 153 AO; so auch: *Rosenke*, in: Pfirrmann/Rosenke/Wagner, BeckOK AO, Rz. 68 zu § 153 AO; *Weckerle*, in: Mellinghoff, DStJG 38 (2015), 171, 187.

1026 BGH, Beschluss vom 20.12.1995, 5 StR 412/95, Juris, Rz. 48; *Prowatke/Stang*, StB 2017, 300, 301; *Weckerle*, in: Mellinghoff, DStJG 38 (2015), 171, 187.

Hiervon abzugrenzen ist die Pflicht des Steuerberaters, den Steuerpflichtigen auf dessen Berichtigungspflicht nach § 153 AO hinzuweisen, wenn er die Unrichtigkeit einer Erklärung erkennt. In diesem Fall muss er die Berichtigung und unter Umständen auch eine strafbefreiende Selbstanzeige empfehlen.[1027] Dies ist aufgrund der Schadensverhütungspflicht des Steuerberaters zur Haftungsvermeidung und außerdem zur Vermeidung einer etwaigen Steuerhinterziehung des Steuerberaters in mittelbarer Täterschaft durch die unterlassene Berichtigung zwingend geboten.[1028] Außerdem handelt es sich um eine Berufspflicht infolge der gewissenhaften Berufsausübung.[1029] Sofern kein Hinweis auf die Berichtigungspflicht erfolgt, kann es zu entsprechenden Haftungsfolgen und auch strafrechtlichen Auswirkungen kommen.[1030] Die Entscheidung, ob eine Berichtigung erfolgt, obliegt jedoch nur dem Steuerpflichtigen.[1031] Ausnahmsweise darf der Steuerberater, wenn er selbst eine Straftat begangen hat bzw. hieran beteiligt ist, für sich selbst eine strafbefreiende Selbstanzeige erstellen.[1032] Hierdurch wird der Straftatbestand des § 203 StGB nicht erfüllt, wenn es ein angemessenes Mittel ist und den Interessen des Steuerberaters dient, beispielsweise der Erlangung eigener Straffreiheit.[1033]

D. Zwischenergebnis

Aus den vorstehenden Ausführungen ist ersichtlich, dass sich bei der elektronischen Steuererklärung im ELSTER II – Verfahren verfahrensrechtliche Änderungen insbesondere im Hinblick auf die steuerliche Beratung ergeben, denen durch zusätzliche Pflichten und Haftungsgefahren für Datenübermittler entgegengewirkt wurde. So drohen, wenn der Steuerberater die elektronischen Daten dem

1027 *Gotzens*, in: Wannemacher, Steuerstrafrecht, Rz. 2604; *Gotzens/Heinsius*, Stbg 2000/5, 209, 215; *Hadamitzky/Senge*, in: Erbs/Kohlhaas, Kommentar strafrechtliche Nebengesetze, Rz. 22a zu § 370 AO; *Jesse*, BB 2011, 1431, 1432; *Prowatke/Stang*, StB 2017, 300, 301; *Rätke*, in: Klein, Kommentar AO, Rz. 6; zu § 153 AO; *Schwedhelm*, DStR 2006, 1017, 1023 f.; *Seer*, in: Tipke/Kruse, Kommentar AO, Rz. 5 zu § 153 AO.

1028 *Rätke*, in: Klein, Kommentar AO, Rz. 6 zu § 153 AO.

1029 *Seer*, Ad Legendum 4/2015, 292, 295.

1030 OLG Düsseldorf, Urteil vom 25.11.2008, I-23 U 64/08, Juris, Rz. 6 f.

1031 *Ransiek*, in: Kohlmann, Kommentar Steuerstrafrecht, Rz. 348 zu § 370 AO; *Rosenke*, in: Pfirrmann/Rosenke/Wagner, BeckOK AO, Rz. 68 f. zu § 153 AO.

1032 *Jesse*, BB 2011, 1431, 1432; *Rosenke*, in: Pfirrmann/Rosenke/Wagner, BeckOK AO, Rz. 71 zu § 153 AO.

1033 *Dörn*, DStR 1993, 374, 379.

Steuerpflichtigen nicht zur Durchsicht vorlegt, neben Haftungsgefahren und etwaigen berufsrechtlichen Auswirkungen auch strafrechtliche Gefahren infolge einer Garantenstellung aus Ingerenz, wenn durch die Nichtübersendung der elektronischen Daten Steuerverkürzungen verursacht werden. Hinzu kommt, dass die Inhalte der elektronischen Datensätze von der Formularsteuererklärung abweichen. Steuerberater müssen zur Vermeidung von Haftungsgefahren (z.B. aus einer nicht mehr möglichen Änderung des Steuerbescheides nach § 173 Abs. 1 Nr. 2 AO) sicherstellen, dass sämtliche Sachverhalte aus den Formularen explizit abgefragt werden. Alternativ können sie die Formulare zusätzlich zur Durchsicht an den Steuerpflichtigen senden. Die Abweichung der Formulare von den elektronischen Daten wirkt damit der angestrebten Vereinfachung des elektronischen Verfahrens entgegen, da doppelte Durchsichten erfolgen müssen.

Weiter besteht eine Pflicht zur Identifizierung des Auftraggebers vor der elektronischen Datenübermittlung gemäß § 87 Abs. 2 AO, welche durch den AEAO weiter ausgelegt wird als der Gesetzeswortlaut und zudem durch eine – nach dem Gesetzeswortlaut von der Kausalität unabhängige – Haftung des Datenübermittlers für Steuerverkürzungen nach § 72a Abs. 2 Nr. 2 AO bei Verstößen sanktioniert wird. Zudem droht eine Haftungsgefahr für den Steuerberater aus § 72a Abs. 2 Nr. 1 AO für Steuerverkürzungen infolge fehlerhafter elektronischer Übermittlung. Beide Haftungsvorschriften müssen einschränkend ausgelegt werden, sodass eine Haftung nur bei durch eine Nichtidentifikation verursachter Steuerverkürzung bzw. bei einer durch eine fehlende Softwareaktualisierung eingetretenen Steuerverkürzung eintritt.

Zudem ergeben sich aus dem Verzicht auf das Unterschriftserfordernis zusätzliche Anforderungen im Hinblick auf die Dokumentation der Tatherrschaft. Ein Anscheinsbeweis, dass der Steuerpflichtige die Tatherrschaft hat, existiert nicht. Der Steuerberater sollte durch explizite Freigabeerkärungen zur Steuererklärung mit allen Anlagen und Begleitschreiben belegen, dass die Tatherrschaft beim Steuerpflichtigen liegt. Hierfür sollte ein entsprechender Freizeichnungsmechanismus, vergleichbar der früheren Unterschrift, gesetzlich geregelt werden. Durch die Aufgabe der Höchstpersönlichkeit der Steuererklärung ist auch eine Steuerhinterziehung durch Unterlassen gemäß § 370 Abs. 1 Nr. 2 AO möglich. Dies trifft den Steuerberater doch im Regelfall mangels eigener Verantwortung nicht. Weiter greift auch bei der elektronischen Steuererklärung nach wie vor keine Berichtigungspflicht für Steuerberater gemäß § 153 AO.

3. Kapitel: Erstellung und Übermittlung der E-Bilanz

A. Gesetzliche Grundlagen der E-Bilanz

I. Zweck

Die Einführung der E-Bilanz ist Teil der stärkeren Nutzung der elektronischen Möglichkeiten (KONSENS), um Medienbrüche zu vermeiden, Abläufe zu automatisieren und die Effizienz des Steuerverfahrens im Interesse aller zu erhöhen.[1034] Die Gesetzesbegründung führt aus, dass Unternehmen mittels der E-Bilanz ihre steuerlichen Pflichten schnell, kostensparend und sicher erfüllen können. Die zu übermittelnden Daten liegen bereits in elektronischer Form vor, da die Standardisierung der E-Bilanz auf den gesetzlichen Regelungen der verpflichtenden oder freiwilligen Buchführung basiert.[1035] Auch der FAQ-Katalog des Bayerischen Landesamtes für Steuern vom 15.06.2012 führt aus, dass durch die elektronische Übermittlung statt der Papierübermittlung und die Verminderung der Rückfragen seitens der Finanzverwaltung sowohl Kosten für den Druck und Versand als auch Zeit von den Unternehmen gespart werden.[1036] Da die Jahresabschlussdaten bei den Unternehmen ohnehin in elektronischer Form vorliegen und auch bei der Finanzverwaltung wieder elektronisch erfasst werden, stellt die Papierübersendung einen kosten-, zeit- und fehlerintensiven Medienbruch dar, der nicht mehr zeitgemäß ist.[1037] Ebenso ist es geplant, dass beispielsweise nach einer Außenprüfung die Finanzverwaltung geänderte XBRL-Datensätze an die Unternehmen zurückübermittelt, um komplizierte Kapitalanpassungen durch händische Buchungen zu vermeiden.[1038]

Die Hauptziele der verpflichtenden Übermittlung der E-Bilanz sind jedoch der Bürokratieabbau und die Steigerung der Effizienz auf Seiten der Finanzverwaltung

---

1034 *Bongaerts,* in: Bongaerts/Neubeck, S. 50 f.

1035 Deutscher Bundestag, Drucksache 16/10188 vom 02.09.2008, S. 24 sowie Bundesrat, Drucksache 547/08 vom 08.08.2008, S. 25; kritisch hierzu noch nachfolgend.

1036 Bayerisches Landesamt für Steuern, E-Bilanz – Häufig gestellte Fragen (FAQ), Mitteilung vom 15.06.2012, S. 2, abgerufen über Lexinform 0437048; so auch: *Paetsch,* in: Kirchhof/Kulosa/Ratschow, BeckOK EStG, Rz. 3 zu § 5b EStG.

1037 BMF, Informationsbroschüre E-Bilanz: Elektronisch statt Papier – Einfacher, schneller und günstiger berichten mit der E-Bilanz, Ausgabe 2012, S. 5.

1038 BMF, Monatsbericht August 2018, S. 40; *Rust/Hülshoff/Kolbe,* BB 2011, 747, 752.

sowie die Verbesserung des Risikomanagementsystems basierend auf einer einheitlichen Struktur der Bilanz. Wie bei der elektronischen Steuererklärung wird die Effizienz auf Seiten der Finanzverwaltung durch Vermeidung von manuellen Übertragungen erheblich erhöht, da dieser Arbeitsschritt entfällt.[1039] Mit Hilfe der erheblichen Informationen, die Teil der E-Bilanz sind, kann unter Umständen künftig auf separate Körperschaftsteuer- und Gewerbesteuererklärungen verzichtet werden, sofern diese Daten bereits im E-Bilanz-Datensatz enthalten sind. Beispielsweise können erhebliche Berechnungen zur Zinsschranke oder zum Schuldzinsenabzug nach § 4 Abs. 4a EStG bereits aus der E-Bilanz abgeleitet werden. Auch möglich ist die Übermittlung von Zwischenabschlüssen für die Anpassung von Vorauszahlungen.[1040] Die E-Bilanz kann damit auch einen ersten Schritt zur Selbstveranlagung im Unternehmensbereich darstellen.[1041] Dies würde zwar weitere Taxonomiepositionen erfordern, jedoch würden durch die Integration der Steuerformulare auch die Unternehmen hiervon profitieren, da derzeit nach wie vor Doppelarbeiten sowie Abstimmarbeiten zwischen Handelsbilanz, E-Bilanz und Steuererklärungen erforderlich sind.[1042]

Die E-Bilanz ist jedoch insbesondere auf ein funktionierendes Risikomanagement der Finanzverwaltung ausgerichtet, um auffällige Steuerpflichtige herauszufiltern und einer detaillierten Prüfung zu unterziehen. Auch dies resultiert aus den begrenzten personellen Ressourcen der Finanzverwaltung, die gezielt für prüfwürdige Unternehmen eingesetzt werden sollen, sodass es faktisch für die Zukunft keine Alternative zur elektronischen Übertragung der Bilanz gibt.[1043] Durch das E-Accounting kann die Finanzverwaltung eine detaillierte automatisierte Prüfung und Analyse vornehmen.[1044] Mit Hilfe der erheblichen Datenmengen hat die Finanzverwaltung eine Vielzahl von neuen Auswertungsmöglichkeiten, die im Rahmen des objektiven Risikomanagements

---

1039 *Beckmann*, S. 80; *Bergan/Martin*, DStR 2010, 1755, 1755; *Schubert/Adrian*, in: Grottel/Schmidt/Schubert/Störk, Beck'scher Bilanzkommentar, Rz. 302 zu § 266 HGB; *Wittkowski/Knopf*, BC 2011, 255, 257.

1040 *Kowallik*, in: Bongaerts/Neubeck, S. 593 f.

1041 *Kowallik*, in: Bongaerts/Neubeck, S. 593 f.; dies auch andeutend: Bayerisches Landesamt für Steuern, E-Bilanz – Häufig gestellte Fragen (FAQ), Mitteilung vom 15.06.2012, S. 2, abgerufen über Lexinform 0437048; siehe auch: *Kling*, BC 2013, 453, 456.

1042 *Kowallik*, in: Bongaerts/Neubeck, S. 597 (erfordert ca. 310 neue Taxonomiepositionen).

1043 *Beckmann*, S. 1.

1044 *Doll/Walter*, beck.digitax 1/2020, 2, 2.

eingesetzt werden können.[1045] Die Daten der E-Bilanz können mit Richtsätzen verglichen werden, wodurch eine Auswahl der Außenprüfungsfälle erfolgen kann. Die größenabhängige Auswahl von prüfpflichtigen Unternehmen, die bisher schon einen Verstoß gegen die Prinzipien der Gleich- und Gesetzmäßigkeit der Besteuerung darstellte[1046] und zudem nicht zu einem effektiven Einsatz der Ressourcen der Finanzverwaltung führt[1047], soll reduziert werden; stattdessen sollen alle Fälle maschinell geprüft werden, um effizient Unternehmen mit höherem Kontrollbedürfnis herauszufiltern. Die Finanzverwaltung kann über die Daten der E-Bilanz Kennziffern definieren und durch unternehmens- und jahresübergreifende Gegenüberstellungen automatisiert prüfwürdige Steuerpflichtige sowie bestimmte Prüfungsgebiete auswählen. Insbesondere sind Verprobungen einzelner Werte und Summen, auch mit den Steuererklärungen oder Umsatzsteuervoranmeldungen, analytische Verfahren, Ziffernanalysen, Kennzahlenberechnungen, Zeitreihen- und Betriebsvergleiche sowie das Herausfiltern von hohen Abschreibungen, Entnahmen oder Einlagen möglich.[1048] Sofern

---

1045 *Beckmann*, S. 49; *Haller*, Nutzung von E-Bilanz Datensätzen im Risikomanagement der Finanzverwaltung, S. 51; *Rust/Hülshoff/Kolbe*, BB 2011, 747, 752.

1046 *Ahrens/Nagel*, FR 2002, 261, 264 (mit Bezug auf Seer); *Seer*, FR 1997, 553, 561 f.; *Seer*, in: Jahrbuch des Bundesverbands der Steuerberater 2016, 55, 60 f.; *Seer*, StuW 4/2015, 315, 320; grundlegend hierzu: *Deckers/Fiethen*, FR 2015, 913, 914; *Halldorn*, S. 113; *Haller*, Nutzung von E-Bilanz Datensätzen im Risikomanagement der Finanzverwaltung, S. 15; *Henselmann/Haller*, DStR 2018, 1033, 1035; *Krömker/Nöcker*, AO-StB 2017, 305, 306; *Seer*, Besteuerungsverfahren: Rechtsvergleich USA - Deutschland, S. 84 f.; *Seer*, in: Tipke/Kruse, Kommentar AO, Rz. 14 zu § 88 AO; *Seer*, Verständigungen in Steuerverfahren, S. 235; a.A.: *Müller-Franken*, S. 356 (steuerliche Bedeutung eines Falls und Größe des Betriebs indizieren größere Prüfungsbedürftigkeit).

1047 *Hardeck*, Reputative Risiken bei aggressiver Steuerplanung – Empirische Evidenz und internationale Bezüge, S. 246.

1048 Deutscher Bundestag, Drucksache 16/10940 vom 13.11.2008 (Bericht des Finanzausschusses), S. 2; *Beckmann*, S. 57 und 81; *Bergan/Martin*, DStR 2010, 1755, 1755; *Bleschick*, DStR 2018, 1050, 1050; *Dreßler*, FR 2015, 1070, 1074; *Geberth/Burlein*, DStR 2011, 2013, 2015; *Groß/Möslein*, in: Pelka/Petersen, Beck'sches Steuerberater-Handbuch 2019/2020, Rz. 22 zu „I Elektronische Steuerkommunikation"; *Haller*, Nutzung von E-Bilanz Datensätzen im Risikomanagement der Finanzverwaltung, S. 51; *Jansen/Polka*, S. 3; *Kowallik*, in: Bongaerts/Neubeck, S. 583 und 587; *Kowallik*, IWB 2014/11, 406, 410; *KPMG*, E-Bilanz, S. 15; *Kußmaul/Weiler*, StuB 2010, 607, 609; *Ley*, in: Brandt, Europäische Perspektiven im Steuerrecht; Steuergerechtigkeit und Steuervereinfachung, S. 232; *Nettersheim*, EStB 2014, 274, 274; *Paetsch*, in: Kirchhof/Kulosa/Ratschow, BeckOK EStG, Rz. 3 zu § 5b EStG; *Polka/Jansen*, BC 2014, 93, 93; *Richter/Welling*, FR 2013, 406, 409; *Schubert/Adrian*, in: Grottel/Schmidt/Schubert/Störk, Beck'scher Bilanzkommentar, Rz. 303 zu § 266 HGB; *Seer*, in: FS Kirchhof,

die digitale Verknüpfung weiter ausgebaut wird, kann sogar ein Abgleich mit Kreditinstituten oder Versicherungsträgern erfolgen oder mit anderen Steuerpflichtigen, z.B. hinsichtlich der korrespondierenden Behandlung von Einnahmen und Ausgaben oder von Richtsätzen für den Fremdvergleich.[1049] Im Wege dieser risikoorientierten Betriebsprüfung soll damit auch die Gleichmäßigkeit und Gerechtigkeit der Besteuerung erhöht werden.[1050] Dies kann im Ergebnis zu einer höheren Prüfungsintensität für kleinere Unternehmen, die wegen entsprechenden Auffälligkeiten ausgesteuert werden, führen.[1051]

Das Risikomanagement hinsichtlich der E-Bilanz betrifft daher insbesondere Unternehmen, die nicht dauerhaft geprüft werden, da hierdurch Auffälligkeiten gezielt entdeckt werden können und sich infolge einer auffälligen E-Bilanz die Prüfungswahrscheinlichkeit erhöhen kann. So können die Ressourcen der Finanzverwaltung zielführend nach dem tatsächlichen Prüfbedürfnis eingesetzt werden.[1052] Des Weiteren kann durch die detaillierte Analyse der Daten der E-Bilanz eine Qualitätsverbesserung im Rahmen der Veranlagungsarbeiten erreicht werden, wodurch weniger Außenprüfungen erforderlich sind.[1053] Die E-Bilanz bietet daher auch eine Chance für Unternehmen, durch detaillierte Erläuterungen und plausible Daten in der E-Bilanz die Wahrscheinlichkeit von Betriebsprüfungen zu minimieren.[1054] Kußmaul und Weiler sprechen auf der anderen Seite von einer hieraus resultierenden höheren „Überprüfungsintensität [des Steuerpflichtigen], was nicht ohne Auswirkungen auf seine Mitwirkungspflichten bleiben könnte“[1055]. Es wäre wünschenswert, dass infolge der

---

1765, 1775; *Sopp/Kruczynski/Richter*, DStR 2013, 605, 607; *Wenk/Jagosch/Straßer*, DStR 2011, 586, 586; *Winnefeld*, in: Winnefeld, Bilanz-Handbuch, Rz. 1141 und 1194 zu Kapitel A; *Wittkowski/Knopf*, BC 2011, 255, 257.

1049 *Doll/Walter*, beck.digitax 1/2020, 2, 3.

1050 Deutscher Bundestag, Drucksache 16/10940 vom 13.11.2008 (Bericht des Finanzausschusses), S. 2; *KPMG*, E-Bilanz, S. 15.

1051 *Haller*, Nutzung von E-Bilanz Datensätzen im Risikomanagement der Finanzverwaltung, S. 26 f.

1052 *Jansen/Polka*, S. 50; *Kowallik*, IWB 2014/11, 406, 410; daher zweifelnd an der Pflicht zur Abgabe E-Bilanz für anschlussgeprüfte Unternehmen nach dem Sinn und Zweck: *KPMG*, E-Bilanz, S. 37 f.

1053 *Beckmann*, S. 81; *Jansen/Polka*, S. 15.

1054 *Kowallik*, IWB 2014/11, 406, 410; *KPMG*, E-Bilanz, S. 15 f.; *Viskorf/Haag*, Beihefter zu DStR 48/2011, 102, 107.

1055 *Kußmaul/Weiler*, StuB 2010, 607, 609; zum Abschätzen künftiger Steueränderungen siehe auch: *Beckmann*, S. 57.

maschinellen Auswertbarkeit der Daten die Möglichkeit der zeitnahen Betriebsprüfung ausgebaut wird, was Unternehmen entsprechende Vorteile durch einen geringeren Zinssatz auf Steuernachzahlungen und eine bessere Nachvollziehbarkeit der Sachverhalte im Rahmen der zeitnah durchgeführten Außenprüfung bringen würde.[1056] Auch der FAQ-Katalog führt ein zeitnahes Erlangen von Rechtssicherheit als Vorteil der E-Bilanz an.[1057]

Es bleibt jedoch eine Wunschvorstellung, dass allein durch den elektronischen Abgleich sämtliche prüfungswürdigen Unternehmen herausgefiltert werden können. Aus der E-Bilanz lassen sich nur die Daten ablesen, die eingelesen werden. Dahinterstehende Sachverhalte, wie zum Beispiel Umwandlungen und Verschmelzungen, können hierüber nicht geprüft werden. Unzulässige Saldierungen, beispielsweise von Pensionsrückstellung und Rückdeckungsversicherung, werden nicht erkannt. Oft ist ein Gesamtbild zu betrachten, was technisch nicht möglich ist. Die E-Bilanz bietet daher nur eine Unterstützung für die Auswahl der prüfpflichtigen Unternehmen, die aber weiterhin auch durch eine Auswahl durch Amtsträger und eine Zufallsauswahl unterstützt werden muss.[1058]

Doch nicht nur im Rahmen der jährlichen Veranlagungsarbeiten sowie zur Auswahl der Betriebsprüfungsfälle kann der Datenpool, der im Rahmen der E-Bilanz entsteht, genutzt werden. Auch ermöglichen die Daten detaillierte Berechnungen für Auswirkungen künftiger Gesetzesänderungen im Steuerrecht, so zum Beispiel hinsichtlich der nicht abziehbaren Betriebsausgaben, Änderungen der Umsatzsteuer oder der gewerbesteuerlichen Hinzurechnungen und Kürzungen.[1059]

Über die Datensammlung aus den übermittelten E-Bilanzen können Richtsätze ständig aktualisiert und ausgebaut werden, um die Risikofilter zu verbessern.[1060] Hieraus folgt auch, dass sich die tatsächlichen Vorteile für die Finanzverwaltung resultierend aus der E-Bilanz erst nach einigen Jahren zeigen werden, da die Kriterien des Risikomanagements für die Daten der E-Bilanz

---

1056 Zur zeitnahen Betriebsprüfung im Rahmen der E-Bilanz siehe *Kowallik,* in: Bongaerts/Neubeck, S. 593 f.; zur zeitnahen Betriebsprüfung allgemein: *Buse*, AO-StB 2013, 90, 91; *Drüen*, DStR-Beih 2013, 82, 88; *Drüen*, FR 2011, 101, 111 ff.; *Drüen*, IFSt-Schrift 2011, Nr. 469; *Risse*, FR 2011, 117, 118 ff.; *Seer*, in: FS Streck, 403, 406 ff.

1057 Bayerisches Landesamt für Steuern, E-Bilanz – Häufig gestellte Fragen (FAQ), Mitteilung vom 15.06.2012, S. 2, abgerufen über Lexinform 0437048; so auch: *Kowallik*, in: Bongaerts/Neubeck, S. 594 f.

1058 *Deckers/Fiethen*, FR 2015, 913, 916 f.

1059 *Beckmann*, S. 57; *KPMG*, E-Bilanz, S. 122 f.; *Kußmaul/Weiler*, StuB 2010, 607, 609.

1060 *Jansen/Polka*, S. 47.

erst basierend auf den erhaltenen Daten entwickelt werden müssen.[1061] Für ein funktionierendes Risikomanagementsystem ist eine erhebliche Datenmenge erforderlich, die innerhalb der ersten Jahre aufgebaut werden muss. Weiter ist zu beachten, dass Daten einzelner Jahre unter Umständen nicht vergleichbar sind, beispielsweise wegen Rezessionen oder Pandemien.

Um ein solches funktionierendes Risikomanagementsystem zu erreichen, ist eine höchstmögliche Standardisierung und Detaillierung der E-Bilanz-Daten erforderlich.[1062] Hierdurch entsteht ein neues Schema der Gliederung der Jahresabschlussdaten, was wiederum Umstellungsaufwand in der Buchhaltung bedeutet. Es müssen neue Konten verwendet werden, die an die Taxonomie der E-Bilanz angepasst sind. Die Kosten durch die Umstellung der Buchhaltung durch eine Kontenumstrukturierung und Schulung der Mitarbeiter wird noch immer kritisiert.[1063] Weiter fällt jährlich Zusatzaufwand durch die stärkere Untergliederung der Buchhaltung an.[1064] Die Effizienzsteigerung durch die E-Bilanz basiert auf der erhöhten Datenbereitstellung durch den Steuerpflichtigen, quasi „zum Leidwesen der Bürgerinnen und Bürger und der Unternehmen“[1065]. Teilweise wurde die E-Bilanz wegen des erhöhten Umstellungsaufwandes auch als „Geschenk für die Steuerberater“ bezeichnet[1066]. Dies ist fragwürdig, da die StBVV keinen Vergütungstatbestand für die E-Bilanz beinhaltet.[1067]

1061 Lt. BMF war dieses Risikomanagementsystem im August 2018 noch im Aufbau, vgl. BMF, Monatsbericht August 2018, S. 39; siehe auch: *Kowallik*, IWB 2014/11, 406, 411 (Nutzung frühestens ab 2016/2017 prognostiziert); kritisch zur Funktionsweise, da keine Einsicht in die Konten mit gebuchten Geschäftsvorfällen: *Ley*, DStR 2018, 72, 73.

1062 *Bongaerts*, in: Bongaerts/Neubeck, S. 52; *KPMG*, E-Bilanz, S. 15.

1063 *Bachmann/Gebhardt/Richter/Risse*, DStR 2019, 1879, 1882; *Beck-Dede*, BC 2012, 250, 250; *Hinnah*, in: Bongaerts/Neubeck, S. 85 f.; *Karla*, Ubg 2012, 753, 755; *Ley*, in: Brandt, Europäische Perspektiven im Steuerrecht; Steuergerechtigkeit und Steuervereinfachung, S. 248; *Rehbock*, StB 2011, 435, 438; *Richter/Kruczynski*, DStR 2012, 919, 923; *Schubert/Adrian*, in: Grottel/Schmidt/Schubert/Störk, Beck'scher Bilanzkommentar, Rz. 301 zu § 266 HGB; *Viskorf/Haag*, Beihefter zu DStR 48/2011, 102, 105; *Wenk/Jagosch/Straßer*, DStR 2011, 586, 589.

1064 *Ley*, in: Brandt, Europäische Perspektiven im Steuerrecht; Steuergerechtigkeit und Steuervereinfachung, S. 248.

1065 *Kußmaul/Weiler*, StuB 2010, 607, 609.

1066 *Bachmann/Gebhardt/Richter/Risse*, DStR 2019, 1879, 1882; hiergegen jedoch: *Kumlehn*, BC 2013, 406, 410, der für größere Unternehmen ausführt, dass langfristig die Arbeit des Steuerberaters durch die E-Bilanz im Vergleich zum Unternehmen zurückgehen wird.

1067 *Gläser/Danner*, DStR 2014, 2198, 2199.

Insbesondere für kleinere Unternehmen kann die E-Bilanz jedoch zu einer Auslagerung der gesamten Buchhaltung auf den Steuerberater führen, da eine nachträgliche Abstimmung und Anpassung der Buchhaltung an die Vorgaben der E-Bilanz langwierig und schwierig und damit auch teuer ist. Bei Abstimmarbeiten, die über den üblichen Umfang der Jahresabschlussvorarbeiten hinausgehen oder die eine Hilfeleistung bei der vom Mandanten erstellten Buchführung darstellen, kann der Steuerberater nach § 35 Abs. 3 StBVV oder § 33 Abs. 7 StBVV die Zeitgebühr abrechnen.[1068] Jedoch bietet die E-Bilanz auch für die Unternehmen Vorteile. Durch die detaillierte Auseinandersetzung mit der Gliederung des Jahresabschlusses kann die eigene Buchhaltung strukturierter ausgestaltet werden.[1069] Durch die Einbeziehung des Steuerberaters im Rahmen der Erstellung der Steuerbilanz, insbesondere bei großen Unternehmen, können spätere Abstimmarbeiten, beispielsweise bei der Umsatzsteuer, vermieden sowie eine schnellere Erstellung der Steuererklärungen erreicht werden.[1070] Grundsätzlich eignet sich das Datenformat XBRL[1071] auch für die Übermittlung der Finanzdaten an andere Institutionen, beispielsweise an Banken oder an den Bundesanzeiger.[1072] Auch ein internes Risikomanagementsystem, Liquiditäts- und Erfolgsrechnungen oder eine konzernweite Anpassung der Buchführung kann hierauf mit Hilfe der großen Detaillierung der Taxonomie der E-Bilanz aufgebaut werden.[1073] Problematisch ist jedoch, dass sich jeweils unterschiedliche Anforderungen an die Strukturierung der Daten ergeben, sodass stets separate Bilanzen sowie Gewinn- und Verlustrechnungen erstellt werden müssen. Auch für interne Zwecke deckt sich die Standardisierung der E-Bilanz meist nicht mit dem Erfordernis eines individuellen Reportings und Controllings des einzelnen Unternehmens.[1074]

1068 *Gläser/Danner*, DStR 2014, 2198, 2199; *Schulz/Bach*, DStR 2013, 1619, 1621 f.

1069 *Bachmann/Gebhardt/Richter/Risse*, DStR 2019, 1879, 1882.

1070 *Beck-Dede*, BC 2012, 250, 253; *Jansen/Polka*, S. 12.

1071 Siehe hierzu nachfolgend Kapitel 3 A III „Verfahren".

1072 Bayerisches Landesamt für Steuern, E-Bilanz – Häufig gestellte Fragen (FAQ), Mitteilung vom 15.06.2012, S. 2, abgerufen über Lexinform 0437048; *Beckmann*, S. 83; *Deutschland*, Diskussionsentwurf „Modernisierung des Besteuerungsverfahrens", DStR-Beih 2014, 149, 154; *KPMG*, E-Bilanz, S. 15 f.; *Rust/Hülshoff/Kolbe*, BB 2011, 747, 747; *Seebeck/Vetter*, IRZ 2018, 379, 384; *Viskorf/Haag*, Beihefter zu DStR 48/2011, 102, 103.

1073 *Beckmann*, S. 83; *KPMG*, E-Bilanz, S. 15 f.; *Kling*, BC 2013, 453, 455; *Sopp/Kruczinsky/Richter*, DStR 2013, 605, 608; *Szarafin*, BC 2011, 453, 456; *Schulz/Bach*, DStR 2013, 1619, 1622*Winnefeld*, in: Winnefeld, Bilanz-Handbuch, Rz. 1194 zu Kapitel A.

1074 *Bachmann/Gebhardt/Richter/Risse*, DStR 2019, 1879, 1882.

Die Ziele der E-Bilanz, Medienbrüche im Interesse aller Beteiligten zu vermeiden sowie die Daten im Rahmen des Risikomanagements für eine gleichmäßige und gerechte Besteuerung zu nutzen, sind sicherlich der richtige und einzige zukunftsfähige Ansatz. Jedoch zeigen sich derzeit die Vorteile hauptsächlich in der Erhöhung der Effizienz und des vorliegenden verarbeitungsfähigen Datenumfangs für die Finanzverwaltung. Faktisch dient die E-Bilanz derzeit nicht, wie in der Gesetzesbegründung dargestellt, der Effizienzsteigerung und Kostensenkung für alle Beteiligten, sondern insbesondere der Optimierung des Risikomanagements der Finanzverwaltung unter Nutzung der Ressourcen der Unternehmen und deren Berater.[1075] Eine Zeit- und Kostenersparnis auf Seiten der Unternehmen können wohl die wenigsten verzeichnen; im Gegenteil kommt es durch die neue Taxonomie der E-Bilanz nun zu Zusatzaufwand durch die Erstellung eines neu strukturierten Jahresabschlusses. Die Ankündigung in der Gesetzesbegründung, dass die Daten für die E-Bilanz ohnehin verfügbar seien, wurde wegen der detaillierten Taxonomie nicht so umgesetzt, da Umfang und Detaillierung der E-Bilanz erheblich über die bisher gesetzlich erforderlichen Daten hinausgehen.[1076] Auch die Möglichkeit zeitnaher oder weniger Betriebsprüfungen sowie weniger Rückfragen seitens der Finanzverwaltung zeigt sich derzeit in der Praxis kaum[1077], was jedoch auch noch aus dem erforderlichen Datenaufbau in den Anfangsjahren resultieren kann. § 4 Abs. 2 S. 1 der BPO bestimmt nach wie vor, dass Großbetriebe anschlussgeprüft werden sollen.[1078] Dies steht im Widerspruch zur Gesetzesbegründung, nach der die größenbasierte Auswahl von prüfwürdigen Unternehmen zugunsten der Auswahl durch das Risikomanagementsystem reduziert werden sollte. Außerdem kontraproduktiv für die Akzeptanz der E-Bilanz und Übermittlung detaillierter freiwilliger Informationen, die die Finanzverwaltung für den Aufbau des Risikomanagementsystems nutzen kann, ist, dass das Risikomanagementsystem

---

1075 *Kumlehn*, BC 2013, 406, 406; *Seer*, in: Hey, DStJG 42 (2019), 247, 269; *Sopp/Kruczynski/Richter*, DStR 2013, 605, 610 f.

1076 Siehe hierzu nachfolgend Kapitel 3 A II „Pflicht zur Übermittlung der E-Bilanz".

1077 Dies bereits bezweifelnd: Schwab in *Viskorf/Haag*, Beihefter zu DStR 48/2011, 102, 107; insbesondere in den Anfangsjahren mehr Rückfragen annehmend: *Gläser/Danner*, DStR 2014, 2198, 2200; auch das BMF bejaht mehr Rückfragen wenn E-Bilanz hinter dem Papier-Kontennachweis zurückbleibt: Monatsbericht des BMF August 2018, S. 39 sowie *Ley*, DStR 2019, 72, 73.

1078 Dies befürwortend: *Henselmann/Haller*, DStR 2018, 1033, 1035 wegen höherer Risikowahrscheinlichkeit; hiergegen: *Seer*, Besteuerungsverfahren: Rechtsvergleich Deutschland – USA, S. 84 f.: statistisch nicht nachgewiesen.

und dessen Kriterien für die Unternehmen nicht nachvollziehbar sind.[1079] Um Medienbrüche vollständig zu vermeiden und eine umfassende Dokumentation zu schaffen, wäre es auch bei E-Bilanzen wünschenswert, dass entsprechende Dokumentationen (z.B. zur Rückstellungsberechnung) mit der jeweiligen E-Bilanz-Position verknüpft werden können und ggf. mit an die Finanzverwaltung übermittelt werden können.[1080] Die derzeitige E-Bilanz stellt eine Hybridlösung dar, in der der Arbeitsaufwand weder durch eine Reduzierung der Daten in der Steuererklärung und eine Selbstveranlagung noch durch eine mögliche Weiterverwendung der Daten für außersteuerliche Zwecke reduziert werden kann. Eine Angleichung der Inhalte der Bilanz ist zwar aufgrund des verschiedenen Adressatenkreises nicht einfach,[1081] dass eine Angleichung der E-Bilanz an Bilanzen für andere Zwecke möglich und ebenso zielführend ist, zeigt aber Österreich. Hier wurden nur geringfügige Änderungen am Schema der handelsrechtlich erforderlichen Gliederung vorgenommen, um steuerliche Besonderheiten darzustellen, beispielsweise hinsichtlich des Eigenkapitals. Hierdurch ist die Akzeptanz deutlich höher, da der Fokus der E-Bilanz auf der Änderung der Übermittlungsform und damit der Vermeidung von Medienbrüchen liegt und nicht auf einer umfangreichen Datensammlung für Zwecke des Risikomanagements der Finanzverwaltung.[1082] Angesichts des in Deutschland entstehenden Zusatzaufwandes durch die verschiedenen Gliederungsschemata wird kritisiert, dass die E-Bilanz im derzeitigen Umfang nicht verhältnismäßig ist, insbesondere da eine weniger tiefe Untergliederung auch für die Erreichung der Ziele der Finanzverwaltung ausreichend wäre.[1083] Inwieweit die sehr detaillierte und von anderen außersteuerlichen Zwecken abweichende Taxonomie der E-Bilanz überhaupt auf einer Rechtsgrundlage basiert, wird im Folgenden noch diskutiert.

1079 Zur Geheimhaltung siehe Kapitel 7 C I 1 „Veröffentlichung der Kriterien und Überprüfung des Risikomanagementsystems".

1080 *Beck-Dede*, BC 2012, 250, 255.

1081 *Seebeck/Vetter*, IRZ 2018, 379, 384.

1082 Zum Vergleich mit dem österreichischen Modell der E-Bilanz: *Sopp/Kruzynski/Richter*, DStR 2013, 605, 606, 608 und 610 f.

1083 *Ley*, in: Brandt, Europäische Perspektiven im Steuerrecht; Steuergerechtigkeit und Steuervereinfachung, S. 251.

II. Pflicht zur Übermittlung der E-Bilanz

Die Pflicht zur elektronischen Übermittlung der Bilanz ist in § 5b EStG geregelt. Hiernach sind Bilanzierende[1084] zur elektronischen Übermittlung der Handelsbilanz mit steuerlicher Überleitungsrechnung oder einer separaten Steuerbilanz nach amtlich vorgeschriebenem Datensatz verpflichtet. Gleiches gilt für die Eröffnungsbilanz nach § 5b Abs. 1 S. 2 EStG. Sofern die Einkünfte als Überschuss der Einnahmen über die Betriebsausgaben ermittelt werden, besteht keine Pflicht zur Übermittlung einer E-Bilanz, jedoch zur elektronischen Übermittlung der EÜR.[1085] Nach § 60 Abs. 1 EStDV sind der Steuererklärung Abschriften der Bilanz sowie der Gewinn- und Verlustrechnung beizufügen. Sofern eine E-Bilanz übermittelt wird, entfällt die Pflicht zur Übermittlung einer Abschrift der Bilanz in Papierform nach § 60 Abs. 1 S. 1 EStDV. Hierdurch wird die E-Bilanz mit den Vorschriften zu den beizufügenden Unterlagen zur Steuererklärung verknüpft.[1086]

Nach § 51 Abs. 4 Nr. 1b EStG wird das Bundesministerium der Finanzen ermächtigt, im Einvernehmen mit den obersten Finanzbehörden der Länder den Mindestumfang der nach § 5b EStG zu übermittelnden Daten zu bestimmen. Dies erfolgt mit Hilfe der Taxonomien.[1087] Hierbei handelt es sich nicht um eine Ermächtigung zur materiellen Rechtssetzung, sondern nur um eine Zuordnung von Verwaltungsaufgaben.[1088] Die Taxonomie wird jährlich aktualisiert. Die Taxonomie für Wirtschaftsjahre, die nach dem 31.12.2020 beginnen, ist in dem BMF-Schreiben vom 23.07.2020[1089] veröffentlicht, wobei das BMF-Schreiben nur auf Änderungen sowie darauf verweist, dass die elektronischen Datensätze für die Taxonomien unter www.esteuer.de abgerufen werden können. Die Taxonomien enthalten eine Vielzahl von Feldern, so bereits zu Beginn

---

1084 Dies sind alle Unternehmen, die ihren Gewinn nach § 4 Abs. 1, § 5 oder § 5a EStG ermitteln, auch wenn dies freiwillig erfolgt; vgl. BMF-Schreiben vom 28.09.2011, BStBl. I 2011, 855, Rz. 1; *Beckmann*, S. 58 f.; *Kolbe/Schumann*, SteuK 2011, 522, 524; *KPMG*, E-Bilanz, S. 33.

1085 *Ley*, in: Brandt, Europäische Perspektiven im Steuerrecht; Steuergerechtigkeit und Steuervereinfachung, S. 234; *Winnefeld*, in: Winnefeld, Bilanz-Handbuch, Rz. 1150 zu Kapitel A.

1086 A.A. *KPMG*, E-Bilanz, S. 39 (§ 150 Abs. 4 S. 1 AO stellt nicht auf die Beifügung einer E-Bilanz ab).

1087 Siehe hierzu Kapitel 3 A III „Verfahren".

1088 *Wagner*, in: Kirchhof/Kulosa/Ratschow, BeckOK EStG, Rz. 73 zu § 51 EStG.

1089 BMF-Schreiben vom 23.07.2020, BStBl. I 2020, 639.

für Einzelunternehmen ca. 800 Felder und für Personengesellschaften ca. 1.000 Felder. Auch der Mindestumfang, die sogenannten Mussfelder, umfasst ca. 350 bis 500 Felder, was deutlich über die Gliederungsvorgaben nach §§ 266, 275 HGB mit knapp 100 Positionen hinausgeht (noch ohne Berücksichtigung der Erleichterungen für Kleinstkapitalgesellschaften).[1090] Es ist zu beachten, dass auch die rechnerisch notwendigen Positionen (Summenfelder etc.) sowie die leeren Positionen des Mindestumfangs in der E-Bilanz enthalten sein müssen. Bei leeren Positionen müssen hier NIL-Werte („not in list“) eingetragen werden.[1091] Erhebliche Untergliederungen zeigen sich außerdem insbesondere bei Gesellschafterdarlehen, Abschreibungen und sonstigen betrieblichen Aufwendungen.[1092] Die Untergliederung der E-Bilanz geht damit erheblich über den bisher notwendigen Mindestumfang nach dem HGB hinaus, sodass faktisch nicht nur eine Änderung der Übermittlungsform, sondern auch eine Ausweitung der Berichtspflichten bewirkt wird.[1093] Auch das BMF-Schreiben vom 19.01.2010 führt aus, dass die handelsrechtliche Taxonomie erweitert wird, um alle steuerlich notwendigen Positionen abzudecken.[1094] Dies gilt nicht nur für die Detaillierung der Einzelpositionen in der Taxonomie, sondern auch für Berichtsbestandteile wie Kapitalkontenentwicklung und außerbilanzielle Korrekturen.[1095] Der Effekt ist für kleinere Unternehmen noch deutlich größer, da das HGB Erleichterungen für Klein- und Kleinstkapitalgesellschaften ermöglicht, die Taxonomie der E-Bilanz jedoch unabhängig von der Größe des Unternehmens anzuwenden ist.[1096] Für Einzelunternehmen und Personengesellschaften

---

1090 *Beckmann*, S. 84; *Bongaerts*, in: Bongaerts/Neubeck, S. 55 und 111; *Kußmaul/Weiler*, BBK 2010, 17, 17 f.; *Sopp/Kruczynski/Richter*, DStR 2013, 605, 607; *Wenk/Jagosch/Straßer*, DStR 2011, 586, 587 (genauer Umfang abhängig von Rechtsform, Gesamt- oder Umsatzkostenverfahren und Version der Taxonomie sowie davon, ob man Summenfelder mit einberechnet).

1091 *Bongaerts*, in: Bongaerts/Neubeck, S. 69; *Sopp/Kruczynski/Richter*, DStR 2013, 605, 607.

1092 *Kußmaul/Weiler*, BBK 2010, 17, 17 f.; *Wenk/Jagosch/Straßer*, DStR 2011, 586, 590.

1093 *Beckmann*, S. 78; *Bongaerts*, in: Bongaerts/Neubeck, S. 49; *Heinsen/Adrian*, DStR 2010, 2591, 2592; *Herrfurth*, StuB 2012, 672, 672 f.; *Herzig*, DStR 2010, 1900, 1907; *KPMG*, E-Bilanz, S. 2; *Wenk/Jagosch/Straßer*, DStR 2011, 586, 589.

1094 BMF-Schreiben vom 19.01.2010, BStBl. I 2010, 47, Rz. 2.

1095 *Beckmann*, S. 84 und S. 178 f.; *Heinsen/Adrian*, DStR 2010, 2591, 2592.

1096 *Beckmann*, S. 40, 58 f. und 78; *Bongaerts*, in: Bongaerts/Neubeck, S. 58; *Herzig*, DStR 2010, 1900, 1907; *Hofmeister*, in: Heuermann/Brandis, Blümich, Kommentar EStG, Rz. 11 zu § 5b EStG; *KPMG*, E-Bilanz, S. 33; *Kußmaul/Weiler*, StuB 2010, 607, 610; *Seer*, in: Hey, DStJG 42 (2019), 247, 268; *Wenk/Jagosch/Straßer*, DStR 2011, 586, 589 f.; bewusst nur eine Taxonomie gemäß *Rust/Hülshoff/Kolbe*, BB 2011, 747, 748.

gelten die Gliederungsvorschriften der §§ 266 und 275 HGB nicht. Hier ist nach § 247 HGB nur eine hinreichende Aufgliederung erforderlich, was in Anlehnung an die Aufgliederung bei der kleinen Kapitalgesellschaft oder der Kleinstkapitalgesellschaft ausgelegt wird.[1097] Auch hier kommt es damit zu einer erheblichen Erweiterung des gesetzlich vorgegebenen Gliederungsschemas durch die E-Bilanz-Taxonomie.[1098] Für Unternehmen, die nicht unter das HGB fallen, existiert derzeit keine gesetzliche Gliederungsvorgabe, sodass hier je nach bisheriger Form der Bilanzerstellung weitere Abweichungen zur E-Bilanz-Taxonomie vorliegen können.[1099] Beckmann bezeichnet die E-Bilanz daher als erste Maßnahme des E-Governments, die „wirklich materielle Auswirkungen auf den Umfang der Übermittlungspflicht"[1100] habe, da eine erhebliche Ausweitung der Daten, die übermittelt werden müssen, eintritt.

Umstritten ist, ob dieser Umfang der E-Bilanz-Taxonomie von § 5b EStG und von § 51 Abs. 4 Nr. 1b EStG gedeckt ist. Inhalt dieses Meinungsstreites ist im Wesentlichen, wie weit die Maßgeblichkeit der Handelsbilanz reicht und ob daraus zwingende Vorschriften für das Steuerrecht abgeleitet werden können sowie inwieweit die Ermächtigungsnorm des § 51 Abs. 4 Nr. 1b EStG zu einer Erweiterung der materiellen Vorschriften zur Bilanzierung führen kann und wie dies mit dem Rechtsstaatsprinzip vereinbart werden kann.

Ausgehend davon, dass § 5b EStG nur eine Verfahrensvorschrift ist, kann sich hierdurch keine Änderung am Umfang der zu übermittelnden Daten ergeben. Aus § 5b EStG ergibt sich lediglich, dass eine elektronische Übermittlung der Bilanzen und Gewinn- und Verlustrechnungen zu erfolgen hat, der

---

1097 Siehe zur kleinen Kapitalgesellschaft *Merkt,* in: Baumbach/Hopt, Kommentar HGB, Rz. 2 zu § 247 HGB; auch Grundsätze zur Kleinstkapitalgesellschaft anwendbar laut *Schubert/Waubke,* in: Grottel/Schmidt/Schubert/Störk, Beck'scher Bilanzkommentar, Rz. 5 zu § 247 HGB; abhängig von den Grundsätzen ordnungsmäßiger Buchführung im Einzelfall, siehe *Ballwieser,* in: Schmidt/Ebke, Münchener Kommentar HGB, Rz. 6 ff. zu § 247 HGB.

1098 *Bongaerts,* in: Bongaerts/Neubeck, S. 55; *Fischer/Kalina-Kerschbaum,* DStR 2010, 2114, 2116; *Kußmaul/Weiler,* StuB 2010, 607, 610; *Vinken,* FR 2013, 403, 404; *Wenk/Jagosch/Straßer,* DStR 2011, 586, 589.

1099 *Schubert/Adrian,* in: Grottel/Schmidt/Schubert/Störk, Beck'scher Bilanzkommentar, Rz. 301 zu § 266 HGB; wobei sich durch das Erfordernis der Klarheit und Vollständigkeit der Bilanz faktisch ein ähnliches Gliederungsschema zumindest wie bei einer Kleinstkapitalgesellschaft ergeben wird, siehe *Haug,* in: Beck'sches Steuer- und Bilanzrechtslexikon, Rz. 6 zu „Steuerbilanz".

1100 *Beckmann,* S. 40.

Übermittlungsweg wird also geändert. Die Vorschrift begründet aber keine Erweiterung des Umfangs der zu übermittelnden Daten. Dieser ergibt sich wie bisher materiellrechtlich aus §§ 4, 5, 5a EStG i.V.m. §§ 247 ff. HGB. Es müsste also gemäß den gesetzlichen Regelungen ausreichen, die bisher in Papierform übermittelte Bilanz in XBRL umzuwandeln und zu übermitteln; aufgrund der vorgeschriebenen Taxonomie und der Prüfungen durch ERiC ist dies jedoch technisch nicht möglich.[1101] Alternativ könnte die Finanzverwaltung die handelsrechtlichen Positionen, die für den Aufbau des Risikomanagementsystems benötigt werden, auswählen und diesbezüglich eine elektronische Übermittlung regeln.[1102] Gegen § 5b EStG als reine Verfahrensvorschrift spricht auch nicht, dass die Vorschrift des § 5b EStG bei den Gewinnermittlungsvorschriften eingefügt wurde. Die Vorschrift enthält weder materiellrechtliche Verpflichtungen zur Buchführung noch Regelungen zur Gewinnermittlung.[1103] Die Struktur ist ähnlich zur Vorschrift des § 60 Abs. 4 EStDV, welche ebenfalls eine Verfahrensnorm ist, sodass bereits nach der grammatikalischen Auslegung eine Verfahrensnorm vorliegt.[1104] Gleiches gilt für die Verfahrensvorschriften zur elektronischen Übermittlung der Steuererklärungen nach § 41a EStG und § 18 Abs. 1 UStG.[1105] Des Weiteren spricht der Verweis in § 60 Abs. 1 S. 1 EStDV, gemäß dem keine Bilanz in Papierform vorzulegen ist, wenn eine E-Bilanz übermittelt wird, für eine reine Verfahrensvorschrift, die die bisherige Papierbilanz ersetzt.[1106] § 5b EStG substituiert damit das bisherige Verfahren des § 60 Abs. 1 EStDV.[1107] Die Taxonomie der E-Bilanz höhlt damit die gesetzliche Regelung des § 5b EStG aus[1108] und erweitert die Pflichten für Steuerpflichtige[1109]. Die für die E-Bilanzen

---

1101 *Beckmann*, S. 61 und 174 f.; *Bergan/Martin*, DStR 2010, 1755, 1755; *Bongaerts*, in: Bongaerts/Neubeck, S. 49, 53, 55; *Fischer/Kalina-Kerschbaum*, DStR 2010, 2114, 2116; *Kolbe/Schumann*, SteuK 2011, 522, 524; *KPMG*, E-Bilanz, S. 4 f.; *Kußmaul/Weiler*, BBK 2010, 17, 17 f.; *Vinken*, FR 2013, 403, 404; *Winnefeld*, in: Winnefeld, Bilanz-Handbuch, Rz. 1142 zu Kapitel A.

1102 *Goldshteyn/Purer*, StBP 2011, 185, 189.

1103 *Goldshteyn/Purer*, StBP 2011, 185, 186; *Heinsen/Adrian*, DStR 2010, 2591, 2592; *Karla*, Ubg 2012, 753, 754.

1104 *Beckmann*, S. 61; *KPMG*, E-Bilanz, S. 4 f.; zu § 60 Abs. 4 EStDV siehe *Pflüger*, in: Herrmann/Heuer/Raupach, Kommentar EStG, Rz. 66 ff. zu § 25 EStG; siehe auch: *Bergan/Martin*, DStR 2010, 1755, 1755.

1105 *Beckmann*, S. 57.

1106 *Beckmann*, S. 61.

1107 *Beckmann*, S. 174 f.

1108 *Herrfurth*, StuB 2012, 672, 673.

1109 *Bongaerts*, in: Bongaerts/Neubeck, S. 55; *Herzig*, DStR 2010, 1900, 1907.

vorgeschriebenen Taxonomien stellen im Ergebnis nicht nur ein Substitut dar, sondern führen zu einer Ausweitung des Übermittlungsumfangs und damit zu einem Eingriff in das Rechnungswesen der Unternehmen.[1110]

Auch die Ermächtigung in § 51 Abs. 4 Nr. 1b EStG stellt keine Rechtsgrundlage für den Umfang der E-Bilanz dar. Es ist anerkannt, dass die Verwaltung per Gesetz ermächtigt werden kann, bestimmte Bereiche selbst zu regeln.[1111] Diese Ermächtigung ist jedoch aus verfassungsrechtlicher Sicht zu prüfen. § 80 Abs. 1 S. 2 GG bestimmt, dass Rechtsverordnungen auf gesetzlicher Grundlage erlassen werden können, wobei Inhalt, Zweck und Ausmaß der erteilten Ermächtigung im Gesetz bestimmt werden müssen.[1112] Jedoch stellt die Ermächtigung des Bundesfinanzministeriums in § 51 Abs. 4 Nr. 1b EStG keine Rechtsverordnung in diesem Sinne dar, sondern eine Zuordnung von Verwaltungsaufgaben, die sich von der materiellen Rechtssetzung durch Rechtsverordnung unterscheidet. Die Zuordnung von Verwaltungsaufgaben leitet sich aus dem Organisationsrecht der Verwaltung ab.[1113] Aus dieser systematischen Stellung der Ermächtigungsnorm als Zuordnung von Verwaltungsaufgaben sowie aus der Veröffentlichung der Taxonomien in BMF-Schreiben ergibt sich auch, dass sich hieraus nur eine Innenwirkung für die Finanzbehörden ergeben kann.[1114] Basierend hierauf kann abgeleitet werden, dass keine materiellrechtliche Wirkung von § 51 Abs. 4 Nr. 1b EStG ausgehen kann, da es sich nur um eine intern wirkende Zuordnung von Verwaltungsaufgaben handelt. § 51 Abs. 4 Nr. 1b EStG stellt daher nur eine Ermächtigungsnorm ohne Auswirkung auf die materiellrechtlichen Pflichten dar.[1115] Aussagen des Finanzministeriums, nach denen § 51 Abs. 4 Nr. 1b EStG dazu ermächtigt, den Mindestumfang der Taxonomie zu bestimmen[1116],

---

1110 *Beckmann*, S. 84; *Schubert/Adrian*, in: Grottel/Schmidt/Schubert/Störk, Beck'scher Bilanzkommentar, Rz. 301 zu § 266 HGB.

1111 Grundlegend zu Ermächtigungen BVerfG, Urteil vom 05.03.1958, 2 BvL 18/56, BVerfGE 7, 282, Rz. 43 ff.

1112 *Uhle*, in: Epping/Hillgruber, BeckOK GG, Rz. 17 zu Art. 80 GG.

1113 *Clausen*, in: Herrmann/Heuer/Raupach, Kommentar EStG, Rz. 30 zu § 51 EStG; allgemein hierzu: *Drüen*, in: Tipke/Kruse, Kommentar AO, Rz. 81 zu § 4 AO; *Koenig*, in: Koenig, Kommentar AO, Rz. 51 zu § 4 AO.

1114 *Drüen*, in: Tipke/Kruse, Kommentar AO, Rz. 80 zu § 4 AO; *Karla*, Ubg 2012, 753, 754; *Koenig*, in: Koenig, Kommentar AO, Rz. 51 zu § 4 AO.

1115 *Beckmann*, S. 174 f.; *Geberth/Burlein*, DStR 2011, 2013, 2017; *Kußmaul/Weiler*, BBK 2010, 17, 17 f.; *Vinken*, FR 2013, 403, 404; zweifelhaft *KPMG*, E-Bilanz, S. 8 sowie *Schubert/Adrian*, in: Grottel/Schmidt/Schubert/Störk, Beck'scher Bilanzkommentar, Rz. 302 zu § 266 HGB; siehe auch: *Goldshteyn/Purer*, StBP 2011, 185, 187.

1116 FM Sachsen-Anhalt vom 19.04.2016, DB S. 1106, Nr. 1.

sind damit nicht korrekt und werden zurecht kritisiert, da sich aus § 51 Abs. 4 Nr. 1b EStG gerade keine Auswirkungen auf die Pflichten der Steuerpflichtigen zur Übermittlung der Daten ergeben können. Für die Zuordnung von Verwaltungsaufgaben gilt § 80 GG nicht, es ergibt sich jedoch aus dem Vorbehalt des Gesetzes, dass jede Verwaltungstätigkeit eine gesetzliche Grundlage benötigt (Art. 20 Abs. 3 GG).[1117] Daher sind Verwaltungsvorschriften keine hinreichende Grundlage für eine Belastung des Steuerpflichtigen. Es ist stets zu prüfen, ob der gesetzliche Tatbestand, der der Verwaltungsanweisung zugrunde liegt, einer entsprechenden Konkretisierung oder Typisierung zugänglich ist.[1118]

Beckmann führt hierzu aus, dass im Steuerrecht mangels eigenständiger Regelungen die Gliederungsvorschriften der Handelsbilanz gelten. Hierauf kann die Ermächtigungsnorm des § 51 Abs. 4 Nr. 1b EStG keine Auswirkung haben, dies fällt auch gar nicht in den Kompetenzbereich der Finanzverwaltung.[1119] Des Weiteren kann ein Gesetz nicht durch ein BMF-Schreiben verdrängt werden.[1120] In Anlehnung an die Maßgeblichkeit der Handelsbilanz argumentiert er, dass die Gliederungsvorschriften über § 140 AO Geltung für das Steuerrecht erlangen und damit nicht durch die Regelung des § 51 Abs. 4 Nr. 1b EStG, die keine Rechtsnormqualität hat, erweitert werden können.[1121] Weiter wird ausgeführt, dass die E-Bilanz-Taxonomie faktisch auch Auswirkungen auf die Gliederung nach dem HGB habe, da die Mehrheit der Unternehmen keine separate Steuerbilanz erstellt; es kommt damit zu einer umgekehrten Maßgeblichkeit.[1122] Rein steuerliche Regelungen können keine Auswirkungen auf die Handelsbilanz haben und hätten hier erhebliche Auswirkungen, die deutlich über die früher für steuerliche Wahlrechte geltende umgekehrte Maßgeblichkeit hinausgehen und faktisch

---

1117 *Clausen*, in: Herrmann/Heuer/Raupach, Kommentar EStG, Rz. 30 zu § 51 EStG; *Goldshteyn/Purer*, StBP 2011, 185, 187; *Karla*, Ubg 2012, 753, 754; *Seer*, Verständigungen in Steuerverfahren, S. 125; *Wagner*, in: Kirchhof/Kulosa/Ratschow, BeckOK EStG, Rz. 29 und 73 zu § 51 EStG.

1118 *Drüen*, in: Tipke/Kruse, Kommentar AO, Rz. 81a zu § 4 AO.

1119 *Beckmann*, S. 176 f.

1120 *Beckmann*, S. 174 f.; siehe zum Vorbehalt des Gesetzes auch *Drüen*, in: Tipke/Kruse, Kommentar AO, Rz. 81a zu § 4 AO; *Schober*, in: Pfirrmann/Rosenke/Wagner, BeckOK AO, Rz. 49 zu § 4 AO.

1121 *Beckmann*, S. 178 f.

1122 *Heinsen/Adrian*, DStR 2010, 2591, 2594; *Herzig*, DStR 2010, 1900, 1907; *KPMG*, E-Bilanz, S. 8; *Ley*, in: Brandt, Europäische Perspektiven im Steuerrecht; Steuergerechtigkeit und Steuervereinfachung, S. 248; *Paetsch*, in: Kirchhof/Kulosa/Ratschow, BeckOK EStG, Rz. 40 zu § 5b EStG; *Wenk/Jagosch/Straßer*, DStR 2011, 586, 589 f.

jede Buchführung beeinflussen würden.[1123] Herrfurth spricht davon, dass faktisch eine unabhängige Steuerbilanz geschaffen werde.[1124] Marx kritisiert, dass bei einer separaten Steuerbilanz die Finanzverwaltung kaum noch Kenntnis von der Handelsbilanz erhalte, sodass die handelsrechtlichen Ansätze nur im Rahmen einer Außenprüfung überprüft werden können. Dies führe im Hinblick auf die Maßgeblichkeit der Handelsbilanz zu gleichheitsrechtlichen Bedenken.[1125] Auch Kußmaul und Weiler argumentieren, dass die Untergliederung der E-Bilanz durch die davon abhängige Funktionsweise des Risikomanagements von anderen Kriterien abhänge als die handelsrechtliche Bilanz, sodass eine weitere Abkopplung der Steuerbilanz von der handelsrechtlichen Bilanz stattfindet.[1126] Dies zeigt sich auch bereits daran, dass Daten, in denen die Finanzverwaltung möglicherweise steuerliche Risiken sieht, wie beispielsweise Gesellschafterdarlehen oder sonstige betriebliche Aufwendungen, erheblich untergliedert sind.

Allein die Maßgeblichkeit der Handelsbilanz für die Steuerbilanz kann jedoch nicht ausreichen, um einen Verstoß gegen den Vorbehalt des Gesetzes durch die E-Bilanz-Taxonomie zu manifestieren. Zwar erfasst die Maßgeblichkeit nach § 5 Abs. 1 EStG auch die Gliederungsvorschriften nach dem HGB, sodass diese hierüber auch für die steuerliche Bilanzierung von Kaufleuten anzuwenden sind[1127], jedoch gilt das HGB zum einen nicht für alle Steuerpflichtigen, die zur Übermittlung einer E-Bilanz verpflichtet sind. Zum anderen haben steuerliche Spezialregelungen Vorrang vor der Maßgeblichkeit der Handelsbilanz.[1128] Die E-Bilanz-Taxonomie hat direkt, insbesondere wenn man zulässigerweise eine separate Steuerbilanz erstellt, keine Auswirkung auf die Gliederung der Handelsbilanz. Hiergegen spricht auch nicht, dass faktisch insbesondere kleine Unternehmen kein eigenständiges Tax Accounting haben und damit im Ergebnis bereits die Handelsbilanz nach den E-Bilanz-Vorgaben erstellen müssen.[1129] Zwar gelten die Gliederungsvorschriften der Handelsbilanz auch mittelbar für die Steuerbilanz und diese werden auch nicht durch § 5b EStG oder § 51 Abs. 4 Nr. 1b EStG erweitert, jedoch kann sich eine Ausweitung der einzureichenden

---

1123 *Heinsen/Adrian*, DStR 2010, 2591, 2594; *KPMG*, E-Bilanz, S. 8.

1124 *Herrfurth*, StuB 2012, 672, 672 f.

1125 *Marx*, StuB 2020, 169, 175.

1126 *Kußmaul/Weiler*, StuB 2010, 607, 610.

1127 *Krumm*, in: Heuermann/Brandis, Blümich, Kommentar EStG, Rz. 206 zu § 5 EStG; a.A. jedoch *Herrfurth*, BC 2011, 436, 436.

1128 *Meinert*, in: Kirchhof/Kulosa/Ratschow, BeckOK EStG, Rz. 375 zu § 5 EStG.

1129 *Wenk/Jagosch/Straßer*, DStR 2011, 586, 590.

Informationen und Unterlagen auch durch andere steuerliche Vorschriften ergeben, beispielsweise durch die Mitwirkungspflichten des § 90 AO.

Bestärkt wurde die Auffassung, die die E-Bilanz-Taxonomie als zulässig erachtet, durch die Rechtsprechung des Bundesfinanzhofes zur elektronischen Übermittlung der Einnahmen-Überschuss-Rechnung.[1130] Hier wird ausgeführt, dass § 60 Abs. 4 EStDV, der die elektronische Übermittlung der Einnahmen-Überschuss-Rechnung regelt, eine Rechtsverordnung ist, die die Voraussetzungen des Art. 80 Abs. 1 S. 2 GG erfüllt.[1131] Diese Frage stellt sich im Zusammenhang mit der E-Bilanz jedoch nicht, da sich die elektronische Übermittlungspflicht direkt aus dem Gesetz (§ 5b EStG) ergibt. Im Unterschied zur EÜR ergibt sich aber, wie oben erläutert, die Taxonomie bei der E-Bilanz gerade nicht aus einer Rechtsverordnung.[1132]

Derzeit existieren keine steuerlichen Regelungen zur Detaillierung der Bilanz sowie der Gewinn- und Verlustrechnung. Daher richtet sich nach anderer Ansicht die Detaillierung der E-Bilanz nicht nach den materiellrechtlichen Vorschriften zur Bilanzierung (wie beispielsweise im HGB), sondern nach dem Inhalt und Zweck der steuerlichen Gewinnermittlung.[1133] Für ein Risikomanagementsystem ist eine standardisierte und detaillierte Datenbasis erforderlich, welche wiederum der Gesetz- und Gleichmäßigkeit der Besteuerung dient. Die Anforderung der standardisierten Detailinformationen der E-Bilanz beeinflusst die Mitwirkungspflichten des Beteiligten nach § 90 AO. Dies ist vergleichbar mit der Ermächtigung des § 51 Abs. 4 Nr. 1 EStG, gemäß der das Bundesfinanzministerium im Einvernehmen mit den obersten Finanzbehörden der Länder ermächtigt wird, die Vordrucke für die Steuererklärungen zu gestalten und hierdurch steuerlich erhebliche Informationen von den Steuerpflichtigen zu erhalten.[1134] Auch Beckmann vergleicht die Ermächtigung zur Ausgestaltung der Taxonomie mit der Ausgestaltung von Steuerformularen.[1135] Bei der

---

1130 So argumentierend *Costa/Treybal*, BBK Sonderausgabe September 2012, 1, 3; *Herrfurth*, StuB 2012, 672, 673 mit Bezug auf BFH, Urteil vom 16.11.2011, X R 18/09, BStBl. II 2012, 129, Leitsatz 1 und Rz. 24 ff.

1131 BFH, Urteil vom 16.11.2011, X R 18/09, BStBl. II 2012, 129, Leitsatz 1 und Rz. 24 ff.; zur Verfassungsmäßigkeit von Durchführungsverordnungen siehe auch: *Drüen*, in: Tipke/Kruse, Kommentar AO, Rz. 65 ff. zu § 4 AO sowie *Schober*, in: Pfirrmann/Rosenke/Wagner, BeckOK AO, Rz. 26 ff. zu § 4 AO.

1132 So auch: *Karla*, Ubg 2012, 753, 757.

1133 *Bongaerts*, in: Bongaerts/Neubeck, S. 55.

1134 *Seer*, in: Hey, DStJG 42 (2019), 247, 266.

1135 *Beckmann*, S. 68; ähnlich auch: *Schubert/Adrian*, in: Grottel/Schmidt/Schubert/Störk, Beck'scher Bilanzkommentar, Rz. 302 zu § 266 HGB.

Ausgestaltung der Steuerformulare handelt es sich nicht um eine Ermächtigung zur materiellen Rechtssetzung, sondern nur um eine Zuordnung von Verwaltungsaufgaben, sodass keine Ausdehnung der materiellrechtlichen steuerlichen Pflichten hierüber erfolgen darf.[1136] Dies resultiert daraus, dass die Steuerformulare dem Steuervollzug dienen. Zuständig hierfür ist gemäß Art. 108 GG die Verwaltung.[1137] Nähere Regelungen zur Ausgestaltung der Formulare sind neben § 150 Abs. 5 AO, nach dem auch Fragen zur Statistik oder für die Durchführung des Bundesausbildungsförderungsgesetzes aufgenommen werden dürfen, nicht vorhanden. Damit bestimmt sich der mögliche Inhalt der Vordrucke nach dem Zweck, sodass nur Daten verlangt werden dürfen, die eine Auswirkung auf den Steueranspruch haben.[1138] Seer schlussfolgert dies im Umkehrschluss aus § 150 Abs. 5 AO und führt aus, dass die in den Formularen enthaltenen Daten „Besteuerungsgrundlagen" betreffen müssen.[1139] Daher ist es erforderlich, dass die angeforderten Informationen für die Besteuerung notwendig und verhältnismäßig sind.[1140]

Die Gretchenfrage der verfassungsmäßigen Zulässigkeit der E-Bilanz-Taxonomie ist damit nicht die Frage, ob von § 5b EStG und/oder § 51 Abs. 4 Nr. 1b EStG eine Ausweitung der materiellrechtlichen Pflichten, wie sie durch die E-Bilanz-Taxonomie erfolgt ist, abgedeckt ist. Es handelt sich um Verfahrensnormen, die zudem wegen des Vorbehaltes des Gesetzes keine Außenwirkung entfalten können, sodass diese Vorschriften die E-Bilanz-Taxonomie nicht gesetzlich legitimieren können. Die Gretchenfrage ist, ob eine Anforderung von Daten in dem Umfang, wie es die E-Bilanz-Taxonomie verlangt, von der allgemeinen Mitwirkungspflicht des § 90 AO abgedeckt ist. In diesem Fall würde auch eine hinreichende gesetzliche Grundlage bestehen.

Herrfurth führt hierzu aus, dass die notwendigen Ermittlungen des Finanzamtes eine Erhebung, Sammlung und einen Vergleich von Daten einschließen, sodass dem Steuerpflichtigen entsprechende Mitwirkungspflichten auferlegt werden können.[1141] Weiter führt er aus, jedoch ohne weitergehende Beispiele

---

1136 *Wagner*, in: Kirchhof/Kulosa/Ratschow, BeckOK EStG, Rz. 73 zu § 51 EStG.

1137 *Ortwald*, Steuererklärungspflicht und Verfahrensleistungsfähigkeit, S. 96 ff.: im Bereich der Einkommen- und Körperschaftsteuer liegt bei den Ländern mit Direktionsbefugnis des Bundes im Einzelfall.

1138 *Heuermann*, in: Hübschmann/Hepp/Spitaler, Kommentar AO, Rz. 6 zu § 150 AO.

1139 *Seer*, in: Hey, DStJG 42 (2019), 247, 266.

1140 Siehe Kapitel 1 B I „Allgemeine Mitwirkung des Beteiligten bei der Sachverhaltsermittlung".

1141 *Herrfurth*, BC 2011, 436, 436.

oder Erläuterungen, dass sämtliche Daten der E-Bilanz-Taxonomie, bis auf einige unwesentliche Ausnahmen bei den sonstigen betrieblichen Erträgen und Aufwendungen, auf Rechtsnormen (z.B. HGB, GmbHG, EStG, KStG, GewStG) sowie Verwaltungsvorschriften und Standards der Rechnungslegung basieren.[1142]

Es ist von den Grundsätzen zu § 90 AO auszugehen. Die Mitwirkung zur Aufklärung des Sachverhaltes muss geeignet, erforderlich und für den Beteiligten möglich sein. Hierbei ist eine Abwägung von Zweck und Mittel vorzunehmen, sodass die Mitwirkung auch verhältnismäßig sein muss.[1143] Dass eine möglichst detaillierte und standardisierte Aufgliederung der E-Bilanz für den Aufbau eines Risikomanagements geeignet ist, wurde bereits dargelegt[1144] und auch im Hinblick auf die EÜR vom Bundesfinanzhof entschieden[1145]. So wie bei der Ausgestaltung der Formulare der Steuererklärungen bestimmt sich die Notwendigkeit des Inhaltes der E-Bilanz-Taxonomie nach dem Zweck, sodass nur Daten verlangt werden dürfen, die eine Auswirkung auf den Steueranspruch und damit hier auf die Funktionsweise des Risikomanagementsystems haben. Eine diesbezügliche Überprüfung ist nicht einfach, da die Kriterien des Risikomanagementsystems nicht veröffentlicht werden und somit unklar ist, welche Daten hierfür verwendet werden. Angesichts des Umfangs der E-Bilanz-Taxonomie kann jedoch nicht davon ausgegangen werden, dass die Datenerhebung in diesem Detailgrad für ein funktionierendes Risikomanagementsystem erforderlich ist. Auch die Finanzverwaltung geht offen damit um, dass die E-Bilanz über den bisherigen Detaillierungsgrad der Formulare hinausgeht.[1146] So enthalten beispielsweise die Konten zu Umsatzerlösen und Erlösschmälerungen erhebliche Untergliederungen nach Auslands- und Inlandssachverhalten, unterschiedlichen Steuersätzen und Steuerbefreiungen, die bisher bei Nutzung der Standardkontenrahmen weder im Jahresabschluss noch in den Formularen der Steuererklärung in dieser detaillierten Untergliederung enthalten waren. Zinsaufwendungen werden detailliert unterschieden, insbesondere um die notwendigen Auswirkungen für die Begrenzungen des Schuldzinsenabzuges nach § 4 Abs. 4a EStG und § 8 Nr. 1 GewStG erkennen zu können. Die Angaben hierzu

---

1142 *Herrfurth*, BC 2011, 436, 436.

1143 Siehe Kapitel 1 B I „Allgemeine Mitwirkung des Beteiligten bei der Sachverhaltsermittlung".

1144 Siehe Kapitel 3 A I „Zweck".

1145 BFH, Urteil vom 16.11.2011, X R 18/09, BStBl. II 2012, 129, Rz. 64.

1146 *Richter/Welling*, FR 2013, 406, 407.

sind jedoch separat auch nochmal in den Steuererklärungen zu machen. Erlöse aus Verkäufen des Anlagevermögens werden nach unterschiedlichen Arten aufgeteilt, beispielsweise bezüglich Finanzanlagen und auch, ob es sich um inländische oder ausländische Beteiligungen handelt. Abgänge des Anlagevermögens unterschieden nach Sachanlagen, geringwertigen Wirtschaftsgütern, immateriellen Wirtschaftsgütern, Finanzanlagen etc. sind bereits aus dem Anlagespiegel ersichtlich. Der explizite Hinweis auf ausländische Beteiligungen verstärkt den Eindruck, dass der Steuerpflichtige hierdurch faktisch die Einordnung in seine Risikoklasse vornimmt und der Finanzverwaltung „auf dem Silbertablett" mögliche Anlässe und Kriterien für die Nachprüfung liefert. Dies zeigt sich beispielsweise auch an der Taxonomieposition „Abschreibungen (...), soweit diese die in der Kapitalgesellschaft üblichen Abschreibungen überschreiten".[1147] Der Steuerpflichtige übernimmt mit der Nutzung der E-Bilanz-Taxonomie faktisch Aufgaben der Finanzverwaltung. Diese muss etwaige Risikokriterien nicht mehr herausfiltern. Der Steuerpflichtige muss selbst entscheiden, ob seine Aufwendungen das übliche Ausmaß überschreiten, obwohl er hierzu kaum in der Lage ist. Die praktischen Auswirkungen und Probleme hieraus liegen auf der Hand. Es werden in der Praxis infolgedessen meist Auffangpositionen genutzt, da anderenfalls umfangreiche Abstimm- und Überleitungsarbeiten von den Standardkontenrahmen erforderlich sind.[1148] Aufgrund dessen können sich durch eine detaillierte Offenlegung in der E-Bilanz, beispielsweise von ausländischen Beteiligungen, derzeit sogar Nachteile für den mitwirkenden Steuerpflichtigen ergeben, da er hierdurch seinen Fall selbst aus dem automatischen Verfahren aussteuert und eine Nachprüfung veranlasst. Dies steht im Widerspruch zum Zweck des kooperativen Besteuerungsverfahrens, in dem der Steuerpflichtige zur Mitwirkung durch Anreize angehalten werden soll. Durch diesen unterschiedlichen Umgang mit dem Detaillierungsgrad der E-Bilanz können sich auch kaum aussagekräftige Richtwerte für das Risikomanagementsystem aus den stark untergliederten Detailpositionen ableiten lassen. Der Sinn und Zweck der Detaillierung ist fraglich.

1147 Siehe zu den Beispielen der Taxonomiepositionen Kerntaxonomie 6.4, abgerufen unter http://www.e-steuer.de/#finanzantrag; zuletzt abgerufen am 19.12.2020, 08:41 Uhr.

1148 Siehe Kapitel 3 E I 2 „Maßnahmen zur Verbesserung des Risikofaktors" zu Vor- und Nachteilen der Nutzung von Auffangpositionen und der Übermittlung freiwilliger Positionen.

Auch hier zeigt sich wieder das Problem, dass die E-Bilanz in der derzeitigen Form noch eine Hybridlösung ist. Steuererklärungen sowie unter Umständen auch der Anhang müssen daneben eingereicht werden, sodass es zu erheblichen doppelten Angaben kommt. Diese doppelten Angaben sind in jedem Fall für die Besteuerung und auch für das Risikomanagementsystem nicht erforderlich. Angaben, ob die Aufwendungen das „übliche Maß" überschreiten, sind ohne weitere Konkretisierung unmöglich. Auch ob eine E-Bilanz-Taxonomie in diesem Umfang verhältnismäßig ist, ist fraglich, da den Unternehmen ein erheblicher Aufwand zur Untergliederung der Bilanz auferlegt wird. Eine tatsächliche Nutzbarkeit der detaillierten E-Bilanz-Untergliederungen ist fraglich.[1149] Es wird daher eingewendet, dass die Taxonomie der E-Bilanz erheblich über das Notwendige und Verhältnismäßige, was im Besteuerungsverfahren erforderlich ist, hinausgeht.[1150] Die Rechtsprechung des Bundesfinanzhofes zur EÜR kann auch in dieser Hinsicht nicht auf die E-Bilanz übertragen werden, da der BFH im Hinblick auf die EÜR gerade ausgeführt hat, dass keine zusätzlichen Konten infolge der elektronischen Übermittlungsgliederung erforderlich seien.[1151] Sofern unzumutbare oder für die Besteuerung unerhebliche Fragen enthalten wären, so führt der BFH aus, wäre dies auch bei der EÜR nicht von § 60 Abs. 4 EStDV gedeckt.[1152] Bei der E-Bilanz sind hingegen erhebliche Kontenuntergliederungen und -umstellungen erforderlich; außerdem kommt es zu doppelten Angaben in der E-Bilanz und den Steuererklärungen.[1153] Die Taxonomie widerspricht damit dem gesetzgeberischen Ziel des Bürokratieabbaus und der Steigerung der Effizienz für alle Beteiligten.[1154] Angesichts der Gesetzesbegründung und der Absicht, Bürokratie abzubauen, kann nicht davon ausgegangen werden, dass der Gesetzgeber einen solchen Umfang der E-Bilanz und daraus entstehenden Aufwand für die betroffenen Unternehmen und deren Berater vorgesehen hatte.[1155] Es wäre sinnvoll, sich an den ohnehin gesetzlich bestehenden Pflichten der Handelsbilanz zu orientieren und konkret steuerlich erforderliche

---

1149 Dies auch anzweifelnd: *Drüen,* in: Brandt, Europäische Perspektiven im Steuerrecht; Steuergerechtigkeit und Steuervereinfachung, S. 266 f.

1150 *Beckmann,* S. 78; *Drüen,* in: Brandt, Europäische Perspektiven im Steuerrecht; Steuergerechtigkeit und Steuervereinfachung, S. 266 f.

1151 BFH, Urteil vom 16.11.2011, X R 18/09, BStBl. II 2012, 129, Rz. 70.

1152 BFH, Urteil vom 16.11.2011, X R 18/09, BStBl. II 2012, 129, Rz. 77 und Rz. 80.

1153 Wie bereits oben ausführlich dargestellt, zum Vergleich mit der EÜR siehe auch *Burlein,* BBK 2012, 690, 693.

1154 Siehe Kapitel 3 A I „Zweck".

1155 *Geberth/Burlein,* DStR 2011, 2013, 2017.

ergänzende Informationen abzufragen, deren steuerliche Relevanz auch erläutert wird. Im Gegenzug muss auf die Doppelangaben in den Steuererklärungen verzichtet werden. Unnötige Abfragen im Rahmen der E-Bilanz müssen vermieden werden.[1156] Es kann im Ergebnis nur zu einer Effizienzsteigerung für alle Beteiligten kommen, wenn E-Bilanz und Steuererklärungen zusammengefügt werden. Außerdem sollte die konkrete Funktionsweise des Risikomanagementsystems veröffentlicht werden.[1157]

Kußmaul und Weiler sprechen daher von einer Überschreitung der Ermächtigungsnorm.[1158] Dies ist korrekt, da faktisch durch die Vorgabe der Taxonomie die materiellrechtlichen Pflichten erweitert werden, was auch nicht durch die Mitwirkungspflichten des § 90 AO gedeckt ist. Die Taxonomie dient hauptsächlich dem Aufbau eines Risikomanagementsystems, der Umfang ist jedoch hierfür weder notwendig noch verhältnismäßig. Die Rechtsprechung zur EÜR ist hierauf nicht übertragbar[1159], da die Übermittlungspflicht der E-Bilanz nicht in einer Rechtsverordnung festgelegt wurde und der Aufwand der E-Bilanz erheblich über den Aufwand der EÜR hinausgeht.

Fraglich ist jedoch, welche Auswirkungen sich aus dieser Überschreitung der Ermächtigungsnorm für den Steuerpflichtigen ergeben. Bei unzulässigen Formularfragen löst es keine negativen Rechtsfolgen aus, wenn diese falsch beantwortet werden.[1160] Problematisch ist nun, dass man unzulässige Teile der E-Bilanz-Taxonomie nicht „nicht" oder „falsch" beantworten kann, da EriC in diesem Fall keine Übermittlung zulässt. Man hat damit nur die Möglichkeit, sich auf die Mussfelder der E-Bilanz zu beschränken.[1161] So führt auch Rätke aus, dass sich aus § 5b EStG zwar eine Verpflichtung der elektronischen Übermittlung der Bilanz ergebe, jedoch keine Verpflichtung zur Verwendung der von der Finanzverwaltung vorgegebenen Taxonomie.[1162] Wie dies faktisch technisch

---

1156 *Heinsen/Adrian*, DStR 2010, 2591, 2594.

1157 Siehe hierzu nachfolgend im Detail Kapitel 7 C I 1 „Veröffentlichung der Kriterien und Überprüfung des Risikomanagementsystems".

1158 *Kußmaul/Weiler*, BBK 2010, 17, 17 f.

1159 So wohl auch *Karla*, Ubg 2012, 753, 756 f.; *Seer*, in: Tipke/Kruse, Kommentar AO, Rz. 31 zu § 150 AO (EÜR ist eine weniger einschneidende Pflicht); a.A.: *Herrfurth*, StuB 2012, 672, 673; *Kowallik*, IWB 2014/11, 406, 414; *Paetsch*, in: Kirchhof/Kulosa/Ratschow, BeckOK EStG, Rz. 6 zu § 5b EStG.

1160 *Heuermann*, in: Hübschmann/Hepp/Spitaler, Kommentar AO, Rz. 6 zu § 150 AO.

1161 Siehe zu etwaigen negativen Auswirkungen hieraus nachfolgend Kapitel 3 E I „Prüfung der E-Bilanz und Verbesserung des Risikofaktors durch den Steuerberater".

1162 *Rätke*, in: Klein, Kommentar AO, Rz. 60 zu § 150 AO.

trotz den in der Taxonomie und den im ELSTER Rich Client hinterlegten Prüfmechanismen sowie dem Verbot, Dateien über andere Schnittstellen als den ELSTER Rich Client zu übermitteln, funktionieren soll, bleibt jedoch offen.

Sinnvoll wäre es, zur Klarstellung eine Rechtsverordnung zu schaffen.[1163] Aus dem Rechtsstaatsprinzip und Art. 80 Abs. 1 S. 2 GG ergibt sich, dass bereits aus der Ermächtigung genau erkennbar sein muss, was vom Bürger gefordert werden kann. Es sind daher große Anforderungen an die inhaltliche Bestimmtheit zu stellen, sodass vorausgesehen werden kann, in welchen Fällen und mit welcher Tendenz von der Ermächtigung Gebrauch gemacht wird und welchen Inhalt die Rechtsverordnungen haben können.[1164] Unter diesen Voraussetzungen kann klar bestimmt werden, wie die Taxonomien aus welchen Gründen auszugestalten sind. Die Mitwirkungspflichten des § 90 AO sind für den derzeit praktizierten Umfang der E-Bilanz-Taxonomien erheblich zu unbestimmt und können damit die umfangreiche Taxonomie nicht abdecken. Die Untergliederung der E-Bilanz ist damit zu detailliert und gesetzlich nicht gerechtfertigt.[1165] Im Ergebnis erfolgt der Aufbau des Risikomanagements der Finanzverwaltung auf dem Rücken der Steuerpflichtigen und deren Berater, die durch eine Ausdehnung der zu übermittelnden Daten einen erheblichen Zusatzaufwand durch die Erstellung einer separaten Bilanz sowie Gewinn- und Verlustrechnung haben, was insbesondere kleine und mittelgroße Unternehmen belastet, die keine entsprechende Steuerabteilung haben.[1166]

Laut Verwaltungsauffassung sollen auch zu besonderen Anlässen verpflichtend E-Bilanzen übermittelt werden, beispielsweise in Umwandlungsfällen, bei Betriebsaufgabe, Zwischen- sowie Liquidationsbilanzen.[1167] Die Finanzverwaltung leitet dies aus den allgemeinen Mitwirkungspflichten des § 90 AO ab. Diese

---

1163 *Herrfurth*, StuB 2012, 672, 672 f.; zum Erfordernis von Rechtsverordnungen bei Eingriffen, die über die gesetzlichen Regelungen hinausgehen, siehe auch: *Ortwald*, Steuererklärungspflicht und Verfahrensleistungsfähigkeit, S. 126 (der dies für Steuererklärungsformulare ablehnt).

1164 BVerfG, Urteil vom 05.03.1958, 2 BvL 18/56, BVerfGE 7, 282, Rz. 73; *Karla*, Ubg 2012, 753, 754.

1165 *Drüen*, in: Brandt, Europäische Perspektiven im Steuerrecht; Steuergerechtigkeit und Steuervereinfachung, S. 266 f.; *Lewandowski/Ackermann*, DStR 2014, 1646, 1650 f.; *Paetsch*, in: Kirchhof/Kulosa/Ratschow, BeckOK EStG, Rz. 40 zu § 5b EStG; *Seer*, FR 2012, 1000, 1005.

1166 *Wenk/Jagosch/Straßer*, DStR 2011, 586, 589.

1167 BMF-Schreiben vom 28.09.2011, BStBl. I 2011, 855, Rz. 1; so auch: *Kolbe/Schumann*, SteuK 2011, 522, 524.

Verpflichtung ist jedoch umstritten, da § 5b EStG und § 60 EStDV die Übermittlungspflicht von E-Bilanzen abschließend regeln. Der Wortlaut des § 5b EStG bezieht sich ausdrücklich nur auf jährliche Bilanzen sowie Gewinn- und Verlustrechnungen nach §§ 4 Abs. 1, 5 oder 5a EStG sowie auf Eröffnungsbilanzen. Eine Übertragungsbilanz nach dem UmwStG ist eine eigenständige Bilanz, die nicht hierzu gehört.[1168] Gleiches gilt für Liquidationsbilanzen nach § 11 KStG[1169] und Sonderbilanzen von Personengesellschaften[1170]. Zudem macht die Übermittlung dieser Bilanzen in der Praxis größere Probleme, da sich diese in vielen Fällen nicht aus der Buchhaltung generieren lassen, sondern händisch erstellt werden; das Verhältnis von Aufwand und Erkenntnisgewinn im Rahmen des Risikomanagementsystems dürfte damit noch weiter abweichen als bei der jährlichen E-Bilanz.[1171]

Aufgrund der Unverhältnismäßigkeit der E-Bilanz-Taxonomie geht die gesetzliche Verpflichtung der E-Bilanz nicht nur über die Mitwirkungspflichten des § 90 AO hinaus, sondern ist auch mit dem Datenschutzrecht unvereinbar. Die Erhebung der Daten in diesem Umfang ist insbesondere wegen der erheblichen mehrfach erhobenen Angaben nicht erforderlich. Außerdem existieren weder Regelungen zu Zugriffseinschränkungen noch zu maximalen Aufbewahrungszeiten, sodass gegen das Recht auf informationelle Selbstbestimmung nach Art. 2 Abs. 1 i.V.m. Art. 1 GG verstoßen wird.[1172] Daneben wird auch argumentiert, dass wegen der Unangemessenheit der Taxonomie und der daraus folgenden überschießenden Datenanforderung auch ein Verstoß gegen die Berufsfreiheit des Art. 12 GG vorliegt.[1173]

1168 *Beckmann*, S. 65 f.; *Bongaerts*, in: Bongaerts/Neubeck, S. 63; *Heinsen/Adrian*, DStR 2010, 2591, 2592 f.

1169 *Beckmann*, S. 64; *Bongaerts*, in: Bongaerts/Neubeck, S. 63; *Heinsen/Adrian*, DStR 2010, 2591, 2592 f.

1170 *Beckmann*, S. 66; differenzierend: *Hofmeister*, in: Heuermann/Brandis, Blümich, Kommentar EStG, Rz. 26 f. zu § 5b EStG.

1171 *Beckmann*, S. 66; *Hofmeister*, in: Heuermann/Brandis, Blümich, Kommentar EStG, Rz. 27 zu § 5b EStG; *Ley*, in: Brandt, Europäische Perspektiven im Steuerrecht; Steuergerechtigkeit und Steuervereinfachung, S. 235.

1172 *Beckmann*, S. 137 und 191 f.; *Seer*, in: Hey, DStJG 42 (2019), 247, 269.

1173 *Beckmann*, S. 199.

III. Verfahren

Die Übermittlung der E-Bilanz erfolgt in einem XBRL-Datensatz.[1174] XBRL bedeutet eXtensible Business Reporting Language und basiert auf fünf verschiedenen Linkbases. Diese legen Beziehungen zwischen den einzelnen Elementen (z.B. zwischen verschiedenen Werten oder mit anderen Quellen wie Gesetzestexten) fest und enthalten Rechenregeln für eine Aufsummierung und Verprobung der Werte.[1175] Hierdurch können Finanzdaten mit standardisierten Bezeichnungen sowie Strukturinformationen, beispielsweise zum Unternehmen sowie zur Definition des jeweiligen Postens (sog. Tags), verknüpft werden, wodurch eine Standardisierung und Strukturierung, wie sie für ein funktionierendes Risikomanagement notwendig ist, erreicht wird.[1176] Die Linkbases sind zusammen mit dem Schema-Document, welches den Maximalumfang der E-Bilanz festgelegt, Basis für die sogenannte Taxonomie (griechisch: táxis = Ordnung und nómos = Gesetz), welche nicht nur ein Gliederungsschema, sondern ein elektronisches Referenzdokument darstellt.[1177] Es handelt sich bei der Taxonomie nicht nur um eine Gliederung der Einzelpositionen, sondern um ein Schema, das Datensätze strukturiert, aufgliedert und miteinander verknüpft. Die einzelnen Datensätze enthalten definierte Vorgaben, welche Inhalte eingefügt werden können.[1178]

1174 Bayerisches Landesamt für Steuern, E-Bilanz – Häufig gestellte Fragen (FAQ), Mitteilung vom 15.06.2012, S. 2; BMF, Informationsbroschüre E-Bilanz: Elektronisch statt Papier – Einfacher, schneller und günstiger berichten mit der E-Bilanz, Ausgabe 2012, S. 5; BMF-Schreiben vom 28.09.2011, BStBl. I 2011, 855, Rz. 8; BMF-Schreiben vom 19.01.2010, BStBl. I 2010, 47, Rz. 2; Lexinform 0437048; *Beckmann*, S. 79; *Bergan/Martin*, DStR 2010, 1755, 1757; *Bongaerts*, in: Bongaerts/Neubeck, S. 67; *Haller*, Nutzung von E-Bilanz Datensätzen im Risikomanagement der Finanzverwaltung, S. 43; *Kolbe/Schumann*, SteuK 2011, 522, 522; *KPMG*, E-Bilanz, S. 114 f.; *Paetsch*, in: Kirchhof/Kulosa/Ratschow, BeckOK EStG, Rz. 30 zu § 5b EStG; *Rehbock*, StB 2011, 435, 436; *Sopp/Kruczynski/Richter*, DStR 2013, 605, 609; *Szarafin*, BC 2011, 453, 453; *Thurow*, BC 2011, 278, 278; *Viskorf/Haag*, Beihefter zu DStR 48/2011, 102, 103; *Wenk/Jagosch/Straßer*, DStR 2011, 586, 586; *Winnefeld*, in: Winnefeld, Bilanz-Handbuch, Rz. 1193 zu Kapitel A; *Wittkowski/Knopf*, BC 2011, 255, 257.

1175 *Hinnah*, in: Bongaerts/Neubeck, S. 74; *Rehbock*, StB 2011, 435, 436.

1176 *Haller*, Nutzung von E-Bilanz Datensätzen im Risikomanagement der Finanzverwaltung, S. 43; *Szarafin*, BC 2011, 453, 453; *Winnefeld*, in: Winnefeld, Bilanz-Handbuch, Rz. 1193 zu Kapitel A.

1177 Vgl. Bayerisches Landesamt für Steuern, E-Bilanz – Häufig gestellte Fragen (FAQ), Mitteilung vom 15.06.2012, S. 3, abgerufen über Lexinform 0437048; *Bongaerts/Neubeck*, in: Bongaerts/Neubeck, S. 98; *Rehbock*, StB 2011, 435, 436; *Wenk/Jagosch/Straßer*, DStR 2011, 586, 586.

1178 *Bongaerts/Neubeck*, in: Bongaerts/Neubeck, S. 98.

Damit erscheint die Taxonomie zwar von außen wie ein Kontenrahmen, geht jedoch tatsächlich durch die dahinter liegenden Verknüpfungen, Verplausibilisierungen und Rechenregeln erheblich darüber hinaus. Durch die große Detaillierung und Standardisierung eignet sich das XBRL-Format für die von der Finanzverwaltung angestrebten Kennzahlenermittlungen sowie Vergleichsberechnungen.[1179] Das Datenformat XBRL wird weltweit für Finanzdaten genutzt, beispielsweise auch für die Offenlegung im Bundesanzeiger. Für das angestrebte Ziel einer Weiterverwendung der Daten für andere Institutionen ist die Nutzung von XBRL damit zu begrüßen.[1180]

Der genaue Inhalt der zu übermittelnden Daten ergibt sich aus den vorgegebenen Taxonomien. Der erste Teil ist das Stammdaten-Modul (GCD-Modul). Der zweite Teil ist das Jahresabschluss-Modul (GAAP-Modul). Das Jahresabschluss-Modul besteht aus Bilanz und Gewinn- und Verlustrechnung sowie unter bestimmten Voraussetzungen aus Ergebnisverwendung, Kapitalkontenentwicklung, steuerlicher Gewinnermittlung für Einzelunternehmen oder Personengesellschaften, steuerlicher Gewinnermittlung für besondere Fälle (Betriebe gewerblicher Art oder wirtschaftliche Geschäftsbetriebe), steuerlichen Modifikationen und Detailinformationen. Es besteht auch die Möglichkeit zur freiwilligen Übermittlung von Haftungsverhältnissen, Eigenkapitalspiegel, Kapitalflussrechnung, Anhang, Lagebericht sowie Berichten des Aufsichtsrates.[1181] Die E-Bilanz-Taxonomie basiert auf den Standardkontenrahmen SKR03 und SKR04 der DATEV.[1182] Neben der Kerntaxonomie gibt es spezielle Branchentaxonomien für bestimmte Wirtschaftszweige.[1183]

Wie bei der elektronischen Übermittlung von Steuererklärungen[1184] ist nur eine elektronische Übermittlung zulässig, nicht jedoch die Einreichung eines

---

1179 *Szarafin*, BC 2011, 453, 454.

1180 *Sopp/Kruczynski/Richter*, DStR 2013, 605, 611; *Szarafin*, BC 2011, 453, 453, 456.

1181 BMF, Informationsbroschüre E-Bilanz: Elektronisch statt Papier – Einfacher, schneller und günstiger berichten mit der E-Bilanz, Ausgabe 2012, S. 5; BMF-Schreiben vom 28.09.2011, BStBl. I 2011, 855, Anlage zu Rz. 11; *Geberth/Burlein*, DStR 2011, 2013, 2015 f.; *Paetsch*, in: Kirchhof/Kulosa/Ratschow, BeckOK EStG, Rz. 34 und 35 zu § 5b EStG; *Rehbock*, StB 2011, 435, 437; *Wenk/Jagosch/Straßer*, DStR 2011, 586, 586 f.

1182 *Hinnah*, in: Bongaerts/Neubeck, S. 76.

1183 Bayerisches Landesamt für Steuern, E-Bilanz – Häufig gestellte Fragen (FAQ), Mitteilung vom 15.06.2012, S. 5, abgerufen über Lexinform 0437048; BMF, Informationsbroschüre E-Bilanz: Elektronisch statt Papier – Einfacher, schneller und günstiger berichten mit der E-Bilanz, Ausgabe 2012, S. 26; *Paetsch*, in: Kirchhof/Kulosa/Ratschow, BeckOK EStG, Rz. 34 zu § 5b EStG.

1184 Siehe Kapitel 2 A III „Verfahren“.

Datenträgers mit den Daten.[1185] Auch dürfen die Daten nicht in anderen Formaten, z.B. PDF oder Excel, übermittelt werden.[1186] Die Schnittstelle für die elektronische Übertragung ist ERiC (ELSTER Rich Client). Die Finanzverwaltung stellt selbst kein Erfassungstool zur händischen Erfassung der Daten zur Verfügung, das ERiC Development Toolkit wird aber allen Softwareherstellern kostenlos von der Finanzverwaltung zur Verfügung gestellt.[1187] Aktuell wird die E-Bilanz neben der DATEV beispielsweise auch von ABACUS, Lexware, SAP sowie E-Bilanz-Online, einem Angebot des Bundesanzeiger Verlags, unterstützt. Mit myebilanz existiert auch eine Freeware.[1188] Mit Hilfe von ERiC werden die Daten nach einem Public Key Crypthography Standard verschlüsselt. Die verschlüsselten Daten werden anschließend über das Internet an die Finanzverwaltung übermittelt.[1189] Diese Verschlüsselung stellt, wie bei der elektronischen Steuererklärung, keine qualifizierte elektronische Signatur dar[1190]. Diese ist nach § 87a Abs. 3 S. 2 AO grundsätzlich erforderlich, wie bei den elektronischen Steuererklärungen[1191] kann dies aber nach § 87a Abs. 6 AO durch ein anderes sicheres Verfahren ersetzt werden.[1192]

Mit Hilfe von ERiC erfolgt aber nicht nur ein verschlüsselter Versand der Daten der E-Bilanz an die Finanzverwaltung, sondern die Steuerdaten werden auf Plausibilität und Vollständigkeit geprüft. So werden Währungen und Stichtagsangaben überprüft sowie, ob alle Mindestangaben enthalten, die Rechenregeln korrekt und bestimmte Positionen plausibel sind (z.B. Summen, Abgleich der Aktiva mit den Passiva). Des Weiteren werden die Stammdaten überprüft. Bei unvollständigen oder unplausiblen Daten können die Daten nicht übermittelt werden.[1193] Inhaltliche Prüfungen oder Hinweise auf mögliche Abweichungen

---

1185 *Paetsch,* in: Kirchhof/Kulosa/Ratschow, BeckOK EStG, Rz. 31 zu § 5b EStG.

1186 *Hinnah,* in: Bongaerts/Neubeck, S. 72.

1187 *Hinnah,* in: Bongaerts/Neubeck, S. 67 und 80; dies kritisierend wegen zusätzlichem Einführungs- und Pflegeaufwand durch die Unternehmer: *Fischer/Kalina-Kerschbaum*, DStR 2010, 2114, 2117; *Geberth/Burlein*, DStR 2011, 2013, 2017.

1188 Nur auszugsweise dargestellt, umfängliche Liste unter https://www.elster.de/elsterweb/softwareprodukt; zuletzt abgerufen am 25.04.2020, 08:13 Uhr.

1189 *Beckmann*, S. 79.

1190 *Beckmann*, S. 78 f.; *KPMG*, E-Bilanz, S. 114 f.

1191 Siehe Kapitel 2 A IV „Unterschriftserfordernisse".

1192 *Paetsch,* in: Kirchhof/Kulosa/Ratschow, BeckOK EStG, Rz. 32 zu § 5b EStG.

1193 BMF-Schreiben vom 28.09.2011, BStBl. I 2011, 855, Anlage zu Rz. 11; *Bongaerts,* in: Bongaerts/Neubeck, S. 69; *Groß/Möslein,* in: Pelka/Petersen, Beck'sches Steuerberater-Handbuch 2019/2020, Rz. 23 zu I „Elektronische

von Durchschnittszahlen werden jedoch durch ERiC nicht vorgenommen; es ist eine rein quantitative und keine qualitative Analyse.[1194] ERiC stellt damit kein Risikomanagementsystem für die Unternehmen dar. Diese werden nur auf offensichtliche Fehler und Unstimmigkeiten in den Daten hingewiesen. Auf der anderen Seite wird jedoch durch ERiC auch sichergestellt, dass eine Übermittlung überhaupt erst möglich ist, wenn der Mindestumfang und sämtliche Rechenregeln eingehalten sind. Anderenfalls ist keine Übermittlung an den Eingangsserver der Finanzverwaltung möglich, sodass keine wirksam eingereichte E-Bilanz vorliegt. Aufgrund der Vielzahl an Positionen in der E-Bilanz würde es ansonsten vermutlich zu einer erheblichen Menge an unplausiblen Datenübermittlungen kommen, die im Ergebnis im Risikomanagementsystem der Finanzverwaltung nicht verwertbar wären. Angesichts der fraglichen Rechtsgrundlage der E-Bilanz[1195] führt diese Vollständigkeitsprüfung jedoch zu praktischen Problemen, sofern die Auffassung vertreten wird, dass es an einer gesetzlichen Grundlage für den Mindestumfang der E-Bilanz fehlt. Weiter findet derzeit durch ERiC noch keine Verprobung mit den Steuererklärungen statt, sodass hier weiterhin händische Abstimmarbeiten erforderlich sind.[1196] Auch im Hinblick hierauf ist es zwingend geboten, zur Effizienzsteigerung die E-Bilanz in die Steuererklärungen zu integrieren oder zumindest entsprechende automatisierte Abstimmungen zu hinterlegen.

B. Übermittlung der E-Bilanz durch den Steuerpflichtigen

I. Auswirkungen bei Nichtübermittlung der E-Bilanz

1. *Zwangsmittel*

Zunächst ist festzuhalten, dass Sanktionen nur dann erfolgen können, wenn die E-Bilanz nicht in elektronischer Form an die Finanzverwaltung gesendet wird. Sofern Felder rechnerisch falsch ausgefüllt, nicht alle Mussfelder ausgefüllt oder

---

Steuerkommunikation"; *KPMG*, E-Bilanz, S. 19, 114 f. und S. 120 f.; *Viskorf/Haag*, Beihefter zu DStR 48/2011, 102, 103; *Winnefeld*, in: Winnefeld, Bilanz-Handbuch, Rz. 1193 zu Kapitel A.

1194 *Groß/Möslein*, in: Pelka/Petersen, Beck'sches Steuerberater-Handbuch 2019/2020, Rz. 23 zu I „Elektronische Steuerkommunikation"; *Viskorf/Haag*, Beihefter zu DStR 48/2011, 102, 103; *Wittkowski/Knopf*, BC 2011, 441, 443.

1195 Siehe hierzu nachfolgend Kapitel 3 A II „Pflicht zur Übermittlung der E-Bilanz".

1196 *KPMG*, E-Bilanz, S. 122 f.; *Ley*, in: Brandt, Europäische Perspektiven im Steuerrecht; Steuergerechtigkeit und Steuervereinfachung, S. 248.

Auffangpositionen genutzt werden, obwohl diese nicht zulässig sind, werden keine Sanktionen verhängt. Es wird daher in diesen Fällen nur zu Nachfragen seitens der Finanzverwaltung kommen.[1197] Die Diskussion ist aber ohnehin in den meisten Fällen theoretisch, da durch ERiC ohnehin alle Mussfelder ausgefüllt werden müssen und auch eine rechnerische Richtigkeit der Daten vorliegen muss; anderenfalls ist technisch keine Übermittlung möglich, sodass in diesem Fall kein elektronischer Versand erfolgen kann.[1198]

In der Literatur wird vertreten, dass bei Nichteinreichung der E-Bilanz wegen Verstoßes gegen die Mitwirkungspflichten Zwangsmittel festgesetzt werden können.[1199] Dies wird auch im BMF-Schreiben vom 19.01.2010 ausgeführt.[1200] Ebenso wurde die Möglichkeit der Festsetzung eines Zwangsgeldes nach Androhung bei Nichteinreichung der E-Bilanz in der gesetzlich vorgegebenen Form von den Gerichten bestätigt.[1201] Die Begrenzung des Zwangsgeldes nach § 329 AO bezieht sich auf die E-Bilanz als Ganzes, nicht auf jeden Berichtsbestandteil. Wenn einzelne Bestandteile fehlen, ist die Pflicht vollständig nicht erfüllt, sodass auch in diesem Fall ein Zwangsgeld bis 25.000 Euro festgesetzt werden kann.[1202]

Die Voraussetzungen für Zwangsmittel sind in § 328 Abs. 1 AO geregelt. Hiernach kann ein Verwaltungsakt, der auf die Vornahme einer Handlung gerichtet ist, mit Zwangsmitteln durchgesetzt werden. Pflichten zum Handeln können sich auch unmittelbar aus dem Gesetz ergeben, wobei zunächst eine Aufforderung durch Verwaltungsakt zur Erfüllung der gesetzlichen Pflicht erfolgen muss.[1203] Hierbei muss jedoch der Verwaltungsakt eine Stütze im Gesetz haben.[1204] § 5b

---

1197 *Bongaerts,* in: Bongaerts/Neubeck, S. 58; *Jansen/Polka,* S. 51; *Rust/Hülshoff/Kolbe,* BB 2011, 747, 751.

1198 *Bongaerts,* in: Bongaerts/Neubeck, S. 58.

1199 *Bergan/Martin,* DStR 2010, 1755, 1758; *Bongaerts,* in: Bongaerts/Neubeck, S. 57; *Drüen,* in: Tipke/Kruse, Kommentar AO, Rz. 3 zu § 328 AO; *Jansen/Polka,* S. 51; *Kolbe/Schumann,* SteuK 2011, 522, 526; *KPMG,* E-Bilanz, S. 17; *Ley,* in: Brandt, Europäische Perspektiven im Steuerrecht; Steuergerechtigkeit und Steuervereinfachung, S. 236; *Paetsch,* in: Kirchhof/Kulosa/Ratschow, BeckOK EStG, Rz. 43 zu § 5b EStG; *Weber-Grellet,* in: Schmidt, Kommentar EStG, Rz. 6 zu § 5b EStG.

1200 BMF-Schreiben vom 19.01.2010, BStBl. I 2010, 47, Rz. 4.

1201 BFH, Urteil vom 15.05.2018, VII R 14/17, BFH/NV 2018, 1137, Rz. 11 ff.; Schleswig-Holsteinisches FG, Urteil vom 08.03.2017, 1 K 149/15, Juris, Rz. 14 ff.

1202 *KPMG,* E-Bilanz, S. 17.

1203 *Bergan/Martin,* DStR 2010, 1755, 1758; *Drüen,* in: Tipke/Kruse, Kommentar AO, Rz. 2 zu § 328 AO.

1204 *Drüen,* in: Tipke/Kruse, Kommentar AO, Rz. 2 zu § 328 AO.

EStG enthält die Pflicht zur elektronischen Übermittlung der Bilanz sowie Gewinn- und Verlustrechnung nach amtlich vorgeschriebenem Datensatz. Diese Vorschrift nennt auch die Rechtsprechung als Rechtsgrundlage für die Aufforderung zur elektronischen Übermittlung der E-Bilanz.[1205] In den Urteilen wurde nun nur entschieden, ob, wenn keine elektronische Übermittlung über ERiC wegen Sicherheitsbedenken erfolgt, die Festsetzung von Zwangsmitteln zulässig ist oder ob hier ein Härtefall vorliegt.[1206] Nicht entschieden wurde jedoch, ob im Hinblick auf den Umfang der Taxonomie eine wirksame Rechtsgrundlage für die Aufforderung zur elektronischen Übermittlung und die darauf basierende Androhung von Zwangsmitteln besteht. Wie dargelegt[1207], stellt § 5b EStG nur eine Verfahrensvorschrift dar, durch die der Übermittlungsweg der herkömmlichen Papierübermittlung durch die elektronische Übermittlung ersetzt wird. Eine Ausweitung der zu übermittelnden Daten erfolgt hierdurch nicht. Gleiches gilt für die Vorschrift des § 51 Abs. 4 Nr. 1b EStG zur Ausgestaltung der Taxonomie, die ohnehin nur eine Verwaltungsvorschrift ohne materiellrechtliche Auswirkung ist. Einzige Rechtsgrundlage für den derzeitigen Umfang der Taxonomie kann damit § 90 AO sein. Es wurde bereits dargelegt[1208], dass die Taxonomie über den nach § 90 AO erforderlichen und verhältnismäßigen Umfang hinausgeht. Die Androhung eines Zwangsmittels bei Nichteinhaltung der Taxonomie ist damit rechtswidrig. Es ist außerdem zu beachten, dass § 90 AO allein nicht ausreichend bestimmt ist, sodass die Androhung von Zwangsmitteln auf § 90 AO in Verbindung mit einer besonderen Mitwirkungsvorschrift gestützt sein muss.[1209] Es müsste daher auf §§ 93, 97 AO i.V.m. § 90 AO gestützt werden, wobei auch hier die Grundsätze der Erforderlichkeit und Verhältnismäßigkeit zu berücksichtigen sind.[1210]. Für eine Zusammenstellung der Unterlagen nach bestimmten Kriterien ist ein kombiniertes Auskunfts- und Vorlageverlangen

---

1205 BFH, Urteil vom 15.05.2018, VII R 14/17, BFH/NV 2018, 1137, Rz. 16; Schleswig-Holsteinisches FG, Urteil vom 08.03.2017, 1 K 149/15, Juris, Rz. 20.

1206 Siehe hierzu auch Kapitel 3 B II „Härtefallregelungen".

1207 Siehe Kapitel 3 A II „Pflicht zur Übermittlung der E-Bilanz".

1208 Siehe Kapitel 3 A II „Pflicht zur Übermittlung der E-Bilanz".

1209 Siehe z.B. *Seer*, in: Tipke/Kruse, Kommentar AO, Rz. 3 zu § 90 AO; Kapitel 1 B I „Allgemeine Mitwirkung des Beteiligten bei der Sachverhaltsermittlung" mit weiteren Nachweisen.

1210 *Kobor*, in: Pfirrmann/Rosenke/Wagner, BeckOK AO, Rz. 36 ff. zu § 93 AO sowie Rz. 9 und 25.1 zu § 97 AO; *Seer*, in: Tipke/Kruse, Kommentar AO, Rz. 14 f. und Rz. 33 (Festsetzung von Zwangsmitteln) zu § 93 AO sowie Rz. 9 und Rz. 16 (Festsetzung von Zwangsmitteln) zu § 97 AO.

nach §§ 93, 97 AO erforderlich.[1211] Es wäre daher ein konkretes Verlangen der Finanzverwaltung mit Angabe der steuerlichen Erheblichkeit der einzelnen Positionen notwendig, da der Verwaltungsakt anderenfalls nicht hinreichend bestimmt ist, was für § 328 AO jedoch erforderlich ist.

Jedoch besteht unstrittig eine Pflicht zur elektronischen Übermittlung der notwendigen Angaben der Bilanz sowie Gewinn- und Verlustrechnung nach § 5b EStG (Änderung der Übermittlungsform). Da die Vorgaben der Taxonomie von ERiC überprüft werden, ist es aber unmöglich, eine E-Bilanz ohne unnötige und unverhältnismäßige Angaben zu übermitteln. Dies gilt auch, wenn in höchstmöglichem Umfang Auffangpositionen genutzt werden. Handlungen, die für den Steuerpflichtigen nicht möglich sind, können nicht erzwungen werden.[1212] Damit können wegen der fehlenden Rechtsgrundlage der Taxonomie keine Zwangsmittel festgesetzt werden. Es kann lediglich vom Steuerpflichtigen verlangt werden, steuerlich erhebliche Positionen der E-Bilanz mitzuteilen.

2. *Schätzung*

Weiter wird in der Literatur vertreten, dass bei Nichteinreichung der E-Bilanz die Besteuerungsgrundlagen geschätzt werden können.[1213] Soweit die Finanzbehörde die Besteuerungsgrundlagen nicht ermitteln oder berechnen kann, hat sie diese nach § 162 Abs. 1 S. 1 AO zu schätzen; dies gilt insbesondere, wenn der Steuerpflichtige seine Mitwirkungspflichten verletzt hat.

Wie bereits dargelegt, hat die Taxonomie der E-Bilanz keine gesetzliche Grundlage, sodass es auch nicht zu einem Verstoß gegen die Mitwirkungspflichten kommt, wenn keine E-Bilanz entsprechend der Taxonomie übermittelt wird. Voraussetzung dafür, dass die Finanzverwaltung die Besteuerungsgrundlagen ermitteln kann, ist, dass ein Jahresabschluss vorgelegt wird, in dem die steuerlich erheblichen Positionen ersichtlich sind.

Selbst wenn man aber hier von einer gesetzlichen Grundlage ausgeht, besteht bei Nichtübermittlung der elektronischen Daten keine Schätzungsbefugnis. Nach dem Gesetzeswortlaut erfordert eine Schätzung Mängel in der

---

1211 *Kobor*, in: Pfirrmann/Rosenke/Wagner, BeckOK AO, Rz. 11 zu § 97 AO.

1212 *Werth*, in: Klein, Kommentar AO, Rz. 8 zu § 328 AO.

1213 *Ley*, in: Brandt, Europäische Perspektiven im Steuerrecht; Steuergerechtigkeit und Steuervereinfachung, S. 236; *Weber-Grellet*, in: Schmidt, Kommentar EStG, Rz. 6 zu § 5b EStG.

Sachverhaltsaufklärung.[1214] Allein ein Verstoß gegen den Übermittlungsweg der elektronischen Übermittlung führt nicht dazu, dass die Finanzverwaltung den Sachverhalt nicht aufklären kann, sofern der Jahresabschluss in Papier oder PDF eingereicht wird.[1215] Der Auffassung von Paetsch, der zwar ausführt, dass die Papierunterlagen im Rahmen der Schätzung zu berücksichtigen seien, jedoch trotzdem die Voraussetzungen einer Schätzung wegen der fehlenden elektronischen Übermittlung vorlägen, ist nicht zu folgen, da der Tatbestand des § 162 Abs. 1 S. 1 AO explizit erfordert, dass die Finanzbehörde die Besteuerungsgrundlagen nicht ermitteln kann.[1216]

Etwas anderes kann nur gelten, wenn nicht sämtliche steuerlich erhebliche Positionen in den übersandten Unterlagen enthalten sind. In diesem Fall besteht eine Schätzungsbefugnis der Finanzverwaltung, sofern sie die Besteuerungsgrundlagen nicht ermitteln kann. Hierfür muss der Steuerpflichtige aber zunächst zur Mitwirkung aufgefordert werden, da eine Schätzung voraussetzt, dass die Finanzverwaltung in zumutbarer Weise keine weiteren Beweismittel beschaffen kann.[1217]

3. Verspätungszuschläge

Nach der herrschenden Meinung können bei Nichtübermittlung der E-Bilanz keine Verspätungszuschläge festgesetzt werden. § 152 Abs. 1 S. 1 AO bezieht sich ausdrücklich nur auf die Abgabe einer Steuererklärung. Auch wenn Pflichten verletzt werden, die in engem Zusammenhang mit der Steuererklärung stehen, beispielsweise wenn erforderliche Unterlagen nach § 150 Abs. 4 EStG nicht beigefügt werden, kommt ein Verspätungszuschlag nicht in Betracht.[1218] § 51 Abs. 1 Nr. 1a EStG ermächtigt die Bundesregierung, durch Rechtsverordnung die der Einkommensteuererklärung beizufügenden Unterlagen zu bestimmen. Dies

---

1214 *Matthes*, in: Pfirrmann/Rosenke/Wagner, BeckOK AO, Rz. 125 zu § 162 AO: wenn die Besteuerungsgrundlagen nicht ermittelt oder berechnet werden können; weitere Nachweise siehe Kapitel 2 B I 2 „Schätzung".

1215 *Bongaerts*, in: Bongaerts/Neubeck, S. 58.

1216 *Paetsch*, in: Kirchhof/Kulosa/Ratschow, BeckOK EStG, Rz. 43a zu § 5b EStG; siehe Kapitel 2 B I 2 „Schätzung".

1217 *Gercke*, in: Koenig, Kommentar AO, Rz. 56 zu § 162 AO; *Rüsken*, in: Klein, Kommentar AO, Rz. 20b zu § 162 AO; *Seer*, in: Tipke/Kruse, Kommentar AO, Rz. 33 zu § 162 AO.

1218 *Bergan/Martin*, DStR 2010, 1755, 1758; *Rosenke*, in: Pfirrmann/Rosenke/Wagner, BeckOK AO, Rz. 105 f. zu § 152 AO; *Seer*, in: Tipke/Kruse, Kommentar AO, Rz. 10 zu § 152 AO.

erfolgt über § 60 Abs. 1 EStDV, aus welchem sich die Beifügung der Bilanz sowie Gewinn- und Verlustrechnung ergibt. Die Vorschrift gilt auch für die Körperschaftsteuererklärung über § 31 Abs. 1 KStG.[1219] Diese Beifügung muss mittlerweile gemäß § 5b EStG elektronisch erfolgen.[1220]

Die herrschende Meinung sieht die Unterlagen, die der Steuererklärung beizufügen sind, als Anlagen hierzu und selbständige Beweismittel, aber nicht als Teil der Steuererklärung.[1221] Rosenke schlussfolgert dies aus dem Wortlaut des § 150 Abs. 4 AO, nach dem die Unterlagen „beizufügen" sind.[1222]

Nach anderer Ansicht handelt es sich um unselbständige Bestandteile der einzureichenden Steuererklärung, wofür auch die systematische Stellung des § 60 EStDV als Ergänzung zu § 25 EStG spricht. Nach dieser Auffassung ist die Pflicht zur Einreichung von Unterlagen nach § 150 Abs. 4 AO von der Erklärungspflicht des Steuerpflichtigen mit umfasst.[1223] Sofern wegen der fehlenden beigefügten Unterlagen eine taugliche Arbeitsgrundlage für die Veranlagung nicht vorliegt, ist die Erklärung daher nicht abgegeben im Sinne von § 152 AO, sodass ein Verspätungszuschlag festgesetzt werden kann bzw. festzusetzen ist.[1224] Diese Auffassung könnte dann auch zur Folge haben, dass die Verjährung bei Nichtabgabe der E-Bilanz nach § 170 Abs. 2 S. 1 Nr. 1 AO später beginnt.[1225] Aus der systematischen Stellung des § 60 EStDV zu § 25 EStG kann dies jedoch nicht geschlussfolgert werden. Auch § 60 Abs. 1 EStDV verwendet explizit den Wortlaut, dass die Unterlagen der Steuererklärung beizufügen sind. Auch hieraus ergibt sich, dass diese bereits vom Wortlaut her nicht Teil der Steuererklärung sein können.

1219 *Kahler,* in: Micker/Pohl, BeckOK KStG, Rz. 18 zu § 31 KStG; *Öllerich,* in: Heuermann/Brandis, Blümich, Kommentar KStG, Rz. 11a zu § 31 KStG.

1220 *Seer,* in: Tipke/Kruse, Kommentar AO, Rz. 54 zu § 150 AO.

1221 *Ax/Große/Melchior/Lotz/Ziegler*, Rz. 1095; so auch: *KPMG*, E-Bilanz, S. 18; *Rosenke,* in: Pfirrmann/Rosenke/Wagner, BeckOK AO, Rz. 302 f. zu § 150 AO; *Seer,* in: Tipke/Kruse, Kommentar AO, Rz. 56 zu § 150 AO.

1222 *Rosenke,* in: Pfirrmann/Rosenke/Wagner, BeckOK AO, Rz. 302 zu § 150 AO; so auch: *Haselmann,* in: Koenig, Kommentar AO, Rz. 26 zu § 150 AO.

1223 *Frizen*, S. 46 f., die dies jedoch nur auf die Unterlagen nach § 60 EStDV bezieht und nicht auf weitere Belege - siehe S. 53 f.

1224 *Heuermann,* in: Hübschmann/Hepp/Spitaler, Kommentar AO, Rz. 11 zu § 152 AO – alle unter § 150 Abs. 4 S. 1 AO fallenden Unterlagen sind Teil der Steuererklärung; *Heuer* siehe auch: *Frizen*, S. 46 f., die dies jedoch nur auf die Unterlagen nach § 60 EStDV bezieht und nicht auf weitere Belege S. 53 f.

1225 Hierzu ebenfalls auf die Lückenhaftigkeit/Unvollständigkeit der Erklärung abstellend, jedoch nicht explizit auf die Anlagen nach § 150 Abs. 4 AO eingehend: *Banniza,* in: Hübschmann/Hepp/Spitaler, Kommentar AO, Rz. 41 zu § 170 AO.

Wenn man der herrschenden Meinung folgt, kann damit kein Verspätungszuschlag bei Nichtübermittlung oder verspäteter Übermittlung der E-Bilanz festgesetzt werden. Zwar steht die elektronische Übermittlung der E-Bilanz über § 60 Abs. 1 EStDV in engem Zusammenhang mit der Steuererklärung. Wegen des eindeutigen Wortlautes von § 152 Abs. 1 S. 1 AO und da die beizufügenden Unterlagen nicht Teil der Steuererklärung selbst sind, fällt die Nichtübermittlung der E-Bilanz jedoch nicht unter § 152 Abs. 1 S. 1 AO.[1226]

Im Übrigen ist anzumerken, dass eine Übermittlung der Bilanz sowie Gewinn- und Verlustrechnung in Papierform genügt, da derzeit keine gesetzliche Grundlage für die umfassende Taxonomie besteht und die elektronische Übermittlung des steuerlich erheblichen Mindestumfangs wegen der Prüfmechanismen von ERiC unmöglich ist. Es fehlt damit an der für § 152 AO erforderlichen Pflichtverletzung.

4. *Straf- und bußgeldrechtliche Auswirkungen*

Analog zur elektronischen Übermittlung der Steuererklärung kann die unterlassene elektronische Übermittlung der Bilanz sowie Gewinn- und Verlustrechnung allein nicht zu straf- oder bußgeldrechtlichen Folgen führen. Dies folgt daraus, dass § 370 Abs. 1 Nr. 1 AO unrichtige oder unvollständige Angaben voraussetzt, was ein reiner Formfehler nicht erfüllt. Auch § 370 Abs. 1 Nr. 2 AO erfordert, dass der Steuerpflichtige die Finanzbehörde pflichtwidrig über steuerlich erhebliche Tatsachen in Unkenntnis lässt.[1227]

Fraglich ist, ob sich straf- oder bußgeldrechtliche Auswirkungen ergeben können, wenn man einen Jahresabschluss in Papierform übermittelt, der der Taxonomie der E-Bilanz nicht entspricht, d.h., ob hierdurch unvollständige Angaben zu steuerlich erheblichen Tatsachen gemacht werden. Die Unvollständigkeit einer Angabe nach § 370 Abs. 1 Nr. 1 AO ergibt sich, wenn das Erklärte von dem inhaltlich zu Erklärenden nach § 90 Abs. 1 S. 2 AO abweicht. Hierbei muss die Angabe zugleich den Eindruck erwecken, den steuerlich erheblichen

---

1226 *Bongaerts*, in: Bongaerts/Neubeck, S. 57; *Deckers/Fiethen*, MMR 2013, 158, 162; *Jansen/Polka*, S. 51; *Kahl-Hinsch*, in: Zugmaier/Nöcker, Kommentar AO, Rz. 19 zu § 152 AO; *Kolbe/Schumann*, SteuK 2011, 522, 526; *KPMG*, E-Bilanz, S. 18; *Ley*, in: Brandt, Europäische Perspektiven im Steuerrecht; Steuergerechtigkeit und Steuervereinfachung, S. 236; *Paetsch*, in: Kirchhof/Kulosa/Ratschow, BeckOK EStG, Rz. 43 zu § 5b EStG.

1227 Siehe Kapitel 2 B I 5 „Straf- und bußgeldrechtliche Auswirkungen".

Sachverhalt vollständig wiederzugeben.[1228] Steuerlich erheblich sind alle Tatsachen, die den Steueranspruch beeinflussen.[1229] Beweismittel zum Nachweis steuerlich erheblicher Tatsachen sind nicht Tatgegenstand.[1230]

Hier kann die Taxonomie keine Ausweitung der materiellrechtlichen Pflichten zur Folge haben.[1231] Dementsprechend können sich unvollständige Angaben im Sinne des § 370 Abs. 1 Nr. 1 AO nur ergeben, wenn ein Verstoß gegen die allgemeine Mitwirkungspflicht des § 90 AO vorliegt, insbesondere wenn nicht alle steuerlich erheblichen Tatsachen offengelegt werden (§ 90 Abs. 1 S. 2 AO). Allein die Nichtverwendung der Taxonomie führt jedoch nicht dazu, dass nicht alle steuerlich erheblichen Tatsachen offengelegt werden. Die Verifikation der Angaben des Steuerpflichtigen ist gemäß § 88 Abs. 1 AO Aufgabe der Finanzverwaltung, sodass der Steuerpflichtige nicht verpflichtet werden kann, durch bestimmte Risikohinweise oder Einordnung in entsprechende Taxonomiepositionen für eine Aussteuerung aus dem automatischen Verfahren zu sorgen. Des Weiteren stellt der Jahresabschluss nur ein selbständiges Beweismittel zu den Angaben in den Steuererklärungen dar, sodass Mängel in der Buchführung nur eine straflose Vorbereitungshandlung sind, wenn sich diese nicht in der Steuererklärung auswirken.[1232]

§ 370 Abs. 1 Nr. 2 AO erfordert, dass überhaupt keine Angaben gemacht werden, also beispielsweise weder eine Steuererklärung noch ein Jahresabschluss eingereicht wird (auch nicht in Papierform).[1233] Ein Verstoß gegen die Buchführungspflichten (auch wenn dieser hier ohnehin nicht vorliegt, da die Taxonomie keine Auswirkung auf die materiellrechtlichen Buchführungspflichten hat), erfüllt allein nicht den Tatbestand des § 370 Abs. 1 Nr. 2 AO.[1234]

Da der objektive Tatbestand der Steuerhinterziehung nicht vorliegt, scheidet auch eine leichtfertige Steuerverkürzung aus. In Betracht kommt jedoch die Ordnungswidrigkeit der Steuergefährdung nach § 379 Abs. 1 Nr. 3 AO. Hiernach handelt ordnungswidrig, wer nach Gesetz buchungs- oder aufzeichnungspflichtige Geschäftsvorfälle nicht oder unrichtig aufzeichnet oder verbucht. § 379

1228 *Ibold*, in: Pfirrmann/Rosenke/Wagner, BeckOK AO, Rz. 123 zu § 370 AO; *Ransiek*, in: Kohlmann, Kommentar Steuerstrafrecht, Rz. 248 zu § 370 AO.

1229 *Ibold*, in: Pfirrmann/Rosenke/Wagner, BeckOK AO, Rz. 130 zu § 370 AO.

1230 *Ibold*, in: Pfirrmann/Rosenke/Wagner, BeckOK AO, Rz. 134 zu § 370 AO; *Krumm*, in: Tipke/Kruse, Kommentar AO, Rz. 40 zu § 370 AO.

1231 Siehe Kapitel 3 A II „Pflicht zur Übermittlung der E-Bilanz".

1232 *Ransiek*, in: Kohlmann, Kommentar Steuerstrafrecht, Rz. 1205 zu § 370 AO.

1233 *Ibold*, in: Pfirrmann/Rosenke/Wagner, BeckOK AO, Rz. 123 zu § 370 AO.

1234 *Ransiek*, in: Kohlmann, Kommentar Steuerstrafrecht, Rz. 315 zu § 370 AO.

Abs. 1 Nr. 3 AO bezieht sich explizit auf gesetzliche Pflichten und damit nicht auf Verwaltungsanweisungen, selbst wenn diese auf einer Rechtsnorm beruhen.[1235] Die Aufzeichnungspflichten müssen sich unmittelbar aus dem Gesetz ergeben.[1236] Weiter müssen Steueransprüche durch den Pflichtverstoß abstrakt gefährdet sein.[1237] Ein Verstoß gegen die Taxonomie der E-Bilanz kann damit schon deshalb nicht den Tatbestand des § 379 Abs. 1 Nr. 3 AO erfüllen, da diese ausschließlich auf einer Verwaltungsvorschrift (§ 51 Abs. 4 Nr. 1b EStG) beruht, da § 5b EStG nur die elektronische Übermittlungsform regelt, aber nicht den Umfang der Taxonomie abdeckt.[1238] Die Taxonomie ergibt sich nicht, zumindest nicht unmittelbar, aus dem Gesetz. Auch eine Unrichtigkeit der Verbuchung, wie es von § 379 Abs. 1 Nr. 3 AO gefordert wird, ergibt sich bei Abweichung von der Taxonomie nicht, da die Vorgänge hierfür nicht mit der Wirklichkeit übereinstimmen müssten[1239]; bei Nichteinhaltung der Taxonomie handelt es sich jedoch nur um Abweichungen in der Zuordnung zu Einzelpositionen. Damit ist auch fraglich, ob eine abstrakte Steuergefährdung vorliegt, die allenfalls im Hinblick auf das nicht funktionierende Risikomanagementsystem argumentiert werden könnte, welches jedoch im Verantwortungsbereich der Finanzverwaltung liegt.

Durch eine Nichtverwendung der Taxonomie der E-Bilanz können sich damit keine straf- oder bußgeldrechtlichen Auswirkungen ergeben, wenn weiterhin alle steuerlich erheblichen Tatsachen offengelegt werden, da allein hierauf § 370 Abs. 1 Nr. 1 AO abstellt. Dies gilt selbst dann, wenn man davon ausgeht, dass eine Rechtsgrundlage für die Taxonomie geschaffen wird, da die Form der Übermittlung und Zusammenstellung der Daten in strafrechtlicher Hinsicht unerheblich ist.

II. Härtefallregelungen

Nach § 5b Abs. 2 EStG kann die Finanzbehörde auf Antrag zur Vermeidung unbilliger Härten auf eine elektronische Datenübermittlung verzichten. Analog

---

1235 *Hauer,* in: Pfirrmann/Rosenke/Wagner, BeckOK AO, Kommentar AO, Rz. 32 zu § 379 AO; *Jäger,* in: Klein, Kommentar AO, Rz. 15 zu § 379 AO.

1236 *Jäger,* in: Joecks/Jäger/Randt, Kommentar Steuerstrafrecht, Rz. 35 zu § 379 AO.

1237 *Hauer,* in: Pfirrmann/Rosenke/Wagner, BeckOK AO, Kommentar AO, Rz. 32.2 zu § 379 AO; *Jäger,* in: Joecks/Jäger/Randt, Kommentar Steuerstrafrecht, Rz. 36 zu § 379 AO.

1238 Siehe Kapitel 3 A II „Pflicht zur Übermittlung der E-Bilanz".

1239 *Jäger,* in: Joecks/Jäger/Randt, Kommentar Steuerstrafrecht, Rz. 41 zu § 379 AO; *Joecks,* Praxis des Steuerstrafrechts, S. 84.

zur elektronischen Übermittlung der Steuererklärung ist damit auch bei der E-Bilanz eine Härtefallklausel eingefügt worden, um der Tatsache Rechnung zu tragen, dass nicht alle die Möglichkeit haben, eine elektronische Übermittlung vorzunehmen und eine umfassende Pflicht zu einer Spaltung der Gesellschaft führen würde.[1240]

Für den Antrag auf Verzicht auf elektronische Übermittlung enthält § 5b Abs. 2 EStG keine Formvorschriften. Dementsprechend kann der Antrag auch konkludent durch Abgabe eines Jahresabschlusses auf Papier gestellt werden.[1241] Dies führt auch die Gesetzesbegründung zu § 5b EStG aus.[1242] Des Weiteren kann die ergangene Rechtsprechung zur Härtefallregelung hinsichtlich der elektronischen Übermittlung von Steuererklärungen[1243] auf die E-Bilanz übertragen werden, da der Wortlaut, beispielsweise in § 5b Abs. 2 EStG und § 25 Abs. 3 EStG, identisch ist. Kolbe und Schumann führen ergänzend hierzu aus, dass die Papierbilanz nicht der Taxonomie der E-Bilanz entsprechen müsse.[1244] Hierfür wird auf das BMF-Schreiben vom 28.09.2011 verwiesen, welches diese Aussage aber nicht enthält. Da im Fall eines wirksamen Härtefallantrags jedoch die Pflicht zur elektronischen Übermittlung nach § 5b Abs. 1 EStG entfällt, hat auch die Taxonomie nach § 51 Abs. 4 Nr. 1b EStG keine Bedeutung mehr, da diese explizit nur für die elektronische Bilanz nach § 5b Abs. 1 EStG gilt. Selbst wenn man davon ausgeht, dass die Taxonomie eine ausreichende Rechtsgrundlage hat, ist diese damit im Falle eines rechtmäßigen Härtefallantrags nach der Gesetzessystematik nicht anzuwenden. Trotzdem ist aufgrund der nicht klar definierten und damit einzelfallabhängigen Voraussetzungen der Härtefallregelung ein schriftlicher Antrag mit Erläuterung der Gründe empfehlenswert, der rechtzeitig vor Fristablauf erfolgt, sodass bei Ablehnung noch hierauf reagiert werden kann.[1245]

Es handelt sich um eine Ermessensvorschrift. § 5b EStG verweist jedoch auf § 150 Abs. 8 AO. Dem Antrag auf Verzicht auf eine elektronische Übermittlung ist daher zu entsprechen, wenn die Übermittlung für den Steuerpflichtigen

---

1240 Siehe Kapitel 2 B II „Härtefallregelungen" zu Härtefallregelungen bei der elektronischen Steuererklärung.

1241 *Bongaerts,* in: Bongaerts/Neubeck, S. 61; *Kolbe/Schumann*, SteuK 2011, 522, 525 f.; *Paetsch,* in: Kirchhof/Kulosa/Ratschow, Rz. 47 zu § 5b EStG.

1242 Deutscher Bundestag, Drucksache 16/10940 vom 13.11.2008 (Bericht des Finanzausschusses), S. 4.

1243 Siehe Kapitel 2 B II „Härtefallregelungen".

1244 *Kolbe/Schumann*, SteuK 2011, 522, 525 f.

1245 *Bongaerts,* in: Bongaerts/Neubeck, S. 61.

aus persönlichen oder wirtschaftlichen Gründen unzumutbar ist.[1246] Es erfolgt daher in diesen Fällen eine Ermessensreduzierung auf Null; der Steuerpflichtige hat einen Anspruch auf Verzicht auf die elektronische Übermittlung.[1247] Wann dies vorliegt, ist im Einzelfall zu entscheiden. Auch hierbei werden die Grundsätze zu Härtefallregelungen bei elektronischen Steuererklärungen angewandt.[1248] Die Verwaltung äußert sich nur zurückhaltend zu genauen Voraussetzungen. So verweist das BMF-Schreiben vom 28.09.2011 auf Rz. 3 des BMF-Schreibens vom 19.01.2010.[1249] Auch hier wird jedoch nur ausgeführt, dass die elektronische Übermittlung wirtschaftlich oder persönlich unzumutbar sein muss. Das BMF-Schreiben wiederholt hierzu den Wortlaut des § 150 Abs. 8 AO.[1250] Eine wirtschaftliche Unzumutbarkeit liegt vor, wenn die Schaffung der technischen Möglichkeiten einen nicht unerheblichen finanziellen Aufwand verursachen würde (§ 150 Abs. 8 S. 2 AO).[1251] Hierbei reicht es in Anlehnung an die Rechtsprechung zu elektronischen Steuererklärungen nicht aus, dass die technischen Voraussetzungen nicht vorliegen, sondern es muss das Verhältnis zwischen erzielten Gewinnen und dem notwendigen finanziellen Aufwand für die Beschaffung der Geräte abgewogen werden; entscheidend ist, ob es sich um einen nicht unerheblichen finanziellen Aufwand handelt.[1252] Betroffen sind damit insbesondere Kleinstbetriebe mit geringem Gewinn sowie Betriebe, die in Kürze aufgegeben werden.[1253] Eine persönliche Unzumutbarkeit liegt vor,

---

1246 *Kolbe/Schumann*, SteuK 2011, 522, 525 f.

1247 BFH, Urteil vom 14.03.2012, XI R 33/09, BStBl. II 2012, 477, Leitsatz 2 und Rz. 38; Deutscher Bundestag, Drucksache 16/10940 vom 13.11.2008 (Bericht des Finanzausschusses), S. 10; *Schumann*, EStB 2016, 294, 298.

1248 *Burlein*, BBK 2012, 690, 694; *Kolbe/Schumann*, SteuK 2011, 522, 525 f.; *Schumann*, EStB 2016, 294, 298; auch die Rechtsprechung geht von denselben Grundsätzen aus: BFH, Urteil vom 15.05.2018, VII R 14/17, BFH/NV 2018, 1137, Rz. 18 ff.

1249 BMF-Schreiben vom 28.09.2011, BStBl. I 2011, 855, Rz. 30.

1250 BMF-Schreiben vom 19.01.2010, BStBl. I 2010, 47, Rz. 3; kritisierend zur mangelnden Klarstellung: *Rehbock*, StB 2011, 435, 438.

1251 BMF-Schreiben vom 19.01.2010, BStBl. I 2010, 47, Rz. 3; Deutscher Bundestag, Drucksache 16/10940 vom 13.11.2008 (Bericht des Finanzausschusses), S. 10; *Bongaerts*, in: Bongaerts/Neubeck, S. 62; *Klein/Wißborn*, StuB 2010, Beilage vom 12.11.2010, 4, 6; *Koch*, NWB 2011, 3598, 3601; *Rehbock*, StB 2011, 435, 438.

1252 BFH, Urteil vom 14.03.2012, XI R 33/09, BStBl. II 2012, 477, Rz. 54; *Burlein*, BBK 2012, 690, 694, *Schumann*, EStB 2016, 294, 298.

1253 Deutscher Bundestag, Drucksache 16/10940 vom 13.11.2008 (Bericht des Finanzausschusses), S. 10; *Bongaerts*, in: Bongaerts/Neubeck, S. 62; *Kolbe/Schumann*, SteuK 2011, 522, 525 f.

wenn der Steuerpflichtige nach seinen individuellen Fähigkeiten und Kenntnissen nicht in der Lage ist, die elektronische Übermittlung durchzuführen.[1254] Dies ist insbesondere bei fehlender Medienkompetenz und höherem Alter der Fall, wobei insbesondere bei Gesellschaften zu beachten ist, dass bei mehreren Geschäftsführern die Voraussetzungen bei allen vorliegen müssten, um einen Härtefallantrag zu begründen.[1255] Allgemeine Sicherheitsbedenken stellen keinen ausreichenden Grund für einen Härtefallantrag dar.[1256] Etwas anderes gilt jedoch, wenn eine konkrete Sicherheitsgefährdung im Einzelfall dargelegt wird, wobei hieran hohe Anforderungen zu stellen sind. Es muss auch die besondere Gefährdungssituation des Steuerpflichtigen erläutert werden.[1257] Insbesondere Unternehmen, die bereits Buchführung und Jahresabschluss elektronisch erstellen, können angesichts dieser Grundsätze die Härtefallregelung im Regelfall nicht nutzen.[1258]

Die Anwendung der Grundsätze der Härtefallregelungen bei der elektronischen Übermittlung von Steuererklärungen auf die E-Bilanz ist im Grundsatz angesichts des ähnlichen Wortlautes sowie des Verweises auf § 150 Abs. 8 AO korrekt. Jedoch müssen der erheblich höhere Umstellungsaufwand bei der E-Bilanz und die Kompliziertheit der Taxonomie berücksichtigt werden. Außerdem ist zu berücksichtigen, dass bei der E-Bilanz kein eigener Client der Finanzverwaltung bereitgestellt wird, sodass geringere Anforderungen an den Härtefallantrag zu stellen sind.[1259] Es wird daher vertreten, dass bei Kleinstbetrieben vom Vorliegen der Voraussetzungen für einen Härtefallantrag ausgegangen werden sollte.[1260] Hierdurch könnten zumindest teilweise auch die Erleichterungen für

---

1254 BMF-Schreiben vom 19.01.2010, BStBl. I 2010, 47, Rz. 3; Deutscher Bundestag, Drucksache 16/10940 vom 13.11.2008 (Bericht des Finanzausschusses), S. 10; *Bongaerts,* in: Bongaerts/Neubeck, S. 62; *Klein/Wißborn*, StuB 2010, Beilage vom 12.11.2010, 4, 6; *Koch*, NWB 2011, 3598, 3601; *Rehbock*, StB 2011, 435, 438.

1255 BFH, Urteil vom 14.03.2012, XI R 33/09, BStBl. II 2012, 477, Rz. 63; *Burlein*, BBK 2012, 690, 694; *Schumann*, EStB 2016, 294, 298.

1256 BFH, Urteil vom 14.03.2012, XI R 33/09, BStBl. II 2012, 477, Rz. 68; *Paetsch*, in: Kirchhof/Kulosa/Ratschow, BeckOK EStG, Rz. 56 zu § 5b EStG; *Schumann*, EStB 2016, 294, 298.

1257 FG Schleswig-Holstein, Urteil vom 08.03.2017, 1 K 149/15, Juris, Rz. 25; bestätigt von BFH, Urteil vom 15.05.2018, VII R 14/17, BFH/NV 2018, 1137, Rz. 22; *Paetsch*, in: Kirchhof/Kulosa/Ratschow, BeckOK EStG, Rz. 56 zu § 5b EStG.

1258 *Klein/Wißborn*, StuB 2010, Beilage vom 12.11.2010, 4, 6.

1259 *Jansen/Polka*, S. 28 f.

1260 *Nagel/Malteseva*, BBK 2012, 1120, 1128; so im Ergebnis auch: *Heinsen/Adrian*, DStR 2010, 2591, 2592.

kleinere Unternehmen, die das HGB vorsieht, im Rahmen der E-Bilanz implementiert werden. Es fehlt jedoch an einer klaren Festlegung der Kriterien für die Härtefallregelung, sodass davon auszugehen ist, dass allein die Größe der Unternehmen nicht für einen Härtefallantrag ausreicht.[1261] Weiter vertreten Jansen und Polka, dass bei der E-Bilanz im Gegensatz zu den Steuererklärungen insbesondere berücksichtigt werden müsse, inwieweit die benötigten Daten bereits in digitaler Form vorliegen. Wenn bisher eine Papierbuchhaltung vorliegt, erfordert der Umstellungsaufwand auf eine taxonomiekonforme digitale Buchhaltung wohl eine nicht unerhebliche finanzielle Belastung. Gleiches kann gelten, wenn die Datenbasis so weit von der Taxonomie abweicht, dass eine Umstellung erheblichen Zusatzaufwand erfordert.[1262] Hierfür spricht auch die Gesetzesbegründung zu § 5b Abs. 2 EStG, nach der eine unbillige Härte dann vorliegt, „wenn dem Steuerpflichtigen nicht zuzumuten ist, die technischen Voraussetzungen für eine elektronische Übermittlung zu schaffen".[1263] Hier wird also auf die konkrete elektronische Übermittlung der elektronischen Bilanz abgestellt. Dies kann, auch wenn die Gesetzesbegründung nicht so weit ins Detail geht und geklärt werden muss, wo die Grenze des Zumutbaren ist, insbesondere bei unternehmensindividuellen Kontenplänen der Fall sein. Hierdurch würde der Anwendungsbereich der Härtefallregelungen im Vergleich zur elektronischen Übermittlung von Steuererklärungen deutlich ausgeweitet werden. Allein die problematische Doppelerhebung und zu umfangreiche Erhebung von Daten[1264] können jedoch nicht für einen Härtefallantrag ausreichen, da hierdurch allein weder eine wirtschaftliche noch eine persönliche Unzumutbarkeit vorliegt.[1265] Inwieweit hierdurch ein erheblicher Umstellungsaufwand generiert wird, ist im Einzelfall zu entscheiden.

Es zeigt sich, dass auch hier die zu umfangreiche Taxonomie dazu führen kann, dass vermehrt Härtefallanträge gestellt werden. Dies konterkariert den Zweck der E-Bilanz, ein umfassendes Risikomanagementsystem aufzubauen und durch eine nach Sachkriterien orientierte Fallauswahl für Außenprüfungen auch kleinere Unternehmen einer risikoorientierten Prüfung zu unterziehen. Daher wird argumentiert, dass Härtefallanträge nur sehr zurückhaltend genehmigt werden sollen, da der Aufbau eines effizienten Risikomanagementsystems

---

1261 *KPMG*, E-Bilanz, S. 36 f.

1262 *Jansen/Polka*, S. 28.

1263 Bundesrat, Drucksache 547/08 vom 08.08.2008, S. 25.

1264 Siehe Kapitel 3 A II „Pflicht zur Übermittlung der E-Bilanz".

1265 *Beckmann*, S. 136.

und damit eine Verbesserung der Gesetz- und Gleichmäßigkeit der Besteuerung nur dann erfolgen kann, wenn eine möglichst umfassende elektronische Übermittlung der Jahresabschlussdaten erfolgt. [1266] Wenn der angestrebte Nutzen für alle Beteiligten tatsächlich umgesetzt werden würde, wäre diese Diskussion hinfällig, da in diesem Fall die Unternehmen wohl sogar freiwillig eine elektronische Übermittlung vornehmen würden.

Weiter ist zu berücksichtigen, dass nicht zwingend eine wirtschaftliche oder persönliche Unzumutbarkeit für einen Härtefallantrag vorliegen muss. In diesen Fällen erfolgt eine Ermessensreduzierung auf Null nach § 150 Abs. 8 AO, auch in anderen Fällen kann jedoch im Rahmen einer freien Ermessensentscheidung ein Verzicht auf die elektronische Übermittlung nach § 5b Abs. 2 EStG erfolgen. Hierbei sind Sinn und Zweck der Norm zu berücksichtigen.[1267] Auch in diesem Zusammenhang müssen der zusätzliche Aufwand der Steuerpflichtigen, der bei der E-Bilanz erheblich sein kann, und der Nutzen der Finanzverwaltung im Rahmen des Risikomanagementsystems abgewogen werden.

C. Übermittlung der E-Bilanz durch den Steuerberater

I. Zulässigkeit des Auftrags zur elektronischen Datenübermittlung durch den Steuerberater

Wie bei der elektronischen Steuererklärung[1268] ist auch bei der E-Bilanz ein reiner Auftrag zur elektronischen Übermittlung durch den Steuerberater ohne Überprüfung der Werte wegen eines Verstoßes gegen die Eigenverantwortlichkeit nicht zulässig. Bei der E-Bilanz kommt es jedoch erheblich häufiger vor, dass die Buchführung und das handelsrechtliche Zahlenwerk im Unternehmen erstellt werden und der Steuerberater mit der Steuerdeklaration und der E-Bilanz beauftragt wird. Hiermit bleibt jeder bei seinen Kernkompetenzen. Im Unternehmen bestehen bessere Einblicke in die einzelnen betrieblichen Vorgänge; der Steuerberater hat das steuerliche Know-How, um die Daten basierend auf den steuerrechtlichen Vorschriften anzupassen.[1269] Die separate Erstellung einer steuerlichen Überleitungsrechnung oder einer Steuerbilanz ist auch in der

---

1266 *Deckers/Fiethen*, MMR 2013, 158, 160.

1267 *Schumann*, EStB 2016, 294, 298.

1268 Siehe Kapitel 2 C I „Zulässigkeit des Auftrags zur elektronischen Datenübermittlung durch den Steuerberater“.

1269 *Beste/Herrmann*, NWB 2013, 1836, 1843.

Steuerberatervergütungsverordnung in § 35 Abs. 1 Nr. 3a und b StBVV explizit vorgesehen und wird separat vergütet.[1270]

Sofern der Steuerberater die Buchhaltung und die Handelsbilanz nicht selbst erstellt, ist fraglich, inwieweit der Steuerberater eine Überprüfung der Buchhaltung des Mandanten vornehmen muss. Zunächst ist hierfür eine Übersendung der Daten des Unternehmens zum Import beim Steuerberater nebst einer Summen- und Saldenliste zum Abgleich notwendig. Sofern diese Daten nicht dem Mindestumfang der Taxonomie entsprechen, sind erhebliche Umgliederungen und Abstimmarbeiten erforderlich. Es ist daher empfehlenswert, dass bereits der Kontenrahmen beim Unternehmen so ausgestaltet wird, dass die Untergliederungen der E-Bilanz-Taxonomie entsprechen.[1271] Grundsätzlich baut der Steuerberater auf der Handelsbilanz auf, insbesondere wenn diese bereits festgestellt ist, und überprüft die einzelnen Positionen auf steuerrechtliche Anpassungen. Die Daten dieser angepassten Steuerbilanz werden anschließend in die Steuerprogramme übergeben.[1272] Problematisch ist, dass aufgrund der Maßgeblichkeit der Handelsbilanz für die Steuerbilanz für die Abgabe einer korrekten E-Bilanz auch handelsrechtliche Wertansätze überprüft werden müssen. Auch bei Abschlussarbeiten ohne Buchführungsauftrag muss der Berater stichprobenweise die Richtigkeit der Buchhaltung und die Übereinstimmung von Buchführung und Belegen prüfen.[1273] Eine umfassende Überprüfung der Buchführung ist jedoch nicht erforderlich.[1274] Auf Buchführungsmängel, die bei Zugrundelegung der üblichen und gebotenen Sorgfalt erkennbar sind, ist hinzuweisen.[1275] Aufgrund dessen wird ausgeführt, dass es kaum vorstellbar ist, dass Handels- und Steuerbilanz durch zwei Ersteller aufgestellt werden; zumindest drohen erhebliche Zusatzarbeiten.[1276] Sollte dies jedoch vorkommen, kann der

---

1270 Siehe zur Abrechnung auch *Weiler*, DStR 2011, 380, 380-383.

1271 *Polka/Jansen*, BC 2013, 511, 513.

1272 *Polka/Jansen*, BC 2013, 511, 514.

1273 BGH, Urteil vom 01.07.1971, VII ZR 295/69, Juris, Rz. 23 ff.; BGH, Urteil vom 05.10.1967, VII ZR 17/65, Juris, Rz. 20; *Koslowski,* in: Pelka/Petersen, Beck'sches Steuerberater-Handbuch 2019/2020, Rz. 16 zu U „Steuerberatungsvertrag"; *Neufang/Neufang*, StB 2012, 107, 109; a.A.: *Gräfe,* in: Gräfe/Wollweber/Schmeer, S. 179, 183 und 194: Grundaufzeichnungen sowie Buchführung müssen nicht geprüft werden.

1274 *Gräfe,* in: Gräfe/Wollweber/Schmeer, S. 194.

1275 *Meixner*, DStR 2018, 2352, 2353.

1276 *Neufang/Neufang*, StB 2012, 107, 109.

Steuerberater die entstehenden Prüfungsarbeiten gesondert nach § 36 StBVV abrechnen.[1277]

II. Auswirkungen für Steuerberater bei Nichtübermittlung der E-Bilanz

1. *Zivilrechtliche Haftungsgefahren*

Aus den vorstehenden Ausführungen ergibt sich[1278], dass sich, wenn die Bilanz sowie Gewinn- und Verlustrechnung weiterhin in Papierform statt in elektronischer Form übermittelt werden, derzeit keine Auswirkungen für den Steuerpflichtigen ergeben, da keine Rechtsgrundlage besteht.

Die Festsetzung von Zwangsmitteln kommt nur in Betracht, wenn diese vorab durch Verwaltungsakt angedroht werden, der auch hinreichend bestimmt sein muss. Da die einzelnen Positionen der E-Bilanz, je nach steuerlicher Erheblichkeit, nur auf § 90 AO basieren können, welcher allein nicht hinreichend bestimmt genug ist, um basierend hierauf Zwangsmittel festzusetzen, muss in dem Verwaltungsakt explizit bestimmt werden, welche Positionen aus welchem Grund angefragt werden. Sollte der Steuerberater infolgedessen steuerlich erhebliche Positionen nicht vorlegen, ohne dies mit dem Mandanten abzustimmen, kommt die Festsetzung von Zwangsgeldern in Betracht. Dieses Vorgehen entspricht aber nicht der üblichen Beratungspraxis, sodass es im Regelfall nicht zu einer Haftung des Steuerberaters für festgesetzte Zwangsgelder bei Nichtübermittlung der E-Bilanz kommen kann. Ebenso scheidet eine Schätzung sowie die Festsetzung von Verspätungszuschlägen aus.

2. *Straf- und bußgeldrechtliche Auswirkungen*

Auch straf- oder bußgeldrechtliche Auswirkungen können sich bei Nichtübermittlung der E-Bilanz für den Steuerberater nicht ergeben. Der objektive Tatbestand des §§ 370, 378 AO liegt mangels unvollständiger Angaben nicht vor.[1279] In Betracht kommt damit auch beim Steuerberater nur der Tatbestand der Steuergefährdung des § 379 AO. Täter kann hierbei jeder sein, der die Möglichkeit hat, eine Buchung vorzunehmen. Damit gehört auch der Steuerberater

---

1277 *Boelsen*, in: Eckert, Kommentar StBVV, Rz. 33 zu § 35 StBVV; *Gläser/Danner*, DStR 2014, 2198, 2199.

1278 Siehe Kapitel 3 B I „Auswirkungen bei Nichtübermittlung der E-Bilanz".

1279 Siehe Kapitel 3 B I 4 „Straf- und bußgeldrechtliche Auswirkungen".

zum möglichen Täterkreis des § 379 AO.[1280] Jedoch ist zu unterscheiden: Täter einer Falschbuchung kann jeder sein, der eine Buchung vornehmen kann.[1281] Für die Tatbestandsalternative des Nichtverbuchens ist jedoch erforderlich, dass der Täter für das Führen der Bücher verantwortlich ist. Dies ist im Regelfall der Inhaber oder der gesetzliche Vertreter oder derjenige, der die Pflichten für diese übernommen hat.[1282] Bei Nichtabgabe der E-Bilanz kommt nur eine Nichtverbuchung in Betracht, da die Nichteinhaltung der Taxonomie keine Folgen auf die richtige oder fehlerhafte Verbuchung, sondern nur auf die Gliederungstiefe hat. Im Gegensatz zur Steuerhinterziehung oder leichtfertigen Steuerverkürzung sind hier keine eigenen Angaben des Steuerberaters erforderlich, sondern nur eine Pflichtenübernahme. Die Kommentarliteratur verweist hier auf § 9 Abs. 2 OWiG.[1283] § 9 Abs. 2 Nr. 2 OWiG erfordert, dass jemand ausdrücklich dazu beauftragt ist, in eigener Verantwortung Aufgaben wahrzunehmen, die dem Inhaber des Betriebes obliegen. Der Wortlaut der Vorschrift ist angelehnt an § 14 Abs. 2 Nr. 2 StGB. Hierzu wurde bei Buchhaltungstätigkeiten bereits eine eigenverantwortliche Tätigkeit des Beauftragten angenommen.[1284] Auch hier gilt jedoch, dass der Steuerberater aufgrund des Dienstvertrages weisungsgebunden ist. Rein beratende Tätigkeiten ohne eigenverantwortliche Aufgaben reichen auch für § 9 Abs. 2 Nr. 2 OWiG nicht aus.[1285] Etwas anderes gilt nur dann, wenn

---

1280 *Bülte*, in: Hübschmann/Hepp/Spitaler, Kommentar AO, Rz. 61 zu § 379 AO; *Hauer*, in: Pfirrmann/Rosenke/Wagner, BeckOK AO, Rz. 41 zu § 379 AO; *Talaska*, in: Kohlmann, Kommentar Steuerstrafrecht, Rz. 111 zu § 379 AO.

1281 *Bülte*, in: Hübschmann/Hepp/Spitaler, Kommentar AO, Rz. 61 zu § 379 AO; *Hauer*, in: Pfirrmann/Rosenke/Wagner, BeckOK AO, Rz. 41 f. zu § 379 AO; *Jäger*, in: Joecks/Jäger/Randt, Kommentar Steuerstrafrecht, Rz. 45 zu § 379 AO; *Wegner*, in: Wannemacher, Steuerstrafrecht, Rz. 2466; a.A.: *Talaska*, in: Kohlmann, Kommentar Steuerstrafrecht, Rz. 109 zu § 379 AO: auch Falschbuchung erfordert eigene Buchführungs-/Aufzeichnungspflicht.

1282 *Bülte*, in: Hübschmann/Hepp/Spitaler, Kommentar AO, Rz. 62 zu § 379 AO; *Hauer*, in: Pfirrmann/Rosenke/Wagner, BeckOK AO, Rz. 42 und 38 zu § 379 AO; *Jäger*, in: Joecks/Jäger/Randt, Kommentar Steuerstrafrecht, Rz. 45 zu § 379 AO; *Talaska*, in: Kohlmann, Kommentar Steuerstrafrecht, Rz. 110 zu § 379 AO; *Wegner*, in: Wannemacher, Steuerstrafrecht, Rz. 2466.

1283 *Talaska*, in: Kohlmann, Kommentar Steuerstrafrecht, Rz. 111 zu § 379 AO.

1284 Siehe Kapitel 2 C VI „Strafrechtliche Pflichten des Steuerberaters im Zusammenhang mit § 370 Abs. 1 Nr. 2 AO".

1285 *Dörn*, DStZ 1993/15-16, 478, 480; *Rogall*, in: Mitsch, Karlsruher Kommentar zum OWiG, Rz. 89 und 91 zu § 9 OWiG; *Valerius*, in: Graf, BeckOK OWiG, Rz. 44 zu § 9 OWiG.

der Steuerberater allein handelt, ohne Abstimmung mit dem Mandanten oder wenn die Abstimmung eine rein formale Angelegenheit darstellt.[1286]

Die Frage, ob der Steuerberater als Täter im Rahmen des § 379 AO in Betracht kommt, ist jedoch unerheblich, da die Nichtübermittlung der E-Bilanz den objektiven Tatbestand des § 379 AO nicht erfüllt. Dies gilt zum einen, da derzeit keine gesetzliche Rechtsgrundlage besteht und sich § 379 AO ausdrücklich nicht auf Verwaltungsanweisungen bezieht.[1287] Die Möglichkeit der Steuergefährdung erfordert außerdem einen konkreten Bezug zwischen der Tathandlung und dem gefährdeten Steueranspruch.[1288] Selbst bei Bestehen einer Rechtsgrundlage fehlt es an der abstrakten Steuergefährdung bei Übermittlung einer Papierbilanz anstatt einer E-Bilanz, da die Ausgestaltung des Risikomanagementsystems im Verantwortungsbereich der Finanzverwaltung liegt.[1289]

III. Härtefallregelungen für Steuerberater

Einem Härtefallantrag ist stattzugeben, wenn die elektronische Übermittlung wirtschaftlich oder persönlich unzumutbar ist. Bei einer unbilligen Härte kann die Finanzverwaltung einem Härtefallantrag entsprechen.[1290] Angesichts dieser Grundsätze wird in der Literatur vertreten, dass die Voraussetzungen für einen Härtefallantrag bei Erstellung durch einen Steuerberater in der Regel nicht vorliegen. Es kommt hier darauf an, ob der Steuerberater, nicht sein Mandant, in der Lage ist, die elektronische Übermittlung durchzuführen, was unterstellt werden kann, da die technischen Mittel hier in der Regel vorliegen.[1291]

Auch hier ist die Situation jedoch differenzierter zu betrachten. Richtig ist, dass wegen technischer Unmöglichkeit bzw. dem technischen Umstellungsaufwand ein Härtefallantrag für Steuerberater nicht in Betracht kommt. Sollten Steuerberater technisch oder personell noch nicht zur elektronischen

---

1286 *Dörn*, DStZ 1993/15-16, 478, 481; *Rogall*, in: Mitsch, Karlsruher Kommentar zum OWiG, Rz. 89 und 91 zu § 9 OWiG; ebenfalls für Steuerberater bei Erfüllen der Voraussetzungen für möglich haltend: *Kleemann*, in: Gassner/Seith, Kommentar OWiG, Rz. 40 zu § 9 OWiG.

1287 *Wegner*, in: Wannemacher, Steuerstrafrecht, Rz. 2468.

1288 *Bülte*, in: Hübschmann/Hepp/Spitaler, Kommentar AO, Rz. 65 zu § 379 AO.

1289 Siehe hierzu nachfolgend Kapitel 7 C I 1 „Veröffentlichung der Kriterien und Überprüfung des Risikomanagementsystems".

1290 Siehe Kapitel 3 B II „Härtefallregelungen".

1291 *Nagel/Malteseva*, BBK 2012, 1120, 1128; *Richter/Kruczynski*, DStR 2012, 919, 923; *Schumann*, EStB 2012, 454, 456; *Sopp/Kruczynski/Richter*, DStR 2013, 605, 609.

Übermittlung in der Lage sein, folgt aus der Gewissenhaftigkeit der Berufsausübung, dass die erforderlichen personellen, fachlichen und organisatorischen Voraussetzungen für eine elektronische Übermittlung geschaffen und die erforderliche Fachkunde zur steuerlichen Beratung erlangt werden müssen. Im Hinblick auf den fortschreitenden Ausbau der digitalen Steuerverwaltung und die entsprechenden Compliance-Auswirkungen muss sich die Fachkunde auch auf die elektronischen Übermittlungsmöglichkeiten beziehen.[1292]

Jedoch ist bei der E-Bilanz auch der Umstellungsaufwand auf die Taxonomie zu beachten und damit, in welcher Form die Buchhaltungsdaten bisher vorliegen.[1293] Insbesondere wenn der Mandant die Buchhaltung selbst erstellt, kann sich infolge der Anpassung an die Taxonomie der E-Bilanz ein erheblicher Zusatzaufwand ergeben. Hierbei kann nicht ausschlaggebend sein, ob der Steuerberater technisch zu dieser Umstellung in der Lage ist. Wirtschaftlich belastet von der Umstellung ist der Unternehmer.[1294] Dementsprechend muss es darauf ankommen, ob wirtschaftlich betrachtet der Umstellungsaufwand für den Unternehmer im Verhältnis zum Zweck der Regelung steht. Dies ist unabhängig davon, ob ein Steuerberater in Anspruch genommen wird oder nicht.

Ebenso sind auch bei der E-Bilanz Fälle denkbar, bei denen eine Übermittlung der korrekten Bilanzdaten technisch nicht möglich ist. In diesen Fällen muss ein Härtefallantrag ebenfalls gewährt werden.

D. Straf- und bußgeldrechtliche Zurechnung der Angaben der E-Bilanz

Auch die Aufstellung einer unrichtigen Bilanz kann den Tatbestand einer Steuerhinterziehung oder leichtfertigen Steuerverkürzung erfüllen, wenn hierdurch Steuern verkürzt werden und dies vorsätzlich oder leichtfertig geschieht. Ob allein in der Aufstellung einer falschen Bilanz schon eine strafbare Versuchshandlung liegen kann, ist umstritten.[1295] Spätestens mit

1292 So auch zur elektronischen Steuererklärung in Kapitel 2 C IV „Pflichten und Obliegenheiten für Steuerberater im Rahmen der elektronischen Datenübermittlung".

1293 Siehe Kapitel 3 B II „Härtefallregelungen".

1294 Siehe zur Abrechnung der Umstellungsarbeiten nach der StBVV: *Gläser/Danner*, DStR 2014, 2198, 2199; *Weiler*, DStR 2011, 380, 382.

1295 Bejahend: *Jäger*, in: Klein, Kommentar AO, Rz. 192 zu § 370 AO sowie *Ransiek*, in: Kohlmann, Kommentar Steuerstrafrecht, Rz. 704 zu § 370 AO; verneinend: *Heuel*, in: Kohlmann, Kommentar Steuerstrafrecht, Kommentar Steuerstrafrecht, Rz. 1205 zu § 378 AO; *Müller*, AO-StB 2005, 28, 31 (der dies daraus schlussfolgert, dass die

Einreichung der Gewinnermittlung mit der Steuererklärung endet jedoch das Versuchsstadium.[1296]

Die E-Bilanz ist unmittelbare Grundlage für die Angaben in der Steuererklärung. Damit stellt sich die Frage, ob der Steuerberater durch Erstellung der E-Bilanz als Täter der Steuerhinterziehung in Betracht kommt. Sofern der Steuerberater selbst Täter einer Steuerhinterziehung ist, können sich neben der Höhe des Strafmaßes insbesondere Auswirkungen für die leichtfertige Steuerverkürzung ergeben, da hierfür die bloße Teilnahme nicht ausreicht.[1297]

Fraglich ist, ob die Erstellung der E-Bilanz eine eigene Erklärung des Steuerberaters darstellt, bei der der Steuerberater die Entscheidung über den Inhalt trifft. Dies würde zu einem täterschaftlichen Handeln führen.[1298] Nach Ansicht von Ransiek ist die Bilanz keine Erklärung des Steuerberaters, sondern desjenigen, für den sie gefertigt wird, also desjenigen, der zur Aufstellung der Bilanz verpflichtet ist. Ransiek schlussfolgert dies aus der Strafandrohung des § 331 Nr. 1 HGB, die sich ausschließlich auf das vertretungsberechtigte Organ oder den Aufsichtsrat der Kapitalgesellschaft bezieht. Des Weiteren liege die Entscheidung über die Aufstellung des unrichtigen Jahresabschlusses allein beim Mandanten.[1299] So führt auch Krumm aus, dass allein durch die Vorbereitungshandlung des Erstellens der Gewinnermittlung der Steuerberater nicht Urheber der unrichtigen Angaben ist, da der Steuerpflichtige nach wie vor die Entscheidungsgewalt hat. Die Aufstellung der Gewinnermittlung tritt hinter die Übernahme der Erklärungsverantwortung zurück.[1300] Krumm bezieht sich hier auf ein BFH-Urteil hinsichtlich zu niedrig erklärter Einkünfte aus Kapitalvermögen, nach dem der nur vorbereitende Steuerberater keine unrichtigen Angaben macht.[1301] Die Rechtsprechung nahm früher jedoch bei Aufstellen einer Buchhaltung und Gewinnermittlung durch den Steuerberater aus fehlerhaften oder lückenhaften Angaben des Mandanten eine Mittäterschaft oder Täterschaft des Steuerberaters an, wenn die Steuerverkürzung durch ihn veranlasst

---

Vorbereitungshandlung der falschen Verbuchung separat in § 379 AO geregelt ist); *Schmitz/Wulf*, in: Joecks/Miebach, Münchener Kommentar StGB, Rz. 460 zu § 370 AO.

1296 BFH, Urteil vom 19.12.2002, IV R 37/01, BStBl. II 2003, 385, Rz. 22.

1297 Siehe Kapitel 1 C V 4 „Leichtfertige Steuerverkürzung".

1298 Siehe Kapitel 2 C V „Straf- und bußgeldrechtliche Zurechnung der Angaben im Sinne von § 370 Abs. 1 Nr. 1 AO".

1299 *Ransiek*, in: Kohlmann, Kommentar Steuerstrafrecht, Rz. 114.1 zu § 370 AO.

1300 *Krumm*, in: Tipke/Kruse, Kommentar AO, Rz. 34 zu § 370 AO.

1301 BFH, Urteil vom 02.04.2014, VIII R 38/13, BStBl. II 2014, 698, Rz. 51.

oder erkennbar war.[1302] Dies galt auch dann, wenn der unrichtige Gewinn in die vom Steuerpflichtigen unterzeichnete Steuererklärung eingesetzt wird.[1303] Mit BFH-Urteil vom 29.10.2013 wurde dies aufgegeben, da ausgeführt wird, dass bei Erstellung einer EÜR durch einen Steuerberater keine Täterschaft des Steuerberaters vorliegt, wenn der Steuerpflichtige die Angaben der EÜR in die von ihm unterzeichnete Steuererklärung übernimmt.[1304] Schmitz und Wulf halten dieses Ergebnis zwar für wünschenswert, aber dogmatisch nicht begründet, wenn man davon ausgeht, dass es sich bei der Steuerhinterziehung und der leichtfertigen Steuerverkürzung nicht um ein Sonderdelikt handelt.[1305] Es folgt jedoch der Auffassung zur Tatherrschaft bei einer unterzeichneten Steuererklärung, die beim Steuerpflichtigen liegt, da dieser die Entscheidung über das Inverkehrbringen der Erklärung trifft.[1306]

Zu prüfen ist, ob diese zur Gewinnermittlung nach § 4 Abs. 3 EStG bzw. zu allgemeinen Vorbereitungshandlungen des Steuerberaters erläuterten Grundsätze auch auf die E-Bilanz übertragbar sind. Wer unrichtige Angaben gegenüber den Finanzbehörden macht, richtet sich danach, wer Urheber der Erklärung ist, also wer deren Inhalt bestimmt. Im Rahmen der elektronischen Steuererklärung soll durch das sogenannte Freizeichnungsdokument dokumentiert werden, dass die Tatherrschaft beim Steuerpflichtigen liegt und der Steuerberater ohne Freigabe nicht handeln kann und damit keine Entscheidungsgewalt hat.[1307] Ein solches Freizeichnungsdokument existiert bei der E-Bilanz nicht. Im Gegensatz zur EÜR sind die Daten der E-Bilanz auch nicht in den Steuererklärungsdatensatz integriert, also vom Freizeichnungsdokument nicht umfasst. Nur der steuerliche Gewinn wird in den Datensatz der Steuererklärung übernommen, nicht jedoch die einzelnen Angaben der E-Bilanz. Auch hier zeigt sich das Problem der

---

1302 BFH, Urteil vom 19.12.2002, IV R 37/01, BStBl. II 2003, 385, Rz. 22 ff.; BFH, Urteil vom 23.10.1996, IV R 54/86, BFH/NV 1988, 409, Rz. 15.

1303 BFH, Urteil vom 19.12.2002, IV R 37/01, BStBl. II 2003, 385, Rz. 22.

1304 BFH, Urteil vom 29.10.2013, VIII R 27/10, BStBl. II 2014, 295, Rz. 19 f.; so im Ergebnis zu Vorbereitungshandlungen des Steuerberaters auch: *Joecks,* in: Joecks/Jäger/Randt, Kommentar Steuerstrafrecht, Rz. 31 zu § 378 AO und *Rengier,* in: Mitsch, Karlsruher Kommentar zum OWiG, Rz. 22 zu „Vorbemerkungen".

1305 *Schmitz/Wulf,* in: Joecks/Miebach, Münchener Kommentar StGB, Rz. 230 zu § 370 AO.

1306 Siehe Kapitel 2 C V „Straf- und bußgeldrechtliche Zurechnung der Angaben im Sinne von § 370 Abs. 1 Nr. 1 AO".

1307 Siehe Kapitel 2 C V „Straf- und bußgeldrechtliche Zurechnung der Angaben im Sinne von § 370 Abs. 1 Nr. 1 AO".

derzeitigen Doppelarbeit dadurch, dass die Steuererklärungen und die E-Bilanz separat abzugeben sind und keine Zusammenfassung erfolgt. Falsche Zuordnungen in der E-Bilanz, beispielsweise zu nicht abziehbaren Betriebsausgaben oder gewerbesteuerlichen Hinzurechnungen und Kürzungen, können Auswirkungen auf die Steuerlast haben. Die falsche Zuordnung in der E-Bilanz ist aber allein anhand der Angaben in der elektronischen Steuererklärung nicht zu erkennen.

Aus der Strafandrohung des § 331 HGB können auch nicht ohne Weiteres Schlüsse für die E-Bilanz gezogen werden, da sich diese nur auf die Handelsbilanz bezieht. Auch dass der Jahresabschluss durch den Betriebsinhaber oder die gesetzlichen Vertreter einer Kapitalgesellschaft aufzustellen ist, reicht allein nicht für eine Ablehnung der Täterschaft des Steuerberaters bei der E-Bilanz aus, da §§ 370 Abs. 1 Nr. 1 und 378 AO nach der herrschenden Auffassung gerade keine Sonderdelikte sind, sondern von jedermann begangen werden können.[1308]

Polka und Jansen führen daher aus, dass die Inhalte der E-Bilanz separat vom Steuerpflichtigen freizugeben oder gegenzuzeichnen sind, bevor die Übermittlung erfolgt.[1309] Dies stellt, wie bei der elektronischen Steuererklärung, ein Indiz für die Tatherrschaft des Steuerpflichtigen hinsichtlich der Daten der E-Bilanz dar. Wie bei der elektronischen Übermittlung der Steuererklärung ist diese separate Freigabe der E-Bilanz-Daten zur Dokumentation der Tatherrschaft für den Steuerberater unbedingt zu empfehlen, zumindest, solange die Daten noch nicht in die elektronische Steuererklärung integriert sind. Auch aufgrund dessen wird kritisiert, dass der Steuerberater nun, neben der Kontenumstellung und Schulung der Mitarbeiter, die E-Bilanz und die Steuererklärungen unterschreiben lassen muss, was auch auf Seiten der Berater zu erheblichem Mehraufwand und nicht zur Erhöhung der Effizienz führt.[1310]

1308 Siehe Kapitel 2 C V 1 „Täterschaft bei der Steuererklärung auf amtlichen Vordrucken".

1309 *Polka/Jansen*, BC 2013, 511, 515.

1310 *Ley*, in: Brandt, Europäische Perspektiven im Steuerrecht; Steuergerechtigkeit und Steuervereinfachung, S. 249.

E. Pflichten und Obliegenheiten für Steuerberater im Rahmen der Erstellung und Übermittlung der E-Bilanz

I. Prüfung der E-Bilanz und Verbesserung des Risikofaktors durch den Steuerberater

1. Verpflichtung des Steuerberaters zur Tax-Compliance-Beratung

Der Steuerberater hat ausgehend von seinem Pflichtenkreis eine den Steuergesetzen entsprechende E-Bilanz aufzustellen. Dies ergibt sich zum einen aus der zivilrechtlichen Beauftragung und zum anderen aus der Berufspflicht der gewissenhaften Berufsausübung und der Organstellung als unabhängiges Organ der Steuerrechtspflege.[1311]

Fraglich ist jedoch, inwieweit diese Pflicht reicht. Häufig erstellt der Steuerberater eine Handelsbilanz sowie eine Überleitungsrechnung für steuerliche Zwecke, teilweise auch eine separate Steuerbilanz. Die Daten aus dem steuerlichen Rechnungslegungszweck werden anschließend in den E-Bilanz-Assistenten eingespielt. Mittels ERiC werden die Daten auf Unvollständigkeiten und Unschlüssigkeiten geprüft. Sofern solche nicht vorhanden sind, kann die E-Bilanz gesendet werden. Je nach Datenbestand sind in diesen Daten erhebliche Auffangpositionen enthalten. Auch ergänzende Positionen werden in diesem Fall nicht übermittelt. Es handelt sich zwar um eine den gesetzlichen Vorschriften (zur elektronischen Übermittlung) und den Verwaltungsvorschriften (zur Taxonomie) entsprechende E-Bilanz, jedoch können sich negative Auswirkungen durch Auffälligkeiten im Risikomanagementsystem der Finanzverwaltung ergeben. Die E-Bilanz stellt einen wesentlichen Treiber im Hinblick darauf dar, in welchem Umfang der Finanzverwaltung Daten zur Verfügung gestellt werden und inwieweit das Compliance-Level eines Unternehmens hierdurch erhöht (bzw. die Risikoklasse verbessert) wird.[1312] Es stellt sich die Frage, inwieweit der Steuerberater verpflichtet ist, den Mandanten im Hinblick auf ein Tax-Compliance-System, zu dem auch die Prüfung der Auswirkung der E-Bilanz-Daten als erheblicher Teil des unternehmerischen Risikomanagementsystems der Finanzverwaltung zählt, zu beraten.

1311 Zur Jahresabschlusserstellung allgemein siehe auch *Dehler/Kalina-Kerschbaum*, DStR 2010, 942, 943 f.

1312 *Briesemeister/Schäperclaus,* in: Prinz/Kanzler, Handbuch Bilanzsteuerrecht, Kapitel A.IX „E-Bilanz“, S. 1337.

Die Begrifflichkeit der Tax Compliance wird unterschiedlich definiert. Laut Auffassung der Finanzverwaltung bezeichnet Tax Compliance die freiwillige Einhaltung und Erfüllung steuerlicher Pflichten zur Generierung von Steuereinnahmen. Es wird damit hier auf den Fiskalzweck abgestellt, der durch Mitwirkung der Steuerpflichtigen durch strukturelle Anreize erfüllt werden soll.[1313] Es ist jedoch zu beachten, dass Tax Compliance nicht bedeutet, dass man der Verwaltungsauffassung folgen muss. Auch die Ausnutzung von Gesetzeslücken kann Teil der Tax Compliance sein.[1314] Für den Steuerberater ist es gerade nicht ausreichend, wenn er im Rahmen seines Beratungsauftrages nur die Verwaltungspraxis befolgt, da er eine eigene Rechtsprüfung vornehmen muss, um den günstigsten und sichersten Weg für den Mandanten zu bestimmen.[1315] Tax Compliance bedeutet damit nur, dass der Steuerpflichtige die geltenden Steuergesetze beachtet und seinen steuerlichen Pflichten nachkommt.[1316] So soll sichergestellt und dokumentiert werden, wie sich die Eintragungen in der Steuererklärung ergeben; Haftungsrisiken und steuerstrafrechtliche Risiken sollen minimiert werden.[1317] Hierzu enthält ein Tax-Compliance-System insbesondere Checklisten, Verantwortlichkeiten und Dokumentationspflichten.[1318] Das Tax-Compliance-System muss im Hinblick auf das konkrete Risikoprofil unternehmensindividuell ausgestaltet werden; die tatsächliche Durchführung der Maßnahmen muss entsprechend dokumentiert werden.[1319] Hierdurch soll steuerlichen Haftungsrisiken sowie strafrechtlichen Risiken vorgebeugt werden; weiter soll die Steuerbelastung optimiert werden.[1320] Außerdem kann durch eine Kooperation des Steuerpflichtigen die Nachprüfung seitens der Finanzverwaltung vermindert werden.[1321]

1313 *Talaska,* in: Streck/Mack/Schwedhelm, Tax Compliance, S. 11 f.; *Seer*, in: FS Streck, 403, 406.

1314 *Behringer*, BBK 2017/18, 875, 876; *Handel*, DStR 2017, 1945, 1945; *Konken*, BBK 2019/4, 182, 186 f.; *Passarge*, DStR 2010, 1675, 1675; *Seer*, in: FS Streck, 403, 406; *Talaska,* in: Streck/Mack/Schwedhelm, Tax Compliance, S. 13.

1315 *Linnemann*, StB 2019, 139, 144.

1316 *Frizen*, S. 264; *Kaeser,* in: Mellinghoff, DStJG 38 (2015), 193, 194; *Streck/Binnewies*, DStR 2009, 229, 229.

1317 *Richter/Welling*, FR 2015, 297, 299; *Streck/Binnewies*, DStR 2009, 229, 229.

1318 *Handel*, DStR 2017, 1945, 1947; *Passarge*, DStR 2010, 1675, 1677.

1319 *Madauß*, NZWiSt 2016, 343, 347.

1320 *Handel*, DStR 2017, 1945, 1945; *Passarge*, DStR 2010, 1675, 1675; *Seer*, in: FS Streck, 403, 404 f.; *Talaska,* in: Streck/Mack/Schwedhelm, Tax Compliance, S. 19 ff.

1321 *Kowallik,* in: Bongaerts/Neubeck, S. 588.

Grundsätzlich steht es den Steuerpflichtigen frei, wie sie sicherstellen, dass die steuerlichen Pflichten erfüllt werden. Es gibt keine gesetzliche Pflicht, ein Tax-Compliance-System einzurichten, es wird nur versucht, durch Haftungsvorschriften, Mitwirkungsregelungen sowie strafrechtliche Risiken die Steuerpflichtigen dazu anzuhalten, möglichst sorgfältig ihre steuerlichen Pflichten zu erfüllen.[1322] Mittelbar wird teilweise aus § 92 Abs. 2 AktG für Aktiengesellschaften und aus § 43 Abs. 2 GmbHG für GmbHs mit Gefährdungspotenzial geschlussfolgert, dass eine Pflicht bzw. Obliegenheit zur Einrichtung eines Tax-Compliance-Systems für gesetzliche Vertreter dieser Rechtsformen besteht, um Haftungsfälle zu vermeiden.[1323] Von der herrschenden Meinung wird jedoch die aus § 92 Abs. 2 AktG geschlussfolgerte allgemeine Pflicht zur Einrichtung eines Compliance-Systems abgelehnt. Es ist im Einzelfall zu beurteilen, wie groß und komplex das Unternehmen ist sowie welche Prüfmechanismen im Unternehmensablauf bereits existieren.[1324] Mittlerweile findet sich auch eine Verknüpfung zwischen dem subjektiven Tatbestand einer Steuerhinterziehung, der mindestens bedingten Vorsatz erfordert, und dem Vorhandensein eines Tax-Compliance-Systems. Der Anwendungserlass zur Abgabenordnung enthält in 2.6 zu § 153 AO die Vermutung, dass ein innerbetriebliches Kontrollsystem zur Erfüllung der steuerlichen Pflichten ein Indiz gegen Vorsatz oder Leichtfertigkeit darstellen kann. Dieses Indiz wird jedoch im nachfolgenden Halbsatz wieder insoweit eingeschränkt, dass trotzdem eine Prüfung im Einzelfall erforderlich ist.[1325] In der Literatur wird ein Tax-Compliance-System mit diesem im Anwendungserlass zur Abgabenordnung angesprochenen innerbetrieblichen Kontrollsystem gleichgesetzt.[1326] Dies bedeutet auf der anderen Seite aber auch nicht, dass ohne innerbetriebliches Kontrollsystem stets ein vorsätzliches oder

---

1322 *Seer*, in: FS Streck, 403, 404 f.; *Talaska,* in: Streck/Mack/Schwedhelm, Tax Compliance, S. 14 f.

1323 *Handel*, DStR 2017, 1945, 1945 f.; *Kromer/Henschel,* in: Kessler/Kröner/Köhler, Konzernsteuerrecht, Rz. 96 zu § 1; *Passarge*, DStR 2010, 1675, 1676.

1324 *Aichberger/Schwartz*, DStR 2015, 1758, 1762; *Fleischer,* in: Spindler/Stilz, Kommentar AktG, Rz. 54 f. zu § 91 AktG; *Spindler,* in: Goette/Habersack, Münchener Kommentar AktG, Rz. 67 ff. zu § 91 AktG.

1325 AEAO, Nr. 2.6 S. 6 zu § 153 AO; so auch: *Handel*, DStR 2017, 1945, 1945; *Jansen/Polka*, S. 55; *Neuling*, DStR 2016, 1652, 1656 f.; *Ransiek,* in: Kohlmann, Kommentar Steuerstrafrecht, Rz. 603 zu § 370 AO.

1326 *Haller*, Nutzung von E-Bilanz Datensätzen im Risikomanagement der Finanzverwaltung, S. 14; *Handel*, DStR 2017, 1945, 1945, 1949; *von Frantzki*, in: GS Joecks 2018, S. 425.

leichtfertiges Handeln vorliegt.[1327] Aus dem Anwendungserlass zur Abgabenordnung kann sich keine Bindungswirkung für Strafverfolgungsbehörden und -gerichte ergeben.[1328] Damit kann die Einrichtung eines Tax-Compliance-Systems nach wie vor keine Verpflichtung für den Steuerpflichtigen darstellen und die fehlende Einrichtung eines solchen allein keine straf- oder bußgeldrechtlichen Auswirkungen nach sich ziehen.

Nichtsdestotrotz kann ein Tax-Compliance-System ein Argument gegen Vorsatz oder Leichtfertigkeit sein und gewinnt damit sowohl für Steuerpflichtige als auch für Steuerberater immer mehr an Bedeutung.[1329] Ein bedingter Vorsatz oder ein leichtfertiges Handeln liegt eher dann vor, wenn der Steuerpflichtige weniger Kenntnisse von den steuerlichen Pflichten hat und weniger Organisationsstrukturen und Überwachungsmaßnahmen zur steuerlichen Pflichterfüllung eingerichtet werden.[1330] Selbst wenn in diesem Fall eine Steuerverkürzung eintritt, mangelt es bei Einrichtung entsprechender Kontrollmechanismen am Willen des Steuerpflichtigen, Steuern zu verkürzen, da ein Tax-Compliance-System gerade den Willen zur gesetzmäßigen Erfüllung der steuerlichen Pflichten dokumentiert.[1331] Auch die Rechtsprechung spricht bereits die Bedeutung eines Compliance-Systems für den subjektiven Tatbestand und die Höhe der Strafe an.[1332] Durch die Formulierungen „kann“, „ggf.“, „Indiz“ und „Einzelfall“ und durch die fehlende Konkretisierung, wie ein Tax-Compliance-System im Einzelfall auszusehen hat, ist aber eine erhebliche Rechtsunsicherheit gegeben.[1333] Kein Indiz gegen Vorsatz ist das Tax-Compliance-System dann, wenn die Möglichkeit einer Steuerhinterziehung bewusst in Kauf genommen wird oder die erforderliche Sorgfalt außer Acht gelassen wird. In diesen Fällen kann ein ignoriertes

---

1327 *Handel*, DStR 2017, 1945, 1945.

1328 *Handel*, DStR 2017, 1945, 1945; *Heuel*, in: Kohlmann, Kommentar Steuerstrafrecht, Rz. 80 zu § 378 AO.

1329 *Ley*, DStR 2018, 72, 75.

1330 *Madauß*, NZWiSt 2016, 343, 347; *von Frantzki*, in: GS Joecks 2018, S. 421; umstritten, a.A. siehe nachfolgend und z.B. *Krumm*, in: Tipke/Kruse, Kommentar AO, Rz. 134 f. zu § 370 AO.

1331 Wortprotokoll der 25. Sitzung des Finanzausschusses, Protokoll Nr. 18/25 vom 12.11.2014 zu BT-Drucksache 18/3018, S. 28; *Kaeser*, in: Mellinghoff, DStJG 38 (2015), 193, 210; *Madauß*, NZWiSt 2016, 343, 348; *Richter/Welling*, FR 2015, 297, 303; *von Frantzki*, in: GS Joecks 2018, S. 421 f.

1332 BGH, Urteil vom 09.05.2017, 1 StR 265/16, Juris, Orientierungssatz und Rz. 118.

1333 *Behringer*, BBK 2017/18, 875, 876.

oder nicht ausreichendes Tax-Compliance-System die Gefahr von Steuerstraftaten oder Ordnungswidrigkeiten gerade in sich tragen.[1334]

Inwieweit Tax-Compliance-Maßnahmen im Rahmen der E-Bilanz vorteilhaft sein können, ist noch nicht abschließend geklärt, insbesondere auch da die Kriterien des Risikomanagementsystems nicht veröffentlicht werden. Einige Faktoren des Risikomanagementsystems, wie beispielsweise die Bilanzart, die Branche, die Unternehmensgröße und das Vorhandensein von Auslandssachverhalten[1335], können nicht bzw. nur begrenzt beeinflusst werden. Weiter werden die Daten auf Schwankungen, unübliche Beträge und Vorzeichen, Bewegungen mit nahestehenden Personen sowie Abweichungen von den Voranmeldungen und Steuererklärungen analysiert.[1336] Es wird jedoch davon ausgegangen, dass sich das Risikomanagement der Finanzverwaltung auch nach verhaltensbezogenen Kriterien richtet, also danach, welche Positionen übermittelt werden, ob freiwillige Positionen enthalten sind, inwieweit Auffangpositionen genutzt werden und ob Kontennachweise und ergänzende Informationen übermittelt werden.[1337] Hiernach ist zu vermuten, dass zumindest in der Zukunft, wenn mehr Detailinformationen seitens der Steuerpflichtigen übermittelt werden und das Risikomanagementsystem auch als Grundlage zur Auswahl von Außenprüfungsfällen gemacht wird, die Nachfragen und damit auch das Risiko einer Außenprüfung steigen, wenn weniger Daten übermittelt werden.[1338] Dies ist Teil eines kooperativen Besteuerungsverfahrens, in dem die Beteiligten zur umfangreichen Mitwirkung angehalten werden, indem sie hierdurch umfangreiche und aufwändige Nachprüfungen seitens der Finanzverwaltung vermeiden können. Derzeit ist in der Praxis jedoch hauptsächlich zu beobachten, dass ergänzende Informationen zu den elektronisch übermittelten Daten kaum von der Finanzverwaltung zur Kenntnis genommen werden. Der kooperative Ansatz geht verloren und wird

---

1334 *von Frantzki*, in: GS Joecks 2018, S. 422 und 424.

1335 *Henselmann/Haller*, DStR 2018, 1033, 1034-1037.

1336 *Henselmann/Haller*, DStR 2018, 1033, 1037-1038; *Kowallik*, in: Bongaerts/Neubeck, S. 589.

1337 *Haller*, Nutzung von E-Bilanz Datensätzen im Risikomanagement der Finanzverwaltung, S. 65; *Henselmann/Haller*, DStR 2018, 1033, 1037-1038; *Kowallik*, in: Bongaerts/Neubeck, S. 584.

1338 *Haller*, Nutzung von E-Bilanz Datensätzen im Risikomanagement der Finanzverwaltung, S. 65; *Kowallik*, in: Bongaerts/Neubeck, S. 598; siehe zur derzeitigen Gefahr der Aussteuerung durch eine Übermittlung von Detailinformationen, da von vielen Steuerpflichtigen noch Auffangpositionen genutzt werden: Siehe Kapitel 3 A II „Pflicht zur Übermittlung der E-Bilanz".

überlagert von den technischen Möglichkeiten des Risikomanagementsystems, welches nicht standardisierte Erläuterungen und beigefügte Dokumente nicht verarbeiten kann und damit das materielle Recht überlagert.[1339]

Durch ein Tax-Compliance-System soll künftig der Aufwand von Betriebsprüfungen vermindert werden. Zudem kann durch eine detaillierte Analyse der an die Finanzverwaltung übermittelten Werte besser auf Nachfragen der Finanzverwaltung reagiert werden.[1340] Hierdurch können Faktoren, die zu einer Erhöhung der Risikoklasse führen, auch verbessert werden.[1341] Zumindest teilweise kann damit das Risiko einer Nachprüfung und von Steuernachforderungen durch die Finanzverwaltung im Rahmen eines Tax-Compliance-orientierten Ansatzes bei der E-Bilanz gemindert werden. Ausgehend von diesen Überlegungen wird empfohlen, neben der Prüfung der rechnerischen Richtigkeit und des Übermittlungsumfangs durch ERiC, die ohnehin bei der E-Bilanz durchgeführt wird, auch die Prüfmechanismen der Finanzverwaltung (soweit diese bekannt sind) im Rahmen des Risikomanagementsystems vorab zu nutzen, alle Positionen möglichst genau der Taxonomie zuzuordnen und mit den Steuererklärungen abzugleichen, um Nachfragen und Außenprüfungen zu vermeiden. Unter Umständen kann so die Risikoklasse verbessert werden.[1342] Dies wird auch als Steuercontrolling bezeichnet.[1343] Hierbei können beispielsweise bereits vorab Zeitreihenvergleiche sowie Ziffernanalysen (z.B. Benford-Analyse, Chi-Quadrat-Test) durchgeführt werden. In diesem Zusammenhang ist auch zu beachten, dass bei Erstellung einer separaten Steuerbilanz der Finanzverwaltung weniger Auswertungsmöglichkeiten im Hinblick auf die Handelsbilanz und Abweichungen hiervon zur Verfügung stehen. Je nach Übermittlungsumfang unterscheidet sich damit auch die Datenbasis für eine vorherige Tax-Compliance-Prüfung im Hinblick auf etwaige Nachfragen der Finanzverwaltung.[1344]

Die Tax-Compliance-Beratung im Hinblick auf die E-Bilanz kann sich ohne konkreten Beratungsauftrag weder aus der Pflicht des Steuerberaters

---

1339 Siehe zu dieser Problematik nachfolgend in Kapitel 7 A II „Risikomanagementsystem im Kontext des Amtsermittlungsgrundsatzes".

1340 *Haller*, Nutzung von E-Bilanz Datensätzen im Risikomanagement der Finanzverwaltung, S. 4; *Kowallik*, in: Bongaerts/Neubeck, E-Bilanz, S. 584.

1341 *Haller*, Nutzung von E-Bilanz Datensätzen im Risikomanagement der Finanzverwaltung, S. 39; *Henselmann/Haller*, DStR 2018, 1033, 1033.

1342 *Haller*, Nutzung von E-Bilanz Datensätzen im Risikomanagement der Finanzverwaltung, S. 39; *Kowallik*, in: Bongaerts/Neubeck, S. 584, 598.

1343 *Kowallik*, in: Bongaerts/Neubeck, S. 598.

1344 *Winnefeld*, in: Winnefeld, Bilanz-Handbuch, Rz. 1194 zu Kapitel A.

zur Rechtsprüfung und Sachverhaltsaufklärung noch aus den Berufspflichten, beispielsweise der Gewissenhaftigkeit, ergeben. Hieraus folgt allein, dass der Steuerberater eine gesetzeskonforme E-Bilanz erstellt. Der Steuerberater muss im Rahmen seines Auftrages zur Erstellung der E-Bilanz den Mandanten auf erkennbare Mängel hinweisen. Dies gilt insbesondere bei formellen Mängeln (beispielsweise bei der Kassenbuchführung), unvollständigen Angaben, Lücken oder Unstimmigkeiten.[1345] Hierbei muss er neben der gesetzeskonformen Aufstellung der E-Bilanz basierend auf seiner zivilrechtlichen Pflicht zur bestmöglichen Interessenvertretung gegenüber dem Mandanten auch darauf achten, dass die Steuerlast möglichst reduziert wird. Insbesondere bei steuerlich relevanten und fehleranfälligen Konten (z.B. nicht abziehbare Betriebsausgaben, Privatentnahmen) sind basierend auf der Pflicht zur gewissenhaften Berufsausübung weitergehende Prüfungen, auch materiellrechtlich, vorzunehmen.[1346]

Der Steuerberater hat jedoch auch eine Schadensverhütungspflicht. Außerdem muss er den sichersten Weg empfehlen. Hierfür muss er ungefragt über alle bedeutsamen steuerlichen Einzelheiten belehren und bei verschiedenen Alternativen die jeweiligen Rechtsfolgen aufzeigen, sodass der Mandant eine Entscheidung treffen kann.[1347] Basierend auf diesen Grundsätzen wird mittlerweile teilweise angesprochen, dass der Steuerberater auch eine Hinweispflicht auf das Risikomanagementsystem der Finanzverwaltung und etwaige Compliance-Maßnahmen zur Verbesserung der Risikoklasse haben kann, sodass dem Steuerpflichtigen ein möglichst großer Vertrauensvorschuss gewährt wird.[1348] So können zum einen Außenprüfungen durch Analyse der Risikofilter und entsprechende Anpassung des Buchungsverhaltens sowie eine Erhöhung des Vertrauensvorschusses seitens der Finanzverwaltung vermieden, zum anderen kann eine schnelle Bearbeitung der Steuererklärungen durch die Finanzverwaltung erreicht werden.[1349] Weiter können durch analytische Prüfungen Auffälligkeiten festgestellt werden.[1350] Hierdurch können sich Steuerpflichtige und deren

1345 *Meixner*, DStR 2018, 2352, 2353.

1346 *Kilian*, in: v. Westphalen/Thüsing, Vertragsrecht und AgB-Klauselwerke, Rz. 31 f. zu „Steuerberater“.

1347 BGH, Urteil vom 28.11.1966, VII ZR 132/64, Juris, Orientierungssatz 1 u. Rz. 13; *Ehlers*, DStR 2010, 2154, 2154; *Heuel*, Haftung für Steuerberatung, S. 240.

1348 *Ehlers*, DStR 2010, 2154, 2157; *Kowallik*, IWB 2014/11, 406, 411; *Seer*, DStR 2008, 1553, 1555.

1349 *Haunhorst*, DStR 2010, 2105, 2105; *Seer*, DStR 2008, 1553, 1555.

1350 *Kilian*, in: v. Westphalen/Thüsing, Vertragsrecht und AgB-Klauselwerke, Rz. 32 zu „Steuerberater“.

Berater bereits im Vorfeld auf Nachfragen vorbereiten, ihre Daten analysieren und damit mögliche Risikofelder bestimmen.[1351] Jedoch wird derzeit der Aufbau eines Tax-Compliance-Systems noch als Zusatzleistung betrachtet, über die Steuerberater weiteren Beratungsbedarf generieren können. Damit kann im Einzelfall der Nutzen eines Tax-Compliance-Systems für den jeweiligen Mandanten geprüft und ein entsprechendes System aufgebaut werden.[1352] Haller bezeichnet den dies anbietenden Steuerberater als „Konfigurations-, Monitoring- und Compliance-Instanz“[1353]. Kilian führt aus, dass der Umfang der Prüfung davon abhängig sei, ob der Auftrag des Steuerberaters auch Plausibilitätsbeurteilungen umfasst.[1354] Dem ist zuzustimmen. Zwar hat der Steuerberater Unstimmigkeiten in den übersandten Unterlagen und Daten nachzugehen, jedoch muss hierfür nicht zwingend ein Tax-Compliance-System eingerichtet werden. Es ist auch derzeit angesichts der unklaren und nicht veröffentlichten Kriterien des Risikomanagementsystems[1355] nicht vorhersehbar, inwieweit Tax-Compliance-Maßnahmen überhaupt einen „sichereren Weg“ für den Steuerpflichtigen bedeuten. Aufgrund der erwarteten zunehmenden Bedeutung des Risikomanagementsystems in einem automatisierten Veranlagungsverfahren wird die Bedeutung der Tax-Compliance-Beratung jedoch zunehmen. Es ist daher zu empfehlen, den Auftragsumfang genau zu definieren.

Auf der anderen Seite wird argumentiert, dass umfangreiche Tax-Compliance-Maßnahmen zu erhöhter Kenntnis über die steuerlichen Details führen, sodass auch eher ein bedingter Vorsatz vorliegen kann.[1356] Infolge der Erkenntnisse aus dem Tax-Compliance-System kann auch eher eine Steuerhinterziehung durch Unterlassen vorliegen, beispielsweise wenn keine Berichtigung nach § 153 AO erfolgt.[1357] Im Ergebnis können sich daher durch ein Tax-Compliance-System erhöhte Zweifel ergeben, denen der Steuerberater nachgehen muss; unter

---

1351 *Haller*, Nutzung von E-Bilanz Datensätzen im Risikomanagement der Finanzverwaltung, S. 39.

1352 *Fischer/Schwab*, DStR 2018, 2040, 2042 f.; *Haller*, Nutzung von E-Bilanz Datensätzen im Risikomanagement der Finanzverwaltung, S. 141.

1353 *Haller*, Nutzung von E-Bilanz Datensätzen im Risikomanagement der Finanzverwaltung, S. 141.

1354 *Kilian*, in: v. Westphalen/Thüsing, Vertragsrecht und AgB-Klauselwerke, Rz. 32 zu „Steuerberater“.

1355 Siehe hierzu nachfolgend Kapitel 7 C I 1 „Veröffentlichung der Kriterien und Überprüfung des Risikomanagementsystems“.

1356 *Krumm*, in: Tipke/Kruse, Kommentar AO, Rz. 134 zu § 370 AO.

1357 *von Frantzki*, in: GS Joecks 2018, S. 428.

Umständen muss, um einen bedingten Vorsatz zu vermeiden, eine Offenlegung an die Finanzverwaltung erfolgen. Im Grunde zielt diese Frage darauf ab, ob im Steuerrecht ein Tatumstandsirrtum nach § 16 StGB wegen mangelnder Kenntnis von steuerlich erheblichen Nicht- oder Falschangaben einschlägig sein kann, welcher schuldbefreiend wirkt, oder ob es sich um einen Verbotsirrtum nach § 17 StGB handelt.[1358] Sofern der Steuerberater Compliance-Maßnahmen übernimmt, ist daher darauf zu achten, dass sich mögliche Haftungsfelder durch nicht erkannte Fehler im Rahmen der Compliance-Beratung sowie strafrechtliche Gefahren des Steuerberaters, sofern wesentliche Fehler mittels des Tax-Compliance-Systems erkannt werden, hierauf jedoch nicht durch Offenlegung reagiert wird, ergeben können.[1359]

2. *Maßnahmen zur Verbesserung des Risikofaktors*

a) *Freiwillige Übermittlung von ergänzenden Daten*

Im Zusammenhang mit der Erstellung der E-Bilanz und der positiven Berücksichtigung der Kooperation des Beteiligten im Risikomanagementsystem existieren verschiedene Strategien, die zum einen den Zusatzaufwand durch Tax-Compliance-Maßnahmen und zum anderen die Vorteile dieser berücksichtigen. Die Strategien basieren darauf, dass bei der E-Bilanz der Mindestumfang und der freiwillig maximal übermittelbare Umfang erheblich voneinander abweichen. So existieren innerhalb des Jahresabschluss-Moduls Mussfelder, die zwingend ausgefüllt werden müssen. Des Weiteren existieren Mussfelder mit dem Vermerk „Kontennachweis erwünscht". Hier kann der Kontennachweis im XBRL-Format mitgesendet werden.[1360] Außerdem existieren Auffangpositionen. Hier sind die genauen Zuordnungen aus der Buchhaltung zu den Feldern der E-Bilanz-Taxonomie nicht möglich.[1361] Diese Auffangpositionen sind erforderlich, um Eingriffe in die Buchhaltung zu vermeiden und trotzdem eine Standardisierung der E-Bilanz-Taxonomie zu ermöglichen.[1362]

1358 Siehe hierzu bei strittigen Rechtsfragen im Detail in Kapitel 5 B II 1 „Straf- und bußgeldrechtliche Auswirkungen".

1359 *Heuel,* in: Kohlmann, Kommentar Steuerstrafrecht, Rz. 442 ff. zu § 377 AO*; Konken*, BBK 2019/4, 182, 187.

1360 Dies empfehlend *Rust/Hülshoff/Kolbe*, BB 2011, 747, 749.

1361 *Paetsch,* in: Kirchhof/Kulosa/Ratschow, BeckOK EStG, Rz. 39 zu § 5b EStG.

1362 *Beste/Herrmann*, NWB 2013, 1836, 1838 f.; *Paetsch,* in: Kirchhof/Kulosa/Ratschow, BeckOK EStG, Rz. 39 zu § 5b EStG.

Basierend hierauf werden in der Literatur folgende Strategien unterschieden: Bei der Minimalstrategie werden nur die ausdrücklich verpflichtenden Positionen der E-Bilanz genutzt, Auffangpositionen nicht zugeordnet und keine Kontennachweise eingereicht, da hierzu keine Pflicht besteht, sondern diese nur erwünscht sind. Freiwillige Berichtsbestandteile werden nicht mit übermittelt.[1363] Hierbei erfolgt kein oder nur ein geringer Eingriff in die Finanzbuchhaltung, sodass entsprechender Umstellungs- und Aufschlüsselungsaufwand gespart wird. Auf der anderen Seite besteht aber eine größere Gefahr von Rückfragen und Sonderprüfungen.[1364] Bisher wurden meist, obwohl keine gesetzliche Verpflichtung hierzu bestand, Kontennachweise mit eingereicht, sodass bei der Minimalstrategie teilweise weniger Informationen als bisher an die Finanzverwaltung übermittelt werden, was zu vermehrten Rückfragen der Finanzverwaltung führt.[1365] Dies hat auch die Finanzverwaltung erkannt und daraufhin mitgeteilt, dass aufgrund des Amtsermittlungsgrundsatzes und der Mitwirkungspflichten nach § 90 AO über den Mindestumfang der E-Bilanz hinausgehende Informationen angefordert werden können. Um diese Rückfragen und den entstehenden Mehraufwand für alle Beteiligten zu vermeiden, kann von vornherein eine E-Bilanz mit über den Mindestumfang hinausgehenden Daten übermittelt werden.[1366] In Anlehnung hieran wird ausgeführt, dass diesem Wunsch nach ergänzenden Daten, insbesondere zu Kontennachweisen, nachgekommen werden sollte, sodass dies zukünftig nicht zur Pflicht wird.[1367]

Das Gegenteil zur Minimalstrategie stellt die Maximalstrategie dar, bei der der Detaillierungsgrad der E-Bilanz in vollem Umfang ausgeschöpft wird, Auffangposten soweit möglich vermieden werden, Buchungspositionen allen

---

1363 *Beste/Herrmann*, NWB 2013, 1836, 1838 f.; *Jansen/Polka*, S. 53; *KPMG*, E-Bilanz, S. 108 f. und S. 117; *Bongaerts/Neubeck*, in: Bongaerts/Neubeck, S. 125 f.; *Nagel/Maltseva*, BBK 2012, 1120, 1132 f. (sprechen jedoch begrifflich abweichend von den hier verwendeten Begrifflichkeiten hier vom Maximum-Ansatz – maximale Verwendung von Auffangpositionen).

1364 *Bongaerts/Neubeck*, in: Bongaerts/Neubeck, S. 125 f.; *Jansen/Polka*, S. 53; *KPMG*, E-Bilanz, S. 118; *Nagel/Maltseva*, BBK 2012, 1120, 1132; *Schumann*, EStB 2016, 294, 297 f.

1365 Verfügung des LfSt Rheinland-Pfalz vom 06.02.2017, DB S. 458, Ziffer 1.2; *Deckers/Fiethen*, FR 2015, 913, 915; *Haller*, Nutzung von E-Bilanz Datensätzen im Risikomanagement der Finanzverwaltung, S. 65.

1366 Verfügung der OFD Nordrhein-Westfalen vom 18.12.2014, DB 2015, S. 99; *Schumann*, EStB 2016, 294, 297 f.

1367 *Bongaerts/Neubeck*, in: Bongaerts/Neubeck, S. 118.

optionalen Feldern zugeordnet werden und alle freiwilligen Berichtsbestandteile und Kontennachweise mit eingereicht werden. Mittels der Fußnoten werden Erläuterungen zu den einzelnen Positionen erfasst. Kann-Felder werden genutzt, soweit eine Zuordnung möglich ist.[1368] Der Steuerpflichtige signalisiert eine hohe Kooperationsbereitschaft. Hierdurch sollen spätere Rückfragen im Rahmen der Veranlagung, Veranlagungen unter Vorbehalt der Nachprüfung sowie Außenprüfungen vermieden werden, um früher Rechtssicherheit zu erlangen.[1369] Es wird vermutet, dass bei einer tiefen Untergliederung der E-Bilanz mit ergänzenden Informationen die Prüfung vollständig an Amtsstelle erfolgen kann, sodass eine weitergehende Außenprüfung in diesen Fällen nicht mehr erforderlich ist.[1370] Eine diesbezügliche Bestätigung seitens der Finanzverwaltung steht jedoch noch aus.[1371] Weiter soll durch detaillierte Aufgliederungen die Datenkonsistenz für Betriebsprüfungen verbessert werden, um auch in diesem Rahmen weniger Rückfragen zu erreichen.[1372]

Inwieweit dies aber sinnvoll ist, ist umstritten. So wird auch ausgeführt, dass die Übermittlung von Kontennachweisen nachteilig sein kann, da die Details hierdurch bereits im Vorhinein von der Finanzverwaltung überprüft werden können, sodass ggf. erst hierdurch ein Anlass für detaillierte Nachfragen oder eine Außenprüfung geschaffen wird.[1373] Gleiches gilt bei der Nutzung auffälliger Kann-Felder, beispielsweise im Zusammenhang mit Auslandssachverhalten oder nahestehenden Personen. Diese hohe Transparenz ist neben dem hohen Umstellungs- und Buchungsaufwand ein Nachteil der Maximalstrategie.[1374]

Dazwischen liegt die Wirtschaftlichkeitsstrategie, die auch als Neutralstrategie oder Optimalstrategie bezeichnet wird. Hierbei wird anhand der bereits vorhandenen Daten und Zuordnungen geprüft, welche Positionen

---

1368 *Beste/Herrmann*, NWB 2013, 1836, 1838 f.; *Bongaerts/Neubeck*, in: Bongaerts/Neubeck, S. 116 und 127 f.; *Costa/Treybal*, BBK Sonderausgabe September 2012, 1, 12 f. (sprechen vom Full-Compliance-Approach); *Kirsch*, StuB 2012, 825, 825; *KPMG*, E-Bilanz, S. 109 und S. 117 f.; *Nagel/Maltseva*, BBK 2012, 1120, 1133.

1369 *Bongaerts/Neubeck*, in: Bongaerts/Neubeck, S. 116 und 127 f.; *Jansen/Polka*, S. 53; *Kirsch*, StuB 2012, 825, 825; *Nagel/Maltseva*, BBK 2012, 1120, 1132.

1370 *Jansen/Polka*, S. 15.

1371 *Jansen/Polka*, S. 15.

1372 *Nagel/Maltseva*, BBK 2012, 1120, 1133.

1373 *Haller*, Nutzung von E-Bilanz Datensätzen im Risikomanagement der Finanzverwaltung, S. 68; dies auch andeutend: *Costa/Treybal*, BBK Sonderausgabe September 2012, 1, 12 f.

1374 *Jansen/Polka*, S. 53.

der E-Bilanz mit keinem oder wenig Aufwand zugeordnet und übermittelt werden können. Kontennachweise werden zu den Positionen beigefügt, bei denen dies laut E-Bilanz-Taxonomie erwünscht ist oder wenn die Konten bisher Gegenstand von Nachfragen oder Außenprüfungen der Finanzverwaltung waren.[1375] Weiter existiert insbesondere in den Anfangsjahren der E-Bilanz eine Übergangsstrategie, bei der zuerst die Minimalstrategie umgesetzt wurde, jedoch nach und nach zur Maximalstrategie übergegangen wird.[1376]

Bongaerts und Neubeck führen außerdem aus, dass eine extreme Minimalstrategie existiert, bei der nur das übermittelt wird, was sich aus dem HGB ergibt, auch wenn dies zu einer Aussteuerung im Risikomanagementsystem führt.[1377] Diese Strategie basiert auf der Grundlage, dass keine gesetzliche Grundlage für die E-Bilanz-Taxonomie existiert und damit keine über die gesetzlichen Vorgaben des HGB hinausgehenden Daten übermittelt werden.[1378] In der Praxis ergibt sich jedoch hieraus kein Unterschied zur Minimalstrategie, da durch ERiC bereits abgesichert wird, dass der Mindestumfang der Taxonomie übermittelt wird. Ein darunterliegender Übermittlungsumfang ist technisch nicht möglich, es müssen alle Pflichtpositionen gefüllt werden. Faktisch wird daher ein Minimalumfang übermittelt, indem sämtliche Auffangpositionen genutzt und Mussfelder mit Leer-Angaben übermittelt werden. Kußmaul und Weiler führen aus, dass dies mangels gesetzlicher Verpflichtung reichen muss.[1379] Dies ist korrekt, geht jedoch immer noch über den gesetzlich festgelegten Mindestumfang hinaus.

Die Entscheidung für eine E-Bilanz-Strategie kann nur im Einzelfall abhängig von der Unternehmensgröße, den bereits vorhandenen Daten und der Strategie im Hinblick auf die Kooperation mit der Finanzverwaltung erfolgen.[1380] Der Nutzen der Compliance-Maßnahmen ist mit dem Mehraufwand abzuwägen.[1381] Es ist beispielsweise zu beachten, dass die BPO immer noch

---

1375 *Bongaerts/Neubeck*, in: Bongaerts/Neubeck, S. 128; *KPMG*, E-Bilanz, S. 109; siehe auch: Beste/Herrmann, NWB 2013/23, 1836, 1839 f. (unterscheiden leicht zwischen der Optimalstrategie, bei der etwas mehr Anpassungen vorgenommen werden, und der Neutralstrategie).

1376 *Bongaerts/Neubeck*, in: Bongaerts/Neubeck, S. 128.

1377 *Bongaerts/Neubeck*, in: Bongaerts/Neubeck, S. 126 f.

1378 Siehe Kapitel 3 A II „Pflicht zur Übermittlung der E-Bilanz".

1379 *Kußmaul/Weiler*, BBK 2010, 17, 17 f.; so auch: *Bongaerts*, in: Bongaerts/Neubeck, S. 70 f.

1380 *Bongaerts/Neubeck*, in: Bongaerts/Neubeck, S. 129; *KPMG*, E-Bilanz, S. 118.

1381 *Beste*, BBK 2013, 530, 531.

die Einteilung nach Größenklassen enthält. § 4 Abs. 2 S. 1 BPO bestimmt, dass Großbetriebe anschlussgeprüft werden sollen. Bei Großbetrieben ist daher zumindest zur Vermeidung von Außenprüfungen eine umfangreiche Prüfung der E-Bilanz-Positionen im Hinblick auf die Verbesserung der Risikoklasse nicht zielführend. Hier kann allenfalls der Umgang mit Nachfragen seitens der Finanzverwaltung durch detailliertere Dokumentationen und Vorab-Prüfungen verbessert werden. So wird in der Literatur ausgeführt, dass für ein anschlussgeprüftes Unternehmen die detaillierte Untergliederung kaum verhältnismäßig ist, abgesehen von der Verbesserung der Datenkonsistenz für den Prüfer.[1382] Nach anderer Ansicht kann eine günstige Risikoklasse für anschlussgeprüfte Unternehmen zu einem erleichterten Zugang zur zeitnahen Betriebsprüfung führen.[1383] Die strategische Ausrichtung der E-Bilanz muss im Hinblick auf die Prüfungsauswahl mittels der Kriterien des Risikomanagementsystems der Finanzverwaltung insbesondere von Klein- und Mittelbetrieben geprüft werden. Hierbei ist aber zu beachten, dass erneut Kosten durch eine Umstellung der Buchhaltung anfallen.[1384] Damit ist im Einzelfall pro Unternehmen zu entscheiden, welche Strategie zielführend ist.[1385] In jedem Fall ist es sinnvoll, gleichmäßig in den verschiedenen Jahren zu buchen, um Abweichungen zwischen den Jahren, die vom Risikomanagementsystem erkannt werden, zu vermeiden. Damit kann insbesondere die Übergangsstrategie problematisch sein und zu mehr Auffälligkeiten führen als eine Beibehaltung der Minimalstrategie. Weiter wird angeführt, dass der bisher in Papier übermittelte Umfang, der oft bereits Kontennachweise enthalten hatte, eine Orientierungshilfe für den Übermittlungsumfang der E-Bilanz darstellen sollte, da eine Verringerung des Übermittlungsumfangs unter Umständen zu vermehrten Nachfragen führen wird.[1386] Neben der Größe des Unternehmens spielen auch die Bereitschaft zur Anpassung der Buchhaltung, die voraussichtlichen Vorteile im Risikomanagementsystem sowie die bereits verfügbaren Informationen eine Rolle.[1387]

Derzeit zeichnet sich ab, dass von der Mehrheit der Steuerpflichtigen und Berater die Minimalstrategie oder die Wirtschaftlichkeitsstrategie genutzt

---

1382 *Nagel/Maltseva*, BBK 2012, 1120, 1133; so auch: *Karla*, Ubg 2012, 753, 754.
1383 *Kowallik*, IWB 2014/11, 406, 411.
1384 *Beckmann*, S. 88.
1385 *Jansen/Polka*, S. 50.
1386 *Jansen/Polka*, S. 30 und S. 54.
1387 *Beste*, BBK 2013, 530, 531.

wird.[1388] Eine gesetzliche Pflicht zur Übermittlung zusätzlicher Informationen ergibt sich nicht. Aus den unklaren Vorteilen von Tax-Compliance-Maßnahmen wird vielfach keine Motivation für eine Änderung des Buchungsverhaltens gesehen, insbesondere da dies einen erheblichen Anstieg von Arbeitsaufwand und Kosten zur Folge hat.[1389] Dies zeigt sich auch daran, dass Steuerberater es überwiegend nicht für einen Risikofaktor halten, wenn keine freiwilligen Informationen im Rahmen der E-Bilanz übermittelt werden. Auch die Aufgriffsgrenzen des Risikomanagementsystems können derzeit noch kaum eingeschätzt werden, sodass keine verlässlichen Wirkungen von Tax-Compliance-Maßnahmen im Rahmen der E-Bilanz abgeleitet werden können.[1390] Sofern Standardkontenrahmen genutzt werden, ist die Detaillierung etwas höher, da die E-Bilanz-Taxonomie auf den Standardkontenrahmen aufbaut, sodass weniger Anpassungen erforderlich sind.[1391] Der erhöhte Detaillierungsgrad in diesen Fällen bedeutet jedoch nicht, dass Eingriffe in das Buchungsverhalten und detaillierte Zuordnungen für Zwecke der E-Bilanz vorgenommen werden, sondern nur, dass in diesen Fällen weniger Anpassungen erforderlich sind.

Aus der Verfolgung einer Minimalstrategie allein können sich keine straf- oder bußgeldrechtlichen Auswirkungen ergeben, da keine gesetzliche Verpflichtung zur Übermittlung von zusätzlichen Angaben besteht. Fraglich ist jedoch, ob, sofern es zu einer Steuerverkürzung kommt, der subjektive Tatbestand einer Steuerhinterziehung oder leichtfertigen Steuerverkürzung infolge von Sorgfaltsverstößen vorliegt. Die Aufstellung eines Tax-Compliance-Systems ist nicht zwingend erforderlich, um straf- oder bußgeldrechtliche Auswirkungen zu vermeiden. Es handelt sich nur um ein Indiz gegen Vorsatz bzw. Leichtfertigkeit, da hiermit insbesondere die Gleichgültigkeit des Steuerpflichtigen im Hinblick auf die steuerliche Pflichterfüllung widerlegt werden kann. Dies bedeutet im Umkehrschluss jedoch nicht, dass Vorsatz oder Leichtfertigkeit bei fehlendem Tax-Compliance-System automatisch vorliegen.[1392] Jedoch kann sich in der Zukunft eine Obliegenheit zur Einrichtung

---

1388 *Beste/Herrmann*, NWB 2013, 1836, 1838 f.; *Kling*, BC 2013, 453, 454.

1389 *Kling*, BC 2013, 453, 454.

1390 *Haller*, Nutzung von E-Bilanz Datensätzen im Risikomanagement der Finanzverwaltung, S. 75 und 77.

1391 *Hinnah*, in: Bongaerts/Neubeck, S. 85 f.; *Kling*, BC 2013, 453, 454.

1392 *Handel*, DStR 2017, 1945, 1945; *Jansen/Polka*, S. 55; *Krumm*, in: Tipke/Kruse, Rz. 135 zu § 370 AO; *Neuling*, DStR 2016, 1652, 1656 f.

eines Tax-Compliance-Systems ergeben, insbesondere wenn viele Unternehmen ein solches Tax-Compliance-System einrichten, da sich der Begriff der Leichtfertigkeit aus der Sorgfalt im Verkehrskreis ableitet.[1393] Sofern dies im Verkehrskreis üblich ist, kann sich damit leichtfertiges Handeln ergeben, was wiederum eine Ordnungswidrigkeit zur Folge haben kann. Dies würde zwar nicht dazu führen, dass ein fehlendes Tax-Compliance-System automatisch in einer leichtfertigen Steuerverkürzung resultiert. Sofern eine Steuerverkürzung jedoch eintritt und nicht erkannt wird, kann keine Exkulpation im Rahmen der Prüfung des subjektiven Tatbestandes erfolgen, sofern ein gewissenhafter Mensch des betroffenen Verkehrskreises ein Tax-Compliance-System eingerichtet hätte und der Fehler darüber erkannt worden wäre. Es ist daher zu erwarten, dass sich in der Zukunft, insbesondere sofern konkrete Vorteile des Tax-Compliance-Systems beispielsweise im Hinblick auf die Betriebsprüfungswahrscheinlichkeit deutlich werden, auch die Schwelle für leichtfertiges Handeln bei Fehlen eines Tax-Compliance-Systems erheblich verringert.

Beim Steuerberater ist zu beachten, dass ein höherer Sorgfaltsmaßstab bei der Prüfung des subjektiven Tatbestandes der leichtfertigen Steuerverkürzung anzusetzen ist.[1394] Zweifeln muss der Steuerberater jedoch nur nachgehen, wenn sich ihm diese aufdrängen.[1395] Insbesondere muss der Steuerberater den Daten des Steuerpflichtigen nicht misstrauen, sondern nur ergänzende Prüfungen vornehmen, wenn sein Auftragsumfang dies explizit erfordert oder Anhaltspunkte für Unstimmigkeiten vorliegen.[1396] Allein die fehlende Einrichtung eines Tax-Compliance-Systems durch den Steuerberater kann daher auch angesichts des erhöhten Sorgfaltsmaßstabes bei Steuerberatern derzeit nicht zu einem leichtfertigen Handeln führen, solange der Steuerberater „händisch" die Daten auf Auffälligkeiten überprüft. Weiter ist zu beachten, dass der Steuerberater eine leichtfertige Steuerverkürzung nur dann tatbestandsmäßig begehen kann, wenn er selbst eigene Angaben gegenüber der Finanzbehörde macht.[1397] Auch im Rahmen der E-Bilanz ist damit

---

1393 *Jansen/Polka*, S. 55 (sprechen jedoch von einer faktischen Pflicht anstatt von einer Obliegenheit); zur Leichtfertigkeit siehe z.B. *Krumm*, in: Tipke/Kruse, Kommentar AO, Rz. 14 zu § 378 AO.

1394 *Jehke*, in: Pfirrmann/Rosenke/Wagner, BeckOK AO, Rz. 65 zu § 378 AO; *Joecks*, in: Joecks/Jäger/Randt, Kommentar Steuerstrafrecht, Rz. 52 zu § 378 AO; *Krumm*, in: Tipke/Kruse, Kommentar AO, Rz. 19 zu § 378 AO.

1395 *Krumm*, in: Tipke/Kruse, Kommentar AO, Rz. 19 zu § 378 AO.

1396 *Joecks*, in: Joecks/Jäger/Randt, Kommentar Steuerstrafrecht, Rz. 52 zu § 378 AO.

1397 *Krumm*, in: Tipke/Kruse, Kommentar AO, Rz. 19 zu § 378 AO.

zur Vermeidung einer leichtfertigen Steuerverkürzung des Beraters unbedingt zu beachten, dass die Tatherrschaft beim Steuerpflichtigen verbleibt, wofür die Unterschrift und Freigabe der Daten ein Indiz darstellt.[1398]

Aus der Aufstellung einer falschen E-Bilanz kann außerdem eine Steuergefährdung nach § 379 Abs. 1 Nr. 3 AO resultieren.[1399] Hiernach handelt ordnungswidrig, wer vorsätzlich oder leichtfertig nach Gesetz buchungs- und aufzeichnungspflichtige Geschäftsvorfälle oder Betriebsvorgänge nicht oder in tatsächlicher Hinsicht unrichtig verbucht oder verbuchen lässt. Im Unterschied zu §§ 370 und 378 AO stellt § 379 Abs. 1 Nr. 3 AO nicht auf das Angabenmachen gegenüber der Finanzbehörde ab, sondern nur auf das unrichtige Verbuchen. Während das Nichtverbuchen eine gesetzliche Pflicht zum Buchen erfordert, die der Steuerberater nicht hat[1400], kann Täter einer falschen Verbuchung jeder sein, der die Möglichkeit hat, eine Buchung vorzunehmen. Dies kann auch der Steuerberater sein.[1401] Eine andere Auffassung hat Talaska, der auch hierfür eine eigene Buchführungs-/Aufzeichnungspflicht als erforderlich ansieht.[1402] Auch er nimmt jedoch an, dass ein Steuerberater den Tatbestand einer Steuergefährdung erfüllen kann.[1403] Weitere Voraussetzung für § 379 Abs. 1 Nr. 3 AO ist jedoch, dass es durch die fehlerhafte Verbuchung ermöglicht wird, Steuerverkürzungen zu erlangen (§ 379 Abs. 1 Hs. 2 AO). Hierbei ist unerheblich, wem die Steuerverkürzungen zugutekommen.[1404] Eine abstrakte Gefahr, Steuern zu verkürzen, reicht aus.[1405]

1398 Siehe Kapitel 3 D „Straf- und bußgeldrechtliche Zurechnung der Angaben der E-Bilanz".

1399 Siehe zu falschen Büchern *Heuel*, in: Kohlmann, Kommentar Steuerstrafrecht, Rz. 1205 zu § 370 AO.

1400 Siehe Kapitel 3 C II 2 „Straf- und bußgeldrechtliche Auswirkungen".

1401 *Hadamitzky/Senge*, in: Erbs/Kohlhaas, Kommentar Strafrechtliche Nebengesetze, Rz. 8 zu § 379 AO; *Hauer*, in: Pfirrmann/Rosenke/Wagner, BeckOK AO, Rz. 41 zu § 379 AO; *Heerspink*, in: Flore/Tsambikakis, Kommentar Steuerstrafrecht, Rz. 80 zu § 379 AO; *Jäger*, in: Joecks/Jäger/Randt, Kommentar Steuerstrafrecht, Rz. 45 zu § 379 AO; *Jäger*, in: Klein, Kommentar AO, Rz. 15 zu § 379 AO; *Rolletschke*, Steuerstrafrecht, Rz. 369 zu § 379 AO.

1402 *Talaska*, in: Kohlmann, Kommentar Steuerstrafrecht, Rz. 109 zu § 379 AO.

1403 *Talaska*, in: Kohlmann, Kommentar Steuerstrafrecht, Rz. 111 zu § 379 AO.

1404 *Hadamitzky/Senge*, in: Erbs/Kohlhaas, Kommentar Strafrechtliche Nebengesetze, Rz. 14 zu § 379 AO; *Talaska*, in: Kohlmann, Kommentar Steuerstrafrecht, Rz. 268 zu § 379 AO.

1405 *Hadamitzky/Senge*, in: Erbs/Kohlhaas, Kommentar Strafrechtliche Nebengesetze, Rz. 14 zu § 379 AO; *Hauer*, in: Pfirrmann/Rosenke/Wagner, BeckOK AO, Rz. 51 zu

Jedoch existiert momentan keine gesetzliche Pflicht zur Übermittlung der E-Bilanz-Taxonomie, die von § 379 Abs. 1 Nr. 3 AO explizit gefordert wird. Wenn damit vorsätzlich oder fahrlässig Fehler in der Zuordnung im Rahmen der E-Bilanz-Taxonomie durch den Steuerberater vorgenommen werden, kann sich hierdurch keine Ordnungswidrigkeit nach § 379 Abs. 1 Nr. 3 AO ergeben. Erst recht kann aus der Minimalstrategie keine Steuergefährdung resultieren, da diese im Einklang mit den Taxonomievorschriften steht, nur keine darüberhinausgehenden freiwilligen Daten übermittelt werden.

Außerdem ist zu klären, ob für den Steuerberater ein Haftungsrisiko droht, sofern er keine Tax-Compliance-Beratung durchführt und hierdurch Steuernachforderungen durch Außenprüfungen entstehen. Zunächst ist Voraussetzung für einen Schadenersatzanspruch, dass der Steuerberater eine Pflichtverletzung begangen hat. Diese liegt derzeit, sofern kein ausdrücklicher Auftrag zur Tax-Compliance-Beratung besteht, regelmäßig nicht vor.[1406] Auch die Aufstellung einer E-Bilanz nach der Minimalstrategie, also ohne zusätzliche Tax-Compliance-Beratung, entspricht den gesetzlichen Vorschriften, sodass damit der Auftrag zur Übermittlung der E-Bilanz erfüllt wird.[1407] Eine Haftung des Steuerberaters kommt nur im Rahmen des erteilten Auftrages in Betracht.[1408] Der Auftrag zur Jahresabschlusserstellung umfasst nur, einen Abschluss nach den gesetzlichen Regelungen und Grundsätzen ordnungsmäßiger Buchführung aufzustellen. Nach Möglichkeiten zur Steuerersparnis hat der Steuerberater im Rahmen der Abschlusserstellung nicht zu suchen.[1409] Im Rahmen der Steuererklärungspflichten hat der Steuerberater steuerliche Begünstigungsvorschriften zu berücksichtigen und die Steuerlast für das jeweilige Jahr möglichst gering zu halten. Er hat jedoch keine Pflicht zur Umsetzung einer prognostischen Steuertaktik.[1410] Etwas anderes kommt auch nicht resultierend aus der zivilrechtlichen Pflicht des Steuerberaters zur Empfehlung des sichersten Weges in Betracht. Der

---

§ 379 AO; *Jäger,* in: Klein, Kommentar AO, Rz. 25 zu § 379 AO; *Louis*, BC 2002, 230, 233; *Talaska,* in: Kohlmann, Kommentar Steuerstrafrecht, Rz. 265 zu § 379 AO.

1406 Siehe Kapitel 3 E I 1 „Verpflichtung des Steuerberaters zur Tax-Compliance-Beratung".

1407 *Briesemeister/Schäperclaus,* in: Prinz/Kanzler, Handbuch Bilanzsteuerrecht, Kapitel A.IX „E-Bilanz", S. 1337.

1408 *Laumen*, DStR 2015, 2514, 2515.

1409 *Fischer,* in: Hau/Poseck, BeckOK BGB, Rz. 46 zu § 675 BGB mit Bezug auf BGH, Urteil vom 16.01.1995, IX ZR 10/94, BGHZ 128, 358, Rz. 13 und Rz. 20 (kein Hinweis auf Steuergestaltungen zur Vermeidung von Grunderwerbsteuer bei Auftrag zur Erstellung des Jahresabschlusses).

1410 *Gräfe,* in: Gräfe/Wollweber/Schmeer, S. 196.

sicherste Weg bezieht sich insbesondere auf die Gestaltungsberatung, in deren Rahmen der Steuerberater den sichersten Weg zum steuerlich angestrebten Ziel empfehlen muss.[1411] Da ein direkter Zusammenhang zwischen fehlenden Tax-Compliance-Maßnahmen und der Einleitung einer Außenprüfung aufgrund der Nichtveröffentlichung der Parameter des Risikomanagementsystems nicht nachgewiesen werden kann, entsteht kein Schaden für den Steuerpflichtigen. Des Weiteren kann im Hinblick auf die Kausalität nicht zwingend davon ausgegangen werden, dass der Mandant ein Tax-Compliance-System bei entsprechender Empfehlung seitens des Steuerberaters eingerichtet hätte. Die Grundsätze des Anscheinsbeweises sind nur dann anzuwenden, wenn eine einzige Handlungsalternative das einzig vernünftige Handeln gewesen wäre, sodass nur dies nahegelegen hätte. Es genügt nicht, dass eine Alternative wahrscheinlicher als die andere ist.[1412] Ansonsten muss der Mandant darlegen, wie er sich entschieden hätte.[1413] Hinzu kommt, dass in der Literatur ausgeführt wird, dass es im Bereich individueller Willensentscheidungen ohnehin keine typischen Abläufe gibt.[1414] Wie oben erläutert, ist umstritten, welche Strategie bei der E-Bilanz verfolgt werden sollte, insbesondere aufgrund des zusätzlichen Aufwandes bei erhöhter Offenlegung sowie dadurch, dass durch erhöhte Offenlegung bestimmte Ansatzpunkte für eine detaillierte Nachprüfung seitens der Finanzverwaltung auch erst entstehen können. Es ist damit im Normalfall, also sofern nicht ohnehin erhebliche Risiken bzw. abweichende Verwaltungsauffassungen bekannt sind und der Steuerberater daher eine Tax-Compliance-Prüfung empfehlen oder entsprechende Nachprüfungen vornehmen muss, nicht davon auszugehen, dass der Steuerpflichtige bei entsprechender Beratung eine Tax-Compliance-Prüfung durchgeführt und freiwillige Positionen der E-Bilanz übermittelt hätte.[1415]

1411 *Gräfe,* in: Gräfe/Wollweber/Schmeer, S. 140 ff.

1412 BGH, Urteil vom 06.12.2018, IX ZR 176/16, Juris, Rz. 27; BGH, Urteil vom 16.07.2015, IX ZR 197/14, Juris, Rz. 27; BGH, Beschluss vom 15.05.2014, IX ZR 267/12, Juris, Rz. 2; BGH, Urteil vom 05.02.2009, IX ZR 6/06, Juris, Rz. 9 und Rz. 14; *Fischer,* in: Hau/Poseck, BeckOK BGB, Rz. 50 zu § 675 BGB; *Greger,* in: Zöller, Kommentar ZPO, Rz. 30b vor § 284 ZPO; *Laumen*, DStR 2015, 2570, 2574; *Müller*, NWB 2019/13, 905, 907; *Saenger,* in: Saenger, Kommentar ZPO, Rz. 42 und 46 zu § 286 ZPO.

1413 BGH, Urteil vom 06.12.2018, IX ZR 176/16, Juris, Rz. 27; BGH, Urteil vom 16.07.2015, IX ZR 197/14, Juris, Rz. 27; *Laumen*, DStR 2015, 2570, 2573; *Müller*, NWB 2019/13, 905, 906.

1414 *Greger,* in: Zöller, Kommentar ZPO, Rz. 30b vor § 284 ZPO.

1415 Die mangelnde Kausalität bei der Haftung des Steuerberaters für Tax-Compliance-Maßnahmen ansprechend: *Ehlers*, NWB 2018, 1535, 1542.

Jedoch kann eine Haftung für den Steuerberater daraus resultieren, dass der Steuerberater offensichtliche Abweichungen, denen er nachgehen musste, mangels Tax-Compliance-System nicht erkennt. Weiter kommt eine Haftung in Betracht, wenn der Steuerberater auftragsgemäß ein Tax-Compliance-System eingerichtet hat, dies jedoch offensichtliche Zweifel nicht erkennt. Mehrkosten aus der Überprüfung fehlerhafter Beratung oder vermeidbare Steuerbelastungen gehören zu den zu ersetzenden Schäden infolge fehlerhafter Steuerberatung.[1416] Zur Prüfung, ob eine Pflichtverletzung in diesen Fällen vorliegt, ist der objektive Sorgfaltsmaßstab anzusetzen. Hiernach liegt eine Pflichtverletzung dann vor, wenn die Leistung nicht den Anforderungen entspricht, die ein Mandant von einem gewissenhaften und sorgfältigen Durchschnittsberater erwarten durfte.[1417] Es kommt also erheblich auf den Einzelfall an, insbesondere wie offensichtlich der Fehler war. Hierbei ist zu berücksichtigen, dass der Steuerberater den Angaben des Mandanten vertrauen darf, wenn keine Anhaltspunkte für deren Unrichtigkeit bestehen.[1418] Sofern die Einrichtung eines Tax-Compliance-Systems explizit zum Auftrag des Steuerberaters gehört, sind entsprechend höhere Anforderungen zu stellen. Bei einem expliziten Auftrag zur Einrichtung eines Tax-Compliance-Systems existieren mittlerweile Leitfäden zur Ausgestaltung[1419], die die Grundlage für ein sorgfältiges Handeln des Steuerberaters bilden. Zwar führt nicht jeder Verstoß gegen Compliance-Regeln zwingend zu einer steuerlichen Unrichtigkeit und damit zu einer Reaktion des Steuerberaters in den Steuererklärungen oder in der steuerlichen Beratung[1420], nichtsdestotrotz kann sich zivilrechtlich eine Pflicht zur Information des Mandanten ergeben.[1421] Die genauen Haftungsfolgen sind auch erheblich davon abhängig, welchen Auftrag genau der Steuerberater übernommen hat (z.B. Beratung, Analyse, Dokumentation oder Prüfung des Tax-Compliance-Systems). Eine genaue Festlegung des Auftragsumfangs ist damit unerlässlich.[1422]

1416 *Fischer,* in: Hau/Poseck, BeckOK BGB, Rz. 49 zu § 675 BGB.

1417 *Zugehör*, Grundsätze der zivilrechtlichen Haftung, Rz. 53.

1418 *Heuel,* in: Kohlmann, Kommentar Steuerstrafrecht, Rz. 443 zu § 377 AO.

1419 Siehe z.B. *Behringer*, BBK 2017/18, 875, 875-885; *Handel*, DStR 2017, 1945 – 1949; *Kamchen*, NWB 2017/51, 3954, 3954 ff.; *Konken*, BBK 2019/4, 182–187; *Ludwig/Breimann/Kusch*, DStR 2016, 2240-2244.

1420 *Heuel,* in: Kohlmann, Kommentar Steuerstrafrecht, Rz. 444 zu § 377 AO.

1421 *Heuel,* in: Kohlmann, Kommentar Steuerstrafrecht, Rz. 445 zu § 377 AO.

1422 Bundessteuerberaterkammer, Tax Compliance für Handwerksbetriebe, S. 28, abgerufen unter https://www.bstbk.de/downloads/bstbk/steuerrecht-und-rechnungslegung/broschueren-und-flyer/BStBK_Broschuere_Tax-Complience_BStBK_ZDH_2

Um zu erreichen, dass die Steuerpflichtigen und deren Berater tatsächlich über den Mindestumfang hinausgehende Daten, angepasst auf die E-Bilanz-Taxonomie, übermitteln und damit über die Minimalstrategie oder die Wirtschaftlichkeitsstrategie hinausgehen, muss die Finanzverwaltung klarstellen, welche Vorteile sich hieraus für den Steuerpflichtigen ergeben. So könnte beispielsweise der Vorbehalt der Nachprüfung in diesen Fällen nur eingeschränkt zur Anwendung kommen dürfen.[1423] Ebenso muss die BPO im Hinblick auf die Auswahl der prüfpflichtigen Unternehmen an das Risikomanagementsystem und infolgedessen auch an die Tax-Compliance-Maßnahmen der Steuerpflichtigen angepasst werden.

b) Vermeidung von Auffangpositionen

Die E-Bilanz enthält Auffangpositionen, sofern keine genaue Zuordnung der Buchhaltungsdaten zu den Positionen der E-Bilanz erfolgt. Diese sind erforderlich, um Eingriffe in die Buchhaltung zu vermeiden und trotzdem eine Standardisierung der E-Bilanz-Taxonomie zu ermöglichen.[1424] Erkennbar sind Auffangpositionen daran, dass diese die Ergänzung „nicht zuordenbar" enthalten.[1425] Keine Auffangpositionen sind hingegen Positionen mit der Ergänzung „weitere" oder „sonstige". Diese ergeben sich bereits aus den handelsrechtlichen Gliederungsvorschriften der §§ 266, 275 HGB.[1426]

Im ersten Schritt ist zu klären, in welchen Fällen die Auffangpositionen überhaupt genutzt werden dürfen. Das BMF-Schreiben vom 28.09.2011 führt aus, dass die Auffangpositionen genutzt werden können, wenn eine durch Mussfelder vorgegebene Differenzierung für einen bestimmten Sachverhalt nicht aus der Buchführung abgeleitet werden kann. In diesen Fällen müssen die Werte trotzdem in der E-Bilanz aufgeführt werden, da diese ansonsten rechnerisch

---

019_web.pdf; zuletzt abgerufen am 01.06.2020, 09:50 Uhr; *Konken*, BBK 2019/4, 182, 187.

1423 *Jansen/Polka*, S. 30.

1424 BMF-Schreiben vom 28.09.2011, BStBl. I 2011, 855, Rz. 19; *Bongaerts/Neubeck*, in: Bongaerts/Neubeck, S. 102; *Jansen/Polka*, S. 4; *KPMG*, E-Bilanz, S. 68; *Paetsch*, in: Kirchhof/Kulosa/Ratschow, BeckOK EStG, Rz. 39 zu § 5b EStG; *Vinken*, FR 2013, 403, 404.

1425 BMF-Schreiben vom 28.09.2011, BStBl. I 2011, 855, Rz. 19; *Jansen/Polka*, S. 4.

1426 *Haller*, Nutzung von E-Bilanz Datensätzen im Risikomanagement der Finanzverwaltung, S. 68.

falsch ist.[1427] Dies kann man unterschiedlich auslegen[1428], beispielsweise dass sich die Zuordnung zu einer E-Bilanz unmittelbar aus der Buchführung ergeben muss und ohne zusätzlichen Aufwand erfolgen kann oder dass es nur möglich ist, diese einer E-Bilanz-Position zuzuordnen (also dass sich diese nicht widersprechen). Die erstgenannte Auslegung basiert auf dem Zweck der Auffangpositionen, mit denen Eingriffe in das Buchungsverhalten verhindert werden sollen. Dies führt dazu, dass Auffangpositionen immer dann genutzt werden können, wenn kein separates Konto für die Position im Kontenrahmen des Hauptbuches genutzt wird, da anderenfalls das Buchungsverhalten angepasst werden müsste.[1429] Die zweitgenannte Auffassung wird aus der Formulierung „Ableitung aus der Buchführung" geschlussfolgert. Die Buchführung umfasst nicht nur das Hauptbuch, sondern auch Nebenbücher sowie das Grundbuch mit allen Geschäftsvorfällen. Hiervon ausgehend dürften Auffangpositionen nur genutzt werden, wenn die Positionen weder aus dem Hauptbuch noch aus den Nebenbüchern und dem Grundbuch abgeleitet werden können, was faktisch den Anwendungsbereich deutlich reduziert und sich damit erheblich vom eigentlichen Zweck der Auffangpositionen, Eingriffe in das Buchungsverhalten zu vermeiden, entfernt. Hierdurch würde sich eine weitere erhebliche Mehrbelastung für die Unternehmen ergeben, die nicht im Verhältnis zum Zweck steht, da die Finanzverwaltung im Rahmen einer Außenprüfung ohnehin Zugriff auf alle Buchhaltungsbestandteile hat.[1430] Faktisch wären fast alle Positionen ableitbar, sodass die Auffangpositionen zwar existieren, aber im Regelfall nicht mehr genutzt werden dürfen, außer die Buchungen können einer anderen Position nicht zugeordnet werden.[1431]

Anfangs hatte es die Finanzverwaltung noch gebilligt, dass eine Ableitung nur aus dem Hauptbuch erfolgt, sodass anfangs die erstgenannte Auffassung

---

1427 BMF-Schreiben vom 28.09.2011, BStBl. I 2011, 855, Rz. 19.

1428 *Jansen/Polka*, S. 10.

1429 *Costa/Treybal*, BBK Sonderausgabe September 2012, 1, 12 f.; *Jansen/Polka*, DStR 2011, 1821, 1822 f.

1430 *Rehbock*, StB 2011, 435, 437 f.; *Schumann*, EStB 2012, 454, 456; *Viskorf/Haag*, Beihefter zu DStR 48/2011, 102, 104; *Wenk/Jagosch/Straßer*, DStR 2011, 586, 589; siehe auch: *Geberth/Burlein*, DStR 2011, 2013, 2015 (die Auffassung ablehnend); *Jansen/Polka*, DStR 2011, 1821, 1823 (die Auffassung ablehnend).

1431 *Viskorf/Haag*, Beihefter zu DStR 48/2011, 102, 105 (Auffassung von Schwab; hieran zweifelt Burlein, der ausführt, dass insbesondere bei Ergänzungsbilanzen und Umwandlungen viele händische Ermittlungen erfolgen).

zumindest akzeptiert wurde.[1432] Auf die Ausführungen im BMF-Schreiben vom 28.09.2011 wird auch in der aktuellen FAQ-Liste zur E-Bilanz noch verwiesen, hier wird jedoch noch konkretisierend ausgeführt: „Soweit sich ein Mussfeld mit Werten der Buchführung füllen lässt, geht das Mussfeld bzw. gehen die Mussfelder einer Auffangposition vor. Insoweit besteht kein Wahlrecht."[1433] Außerdem wird erläutert, dass sich der Begriff der „Ableitbarkeit" auf die gesamte Buchführung und nicht nur das Hauptbuch bezieht.[1434] Die Eingrenzung auf das Hauptbuch für die Einführungszeit ist nicht mehr enthalten. Weiter wird ausgeführt, dass, wenn eine Bezeichnung in der Buchhaltung nicht mit der Taxonomie übereinstimmt, trotzdem eine Zuordnung zu einer passenden Position der Taxonomie erforderlich ist. Wenn dies nicht möglich ist, können die Auffangpositionen genutzt werden.[1435]

Anfangs wurde befürchtet, dass die Auffangpositionen nur zu Beginn zur Verfügung stehen und nach und nach abgeschafft werden würden, sodass in diesen Fällen erhebliche weitere Eingriffe in die Buchhaltung folgen würden.[1436] Dies ist jedoch derzeit nicht geplant. Zwar führt die FAQ-Liste der Finanzverwaltung aus, dass künftig die Auffangpositionen vermutlich nicht mehr in dem Umfang benötigt werden, diese jedoch auch künftig erforderlich sind, um sich der Dynamik der Rechtsentwicklung anzupassen.[1437]

1432 *Geberth/Burlein*, DStR 2011, 2013, 2015; *Schäfer*, BC 2012, 18, 23; *Schumann*, EStB 2016, 294, 295.

1433 FAQ: Häufig gestellte Fragen, Projekt E-Bilanz, Stand Februar 2020, S. 12, abgerufen unter http://www.esteuer.de/download/FAQ_Version_2020-01.pdf am 30.05.2020, 18:30 Uhr.

1434 FAQ: Häufig gestellte Fragen, Projekt E-Bilanz, Stand Februar 2020, S. 12, abgerufen unter http://www.esteuer.de/download/FAQ_Version_2020-01.pdf am 30.05.2020, 18:30 Uhr.

1435 FAQ: Häufig gestellte Fragen, Projekt E-Bilanz, Stand Februar 2020, S. 12 f., abgerufen unter http://www.esteuer.de/download/FAQ_Version_2020-01.pdf am 30.05.2020, 18:30 Uhr.

1436 *Geberth/Burlein*, DStR 2011, 2013, 2015; *Koch*, NWB 2011, 3598, 3604; *Ley*, in: Brandt, Europäische Perspektiven im Steuerrecht; Steuergerechtigkeit und Steuervereinfachung, S. 243.

1437 FAQ: Häufig gestellte Fragen, Projekt E-Bilanz, Stand November 2020, S. 12, abgerufen unter http://www.esteuer.de/download/FAQ_2020-02.pdf am 21.03.2021, 14:48 Uhr; so auch: *Burlein*, BBK 2012, 690, 691; *KPMG*, E-Bilanz, S. 274; *Schumann*, EStB 2012, 454, 456; *Vinken*, FR 2013, 403, 404; siehe auch: *Jansen/Polka*, S. 12 f. (die jedoch eine spätere Abschaffung nicht gänzlich ausschließen).

Die Angaben in der FAQ-Liste deuten darauf hin, dass die Finanzverwaltung den Anwendungsbereich der Auffangpositionen nach und nach mehr einschränkt.[1438] So deutet die Zuordnungspflicht hinsichtlich von Positionen aus der Buchhaltung, auch wenn diese abweichende Bezeichnungen haben, darauf hin, dass Auffangpositionen laut Auffassung der Finanzverwaltung nur verwendet werden dürfen, wenn sich eine andere Position aus der gesamten Buchhaltung (Hauptbuch, Grundbuch, Nebenbücher) nicht ableiten lässt. Hierfür spricht auch die explizite Definition des Begriffes der „Ableitung". Die ursprüngliche Formulierung im Entwurf des BMF-Schreibens, dass kein Wahlrecht zur Nutzung einer Auffangposition bestehe, wenn sich die Position aus dem Hauptbuch ergibt, konnte den Gegenschluss zulassen, dass ein Wahlrecht besteht, wenn sich die Ableitung nicht aus dem Hauptbuch ergibt; diese Formulierung wurde in der endgültigen Fassung gestrichen, was ebenfalls für eine weite Auslegung der Ableitbarkeit aus der Buchhaltung spricht.[1439] Auch als Zweck der Auffangpositionen wird nun die Anpassung an die Dynamik der Rechtsentwicklung genannt, woraus sich schlussfolgern lässt, dass die Vermeidung von Anpassungen der Buchhaltung gemäß der Finanzverwaltung nicht mehr der Hauptzweck der Auffangpositionen ist, sondern die Auffangpositionen eher Änderungen erfassen sollen, die in der Taxonomie noch nicht vorgesehen sind, und damit eine Zuordnung zu den Positionen nicht möglich ist. Die Billigkeitsregelung in der Anfangsphase besteht damit gemäß der aktuellen FAQ-Liste nicht mehr, sodass der Anwendungsbereich der Auffangpositionen nach Auffassung der Finanzverwaltung eingeschränkt ist und nur noch Positionen betrifft, die unter Berücksichtigung aller in der Buchhaltung verfügbaren Informationen nicht abgeleitet werden können.

Unter Berücksichtigung dessen, dass für die Taxonomie ohnehin keine Rechtsgrundlage existiert, ist dieser Auffassung der Finanzverwaltung nicht zu folgen. Dies gilt insbesondere, da der eingeschränkte Anwendungsbereich der Auffangpositionen weitere unverhältnismäßige Kontenänderungen zur Folge hat, die nicht von den allgemeinen Mitwirkungspflichten gedeckt sind und nicht im Verhältnis zum Zweck stehen.[1440] § 5b EStG verpflichtet den Steuerpflichtigen nur zur elektronischen Übermittlung, aber nicht zu einer bestimmten Gliederung der Bilanz, sodass Anforderungen an die Verwendung der Positionen

---

1438 *Beckmann*, S. 73; *Koch*, NWB 2011, 3598, 3604; *KPMG*, E-Bilanz, S. 68.

1439 *Rehbock*, StB 2011, 435, 437 f.

1440 Siehe Kapitel 3 A II „Pflicht zur Übermittlung der E-Bilanz".

der Taxonomie sich erst recht nicht hieraus ergeben können.[1441] Damit kann sich keine Pflicht für den Steuerpflichtigen ergeben, die Auffangpositionen, soweit möglich, zu vermeiden. Der Aussage von Beckmann, dass der Steuerpflichtige die Auffangpositionen möglichst vermeiden müsse, um seinen Übermittlungspflichten nachzukommen[1442], kann damit nicht gefolgt werden.

Jedoch kann es im Hinblick auf Compliance-Gesichtspunkte sinnvoll sein, Auffangpositionen zu vermeiden, da zu erwarten ist, dass die Auffangpositionen künftig einen risikoerhöhenden Faktor darstellen. Dies führt voraussichtlich zu mehr Nachfragen seitens der Finanzverwaltung und einer Erhöhung der Betriebsprüfungswahrscheinlichkeit.[1443] Weiter können zukünftig auch Diskussionen mit der Finanzverwaltung zur Zulässigkeit der Auffangpositionen, welche weiteren Zusatzaufwand verursachen, drohen.[1444] Auch hier sollte abhängig von der Unternehmensgröße im Hinblick darauf, ob es sich um anschlussgeprüfte Unternehmen handelt oder nicht, sowie im Hinblick auf die allgemeine Tax-Compliance-Vorgehensweise im Rahmen der E-Bilanz entschieden werden, inwieweit Auffangpositionen vermieden werden.[1445] Die Zuordnung der Auffangpositionen führt zu erheblichem Zusatzaufwand, sodass zumindest zu Beginn deren Verwendung empfohlen wurde.[1446] Es ist jedoch davon auszugehen, dass die Auffangpositionen eine große Bedeutung im Risikomanagementsystem haben werden und, falls immer noch zu viele Auffangpositionen genutzt werden, dass diese auch nach und nach aus der Taxonomie entfernt werden. Im Hinblick hierauf wird auch argumentiert, dass im Rahmen der Einführung der E-Bilanz bereits Auffangpositionen möglichst vermieden werden sollten, um Synergieeffekte zu erreichen, in eine günstigere Risikoklasse eingestuft zu werden und spätere stückweise Umstellungen der Buchhaltung zu vermeiden.[1447] Ebenso vor dem Hintergrund, dass Abweichungen im Buchungsverhalten vermutlich auch zu einer Verschlechterung der Risikoklasse führen[1448], ist von stückweisen Umstellungen der Auffangpositionen abzuraten.

1441 *Geberth/Burlein*, DStR 2011, 2013, 2015; *Viskorf/Haag*, Beihefter zu DStR 48/2011, 102, 105.

1442 *Beckmann*, S. 73.

1443 *Costa/Treybal*, BBK Sonderausgabe September 2012, 1, 12 f.; *Nagel/Maltseva*, BBK 2012, 1120, 1131.

1444 *Beste/Herrmann*, NWB 2013, 1836, 1838 f.

1445 *Jansen/Polka*, S. 12 f.; *Viskorf/Haag*, Beihefter zu DStR 48/2011, 102, 106.

1446 *Jansen/Polka*, S. 13.

1447 *Bongaerts/Neubeck*, in: Bongaerts/Neubeck, S. 122; *Jansen/Polka*, DStR 2011, 1821, 1824; *Viskorf/Haag*, Beihefter zu DStR 48/2011, 102, 106.

1448 Siehe Kapitel 3 E I 2 a „Freiwillige Übermittlung von ergänzenden Daten“.

c) Angabe zu zugrunde liegenden Rechtsauffassungen

Mit Hilfe von Fußnoten können ergänzende Erläuterungen zu jeder einzelnen Position der E-Bilanz gemacht werden, die auch im elektronischen Übermittlungsumfang enthalten sind.[1449] Der Text in den Fußnoten ist formatierbar, es können auch Tabellen eingefügt werden. Anhänge können den Fußnoten jedoch nicht beigefügt werden. Des Weiteren sind gesammelte Anmerkungen zu mehreren Positionen möglich, wofür die Finanzverwaltung die Fußnote zum „steuerlichen Erläuterungsbericht" im Anhang bereitstellt.[1450] Im Rahmen der Compliance-Beratung kann es sinnvoll sein, auch Erläuterungen zu den einzelnen Positionen zu übermitteln, um die Betriebsprüfungswahrscheinlichkeit sowie die Wahrscheinlichkeit von Nachfragen seitens der Finanzverwaltung zu minimieren.

Das Bundesministerium der Finanzen führt in seinem Monatsbericht vom August 2018 aus, dass die Nutzung von Fußnoten zu erläuterungsbedürftigen Positionen empfohlen wird. Es wird darauf verwiesen, dass der Steuerpflichtige nur dann seine Erklärungspflicht erfüllt, wenn er steuerlich relevante Sachverhalte vollständig beschreibt, sodass die Finanzverwaltung diese überprüfen kann.[1451] Hierbei verweist das Bundesfinanzministerium auf ein Urteil des Bundesfinanzhofes aus dem Jahr 2017, nach dem, auch wenn nur der Jahresüberschuss in die Steuererklärung einzutragen ist, für eine vollständige Erfüllung der Erklärungspflicht erforderlich ist, dass Besteuerungsgegenstand und Bemessungsgrundlage so erläutert werden, dass das Finanzamt die Steuern festsetzen kann. Im Urteilsfall war bei einer neuen Rückstellungsbildung erforderlich, dass es dem Finanzamt durch Ausweis und entsprechende Beschriftung einer Einzelposition oder einer separaten Erläuterung hierzu anstatt des gesammelten Ausweises des gesamten Rückstellungsbetrages ermöglicht wird, die Rückstellung zu überprüfen.[1452] Die Entscheidung wird in der Literatur kritisiert, insbesondere

---

1449 Verfügung des LfSt Rheinland-Pfalz vom 06.02.2017, DB S. 458, Ziffer 1.2; FAQ: Häufig gestellte Fragen, Projekt E-Bilanz, Stand Februar 2020, S. 14 f., abgerufen unter http://www.esteuer.de/download/FAQ_Version_2020-01.pdf am 30.05.2020, 18:30 Uhr; *Schumann*, EStB 2016, 413, 413.

1450 FAQ: Häufig gestellte Fragen, Projekt E-Bilanz, Stand Februar 2020, S. 14 f., abgerufen unter http://www.esteuer.de/download/FAQ_Version_2020-01.pdf am 30.05.2020, 18:30 Uhr.

1451 BMF-Monatsbericht vom August 2018, abgerufen unter https://www.bundesfinanzministerium.de/Monatsberichte/2018/08/Inhalte/Kapitel-3-Analysen/3-4-Das-Projekt-E-Bilanz.html am 30.05. 2020, 19:00 Uhr.

1452 BFH, Urteil vom 25.01.2017, I R 70/15, BStBl. II 2017, 780, Rz. 16.

da im entschiedenen Fall keine veröffentlichte Verwaltungsauffassung existierte, der in der Steuererklärung widersprochen wurde, sodass letztlich jedes mögliche Abweichen von einer rechtlichen Auffassung zu einer Erläuterungs- und Offenbarungspflicht führen würde, was für den Steuerpflichtigen jedoch überhaupt nicht erkennbar und vorhersehbar ist.[1453] Auch Heuermann führt aus, dass die Erklärungspflicht erfüllt ist, wenn das Finanzamt basierend auf den eingereichten Unterlagen die Steuer festsetzen kann, unabhängig davon, ob die Erklärung vollständig und richtig ist.[1454] Hinsichtlich der Frage, ob abgabenrechtlich eine Pflicht zur Angabe abweichender Rechtsauffassungen bzw. Verwaltungsauffassungen besteht, wird auf Kapitel 5[1455] verwiesen.

Der objektive Tatbestand des § 370 Abs. 1 Nr. 1 AO erfordert jedoch das Machen von unrichtigen oder unvollständigen Angaben gegenüber der Finanzbehörde. Die Buchführung sowie die hierauf basierende Erstellung einer Bilanz stellt nur eine straflose Vorbereitungshandlung dar. Erst sofern die Angaben in die Steuererklärung übernommen werden, diese übermittelt wird und es hierdurch zu einer Steuerverkürzung kommt, wird der objektive Tatbestand der Steuerhinterziehung verwirklicht.[1456] Dementsprechend kann eine fehlende Fußnote zu einer abweichenden Rechtsauffassung in der E-Bilanz den Tatbestand einer Steuerhinterziehung nicht erfüllen. Jedoch kann der Tatbestand erfüllt sein, wenn die Angaben aus der E-Bilanz in die Steuererklärung übernommen werden und weder in der Fußnote zur E-Bilanz noch im Freitextfeld noch in einem Begleitschreiben auf eine etwaige abweichende Ansicht verwiesen wird und auch die zugrunde liegenden Tatsachen nicht offengelegt werden. Wo genau der Hinweis erfolgt, ist unerheblich, da tatbestandsmäßig bei Information der Finanzverwaltung keine unvollständigen Angaben mehr vorliegen, auch wenn der Hinweis nicht explizit in der Fußnote der E-Bilanz oder im Freitextfeld

---

1453 Siehe zu etwaigen strafrechtlichen Auswirkungen dieser Rechtsprechung: *Krumm*, in: Tipke/Kruse, Rz. 4 zu § 370 AO.

1454 *Heuermann*, in: Heuermann/Brandis, Blümich, Kommentar EStG, Rz. 102 zu § 25 EStG.

1455 Siehe Kapitel 5 B I „Pflicht zur Angabe von abweichenden Verwaltungsauffassungen".

1456 BGH, Beschluss vom 21.03.1985, 1 StR 583/84, BGHSt 33, 163, Rz. 6; BGH, Beschluss vom 15.01.1983, 5 StR 814/82, BGHSt 31, 225, Rz. 1; *Hadamitzky/Senge*, in: Erbs/Kohlhaas, Kommentar Strafrechtliche Nebengesetze, Rz. 70 zu § 370 AO; *Jäger*, in: Klein, Kommentar AO, Rz. 192 zu § 370 AO; *Ransiek*, in: Kohlmann, Kommentar Steuerstrafrecht, Rz. 1205 zu § 370 AO; *Schmitz/Wulf*, in: Joecks/Miebach, Münchener Kommentar StGB, Rz. 142 zu § 370 AO.

gemacht wird, sondern in einem Begleitschreiben.[1457] Zu beachten ist jedoch der zeitliche Ablauf. Sofern die E-Bilanz ohne Fußnoten vor der Übermittlung der Steuererklärung gesendet wird, ist dies unschädlich, da es sich nur um eine straflose Vorbereitungshandlung handelt. Dies gilt auch dann, wenn die Angaben der Bilanz der Finanzverwaltung bereits zugegangen sind, da das Versuchsstadium frühestens mit der Einreichung der Steuererklärung beginnt.[1458] Zu beachten ist jedoch, dass die Anmerkungen, wenn diese in der E-Bilanz oder einem Begleitschreiben offengelegt werden, vor der elektronischen Übermittlung der Steuererklärung beim Finanzamt eingehen sollten, um Diskussionen zu fehlendem Vorsatz, einem Rücktritt vom Versuch oder im Falle der Umsatzsteuererklärung zu einer möglichen Selbstanzeige zu vermeiden.[1459]

Fraglich ist außerdem, ob der fehlende Hinweis auf abweichende Rechtsauffassungen zu einer Steuergefährdung nach § 379 Abs. 1 Nr. 3 AO führen kann. Eine unrichtige Verbuchung im Sinne von § 379 Abs. 1 Nr. 3 AO liegt vor, wenn die Buchung nicht mit der Wirklichkeit übereinstimmt. Hierbei kommt es darauf an, ob sich aus der Buchung eine unrichtige Aussage über Tatsachen ergibt (z.B. Buchen von privaten Ausgaben als Betriebsausgaben).[1460] Ein Irrtum über steuerrechtliche Vorschriften kann einen vorsatzausschließenden Tatbestandsirrtum nach § 377 Abs. 2 AO i.V.m. § 11 Abs. 1 OWiG darstellen.[1461] § 379 Abs. 1 Nr. 3 AO bezieht sich außerdem nur auf gesetzliche Pflichten, nicht auf eine Verwaltungsanweisung.[1462] Falschbuchungen, die bei freiwilligen Aufzeichnungen unterlaufen, können nicht den Tatbestand des § 379 Abs. 1 Nr. 3 AO erfüllen.[1463] Angesichts dieser Grundsätze können sich Auswirkungen nach § 379 Abs. 1 Nr. 3 AO nur ergeben, wenn der Steuerberater die Zuordnungen der E-Bilanz nicht überprüft und hierdurch falsche Zuordnungen erfolgen. Sofern lediglich

1457 Siehe hierzu nachfolgend in Kapitel 5 B II 1 „Straf- und bußgeldrechtliche Auswirkungen".

1458 Siehe zu dem Fall, dass die Daten bereits in die Umsatzsteuervoranmeldung eingeflossen sind: *Jäger,* in: Klein, Kommentar AO, Rz. 194 zu § 370 AO.

1459 Siehe zum zeitlichen Ablauf im Detail Kapitel 5 B II 1 „Straf- und bußgeldrechtliche Auswirkungen".

1460 *Hauer,* in: Pfirrmann/Rosenke/Wagner, BeckOK AO, Rz. 37 zu § 379 AO; *Talaska,* in: Kohlmann, Kommentar Steuerstrafrecht, Rz. 156 und 158 zu § 379 AO.

1461 *Talaska,* in: Kohlmann, Kommentar Steuerstrafrecht, Rz. 159 zu § 379 AO.

1462 *Jäger,* in: Klein, Kommentar AO, Rz. 15 zu § 379 AO; *Talaska,* in: Kohlmann, Kommentar Steuerstrafrecht, Rz. 119 zu § 379 AO.

1463 *Talaska,* in: Kohlmann, Kommentar Steuerstrafrecht, Rz. 123 zu § 379 AO.

eine abweichende Rechtsauffassung nicht in der E-Bilanz erwähnt wird, stellt dies keinen Verstoß gegen § 379 Abs. 1 Nr. 3 AO dar.

II. Pflichten für Steuerberater im Rahmen der Datenübermittlung

1. Zurverfügungstellung der Daten nach § 87d Abs. 3 AO

§ 87d AO betrifft die Übermittlung von Daten nach amtlich vorgeschriebenem Datensatz durch Datenfernübertragung für steuerliche Zwecke an die Finanzverwaltung durch Dritte (beispielsweise den Steuerberater). Die Vorschrift gilt damit in allen Fällen, in denen steuerlich erhebliche Daten nach amtlich vorgeschriebenem Datensatz an die Finanzverwaltung übermittelt werden.[1464] Damit gilt § 87d AO auch für die Übermittlung der E-Bilanz.[1465]

Ebenso wie die Daten der elektronischen Steuererklärung sind daher die Daten der E-Bilanz dem Mandanten in leicht nachprüfbarer Form zur Verfügung zu stellen (§ 87d Abs. 3 AO). Der Mandant hat die zur Verfügung gestellten Daten auf Vollständigkeit und Richtigkeit zu prüfen.

Es wird auf die Ausführungen in Kapitel 2[1466] verwiesen. Hiernach treffen den Steuerberater zwar bei Nichtübersendung der Daten keine unmittelbaren abgabenrechtlichen Folgen (insbesondere keine Haftung nach § 72a AO), jedoch können sich berufsrechtliche Auswirkungen wegen eines Verstoßes gegen die gewissenhafte Berufsausübung sowie zivilrechtliche Haftungsfolgen ergeben. Vor dem Hintergrund der Zurechnung der Daten der E-Bilanz ist eine vorherige Übersendung der Daten der E-Bilanz und explizite Freigabe der Übersendung durch den Mandanten empfehlenswert. Hierdurch wird auch die Pflicht zur Zurverfügungstellung der Daten nach § 87d Abs. 3 AO erfüllt.

2. Identifikation nach § 87d Abs. 2 AO

Weiter ergibt sich aus § 87d Abs. 2 AO, dass der Steuerberater als Datenübermittler den Mandanten vor der Übermittlung der Daten identifizieren muss. Dies gilt damit auch für die E-Bilanz.

1464 *Kobor,* in: Pfirrmann/Rosenke/Wagner, BeckOK AO, Rz. 1 zu § 87d AO.

1465 Deutscher Bundestag, Drucksache 18/7457 vom 03.02.2016, S. 66 und 65: § 87d AO bezieht sich auf die Datenübermittlung nach §§ 87a Abs. 6 und 87b AO, welche auch die Übermittlung von E-Bilanzen nach § 5b EStG betrifft; so auch: *Rätke,* in: Klein, Kommentar AO, Rz. 3 zu § 87d AO.

1466 Siehe Kapitel 2 C IV 1 „Zurverfügungstellung der Daten nach § 87d Abs. 3 AO".

Im Regelfall übernimmt der Steuerberater nicht nur die Übermittlung der E-Bilanz, sondern auch der betrieblichen Steuererklärungen. In diesem Fall ist die Identifizierung ohnehin bereits vor Übermittlung der betrieblichen Steuererklärungen nach § 87d Abs. 2 AO notwendig. Hierzu wird auf Kapitel 2[1467] verwiesen. Zu identifizieren ist der Auftraggeber, also der Mandant, der mit dem Steuerberater das Mandatsverhältnis eingegangen ist. Bei juristischen Personen und Personengesellschaften, ausgenommen die GbR, erfolgt die Identifizierung nach der Verwaltungsauffassung mittels eines Registerauszuges oder durch die Gründungsdokumente.[1468] Bei einer GbR sind die Gesellschafter anhand des Gesellschaftsvertrages mit Gesellschafterlisten zu identifizieren.[1469]

Bei Verstößen gegen die Identifizierungspflicht kann eine Haftung für die entgangene Steuer nach § 72a Abs. 2 Nr. 2 AO in Betracht kommen. Die von § 72a Abs. 2 Nr. 2 AO erforderte Kausalität zwischen den übermittelten Daten und der Steuerverkürzung kann auch hinsichtlich der E-Bilanz erfüllt sein, da diese Grundlage für die Steuerfestsetzung ist. Es ergeben sich damit keine Unterschiede im Vergleich zur elektronischen Steuererklärung. Aufgrund der derzeitigen enormen Haftungsgefahr bei Verstoß gegen die Identifizierung nach § 72a Abs. 2 Nr. 2 AO, nach dessen Wortlaut eine Haftung des Steuerberaters als Datenübermittler bei Verstoß gegen die Identifizierungspflichten für die verkürzten Steuern in Betracht kommt, unabhängig von einer Kausalität zwischen dem Verstoß gegen die Identifizierungspflicht und der Steuerverkürzung[1470], sollte unbedingt auf eine sorgfältige Einhaltung der Identifizierungspflichten auch im Zusammenhang mit der E-Bilanz geachtet werden.

3. Richtige und vollständige Übermittlung nach § 72a Abs. 2 S. 1 Nr. 1 AO

Weiter kommt eine Haftung des Steuerberaters als Datenübermittler nach § 72a Abs. 2 S. 1 Nr. 1 AO in Betracht, wenn aufgrund unrichtiger oder unvollständiger Übermittlung Steuern verkürzt werden. Auch diese Haftungsvorschrift bezieht sich auf die elektronische Datenübermittlung durch einen Dritten nach § 87d AO. Die Daten der E-Bilanz liegen der Steuerfestsetzung zugrunde und

---

1467 Siehe Kapitel 2 C IV 4 „Identifikation nach § 87d Abs. 2 AO und § 72a Abs. 2 S. 1 Nr. 2 AO".

1468 AEAO, Nr. 2.1 und 2.3 zu § 87d AO.

1469 AEAO, Nr. 2.2 und 2.4 zu § 87d AO.

1470 Zum Meinungsstreit hierzu Kapitel 2 C IV 4 „Identifikation nach § 87d Abs. 2 AO und § 72a Abs. 2 S. 1 Nr. 2 AO".

können damit ursächlich für eine Steuerverkürzung sein. Damit gilt die Haftungsvorschrift auch für die E-Bilanz. Die Vorschrift bezieht sich nur auf technische Übermittlungsfehler, nicht auf die zugrunde liegenden Daten selbst.[1471]

Der praktische Anwendungsbereich des § 72a Abs. 2 S. 1 Nr. 1 AO für die E-Bilanz ist damit gering. Zum einen werden durch ERiC umfassende Schlüssigkeits- und Plausibilitätsprüfungen vorgenommen, sodass in vielen Fällen eine technische Übermittlung ohnehin nicht möglich ist. Eine fehlerhafte technische Übermittlung wäre bei Verwendung einer alten Taxonomie möglich (also wenn Updates nicht regelmäßig durchgeführt wurden, was im Regelfall auch zu einer groben Fahrlässigkeit führt, sodass der Steuerberater keinen Entlastungsbeweis führen kann[1472]). Jedoch führt die Verwendung einer veralteten Taxonomie im Regelfall nicht zu einer Steuerverkürzung. Dies kann nur dann der Fall sein, wenn sich materiellrechtliche Regelungen (z.B. zu nicht abziehbaren Betriebsausgaben) geändert haben und es damit zu einer falschen Angabe in der Steuererklärung durch die veraltete Taxonomie kommt.

Außerdem kommt eine fehlerhafte technische Übermittlung bei Programmierungsfehlern in Betracht, die dazu führen, dass von der E-Bilanz abweichende Daten übermittelt werden. Es entspricht jedoch nicht der im Verkehr erforderlichen Sorgfalt eines Steuerberaters, zu prüfen, ob die von ihm gemachten Zuordnungen auch korrekt in die elektronisch übertragenen Daten der E-Bilanz eingehen. Dies wird in vielen Fällen für ihn auch gar nicht erkennbar sein. Daher liegt bei Programmierungsfehlern weder ein vorsätzliches noch ein grob fahrlässiges Handeln des Steuerberaters vor.

F. Zwischenergebnis

Die derzeitige Umsetzung der E-Bilanz stellt eine Hybridlösung dar, die insbesondere auf die Optimierung des Risikomanagementsystems der Finanzverwaltung, jedoch nicht auf mögliche Vorteile für Steuerpflichtige und Steuerberater ausgerichtet ist. So ist eine Rückübertragung elektronischer Daten nach Außenprüfungen nicht möglich. Durch die umfangreiche Taxonomie liegen die notwendigen Daten für die E-Bilanz, entgegen der Gesetzesbegründung, nicht ohne weiteres vor. Hinzu kommen zusätzliche Pflichten für den Datenübermittler zur Identifikation und

---

1471 Siehe Kapitel 2 C IV 3 „Richtige und vollständige Übermittlung nach § 72a Abs. 2 S. 1 Nr. 1 AO“.

1472 Umkehrschluss aus *Boeker*, in: Hübschmann/Hepp/Spitaler, Kommentar AO, Rz. 22 f. zu § 72a AO.

Übersendung der Daten an den Auftraggeber. Wegen der fehlenden Integration der E-Bilanz in die Steuererklärung sollten die Daten der E-Bilanz zudem im Falle steuerlicher Beratung vom Steuerpflichtigen freigegeben werden, um die Tatherrschaft zu belegen. Der Zweck der Effizienzsteigerung wird damit nicht erfüllt und verkehrt sich durch umfangreiche Umstellungen in der Buchführung, zusätzliche Pflichten für Datenübermittler und doppelte Abgleiche ins Gegenteil.

Zudem hat die E-Bilanz-Taxonomie keine gesetzliche Grundlage. Weder § 5b EStG noch § 51 Abs. 4 Nr. 1b EStG stellen eine Ermächtigungsgrundlage für die E-Bilanz-Taxonomie dar. Auch durch die Mitwirkungspflichten des § 90 AO ist der derzeitige Umfang der E-Bilanz-Taxonomie nicht gedeckt, da es zu doppelten, unverhältnismäßigen und teilweise auch unmöglichen (z.B. Aufwendungen, die das „übliche Maß" überschreiten) Abfragen kommt. Der Steuerpflichtige soll faktisch durch den Detailgrad der E-Bilanz-Taxonomie bereits seine Einstufung im Risikomanagementsystem vornehmen. Aufgrund dieser fehlenden gesetzlichen Grundlage können sich aus der Nichtübermittlung der E-Bilanz derzeit keine negativen Auswirkungen ergeben; insbesondere kann die Übermittlung der E-Bilanz nicht mit Zwangsmitteln erzwungen werden. Etwas anderes gilt nur, wenn die Finanzbehörde separat steuererhebliche Daten anfordert und dieser Aufforderung nicht nachgekommen wird. Selbst wenn man eine entsprechende gesetzliche Grundlage der E-Bilanz-Taxonomie annimmt, müssen im Rahmen der Härtefallregelungen der hohe Umstellungsaufwand und die Komplexität der Taxonomie berücksichtigt werden; dies gilt auch bei steuerlicher Vertretung, da der Umstellungsaufwand im Ergebnis den Steuerpflichtigen trifft. Diesen Problematiken muss damit zwingend durch einen Abbau der Komplexität der Taxonomie und eine Integration in die Steuererklärungen entgegengewirkt werden.

Da sich im Rahmen der E-Bilanz verschiedene Strategien, z.B. durch Übermittlung freiwilliger Daten, entwickelt haben, ist in diesem Zusammenhang auch zu prüfen, ob sich zivilrechtliche Pflichten des Steuerberaters zur Tax-Compliance-Beratung ergeben. Eine Pflicht zur Einrichtung eines Tax Compliance Systems kann jedoch ohne separaten Auftrag nicht angenommen werden, da der Steuerberater auch in anderer Weise seiner Schadensverhütungspflicht nachkommen kann. Im Zusammenhang mit der E-Bilanz ist zudem derzeit unklar, welche Vorteile eine freiwillige Übermittlung zusätzlicher Daten für den Steuerpflichtigen hat. Dies wirkt dem kooperativen Besteuerungsverfahren und dem Aufbau eines funktionierenden Risikomanagementsystems entgegen. Zudem wurden die Regelungen in der BPO zur Prüfungsauswahl noch nicht an das Risikomanagementsystem angepasst, sondern basieren noch immer auf einer der Gleich- und Gesetzmäßigkeit der Besteuerung widersprechenden größenabhängigen Auswahl.

4. Kapitel: Aufbewahrung und Vorlage von Belegen

A. Gesetzliche Grundlagen zur Aufbewahrung und Vorlage von Belegen

I. Aufbewahrungspflichten

Im Rahmen der Entwicklung zum E-Government kommt es außerdem zu Änderungen für die Pflicht zur Vorlage von Belegen im Rahmen der Erstellung der elektronischen Steuererklärung. Um die Auswirkungen und etwaige Rechtsfolgen einer Nichtvorlage und/oder Nichtaufbewahrung von Belegen umfassend darzustellen, ist zunächst zu prüfen, für welche Unterlagen eine Aufbewahrungspflicht greift. Gemäß § 147 Abs. 1 AO sind unter anderem Bücher und Aufzeichnungen, Buchungsbelege sowie sonstige Unterlagen, die für die Besteuerung von Bedeutung sind, aufzubewahren.[1473] Die Folgen bei Verstößen gegen die Aufbewahrungspflicht sind identisch zu den Folgen bei Verstößen gegen die Buchführungspflicht.[1474] Rechtsfolgen finden sich unmittelbar bei Schätzungen nach § 162 Abs. 2 S. 2 AO[1475] sowie bei bestimmten Steuervergünstigungen, z.B. in § 6b Abs. 4 S. 1 Nr. 5 EStG. Weiter kann die Aufbewahrungspflicht nach §§ 328 ff. AO erzwungen werden. Im Rahmen einer Außenprüfung kann ein Verzögerungsgeld nach § 146 Abs. 2b AO verhängt werden.[1476] Auch straf- und ordnungswidrigkeitsrechtlich können sich Auswirkungen ergeben. So kann bei einer Steuerverkürzung infolge von Verstößen gegen die Aufbewahrungspflicht eine Steuerhinterziehung oder leichtfertige Steuerverkürzung vorliegen, sofern zu dem Verstoß gegen die Aufbewahrungspflicht weitere Handlungen hinzukommen (z.B. das Verschweigen buchführungspflichtiger Tatsachen).[1477] Weiter

---

1473 Zu Möglichkeiten des ersetzenden Scannens und der Vernichtung der Originale siehe BMF-Schreiben vom 28.11.2019, BStBl. I 2019, 1269, Rz. 136 ff.

1474 *Haselmann,* in: Koenig, Kommentar AO, Rz. 38 zu § 147 AO i.V.m. Rz. 29 ff. zu § 140 AO; so auch: *Drüen,* in: Tipke/Kruse, Kommentar AO, Rz. 64a zu § 147 AO.

1475 *Haselmann,* in: Koenig, Kommentar AO, Rz. 38 zu § 147 AO i.V.m. Rz. 29 ff. zu § 140 AO; so auch: *Drüen,* in: Tipke/Kruse, Kommentar AO, Rz. 63 zu § 147 AO; *Haack,* NWB 2014/10, 694, 700.

1476 *Rätke,* in: Klein, Kommentar AO, Rz. 95 zu § 147 AO.

1477 *Haselmann,* in: Koenig, Kommentar AO, Rz. 38 zu § 147 AO i.V.m. Rz. 29 ff. zu § 140 AO; so auch: FG München, Urteil vom 23.05.2001, 9 K 5141/98, Juris, Rz. 41; *Drüen,* in: Tipke/Kruse, Kommentar AO, Rz. 63 zu § 147 AO.

kann eine Ordnungswidrigkeit nach § 379 AO (Steuergefährdung) in Betracht kommen.[1478] Bei Vernichtung oder Vorenthaltung von Buchführungsunterlagen kann der Tatbestand der Urkundenunterdrückung des § 274 StGB erfüllt werden.[1479] Dies gilt jedoch nur, wenn eine Aufbewahrungspflicht besteht; anderenfalls kann der Steuerpflichtige die Daten löschen, solange keine Vorlage verlangt wird.[1480]

Die Aufbewahrungspflicht nach § 147 Abs. 1 AO setzt eine Aufzeichnungspflicht nach § 146 AO voraus.[1481] Dies ergibt sich bereits aus der Stellung im Gesetz im Unterabschnitt „Führung von Büchern und Aufzeichnungen". Es handelt sich um einen Teil der Buchführungs- und Aufzeichnungspflichten.[1482] Diese stellen eigenständige öffentlich-rechtliche Pflichten des Steuerpflichtigen (bzw. richtigerweise des zur Buchführung Verpflichteten bzw. unter Umständen des freiwillig Bilanzierenden, siehe hierzu nachfolgend) dar, die kraft Gesetz entstehen und vom Bestehen eines Steuerschuldverhältnisses unabhängig sind.[1483] Hierdurch werden die Mitwirkungspflichten nach § 90 AO konkretisiert, da die aufbewahrungspflichtigen Unterlagen zugleich auch Beweismittel nach § 90 Abs. 1 S. 2 AO sind.[1484] Damit besteht für private Unterlagen mangels Buchführungs- und Aufzeichnungspflicht keine allgemeine Aufbewahrungspflicht nach § 147 Abs. 1 AO, selbst wenn diese steuerlich erheblich sind.[1485] Adressaten der Aufbewahrungspflicht sind nur Personen, die nach den Steuergesetzen oder anderen Gesetzen zur Führung von Büchern und Aufzeichnungen verpflichtet sind. Es ist umstritten, ob die Aufbewahrungspflicht auch für diejenigen gilt,

---

1478 *Haselmann,* in: Koenig, Kommentar AO, Rz. 38 zu § 147 AO i.V.m. Rz. 29 ff. zu § 140 AO; so auch: *Drüen,* in: Tipke/Kruse, Kommentar AO, Rz. 63 zu § 147 AO.

1479 *Drüen,* in: Tipke/Kruse, Kommentar AO, Rz. 64a zu § 147 AO.

1480 *Rätke,* in: Klein, Kommentar AO, Rz. 7 zu § 147 AO.

1481 *Matthes,* in: Pfirrmann/Rosenke/Wagner, BeckOK AO, Rz. 2 f. zu § 147 AO; so auch: *Drüen,* in: Tipke/Kruse, Kommentar AO, Rz. 32 zu § 147 AO; *Haselmann,* in: Koenig, Kommentar AO, Rz. 3 zu § 147 AO; a.A.: *Dißars,* in: Schwarz/Pahlke, Kommentar AO, Rz. 2 f. zu § 147 AO (selbständige steuerliche Aufbewahrungspflicht, unabhängig davon, ob sich nach anderen Vorschriften eine Aufbewahrungspflicht ergibt).

1482 FG München, Urteil vom 23.05.2001, 9 K 5141/98, Juris, Rz. 41.

1483 *Drüen,* in: Tipke/Kruse, Kommentar AO, Rz. 4 vor §§ 140-148 AO.

1484 *Drüen,* in: Tipke/Kruse, Kommentar AO, Rz. 5 vor §§ 140-148 AO.

1485 *Drüen,* in: Tipke/Kruse, Kommentar AO, Rz. 1 und 2 zu § 147a AO und Rz. 7 vor §§ 140-148 AO; vereinzelt existieren spezielle Aufbewahrungsvorschriften, z.B. für Spenden nach § 50 Abs. 8 EStDV.

die freiwillig Bücher führen.[1486] Rätke differenziert, ob Aufzeichnungen freiwillig geführt werden, beispielsweise ergänzend zu einer Einnahmen-Überschuss-Rechnung (dann keine Aufbewahrungspflicht), oder ob der Gewinn freiwillig nach § 4 Abs. 1 EStG ermittelt wird (dann Aufbewahrungspflicht). Dies wird abgeleitet aus § 146 Abs. 6 AO, nach dem die Ordnungsvorschriften auch dann gelten, wenn der Unternehmer freiwillig Bücher und Aufzeichnungen führt.[1487] Drüen hingegen führt aus, dass § 146 Abs. 6 AO nur auf § 146 Abs. 1 bis 5 AO verweise, jedoch nicht auf § 147 AO.[1488] Auch der BFH beschränkt die Aufbewahrungspflicht im Falle der Einnahmen-Überschuss-Rechnung auf Unterlagen, die zum Verständnis der steuergesetzlichen Aufzeichnungspflichten (z.B. in § 4 Abs. 3 S. 5 und Abs. 7 EStG, § 22 UStG) erforderlich sind.[1489] Der Leitsatz hierzu ist missverständlich, sodass das Bundesministerium für Finanzen unter Bezugnahme auf den BFH ausführt: „Auch Steuerpflichtige, die nach § 4 Abs. 3 EStG als Gewinn den Überschuss der Betriebseinnahmen über die Betriebsausgaben ansetzen, sind verpflichtet, Aufzeichnungen und Unterlagen nach § 147 Abs. 1 AO aufzubewahren“[1490]. Die Beschränkung auf spezialgesetzliche Vorschriften, die der BFH im Urteil vom 24.06.2009 ausdrücklich macht, fehlt hier.

Unabhängig vom Meinungsstreit zur Aufbewahrungspflicht von freiwillig Bilanzierenden sowie Steuerpflichtigen, die den Gewinn durch Einnahmen-Überschuss-Rechnung ermitteln, verbleiben in jedem Fall Steuerpflichtige, die keine Aufbewahrungspflicht nach § 147 Abs. 1 AO trifft. Dies betrifft insbesondere den Bereich der Überschusseinkünfte. Für diese Unterlagen besteht nur eine Pflicht zur Aufbewahrung, wenn spezielle Aufbewahrungspflichten greifen

---

1486 *Matthes,* in: Pfirrmann/Rosenke/Wagner, BeckOK AO, Rz. 11 ff. zu § 147 AO; bejahend: *Haselmann,* in: Koenig, Kommentar AO, Rz. 3 zu § 147 AO sowie *Trzaskalik,* in: Hübschmann/Hepp/Spitaler, Kommentar AO, Rz. 7 zu § 147 AO; verneinend: *Drüen,* in: Tipke/Kruse, Kommentar AO, Rz. 4 zu § 147 AO.

1487 *Rätke,* in: Klein, Kommentar AO, Rz. 7 zu § 147 AO; bejahend für eine Aufbewahrungspflicht bei freiwilliger Bilanzierung auch: *Matthes,* in: Pfirrmann/Rosenke/Wagner, BeckOK AO, Rz. 13 zu § 147 AO mit Bezug auf BFH, Urteil vom 18.02.1966, VI 326/65, BFHE 85, 535, Leitsatz 1 (bezieht sich aber nur auf die allgemeinen Regeln der kaufmännischen Buchführung, nicht explizit auf Aufbewahrungspflichten).

1488 *Drüen,* in: Tipke/Kruse, Kommentar AO, Rz. 4 zu § 147 AO; so auch: FG Hamburg, Urteil vom 13.11.2006, 2 K 198/05, Juris, Rz. 55.

1489 BFH, Urteil vom 24.06.2009, VIII R 80/06, BStBl. II 2010, 452, Rz. 22; so auch: BFH, Urteil vom 26.02.2004, XI R 25/02, BStBl. II 2004, 599, Rz. 30; *Haselmann,* in: Koenig, Kommentar AO, Rz. 5 zu § 147 AO.

1490 BMF-Schreiben vom 28.11.2019, BStBl. I 2019, 1269, Rz. 115.

(beispielsweise für bestimmte Überschusseinkünfte nach § 147a AO oder für erhöhte Abschreibungen nach § 7g Abs. 8 EStG)[1491] Eine darüber hinausgehende Aufbewahrungspflicht kann auch nicht aus § 90 Abs. 1 AO abgeleitet werden, da sich aus § 90 Abs. 1 AO keine beliebige Beweisvorsorgepflicht ergibt.[1492] Diese Beweislücke ist unter Berücksichtigung des Verifikationsprinzips fragwürdig, da sich hierdurch für bestimmte Einkünfte strukturelle Vollzugsdefizite und ein Verstoß gegen Art. 3 Abs. 1 GG infolge der Ungleichbehandlung verschiedener Einkünfte ergeben können.[1493]

Umstritten ist auch die Rechtsfolge einer Verletzung der speziellen Aufbewahrungspflicht nach § 147a AO im Falle von Überschusseinkünften. Da es sich nicht um eine Aufzeichnungspflicht handelt[1494], wird die Auffassung vertreten, dass keine Schätzungsbefugnis nach § 162 Abs. 2 S. 2 AO besteht. Es muss im Einzelfall geklärt werden, ob basierend auf den Grundsätzen zur Beweislastverteilung[1495] die Aufklärung des Steuerpflichtigen ausreichend ist (§ 162 Abs. 2 S. 1 AO).[1496] Eine Hinzuschätzung von Einnahmen kann bei Kontrollmitteilungen in Betracht kommen, wenn diese von den tatsächlich erklärten Einnahmen abweichen.[1497] Hinsichtlich der Werbungskosten führt Rätke aus, dass die Aufbewahrungspflicht des § 147a Abs. 1 AO diesbezüglich ins Leere gehe, da den Steuerpflichtigen ohnehin die Beweislast für den Nachweis von Werbungskosten trifft.[1498] Hingegen führt Kahl-Hinsch aus, dass eine Schätzungsbefugnis bei

---

1491 *Drüen,* in: Tipke/Kruse, Kommentar AO, Rz. 1 und 2 zu § 147a AO und Rz. 7 vor §§ 140-148 AO; *Haselmann,* in: Koenig, Kommentar AO, Rz. 5 zu § 147 AO; *Matthes,* in: Pfirrmann/Rosenke/Wagner, BeckOK AO, Rz. 14 zu § 147 AO.

1492 *Drüen,* in: Tipke/Kruse, Kommentar AO, Rz. 7a zu § 141 AO; *Görke,* in: Hübschmann/Hepp/Spitaler, Kommentar AO, Rz. 16 vor §§ 140-148 AO; *Kobor,* in: Pfirrmann/Rosenke/Wagner, BeckOK AO, Rz. 16.3 zu § 90 AO; *Seer,* in: Tipke/Kruse, Kommentar AO, Rz. 4 zu § 90 AO; a.A. wohl *Cöster,* in: Koenig, Kommentar AO, Vorkomm., 3. Auflage, Rz. 5 zu § 147 AO.

1493 *Drüen,* in: Tipke/Kruse, Kommentar AO, Rz. 5 vor §§ 140-148 AO und Rz. 7a zu § 141 AO; *Richter/Welling,* FR 2015, 1014, 1018; *Seer,* in: Tipke/Lang, Rz. 21.181.

1494 Zur Aufbewahrungspflicht (und nicht Aufzeichnungspflicht) des § 147a AO siehe *Drüen,* in: Tipke/Kruse, Kommentar AO, Rz. 3 zu § 147a AO sowie *Matthes,* in: Pfirrmann/Rosenke/Wagner, BeckOK AO, Rz. 3 zu § 147a AO.

1495 Siehe hierzu nachfolgend Kapitel 4 A III „Beweisführungspflichten".

1496 *Matthes,* in: Pfirrmann/Rosenke/Wagner, BeckOK AO, Rz. 167 zu § 147a AO; so auch: *Drüen,* in: Tipke/Kruse, Kommentar AO, Rz. 21 zu § 147a AO; *Rätke,* in: Klein, Kommentar AO, Rz. 40 zu § 147a AO.

1497 *Rätke,* in: Klein, Kommentar AO, Rz. 40 zu § 147a AO.

1498 *Rätke,* in: Klein, Kommentar AO, Rz. 12 zu § 147a AO.

einem Verstoß gegen § 147a AO bestehe, ohne auf die genaue Unterscheidung von Aufbewahrungspflichten und Aufzeichnungspflichten einzugehen.[1499] Straf- oder bußgeldrechtliche Konsequenzen können sich durch die Verletzung der Aufbewahrungspflicht allein nicht ergeben.[1500] Der Vollständigkeit halber wird noch darauf hingewiesen, dass im Falle der Außenprüfung bei einem Verstoß gegen die Aufbewahrungspflicht des § 147a AO die Festsetzung eines Verzögerungsgeldes nach § 146 Abs. 2b AO in Betracht kommt. Mangels Verweises wird von der herrschenden Meinung jedoch eine Festsetzung des Verzögerungsgeldes im Anwendungsbereich des § 147a AO abgelehnt.[1501]

Hieraus ergibt sich, dass für einen großen Teil der Steuerpflichtigen keine umfassenden Aufbewahrungspflichten greifen, sondern nur einzelne spezialgesetzliche Aufbewahrungsvorschriften einschlägig sind. Selbst bei Anwendbarkeit des § 147a AO greifen im Regelfall keine unmittelbaren negativen Rechtsfolgen bei Verstoß gegen die Aufbewahrungspflicht.

II. Vorlagepflichten

Von der Pflicht zur Aufbewahrung zu unterscheiden ist die Pflicht zur Vorlage der Unterlagen gegenüber der Finanzverwaltung. Nach § 97 AO haben die Beteiligten und andere Personen auf Verlangen Bücher, Aufzeichnungen, Geschäftspapiere und andere Urkunden zur Einsicht und Prüfung vorzulegen. Hieraus ergibt sich, dass die Vorlage nur auf Verlangen der Finanzbehörde erfolgen muss.

1499 *Kahl-Hinsch*, in: Zugmaier/Nöcker, Kommentar AO, Rz. 76 zu § 147a AO (mit Verweis zur Unabhängigkeit vom Verschulden auf BFH-Urteil vom 28.10.2015, X R 47/13, BFH/NV 2016, 171, welches aber einen zur Buchführung Verpflichteten betrifft); siehe auch: *Dißars*, in: Schwarz/Pahlke, Kommentar AO, Rz. 17 ff. zu § 147a AO.

1500 *Drüen*, in: Tipke/Kruse, Kommentar AO, Rz. 21 zu § 147a AO; *Kahl-Hinsch*, in: Zugmaier/Nöcker, Kommentar AO, Rz. 78 zu § 147a AO; *Matthes*, in: Pfirrmann/Rosenke/Wagner, BeckOK AO, Rz. 166 zu § 147a AO; *Rätke*, in: Klein, Kommentar AO, Rz. 42 zu § 147a AO.

1501 *Drüen*, in: Tipke/Kruse, Kommentar AO, Rz. 22 zu § 147a AO; *Haselmann*, in: Koenig, Kommentar AO, Rz. 18 zu § 147a AO; *Kahl-Hinsch*, in: Zugmaier/Nöcker, Kommentar AO, Rz. 77 zu § 147a AO; *Matthes*, in: Pfirrmann/Rosenke/Wagner, BeckOK AO, Rz. 169 ff. zu § 147a AO; a.A.: Deutscher Bundestag, Drucksache 16/13106 vom 22.05.2009, S. 12; *Rätke*, in: Klein, Kommentar AO, Rz. 39 zu § 147a AO (aber Festsetzung Verzögerungsgeld erfolgt nicht wegen Verstoß gegen § 147a AO, sondern wegen § 200 Abs. 1 S. 2 AO).

Der Urkundenbegriff ist weit gefasst und umfasst sämtliche Belege, beispielsweise auch Spendenbescheinigungen von Privatpersonen.[1502] Hierbei ist der Verhältnismäßigkeitsgrundsatz zu beachten, gemäß dem das Vorlageverlangen geeignet, erforderlich und zumutbar sowie für den Vorlagepflichtigen möglich sein muss.[1503] Inwieweit die Urkunden zum Beweis steuererheblicher Tatsachen geeignet sind, entscheidet die Finanzbehörde in einem Vorlageersuchen, welches jedoch angefochten werden kann. Es genügt, wenn eine Steuererheblichkeit und Beweiseignung zumindest möglich sind.[1504] Voraussetzung für die Vorlagepflicht ist nach der herrschenden Meinung nicht, dass eine gesetzliche Aufbewahrungspflicht besteht.[1505] Dementsprechend sind auch Privatpersonen, die ausschließlich Überschusseinkünfte erzielen, unabhängig von einer etwaigen speziellen Aufbewahrungsverpflichtung zur Vorlage nach § 97 AO verpflichtet. Dies bedeutet jedoch nicht, dass Auflistungen erst erstellt werden müssen. § 97 AO verpflichtet nur dazu, vorhandene Unterlagen vorzulegen.[1506] Sofern keine Aufbewahrungspflicht besteht und auch tatsächlich kein Besitz an den Unterlagen besteht, kann der Steuerpflichtige dem Vorlageverlangen nicht nachkommen, was jedoch nicht zu seinem Nachteil gewertet werden darf.[1507]

Ein rechtmäßiges Vorlageverlangen kann nach §§ 328 ff. AO erzwungen werden.[1508] Sofern Urkunden nicht vorgelegt werden, kann sich eine ungünstige Entscheidung für den Steuerpflichtigen nach den Grundsätzen der Beweislastverteilung ergeben.[1509] Unter den Voraussetzungen des § 162 Abs. 2 S. 1 AO

1502 *Schuster,* in: Hübschmann/Hepp/Spitaler, Kommentar AO, Rz. 4 f. zu § 97 AO; *Seer,* in: Tipke/Kruse, Kommentar AO, Rz. 2 zu § 97 AO.

1503 *Kobor,* in: Pfirrmann/Rosenke/Wagner, BeckOK AO, Rz. 9 zu § 97 AO.

1504 *Schuster,* in: Hübschmann/Hepp/Spitaler, Kommentar AO, Rz. 7 zu § 97 AO.

1505 BFH, Beschluss vom 10.05.2001, I S 3/01, BFHE 194, 360, Rz. 40; *Kobor,* in: Pfirrmann/Rosenke/Wagner, BeckOK AO, Rz. 10 zu § 97 AO; *Schuster,* in: Hübschmann/Hepp/Spitaler, Kommentar AO, Rz. 8 zu § 97 AO; *Seer,* in: Tipke/Kruse, Kommentar AO, Rz. 5 zu § 97 AO; a.A.: FG Rheinland-Pfalz, Urteil vom 25.4.1988, 5 K 351/87, Juris, Rz. Leitsatz 2.

1506 *Seer,* in: Tipke/Kruse, Kommentar AO, Rz. 5 zu § 97 AO; so auch: BFH, Urteil vom 11.08.1992, VII R 90/91, BFH/NV 1993, 346, Rz. 29; *Schuster,* in: Hübschmann/Hepp/Spitaler, Kommentar AO, Rz. 8 zu § 97 AO.

1507 *Schuster,* in: Hübschmann/Hepp/Spitaler, Kommentar AO, Rz. 8 und 53 zu § 97 AO.

1508 *Schuster,* in: Hübschmann/Hepp/Spitaler, Kommentar AO, Rz. 56 zu § 97 AO; *Seer,* in: Tipke/Kruse, Kommentar AO, Rz. 16 zu § 97 AO.

1509 *Rätke,* in: Klein, Kommentar AO, Rz. 28 zu § 97 AO; *Schuster,* in: Hübschmann/Hepp/Spitaler, Kommentar AO, Rz. 56 zu § 97 AO; *Seer,* in: Tipke/Kruse, Kommentar AO, Rz. 16 zu § 97 AO; siehe hierzu nachfolgend Kapitel 4 A III „Beweisführungspflichten".

kann eine Schätzung erfolgen, wenn der Steuerpflichtige keine ausreichende Aufklärung über seine Angaben machen kann. Dies ist unabhängig davon, ob eine Vorlagepflicht besteht.[1510]

Sofern Belege angefordert werden, ist aufgrund nur eingeschränkter Möglichkeiten der E-Mail-Kommunikation mit der Finanzverwaltung im Regelfall insbesondere bei umfangreichen Belegübersendungen und/oder vertraulichen Daten eine Übersendung in Papierform erforderlich.[1511] Mittlerweile wurde das Projekt NACHDiGAL umgesetzt. Hiermit können Belege digital versendet werden. Jedoch ist die maximale Beleggröße auf 10 Megabyte und 100 Seiten beschränkt. Weiter ist die Länge des Dateinamens beschränkt. In der Praxis ist der digitale Belegversand daher umständlich (da Dateinamen gekürzt werden müssen) und teilweise auch nicht möglich (da die Beleggröße die 10 Megabyte oder die Seitenzahl die 100 Seiten übersteigen). „Weit nach dem Jahr 2022“ soll das Projekt RABE umgesetzt werden, mit dem Belege mit elektronischen Steuererklärungen verknüpft, vom Sachbearbeiter bei der Finanzverwaltung abgerufen und auch elektronisch von der Finanzverwaltung angefordert werden können. Geplant ist, dass nur die von der Finanzverwaltung abgerufenen Belege gespeichert werden und als aktenkundig gelten.[1512]

Neben der allgemeinen Vorlagepflicht des § 97 AO ist zu prüfen, ob im Rahmen der Abgabe der Steuererklärung Pflichten zur Vorlage von Unterlagen unabhängig von einem Vorlageverlangen der Finanzverwaltung bestehen. Gemäß § 150 Abs. 4 AO müssen den Steuererklärungen die Unterlagen beigefügt werden, die nach den Steuergesetzen vorzulegen sind.[1513] Im Falle der Einkommensteuererklärung ist dies nach § 60 Abs. 1 EStDV eine Bilanz und eine Gewinn- und Verlustrechnung (ggf. mit Überleitungsrechnung, Anhang und Lagebericht) bzw. eine EÜR. Des Weiteren bestehen in Einzelfällen Vorlagepflichten, beispielsweise für Aufzeichnungen zu Ausgleichsposten gemäß § 4g Abs. 4 S. 4 EStG. Weitere verpflichtend beizufügende Unterlagen sieht das EStG

1510 *Schuster*, in: Hübschmann/Hepp/Spitaler, Kommentar AO, Rz. 56 zu § 97 AO; *Seer*, in: Tipke/Kruse, Kommentar AO, Rz. 16 zu § 97 AO.

1511 *Ruß/Ismer/Margolf*, DStR 2019, 409, 413; zur E-Mail-Kommunikation siehe z.B. auch https://www.finanzamt.bayern.de/Muenchen/Kontakt/E-Mail-Kommunikation/default.php?f=Muenchen&c=n&d=x&t=x; zuletzt abgerufen am: 13.05.2021, 12:41 Uhr.

1512 *Reimann*, StB 2019, 381, 390.

1513 Keine originäre Pflicht, da nur Verweis auf Pflichten der Steuergesetze: siehe *Ortwald*, in: Zugmaier/Nöcker, Kommentar AO, Rz. 23 zu § 150 AO; *Seer*, in: Tipke/Kruse, Kommentar AO, Rz. 54 zu § 150 AO.

nicht vor.[1514] So sind Spendenbescheinigungen nach § 50 Abs. 8 EStDV nur auf Verlangen der Finanzbehörde vorzulegen. Gleiches gilt für Steuerbescheinigungen für anrechenbare Steuern nach § 36 Abs. 2 Nr. 2 S. 3 EStG. Aus § 150 Abs. 7 S. 2 AO ergibt sich außerdem, dass sich für bereits von Dritten vorliegende Daten, die mangels abweichender Daten als Angaben des Steuerpflichtigen gelten, die Belegvorlage erübrigt.[1515] Unklar ist die Rechtslage für haushaltsnahe Dienstleistungen und Handwerkerleistungen, da hier weiterhin der Erhalt einer Rechnung materiellrechtliche Voraussetzung für den Ansatz nach § 35a Abs. 5 S. 3 EStG ist. Im Gegensatz zu den anderen genannten Vorschriften fehlt ein ausdrücklicher Hinweis zur Übersendung des Beleges. Im BMF-Schreiben vom 09.11.2016 wurde jedoch ausgeführt, dass es ausreichend ist, wenn der Steuerpflichtige die Nachweise auf Verlangen des Finanzamtes vorlegen kann.[1516] Vereinzelt existieren noch spezialgesetzliche Vorlagepflichten. Nach wie vor besteht beispielsweise eine Vorlagepflicht zum Nachweis der Behinderung bei erstmaliger Inanspruchnahme oder bei Änderung der Verhältnisse nach § 65 Abs. 3 S. 2 EStDV. Hinweise in den Formularen zur Beifügung von Belegen (z.B. zur Vorlage der Satzung bei gemeinnützigen Gesellschaften oder zu mit Gesellschaftern abgeschlossenen Verträgen bei Kapitalgesellschaften) stellen nur antizipierte Beratungsleistungen der Verwaltung nach § 89 AO dar, können jedoch keine unmittelbaren Rechtsfolgen bei Nichteinreichung auslösen.[1517] Damit existieren in der Regel keine allgemeinen Vorlagepflichten von Belegen im Rahmen der Steuererklärung.

III. Beweisführungspflichten

Aufgrund des Amtsermittlungsgrundsatzes, welcher im Rahmen der Grenze der Zumutbarkeit gilt, besteht keine Beweisführungspflicht im Steuerrecht.[1518] Es ist

---

1514 *Rosenke*, in: Pfirrmann/Rosenke/Wagner, BeckOK AO, Rz. 301 zu § 150 AO; *Seer*, in: Tipke/Kruse, Kommentar AO, Rz. 54 f. zu § 150 AO; *Trossen*, AO-StB 2017, 309, 315.

1515 *Seer*, in: Tipke/Kruse, Kommentar AO, Rz. 29 zu § 150 AO; siehe hierzu auch: *Trossen*, AO-StB 2017, 309, 315; zur Überprüfungspflicht der elektronischen Daten von Dritten siehe nachfolgend Kapitel 6 B I 1 „Verpflichtung zum Datenabgleich".

1516 BMF-Schreiben vom 09.11.2016, BStBl. I 2016, 1213, Rz. 49; so auch: *Schießl*, in: Heuermann/Brandis, Blümich, Kommentar EStG, Rz. 58 zu § 35a EStG.

1517 *Frizen*, S. 78.

1518 *Urban*, NWB 2017/22, 1657, 1659.

jedoch zu prüfen, ob sich nachteilige Auswirkungen fehlender Beweisführungen im Rahmen der freien Beweiswürdigung oder der Beweislastverteilung ergeben.

Die freie Beweiswürdigung bedeutet, dass die Finanzbehörden im Rahmen der Sachverhaltsermittlung frei sind. Die Beweismittel dürfen ohne Bindung an feste Beweisregeln frei gewürdigt werden. Im Rahmen der freien Beweiswürdigung kann damit auch das Verhalten des Beteiligten und seine Mitwirkung berücksichtigt werden.[1519] Daher ist im Rahmen der freien Beweiswürdigung, also vor Anwendung der Grundsätze der Beweislast, insbesondere zu prüfen, wie damit umgegangen wird, wenn der Beteiligte seinen Mitwirkungspflichten nicht nachkommt, also beispielsweise von der Finanzverwaltung angeforderte Belege nicht vorlegen kann. Die Folgen von Verstößen gegen die Mitwirkungspflichten werden aus dem Verhältnis von Untersuchungsgrundsatz und Mitwirkungspflichten abgeleitet.[1520]

Hierbei wird zum einen vertreten, dass an den Verstoß gegen die Mitwirkungspflichten unmittelbar keine negativen Folgen geknüpft werden, solange die Sachaufklärung auf anderem Wege möglich bleibt.[1521] Nach anderer Ansicht wird die Ermittlungspflicht des Finanzamts entsprechend gemindert, was daran anknüpft, dass die Beteiligten eine Mitverantwortung für die Aufklärung des Sachverhalts haben und der Untersuchungsgrundsatz nur verfahrensadäquat ist, wenn die Finanzbehörde eine höhere Stellung hat – was bei der Verletzung von Mitwirkungspflichten nicht der Fall ist.[1522] Andere Vertreter dieser Auffassung schränken dies insoweit ein, dass der Untersuchungsgrundsatz nur dann gemindert wird, wenn keine anderweitigen Ermittlungsmöglichkeiten existieren, die verhältnismäßig sind.[1523] Dies betrifft insbesondere Tatsachen, die wegen der Beweisnähe oder infolge eines Eingriffs in die Privatsphäre ohne Mitwirkung durch die Beteiligten nicht aufklärbar sind.[1524] In diesen Fällen führt die Verletzung der Mitwirkungspflicht des Beteiligten zu einer Begrenzung der Sachaufklärungspflicht der Finanzbehörde.[1525] Anderenfalls würde ein Verstoß

1519 *Weber*, Die Mitwirkungspflichten, S. 12.

1520 Siehe hierzu Kapitel 1 B I „Allgemeine Mitwirkung des Beteiligten bei der Sachverhaltsermittlung".

1521 *Müller-Franken*, S. 318.

1522 *Weber*, Die Mitwirkungspflichten, S. 73 und 116.

1523 *Kobor*, in: Pfirrmann/Rosenke/Wagner, BeckOK AO, Rz. 70 zu § 90 AO und Rz. 32.1 zu § 88 AO; *Rätke*, in: Klein, Kommentar AO, Rz. 12 zu § 90 AO.

1524 *Kobor*, in: Pfirrmann/Rosenke/Wagner, BeckOK AO, Rz. 41 zu § 88 AO.

1525 *Scheel/Brehm/Holzner*, S. 149; *Wirfler*, in: Beck'sches Steuer- und Bilanzrechtslexikon, Rz. 7 zu „Beweislast".

gegen die Mitwirkungspflichten zu einer erhöhten Arbeitsbelastung der Finanzbehörde führen.[1526] Im Rahmen der Sachaufklärung ist der Sphärengedanke zu berücksichtigen. Dieser Sphärengedanke beruht darauf, dass die Verantwortung für die Sachaufklärung von der Möglichkeit der Einflussnahme auf die Sachverhaltsgestaltung und Sachverhaltsermittlung abhängt.[1527] Hiernach ist jede Partei dafür verantwortlich, die ihrem Herrschaftsbereich, ihrer Wissens- und Tätigkeitssphäre zuzuordnenden Tatsachen und Beweismittel zu beschaffen. Des Weiteren beruht er auf dem Verhältnismäßigkeitsgrundsatz, der dadurch begrenzt ist, dass die andere Partei eine größere Nähe zum Sachverhalt hat.[1528] Im Falle von Verstößen gegen die Mitwirkungspflichten kommt es damit zu einer Verringerung der Amtsermittlungspflicht.[1529] Nachteilige Auswirkungen für den Beteiligten aus dem Sphärengedanken sind jedoch nur dann gerechtfertigt, wenn die Ursache dafür, dass die Sachaufklärung nicht möglich ist, in der Sphäre des Beteiligten liegt.[1530]

Des Weiteren ist zu prüfen, ob nachteilige Schätzungen im Falle der Verletzung von Mitwirkungspflichten möglich sind. Nur wenn alle verhältnismäßigen Ermittlungsmaßnahmen ausgeschöpft sind, ist eine nachteilige Schätzung möglich.[1531] Höft spricht von einer „Sackgassensituation".[1532] Nach anderer Ansicht sind Schätzungen bei Verstößen gegen die Mitwirkungspflicht nach § 162 AO möglich.[1533] Nach Weber unterliegen die Schätzungen weder gegenständlichen noch umfänglichen Beschränkungen. Voraussetzung sei, dass der Sachverhalt mit größtmöglicher Wahrscheinlichkeit ergänzt werden kann.[1534] Seer

---

1526 *Weber*, Die Mitwirkungspflichten, S. 113.

1527 *Urban*, NWB 2017/22, 1657, 1666.

1528 *Hahlweg*, in: Koenig, Kommentar AO, Rz. 31 zu § 88 AO; *Loschelder*, AO-StB 2003, 25, 26.

1529 *Urban*, NWB 2017/22, 1657, 1659; siehe auch: BFH, Beschluss vom 06.05.2005, XI B 239/03, BFH/NV 2005, 1605, Leitsatz 2 und Rz. 11; BFH, Urteil vom 30.07.2003, X R 28/99, BFH/NV 2004, 201, Leitsatz 1 und Rz. 18 ff. (jedoch Minderung der Amtsermittlungspflicht dann nicht, wenn sich der richtige Sachverhalt aus den Akten ergibt).

1530 *Seer*, in: Tipke/Kruse, Kommentar AO, Rz. 90 zu § 96 FGO.

1531 *Höft*, in: Höft/Danelsing/Grams/Rook, S. 5; *Kobor*, in: Pfirrmann/Rosenke/Wagner, BeckOK AO, Rz. 72 zu § 90 AO; *Rätke*, in: Klein, Kommentar AO, Rz. 13 zu § 90 AO; *Söhn*, in: Hübschmann/Hepp/Spitaler, Kommentar AO, Rz. 130 zu § 90 AO.

1532 *Höft*, in: Höft/Danelsing/Grams/Rook, S. 5.

1533 *Hahlweg*, in: Koenig, Kommentar AO, Rz. 31 zu § 88 AO.

1534 *Weber*, Die Mitwirkungspflichten, S.161.

schlussfolgert die Anwendbarkeit der Schätzung aus einer Verringerung des Beweismaßes nach § 162 Abs. 2 AO, nach der die Steuerfestsetzung basierend auf der größtmöglichen Wahrscheinlichkeit erfolgen müsse. Gerechtfertigt sei dies darin, dass der Beteiligte selbst durch einen Verstoß gegen die Mitwirkungspflichten die Ursache für die mangelnde Sachaufklärung geschaffen hat.[1535] Auch er spricht jedoch von einer „Unerreichbarkeit der vollen richterlichen Überzeugung“[1536], was ebenfalls darauf hindeutet, dass alle verhältnismäßigen Ermittlungsmaßnahmen ausgeschöpft sein müssen. Da nach dem Sphärengedanken die Mitwirkungspflichten in der Regel dem Beteiligten zugeordnet werden und die verhältnismäßigen Ermittlungsmaßnahmen hierdurch begrenzt werden, wird dieser Spannungsbogen dadurch gelöst, dass Verstöße gegen Mitwirkungspflichten in der Regel dazu führen, dass keine weitergehenden Ermittlungen erforderlich sind. Im Falle von Verletzungen der Mitwirkungspflicht verringert sich das Beweismaß entsprechend auf die größtmögliche Wahrscheinlichkeit.[1537] Nichtsdestotrotz stellt dies keinen Automatismus dar. Eine Verletzung von Mitwirkungspflichten führt nicht automatisch zu einer Schätzungsbefugnis, sondern nur dann, wenn eine verhältnismäßige Sachverhaltsermittlung nicht mehr möglich ist.[1538] Eine nachteilige Schätzung hat des Weiteren keinen Strafcharakter, sondern ist ein Instrument im Rahmen der freien Beweiswürdigung, dass Ungewissheiten zu Lasten des Steuerpflichtigen gehen.[1539] Dementsprechend sind auch das Verschulden und die Frage nach dem Warum der Verletzung der Mitwirkungspflichten unerheblich.[1540] Gosch führt hierzu auch aus, dass § 162 Abs. 2 AO allenfalls entsprechende Anwendung finden könne, da § 162 Abs. 2 AO nur die quantitative Ermittlung der Besteuerungsgrundlagen, aber nicht die qualitative Sachverhaltsaufklärung betreffe.[1541]

Des Weiteren können sich nachteilige Folgen einer Verletzung der Mitwirkungspflicht im Hinblick auf nachträgliche Änderungsmöglichkeiten nach § 173 AO ergeben. So kann eine Änderung zuungunsten des Steuerpflichtigen nach

1535 *Seer*, in: Tipke/Kruse, Kommentar AO, Rz. 91 zu § 96 FGO.

1536 *Seer*, in: Tipke/Kruse, Kommentar AO, Rz. 91 zu § 96 FGO.

1537 *Höft*, in: Höft/Danelsing/Grams/Rook, S. 5.

1538 *Höft*, in: Höft/Danelsing/Grams/Rook, S. 111; Jakob spricht insoweit von einer non-liquet-Situation: *Jakob*, Abgabenordnung, Rz. 183.

1539 *Klein*, Die Auswirkungen der unterschiedlichen Beweislast, S. 5; *Kobor*, in: Pfirrmann/Rosenke/Wagner, BeckOK AO, Rz. 71 zu § 90 AO; *Seer*, in: Tipke/Kruse, Kommentar AO, Rz. 14 und 16 zu § 90 AO.

1540 *Höft*, in: Höft/Danelsing/Grams/Rook, S. 6 und 108.

1541 *Gosch*, in: Gosch, Kommentar KStG, Rz. 498 zu § 8 KStG.

§ 173 Abs. 1 Nr. 1 AO bei Verletzung der Mitwirkungspflichten auch dann erfolgen, wenn die Finanzverwaltung ihrerseits ihre Ermittlungspflichten verletzt hat. Ebenso kann eine Verletzung der Mitwirkungspflichten bei Vorliegen groben Verschuldens einer Änderung zugunsten des Steuerpflichtigen nach § 173 Abs. 1 Nr. 2 AO widersprechen.[1542]

Im Verhältnis zu strafrechtlichen Auswirkungen ist zu beachten, dass die Grundsätze der Beweislast im Besteuerungsverfahren nur zur Klärung der Frage gelten, ob eine Steuerverkürzung vorliegt. Hinsichtlich der übrigen strafrechtlichen Voraussetzungen gilt der Grundsatz „in dubio pro reo".[1543]

Im Hinblick auf die Beweislastverteilung sind die subjektive und die objektive Beweislast zu unterscheiden. Die subjektive Beweislast, auch als Beweisführungslast bezeichnet, ist „ein Parteiverhalten, das zwar nicht erzwungen werden kann, an dessen Ausbleiben sich aber als unabwendbare Folge Nachteile für die Partei knüpfen"[1544]. Aufgrund des Amtsermittlungsgrundsatzes, nach dem die Finanzverwaltung selbst den Sachverhalt ermitteln muss, besteht grundsätzlich keine subjektive Beweislast für die Beteiligten.[1545] Insbesondere begründet die allgemeine Mitwirkungspflicht keine subjektive Beweislast.[1546] Dies ergibt sich bereits daraus, dass das Verhalten nicht erzwungen werden kann und an Verstöße im Regelfall auch wegen des Fortbestehens des Untersuchungsgrundsatzes des Finanzamtes keine negativen Folgen geknüpft sind.[1547] Da die Finanzverwaltung bis zur Zumutbarkeitsgrenze ermitteln muss, ist der eventuell entstehende Nachteil für den Beteiligten nicht zwingend mit dem Verstoß gegen die Mitwirkungspflichten verknüpft.[1548] Nach anderer Auffassung mildert das Fortbestehen

---

1542 *Loose*, in: Tipke/Kruse, Kommentar AO, Rz. 68 zu § 173 AO; *Rätke*, in: Klein, Kommentar AO, Rz. 16 zu § 90 AO.

1543 *Klein*, Die Auswirkungen der unterschiedlichen Beweislast, S. 82 f.

1544 *Seer*, in: Tipke/Kruse, Kommentar AO, Rz. 78 zu § 96 FGO; siehe auch: *Zapf*, S. 5.

1545 BFH, Urteil vom 12.07.1962, IV 124/58 U, BFHE 75, 700, Rz. 22; *Hahlweg*, in: Koenig, Kommentar AO, Rz. 27 zu § 88 AO; *Jakob*, Abgabenordnung, Rz. 185; *Kobor*, in: Pfirrmann/Rosenke/Wagner, BeckOK AO, Rz. 71 zu § 88 AO; *Loschelder*, AO-StB 2003, 25, 25; *Scheel/Brehm/Holzner*, S. 154; *Seer*, in: Tipke/Kruse, Kommentar AO, Rz. 78 zu § 96 FGO; *Wittmann*, StuW 1/1987, 35, 42; *Zapf*, S. 38.

1546 *Kobor*, in: Pfirrmann/Rosenke/Wagner, BeckOK AO, Rz. 71 zu § 88 AO; *Seer*, in: Tipke/Kruse, Kommentar AO, Rz. 44 zu § 88 AO; *Zapf*, S. 49.

1547 *Seer*, in: Tipke/Kruse, Kommentar AO, Rz. 7 zu § 90 AO; so auch: *Kobor*, in: Pfirrmann/Rosenke/Wagner, BeckOK AO, Rz. 71 zu § 88 AO; *Loschelder*, AO-StB 2003, 25, 25.

1548 *Klein*, Die Auswirkungen der unterschiedlichen Beweislast, S. 5.

des Untersuchungsgrundsatzes die subjektive Beweislast lediglich ab, da der unaufgeklärte Sachverhalt im Schätzungswege ergänzt wird und damit bei Verletzung der Mitwirkungspflichten ein negatives Schätzungsergebnis droht.[1549] Seer stimmt im Ergebnis zu, dass im Wege der Beweiswürdigung aus einem Verstoß gegen Mitwirkungspflichten in der Regel negative Schlüsse gezogen werden, führt jedoch aus, dass allein die Mitverantwortung der Beteiligten für die Sachverhaltsaufklärung und die möglichen Folgen objektiver Beweislastentscheidungen nicht für die Annahme einer subjektiven Beweislast ausreichen.[1550]

Von diesem Grundsatz der herrschenden Meinung, dass keine subjektive Beweislast existiert, bestehen aber Ausnahmen, bei denen Beweisführungslasten auferlegt werden und, wenn der Beweis nicht geführt wird, keine Amtsermittlung erforderlich ist. Beispiele finden sich in § 138 Abs. 4 BewG (Nachweis eines niedrigeren gemeinen Wertes), § 4 Abs. 7 S. 2 EStG (Betriebsausgabenabzug nur bei gesonderter Aufzeichnung), § 65 EStDV (Nachweis der Behinderung) und § 9 Abs. 2 S. 2 UStG (Nachweis der Unternehmereigenschaft des Leistungsempfängers bei Umsatzsteueroption) sowie § 160 Abs. 1 AO (Nichtberücksichtigung von Ausgaben bei Nichtnennung des Empfängers trotz Aufforderung).[1551] Teilweise wird aus der Vielzahl spezieller Beweisführungsnormen geschlussfolgert, dass mittlerweile die Auffassung, dass keine subjektive Beweislast greift, überholt und ohne praktische Bedeutung ist.[1552]

Im Gegensatz dazu regelt die objektive Beweislast, auch als Feststellungslast bezeichnet, „nicht den Beweis, sondern die Folgen der Beweislosigkeit entscheidungsrelevanter Tatsachen und stellt sich zwangsläufig in allen Verfahren (auch in den Verfahren mit Untersuchungsmaxime), in denen die Sachentscheidung von der Feststellung tatsächlicher Voraussetzungen abhängig ist“[1553]. Die

---

1549 *Weber*, Die Mitwirkungspflichten, S. 163 f.; zu den Auswirkungen im Rahmen freier Beweiswürdigung bei Verletzung der Mitwirkungspflichten siehe BFH, Urteil vom 24.01.1963, II 195/58 U, BFHE 76, 585, Rz. 16 f.; BFH, Urteil vom 07.12.1955, V Z 183/54 S, BFHE 62, 201, Rz. 5; BFH, Urteil vom 25.03.1955, III 81/54 U, BFHE 60, 350, Rz. 6.

1550 *Seer*, in: Tipke/Kruse, Kommentar AO, Rz. 15 zu § 90 AO sowie Rz. 80 f. zu § 96 FGO.

1551 *Kobor*, in: Pfirrmann/Rosenke/Wagner, BeckOK AO, Rz. 71 zu § 88 AO; *Seer*, in: Tipke/Kruse, Kommentar AO, Rz. 82 zu § 96 FGO; weitere Nachweise siehe *Hahlweg*, in: Koenig, Kommentar AO, Rz. 27 zu § 88 AO; *Krumm*, in: Tipke/Kruse, Kommentar AO, Rz. 46 zu § 76 FGO.

1552 *Urban*, NWB 2017/22, 1657, 1658 mit Verweis auf BFH, Urteil vom 15.7.1986, VII R 145/85, BStBl. II 1986, 857, Rz. 15 ff. (zum Nachweis des Ursprungs der Lieferung bei der Umsatzsteuer).

1553 *Seer*, in: Tipke/Kruse, Kommentar AO, Rz. 79 zu § 96 FGO; so auch: *Zapf*, S. 5.

objektive Beweislast kommt damit erst dann zum Tragen, wenn ein Sachverhalt im Wege der Amtsermittlung und durch die Mitwirkungspflichten nicht aufklärbar ist (non liquet).[1554] Auch in diesen Fällen muss eine Entscheidung erfolgen, was aus dem Justizgewährleistungsanspruch (Art. 19 Abs. 4 GG), dem Rechtsweigerungsverbot (Art. 6 Abs. 1 MRK) und dem Legalitätsprinzip (Art. 20 Abs. 3 GG) geschlussfolgert wird.[1555] Nach den Grundsätzen der objektiven Beweislast, welche auf der Rosenbergschen Normenbegünstigungstheorie basieren, hat die Finanzverwaltung die Beweislast für steuerbegründende/-erhöhende Tatsachen und der Steuerpflichtige für steuerentlastende/-mindernde (Steuerermäßigungen, Steuerbefreiungen, Steuervergünstigungen).[1556] Seer führt ergänzend aus, dass die pauschale Differenzierung nach steuerbegründenden oder steuerentlastenden Wirkungen nicht für jeden Einzelfall zutreffend und damit nicht absolut anzuwenden sei. Es müsse stattdessen geprüft werden, zu wessen Gunsten sich eine Regelung im Einzelfall auswirkt.[1557] So kann beispielsweise der Ansatz einer Rückstellung im ersten Schritt steuerentlastend wirken, aber unter Umständen zu einem negativen Kapital führen und eine Buchwertübertragung im Sinne des UmwStG verhindern, sodass dies im Ergebnis negativ für den Steuerpflichtigen wirkt. Es ist also eine einzelfallbezogene Betrachtung erforderlich.

Diese Auffassung basiert darauf, dass alle Normen ihre Beweisregeln in sich selbst tragen, sodass die Beweislast die zwangsläufige Auswirkung der Nichtanwendung einer Norm ist.[1558] Die Besteuerung als Eingriffsverwaltung beschränkt die persönliche Handlungsfreiheit und darf nur erfolgen, wenn der Tatbestand

---

1554 *Bruschke*, StB 2017, 334, 336; *Urban*, NWB 2017/22, 1657, 1660; *Kobor*, in: Pfirrmann/Rosenke/Wagner, BeckOK AO, Rz. 72 zu § 88 AO; *Rätke*, in: Klein, Kommentar AO, Rz. 61 zu § 88 AO; *Seer*, in: Tipke/Kruse, Kommentar AO, Rz. 79 zu § 96 FGO; *Weber*, Die Mitwirkungspflichten, S. 121; *Zapf*, S. 3 und 7.

1555 *Seer*, in: Tipke/Kruse, Kommentar AO, Rz. 79 zu § 96 FGO.

1556 BFH, Urteil vom 12.08.2009, XI R 4/08, BFH/NV 2010, 393, Rz. 21; BFH, Urteil vom 25.07.2000, IX R 93/97, BStBl. II 2001, 9, Rz. 13; BFH, Urteil vom 24.06.1976, IV R 101/75, BStBl. II 1976, 562, Leitsatz und Rz. 15 ff.; BFH, Urteil vom 05.11.1970, V R 71/67, BStBl. II 1971, 220, Leitsatz 3 und Rz. 32 f.; *Jakob*, Abgabenordnung, Rz. 185; *Kobor*, in: Pfirrmann/Rosenke/Wagner, BeckOK AO, Rz. 72 zu § 88 AO; *Loschelder*, AO-StB 2003, 25, 25 f.; *Rätke*, in: Klein, Kommentar AO, Rz. 61 zu § 88 AO; *Scheel/Brehm/Holzner*, S. 156; *Seer*, in: Tipke/Kruse, Kommentar AO, Rz. 83 zu § 96 FGO; *Urban*, NWB 2017/22, 1657, 1662 f.; *Weber*, Die Mitwirkungspflichten, S. 122; *Wittmann*, StuW 1/1987, 35, 42; *Zapf*, S. 71 f.

1557 *Seer*, in: Tipke/Kruse, Kommentar AO, Rz. 84 zu § 96 FGO.

1558 *Seer*, in: Tipke/Kruse, Kommentar AO, Rz. 83 zu § 96 FGO.

tatsächlich erfüllt ist; sofern ein steuerbegründendes Tatbestandsmerkmal nicht erwiesen werden kann, muss dies daher zum Nachteil der Finanzverwaltung sein.[1559] Die objektive Beweislast als „ultima ratio" ist jedoch nachrangig gegenüber einer Sachaufklärung mit Überzeugungsbildung sowie gegenüber einer Beweismaßreduzierung basierend auf der Sphärenverantwortung.[1560] Insbesondere bei Verletzungen der Mitwirkungspflicht kann die Normenbegünstigungstheorie zu sachfremden Ergebnissen führen.[1561] Dementsprechend führt ein Verstoß gegen die Mitwirkungspflichten nicht zu einer Entscheidung nach den Grundsätzen der objektiven Beweislast, sondern zu einer Begrenzung der Sachaufklärungspflicht und zu einer Minderung des Beweismaßes. Die Ermittlungspflicht der Finanzbehörde mindert sich also im Falle von Verstößen gegen die Mitwirkungspflicht entsprechend.[1562] Die Mitwirkungspflichten dienen gerade der Aufklärung des Sachverhaltes, die objektive Beweislast erfordert aber, dass der Sachverhalt nicht aufklärbar ist.[1563] Höft nennt beispielsweise den fehlenden Belegnachweis der Betriebsausgaben eines Einnahmen-Überschuss-Rechners, der keiner Aufbewahrungspflicht unterliegt, als Beispiel für nachteilige Auswirkungen im Rahmen der Beweislastregeln.[1564] Ebenso führen diese den Nachweis von Werbungskosten als Fall der objektiven Beweislast auf.[1565] In den meisten Fällen wird dies jedoch bereits im Rahmen der freien Beweiswürdigung zu steuerlichen Nachteilen für den Steuerpflichtigen führen, da die Belege für die Betriebsausgaben bzw. Werbungskosten seiner Sphäre zuzurechnen sind. Der Anwendungsbereich der objektiven Beweislast in der Praxis ist daher gering.[1566]

1559 *Zapf*, S. 72.

1560 BFH, Urteil vom 24.06.2014, VIII R 54/10, BFH/NV 2014, 1501, Rz. 28; BFH, Urteil vom 15.02.1989, X R 16/86, BStBl. II 1989, 462, Orientierungssatz 3 und Rz. 14; BFH, Urteil vom 13.12.1978, I R 39/78, BStBl. II 1979, 482, Rz. 41; *Frizen*, S. 20; *Hahlweg*, in: Koenig, Kommentar AO, Rz. 27 f. zu § 88 AO; *Klein*, Die Auswirkungen der unterschiedlichen Beweislast, S. 6; *Kobor*, in: Pfirrmann/Rosenke/Wagner, BeckOK AO, Rz. 72 zu § 88 AO; *Seer*, in: Tipke/Kruse, Kommentar AO, Rz. 45 zu § 88 AO; *Zapf*, S. 7.

1561 *Seer*, in: Tipke/Kruse, Kommentar AO, Rz. 87 zu § 96 FGO; so auch: *Hahlweg*, in: Koenig, Kommentar AO, Rz. 31 zu § 88 AO bei steuerbegründenden oder steuererhöhenden Tatsachen und Verletzungen der Mitwirkungspflicht.

1562 BFH, Urteil vom 15.02.1989, X R 16/86, BStBl. II 1989, 462, Leitsatz 1 und Rz. 22 und 27 (auch zur Sphärenverantwortung); *Höft*, in: Höft/Danelsing/Grams/Rook, S. 7; *Jakob*, Abgabenordnung, Rz. 184; *Zapf*, S. 53.

1563 *Zapf*, S. 60.

1564 *Höft*, in: Höft/Danelsing/Grams/Rook, S. 29.

1565 *Höft*, in: Höft/Danelsing/Grams/Rook, S. 31.

1566 *Hahlweg*, in: Koenig, Kommentar AO, Rz. 28 zu § 88 AO.

B. Belegvorlage und Belegvorhaltung durch den Steuerpflichtigen im Rahmen der elektronischen Steuererklärung

I. Belegvorhaltung statt Belegvorlage

Im Rahmen der vollelektronischen Abgabe der Steuererklärung wurde die Pflicht zur Einreichung von Belegen ab 2017 durch eine Belegvorhaltepflicht ersetzt.[1567] Wie dargestellt[1568] existiert für einen großen Teil der Steuerpflichtigen auch keine Belegvorhaltepflicht, da die Aufbewahrungspflichten nicht greifen. Etwaige negative Auswirkungen aus der Nichtvorlage der Belege können sich nur im Rahmen der freien Beweiswürdigung ergeben[1569]. Die Begrifflichkeit der „Belegvorhaltepflicht" ist damit verfehlt und gesetzlich nicht gedeckt.

Durch den Verzicht auf die Belegvorlage wird eine Anwenderfreundlichkeit und Modernität für den Steuerpflichtigen sowie eine Erleichterung der automationsgestützten Verarbeitung der Steuererklärung auf Seiten der Finanzverwaltung angestrebt.[1570] Der Medienbruch durch die Beifügung von Papierbelegen zu einer elektronischen Steuererklärung soll durch eine generelle Aufhebung der Pflicht zur Einreichung von Belegen beseitigt werden. Die Möglichkeit der elektronischen Beifügung der Belege bereits bei Einreichung der Steuererklärung ist derzeit, wenn es auch mittlerweile über den Umweg einer sonstigen Nachricht über ELSTER technisch möglich ist, nicht von der Finanzverwaltung vorgesehen.[1571] Da mangels Belegen Schreib- und Rechenfehler nicht mehr ohne weiteres vom Finanzamt erkannt werden können[1572], wurde mit § 173a AO eine neue Korrekturnorm eingeführt, gemäß der Schreib- und Rechenfehler des

1567 *Hellmann*, in: GS Joecks 2018, S. 484; *Trossen*, AO-StB 2017, 309, 315; *Zaumseil*, NJW 2016, 2769, 2770.

1568 Siehe Kapitel 4 A I „Aufbewahrungspflichten".

1569 Siehe Kapitel 4 A III „Beweisführungspflichten".

1570 Deutscher Bundestag, Drucksache 18/7457 vom 03.02.2016, S. 49.

1571 Deutscher Bundestag, Drucksache 19/8106 vom 04.03.2019 (Antwort der Bundesregierung auf die Kleine Anfrage), S. 4; *Seer*, in: Tipke/Kruse, Kommentar AO, Rz. 29 zu § 150 AO; nur in Ausnahmefällen siehe Empfehlungen der Steuerberaterkammer München zur Belegvorlage für Steuererklärungen ab VZ 2017, Stand November 2020, S. 5.

1572 *Lanwehr*, Faktische Selbstveranlagung und Fehlerkorrektur im Besteuerungsverfahren von Arbeitnehmern, S. 135.

Steuerpflichtigen auch nachträglich noch korrigiert werden können, ohne dass der Fehler für die Finanzverwaltung erkennbar sein muss.[1573]

Gemäß den vorstehenden Ausführungen existieren Belegvorlagepflichten überwiegend nur auf Verlangen der Finanzverwaltung, jedoch nicht ohne Anforderung im Rahmen der Abgabe der Steuererklärung.[1574] Trotz dieser fehlenden Pflicht zur Einreichung von Belegen geben die Finanzverwaltungen teilweise Empfehlungen, welche Belege eingereicht werden sollten. In einer Information der Landesfinanzdirektion Thüringen wird ausgeführt, dass es sinnvoll ist, den Beleg sofort einzureichen, wenn der steuerliche Sachverhalt bedeutend ist, wenn er erstmalig auftritt, wenn es sich um einen außergewöhnlichen Geschäftsvorfall handelt oder wenn er sich gegenüber dem Vorjahr erheblich ändert. Weiter wird empfohlen, dass in der Steuererklärung möglichst Einzelpositionen anzugeben sind sowie Anträge und Schreiben nicht den sonstigen Belegen beigefügt werden sollen. Außerdem wird angeregt, die Belege in Papierform einzureichen, solange noch keine digitale Belegübermittlung möglich ist.[1575] Auch die Steuerberaterkammern empfehlen, bestimmte Belege, beispielsweise zu Unterhaltszahlungen, erstmaligen Sachverhalten, Auslandssachverhalten und Steuerbescheinigungen zu anrechenbarer Steuer, mit einzureichen.[1576] Reimann empfiehlt, Belege immer mit einzureichen, wenn ein Bezug zu den im Freitextfeld gemachten Angaben besteht, um Verzögerungen durch Unterbrechungen bei nachträglicher Anforderung zu vermeiden.[1577] Auch wenn sich hieraus keine Pflicht zur Einreichung von Belegen ergibt, zeigt sich doch, dass es im Regelfall zu Nachfragen seitens der Finanzverwaltung kommt, wenn keine Belege eingereicht werden.[1578] Außerdem zeigt sich, dass Belege anscheinend nicht detailliert von der Finanzverwaltung angeschaut werden, da betont wird, dass Schreiben und sonstige Anträge separat eingereicht werden sollten. Die Übermittlung der Belege in Papierform stellt einen Medienbruch dar, der wiederum die Probleme der derzeit erfolgenden schrittweisen Umstellung auf ein elektronisches Veranlagungsverfahren aufzeigt. Dies wurde auch schon früher kritisiert.[1579] Auch in

---

1573 *Baldauf*, DStR 2016, 833, 839; *Bruschke*, SteuK 2016, 355, 358; *Deutschland*, Diskussionsentwurf „Modernisierung des Besteuerungsverfahrens", DStR-Beih 2014, 149, 156; *Steinhauff*, AO-StB 2018, 295, 296.

1574 Siehe Kapitel 4 A II „Vorlagepflichten".

1575 LFD Thüringen vom 27.04.2018, StEK AO 1977 § 146 Nr. 23.

1576 Siehe umfangreiche Auflistung in Empfehlungen der Steuerberaterkammer München zur Belegvorlage für Steuererklärungen ab VZ 2017, Stand November 2020, S. 3 f.

1577 *Reimann*, StB 2019, 381, 389.

1578 *Dicke*, Stbg 2018, 365, 366 f.

1579 *Drüen*, DStR 2010, 2, 4.

der Gesetzesbegründung wird zu den Belegvorhaltepflichten ausgeführt, dass eine freiwillige Belegvorlage auch elektronisch möglich ist.[1580] Die derzeitigen technischen Schwierigkeiten der digitalen Belegübersendung (Begrenzung der Länge des Dateinamens sowie des Umfangs der Dateien) behindern jedoch die elektronische Belegübersendung und damit auch ein medienbruchfreies Verfahren.

Die Praxis der Finanzverwaltungen im Hinblick auf die Belegübersendung ist zudem nicht einheitlich. So sind auch Annahmeverweigerungen zu beobachten mit der Begründung, dass Belege nur noch auf Anforderung des Finanzamtes vorzulegen seien.[1581] Dies ist mit der Möglichkeit der freiwilligen Beifügung von Belegen, welche auch die Gesetzesbegründung ausdrücklich bejaht[1582], nicht zu vereinbaren. Das freiwillige Beifügen von Belegen ist weiterhin möglich, diese werden allerdings nur zwingend beachtet, wenn auch eine Eingabe in das Freitextfeld erfolgt und damit der Fall personell bearbeitet wird. Das Beifügen von Belegen allein führt nicht zwingend zu einer personellen Bearbeitung, da dies allein keinen Anlass im Sinne des § 155 Abs. 2 S. 1 AO für die Bearbeitung durch einen Amtsträger darstellt.[1583] Ein solcher Anlass liegt, neben dem Fall eines Eintrags in das Freitextfeld, insbesondere dann vor, wenn der Fall vom Risikomanagementsystem wegen besonderer Prüfungsbedürftigkeit ausgesteuert wird, was allein aus der Beifügung von Belegen jedoch nicht resultiert.[1584] § 88 Abs. 2 AO wurde in diesem Zusammenhang neu gefasst. Er bestimmt, dass die Finanzbehörde Art und Umfang der Ermittlungen nach den Umständen des Einzelfalls sowie nach den Grundsätzen der Gleichmäßigkeit, Gesetzmäßigkeit und Verhältnismäßigkeit sowie unter Berücksichtigung von Wirtschaftlichkeit und Zweckmäßigkeit bestimmen kann. Das Finanzamt kann daher in diesem Rahmen bestimmen, ob und inwieweit Belege berücksichtigt werden.

Ob Belege beigefügt werden sollten oder nicht, ist derzeit umstritten. Hierdurch können Nachfragen seitens des Finanzamtes vermieden werden; die Auswahl und Dokumentation der Belege sowie die etwaige Erstellung von

---

1580 Deutscher Bundestag, Drucksache 18/7457 vom 03.02.2016, S. 49.

1581 *Trossen*, AO-StB 2017, 309, 316.

1582 Deutscher Bundestag, Drucksache 18/7457 vom 03.02.2016, S. 49.

1583 *Rüsken*, in: Klein, Kommentar AO, Rz. 56 zu § 155 AO; *Trossen*, AO-StB 2017, 309, 315.

1584 Siehe zu den Voraussetzungen einer personellen Bearbeitung *Rosenke*, in: Pfirrmann/Rosenke/Wagner, BeckOK AO, Rz. 236 zu § 155 AO; *Rüsken*, in: Klein, Kommentar AO, Rz. 54a zu § 155 AO; *Seer*, in: Tipke/Kruse, Kommentar AO, Rz. 54 f. zu § 155 AO.

Aufstellungen führt jedoch zu Mehraufwand auf Seiten des Steuerpflichtigen.[1585] Außerdem wird bei Eintragung in das Freitextfeld eine maschinelle Bearbeitung vermieden, sodass teilweise auch empfohlen wird, Belege ohne Eintragung in das Freitextfeld mit einzureichen, sodass diese nur im Falle einer personellen Bearbeitung hinzugezogen werden können.[1586]

II. Auswirkungen bei fehlender Belegvorlage im Rahmen der Steuererklärung

1. Zinszahlungen infolge einer Änderungsmöglichkeit nach § 173 Abs. 1 Nr. 1 AO oder § 173a AO bei fehlerhaften Steuerbescheiden zugunsten des Steuerpflichtigen

Sofern keine Belege mit eingereicht werden und das Finanzamt später eine Änderung zuungunsten des Steuerpflichtigen, beispielsweise nach Einsicht in die Belege im Rahmen einer Außenprüfung, vornehmen möchte, ist fraglich, ob dies nach § 173 Abs. 1 Nr. 1 AO zulässig ist. In diesem Fall würde es zu einer späteren Änderung der Steuerfestsetzung kommen, die eine Steuernachzahlung nebst Zinsen zur Folge hat. Eine Änderung nach § 173 AO mindert den Vertrauensschutz in den Bestand eines unangefochtenen Steuerbescheides im Falle einer unvollständigen Sachverhaltsermittlung.[1587] Durch den Verzicht auf die Belegübersendung kann damit die Rechtssicherheit für den Steuerpflichtigen erheblich gefährdet sein. Fraglich ist, inwiefern die fehlende Belegübersendung Auswirkungen auf die unvollständige Sachverhaltsermittlung hat.

Belege stellen Beweismittel im Sinne des § 173 Abs. 1 Nr. 1 AO dar[1588], sodass die Frage zu klären ist, ob diese Beweismittel nachträglich bekannt werden und, wenn ja, ob die Finanzverwaltung einen Ermittlungsfehler begangen hat.

Nachträglich bekannt wird ein Beweismittel unabhängig von der persönlichen Kenntnis des Sachbearbeiters nur, wenn es bei dem für § 173 AO maßgeblichen Zeitpunkt kein Akteninhalt war.[1589] Maßgeblicher Zeitpunkt ist der, zu

1585 *Trossen*, AO-StB 2017, 309, 315.

1586 *Deutschland*, Diskussionsentwurf „Modernisierung des Besteuerungsverfahrens", DStR-Beih 2014, 149, 158.

1587 *Peters*, in: Pfirrmann/Rosenke/Wagner, BeckOK AO, Rz. 1 zu § 173 AO.

1588 AEAO Nr. 1.2 zu § 173 AO; *Loose*, in: Tipke/Kruse, Kommentar AO, Rz. 21 zu § 173 AO; *Peters*, in: Pfirrmann/Rosenke/Wagner, BeckOK AO, Rz. 45 zu § 173 AO; *Rüsken*, in: Klein, Kommentar AO, Rz. 40 zu § 173 AO.

1589 BFH, Urteil vom 12.03.2019, IX R 29/17, BFH/NV 2019, 1057, Rz. 19; *Loose*, in: Tipke/Kruse, Kommentar AO, Rz. 34 zu § 173 AO; *Münch*, DStR 2013, 2150, 2155 f.

dem die Willensbildung über die Steuerfestsetzung abgeschlossen ist.[1590] Sofern man, da keine Pflicht hierzu besteht, auf eine Übersendung der Belege verzichtet, sind dies nachträglich bekanntwerdende Beweismittel.

Zu prüfen ist außerdem, ob ein Ermittlungsfehler der Finanzverwaltung vorliegt. Da keine Pflicht zur Belegvorlage besteht, hat der Steuerpflichtige auch bei Nichtvorlage seine Mitwirkungspflichten vollständig erfüllt. In diesem Fall würde ein Ermittlungsfehler der Finanzverwaltung eine Änderung nach § 173 Abs. 1 Nr. 1 AO ausschließen, da die Tatsachen bei ordnungsgemäßer Erfüllung der Aufgaben nicht verborgen geblieben wären.[1591] Fraglich ist, ob wegen der fehlenden Belegeinreichung eine weitere Sachverhaltsaufklärung seitens der Finanzverwaltung erfolgen muss. Ausgangspunkt für die Ermittlungspflichten der Finanzverwaltung sind die Grundsätze der Amtsermittlung nach § 88 AO und das hiermit verbundene Untermaßverbot.[1592] Wenn sich der Finanzverwaltung Zweifel am Erklärungsinhalt aufdrängen, sie diesen aber nicht nachgeht, liegt eine Ermittlungspflichtverletzung vor. Sofern sich also aus den Angaben in der Erklärung bereits offensichtliche Zweifel ergeben, müsste das Finanzamt die entsprechenden Belege zur Klärung der Zweifel anfordern.[1593] Eine Ermittlungspflichtverletzung liegt beispielsweise vor, wenn schwierige oder komplexe Sachverhalte nicht aufgeklärt werden oder keine Einsicht in Vertragsunterlagen genommen wird.[1594] Vom FG Mecklenburg-Vorpommern wurde auch eine Ermittlungspflichtverletzung angenommen, wenn sich erhebliche

---

1590 AEAO Nr. 201 zu § 173 AO.

1591 BFH, Beschluss vom 25.02.2002, X B 77/01, BFH/NV 2002, 1121, Rz. 7; BFH, Urteil vom 14.12.1994, XI R 80/92, BStBl. II 1995, 293, Rz. 15; *Loose*, in: Tipke/Kruse, Kommentar AO, Rz. 62 zu § 173 AO; *Peters*, in: Pfirrmann/Rosenke/Wagner, BeckOK AO, Rz. 153, 156 und 178 zu § 173 AO; *Rüsken*, in: Klein, Kommentar AO, Rz. 80 und 85 zu § 173 AO; *v. Groll*, in: Hübschmann/Hepp/Spitaler, Kommentar AO, Rz. 238 zu § 173 AO.

1592 *Peters*, in: Pfirrmann/Rosenke/Wagner, BeckOK AO, Rz. 166 zu § 173 AO; *Rüsken*, in: Klein, Kommentar AO, Rz. 81 zu § 173 AO; siehe auch Kapitel 1 B I „Allgemeine Mitwirkung des Beteiligten bei der Sachverhaltsermittlung".

1593 Siehe zur Ermittlungspflicht bei Zweifeln BFH, Beschluss vom 25.02.2002, X B 77/01, BFH/NV 2002, 1121, Rz. 7; BFH, Urteil vom 12.07.2001, VII R 68/00, BStBl. II 2002, 44, Rz. 9; BFH, Urteil vom 29.04.1997, VII R 1/97, BStBl. II 1997, 627, Rz. 13; BFH, Urteil vom 14.12.1994, XI R 80/92, BStBl. II 1995, 293, Rz. 15; *Peters*, in: Pfirrmann/Rosenke/Wagner, BeckOK AO, Rz. 157 zu § 173 AO; *Rüsken*, in: Klein, Kommentar AO, Rz. 81 zu § 173 AO.

1594 *Loose*, in: Tipke/Kruse, Kommentar AO, Rz. 66 zu § 173 AO; *Peters*, in: Pfirrmann/Rosenke/Wagner, BeckOK AO, Rz. 168.1 zu § 173 AO.

Abweichungen im Vorjahresvergleich ergeben, die nicht erläutert sind.[1595] Eingereichte Bilanzen und Fahrtenbücher sind von der Finanzverwaltung auszuwerten; ebenso ist Abweichungen zwischen eingereichten Bescheinigungen und der Erklärung nachzugehen (was voraussetzt, dass diese überhaupt eingesehen werden).[1596] Es muss beispielsweise jedoch die Abfindungsvereinbarung nicht angefordert werden, wenn der Steuerpflichtige zur ermäßigten Besteuerung der Abfindung eindeutige Angaben gemacht hat.[1597] Lanwehr geht weiter und führt aus, dass eine Ermittlungspflichtverletzung immer dann vorliege, wenn die Finanzverwaltung anhand der eingereichten Informationen die Angaben in der Steuererklärung nicht prüfen kann.[1598] Zu berücksichtigen sind jedoch auch die Änderungen nach § 88 AO hinsichtlich der Einbindung des Risikomanagementsystems in den Amtsermittlungsgrundsatz der Finanzverwaltung. In diesem Fall sind insbesondere die vom Risikomanagement ausgesteuerten Fälle detailliert zu prüfen.[1599] Jedoch darf sich das Risikomanagementsystem und die Entscheidung der Finanzverwaltung, bei einer niedrigen Risikoklasse keine weitergehende Prüfung vorzunehmen, nicht zu Lasten des Steuerpflichtigen auswirken, sodass Ermittlungsfehler, die durch das Risikomanagementsystem passieren, ebenfalls eine Ermittlungspflichtverletzung darstellen, die eine Änderung nach § 173 Abs. 1 Nr. 1 AO ausschließen.[1600] Zudem kann eine Änderung nach Treu und Glauben insbesondere dann ausgeschlossen sein, wenn die Finanzverwaltung entsprechende Risikohinweise oder Vermerke im Freitextfeld nicht beachtet.[1601] Im Ergebnis kann eine Ermittlungspflichtverletzung nur dann vorliegen, wenn in der Steuererklärung Sachverhalte ersichtlich sind, aufgrund derer das Risikomanagementsystem den Fall aussteuert oder fälschlicherweise nicht aussteuert

---

1595 FG Mecklenburg-Vorpommern, Urteil vom 13.12.2017, 1 K 191/14, Juris, Rz. 26.

1596 *Loose,* in: Tipke/Kruse, Kommentar AO, Rz. 63 und 66 zu § 173 AO; so wohl auch: *Peters,* in: Pfirrmann/Rosenke/Wagner, BeckOK AO, Rz. 168.1 zu § 173 AO (bei Prüfung der „dazu eingereichten Unterlagen", bspw. bei unterlassener Einsicht in Vertragsunterlagen) und *Rüsken,* in: Klein, Kommentar AO, Rz. 83 zu § 173 AO.

1597 BFH, Beschluss vom 17.01.2005, VI B 4/04, BFH/NV 2005, 834, Rz. 2.

1598 *Lanwehr*, Faktische Selbstveranlagung und Fehlerkorrektur im Besteuerungsverfahren von Arbeitnehmern, S. 160 f.

1599 *Loose,* in: Tipke/Kruse, Kommentar AO, Rz. 64 zu § 173 AO; siehe auch: BFH, Urteil vom 14.01.2020, VIII R 4/17, BStBl. II 2020, 433, Leitsatz 2 und Rz. 25 f. – dies übertragend auf Ermittlungsfehler i.S.d. § 173 AO: *Frotscher*, Stbg 11/20, M1, M1.

1600 *Peters,* in: Pfirrmann/Rosenke/Wagner, BeckOK AO, Rz. 166.1 zu § 173 AO.

1601 *Loose,* in: Tipke/Kruse, Kommentar AO, Rz. 64 zu § 173 AO; *v. Groll,* in: Hübschmann/Hepp/Spitaler, Kommentar AO, Rz. 238a zu § 173 AO.

(z.B. wegen großen Abweichungen zum Vorjahr oder wegen eines Eintrages im Freitextfeld) oder sofern ein komplexer Sachverhalt in der Steuererklärung erkennbar ist, da die Finanzverwaltung den Angaben in der Steuererklärung grundsätzlich vertrauen darf und nur Zweifeln nachgehen muss.

Sofern keine Ermittlungspflichtverletzung vorliegt, ist eine Änderung nach § 173 Abs. 1 Nr. 1 AO zuungunsten des Steuerpflichtigen nachträglich möglich.

Ungeklärt ist die Frage, ob eine Änderung nach § 173 Abs. 1 Nr. 1 AO auch möglich ist, wenn die Finanzverwaltung die Annahme der Belege verweigert.[1602] Wenn die Belege mit dem Hinweis zurückgesandt werden, dass diese vom Finanzamt nicht beachtet wurden, dürfte dies unerheblich sein, da die tatsächliche Kenntnis nicht ausschlaggebend ist; es scheitert damit bereits am nachträglichen Bekanntwerden.[1603] Wenn das Finanzamt jedoch die Annahme verweigert, ist fraglich, ob schon kein nachträgliches Bekanntwerden vorliegt, sodass bereits hiernach eine Änderung nach § 173 Abs. 1 Nr. 1 AO ausscheidet. Hierfür ist entscheidend, ob die Finanzbehörde schon bei der Bearbeitung des Steuerfalls Kenntnis hatte. Hierbei ist nach der Rechtsprechung und der herrschenden Literaturmeinung konkret auf die Personen abzustellen, die innerhalb der zuständigen Finanzbehörde dazu berufen sind, den Steuerfall zu bearbeiten.[1604] Loose kritisiert dies, da es nicht auf die interne Zuständigkeitsregelung ankommen könne, sondern nur auf die Finanzverwaltung als Träger des Verwaltungsverfahrens.[1605] Eine Kenntnis beim zuständigen Sachbearbeiter wäre, wenn die Unterlagen bereits von der Poststelle abgewiesen werden, nicht gegeben. Jedoch „rettet" die Rechtsprechung in Einzelfällen Fehler der Zuständigkeitsverteilung dadurch, dass im Falle einer Nichtbeachtung interner Informationspflichten oder einer Verletzung der internen Zuständigkeit eine Kenntnis fingiert wird.[1606]

1602 *Trossen*, AO-StB 2017, 309, 316.

1603 *Fink*, in: Pfirrmann/Rosenke/Wagner, BeckOK AO, Rz. 77 zu § 173 AO; *Münch*, DStR 2013, 2150, 2155; *Preißer/Wind*, S. 40 f.; *v. Groll*, in: Hübschmann/Hepp/Spitaler, Kommentar AO, Rz. 240 zu § 173 AO.

1604 BFH, Urteil vom 13.06.2012, VI R 85/10, BStBl. II 2013, 5, Orientierungssatz 1 und Rz. 26; BFH, Urteil vom 13.01.2011, VI R 61/09, BStBl. II 2011, 479, Orientierungssatz 1 und Rz. 15; BFH, Urteil vom 01.04.1998, X R 150/95, BStBl. II 1998, 569, Orientierungssatz 2 und Rz. 29; *Peters*, in: Pfirrmann/Rosenke/Wagner, BeckOK AO, Rz. 62 zu § 173 AO; *Rüsken*, in: Klein, Kommentar AO, Rz. 60 zu § 173 AO; *v. Groll*, in: Hübschmann/Hepp/Spitaler, Kommentar AO, Rz. 183 zu § 173 AO.

1605 *Loose*, in: Tipke/Kruse, Kommentar AO, Rz. 31 f. zu § 173 AO.

1606 FG Saarland, Beschluss vom 20.07.1989, 2 V 15/86, Juris, Leitsatz und Rz. 25; so auch: *v. Groll*, in: Hübschmann/Hepp/Spitaler, Kommentar AO, Rz. 184 zu § 173 AO.

So wird im Ergebnis erreicht, dass Fehler der Finanzverwaltung eine Kenntnis nicht verhindern können. In dieser Weise könnte man auch hier argumentieren, dass die Poststelle nicht darüber entscheiden darf, ob die Belege zurückgewiesen werden, und diese an den zuständigen Bearbeiter weiterleiten muss.[1607] Des Weiteren könnte in der Nichtannahme der Belege auch ein Ermittlungsfehler liegen, der wiederum die Änderung nach § 173 Abs. 1 Nr. 1 AO nach den Grundsätzen von Treu und Glauben ausschließt. Die freiwillige Belegeinreichung ist nach wie vor zulässig. Der Finanzbehörde obliegt die Pflicht zur Sachverhaltsermittlung nach § 88 Abs. 1 AO, wobei sie jedoch an die Beweisanträge der Beteiligten nicht gebunden ist (§ 88 Abs. 2 S. 1 AO). Dies bedeutet jedoch nicht, dass die Finanzbehörde die Beweisanträge der Beteiligten unbeachtet lassen kann, sondern lediglich, dass weitere Beweismittel erhoben werden können. Sofern die Finanzbehörde den vorhandenen Beweismitteln nicht nachgeht, handelt sie ermessensfehlerhaft.[1608] Verzichtet die Finanzverwaltung auf die Einsicht vorliegender Belege, fällt dies in den eigenen Risikobereich.[1609] Etwas anderes folgt auch nicht aus § 155 Abs. 4 AO, der eine Steuerfestsetzung ohne Sichtung der Belege zwar erlaubt[1610], jedoch nicht den Fall betrifft, dass Belege freiwillig eingereicht werden.

Sofern ein Eintrag in das Freitextfeld gemacht und auf die beigefügten Belege verwiesen wird, muss eine Bearbeitung durch einen Amtsträger erfolgen, der die gesamte Steuererklärung mit Anlagen prüfen und Zweifeln nachgehen muss. Dementsprechend schließt eine generelle Annahmeverweigerung der Belege trotz Eintrag im Freitextfeld eine spätere Änderung nach § 173 Abs. 1 Nr. 1 AO aus, sofern aus den eingereichten Belegen bereits entsprechende Zweifel erkennbar gewesen wären. In diesem Fall ist es für die Finanzverwaltung schon gar nicht möglich, ihren entsprechenden Ermittlungspflichten nach § 88 AO nachzugehen und etwaige Unplausibilitäten aus den Unterlagen zu erkennen. Hierbei ist darauf zu achten, dass dies entsprechend dokumentiert wird, insbesondere auch, welche Belege eingereicht werden sollten. Sofern kein Eintrag in das Freitextfeld gemacht wird und keine Aussteuerung durch das Risikomanagementsystem

---

1607 Dies unter die Ermittlungspflichtverletzung subsumierend: *Loose,* in: Tipke/Kruse, Kommentar AO, Rz. 38 zu § 173 AO – siehe hierzu nachfolgend.

1608 *Hahlweg,* in: Koenig, Kommentar AO, Rz. 26 zu § 88 AO; *Kobor,* in: Pfirrmann/Rosenke/Wagner, BeckOK AO, Rz. 34 zu § 88 AO; *Rätke,* in: Klein, Kommentar AO, Rz. 22 zu § 88 AO; *Scheel/Brehm/Holzner,* S. 154.

1609 BFH, Urteil vom 12.03.2019, IX R 29/17, BFH/NV 2019, 1057, Rz. 19.

1610 *Seer,* in: Tipke/Kruse, Kommentar AO, Rz. 40 zu § 88 AO.

erfolgt, ist hingegen bei keinen Auffälligkeiten in der Erklärung davon auszugehen, dass nach den Grundsätzen des § 88 Abs. 5 AO und § 155 Abs. 4 AO kein Ermittlungsfehler vorliegt und damit eine spätere Änderung nach § 173 Abs. 1 Nr. 1 AO möglich ist. Umgehen kann man dies, indem die Belege gefaxt oder per Post versandt werden; hier ist keine Annahmeverweigerung möglich.

Es zeigt sich, dass die Ausgestaltung des § 88 AO und die daraus folgenden Auswirkungen auf die Änderungsvorschriften noch nicht an die fehlende Pflicht zur Belegeinreichung angepasst sind. Nichtsdestotrotz ist zu beachten, dass die Finanzverwaltung stets die Möglichkeit hat, den Bescheid unter Vorbehalt der Nachprüfung zu erlassen; die Entscheidung für einen Verzicht der Finanzverwaltung stellt damit eine bewusste Entscheidung dar.[1611]

Weiter wurde mit § 173a AO eine Möglichkeit geschaffen, Schreib- oder Rechenfehler in der Erklärung des Steuerpflichtigen später zu korrigieren, auch wenn diese vom Finanzamt mangels beigefügter Belege nicht erkannt werden konnten und damit eine Änderung nach § 129 AO ausscheidet. Sofern es sich um Schreib- oder Rechenfehler handelt, die mangels Belegvorlage nicht erkannt werden, kann damit eine Änderung nach § 173a AO erfolgen. Im Falle einer Belegvorlage erfolgt die Änderung nach § 129 AO, sodass sich hieraus keine praktische Relevanz für die Frage, ob Belege vorgelegt werden sollten, ergibt. Eine Unterscheidung kann sich bei einem schlichten Vergessen von Eintragungen ergeben (worauf § 173a AO begrifflich keine Anwendung findet[1612]). Sofern das Vergessen damit für das Finanzamt mangels Belegen nicht ersichtlich ist, kann später keine Änderung nach § 129 AO und auch nicht nach § 173a AO erfolgen. Es kommt aber eine Änderung nach § 173 Abs. 1 Nr. 1 AO in Betracht, da es sich bei einem Vergessen der Übertragung im Regelfall um neue Tatsachen handelt und, sofern sich keine Anhaltspunkte für eine Nachprüfung ergeben, auch kein Ermittlungsfehler seitens der Finanzverwaltung vorliegt.

Im Ergebnis ist damit in allen Fällen, in denen die Belege nicht mit eingereicht werden, eine spätere Änderung bis zum Ablauf der Festsetzungsverjährung möglich, außer es ergeben sich erhebliche Zweifel, denen die Finanzverwaltung

---

1611 In diesem Sinne auch *Loose,* in: Tipke/Kruse, Kommentar AO, Rz. 63 zu § 173 AO.

1612 Deutscher Bundestag, Drucksache 18/7457 vom 03.02.2016, S. 87; *Peters,* in: Pfirrmann/Rosenke/Wagner, BeckOK AO, Rz. 13 zu § 173a AO; *Rüsken,* in: Klein, Kommentar AO, Rz. 7 zu § 173a AO; siehe zur Abgrenzung von Übertragungsfehlern und dem schlichten Vergessen: *Ortwald,* Steuererklärungspflicht und Verfahrensleistungsfähigkeit, S. 561; zur Rechtfertigung des unterschiedlichen Anwendungsbereiches von § 129 AO und § 173a AO: *Ortwald,* Steuererklärungspflicht und Verfahrensleistungsfähigkeit, S. 570 f.

nachgehen muss. Die Rechtssicherheit ist damit für den Steuerpflichtigen erheblich eingeschränkt gegenüber einer Veranlagung unter Berücksichtigung der vorgelegten Belege, bei der später – soweit die Tatsachen aus den vorgelegten Unterlagen ersichtlich sind – mangels nachträglichen Bekanntwerdens nur eine Änderung nach § 129 AO bei Schreib-/Rechenfehlern oder offenbaren Unrichtigkeiten möglich ist.

2. *Steuermehrbelastung mangels Änderungsmöglichkeit nach § 173 Abs. 1 Nr. 2 AO oder § 173a AO bei fehlerhaften Steuerbescheiden zuungunsten des Steuerpflichtigen*

Sofern es zu fehlerhaften Steuerbescheiden zuungunsten des Steuerpflichtigen kommt, da der Steuerpflichtige Belege nicht vorlegt, ist fraglich, ob später eine Änderung zugunsten des Steuerpflichtigen möglich ist. Insbesondere können hierbei Übertragungsfehler oder Schreib-/Rechenfehler passieren, die beispielsweise zu einem zu niedrigen Ansatz von Betriebsausgaben oder Werbungskosten führen. Bei Vorlage von Belegen kommt eine spätere Änderung nach § 129 AO in Betracht, da die Finanzverwaltung den Fehler erkennen konnte.[1613] Mangels Belegvorlage scheidet diese Änderungsmöglichkeit, wenn die Belege nicht freiwillig beigefügt werden, aus.

Bei Schreib- oder Rechenfehlern kann jedoch eine Änderung nach § 173a AO erfolgen, sodass sich in diesen Fällen keine praktischen Unterschiede zwischen der Belegvorlage und keiner Belegvorlage ergibt.[1614] Bei einem schlichten Vergessen kommt nur eine Änderung nach § 173 Abs. 1 Nr. 2 AO in Betracht, da § 173a AO hierauf begrifflich keine Anwendung findet. Sofern keine Belege mit eingereicht werden, stellen die nachträglich eingereichten Belege neue Beweismittel dar. Voraussetzung für die Änderung nach § 173 Abs. 1 Nr. 2 AO ist weiter, dass den Steuerpflichtigen kein grobes Verschulden daran trifft, dass die Beweismittel erst nachträglich bekannt geworden sind. Bei einem schlichten Vergessen wurde vom Bundesfinanzhof entschieden, dass in diesem Fall regelmäßig kein grobes Verschulden vorliegt; weder bei elektronischen noch bei schriftlich gefertigten Steuererklärungen.[1615] Rüsken kritisiert diese Auffassung, da Nachlässigkeiten nicht als grundsätzlich entschuldbar behandelt werden können.[1616] Peters

---

1613 AEAO, Nr. 4 zu § 129 AO.

1614 Dies befürwortend *Baldauf*, DStR 2016, 833, 839.

1615 BFH, Urteil vom 10.02.2015, IX R 18/14, BStBl. II 2017, 7, Leitsatz 1 und 2 sowie Rz. 14 und Rz. 24; so auch: *Loose*, in: Tipke/Kruse, Kommentar AO, Rz. 7f. zu § 173a AO und Rz. 77 f. zu § 173 AO.

1616 *Rüsken*, in: Klein, Kommentar AO, Rz. 7 zu § 173a AO und Rz. 113b zu § 173 AO.

führt zwar in Anlehnung an die Rechtsprechung aus, dass Übertragungsfehler im Rahmen der elektronischen Steuererklärung im Regelfall nicht zu einem groben Verschulden führen, erläutert jedoch auch, dass dies nicht der Fall ist, wenn der Fehler schon bei einer flüchtigen Kontrolle der Steuererklärung aufgefallen wäre.[1617] Es können sich damit im Einzelfall, bei erheblichen und sofort erkennbaren Fehlern, Änderungssperren im Falle von einem schlichten Vergessen ergeben, wenn keine Belege mit eingereicht werden.[1618]

3. *Straf- und bußgeldrechtliche Auswirkungen*

Mangels Pflicht zur Belegübersendung kann die fehlende Belegübersendung allein kein straf- oder bußgeldrechtliches Risiko begründen. Jedoch können sich unter Umständen Auswirkungen auf die Unvollständigkeit der Angaben im Sinne von § 370 Abs. 1 Nr. 1 AO ergeben. Dies kann beispielsweise dann der Fall sein, wenn durch den Beleg eine abweichende Rechtsansicht ersichtlich wird (beispielsweise da hier eine mögliche private Mitveranlassung erkennbar wird oder da hier ersichtlich wird, wie sich die angesetzten Steuerberatungskosten genau berechnen und wofür diese angefallen sind).[1619] Aufgrund dessen werden noch eine Vielzahl von Belegen eingereicht, um etwaige strafrechtliche Risiken durch Nichtoffenlegung zu vermeiden.

Des Weiteren ist zu prüfen, ob sich ein Risiko im Hinblick auf die mögliche Unvollständigkeit einer strafbefreienden Selbstanzeige durch Nichtbeifügung der Belege ergeben kann. Auch eine Steuererklärung kann, ohne die Steuerverkürzung oder die Selbstanzeige anzusprechen, eine strafbefreiende Selbstanzeige darstellen. Dies ist insbesondere der Fall bei Abgabe der Einkommensteuererklärung nach zu niedrigen Vorauszahlungen oder im Falle einer Umsatzsteuerjahreserklärung nach zu niedrigen Voranmeldungen sowie bei verspäteter

---

1617 *Peters,* in: Pfirrmann/Rosenke/Wagner, BeckOK AO, Rz. 13 zu § 173a AO und Rz. 219 zu § 173 AO.

1618 Siehe hierzu auch: *Ortwald,* Steuererklärungspflicht und Verfahrensleistungsfähigkeit, S. 572, der ausführt, dass die Differenzierung in § 173a AO sachlich gerechtfertigt ist und der Steuerpflichtige dadurch nicht schlechter gestellt wird, da § 129 AO nie auf ein Vergessen seitens des Steuerpflichtigen abgezielt hat; das ist im Grundsatz korrekt, jedoch können sich praktische Nachteile durch die fehlende Möglichkeit der Berichtigung nach § 129 AO ergeben, wenn keine Belege eingereicht werden.

1619 Siehe zu strafrechtlichen Risiken bei abweichenden Rechtsansichten nachfolgend ausführlich in Kapitel 5 B II 1 „Straf- und bußgeldrechtliche Auswirkungen".

Abgabe.[1620] Der Inhalt der strafbefreienden Selbstanzeige darf sich nicht nach strengeren Anforderungen richten als im Ermittlungsverfahren. Die Angaben müssen jedoch so umfassend sein, dass die Finanzbehörde basierend hierauf in der Lage ist, ohne weitere Aufklärungsarbeit den Sachverhalt vollends aufzuklären und die Steuer richtig festzusetzen.[1621] Hierbei ist ein strenger Maßstab anzulegen, da anderenfalls nur die Ankündigung einer Selbstanzeige vorliegt. Die Tatsachen müssen vollständig dargestellt werden. Hierbei sind regelmäßig Zahlenangaben zu machen, die der Finanzverwaltung eine Steuerfestsetzung ohne größere Nachforschungen ermöglichen; es ist jedoch nicht erforderlich, dass die Finanzverwaltung überhaupt keine eigene Aufklärung machen muss.[1622]

Nach diesen Grundsätzen ist die Beifügung von Belegen für eine Wirksamkeit der Selbstanzeige in Form der Steuererklärung nicht zwingend erforderlich, da die Anforderungen dem Ermittlungsverfahren entsprechen müssen und die Finanzverwaltung mittels der Angaben in der Steuererklärung in die Lage versetzt wird, die Veranlagung durchzuführen. Jedoch besteht, wenn keine Unterlagen beigefügt werden, die Gefahr, dass Tatsachen nicht vollständig offengelegt werden, da beispielsweise abweichende Rechtsansichten mangels Vorlage der Belege nicht erkennbar sind. Dies kann mangels Vollständigkeit zur Unwirksamkeit der strafbefreienden Selbstanzeige führen. Auch vor diesem Hintergrund kann die Beifügung von Belegen damit empfehlenswert sein, um im Zweifel die Anforderungen an eine strafbefreiende Selbstanzeige zu erfüllen.

III. Auswirkungen bei fehlender Belegvorhaltung

Auswirkungen, wenn Belege nicht vorgehalten werden, können sich nur bei Verstößen gegen Aufbewahrungspflichten[1623] oder im Rahmen der freien

---

1620 *Bilsdorfer*, NJW 2020, 1488, 1491; *Jäger*, in: Klein, Kommentar AO, Rz. 80 zu § 371 AO; *Joecks*, in: Joecks/Jäger/Randt, Kommentar Steuerstrafrecht, Rz. 93 zu § 371 AO; *Kohler*, in: Joecks/Miebach, Münchener Kommentar StGB, Rz. 49 zu § 371 AO; *Rolletschke/Roth*, Die Selbstanzeige, Rz. 60 zu Kapitel A; *Seer*, in: Tipke/Kruse, Kommentar AO, Rz. 20 zu § 371 AO.

1621 BGH, Urteil vom 13.11.1952, 3 StR 398/52, BGHSt 3, 373, Rz. 11; *Joecks*, in: Joecks/Jäger/Randt, Kommentar Steuerstrafrecht, Rz. 59 zu § 371 AO; *Schauf*, in: Kohlmann, Kommentar Steuerstrafrecht, Rz. 147 zu § 371 AO; *Seer*, in: Tipke/Kruse, Kommentar AO, Rz. 24 zu § 371 AO.

1622 BGH, Urteil vom 05.09.1974, 4 StR 369/74, Juris, Leitsatz 1 und Rz. 3; *Jäger*, in: Klein, Kommentar AO, Rz. 50 zu § 371 AO; *Schauf*, in: Kohlmann, Kommentar Steuerstrafrecht, Rz. 161 f. zu § 371 AO; a.A.: BGH, Urteil vom 13.11.1952, 3 StR 398/52, BGHSt 3, 373, Rz. 11: ohne jede eigene Aufklärungstätigkeit.

1623 Siehe Kapitel 4 A I „Aufbewahrungspflichten“.

Beweiswürdigung[1624] ergeben. Belege über Einnahmen und Ausgaben sind in der Regel der Sphäre des Steuerpflichtigen zuzurechnen.[1625] Der Sphärengedanke umfasst auch eine Vorsorge für eine entsprechende Sachaufklärung in der eigenen Sphäre und damit eine Belegvorhaltung.[1626] Sofern Belege nicht vorgehalten werden, kann sich damit eine Minderung der Amtsermittlungspflicht der Finanzverwaltung ergeben. Sofern anderweitig keine verhältnismäßige Amtsermittlung möglich ist[1627], können Schätzungen nach § 162 Abs. 2 AO erfolgen, die jedoch keinen Strafcharakter haben und das wahrscheinlichste Ergebnis beinhalten müssen. Außerdem können, bei Unmöglichkeit der Sachaufklärung, nachteilige Auswirkungen im Rahmen der objektiven Beweislast bei Tatbeständen, die zugunsten des Steuerpflichtigen sind, gezogen werden.[1628] Voraussetzung hierfür ist jedoch, dass die Belegvorhaltung für den Steuerpflichtigen möglich, zumutbar und geeignet für den Nachweis des steuerlich erheblichen Sachverhaltes ist.[1629]

Dementsprechend besteht, sofern keine gesetzliche Aufbewahrungspflicht besteht, eine Obliegenheit des Steuerpflichtigen zur Belegvorhaltung, um etwaige nachteilige Auswirkungen im Rahmen der freien Beweiswürdigung oder im Rahmen der objektiven Beweislast zu vermeiden.[1630]

1624 Siehe Kapitel 4 A III „Beweisführungspflichten".

1625 Zu Überweisungsbelegen und Reparaturrechnungen siehe: FG Münster, Urteil vom 24.04.2012, 6 K 4728/09 E, Juris, Rz. 25 f.; zur Aufzeichnung von Umsätzen siehe: FG München, Urteil vom 27.08.2009, 3 K 2609/06, Juris, Rz. 21 sowie FG München, Urteil vom 11.12.2002, 9 K 252/01, Juris, Rz. 22 und Rz. 28 (auch mit Verweis auf die Pflicht nach § 22 UStG bei EÜR); zu Geschäftsbelegen siehe: FG Düsseldorf, Urteil vom 28.07.2009, 15 K 829/06 G, U, F, Juris, Rz. 25 ff.; zu Belegen zu Werbungskosten siehe: BFH, Urteil vom 03.06.2003, IX R 46/00, BFH/NV 2004, 46, Rz. 8 ff.; zu Nachweisen zu Einkünften aus Kapitalvermögen siehe: FG Düsseldorf, Beschluss vom 08.07.2004, 12 V 1371/04 A (E, EZ), Juris, Rz. 29.

1626 *Seer,* in: Tipke/Kruse, Kommentar AO, Rz. 88 zu § 96 FGO; *Urban*, NWB 2017/22, 1657, 1659, 1666; *Wirfler,* in: Beck'sches Steuer- und Bilanzrechtslexikon Rz. 7 zu „Beweislast".

1627 Gilt nicht, wenn es sich aus dem Akteninhalt ergibt, vgl. BFH, Urteil vom 30.07.2003, X R 28/99, BFH/NV 2004, 201, Leitsatz 2 und Rz. 20.

1628 Umfangreiche Nachweise hierzu in Kapitel 4 A III „Beweisführungspflichten".

1629 *Gosch,* in: Gosch, Kommentar KStG, Rz. 499 zu § 8 KStG.

1630 So auch: *Dißars,* in: Schwarz/Pahlke, Kommentar AO, Rz. 1 zu § 147a AO.

C. Belegvorhaltung und Belegvorlage durch den Steuerberater im Rahmen der elektronischen Steuererklärung

I. Pflicht zur Belegvorlage durch den Steuerberater

Da sich selbst für den Steuerpflichtigen infolge des Wandels zur Belegvorhaltung keine Pflicht zur Belegübersendung ergibt, kann sich diese basierend auf den Verfahrensvorschriften der Abgabenordnung auch nicht für Steuerberater ergeben. Hinzu kommt, dass im Hinblick auf von Steuerberatern abgegebene Steuererklärungen ein Vertrauensvorschuss seitens der Finanzverwaltung zu gewähren ist, sodass es ausreichend ist, wenn der Steuerberater Kopien der Unterlagen zu den Angaben in der Steuererklärung in seinen Akten aufbewahrt.[1631] Hingegen empfiehlt die OFD Thüringen, dass basierend auf den Erfahrungen der Steuerberater, bei welchen Sachverhalten üblicherweise Belege angefordert werden, diese zukünftig gleich beigefügt werden sollen, um eine Nachforderung zu vermeiden.[1632] Diese Empfehlung stellt jedoch, wie auch die übrigen Empfehlungen der Finanzverwaltung zur Belegvorlage, keine gesetzliche Grundlage für eine Pflicht zur Belegeinreichung dar.

Auch aus den berufsrechtlichen Pflichten, beispielsweise aus der Gewissenhaftigkeit, kann sich eine solche nicht ergeben, da kein Verstoß gegen steuerliche Gesetze im Falle fehlender Belegübersendung vorliegt.

Jedoch hat der Steuerberater im Rahmen seiner zivilrechtlichen Pflicht zur bestmöglichen Interessenvertretung dem Mandanten den sichersten Weg zu empfehlen.[1633] Auch vor strafrechtlichen Risiken hat der Steuerberater den Mandanten zu bewahren.[1634] Insbesondere, wenn die steuerliche Einordnung einer Einnahme oder Ausgabe zweifelhaft ist, müssen daher die Belege beigefügt werden, um unvollständige Angaben im Sinne des § 370 Abs. 1 Nr. 1 AO zu vermeiden. Zur Abgrenzung der Zweifelhaftigkeit sind die Grundsätze zu abweichenden Rechtsauffassungen zu berücksichtigen. Ein Steuerberater muss nur für die Kenntnis der Rechtsauffassungen einstehen, zu deren Kenntnis er verpflichtet ist, also insbesondere hinsichtlich der Veröffentlichungen im Bundessteuerblatt und in der DStR.[1635]

1631 *Seer*, in: Tipke/Kruse, Kommentar AO, Rz. 30 zu § 150 AO.
1632 LFD Thüringen vom 27.04.2018, StEK AO 1977 § 146 Nr. 23.
1633 Siehe Kapitel 1 C III 2 „Interessenvertretung".
1634 Siehe Kapitel 1 C III 5 „Schadensverhütungspflicht".
1635 Siehe Kapitel 1 C III 4 „Rechtsprüfung".

Aus der bei einer unzweifelhaften Rechtslage fehlenden Belegvorlagepflicht des Steuerberaters ergibt sich jedoch nicht, dass er die Belege nicht einsehen muss. Eine Pflicht zur Prüfung der Belege ergibt sich aus der Pflicht zur Sachverhaltsaufklärung durch den Steuerberater, da anderenfalls die rechtliche Einordnung der Sachverhalte auf den Mandanten verlagert werden würde.[1636] Die Belege müssen zumindest stichprobenweise geprüft werden.[1637]

II. Auswirkungen für Steuerberater bei fehlender Belegvorlage im Rahmen der Steuererklärung

1. Haftung für den Zinsschaden infolge einer späteren Änderung nach § 173 Abs. 1 Nr. 1 AO

Sofern keine Belege beigefügt werden, stellen die Belege neue Tatsachen oder Beweismittel im Sinne des § 173 Abs. 1 Nr. 1 AO dar, da die Finanzverwaltung bei fehlender Übersendung keine Kenntnis von diesen im Rahmen der Steuerfestsetzung hat. Sofern die Finanzverwaltung keine Zweifel hinsichtlich der in der Steuererklärung angegebenen Daten haben musste, liegt im Regelfall auch keine Ermittlungspflichtverletzung vor. Das Vertrauensvorschussprinzip gilt in erhöhtem Maße, wenn die Steuererklärung durch einen Steuerberater erstellt wurde, sodass die Finanzverwaltung hier im Regelfall von der Richtigkeit ausgehen kann. Die Ausnahme für offensichtliche Zweifel, denen die Finanzverwaltung nachgehen muss, gilt jedoch auch bei steuerlicher Vertretung.[1638] Ausgehend von diesen Grundsätzen ist im Regelfall, wenn sich aus der Steuererklärung keine offensichtlichen Zweifel als Anlass für eine Nachforschung der Finanzverwaltung ergeben, eine spätere Änderung des Bescheides nach § 173 Abs. 1 Nr. 1 AO möglich.

Eine Haftung für die zusätzliche Steuerlast infolge der Änderung kann nicht aus der fehlenden Belegübersendung resultieren, da die höhere Steuerlast bei Belegübersendung bereits im ursprünglichen Bescheid enthalten gewesen wäre. Hierdurch entsteht kein Steuerschaden, da die Festsetzung der Steuer im Änderungsbescheid genauso hoch ist, wie dies der Fall gewesen wäre, wenn die Belege

---

1636 Siehe Kapitel 1 C III 3 „Sachverhaltsaufklärung".

1637 *Gräfe,* in: Gräfe/Wollweber/Schmeer, S. 196.

1638 BFH, Beschluss vom 09.07.2003, I B 183/02, BFH/NV 2004, 87, Rz. 18; FG Mecklenburg-Vorpommern, Urteil vom 13.12.2017, 1 K 191/14, Juris, Rz. 23 ff.; *Loose,* in: Tipke/Kruse, Kommentar AO, Rz. 65 zu § 173 AO.

von Anfang an beigefügt worden wären. Jedoch kann es zu einer Zinsfestsetzung nach § 233a AO kommen.

Entscheidend für eine mögliche Haftung des Steuerberaters für den Zinsschaden ist, ob dieser überhaupt eine Pflichtverletzung begangen hat. Dies liegt in jedem Fall vor, wenn die rechtliche Einordnung von Einnahmen oder Ausgaben zweifelhaft ist und trotzdem keine Belege vorgelegt werden, da in diesem Falle im Rahmen der Schadensverhütungspflicht und der Pflicht zur Empfehlung des sichersten Weges eine Offenlegung durch Beifügung der Belege erforderlich ist. Da eine Rechtspflicht zur Offenlegung besteht, liegt in diesem Fall auch die Kausalität zwischen der Pflichtverletzung und dem Zinsschaden vor, da sich für den Mandanten nur der Weg der Offenlegung durch Belegübersendung als einziges vernünftiges und gesetzeskonformes Vorgehen ergeben hätte.

Sofern jedoch die Voraussetzungen einer abweichenden Rechtsansicht nicht vorliegen, verstößt der Steuerberater weder gegen eine Rechtsnorm, da gerade keine Pflicht zur Vorlage der Belege besteht, noch gegen seine Beratungspflicht im Interesse des Mandanten. Bei klarer Rechtslage besteht auch kein Grund für eine mögliche spätere Änderung, wenn das Finanzamt nachträglich Kenntnis von dem Beleg hat, sodass der Steuerberater auch nicht auf ein mögliches Zinsrisiko oder den Verlust an Rechtssicherheit hinweisen muss.

In der Praxis schwierig ist jedoch die Abgrenzung zwischen möglicherweise abweichenden Rechtsansichten und einer klaren Rechtslage, bei der das Risiko einer späteren Änderung nach § 173 Abs. 1 Nr. 1 AO nicht besteht. Der Steuerberater muss auf mögliche steuerliche Risiken infolge anderer rechtlicher Bewertungen hinweisen.[1639] Hierbei muss er insbesondere Kenntnis von den Veröffentlichungen im Bundessteuerblatt und der DStR haben; je nach Auftragslage oder bei fehlender höchstrichterlicher Rechtsprechung kann die Kenntnis weiterführender Fachliteratur erforderlich sein. Bei unklarer Rechtslage ist dem Steuerberater zu empfehlen, die entsprechenden Belege zur Offenlegung beizufügen.

2. *Straf- und bußgeldrechtliche Auswirkungen*

Ebenso können sich für den Steuerberater selbst straf- und bußgeldrechtliche Gefahren ergeben, wenn im Falle einer möglicherweise abweichenden

1639 *Fischer,* in: Hau/Poseck, BeckOK BGB, Kommentar AO, Rz. 45 zu § 675 BGB.

Rechtsansicht die Belege nicht mit vorgelegt werden und damit keine Offenlegung erfolgt.[1640]

Außerdem kann sich, sofern im Rahmen einer Steuererklärung mangels Belegvorlage unvollständige Angaben gemacht werden, eine Haftung infolge einer unvollständigen Selbstanzeige durch den Steuerberater ergeben. In diesem Fall kommt insbesondere ein Schadenersatzanspruch hinsichtlich der verhängten Geldstrafe oder Geldbuße in Betracht.[1641] Dies gilt sowohl im Hinblick auf eine Unvollständigkeit der Selbstanzeige als auch wenn pflichtwidrig keine Selbstanzeige eingereicht wurde, obwohl mit dieser die Bestrafung abzuwenden gewesen wäre.[1642] Sofern im Rahmen einer steuerlichen Beratung erkennbar wird, dass eine Steuerstraftat vorliegt und damit die Möglichkeit einer Selbstanzeige besteht, ist der Steuerberater verpflichtet, für eine strafbefreiend wirkende (und damit vollständige) Selbstanzeige zu sorgen.[1643] Dies folgt aus der Pflicht des Steuerberaters, den Mandanten umfassend zu beraten und vor Schaden zu bewahren.[1644] Dementsprechend handelt es sich um einen Pflichtverstoß des Beraters, wenn im Rahmen einer Steuererklärung, die möglicherweise als Selbstanzeige gewertet wird, keine Belege beigefügt werden, wenn dadurch die Gefahr besteht, dass unvollständige Angaben gemacht werden. Insbesondere im Hinblick auf die verschärften Anforderungen der Selbstanzeige ist hier im Zweifel eher der sichere Weg mit umfassender Belegvorlage zu empfehlen.[1645] Dies gilt nicht, wenn er keine Anhaltspunkte für eine mögliche Steuerhinterziehung oder leichtfertige Steuerverkürzung hat. Im Falle von einer Nachzahlung im Rahmen der Umsatzsteuererklärung sollte der Steuerberater wegen des fehlenden Vollständigkeitsgebotes für Voranmeldungen nach § 371 Abs. 2a AO den Weg einer berichtigten Voranmeldung statt der Berichtigung in der Jahreserklärung gehen.[1646]

1640 Siehe hierzu noch im Detail in Kapitel 5 C „Angabe von abweichenden Verwaltungsauffassungen im Freitextfeld durch den Steuerberater".

1641 OLG Nürnberg, Urteil vom 24.02.2017, 5 U 1687/16, Juris, Leitsatz und Rz. 4; *Prowatke/Stang*, StB 2017, 300, 303.

1642 *Esskandari/Schmitt*, NWB 2012, 2573, 2575.

1643 *Esskandari/Schmitt*, NWB 2012, 2573, 2573; so auch: *Müller*, AO-StB 2012, 272, 278; *Gräfe*, in: Gräfe/Wollweber/Schmeer, S. 172.

1644 LG Saarbrücken, Urteil vom 23.01.2012, 9 O 251/10, Juris, Rz 22 ff.

1645 Siehe auch *Prowatke/Stang*, StB 2017, 300, 303 zur besonderen Herausforderung der Selbstanzeige.

1646 Siehe z.B. *Schauf*, in: Kohlmann, Kommentar Steuerstrafrecht, Rz. 171 zu § 371 AO.

III. Auswirkungen für Steuerberater bei fehlender Belegvorhaltung

Der Steuerberater selbst wird nicht durch § 147 AO zur Aufbewahrung von Unterlagen des Mandanten verpflichtet. Selbst wenn der Mandant in den Anwendungsbereich der genannten Vorschrift fällt, so trifft die Aufbewahrungspflicht nur ihn selbst.[1647] Dies ergibt sich bereits daraus, dass § 147 AO eine Buchführungspflicht voraussetzt[1648] und sich damit nur an die zur Buchführung verpflichteten Steuerpflichtigen richtet. Der Steuerpflichtige kann allerdings die Pflicht durch die Aufbewahrung beim Steuerberater erfüllen.[1649]

Berufsrechtlich ergibt sich eine Aufbewahrungspflicht für Steuerberater aus § 66 Abs. 1 StBerG. Gemäß § 66 Abs. 1 StBerG muss der Steuerberater ein geordnetes und zutreffendes Bild über die Bearbeitung seiner Aufträge geben können. Weiter hat der Steuerberater eine Verpflichtung, die Handakten für 10 Jahre nach Beendigung des Auftrages aufzubewahren. Diese Verpflichtung erlischt mit Übergabe der Handakten an den Mandanten oder sechs Monate nachdem der Steuerberater den Mandanten aufgefordert hat, die Handakten in Empfang zu nehmen.[1650] § 66 StBerG ist auch sanktionsbehaftet.[1651] Ein Verstoß kann haftungs- und berufsrechtliche Auswirkungen haben.[1652] § 66 Abs. 3 StBerG definiert Handakten in diesem Sinne als Schriftstücke, die der Steuerberater aus Anlass seiner beruflichen Tätigkeit von dem Mandanten oder für ihn erhalten hat. Als Synonym wird der Begriff „Mandantenunterlagen" verwendet, wozu auch Rechnungen, Kontoauszüge und Buchungsunterlagen gehören.[1653] Entsprechendes gilt im Falle einer elektronischen Handaktenführung.[1654] Keine Handakten in diesem Sinne sind der Briefwechsel zwischen Steuerberater und Mandant, die Schriftstücke, die der Mandant bereits vorab erhalten hat, sowie die

---

1647 BFH, Urteil vom 13.02.2019, XI R 42/17, BStBl. II 2020, 671, Leitsatz 1 und Rz. 11 ff.; FG Köln, Urteil vom 03.03.2010, 14 K 4943/07, Juris, Orientierungssatz 1 und Rz. 62, Revision nicht zugelassen (BFH, Beschluss vom 27.12.2020, VIII B 88/10, BFH/NV 2011/600, Rz. 2); *Kolbe*, StuB 2019, 812, 815.

1648 Siehe Kapitel 4 A I „Aufbewahrungspflichten".

1649 *Rätke*, in: Klein, Kommentar AO, Rz. 32 zu § 147 AO.

1650 Keine Verkürzung oder Ausschließung durch AgB möglich, vgl. *Kilian,* in: v. Westphalen, Vertragsrecht und AgB-Klauselwerke, Rz. 111 zu „Steuerberater".

1651 *Kossow*, StuB 2007, 681, 685.

1652 *Obenhaus/Zimmermann*, Stbg 10/20, 418, 424.

1653 *Koslowski*, Kommentar StBerG, Rz. 4 zu § 66 StBerG.

1654 *Koslowski*, Kommentar StBerG, Rz. 4 zu § 66 StBerG.

internen Arbeitspapiere. Die Beweispflicht dafür, welche Schriftstücke der Mandant bereits erhalten hat, liegt beim Steuerberater.[1655] Wenn der Steuerberater die Schriftstücke bereits übersandt hat, hat er keine Aufbewahrungs- oder Herausgabepflicht.[1656] Sofern er jedoch Duplikate hat, muss er im Rahmen der nachvertraglichen Pflichten und gegen Kostenerstattung Kopien anfertigen, wenn der Mandant diese benötigt.[1657] Die Aufbewahrungspflicht des § 66 StBerG greift des Weiteren erst nach Beendigung des Mandatsverhältnisses, erfordert aber faktisch auch während des Mandatsverhältnisses eine Aufbewahrung, um später die Pflicht erfüllen zu können.[1658] Die hier betrachtete Belegvorhaltung fällt jedoch im Regelfall nicht unter den eingeschränkten Anwendungsbereich des § 66 StBerG. Es wird davon ausgegangen, dass, wie in der Praxis üblich, die Originalbelege vom Steuerberater unverzüglich an den Mandanten zurückgegeben werden. Dementsprechend kommt hinsichtlich der Belege eine Aufbewahrungspflicht aus § 66 StBerG nicht in Betracht, da diese bereits übersandt wurden.

Vor der Mandatsbeendigung ergibt sich aus der gewissenhaften Berufsausübung des Steuerberaters, dass dieser im Interesse des Mandanten auch die für den Mandanten einschlägige Aufbewahrungsfrist beachtet und Mandantenakten führt.[1659] Im Rahmen der gewissenhaften Berufsausübung hat der Steuerberater Angelegenheiten, die über einen Rat oder eine Auskunftserteilung hinausgehen, aktenkundig zu machen.[1660] Hierzu zählt insbesondere, dass der Schriftverkehr, Arbeitspapiere sowie Arbeitsergebnisse vom Steuerberater in einer Handakte

---

1655 *Kilian,* in: v. Westphalen, Vertragsrecht und AgB-Klauselwerke, Rz. 111 zu „Steuerberater"; *Obenhaus/Zimmermann*, Stbg 10/20, 418, 421.

1656 *Koslowski,* in: Pelka/Petersen, Beck'sches Steuerberater-Handbuch 2019/2020, Rz. 70 zu U „Steuerberatungsvertrag"; *Kossow*, StuB 2007, 681, 684; durch die Entzugsmöglichkeit keine Rückstellungsbildung beim Steuerberater, siehe *Krumm,* in: Heuermann/Brandis, Blümich, Kommentar EStG, Rz. 920 „Aufbewahrungspflicht" zu § 5 EStG; *Tiedchen,* in: Herrmann/Heuer/Raupach, Kommentar EStG, Rz. 681 „Aufbewahrung von Handakten sowie Mandantendaten" zu § 5 EStG; so auch: BFH, Urteil vom 13.02.2019, XI R 42/17, BStBl. II 2020, 671, Rz. 11; FG Köln, Urteil vom 03.03.2010, 14 K 4943/07, Juris, Rz. 62, Revision nicht zugelassen (BFH, Beschluss vom 27.12.2020, VIII B 88/10, BFH/NV 2011/600).

1657 *Koslowski,* in: Pelka/Petersen, Beck'sches Steuerberater-Handbuch 2019/2020, Rz. 70 zu U „Steuerberatungsvertrag".

1658 *Kolbe*, StuB 2019, 812, 812.

1659 *Koslowski,* in: Pelka/Petersen, Beck'sches Steuerberater-Handbuch 2019/2020, Rz. 67 zu U „Steuerberatungsvertrag"; *Maxl,* in: Kuhls/Meurers/Maxl/Schäfer/Goez, Kommentar StBerG, Rz. 164 zu § 57 StBerG.

1660 *Koslowski*, Kommentar StBerG, Rz. 3 zu § 66 StBerG.

aufbewahrt werden.[1661] Im Unterschied zu § 66 StBerG enthält die Mandantenakte auch Unterlagen, die bereits an den Mandanten ausgehändigt wurden.[1662]

Ebenso folgt aus der zivilrechtlichen Pflicht des Steuerberaters, den Mandanten vor Schaden zu bewahren, dass der Steuerberater während des Mandatsverhältnisses Kopien von Belegen übersendet, sofern er diese hat und der Mandant diese benötigt.[1663] Eine explizite zivilrechtliche Pflicht des Steuerberaters zur Aufbewahrung und damit zur Belegvorhaltung ist jedoch in den meisten Steuerberatungsverträgen nicht erhalten. Fraglich ist, ob aus der Auskunfts- und Rechenschaftspflicht im Rahmen der Nebenpflichten[1664], die aus dem Steuerberatungsvertrag als Geschäftsbesorgungsvertrag resultieren, eine Pflicht zur Aufbewahrung der Unterlagen durch den Steuerberater resultiert. Nach § 666 BGB ist der Beauftragte verpflichtet, dem Auftraggeber die erforderlichen Nachrichten zu geben, auf Verlangen Auskünfte zu erteilen und nach der Ausführung Rechenschaft abzulegen. Bei Belegen umfasst § 666 BGB nur die Vorlage, also die Möglichkeit zur Einsichtnahme.[1665] Eine Herausgabepflicht besteht lediglich unter den Voraussetzungen des § 667 BGB, welcher jedoch durch die Spezialvorschrift des § 66 StBerG eingeschränkt ist.[1666] Zumindest die Vorlage der Akten an den Mandanten im Rahmen der Rechenschaftsablegung gemäß § 666 Alt. 3 BGB erfordert aber eine Belegvorhaltung beim Steuerberater. Die Vorlagepflicht des § 666 BGB gilt, im Gegensatz zu § 667 BGB, auch für Unterlagen, die der Mandant bereits erhalten hat und die nach § 66 StBerG von der Aufbewahrungspflicht ausgeschlossen sind.[1667] Dies wird aus der Treuepflicht des Steuerberaters geschlossen.[1668] Dementsprechend hat der Steuerberater aus § 666 BGB eine

---

1661 *Meyering/Gröne*, FR 2020, 158, 159.

1662 *Maxl*, in: Kuhls/Meurers/Maxl/Schäfer/Goez, Kommentar StBerG, Rz. 165 zu § 57 StBerG.

1663 Siehe Kapitel 1 C III 1 „Umfang des Mandats basierend auf dem Steuerberatungsvertrag".

1664 Zu § 666 BGB als Nebenpflicht siehe *Fischer*, in: Hau/Poseck, BeckOK BGB, Rz. 5 zu § 666 BGB; *Wiese*, in: Schulze, Kommentar BGB, Rz. 1 zu § 666 BGB.

1665 *Schäfer*, in: Säcker/Rixecker/Oetker/Limperg, Münchener Kommentar BGB, Rz. 5 zu § 666 BGB; zu Belegen im Rahmen der Vorlagepflicht des § 666 Alt. 3 BGB siehe LG Stuttgart, Urteil vom 16.01.2019, 27 O 272/18, Juris, Rz. 49.

1666 *Schäfer*, in: Säcker/Rixecker/Oetker/Limperg, Münchener Kommentar BGB, Rz. 19 zu § 667 BGB; zu Anwälten siehe auch BGH, Urteil vom 30.11.1989, III ZR 112/88, BGHZ 109, 260, Rz. 15 ff.

1667 Für Rechtsanwälte BGH, Urteil vom 30.11.1989, III ZR 112/88, BGHZ 109, 260, Rz. 24; für Steuerberater LG Stuttgart, Urteil vom 16.01.2019, 27 O 272/18, Juris, Rz. 51 ff.

1668 LG Stuttgart, Urteil vom 16.01.2019, 27 O 272/18, Juris, Rz. 52 f.

Nebenpflicht zur Aufbewahrung der Belege, um Rechenschaft nach § 666 Alt. 3 BGB ablegen zu können. § 666 BGB gilt nur für die zivilrechtliche Regelverjährung von 3 Jahren und wird damit im Regelfall kürzer sein als die steuerliche Verjährungsfrist.[1669]

Diskutiert wird eine Aufbewahrungspflicht für Steuerberater im Hinblick auf Handakten insbesondere auch im Zusammenhang mit einer Rückstellungsbildung. Hier wird ausgeführt, dass sich, sofern keine explizite Vereinbarung hierzu getroffen wurde, keine zivilrechtliche Nebenpflicht des Steuerberaters zur Aufbewahrung der Unterlagen aus dem Dienstvertrag ergibt. Diese besteht im Regelfall nur, wenn eine gesonderte Vergütung für die Aufbewahrung vereinbart ist und damit die Aufbewahrung zur Hauptleistungspflicht wird.[1670] Auch die Tatsache, dass die StBVV keine besondere Vergütung für die Aufbewahrung vorsieht, führt nicht dazu, dass diese ohne weitere Vereinbarung Teil des Dienstvertrages ist.[1671] Auf § 666 BGB wird in dieser Diskussion in der Rechtsprechung jedoch nicht eingegangen.[1672]

Es ist der Vollständigkeit halber darauf hinzuweisen, dass die Führung der Handakte auch im Eigeninteresse des Steuerberaters liegt, um Auskünfte im Rahmen des Dienstvertrages zu erteilen und etwaige Schadenersatzforderungen abzuwenden.[1673] Des Weiteren ist der Mandant zur Haftungsvermeidung auf die Aufbewahrung der Unterlagen und etwaige Auswirkungen einer Nichtvorhaltung von Belegen hinzuweisen[1674], da der Steuerberater den Mandanten vor Schaden zu bewahren hat.[1675]

D. Zwischenergebnis

Nach derzeitiger Rechtslage existieren keine allgemeinen Belegvorlagepflichten im Rahmen der Steuererklärung mehr, sondern nur noch

---

1669 *Meyering/Gröne*, FR 2020, 158, 160.

1670 *Bleschick*, EStB 2019, 353, 354; so auch die Vorinstanz Thüringer FG, Urteil vom 01.12.2016, 1 K 533/15, Juris, Rz. 15; bestätigt vom BFH, Urteil vom 13.02.2019, XI R 42/17, BStBl. II 2020, 671, Rz. 18 f.; siehe auch: *Oser/Wirtz*, StuB 2019, 97, 98.

1671 BFH, Urteil vom 13.02.2019, XI R 42/17, BStBl. II 2020, 671, Rz. 19.

1672 Siehe aber hierzu *Meyering/Gröne*, FR 2020, 158, 160 f., die die Rückstellungsbildung innerhalb der 3jährigen zivilrechtlichen Verjährungsfrist basierend auf der Verpflichtung nach § 666 BGB bejahen.

1673 *Meyering/Gröne*, FR 2020, 158, 159 und 160.

1674 Siehe Kapitel 4 B III „Auswirkungen bei fehlender Belegvorhaltung ".

1675 Siehe Kapitel 1 C III 1 „Umfang des Mandats basierend auf dem Steuerberatungsvertrag".

„Belegvorhaltepflichten". Der Begriff der „Belegvorhaltepflicht" ist jedoch verfehlt, da für eine Vielzahl von Steuerpflichtigen keine Aufbewahrungspflicht besteht und sich Nachteile nur im Rahmen der freien Beweiswürdigung oder der objektiven Beweislast ergeben können. Faktisch besteht daher in vielen Fällen auch keine Belegvorhaltepflicht.

Es ist jedoch zu beachten, dass eine Nichteinreichung der Belege mit der Steuererklärung zu einem Verlust der Rechtssicherheit führt. So kann bei Nichteinreichung von Belegen später eine Änderung zuungunsten des Steuerpflichtigen nach § 173 Abs. 1 Nr. 1 AO erfolgen, wenn die Finanzverwaltung einen Sachverhalt unter Berücksichtigung der Belege anders rechtlich einordnet. Ein eine solche Änderung ausschließender Ermittlungsfehler der Finanzverwaltung wird, sofern der Finanzverwaltung keine Belege zur Prüfung vorliegen, nur ausnahmsweise vorliegen, wenn sich bereits aus der Steuererklärung erhebliche Zweifel ergeben. Aufgrund der oft nur eingeschränkten Erläuterungen hinsichtlich der Angaben in der Steuererklärung sind Zweifel und damit Anlässe für weitergehende Ermittlungen ohne Belege seltener; eine Verifikation der Angaben in der Steuererklärung durch die Finanzverwaltung ist kaum möglich.

Trotz dieser späteren Änderungsmöglichkeit gemäß § 173 Abs. 1 Nr. 1 AO kann sich eine Haftung des Steuerberaters für den hieraus resultierenden Zinsschaden im Regelfall nicht ergeben, da keine Pflicht für den Berater besteht, Belege mit vorzulegen. Etwas anderes gilt, wenn die Rechtslage unsicher ist und durch die Belegvorlage abweichende Rechtsansichten erkennbar sind. In diesem Fall können sich durch Nichtvorlage der Belege straf- oder bußgeldrechtliche Auswirkungen ergeben, sodass der Steuerberater verpflichtet ist, den sichersten Weg zu wählen und die Belegvorlage zu empfehlen.

5. Kapitel: Notwendige Inhalte des Freitextfelds

A. Gesetzliche Grundlagen des Freitextfelds

Im Rahmen der elektronischen Übermittlung der Steuererklärungen wurde ab 01.01.2017 ein Freitextfeld geschaffen, um dem Steuerpflichtigen die Möglichkeit zu geben, erläuternde Angaben zur Steuererklärung zu machen. Rechtsgrundlage hierfür ist § 150 Abs. 7 S. 1 AO. Hiernach muss ein Freitextfeld in jeder Steuererklärung, die nach amtlich vorgeschriebenem Vordruck oder Datensatz abgegeben wird und zu einer ausschließlich automationsgestützten Steuerfestsetzung führen kann, enthalten sein. Dementsprechend ist seit 2017 in allen Steuererklärungen sowie auch in Voranmeldungen, beispielsweise in der Umsatzsteuervoranmeldung, ein Freitextfeld enthalten.

Das Freitextfeld dient der Mitteilung weiterer Tatsachen im Rahmen der elektronischen Steuererklärung. Grund für die Einführung des Freitextfelds war, dass dem Steuerpflichtigen rechtliches Gehör nach § 91 AO zu gewähren ist und nicht jeder Sachverhalt über Kennziffern in der Steuererklärung abgebildet werden kann.[1676] In diesen Fällen kann der Steuerpflichtige im Freitextfeld „unstrukturiert" Sachverhalte schildern und auf weitere Punkte hinweisen. Damit kann der Steuerpflichtige über die Angaben in den Kennziffern hinaus weitere Tatsachen mitteilen. Hierdurch wird ihm, wie dies nach § 91 Abs. 1 S. 1 AO erforderlich ist, bereits vor Erlass des Steuerbescheides rechtliches Gehör gewährt.[1677]

Für die Gewährung des rechtlichen Gehörs ist auch erforderlich, dass die Behörde die zusätzlichen Hinweise zur Kenntnis nimmt.[1678] Da ein Computer die Freitexte nicht verarbeiten kann, führt die Eingabe im Freitextfeld nach § 155 Abs. 4 S. 3 AO zwingend zu einer Aussteuerung aus dem maschinellen

---

1676 Deutscher Bundestag, Drucksache 18/7457 vom 03.02.2016, S. 79; *Seer,* in: Tipke/Kruse, Kommentar AO, Rz. 56 zu § 155 AO.

1677 *Baldauf,* DStR 2016, 833, 834 f.; *Erb,* DB 2017/26, 1469, 1469; *Rosenke,* in: Pfirrmann/Rosenke/Wagner, BeckOK AO, Rz. 349 zu § 150 AO; *Seer,* in: Tipke/Kruse, Kommentar AO, Rz. 56 zu § 156 AO; *Stalf,* Steuerumgehung als Mittel der Steuerberatung?, S. 91; *Trossen,* AO-StB 2017, 309, 310.

1678 *Baldauf,* DStR 2016, 833, 835.

Verfahren in die personelle Bearbeitung.[1679] Damit ergibt sich über das Freitextfeld „de facto ein Antragsrecht auf personelle Bearbeitung“[1680], sodass es auch den Zweck erfüllt, dass der Steuerpflichtige durch einen Eintrag in das Freitextfeld einen Ausschluss von der vollautomatischen Steuerfestsetzung herbeiführen kann.[1681] Jedoch ergibt sich zwingend nur eine personelle Bearbeitung „insoweit“, also hinsichtlich des im Freitextfeld genannten Sachverhaltes.[1682] Im Hinblick hierauf führt auch Rüsken aus, dass faktisch durch das Freitextfeld kein Wahlrecht für eine personelle Bearbeitung bestehe, da eine automatische Festsetzung weiterhin erfolgen könne, wenn die im Freitextfeld genannten Tatsachen für die Besteuerung unerheblich sind und damit schon erkennen lassen, dass sich hieraus keine von der automatischen Steuerfestsetzung abweichende Auswirkung ergibt. Nach Prüfung der Angaben im Freitextfeld durch einen Amtsträger könne die automatische Steuerfestsetzung fortgesetzt werden.[1683]

Das Freitextfeld ist insbesondere zur Gewährung rechtlichen Gehörs und zur Vermeidung der Ausweitung der strafrechtlichen Verantwortlichkeit im Rahmen des elektronischen Veranlagungsverfahrens zwingend erforderlich. Auch Beyer erläuterte vor Einführung des § 150 Abs. 7 S. 1 AO, dass in vielen Fällen erläuternde Angaben erforderlich seien (beispielsweise zur strafrechtlichen Entlastung bei abweichenden Rechtsansichten), was bei elektronischen Erklärungen kaum möglich sei, sodass zwingend mehr Freifelder von der Finanzverwaltung vorgesehen werden müssen.[1684] Jedoch besteht hierdurch auch das Risiko, dass die automatische Veranlagung durch misstrauische Steuerbürger ausgehebelt wird. Ebenso wird Steuerberatern teilweise empfohlen, das Freitextfeld immer zu befüllen, um eine personelle Bearbeitung zu erreichen.[1685] Das Freitextfeld führt daher in vielen Fällen in der Praxis dazu, dass eine automatische Veranlagung verhindert wird. Die Aufnahme von § 150 Abs. 7 AO ist daher nur ein

---

1679 Deutscher Bundestag, Drucksache 18/7457 vom 03.02.2016, S. 79; *Baldauf*, DStR 2016, 833, 834; *Deutschland*, Diskussionsentwurf „Modernisierung des Besteuerungsverfahrens“, DStR-Beih 2014, 149, 158; *Hellmann*, in: GS Joecks 2018, S. 484; *Keilen*, StB 2015, 440, 441; *Seer*, in: Tipke/Kruse, Kommentar AO, Rz. 50 zu § 150 AO; *Trossen*, AO-StB 2017, 309, 310; *Vetten*, NWB 2016/42, 3187, 3188.

1680 *Trossen*, AO-StB 2017, 309, 310; so auch: *Seer*, in: Tipke/Kruse, Kommentar AO, Rz. 56 zu § 155 AO; *Stalf*, Steuerumgehung als Mittel der Steuerberatung?, S. 91.

1681 *Rosenke*, in: Pfirrmann/Rosenke/Wagner, BeckOK AO, Rz. 349 zu § 150 AO.

1682 *Rosenke*, in: Pfirrmann/Rosenke/Wagner, BeckOK AO, Rz. 367 zu § 150 AO.

1683 *Rüsken*, in: Klein, Kommentar AO, Rz. 56 zu § 155 AO.

1684 *Beyer*, NWB 2016, 1304, 1314 f.

1685 *Preißer/Wind*, S. 174 f.; *Trossen*, AO-StB 2017, 309, 310.

erster Schritt zur automationsgestützten Veranlagung, da basierend hierauf technische Verfahren entwickelt werden müssen, die einen effizienten Umgang mit den Freitextfeldern ermöglichen.[1686]

B. Angabe von abweichenden Verwaltungsauffassungen im Freitextfeld durch den Steuerpflichtigen

I. Pflicht zur Angabe von abweichenden Verwaltungsauffassungen

In der Gesetzesbegründung wird im Hinblick auf Beispiele zur Nutzung des Freitextfelds insbesondere ausgeführt, dass der Steuerpflichtige hierin Zweifelsfragen oder Prüfbitten äußert oder dass er zur Vermeidung strafrechtlicher Vorwürfe darauf hinweist, dass er eine von der Verwaltungsauffassung abweichende Rechtsauffassung zugrunde legt.[1687] Hierdurch soll auch eine Ausweitung der steuerstrafrechtlichen Verantwortlichkeit des Erklärenden vermieden werden, der ansonsten keine Erläuterungen mehr zu seinen Angaben in den Kennziffern, die in vielen Fällen bereits eine Rechtsanwendung erfordern, machen könnte.[1688] Ein Computer kann in vielen Fällen eine mögliche abweichende Verwaltungsauffassung allein aufgrund der Eintragungen in den Kennziffern nicht erkennen, da hier nur Beträge nach bereits erfolgter Subsumtion eingetragen werden.[1689] Hierdurch wird faktisch die erforderliche, zur in § 90 AO enthaltenen Pflicht zur Mitteilung von Tatsachen widersprüchliche, Subsumtion im Rahmen des Ausfüllens der Kennziffern der Steuererklärung „korrigiert", indem der Steuerpflichtige Tatsachen, die den Kennziffern zugrunde liegen, erläutern kann.

Die Eintragung von Beträgen in die Steuererklärung erfordert nicht nur die Darstellung von Tatsachen, sondern auch die Rechtsanwendung.[1690] Nach § 150 Abs. 2 AO sind die Angaben in der Steuererklärung nach bestem Wissen und Gewissen zu machen, was wiederum auf die individuellen Fähigkeiten abstellt.[1691] Informationen über das materielle Steuerrecht erhält der

1686 Deutscher Bundestag, Drucksache 18/7457 vom 03.02.2016, S. 92.

1687 Deutscher Bundestag, Drucksache 18/7457 vom 03.02.2016, S. 49.

1688 *Seer,* in: Tipke/Kruse, Kommentar AO, Rz. 51 zu § 150 AO.

1689 Deutscher Bundestag, Drucksache 18/7457 vom 03.02.2016, S. 49; *Jäger,* in: Klein, Kommentar AO, Rz. 44b zu § 370 AO.

1690 *Bornheim*, AO-StB 2001, 28, 31; *Dörn*, DStZ 1993/15-16, 478, 483; *Dörn*, wistra 1992/7, 241, 241; *Erb*, DB 2017/26, 1469, 1470; *Frizen*, S. 251; *Hanßen*, S. 3; *Sontheimer*, DStR 2014, 357, 357; *Wittmann*, StuW 1/1987, 35, 46.

1691 *Frizen*, S. 252.

Steuerpflichtige aus den amtlichen Anleitungen zu den Formularen, doch auch diesbezüglich besteht keine Pflicht zur Lektüre, da diese keine Rechtsnormqualität haben.[1692] Es handelt sich um antizipierte Beratungsleistungen des Finanzamtes nach § 89 AO, die jedoch ebenfalls keine umfassende Darstellung des Steuerrechts ermöglichen.[1693] Durch die Formalisierung der Steuererklärung und Abfrage von Informationen, die einer Subsumtion bedürfen, besteht daher eine gewisse Intransparenz, die das Risiko einer nicht gesetzmäßigen Steuerfestsetzung in sich trägt.[1694]

Der Steuerpflichtige hat, ausgehend von § 150 Abs. 2 AO, nur die Pflicht, die Formulare gewissenhaft durchzulesen und alle in den Formularen gestellten Fragen zu beachten. Weitergehende Pflichten können auch nicht bestehen, da anderenfalls für den steuerlichen Laien eine faktische Pflicht bestehen würde, sich Rat von einem steuerlichen Fachmann einzuholen, was jedoch nach der derzeit geltenden Rechtslage nicht der Fall ist.[1695] Eine Ausnahme besteht jedoch bei der Verwendung von Rechtsbegriffen in den Vordrucken, bei denen der Steuerpflichtige Zweifel hinsichtlich der Bedeutung hat (beispielsweise private Veräußerungsgeschäfte). In diesem Fall muss er entsprechend weitere Informationen einholen.[1696] Durch den Inhalt der Formulare können daher rechtserhebliche Tatsachen abgefragt und bestimmt werden.[1697]

Weiter enthält die Abgabenordnung auch keine Verpflichtung, im Rahmen der Subsumtion bei Bearbeitung der Steuererklärung die Auffassung der Finanzverwaltung zugrunde zu legen.[1698] Dies gilt insbesondere, da die Verwaltungsauffassung keine Außenwirkung entfaltet und weder die Gerichte noch die Steuerpflichtigen bindet.[1699] Gleiches gilt bei einer Abweichung von der BFH-Rechtsprechung. Zwar finden die Grundsätze der höchstrichterlichen Rechtsprechung über den Einzelfall hinaus Anwendung und stellen ein starkes Indiz

---

1692 *Frizen*, S. 255; *Weber*, Die Mitwirkungspflichten, S. 42.

1693 *Frizen*, S. 79.

1694 *Erb*, DB 2017/26, 1469, 1470.

1695 *Frizen*, S. 253; *Hanßen*, S. 104; *Seer*, in: Tipke/Kruse, Kommentar AO, Rz. 46 zu § 150 AO; *v. Groll*, in: Hübschmann/Hepp/Spitaler, Kommentar AO, Rz. 283 zu § 173 AO; offen gelassen von BFH 10.08.1988, IX R 219/84, BStBl. II 1989, 131, Rz. 21; siehe auch: *Tipke*, BB 2009, 636, 639.

1696 *Frizen*, S. 254; *Hanßen*, S. 110 f.

1697 *Hanßen*, S. 104 f.

1698 *Tipke*, BB 2009, 636, 639.

1699 *Frizen*, S. 258; *Seer*, in: Tipke/Kruse, Kommentar AO, Rz. 47 zu § 150 AO; *Weber*, Die Mitwirkungspflichten, S. 42.

für eine richtige Auslegung eines Gesetzes dar, jedoch erfordert der Grundsatz der Gewaltenteilung, dass die Rechtsprechung keine Bindungswirkung über den Einzelfall hinaus erreicht.[1700] Der Steuerpflichtige darf daher seiner Steuererklärung jede Rechtsauffassung zugrunde legen. Zu prüfen ist jedoch, wann er hierzu ergänzende Informationen offenlegen muss, sodass die Finanzverwaltung die zweifelhafte Rechtsansicht erkennen kann.[1701]

Eine Pflicht zur Offenlegung einer abweichenden Verwaltungsauffassung lässt sich nicht unmittelbar aus den Mitwirkungspflichten schlussfolgern.[1702] Die allgemeine Mitwirkungspflicht des § 90 AO bezieht sich ausschließlich auf die Mitwirkung bei der Ermittlung des Sachverhalts und damit auf die Mitteilung von Tatsachen. Die rechtliche Bewertung ist keine Tatsache. Eine entsprechende Pflicht zur Offenlegung abweichender Rechtsansichten kann sich nur aus § 90 AO ergeben, wenn eine Mitteilungspflicht für subsumtionserhebliche Tatsachen greift.[1703] Der Steuerpflichtige als Beteiligter muss also entscheiden, welche Tatsachen steuerrelevant sind, was bereits eine Subsumtion erfordert.[1704] Im Ergebnis enthält die Steuererklärung bereits einen „Subsumtionsvorschlag". Peters führt hierzu aus, dass sich bereits aus § 90 Abs. 1 S. 2 AO ergebe, dass die für die Besteuerung erheblichen Tatsachen vollständig offenzulegen sind und damit auch eine Offenlegungspflicht für Sachverhalte bestehe, deren rechtliche Relevanz zweifelhaft ist.[1705]

Frizen führt aus, dass die amtlichen Vordrucke überhaupt keine Möglichkeit bieten, abweichende Zahlen im Falle von abweichenden Auffassungen einzutragen; man muss sich für eine Auffassung entscheiden.[1706] Dies kann unter Umständen mittlerweile anders gesehen werden, da mit dem Freitextfeld gemäß der Gesetzesbegründung ausdrücklich die Möglichkeit geschaffen

1700 *Frizen*, S. 259 ff.; *Weber*, Die Mitwirkungspflichten, S. 42.

1701 *Webel/Dumke*, in: Schwarz/Pahlke, Kommentar AO, Rz. 42a zu § 370 AO.

1702 *Frizen*, S. 262 f.

1703 *Hanßen*, S. 57; ebenfalls ausführend, dass Fragen der Rechtsanwendung nicht Teil der Mitwirkungspflicht sein können: *Wittmann*, StuW 1/1987, 35, 41.

1704 *Wittmann*, StuW 1/1987, 35, 46.

1705 *Peters*, in: Hübschmann/Hepp/Spitaler, Kommentar AO, Rz. 202 zu § 370 AO; so auch: *Bornheim*, AO-StB 2001, 28, 31; die jedoch auf strafrechtliche Rechtsprechung verweisen: BGH, Urteil vom 23.02.2000, 5 StR 570/99, Juris, Rz. 14 (mit Verweis auf § 90 Abs. 1 S. 2 AO); BGH, Urteil vom 10.11.1999, 5 StR 221/99, Juris, Orientierungssatz 2 und Rz. 26 (mit Verweis auf § 90 Abs. 1 S. 2 AO und § 370 Abs. 1 Nr. 1 AO).

1706 *Frizen*, S. 263; so auch: *Tipke*, BB 2009, 636, 639.

wird, abweichende Rechtsauffassungen offenzulegen. So führt Peters aus, dass mit § 150 Abs. 7 AO nun eine Pflicht zur Kenntlichmachung bestehe, vergleichbar mit den US-amerikanischen Disclosure Statements.[1707] Es ist jedoch, wie sich auch aus dem Wortlaut des § 150 Abs. 7 S. 1 AO ergibt, nur eine Möglichkeit; die Vorschrift ist nicht als Pflicht formuliert und kann damit nicht zu einer Pflichtenerweiterung führen.[1708] Zudem führt § 150 Abs. 7 S. 1 AO aus, dass der Steuerpflichtige hier Eintragungen machen kann, die nach seiner Auffassung Anlass für eine Bearbeitung durch einen Amtsträger sind; der Gesetzeswortlaut stellt also auf die Auffassung des Steuerpflichtigen ab.[1709] Auch hieraus ergibt sich damit keine Pflicht für den Steuerpflichtigen zur Angabe abweichender Verwaltungsauffassungen. Er muss sich allein an das objektive Recht halten.[1710]

In der strafrechtlichen Rechtsprechung wird vereinzelt ausgeführt, dass bereits nach § 90 Abs. 1 S. 2 AO eine Offenbarungspflicht besteht, da die für die Besteuerung erheblichen Tatsachen vollständig offengelegt werden müssen. Da den in der Steuererklärung angegebenen Werten unterschiedliche Sachverhalte zugrunde liegen können, müssen zumindest die Sachverhaltselemente, deren rechtliche Beurteilung zweifelhaft ist, offengelegt werden.[1711]

Zu beachten ist aber, dass abweichende Rechtsansichten nicht falsch sein können und hieraus keine negativen Schlüsse gezogen werden können.[1712] Ob eine Tatsache steuerlich erheblich ist und offengelegt werden muss, ist nach objektiven Maßstäben und nicht nur nach der subjektiven Auffassung der Finanzbehörde oder nach den Einzelfallentscheidungen der Gerichte zu entscheiden.[1713] Hinzu kommt, dass die Pflichten bei Abgabe der Steuererklärung durch §§ 149, 150 AO konkretisiert sind und die Steuergesetze explizit verpflichtend einzureichende Unterlagen nennen. Unterlagen zu etwaigen abweichenden Verwaltungsauffassungen sind im Gesetz nicht genannt. Die allgemeine Mitwirkungspflicht kann keine umfängliche Offenlegungspflicht begründen.[1714] Des Weiteren

---

1707 *Peters*, in: Hübschmann/Hepp/Spitaler, Kommentar AO, Rz. 202 zu § 370 AO.

1708 So auch: *Trossen*, AO-StB 2017, 309, 311.

1709 *Trossen*, AO-StB 2017, 309, 311.

1710 So auch: *Weber*, Die Mitwirkungspflichten, S. 42.

1711 BGH, Urteil vom 23.02.2000, 5 StR 570/99, Juris, Rz. 14; BGH, Urteil vom 10.11.1999, 5 StR 221/99, Juris, Orientierungssatz 2 und Rz. 26; BGH, Urteil vom 19.12.1990, 3 StR 90/90, BGHSt 37, 266, Rz. 74.

1712 Siehe Kapitel 1 B I „Allgemeine Mitwirkung des Beteiligten bei der Sachverhaltsermittlung".

1713 *Gotzens*, in: Wannemacher, Steuerstrafrecht, Rz. 2618; *Söhn*, in: Hübschmann/Hepp/Spitaler, Kommentar AO, Rz. 53 f. zu § 90 AO.

1714 *Gotzens*, in: Wannemacher, Steuerstrafrecht, Rz. 2618.

ergibt sich aus einer Hinweispflicht auf abweichende Verwaltungsauffassungen ein Widerspruch zum Amtsermittlungsgrundsatz des Finanzamtes, gemäß dem die Finanzverwaltung zur Ermittlung des Sachverhaltes verpflichtet ist und der Beteiligte nur Mitwirkungspflichten hat, die neben anderen Ermittlungsmöglichkeiten der Finanzverwaltung stehen.[1715] Die Finanzverwaltung muss mit der Ausgestaltung der Vordrucke sicherstellen, dass alle steuererheblichen Tatsachen mitgeteilt werden. Auch wenn im kooperativen Besteuerungsverfahren von einer „Mitverantwortung des Steuerpflichtigen" gesprochen wird, ist es nicht die Verantwortung des Steuerpflichtigen, zu prüfen, ob seine Angaben der Finanzverwaltung eine zutreffende Steuerfestsetzung ermöglichen; es liegt in der Verantwortung der Finanzbehörde, die erheblichen Fragen zu stellen.[1716] Die Letztverantwortung liegt bei der Finanzbehörde.[1717]

Weckerle hatte, vor Einführung des Freitextfelds, ebenso ausgeführt, dass sich aus den Mitwirkungspflichten keine Pflicht zur Angabe abweichender Verwaltungsauffassungen in der Steuererklärung ergebe, da sich eine solche Pflicht weder aus §§ 149, 150 AO noch aus den Steuererklärungsvordrucken ergibt. Der Gesetzgeber bzw. die Finanzverwaltung habe es selbst in der Hand, die Auskunftspflichten in die Steuererklärungsvordrucke aufzunehmen, was aber nicht erfolgt ist.[1718] Da mittlerweile das amtliche Formular zur Einkommensteuererklärung beim Freitextfeld explizit den Hinweis enthält, dass bei Daten, die auf einer von der Verwaltungsauffassung abweichenden Rechtsgrundlage basieren, ein Eintrag in das Freitextfeld erforderlich ist, ist fraglich, ob sich aus dieser Ergänzung im Vordruck eine Mitwirkungspflicht im Hinblick auf einen entsprechenden Hinweis auf eine abweichende Verwaltungsauffassung ergibt. § 150 AO in der aktuellen Fassung enthält keine Regelungen zum Inhalt der Vordrucke.[1719] Nach § 51 Abs. 4 Nr. 1 EStG wird das Bundesministerium der Finanzen ermächtigt, in Zusammenarbeit mit den obersten Finanzbehörden der Länder die Vordrucke für Steuererklärungen zu bestimmen, womit jedoch keine Ermächtigung zur

---

1715 *Sontheimer*, DStR 2014, 357, 358.

1716 *Drüen*, in: Hübschmann/Hepp/Spitaler, Kommentar AO, Rz. 87 zu § 88 AO; grundlegend dazu, dass der Steuerpflichtige nur die Angaben machen muss, die vom Finanzamt angefragt werden: BFH, Urteil vom 29.11.2017, II R 52/15, BStBl. II 2018, 419.

1717 Siehe Kapitel 1 B I „Allgemeine Mitwirkung des Beteiligten bei der Sachverhaltsermittlung".

1718 *Weckerle*, in: Mellinghoff, DStJG 38 (2015), 171, 180 f.; jedoch die Verwaltung nur unter Beachtung des Gesetzesvorbehalts, siehe hierzu Kapitel 3 A II „Pflicht zur Übermittlung der E-Bilanz" (keine Ausweitung der materiellrechtlichen Pflichten).

1719 *Heuermann*, in: Hübschmann/Hepp/Spitaler, Kommentar AO, Rz. 6 zu § 150 AO.

Rechtssetzung, sondern nur eine Zuordnung von Verwaltungsaufgaben erfolgt. Die Fragen in den Vordrucken müssen sich damit im Rahmen der allgemeinen Mitwirkungspflichten der §§ 90 ff. AO bewegen.[1720] Hierfür ist erforderlich, dass die angeforderten Informationen für die Besteuerung notwendig und verhältnismäßig sind.[1721] § 90 AO erfordert grundsätzlich nur die Mitteilung von steuerrelevanten Tatsachen, jedoch nicht von Rechtsansichten.[1722] In den amtlichen Vordrucken sind damit alle für die Ermittlung der steuerlichen Verhältnisse des Betroffenen sachdienlichen Fragen zu tatsächlichen Vorgängen und rechtlichen Umständen zulässig, auch wenn diese den Zweck nur mittelbar erfüllen.[1723] So müssen beispielsweise Fragen zur Mitwirkung eines Steuerberaters nicht beantwortet werden, da diese nicht entscheidungserheblich für die Besteuerung sind.[1724] Ebenso wurde die Frage zu Geschäftsbeziehungen im Ausland im Einkommensteuerformular 2018 entfernt, da sich hieraus kein für den Steueranspruch relevantes Risiko ableiten ließ.[1725] Die Steuererklärung ist kein Instrument der allgemeinen Steueraufsicht und darf daher nicht dem Zweck dienen, Kontrolle über den Steuerpflichtigen auszuüben.[1726] Weiter dienen die Angaben in den Vordrucken, neben den Erläuterungen und Anleitungen hierzu, auch der Beratung durch die Finanzverwaltung nach § 89 AO, die insbesondere auf die mögliche Ausübung von Wahlrechten hierdurch hinweist.[1727] In Anlehnung an § 150 Abs. 7 S. 1 AO, der mit dem Freitextfeld explizit nur eine Möglichkeit für den Steuerpflichtigen einräumt, wird dementsprechend auch argumentiert, dass es sich bei dem Hinweis auf abweichende Verwaltungsauffassungen nur um eine solche antizipierte Beratungsleistung nach § 89 AO handelt, was nicht ausreicht, um den Umfang der Mitwirkungspflicht zu ändern.[1728]

1720 Siehe hierzu im Detail Kapitel 3 A II „Pflicht zur Übermittlung der E-Bilanz".

1721 Siehe Kapitel 1 B I „Allgemeine Mitwirkung des Beteiligten bei der Sachverhaltsermittlung" sowie *Ortwald,* Steuererklärungspflicht und Verfahrensleistungsfähigkeit, S. 152.

1722 Siehe Kapitel 1 B I „Allgemeine Mitwirkung des Beteiligten bei der Sachverhaltsermittlung".

1723 *Rosenke,* in: Pfirrmann/Rosenke/Wagner, BeckOK AO, Rz. 101 zu § 150 AO; *Seer,* in: Tipke/Kruse, Kommentar AO, Rz. 37 f. zu § 150 AO.

1724 *Heuermann,* in: Hübschmann/Hepp/Spitaler, Kommentar AO, Rz. 6 zu § 150 AO.

1725 LfSt Bayern vom 14.12.2018, S 2532.1.1-37/9 St36.

1726 *Heuermann,* in: Hübschmann/Hepp/Spitaler, Kommentar AO, Rz. 6 zu § 150 AO.

1727 *Rosenke,* in: Pfirrmann/Rosenke/Wagner, BeckOK AO, Rz. 103, 110 ff. zu § 150 AO.

1728 *Schmitz/Wulf,* in: Joecks/Miebach, Münchener Kommentar StGB, Rz. 249 zu § 370 AO.

In Anlehnung hieran muss auch die Frage zu abweichenden Verwaltungsauffassungen nicht beantwortet werden. Diese mag zwar mittelbar der Steuerfestsetzung durch die Finanzverwaltung und insbesondere der Aussteuerung im Rahmen der Risikomanagementsysteme dienen, jedoch beeinflusst diese nicht den Steueranspruch an sich, solange die in der Steuererklärung vertretene Auffassung vertretbar ist. Wie oben dargestellt ist weder der Steuerpflichtige noch der Steuerberater an die Verwaltungsauffassung gebunden, sodass diese nicht ausschlaggebend für die Bestimmung des materiell richtigen Steueranspruchs sein kann. Hinzu kommt, dass ausschließlich eine Pflicht zur Mitteilung von Tatsachen besteht. Selbst wenn in anderen Kennziffern faktisch eine Subsumtion erfolgen muss, kann die Mitwirkungspflicht durch Aufnahme eines Freitextfeldes nicht dergestalt erweitert werden, dass hier die Verwaltungsauffassung und damit eine Rechtsansicht dargestellt werden muss.

Im Hinblick auf die Änderungsmöglichkeit nach § 173 Abs. 1 Nr. 2 AO wird auch vertreten, dass den Steuerpflichtigen nur dann ein grobes Verschulden an einer Falsch- oder Nichtbeantwortung von Fragen im Vordruck trifft, wenn die Fragen leicht verständlich sind.[1729] Ob abweichende Verwaltungsauffassungen existieren, ist eine Frage, die für den Steuerpflichtigen nicht einfach zu beantworten ist, sodass in der Praxis die Beantwortung fast unmöglich gemacht wird, sofern keine steuerliche Beratung vorliegt. Wenn der Steuerpflichtige eine Frage nicht beantworten kann, muss er dies kenntlich machen (sog. „vorläufige Steuererklärung")[1730], was wiederum immer zu einem Eintrag ins Freitextfeld oder zu einem entsprechenden Hinweis und damit zu einer personellen Veranlagung führen würde.

Ergebnis einer Angabepflicht zu abweichenden Verwaltungsauffassungen im Freitextfeld wäre, dass die subjektive Einschätzung des Steuerpflichtigen bzw. dessen Beraters zumindest zum Teil (neben dem Risikomanagement der Finanzverwaltung und einer Zufallsauswahl) darüber entscheidet, ob ein Anlass für eine personelle Bearbeitung besteht oder nicht.[1731] Weiter ist damit zu rechnen, dass in der Praxis insbesondere bei nicht beratenen Steuerpflichtigen eine automationsgestützte Veranlagung erfolgt, da diese in vielen Fällen das Freitextfeld nicht kennen und auch nicht die geltenden Verwaltungsauffassungen. Unter Berücksichtigung dessen, dass eigentlich den vom Steuerberater

---

1729 FG Niedersachsen, Urteil vom 21.01.2003, 13 K 389/99, Juris, Rz. 32; FG Rheinland-Pfalz, Urteil vom 23.06.1999, 1 K 2553-98, Juris, Rz. 19.

1730 *Heuermann,* in: Hübschmann/Hepp/Spitaler, Kommentar AO, Rz. 21 zu § 150 AO.

1731 *Baldauf,* DStR 2016, 833, 835.

erstellten Erklärungen ein Vertrauensvorschuss zu gewähren ist[1732], erscheint dieses Ergebnis widersprüchlich. Dem müsste in der Weise entgegengewirkt werden, dass bei fehlender steuerlicher Beratung immer eine Aussteuerung aus dem automatischen Verfahren erfolgt. Sofern die Gleichheit der steuerlichen Belastung durch die rechtliche Gestaltung des Erhebungsverfahrens prinzipiell verfehlt ist, kann dies zu einer Verfassungswidrigkeit der gesetzlichen Besteuerungsgrundlage führen. Insbesondere unzumutbare Mitwirkungsbeiträge des Steuerpflichtigen zur Sachverhaltsaufklärung, die für den gleichheitsgerechten Vollzug des materiellen Steuerrechts erforderlich sind, sind verfassungswidrig.[1733] Die Finanzverwaltung hat im Rahmen des Amtsermittlungsgrundsatzes nach wie vor die Letztverantwortung für die Sachverhaltsaufklärung.[1734] Damit kann der Steuerpflichtige auch bei abweichenden Verwaltungsauffassungen nicht die Verantwortung haben, für eine Aussteuerung durch das Risikomanagement zu sorgen, da die gesetzmäßige Steuererhebung gerade Aufgabe der Verwaltung ist. Staatliches Verhalten muss zur Erreichung eines legitimen Zweckes geeignet, erforderlich und angemessen sein (Verhältnismäßigkeitsprinzip).[1735] Die Sicherstellung der Gesetzmäßigkeit und Gleichmäßigkeit der Besteuerung ist ein legitimer Zweck. Die Angabepflicht von abweichenden Verwaltungsauffassungen im Freitextfeld und daraus folgende Aussteuerung aus dem automatisierten Verfahren ist zur Erreichung dieses Zweckes nur teilweise geeignet, da nicht beratene Steuerpflichtige die Pflicht im Regelfall nicht erfüllen können und zudem keine Bindung an die Verwaltungsauffassung besteht, sodass diese nicht Ausgangspunkt für eine gesetzmäßige Steuerfestsetzung sein kann. Außerdem ist die Angabe im Freitextfeld nicht zur Zweckerreichung erforderlich und auch nicht angemessen (sog. Übermaßverbot)[1736]. Im Rahmen der Erforderlichkeit muss der Staat das mildeste Mittel wählen, welches den Beteiligten am geringsten belastet.[1737] Durch eine genauere Ausgestaltung der Formulare mit Erläuterungen und ein darauf abgestimmtes Risikomanagementsystem kann die Finanzverwaltung ebenso sicherstellen, dass abweichende Auffassungen erkannt

---

1732 Siehe Kapitel 1 B I „Allgemeine Mitwirkung des Beteiligten bei der Sachverhaltsermittlung".

1733 BVerfG, Urteil vom 09.03.2004, 2 BvL 17/02, BStBl. II 2005, 56, Rz. 65.

1734 Siehe Kapitel 1 B I „Allgemeine Mitwirkung des Beteiligten bei der Sachverhaltsermittlung".

1735 *Grzeszick*, in: Maunz/Dürig, Kommentar GG, Rz. 110 zu Art. 20 GG.

1736 Grundlegend hierzu: *Grzeszick*, in: Maunz/Dürig, Kommentar GG, Rz. 117 zu Art. 20 GG; *Huster/Rux*, in: Epping/Hillgruber, BeckOK GG, Rz. 189.1 zu Art. 20 GG.

1737 *Seer*, in: Tipke/Kruse, Kommentar AO, Rz. 7 zu § 92 AO.

werden. Da auch nicht geklärt ist, welche Rechtsauffassung im Rahmen der Mitwirkungspflichten im Veranlagungsverfahren überhaupt maßgeblich wäre[1738], ist eine Hinweisplicht im Freitextfeld für den Steuerpflichtigen infolge der Fülle der steuerlichen Fachliteratur und Rechtsprechung unzumutbar.

Im Steuerrecht kann daher jede vertretbare Ansicht ohne Offenlegung vertreten werden, ohne dass hierin ein Verstoß gegen die Mitwirkungspflichten liegt.[1739] Fraglich ist jedoch, ob sich bei Nichtoffenlegung abweichender Verwaltungsauffassungen strafrechtliche Gefahren oder Steuermehrbelastungen infolge einer späteren Änderungsmöglichkeit nach § 173 AO ergeben können.[1740]

II. Auswirkungen bei Nichtangabe abweichender Verwaltungsauffassungen

1. Straf- und bußgeldrechtliche Auswirkungen

Eine Steuerhinterziehung liegt nach § 370 Abs. 1 Nr. 1 AO vor, wenn gegenüber der Finanzbehörde über steuerlich erhebliche Tatsachen unrichtige oder unvollständige Angaben gemacht werden und hierdurch Steuern nicht oder nicht in voller Höhe (Steuerverkürzung) festgesetzt werden. Ebenso liegt eine Steuerhinterziehung nach § 370 Abs. 1 Nr. 2 AO vor, wenn die Finanzbehörde pflichtwidrig über steuerlich erhebliche Tatsachen in Unkenntnis gelassen wird und hierdurch Steuern verkürzt werden.

Ausweislich des Gesetzeswortlautes können nur Tatsachen unrichtig oder unvollständig sein. Da die Eintragungen in der Steuererklärung jedoch auch eine Rechtsanwendung erfordern, ist fraglich, inwieweit sich hieraus eine Unrichtigkeit im Sinne des § 370 AO ergeben kann.[1741] Hinter jeder Tatsache steht ein Werturteil.[1742] Grundsätzlich gilt auch strafrechtlich, dass der Steuerpflichtige Spielräume, die sich bei der Auslegung und Subsumtion der Steuergesetze ergeben, ausnutzen darf.[1743] Auch wer abstruse Rechtsansichten vertritt, macht im Grundsatz zunächst keine unrichtigen Angaben über steuerlich erhebliche

---

1738 Siehe zur strafrechtlichen Sicht, die ebenfalls umstritten ist, nachfolgend Kapitel 5 B II 1 „Straf- und bußgeldrechtliche Auswirkungen“.

1739 *Frizen*, S. 259 ff.

1740 *Frizen*, S. 251; *Heuel/Harink*, AO-StB 2020, 49, 59.

1741 *Krumm*, in: Tipke/Kruse, Kommentar AO, Rz. 49 zu § 370 AO.

1742 *Fissenewert*, DStR 1992, 1488, 1489.

1743 BGH, Urteil vom 10.11.1999, 5 StR 221/99, Juris, Rz. 23; OLG Düsseldorf, Beschluss vom 02.02.1989, 3 Ws 953/88, Juris, Orientierungssatz 3; *Krumm*, in: Tipke/Kruse, Kommentar AO, Rz. 49 zu § 370 AO.

Tatsachen.[1744] Dies bedeutet jedoch nicht, dass man jede Auffassung in der Steuererklärung zugrunde legen darf, ohne dies kenntlich zu machen.[1745] Es muss aus den Angaben in der Steuererklärung herausgefiltert werden, welche Tatsachen dahinter stehen; damit liegen in jedem Fall unrichtige Angaben vor, wenn die Angabe in der Steuererklärung unter Berücksichtigung jeder denkbaren Auslegung unzutreffend ist.[1746] Uneinigkeit besteht in der Fachliteratur jedoch darüber, welche Gesetzesauslegung in Zweifelsfällen zugrunde zu legen ist.

Teilweise wird in der Literatur vertreten, dass alle vertretbaren Auffassungen zu berücksichtigen sind, sodass bei einer vertretbaren Auffassung keine unrichtigen Tatsachen im Sinne von § 370 AO vorliegen können. Dies ist darin begründet, dass vertretbare Rechtsauffassungen Werturteile sind und begrifflich nicht falsch sein und damit auch nicht zu unrichtigen Tatsachenangaben führen können.[1747] Weiter wird nach dem Grundsatz „Nulla poena, nullum crimen sine lege stricta" ausgeführt, dass das Strafrecht keine Pflichten für Steuerpflichtige schaffen, sondern nur nach den Pflichten gemäß den Steuergesetzen gehen kann. Nach den Steuergesetzen ergibt sich keine Pflicht zur Offenlegung von abweichenden Verwaltungsauffassungen.[1748] Ebenso führt Wenzel aus, dass eine Strafbarkeit nur dann möglich sei, wenn kein Rückgriff auf die Rechtsprechung gezogen werden kann und auch keine Literatur vorliegt, die die eigene Rechtauffassung logisch und nachvollziehbar herleitet.[1749] Das von § 370 AO geschützte Rechtsgut ist nicht das Informationsinteresse der Finanzverwaltung, sondern die gerechte, gleichmäßige und gesetzmäßige Steuerfestsetzung.[1750] Damit kann sich auch

---

1744 *Schmitz/Wulf,* in: Joecks/Miebach, Münchener Kommentar StGB, Rz. 240 zu § 370 AO.

1745 *Krumm,* in: Tipke/Kruse, Kommentar AO, Rz. 49 zu § 370 AO; a.A: OLG Düsseldorf, Beschluss vom 02.02.1989, 3 Ws 953/88, Juris, Orientierungssatz 3 (zumindest keine „unrichtigen Angaben"); *Dörn,* wistra 1992/7, 241, 241 ff.

1746 *Schmitz/Wulf,* in: Joecks/Miebach, Münchener Kommentar StGB, Rz. 241 zu § 370 AO; im Ergebnis auch zustimmend: *Ransiek,* in: Kohlmann, Kommentar Steuerstrafrecht, Rz. 242 f. zu § 370 AO; *Schmid/Ntamadaki,* DStR 2019, 1713, 1714.

1747 *Joecks,* in: Joecks/Jäger/Randt, Kommentar Steuerstrafrecht, Rz. 181 zu § 370 AO; so auch: *Harms,* StbG 1/2005, 12, 14; *Ransiek,* in: Kohlmann, Kommentar Steuerstrafrecht, Rz. 239 zu § 370 AO; siehe auch: *Heuel,* in: Kohlmann, Kommentar Steuerstrafrecht, Rz. 121 zu § 377 AO (der jedoch auf strengere Sichtweise in der Praxis hinweist); ebenso auf vertretbare Rechtsansichten abstellend: OLG Düsseldorf, Beschluss vom 02.02.1989, 3 Ws 953/88, Juris, Orientierungssatz 3.

1748 *Tipke,* BB 2009, 636, 640; siehe Kapitel 5 B I „Pflicht zur Angabe von abweichenden Verwaltungsauffassungen".

1749 *Wenzel,* NWB 2011, 3449, 3455.

1750 *Seer,* Steuerstud 1/2016, 1, 2.

ausgehend vom Schutzzweck der Norm keine Strafbarkeit durch ein Abweichen von Verwaltungsauffassungen ergeben, solange man eine gesetzmäßige Rechtsanwendung vornimmt. In Anlehnung hieran wird ausgeführt, dass es befremdlich sei, dass eine Unkenntnis der Verwaltungsauffassung zur Strafbarkeit führen soll; Steuern sind nach Gesetzen zu erklären.[1751] Eine Annahme von unrichtigen Angaben im Falle von Abweichungen von der Verwaltungsauffassung würde zu einem Verstoß gegen das strafrechtliche Bestimmtheitsgebot nach Art. 103 Abs. 2 GG führen, welches nur an den eindeutigen gesetzlichen Regelungen und der gefestigten Rechtsprechung sowie den allgemein anerkannten Regeln zu messen ist.[1752] Deutlich zeigt sich dies an Nichtanwendungserlassen. In diesen Fällen würde eine Strafbarkeit in Betracht kommen, obwohl der Steuerpflichtige der höchstrichterlichen Rechtsprechung folgt.[1753] Das Tatbestandsmerkmal der Unvollständigkeit in § 370 AO muss sich nach objektiven Kriterien und nicht nach der Auffassung der Finanzverwaltung richten.[1754] Gotzens konkretisiert dies ausgehend von denselben Grundsätzen in der Weise, dass keine Offenlegungspflicht bestehe, wenn eine Rechtsprechung des BFH oder eines Finanzgerichts (bei fehlender BFH-Rechtsprechung) die eigene Rechtsauffassung bestätigt, auch dann, wenn die Verwaltungsauffassung hiervon abweicht. Gleiches gilt, wenn eine FG-Rechtsprechung von der BFH-Rechtsprechung und der Verwaltungsauffassung abweicht, die FG-Rechtsprechung jedoch zeitlich nach der BFH-Rechtsprechung ergangen ist. Er empfiehlt eine Offenlegung jedoch in den Fällen, in denen ausschließlich Literaturstimmen die eigene Auffassung teilen, die Verwaltungsauffassung jedoch hiervon abweicht und auch keine Rechtsprechung hierzu vorliegt.[1755] Hanßen führt dementsprechend aus, dass für eine Offenlegungspflicht keine Rechtsgrundlage bestehe, sodass es an der gesetzlichen Bestimmtheit der Strafbarkeit fehle („nullum crimen, nulla poena sine lege"; die Rechtsprechung zu einer Offenlegungspflicht resultiert hauptsächlich aus der praktischen Notwendigkeit der Offenlegung, da anderenfalls die Finanzverwaltung eine umfassende Prüfung jedes Falls vornehmen müsste).[1756] Die fehlende Offenlegungspflicht schlussfolgert Hanßen unter anderem auch aus

---

1751 *Felix/Streck*, Stbg 1980/4, 78, 79 f.

1752 *Dörn*, DStZ 1993/15-16, 478, 485; *Dörn*, wistra 1992/7, 241, 245; *Gotzens/Heinsius*, Stbg 2000/5, 209, 215; *Weckerle*, in: Mellinghoff, DStJG 38 (2015), 171, 175.

1753 *Dörn*, DStZ 1993/15-16, 478, 485.

1754 *Dörn*, DStZ 1993/15-16, 478, 485.

1755 *Gotzens*, in: Wannemacher, Steuerstrafrecht, Rz. 2616 ff.

1756 *Hanßen*, S. 5 f.

der fehlenden abgabenrechtlichen Pflicht zur Offenlegung nach §§ 90, 149, 150 AO[1757], die Grundlage für die Unrichtigkeit oder Unvollständigkeit der Angaben im Sinne des § 370 Abs. 1 Nr. 1 AO ist.[1758] Etwas anderes gilt nur, wenn die rechtlichen Schlussfolgerungen nicht nachvollziehbar und damit nicht vertretbar sind, insbesondere bei willkürlichen oder den allgemeinen Rechtssätzen widersprechenden Eintragungen.[1759] Im Übrigen würde eine so umfängliche Offenlegungspflicht in der Praxis dazu führen, dass „die Anlagen zu den Steuererklärungen mit Lastwagen beim Veranlagungsbezirk abgeliefert werden müssten"[1760], sodass im Hinblick auf die Offenlegungspflicht nur auf nicht vertretbare Rechtsauffassungen abgestellt werden kann.[1761]

Ransiek stimmt zwar zu, dass eine vertretbare Rechtsauffassung nicht zu unrichtigen Tatsachenangaben führen könne, jedoch zu unvollständigen. Hiernach muss der Steuerpflichtige sämtliche Tatsachen angeben, die für die steuerrechtliche Beurteilung von Bedeutung sind oder von Bedeutung sein können. Dementsprechend müssen sämtliche Tatsachen mitgeteilt werden, wenn man weiß, dass die Finanzbehörde die eigene Rechtsaufassung nicht vertritt und sich hieraus ein anderes steuerliches Ergebnis ergibt.[1762] Weiter wird jedoch von Ransiek ausgeführt, dass dies so auszulegen sei, dass vollständige Angaben nur gefordert sind, wenn eine besondere Prüfung der Besteuerungsgrundlagen in der Zukunft nicht mehr vorgesehen ist (also beispielsweise sofern keine Außenprüfung vorgesehen ist). Ansonsten sei der Anwendungsbereich des § 370 Abs. 1 Nr. 1 Alt. 1 AO zu reduzieren, da Unmengen von Informationen und Unterlagen an die Finanzverwaltung übersandt werden würden, da insbesondere im betrieblichen Bereich eine erhebliche Anzahl von rechtlichen Zweifelsfragen bestehen würde. Eine Erläuterung sei nur dann erforderlich, wenn man von allen gängigen Rechtsauffassungen abweiche.[1763] Es erschließt sich jedoch nicht, wieso die Offenlegung von einer eventuellen Außenprüfung durch die Finanzverwaltung abhängen sollte, wobei der Steuerpflichtige hiervon überhaupt keine Kenntnis hat und dementsprechend auch nicht darüber entscheiden kann. Im Ergebnis

---

1757 Siehe Kapitel 5 B I „Pflicht zur Angabe von abweichenden Verwaltungsauffassungen".

1758 *Hanßen*, S. 74, 110 f., 152 f.

1759 *Hanßen*, S. 147 f.

1760 *Gotzens*, in: Wannemacher, Steuerstrafrecht, Rz. 2619; ebenso von einem „Volumen, das von der Finanzverwaltung nicht mehr in den Griff zu bekommen ist" sprechend: Joecks, Handbuch des Steuerstrafrechts, S. 17.

1761 *Gotzens*, in: Wannemacher, Steuerstrafrecht, Rz. 2616 ff.

1762 *Ransiek*, in: Kohlmann, Kommentar Steuerstrafrecht, Rz. 244 zu § 370 AO.

1763 *Ransiek*, in: Kohlmann, Kommentar Steuerstrafrecht, Rz. 245 zu § 370 AO.

würde dies auch zu einer Ungleichbehandlung zwischen großen, dauergeprüften Unternehmen und kleineren Unternehmen sowie Privatpersonen führen.

Nach anderer und herrschender Ansicht müssen Tatsachen, die gemessen am Empfängerhorizont der Finanzverwaltung entscheidend für die rechtliche Beurteilung sind, offengelegt werden. Im Ergebnis darf der Steuerpflichtige damit jede Rechtsauffassung zugrunde legen, muss aber zugleich der Finanzverwaltung die Chance geben, dies zu erkennen und zu diskutieren.[1764] Anderenfalls hätte die Finanzverwaltung mangels Erkennen keine Möglichkeit, ihre Auffassung zu vertreten.[1765] Schmid und Ntamadaki schlussfolgern daraus, dass die Finanzverwaltung auf die Angaben in der Steuererklärung vertrauen darf, die Pflicht für den Steuerpflichtigen, den Sachverhalt möglichst vollständig, richtig und widerspruchsfrei zu erklären. Da dies im formalisierten Steuererklärungsformular kaum möglich ist, müssen die Offenlegungspflichten umso größer sein, je komplexer ein Sachverhalt und je stärker formalisiert ein Formular ist.[1766] Die Begrifflichkeiten, ob bei fehlender Offenlegung in diesen Fällen unrichtige oder unvollständige Angaben vorliegen, gehen auseinander. So spricht der BGH teilweise von unrichtigen Angaben[1767]; Krumm hingegen führt aus, dass bei fehlender Offenlegung unvollständige Angaben über Tatsachen gemacht werden.[1768]

Entscheidend ist nach dieser Auffassung, wann ausgehend vom Empfängerhorizont der Finanzverwaltung eine abweichende Rechtsansicht vorliegt. Hierfür ausschlaggebend ist wegen der Schutzbedürftigkeit des Steuerpflichtigen, dass die Finanzverwaltung ihre Rechtsauffassung nach außen dokumentiert hat, sodass diese auch vom Steuerpflichtigen wahrgenommen werden kann. Hierzu gehören alle im Bundessteuerblatt Teil 1 veröffentlichten Bundes- und Ländererlasse

---

1764 BGH, Urteil vom 31.02.2000, 5 StR 570/99, Juris, Orientierungssatz und Rz. 14; BGH, Urteil vom 10.11.1999, 5 StR 221/99, Juris, Orientierungssatz 2 und Rz. 26; *Beuchert*, Anzeigepflichten, S. 246; *Krumm*, in: Tipke/Kruse, Kommentar AO, Rz. 49 zu § 370 AO; *Seer*, Besteuerungsverfahren: Rechtsvergleich USA - Deutschland, S. 65; *Seer*, in: Tipke/Kruse. Kommentar AO, Rz. 47 zu § 150 AO; *Seer*, StuW 4/2015, 315, 322; *Seer/Krumm*, DStR 2013, 1814, 1816; *Sterzinger*, NzWiSt 2012, 286, 288.

1765 *Seer*, Ad Legendum 4/2015, 292, 293.

1766 *Schmid/Ntamadaki*, DStR 2019, 1713, 1715; die Abhängigkeit von der Formulargestaltung ablehnend, da eine Offenlegung nicht nur im Steuererklärungsformular möglich ist: *Fissenewert*, DStR 1992, 1488, 1490.

1767 BGH, Urteil vom 10.11.1999, 5 StR 221/99, Juris, Leitsatz und Rz. 23; so auch: *Jäger*, in: Klein, Kommentar AO, Rz. 44 zu § 370 AO; *Schmitz/Wulf*, in: Joecks/Miebach, Münchener Kommentar StGB, Rz. 241 und 244 zu § 370 AO.

1768 *Krumm*, in: Tipke/Kruse, Kommentar AO, Rz. 50 zu § 370 AO.

sowie Entscheidungen des Bundesfinanzhofes, die sich die Finanzverwaltung in Teil 2 zu eigen macht. Unerheblich ist, ob in der Rechtsprechung Zweifel hinsichtlich der Verwaltungsmeinung geäußert werden; erst wenn der BFH diese mehrfach verwirft, kann nicht mehr von der geltenden Verwaltungsauffassung ausgegangen werden.[1769] Innerdienstliche Anweisungen oder Aussagen einzelner Sachbearbeiter sind unerheblich.[1770] Auch wenn der Einzelfall nicht exakt mit dem in der Verwaltungsauffassung aufgeführten Fall übereinstimmt, ist dem Steuerpflichtigen zuzumuten, dass er erkennt, inwieweit die hier aufgeführten Rechtsgrundsätze verallgemeinerungsfähig sind.[1771] Wenn sich der Empfängerhorizont des Finanzamtes nicht entsprechend für den vorliegenden Fall konkretisieren lässt, besteht keine Offenbarungspflicht für den Steuerpflichtigen. Dies ist dadurch gerechtfertigt, dass es die Finanzverwaltung selbst in der Hand hat, eine Konkretisierung durch Veröffentlichung entsprechender Verwaltungsauffassungen vorzunehmen.[1772] Nur eine solche Betrachtung ausgehend von einer hinreichenden Darlegung der Verwaltungsauffassung wird dem strafrechtlichen Bestimmtheitsgebot gerecht.[1773]

Ein Beispiel für eine Verwaltungsauffassung, von der in der Praxis teilweise abgewichen wird, stellt die Berücksichtigung von Steuerberatungskosten als Betriebsausgaben oder Werbungskosten dar. Im BMF-Schreiben vom 21.12.2017, veröffentlicht in BStBl. Teil 1, wurde ausgeführt, dass sämtliche Kosten für das übrige Ausfüllen der Steuererklärung neben den Anlagen, die direkt der Einkunftserzielung zuzuordnen sind, also insbesondere der Mantelbogen sowie das Übertragen der Ergebnisse aus der Einkünfteermittlung in die Formulare, als Kosten der privaten Lebensführung nach § 12 Nr. 1 EStG nicht abzugsfähig sind.[1774] Anfangs wurde teilweise ein Eintrag in den Mantelbogen wegen der möglichen Verfassungswidrigkeit der Streichung des Sonderausgabenabzuges vorgenommen.[1775] Mittlerweile kommt es dazu, dass die Rechnungen durch

1769 *Krumm,* in: Tipke/Kruse, Kommentar AO, Rz. 50 zu § 370 AO; so auch: *Seer*, Ad Legendum 4/2015, 292, 293; *Seer*, Besteuerungsverfahren: Rechtsvergleich Deutschland – USA, S. 65; *Seer*, SteuerStud 1/2016, 1, 3; *Seer*, StuW 4/2015, 315, 322; *Seer/ Krumm*, DStR 2013, 1814, 1816; *Trossen*, AO-StB 2017, 309, 311 (nur Verwaltungsauffassung, die nach außen geäußert wurde).

1770 *Trossen*, AO-StB 2017, 309, 311.

1771 *Krumm,* in: Tipke/Kruse, Kommentar AO, Rz. 50 zu § 370 AO.

1772 *Krumm,* in: Tipke/Kruse, Kommentar AO, Rz. 50a zu § 370 AO.

1773 *Sontheimer*, DStR 2014, 357, 358.

1774 BMF-Schreiben vom 21.12.2007, BStBl. I 2008, 256.

1775 *Sterzinger*, NzWiSt 2012, 286, 286 ff.

Steuerberater abgeändert werden, sodass die Gebühren für den Mantelbogen entfallen oder verringert werden und die Gebühren für die Ermittlung der Einkünfte erhöht werden.[1776] In der Praxis üblich ist auch die Aufteilung der Kosten des Mantelbogens auf die verschiedenen übrigen Anlagen und anteilige Berücksichtigung als Werbungskosten, da die Abgabe eines Mantelbogens zwingend erforderlich ist und eine Steuererklärung nie aus privaten Motiven abgegeben wird.[1777] Bereits an diesen unterschiedlichen Vorgehensweisen zeigt sich, dass die Entscheidung, wann eine Offenlegung einer abweichenden Rechtsansicht in der Praxis im Einzelfall erforderlich ist, schwierig ist.

Eine andere Auffassung zum Vorliegen einer abweichenden Rechtsansicht vertreten Schmitz und Wulf, die ausführen, dass die Grenzen der Strafbarkeit nicht durch die Finanzverwaltung durch Veröffentlichung oder Nichtveröffentlichung von Verwaltungsanweisungen, die zudem für Steuerpflichtige und Gerichte nicht bindend sind, gezogen werden dürfen. Dementsprechend sei die geltende Rechtsprechung für die Bestimmung des objektiven Empfängerhorizonts zu berücksichtigen. Sofern noch keine Rechtsprechung vorliegt, könne der Steuerpflichtige jede Rechtsansicht ohne Offenlegung vertreten. Anderenfalls wäre bloßer Verwaltungsungehorsam strafbar; es sei jedoch Aufgabe der Finanzverwaltung, durch die Fassung der Erklärungsvordrucke und Nachfragen die maßgeblichen Tatsachengrundlagen zu ermitteln, die für die eigene Rechtsanwendung maßgeblich sind.[1778] Dies gelte auch, wenn es sich lediglich um FG-Entscheidungen handelt.[1779] Hieran ändere auch die Vordruckänderung im Mantelbogen nichts, da der Steuerpflichtige mit der Beantwortung der Frage, ob er bewusst von der Verwaltungsauffassung abgewichen ist, weiterhin keine unvollständigen Angaben macht, wenn sich die Rechtsauffassung der Verwaltung nicht aus der Rechtsprechung ableiten lässt.[1780] Ebenso führt Schwedhelm aus, dass eine Hinweispflicht nur dann bestehe, wenn der Steuerpflichtige davon ausgehen muss, dass seine Rechtsauffassung bei letzter Entscheidung durch ein Finanzgericht oder den Bundesfinanzhof ohne Aussicht auf Erfolg ist; auch er stellt damit im Ergebnis auf die Rechtsprechung ab.[1781] Auch Frizen führt aus,

1776 *Seifert*, StuB 2007/17, 638, 638.

1777 *Schmitt*, NWB 2008/9, 731, 736.

1778 *Schmitz/Wulf*, in: Joecks/Miebach, Münchener Kommentar StGB, Rz. 246 f. zu § 370 AO.

1779 *Schmitz/Wulf*, in: Joecks/Miebach, Münchener Kommentar StGB, Rz. 248 zu § 370 AO.

1780 *Schmitz/Wulf*, in: Joecks/Miebach, Münchener Kommentar StGB, Rz. 249 zu § 370 AO.

1781 *Schwedhelm*, DStR 2006, 1017, 1020.

dass die BFH-Rechtsprechung ein starkes Indiz für die richtige Interpretation des Gesetzes darstelle.[1782]

Schmeer weist im Hinblick auf das Bestimmtheitsgebot darauf hin, dass bei kontroversen Rechtsfragen und lange zurückliegender Rechtsprechung die notwendige Bestimmtheit für eine strafrechtliche Sanktion nach Art. 103 Abs. 2 GG nicht mehr vorliege, sodass hierfür nur der Wortlaut der steuerrechtlichen Norm und ggf. eine ständig gefestigte Rechtsprechung ausschlaggebend sein könne.[1783] In Anlehnung hieran führt auch Schmeer aus, dass steuerliche Zweifelsfragen aus dem strafrechtlichen Bereich herauszuhalten seien.[1784]

Ibold führt differenzierend aus, dass, sofern bereits Rechtsprechung besteht, diese zugrunde gelegt werden dürfe, selbst wenn diese von der Auffassung der Finanzverwaltung abweicht. Sofern noch keine Rechtsprechung vorliegt, sei die Anwendungspraxis der Finanzverwaltung zugrunde zu legen. Ibold stellt im Grundsatz darauf ab, ob sich eine Auswirkung auf die Vermögensinteressen des Staates ergeben kann, was bei der Finanzverwaltung entgegenstehender höchstrichterlicher Rechtsprechung nicht der Fall ist.[1785] Müller führt aus, dass auf die herrschende Meinung abzustellen sei und bei Abweichungen von der herrschenden Meinung eine Offenlegung erfolgen müsse.[1786]

Der BGH führt dies im Urteil vom 10.11.1999 etwas allgemeiner in der Form aus, dass eine abweichende Rechtsauffassung mitzuteilen sei, wenn diese von der Rechtsprechung, den Richtlinien der Finanzverwaltung oder der regelmäßigen Verwaltungspraxis abweicht.[1787] Dem folgt Jäger und führt ergänzend hierzu aus, dass unrichtige oder unvollständige Tatsachen vorliegen, wenn den Angaben eine unzutreffende Rechtsauffassung zugrunde liegt, unabhängig davon, ob die Rechtsauffassung vertretbar ist. Damit greife eine Offenlegungspflicht, sobald die rechtliche Relevanz von Sachverhaltselementen objektiv zweifelhaft ist.[1788] Diese Anforderungen stehen auch im Einklang mit dem Grundgesetz,

---

1782 *Frizen*, S. 261 f.

1783 *Schmeer*, in: Gräfe/Wollweber/Schmeer, S. 791; zustimmend: *Dörn*, wistra 1992, 241, 245.

1784 *Schmeer*, in: Gräfe/Wollweber/Schmeer, S. 798.

1785 *Ibold*, in: Pfirrmann/Rosenke/Wagner, BeckOK AO, Rz. 133.4 und 133.5 zu § 370 AO.

1786 *Müller*, AO-StB 2015, 139, 143.

1787 BGH, Urteil vom 10.11.1999, 5 StR 221/99, Juris, Rz. 26; so auch: *Bornheim*, AO-StB 2001, 28, 31, der die unklare Rechtslage kritisiert, und *Krekeler*, Praxis Steuerstrafrecht 6/2002, 129, 131.

1788 *Jäger*, in: Klein, Kommentar AO, Rz. 44a zu § 370 AO; so auch: *Erb*, DB 2017/26, 1469, 1470.

da es dem Steuerpflichtigen zugemutet werden könne, offene Rechtsfragen im Besteuerungsverfahren zu klären.[1789] Harms führt aus, dass mit dieser BGH-Rechtsprechung nicht gemeint sein könne, jede Abweichung von der Finanzverwaltung offenzulegen, obwohl andere seriöse Quellen die eigene Ansicht vertreten; allein Außenseitermeinungen reichen jedoch nicht.[1790]

Im Ergebnis ist der Auffassung zuzustimmen, dass wegen des strafrechtlichen Bestimmtheitsgebotes und der fehlenden Pflicht zur Offenlegung abweichender Verwaltungsauffassungen nach der Abgabenordnung vertretbare Auffassungen ohne strafrechtliches Risiko zugrunde gelegt werden können. Zwar ist es nachvollziehbar, dass es zur Erreichung des Ergebnisses, der notwendigen Verifikation durch die Finanzverwaltung, zielführend ist, wenn der Steuerpflichtige auf eine abweichende Verwaltungsauffassung hinweisen muss. Anderenfalls besteht die Möglichkeit von nicht erkannten Steuerhinterziehungen, da die Finanzverwaltung unter Berücksichtigung der Angaben in der Steuererklärung nicht erkennen kann, welche Rechtsauffassung zugrunde gelegt wurde. Im Zweifel enthält die Steuererklärung überhaupt keine Angaben zu einem Sachverhalt, da die Auffassung vertreten wird, dass dieser Sachverhalt steuerlich unbeachtlich ist. Diese Problematik verstärkt sich im Rahmen der elektronischen Steuererklärung, die teilweise automatisch veranlagt wird und bei der keine Belege mehr vorgelegt werden müssen.

Jedoch erfordert eine Hinweispflicht zur Rechtsanwendung unter Berücksichtigung der Auffassung der Finanzverwaltung eine explizite gesetzliche Grundlage. Eine solche enthalten die Mitwirkungspflichten in §§ 90 ff. AO nicht. Hiernach müssen ausschließlich Sachverhalte mitgeteilt werden. Dass im Formular der Steuererklärung bereits teilweise eine Subsumtion gefordert wird, kann nicht zulasten der Steuerpflichtigen wirken. Sie sind auch nicht verpflichtet, hierbei die Rechtsauffassung der Finanzverwaltung zu berücksichtigen. Die Finanzverwaltung kann durch Ausgestaltung der Formulare auch auf anderem Weg erreichen, dass potenzielle Gefahrenquellen, bei denen eine Abweichung von der Verwaltungsauffassung vorliegen kann, ausgesteuert und geprüft werden (z.B. durch Abfrage von mehr Sachverhalten, Aussteuerung bestimmter strittiger Kennziffern). Da es nach derzeitiger Rechtslage an einer eindeutigen gesetzlichen Regelung fehlt, würde eine Steuerhinterziehung in diesen Fällen gegen das strafrechtliche Bestimmtheitsgebot verstoßen. Es müsste daher zur Vermeidung von Strafbarkeitslücken insbesondere im Kontext der elektronischen

---

1789 *Jäger*, in: Klein, Kommentar AO, Rz. 44a zu § 370 AO.

1790 *Harms*, StbG 1/2005, 12, 14.

Steuererklärung im Zusammenhang mit einer Pflicht zur steuerlichen Beratung auch eine Hinweispflicht auf abweichende Verwaltungsauffassungen explizit gesetzlich eingeführt werden. Alternativ kann dieses Ziel durch eine genauere Abfrage in den Formularen erfolgen.[1791]

Basierend auf den aktuellen gesetzlichen Regelungen können nur unvollständige Angaben im Sinne des § 370 Abs. 1 Nr. 1 AO vorliegen, wenn eine Auffassung angesichts der Rechtsprechung und der herrschenden Meinung nicht vertretbar ist. Unrichtige Angaben können hier begrifflich nicht vorliegen, da rechtliche Wertungen nicht falsch sein können. Der Steuerpflichtige ist aber nicht verpflichtet, die Finanzverwaltung bei der Aussteuerung von zweifelhaften Fällen und bei der Verifikation zu unterstützen. Der Beteiligte muss nur Tatsachen mit rechtlicher Relevanz vorbringen, aber nicht mit Relevanz für die Verwaltung. In der Praxis ist jedoch schwer zu entscheiden, wann eine Auffassung vertretbar ist. Rechtsauffassungen ändern sich ständig und die steuerliche Praxis besteht aus Einzelfällen, zu denen sich zumeist noch gar keine Rechtsansicht herausgebildet hat.[1792] Auch die regelmäßige Veranlagungspraxis ist schwer zu bestimmen.[1793] Sofern einschlägige BFH-Rechtsprechung existiert oder die Auffassung die herrschende Literaturmeinung ist, muss dies ausreichen. In Zweifelsfällen ist jedoch angesichts der BGH-Rechtsprechung und der Auffassung, dass der Empfängerhorizont der Finanzverwaltung zu beachten ist, eine Offenlegung zu empfehlen.

Neben dem objektiven Tatbestand der Steuerhinterziehung muss jedoch auch der subjektive Tatbestand vorliegen, also mindestens bedingter Vorsatz. Hierfür muss der Steuerpflichtige die Steuerverkürzung zumindest für möglich halten. Ein Kennen-Müssen ist nicht ausreichend.[1794] Es kommt daher nicht darauf an, ob der Steuerpflichtige in der Lage gewesen wäre, Zweifel hinsichtlich seiner rechtlichen Schlussfolgerungen zu entwickeln. Damit liegt bedingter Vorsatz nur vor, wenn der Steuerpflichtige wusste, dass seine Rechtsauffassung nicht vertretbar ist bzw. nach anderer Auffassung, dass die Finanzverwaltung aufgrund ihres Empfängerhorizontes eine Offenbarung des Sachverhaltes erwartete. Damit wiederum stellt sich die Frage, wie man in der Praxis dem Steuerpflichtigen nachweist, dass er von einer bestimmten Rechtsauffassung Kenntnis hatte.[1795]

1791 Siehe Kapitel 7 C II 1 „Überarbeitung der Inhalte der elektronischen Steuererklärung und Aufnahme von Erläuterungen“

1792 *Erb*, DB 2017/26, 1469, 1470.

1793 *Krekeler*, Praxis Steuerstrafrecht 6/2002, 129, 132.

1794 Siehe Kapitel 2 C IV 2 d „Straf- und bußgeldrechtliche Auswirkungen“.

1795 *Krumm*, in: Tipke/Kruse, Kommentar AO, Rz. 131 und 134 zu § 370 AO.

Joecks führt aus, dass wenn schon zur Vermeidung von Strafbarkeitslücken der Empfängerhorizont des gedachten Finanzbeamten zugrunde gelegt wird, dann aber besonders hohe Anforderungen an das Vorliegen des bedingten Vorsatzes zu stellen seien.[1796]

Kenntnis liegt beispielsweise vor, wenn die Steuererklärungsvordrucke oder Anleitungen entsprechende Hinweise enthalten. In diesem Fall ist aufgrund der allgemeinen Erfahrung davon auszugehen, dass Vorsatz vorliegt. Hierbei wird unterstellt, dass der Steuerpflichtige die Vordrucke gelesen und verstanden hat. Außerdem wird eine Kenntnis unterstellt, wenn es bereits bei Außenprüfungen zu entsprechenden Beanstandungen gekommen ist. Auch eine Verschleierung durch den Steuerpflichtigen spricht dafür, dass er sich der Gefahr bewusst war.[1797] Eine Diskussion der Rechtslage in den Medien oder mit Kollegen kann ebenfalls zur Kenntnis führen.[1798] Zweifel an der Richtigkeit der Rechtslage reichen aus.[1799]

Weiter wird angeführt, dass das Kennen-Müssen zumindest ein Indiz für die Annahme einer Kenntnis der Rechtslage darstellt. Eine generelle Nichtinformation über steuerliche Pflichten kann auf eine Gleichgültigkeit diesbezüglich hindeuten.[1800] Hieraus wird in der Fachliteratur geschlussfolgert, dass bedingter Vorsatz eher dann vorliegt, wenn sich jemand weniger Kenntnisse über die steuerrechtlichen Verhältnisse aneignet; damit besteht eine faktische Pflicht zur Einholung von steuerlicher Beratung. Dies wird kritisiert, da sich die Vorsatzfeststellung nicht nach der individuellen Erwartungshaltung hinsichtlich der Kenntnisse des Steuerpflichtigen im Steuerrecht richten darf.[1801] Die Rechtsprechung

---

1796 *Joecks*, in: Joecks/Jäger/Randt, Kommentar Steuerstrafrecht, Rz. 182 zu § 370 AO; siehe auch: *Schmitz/Bürger*, in: Flore/Tsambikakis, Kommentar Steuerstrafrecht, Rz. 13 zu § 17 StGB.

1797 *Krumm*, in: Tipke/Kruse, Kommentar AO, Rz. 132 f. zu § 370 AO.

1798 *Schmitz/Wulf*, in: Joecks/Miebach, Münchener Kommentar StGB, Rz. 388 zu § 370 AO; zum bedingten Vorsatz nach einem Gespräch mit einem Mitangeklagten siehe: BGH, Urteil vom 15.11.1994, 5 StR 237/94, Juris, Rz. 4.

1799 *Jäger*, in: Klein, Kommentar AO, Rz. 44 und 176 zu § 370 AO; siehe auch: BGH, Urteil vom 19.12.1990, 3 StR 90/90, BGHSt 37, 266, Rz. 4: Das Gericht ging davon aus, dass der Angeklagte zumindest damit rechnete, dass die Vorgehensweise steuerlich unzulässig ist; so auch: BGH, Beschluss vom 08.08.1985, 2 ARs 223/85, NJW 1986, 143, 144; FG Köln, Urteil vom 13.12.2018, 7 K 131/17, Juris, Rz. 40; offen gelassen in BGH, Urteil vom 10.11.1999, 5 StR 221/99, Juris, Rz. 27.

1800 BGH, Urteil vom 08.09.2011, 1 StR 38/11, Juris, Rz. 27.

1801 *Krumm*, in: Tipke/Kruse, Kommentar AO, Rz. 134 und 134a zu § 370 AO.

hierzu ist uneinheitlich. So führt der BGH im Urteil vom 17.12.2014 aus, dass (nur) ein leichtfertiges Handeln vorliegt, wenn keine sachkundige Hilfe in Anspruch genommen wird, obwohl sich die Möglichkeit einer Steuerverkürzung infolge der Unkenntnis aufdrängt.[1802] In einem ähnlichen Sachverhalt, nämlich dem Nichteinholen eines Rechtsrates in Zweifelsfällen, schlussfolgert der BGH im Urteil vom 08.09.2011 Gleichgültigkeit und das Vorliegen eines bedingten Vorsatzes.[1803] Um insbesondere einer angeblichen Gleichgültigkeit hinsichtlich der steuerlichen Pflichterfüllung zu begegnen, werden vermehrt Tax-Compliance-Systeme eingesetzt. Hierdurch soll ein bedingter Vorsatz ausgeschlossen werden können.[1804]

Ransiek führt hierzu aus, dass, je vertretbarer eine Rechtsansicht ist, desto eher ein vorsatzausschließender Irrtum nach § 16 Abs. 1 StGB angenommen werde.[1805] Sofern der Steuerpflichtige jedoch keinen zuverlässigen Rechtsrat einholt, sondern nur von seinem laienhaften Rechtsverständnis ausgeht, spricht dies für bedingten Vorsatz, sodass höchstens ein Verbotsirrtum vorliegen kann.[1806] Nach anderer Ansicht kann ein Irrtum über die steuerrechtlichen Vorschriften als Subsumtionsirrtum stets nur als Verbotsirrtum nach § 17 StGB angesehen werden, der den Vorsatz nur ausschließt, wenn er vermeidbar gewesen wäre.[1807] Diese Rechtsauffassung beruht darauf, dass die Tatbestandsmerkmale bei abweichenden Rechtsansichten bekannt sind und damit nur ein Irrtum über die rechtliche Schlussfolgerung im Sinne des § 17 StGB vorliegen kann. Ein solcher Verbotsirrtum ist faktisch immer vermeidbar, wenn ein Rechtsrat eines

1802 BGH, Urteil vom 17.12.2014, 1 StR 324/14, Juris, Rz. 33.

1803 BGH, Urteil vom 08.09.2011, 1 StR 38/11, Juris, Rz. 17 ff.

1804 Siehe hierzu im Detail in Kapitel 3 E I 1 „Verpflichtung des Steuerberaters zur Tax-Compliance-Beratung"; so auch: *Seer*, Ad Legendum 4/2015, 292, 296.

1805 *Ransiek,* in: Kohlmann, Kommentar Steuerstrafrecht, Rz. 243 zu § 370 AO; so im Ergebnis auch zweifelnd am bedingten Vorsatz bei einer vertretbaren Auffassung: *Schmitz/Bürger,* in: Flore/Tsambikakis, Kommentar Steuerstrafrecht, Rz. 14 zu § 17 StGB; zur Annahme eines Tatumstandsirrtums siehe auch: *Heuermann,* in: Hübschmann/Hepp/Spitaler, Kommentar AO, Rz. 20 zu § 150 AO; *Seer*, Ad Legendum 4/2015, 292, 296; *Stalf*, Steuerumgehung als Mittel der Steuerberatung?, S. 91; einen Verbotsirrtum im Regelfall im Steuerstrafrecht ausschließend, da wenn dann der Vorsatz schon auf Tatbestandsebene fehlt: *Wagner,* in: Simon/Wagner, S. 82.

1806 *Flore,* in: Flore/Tsambikakis, Kommentar Steuerstrafrecht, Rz. 653 zu § 370 AO.

1807 *Flore,* in: Flore/Tsambikakis, Kommentar Steuerstrafrecht, Rz. 665 zu § 370 AO; *Jäger,* in: Klein, Kommentar AO, Rz. 173 f. zu § 370 AO; *Sontheimer*, DStR 2014, 357, 359 f.; von der Rechtsprechung thematisiert, aber offen gelassen: BGH, Urteil vom 08.09.2011, 1 StR 38/11, Juris, Rz. 24.

entsprechenden Beraters oder eine verbindliche Auskunft eingeholt werden kann; praktische Bedeutung hat der Verbotsirrtum daher nur in den Fällen, in denen eine falsche rechtliche Auskunft erteilt wurde.[1808] Hieraus schlussfolgert Sontheimer, dass im Regelfall bei unklarer Rechtslage bedingter Vorsatz vorliege, wenn sich die Rechtsauffassung des Steuerpflichtigen als unzutreffend erweist und nicht offengelegt wird.[1809]

Auch bei fehlendem Vorsatz kann eine leichtfertige Steuerverkürzung nach § 378 AO vorliegen. Leichtfertigkeit erfordert einen erhöhten Grad von Fahrlässigkeit, bei der die Sorgfalt außer Acht gelassen wird, zu der der Steuerpflichtige im Einzelfall und nach seinen persönlichen Fähigkeiten und Kenntnissen verpflichtet ist. Hierzu kann sowohl bewusste als auch unbewusste Fahrlässigkeit zählen.[1810] Der Steuerpflichtige hat keine generelle Nachforschungspflicht hinsichtlich der Verwaltungsauffassung. Dementsprechend kann mangels Pflichtverstoß beim Steuerpflichtigen keine Leichtfertigkeit vorliegen.[1811] Nach anderer Ansicht handelt der Steuerpflichtige im Falle einer falschen Rechtsauffassung leichtfertig, wenn sich ihm aufdrängen musste, dass die Finanzverwaltung eine andere Rechtsauffassung zugrunde legen wird.[1812] Wann sich dies aufdrängen muss, wenn der Steuerpflichtige keine Kenntnis von der Rechtsauffassung der Finanzverwaltung hat (sonst liegt ohnehin bedingter Vorsatz vor), ist jedoch fraglich. In dem Nichtnachgehen im Falle von Zweifeln kann ein Verstoß gegen die Erkundigungspflicht liegen[1813], jedoch kann in diesem Fall gemäß den vorherigen Ausführungen auch bedingter Vorsatz vorliegen.

In der Literatur wird die Frage aufgeworfen, wie man mit einem Sachverhalt umgeht, in dem der Steuerpflichtige durch Nichtausfüllen des Freitextfelds bewusst in Kauf genommen hat, dass die Veranlagung rein automatisiert erfolgt

---

1808 *Allgayer*, in: Graf/Jäger/Wittig, Kommentar Wirtschafts- und Steuerstrafrecht, Rz. 9 zu § 17 StGB; *Flore*, in: Flore/Tsambikakis, Kommentar Steuerstrafrecht, Rz. 665 zu § 370 AO; *Schmitz/Bürger*, in: Flore/Tsambikakis, Kommentar Steuerstrafrecht, Rz. 22 zu § 17 StGB.

1809 *Sontheimer*, DStR 2014, 357, 359; auch nur sehr einschränkend einen Tatumstandsirrtum nach § 16 StGB annehmend: BGH, Urteil vom 23.02.2000, 5 StR 570/99, Juris, Orientierungssatz und Rz. 12 f.

1810 *Heuel*, in: Kohlmann, Kommentar Steuerstrafrecht, Rz. 55 zu § 378 AO; *Krumm*, in: Tipke/Kruse, Kommentar AO, Rz. 13 f. zu § 378 AO; siehe hierzu im Detail auch Kapitel 1 C V 4 „Leichtfertige Steuerverkürzung".

1811 *Beuchert*, Anzeigepflichten, S. 257.

1812 *Jehke*, in: Pfirrmann/Rosenke/Wagner, BeckOK AO, Rz. 68 ff. zu § 378 AO.

1813 *Joecks*, in: Joecks/Jäger/Randt, Kommentar Steuerstrafrecht, Rz. 44 zu § 378 AO.

und daher bestimmte Hinweise in anderen Kennziffern nicht zur Kenntnis genommen werden. Nach Ansicht von Krumm ist, wenn die Steuererklärungen oder Steueranmeldungen Freitextfelder vorsehen, zwingend in diesen Fällen eine Eintragung im Freitextfeld vorzunehmen; eine Eintragung in der entsprechenden Kennziffer reicht nicht aus.[1814] Dies führt auch Peters aus, da anderenfalls eine wissentliche und willentliche Umgehung des Risikomanagementsystems vorliege, sodass der Steuerpflichtige nun verpflichtet sei, eine Aussteuerung seines Falles zu erreichen.[1815] Auch aus der expliziten Frage im Steuererklärungsformular zu abweichenden Rechtsauffassungen kann geschlussfolgert werden, dass sich durch Nichtausfüllen des Freitextfelds und damit Falschbeantwortung der Formularfrage nach abweichenden Rechtsauffassungen eine steuerstrafrechtlich relevante Tat ergibt. Insbesondere hinsichtlich konkreter Fragen in den Steuererklärungsformularen müssen Nachforschungen durch den Steuerpflichtigen angestellt werden, sofern er diese nicht beantworten kann. Anderenfalls liegt zumindest Eventualvorsatz vor.[1816] Faktisch führt dies, wenn man eine Beantwortungspflicht hinsichtlich der Frage zu abweichenden Verwaltungsauffassungen annimmt, in den meisten Fällen zu einer Obliegenheit, steuerlichen Rat in Anspruch zu nehmen, um nachteilige strafrechtliche Folgen zu vermeiden.

Eine andere Ansicht hat Sterzinger, der ausführt, dass eine Offenlegung fraglicher Aufwendungen in der jeweiligen Kennziffer (z.B. durch Angabe von „Steuerberatungskosten" als Kosten für Berufsausbildung, wenn man von der Wiedereinführung eines Sonderausgabenabzuges ausgeht; ein anderes Beispiel wäre die explizite Kennzeichnung von Werbungskosten für die „Anschaffung eines Anzuges") ausreichend sein müsse, da hiermit der Sachverhalt offengelegt ist. Dies gelte auch dann, wenn eine personelle Überprüfung unterbleibt und es damit zu einer zu niedrigen Steuerfestsetzung kommt. Anderenfalls würde eine Steuerhinterziehung auch dann vorliegen, wenn der Steuerpflichtige damit rechnet, dass ein unkonzentrierter Finanzbeamter die Angaben nicht bemerkt. Fehler der Finanzverwaltung in der Ausgestaltung des Risikomanagementsystems und der darauf basierenden Aussteuerung von Veranlagungen können nicht zu Lasten des Steuerpflichtigen wirken.[1817] Sterzinger führt jedoch auch aus, dass die Finanzverwaltung dies wohl anders sehe und ausführt, dass die Eintragung von Steuerberatungskosten in der Zeile Berufsausbildungskosten vom

1814 *Krumm,* in: Tipke/Kruse, Kommentar AO, Rz. 51 zu § 370 AO.
1815 *Peters,* in: Hübschmann/Hepp/Spitaler, Kommentar AO, Rz. 210 zu § 370 AO.
1816 FG Köln, Urteil vom 22.06.2011, 4 K 950/08, Juris, Rz. 35.
1817 *Sterzinger*, NzWiSt 2012, 286, 289.

Risikomanagementsystem nicht erkannt werde und daher eine Steuerhinterziehung vorliege.[1818]

Schmitz und Wulf führen zwar aus, dass bei einem fehlenden Eintrag im Freitextfeld im Fall der automatisierten Bearbeitung die Gefahr bestehe, dass die Verwaltung den Hinweis nicht zur Kenntnis nimmt.[1819] Nichtsdestotrotz reicht nach Auffassung von Schmitz und Wulf auch ein Begleitschreiben aus, in dem auf ergänzende Umstände hingewiesen wird, da eine solche analoge Mitteilung durch die Finanzverwaltung stets beachtet werden müsse.[1820] Fissenewert führt aus, dass der Tatbestand des § 370 AO nicht nur anhand des Inhaltes der Steuererklärung zu prüfen sei, sondern anhand sämtlicher eingereichter Unterlagen, also auch der Anlagen, sodass eine Offenlegung nicht zwingend in der Steuererklärung erfolgen müsse. Dies ergebe sich bereits daraus, dass die Vordrucke eine umfangreiche Sachverhaltsdarstellung gar nicht vorsehen (zu diesem Zeitpunkt existierte das Freitextfeld noch nicht).[1821] Heuel und Harink schlussfolgern auch aus der Gesetzesbegründung[1822] im Hinblick auf das Freitextfeld, dass dieses insbesondere der Vermeidung strafrechtlicher Gefahren dienen solle, sodass eine Offenlegung auch in einem Begleitschreiben erfolgen könne und sich hierdurch nicht zwingend eine Pflicht zur Verwendung des Freitextfelds ergebe.[1823]

Zur Beantwortung der Frage, ob eine Nichtangabe der abweichenden Auffassung im Freitextfeld zu einer Steuerhinterziehung durch Umgehung des Risikomanagements führen kann, ist zunächst zu klären, ob der Tatbestand der Steuerhinterziehung nach § 370 Abs. 1 Nr. 1 AO eine Täuschungshandlung zur Erregung eines Irrtums auf Seiten der Finanzverwaltung erfordert. Ein Risikomanagementsystem kann keinem Irrtum unterliegen, da ein Computer kein eigenes Vorstellungsbild entwickeln kann und damit ein Irrtum hinsichtlich Inhalten, auf die das Risikomanagementsystem nicht programmiert ist, nicht vorliegen kann.[1824] Jedoch erfordert die Steuerhinterziehung nach der herrschenden Meinung keine Täuschungshandlung und keinen Irrtum auf Seiten

---

1818 *Sterzinger*, NzWiSt 2012, 286, 287.

1819 *Schmitz/Wulf*, in: Joecks/Miebach, Münchener Kommentar StGB, Rz. 250 zu § 370 AO; hierzu siehe auch: *Baum*, NWB 2016, 2636, 2642; *Trossen*, AO-StB 2017, 309, 310 f.

1820 *Schmitz/Wulf*, in: Joecks/Miebach, Münchener Kommentar StGB, Rz. 250 zu § 370 AO.

1821 *Fissenewert*, DStR 1992, 1488, 1490.

1822 Siehe Kapitel 5 A „Gesetzliche Grundlagen des Freitextfelds".

1823 *Heuel/Harink*, AO-StB 2020, 49, 60.

1824 *Hellmann*, in: GS Joecks 2018, S. 485; *Herbertz*, HRRSt 7/2012, 318, 324.

der Finanzverwaltung.[1825] Peters führt hierzu auch aus, dass in vielen Fällen bei der Veranlagung keine Menschen mehr tätig werden, die getäuscht werden können.[1826] Demnach wäre grundsätzlich auch bei rein automationsgestützter Steuerfestsetzung eine Steuerhinterziehung nach § 370 AO denkbar.

Jedoch erfüllt das Umgehen des Risikomanagementsystems durch Nichtausfüllen des Freitextfelds nicht die Voraussetzungen des § 370 Abs. 1 Nr. 1 AO. Auch wenn Durst aus der Gesetzesbegründung schlussfolgert, dass gemäß dieser zur Vermeidung einer Steuerverkürzung eine ausdrückliche Erklärung im Freitextfeld notwendig sei[1827] und teilweise ausgeführt wird, dass das Freitextfeld Teil der Steuererklärung sei und durch eine Nichtaktivierung eine Steuerverkürzung ggf. erschlichen werden soll[1828], so ist dies nicht vom Wortlaut des § 370 AO gedeckt. § 370 Abs. 1 Nr. 1 AO erfordert unrichtige oder unvollständige Angaben gegenüber der Finanzbehörde. Hierbei richtet sich die Pflichten- und Risikenverteilung nach den Vorschriften der Abgabenordnung, also insbesondere nach den §§ 88 ff. AO.[1829] Wie oben dargestellt, folgt aus dem Amtsermittlungsgrundsatz, dass die Verantwortung für die Sachverhaltsaufklärung und damit auch für die Ausgestaltung des Risikomanagements bei der Finanzverwaltung liegt. Strafrechtlich unvollständige Angaben liegen nur dann vor, wenn das tatsächlich Erklärte nicht die gesetzlichen Anforderungen erfüllt.[1830] Die Erklärung umfasst den gesamten Äußerungsinhalt, also auch das, was im Rahmen der Äußerung an Anlagen in Bezug genommen wird.[1831] Auch durch die Beifügung von Dokumenten wird die Finanzverwaltung in die Lage versetzt,

---

1825 BGH, Urteil vom 19.12.1990, 3 StR 90/90, BGHSt 37, 266, Rz. 77; *Borchers*, wistra 1987, 86, 89; *Hellmann,* in: GS Joecks 2018, S. 489 f.; *Herbertz*, HRRSt 7/2012, 318, 324; *Krumm,* in: Tipke/Kruse, Kommentar AO, Rz. 41 zu § 370 AO; *Peters,* in: Hübschmann/Hepp/Spitaler, Kommentar AO, Rz. 132 zu § 370 AO; *Ransiek,* in: Kohlmann, Kommentar Steuerstrafrecht, Rz. 579 zu § 370 AO; *Seer*, Ad Legendum 4/2015, 292, 295 („keine besondere Absicht"); a.A.: *Joecks,* in: Joecks/Jäger/Randt, Kommentar Steuerstrafrecht, Rz. 174 zu § 370 AO; *Schmitz/Wulf,* in: Joecks/Miebach, Münchener Kommentar StGB, Rz. 279 zu § 370 AO.

1826 *Peters,* in: Hübschmann/Hepp/Spitaler, Kommentar AO, Rz. 132 zu § 370 AO.

1827 *Durst*, kösdi 4/2019, 21201, 21208 (auch wenn dann ablehnend) mit Verweis auf Deutscher Bundestag, Drucksache 18/7457 vom 03.02.2016, S. 49 – hier ist jedoch nur erläutert, dass eine Aussteuerung erfolgt, wenn der Steuerpflichtige zur Vermeidung strafrechtlicher Gefahren einen Eintrag in das Freitextfeld vornimmt.

1828 *Beyer*, DB 2017/38, 2196, 2197.

1829 *Ibold,* in: Pfirrmann/Rosenke/Wagner, BeckOK AO, Rz. 116 zu § 370 AO.

1830 *Ibold,* in: Pfirrmann/Rosenke/Wagner, BeckOK AO, Rz. 123 zu § 370 AO.

1831 *Ransiek,* in: Kohlmann, Kommentar Steuerstrafrecht, Rz. 213 zu § 370 AO.

den Sachverhalt zu beurteilen und eine abweichende Auffassung zu erkennen.[1832] Die strafrechtliche Rechtsprechung zum Verschweigen abweichender Rechtsansichten erfordert zur Vermeidung unvollständiger Angaben nur, dass die Tatsachen im Falle einer zweifelhaften Rechtsauffassung vollständig vorgetragen werden, sodass eine eigenständige Prüfung durch die Finanzverwaltung erfolgen kann. Durch ein Begleitschreiben oder eine Angabe in der Kennziffer der Steuererklärung ist eine entsprechende Offenlegung erfolgt. Damit liegen, wenn eine Offenlegung nicht im Freitextfeld, aber in der Erklärung oder in darin verwiesenen Anlagen erfolgt ist, die Voraussetzungen unvollständiger Angaben nach § 370 Abs. 1 Nr. 1 AO nicht vor. Ein rein formaler Fehler ist strafrechtlich unerheblich.[1833] Dies lässt sich ebenso daraus schlussfolgern, dass der Verhältnismäßigkeitsgrundsatz und damit das Übermaßverbot auch strafrechtlich gelten. Die Strafe muss nach dem Grundsatz der Verhältnismäßigkeit geeignet, erforderlich und angemessen für das angestrebte Ziel sein. Da die Angabepflicht im Freitextfeld einen Verstoß hiergegen darstellt, handelt es sich nicht um ein strafwürdiges und strafbedürftiges Verhalten.[1834]

Hinzu kommt, dass Rechtsauffassungen begrifflich keine unrichtigen Tatsachen sein können[1835], sodass eine falsche Beantwortung der Frage zu abweichenden Verwaltungsauffassungen nicht zu „unrichtigen Angaben über steuerlich erhebliche Tatsachen" im Sinne des § 370 Abs. 1 Nr. 1 AO führen kann. Zu messen ist damit die Notwendigkeit der Nutzung des Freitextfelds am Tatbestandsmerkmal der „unvollständigen Angaben", wofür allein die falsche Beantwortung der Vordruckfrage nicht ausreicht.

Eine andere Auffassung würde im Ergebnis zu einer deutlich erhöhten strafrechtlichen Gefahr führen, da sämtliche zweifelhaften Rechtsauffassungen nun explizit im Freitextfeld erläutert werden müssen. Angesichts der noch immer unklaren Rechtsprechung, welche Rechtsauffassungen überhaupt zugrunde zu legen sind, würde dies in der Praxis vermutlich dazu führen, dass das Freitextfeld insbesondere von fachkundigen Steuerpflichtigen und Steuerberatern immer ausgefüllt wird, um das strafrechtliche Risiko zu vermeiden. Dies wird derzeit auch teilweise insbesondere für Steuerberater explizit empfohlen, um

---

1832 *Durst*, ködsi 4/2019, 21201, 21209; *Erb*, DB 2017/26, 1469, 1471.

1833 *Durst*, ködsi 4/2019, 21201, 21209; *Erb*, DB 2017/26, 1469, 1471.

1834 Zur Anwendung des Grundsatzes der Verhältnismäßigkeit im Strafrecht siehe *Ransiek*, in: Kohlmann, Kommentar Steuerstrafrecht, Rz. 30 f. zu § 370 AO.

1835 *Krumm*, in: Tipke/Kruse, Kommentar AO, Rz. 50 zu § 370 AO; *Schmitz/Wulf*, in: Joecks/Miebach, Münchener Kommentar StGB, Rz. 240 zu § 370 AO.

steuerstrafrechtliche Risiken zu vermeiden.[1836] Dies steht im Widerspruch zur angestrebten effizienten vollautomatischen Veranlagung.[1837] In diesem Fall ist auch fraglich, ob explizit auf die möglicherweise abweichenden Rechtsauffassungen im Freitextfeld hinzuweisen ist (da eine personelle Bearbeitung nur insoweit erfolgen muss)[1838] oder ob es ausreicht, dass überhaupt eine Aussteuerung aus dem automatischen Verfahren durch eine Angabe im Freitextfeld erfolgt[1839]. Allein ein Eintrag in das Freitextfeld, ohne dass sich die abweichende Auffassung aus Begleitschreiben oder Anlagen ergibt, kann zur Absicherung gegen strafrechtliche Gefahren nicht ausreichen. Nur eine personelle Prüfung des Steuerfalls führt nicht zwingend dazu, dass Zweifel aufkommen und eine Nachprüfung seitens der Finanzverwaltung erfolgen muss. Anderenfalls wäre vor der automatischen Steuerfestsetzung schon kein strafrechtlicher Vorwurf möglich gewesen.

Damit kann die abweichende Rechtsauffassung statt im Freitextfeld auch in einem Begleitschreiben dargestellt werden. Wenn jedoch das Begleitschreiben nach der elektronischen Übermittlung eingeht, ist fraglich, ob die Steuerhinterziehung schon vollendet war. Bei Veranlagungssteuern ist die Steuerhinterziehung erst im Moment der Steuerverkürzung vollendet, also wenn der Steuerbescheid bekanntgegeben wird.[1840] Jedoch kann auch vorher ein strafbarer Versuch vorliegen, wenn der Täter unmittelbar zur Verwirklichung des Straftatbestandes ansetzt. Der Versuch beginnt frühestens mit der Abgabe der Steuererklärung.[1841] Hierbei muss die entsprechende Form eingehalten werden, also bei einer elektronischen Steuererklärung tritt das Versuchsstadium ein, wenn eine authentifizierte Steuererklärung elektronisch versandt wurde. Sofern der Täter Anhaltspunkte dafür hat, dass die Finanzbehörde erst nach weiteren Angaben die Steuererklärung zur Kenntnis nehmen wird, liegt noch kein Beginn

---

1836 *Beyer*, DB 2017/38, 2196, 2197; *Heuel/Harink*, AO-StB 2020, 49, 61.

1837 *Erb*, DB 2017/26, 1469, 1471.

1838 So wohl *Heuel/Harink*, AO-StB 2020, 49, 61.

1839 So *Beyer*, DB 2017/38, 2196, 2196, *Durst*, kösdi 4/2019, 21201, 21208 und *Erb*, DB 2017/26, 1469, 1471 (da dann keine vorsätzliche Steuerverkürzung).

1840 *Hauer*, in: Pfirrmann/Rosenke/Wagner, BeckOK AO, Rz. 59 zu § 376 AO; so auch: *Krumm*, in: Tipke/Kruse, Kommentar AO, Rz. 93 zu § 370 AO; *Wulf*, in: Joecks/Miebach, Münchener Kommentar StGB, Rz. 27 zu § 376 AO.

1841 *Jäger*, in: Klein, Kommentar AO, Rz. 190 und 194 zu § 370 AO; a.A. *Heuel/Harink*, AO-StB 2020, 49, 52: bei Übermittlung durch Steuerberater bereits mit Freigabe durch den Mandanten unmittelbares Ansetzen zur Tat und damit Versuchsbeginn (führt aber hier zum gleichen Ergebnis).

des Versuchs vor.[1842] Damit kann hier zum einen argumentiert werden, dass es bei gleichzeitigem Versand des Begleitschreibens bei elektronischer Übermittlung am subjektiven Tatbestand fehlt und dass der Steuerpflichtige davon ausgeht, dass infolge des Begleitschreibens keine Steuerverkürzung eintreten wird. Außerdem wäre, wenn man einen Versuch hier annimmt, ein Rücktritt nach § 24 StGB durch Übersendung des Offenlegungsschreibens möglich.[1843]

Anders ist dies im Falle der Umsatzsteuer als Anmeldungssteuer. Hier tritt, sofern sich eine Umsatzsteuerzahllast ergibt, bereits Tatvollendung mit Eingang der unrichtigen Voranmeldung bei der Finanzverwaltung ein.[1844] Ein Rücktritt vom Versuch ist daher hier nicht möglich. Es muss damit bei späterem Eingang des Begleitschreibens argumentiert werden, dass kein Vorsatz vorlag, da zeitgleich mit der elektronischen Übermittlung der Versand des Schreibens erfolgte. Alternativ wirkt das Begleitschreiben als strafbefreiende Selbstanzeige nach § 371 AO, die aber den Straftatbestand selbst nicht entfallen lässt. Um Diskussionen hierzu zu vermeiden, sollte unbedingt sichergestellt werden, dass die elektronische Übermittlung erst erfolgt, wenn das Begleitschreiben beim Finanzamt eingegangen ist oder dass entsprechend im Rahmen der elektronischen Daten im Freitextfeld auf das Begleitschreiben verwiesen wird.

Die strafrechtliche Rechtsprechung erscheint sehr hart. So kann ein Steuerpflichtiger bei unklarer Rechtslage wegen Steuerhinterziehung verurteilt werden, obwohl keine explizite Pflicht zur Offenlegung von Rechtsansichten im Besteuerungsverfahren greift.[1845] Zu beachten ist auch, dass bei nachträglich erkannten zweifelhaften Rechtsauffassungen auch eine Berichtigung nach § 153 AO erfolgen muss, was zu einer weiteren Ausweitung des praktischen Anwendungsbereiches und der Zweifelsfälle führt.[1846]

1842 *Schmitz/Wulf*, in: Joecks/Miebach, Münchener Kommentar StGB, Rz. 464 zu § 370 AO.

1843 Siehe allgemein zum Rücktritt bei Steuerhinterziehung: *Schmitz/Wulf*, in: Joecks/Miebach, Münchener Kommentar StGB, Rz. 483 ff. zu § 370 AO; so auch: *Ransiek*, in: Kohlmann, Kommentar Steuerstrafrecht, Rz. 735 zu § 370 AO (Rücktritt vom Versuch bei Steuerhinterziehung erfordert aktives Handeln zur Korrektur der unrichtigen Angaben).

1844 *Beyer*, DB 2017/38, 2196, 2196; *Hauer*, in: Pfirrmann/Rosenke/Wagner, BeckOK AO, Rz. 102 ff. zu § 376 AO; *Krumm*, in: Tipke/Kruse, Kommentar AO, Rz. 93 zu § 370 AO.

1845 *Sontheimer*, DStR 2014, 357, 359.

1846 *Seer*, in: Tipke/Kruse, Kommentar AO, Rz. 11 zu § 153 AO; *von Frantzki*, in: GS Joecks 2018, S. 419, noch a.A. basierend darauf, dass die Mitwirkungspflicht nur Tatsachen umfasst: *Wulf*, in: FS Samson, 619, 622.

Solange jedoch keine explizite Pflicht zur Angabe abweichender Verwaltungsauffassungen besteht, die genaue Bestimmung des objektiven Empfängerhorizonts unklar ist und ohnehin insbesondere bei nicht steuerlich vertretenen Steuerpflichtigen die Möglichkeit besteht, dass andere Rechtsansichten gar nicht erkannt werden, muss diese Prüfung seitens der Finanzverwaltung im Rahmen der Amtsermittlung über die menschliche Stichprobenprüfung und eine Zufallsauswahl erfolgen.[1847] Es ist nicht Aufgabe des Steuerpflichtigen für eine Aussteuerung seines Falls im Risikomanagementsystem der Finanzverwaltung zu sorgen, sodass Fehler in dessen Ausgestaltung nicht zu seinen Lasten gehen können.[1848]

2. Zinszahlungen infolge einer späteren Änderung nach § 173 Abs. 1 Nr. 1 AO

Sofern eine abweichende Rechtsauffassung vom Steuerpflichtigen ohne Offenlegung und ohne Erkennbarkeit durch die Finanzverwaltung zugrunde gelegt wird und dies später von der Finanzverwaltung, beispielsweise im Rahmen einer Außenprüfung, erkannt wird, ist fraglich, ob eine Änderung nach § 173 Abs. 1 Nr. 1 AO möglich ist. In diesem Fall droht das Risiko einer Steuermehrbelastung, welche bei Offenlegung jedoch bereits im ersten Bescheid berücksichtigt worden wäre. Darüber hinaus kommt es unter Umständen zu einer Zinsfestsetzung nach § 233a AO im Hinblick auf die sich ergebende Steuernachzahlung gemäß dem geänderten Bescheid.

Nach § 173 Abs. 1 Nr. 1 AO sind Steuerbescheide zu ändern, soweit Tatsachen oder Beweismittel nachträglich bekannt werden, die zu einer höheren Steuer führen. Tatsachen sind gerade keine rechtlichen Würdigungen.[1849] Jedoch können neue Tatsachen vorliegen, wenn der Sachverhalt der Finanzverwaltung bisher nicht vollständig bekannt war, sodass eine unrichtige rechtliche

1847 *Drüen,* in: Brandt, Europäische Perspektiven im Steuerrecht; Steuergerechtigkeit und Steuervereinfachung, S. 271.

1848 Siehe zum Verifikationsprinzip und der Ausgestaltung des Risikomanagementsystems nachfolgend im Detail Kapitel 7 A II „Risikomanagementsystem im Kontext des Amtsermittlungsgrundsatzes".

1849 AEAO Nr. 1.1.2 zu § 173 AO; *Loose,* in: Tipke/Kruse, Kommentar AO, Rz. 3 zu § 173 AO; *Peters,* in: Pfirrmann/Rosenke/Wagner, BeckOK AO, Rz. 22 zu § 173 AO; *Rätken,* in: Klein, Kommentar AO, Rz. 22 zu § 173 AO.

Würdigung nicht erkannt wurde.[1850] Diese Voraussetzung liegt im Regelfall vor, wenn keine Offenlegung einer abweichenden Rechtsansicht erfolgt, da in diesem Fall auch die zugrunde liegenden Sachverhalte nicht erläutert werden; ansonsten wäre eine Offenlegung und anderweitige Möglichkeit der Beurteilung durch die Finanzverwaltung erfolgt. Doch nicht alle neuen Tatsachen führen zu einer Änderungsmöglichkeit nach § 173 Abs. 1 Nr. 1 AO; die Tatsachen müssen auch rechtserheblich sein. Hierbei ist zu prüfen, ob die Finanzbehörde bei rechtzeitiger Kenntnis zu einer höheren Steuerlast gekommen wäre. Hierbei sind das Gesetz, die Rechtsprechung und die Verwaltungsanweisungen zum Zeitpunkt der Steuerveranlagung zu prüfen.[1851] In diesem Rahmen sind nur bindende Verwaltungsanweisungen zu berücksichtigen, also Richtlinien, BMF-Schreiben, Ministeriumserlasse und OFD-Verfügungen; Mitteilungen der Oberfinanzdirektion sind abhängig vom Adressaten.[1852] Der Grad der Wahrscheinlichkeit einer höheren Steuerfestsetzung bei Berücksichtigung der genannten Quellen ist unklar.[1853] Gemäß der Rechtsprechung ist eine an Sicherheit grenzende Wahrscheinlichkeit erforderlich, an der kein vernünftiger Mensch zweifelt.[1854] Hieraus werden aber unterschiedliche Schlussfolgerungen gezogen. Nach der herrschenden Auffassung ist die Rechtserheblichkeit nur dann zu verneinen, wenn mit an Sicherheit grenzender Wahrscheinlichkeit das Finanzamt bei Kenntnis zu keiner anderen Steuerlast gekommen wäre; im Zweifel liegt damit eine Rechtserheblichkeit vor.[1855] Nach anderer Auffassung erfordert eine Rechtserheblichkeit, dass die Finanzverwaltung mit an Sicherheit grenzender Wahrscheinlichkeit zu einem anderen Ergebnis gekommen wäre.[1856] Loose führt differenzierend hierzu

---

1850 BFH, Urteil vom 20.12.1988, VIII R 121/83, BStBl. II 1989, 585, Orientierungssatz 3 und Rz. 34; *Loose,* in: Tipke/Kruse, Kommentar AO, Rz. 4 zu § 173 AO; *Peters,* in: Pfirrmann/Rosenke/Wagner, BeckOK AO, Rz. 25.1 zu § 173 AO.

1851 *Loose,* in: Tipke/Kruse, Kommentar AO, Rz. 55 zu § 173 AO.

1852 *Graw/Loose,* AO-StB 2008, 336, 338.

1853 *Loose,* in: Tipke/Kruse, Kommentar AO, Rz. 55 zu § 173 AO; siehe hierzu auch: BFH, Urteil vom 20.10.2005, I B 49/05, BFH/NV 2006, 337, Rz. 2.

1854 BFH, Beschluss vom 23.11.1987, GrS 1/86, BStBl. II 1988, 180, Rz. 40; macht jedoch keine Aussage dazu, wenn die an Sicherheit grenzende Wahrscheinlichkeit nicht vorliegt – siehe *Graw/Loose,* AO-StB 2008, 336, 340.

1855 BFH, Urteil vom 29.07.1998, II R 39/96, BFH/NV 1999, 154, Rz. 20; BFH, Urteil vom 13.05.1998, II R 67/96, BFH/NV 1999, 1, Leitsatz 3 und Rz. 14; BFH, Urteil vom 14.12.1994, XI R 80/92, BStBl. II 1995, 293, Leitsatz 1 und Rz. 13; *Rätken,* in: Klein, Kommentar AO, Rz. 71 zu § 173 AO.

1856 BFH, Urteil vom 22.04.2010, VI R 27/08, BFH/NV 2010, 1607, Leitsatz 1 und Rz. 13; BFH, Urteil vom 15.12.1999, XI R 22/99, BFH/NV 2000, 818, Leitsatz und Rz. 14.

aus, dass im Falle des § 173 Abs. 1 Nr. 1 AO die Feststellungslast bei der Finanzverwaltung liege, da es sich um steuererhöhende Tatsachen handelt, sodass in diesem Fall die Finanzverwaltung nachweisen muss, dass mit an Sicherheit grenzender Wahrscheinlichkeit eine höhere Steuer festgesetzt worden wäre. Bei unklarer Rechtslage ist davon auszugehen, dass das Finanzamt die materiell zutreffende Entscheidung getroffen hätte.[1857] Loose entscheidet also nach den Grundsätzen der Feststellungslast.[1858]

Im Hinblick auf die Nichtoffenlegung abweichender Rechtsansicht hat daher die Finanzverwaltung zu beweisen, dass sie bei Kenntnis zu einer höheren Steuer gelangt wäre. Je nachdem, welchen Grad der Wahrscheinlichkeit man hier zugrunde legt, wird dies in jedem Fall vorliegen, wenn der Rechtsauffassung des Steuerpflichtigen widersprechende verbindliche Verwaltungsanweisungen bei Erlass des Bescheides vorlagen. Auch abweichende höchstrichterliche Rechtsprechung wird, auch wenn diese über den Einzelfall hinaus keine bindende Wirkung entfaltet, wegen ihrer Indizwirkung für die Auslegung des Gesetzes eine entsprechende Änderung nach § 173 Abs. 1 Nr. 1 AO ermöglichen. In allen anderen Fällen, insbesondere wenn Verwaltungsanweisungen und höchstrichterliche Rechtsprechung fehlen und die Rechtsauslegung in der Literatur umstritten ist, ist der Auffassung zu folgen, dass eine Rechtserheblichkeit im Sinne von § 173 Abs. 1 Nr. 1 AO nicht vorliegt, da die Feststellungslast bei der Finanzverwaltung liegt, diese aber nicht nachweisen kann, dass sie zum Ergebnis einer höheren Steuer gekommen wäre.

Neben dem Vorliegen von rechtserheblichen Tatsachen erfordert § 173 Abs. 1 Nr. 1 AO das nachträgliche Bekanntwerden. Wenn keine Offenlegung erfolgt, liegt unabhängig davon, welcher Zeitpunkt hier zugrunde zu legen ist[1859], ein nachträgliches Bekanntwerden vor. Die Änderung zuungunsten des Steuerpflichtigen ist unabhängig vom Verschulden des Steuerpflichtigen. Jedoch kann eine Änderung nicht erfolgen, wenn Ermittlungsfehler des Finanzamtes vorliegen.[1860] Die Finanzverwaltung darf aber grundsätzlich auf die Angaben des Steuerpflichtigen vertrauen. Sofern sich aus der Steuererklärung keine Zweifel

---

1857 *Loose,* in: Tipke/Kruse, Kommentar AO, Rz. 57a und 57c zu § 173 AO (anders bei § 173 Abs. 1 Nr. 2 AO); so auch: *Graw/Loose*, AO-StB 2008, 336, 340.

1858 Siehe hierzu Kapitel 4 A III „Beweisführungspflichten".

1859 Siehe hierzu nachfolgend Kapitel 5 D II 1 „Zinszahlungen infolge einer späteren Änderung nach § 173 Abs. 1 Nr. 1 AO".

1860 AEAO Nr. 4.1 zu § 173 AO.

ergeben und der Steuerpflichtige keine Offenlegung einer abweichenden Rechtsansicht vornimmt, liegt keine Ermittlungspflichtverletzung vor.

Im Ergebnis kommt eine spätere Änderung des Steuerbescheides nach § 173 Abs. 1 Nr. 1 AO (wie bisher auch bei der Papiersteuererklärung ohne Freitextfeld) in Betracht, wenn der Steuerpflichtige von der bindenden Verwaltungsauffassung oder der höchstrichterlichen Rechtsprechung abweicht und hierzu keine offenlegenden Angaben macht. In diesem Fall ist die Änderung unabhängig von einem Verschulden des Steuerpflichtigen, es ist also nicht zu prüfen, ob er Kenntnis von der abweichenden Rechtsauffassung hatte.

C. Angabe von abweichenden Verwaltungsauffassungen im Freitextfeld durch den Steuerberater

I. Pflicht des Steuerberaters zur Angabe von abweichenden Verwaltungsauffassungen

Der Steuerberater ist selbst nicht Beteiligter im Besteuerungsverfahren, sodass sich hier keine Pflicht unmittelbar aus § 90 AO ergeben kann. Der Steuerberater hat selbst keine weitergehenden Pflichten als der Steuerpflichtige, sodass sich eine Pflicht zur Offenlegung bzw. eine entsprechende Hinweispflicht gegenüber dem Mandanten nur ergeben kann, wenn der Steuerpflichtige selbst eine Pflicht zur Offenlegung hat.[1861] Unter dieser Voraussetzung kann sich gegenüber dem Mandanten eine Pflicht des Steuerberaters zum Hinweis auf abweichende Verwaltungsauffassungen aus der Pflicht zur Interessenvertretung, zur Rechtsprüfung sowie aus der Schadensverhütungspflicht ergeben.[1862] Weiter kann eine berufsrechtliche Pflicht zur Offenlegung abweichender Rechtsansichten aus der Pflicht zur gewissenhaften Berufsausübung resultieren, die auch die gesetzmäßige Berufsausübung umfasst. Die Kenntnis aktueller Verwaltungsauffassungen, also deren Anwendung im Rahmen der Beratung und Unterstützung bei der Erstellung der Steuererklärung, kann sich außerdem aus der Pflicht zur gewissenhaften Berufsausübung und der hiervon erfassten Fortbildungspflicht für Steuerberater ergeben.[1863]

1861 *Hanßen*, S. 98 f.; siehe Kapitel 1 C II 1 „Allgemeine Mitwirkungspflichten und Steuererklärungspflichten".

1862 Siehe Kapitel 1 C III 2, 4 und 5 „Interessenvertretung", „Rechtsprüfung" und „Schadensverhütungspflicht".

1863 Siehe Kapitel 1 C IV 3 „Gewissenhaftigkeit".

Aus der gegenüber dem Mandanten bestehenden Pflicht zur Rechtsprüfung für Steuerberater ergibt sich, dass der Steuerberater die Urteile des BFH, die im Bundessteuerblatt veröffentlicht werden, sowie die Inhalte der Zeitschrift DStR kennen muss.[1864] Auf mögliche steuerliche Risiken, die sich hieraus ergeben, hat er hinzuweisen. Urteile der Finanzgerichte, Revisionsverfahren sowie Verfügungen und Erlasse des Finanzamtes hat der Steuerberater nur zu kennen, wenn diese im Bundessteuerblatt oder in der DStR veröffentlicht sind. Hieraus ergibt sich, dass der Steuerberater, sofern kein spezieller Prüfauftrag diesbezüglich besteht, nicht die gesamte Verwaltungsauffassung kennen muss. Außerdem ergibt sich aus der Pflicht zur Rechtsprüfung nur, dass der Mandant auf entsprechende Risiken hingewiesen werden muss. Hieraus kann sich jedoch unmittelbar keine Pflicht zur Angabe von abweichenden Verwaltungsauffassungen in der für den Mandanten erstellen Steuererklärung ergeben, da der Steuerpflichtige selbst schon keine Angabepflicht hat[1865]; den Steuerberater selbst treffen im Veranlagungsverfahren keine weitergehenden Pflichten nach der AO. Ebenso kann sich eine solche Pflicht nicht aus der berufsrechtlichen Fortbildungsverpflichtung ergeben. Diese ist ohnehin gesetzlich nicht hinreichend konkretisiert.[1866] Dementsprechend kann sich hieraus weder die umfassende Kenntnis der Verwaltungsauffassungen noch deren Angabepflicht ergeben.

Aus der berufsrechtlichen Pflicht der gewissenhaften Berufsausübung ergibt sich, dass die steuerlichen und berufsrechtlichen Vorschriften zu beachten sind. Jedoch ergibt sich hieraus keine Bindung des Steuerberaters an die Verwaltungsauffassung.[1867] Diese würde auch der zwingend für die Organstellung des Steuerberaters gebotenen Unabhängigkeit widersprechen, da dieser insbesondere nicht abhängig von den Interessen der Finanzverwaltung sein darf.[1868] Aus der gewissenhaften Berufsausübung folgt daher nur, dass eine dem Gesetz widersprechende Auffassung nicht vertreten werden darf; hieraus folgt jedoch nicht, dass eine vertretbare Ansicht offengelegt werden muss, auch wenn diese von der

---

1864 Siehe Kapitel 1 C III 4 „Rechtsprüfung".

1865 Siehe Kapitel 5 B I „Pflicht zur Angabe von abweichenden Verwaltungsauffassungen".

1866 *Grürmann/Wanagas*, DStR 2010, 1400, 1403; zur fehlenden Möglichkeit der Themenvorgabe bei der Fortbildungspflicht siehe auch *Mann*, DStR-Beih 2016, 36, 40.

1867 *Frizen*, S. 258; *Seer*, in: Tipke/Kruse, Kommentar AO, Rz. 47 zu § 150 AO; *Stalf*, Steuerumgehung als Mittel der Steuerberatung?, S. 102; *Weber*, Die Mitwirkungspflichten, S. 42.

1868 Siehe Kapitel 1 C IV 1 „Unabhängigkeit".

Auffassung der Finanzverwaltung abweicht. Der Steuerberater ist gerade kein Helfer der Finanzverwaltung.[1869]

Jedoch muss der Steuerberater im Rahmen seiner zivilrechtlichen Pflicht zur Interessenvertretung[1870] den sichersten Weg für den Steuerpflichtigen empfehlen. Bei unklarer Rechtslage ist die Einholung einer verbindlichen Auskunft zu empfehlen. Des Weiteren ergibt sich aus der Schadensverhütungspflicht, dass der Steuerberater den Mandanten vor strafrechtlicher Verfolgung und der Festsetzung eines Bußgeldes schützen muss, sofern nicht ein vorsätzliches Verhalten des Mandanten vorliegt. Gemäß der Rechtsprechung des BGH ist eine abweichende Rechtsauffassung mitzuteilen, wenn diese von der Rechtsprechung, den Richtlinien der Finanzverwaltung oder der regelmäßigen Verwaltungspraxis abweicht und dies nicht erkennbar ist; anderenfalls liegt eine unvollständige Angabe der Tatsachen vor.[1871] Bei möglichen Abweichungen von der Rechtsprechung oder Verwaltungsauffassung können sich damit straf- und bußgeldrechtliche Auswirkungen für Mandanten ergeben, wenn diese abweichende Rechtsauffassung nicht offengelegt wird. Daher ist der Steuerberater verpflichtet, zu prüfen, ob eine entsprechende Pflicht zur Offenlegung der Rechtsauffassung besteht. Im Zweifel hat er den sichersten Weg zu empfehlen, also alle Tatsachen offenzulegen.

Der Steuerberater hat damit gegenüber der Finanzverwaltung weder nach den abgabenrechtlichen Vorschriften noch nach den berufsrechtlichen Vorschriften eine Pflicht, von der Verwaltungsauffassung abweichende Rechtsansichten anzugeben. Er kann wie der Steuerpflichtige auch abweichende Rechtsansichten ohne Offenlegung vertreten, sofern diese vertretbar sind. Jedoch muss der Steuerberater dem Mandanten wegen seiner zivilrechtlichen Pflicht zur Interessenvertretung sowie der Schadensverhütungspflicht aufgrund der möglichen nachteiligen, insbesondere straf- und bußgeldrechtlichen, Auswirkungen, raten, in Zweifelsfällen eine Offenlegung vorzunehmen. Des Weiteren kann zur Vermeidung eigener strafrechtlicher Auswirkungen eine Offenlegung erforderlich sein.

1869 Siehe hierzu *Jehke,* in: Pfirrmann/Rosenke/Wagner, BeckOK AO, Rz. 68 ff. zu § 378 AO – eine Offenlegungspflicht für Steuerberater im Hinblick auf alle von der Finanzverwaltung abweichenden Ansichten würde diesen zu einer Marionette des Staates machen.

1870 Siehe Kapitel 1 C III 2 „Interessenvertretung".

1871 BGH, Urteil vom 10.11.1999, 5 StR 221/99, Juris, Rz. 26; siehe hierzu im Detail Kapitel 5 B II 1 „Straf- und bußgeldrechtliche Auswirkungen".

II. Auswirkungen für Steuerberater bei Nichtangabe abweichender Verwaltungsauffassungen

1. Straf- und bußgeldrechtliche Auswirkungen

Da insbesondere der Steuerberater die Rechtsanwendung in komplizierten steuerlichen Fragestellungen durch Subsumtion des Sachverhaltes unter die steuerrechtlichen Tatbestände vornimmt, sind die straf- und bußgeldrechtlichen Auswirkungen im Falle abweichender Verwaltungsauffassungen bei der steuerlichen Beratung von großer Bedeutung.[1872] Sofern der Steuerberater keine Angaben zu abweichenden Rechtsansichten macht und diese nicht erkennbar sind, kann dieser ebenso wie der Steuerpflichtige den objektiven Tatbestand einer Steuerhinterziehung oder leichtfertigen Steuerverkürzung erfüllen, da die Angaben unvollständig sind. Dies kann, je nachdem, wie man den Empfängerhorizont definiert, entweder bei Abweichung von den im BStBl. veröffentlichten Verwaltungsauffassungen der Fall sein oder bei einem Widerspruch im Hinblick auf die geltende Rechtsprechung.[1873] So führt auch Schmeer angesichts der uneinheitlichen Literaturauffassungen aus, dass der Steuerpflichtige wie auch der Berater vor der schier unlösbaren Aufgabe stehe, einer Rechtsauffassung der Rechtsprechung, Verwaltung oder Veranlagungspraxis zu folgen, die selbst nicht einheitlich ist.[1874] Diese Aussage ist jedoch in der Weise zu modifizieren, dass er diesen Auffassungen nicht folgen muss, sie jedoch prüfen und ggf. Abweichungen offenlegen muss. Eine andere Auffassung würde den Steuerberater in seiner Unabhängigkeit gefährden und ihn zu einem Gehilfen der Finanzverwaltung machen.[1875] Da keine unrichtigen oder unvollständigen Angaben vorliegen können, wenn der Sachverhalt umfassend offengelegt wird, empfiehlt auch Fissenewert eine vollumfängliche Offenlegung durch den Steuerberater, um strafrechtliche Gefahren zu vermeiden.[1876]

Der subjektive Tatbestand einer Steuerhinterziehung erfordert mindestens bedingten Vorsatz. Durch den Steuerpflichtigen wird im Regelfall bei Rechtsfehlern kein Vorsatz begründet, wenn dieser steuerlich vertreten ist. Er darf grundsätzlich darauf vertrauen, dass der Steuerberater die Steuererklärung basierend

---

1872 *Weckerle*, in: Mellinghoff, DStJG 38 (2015), 171, 174.

1873 Siehe Kapitel 5 B II 1 „Straf- und bußgeldrechtliche Auswirkungen".

1874 *Schmeer*, in: Gräfe/Wollweber/Schmeer, S. 797 f..

1875 Siehe hierzu nachfolgend im Detail Kapitel 7 B II „Die Organstellung des Steuerberaters im Kontext des elektronischen Veranlagungsverfahrens".

1876 *Fissenewert*, DStR 1992, 1488, 1490.

auf den zur Verfügung gestellten Unterlagen und Informationen richtig und vollständig erstellt. Sofern der Steuerpflichtige jedoch erkennen konnte, dass die Angaben des Steuerberaters falsch oder unvollständig sind, liegt ein leichtfertiges Handeln vor.[1877] Etwas anderes gilt, wenn der Steuerberater den Mandanten auf die abweichende Rechtsansicht und eine notwendige Offenlegung hingewiesen hat, da in diesem Fall bei Nichtoffenlegung Vorsatz durch den Steuerpflichtigen[1878] und auch den Steuerberater vorliegt. Im Zweifel muss der Steuerberater das Mandat niederlegen, wenn der Mandant keine Offenlegung wünscht.[1879]

Der Steuerberater hat wegen seiner sehr weitgehenden Verpflichtung zur Kenntnis des geltenden Steuerrechts im Regelfall deutlich eher Kenntnis von etwaigen abweichenden Rechtsansichten. Auch bei einem Steuerberater kann zwar kein bedingter Vorsatz vorliegen, wenn er die abweichende Ansicht nicht kennt und er damit eine mögliche Steuerverkürzung auch nicht billigend in Kauf nimmt. Jedoch wird diese Behauptung des Steuerberaters in deutlich weniger Fällen als beim Steuerpflichtigen akzeptiert[1880], da insbesondere hinsichtlich der Veröffentlichungen im Bundessteuerblatt und der DStR eine Pflicht zur Kenntnisnahme besteht. Sofern eine Rechtsfrage anhand der Veröffentlichungen im Bundessteuerblatt und der DStR zweifelhaft ist, liegt damit bedingter Vorsatz des Steuerberaters im Regelfall vor, wenn er die abweichende Ansicht ohne Offenlegung zugrunde legt.[1881] Hinzu kommt, dass vom BGH bereits angesprochen wurde, dass strengere Anforderungen an die Kenntnis von Rechtsauffassungen seitens des Steuerberaters infolge des schnellen und umfassenden Zugriffs auf die elektronischen Datenbanken gestellt werden.[1882] Wenn der Steuerberater die Rechtsauffassungen tatsächlich nicht kennt, liegt zwar kein bedingter Vorsatz im Sinne des Strafrechts vor (dieser erfordert tatsächliche Kenntnis[1883]), jedoch ein

---

1877 BFH, Urteil vom 29.10.2013, VIII R 27/10, BStBl. II 2014, 295, Rz. 32 f.; *Heuel*, in: Kohlmann, Kommentar Steuerstrafrecht, Rz. 85 zu § 378 AO; *Schmitz/Wulf*, in: Joecks/Miebach, Münchener Kommentar StGB, Rz. 391 zu § 370 AO.

1878 BGH, Urteil vom 10.11.1999, 5 StR 221/99, Juris, Orientierungssatz 5 und Rz. 39.

1879 Siehe Kapitel 1 C V 2 „Steuerhinterziehung durch aktives Tun".

1880 *Fissenewert*, DStR 1992, 1488, 1491; *Weckerle*, in: Mellinghoff, DStJG 38 (2015), 171, 178.

1881 Hammerstein, Anmerkung zu BGH, Beschluss vom 08.08.1985, 2 ARs 223/85, NStZ 1986, 37, 39.

1882 BGH, Urteil vom 23.09.2010, IX ZR 26/09, Juris, Rz. 26; hierzu auch *Kilian*, in: v. Westphalen/Thüsing, Vertragsrecht und AgB-Klauselwerke, Rz. 14 zu „Steuerberater"; *Müller*, AO-StB 2015, 139, 140.

1883 *Weckerle*, in: Mellinghoff, DStJG 38 (2015), 171, 182.

Verstoß gegen die berufsrechtliche Pflicht zur gewissenhaften Berufsausübung und gegen die zivilrechtliche Pflicht zur Rechtsprüfung. Da der Steuerberater auch zur Haftungsvermeidung und zur Vermeidung berufsrechtlicher Pflichtverletzungen im Regelfall eine Dokumentation der Rechtslage vornehmen wird (z.B. durch Gutachten oder Hinweisschreiben an den Steuerpflichtigen), kann im Regelfall auch die Kenntnis des Steuerberaters nachgewiesen werden. Sofern sich jedoch aus Aktenvermerken oder Gutachten ergibt, dass der Steuerberater davon ausgeht, dass Sachverhalte steuerlich unerheblich sind bzw. kein Widerspruch zur geltenden Verwaltungsauffassung oder Rechtsprechung vorliegt, liegt kein Vorsatz vor.[1884] Sofern Rechtsansichten vorliegen, hinsichtlich derer keine Pflicht zur Kenntnis durch den Steuerberater besteht, wird im Regelfall bereits der objektive Tatbestand einer Steuerhinterziehung nicht vorliegen, da diese Angaben im Hinblick auf den Empfängerhorizont der Finanzverwaltung ebenfalls nicht für die Vollständigkeit der Angaben erforderlich sind.

Auch im Hinblick auf den subjektiven Tatbestand einer leichtfertigen Steuerverkürzung gelten für Steuerberater höhere Anforderungen, da der Begriff der Leichtfertigkeit auf die individuellen Kenntnisse abstellt. Beuchert führt hierzu aus, dass eigentlich nur der Steuerberater eine leichtfertige Steuerverkürzung im Hinblick auf von der Finanzverwaltung abweichende Rechtsauffassung verwirklichen könne, da nur er die Auffassung kennt oder kennen muss.[1885] Zwar hat der Verstoß gegen berufsrechtliche Pflichten keine unmittelbare Auswirkung für das Straf- oder Ordnungswidrigkeitenrecht, jedoch kann die Verletzung von Berufspflichten als Indiz sorgfaltswidrigen Verhaltens gewertet werden. Gleiches gilt für einen zivilrechtlichen Pflichtverstoß.[1886] Sofern der Steuerberater entgegen seiner bestehenden Pflicht die Inhalte des Bundessteuerblattes und der DStR nicht beachtet, verletzt er die für ihn gebotene Sorgfalt in ungewöhnlichem Maße, sodass Leichtfertigkeit vorliegt. Dies gilt jedoch nicht, wenn er die Rechtsprüfung ordnungsgemäß durchführt, jedoch zu einem falschen Ergebnis gelangt, beispielsweise dass die Verwaltungsauffassung der der Steuererklärung zugrunde gelegten Auffassung nicht widerspricht.[1887] Des Weiteren hat der

1884 So auch: *Schmeer*, in: Gräfe/Wollweber/Schmeer, S. 798, der aufgrund dessen empfiehlt, dies entsprechend in Aktenvermerken zu dokumentieren; so auch: *Gotzens/Heinsius*, Stbg 2000/5, 209, 219.

1885 *Beuchert*, Anzeigepflichten, S. 257.

1886 *Heuel*, in: Kohlmann, Kommentar Steuerstrafrecht, Rz. 107 f. zu § 378 AO; *Krumm*, in: Tipke/Kruse, Kommentar AO, Rz. 18 zu § 378 AO.

1887 *Jehke*, in: Pfirrmann/Rosenke/Wagner, BeckOK AO, Rz. 65 zu § 378 AO; zum strengeren Sorgfaltsmaßstab siehe auch: *Seer*, in: Tipke/Kruse, Kommentar AO, Rz. 47 zu § 150 AO.

Steuerberater auch die faktische Pflicht weitere Fachliteratur, wie beispielsweise weitere Rechtsprechung und die Veröffentlichung in den Standesorganen, zu prüfen, um dem Vorwurf einer unvertretbaren Auffassung, die in jedem Fall den Tatbestand der unvollständigen Angaben erfüllt, zu begegnen.[1888] Die erforderliche Sorgfalt im Hinblick auf die Kenntnis weiterer Fachliteratur muss aber im konkreten Einzelfall, insbesondere abhängig vom Umfang des Auftrages und der konkreten Rechtsfrage, ausgelegt werden. Bei schwierigen Rechtsfragen, die ihm zum ersten Mal begegnen, muss ein Steuerberater Fachliteratur oder den Rat eines Kollegen heranziehen.[1889] Diese Auslegung der Leichtfertigkeit führt daher unter Umständen zu einer Ausweitung des Pflichtenkanons des Steuerberaters im Hinblick auf die Kenntnis weiterer Fachliteratur zur Vermeidung einer leichtfertigen Steuerverkürzung. Eine andere Ansicht vertritt Schmeer, der ausführt, dass vermutlich auch kein Finanzbeamter den Inhalt sämtlicher Richtlinien und Erlasse kenne, sodass eine Sorgfaltspflichtverletzung nicht angenommen werden könne, wenn Richtlinien nicht beachtet werden oder ein einschlägiges BFH-Urteil übersehen wird.[1890] Auch Krumm führt aus, dass nicht jeder Fehler eines Steuerberaters und das daraus folgende Nichterkennen einer Offenlegungspflicht automatisch zu einer Leichtfertigkeit führe.[1891]

Jedoch kann ein Steuerberater tatbestandsmäßig eine leichtfertige Steuerverkürzung nur dann verwirklichen, wenn er selbst eigene Angaben gegenüber der Finanzbehörde macht, beispielsweise in eigenen Begleitschreiben oder im Rahmen einer nicht autorisierten elektronischen Übermittlung.[1892]

Dementsprechend wird dem steuerlichen Berater empfohlen, zur Vermeidung strafrechtlicher Auswirkungen unklare Rechtsansichten in klar erkennbarer Weise offenzulegen.[1893] Weckerle spricht von einem Zweiklassensteuerstrafrecht im Hinblick auf Steuerpflichtige mit und ohne Steuerberater dadurch, dass abweichende Verwaltungsauffassungen im Regelfall nur von steuerlichen Beratern erkannt und offengelegt werden können.[1894]

1888 *Krumm,* in: Tipke/Kruse, Kommentar AO, Rz. 18 zu § 378 AO.

1889 *Joecks,* in: Joecks/Jäger/Randt, Kommentar Steuerstrafrecht, Rz. 52 zu § 378 AO.

1890 *Schmeer,* in: Gräfe/Wollweber/Schmeer, S. 821.

1891 *Krumm,* in: Tipke/Kruse, Kommentar AO, Rz. 18 zu § 378 AO.

1892 Siehe Kapitel 1 C V 4 „Leichtfertige Steuerverkürzung".

1893 *Schaaf,* AO-StB 2012, 349, 351; *Wenzel,* NWB 2011, 3449, 3454.

1894 *Weckerle,* in: Mellinghoff, DStJG 38 (2015), 171, 178.

2. *Haftung für den Zinsschaden infolge einer späteren Änderung nach § 173 Abs. 1 Nr. 1 AO*

Bei Nichtoffenlegung der abweichenden Rechtsansicht durch den Steuerberater hat dieser hieraus kein Haftungsrisiko für den Steuerschaden. Denn wenn die Offenlegung bereits in der Steuererklärung erfolgt wäre, hätte die Finanzverwaltung die Steuer bereits im ursprünglichen Bescheid höher festgesetzt, sodass sich kein Steuerschaden im Vergleich zu einem geänderten Bescheid nach § 173 Abs. 1 Nr. 1 AO ergibt.[1895] Jedoch kommt eine Haftung für den Zinsschaden, der sich aus einer späteren Änderung nach § 173 Abs. 1 Nr. 1 AO ergibt, in Betracht. Infolge der Nichtoffenlegung kommt es zu einer zu niedrigen Steuerfestsetzung, die später, wenn die zugrunde liegenden Sachverhalte bekannt werden und von der Finanzverwaltung anders rechtlich gewürdigt werden, geändert wird.

Eine Pflichtverletzung des Steuerberaters gegenüber dem Mandanten liegt dann vor, wenn er aufgrund der zivil- und berufsrechtlichen Pflichten zur Kenntnis der Rechtslage und damit zu entsprechenden Hinweispflichten gegenüber dem Mandanten verpflichtet ist. Dies ist insbesondere der Fall, wenn die einschlägigen abweichenden Rechtsansichten im Bundessteuerblatt oder der DStR veröffentlicht wurden. Bei speziellen Prüfaufträgen oder bei Fehlen höchstrichterlicher Rechtsprechung kann sich darüber hinaus die Pflicht zur Prüfung weiterer Fachliteratur ergeben. Eine Pflicht zur Kenntnis von nicht im Bundessteuerblatt oder der DStR veröffentlichter Ansichten der Verwaltung besteht jedoch im Regelfall nicht[1896], sodass sich in diesem Fall auch keine Pflichtverletzung ergeben kann.

Sofern eine Pflichtverletzung des Steuerberaters vorliegt, liegt im Regelfall auch eine Kausalität zwischen Pflichtverletzung und Zinsschaden vor, da bei Offenlegung im Rahmen der Steuererklärung von vornherein eine richtige Steuerfestsetzung erfolgt wäre, sodass es im Regelfall nicht zu einer Zinsfestsetzung gekommen wäre. Es ist hier davon auszugehen, dass bei einer Mitteilung der Hinweispflicht durch den Steuerberater eine Offenlegung der abweichenden Rechtsansicht bzw. der zugrunde liegenden Tatsachen das einzig vernünftige Handeln des Steuerpflichtigen gewesen wäre[1897], da anderenfalls die Gefahr

---

1895 *Trossen*, AO-StB 2017, 309, 311.

1896 Siehe Kapitel 1 C III 4 „Rechtsprüfung".

1897 Siehe grundsätzlich zum Anscheinsbeweis und zum beratungsgerechten Verhalten BGH, Urteil vom 06.12.2018, IX ZR 176/16, Juris, Rz. 26 f.; BGH, Urteil vom 16.07.2015, IX ZR 197/14, Juris, Rz. 25; BGH, Urteil vom 05.02.2009, IX ZR 6/06, Juris, Rz. 9; *Fischer, in:* Hau/Poseck, BeckOK BGB, Rz. 50 zu § 675 BGB; *Laumen*, DStR 2015, 2570, 2574; *Müller*, NWB 2019/13, 905, 907; *Saenger*, in: Saenger,

einer strafrechtlichen Verfolgung besteht. Es kommt damit bei Zugrundelegung der Beratung des sichersten Weges kein anderes Handeln in Betracht. Eine Haftung für die Nachzahlungszinsen durch den Steuerberater liegt damit vor. Hierbei ist im Rahmen der Bemessung der Schadenshöhe jedoch der Liquiditätsvorteil abzuziehen, den der Mandant dadurch erlangt hat, dass er mit dem verspätet gezahlten Steuerbetrag wirtschaften konnte.[1898]

D. Verweis auf Anlagen und Begleitschreiben im Freitextfeld durch den Steuerpflichtigen

I. Pflicht oder Obliegenheit zum Verweis auf Anlagen und Begleitschreiben

Im Formular zur Einkommensteuererklärung wird als Beispiel für notwendige Eintragungen im Freitextfeld wie dargestellt angeführt, dass von der Verwaltungsauffassung abweichende Rechtsansichten zugrunde gelegt wurden. Außerdem werden in der Gesetzesbegründung Anträge auf Ermessensentscheidungen als Beispiele für Eintragungen im Freitextfeld aufgeführt.[1899] Nicht aufgeführt werden Fälle, in denen ergänzend zur elektronischen Übermittlung Anlagen oder Begleitschreiben beim Finanzamt eingereicht werden. Im Einkommensteuererklärungsformular wird sogar explizit darauf hingewiesen, dass keine Eintragung vorzunehmen ist, wenn mit der Steuererklärung lediglich Belege und Aufstellungen eingereicht werden.[1900] Auch die Steuerberaterkammer führt aus, dass allgemeine Hinweise im Freitextfeld wie „Belege anbei" vermieden werden sollen, da hierdurch die automatische Veranlagung verhindert wird und sich die Bearbeitungszeit verlängert.[1901] Daher ist fraglich, ob bei Beifügung von Belegen oder Begleitschreiben ein Eintrag in das Freitextfeld erfolgen muss oder ob

---

Kommentar ZPO, Rz. 42 und 46 zu § 286 ZPO; *Zugehör*, Grundsätze der zivilrechtlichen Haftung, Rz. 67 f.

1898 *Gräfe*, in: Gräfe/Wollweber/Schmeer, S. 382; siehe hierzu auch: OLG Oldenburg, Urteil vom 02.11.2017, 14 U 21/17, Juris, Rz. 30 ff.

1899 Deutscher Bundestag, Drucksache 18/7457 vom 03.02.2016, S. 83.

1900 Formular Einkommensteuererklärung 2019, abgerufen unter https://www.formulare-bfinv.de/ffw/form/display.do?%24context=0980346BE39005777966 am 02.02.2020, 11:40 Uhr.

1901 Empfehlungen der Steuerberaterkammer München zur Belegvorlage für Steuererklärungen ab VZ 2017, Stand November 2020, S. 5.

tatsächlich kein Verweis erforderlich ist und sich auch keine Risiken durch den fehlenden Verweis ergeben.

Zunächst ist festzuhalten, dass es ausreicht, wenn im Freitextfeld ein Verweis auf Anlagen gemacht wird.[1902] Dies ergibt sich zwingend aus der Gewährung rechtlichen Gehörs nach § 91 Abs. 1 S. 1 AO. Im Freitextfeld kann nur eine begrenzte Anzahl von Zeichen eingegeben werden. So ist dieses beispielsweise in der Einkommensteuererklärung auf insgesamt 999 Zeichen begrenzt, bei der Umsatzsteuererklärung sogar auf nur 180 Zeichen.[1903] Das Grundrecht auf Gewährung rechtlichen Gehörs darf nicht durch die Begrenzung der möglichen Zeichen im Freitextfeld eingeschränkt werden, sodass ein entsprechender Verweis auf Anlagen ausreichend sein muss und die Inhalte nicht zwingend vollumfänglich im Freitextfeld eingegeben werden müssen.

Weiter ist festzuhalten, dass Anlagen zu verkennzifferten Beträgen (bei DATEV sog. individuelle Anlagen im jeweiligen Steuerprogramm) nicht selbst Bestandteil der elektronischen Übermittlung sind[1904], sodass diese separat zu übermitteln sind und hierauf unter Umständen ebenfalls im Freitextfeld zu verweisen ist.

Es ist dementsprechend derzeit nicht möglich, Anlagen oder umfangreiche Erläuterungen (die über die begrenzte Zeichenanzahl im Freitextfeld hinausgehen) unter Vermeidung eines Medienbruches im Rahmen der authentifizierten Steuererklärung zu übermitteln. In der Praxis üblich ist daher, im Freitextfeld einen Verweis auf die beigefügten Anlagen vorzunehmen, welche parallel per Post übersandt werden. Mittlerweile existiert mit der sonstigen Nachricht die Möglichkeit der elektronischen Übersendung von Belegen. Die Dateigröße ist jedoch bei elektronischer Übersendung limitiert (maximal 100 Seiten und 10 MB). Für ein medienbruchfreies Verfahren ist es unbedingt erforderlich, dass Belege und Anlagen in unbegrenzter Größe der authentifizierten Steuererklärung beigefügt werden können und das Freitextfeld nicht hinsichtlich der Zeichen limitiert ist, sodass auch diesem Anlagen für Berechnungen oder Belege beigefügt werden können. So kann beispielsweise eine Veräußerungsgewinnberechnung

1902 *Ortwald,* Steuererklärungspflicht und Verfahrensleistungsfähigkeit, S. 171; *Seer,* in: Tipke/Kruse, Kommentar AO, Rz. 56 zu § 156 AO; *Stalf,* Steuerumgehung als Mittel der Steuerberatung?, S. 91; *Trossen,* AO-StB 2017, 309, 310.

1903 Siehe Freitextfeld in Einkommensteuererklärung und Umsatzsteuererklärung 2019, Stand 02.02.2020.

1904 Datev Hilfe-Center, Technische Details zur elektronischen Datenübermittlung, zuletzt aktualisiert 26.03.2021, Lexinform 9240122.

oder eine Erläuterung zu den zugrunde gelegten Tatsachen umfangreich sein und erhebliche Seiten umfassen. Eine Limitierung der möglichen Angaben steht im Gegensatz zum kooperativen Besteuerungsverfahren, in dem der Beteiligte umfassende Tatsachen offenlegen muss, und zum vom Einzelfall abhängigen deutschen Steuerrecht, bei dem nicht sämtliche Tatsachen in standardisierten Kennziffern dargestellt werden können. Sofern die Finanzverwaltung eine umfassende Offenlegung seitens des Beteiligten anstrebt, müssen auch entsprechende Möglichkeiten und Raum hierfür geschaffen werden.

II. Auswirkungen bei Übersendung von Anlagen oder Begleitschreiben ohne Verweis im Freitextfeld

1. Zinszahlungen infolge einer späteren Änderung nach § 173 Abs. 1 Nr. 1 AO

Sofern Belege und Begleitschreiben mit eingereicht werden, jedoch keine Eintragung hierzu im Freitextfeld vorgenommen wird, ist fraglich, ob später eine Änderung zuungunsten des Steuerpflichtigen nach § 173 Abs. 1 Nr. 1 AO zulässig ist, wenn die Finanzverwaltung basierend auf den Belegen zu einem anderen steuerlichen Ergebnis kommt. Grundsätzlich ist keine spätere Änderungsmöglichkeit gegeben, wenn Belege bereits mit der Steuererklärung eingereicht werden, da diese nicht nachträglich bekannt werden. Die Finanzverwaltung muss diese bereits im Rahmen der Steuerfestsetzung nach dem Amtsermittlungsgrundsatz prüfen. Durch die separate elektronische Übermittlung der Steuererklärung, an die derzeit noch keine Belege unmittelbar angeknüpft werden können, ist jedoch fraglich, ob die Belege ohne Verweis im Freitextfeld unter Umständen erst nachträglich bekannt werden, was zu einer späteren Änderungsmöglichkeit des Bescheides und damit zu einem erheblichen Verlust an Rechtssicherheit führen würde. Durch eine spätere Änderung des Bescheides entsteht kein Steuerschaden, da die Festsetzung der Steuer im Änderungsbescheid genauso hoch ist, wie dies der Fall gewesen wäre, wenn die Belege von Anfang an beachtet worden wären. Jedoch kann es zu einer Zinsfestsetzung nach § 233a AO kommen.

Belege stellen Beweismittel im Sinne des § 173 Abs. 1 Nr. 1 AO dar[1905], sodass die Frage zu klären ist, ob diese Beweismittel nachträglich bekannt werden und, wenn ja, ob die Finanzverwaltung einen Ermittlungsfehler begangen hat.

1905 AEAO Nr. 1.2 zu § 173 AO; *Loose,* in: Tipke/Kruse, Kommentar AO, Rz. 21 zu § 173 AO; *Peters,* in: Pfirrmann/Rosenke/Wagner, BeckOK AO, Rz. 45 zu § 173 AO; *Rüsken,* in: Klein, Kommentar AO, Rz. 40 zu § 173 AO.

Im Sinne des § 173 Abs. 1 Nr. 1 AO ist alles bekannt, was sich aus den Akten ergibt, ohne dass es auf die individuelle Kenntnis des Bearbeiters ankommt. Dementsprechend sind auch Tatsachen bekannt, die mangels Prüfhinweisen vom Bearbeiter nicht tatsächlich zur Kenntnis genommen werden. Die genaue Ausgestaltung des Risikomanagementsystems und die Erfüllung der Ermittlungspflichten seitens der Finanzverwaltung liegen in deren Risikobereich.[1906] Auch eine Anlage zur Steuererklärung wird Akteninhalt, unabhängig davon, ob hierauf in der Steuererklärung verwiesen wurde.[1907] Ausgehend hiervon ist also kein Verweis im Freitextfeld auf Anlagen erforderlich, um eine nachträgliche Bekanntgabe zu vermeiden.

Entscheidend ist jedoch, welcher Zeitpunkt für die Bestimmung des „nachträglichen Bekanntwerdens“ ausschlaggebend ist. Maßgeblicher Zeitpunkt für § 173 Abs. 1 Nr. 1 AO ist der, zu dem die Willensbildung über die Steuerfestsetzung abgeschlossen ist.[1908] Fraglich ist, wann die Willensbildung abgeschlossen ist, wenn der Fall vom Risikomanagement nicht ausgesteuert und damit der Steuerfall automatisiert veranlagt wird; in diesem Fall findet keine menschliche Willensbildung statt. Der BFH hatte hierzu bereits im Jahr 1998 entschieden, dass bei programmgesteuerter Erstellung eines Steuerbescheides der Zeitpunkt der Einrichtung des Rechnerprogramms der für § 173 AO maßgebliche Zeitpunkt ist, was in dem damals vorliegenden Fall jedoch nachteilig für die Finanzverwaltung war.[1909] Dies würde bei Anwendung für die automatische Veranlagung bei Steuerbescheiden dazu führen, dass sämtliche nach Einrichtung

---

1906 BFH, Urteil vom 12.03.2019, IX R 29/17, BFH/NV 2019, 1057, Rz. 19; *Loose,* in: Tipke/Kruse, Kommentar AO, Rz. 34 zu § 173 AO; *Münch*, DStR 2013, 2150, 2155 f.; *Peters,* in: Pfirrmann/Rosenke/Wagner, BeckOK AO, Rz. 77 zu § 173 AO; a.A. jedoch *Rüsken,* in: Klein, Kommentar AO, Rz. 41 zu § 173 AO und auch *Trossen,* AO-StB 2017, 309, 316, die mangels tatsächlicher Pflicht der Finanzverwaltung zur Kenntnisnahme der Belege kein Bekanntwerden annehmen; diese Prüfung erfolgt jedoch erst im Rahmen einer Ermittlungspflichtverletzung, sodass es im Rahmen des nachträglichen Bekanntwerdens nicht auf die Pflichten der Finanzverwaltung ankommen kann.

1907 FG Baden-Württemberg, Urteil vom 19.07.2013, 9 K 2541/11, Juris, Orientierungssatz 4 und Rz. 31.

1908 AEAO Nr. 2.1 zu § 173 AO.

1909 BFH, Urteil vom 24.03.1998, VII R 59/97, BStBl. II 1998, 450, Leitsatz 2 und Rz. 9; so auch: *Rüsken,* in: Klein, Kommentar AO, Rz. 53a zu § 173 AO; auch anwendend für programmgesteuerte Bescheide, wozu insbesondere Kfz-Steuerbescheide zählen: *Peters,* in: Pfirrmann/Rosenke/Wagner, BeckOK AO, Rz. 103 f. zu § 173 AO.

des Rechnerprogramms vorgebrachten Tatsachen neu sind; also auch mit der Steuererklärung eingereichte Erläuterungen und Belege. Dies widerspricht dem Zweck des § 173 AO, Rechtssicherheit zu gewährleisten.[1910] Im Übrigen hat der Steuerpflichtige weder Kenntnis davon, ob der Bescheid automatisiert erlassen wurde, noch davon, wann das Rechnerprogramm eingerichtet wurde. Von Groll wendet das BFH-Urteil nur bei der programmgesteuerten Erstellung eines Dauerbescheides wie beispielsweise der Kfz-Steuer an.[1911]

Eine gegenteilige Auffassung hat Loose, der für § 173 AO auf den Zeitpunkt abstellt, zu dem der Steuerbescheid den Machtbereich der Finanzverwaltung verlässt. Hier stellt sich daher die Frage, ob die Willensbildung bereits bei Einrichtung des Rechnerprogramms abgeschlossen ist, nicht.[1912] Nach dieser Auffassung wären alle Belege, die vor Erlass des Bescheides bei der Finanzverwaltung eingehen, bereits bekannt, sodass eine nachträgliche Änderung des Bescheides nach § 173 Abs. 1 Nr. 1 AO diesbezüglich nicht mehr möglich wäre.

Ursprünglich war im Referentenentwurf des Gesetzes zur Modernisierung des Besteuerungsverfahrens vorgesehen, in § 118a AO eine Regelung zu schaffen, wonach die Willensbildung bei einem ausschließlich automationsgestützt erlassenen Verwaltungsakt mit Abschluss der maschinellen Bearbeitung als abgeschlossen gilt. Infolgedessen wurde gefordert, dass der Steuerpflichtige darüber informiert werden muss, ob der Bescheid maschinell erlassen wird und wann der Bescheid an das Rechenzentrum übermittelt wird. Zumindest in einigen Bundesländern ist der Zeitpunkt der Übermittlung des Bescheides an das Rechenzentrum in der Fußzeile des Bescheides ersichtlich.[1913] Der Forderung auf einen Hinweis, ob der Bescheid automatisiert erlassen wurde, ist der Gesetzgeber nicht gefolgt, da hieraus, nach der Gesetzesbegründung, keine abweichenden Rechtsfolgen resultieren.[1914] Den Hinweis zum Abschluss der Willensbildung enthält nun § 155 Abs. 4 S. 4 AO. Hiernach gilt die Willensbildung bei vollständig automationsgestütztem Erlass eines Verwaltungsaktes im Zeitpunkt des Abschlusses der maschinellen Bearbeitung als abgeschlossen. Die Gesetzesbegründung enthält keine genaueren Erläuterungen hierzu, wobei sich

---

1910 *Koenig,* in: Koenig, Kommentar AO, Rz. 75 zu § 173 AO*; Münch*, DStR 2013, 2150, 2155 f.

1911 *v. Groll,* in: Hübschmann/Hepp/Spitaler, Kommentar AO, Rz. 205 zu § 173 AO.

1912 *Loose,* in: Tipke/Kruse, Kommentar AO, Rz. 45 zu § 173 AO.

1913 Stellungnahme der Bundessteuerberaterkammer zu Deutscher Bundestag, Drucksache 18/7457 vom 03.02.2016, S. 16.

1914 Deutscher Bundestag, Drucksache 18/7457 vom 03.02.2016, S. 83 sowie Bundesrat, Drucksache 631/15 vom 18.12.2015, S. 100.

hieran schon zeigt, dass sich insbesondere für den Abschluss der Willensbildung im Sinne des § 173 AO Auswirkungen je nachdem ergeben, ob es sich um einen vollständig automationsgestützt erlassenen Bescheid handelt oder nicht.

Rosenke führt dazu aus, dass sich der Zeitpunkt des Abschlusses der maschinellen Bearbeitung nur anhand von Protokollen der Finanzverwaltung ermitteln lasse. Des Weiteren erläutert er, dass der Abschluss nicht erst dann vorliege, wenn der Vorgang des Versendens beginnt, sondern bereits dann, wenn programmtechnisch keine weiteren Schritte erforderlich sind, um den Verwaltungsakt zu erstellen. Insbesondere sei dies nicht mit dem Zeitpunkt des Versendens oder der Bekanntgabe des Verwaltungsaktes gleichzusetzen.[1915] Ebenso führt auch Seer aus, dass sich der Zeitpunkt des Abschlusses der maschinellen Verarbeitung vom Versenden und der Bekanntgabe unterscheide und vom EDV-System der Finanzverwaltung zu dokumentieren sei.[1916] Des Weiteren führt er aus, dass die Vorschrift erforderlich sei, da der Willensbildungsprozess bei einer automatisierten Steuerfestsetzung bereits im Rahmen der Programmierung des Datenverarbeitungssystems erfolgt ist. Aufgrund dessen muss eine Regelung existieren, die den Abschluss des Willensbildungsprozesses zu einem späteren Zeitpunkt fingiert.[1917] Zwar spricht § 155 Abs. 4 S. 4 AO nun dafür, die frühere Rechtsprechung, die eine Willensbildung bei Programmierung des Rechnerprogramms angenommen hatte, nicht im Rahmen der vollautomatisierten Steuerfestsetzung anzuwenden, da in diesem Zeitpunkt die maschinelle Verarbeitung noch nicht abgeschlossen ist. Richtigerweise ist die maschinelle Verarbeitung dann abgeschlossen, wenn das Risikomanagementsystem über eine Aussteuerung entscheidet und zu dem Schluss kommt, dass eine vollautomatische Steuerfestsetzung erfolgt. Der genaue Zeitpunkt bleibt jedoch unklar, insbesondere da keine Veröffentlichung des Zeitpunktes und der Tatsache, ob überhaupt eine vollautomatisierte Steuerfestsetzung vorliegt, erfolgt.

Wenn eine Steuererklärung elektronisch übermittelt wird und nicht vom Risikomanagementsystem ausgesteuert wird, bedeutet dies nun, dass der für § 173 AO maßgebliche Zeitpunkt unmittelbar bei elektronischem Versand vorliegt, da in diesem Moment die maschinelle Verarbeitung durchgeführt wird. Sofern Belege oder Begleitschreiben erst nach Versendung der elektronischen Daten beim Finanzamt eingehen und keine Aussteuerung aus dem automatisierten

1915 *Rosenke,* in: Pfirrmann/Rosenke/Wagner, BeckOK AO, Rz. 266 zu § 155 AO.

1916 *Seer,* in: Tipke/Kruse, Kommentar AO, Rz. 60 zu § 155 AO.

1917 *Seer,* DStZ 2016/16, 605, 608; *Seer,* in: Jahrbuch des Bundesverbands der Steuerberater 2016, 55, 63; *Seer,* StuW 4/2015, 315, 323.

Verfahren erfolgt, sind diese daher neu. Sofern man Belege ohne Eintrag in das Freitextfeld beifügt, besteht daher die Möglichkeit, dass keine Aussteuerung aus dem maschinellen Verfahren erfolgt und damit kein Bearbeiter Kenntnis von den Belegen nimmt. Gleiches gilt vermutlich, wenn man, sofern das Formular dies vorsieht[1918], angibt, dass der Steuererklärung Belege beigefügt sind, da auch dieser Eintrag nach § 155 Abs. 4 S. 1 AO nicht zwingend zu einer Aussteuerung aus dem maschinellen Verfahren führt. Eine spätere Änderungsmöglichkeit des Bescheides hängt hiernach davon ab, wann die Belege beim Finanzamt eingehen. Wenn die Belege vor den elektronischen Daten bei der Finanzverwaltung eingehen, sind diese bei der Entscheidung des Risikomanagementsystems, ob eine maschinelle Veranlagung erfolgt, bereits bekannt. Wenn die elektronische Übermittlung bereits erfolgt, die Belege jedoch per Post übersandt werden, wird es im Regelfall so sein, dass das Risikomanagementsystem bereits hinsichtlich der automatischen Veranlagung eine Entscheidung getroffen hat, die Belege jedoch beim Finanzamt noch gar nicht vorliegen. Man könnte daher nach dieser Auffassung ein nachträgliches Bekanntwerden annehmen. Eine spätere Änderung des Steuerbescheides und damit auch die Rechtssicherheit des Steuerpflichtigen ist damit davon abhängig, wann die Belege übersandt werden. Dies führt in der Praxis zu erheblichen Schwierigkeiten bei der Ablaufgestaltung und zeigt, dass die Vorschrift des § 173 AO in der derzeitigen Ausgestaltung nicht im Einklang mit einem automatisierten und beleglosen Veranlagungsverfahren steht.[1919]

Sofern man eine Eintragung in das Freitextfeld vornimmt und auf die beigefügten Belege verweist, kommt es zu einer Aussteuerung aus dem automatischen Verfahren. Damit kann in diesem Fall, mangels vollmaschineller Veranlagung, der maßgebliche Zeitpunkt nicht die Einrichtung des Computerprogramms sein, da die abschließende Willensbildung anschließend durch den Sachbearbeiter getroffen wird, der anhand der Angaben im Freitextfeld entscheidet, ob der Bescheid automatisiert erlassen wird oder ob eine weitergehende personelle Prüfung erforderlich ist. Frühestens dieser Zeitpunkt kann damit der für das nachträgliche Bekanntwerden maßgebliche Zeitpunkt sein. Zu diesem Zeitpunkt sind die Belege bereits Akteninhalt, da der Bearbeiter, wenn im Freitextfeld auf die Belege verwiesen wird, diese prüfen muss. Damit liegt kein nachträgliches Bekanntwerden vor. Eine spätere Änderung nach § 173 Abs. 1 Nr. 1

1918 Wie z.B. in der Einkommensteuererklärung und Körperschaftsteuererklärung.

1919 Siehe zu Änderungsvorschlägen Kapitel 7 C III 1 „Anpassung der Korrekturvorschriften von Steuerbescheiden".

AO hinsichtlich der Informationen, die sich aus den beigefügten Belegen ergeben, ist nicht mehr möglich.[1920]

Außerdem ist in diesem Zusammenhang zu prüfen, ob durch den expliziten Hinweis beim Freitextfeld, dass keine Eintragung vorzunehmen ist, wenn Belege eingereicht werden[1921], ein Verstoß gegen die Fürsorgepflicht nach § 89 Abs. 1 AO seitens der Finanzverwaltung vorliegt. Dies führt gerade dazu, dass diese Beweismittel mangels Eintragung im Freitextfeld unter Umständen als neu gelten (bei Eingang nach Abschluss der Willensbildung) und damit später eine Änderung nach § 173 Abs. 1 Nr. 1 AO möglich ist. Auch wenn ein Verstoß gegen die Fürsorgepflicht nicht explizit als Ausschluss der Änderungsmöglichkeit des § 173 Abs. 1 Nr. 1 AO genannt wird, so muss dieser wie eine Ermittlungspflichtverletzung eine Änderung nach Treu und Glauben ausschließen, wenn der Verstoß gegen die Fürsorgepflicht ursächlich für die spätere Änderung ist. Im Hinblick auf einen Verstoß gegen Treu und Glauben sind die Pflichten der Finanzbehörde und des Steuerpflichtigen zu berücksichtigen[1922], wozu auch die Fürsorgepflicht gehört. Die Defizite in der Sachaufklärung, nämlich die Unkenntnis der Finanzbehörde, ist dadurch begründet, dass das Freitextfeld wegen des ausdrücklichen Hinweises auf dem Formular keine Angaben zu beigefügten Belegen enthält. Dementsprechend muss eine Änderung nach Treu und Glauben hier ausgeschlossen sein. Des Weiteren ist fraglich, ob unter der Annahme, dass keine Belegvorlagepflicht mehr besteht, nicht das Risikomanagement des Finanzamtes so ausgestaltet werden muss, dass bei Zweifeln entsprechende Belege angefordert werden und ansonsten eine spätere Änderung nach § 173 Abs. 1 Nr. 1 AO ausgeschlossen ist.

Die derzeitige Rechtslage und die fehlende Möglichkeit der Verknüpfung elektronischer Belege an die Steuererklärung ist unbefriedigend und resultiert darin, dass, um späteren Änderungen vorzubeugen, bei Belegübersendung immer ein Eintrag in das Freitextfeld erfolgen muss, um ein nachträgliches Bekanntwerden zu vermeiden. Dies führt wiederum dazu, dass automatische Veranlagungen weitestgehend verhindert werden. Alternativ kommt es zu erheblichem

---

1920 Im Ergebnis dem zustimmend: *Rüsken,* in: Klein, Kommentar AO, Rz. 41 zu § 173 AO; *Trossen*, AO-StB 2017, 309, 316.

1921 Siehe Vordruck Mantelbogen Einkommensteuer 2019, ergänzende Angaben: „Falls Sie mit Abgabe der Steuererklärung lediglich Belege und Aufstellungen einreichen, ist keine Eintragung vorzunehmen."; von der Datev wurde dieser Satz nicht in die Steuerprogramme übernommen.

1922 In Anlehnung an die Grundsätze bei *v. Groll,* in: Hübschmann/Hepp/Spitaler, Kommentar AO, Rz. 238 und 242 zu § 173 AO.

Arbeitsaufwand seitens der Steuerpflichtigen, die, um mögliche Änderungen nach § 173 Abs. 1 Nr. 1 AO zu vermeiden, stets vor der elektronischen Übermittlung sicherstellen müssen, dass die Belege bei der Finanzverwaltung eingegangen sind. Die eigentlich angestrebte Effizienz und Erleichterung durch das elektronische Verfahren verkehrt sich so in ihr Gegenteil. Auch die Bundessteuerberaterkammer führt aus, dass vorzugsweise im Gesetz selbst geregelt werden sollte, dass im Falle der Nichtbeachtung von freiwillig mitgeschickten Belegen im Rahmen einer maschinellen Veranlagung diese Tatsache nicht als neu gelten darf.[1923] Dies wurde jedoch nicht umgesetzt.

2. *Straf- und bußgeldrechtliche Auswirkungen*

Analog zu den Ausführungen zu abweichenden Verwaltungsauffassungen[1924] wird auch hinsichtlich der Belegübersendung ausgeführt, dass ein straf- und bußgeldrechtliches Risiko ferner dann besteht, wenn die Unterlagen zur Offenlegung der abweichenden Rechtsansicht beigefügt sind, jedoch das Freitextfeld nicht aktiviert ist, da in diesem Fall eine maschinelle Bearbeitung und ein Nichterkennen der abweichenden Auffassung durch die Finanzverwaltung in Kauf genommen wird.[1925] Analog zu den Ausführungen im genannten Kapitel zur Offenlegung abweichender Rechtsansichten muss jedoch auch hinsichtlich der Belege gelten, dass eine Beifügung dieser, wie auch ein Begleitschreiben, ausreicht, da in diesem Fall keine unvollständigen Angaben gemacht werden.[1926] Hierfür spricht auch, dass ein separates Feld in einigen Steuererklärungsformularen (z.B. Einkommensteuererklärung und Körperschaftsteuersteuerklärung; nicht jedoch in der Umsatzsteuererklärung) existiert, in dem anzugeben ist, ob Belege beigefügt werden. Auch hierüber hat die Finanzverwaltung und auch das Risikomanagementsystem damit die Möglichkeit, zu erkennen, ob Belege beigefügt sind und ob eine Aussteuerung erfolgen soll.

Nichtsdestotrotz ist die Rechtslage derzeit unsicher, sodass im Zweifel auch zur Vermeidung strafrechtlicher Folgen empfohlen wird, das Freitextfeld auszufüllen und auf die beigefügten Belege zu verweisen.[1927]

1923 Stellungnahme der Bundessteuerberaterkammer an den Finanzausschuss des Bundestages zum Gesetzentwurf zur Modernisierung des Besteuerungsverfahrens vom 05.04.2016.

1924 Siehe Kapitel 5 B II 1 „Straf- und bußgeldrechtliche Auswirkungen"; auch zum zeitlichen Ablauf.

1925 *Heuel*, in: Kohlmann, Kommentar Steuerstrafrecht, Rz. 121 zu § 377 AO.

1926 *Erb*, DB 2017/26, 1469, 1471.

1927 *Heuel*, in: Kohlmann, Kommentar Steuerstrafrecht, Rz. 121 zu § 377 AO.

E. Verweis auf Anlagen und Begleitschreiben im Freitextfeld durch den Steuerberater

I. Pflicht oder Obliegenheit des Steuerberaters zum Verweis auf Anlagen und Begleitschreiben

Ebenso wie für den Steuerpflichtigen besteht auch für den Steuerberater keine abgabenrechtliche Pflicht, im Freitextfeld auf beigefügte Anlagen und Begleitschreiben zu verweisen. Auch aus den berufsrechtlichen Pflichten, beispielsweise aus der Gewissenhaftigkeit, kann sich eine solche nicht ergeben, da kein Verstoß gegen steuerliche Gesetze im Falle eines fehlenden Verweises vorliegt.

Jedoch hat der Steuerberater im Rahmen seiner zivilrechtlichen Pflicht zur bestmöglichen Interessenvertretung dem Mandanten den sichersten Weg zu empfehlen.[1928] Hierzu gehört, dass der Steuerberater den Mandanten entsprechend auf etwaige Nachzahlungszinsen durch spätere Änderungen nach § 233 ff. AO hinweist oder diese vermeidet.[1929] Dementsprechend hat der Steuerberater zur Haftungsvermeidung entweder einen Eintrag in das Freitextfeld zur Vermeidung einer späteren Zinszahlung nach Änderung nach § 173 Abs. 1 Nr. 1 AO vorzunehmen oder sicherzustellen, dass die Belege vor der Steuererklärung eingehen, sofern die Rechtslage unsicher ist und die Möglichkeit besteht, dass die Finanzverwaltung basierend auf den eingereichten Anlagen zu einem anderen Ergebnis kommt. Alternativ muss der Mandant entsprechend auf das Risiko hingewiesen werden.

II. Auswirkungen für Steuerberater bei Übersendung von Anlagen oder Begleitschreiben ohne Verweis im Freitextfeld

1. Haftung für den Zinsschaden infolge einer späteren Änderung nach § 173 Abs. 1 Nr. 1 AO

Sofern Belege ohne Eintrag in das Freitextfeld der Steuererklärung beigefügt werden, diese jedoch zeitlich nach der elektronischen Übermittlung bei der Finanzverwaltung eingehen, kommt später eine Änderung des Steuerbescheides nach § 173 Abs. 1 Nr. 1 AO in Betracht. Durch die spätere Änderung kann es

1928 Siehe Kapitel 1 C III 2 „Interessenvertretung".

1929 OLG Düsseldorf, Urteil vom 04.11.2014, I-23 U 168/13, Juris, Orientierungssatz 1 und Rz. 10; OLG Köln, Urteil vom 13.11.2008, 8 U 26/08, Juris, Rz. 85.

zu Zinszahlungen nach §§ 233 ff. AO kommen.[1930] Fraglich ist, ob eine Pflichtverletzung des Steuerberaters vorliegt und damit eine Haftung gegenüber dem Mandanten für den Zinsschaden aus einer späteren Änderungsmöglichkeit der Finanzverwaltung in Betracht kommt, sofern der Steuererklärung Belege ohne Eintrag in das Freitextfeld beigefügt wurden. Eine Pflichtverletzung liegt nur dann vor, wenn der Steuerberater überhaupt eine Pflicht zur Beifügung von Belegen hat, beispielsweise wenn die Einordnung einer Einnahme oder Ausgabe zweifelhaft ist.[1931]

In diesem Fall ist zur Vermeidung jeglicher Risiken im Hinblick auf die nachträgliche Bekanntgabe (und damit auch zur Beratung des sichersten Weges) zwingend erforderlich, dass ein Eintrag in das Freitextfeld erfolgt, sodass die Belege auch vor der endgültigen Willensbildung der Finanzbehörde bekannt werden[1932] und damit eine Änderung nach § 173 Abs. 1 Nr. 1 AO später nicht möglich ist. Alternativ muss der Steuerberater sicherstellen, dass die Belege vor dem elektronischen Datenübertrag bei der Finanzverwaltung eingehen. Andernfalls kann, sofern die Einordnung von Einnahmen oder Ausgaben zweifelhaft ist und die Belege deshalb beigefügt wurden, eine Haftung des Steuerberaters in Betracht kommen, da dieser seine Pflicht, dem Mandanten den für ihn günstigsten und sichersten Weg zu empfehlen, verletzt. Zu ersetzender Schaden ist die Zinszahlung nach §§ 233 ff. AO, wobei etwaige Zinsersparnisse durch die spätere Zahlung gegenzurechnen sind. Um Haftungsgefahren auszuschließen, kann der Steuerberater den Mandanten auf das Risiko einer nachträglichen Änderung hinweisen.

2. *Straf- und bußgeldrechtliche Auswirkungen*

Wie für den Steuerpflichtigen können sich auch für Steuerberater keine straf- und bußgeldrechtlichen Gefahren ergeben, wenn im Falle einer möglicherweise abweichenden Rechtsansicht die Belege zur Offenlegung beigefügt werden, aber auf die Belege nicht im Freitextfeld verwiesen wird.[1933]

1930 Siehe Kapitel 4 B II 1 „Zinszahlungen infolge einer Änderungsmöglichkeit nach § 173 Abs. 1 Nr. 1 AO oder § 173a AO bei fehlerhaften Steuerbescheiden zugunsten des Steuerpflichtigen".

1931 Siehe Kapitel 4 C I „Pflicht zur Belegvorlage durch den Steuerberater".

1932 Siehe Kapitel 5 D II 1 „Zinszahlungen infolge einer späteren Änderung nach § 173 Abs. 1 Nr. 1 AO".

1933 Siehe Kapitel 5 C II 1 „Straf- und bußgeldrechtliche Auswirkungen".

F. Zwischenergebnis

Das Freitextfeld dient der Gewährung rechtlichen Gehörs und in diesem Rahmen beispielsweise auch der Möglichkeit zur Angabe abweichender Rechtsansichten, die den Angaben in der Steuererklärung zugrunde liegen, zur Vermeidung strafrechtlicher Auswirkungen.

Das amtliche Formular zur Einkommensteuererklärung enthält explizit den Hinweis, dass bei Daten, die auf einer von der Verwaltungsauffassung abweichenden Rechtsgrundlage basieren, ein Eintrag in das Freitextfeld erforderlich ist. Hintergrund ist, dass bei einer automatischen Veranlagung solche den Daten zugrunde liegenden abweichenden Verwaltungsauffassungen nicht erkannt werden können und damit eine Verifikation der Angaben nicht möglich ist. Eine Angabepflicht abweichender Verwaltungsauffassungen ergibt sich nicht aus den Mitwirkungspflichten im Besteuerungsverfahren nach §§ 90 ff. AO, da der Beteiligte hiernach ausschließlich zur Mitteilung von Tatsachen verpflichtet ist. Im Rahmen der Steuererklärung erfolgt teilweise bereits eine Subsumtion, da die Steuergesetze auf die Tatsachen angewandt werden müssen. Jedoch enthalten die §§ 90 ff. AO keine Plicht, hierbei die Verwaltungsauffassung zu berücksichtigen; es muss lediglich eine gesetzmäßige Steuererklärung erfolgen. Damit müssen die Rechtsansichten nur vertretbar sein. Hieran ändert auch die explizite Frage im Mantelbogen nach abweichenden Verwaltungsauffassungen nichts, da diese nicht erforderlich ist für die Festsetzung des gesetzmäßigen Steueranspruchs und damit nicht richtig beantwortet werden muss. Gemäß dem Amtsermittlungsgrundsatz ist die Finanzverwaltung verpflichtet, den Sachverhalt aufzuklären und etwaige Abweichungen von der Verwaltungsauffassung zu erkennen, beispielsweise durch Fragen in den Formularen zu den einzelnen Sachverhalten oder Aussteuerung aus dem automatischen Verfahren bei typischerweise strittigen Sachverhalten. Damit kann eine Nichtangabe abweichender Verwaltungsauffassungen unter Berücksichtigung des strafrechtlichen Bestimmtheitsgebotes auch nicht zu einer Strafbarkeit gemäß § 370 Abs. 1 Nr. 1 AO führen, wenn die zugrundegelegten Rechtsansichten vertretbar sind. Für eine Strafbarkeit müsste eine explizite Rechtsgrundlage zum Hinweis auf abweichende Verwaltungsauffassungen existieren. Aus § 90 AO ergibt sich dies jedoch nicht. Zudem handelt es sich insbesondere für steuerlich nicht beratene Steuerpflichtige um unzumutbare Mitwirkungsbeiträge.

Eine Offenlegungspflicht greift damit nur bei nicht vertretbaren bzw. den allgemeinen Rechtssätzen widersprechenden Rechtsansichten. In diesem Zusammenhang ergibt sich insbesondere für Steuerberater ein erhöhtes strafrechtliches bzw. bußgeldrechtliches Risiko, da von diesen eine umfassende Rechtskenntnis erwartet wird und damit auch eher ein (bedingter) Vorsatz oder eine Leichtfertigkeit bei nicht erfolgter Offenlegung vorliegen kann. Es ist aber zu beachten, dass eine Offenlegung zur Vermeidung straf- und bußgeldrechtlicher Auswirkungen nicht zwingend eine Erläuterung im Freitextfeld erfordert. Eine Offenlegung kann auch durch erkennbare Angabe in der Kennziffer, in einem Begleitschreiben oder durch Beifügung von Belegen erfolgen.

Weiter ist zu prüfen, ob sich negative Auswirkungen ergeben, wenn der Steuererklärung Belege beigefügt werden und hierauf nicht im Freitextfeld verwiesen wird. Bei keinem Eintrag im Freitextfeld ist es möglich, dass eine automatische Veranlagung durchgeführt wird. In diesem Fall gelten die Belege als neue Tatsachen, wenn sie nach Abschluss der Willensbildung, also nach Entscheidung des Rechnerprogramms über die nicht erforderliche Aussteuerung, bei der Finanzverwaltung eingehen. Dies kann zu einem Verlust der Rechtssicherheit durch spätere Änderungsmöglichkeiten nach § 173 Abs. 1 Nr. 1 AO im Falle einer abweichenden rechtlichen Beurteilung der Finanzverwaltung basierend auf den Belegen führen. Es sollte damit sichergestellt werden, dass die Belege vor der elektronischen Steuererklärung bei der Finanzverwaltung eingehen. Alternativ kann im Freitextfeld auf die Belege verwiesen werden, was zu einer Aussteuerung aus dem automatischen Verfahren führt. Durch diese Verhinderung automatischer Veranlagungen kommt es jedoch vermehrt zu personellen Veranlagungen, was im Widerspruch zur angestrebten Effizienz im elektronischen Verfahren steht. Es ist damit in einem elektronischen Veranlagungsverfahren zwingend erforderlich, sämtliche Anlagen der elektronischen Steuererklärung, bestenfalls der jeweiligen Kennziffer, beifügen zu können.

6. Kapitel: Prüfung der von Dritten elektronisch übermittelten Daten

A. Gesetzliche Grundlagen der Datenübermittlung durch Dritte

I. Pflichten zur Datenübermittlung

Im Rahmen der Erstellung der elektronischen Steuererklärung erhält der Steuerberater die notwendigen Sachverhaltsangaben nicht nur vom Steuerpflichtigen, sondern hat mittlerweile auch die Möglichkeit, elektronische Daten, die Dritte an die Finanzverwaltung übermitteln, abzurufen. Bereits seit 1993 sind andere Behörden verpflichtet, Geldflüsse unter bestimmten Voraussetzungen an die Finanzbehörden zu melden.[1934] Hinzu kamen im Laufe der Jahre zahlreiche weitere Übermittlungspflichten insbesondere im Einkommensteuerrecht, beispielsweise für Arbeitgeber, Versicherungen und Banken.[1935] Die im Rahmen des steuerlichen Veranlagungsverfahrens bedeutsamen Übermittlungspflichten Dritter sind insbesondere für Versicherungen § 10 Abs. 2a S. 4 EStG, § 10a Abs. 5 EStG und § 22a EStG, für Banken § 45a EStG, für Träger der Sozialleistungen (beispielsweise bei Lohnersatzleistungen) § 32b Abs. 3 EStG, für Träger der Rentenversicherung und ähnliche Stellen § 22a Abs. 1 EStG, für Stellen, die für die Feststellung zur Behinderung zuständig sind, § 65 Abs. 3a EStDV, für Arbeitgeber § 41b Abs. 1 EStG und im Falle von Vermögensbildungsleistungen § 15 Abs. 1 VermBG. Für Empfänger von steuerbegünstigten Zuwendungen besteht derzeit keine Pflicht zur elektronischen Übermittlung, aber die Möglichkeit nach § 50 Abs. 2 und 3 EStDV.

Mit Wirkung zum 01.01.2017 wurde mit § 93c AO eine Verfahrensvorschrift für die Datenübermittlung durch Dritte geschaffen, in der Fristen, enthaltene Angaben, Aufzeichnungs- und Aufbewahrungspflichten hinsichtlich der Daten sowie nachträgliche Korrekturen geregelt sind. § 93c AO selbst regelt keine neuen Datenübermittlungspflichten, sondern ausschließlich die Art und Fristen der Datenübermittlung.[1936] In der Literatur wird kritisiert, dass § 93c AO

1934 *Weyand*, Was weiß das Finanzamt vom Steuerzahler? S. 18 f.

1935 *Kobor*, in: Pfirrmann/Rosenke/Wagner, BeckOK AO, Rz. 1 zu § 93c AO.

1936 *Kobor*, in: Pfirrmann/Rosenke/Wagner, BeckOK AO, Rz. 3 zu § 93c AO; *Preißer/Wind*, S. 19.

systematisch verfehlt ist und neben den weiteren Spezialregelungen in §§ 87a bis 88b, 72a und 93d AO in einen eigenen Abschnitt der elektronischen Veranlagung in der Abgabenordnung aufgenommen werden sollte.[1937] Im Rahmen der Umstellung auf den elektronischen Abruf von Daten wurden auch die neue Korrekturvorschrift des § 175b AO sowie die Ablaufhemmung des § 171 Abs. 10a AO geschaffen, die eine Korrektur des Steuerbescheids basierend auf den von Dritten elektronisch übermittelten Daten ermöglichen.[1938] Des Weiteren wurde eine separate Form der Außenprüfung geschaffen, um zu prüfen, ob die mitteilungspflichtige Stelle die Verpflichtungen zur Datenübermittlung erfüllt (§ 203a AO).

Mittlerweile stehen die elektronisch von Dritten übermittelten Daten jedoch nicht nur den Finanzbehörden zur Verfügung, sondern auch Steuerpflichtige und deren Berater haben einen eingeschränkten Zugriff auf die Daten, um diese im Rahmen der Steuererklärung zu nutzen. Frist für die Datenübermittlung ist gemäß § 93c Abs. 1 Nr. 1 AO der 28. Februar des Folgejahres[1939], sodass nach diesem Termin der Steuerpflichtige oder dessen Berater die elektronischen Daten abrufen und diese automatisch in die Steuererklärungsformulare übernehmen kann. In diesem Rahmen können Lohnsteuerbescheinigungen, Lohnersatzleistungen, Renten, Beiträge zu Kranken-, Riester- und Rürupversicherungen sowie Daten der Vermögensbildungsbescheinigung elektronisch abgerufen werden.[1940] Ebenfalls an das Finanzamt elektronisch übermittelt werden Angaben zu Behinderten- und Sparerpauschbeträgen. Hier ist aber derzeit noch kein Abruf der elektronischen Daten durch den Steuerpflichtigen möglich.[1941] Geplant ist, den Datenabruf in den nächsten Jahren auch auf Kirchensteuerzahlungen, elektronisch gemeldete Spenden, Freistellungsaufträge und den Grad der Behinderung auszudehnen.[1942]

1937 *Rätke,* in: Klein, Kommentar AO, Rz. 5 zu § 93c AO.

1938 *Seer,* in: Tipke/Kruse, Kommentar AO, Rz. 15 zu § 93c AO.

1939 *Groß/Mößlein,* in: Pelka/Petersen, Beck'sches Steuerberater-Handbuch 2019/2020, Rz. 79 zu I Elektronische Steuerkommunikation; *Langenkämpfer*, NWB-Infocenter zu „Elektronische Veranlagung", Stand September 2018.

1940 Deutscher Bundestag, Drucksache 19/7325 vom 24.01.2019, S. 4; *Buchwald/Bernhardt/Welsch*, FR 2015, 1010, 1011; *Groß/Mößlein,* in: Pelka/Petersen, Beck'sches Steuerberater-Handbuch 2019/2020, Rz. 78 zu I Elektronische Steuerkommunikation; *Langenkämpfer*, NWB-Infocenter zu „Elektronische Veranlagung", Stand September 2018.

1941 *Seer,* in: Tipke/Kruse, Kommentar AO, Rz. 3 zu § 93c AO.

1942 Deutscher Bundestag, Drucksache 19/11987 vom 29.07.2019 (Antwort der Bundesregierung auf die Kleine Anfrage), S. 2.

II. Zweck der Datenübermittlung durch Dritte

Zweck der elektronischen Datenübermittlung durch Dritte ist sowohl eine Vereinfachung des Veranlagungsverfahrens als auch eine effektive Verifikation der Angaben der Steuerpflichtigen auf Seiten der Finanzverwaltung.[1943] Nur durch eine breite Datenbasis können datengestützte Risikomanagementsysteme (RMS) eingesetzt werden. Hierdurch können Steuererklärungen maschinell bearbeitet werden.[1944] Im Ergebnis kann durch eine umfassendere Überprüfung der Angaben der Steuerpflichtigen durch Abgleich mit den von Dritten gemeldeten Daten der Verifikationsauftrag der Finanzverwaltung erfüllt und auch die Gleichmäßigkeit der Besteuerung gesichert werden.[1945] Der elektronische Datenabruf widerspricht aufgrund der genannten Zwecke auch nicht dem Recht auf informationelle Selbstbestimmung, da ein vollautomatisches Steuerveranlagungsverfahren erheblich davon abhängt, dass die Finanzverwaltung Daten von Dritten als Grundlage der Festsetzung der Steuer und auch zur Verifikation der Angaben in der Steuererklärung erhält, sodass sich Zweck, Umfang und Verwendung der Daten bereits hieraus ergeben.[1946]

Auf Seiten der Steuerpflichtigen und deren Berater führen die elektronische Datenübermittlung durch Dritte und insbesondere der Abruf dieser elektronischen Daten auch zu einer Verfahrensvereinfachung im Rahmen der Erstellung der Steuererklärung. In diesem Zusammenhang wurde der Begriff der „vorausgefüllten Steuererklärung (VaSt)“ als kostenloses Service-Angebot der Finanzverwaltung eingeführt.[1947] Im Rahmen einer dialogischen Struktur ist es erforderlich, dass die Belastungen der Datenerhebung und Datenspeicherung für den Steuerpflichtigen auch zu seinen Gunsten genutzt werden können und die Finanzbehörde die erhaltenen Daten zur Verfügung stellt. Damit tritt die Finanzbehörde dem Steuerpflichtigen „vertrauensbildend gegenüber und vermag legitimerweise umgekehrt seine Mitwirkung auch einzufordern und ggf. zu sanktionieren.“[1948] Auf Seiten der Steuerpflichtigen und deren Berater werden

---

1943 Bundesrat, Drucksache 631/15 vom 18.12.2015, S. 58; Drüen, DStR 2010, 2, 4; *Roth*, SteuK 2016, 78, 79 f.; *Rüsch*, GmbHR 2016, R241, R242.

1944 Deutscher Bundestag, Drucksache 18/7457 vom 03.02.2016, S. 71.

1945 *Rüsch*, GmbHR 2016, R241, R242; *Schuster*, in: Hübschmann/Hepp/Spitaler, Kommentar AO, Rz. 4 zu § 93c AO.

1946 *Seer*, in: Hey, DStJG 42 (2019), 247, 270.

1947 *Drüen*, DStR 2010, 2, 4; *Drüen*, in: Tipke/Kruse, Kommentar AO, Rz. 1 zu § 80a AO; *Vinken*, DStR 2012, 1205, 1207; dies bereits lange vor Einführung ausführend: *Seer*, in: Steuerberater-Jahrbuch 2004/2005, S. 73.

1948 *Seer*, DStR 2008, 1553, 1558 f.

Fehleingaben, beispielsweise Tippfehler oder Eintragungen in falsche Felder des Steuererklärungsformulars, durch Übernahme der elektronisch gemeldeten Daten reduziert.[1949] Insbesondere Schreib-/Rechenfehler können durch die elektronische Datenübermittlung von Dritten erkannt und behoben werden.[1950] Abläufe können effizienter gestaltet werden, da weniger händische Eintragungen erforderlich sind.[1951] Mögliche Differenzen zwischen den elektronischen Daten und den tatsächlich geleisteten Beträgen lassen sich unter Umständen bereits vor Abgabe der Steuererklärung klären, was wiederum Rückfragen der Finanzverwaltung und Einspruchsverfahren reduzieren kann.[1952]

Der Weg zur vorausgefüllten Steuererklärung ist nicht einfach, da im deutschen Steuerrecht viele Einzelfälle unterschiedliche steuerliche Entlastungen vorsehen. So können tatsächlich entstandene Werbungskosten und Sonderausgaben nur innerhalb bestimmter Grenzen elektronisch gemeldet werden.[1953] Ein möglichst vollständiger elektronischer Datenabruf erfordert auch, dass Kapitalerträge vollständig und auch von ausländischen Bankkonten gemeldet werden.[1954] Des Weiteren muss für Steuerabzugsbeträge vermehrt die Einwilligung in die elektronische Datenübermittlung materiellrechtliche Voraussetzung für den Abzug sein, wie dies beispielsweise schon bei § 10 Abs. 2 S. 2 Nr. 2 und S. 3 EStG der Fall ist. Inwieweit infolge der vorausgefüllten Steuererklärung eine Steuererklärung „mit einem Klick" erreicht werden kann, bei der der Steuerpflichtige die Steuererklärung nur noch auf Richtigkeit und Vollständigkeit überprüft, hängt maßgeblich von der zukünftigen Ausgestaltung des materiellen Rechts ab.[1955] Derzeit sind die elektronisch übermittelten Daten in den wenigsten Fällen ausreichend für eine korrekte und möglichst steuerentlastende Erklärung. Die umfassend vorausgefüllte Steuererklärung als Serviceangebot der Finanzverwaltung ist daher derzeit nur eine Utopie, die nur in Teilen und unter hohem

---

1949 *BStBK*, DStR-KR 2013, 38, 38; *Vinken*, DStR 2012, 1205, 1207.

1950 Deutscher Bundestag, Drucksache 18/8434 vom 11.05.2016 (Beschlussempfehlung und Bericht des Finanzausschusses), S. 112.

1951 Deutscher Bundestag, Drucksache 19/1058 vom 05.03.2018 (Antwort der Bundesregierung auf die Kleine Anfrage), S. 4; *Beckmann*, S. 22; *BStBK*, DStR-KR 2013, 38, 38; *Vinken*, DStR-KR 2013, 45, 45.

1952 Bundesrat, Drucksache 631/15 vom 18.12.2015, S. 58; *Groß/Mößlein*, in: Pelka/Petersen, Beck'sches Steuerberater-Handbuch 2019/2020, Rz. 81 zu I „Elektronische Steuerkommunikation".

1953 *Deckers/Fiethen*, FR 2015, 913, 917.

1954 *Deckers/Fiethen*, FR 2015, 913, 917.

1955 Deutscher Bundestag, Drucksache 19/7325 vom 24.01.2019, S. 4.

Verwaltungsaufwand für die meldenden Dritten, die Steuerpflichtigen und deren Berater umgesetzt werden kann.

B. Datenabgleich der von Dritten übermittelten Daten

I. Datenabgleich durch den Steuerpflichtigen

1. *Verpflichtung zum Datenabgleich*

Infolge der Möglichkeit des Steuerpflichtigen, die von Dritten elektronisch übermittelten Daten in seine Steuererklärung zu übernehmen, stellt sich die Frage, inwieweit dieser zur Überprüfung der Daten verpflichtet ist. Eine explizite Pflicht zur Überprüfung der von Dritten übermittelten Daten enthält die Abgabenordnung nicht.[1956] Auch bei Übernahme der elektronischen Daten trägt der Steuerpflichtige aber die uneingeschränkte Verantwortung für die Vollständigkeit und Richtigkeit der in der Steuererklärung angegebenen Daten.[1957] Dies ergibt sich aus § 150 Abs. 2 AO, gemäß dem die Angaben in den Steuererklärungen wahrheitsgemäß nach bestem Wissen und Gewissen zu machen sind. § 150 Abs. 7 S. 2 AO regelt, dass elektronische Daten von Dritten, die nach § 93c AO an die Finanzverwaltung übermittelt wurden, als Angaben des Steuerpflichtigen gelten, soweit er in dem dafür vorgesehenen Datenfeld der Steuererklärung[1958] keine abweichenden Angaben hierzu macht. Im Zusammenspiel von § 150 Abs. 2 und Abs. 7 AO bedeutet dies nun ausgehend vom Wortlaut der Vorschriften, dass der Steuerpflichtige zur Einhaltung des Wahrheits- und Vollständigkeitsgebots keine Angaben zu den elektronisch übermittelten Daten machen muss, wenn er diese für richtig befunden hat, da diese als seine Angaben fingiert werden. Die elektronisch übermittelten Daten werden in diesem Fall als zutreffend behandelt.[1959] Zweck des § 150 Abs. 7 S. 2 AO ist die Erleichterung der Arbeit für den Steuerpflichtigen, da er auf die Deklaration der bereits elektronisch übermittelten Daten ohne Verstoß gegen die Mitwirkungspflichten verzichten kann und sich damit auch der Aufwand für die Erstellung der Steuererklärung vermindert. Es

---

1956 *Vetten*, NWB 2016/42, 3187, 3189.

1957 *Langenkämpfer*, NWB-Infocenter zu „Elektronische Veranlagung“, Stand September 2018; so auch: *Baum*, NWB 2016, 2852, 2858; *Beyer*, NWB 2016, 1508, 1509 f.; *Steinhauff*, AO-StB 2016, 176, 176.

1958 Zum Erfordernis, dass die elektronisch von Dritten übermittelten Daten trotzdem Eintragungsmöglichkeiten bestehen müssen: *Ortwald*, Steuererklärungspflicht und Verfahrensleistungsfähigkeit, S. 172.

1959 *Heuel/Harink*, AO-StB 2020, 49, 54; *Trossen*, AO-STB 2017, 309, 312.

kommt damit zu einer Verringerung der Mitwirkungspflichten, da der Finanzverwaltung die Daten bereits vorliegen.[1960]

Eine Regelung, die einen Verstoß gegen die Mitwirkungspflichten auch dann verneint, wenn die elektronisch übermittelten Daten falsch sind und vom Steuerpflichtigen nicht überprüft werden, fehlt jedoch und ist auch nicht gewollt. Die Finanzverwaltung stellt dem Steuerpflichtigen keinen Veranlagungsvorschlag zur Verfügung, sondern nur die elektronischen Daten, die weiterhin geprüft werden müssen.[1961] So führt auch die Gesetzesbegründung aus: „Dabei ist bedeutsam, dass die angebotenen Eintragungen für den Steuerpflichtigen auch künftig nicht bindend sind. Die Eintragungen sollen geprüft und danach entweder übernommen oder durch die aus Sicht des Steuerpflichtigen zutreffenden Daten ersetzt werden."[1962] Hiergegen führt Gebhardt aus, dass Steuerpflichtige auf die Bescheinigungen der übermittelnden Dritten vertrauen dürfen, sofern keine Zweifel bestehen; nur im Falle von Zweifeln ist damit eine Prüfung erforderlich.[1963] Ein solches „Vertrauen" sieht die Abgabenordnung für den Steuerpflichtigen jedoch nicht vor. Die Angaben in der Steuererklärung sind nach bestem Wissen und Gewissen zu machen (§ 150 Abs. 2 AO). In diesem Rahmen sollen gerade Angaben von Dritten vom Steuerpflichtigen überprüft werden.[1964]

Eine Nichtangabe der elektronisch übermittelten Daten ist damit nur möglich, wenn der Steuerpflichtige die elektronischen Daten geprüft und für richtig befunden hat, da anderenfalls die Gefahr einer Steuerverkürzung durch zu hohe Abzugsbeträge oder zu niedrige Einnahmen besteht. Hieraus wird auch in der Fachliteratur geschlussfolgert, dass der Steuerpflichtige wegen der Fiktion in

---

1960 Bundesrat, Drucksache 631/15 vom 18.12.2015, S. 60; Deutscher Bundestag, Drucksache 18/8434 vom 11.05.2016 (Beschlussempfehlung und Bericht des Finanzausschusses), S. 112; *Baum*, NWB 2016, 2636, 2643; *Heuel/Harink*, AO-StB 2020, 49, 54; *Ibold*, in: Pfirrmann/Rosenke/Wagner, BeckOK AO, Rz. 124 und 124.1 zu § 370 AO; *Schuster*, in: Hübschmann/Hepp/Spitaler, Kommentar AO, Rz. 38 zu § 93c AO; *Seer*, in: Tipke/Kruse, Kommentar AO, Rz. 49 zu § 150 AO.

1961 *Groß/Möslein*, in: Pelka/Petersen, Beck'sches Steuerberater-Handbuch 2019/2020, Rz. 140 zu I „Elektronische Steuerkommunikation"; *Nöcker*, AO-StB 2021, 35, 35.

1962 Bundesrat, Drucksache 631/15 vom 18.12.2015, S. 60.

1963 *Gebhardt*, AO-StB 2021, 32, 33.

1964 Siehe allgemein zu § 150 Abs. 2 AO: *Seer*, in: Tipke/Kruse, Kommentar AO, Rz. 43 zu § 150 AO.

§ 150 Abs. 7 S. 2 AO geradezu verpflichtet wird, die elektronischen Daten mittels Datenabruf der gemeldeten Daten zu überprüfen.[1965]

Da eine Prüfung durch den Steuerpflichtigen erforderlich ist, ist der Begriff „vorausgefüllte Steuererklärung“ irreführend. Es handelt sich um eine elektronische Ausfüllhilfe, bei der die elektronischen Daten automatisch in die jeweilige Zeile der Steuererklärung übernommen werden können, die jedoch zwingend der Überprüfung durch den Steuerpflichtigen bedarf, da die Daten zu Angaben des Steuerpflichtigen werden.[1966] Geplant ist auch ein Haken in der Steuererklärung, mit dem der Steuerpflichtige die Richtigkeit der elektronisch übermittelten Daten bestätigt.[1967] Für die Rechtssicherheit und das Bewusstsein, welche Daten in der Steuererklärung erklärt werden, wäre dies sinnvoll. Bei einer zu unterschreibenden Papiersteuererklärung besteht ein deutlich höheres Bewusstsein, dass die Daten vollständig und richtig sein müssen. Bei der elektronischen Steuererklärung bestehen derzeit Unsicherheiten, was automatisch berücksichtigt wird, insbesondere da auch noch nicht alle elektronisch an die Finanzverwaltung gemeldeten Daten vom Steuerpflichtigen abgerufen werden können.[1968] Zudem bestehen Unsicherheiten, was überhaupt elektronisch gemeldet wird. Die amtlichen Steuererklärungsformulare enthalten zwar seit 2019 ein „(e)“, wenn die Daten üblicherweise elektronisch gemeldet werden[1969], diese Kennzeichnung wurde jedoch beispielsweise von der DATEV nicht in die Steuererklärungssoftware übernommen.[1970] Zudem bedeutet dies nicht, dass tatsächlich eine Meldung im konkreten Fall erfolgt ist.

1965 *Rolletschke*, NZWiSt 2018, 185, 186; *Rosenke,* in: Pfirrmann/Rosenke/Wagner, BeckOK AO, Rz. 118 zu § 150 AO; *Schalburg*, Stbg 4/20, 150, 150; *Steinhauff*, AO-StB 2016, 176, 176; *von Wedelstädt*, AO-StB 2015, 99, 103.

1966 *Braun-Binder*, NVwZ 2016, 960, 960; *Kleemann*, DStR 2013, 2721, 2721; *Rosenke*, in: Pfirrmann/Rosenke/Wagner, BeckOK AO, Rz. 118 zu § 150 AO; *Vinken*, DStR 2012, 1205, 1207; *Willerscheid*, NWB 2014/5, 297, 297.

1967 *Deutschland*, Diskussionsentwurf „Modernisierung des Besteuerungsverfahrens“, DStR-Beih 2014, 149, 154.

1968 *Rohner*, Rechtsprobleme der elektronischen Veranlagung, S. 49; siehe zum Umfang der abrufbaren Daten Kapitel 6 A I „Pflichten zur Datenübermittlung“.

1969 *Schalburg*, Stbg 4/20, 150, 150 f.; Elster-Formular Einkommensteuererklärung 2019 abgerufen unter https://www.formulare-bfinv.de/ffw/form/display.do?%24context=3858D9840A897BAF2047 am 19.12.2020, 16:53 Uhr.

1970 Die unterschiedliche Ausgestaltung in verschiedenen Programmen ebenfalls kritisierend: dies auch kritisierend: *Ortwald,* Steuererklärungspflicht und Verfahrensleistungsfähigkeit, S. 205.

Die automatische Übernahme der elektronisch gemeldeten Daten in die Steuererklärung bzw. die Berücksichtigung im Bescheid bei fehlenden Angaben in der entsprechenden Kennziffer nach § 150 Abs. 7 S. 2 AO birgt zwangsläufig die Gefahr, dass elektronische Daten falsch sind, dies jedoch weder vom Steuerpflichtigen noch von der Finanzverwaltung erkannt wird. Der Gefahr von nicht erkannten falschen elektronischen Daten soll die neue Änderungsvorschrift des § 175b AO entgegenwirken.[1971] Hiernach kann der Steuerbescheid auch nach Ablauf der Einspruchsfrist und unabhängig von einem Verschulden des Steuerpflichtigen[1972] bei nicht oder nicht zutreffend berücksichtigten oder bei zuungunsten des Steuerpflichtigen falschen Daten geändert werden. Hierbei werden die elektronischen Daten nicht als Grundlagenbescheid behandelt. Damit muss sich der Steuerpflichtige nicht an den Dritten wenden, um Unstimmigkeiten zu klären, sondern kann die Änderungen direkt gegenüber der Finanzverwaltung vornehmen.[1973] Auch hieran wird deutlich, dass der Steuerpflichtige weiterhin Herr über die in seiner Steuererklärung angegebenen Daten bleibt.[1974] Die Finanzverwaltung ist bei Abweichungen zur Sachaufklärung verpflichtet, auch wenn dies § 175b AO nicht hinreichend abbildet, da die systematische Stellung der Vorschrift eher den Eindruck eines Grundlagenbescheids erweckt.[1975]

Auch wenn abweichende Daten in der Steuererklärung angegeben werden, kommt es derzeit meist zum Ansatz der elektronisch gemeldeten Daten im Bescheid ohne vorherige Anhörung.[1976] Es verstärkt sich der Eindruck, dass die von Dritten übermittelten Daten in der Praxis wie ein Grundlagenbescheid behandelt werden. Unter der Annahme, dass die von Dritten übermittelten Daten mehrheitlich korrekt sind, werden diese Daten meist ohne weitere

---

1971 Deutscher Bundestag, Drucksache 18/8434 vom 11.05.2016 (Beschlussempfehlung und Bericht des Finanzausschusses), S. 100.

1972 *Schuster*, in: Hübschmann/Hepp/Spitaler, Kommentar AO, Rz. 21 zu § 93c AO.

1973 Deutscher Bundestag, Drucksache 18/7457 vom 03.02.2016, S. 88; *Bruschke*, StB 2019, 272, 272; *Deutschland*, Diskussionsentwurf „Modernisierung des Besteuerungsverfahrens", DStR-Beih 2014, 149, 154; *Klomp*, in: Pfirrmann/Rosenke/Wagner, BeckOK AO, Rz. 2 zu § 175b AO; *Kobor*, in: Pfirrmann/Rosenke/Wagner, BeckOK AO, Rz. 36 zu § 93c AO.

1974 Bundesrat, Drucksache 631/15 vom 18.12.2015, S. 58; *Beyer*, NWB 2016, 1508, 1509 f.

1975 *Nöcker*, AO-StB 2020, 261, 263; *Trossen*, FR 2015, 1021, 1021; auch kritisch zur systematischen Stellung: *Klomp*, in: Pfirrmann/Rosenke/Wagner, BeckOK AO, Rz. 55.1 zu § 175b AO.

1976 *Baldauf*, DStR 2016, 833, 838; *Krömker/Nöcker*, AO-StB 2017, 305, 307; *Peters*, FR 2015, 1026, 1028; *Trossen*, AO-StB 2017, 309, 314.

Prüfung der Abweichungen in die Bescheide übernommen. Auch wenn in der Gesetzesbegründung ausgeführt wird, dass gemäß internen Untersuchungen die elektronisch übermittelten Daten in nahezu allen Fällen zutreffend seien[1977], zeigt sich in der Praxis eine erhebliche Anzahl von fehlerhaften Daten.[1978] Neben den bei Dritten unrichtig gespeicherten Daten kommen Fehler beispielsweise dann vor, wenn Versicherungsbeiträge für Kinder mitgezahlt werden, die entsprechend in die Anlage Kind übertragen werden, obwohl gemäß § 32 EStG nicht im gesamten Veranlagungszeitraum die Voraussetzungen zur Berücksichtigung als Kind erfüllt waren. Es wird hier eine reine Zahlenübernahme von der Finanzverwaltung durchgeführt, jedoch ohne Anwendung des geltenden Rechts im Einzelfall; die Subsumtion wird vernachlässigt. In der Praxis führt im Regelfall nur eine Angabe im Freitextfeld oder eine anderweitige Aussteuerung durch das Risikomanagementsystem zu einer händischen Veranlagung, sodass nur in diesen Fällen Abweichungen überhaupt seitens der Finanzverwaltung erkannt werden können, sodass weitere Sachaufklärung möglich ist.[1979] Faktisch werden daher durch diese „Bevorzugung" der Daten von Dritten durch die Finanzverwaltung diese Daten zu Grundlagenbescheiden, was jedoch rechtswidrig ist, da die Dritten im Regelfall nicht die Eigenschaft als Beliehene haben und damit nicht die staatliche Aufgabe der Prüfung der elektronisch übermittelten Daten übernehmen können.[1980] Dies wäre auch kaum möglich, da die übermittelnden Dritten keinen Einblick in die gesamte Besteuerungssituation des Steuerpflichtigen haben. Aufgrund dieser praktischen Behandlung der elektronischen Daten als Grundlagenbescheid kommt es in der Praxis immer wieder zu umfangreichen Abstimmungsprozessen zwischen dem Steuerpflichtigen und den Dritten, sodass die Sachverhaltsaufklärung auf die Steuerpflichtigen verlagert wird.[1981] Es zeigt sich, dass die verfahrensrechtliche Behandlung des Umgangs mit von Dritten elektronisch übermittelten Daten noch immer in vielen Fragen, insbesondere bei Abweichungen, ungeklärt ist.[1982]

1977 Deutscher Bundestag, Drucksache 18/8434 vom 11.05.2016 (Beschlussempfehlung und Bericht des Finanzausschusses), S. 112.

1978 *Rosenke*, in: Pfirrmann/Rosenke/Wagner, BeckOK AO, Rz. 118 zu § 150 AO; *Vinken*, DStR-KR 2012, 29, 29.

1979 *Schuster*, in: Hübschmann/Hepp/Spitaler, Kommentar AO, Rz. 38 zu § 93c AO.

1980 *Preißer/Wind*, S. 65; im Grundsatz so auch: *Klomp*, in: Pfirrmann/Rosenke/Wagner, BeckOK AO, Rz. 55.1 zu § 175b AO; *Peters*, FR 2015, 1026, 1028; *Richter/Welling*, FR 2015, 1014, 1017; *Trossen*, FR 2015, 1021, 1021.

1981 *Preißer/Wind*, S. 199.

1982 *Gebhardt*, EStB 2014, 113, 113.

Die Prüfung von abweichenden Daten, die vom Steuerpflichtigen angegeben wurden, wird auch in den Erläuterungen nicht hinreichend von der Finanzverwaltung erklärt.[1983] Dieses Vorgehen in der Praxis widerspricht dem Amtsermittlungsgrundsatz und den Hinweis- und Begründungspflichten nach der AO.[1984] Nach § 121 AO ist ein schriftlicher oder elektronischer Verwaltungsakt mit einer Begründung zu versehen, soweit dies zu seinem Verständnis erforderlich ist, was insbesondere der Fall ist, wenn die tatsächlichen Gründe, die dem Verwaltungsakt zugrunde gelegt wurden, von dem vom Betroffenen mitgeteilten Sachverhalt abweichen.[1985] Dies ergibt sich weiter aus § 91 Abs. 1 S. 2 AO, der eine Anhörung des Steuerpflichtigen im Falle von Abweichungen vom in der Steuererklärung erklärten Sachverhalt zuungunsten des Steuerpflichtigen regelt. Der mögliche Verzicht auf eine Anhörung nach § 91 Abs. 2 Nr. 4 AO ist nicht für Steuerbescheide anzuwenden.[1986] Sofern die elektronischen Daten angesetzt werden, obwohl der Steuerpflichtige einen abweichenden Sachverhalt mitgeteilt hat, greift damit die Begründungspflicht nach § 121 Abs. 1 AO und bei Abweichung zuungunsten auch die Anhörungspflicht nach § 91 Abs. 1 S. 2 AO.[1987]

Aufgrund der Problematik der Bevorzugung der elektronisch gemeldeten Daten wird derzeit bei Abweichungen in vielen Fällen das Freitextfeld ausgefüllt. Nöcker schlussfolgert aus § 150 Abs. 7 S. 2 AO, dass nur in diesem Fall die elektronischen Daten nicht als Daten des Steuerpflichtigen gelten.[1988] Der „dafür vorgesehene Abschnitt" nach § 150 Abs. 7 S. 2 AO kann jedoch auch die entsprechende Kennziffer in der Steuererklärung und muss nicht zwingend das Freitextfeld sein. Im Falle eines Eintrags in das Freitextfeld erfolgt eine automatische Aussteuerung und personelle Veranlagung nach § 155 Abs. 4 S. 3 AO. Weiter wird ausgeführt, dass bei Ausfüllen des Freitextfelds eine vorherige Anhörung erforderlich ist (§ 91 Abs. 1 S. 2 AO sowie Umkehrschluss aus § 91 Abs. 2 Nr. 4 AO).[1989] Teilweise wird auch vertreten, dass im Falle von Abweichungen von den

1983 *Peters*, FR 2015, 1026, 1028; *Preißer/Wind*, S. 199.

1984 *Peters*, FR 2015, 1026, 1028; *Preißer/Wind*, S. 199; *Richter/Welling*, FR 2015, 1014, 1017.

1985 *Füssenich*, in: Pfirrmann/Rosenke/Wagner, BeckOK AO, Rz. 24 zu § 121 AO; so auch: *Ratschow*, in: Klein, Kommentar AO, Rz. 7 zu § 121 AO.

1986 *Kobor*, in: Pfirrmann/Rosenke/Wagner, BeckOK AO, Rz. 19 zu § 91 AO.

1987 *Seer*, StuW 4/2015, 315, 327.

1988 *Nöcker*, AO-StB 2020, 261, 264; a.A.: *Gebhardt*, AO-StB 2021, 32, 34 (begründet dies damit, dass abweichende eDaten keine Rechtsauffassung sind).

1989 *Baldauf*, DStR 2016, 833, 835; *Krömker/Nöcker*, AO-StB 2017, 305, 307; *Trossen*, AO-StB 2017, 309, 314; *Vetten*, NWB 2016/42, 3187, 3188.

elektronischen Daten durch den Steuerpflichtigen eine Eintragung in das Freitextfeld vorzunehmen ist, um eine händische Bearbeitung anzustoßen. Anderenfalls erfolgt, sofern keine Aussteuerung aus dem automatischen Verfahren aus anderen vom Risikomanagementsystem identifizierten Gründen erfolgt, eine automatische Veranlagung.[1990] Wie oben gezeigt, ergibt sich aber ohnehin, wenn die Finanzverwaltung von den in der Steuererklärung angegebenen Daten zuungunsten abweichen will, eine Anhörungspflicht, sodass diese auch bei Nichtausfüllen des Freitextfelds besteht. Damit führt bereits die Eintragung eines von den elektronischen Daten abweichenden Betrages zwingend zur händischen Bearbeitung durch die Finanzverwaltung, da dies einen konkreten Anlass nach § 150 Abs. 7 S. 2 und § 155 Abs. 4 S. 1 AO darstellt.[1991] Des Weiteren hat das Finanzamt aufgrund des Amtsermittlungsgrundsatzes die Pflicht, Abweichungen nachzugehen und den korrekten Sachverhalt zu ermitteln, da sich infolge der abweichenden Angaben Zweifel ergeben. Dies ergibt sich aus dem Rechtsstaatsprinzip nach Art. 20 Abs. 3 GG.[1992] Für eine verfassungsgemäße Ausgestaltung des Risikomanagementsystems ist es erforderlich, dass unzulängliche Erklärungen des Steuerpflichtigen mit einem angemessenen Entdeckungsrisiko verbunden sind.[1993] Im Falle von abweichenden Daten in der Steuererklärung von den Daten, die nach § 93c AO gemeldet werden, liegen Zweifel vor, die zwingend aufgrund des Verifikationsprinzipes durch das Risikomanagementsystem ausgesteuert werden müssen. Es reicht daher auch eine abweichende Angabe in dem Kennzifferfeld der falsch übermittelten elektronischen Daten aus.[1994] Die Rechte und Pflichten der Finanzbehörde hinsichtlich der Ermittlung des Sachverhaltes bleiben auch im Falle der elektronischen Datenübermittlung

---

1990 *Krömker/Nöcker*, AO-StB 2017, 305, 306 f.; so auch: *Rüsken*, in: Klein, Kommentar AO, Rz. 2 zu § 175b AO (gesetzlich nicht vorgesehen).

1991 *Braun-Binder*, NVwZ 2016, 960, 960; *Richter/Welling*, FR 2015, 1014, 1017 f.; *Schuster*, in: Hübschmann/Hepp/Spitaler, Kommentar AO, Rz. 38 zu § 93c AO; *Seer*, in: Tipke/Kruse, Kommentar AO, Rz. 50 zu § 150 AO; *Trossen*, AO-StB 2017, 309.

1992 *Braun-Binder*, NVwZ 2016, 960, 960; *Trossen*, AO-StB 2017, 309, 312 ff.; siehe zur Amtsermittlung Kapitel 1 B I „Allgemeine Mitwirkung des Beteiligten bei der Sachverhaltsermittlung".

1993 Deutscher Bundestag, Drucksache 18/7457 vom 03.02.2016, S. 68; *Kobor*, in: Pfirrmann/Rosenke/Wagner, BeckOK AO, Rz. 6 zu § 88 AO.

1994 *Rüsken*, in: Klein, Kommentar AO, Rz. 54a zu § 155 AO; *Trossen*, AO-StB 2017, 309, 312; so auch für abweichende Angaben wegen Schreib-/Rechenfehlern ausführend: Deutscher Bundestag, Drucksache 18/8434 vom 11.05.2016 (Beschlussempfehlung und Bericht des Finanzausschusses), S. 112.

von Dritten bestehen, sodass bei Abweichungen weitere Nachforschungen zur Ermittlung des wahren Sachverhaltes anzustellen sind. Die Finanzverwaltung ist ebenso wenig wie der Steuerpflichtige an die von Dritten übermittelten Daten gebunden (§ 93c Abs. 4 S. 2 AO).[1995] Neben der Anhörung des Steuerpflichtigen sowie des Ersuchens des Dritten um Aufklärung hat die Finanzverwaltung nach § 203a AO außerdem die Möglichkeit, eine Außenprüfung bei dem übermittelnden Dritten durchzuführen.[1996] Sofern sich nicht ermitteln lässt, welche Daten korrekt sind, gelten die allgemeinen Regeln der Beweislast.[1997] Auch in der Gesetzesbegründung wird ausgeführt, dass bei abweichenden Angaben in der Steuererklärung die Schutzmechanismen der Anhörung nach § 91 Abs. 1 S. 2 AO, der Hinweispflicht im Rahmen der Begründung gemäß § 121 AO sowie die Möglichkeit der Wiedereinsetzung in den vorigen Stand bei fehlerhafter Begründung nach § 126 Abs. 3 i.V.m. § 110 AO anwendbar sind.[1998] So geht man davon aus, dass „die Finanzverwaltung auch in Zukunft ein besonderes Augenmerk auf die Beteiligung des Steuerpflichtigen bei Übernahme abweichender Daten Dritter sowie auf deutliche Hinweise in der Begründung daraufhin ergangener Steuerbescheide legen werde“[1999]. Dementsprechend ist es nicht Aufgabe des Steuerpflichtigen, durch eine Angabe im Freitextfeld für eine Aussteuerung aus dem automatischen Verfahren zu sorgen, da dieser gerade keine Letztverantwortung für die Sachverhaltsaufklärung hat. Auch wenn in der entsprechenden Kennziffer ein von den elektronischen Daten abweichender Betrag eingegeben wird, erfüllt der Steuerpflichtige die Pflicht nach § 150 Abs. 2 AO. Sofern, wie in der Praxis häufig, eine Ermittlung des wahren Sachverhaltes nicht erfolgt und die Finanzverwaltung die falschen Daten von Dritten ansetzt, liegt damit eine Ermittlungspflichtverletzung der Finanzverwaltung vor.

Nur in dieser Weise kann auch sichergestellt werden, dass es dem Steuerpflichtigen weiterhin ermöglicht wird, „klassisch“ ohne Kenntnis der elektronisch übermittelten Daten und damit auch ohne Kenntnis von etwaigen enthaltenen Fehlern Angaben in seiner Steuererklärung zu machen. Die vorausgefüllte Steuererklärung darf nicht zu einer Verpflichtung zur Verifikation der elektronischen

---

1995 *Kobor*, in: Pfirrmann/Rosenke/Wagner, BeckOK AO, Rz. 36 zu § 93c AO.

1996 *Klomp*, in: Pfirrmann/Rosenke/Wagner, BeckOK AO, Rz. 42 zu § 175b AO.

1997 *Klomp*, in: Pfirrmann/Rosenke/Wagner, BeckOK AO, Rz. 42 zu § 175b AO.

1998 Deutscher Bundestag, Drucksache 18/8434 vom 11.05.2016 (Beschlussempfehlung und Bericht des Finanzausschusses), S. 99 f.; zur Anhörung auch *Schuster*, in: Hübschmann/Hepp/Spitaler, Kommentar AO, Rz. 37 zu § 93c AO.

1999 Deutscher Bundestag, Drucksache 18/8434 vom 11.05.2016 (Beschlussempfehlung und Bericht des Finanzausschusses), S. 100.

Daten durch den Steuerpflichtigen führen; dieser muss ausschließlich die steuererheblichen Tatsachen mitteilen. Es wäre sinnvoll, eine ausdrückliche Regelung zu schaffen, dass Abweichungen von den elektronischen Daten automatisch zu einer personellen Veranlagung führen.[2000] Anderenfalls kommt es vermehrt zu Ermittlungspflichtverletzungen der Finanzverwaltung, insbesondere wenn die elektronischen Daten gar nicht abgerufen werden und der Steuerpflichtige oder dessen Berater damit nicht die Möglichkeit hat, Abweichungen zu erkennen. Eine Verpflichtung zur Eintragung in das Freitextfeld bei Abweichungen würde in einer Verpflichtung zum elektronischen Datenabruf und Prüfung der elektronischen Daten oder dazu, dass man sicherheitshalber immer einen Eintrag in das Freitextfeld vornehmen müsste, resultieren.

2. *Möglichkeit und Umfang des Datenabgleichs*

Sofern der Steuerpflichtige die Erleichterungen des elektronischen Datenabrufs nutzt und die Daten in seine Steuererklärung übernimmt (bzw. keine Angaben hierzu nach § 150 Abs. 7 S. 2 AO macht), stellt sich die Frage, inwieweit er diese Daten überhaupt prüfen kann. Gemäß § 93c Abs. 1 Nr. 3 AO hat die mitteilungspflichtige Stelle den Steuerpflichtigen über die übermittelten Daten zu informieren. Teilweise gelten Sondervorschriften. So ist beispielsweise bei Rentenbezugsmitteilungen § 93c Abs. 1 Nr. 3 AO nicht anwendbar, es greift jedoch eine Unterrichtungspflicht nach § 22a Abs. 3 EStG. Durch die Informationspflicht nach § 93c Abs. 1 Nr. 3 AO soll der Steuerpflichtige, der überhaupt die Möglichkeit haben muss, zu erkennen, welche Daten elektronisch an die Finanzverwaltung übermittelt wurden, geschützt werden.[2001]

Die elektronische Datenübermittlung hat nach § 93c Abs. 1 Nr. 1 AO bis Februar des Folgejahres (bzw. innerhalb von 2 Monaten nach einem anderen Besteuerungszeitpunkt) zu erfolgen. Für die Information des Steuerpflichtigen über die elektronischen Daten ist in § 93c Abs. 1 Nr. 3 S. 2 AO nur geregelt, dass diese innerhalb angemessener Frist zu erfolgen hat. Gemäß der Gesetzesbegründung wurde dies bewusst offengelassen, um „für jede Situation eine für alle Beteiligten angemessene Verfahrensweise zu ermöglichen."[2002] Was unter „Angemessenheit" in diesem Sinne zu verstehen ist, wurde bisher noch nicht abschließend geklärt. Die Information des Steuerpflichtigen über die elektronisch übermittelten Daten

2000 *Baldauf*, DStR 2016, 833, 838.

2001 *Schuster*, in: Hübschmann/Hepp/Spitaler, Kommentar AO, Rz. 21 zu § 93c AO.

2002 Deutscher Bundestag, Drucksache 18/7457 vom 03.02.2016, S. 72; so auch: *Seer*, in: Tipke/Kruse, Kommentar AO, Rz. 10 zu § 93c AO.

sollte vor Abschluss der Steuererklärung erfolgen, sodass der Steuerpflichtige die Möglichkeit hat, Zweifel oder Unstimmigkeiten hinsichtlich der elektronischen Daten nach § 150 Abs. 7 S. 2 AO in der Steuererklärung vorzubringen.[2003] Hieraus wird geschlussfolgert, dass eine Information des Steuerpflichtigen auch bereits vor Übermittlung an die Finanzbehörde erfolgen kann[2004] und spätestens Ende Februar des Folgejahres erfolgen sollte.[2005] Unter Berücksichtigung dessen, dass in der Praxis oft Unsicherheit darüber besteht, welche Daten überhaupt elektronisch übermittelt werden, die Daten der vorausgefüllten Steuererklärung noch nicht alle elektronisch an das Finanzamt gemeldeten Daten umfassen und im Rahmen der Mitwirkungspflicht eine Überprüfung der elektronischen Daten durch den Steuerpflichtigen erforderlich ist, sollte die Frist für die Information des Steuerpflichtigen klar geregelt werden und analog zur Übermittlungsfrist an die Finanzverwaltung auf spätestens Ende Februar festgesetzt werden.

In der Information des Dritten müssen alle für die Steuererklärung relevanten Daten nach Art und Betrag benannt werden.[2006] Der Steuerpflichtige und die Dritten, die zur elektronischen Datenübermittlung verpflichtet sind, können hierbei entscheiden, ob die Mitteilung über die übermittelten Daten in Papierform oder in elektronischer Form erfolgt, wobei die elektronische Form nur zulässig ist, wenn beide Parteien einverstanden sind (vgl. § 93c Abs. 1 Nr. 3 S. 2 AO).[2007] Sofern keine Information erfolgt, hat der Steuerpflichtige einen zivilrechtlichen Auskunftsanspruch gegenüber dem Dritten.[2008] Die Finanzverwaltung kann jedoch die Einhaltung der Informationspflicht der Dritten nicht überprüfen.[2009] In der Praxis zeigt sich auch, dass beispielsweise bei Rentenbezugsmitteilungen oder auch Elterngeldbezug in vielen Fällen keine Mitteilungen an die Steuerpflichtigen erfolgen, sodass eine Prüfung der Daten nur über den elektronischen Abruf der beim Finanzamt gespeicherten Daten möglich ist (und

2003 *Seer*, in: Tipke/Kruse, Kommentar AO, Rz. 10 zu § 93c AO.

2004 *Rätke*, in: Klein, Kommentar AO, Rz. 13 zu § 93c AO; *Seer*, in: Tipke/Kruse, Kommentar AO, Rz. 10 zu § 93c AO.

2005 *Rätke*, in: Klein, Kommentar AO, Rz. 13 zu § 93c AO.

2006 Deutscher Bundestag, Drucksache 18/8434 vom 11.05.2016 (Beschlussempfehlung und Bericht des Finanzausschusses), S. 100.

2007 Deutscher Bundestag, Drucksache 18/8434 vom 11.05.2016 (Beschlussempfehlung und Bericht des Finanzausschusses), S. 100.

2008 *Kobor*, in: Pfirrmann/Rosenke/Wagner, BeckOK AO, Rz. 18.4 zu § 93c AO; *Schuster*, in: Hübschmann/Hepp/Spitaler, Kommentar AO, Rz. 23 zu § 93c AO; *Seer*, in: Tipke/Kruse, Kommentar AO, Rz. 11 zu § 93c AO.

2009 *Schuster*, in: Hübschmann/Hepp/Spitaler, Kommentar AO, Rz. 21 zu § 93c AO.

auch nur insoweit als die Daten überhaupt abrufbar sind).[2010] Für eine Verifizierung der Daten ist erforderlich, dass der Steuerpflichtige die elektronisch gemeldeten Daten gemäß Mitteilung des Dritten oder gemäß elektronischem Abruf mit seinen Kontoauszügen und Beitragsrechnungen vergleicht. Zurecht weist Gebhardt darauf hin, dass Einzelheiten der elektronisch übermittelten Daten vom Steuerpflichtigen nicht nachprüfbar sind.[2011] Da keine unmöglichen und unverhältnismäßigen Mitwirkungsbeiträge vom Steuerpflichtigen verlangt werden können, muss sich die Überprüfung darauf beschränken, ob die Beträge, die abgeglichen werden können (z.B. gezahlte Beträge), korrekt sind.

Nicht erforderlich ist hingegen, dass der Steuerpflichtige überprüft, ob die Daten, die elektronisch übermittelt werden sollten, auch tatsächlich so übermittelt wurden. Der Steuerpflichtige kann die technische Datenübermittlung durch den Dritten nicht beeinflussen.[2012] Dementsprechend ist es ausreichend zur Erfüllung der Mitwirkungspflichten, dass die schriftlichen oder elektronischen Mitteilungen der Dritten verifiziert werden. Nicht zwingend erforderlich ist der elektronische Datenabruf.

Fraglich ist, welche Auswirkungen sich bei fehlendem Datenabgleich ergeben. So führt Rosenke aus, dass nach wie vor die Gefahren oder Risiken bei fehlerhaften oder divergierenden Angaben unklar seien. So sei fraglich, ob der Steuerpflichtige dafür hafte, wenn er fehlerhafte Angaben übersieht oder ignoriert[2013] sowie ob er bei Abweichungen die abgerufenen Angaben ohne Weiteres überschreiben, korrigieren oder ergänzen darf oder ob dies detailliert zu erläutern ist.[2014] Des Weiteren ist auch fraglich, ob der Steuerpflichtige sich der Pflicht zur Prüfung der Daten bewusst ist, ob er diese versteht und abgleichen kann. Hieran schließt die Frage an, ob eine gesetzmäßige Steuerfestsetzung gewährleistet ist, wenn das Risikomanagementsystem Steuererklärungen von Laien

---

2010 *Vinken,* in: Brandt, Europäische Perspektiven im Steuerrecht; Steuergerechtigkeit und Steuervereinfachung, S. 276 ff.

2011 *Gebhardt,* AO-StB 2021, 32, 33.

2012 *Rosenke,* in: Pfirrmann/Rosenke/Wagner, BeckOK AO, Rz. 402 f. zu § 150 AO.

2013 *Rosenke,* in: Pfirrmann/Rosenke/Wagner, BeckOK AO, Rz. 119 zu § 150 AO; siehe hierzu nachfolgend Kapitel 6 B I 3 „Auswirkungen bei fehlendem Datenabgleich".

2014 *Rosenke,* in: Pfirrmann/Rosenke/Wagner, BeckOK AO, Rz. 119 zu § 150 AO; Siehe hierzu nachfolgend Kapitel 6 B I 4 „Auswirkungen bei abweichender Angabe in der Steuererklärung und Festsetzung der elektronischen Daten durch die Finanzverwaltung".

nicht aussteuert und damit etwaige Fehler in den elektronischen Daten nicht erkannt werden.[2015]

3. *Auswirkungen bei fehlendem Datenabgleich*

a) *Steuermehrbelastung bei fehlerhafter Festsetzung zuungunsten des Steuerpflichtigen mangels Änderungsmöglichkeit nach § 173 Abs. 1 Nr. 2 AO oder § 175b Abs. 2 AO*

Sofern Einkünfte elektronisch zu hoch oder Steuerabzugsbeträge zu niedrig gemeldet wurden und dies im Rahmen der Erstellung der Steuererklärung mangels Überprüfung der elektronischen Daten nicht erkannt wird, so ist fraglich, ob eine spätere Änderung des Steuerbescheides noch möglich ist.

Eine Änderung nach § 129 AO kommt nicht in Betracht, da die Unrichtigkeit für die Finanzverwaltung nicht erkennbar war und es keine offenbare Unrichtigkeit ist, sondern ein bewusster Fehler bei der Sachverhaltsermittlung.[2016] Des Weiteren stellen die elektronisch übermittelten Daten auch keinen Grundlagenbescheid dar, sodass auch eine Änderung nach § 175 Abs. 1 S. 1 Nr. 1 AO ausscheidet.[2017]

In Betracht kommt eine Änderung nach § 173 Abs. 1 Nr. 2 AO. Hiernach ist eine Änderung des Steuerbescheides möglich, soweit Tatsachen oder Beweismittel, die zu einer niedrigeren Steuer führen, nachträglich bekannt werden und den Steuerpflichtigen kein grobes Verschulden am nachträglichen Bekanntwerden trifft. Hier werden, sofern im Rahmen der Steuererklärung keine abweichenden Angaben gemacht wurden, die von der Steuererklärung abweichenden Tatsachen der Finanzbehörde nachträglich bekannt. Hieran ändert es auch nichts, dass die Finanzverwaltung ggf. bereits Kenntnis von der Tatsache, dass die elektronischen Daten unrichtig sind, hätte haben müssen (und insoweit eine Verletzung der Ermittlungspflicht vorliegt).[2018] Auch in diesem Fall liegt ein nachträgliches Bekanntwerden vor. Im Gegensatz zu einer Änderung zuungunsten des

2015 Siehe hierzu nachfolgend Kapitel 7 A II „Risikomanagementsystem im Kontext des Amtsermittlungsgrundsatzes".

2016 Zu elektronisch übermittelten Renteneinkünften siehe FG Münster, Urteil vom 21.07.2016, 9 K 2342/15 E, Juris, Rz. 40; zu Lohndaten siehe FG Köln, Urteil vom 14.03.2016, 5 K 1920/14, Juris, Rz. 24 f.; siehe auch: *Münch*, DStR 2013, 2150, 2153.

2017 *Klomp*, in: Pfirrmann/Rosenke/Wagner, BeckOK AO, Rz. 41 zu § 175b AO.

2018 Siehe hierzu allgemein BFH, Urteil vom 19.11.2008, II R 10/08, BFH/NV 2009, 548, Rz. 13 ff.; AEAO Nr. 2.3.6 zu § 173 AO; *Peters*, in: Pfirrmann/Rosenke/Wagner, BeckOK AO, Rz. 160 zu § 173 AO.

Steuerpflichtigen sind Verstöße gegen die Amtsermittlungspflicht des Finanzamtes bei einer Änderung zugunsten des Steuerpflichtigen unerheblich, solange das schuldhafte Verhalten der Finanzverwaltung das Verhalten des Steuerpflichtigen nicht unmittelbar beeinflusst hat.[2019] Hier liegt zudem im Regelfall, sofern keine abweichenden Angaben in der Steuererklärung gemacht wurden, keine Verletzung der Ermittlungspflicht seitens der Finanzverwaltung vor. Die Finanzverwaltung kann auf die Angaben des Steuerpflichtigen (bzw. der Dritten, die mangels abweichender Daten als Angaben des Steuerpflichtigen gelten nach § 150 Abs. 7 S. 2 AO) vertrauen, sofern keine Anhaltspunkte für Zweifel oder Unstimmigkeiten bestehen.[2020] Sofern also der Steuerpflichtige die elektronischen Daten nicht geprüft hat und damit entweder in den entsprechenden Feldern keine Eintragungen gemacht oder die elektronischen Daten übernommen hat, bestehen keine Zweifel für die Finanzverwaltung, sodass auch keine Ermittlungspflichtverletzung vorliegen kann.[2021]

Fraglich ist demnach für eine Änderung nach § 173 Abs. 1 Nr. 2 AO nach nicht vorgenommener Überprüfung der elektronischen Daten, ob den Steuerpflichtigen ein grobes Verschulden am nachträglichen Bekanntwerden der korrekten Daten trifft. Die Voraussetzung des nichtvorliegenden groben Verschuldens basiert darauf, dass der Steuerpflichtige im Rahmen seiner Mitwirkungspflichten die für ihn günstigen besteuerungsrelevanten Tatsachen vortragen muss.[2022] Hierdurch soll der Steuerpflichtige zur sorgfältigen Erfüllung seiner Mitwirkungspflichten angehalten werden.[2023] Grob fahrlässig handelt, wer die ihm nach seinen persönlichen Kenntnissen zuzumutende Sorgfalt in ungewöhnlich hohem Maße und nicht entschuldbarer Weise verletzt.[2024] Der

2019 *Loose*, in: Tipke/Kruse, Kommentar AO, Rz. 62 zu § 173 AO; *Peters*, in: Pfirrmann/Rosenke/Wagner, BeckOK AO, Rz. 214, 202 und 160 zu § 173 AO; *Rüsken*, in: Klein, Kommentar AO, Rz. 112 zu § 173 AO; a.A.: FG Münster, Urteil vom 10.08.2005, 1 K 5419/02 E, EFG 2006, 7, Rz. 26. f. (jedoch ohne anderes Ergebnis, da man sich bei eigenem Verschulden nicht auf das Verschulden der Finanzverwaltung berufen kann).

2020 Siehe Kapitel 1 B I „Allgemeine Mitwirkung des Beteiligten bei der Sachverhaltsermittlung".

2021 A.A. vermutlich *Bruschke*, StB 2019, 272, 272: „Hier ist regelmäßig zu unterstellen, dass die Behörde die Unrichtigkeit der übermittelten Daten bei sorgfältiger Prüfung hätte erkennen können.".

2022 *Peters*, in: Pfirrmann/Rosenke/Wagner, BeckOK AO, Rz. 200 zu § 173 AO.

2023 *Loose*, in: Tipke/Kruse, Kommentar AO, Rz. 73 zu § 173 AO.

2024 *Loose*, in: Tipke/Kruse, Kommentar AO, Rz. 76a zu § 173 AO; *Peters*, in: Pfirrmann/Rosenke/Wagner, BeckOK AO, Rz. 208 zu § 173 AO.

Begriff des Verschuldens ist bei elektronischen Steuererklärungen genauso auszulegen wie bei Papiersteuererklärungen.[2025] Grobes Verschulden liegt insbesondere dann nicht vor, wenn es sich um ein reines Versehen handelt, welches auch bei sorgfältiger Arbeit nicht zu vermeiden ist.[2026] So liegt grobes Verschulden beispielsweise im Regelfall vor, wenn der Steuerpflichtige eine unvollständige Steuererklärung abgibt und dies nicht auf einem Rechtsirrtum basiert.[2027] Insbesondere die in der Steuererklärung gestellten Fragen müssen auch von einem Steuerlaien gewissenhaft durchgelesen und wahrheitsgemäß beantwortet werden, ansonsten liegt grobes Verschulden vor.[2028] Wer bei erheblichen Ausgaben auf eine Kontrolle der in der Steuererklärung enthaltenen Angaben verzichtet, handelt grob fahrlässig.[2029] Die BFH-Rechtsprechung zu elektronischen Steuererklärungen nimmt eine grobe Fahrlässigkeit auch bei unvollständigen Angaben, die im ELSTER-Formular allein nicht erkennbar sind, an, wenn sich diese aus den amtlichen Vordrucken ergeben hätten.[2030]

Angesichts dieser Grundsätze ist festzuhalten, dass im Regelfall ein grobes Verschulden vorliegt, wenn unvollständige oder falsche Angaben zu expliziten Fragen im Steuererklärungsformular gemacht werden. Hingegen führen reine Versehen, mechanische Fehler oder eine Rechtsunkenntnis, die nicht mittels eines gewissenhaften Lesens der Formulare und Merkblätter vermeidbar gewesen wäre, nicht zu einem groben Verschulden. Im Falle der Problematik der von Dritten elektronisch übermittelten Daten liegt stets eine explizite Frage im Formular der Steuererklärung vor (z.B. Versicherungsbeiträge). Hieraus wird

---

2025 BFH, Urteil vom 10.02.2015, IX R 18/14, BStBl. II 2017, 7, Leitsatz 1 und Rz. 14.

2026 BFH, Urteil vom 13.09.1990, V R 110/85, BStBl. II 1991, 124, Rz. 19; dies ebenfalls im Einzelfall bejahend: BFH, Urteil vom 10.02.2015, IX R 18/14, BStBl. II 2017, 7, Rz. 18 f.; siehe auch: *Loose,* in: Tipke/Kruse, Kommentar AO, Rz. 78 zu § 173 AO; *Peters,* in: Pfirrmann/Rosenke/Wagner, BeckOK AO, Rz. 213 zu § 173 AO; *Rüsken,* in: Klein, Kommentar AO, Rz. 112 zu § 173 AO.

2027 *Von Wedelstädt,* AO-StB 2015, 99, 102.

2028 BFH, Urteil vom 09.11.2011, X R 53/09, BFH/NV 2012, 545, Rz. 19; BFH, Urteil vom 22.05.1992, VI R 17/91, BStBl. II 1993, 80, Orientierungssatz 1 und Rz. 10 ff. (hier allerdings ein Verschulden zur Nichtberücksichtigung von Arbeitszimmerkosten in der Steuererklärung abgelehnt, da in den damaligen Vordrucken noch nicht explizit nach Aufwendungen für ein häusliches Arbeitszimmer gefragt wurde); BFH, Urteil vom 09.08.1991, III R 24/87, BStBl. II 1992, 65, Leitsatz sowie Rz. 23; FG Rheinland-Pfalz, Urteil vom 07.06.1993, 5 K 2346/92, Juris, Rz. 22 ff.

2029 BFH, Beschluss vom 14.11.2002, XI B 69/02, BFH/NV 2003, 293, Leitsatz 2 und Rz. 5.

2030 BFH, Urteil vom 20.03.2013, VI R 5/11, BFHE 240, 503, Rz. 15 ff.; siehe hierzu im Detail Kapitel 2 C IV 2 „Zurverfügungstellung der Formulare".

zumindest für Steuerberater in der Fachliteratur geschlussfolgert, dass auch eine ungeprüfte Übernahme der von Dritten übermittelten elektronischen Daten ein grobes Verschulden darstellt, da die im Formular gestellten Fragen sorgfältig beantwortet werden müssen.[2031] Ausgehend von den Grundsätzen der Rechtsprechung kann für den Steuerpflichtigen nichts anderes gelten. Sofern ein Steuerpflichtiger stets die elektronischen Daten ohne Überprüfung übernimmt, so handelt er zumindest grob fahrlässig, da es sich hier nicht um ein reines Versehen und auch nicht um einen Rechtsirrtum handelt. Die erforderliche Sorgfalt wird außer Acht gelassen. Zwar ist das grobe Verschulden abhängig von den persönlichen Kenntnissen, jedoch stellt der Nichtabgleich der elektronischen Daten keine Folge einer Rechtsunkenntnis dar. Auch für den sorgfältigen nicht beratenen Steuerpflichtigen ist es aus den Formularen klar ersichtlich, dass wahrheitsgemäße Angaben zu machen sind. Er kann die Richtigkeit der Daten auch prüfen; hierfür ist im Regelfall keine Rechtskenntnis erforderlich. Damit kann für den Steuerpflichtigen nichts anderes gelten. Hinzu kommt, dass bei elektronischen Steuererklärungen das Verschulden nicht anders ausgelegt werden kann als bei Papiersteuererklärungen. Auch bei Papiersteuererklärungen ist der Steuerpflichtige zur korrekten Beantwortung der Formularfrage verpflichtet; für ein Abgleichen der bereits elektronisch übermittelten Daten kann nichts anderes gelten. Eine generelle ungeprüfte Übernahme der Daten führt damit im Regelfall zu grobem Verschulden. Etwas anderes gilt bei einmaligen Versehen (z.B. bei geringen Abweichungen, die kaum erkennbar sind) oder unter Umständen bei Abweichungen, die sich aus der Anwendung des Steuerrechts ergeben (z.B. bei Sonderfällen wie der elektronischen Meldung von Versicherungsbeiträgen für Kinder, die nicht ganzjährig gemäß § 32 EStG zu berücksichtigen sind).

Im Ergebnis ist im Regelfall, wenn kein reines einmaliges Versehen vorliegt, wegen groben Verschuldens des Steuerpflichtigen keine Änderung nach § 173 Abs. 1 Nr. 2 AO möglich, wenn die elektronischen Daten zuungunsten des Steuerpflichtigen falsch sind und dieser keine Überprüfung der Daten vornimmt. Dieses Ergebnis widerspricht dem Vereinfachungszweck des § 150 Abs. 7 S. 2 AO; für den Steuerpflichtigen tritt faktisch keine Vereinfachung ein, da er die elektronisch übermittelten Daten zwar nicht mehr zwingend in der Steuererklärung eingeben muss, aber er diese trotzdem prüfen muss, um eine spätere Änderungssperre zu vermeiden. Lediglich das Tippfehlerrisiko wird vermindert.

2031 *Eichhorn*, DStR 2013, 2722, 2722; *Groß/Möslein*, in: Pelka/Petersen, Beck'sches Steuerberater-Handbuch 2019/2020, Rz. 140 zu I „Elektronische Steuerkommunikation".

Seit 01.01.2017[2032] existiert daher mit § 175b AO eine weitere Korrekturvorschrift, die bei der elektronischen Datenübermittlung in Betracht kommt. § 175b AO ist anwendbar für alle Steuerbescheide sowie Verwaltungsakte, die den Steuerbescheiden gleichgestellt sind und gilt für alle Daten, bei denen für die Datenübermittlung § 93c Abs. 1 AO anwendbar ist.[2033] § 175b Abs. 1 AO betrifft den Fall, dass die elektronisch übermittelten Daten nicht oder nicht korrekt im Rahmen der Steuerfestsetzung berücksichtigt wurden (also wenn die von Dritten gemeldeten Daten korrekt sind, aber im Steuerbescheid abweichend angesetzt wurden). Gemäß § 175b Abs. 2 AO ist die Änderung eines Steuerbescheides möglich, wenn von Dritten übermittelte Daten nach § 150 Abs. 7 S. 2 AO als Angaben des Steuerpflichtigen gelten, diese Daten jedoch zuungunsten des Steuerpflichtigen unrichtig sind. § 175b Abs. 2 AO ist verschuldensunabhängig[2034] und kann damit insbesondere in Fällen, in denen die Unrichtigkeit der Daten mangels Überprüfung nicht erkannt wurde, einschlägig sein.

Zweck des § 175b Abs. 2 AO ist, dass der Steuerpflichtige keinen Rechtsnachteil dadurch erleiden soll, wenn er im Hinblick auf § 150 Abs. 7 S. 2 AO keine Angaben in der Steuererklärung macht, sich jedoch nachträglich zeigt, dass die übermittelten Daten zu seinen Ungunsten falsch sind.[2035] Dieser Zweck legt nahe, die Vorschrift so auszulegen, dass § 175b Abs. 2 AO nur Anwendung findet, wenn keine Angaben vom Steuerpflichtigen in dem entsprechenden Feld gemacht werden (so lässt es der Zweck in der Gesetzesbegründung schließen[2036]) oder wenn keine abweichenden Angaben in dem entsprechenden Feld gemacht werden (so der Wortlaut des § 150 Abs. 7 S. 2 AO, auf den § 175b Abs. 2 AO verweist). Die Fachliteratur macht hierzu derzeit keine eindeutigen Angaben, lässt jedoch darauf schließen, dass gemäß dem Wortlaut § 175b Abs. 2 AO immer dann Anwendung finden muss, wenn keine abweichenden Angaben gemacht werden.[2037] Eine andere Auslegung ist auch zweckfremd, da in diesem Fall die

2032 Siehe hierzu AEAO Nr. 2 zu § 175b AO.

2033 *Klomp,* in: Pfirrmann/Rosenke/Wagner, BeckOK AO, Rz. 5 zu § 175b AO.

2034 *Klomp,* in: Pfirrmann/Rosenke/Wagner, BeckOK AO, Rz. 105 zu § 175b AO.

2035 Deutscher Bundestag, Drucksache 18/8434 vom 11.05.2016 (Beschlussempfehlung und Bericht des Finanzausschusses), S. 115; *Klomp,* in: Pfirrmann/Rosenke/Wagner, BeckOK AO, Rz. 90 zu § 175b AO.

2036 Vgl. Deutscher Bundestag, Drucksache 18/8434 vom 11.05.2016 (Beschlussempfehlung und Bericht des Finanzausschusses), S. 115: „und daher auf eigene Angaben in der Steuererklärung verzichtet"; vom Wortlaut her so auch: *Bruschke*, StB 2019, 272, 274.

2037 Dies vermutlich annehmend, da keine abweichenden Angaben „regelmäßig der Fall sind": *Dißars,* in: Zugmaier/Nöcker, Kommentar AO, Rz. 11 zu § 175b AO; ebenfalls

Steuerpflichtigen, die keine Angaben machen, gegenüber den Steuerpflichtigen, die die elektronischen Daten übernehmen, bevorteilt werden. Danach ist seit 2017 immer, wenn der Steuerpflichtige keine Überprüfung der elektronischen Daten vornimmt und hierzu entweder keine Angaben macht oder die elektronischen Daten übernimmt, eine Änderung nach § 175b Abs. 2 AO möglich, sofern die korrekten Daten sich zugunsten des Steuerpflichtigen auswirken. Da die Änderungsmöglichkeit verschuldensunabhängig ist, ist dies unabhängig von der Verletzung der Mitwirkungspflichten durch den Steuerpflichtigen.

Begrenzt ist die Anwendung des § 175b Abs. 2 AO jedoch durch die Festsetzungsverjährung.[2038] § 171 Abs. 10a AO enthält eine Ablaufhemmung für Daten nach § 93c AO. Hiernach endet die Festsetzungsfrist nicht vor Ablauf von 2 Jahren nach Zugang der Daten bei der Finanzbehörde, sofern die Daten innerhalb von 7 Kalenderjahren nach dem Besteuerungszeitraum zugegangen sind. Damit kann sich die Festsetzungsfrist auf bis zu 9 Jahre nach Ende des Besteuerungszeitraums verlängern. Jedoch gilt die Ablaufhemmung nur, wenn die korrekten Daten durch den Dritten übermittelt werden, und nicht allein deshalb, weil der Steuerpflichtige abweichende Angaben vorträgt. Damit kann nach Ablauf der regulären Festsetzungsfrist eine Änderung nur erfolgen, wenn der Steuerpflichtige den Dritten dazu veranlasst, eine korrigierte Meldung zu übermitteln. Hierzu ist dieser nach § 93c Abs. 3 AO ebenfalls innerhalb eines 7-jährigen Zeitraums verpflichtet, sofern er die Fehlerhaftigkeit feststellt.

Im Ergebnis hat die Verletzung der Mitwirkungspflicht durch Nichtabgleich der elektronisch übermittelten Daten für den Steuerpflichtigen im Regelfall seit 2017 keine steuerliche Mehrbelastung zur Folge, da § 175b Abs. 2 AO eine Änderung zugunsten des Steuerpflichtigen ermöglicht, auch wenn er die Fehlerhaftigkeit erst nach Ablauf der Einspruchsfrist feststellt. Nach Ablauf der regulären Festsetzungsfrist muss der Steuerpflichtige hierfür jedoch eine Änderung bei dem übermittelnden Dritten selbst veranlassen, sodass die Ablaufhemmung des § 171 Abs. 10a AO greift. Der Sinn und Zweck hiervon ist fraglich, da die von Dritten übermittelten Daten gerade keinen Grundlagenbescheid darstellen. Sofern innerhalb von 7 Jahren keine Korrektur durch den Dritten erfolgt, kann

---

so auslegend, da immer, wenn „ohne abweichende Deklaration durch den Steuerpflichtigen“: *Baum*, NWB 2017, 1425, 1426; ebenfalls vom Wortlaut des § 150 Abs. 7 S. 2 AO ausgehend und damit auch abweichende Angaben einbeziehend: *v. Groll*, in: Hübschmann/Hepp/Spitaler, Kommentar AO, Rz. 18 zu § 175b AO.

2038 *Fink*, in: Pfirrmann/Rosenke/Wagner, BeckOK AO, Rz. 461 zu § 171 AO.

keine Änderung mehr erfolgen. In diesem Fall kann damit eine Steuermehrbelastung für den Steuerpflichtigen eintreten.

b) Zinszahlungen infolge einer Änderungsmöglichkeit des Finanzamtes bei fehlerhafter Festsetzung zugunsten des Steuerpflichtigen nach § 173 Abs. 1 Nr. 1 AO oder § 175b Abs. 1 AO

Sofern sich die falschen elektronisch übermittelten Daten zugunsten des Steuerpflichtigen auswirken, ist fraglich, ob die Finanzverwaltung später noch eine Änderung des Steuerbescheides vornehmen kann. In diesem Fall kommt es später zu einer Steuernachzahlung, die bei Erkennen der Fehler bereits von vornherein entstanden wäre. Es kann jedoch ein Zinsschaden nach § 233 AO infolge der späteren Änderung entstehen.

Auch hier scheidet eine Änderung nach § 129 AO oder § 175 AO aus.[2039]

Gemäß § 173 Abs. 1 Nr. 1 AO ist eine Änderung des Steuerbescheides möglich, soweit Tatsachen oder Beweismittel nachträglich bekannt werden, die zu einer höheren Steuer führen. Die Änderung zuungunsten des Steuerpflichtigen ist unabhängig vom Verschulden des Steuerpflichtigen. Jedoch kann eine Änderung nicht erfolgen, wenn Ermittlungsfehler des Finanzamtes vorliegen.[2040] Hierauf kann sich der Steuerpflichtige jedoch nur berufen, wenn er selbst seinen Mitwirkungspflichten in zumutbarer Weise nachgekommen ist, also insbesondere den Sachverhalt korrekt dargestellt hat.[2041] Diese Voraussetzung liegt hier bereits nicht vor, da der Steuerpflichtige durch die Nichtüberprüfung der elektronischen Daten seine Mitwirkungspflicht verletzt hat. Außerdem liegen mangels abweichender Angaben keine Zweifel für die Finanzverwaltung vor, sodass keine Ermittlungspflichtverletzung vorliegt. Dementsprechend ist eine Änderung nach § 173 Abs. 1 Nr. 1 AO im Falle von fehlerhaften Daten zugunsten des Steuerpflichtigen innerhalb der Festsetzungsfrist möglich. Hieraus kann dem Steuerpflichtigen insbesondere ein Zinsschaden entstehen, sofern die Fehlerhaftigkeit erst nachträglich festgestellt wird.

Sofern geänderte Daten durch den Dritten elektronisch übermittelt werden, kommt außerdem eine Änderung nach § 175b Abs. 1 AO in Betracht. Diese Änderung ist unabhängig von etwaigen Verstößen gegen die Mitwirkungspflicht

---

2039 Siehe Kapitel 6 B I 3 a „Steuermehrbelastung bei fehlerhafter Festsetzung zuungunsten des Steuerpflichtigen mangels Änderungsmöglichkeit nach § 173 Abs. 1 Nr. 2 AO oder § 175b Abs. 2 AO“.

2040 AEAO Nr. 4.1 zu § 173 AO.

2041 *Loose,* in: Tipke/Kruse, Kommentar AO, Rz. 68 zu § 173 AO.

des Steuerpflichtigen oder gegen die Ermittlungspflicht der Finanzbehörde.[2042] Außerdem greift hierfür die Ablaufhemmung des § 171 Abs. 10a AO. Sofern keine Änderung nach § 173 Abs. 1 Nr. 1 AO mehr möglich ist, kann die Finanzbehörde damit innerhalb von 7 Jahren eine Änderung der elektronischen Daten bei dem übermittelnden Dritten bewirken, um noch eine Änderung herbeizuführen. Diese lange Festsetzungsfrist wird in der Literatur kritisiert, da diese gegen den Gedanken der Rechtssicherheit verstößt.[2043] Der Zinsschaden kann sich dadurch infolge der längeren Zinslaufzeit erheblich vergrößern.

c) *Straf- und bußgeldrechtliche Auswirkungen*

Sofern die elektronischen Daten vom Steuerpflichtigen nicht überprüft und dadurch Einkünfte zu niedrig oder Abzugsbeträge zu hoch gemeldet werden, ist zu prüfen, ob sich hieraus straf- oder bußgeldrechtliche Auswirkungen ergeben.

Der objektive Tatbestand einer Steuerhinterziehung oder leichtfertigen Steuerverkürzung ist in diesen Fällen erfüllt, da der Steuerpflichtige gegenüber den Finanzbehörden über steuerlich erhebliche Tatsachen unrichtige oder unvollständige Angaben macht und dadurch Steuern nicht in voller Höhe festgesetzt werden (§ 370 Abs. 1 Nr. 1 und Abs. 4 Nr. 1 AO sowie § 378 Abs. 1 AO). Die Eintragungen in der Steuererklärung, die auf den von Dritten elektronisch übermittelten Daten basieren, stellen Angaben des Steuerpflichtigen dar.[2044] Im Falle einer Nichteintragung ist die strafrechtliche Bedeutung des § 150 Abs. 7 S. 2 AO zu klären. Nach dem Wortlaut gelten die elektronischen Daten nach § 150 Abs. 7 S. 2 AO als Angaben des Steuerpflichtigen. Da diese Regelung normalerweise zugunsten des Steuerpflichtigen wirkt (wenn dieser keine Angaben in der Erklärung macht), wirkt die Regelung auch strafrechtlich, sodass eine Nichtangabe der Daten allein nicht zu einer strafrechtlichen Unvollständigkeit der Erklärung führt.[2045] Jäger führt aus, dass die elektronische Meldung der Daten zwar nicht

---

2042 *Klomp*, in: Pfirrmann/Rosenke/Wagner, BeckOK AO, Rz. 56 zu § 175b AO; *Loose*, in: Tipke/Kruse, Kommentar AO, Rz. 3 zu § 175b AO.

2043 *Bruschke*, StB 2019, 272, 274.

2044 *Krumm*, in: Tipke/Kruse, Kommentar AO, Rz. 37 zu § 370 AO; *Ransiek*, in: Kohlmann, Kommentar Steuerstrafrecht, Rz. 213 zu § 370 AO.

2045 *Beyer*, NzWiSt 2018, 359, 360; *Ibold*, in: Pfirrmann/Rosenke/Wagner, BeckOK AO, Rz. 124 zu § 370 AO; *Krumm*, in: Tipke/Kruse, Kommentar AO, Rz. 38 zu § 370 AO; *Schmitz*, in: GS Joecks 2018, S. 616; *Schmitz/Wulf*, in: Joecks/Miebach, Münchener Kommentar StGB, Rz. 238 zu § 370 AO (der dies auch bei nicht erfolgter tatsächlicher Übermittlung annimmt mangels Überprüfbarkeit der tatsächlichen Übermittlung); strittig wenn überhaupt keine Erklärung abgegeben wird, was hier jedoch nicht weiter thematisiert wird: *Beyer*, NzWiSt 2018, 359, 360 mit weiteren

zu einer fehlenden Tathandlung führe, es fehle jedoch am Taterfolg, wenn die übermittelten Daten der Steuerfestsetzung zugrunde gelegt werden.[2046] Es ergibt sich damit dasselbe Ergebnis, dass eine Nichteintragung allein unter Berücksichtigung des § 150 Abs. 7 S. 2 AO keine strafrechtlichen Auswirkungen hat. Die Vorschrift gilt jedoch nur für Daten, die § 93c AO unterliegen, also beispielsweise nicht für Daten, die im Rahmen eines grenzüberschreitenden Informationsaustausches mitgeteilt werden.[2047] Diese müssen weiterhin zwingend in der Steuererklärung angegeben werden. Im Ergebnis sind die bei einer Nichteintragung fingierten Daten nach § 150 Abs. 7 S. 2 AO Angaben des Steuerpflichtigen im Sinne von § 370 Abs. 1 Nr. 1 AO.

Die von Dritten übermittelten Daten sind im Regelfall auch steuerlich erheblich, da sie die Ermittlung einer Steuer betreffen.[2048] Sofern die elektronisch übermittelten Daten nicht der Wirklichkeit entsprechen, sind diese unrichtig. Die Unrichtigkeit von Angaben, bei denen Bezug auf falsche Erklärungen Dritter genommen wird, ist im Strafrecht anerkannt, da diese Angaben durch die Bezugnahme Bestandteil der eigenen Angaben werden.[2049] Die Angaben werden auch gegenüber der Finanzbehörde gemacht, da sie der Finanzverwaltung zugehen und in die Bearbeitung des Steuerfalls einfließen; hierbei ist es unerheblich, ob die Angaben nur in einen automationsgestützten Veranlagungsprozess einfließen oder vom Sachbearbeiter zur Kenntnis genommen werden.[2050] Infolge des Erlasses des Bescheides basierend auf den falschen elektronisch übermittelten Daten kommt es, wenn Einkünfte zu niedrig oder Abzugsbeträge zu hoch gemeldet werden, zu einer tatsächlich zu niedrigen Festsetzung der Steuern, die mit Bekanntgabe des Steuerbescheides wirksam wird.[2051]

Nachweisen sowie *Schmitz/Wulf*, in: Joecks/Miebach, Münchener Kommentar StGB, Rz. 317 zu § 370 AO.

2046 *Jäger*, in: Klein, Kommentar AO, Rz. 60c zu § 370 AO.

2047 *Krumm*, in: Tipke/Kruse, Kommentar AO, Rz. 38 zu § 370 AO; *Wild*, Steueranwaltsmagazin 2/2019, 43, 48 f.; dies anzweifelnd: *Ibold*, in: Pfirrmann/Rosenke/Wagner, BeckOK AO, Rz. 124 und 124.1 zu § 370 AO.

2048 *Ibold*, in: Pfirrmann/Rosenke/Wagner, BeckOK AO, Rz. 130 zu § 370 AO; *Ransiek*, in: Kohlmann, Kommentar Steuerstrafrecht, Rz. 231 zu § 370 AO.

2049 *Ibold*, in: Pfirrmann/Rosenke/Wagner, BeckOK AO, Rz. 122 zu § 370 AO (zur Unrichtigkeit); *Ransiek*, in: Kohlmann, Kommentar Steuerstrafrecht, Rz. 246 zu § 370 AO.

2050 *Krumm*, in: Tipke/Kruse, Kommentar AO, Rz. 37 zu § 370 AO; *Ransiek*, in: Kohlmann, Kommentar Steuerstrafrecht, Rz. 251 zu § 370 AO.

2051 *Ransiek*, in: Kohlmann, Kommentar Steuerstrafrecht, Rz. 400 zu § 370 AO.

Fraglich ist jedoch, ob der subjektive Tatbestand vorliegt. Eine Steuerhinterziehung erfordert Vorsatz (§ 369 Abs. 2 AO i.V.m. § 15 StGB). Vorsatz bezeichnet das „Wissen und Wollen der Tatbestandsverwirklichung“[2052]. Für eine Steuerhinterziehung reicht bedingter Vorsatz aus, also wenn der Erfolg nur als möglicherweise eintretend vorausgesehen wird, aber billigend in Kauf genommen wird.[2053] Bedingter Vorsatz liegt vor, wenn der Täter den möglichen Erfolg als nicht ganz fernliegend erkennt und mit einer eventuellen Tatbestandsverwirklichung einverstanden ist bzw. sich mit ihr abfindet. Abzugrenzen ist dies von der bewussten Fahrlässigkeit, die vorliegt, wenn der Täter mit der Tatbestandsverwirklichung nicht einverstanden ist und darauf vertraut, dass diese nicht eintreten wird.[2054] Für eine Steuerhinterziehung ist damit mindestens erforderlich, dass der Steuerpflichtige ernsthaft damit rechnet, dass die von ihm gemachten steuererheblichen Tatsachenangaben zu seinem Vorteil unrichtig sind.[2055]

Im Hinblick auf die Übernahme fehlerhafter Daten der vorausgefüllten Steuererklärung können sich nun folgende Fallkonstellationen ergeben:

Sofern der Steuerpflichtige die Fehlerhaftigkeit der Daten bemerkt und nichtsdestotrotz keine Korrektur in der Steuererklärung vornimmt, sondern diese so übernimmt oder überhaupt keine Eintragung nach § 150 Abs. 7 S. 2 AO macht, so handelt er vorsätzlich.[2056] Eine vorsätzliche Steuerhinterziehung liegt auch vor, wenn der Steuerpflichtige die Fehlerhaftigkeit später (jedoch vor Eintritt der Festsetzungsverjährung, ggf. unter Berücksichtigung einer etwaigen Verlängerung[2057] oder Ablaufhemmung, wie beispielsweise

---

2052 *Kühl*, in: Lackner/Kühl, Kommentar StGB, Rz. 3 zu § 15 StGB (unpräzise Kurzformel, auf die allgemeine Diskussion zu Konkretisierungen wird hier nicht im Detail eingegangen).

2053 Siehe hierzu z.B. *Joecks*, in: Joecks/Jäger/Randt, Kommentar Steuerstrafrecht, Rz. 506 zu § 370 AO; *Krumm*, in: Tipke/Kruse, Kommentar AO, Rz. 123 zu § 370 AO; *Schmitz/Wulf*, in: Joecks/Miebach, Münchener Kommentar StGB, Rz. 387 zu § 370 AO; siehe hierzu Kapitel 1 C V 2 „Steuerhinterziehung durch aktives Tun“.

2054 Siehe hierzu *Krumm*, in: Tipke/Kruse, Kommentar AO, Rz. 124 zu § 370 AO mit weiteren Nachweisen.

2055 *Ransiek/Hüls*, NStZ 2011, 678, 681.

2056 *Rätke*, in: Klein, Kommentar AO, Rz. 84 zu § 150 AO; siehe auch: *Krumm*, in: Tipke/Kruse, Kommentar AO, Rz. 65 zu § 370 AO (der jedoch tatbestandlich in diesem Fall § 370 Abs. 1 Nr. 2 AO annimmt).

2057 Nach *Heuermann*, in: Hübschmann/Hepp/Spitaler, Kommentar AO, Rz. 14 zu § 153 AO sind hierbei Verlängerungen der Festsetzungsfrist, beispielsweise bei Steuerhinterziehung, zu berücksichtigen.

§ 171 Abs. 10a AO) bemerkt, jedoch keine Berichtigung nach § 153 AO vornimmt.[2058]

Gleiches gilt, wenn der Steuerpflichtige zumindest Zweifel an der Richtigkeit der elektronischen Daten hat.[2059] Ein Kennen-Müssen reicht für den bedingten Vorsatz nicht aus, was seine Grenzen nur in den Fällen hat, in denen der Steuerpflichtige wegen steuerlicher Unkenntnis in Zweifelsfällen fachkundigen Rat einholen muss.[2060] Es reicht daher nicht aus, dass der Steuerpflichtige aufgrund seiner Mitwirkungspflichten eigentlich verpflichtet wäre, die elektronischen Daten zu prüfen und er dementsprechend die Unrichtigkeit kennen müsste. Sofern der Steuerpflichtige über das Bestehen eines Steueranspruchs irrt, beispielsweise weil er von der Richtigkeit der Daten der vorausgefüllten Steuererklärung ausgeht, stellt dies einen Tatbestandsirrtum nach § 16 Abs. 1 StGB dar, der den Vorsatz ausschließt, sodass nur noch eine leichtfertige Steuerverkürzung möglich ist.[2061] Abzugrenzen ist der Tatbestandsirrtum von einem Verbotsirrtum nach § 17 StGB, bei dem die Schuld nur dann entfällt, wenn der Irrtum nicht vermeidbar war. Während beim Tatbestandsirrtum ein Irrtum hinsichtlich der tatsächlichen Besteuerungsgrundlagen vorliegt, liegt beim Verbotsirrtum ein Irrtum hinsichtlich des Inhaltes und der Reichweite des Straftatbestandes und damit hinsichtlich der Unrechtmäßigkeit vor.[2062] Hier irrt der Steuerpflichtige jedoch nicht über den Straftatbestand, sondern über die von Dritten gemeldeten Daten als Besteuerungsgrundlage. Es handelt sich um einen Tatbestandsirrtum im Sinne von § 16 StGB. So liegt beispielsweise auch ein Tatbestandsirrtum vor, wenn der Steuerpflichtige nicht weiß, dass die in der Steuererklärung angegebenen Einnahmen zu niedrig sind, beispielsweise weil er diese in bar erhalten und vergessen hat.[2063] Dementsprechend kann, sofern keine Kenntnis von der

---

2058 *Rätke*, in: Klein, Kommentar AO, Rz. 84 zu § 150 AO; *Schmitz*, in: GS Joecks 2018, S. 620.

2059 *Rolletschke*, NZWiSt 2018, 185, 186.

2060 *Krumm*, in: Tipke/Kruse, Kommentar AO, Rz. 134 zu § 370 AO.

2061 *Schmitz/Wulf*, in: Joecks/Miebach, Münchener Kommentar StGB, Rz. 403 zu § 370 AO; hierzu grundlegend auch: *Flore*, in: Flore/Tsambikakis, Kommentar Steuerstrafrecht, Rz. 653 zu § 370 AO; *Rolletschke*, Steuerstrafrecht, Rz. 122; *Wagner*, in: Simon/Wagner, S. 76; so auch zu einem Irrtum über die elektronische Übermittlung der Daten von Dritten, die tatsächlich nicht erfolgt ist: *Beyer*, NzWiSt 2018, 359, 361.

2062 *Flore*, in: Flore/Tsambikakis, Kommentar Steuerstrafrecht, Rz. 662 zu § 370 AO; *Ibold*, in: Pfirrmann/Rosenke/Wagner, BeckOK AO, Rz. 466 f. sowie 472 f. zu § 370 AO.

2063 *Schmitz/Bürger*, in: Flore/Tsambikakis, Kommentar Steuerstrafrecht, Rz. 6 zu § 16 StGB.

Unrichtigkeit der von Dritten übermittelten Daten und auch keine Zweifel diesbezüglich auf Seiten des Steuerpflichtigen bestehen, kein Vorsatz und damit auch keine Steuerhinterziehung vorliegen. In der Praxis kommt es hier jedoch in der Regel zu einem Problem der Beweisbarkeit; hier wird es auf die Höhe der Abweichung ankommen und ob dies für den Steuerpflichtigen offensichtlich war.[2064]

In Abgrenzung zur Steuerhinterziehung erfordert eine leichtfertige Steuerverkürzung keinen Vorsatz, sondern Leichtfertigkeit. Ein Erkennen der Unrichtigkeit ist hierfür nicht zwingend erforderlich, da auch unbewusste Fahrlässigkeit, bei der der Steuerpflichtige die Möglichkeit der Tatbestandsverwirklichung nicht erkennt, die Voraussetzungen einer Leichtfertigkeit erfüllt.[2065] Leichtfertigkeit erfordert einen erhöhten Grad von Fahrlässigkeit, bei der die Sorgfalt außer Acht gelassen wird, zu der der Steuerpflichtige im Einzelfall und nach seinen persönlichen Fähigkeiten und Kenntnissen verpflichtet ist.[2066] Wie bereits dargestellt[2067] handelt der Steuerpflichtige grob fahrlässig im Sinne des § 173 Abs. 1 Nr. 2 AO infolge eines Verstoßes gegen die Mitwirkungspflichten, wenn er die elektronischen Daten nicht überprüft. Ausgenommen sind einmalige Versehen. Wenn man vom Begriff der groben Fahrlässigkeit ausgeht, kann damit auch eine leichtfertige Steuerverkürzung bei Nichtüberprüfung der elektronischen Daten vorliegen.

Heuel führt dagegen aus, dass der Begriff der groben Fahrlässigkeit für Zwecke des Straf- und Ordnungswidrigkeitenrechts angepasst werden muss, da hier auch die individuelle Vorwerfbarkeit notwendige Voraussetzung ist. Hier muss entschieden werden, ob die Rechtsverletzung mehr oder weniger vermeidbar war, was wiederum davon abhängt, inwieweit die Tatbestandsverwirklichung für den Steuerpflichtigen voraussehbar war.[2068] Wenn man davon ausgeht, dass die von Dritten übermittelten Daten in den überwiegenden Fällen richtig sind und auch eine Abweichung zuungunsten des Steuerpflichtigen vorliegen kann, liegt in einer Nichtüberprüfung der Daten zwar ein Verstoß gegen die

---

2064 *Schmitz/Bürger,* in: Flore/Tsambikakis, Kommentar Steuerstrafrecht, Rz. 7 zu § 16 StGB; ebenfalls zweifelnd zur Erkennbarkeit der Unrichtigkeit der e-Daten: *Ortwald,* Steuererklärungspflicht und Verfahrensleistungsfähigkeit, S. 646.

2065 *Krumm,* in: Tipke/Kruse, Kommentar AO, Rz. 13 zu § 378 AO.

2066 *Heuel,* in: Kohlmann, Kommentar Steuerstrafrecht, Rz. 55 zu § 378 AO; *Krumm,* in: Tipke/Kruse, Kommentar AO, Rz. 14 zu § 378 AO.

2067 Siehe Kapitel 6 B I 3 b „Zinszahlungen infolge einer Änderungsmöglichkeit des Finanzamtes bei fehlerhafter Festsetzung zugunsten des Steuerpflichtigen nach § 173 Abs. 1 Nr. 1 AO oder § 175b Abs. 1 AO“.

2068 *Heuel,* in: Kohlmann, Kommentar Steuerstrafrecht, Rz. 60 zu § 378 AO.

Mitwirkungspflichten, jedoch ist allein deshalb eine Tatbestandsverwirklichung für den Steuerpflichtigen nicht voraussehbar. So führt auch Steinhauff aus, dass allein aus der nicht erfolgten Prüfung der Daten nicht automatisch auf ein leichtfertiges Handeln geschlossen werden könne.[2069] Eine Leichtfertigkeit wird in jedem Fall vorliegen, wenn die realistische Möglichkeit besteht, dass die Daten falsch sind, beispielsweise bei Krankenversicherungsbeiträgen für ein Kind, bei dem die Krankenversicherung nicht beurteilen kann, ob die Voraussetzungen des § 32 EStG vorliegen.

Strittig ist, ob es hinsichtlich des subjektiven Tatbestandes einen Unterschied macht, ob der Steuerpflichtige selbst die falschen Daten der vorausgefüllten Steuererklärung in seine Steuererklärung übernimmt oder ob er die Daten nicht in seiner Steuererklärung angibt, diese jedoch über § 150 Abs. 7 S. 2 AO als seine Daten gelten. Rolletschke führt hierzu aus, dass § 150 Abs. 7 S. 2 AO eigene Daten fingiert, sodass auch hinsichtlich dieser Daten eine vorsätzliche Steuerhinterziehung durch aktives Tun im Sinne des § 370 Abs. 1 Nr. 1 AO vorliegen kann.[2070] Ibold führt hingegen aus, dass die gesetzliche Fiktion des § 150 Abs. 7 S. 2 AO im Hinblick auf den strafrechtlichen Schuldgrundsatz nicht zu Lasten des Steuerpflichtigen wirken dürfe. Jedoch ergebe sich bei Unterlassen vollständiger und richtiger Angaben des Steuerpflichtigen bereits hieraus die Unvollständigkeit oder Unrichtigkeit seiner Angaben. Offen bleibe, inwieweit Vorsatz in diesen Fällen vorliegt.[2071] Wenn der Steuerpflichtige die Daten nicht abruft und, beispielsweise bei Versicherungsbeiträgen, keine Angaben macht, werden die elektronisch gemeldeten Daten nach § 150 Abs. 7 S. 2 AO zu seinen eigenen Angaben. Problematisch ist der Fall, dass die elektronisch gemeldeten Daten zu seinen Gunsten falsch sind. Der Steuerpflichtige macht damit faktisch unrichtige Angaben in der Steuererklärung, die zu einer Steuerverkürzung führen. Er weiß dies jedoch noch gar nicht, da er die elektronisch gemeldeten Daten nicht abgerufen hat. Es stellt sich die erste Frage, ob bedingter Vorsatz vorliegt, wenn der Steuerpflichtige die Daten nicht abruft und keine Angaben dazu macht, da er billigend in Kauf nimmt, dass die Daten falsch sein können. Dies wird wohl nicht der Fall sein, da der mögliche Erfolg hier nicht erkannt wird, wenn der Steuerpflichtige darauf vertraut, dass die elektronischen Daten richtig sind.[2072]

2069 *Steinhauff*, AO-StB 2016, 176, 176.

2070 *Rolletschke*, NZWiSt 2018, 185, 186.

2071 *Ibold,* in: Pfirrmann/Rosenke/Wagner, BeckOK AO, Rz. 124 zu § 370 AO.

2072 Siehe *Krumm,* in: Tipke/Kruse, Kommentar AO, Rz. 124 zu § 370 AO mit weiteren Nachweisen.

Auch Leichtfertigkeit kann unter Berücksichtigung dessen, dass man die elektronischen Daten nicht abrufen muss, nicht vorliegen. Jedoch kann nach Erlass des Bescheides eine Steuerhinterziehung durch Unterlassen einer Berichtigung nach § 153 AO vorliegen, wenn der Steuerpflichtige in diesem Moment erkennt, dass die seiner Steuererklärung nach § 150 Abs. 7 S. 2 AO zugrundegelegten Daten zu seinen Gunsten falsch sind.

Dies bedeutet einen erheblichen Wandel im Besteuerungsverfahren. Bisher kam eine Berichtigungspflicht nach § 153 AO nur in Betracht, wenn der Steuerpflichtige in der Steuererklärung unrichtige oder unvollständige Angaben gemacht hat. Fehler der Finanzverwaltung mussten nicht richtiggestellt werden.[2073] Dies deckt sich auch mit dem Wortlaut des § 153 AO, gemäß dem es durch eine unrichtige oder unvollständige Erklärung zu einer Steuerverkürzung kommen können muss. Die Fiktion des § 150 Abs. 7 S. 2 AO führt jedoch nun unter Umständen zu unrichtigen Angaben in der Erklärung, sodass es sich nicht mehr um Fehler der Finanzverwaltung, sondern des Steuerpflichtigen handelt. Er hat die Steuerverkürzung mangels Eintragung abweichender Angaben in der Erklärung selbst verursacht. § 153 AO erfordert ein tatsächliches Erkennen; ein Erkennenmüssen reicht nicht aus. Eine Steuerhinterziehung greift also nur dann, wenn der Steuerpflichtige tatsächlich die unrichtigen Daten bei Erhalt des Steuerbescheides (oder später) erkennt.

In der Fachliteratur ebenfalls noch nicht diskutiert ist der Fall, dass der Steuerpflichtige Steuerabzugsbeträge im falschen Feld einträgt, zusätzlich jedoch eine Angabe durch das Finanzamt im richtigen Feld laut den elektronisch übermittelten Daten erfolgt. Dies kann beispielsweise bei Versicherungsbeiträgen der Fall sein, die aufgrund der Unkenntnis von Steuerpflichtigen teilweise in die falsche Kennziffer eingetragen werden. Auch hier kann, zumindest wenn die Eintragung in die falsche Zeile nicht absichtlich geschieht und der Steuerpflichtige keine absichtliche Doppeleintragung vornimmt, angesichts der oben dargestellten Grundsätze kein Vorsatz vorliegen. Inwieweit Leichtfertigkeit vorliegt, hängt von den persönlichen Fähigkeiten des Steuerpflichtigen ab und ob er die Fehleintragung nach seinem Kenntnisstand erkennen konnte.

2073 BFH, Urteil vom 04.12.2012, VIII R 50/10, BStBl. II 2014, 222, Leitsatz 2 und Rz. 33; *Joecks*, in: Joecks/Jäger/Randt, Kommentar Steuerstrafrecht, Rz. 261 zu § 370 AO; *Rosenke*, in: Pfirrmann/Rosenke/Wagner, BeckOK AO, Rz. 84 zu § 153 AO; *Seer*, in: Tipke/Kruse, Kommentar AO, Rz. 11 und Rz. 13 zu § 153 AO.

4. *Auswirkungen bei abweichender Angabe in der Steuererklärung und Festsetzung der elektronischen Daten durch die Finanzverwaltung*

a) *Steuermehrbelastung bei Festsetzung der elektronischen Daten, die sich zuungunsten des Steuerpflichtigen auswirken*

Sofern der Steuerpflichtige abweichende Angaben in der Steuererklärung macht, die Finanzverwaltung jedoch die elektronisch übermittelten Daten zu seinen Ungunsten ansetzt, ist fraglich, ob sich hierdurch eine Steuermehrbelastung ergeben kann. Zunächst ist festzuhalten, dass ein Ansatz der von der Steuererklärung abweichenden elektronischen Daten, auch wenn wie in der Praxis üblich die Begründung hierzu fehlt, nicht zu einer Nichtigkeit des Bescheides führt. Es handelt sich bei einer fehlenden Begründung um einen formellen Fehler, der jedoch nach § 126 Abs. 1 Nr. 2 und Abs. 2 AO noch nachträglich geheilt werden kann und damit in der Praxis in der Regel folgenlos bleibt (vgl. hierzu aber nachfolgend etwaige Auswirkungen auf eine Wiedereinsetzung in den vorigen Stand).[2074] Gleiches gilt für eine unterlassene Anhörung, die nach § 126 Abs. 1 Nr. 3 und Abs. 2 AO geheilt werden kann.[2075] Damit liegt ein wirksamer Steuerbescheid vor. Sofern sich die elektronisch übermittelten Daten zuungunsten des Steuerpflichtigen auswirken, kann dieser Einspruch einlegen. Wenn dies nicht geschieht, ist fraglich, ob nachträglich noch eine Änderung möglich ist.

Zunächst ist nach Ablauf der Einspruchsfrist zu prüfen, ob eine Wiedereinsetzung in den vorigen Stand nach § 110 AO wegen unverschuldeter Fristversäumnis möglich ist. Nach § 126 Abs. 3 AO gilt die Versäumung der Einspruchsfrist als nicht verschuldet, wenn dem Verwaltungsakt die erforderliche Begründung fehlt oder die Anhörung vor Erlass des Beteiligten unterblieben ist und hierdurch die rechtzeitige Einspruchseinlegung versäumt worden ist. Im Regelfall erfolgt keine Anhörung und keine Begründung bei Ansatz der elektronischen Daten durch die Finanzverwaltung, da anderenfalls im Rahmen der ordnungsgemäßen Sachverhaltsaufklärung die Unrichtigkeit der Daten ohnehin aufgefallen wäre. Fraglich ist der Kausalzusammenhang zwischen dem Verfahrensfehler und der Versäumung der Einspruchsfrist. Dieser Kausalzusammenhang ist vom Steuerpflichtigen glaubhaft zu machen und abhängig vom Einzelfall. So kann ein

2074 *Füssenich,* in: Pfirrmann/Rosenke/Wagner, BeckOK AO, Rz. 65 ff. zu § 121 AO; *Ratschow,* in: Klein, Kommentar AO, Rz. 11 zu § 121 AO.

2075 *Rätke,* in: Klein, Kommentar AO, Rz. 10 zu § 91 AO.

Nichtöffnen der Post dazu führen, dass kein Kausalzusammenhang besteht.[2076] Sofern jedoch glaubhaft vorgebracht wird, dass bei entsprechender Anhörung und Erläuterung dem Steuerpflichtigen die Abweichung im Bescheid aufgefallen wäre und er entsprechend fristgemäß Einspruch eingelegt hätte, kann unter Umständen Wiedereinsetzung in den vorigen Stand zu gewähren sein, sodass der Bescheid im Rahmen des Einspruchsverfahrens geändert werden kann.[2077] So führt auch die Gesetzesbegründung zu § 175b AO aus, dass bei Abweichungen in der Erklärung und fehlender Erläuterung im Bescheid dem Steuerpflichtigen auf Antrag Wiedereinsetzung in den vorigen Stand zu gewähren ist.[2078] Dies gilt jedoch nur bis 1 Jahr nach dem Ende der versäumten Frist nach § 110 Abs. 3 AO. Anschließend ist zu prüfen, ob die Korrekturvorschriften eine Änderung des Bescheides ermöglichen.

Eine Änderung nach § 129 AO scheidet aus, da die Vorschrift ausschließlich bei Schreibfehlern, Rechenfehlern und offenbaren Unrichtigkeiten, die bei Erlass eines Verwaltungsaktes unterlaufen sind, greift. Fehler bei der Auslegung oder Anwendung einer Rechtsnorm, eine unrichtige Tatsachenwürdigung oder die unzutreffende Annahme eines Sachverhaltes stellen keine offenbare Unrichtigkeit dar.[2079] § 129 AO ist bereits dann nicht anwendbar, wenn die Möglichkeit besteht, dass die Nichtbeachtung einer Tatsache auf einem Denkfehler oder auf mangelnder Sachverhaltsaufklärung beruht.[2080] Sofern die Finanzbehörde ohne Überprüfung die elektronischen Daten trotz Abweichung von der Steuererklärung ansetzt, stellt dies einen Ermittlungsfehler und damit eine mangelnde Sachverhaltsaufklärung dar. Dies ist kein rein mechanisches Versehen, sodass eine Änderung nach § 129 AO ausscheidet.[2081]

Ebenso scheidet eine Änderung nach § 173 Abs. 1 Nr. 2 AO aus, da die richtigen Tatsachen zum Zeitpunkt der Steuerfestsetzung durch die Finanzbehörde bereits vorlagen, da diese in der Steuererklärung angegeben waren. Im Sinne des § 173 Abs. 1 Nr. 2 AO ist alles bekannt, was sich aus den Akten ergibt, ohne dass es auf die individuelle Kenntnis des Bearbeiters ankommt. Dementsprechend

---

2076 *Füssenich,* in: Pfirrmann/Rosenke/Wagner, BeckOK AO, Rz. 68 zu § 126 AO; *Seer,* in: Tipke/Kruse, Kommentar AO, Rz. 12 zu § 126 AO.

2077 *Kaluza/Baum*, NWB 2013/34, 2728, 2737.

2078 Deutscher Bundestag, Drucksache 18/7457 vom 03.02.2016, S. 88.

2079 AEAO Nr. 2 zu § 129 AO.

2080 AEAO Nr. 2 zu § 129 AO.

2081 BFH, Urteil vom 16.01.2018, VI R 41/16, BStBl. II 2018, 378, Leitsatz 1 und Rz. 17 zu einer Abweichung des in der Steuererklärung angegebenen Arbeitslohns von den vom Arbeitgeber übermittelten Daten.

sind auch Tatsachen bekannt, die mangels Prüfhinweisen vom Bearbeiter nicht tatsächlich zur Kenntnis genommen werden. Die genaue Ausgestaltung des Risikomanagementsystems und der Erfüllung der Ermittlungspflichten seitens der Finanzverwaltung liegen in deren Risikobereich.[2082] Damit liegt kein nachträgliches Bekanntwerden vor, da die in der Steuererklärung angegebenen Tatsachen auch Akteninhalt der Finanzverwaltung werden und entsprechend bereits bei Erlass des Bescheides bekannt waren.[2083]

Da der Steuerpflichtige im vorliegenden Fall abweichende Angaben gemacht hat, scheidet außerdem eine Änderung nach § 175b Abs. 2 AO aus. Da § 175b Abs. 2 AO voraussetzt, dass die elektronisch übermittelten Daten mangels abweichender Angaben nach § 150 Abs. 7 S. 2 AO als Angaben des Steuerpflichtigen gelten, kann § 175b Abs. 2 AO vom Wortlaut der Vorschrift her keine Anwendung finden.[2084]

Damit ist nur eine Änderung nach § 175b Abs. 1 AO möglich, wenn eine geänderte Datenübermittlung durch den Dritten erfolgt. In diesem Fall ist eine Änderung nach § 175b Abs. 1 AO zulässig, wenn die elektronisch übermittelten Daten der bisherigen Steuerfestsetzung widersprechen und diese auch materiellrechtlich unzutreffend ist.[2085] Auch wenn die Übermittlung korrigierter Daten vom Wortlaut des § 175b Abs. 1 AO nicht umfasst sind, ist die Vorschrift entsprechend auszulegen und auch hierauf anzuwenden.[2086] Dementsprechend hat der Steuerpflichtige in diesem Fall auf den Dritten hinzuwirken, dass eine geänderte elektronische Übermittlung nach § 93c Abs. 3 AO erfolgt. Dies kann problematisch sein, beispielsweise wenn der Dritte nicht mehr vorhanden ist oder es zu Auseinandersetzungen über Dauer und Umfang der Vertragsbeziehungen kommt.[2087] Die Änderung ist bis zur Festsetzungsverjährung möglich, welche sich nach § 171 Abs. 10a AO verlängert.

Es ergibt sich das paradoxe Ergebnis, dass bei Daten von Dritten, die zuungunsten des Steuerpflichtigen abweichen, eine spätere Änderung innerhalb der regulären Festsetzungsfrist leichter möglich ist (nämlich nach § 175b Abs. 2 AO), wenn der Steuerpflichtige die elektronischen Daten ohne Überprüfung

2082 BFH, Urteil vom 12.03.2019, IX R 29/17, BFH/NV 2019, 1057, Rz. 19.

2083 *Geserich*, jurisPR-SteuerR 17/2018, Anm. 1 zu BFH, Urteil vom 16.01.2018, VI R 41/16, D I.

2084 *Klomp*, in: Pfirrmann/Rosenke/Wagner, BeckOK AO, Rz. 95 zu § 175b AO.

2085 *Klomp*, in: Pfirrmann/Rosenke/Wagner, BeckOK AO, Rz. 55 zu § 175b AO.

2086 *Bruschke*, StB 2019, 272, 273; *Loose*, in: Tipke/Kruse, Kommentar AO, Rz. 7 zu § 175b AO; *Rüsken*, in: Klein, Kommentar AO, Rz. 3 zu § 175b AO.

2087 *Trossen*, FR 2015, 1021, 1021.

übernimmt. Sofern abweichende Angaben gemacht werden, muss er sich für eine Änderung nach Ablauf der Einspruchsfrist an den Dritten wenden, um eine Änderung nach § 175b Abs. 1 AO zu erreichen. Es ist also, im Falle von erkannten Abweichungen von den elektronischen Daten, eine genaue Prüfung des Bescheides innerhalb der Einspruchsfrist zu empfehlen. Hierbei ist unter Umständen eine Wiedereinsetzung in den vorigen Stand nach § 110 AO innerhalb eines Jahres nach Fristablauf möglich.

b) *Zinszahlungen infolge einer Änderungsmöglichkeit des Finanzamtes bei Festsetzung der elektronischen Daten, die sich zugunsten des Steuerpflichtigen auswirken*

Sofern der Steuerpflichtige abweichende Angaben macht, die Finanzverwaltung aber die elektronischen Daten ansetzt und sich diese zugunsten des Steuerpflichtigen auswirken, wird dieser im Regelfall keinen Einspruch einlegen. In diesem Fall ist fraglich, ob die Finanzverwaltung später, sofern sie die Fehlerhaftigkeit der Daten bemerkt, den Bescheid noch ändern kann. Diese würde in Nachzahlungszinsen resultieren.

§ 129 und § 173 AO sind auch in diesem Fall nicht anwendbar, da weder offenbare Unrichtigkeiten noch ein nachträgliches Bekanntwerden vorliegen.[2088]

§ 175b Abs. 2 AO ist nicht anwendbar, da dieser nur Änderungen zugunsten des Steuerpflichtigen umfasst. Damit kommt nur eine Änderung nach § 175b Abs. 1 AO in Betracht, die auch bei Ermittlungspflichtverletzungen der Finanzverwaltung greift.[2089] Hierdurch soll ein Vorrang der materiellrechtlich richtigen Steuerfestsetzung vor der Bestandskraft erreicht werden.[2090] Nach anderer Ansicht kann die Änderungsvorschrift nur auf den Fall Anwendung finden, dass im Hinblick auf die übermittelten Daten kein Anlass zur Amtsermittlung besteht, da anderenfalls die Finanzverwaltung entsprechenden Abweichungen nachgehen muss.[2091] Eine solche Auslegung wäre wünschenswert auch im Hinblick auf die Umsetzung der Ermittlungspflicht der Finanzverwaltung bei Abweichungen in der Praxis, lässt sich jedoch aus dem Wortlaut der Vorschrift nicht entnehmen. Im Hinblick auf die Grundsätze von Treu und Glauben wäre

---

2088 Siehe hierzu Kapitel 6 B I 4a „Steuermehrbelastung bei Festsetzung der elektronischen Daten, die sich zuungunsten des Steuerpflichtigen auswirken".

2089 *Loose*, in: Tipke/Kruse, Kommentar AO, Rz. 3 zu § 175b AO; *Schuster*, in: Hübschmann/Hepp/Spitaler, Kommentar AO, Rz. 39 zu § 93c AO.

2090 *Schuster*, in: Hübschmann/Hepp/Spitaler, Kommentar AO, Rz. 39 zu § 93c AO.

2091 *Rüsken*, in: Klein, Kommentar AO, Rz. 2 zu § 175b AO.

es grundsätzlich denkbar, eine entsprechende Auslegung wie bei § 173 Abs. 1 Nr. 1 AO vorzunehmen. Jedoch wird in der Gesetzesbegründung explizit ausgeführt, dass es abweichend von § 173 AO auf eine Verletzung der Ermittlungspflichten durch die Finanzverwaltung bei § 175b AO nicht ankommt.[2092]

In jedem Fall muss die Finanzbehörde für die Anwendung des § 175b AO eine Änderung der elektronischen Daten bei dem übermittelten Dritten bewirken. Es greift die Ablaufhemmung nach § 171 Abs. 10a AO. Es droht damit ein erheblicher Zinsschaden für den Steuerpflichtigen im Falle einer nachträglichen Änderung nach § 175b Abs. 1 AO.

c) Straf- und bußgeldrechtliche Auswirkungen

Sofern der Steuerpflichtige abweichende Angaben in der Steuererklärung macht, da die elektronischen Daten nicht korrekt sind, liegen schon begrifflich keine unrichtigen oder unvollständigen Angaben im Sinne des § 370 Abs. 1 Nr. 1 AO vor. Hierbei müssen die abweichenden Werte nicht, wie von Rätke geschrieben[2093], zwingend im Freitextfeld kenntlich gemacht werden. Sofern die korrekten Angaben im entsprechenden Feld der Steuererklärung eingetragen sind, liegen schon keine unrichtigen Angaben vor, sodass der objektive Tatbestand der Steuerhinterziehung nicht erfüllt ist.[2094] Ebenso fehlt es am objektiven Tatbestand einer leichtfertigen Steuerverkürzung gemäß § 378 Abs. 1 S. 1 AO. Sofern die Finanzverwaltung den Bescheid basierend auf den elektronischen Daten zugunsten des Steuerpflichtigen erlässt und es hierdurch zu einer Steuerverkürzung kommt, ist dies für § 370 Abs. 1 Nr. 1 AO unerheblich. Straf- und bußgeldrechtliche Auswirkungen können sich damit bei Angabe der korrekten Daten in der Steuererklärung nicht ergeben.

II. Datenabgleich durch den Steuerberater

1. Verpflichtung des Steuerberaters zum Datenabgleich

Wie bereits dargestellt hat der Steuerpflichtige im Rahmen der Erstellung der Steuererklärung weiterhin die Pflicht, die elektronisch übermittelten Daten zu überprüfen. Im Falle der Beauftragung eines Steuerberaters übernimmt dieser die Prüfung der Daten im Rahmen seines Auftrags zur Erstellung der

2092 Deutscher Bundestag, Drucksache 18/7457 vom 03.02.2016, S. 88.

2093 *Rätke,* in: Klein, Kommentar AO, Rz. 84 zu § 150 AO.

2094 So auch: *Rolletschke,* NZWiSt 2018, 185, 186.

Steuererklärung, die § 150 Abs. 2 AO entsprechen muss.[2095] Zwar trifft die Mitwirkungspflicht den Steuerberater nicht selbst[2096], jedoch hat er im Rahmen seines Mandats sicherzustellen, dass der Mandant hinsichtlich der bestehenden Mitwirkungspflichten beraten wird, um Schaden für den Mandanten zu vermeiden.[2097]

Die Pflicht des Steuerberaters zur Prüfung der elektronischen Daten ergibt sich jedoch nicht nur aus seiner Beratungspflicht im Rahmen des Mandats zur Erstellung der Steuererklärung und den hierüber anwendbaren Vorschriften der Abgabenordnung, sondern auch im Rahmen seiner zivilrechtlichen Pflicht zur Sachverhaltsaufklärung.[2098] Hiernach hat der Steuerberater den steuerlich relevanten Sachverhalt zu erforschen und die notwendigen Unterlagen beim Mandanten anzufordern. Die Tatsachen, die für die Besteuerung maßgeblich sind, müssen ggf. durch Nachfrage erforscht werden.[2099] Hierfür hat der Steuerberater Belege einzusehen und Rückfragen aufzuklären.[2100] Der Steuerberater darf grundsätzlich auf die Richtigkeit der Angaben des Mandanten vertrauen[2101], bei für den Mandanten nicht ohne weiteres erkennbaren Sachverhalten muss jedoch nachgefragt werden. Gerade im Falle der Einkommensteuererklärung muss der Steuerberater damit rechnen, dass der Mandant mangels entsprechender Kenntnisse nicht weiß, welche Sachverhalte für die Besteuerung erheblich sind.[2102]

So enthalten auch die Muster der allgemeinen Auftragsbedingungen für Steuerberater folgende Ausführungen: „Die Prüfung der Richtigkeit, Vollständigkeit und Ordnungsmäßigkeit der dem Steuerberater übergebenen Unterlagen und Zahlen (…) gehört nur zum Auftrag, wenn dies in Textform vereinbart ist. Der

2095 *Kleemann*, DStR 2013, 2721, 2721; *Trossen*, AO-StB 2017, 309, 312; *Willerscheid*, NWB 2014/5, 297, 297.

2096 Siehe Kapitel 1 C II 1 „Allgemeine Mitwirkungspflichten und Steuererklärungspflichten".

2097 Siehe Kapitel 1 C III 1 „Umfang des Mandats basierend auf dem Steuerberatungsvertrag".

2098 Siehe Kapitel 1 C III 3 „Sachverhaltsaufklärung".

2099 *Fischer*, in: Hau/Poseck, BeckOK BGB, Rz. 46 zu § 675 BGB; *Koslowski*, in: Pelka/Petersen, Beck'sches Steuerberater-Handbuch 2019/2020, Rz. 18 zu U „Steuerberatungsvertrag".

2100 *Gräfe*, in: Gräfe/Wollweber/Schmeer, S. 196.

2101 *Gräfe*, in: Gräfe/Wollweber/Schmeer, S. 195; *Koslowski*, in: Pelka/Petersen, Beck'sches Steuerberater-Handbuch 2019/2020, Rz. 23 zu U „Steuerberatungsvertrag".

2102 *Gräfe*, in: Gräfe/Wollweber/Schmeer, S. 195; *Wacker*, DStR 2013, 2025, 2027 f.; siehe auch: BGH, Urteil vom 07.02.2002, IX ZR 209/00, Juris, Rz. 14 zur Aufklärungspflicht eines Rechtsanwalts; BGH, Urteil vom 12.02.2004, IX ZR 246/02, Juris, Rz. 17 zu Informationspflichten des Mandanten gegenüber dem Steuerberater.

Steuerberater wird die vom Auftraggeber gemachten Angaben, insbesondere Zahlenangaben, als richtig zu Grunde legen. Soweit er offensichtliche Unrichtigkeiten feststellt, ist er verpflichtet, darauf hinzuweisen."[2103] Jedoch erhält der Steuerberater die hier behandelten Daten nicht vom Steuerpflichtigen, sondern von Dritten (im Regelfall über den elektronischen Datenabruf beim Finanzamt). Dementsprechend sind diese von der Passage in den allgemeinen Auftragsbedingungen nicht umfasst. Auch wenn der Steuerberater Daten von Dritten erhält, ist er verpflichtet, den Sachverhalt durch Nachfrage beim Mandanten zu erforschen.[2104] Im Rahmen seiner Pflicht zur Aufklärung des wahren Sachverhaltes ist der Steuerberater damit verpflichtet, die von Dritten elektronisch übermittelten Daten anhand der vom Steuerpflichtigen eingereichten Unterlagen abzugleichen oder sich von diesem bestätigen zu lassen.

Trossen schlussfolgert auch aus den berufsrechtlichen Pflichten (vermutlich insbesondere aus der Gewissenhaftigkeit des Steuerberaters), dass der Steuerberater die übermittelten Werte auf Schlüssigkeit prüfen muss.[2105]

Diese notwendige Überprüfung führt in der Literatur zu Kritik. So wird der elektronische Datenabruf infolge der nach wie vor bestehenden Überprüfungspflicht als nur vermeintliche Vereinfachung bezeichnet.[2106] Die Überprüfung der von Dritten übermittelten Daten wird von der Finanzverwaltung auf die Steuerberater ausgelagert.[2107] Für den Mandanten erscheint es jedoch, insbesondere wegen der begrifflichen Verwendung der „vorausgefüllten Steuererklärung" so, dass der Steuerberater weniger für die steuerliche Deklaration benötigt wird[2108], und wenn er beauftragt wird, sich sein Honorar entsprechend vermindert, da der Arbeitsaufwand für den Berater sinkt.[2109] Auch Vetten spricht daher an, dass das Vertrauen auf die durch Dritte bereitgestellten Daten im Mandatsverhältnis ggf. neu zu definieren sei.[2110]

2103 Allgemeine Geschäftsbedingungen für Steuerberater, Steuerbevollmächtigte und Steuerberatungsgesellschaften des DWS-Verlages, Stand 07/2018.

2104 BFH, Urteil vom 03.12.2009, VI R 58/07, BStBl. II 2010, 531, Rz. 19 (entschieden zum groben Verschulden im Rahmen von § 173 Abs. 1 Nr. 2 AO); a.A. wohl Gebhardt, der ein Vertrauen auch des Steuerberaters auf die eDaten annimmt und nicht weiter auf die Unterscheidung eingeht, von wem die Bescheinigung übermittelt wird: *Gebhardt*, AO-StB 2021, 32, 33.

2105 *Trossen*, AO-StB 2017, 309, 312.

2106 *Eichhorn*, DStR 2013, 2722, 2723.

2107 *Gebhardt*, EStB 2014, 113, 116.

2108 *Neufang/Neufang*, StB 2012, 107, 109.

2109 *Eichhorn*, DStR 2013, 2722, 2723; so auch: *Gebhardt*, EStB 2014, 113, 116.

2110 *Vetten*, NWB 2016/42, 3187, 3189.

2. *Umfang des Datenabgleichs durch den Steuerberater*

So wie für den Steuerpflichtigen ist es auch für den Steuerberater im Rahmen seines Mandats und der umfassenden Sachverhaltsaufklärung erforderlich, dass die elektronischen Daten mit den Kontoauszügen und Beitragsrechnungen des Steuerpflichtigen verglichen werden. Die elektronischen Daten selbst kann er hierbei mittels eines Datenabrufes über die Vollmachtsdatenbank (VDB) oder anhand der Bescheinigungen der übermittelnden Dritten einsehen.[2111] Vinken führt abweichend hiervon aus, dass für eine Überprüfung der elektronischen Daten zwingend ein Zugriff auf die elektronischen Daten erforderlich sei.[2112] Wenn jedoch dem Steuerpflichtigen mangels tatsächlicher Möglichkeit nicht die Pflicht auferlegt wird, die tatsächliche Übermittlung der elektronischen Daten zu prüfen[2113], so kann dies auch nicht für den Steuerberater gelten. Auch die Pflicht zur Aufklärung des Sachverhaltes umfasst nicht die Pflicht des Steuerberaters, die tatsächliche Übermittlung der gemäß den Bescheinigungen dargestellten Werte an die Finanzverwaltung zu prüfen. Eine Überprüfung anhand der Bescheinigungen der übermittelnden Dritten reicht aus, wobei in der Praxis wegen der Übernahmemöglichkeit der Daten im Regelfall trotzdem ein Abruf über die Vollmachtsdatenbank erfolgen wird.

Sofern die Bescheinigungen der übermittelnden Dritten vom Steuerpflichtigen an den Steuerberater übermittelt werden, ist gemäß den oben dargestellten Grundsätzen und der Vereinbarung in den allgemeinen Auftragsbedingungen davon auszugehen, dass der Steuerberater von der Richtigkeit der Daten ausgehen kann, sofern sich nicht offensichtliche Zweifel ergeben. Anderenfalls hätte der Steuerpflichtige bereits mit Belegübersendung darauf hinweisen müssen, dass seines Erachtens die hier angegebenen Daten nicht korrekt sind. Nichtsdestotrotz ist fraglich, ob ein steuerlich beratener Steuerpflichtiger weiß, dass er diese Daten überprüfen muss und inwieweit diese für die Besteuerung erheblich sind. Der Mandant, der aus fachlicher Unkenntnis die Notwendigkeit der Übermittlung von Unterlagen und Informationen an den Steuerberater nicht beurteilen kann, muss sich darauf verlassen können, dass der Steuerberater die erforderliche Sachaufklärung vornimmt und ergänzende Unterlagen anfordert. Dies ergibt sich auch aus der Gewissenhaftigkeit der Berufsausübung.[2114]

2111 *Trossen*, AO-StB 2017, 309, 312.

2112 *Vinken*, DStR 2012, 1205, 1207.

2113 Siehe Kapitel 6 B I 2 „Möglichkeit und Umfang des Datenabgleichs".

2114 *Kilian*, in: v. Westphalen/Thüsing, Vertragsrecht und AgB-Klauselwerke, Rz. 94 zu „Steuerberater".

Dementsprechend hat der Steuerberater die Pflicht, die Daten der Bescheinigungen zu überprüfen bzw. vom Mandanten explizit bestätigen zu lassen. Nicht pflichtwidrig handelt ein Steuerberater jedenfalls dann, wenn er die entsprechenden Daten zur Überprüfung und Mitteilung von Unstimmigkeiten an den Mandanten übersendet.[2115]

3. *Auswirkungen für Steuerberater bei fehlendem Datenabgleich oder beim Nichterkennen von falschen Daten im Steuerbescheid*

a) *Haftung für Mehrsteuern bei fehlerhafter Steuerfestsetzung zuungunsten des Steuerpflichtigen*

Eine Haftung des steuerlichen Beraters für Mehrsteuern kann aus dem Nichtabgleich der elektronischen Daten resultieren, wenn diese zuungunsten des Steuerpflichtigen abweichen und keine Änderung des Steuerbescheides mehr möglich ist. Außerdem kommt eine Haftung in Betracht, wenn der steuerliche Berater die falschen Daten erkannt und in der Steuererklärung korrigiert hat, das Finanzamt jedoch unverändert die elektronischen Daten zugrunde legt und der Bescheid bestandskräftig wird.

Im ersten Fall begeht der Steuerberater durch die Nichtüberprüfung der Daten eine Pflichtverletzung.[2116] Infolgedessen kommt es zu einer zu hohen Steuerfestsetzung, die vermeidbar gewesen wäre, sodass es zu einer Haftung des Steuerberaters kommen kann.[2117] Ein Schaden (abgesehen von den eventuell entstehenden Mehrkosten für Änderungsanträge des Steuerberaters, auf die hier nicht eingegangen wird) entsteht jedoch nur dann, wenn die zu hohe Steuerfestsetzung nicht mehr änderbar ist. Im vorliegenden Fall kommt auch im Falle steuerlicher Beratung eine Änderung nach § 173 Abs. 1 Nr. 2 AO nicht in Betracht, da ein grobes Verschulden vorliegt. Der Verschuldensbegriff in § 173 Abs. 1 Nr. 2 AO ist subjektiv und abhängig von den Kenntnissen und Fähigkeiten. Bei Steuerberatern wird ein höheres Maß an Sorgfalt erwartet.[2118] Insbesondere handelt ein Steuerberater grob fahrlässig, wenn er die Angaben des Mandanten ungeprüft übernimmt oder dem Steuerpflichtigen lediglich die komprimierte Einkommensteuererklärung vorlegt, ohne den maßgebenden

---

2115 OLG Koblenz, Beschluss vom 14.01.2014, 3 U 767/13, Juris, Rz. 6.

2116 Siehe Kapitel 6 B II 1 „Verpflichtung des Steuerberaters zum Datenabgleich".

2117 *Fischer,* in: Hau/Poseck, BeckOK BGB, Rz. 49 zu § 675 BGB.

2118 *Loose,* in: Tipke/Kruse, Kommentar AO, Rz. 84 zu § 173 AO; *Peters,* in: Pfirrmann/Rosenke/Wagner, BeckOK AO, Rz. 212 zu § 173 AO; *Rüsken,* in: Klein, Kommentar AO, Rz. 112 f. zu § 173 AO.

Sachverhalt zu ermitteln.[2119] Weiterhin liegt grobes Verschulden vor, wenn es der Steuerberater unterlässt, den Steuerpflichtigen nach steuererheblichen Sachverhalten zu fragen.[2120] Da selbst der Steuerpflichtige bei fehlendem Abgleich der Daten der vorausgefüllten Steuererklärung grob fahrlässig handelt[2121], kann für den Steuerberater, für den ein höherer Maßstab anzusetzen ist, nichts anderes gelten. Er verstößt hier gegen seine Pflicht zur Sachverhaltsermittlung.[2122]

Nach der herrschenden Meinung wird das Verschulden des steuerlichen Beraters im Sinne von § 173 AO dem Steuerpflichtigen zugerechnet[2123], sodass eine Änderung nach § 173 Abs. 1 Nr. 2 AO ausscheidet. Diese Auslegung ist auch nach dem Sinn und Zweck der Vorschrift im hier vorliegenden Fall geboten. Zweck des Kriteriums des groben Verschuldens bei einer Änderung zugunsten des Steuerpflichtigen ist die Schaffung von Rechtssicherheit, wobei es dem Steuerpflichtigen im Rahmen seiner Erklärungs- und Mitwirkungspflichten obliegt, die Tatsachen richtig, vollständig und rechtzeitig vorzutragen. Eine Nichtzurechnung des Verschuldens des steuerlichen Beraters würde hier unter Umständen dazu führen, dass eine Änderung nach § 173 Abs. 1 Nr. 2 AO möglich wäre, obwohl die Mitwirkungspflichten nicht erfüllt wurden. Im Ergebnis wäre der steuerlich beratene Steuerpflichtige bessergestellt. Dementsprechend scheidet eine Änderung zugunsten des Steuerpflichtigen bei Nichtabgleich der elektronischen Daten durch den Steuerpflichtigen nach § 173 Abs. 1 Nr. 2 AO aus.

Jedoch ist seit 01.01.2017 eine verschuldensunabhängige Änderung nach § 175b Abs. 2 AO möglich, wenn in der entsprechenden Kennziffer zu den elektronischen Daten keine oder keine abweichende Angabe gemacht wurde. Diese Änderungsmöglichkeit greift auch bei steuerlicher Vertretung. Die Änderungsmöglichkeit ist durch die Festsetzungsfrist begrenzt, wobei bei geänderter Übermittlung eines Dritten die Festsetzungsfrist nach § 171 Abs. 10a AO verlängert wird. Damit besteht seit 01.01.2017 im Falle von zuungunsten des

---

2119 *Rüsken,* in: Klein, Kommentar AO, Rz. 126 zu § 173 AO.

2120 BFH, Urteil vom 03.12.2009, VI R 58/07, BStBl. II 2010, 531, Leitsatz 1 und Rz. 19 zu unterlassener Nachfrage nach Zahnbehandlungskosten.

2121 Siehe Kapitel 6 B I 3 b „Zinszahlungen infolge einer Änderungsmöglichkeit des Finanzamtes bei fehlerhafter Festsetzung zugunsten des Steuerpflichtigen nach § 173 Abs. 1 Nr. 1 AO oder § 175b Abs. 1 AO".

2122 *Groß/Möslein,* in: Pelka/Petersen, Beck'sches Steuerberater-Handbuch 2019/2020, Rz. 140 zu I „Elektronische Steuerkommunikation".

2123 Siehe Kapitel 2 C IV 2 b „Haftung für den Steuerschaden mangels Änderungsmöglichkeit nach § 173 Abs. 1 Nr. 2 AO bei fehlerhafter Festsetzung zuungunsten des Steuerpflichtigen".

Steuerpflichtigen abweichenden elektronischen Daten nur noch ein Haftungsrisiko für Mehrsteuern des Steuerberaters, wenn eine Änderung nach § 175b Abs. 2 AO wegen des Eintritts der Festsetzungsverjährung nicht mehr in Betracht kommt.

Eichhorn führt aus, dass in der Praxis wohl der Berater wegen des Zeitdrucks auf eine Überprüfung der Daten verzichte und das Haftungsrisiko in Kauf nehme.[2124] Es reicht jedoch nach den Ausführungen oben aus, wenn der Steuerberater, beispielsweise mit dem Entwurf, das Protokoll zu den elektronisch von Dritten übermittelten Daten mit an den Mandanten zur Bestätigung übersendet. Da er davon ausgehen darf, dass die vom Mandanten übersandten Unterlagen und Informationen korrekt sind, muss eine Bestätigung des Mandanten hierzu ausreichen, sofern sich keine begründeten Zweifel ergeben. Der zeitliche Aufwand hierfür hält sich in Grenzen.

Im zweiten Fall, in dem der Steuerberater die Abweichung erkannt und in der Steuererklärung die korrekten Daten angegeben hat, jedoch das Finanzamt die elektronischen Daten übernimmt, kann eine Pflichtverletzung im Rahmen der Erstellung der Steuererklärung nicht vorliegen, da der Steuerberater hier die korrekten Daten angegeben hat. Eine Pflichtverletzung kann damit erst durch die nicht erkannte Abweichung im Bescheid im Rahmen der Bescheidprüfung vorliegen. Der Abgleich des Steuerbescheides mit den Angaben in der Steuererklärung gehört zum Auftrag des Steuerberaters, wenn dieser mit der Bearbeitung einer Steuererklärung beauftragt ist.[2125] Auch bei Steuerberatern kann unter Umständen eine Wiedereinsetzung in den vorigen Stand nach § 110 AO in Verbindung mit § 126 Abs. 3 AO in Betracht kommen, um den Bescheid nach Ablauf der regulären Einspruchsfrist noch anzufechten. Jedoch wird es für Steuerberater schwieriger sein, nachzuweisen, dass die fehlende Anhörung und Begründung ursächlich für die nicht erfolgte Einspruchseinlegung war, da von Steuerberatern erwartet werden kann, Abweichungen im Bescheid zu erkennen.[2126] Es besteht gegenüber Steuerberatern keine Beratungs- und Belehrungspflicht seitens der Finanzverwaltung, da diese die Steuersache eigenverantwortlich prüfen müssen.[2127] Dementsprechend wird ein Antrag auf Wiedereinsetzung in den vorigen

---

2124 *Eichhorn*, DStR 2013, 2722, 2723.

2125 BGH, Urteil vom 20.06.1996, IX ZR 100/95, Juris, Rz. 7; *Gräfe*, in: Gräfe/Wollweber/Schmeer, S. 204.

2126 *Söhn*, in: Hübschmann/Hepp/Spitaler, Kommentar AO, Rz. 230 zu § 110 AO.

2127 *Söhn*, in: Hübschmann/Hepp/Spitaler, Kommentar AO, Rz. 347 zu § 110 AO.

Stand, der allein auf die fehlende Begründung seitens der Finanzverwaltung gestützt ist, bei Steuerberatern im Regelfall keinen Erfolg haben.

Sollte die Abweichung im Rahmen der Bescheidprüfung nicht bzw. zu spät erkannt werden, muss sich der Steuerberater zur Haftungsvermeidung an den Dritten wenden, um eine korrigierte Meldung zu erhalten. In diesem Fall ist eine Änderung nach § 175b Abs. 1 AO innerhalb der verlängerten Festsetzungsfrist nach § 171 Abs. 10a AO möglich.[2128] Damit droht ein Haftungsschaden infolge der Mehrsteuern, wenn keine geänderte Meldung durch den Dritten erfolgt oder die verlängerte Festsetzungsfrist abgelaufen ist.

b) Haftung für den Zinsschaden bei späterer Änderung des Steuerbescheides nach fehlerhafter Steuerfestsetzung zugunsten des Steuerpflichtigen

Im Falle einer Abweichung der elektronisch übermittelten Daten zugunsten des Steuerpflichtigen kann, wie oben dargestellt[2129], später eine Änderung nach § 173 Abs. 1 Nr. 1 AO (bei keinen abweichenden Angaben in der Steuererklärung) oder § 175b Abs. 1 AO (bei korrigierter Datenübermittlung durch den Dritten, unabhängig davon, ob abweichende Daten in der Steuererklärung angegeben waren) seitens der Finanzverwaltung erfolgen. In diesen Fällen kann eine Haftung des Steuerberaters für den Zinsschaden des Mandanten nach § 233a AO, der aus der aus der Änderung resultierenden Steuernachzahlung resultiert, in Betracht kommen.[2130] Eine Haftung für die Steuernachzahlung, die sich aus dem geänderten Bescheid ergibt, kommt nicht in Betracht (unvermeidbare Steuerlast, die bei ordnungsgemäßem Abgleich der Daten schon von vornherein zu entrichten gewesen wäre).[2131]

2128 Siehe Kapitel 6 B I 3 a „Steuermehrbelastung bei fehlerhafter Festsetzung zuungunsten des Steuerpflichtigen mangels Änderungsmöglichkeit nach § 173 Abs. 1 Nr. 2 AO oder § 175b Abs. 2 AO".

2129 Siehe Kapitel 6 B I 3 b und 4 b „Zinszahlungen infolge einer Änderungsmöglichkeit des Finanzamtes bei fehlerhafter Festsetzung zugunsten des Steuerpflichtigen nach § 173 Abs. 1 Nr. 1 AO oder § 175b Abs. 1 AO" und „Zinszahlungen infolge einer Änderungsmöglichkeit des Finanzamtes bei Festsetzung der elektronischen Daten, die sich zugunsten des Steuerpflichtigen auswirken".

2130 Siehe zum Schadenersatz bei Zinsen nach § 233a AO, auch zur Höhe, Kapitel 5 C II 2 „Haftung für den Zinsschaden infolge einer späteren Änderung nach § 173 Abs. 1 Nr. 1 AO".

2131 BGH, Urteil vom 09.11.2017, IX ZR 270/16, Juris, Rz. 26 f.; *Fischer*, in: Hau/Poseck, BeckOK BGB, Rz. 49 zu § 675 BGB; *Gehrlein*, DStR 2018, 487, 492; so auch: *Gräfe*, in: Gräfe/Wollweber/Schmeer, S. 375: ein Steuerschaden kann nur entstehen, wenn

Wenn der Steuerberater die Abweichung in der Erklärung darstellt, liegt keine Pflichtverletzung im Rahmen der Erstellung der Steuererklärung vor. Sofern die Finanzverwaltung anschließend, hiervon abweichend, die elektronischen Daten übernimmt, liegt wiederum keine Pflichtverletzung des Steuerberaters vor. Jedoch ist er, wenn (wie in der Praxis üblich wegen der Auswirkung zugunsten des Steuerpflichtigen) kein Einspruch eingelegt wird, zur Aufklärung des Steuerpflichtigen über die Entstehung von Nachzahlungszinsen verpflichtet.[2132] Im Falle fehlender Aufklärung über Nachzahlungszinsen begeht der Steuerberater eine Pflichtverletzung. Eine Kausalität zwischen Pflichtverletzung und Zinsschaden liegt vor, wenn die Steuerpflichtigen bei Kenntnis des Zinsrisikos eine Vorauszahlung geleistet hätten, um die Zinszahlungen zu vermeiden.[2133] Jedoch ist im vorliegenden Fall nicht ohne weiteres davon auszugehen, dass der Steuerpflichtige bei Kenntnis des Zinsrisikos Einspruch gegen den Steuerbescheid eingelegt und die Änderung des falschen, aber zu seinen Gunsten wirkenden Steuerbescheides beantragt hätte. Die für die Haftung des Steuerberaters erforderliche Kausalität zwischen Pflichtverletzung und Schaden richtet sich nach dem Anscheinsbeweis und dem typischen Geschehensablauf.[2134] Es ist also zu prüfen, ob ein Einspruch im vorliegenden Fall nicht nur das überwiegend wahrscheinliche, sondern das einzig vernünftige Handeln des Steuerpflichtigen darstellt.[2135] Hierbei ist im Regelfall davon auszugehen, dass sich der Mandant

---

er rechtmäßig hätte vermieden werden können; *Gehrlein*, Anwalts- und Steuerberaterhaftung, Rz. 48 zu Kapitel E: der Verlust einer rechtlichen Position, auf die kein Anspruch nach der materiellen Rechtslage besteht, ist kein erstattungsfähiger Nachteil sowie Rz. 51 explizit zu unvermeidbaren Steuernachteilen.

2132 OLG Düsseldorf, Urteil vom 04.11.2014, I-23 U 168/13, Juris, Orientierungssatz 1 und Rz. 10; OLG Köln, Urteil vom 13.11.2008, 8 U 26/08, Juris, Rz. 85; *Gräfe*, in: Gräfe/Wollweber/Schmeer, S. 102.

2133 OLG Oldenburg, Urteil vom 02.11.2017, 14 U 21/17, Juris, Rz. 24 f.; OLG Düsseldorf, Urteil vom 04.11.2014, I-23 U 168/13, Juris, Rz. 19.

2134 *Alvermann*, Stbg 2008, 356, 358; *Gehrlein*, Anwalts- und Steuerberaterhaftung, Rz. 5 zu Kapitel D; *Saenger*, in: Saenger, Kommentar ZPO, Rz. 38 zu § 286 ZPO.

2135 Siehe grundsätzlich zum Anscheinsbeweis und zum beratungsgerechten Verhalten BGH, Urteil vom 06.12.2018, IX ZR 176/16, Juris, Rz. 26 f.; BGH, Urteil vom 16.07.2015, IX ZR 197/14, Juris, Rz. 25; BGH, Urteil vom 05.02.2009, IX ZR 6/06, Juris, Rz. 9; *Gehrlein*, Anwalts- und Steuerberaterhaftung, Rz. 5 f. zu Kapitel D; *Laumen*, DStR 2015, 2570, 2574; *Müller*, NWB 2019/13, 905, 907; *Saenger*, in: Saenger, Kommentar ZPO, Rz. 42 und 46 zu § 286 ZPO.

beratungsgemäß verhält, zumindest, wenn nur eine Entscheidung sinnvoll und zweckmäßig gewesen wäre.[2136]

Dies ist vorliegend nicht der Fall. Insbesondere, wenn der Bescheid nicht unter Vorbehalt der Nachprüfung steht, ist eine spätere Änderung durch die Finanzverwaltung zwar möglich, jedoch unwahrscheinlich. Im Regelfall wird, wenn keine Außenprüfung durchgeführt wird, ein veranlagtes Jahr durch die Finanzverwaltung nur nochmal geprüft, wenn geänderte Daten des Dritten übermittelt werden. Weder der Steuerpflichtige noch der Steuerberater ist verpflichtet, das Finanzamt auf dessen Fehler hinzuweisen.[2137] Das mögliche Zinsrisiko ist insgesamt, selbst wenn man von einer 9jährigen Verjährungsdauer nach § 171 Abs. 10a AO ausgeht, niedriger als die definitive Steuermehrbelastung, die sich bei einem Einspruch ergibt. Im Regelfall wird daher der Steuerberater empfehlen, keinen Einspruch einzulegen und abzuwarten, ob noch eine Änderung erfolgt. Damit kann eine Kausalität zwischen Pflichtverletzung und Schaden unter Berücksichtigung des Anscheinsbeweises im vorliegenden Fall nicht angenommen werden. Dies ist jedoch einzelfallabhängig und insbesondere danach zu entscheiden, ob eine Außenprüfung voraussichtlich durchgeführt wird und woraus die Abweichungen von den elektronischen Daten resultieren (und wie wahrscheinlich dementsprechend eine korrigierte Übermittlung durch den Dritten ist). Zur Vermeidung von Diskussionen und im Sinne einer umfassenden und gewissenhaften Beratung des Mandanten ist es in jedem Fall zu empfehlen, auf die mögliche Änderung des Bescheides und die hieraus resultierenden Nachzahlungszinsen hinzuweisen.

c) Straf- und bußgeldrechtliche Auswirkungen

Wie auch beim Steuerpflichtigen kann bedingter Vorsatz hinsichtlich der falschen elektronischen Daten beim Steuerberater nur vorliegen, wenn er Zweifel an den Werten hat, denen er entsprechend durch Nachfrage beim Mandanten begegnen muss. Ein Kennen-Müssen reicht auch hier nicht aus.[2138] Ein Steuerberater hat in der Regel weniger Kenntnisse vom wahren Sachverhalt als der Mandant, wobei sich je nach Umfang des Mandats (beispielsweise bei einem Dauermandat) die Kenntnis entsprechend erhöht. Auch strafrechtlich darf der steuerliche Berater die ihm übergebenen Unterlagen und Informationen in der

---

2136 *Fischer*, in: Hau/Poseck, BeckOK BGB, Rz. 50 zu § 675 BGB; *Martini*, AO-StB 2016, 140, 143; *Zugehör*, Grundsätze der zivilrechtlichen Haftung, Rz. 67 f.

2137 *Gräfe*, in: Gräfe/Wollweber/Schmeer, S. 102.

2138 Siehe Kapitel 6 B I 3 c „Straf- und bußgeldrechtliche Auswirkungen".

Regel ungeprüft verwenden.[2139] Dies ergibt sich auch daraus, dass bei berufstypischem Handeln normalerweise auf die Legalität des Tuns des Mandanten vertraut werden kann.[2140]

Damit kommt im Regelfall nur eine leichtfertige Steuerverkürzung durch Steuerberater bei Nichtabgleich der elektronischen Daten in Betracht. Wenn man der herrschenden Auffassung folgt, kommt der Tatbestand der leichtfertigen Steuerverkürzung jedoch nur für den Täter in Betracht, also im vorliegenden Fall nur, wenn der Steuerberater eigene Angaben gegenüber der Finanzbehörde macht.[2141] Dies wird in vielen Fällen bei der Nichtüberprüfung der elektronischen Daten nicht vorliegen, da hier insbesondere Einkommensteuererklärungen und im Regelfall nicht die Rechtsanwendung, sondern die zugrunde liegenden Sachverhalte betroffen sind. Auch bei authentifizierten Steuererklärungen, die keiner Unterschrift bedürfen, hat der Steuerberater üblicherweise nicht die Tatherrschaft und macht damit keine eigenen Angaben gegenüber der Finanzbehörde.[2142] In vielen Fällen scheitert daher eine bußgeldrechtliche Auswirkung für Steuerberater bereits daran, dass diese keine eigenen Angaben machen und damit den Tatbestand des § 378 AO nicht erfüllen können.

Nichtsdestotrotz kann der Steuerberater durch Begleitschreiben oder im Rahmen einer nicht autorisierten Übermittlung der Steuererklärung eigene Angaben machen[2143]. In diesem Fall ist außerdem für das Vorliegen von § 378 AO ein leichtfertiges Handeln des Steuerberaters erforderlich. Ein solches liegt vor, wenn der Steuerberater im Rahmen seines Auftrags die ihm obliegende Sorgfaltspflicht grob fahrlässig verletzt und durch das Machen von Angaben Steuerverkürzungen bewirkt. Der Maßstab für die anzuwendende Sorgfalt liegt aufgrund des größeren Fachwissens höher als bei Steuerpflichtigen.[2144] Dies gilt jedoch insbesondere hinsichtlich der fachlichen Kenntnis. In tatsächlicher Hinsicht darf der Steuerberater von der Richtigkeit und Vollständigkeit der vom

---

2139 *Schmitz/Wulf,* in: Joecks/Miebach, Münchener Kommentar StGB, Rz. 390 zu § 370 AO.

2140 BGH, Beschluss vom 21.12.2016, 1 StR 112/16, Juris, Orientierungssatz und Rz. 29; BGH, Beschluss vom 15.03.2005, 5 StR 592/04, Juris, Rz. 8; *Beyer*, NWB 2018, 1625, 1625 f.; *Bilsdorfer*, NJW 2018, 1443, 1445; *Janz*, StB 2019, 67, 68; dies bereits ansprechend: *Harms*, StbG 1/2005, 12, 14.

2141 Siehe Kapitel 1 C V 4 „Leichtfertige Steuerverkürzung".

2142 Siehe hierzu im Detail Kapitel 2 C V „Straf- und bußgeldrechtliche Zurechnung der Angaben im Sinne von § 370 Abs. 1 Nr. 1 AO".

2143 *Krumm,* in: Tipke/Kruse, Kommentar, Rz. 11 zu § 378 AO.

2144 *Joecks,* in: Joecks/Jäger/Randt, Kommentar Steuerstrafrecht, Rz. 52 zu § 378 AO.

Mandanten übergebenen Unterlagen ausgehen, außer es ergeben sich Zweifel. Sofern der Steuerberater seiner Nachforschungspflicht nicht nachkommt, kommt Leichtfertigkeit in Betracht.[2145] Hier werden die Unterlagen jedoch nicht vom Mandanten übergeben, sondern von Dritten. Infolge der gewissenhaften Berufsausübung und der Pflicht des Steuerberaters zur Sachverhaltsaufklärung stellt ein Nichtabgleich der elektronischen Daten durch den Steuerberater einen Sorgfaltsverstoß dar. Angesichts des höheren Maßstabs für Steuerberater[2146] kann man hier wohl auch eher als beim Steuerpflichtigen von einem grob fahrlässigen Sorgfaltsverstoß und damit von einer Leichtfertigkeit sprechen. Etwas anderes gilt, wenn der Steuerberater ausnahmsweise versehentlich eine Abweichung übersieht. Dementsprechend liegt im Falle eines fehlenden Abgleiches der elektronischen Daten durch den Steuerberater im Regelfall leichtfertiges Handeln vor, sodass auch aus bußgeldrechtlicher Sicht eine Bestätigung der Daten durch den Mandanten dringend zu empfehlen ist.

C. Pflege der Vollmachtsdatenbank

I. Voraussetzungen für die Nutzung der Vollmachtsdatenbank

Sofern ein Steuerberater mit der Erstellung der Steuererklärung beauftragt ist, kann dieser über die Vollmachtsdatenbank ebenfalls Zugriff auf die elektronisch von Dritten übermittelten Daten erhalten. Zwei Tage nach der Übermittlung der Vollmacht in die Vollmachtsdatenbank erfolgt eine Freischaltung, sodass der Steuerberater Zugriff auf die Daten hat.[2147] Hiermit soll dem Steuerberater eine unkomplizierte und medienbruchfreie Möglichkeit geboten werden, auf die Daten der Finanzverwaltung zuzugreifen, um die vom Steuerpflichtigen mitgeteilten Informationen zu verifizieren und ggf. fehlerhafte Daten zu korrigieren. So wird dem Steuerberater die Möglichkeit gegeben, seine Pflicht zur Prüfung der Daten zu erfüllen und mit einer Arbeitserleichterung, nämlich der Übernahme der Daten in die Erklärung, verbinden zu können.[2148] Neben der Dienstleistung für die Bürger und deren Berater wird damit durch die Vollmachtsdatenbank

2145 *Jehke,* in: Pfirrmann/Rosenke/Wagner, BeckOK AO, Rz. 67 zu § 378 AO; *Joecks,* in: Joecks/Jäger/Randt, Kommentar Steuerstrafrecht, Rz. 54 zu § 378 AO; *Krekeler,* Praxis Steuerstrafrecht 6/2002, 129, 135; *Krumm,* in: Tipke/Kruse, Kommentar, Rz. 18 zu § 378 AO.

2146 Siehe hierzu Kapitel 1 C V 4 „Leichtfertige Steuerverkürzung".

2147 *NWB*, NWB 2017/34, 2569, 2569 f.

2148 *Vinken*, DStR 2012, 1205, 1205.

auch eine Kontrolle des Steuerpflichtigen durch wirksame Verifikation der Daten erreicht.[2149]

Die Vollmachtsdatenbank ist eine Datenbank für die Verwaltung von Vollmachten zwischen Steuerberatern und Finanzamt.[2150] Der Steuerberater musste anfangs einen Vertrag mit der DATEV zur Nutzung des Programms „Vollmachtsdatenbank" abschließen. Es war jedoch nicht erforderlich, dass der Steuerberater DATEV-Mitglied ist und auch für seine weiteren Arbeiten DATEV-Programme nutzt.[2151] Seit 01.07.2020 obliegt die Verwaltung der Vollmachtsdatenbank gemäß § 86 Abs. 2 Nr. 10 StBerG der Steuerberaterkammer. Diese nutzt die DATEV nur noch als technischen Dienstleister. Die Verträge werden zwischen dem Nutzer und der Bundessteuerberaterkammer abgeschlossen.[2152] Die Steuerberaterkammer stellt werktäglich durch eine Übertragung der Berufsregisterdaten in die Vollmachtsdatenbank sicher, dass nur Berufsangehörige die Vollmachtsdatenbank nutzen.[2153] Dies stellt auch § 80a Abs. 2 S. 2 AO sicher, der regelt, dass die Kammern den Wegfall der Berufsangehörigkeit unverzüglich melden müssen.[2154] Die Vollmachtsdatenbank hat damit für die Finanzverwaltung den Vorteil, dass durch die Kammern im Vorhinein geprüft wird, dass nur zur Steuerberatung befugte Personen bevollmächtigt werden. Bei einem Abruf der Daten über ELSTER Online, bei dem man ebenfalls Daten für andere Personen im Falle einer Bevollmächtigung abrufen kann, erfolgt diese Prüfung nicht.[2155]

Ursprünglich war geplant, dass die Finanzbehörde eine Einsichtsmöglichkeit in die Vollmachtsdatenbank hat und die Vollmachten dort abrufen kann.[2156] Daher wurden Bedenken geäußert, dass die Finanzverwaltung über die Vollmachtsdatenbank qualitative Daten über Steuerberater sammeln kann.[2157]

2149 *Gutenberg/Giesen*, NWB-Beilage 2/2017, 1, 6.

2150 *Vinken*, DStR 2012, 1205, 1206 f.

2151 *Kleemann*, DStR 2013, 2721, 2721; *Willerscheid*, NWB 2014/5, 297, 299.

2152 Bundessteuerberaterkammer, Kammermitteilungen StBK München 06/2020, S. 15; zu den Hintergründen der Umstellung auf den Eigenbetrieb durch die Bundessteuerberaterkammer siehe BKartA, Beschluss vom 03.12.2019, B 7-25/17, BeckRS 2019, 34207, Rz. 30 ff.

2153 *Kleemann*, DStR 2013, 2721, 2721; *Preißer/Wind*, S. 96; *Willerscheid*, NWB 2014/5, 297, 298.

2154 *Drüen*, in: Tipke/Kruse, Kommentar AO, Rz. 13 zu § 80a AO.

2155 *Gebhardt*, EStB 2014, 113, 114.

2156 *Drüen*, in: Tipke/Kruse, Kommentar AO, Rz. 12 zu § 80a AO.

2157 *Vinken*, DStR 2012, 1205, 1207.

Allerdings wusste das Finanzamt auch in Zeiten vor der Vollmachtsdatenbank bereits, welcher Steuerberater welche Mandanten vertritt, sodass eine Speicherung und Analyse dieser Daten möglich war und ist.[2158] Nichtsdestotrotz erfordert die Unabhängigkeit des steuerberatenden Berufs, dass keine Aufsicht der Vollmachtsdatenbank durch die Finanzverwaltung erfolgt.

Gemäß § 80a AO ist für die Nutzung der Vollmachtsdatenbank eine separate Vollmacht erforderlich, die zum Datenabruf von elektronisch von Dritten gemeldeten Daten sowie des Steuerkontos berechtigt.[2159] Hierbei handelt es sich um ein standardisiertes Formular, welches nicht individuell angepasst werden darf und elektronisch übermittelt werden muss. Kurze Ordnungskriterien im Kopf der Vollmacht sind zulässig, die jedoch nicht elektronisch übermittelt werden können und daher nur der internen Zuordnung der Mandanten dienen.[2160] Im Rahmen der Vollmachtsdatenbank wird die Arbeit der Finanzverwaltung erleichtert, da die Daten der Bevollmächtigung (z.B. Umfang der Vollmacht und Gültigkeit) in standardisierter Form elektronisch übermittelt werden.[2161] Für den Steuerberater besteht keine Pflicht, das Vollmachtsformular zu nutzen und die Vollmacht elektronisch zu übertragen.[2162] Es besteht weiterhin die Möglichkeit, Mandanten im Rahmen einer nicht standardisierten Vollmacht zu vertreten, da § 80 AO keine Form der Vollmachtserteilung vorschreibt. Eine nicht formularkonforme standardisierte Vollmacht erfüllt damit im Regelfall trotzdem die Voraussetzungen einer wirksamen Bevollmächtigung nach § 80 AO.[2163] In diesem Fall ist aber ein Abruf der elektronischen Daten durch den Steuerberater nicht möglich. Wie erläutert[2164] ist dies zur Einhaltung der Pflichten des Steuerberaters auch nicht erforderlich, da die Daten weiterhin anhand der Belege ermittelt werden können und ein Abgleich auch mit den Bescheinigungen der Datenübermittler ausreichend ist.

Gemäß § 80a Abs. 2 AO besteht eine Vermutung der Bevollmächtigung, wenn die Vollmacht elektronisch übermittelt wird. Aufgrund dessen ist eine separate

2158 *Eichhorn*, DStR 2012, 2354, 2354.

2159 *Krömker/Nöcker*, AO-StB 2017, 305, 305 f.

2160 *Drüen*, in: Tipke/Kruse, Kommentar AO, Rz. 4 zu § 80a AO; Muster für Vollmacht siehe BMF-Schreiben vom 08.07.2019, BStBl. I 2019, 594.

2161 *Rätke*, in: Klein, Kommentar AO, Rz. 5 zu § 80a AO.

2162 BMF-Schreiben vom 08.07.2019, BStBl. I 2019, 594; *Drüen*, in: Tipke/Kruse, Kommentar AO, Rz. 2 und 4 zu § 80a AO; *Söhn*, in: Hübschmann/Hepp/Spitaler, Kommentar AO, Rz. 76a zu § 80 AO.

2163 *Drüen*, in: Tipke/Kruse, Kommentar AO, Rz. 4 zu § 80a AO.

2164 Siehe Kapitel 6 B II 2 „Möglichkeit und Umfang des Datenabgleichs“.

Übermittlung der Papiervollmacht durch den Steuerberater nicht erforderlich. Dies ist im Wesentlichen unverändert zur bisherigen Rechtslage. Denn nach § 80 Abs. 2 S. 1 AO wurde und wird bei Steuerberatern eine ordnungsgemäße Bevollmächtigung vermutet, wenn sie für den Steuerpflichtigen handeln. Da die Vermutung für Steuerberater sich bereits aus § 80 Abs. 2 S. 1 AO ergibt, ergibt sich hieraus kein Mehrwert für den Berater.[2165] Jedoch haben die Finanzämter diese gesetzliche Vermutung früher kaum angewandt und trotzdem die Vorlage einer schriftlichen Vollmacht verlangt.[2166]

Nach § 80 Abs. 3 AO kann die Finanzbehörde jederzeit ohne Begründung einen Nachweis der Vollmacht verlangen.[2167] Nach anderer Ansicht benötigt die Finanzverwaltung im Rahmen der Ausübung ihres Ermessens nach § 5 AO, welches § 80 Abs. 3 AO indiziert, eine Begründung im Einzelfall, um den Nachweis der Vollmacht zu verlangen.[2168] Drüen führt aus, dass grundsätzlich begründete Zweifel an der Vertretungsmacht bestehen müssten und der Nachweis nicht schematisch verlangt werden dürfe, jedoch wegen der abstrakten Vollmachtsaufsicht eine Anforderung auch ohne Begründung und besonderen Anlass im Wege einer Stichprobenprüfung möglich sei.[2169] Da der Nachweis, dass schematisch eine Vielzahl der Vollmachten vom Finanzamt angefordert wird, wohl selten vom einzelnen Steuerberater gelingen kann, wird dieser im Regelfall den Nachweis der Vollmacht bei Anfrage durch die Finanzverwaltung führen müssen.

Nach Auffassung der Finanzverwaltung muss die Vollmacht dem Steuerberater im Original vorliegen, d.h., eine elektronische Archivierung genügt nicht, was zu einem Medienbruch führt.[2170] Inwiefern hierfür eine gesetzliche Grundlage besteht, ist fraglich, insbesondere da das Erfordernis der Vorlage der Vollmacht in Schriftform in § 80 Abs. 1 S. 3 AO a.F. i.V.m. § 126 Abs. 1 BGB[2171] aufgehoben wurde. Die Aufbewahrung der Vollmacht ist jedoch auch aus Haftungsgründen und zur Abgrenzung des Auftrages für den Steuerberater empfehlenswert.[2172]

2165 *Rätke*, in: Klein, Kommentar AO, Rz. 12 zu § 80a AO.

2166 *Eichhorn*, DStR 2012, 2354, 2355.

2167 *Söhn*, in: Hübschmann/Hepp/Spitaler, Kommentar AO, Rz. 106a bis 107a zu § 80 AO; so auch: AEAO Nr. 1 zu § 80 AO; *Ax/Große/Melchior/Lotz/Ziegler*, Rz. 975; *Kobor*, in: Pfirrmann/Rosenke/Wagner, BeckOK AO, Rz. 45 zu § 80 AO.

2168 *Scheel/Brehm/Holzner*, S. 136.

2169 *Drüen*, in: Tipke/Kruse, Kommentar AO, Rz. 25 zu § 80 AO.

2170 *Gebhardt*, EStB 2014, 113, 115; *Preißer/Wind*, S. 97.

2171 Zur früheren Rechtslage: *Jesse*, Einspruch und Klage im Steuerrecht, Rz. 385 zu B Einsprüche und Nebenanträge.

2172 *Eichhorn*, DStR 2012, 2354, 2355; wobei hierfür auch eine Kopie reichen würde.

Trotz der praktischen Vorteile eines elektronischen Abrufes der elektronischen Daten führt die Einrichtung der Vollmachtsdatenbank zu erheblichem bürokratischem Zusatzaufwand für Steuerberater.[2173] Im Ergebnis wird der Aufwand für die Erfassung der Vollmachten, der bisher bei der Finanzverwaltung angefallen ist, auf die Steuerberater ausgelagert, die ihre Vollmachten nun standardisiert einholen, elektronisch erfassen und entsprechende Änderungen anzeigen müssen.[2174] In der Praxis zeigte sich insbesondere zu Beginn, dass fehlerhafte Stammdaten bei der Finanzverwaltung in vielen Fällen zu Fehlermeldungen in der Vollmachtsdatenbank führten oder die Vollmachten für eine manuelle Eingabe bei der Finanzverwaltung ausgesteuert wurden. Des Weiteren wurde die in der Standard-Vollmacht enthaltene Bekanntgabevollmacht teilweise nicht bei der Finanzverwaltung gespeichert, sodass eine Bekanntgabe weiterhin an den Steuerpflichtigen oder an den früheren Steuerberater erfolgte.

II. Erforderlichkeit von separaten Vollmachten

Gemäß der standardisierten Vollmacht wird der Steuerberater bevollmächtigt, den Vollmachtgeber in allen steuerlichen und sonstigen Angelegenheiten nach § 1 StBerG zu vertreten. Es kann, wenn gewünscht, eine Bekanntgabevollmacht im standardisierten Formular erteilt werden. Ebenso kann im Formular, sofern dies gewünscht ist, der Steuerberater zum Abruf der beim Finanzamt elektronisch gespeicherten Daten bevollmächtigt werden.[2175] Im Unterschied zur standardisierten Vollmacht der Finanzverwaltung enthalten übliche Muster-Vordrucke einer umfassenden Vollmacht in Steuerangelegenheiten genauere Erläuterungen dazu, dass die Vollmacht alle § 1 StBerG betreffenden Verfahrenshandlungen betrifft.[2176] Dies ist jedoch nur eine Klarstellung. Auch die standardisierte Vollmacht berechtigt, wenn sie unbeschränkt ausgestellt wird, zur Abgabe und Entgegennahme von Erklärungen jeder Art, zur Stellung von Anträgen, zur Einlegung und Rücknahme außergerichtlicher Rechtsbehelfe jeder Art, zum Rechtsbehelfsverzicht sowie zu außergerichtlichen Verhandlungen.[2177] Es

2173 *Seer*, GmbHR 2014, 505, 5060.

2174 *Gebhardt*, EStB 2014, 113, 116; hiergegen: *Vinken*, DStR 2012, 1205, 1206.

2175 BMF-Schreiben vom 08.07.2019, BStBl. I 2019, 594.

2176 *Wollweber*, in: Formularbuch Recht und Steuern, F. 2.01.

2177 Datev-Serviceinformation vom 08.07.2019 „Vollmacht zur Vertretung in Steuersachen: Grundlegende Informationen (inkl. Vorlagen für Vollmachten und Anschreiben)"; Merkblatt des BMF zur Verwendung der amtlichen Muster für Vollmachten zur Vertretung in Steuersachen, Stand 08.07.2019, S. 2.

ist unerheblich, ob die Vollmacht einer Sozietät oder einem einzelnen Berufsträger erteilt wird, insbesondere, da in der standardisierten Vollmacht die Möglichkeit, Untervollmachten zu erteilen, eingeräumt wird.[2178] Dies sollte immer angekreuzt werden, wenn mehrere Berufsträger vorhanden sind, um sicherzustellen, dass auch andere Personen der Steuerberatungsgesellschaft ordnungsgemäß bevollmächtigt sind.

Damit müssen, zumindest im Regelfall, keine doppelten Vollmachten bei Verwendung des standardisierten Formulars eingeholt werden. Eine Verwendung der standardisierten Vollmacht genügt auch für eine Vollmachtserteilung nach § 80 AO.[2179] Die Vollmacht ersetzt nicht den Auftrag, der üblicherweise im Steuerberatungsvertrag festgeschrieben wird; dies ist jedoch keine Änderung gegenüber der bisherigen Rechtslage, da auch bisher neben der Vollmacht ein separater Steuerberatungsvertrag mit Festlegung des Auftragsumfangs vom Mandanten unterzeichnet wurde.[2180]

In der Praxis problematisch ist, dass eine Bevollmächtigung im Rahmen der Vollmachtsdatenbank stets nur für einzelne Berufsträger möglich ist, die wiederum Untervollmachten erteilen müssen. Die Erlaubnis für die Vergabe von Untervollmachten muss explizit vom Mandanten im Vollmachtsformular angehakt werden. Dies führt zu erheblichem zusätzlichem Verwaltungsaufwand in größeren Kanzleien, die mehrere Berufsträger haben.[2181] Auch aus diesem Grund wird angeführt, dass die Vollmachtsdatenbank „nur eine weitere Verlagerung von Verwaltungsaufwand auf den Rücken der Bürger und seiner Berater bewirkt (..). Um praktischen Nutzen zu entfalten, muss eine technische Lösung geschaffen werden, die nicht auf einzelne natürliche Personen beschränkt wird, sondern sich auf die Kanzlei des betroffenen Berufsträgers erstreckt."[2182]

Eine separate Vollmacht ist im Falle der einheitlichen Feststellung nach § 183 AO erforderlich. Die Vollmachtsdatenbank ermöglicht nicht die Erteilung einer Empfangsvollmacht nach § 183 AO.[2183] Zwar umfasst das neue Formular

---

2178 Siehe hierzu *Wollweber,* in: Formularbuch Recht und Steuern, Rz. 2 zu F. 2.01.

2179 *Baum*, NWB 2016, 2934, 2941; *Rätke,* in: Klein, Kommentar AO, Rz. 27 zu § 80 AO; a.A. vermutlich *Eichhorn*, DStR 2013, 2722, 2724: „Der amtliche Vordruck ersetzt die berufsübliche Beratungsvollmacht nicht.".

2180 *Koslowski,* in: Pelka/Petersen, Beck'sches Steuerberater-Handbuch 2019/2020, Rz. 11 zu U „Steuerberatungsvertrag".

2181 *Eichhorn*, DStR 2012, 2354, 2355.

2182 *Eichhorn*, DStR 2012, 2354, 2355.

2183 Verfügung betr. Vordrucke zur gesonderten sowie zur gesonderten und einheitlichen Feststellung 2018; Hinweise zu den Vordruckänderungen vom 14.12.2018, StEd 2019, S. 95 und LfSt Bayern S 2532.1.1-37/10 St36.

mittlerweile einen Hinweis, dass bei Geltung der Vollmacht für die einheitliche und gesonderte Feststellung diese zugleich als Bekanntgabevollmacht nach § 183 AO wirkt.[2184] Bei elektronischer Übermittlung der Erklärung zur einheitlichen und gesonderten Feststellung über die DATEV ist jedoch zu bestätigen, dass der in der Feststellungserklärung benannte Empfangsbevollmächtigte von sämtlichen Feststellungsbeteiligten bestellt wurde und dass alle Feststellungsbeteiligten davon in Kenntnis gesetzt wurden, dass dem Empfangsbevollmächtigten, wenn kein vertretungsberechtigter Geschäftsführer vorhanden ist, die ausschließliche Einspruchs- und Klagebefugnis zusteht. Außerdem muss bestätigt werden, dass alle Feststellungsbeteiligten darüber belehrt wurden, dass die Empfangsvollmacht auch künftig gilt, es sei denn, diese wird widerrufen.[2185] Diese Angaben sind im standardisierten Vollmachtsformular nicht enthalten. Dementsprechend muss der Steuerberater im Falle der Abgabe der Erklärung zur gesonderten und einheitlichen Feststellung eine separate Vollmacht hinsichtlich § 183 AO einholen.

Außerdem kann es problematisch sein, dass gemäß dem Formular sämtliche bisher erteilte Vollmachten erlöschen. Dies kann man auch nicht abwählen. Insbesondere, wenn gegenüber dem Steuerberater weitere Vollmachten erteilt wurden (z.B. im Falle der einheitlichen und gesonderten Feststellung, bei interdisziplinären Kanzleien für die Rechtsanwaltstätigkeit oder gegenüber anderen Behörden), sollten diese Vollmachten daher zur Klarstellung neu vereinbart werden. Bei jeglichen Änderungen des Vollmachtsformulars, bei denen die Vollmacht neu eingeholt werden muss, führt dies auch zur Neueinholung der weiteren Vollmachten. Hieran zeigt sich der praktische Mehraufwand im Zusammenhang mit der Vollmachtsdatenbank.

Doch nicht nur der Mehraufwand bei der Einholung der Vollmachten wird kritisiert, sondern auch der Eingriff in die grundsätzlich formfreie Vollmachtserteilung.[2186] Die Bereitstellung des verbindlichen und verpflichtenden (zumindest bei gewünschter Nutzung des Datenabrufs hinsichtlich der Daten der vorausgefüllten Steuererklärung) Vollmachtsformulars greift massiv in das Verhältnis zwischen Steuerberater und Mandant ein. Durch das umfangreiche

---

2184 Aktuelle Fassung der Vollmacht in BMF-Schreiben vom 08.07.2019, BStBl. I 2019, 594.

2185 Hinweis der Datev in der Erklärung zur einheitlichen und gesonderten Feststellung, Stand 07.10.2019.

2186 Zur formfreien Erteilung: *Ax/Große/Melchior/Lotz/Ziegler*, Rz. 975; *Söhn*, in: Hübschmann/Hepp/Spitaler, Kommentar AO, Rz. 76 zu § 80 AO.

Vollmachtsformular werden Mandanten ggf. verunsichert.[2187] Eichhorn führt aus, dass weitere Eingriffe in das Mandatsverhältnis durch die Finanzverwaltung die Unabhängigkeit des Steuerberaters gefährden können.[2188] Dieser Kritik kann jedoch nicht gefolgt werden. Auch wenn das Vollmachtsformular umfangreich und unübersichtlich ist und sicherlich teilweise bei Mandanten zu vermehrten Nachfragen und auch zu anfänglichem Mehraufwand für den Steuerberater führt, ist eine Standardisierung des Vollmachtsformulars die einzige Möglichkeit für eine elektronische Übermittlung der Vollmachtsdaten und damit auch für eine medienbruchfreie vorausgefüllte Steuererklärung. Die Nutzung der standardisierten Vollmacht ist freiwillig. Wie oben gezeigt, besteht auch keine faktische Pflicht für den Steuerberater im Rahmen der Überprüfung der von Dritten übermittelten Daten, diese Daten elektronisch abzurufen und damit das standardisierte Vollmachtsformular zu nutzen. Dementsprechend resultiert das Formular auch nicht in einer Gefährdung der Unabhängigkeit des Steuerberaters. Es stellt lediglich ein Angebot für den Steuerberater dar, um den elektronischen Abruf der Daten im Wege einer effektiven elektronischen und fehlervermeidenden Arbeitsweise nutzen zu können. Die Einführung der Vollmachtsdatenbank unter Nutzung des standardisierten Formulars ist daher zu begrüßen. Es wäre wünschenswert, dass ein separates Formular nach § 183 AO sowie für Steuerberatungsgesellschaften bzw. Sozietäten geschaffen wird. Außerdem sollte klargestellt werden, dass sich das Erlöschen bisheriger Vollmachten nur auf Vollmachten bezieht, die gegenüber der Finanzbehörde in Angelegenheiten nach § 1 StBerG erteilt wurden, und nicht auf separate Vollmachten, die vom Vollmachtgeber erteilt wurden.

III. Auswirkungen für Steuerberater bei Formverstößen

1. *Bußgeld nach § 383b Abs. 1 AO*

Damit die Vollmachtsdatenbank optimal genutzt werden kann, müssen die Vollmachten gepflegt und aktualisiert werden. Dies stellt grundsätzlich keine Veränderung gegenüber den bisherigen Obliegenheiten dar, da auch bisher Steuerberater Änderungen der Vollmachten der Finanzbehörde mitteilen mussten, damit der Widerruf wirksam wird (§ 80 Abs. 1 S. 4 AO a.F.).[2189]

2187 *Eichhorn*, DStR 2013, 2722, 2724.

2188 *Eichhorn*, DStR 2013, 2722, 2724.

2189 VG München, Urteil vom 09.08.2018, M 10 K 16.3952, Juris, Rz. 26; *Vinken*, DStR 2012, 1205, 1208.

Um die Steuerberater zur Erfüllung dieser Obliegenheit im Falle der elektronischen Übermittlung der Vollmachten anzuhalten und sicherzustellen, dass nur befugte Personen steuerliche Daten abrufen können, wurde mit § 383b AO nun zusätzlich ein Bußgeldtatbestand geschaffen.[2190] Hiernach handelt ordnungswidrig, wer vorsätzlich oder leichtfertig entgegen § 80a Abs. 1 S. 3 AO unzutreffende Vollmachtsdaten übermittelt oder entgegen § 80a Abs. 1 S. 4 den Widerruf oder die Veränderung nicht unverzüglich mitteilt.

Vom ersten Fall umfasst ist insbesondere die Übermittlung von Vollmachtsdaten, obwohl keine Vollmacht erteilt oder eine solche widerrufen wurde. Unzutreffende Angaben zum Umfang der Vollmacht werden vom Bußgeldtatbestand nicht erfasst; im Hinblick auf § 3 OWiG kann dieser, auch wenn dies nicht im Einklang mit dem Zweck der Regelung steht, nicht analog Anwendung finden.[2191] Auch ein Datenabruf im Falle einer nicht formularkonformen Vollmacht erfüllt den Tatbestand einer Ordnungswidrigkeit nach § 383b Abs. 1 Nr. 1 AO.[2192]

Der zweite Fall der Ordnungswidrigkeit liegt vor, wenn der Widerruf oder die Änderung einer Vollmacht nicht ohne schuldhaftes Zögern mitgeteilt wird. Die Frist des „schuldhaften Zögerns" ist abhängig vom Einzelfall. Grundsätzlich sollte die Änderung innerhalb einer Woche gemeldet werden, bei Krankheit oder Urlaub kann eine Verlängerung in Betracht kommen.[2193] Bülte hingegen führt aus, dass der Begriff der Unverzüglichkeit auf ein schuldhaftes Zögern abstellt und hierfür sämtliche Pflichten und Notwendigkeiten im Einzelfall beachtet werden müssen. Nur wenn die Mitteilungspflicht damit vorrangig vor anderen Aufgaben hätte erfüllt werden müssen, liegt ein Verstoß gegen die Unverzüglichkeit vor, was nur bei einem längeren Zeitraum Anwendung finden kann.[2194] Für nicht elektronisch übermittelte Vollmachten gilt § 383b Abs. 1 Nr. 2 AO gemäß dem Wortlaut nicht; auch hier scheidet eine analoge Anwendung wegen § 3 OWiG aus.

Eine Berichtigungspflicht nach § 153 AO greift für die Vollmachtsdaten nicht, sodass ausschließlich eine Ordnungswidrigkeit nach § 383b AO in Betracht

---

2190 *Drüen*, in: Tipke/Kruse, Kommentar AO, Rz. 1 zu § 383b AO; *Jäger*, in: Klein, Kommentar AO, Rz. 1 zu § 383b AO.

2191 *Drüen*, in: Tipke/Kruse, Kommentar AO, Rz. 3 zu § 383b AO; *Jäger*, in: Klein, Kommentar AO, Rz. 4 zu § 383b AO.

2192 *Drüen*, in: Tipke/Kruse, Kommentar AO, Rz. 9 zu § 80a AO.

2193 *Drüen*, in: Tipke/Kruse, Kommentar AO, Rz. 10 zu § 80a AO.

2194 *Bülte*, in: Hübschmann/Hepp/Spitaler, Kommentar AO, Rz. 25 zu § 383b AO.

kommt.[2195] Eine Selbstanzeige bei falsch übermittelten Vollmachtsdaten ist nicht möglich, jedoch kann das nachträgliche Offenbaren bei der Bemessung der Höhe der Geldbuße oder bei der Entscheidung über eine Stellung zu berücksichtigen sein.[2196]

Die Ausweitung der Ordnungswidrigkeit auf auch leichtfertiges Handeln wird als zu weitgehend kritisiert.[2197] Bülte führt aus, dass diese Ausweitung wohl nur deshalb erfolge, weil Vorsatz kaum nachweisbar ist; dies widerspricht jedoch dem verfassungsrechtlich geschützten Verhältnismäßigkeitsgrundsatz.[2198] Leichtfertigkeit wird ebenso wie bei § 378 AO als gesteigertes Maß an Fahrlässigkeit ausgelegt.[2199] Leichtfertigkeit liegt vor, wenn der Handelnde nach den Umständen des Einzelfalls und seinen individuellen Fähigkeiten in der Lage gewesen wäre, den Sorgfaltspflichten zu genügen.[2200] Auf die individuellen Fähigkeiten kommt es nicht an, wenn sie hinter dem Durchschnitt zurückbleiben.[2201] Hierbei ist ein erhöhter Grad an Fahrlässigkeit erforderlich, beispielsweise durch eine unsorgfältige und lückenhafte Verwaltung der Vollmachtsdaten oder bei der Nichtbeachtung von Hinweisen der Finanzverwaltung im Hinblick auf Fehler bei der Organisation der Vollmachtsdaten. Einzelne Fehler oder Büroversehen stellen kein leichtfertiges Handeln dar.[2202] Dies lässt schlussfolgern, dass nur erhebliche Verstöße gegen eine gewissenhafte Verwaltung der Vollmachten und wiederholte Fehler eine Leichtfertigkeit begründen können. Nur diese Auslegung ist im Hinblick auf die Kritik an der weitgehenden Anwendung des § 383b AO infolge der Anwendung bei Leichtfertigkeit vertretbar. So wurde bereits die Sorge vorgetragen, dass die Vollmachtsdatenbank wegen der Abschreckungswirkung einer Geldbuße bei reinen Versehen in der Praxis nicht akzeptiert werden wird.[2203] Diese Auswirkung ist in der Praxis bisher noch nicht zu beobachten, jedoch ist der Bußgeldtatbestand bisher auch nur wenig diskutiert worden. Es ist zu einer

---

2195 *Drüen*, in: Tipke/Kruse, Kommentar AO, Rz. 9 zu § 80a AO.

2196 *Hauer*, in: Pfirrmann/Rosenke/Wagner, BeckOK AO, Rz. 38 zu § 383b AO.

2197 *Hauer*, in: Pfirrmann/Rosenke/Wagner, BeckOK AO, Rz. 3.1 zu § 383b AO.

2198 *Bülte*, in: Hübschmann/Hepp/Spitaler, Kommentar AO, Rz. 34 zu § 383b AO: verfassungsrechtlich höchst problematische Verlagerung von Beweisfragen in den objektiven Tatbestand.

2199 *Hauer*, in: Pfirrmann/Rosenke/Wagner, BeckOK AO, Rz. 25 zu § 383b AO.

2200 *Drüen*, in: Tipke/Kruse, Kommentar AO, Rz. 8 zu § 383b AO.

2201 *Bülte*, in: Hübschmann/Hepp/Spitaler, Kommentar AO, Rz. 37 zu § 383b AO.

2202 *Drüen*, in: Tipke/Kruse, Kommentar AO, Rz. 8 zu § 383b AO.

2203 *Preißer/Wind*, S. 138 f.; so auch: *Bülte*, in: Hübschmann/Hepp/Spitaler, Kommentar AO, Rz. 33 und 39 zu § 383b AO.

restriktiven Anwendung zu raten, um die medienbruchfreie Möglichkeit des Abrufs der elektronisch von Dritten übermittelten Daten nicht wegen zu hoher Risiken unattraktiv zu machen. Es ist zu empfehlen, entsprechende interne Prozesse einzuführen, die sicherstellen, dass die Mitarbeiter darin geschult sind, nur der Standardvollmacht entsprechende Formulare in die Vollmachtsdatenbank einzuspielen und dass Änderungen im Bestand der Vollmachten unverzüglich in der Vollmachtsdatenbank erfasst werden.[2204]

Fraglich ist auch, ob ein Bußgeldtatbestand zur Sicherstellung der ordnungsgemäßen Pflege der Vollmachtsdatenbank zwingend erforderlich ist, da die Befugnis bereits von der Steuerberaterkammer überprüft wird und Abweichungen von der Standardvollmacht im Regelfall trotzdem eine ordnungsgemäße Bevollmächtigung im Sinne des § 80 AO bewirken. Im Ergebnis bestärkt sich hierdurch der Eindruck, dass Aufgaben der Finanzverwaltung auf Steuerberater ausgelagert werden, was entsprechend durch Bußgeldtatbestände abgesichert werden soll.

2. *Strafrechtliche Gefahren*

Die Übermittlung einer nicht oder nicht mehr bestehenden Vollmacht und der daraus folgende Zugriff auf die Daten des Steuerpflichtigen ist außerdem nach § 202a StGB strafbar, sofern es sich um einen vorsätzlich begangenen Verstoß handelt.[2205] Der Straftatbestand des § 202a StGB, das Ausspähen von Daten, erfordert, dass sich jemand unbefugt zu Daten, die nicht für ihn bestimmt und die gegen unberechtigten Zugang besonders gesichert sind, unter Überwindung der Zugangssicherung Zugang verschafft. Die Vorschrift umfasst sämtliche Daten, auch wenn diese an anderer Stelle frei verfügbar sind.[2206] Außerdem dürfen die Daten nach dem Willen des Verfügungsberechtigten nicht für den Täter bestimmt sein, also insbesondere darf ihm ein Datenzugang seitens des Verfügungsberechtigten nicht eröffnet worden sein.[2207] Dies ist hier im Falle einer nicht formularkonformen Vollmacht der Fall, da der Zugang zu den elektronischen Daten ausdrücklich nur im Falle der standardisierten Vollmacht eröffnet ist.[2208] Auch eine Zugangssicherung, mit der das Interesse an der Geheimhaltung

---

2204 *Drüen*, in: Tipke/Kruse, Kommentar AO, Rz. 10 zu § 80a AO.

2205 *Scheel/Brehm/Holzner*, S. 136.

2206 *Graf*, in: Joecks/Miebach, Münchener Kommentar StGB, Rz. 12 zu § 202a StGB.

2207 *Graf*, in: Joecks/Miebach, Münchener Kommentar StGB, Rz. 24 zu § 202a StGB; *Weidemann*, in: Heintschel-Heinegg, BeckOK StGB, Rz. 8 zu § 202a StGB.

2208 BMF-Schreiben vom 08.07.2019, BStBl. I 2019, 594.

dokumentiert wurde und mit der der Zugang auf die Daten für Unberechtigte ausgeschlossen wird[2209], besteht in Form der Vollmachtsdatenbank, die gerade sicherstellen soll, dass nur berechtigte Personen Zugriff auf die Daten haben. Der Täter muss sich die Daten verschaffen, wobei es ausreicht, dass er entweder hiervon tatsächlich Kenntnis nimmt oder die Daten speichert oder aufzeichnet. Es reicht außerdem aus, wenn ein Täter so weit in ein Computersystem eingedrungen ist, dass er ohne weiteres Hindernis im nächsten Schritt auf die übermittelten Daten zugreifen kann. Hierdurch wird das Hacken, das unbefugte Agieren in fremden Datensystemen, mit von der Vorschrift umfasst.[2210] Damit reicht bereits eine Freischaltung in der Vollmachtsdatenbank aus, da bereits hierdurch der Steuerberater unbefugt in fremden Datensystemen agieren kann. Die Übermittlung einer nicht oder nicht mehr bestehenden Vollmacht erfüllt damit den objektiven Tatbestand des § 202a StGB.

Jedoch ist die Tat des § 202a StGB nur vorsätzlich begehbar, wobei mindestens bedingter Vorsatz vorliegen muss. Der Täter muss also erkennen, dass es sich um Daten handelt, welche für ihn nicht bestimmt sind. Eine Absicht, die Daten zu verwerten, muss hingegen nicht vorliegen.[2211] Ein vorsatzausschließender Tatbestandsirrtum nach § 16 StGB liegt vor, wenn der Täter fälschlicherweise glaubt, dass die Daten für ihn bestimmt sind, obgleich die Berechtigung zwischenzeitlich widerrufen wurde.[2212] Wenn jedoch die tatsächlichen Umstände richtig erkannt wurden, hieraus jedoch der falsche rechtliche Schluss gezogen wird, liegt ein Verbotsirrtum vor.[2213] Dies ist beispielsweise der Fall, wenn der Widerruf der Vollmacht bekannt ist, aber der Steuerberater fälschlicherweise davon ausgeht, dass der Widerruf unwirksam sei. Ein Verbotsirrtum nach § 17

2209 *Graf*, in: Joecks/Miebach, Münchener Kommentar StGB, Rz. 35 zu § 202a StGB; *Weidemann*, in: Heintschel-Heinegg, BeckOK StGB, Rz. 14 zu § 202a StGB.

2210 *Graf*, in: Joecks/Miebach, Münchener Kommentar StGB, Rz. 66 f. zu § 202a StGB; *Weidemann*, in: Heintschel-Heinegg, BeckOK StGB, Rz. 17 f. zu § 202a StGB.

2211 *Eisele*, in: Schönke/Schröder, Kommentar StGB, Rz. 27 zu § 202a StGB; *Graf*, in: Joecks/Miebach, Münchener Kommentar StGB, Rz. 80 zu § 202a StGB.

2212 *Graf*, in: Joecks/Miebach, Münchener Kommentar StGB, Rz. 81 zu § 202a StGB; *Kargl*, in: Kindhäuser/Neumann/Paeffgen, Kommentar Strafgesetzbuch, Rz. 15 zu § 202a StGB.

2213 *Valerius*, in: Graf/Jäger/Wittig, Kommentar Wirtschafts- und Steuerstrafrecht, Rz. 35 zu § 202a StGB.

StGB ist in der Regel vermeidbar, hier beispielsweise durch rechtliche Prüfung des Widerrufs, und damit unbeachtlich.[2214]

Sofern der Steuerberater selbst den Widerruf einer Vollmacht übersieht und in der Vollmachtsdatenbank nicht löscht, liegt damit ein vorsatzausschließender Tatbestandsirrtum vor, da er weiterhin von einer Berechtigung zum Datenabruf ausgeht. Gleiches sollte gelten, wenn versehentlich ein von der Standardvollmacht abweichendes Formular verwendet wird, da sich der Steuerberater auch in diesem Fall der fehlerhaften Datenabrufberechtigung nicht bewusst ist.

Ein vorsätzliches und damit auch nach § 202a StGB strafbewehrtes Handeln liegt jedoch vor, wenn ein Steuerberater vorsätzlich das standardisierte Vollmachtsformular nicht verwendet und trotzdem die Daten abruft oder wenn Widerrufe der Vollmachten generell nicht in die Vollmachtsdatenbank eingepflegt werden. In diesem Fall spricht einiges dafür, dass der Steuerberater die mögliche Tatbestandsverwirklichung erkennt und sich mit ihr abfindet, sodass bedingter Vorsatz vorliegt. Außerdem liegt Vorsatz vor, wenn der Steuerberater nach Mandatsbeendigung absichtlich noch Daten abruft, beispielsweise um weitere Erkenntnisse hinsichtlich des Vermögens des Steuerpflichtigen zur Begleichung offener Honorarforderungen zu erhalten. Für die tägliche Arbeit des gewissenhaften Steuerberaters sollte jedoch mangels Vorsatzes § 202a StGB keine Anwendung finden.

3. *Berufspflichtverletzung*

Neben den straf- und bußgeldrechtlichen Gefahren wird angeführt, dass eine Nutzung der Vollmachtsdatenbank ohne ordnungsgemäße Verwendung der standardisierten Vollmacht auch eine Berufspflichtverletzung darstellt. Weiter wird von der Steuerberaterkammer ausgeführt, dass auch im Falle einer mangelnden Sorgfaltswahrung durch Mitarbeiter eine Berufspflichtverletzung des Beraters vorliegt. Die Kammer behält sich vor, berufsaufsichtsrechtliche Schritte im Falle von Verstößen einzuleiten, um den Vertrauensvorschuss seitens der Finanzverwaltung, die den Steuerberatern Zugriff auf die Steuerdaten gewährt, nicht zu missbrauchen.[2215] Hinweise darauf, welche Berufspflicht im Falle einer

---

2214 *Graf*, in: Joecks/Miebach, Münchener Kommentar StGB, Rz. 81 zu § 202a StGB; *Kargl*, in: Kindhäuser/Neumann/Paeffgen, Kommentar Strafgesetzbuch, Rz. 15 zu § 202a StGB.

2215 *Groß/Möslein*, in: Pelka/Petersen, Beck'sches Steuerberater-Handbuch 2019/2020, Rz. 141 zu I „Elektronische Steuerkommunikation"; so auch: Information der Steuerberaterkammer München https://www.steuerberaterkammer-muenchen.de/de/aktuelles/pressemitteilungen_und_fachnachrichten/archiv/september_2015/nutzung_

unzutreffenden Verwendung der Standardvollmacht verletzt ist, fehlen jedoch. In Betracht kommt zumindest bei wiederholten Organisationsfehlern ein Verstoß gegen die gewissenhafte Berufsausübung.[2216] Weiter kommt in diesem Rahmen auch ein Verstoß gegen das berufswürdige Verhalten und hierbei gegen die Sachlichkeit in Betracht. Nach § 7 Abs. 1 S. 2 BOStB ist ein sachliches Verhalten, welches bei gewissenhafter Berufsausübung geeignet ist, die anvertrauten Interessen in angemessener Form zu vertreten, für Steuerberater geboten. Ein Abruf der Daten trotz Widerruf der Vollmachtserteilung kann einen solchen Missbrauch der anvertrauten Interessen darstellen. Insbesondere stellt es ein berufsunwürdiges Verhalten dar, wenn der Steuerberater im Rahmen seiner Berufsausübung gegen Gesetze verstößt oder sich rechtsmissbräuchlich verhält.[2217]

D. Zwischenergebnis

Die elektronischen Daten sind nur eine Ausfüllhilfe und kein Veranlagungsvorschlag. Es besteht gemäß § 150 Abs. 2 AO eine faktische Pflicht für den Steuerpflichtigen, die von Dritten nach § 93c AO an die Finanzverwaltung elektronisch übermittelten Daten zu prüfen, wenn er die Daten übernimmt oder gemäß § 150 Abs. 7 S. 2 AO keine Eintragungen vornimmt. Basierend auf seiner Pflicht zur Ermittlung des Sachverhaltes ist auch der Steuerberater zivilrechtlich verpflichtet, die elektronisch übermittelten Daten im Rahmen der Erstellung der Steuererklärung zu prüfen. Hierfür genügt es jedoch, wenn der Steuerberater eine Bestätigung des Mandanten zur Richtigkeit der elektronischen Daten einholt. Sofern abweichende Angaben in der jeweiligen Kennziffer der Steuererklärung gemacht werden, muss dies zu einer zwingenden personellen Bearbeitung führen, da dies einen Anlass im Sinne von § 155 Abs. 4 S. 1 AO darstellt. Ein Eintrag in das Freitextfeld ist hierfür nicht erforderlich.

Durch die neue Korrekturvorschrift des § 175b AO in Verbindung mit der Ablaufhemmung gemäß § 171 Abs. 10a AO wurden die Korrekturmöglichkeiten von falschen elektronischen Daten deutlich ausgeweitet. Gemäß § 175b Abs. 2 AO kann bei nicht erkannten unrichtigen elektronischen Daten zulasten des Steuerpflichtigen später verschuldensunabhängig noch eine Änderung

---

des_standard_vollmachtsformulars_bei_der_vollmachtsdatenbank/index_ger.html; zuletzt abgerufen am 30.05.2020, 19:15 Uhr.

2216 Siehe Kapitel 1 C IV 3 „Gewissenhaftigkeit".

2217 *Koslowski,* in: Pelka/Petersen, Beck'sches Steuerberater-Handbuch 2019/2020, Rz. 269 zu X „Berufsrecht in der Praxis".

des Bescheides erfolgen. Haftungsgefahren werden in diesem Fall damit deutlich vermindert. Im Falle von nicht erkannten Fehlern zugunsten des Steuerpflichtigen kann, nach einer Änderung seitens der mitteilungspflichtigen Stelle, der Bescheid gemäß § 175b Abs. 1 AO innerhalb verlängerter Festsetzungsfrist geändert werden, sodass es zu erheblichen Nachzahlungszinsen kommen kann. Konträr zum Zweck des Gesetzes ist, dass bei von den elektronischen Daten abweichenden Angaben in der Steuererklärung eine spätere Änderung des Bescheides zugunsten des Steuerpflichtigen schwieriger ist (nämlich nur nach § 175b Abs. 1 durch eine geänderte Mitteilung des Dritten und nicht nach § 175b Abs. 2 AO) als wenn keine abweichenden Angaben gemacht werden.

Eine Steuerhinterziehung kann infolge der Nichtprüfung der elektronischen Daten nur vorliegen, wenn der Steuerpflichtige die Unrichtigkeit kennt oder Zweifel an deren Richtigkeit hat. Ob eine leichtfertige Steuerverkürzung durch Nichtüberprüfung der elektronischen Daten vorliegt, hängt davon ab, ob es sich um eine generelle Nichtprüfung handelt oder um ein Versehen. In strafrechtlicher Hinsicht problematisch ist insbesondere der Fall, dass die elektronischen Daten zugunsten des Steuerpflichtigen falsch sind, nicht abgerufen werden und kein Eintrag in der entsprechenden Kennziffer gemacht wird, die (falschen) elektronischen Daten aber gemäß § 150 Abs. 7 S. 2 AO als Angaben des Steuerpflichtigen gelten. Auch wenn im Rahmen der Steuererklärung der subjektive Tatbestand einer Steuerhinterziehung oder leichtfertigen Steuerverkürzung nicht erfüllt ist, kann im Moment des Erkennens im Rahmen der Bescheidprüfung eine Steuerhinterziehung durch Unterlassen einer Berichtigung gemäß § 153 AO vorliegen. Wegen der Fiktion kann es also trotz richtiger Angaben in der Steuererklärung zu einer Steuerhinterziehung durch Ansatz falscher elektronischer Daten kommen.

Im Hinblick auf die steuerliche Beratung ist außerdem zu prüfen, inwieweit sich im Rahmen der Überprüfung der elektronischen Daten neue Pflichten und Obliegenheiten für Steuerberater ergeben. Sofern der Steuerberater den elektronischen Datenabruf nutzen möchte, benötigt er die Vollmachtsdatenbank, in deren Rahmen eine standardisierte Vollmacht elektronisch übertragen wird. Faktisch übernimmt hier der Steuerberater die Aufgabe der Erfassung der Vollmachten. Neben der standardisierten Vollmacht muss bei Erklärungen zur einheitlichen und gesonderten Feststellung eine separate Vollmacht vom Steuerberater eingeholt werden. Weiter führt die Angabe in der standardisierten Vollmacht, dass alle bisher gegenüber dem Bevollmächtigten erteilten Vollmachten erlöschen, dazu, dass ggf. andere Vollmachten neu eingeholt werden müssen. Die korrekte Erfassung der Vollmachten wird durch den Bußgeldtatbestand des § 373b AO abgesichert. Der Bußgeldtatbestand muss im Hinblick auf den

Verhältnismäßigkeitsgrundsatz so ausgelegt werden, dass einzelne Organisationsfehler im Hinblick auf die Vollmachtsdatenbank keine Leichtfertigkeit in diesem Sinne begründen.

7. Kapitel: Die Rolle des Steuerberaters im elektronischen Veranlagungsverfahren der Zukunft

A. Das strukturelle Vollzugsdefizit im elektronischen Veranlagungsverfahren

I. Verantwortlichkeiten im Rahmen der §§ 88 ff. AO

1. Strukturelles Vollzugsdefizit

Ausgehend von den dargestellten geänderten Pflichten und Obliegenheiten für Steuerpflichtige und Steuerberater im elektronischen Veranlagungsverfahren ist zu prüfen, ob sich Verantwortungen verschieben und ob Steuerpflichtige und Steuerberater infolge des digitalen Wandels neue Funktionen haben. Hierzu ist im ersten Schritt zu klären, ob das elektronische Veranlagungsverfahren in seiner derzeitigen Form die gesetzmäßige Besteuerung sicherstellt oder ob ein strukturelles Vollzugsdefizit vorliegt. Das strukturelle Vollzugsdefizit beschreibt die Problematik, dass das materielle Steuerrecht nicht tatsächlich umgesetzt werden kann und damit eine gleich- und gesetzmäßige Steuerbelastung nicht gewährleistet ist.[2218] Rechtsfolge eines Vollzugsdefizites ist die Verfassungswidrigkeit der materiellen Norm.[2219] Dies ist darin begründet, dass nach Art. 3 GG nicht nur eine Rechtssetzungsgleichheit vorliegen muss, sondern auch eine Rechtsanwendungsgleichheit in der Weise, dass eine Gleichheit bei der Durchsetzung der Steuerfestsetzung und -erhebung gewährleistet ist. Zudem erfordert Art. 20 Abs. 3 GG eine gesetzmäßige Festsetzung und Erhebung der Steuern (Legalitätsprinzip).[2220]

Die Verantwortung für die gleichmäßige Rechtsanwendung wird durch § 85 AO den Finanzbehörden übertragen und schlägt sich im Untersuchungsgrundsatz

---

2218 BVerfG, Beschluss vom 25.02.2008, 2 BvL 14/05, BStBl. II 2008, 651, Rz. 28 f.; BVerfG, Urteil vom 27.06.1991, 2 BvR 1493/89, BVerfGE 84, 239, Rz. 109 ff.; *Hinz*, IStR 2020, 397, 398.

2219 BVerfG, Beschluss vom 25.02.2008, 2 BvL 14/05, BStBl. II 2008, 651, Rz. 29; BVerfG, Urteil vom 09.03.2004, 2 BvL 17/02, BVerfGE 110, 94, Leitsatz 1 und Rz. 64; BVerfG, Urteil vom 27.06.1991, 2 BvR 1493/89, BVerfGE 84, 239, Leitsatz 4 und Rz. 111; *Hinz*, IStR 2020, 397, 398; *Koenig*, in: Koenig, Kommentar AO, Rz. 71 zu § 3 AO.

2220 *Haunhorst*, DStR 2010, 2105, 2106.

nach § 88 AO nieder.[2221] Das Gesetz ist damit der Antrieb für das Verwaltungshandeln: Gesetze müssen angewendet werden und die Verwaltung darf von Gesetzen nicht abweichen.[2222] Jedoch ist die Umsetzung im Massenverfahren fast unmöglich.[2223] Die Finanzbehörde hat zur Bewältigung der Verfahrensmassen ein Ermessen, sodass sie Art und Umfang der Ermittlungen selbst bestimmen kann.[2224] Insbesondere kann aber ein strukturelles Vollzugsdefizit vorliegen, wenn die Steuerfestsetzung von der Mitwirkung des Steuerpflichtigen abhängt und keine ausreichenden Kontrollmöglichkeiten bestehen. Unter Geltung des Rechtsstaatsprinzips nach Art. 20 Abs. 3 GG sind besondere Verifikationsinstrumente erforderlich, sodass ein Fehlverhalten des Steuerpflichtigen mit einem angemessenen Entdeckungsrisiko verbunden ist.[2225] Auch in einem elektronischen Besteuerungsverfahren müssen die Gleich- und Gesetzmäßigkeit der Besteuerung gewährleistet sein und die Rechte der Betroffenen, beispielsweise der Anspruch auf rechtliches Gehör, gewahrt bleiben. Steinhauff erläutert dies anhand des treffenden Bildes, dass es keinen Rabatt auf das Recht in der digitalen Welt gebe.[2226] Die Finanzverwaltung darf das Recht nicht im Steuervollzug vereinfachen.[2227] Damit kann – auch im elektronischen Veranlagungsverfahren – das Vertrauensvorschussprinzip nicht alleine gelten, sondern muss durch eine wirksame Kontrolle der Finanzverwaltung beschränkt sein.[2228] Dies gilt umso mehr, wenn man bedenkt, dass ein Großteil der Steuerpflichtigen – ob gewollt

---

2221 *Ahrendt*, NJW 2017, 537, 537; *Haunhorst*, DStR 2010, 2105, 2106; *Seer*, FR 1997, 553, 554.

2222 *Seer*, FR 1997, 553, 554; *Seer*, Verständigungen in Steuerverfahren, S. 125.

2223 *Baldauf*, DStR 2016, 833, 834; *Eckhoff*, StuW 2/1996, 107, 108; *Haunhorst*, DStR 2010, 2105, 2105; *Pezzer*, in: Brandt, Mitverantwortung von Bürger und Staat, S. 76; *Seer*, DStR 2008, 1553, 1554 f.; *Tipke*, in: Brandt, Mitverantwortung von Bürger und Staat, S. 37 und 42.

2224 *Seer*, FR 1997, 553, 554.

2225 BVerfG, Urteil vom 09.03.2004, 2 BvL 17/02, BVerfGE 110, 94, Rz. 68; BVerfG, Urteil vom 27.06.1991, BvR 1493/89, BVerfGE 84, 239, Leitsatz 2 und Rz. 122 ff.; BFH, Urteil vom 29.10.2019, IX R 10/18, BStBl. II 2020, 258, Rz. 36 f.

2226 *Steinhauff*, AO-StB 2018, 295, 295.

2227 *Drüen*, in: Brandt, Europäische Perspektiven im Steuerrecht; Steuergerechtigkeit und Steuervereinfachung, S. 270.

2228 Zur Kontrolle grundlegend: BVerfG, Urteil vom 09.03.2004, 2 BvL 17/02, BVerfGE 110, 94, Rz. 125; BVerfG, Urteil vom 27.06.1991, 2 BvR 1493/89, BVerfGE 84, 239, Leitsatz 3 und Rz. 113 ff.; *Hinz*, IStR 2020, 397, 398; *Koenig*, in: Koenig, Kommentar AO, Rz. 71 zu § 3 AO; *Seer*, FR 2012, 1000, 1002; *Seer*, Verständigungen in Steuerverfahren, S. 237; so auch bereits grundlegend: *Seer*, FR 1997, 553, 558 f.

oder ungewollt – Steuern durch unrichtige oder unvollständige Angaben verkürzt.[2229] Strukturelle Verifikationsdefizite entstehen durch Verstöße der Finanzbehörden gegen das Untermaßverbot.[2230] Nichtsdestotrotz darf der Gesetzgeber die Grenzen der verfügbaren personellen und finanziellen Ressourcen berücksichtigen.[2231] Es muss der Gesamtvollzug gewährleistet sein, nicht jeder Einzelfall.[2232] Im Ergebnis muss ein gleichheitsgerechter Vollzug ermöglicht werden, ohne unverhältnismäßige Mitwirkungsbeiträge der Steuerpflichtigen oder übermäßigen Ermittlungsaufwand der Finanzbehörden vorauszusetzen.[2233]

2. Verschiebung von Pflichten und Verantwortlichkeiten im Veranlagungsverfahren

Die Gewährleistung der Gesetz- und Gleichmäßigkeit im Steuervollzug hängt mit der Frage zusammen, welche Rolle der Steuerpflichtige und dessen Mitwirkung im Rahmen der Steuerveranlagung hat (reiner Erforschungsgehilfe der Finanzverwaltung oder Teil eines kooperativen Besteuerungsverfahrens[2234]). Seer führt hierzu aus, dass die Mitwirkungspflichten so erheblich für die Gewährleistung des Steuervollzugs sind, dass dies nicht nur als Gehilfentätigkeit bezeichnet werden kann, sondern der Steuerpflichtige einen erheblichen Beitrag hierzu leistet. Der Staat habe einen reinen Verifikationsauftrag hinsichtlich der Angaben des Steuerpflichtigen.[2235] Dass dies faktisch im Rahmen der Massenveranlagung der Fall ist und eine alleinige Verantwortung der Finanzbehörde für die Sachaufklärung[2236] nicht mehr möglich ist, zeigt sich umso mehr im elektronischen

---

2229 Streck spricht von 90%: *Streck*, BB 1984, 2205, 2205 und 2209; von geringem Unrechtsbewusstsein bei der Steuerhinterziehung sprechend: *Sieja*, DStR 2012, 991, 991; den hinterziehenden Mandanten als Regel und nicht als Ausnahme bezeichnend: *Schwedhelm*, DStR 2006, 1017, 1018.

2230 *Tipke*, in: Brandt, Mitverantwortung von Bürger und Staat, S. 33 f.

2231 BVerfG, Urteil vom 09.03.2004, 2 BvL 17/02, BVerfE 110, 94, Rz. 69.

2232 *Seer*, FR 2012, 1000, 1002; *Seer*, FR 1997, 553, 557.

2233 BVerfG, Urteil vom 09.03.2004, 2 BvL 17/02, BVerfE 110, 94, Rz. 70; *Seer*, FR 2012, 1000, 1002; zur Problematik siehe auch: *Uhländer*, AO-StB 2005, 234, 237.

2234 Siehe hierzu bereits Kapitel 1 B I „Allgemeine Mitwirkung des Beteiligten bei der Sachverhaltsermittlung".

2235 *Seer*, FR 2012, 1000, 1002.

2236 So z.B. noch *Kobor*, in: Pfirrmann/Rosenke/Wagner, BeckOK AO, Rz. 20 zu § 88 AO, trotz Einsatz von Risikomanagementsystemen und unter Berücksichtigung der Wirtschaftlichkeit und Zweckmäßigkeit in § 88 Abs. 2 AO; so auch: *Wittmann*, StuW 1/1987, 35, 44.

Veranlagungsverfahren. Die Finanzbehörde bedient sich faktisch des Steuerpflichtigen bzw. dessen Beraters, um die von Dritten elektronisch übermittelten Daten abzugleichen. Die Erfassung und Löschung von Vollmachten wurde mittels der Vollmachtsdatenbank auf die Steuerberater ausgelagert. Mittels des Freitextfelds sollen Steuerpflichtige bzw. deren Berater angehalten werden, separat und ausdrücklich Abweichungen von Verwaltungsauffassungen kenntlich zu machen, sodass die Finanzbehörde diese auch erkennen und entsprechend gegenwirken kann. Im Rahmen der elektronischen Steuererklärung übernimmt der Datenübermittler die Identifikation des Steuerpflichtigen und muss sicherstellen, dass der Steuerpflichtige den gesamten Formularinhalt und auch den Inhalt der elektronisch übermittelten Daten zur Kenntnis nimmt. Nicht zuletzt wurde durch eine erhebliche Ausweitung des Übermittlungsumfangs der E-Bilanz eine Möglichkeit geschaffen, um die Datenbasis des Risikomanagementsystems erheblich auszuweiten. Dies hat eine erhebliche Änderung der bisher bestehenden Pflichten nach dem materiellen Recht zur Folge.[2237] Hinzu kommt, dass die Finanzverwaltung durch die Gestaltung des Risikomanagementsystems[2238] den Steuerpflichtigen, die kooperieren und ihre Mitwirkungspflichten pünktlich und verlässlich erfüllen, einen zusätzlichen Vertrauensvorschuss durch weniger Aussteuerungen und Detailprüfungen gewährt.[2239] Dieses Tax-Compliance-System basiert auf dem kooperativen Steuerstaat, der gerade kein schwacher Staat ist, aber seine faktischen Grenzen erkennt und daher auf vermehrte Mitwirkung durch die Beteiligten setzt.[2240]

Diese faktische Verlagerung von Pflichten zeigt sich auch an den erheblich ausgeweiteten Bußgeldvorschriften für Datenübermittler (z.B. zur Identifikation sowie im Rahmen der Vollmachtsdatenbank) und an den erheblichen strafrechtlichen Gefahren, beispielsweise im Rahmen einer nicht erfolgten Prüfung der elektronisch von Dritten übermittelten Daten oder der fehlenden Angabe zu abweichenden Rechtsauffassungen bei Nichtoffenlegung der dahinterstehenden Tatsachen. Der Steuervollzug soll damit im elektronischen

2237 *Beckmann*, S. 40, der die E-Bilanz als erste Änderung mit Auswirkung auf das materielle Steuerrecht bezeichnet.

2238 Siehe hierzu nachfolgend Kapitel 7 A II „Risikomanagementsystem im Kontext des Amtsermittlungsgrundsatzes".

2239 Sog. Subjektive Komponente des Risikomanagementsystems, vgl. *Haller*, Nutzung von E-Bilanz Datensätzen im Risikomanagement der Finanzverwaltung, S. 50 f.; *Seer*, DStR 2008, 1553, 1555; *Seer*, in: Steuerberater-Jahrbuch 2004/2005, S. 67; *Seer*, in: Widmann, DStJG 31 (2008), 7, 29.

2240 *Seer*, in: Tipke/Kruse, Kommentar AO, Rz. 28 zu § 85 AO.

Veranlagungsverfahren unter vermehrter Mitwirkung der Steuerpflichtigen und der Steuerberater erfolgen, wozu diese durch neue Pflichten, die Gefahr von Nachteilen im Rahmen des Risikomanagementsystems und Strafen angehalten werden.[2241] Das Risiko von Fehlern wird auf den Steuerpflichtigen oder dessen Berater abgewälzt.[2242] Der Aussage Baums, dass sich an den Mitwirkungspflichten im elektronischen Veranlagungsverfahren nichts geändert habe[2243], kann so pauschal nicht zugestimmt werden. Zwar ist es korrekt, dass die gesetzlichen Regelungen zu den Mitwirkungspflichten kaum angepasst wurden. Faktisch ergeben sich jedoch beispielsweise durch die E-Bilanz-Taxonomie gesetzlich nicht gedeckte[2244] Erweiterungen für die materiellrechtlichen Übermittlungspflichten. Hinzu kommen erhebliche Pflichten und Bußgeldvorschriften für Steuerberater im Rahmen der Vollmachtsdatenbank oder als Datenübermittler. Auch die Frage, ob eine Pflicht zur Angabe abweichender Verwaltungsauffassungen im Freitextfeld besteht und ansonsten etwaige strafrechtliche Gefahren drohen, gewinnt im elektronischen Veranlagungsverfahren, in dem automatisierte Entscheidungen von einem Computer, der nicht subsumieren kann, getroffen werden, erheblich an Bedeutung.

Auch der Deutsche Steuerberaterverband führt an, dass im elektronischen Veranlagungsverfahren eine erhebliche Pflichtenverlagerung auf die Steuerberater erfolgt.[2245] Der Steuerpflichtige und der Steuerberater entlasten damit den Steuerstaat in erheblichem Maße durch die faktische Übernahme von Aufgaben des Staates im Rahmen der Amtsermittlung[2246]; die Arbeitsbelastungen werden vom Finanzamt auf Steuerpflichtige und deren Berater verschoben.[2247] Die Finanzverwaltung versucht, den Personalnöten und demografischen

---

2241 Zu entsprechenden Kooperationsanreizen siehe auch: *Seer*, DStR 2008, 1553, 1554; *Seer*, in: Tipke/Kruse, Kommentar AO, Rz. 28 zu § 85 AO.

2242 Dies kritisierend: *Hey*, DB Nr. 27-28, M5, M5.

2243 *Baum*, NWB 2016, 2636, 2637.

2244 Siehe Kapitel 3 A II „Pflicht zur Übermittlung der E-Bilanz".

2245 Stellungnahme DStV vom 14.03.2016 S 03/16 zum Gesetzentwurf der Bundesregierung zur Modernisierung des Besteuerungsverfahrens.

2246 Kritisch zur Begrifflichkeit der Aufgabenübernahme: *Kämmerer*, in: Mann/Kämmerer/Kilian/Ring/Stein, Der Steuerberater als Organ der Steuerrechtspflege, S. 19; siehe hierzu nachfolgend Kapitel 7 B I „Die Funktion des Steuerberaters im elektronischen Veranlagungsverfahren
Zulässigkeit der Inanspruchnahme des Steuerberaters durch den Staat".

2247 *Riedlinger*, BB 2016, Heft 11, 1; *Tipke*, BB 2009, 636, 638; dies auch andeutend (weitere Berufspflichten): *Zaumseil*, NJW 2016, 2769, 2774.

Entwicklungen durch die elektronische Kommunikation entgegenzuwirken und eine Effizienz auf Seiten der Finanzverwaltung zu erreichen; dies darf jedoch nicht auf Kosten des Steuerpflichtigen und der Steuerberater erfolgen. Die Entwicklung zu einem effizienten elektronischen Besteuerungsverfahren ist zu begrüßen, aber nicht im Wege der ungleichmäßigen Lasten- und Risikoverteilung zwischen der Finanzbehörde und den Steuerpflichtigen und deren Beratern.[2248] Derzeit sucht man Verfahrenserleichterungen, die zu einer Steigerung der Effizienz des Verfahrens für die Steuerpflichtigen führen, vergeblich.[2249] Ein erkennbarer Fortschritt ist der mögliche Abruf der von Dritten an die Finanzverwaltung übermittelten Daten, der jedoch die Problematik beinhaltet, dass aus nicht nachvollziehbaren Gründen derzeit noch nicht alle an die Finanzverwaltung elektronisch übermittelten Daten abgerufen werden können. Hinzu kommt, dass selbst bei abweichenden Angaben in der Steuererklärung wiederum seitens der Finanzverwaltung die elektronischen Daten ohne Nachprüfung übernommen werden, was entweder zu Einspruchsverfahren oder zu weiteren falschen Bescheiden führt.[2250] Auch die Möglichkeit der elektronischen Übersendung von Steuererklärungen und Belegen ist als positiv zu bewerten, jedoch kann noch keine umfassende Übermittlung der Steuererklärung mit Belegen und elektronischer Unterzeichnung erfolgen. Auch hier handelt es sich um eine Hybridlösung, die derzeit zu Mehraufwand für Steuerberater führt.

Diese Pflichtenverlagerung gilt umso mehr, als dass technisch noch nicht ausgereifte Risikomanagementsysteme die Veranlagungsentscheidung in der Praxis treffen.[2251] Belege müssen nicht mehr eingereicht werden und sind nicht in das Riskomanagementsystem integriert, sodass, ausgehend von der Einzelfallabhängigkeit des deutschen Steuerrechts, kaum eine Verifikation durch die Finanzverwaltung erfolgen kann. Der Steuerpflichtige bzw. dessen steuerlicher Berater hat damit eine erhebliche Funktion im elektronischen Besteuerungsverfahren. Ohne deren Mitwirkung könnte weder ein funktionierendes Risikomanagementsystem aufgebaut werden noch eine solch (für die Finanzverwaltung) effiziente Abwicklung der elektronischen Steuererklärung ohne langwierige Freigabe- und

2248 *Peters*, FR 2015, 1026, 1027 und 1029.

2249 *Seer*, in: Jahrbuch des Bundesverbands der Steuerberater 2016, 55, 56.

2250 Siehe Kapitel 6 A I und 6 B I 1 „Pflichten zur Datenübermittlung“ und „Verpflichtung zum Datenabgleich “.

2251 *Ahrendt*, NJW 2017, 537, 539; *Lanwehr*, Faktische Selbstveranlagung und Fehlerkorrektur im Besteuerungsverfahren von Arbeitnehmern, S. 90 f.; siehe hierzu nachfolgend Kapitel 7 A II „Risikomanagementsystem im Kontext des Amtsermittlungsgrundsatzes“.

Unterschriftserfordernisse sowie Überprüfungen der elektronisch von Dritten gemeldeten Daten erfolgen. Auch mögliche abweichende Rechtsansichten würden vom Risikomanagementsystem in der derzeitigen Ausgestaltung im Regelfall nicht erkannt werden, sodass eine Gleich- und Gesetzmäßigkeit der Besteuerung ohne erhebliche Nutzung personeller Ressourcen der Finanzverwaltung kaum gewährleistet werden kann. Wenn der Steuerbescheid automatisch ergeht, ist der Steuerpflichtige oder der Steuerberater faktisch die letzte Person, die auf die Steuerfestsetzung einwirkt. Aus diesem Grund soll die Mitwirkung auf Seiten der Steuerpflichtigen und Steuerberater erhöht werden; diese übernehmen eine Mitverantwortung. Dies darf jedoch nicht zu einer Verschiebung der Letztverantwortung führen. Die Letztverantwortung liegt nach wie vor bei der Finanzbehörde, die dieser Aufgabe durch personelle oder automatisierte Prüfung im Rahmen des Risikomanagementsystems gerecht werden muss.

Allein diese Pflichtenverlagerung führt daher nicht zu einem strukturellen Vollzugsdefizit, solange die Finanzbehörde die Angaben des Steuerpflichtigen bzw. dessen Beraters verifiziert und entsprechende Kontrollmechanismen anwendet. Fraglich ist jedoch, ob der Steuerpflichtige als Steuerlaie dieser „Mitverantwortung" im Rahmen der elektronischen Steuerveranlagung nachkommen kann und inwieweit Steuerberater hier neue Funktionen übernehmen (müssen).

II. Risikomanagementsystem im Kontext des Amtsermittlungsgrundsatzes

1. Zweck des Risikomanagementsystems

Das Risikomanagementsystem hat eine entscheidende Bedeutung im elektronischen Veranlagungsverfahren, da es Teile der Verifikation durch Aussteuerung von prüfwürdigen Fällen übernimmt. Hierdurch kommt es zu einer Zweiteilung des Festsetzungsverfahrens, da ein Teil der Steuerfestsetzungen vollmaschinell ohne Prüfung durch einen Amtsträger erfolgt und der restliche Teil durch Amtsträger geprüft wird.[2252] Durch diese teilweise vollautomatisierte Bearbeitung von Steuerveranlagungen kommt es zu einem Wandel im deutschen Veranlagungssystem. Jede Steuererklärung wird nach Eingang programmgesteuert auf Unplausibilitäten und mögliche steuerliche Risiken geprüft.[2253] Von vornherein

2252 *Teller*, in: Gräber, Kommentar FGO, Rz. 56 vor § 40 FGO.

2253 Deutscher Bundestag, Drucksache 19/1058 vom 05.03.2018 (Antwort der Bundesregierung auf die Kleine Anfrage), S. 6.

aussortiert und einer personellen Prüfung zugewiesen, werden, unabhängig davon, ob das Risikomanagementsystem anschlägt, Fälle, in denen ein Eintrag in das Freitextfeld gemacht wurde, da dies nicht maschinell auswertbar ist.[2254] Auch Ermessensentscheidungen, wie beispielsweise der Erlass von Steuerforderungen, können nicht maschinell erfolgen.[2255] In den anderen Fällen, in denen keine Aussteuerung durch das Risikomanagementsystem und auch nicht durch eine Zufallsauswahl erfolgt, setzt die Steuerfestsetzung nicht mehr zwingend eine hoheitliche Willenserklärung eines Amtsträgers voraus.[2256]

Durch das Risikomanagement sollen Fehler in den Steuerfestsetzungen sowie Steuerverkürzungen verhindert werden.[2257] Bisher war es meist unklar, wie die Bearbeiter der Finanzverwaltung die Ermittlungen gewichten sollen, sodass es zu Unterschieden bei verschiedenen Bearbeitern kam.[2258] Durch das Risikomanagementsystem mit einheitlichen Kriterien soll damit eine gleichmäßige Rechtsanwendung erfolgen.[2259] Infolge der Zeitersparnis und Erhöhung der Effizienz sollen sich die Finanzbeamten auf die komplexen und strittigen Fälle konzentrieren können.[2260] Ziel des Risikomanagementsystems ist es damit, dem strukturellen Vollzugsdefizit entgegenzuwirken.[2261] Hierdurch soll auch das bestehende Ungleichgewicht, dass der Steuerpflichtige mehr Informationen als die Finanzverwaltung und hierdurch Vorteile hat, ausgeglichen werden. Vergleichbar mit dem Nash-Gleichgewicht aus der Spieltheorie soll der Steuerpflichtige Vorteile im Risikomanagementsystem und damit einen geringeren Aufwand durch Kooperation haben – sodass es für ihn nicht sinnvoll ist, der Finanzverwaltung Informationen vorzuenthalten.[2262]

Des Weiteren müssen Fälle ausgewählt werden, in denen eine detaillierte Prüfung im Rahmen einer Außenprüfung oder Umsatzsteuersonderprüfung erforderlich ist.[2263] Für die Prüfungsauswahl spielte bisher hauptsächlich die Größe

---

2254 *Baldauf*, DStR 2016, 833, 834; *Krömker/Nöcker*, AO-StB 2017, 305, 307.

2255 *Krömker/Nöcker*, AO-StB 2017, 305, 307.

2256 *Preißer/Wind*, S. 134.

2257 *Frizen*, S. 87.

2258 *Frizen*, S. 239 f.; *Seer*, in: Steuerberater-Jahrbuch 2004/2005, S. 57.

2259 *Krömker/Nöcker*, AO-StB 2017, 305, 306; *Polka/Jansen*, BC 2014, 93, 99; *Preißer/Wind*, S. 47 und S. 71; *Seer*, in: FS Kirchhof, 1765, 1768.

2260 *Preißer/Wind*, S. 70.

2261 *Seer*, DStR 2008, 1553, 1554; *Trossen*, FR 2015, 1021, 1022.

2262 *Kowallik*, IWB 2014/11, 406, 407.

2263 *Drüen*, in: Brandt, Europäische Perspektiven im Steuerrecht; Steuergerechtigkeit und Steuervereinfachung, S. 256 f.; *Hamann/Härtl/Kurz/Ludwig/Schmieder*, Elektronische Betriebsprüfung, S. 66.

der Unternehmen und das damit im Zusammenhang stehende absolute steuerliche Ausfallrisiko eine Rolle, was auch in § 3 BPO ersichtlich wird.[2264] Dies stellt einen Widerspruch zur gesetzmäßigen Besteuerung dar. Der Gesetzesvollzug ist am Kontrollbedürfnis und nicht allein an der fiskalischen Bedeutung auszurichten. Die Größe eines Unternehmens hat nur soweit Bedeutung, als zwischen den Einkunftsgrößen und dem Fehlerrisiko, beispielsweise wegen der Kompliziertheit der steuerlichen Vorschriften oder des internationalen Bezuges, eine Korrelation existiert.[2265] Im Übrigen ist das steuerliche Ergebnis Reflex einer Überprüfung, kann aber keine Richtgröße hierfür darstellen, da es keinen Zusammenhang zwischen Unternehmensgröße und Fehlerwahrscheinlichkeit gibt.[2266] Dieser Widerspruch zur gesetz- und gleichmäßigen Besteuerung soll durch das Risikomanagement verbessert werden, welches objektive und subjektive Aspekte für die Prüfungsauswahl berücksichtigt.[2267]

2. *Rechtsgrundlage und Inhalte des Risikomanagementsystems*

Die Rechtsgrundlage für das Risikomanagementsystem findet sich in § 88 Abs. 5 AO. Der Amtsermittlungsgrundsatz nach § 88 Abs. 1 AO geht davon aus, dass ein Bearbeiter die Steuererklärung prüft und beurteilt.[2268] § 88 Abs. 2 AO schränkt den Amtsermittlungsgrundsatz in der Weise ein, dass Art und Umfang der Ermittlungen von den Umständen des Einzelfalls unter Berücksichtigung der Gleichmäßigkeit, Gesetzmäßigkeit und Verhältnismäßigkeit sowie der Wirtschaftlichkeit und Zweckmäßigkeit abhängig sind. § 88 Abs. 5 AO bestimmt, dass hierfür Risikomanagementsysteme eingesetzt werden können. Es handelt sich nach systematischer Gesetzesauslegung beim Risikomanagementsystem damit um eine Einschränkung des Amtsermittlungsgrundsatzes nach § 88 Abs. 1 AO. Seer führt hierzu aus, dass der Untersuchungsgrundsatz nicht aufgegeben, sondern nur in Form des Verifikationsprinzipes weiterentwickelt

2264 *Henselmann/Haller*, DStR 2018, 1033, 1033; *Lanwehr*, Faktische Selbstveranlagung und Fehlerkorrektur im Besteuerungsverfahren von Arbeitnehmern, S. 70.

2265 *Seer*, in: Widmann, DStJG 31 (2008), 7, 19; *Seer*, in: Tipke/Kruse, Kommentar AO, Rz. 14 zu § 88 AO.

2266 *Ahrens/Nagel*, FR 2002, 261, 264 (nach Seer).

2267 Insbesondere im Rahmen der E-Bilanz, siehe hierzu Kapitel 3 A I „Zweck“ mit weiteren Nachweisen.

2268 *Baldauf*, DStR 2016, 833, 836.

werde.[2269] Es ist Ausfluss des maßvollen Gesetzesvollzugs, der von Seer bereits 1997 als Abwägungsdreieck zwischen Gesetzmäßigkeit, Rechtsanwendungsgleichheit und den betroffenen Freiheitsgrundrechten bezeichnet wurde, in dem die Finanzverwaltung ihre begrenzten Kapazitäten einsetzen muss.[2270] Mit dem Risikomanagementsystem wird ein Verifikationsinstrument geschaffen, mit dem strukturell der Gefahr von Steuerverkürzungen begegnet werden kann.[2271] In diesem Umfeld, in dem sich der Untersuchungsgrundsatz durch Abkehr von der 100%-Doktrin und gesteigerte Mitverantwortung des Steuerpflichtigen im Rahmen eines kooperativen Besteuerungsverfahrens[2272] immer mehr in einen Verifikationsauftrag der Finanzverwaltung wandelt, wird eine Neuregelung des § 85 S. 2 AO und des § 88 Abs. 1 AO gefordert. Der Gesetzesauftrag, eine zwingende Sicherstellung der Gleichmäßigkeit der Besteuerung mittels umfassender Amtsermittlung, kann in der Praxis nicht umgesetzt werden, sodass bereits in diesen Vorschriften Umformulierungen hin zu einer Verifikation durch die Finanzverwaltung erforderlich sind.[2273] Dies würde dann auch das tatsächliche Verantwortungsverhältnis in Form eines Kooperationsverhältnisses mit Letztverantwortung bei der Finanzverwaltung abbilden.

Die Risikomanagementsysteme müssen es ermöglichen, dass eine Zufallsauswahl umfassende Prüfungsfälle aussteuert, dass ausgesteuerte Fälle auch tatsächlich von Amtsträgern geprüft werden, dass Amtsträger auch separat Fälle für eine umfassende Prüfung auswählen können und dass das Risikomanagementsystem regelmäßig geprüft wird (vgl. § 88 Abs. 5 S. 3 Nr. 1-4 AO). In § 88 Abs. 5 S. 5 AO ist geregelt, dass die Einzelheiten des Risikomanagementsystems von den obersten Finanzbehörden der Länder im Einvernehmen mit dem Bundesministerium der Finanzen festgelegt werden.

Maßnahmen eines Risikomanagementsystems können auf eine Risikobewältigung (d.h. Erkennen und Prüfen des Risikos) oder auf eine Risikoakzeptanz (Inkaufnahme des Risikos) ausgerichtet sein.[2274] Wegen der Gesetzmäßigkeit der Besteuerung kann nur in engen Grenzen eine Risikoakzeptanz durch das

---

2269 *Seer*, DStZ 2016/16, 605, 609; zu einer Abschwächung des Untersuchungsgrundsatzes: *Münch*, DStR 2013, 2150, 2150; zum maßvollen Gesetzesvollzug: *Eckhoff*, StuW 2/1996, 107, 113.

2270 *Seer*, FR 1997, 553, 558.

2271 *Seer*, in: Tipke/Kruse, Kommentar AO, Rz. 27 zu § 85 AO.

2272 Zum Wandel zur Verifikationsverwaltung siehe *Seer*, in: Tipke/Kruse, Kommentar AO, Rz. 4 zu § 88 AO; *Seer*, StuW 4/2015, 315, 319.

2273 *Ahrens/Nagel*, FR 2002, 261, 268.

2274 *Marx*, Ubg 6/2016, 358, 358.

Risikomanagementsystem der Finanzverwaltung erfolgen[2275], sodass die Risikobewältigung hier im Vordergrund steht. Bestandteile eines funktionierenden Risikomanagementsystems sind die Risikoidentifikation durch Nutzung von Wirtschaftsdaten, Pilotuntersuchungen und Erkenntnissen des Finanzamtes, die Risikoanalyse durch systematische Gewichtung und Klassifizierung, die Risikobewertung durch Ableitung von Reaktionen unter Berücksichtigung der vorhandenen Ressourcen, die Risikobewältigung zur Verminderung der Risiken sowie die ständige Evaluation des Risikomanagementsystems.[2276] Insbesondere bei automatisierten Verfahren besteht die Gefahr eines systembedingten Nichtentdeckens von bestimmten Fehlerquellen, sodass eine ständige Überprüfung und Weiterentwicklung des Risikomanagementsystems ergänzt durch eine Zufallsauswahl und Auswertung der hierüber gewonnenen Daten erforderlich ist.[2277] Das derzeitige Risikomanagement des Finanzamtes besteht, neben einer Zufallsauswahl, aus einer subjektiven (sog. Subjektrisiko) und einer objektiven Komponente (sog. Objektrisiko).[2278] Die subjektive Komponente beinhaltet die Steuervita des jeweiligen Steuerpflichtigen, also sein bisheriges Verhalten und die Kooperationsbereitschaft.[2279] So wirkt sich beispielsweise ein fristgemäßes Zahlungs- und Abgabeverhalten in der Vergangenheit positiv aus.[2280] Die objektive Komponente beinhaltet Analysen der Steuererklärungsdaten, Zeitreihenvergleiche, Vergleiche mit Vorjahresdaten sowie statistische Verfahren, um etwaige fehlerhafte Daten in den Steuererklärungen zu erkennen. Hierdurch werden insbesondere auffällige Werte und starke Abweichungen zum Vorjahr oder zu

---

2275 Siehe hierzu noch nachfolgend in diesem Kapitel zu Nichtaufgriffsgrenzen und dem Untermaßverbot.

2276 *Hamann/Härtl/Kurz/Ludwig/Schmieder*, Elektronische Betriebsprüfung, S. 64 ff.

2277 *Haunhorst*, DStR 2010, 2105, 2108; *Lanwehr*, Faktische Selbstveranlagung und Fehlerkorrektur im Besteuerungsverfahren von Arbeitnehmern, S. 90 f.; *Rohner*, Rechtsprobleme der elektronischen Veranlagung, S. 49; *Steinhauff*, AO-StB 2018, 295, 296.

2278 *Haller*, Nutzung von E-Bilanz Datensätzen im Risikomanagement der Finanzverwaltung, S. 50 f.; *Münch*, DStR 2013, 212, 212; *Seer*, DStR 2008, 1553, 1555; *Seer*, in: Steuerberater-Jahrbuch 2004/2005, S. 67; *Seer*, in: Widmann, DStJG 31 (2008), 7, 29.

2279 *Haller*, Nutzung von E-Bilanz Datensätzen im Risikomanagement der Finanzverwaltung, S. 50 f.; *Seer*, DStR 2008, 1553, 1555; *Seer*, in: Steuerberater-Jahrbuch 2004/2005, S. 67; *Seer*, in: Widmann, DStJG 31 (2008), 7, 29.

2280 *Münch*, DStR 2013, 212, 214; *Münch*, DStR 2013, 2150, 2151; *Seer*, DStR 2008, 1553, 1555.

Branchenrichtwerten sowie erstmalige Werte herausgefiltert.[2281] Die Richtgrößen, die im Rahmen der objektiven Komponente des Risikomanagementsystems Anwendung finden, stammen aus Betriebsprüfungen und E-Bilanzen.[2282] Durch die Zufallsauswahl soll nach außen ersichtlich sein, dass auch unabhängig von bestimmten Parametern eine rein zufallsgestützte umfassende personelle Prüfung erfolgen kann, sodass in jedem Fall eine Entdeckungswahrscheinlichkeit gegeben ist. Außerdem können durch die Zufallsauswahl das Risikomanagement und die hier gesetzten Filter geprüft werden.[2283] Die Ergebnisse müssen mit der automatischen Auswahl abgestimmt und Fehler müssen beseitigt werden.[2284] Nur so kann sichergestellt werden, dass kein strukturelles Vollzugsdefizit durch den Einsatz von Risikomanagementsystemen entsteht.[2285] Auch wenn eine Zufalls- und Stichprobenauswahl den hierdurch ausgewählten Steuerpflichtigen ungleich behandelt, ist diese erforderlich, um die Gesetzmäßigkeit der Besteuerung zu sichern, und damit sachlich gerechtfertigt.[2286] Wichtig ist, dass tatsächlich eine Zufallsauswahl und keine willkürliche Auswahl erfolgt.[2287]

3. Berücksichtigung von Wirtschaftlichkeit und Zweckmäßigkeit im Risikomanagementsystem

Unter Berücksichtigung des § 88 AO wird deutlich, dass die Maßstäbe des Risikomanagementsystems sich an der Gleichmäßigkeit und Gesetzmäßigkeit der

---

2281 Deutscher Bundestag, Drucksache 17/77 vom 07.12.2009 (Unterrichtung durch den Bundesrechnungshof), S. 177; *Frizen*, S. 71; *Haller*, Nutzung von E-Bilanz Datensätzen im Risikomanagement der Finanzverwaltung, S. 50 f.; *Kowallik*, in: Bongaerts/Neubeck, S. 589; *Münch*, DStR 2013, 212, 214; *Münch*, DStR 2013, 2150, 2151; *Seer*, in: Steuerberater-Jahrbuch 2004/2005, S. 67; *Seer*, in: Widmann, DStJG 31 (2008), 7, 29.

2282 *Haller*, Nutzung von E-Bilanz Datensätzen im Risikomanagement der Finanzverwaltung, S. 63.

2283 *Drüen*, in: Brandt, Europäische Perspektiven im Steuerrecht; Steuergerechtigkeit und Steuervereinfachung, S. 264; *Eckhoff*, StuW 2/1996, 107, 115; *Haller*, Nutzung von E-Bilanz Datensätzen im Risikomanagement der Finanzverwaltung, S. 50 f.; *Haunhorst*, DStR 2010, 2105, 2110; *Münch*, DStR 2013, 212, 212; *Rätke*, in: Klein, Kommentar AO, Rz. 21 zu § 85 AO; *Seer*, DStZ 2016/16, 605, 609; *Seer*, in: Jahrbuch des Bundesverbands der Steuerberater 2016, 55, 64 f.; *Seer*, StuW 4/2015, 315, 324.

2284 *Seer*, in: Brandt, Mitverantwortung von Bürger und Staat, S. 109.

2285 *Rätke*, in: Klein, Kommentar AO, Rz. 92 zu § 88 AO.

2286 Siehe hierzu grundlegend: *Seer*, FR 1997, 553, 559.

2287 Derzeit zweifelnd hieran: *Preißer/Wind*, S. 78.

Besteuerung orientieren müssen, jedoch unter Berücksichtigung der Verhältnismäßigkeit und der Wirtschaftlichkeit und Zweckmäßigkeit.[2288] Bei den Kriterien der Wirtschaftlichkeit und Zweckmäßigkeit handelt es sich um unbestimmte Rechtsbegriffe.[2289] Das Gebot wirtschaftlichen Verwaltens ist verfassungsrechtlich fundiert und anzuerkennen, um Ressourcen der Allgemeinheit bestmöglich einzusetzen.[2290] Insbesondere im Rahmen des automatischen Veranlagungsverfahrens gewinnen die Grenzen der Verhältnismäßigkeit und Wirtschaftlichkeit an Bedeutung, da eine genauere Überprüfung der Steuererklärung meist nur bei entsprechenden Risikohinweisen durch das Risikomanagementsystem oder infolge einer Eintragung im Freitextfeld durch den Steuerpflichtigen erfolgt.[2291]

Ausgangspunkt der Verifikation durch die Finanzverwaltung ist nicht das Risiko eines Steuerausfalls für die Verwaltung, sondern das Risiko einer rechtswidrigen Steuerfestsetzung. Insbesondere das Kriterium der Wirtschaftlichkeit ist missverständlich, da nach der Gesetzesbegründung hierbei auf das Verhältnis zwischen voraussichtlichem Arbeitsaufwand und steuerlichem Erfolg abzustellen ist.[2292] Das Kriterium der Wirtschaftlichkeit darf aber nicht so ausgelegt werden, dass die Finanzverwaltung mit möglichst wenig Aufwand den größtmöglichen steuerlichen Ertrag erzielt, da dies der Gesetz- und Gleichmäßigkeit der Steuerfestsetzung widersprechen würde.[2293] Der Ermittlungsaufwand würde sich in diesem Fall nur auf Steuermehrergebnisse beziehen, obwohl der Verifikationsauftrag der Finanzverwaltung Ermittlungen zugunsten wie zuungunsten erfasst.[2294] Der Begriff der Wirtschaftlichkeit ist nicht im Sinne eines möglichst hohen Steueraufkommens, sondern im Sinne einer Sachverhaltsaufklärung und damit möglichst gleichmäßigen und gesetzmäßigen Besteuerung zu verstehen.

2288 *Deckers/Fiethen*, FR 2015, 913, 914; *Krömker/Nöcker*, AO-StB 2017, 305, 306.

2289 *Preißer/Wind*, S. 50.

2290 *Drüen*, in: Brandt, Europäische Perspektiven im Steuerrecht; Steuergerechtigkeit und Steuervereinfachung, S. 262 f.; *Seer*, in: Tipke/Kruse, Kommentar AO, Rz. 12 zu § 88 AO.

2291 *Scheel/Brehm/Holzner*, S. 148.

2292 Deutscher Bundestag, Drucksache 18/7457 vom 03.02.2016, S. 68; AEAO Nr. 3 zu § 88 AO; *Ahrendt*, NJW 2017, 537, 537; *Eckhoff*, StuW 2/1996, 107, 115; *Preißer/Wind*, S. 59; so auch schon: *Seer*, Besteuerungsverfahren: Rechtsvergleich USA - Deutschland, S. 32; siehe auch: *Scheel/Brehm/Holzner*, S. 148.

2293 *Haunhorst*, DStR 2010, 2105, 2110; *Seer*, DStR 2008, 1553, 1555; *Seer*, FR 1997, 553, 559.

2294 *Marx*, Ubg 6/2016, 358, 3360.

Hiergegen sind der Zeitaufwand sowie im Rahmen der Zweckmäßigkeit die tatsächliche Möglichkeit der Aufklärung des Sachverhalts abzuwägen.[2295]

Die Wirtschaftlichkeit und Zweckmäßigkeit stellen damit kein separates Prinzip dar. Effizienz kann nur innerhalb des Rechts stehen, dieses jedoch nicht überlagern.[2296] Art und Umfang der Ermittlungen dürfen daher nicht am fiskalischen Interesse ausgerichtet werden.[2297] Des Weiteren ist aufgrund der Unbestimmtheit der Begriffe „Zweckmäßigkeit“ und „Wirtschaftlichkeit“ die Gefahr gegeben, dass die Finanzverwaltung im Hinblick hierauf keine weitere Prüfung vornimmt, obwohl Zweifel an der Richtigkeit der Angaben vorliegen und auch die Voraussetzungen des § 156 AO nicht erfüllt sind.[2298] Hinzu kommt, dass § 76 FGO die Wirtschaftlichkeit und Zweckmäßigkeit nicht berücksichtigt. Es müssten daher unter Umständen in Verfahren vor den Finanzgerichten Ermittlungen erfolgen, die im Rahmen der Steuerfestsetzung unterblieben sind; es kommt zu einer Verlagerung der erstmaligen Ermittlung auf die Finanzgerichte und unter Umständen auch zu einer Aufhebung des Verwaltungsaktes nach § 100 Abs. 3 FGO wegen noch notwendiger Sachverhaltsaufklärung.[2299]

2295 *Ahrendt*, NJW 2017, 537, 537; *Lanwehr*, Faktische Selbstveranlagung und Fehlerkorrektur im Besteuerungsverfahren von Arbeitnehmern, S. 62; zur Zweckmäßigkeit: *Baum*, NWB 2016, 2636, 2639.

2296 *Seer*, in: Tipke/Kruse, Kommentar AO, Rz. 14 f. zu § 88 AO; so auch: *Maier*, JZ 12/2017, 614, 616;.

2297 *Baum*, NWB 2016, 2636, 2638; *Drüen*, in: Brandt, Europäische Perspektiven im Steuerrecht; Steuergerechtigkeit und Steuervereinfachung, S. 264; *Haller*, Nutzung von E-Bilanz Datensätzen im Risikomanagement der Finanzverwaltung, S. 45; *Lanwehr*, Faktische Selbstveranlagung und Fehlerkorrektur im Besteuerungsverfahren von Arbeitnehmern, S. 76; *Münch*, DStR 2013, 212, 212; *Rohner*, Rechtsprobleme der elektronischen Veranlagung, S. 52; *Seer*, FR 1997, 553, 559; *Seer*, in: Jahrbuch des Bundesverbands der Steuerberater 2016, 55, 60; *Seer*, in: Tipke/Kruse, Kommentar AO, Rz. 14 f. zu § 88 AO; *Seer*, in: Widmann, DStJG 31 (2008), 7, 18 f.; *Seer*, SteuerStud 8/2010, 369, 373; *Seer*, StuW 4/2015, 315, 320; *Seer*, Verständigungen in Steuerverfahren, S. 235; siehe auch: *Preißer/Wind*, S. 31 f. (Ermittlung zugunsten wie zuungunsten); *Rätke*, in: Klein, Kommentar AO, Rz. 26 f. zu § 88 AO (der jedoch ausführt, dass die Finanzverwaltung nicht nur nach dem fiskalischen Interesse ermitteln darf, aber es auf eine Abwägung zwischen dem Aufwand und den steuerlichen Mehreinnahmen ankommt).

2298 *Preißer/Wind*, S. 58.

2299 *Drüen*, in: Brandt, Europäische Perspektiven im Steuerrecht; Steuergerechtigkeit und Steuervereinfachung, S. 273; *Preißer/Wind*, S. 63.

Die Einschränkung des Amtsermittlungsgrundsatzes wird kritisiert, da Wirtschaftlichkeits- und Zweckmäßigkeitserwägungen nicht zur Rechtfertigung einer fehlenden Verifikation genutzt werden können.[2300] Das Finanzamt muss Zweifeln nachgehen und die Steuererklärung daher insbesondere auf Unplausibilitäten und offensichtliche Fehler prüfen (sog. Untermaßverbot).[2301] Die Finanzverwaltung nutzt im Rahmen des Risikomanagementsystems insbesondere Wertaufgriffsgrenzen. Hierbei wird der Arbeitseinsatz von Amtsträgern gegenüber der Höhe des Steuerausfalls abgewogen, die aus dem Fehler resultiert. Es kann faktisch zu einer Änderung des materiellen Rechts und damit auch zu einer Ungleichbehandlung kommen, beispielsweise von Steuerpflichtigen, die wegen Eintragungen im Freitextfeld oder der Zufallsauswahl ausgesteuert werden und bei denen eine vollumfängliche Prüfung erfolgt.[2302] Es ist fraglich, ob infolge des Risikomanagementsystems und der von vornherein angelegten „Nichtaufgriffsgrenzen“ eine Vielzahl an offensichtlichen Fehlern nicht erkannt werden und damit gegen das Untermaßverbot verstoßen wird.[2303] Die Finanzverwaltung darf zwar den Umfang der Ermittlungen im Rahmen des § 88 AO festlegen, jedoch nicht generell auf Ermittlungen verzichten.[2304] Generelle Nichtaufgriffsgrenzen verstoßen damit gegen diese Grundsätze und insbesondere gegen die Gleichmäßigkeit der Besteuerung und damit auch gegen den verfassungsrechtlich durch Art. 3 GG geschützten Gleichbehandlungsgrundsatz.[2305] Eine Rechtfertigung von Nichtaufgriffsgrenzen unter Berücksichtigung der Wirtschaftlichkeit und Zweckmäßigkeit kann nur dann erfolgen, wenn üblicherweise Werte innerhalb bestimmter Grenzen richtig sind (z.B. bei Fahrten zwischen Wohnung und 1. Tätigkeitsstätte kann dies rechnerisch bestimmt werden). Allein eine Rechtfertigung wegen der Höhe des möglichen Steuerausfalls widerspricht jedoch § 88 AO, der gerade nicht hierauf abstellt.

Hierzu ist auch zu beachten, dass mit § 156 Abs. 2 AO eine Ermächtigungsgrundlage existiert, nach der bestimmte Steuern nicht festgesetzt werden, wenn der Betrag 25 Euro nicht übersteigt.[2306] Darüber hinaus ist eine Nichtfestsetzung

---

2300 *Ahrendt*, NJW 2017, 537, 538.

2301 Siehe hierzu im Detail Kapitel 1 B I „Allgemeine Mitwirkung des Beteiligten bei der Sachverhaltsermittlung“; explizit: *Haunhorst*, DStR 2010, 2105, 2110; *Preißer/Wind*, S. 58.

2302 *Ahrendt*, NJW 2017, 537, 540.

2303 *Preißer/Wind*, S. 39; *Steinhauff*, AO-StB 2018, 295, 295.

2304 *Preißer/Wind*, S. 63.

2305 *Ruß/Ismer/Margolf*, DStR 2019, 409, 413; so auch: *Richter/Welling*, FR 2015, 1014, 1016 (nach Mellinghoff).

2306 *Rosenke*, in: Pfirrmann/Rosenke/Wagner, BeckOK AO, vor § 156 AO.

nach § 156 Abs. 2 Nr. 2 AO möglich, wenn die 25 Euro überschritten werden, aber zu erwarten ist, dass die Kosten der Erhebung und Festsetzung außer Verhältnis zu dem Steuerbetrag stehen. Hierdurch wird die Gesetz- und Gleichmäßigkeit der Besteuerung unter Berücksichtigung der Praktibilität und Ökonomie der Besteuerung eingeschränkt.[2307] Es muss sich um ein evidentes Missverhältnis von Verwaltungskosten und steuerlichem Ertrag handeln, was jedoch nur dann vorliegt, wenn die Beweiserhebung teurer wird als der Steuerausfall.[2308] Nach § 156 Abs. 2 S. 2 AO können Weisungen für bestimmte Fallgruppen von den obersten Finanzbehörden erteilt werden. Die Gesetzesbegründung führt als Beispiel nicht aufgriffswürdige Kontrollmitteilungen an.[2309] In Bezug auf das Risikomanagementsystem können nur sehr geringe Nichtaufgriffsgrenzen diese Voraussetzungen erfüllen, bei denen typischerweise die Steuerfestsetzung durch einen Amtsträger einen höheren Aufwand verursacht als der Steuernachteil bei einer automatisierten Festsetzung unter Nichtbeanstandung.

Angesichts dessen, dass eine 100%ige Sachverhaltsaufklärung nicht möglich ist, spricht nichts gegen die Berücksichtigung von Zweckmäßigkeits- und Wirtschaftlichkeitsgesichtspunkten, solange diese Begriffe richtig ausgelegt werden. Diese dürfen nicht in der Weise „missbraucht" werden, dass hierdurch die Einsparung personeller Ressourcen bei der Finanzverwaltung gerechtfertigt wird. Auch dass eine bestimmte Prüfung programmtechnisch nicht umgesetzt werden kann, kann nicht zulasten der Verifikation gehen. In diesem Fall muss eine Prüfung durch einen Amtsträger erfolgen. Zweck des Risikomanagementsystems ist die Sicherstellung des gesetz- und gleichmäßigen Steuervollzugs. Hierauf muss auch das Risikomanagementsystem ausgerichtet sein.[2310] Insbesondere darf durch das Risikomanagementsystem das materielle Recht nicht faktisch umgeschrieben werden. Inwieweit dies derzeit der Fall ist, ist wegen der Geheimhaltung der Kriterien kaum überprüfbar.[2311]

Fehler in der Steuererklärung, die sich zugunsten des Steuerpflichtigen auswirken, müssen ebenfalls von den Risikomanagementsystemen erkannt werden,

---

2307 *Seer*, in: Tipke/Kruse, Kommentar AO, Rz. 1 zu § 156 AO.

2308 *Seer*, FR 1997, 553, 559 f.

2309 Deutscher Bundestag, Drucksache 18/7457 vom 03.02.2016, S. 84.

2310 *Brandt*, in: Brandt, Europäische Perspektiven im Steuerrecht; Steuergerechtigkeit und Steuervereinfachung, S. 178; *Deckers/Fiethen*, FR 2015, 913, 914 f.; zweifelnd zur aktuellen Ausgestaltung, die sich ggf. eher an den verfügbaren Ressourcen orientiert: *Haunhorst*, DStR 2010, 2105, 2109.

2311 Siehe hierzu nachfolgend Kapitel 7 C I 1 „Veröffentlichung der Kriterien und Überprüfung des Risikomanagementsystems".

soweit sich hieraus kein unverhältnismäßiger Aufwand für die Finanzbehörde ergibt.[2312] Ebenso ist fragwürdig, wie die Finanzverwaltung ihre Fürsorgepflicht nach § 89 Abs 1 AO erfüllen kann, wenn kein Amtsträger an der Steuerfestsetzung beteiligt ist. Auch diesbezüglich müssen entsprechende Aussteuerungen im Risikomanagementsystem vorgenommen werden, wenn offensichtlich bestimmte Anträge nicht gestellt wurden, die sich zugunsten des Steuerpflichtigen auswirken würden.[2313] Alternativ müssen weitergehende separate Serviceangebote geschaffen werden, in der sich der Steuerpflichtige vorab über entsprechende Anträge und notwendige Verfahrenshandlungen informieren kann.[2314]

4. *Verifikation der Angaben in der Steuererklärung durch das Risikomanagementsystem*

Da das Risikomanagementsystem im elektronischen Veranlagungsverfahren einen Teil des Verifikationsauftrages der Finanzverwaltung übernimmt, muss dieses auch tatsächlich Unstimmigkeiten in der Erklärung erkennen.[2315] Fraglich ist, ob dies mittels des Risikomanagementsystems in der derzeitigen Ausgestaltung tatsächlich möglich ist und ob damit dem strukturellen Vollzugsdefizit entgegengewirkt werden kann. Steuerlaien haben, insbesondere unter Berücksichtigung der vielen Gesetzesänderungen, in vielen Fällen nicht das nötige Fachwissen, um eine richtige Steuererklärung abgeben zu können.[2316] Nichtsdestotrotz müssen sie nach § 150 Abs. 2 S. 1 AO die Angaben in den Steuererklärungen wahrheitsgemäß nach bestem Wissen und Gewissen machen. Ohne Wissen können die Anforderungen hier nicht allzu hoch sein. Tipke führt dazu aus, dass

---

2312 *Preißer/Wind*, S. 47; *Rohner*, Rechtsprobleme der elektronischen Steuerveranlagung, S. 52; *Seer*, DStZ 2016/16, 605, 609; hierzu zweifelnd, ob dies in der Praxis umgesetzt wird: *Preißer/Wind*, S. 79 und 55; bezüglich der Prüfungen im Rahmen der elektronischen Außenprüfung ebenfalls zweifelnd: *Hamann/Härtl/Kurz/Ludwig/Schmieder*, Elektronische Betriebsprüfung, S. 111.

2313 *Deutschland*, Diskussionsentwurf „Modernisierung des Besteuerungsverfahrens", DStR-Beih 2014, 149, 149 und 155.

2314 *Seer*, in: Brandt, Mitverantwortung von Bürger und Staat, S. 102 f.; *Seer*, in: Tipke/Kruse, Kommentar AO, Rz. 69 zu § 88 AO.

2315 *Ahrendt*, NJW 2017, 537, 539.

2316 *Eckhoff*, StuW 2/1996, 107, 110; *Geißler*, Der Unternehmer im Sinne des Steuerstaats, S. 68; *Halldorn*, S. 92 f.; *Spindler*, in: Brandt, Mitverantwortung von Bürger und Staat, S. 20; *Tipke*, BB 2009, 636, 640.

§ 150 Abs. 2 AO von Steuerlaien etwas Unmögliches verlangt.[2317] Die Ausrichtung des Verifikationsprinzipes am Gesamtvollzug führt in der Praxis dazu, dass auch Steuererklärungen von Laien nicht vollumfänglich geprüft werden.[2318] Die Sachbearbeiter der Finanzverwaltung müssen auch hier von der Richtigkeit der Steuererklärung ausgehen, obwohl ihre Erfahrungen dagegensprechen. Eckhoff spricht hierbei von einer defizitären Rechtsanwendung[2319] und einem Geburtsfehler der Einkommensteuererklärung[2320]. Mangels umfassender Überprüfung durch die Finanzbehörde führen die falschen Angaben in der Steuererklärung meist zu falschen Steuerbescheiden. Nichtsdestotrotz besteht keine Pflicht zur Inanspruchnahme eines steuerlichen Beraters, obwohl faktisch eigentlich eine Notwendigkeit bestehen würde.[2321]

Die Finanzverwaltung muss Zweifeln nachgehen, die sich insbesondere aus den der Erklärung beigefügten Erläuterungen oder Belegen ergeben können. Diese finden jedoch im Risikomanagementsystem keine Berücksichtigung.[2322] Sofern durch eine zu geringe Prüfwahrscheinlichkeit die Gleichmäßigkeit der Besteuerung nicht mehr gewährleistet ist, liegt ein strukturelles Vollzugsdefizit und damit eine Verfassungswidrigkeit vor.[2323] Auch der Bundesrechnungshof stellte bei seiner Überprüfung im Jahr 2012 fest, dass der gesetzliche Vollzug der Steuerveranlagung (hier überprüft im Bereich der Arbeitnehmer) nicht gewährleistet ist. Die Ursachen hierfür sah der Bundesrechnungshof unter anderem in erheblichen Lücken im Risikomanagementsystem.[2324] Insbesondere wurde

---

2317 *Tipke*, BB 2009, 636, 637 ff.; *Tipke*, in: Brandt, Mitverantwortung von Bürger und Staat, S. 43; so auch im Hinblick auf die gewissenhafte Abgabe bei einer fehlenden Akzeptanz der Steuergesetze: *Tipke*, in: Brandt, Mitverantwortung von Bürger und Staat, S. 34.

2318 *Tipke*, BB 2009, 636, 638; dies auch kritisierend: *Seer*, in: Tipke/Kruse, Kommentar AO, Rz. 22 zu § 88 AO; *Seer*, SteuerStud 8/2010, 369, 372 f.

2319 *Ahrens/Nagel*, FR 2002, 261, 262 (zitiert nach Eckhoff); ebenfalls zweifelnd daran, dass beispielsweise fehlende Angaben zu Kryptogeschäften im Risikomanagementsystem auffallen: *Schroen*, NWB 2019/28, 2084, 2089.

2320 *Eckhoff*, StuW 2/1996, 107, 109.

2321 *Tipke*, in: Brandt, Mitverantwortung von Bürger und Staat, S. 43; für eine faktische Notwendigkeit zur Inanspruchnahme steuerlicher Beratung: *Tipke*, BB 2009, 636, 636; siehe hierzu nachfolgend Kapitel 7 C IV 1 „Verpflichtung zur Inanspruchnahme steuerlicher Beratung".

2322 *Maier*, JZ 12/2017, 614, 615; *Münch*, DStR 2013, 2150, 2151.

2323 *Maier*, JZ 12/2017, 614, 616 f.

2324 Deutscher Bundestag, Drucksache 17/8429 vom 17.01.2012 (Unterrichtung durch den Bundesrechnungshof), S. 3.

kritisiert, dass das Risikomanagementsystem nur Zahlen erfasst, jedoch keine Texte und Erläuterungen. Dadurch wird systematisch von der Schlüssigkeitsprüfung, zu der die Finanzverwaltung nach § 88 AO verpflichtet ist, abgesehen.[2325] Dadurch, dass sich Fehler durch Vorjahresvergleiche auch auf Folgejahre auswirken, sieht der Bundesrechnungshof im Rahmen des elektronischen Veranlagungsverfahrens derzeit eine stärkere Gefährdung des Steuervollzugs als im Rahmen der personellen Veranlagung, auch wenn hier ebenfalls in vielen Fällen ein „Durchwinken" stattgefunden hat.[2326] Ahrendt bezeichnet dies als „Entkopplung vom materiellen Steuerrecht und Besteuerungsverfahren"[2327], da es nicht mehr auf die Richtigkeit ankommt, sondern auf die Schlüssigkeit und Plausibilität.[2328] Der Steuerpflichtige, der programmgerecht erklärt, ist unverdächtig, der „originelle" Steuerpflichtige, bei dem die Angaben von den üblichen Angaben abweichen, wird im Detail geprüft.[2329] Jedoch ist zu beachten, dass auch im Rahmen der Prüfung durch einen Amtsträger keine umfassende Überprüfung erfolgte, sondern nur bei Unstimmigkeiten, sodass im Ergebnis hier auch bei schlüssigen und plausiblen Ergebnissen eine Detailüberprüfung unterblieb. Da dies jetzt durch das Risikomanagementsystem übernommen wird, wird eine gleichmäßige maschinelle Überprüfung ermöglicht.[2330]

Nichtsdestotrotz ist erforderlich, dass das Risikomanagementsystem auch so ausgestaltet ist, dass Fehler erkannt werden und der gesetzliche Vollzug gewährleistet ist. Die vom Bundesrechnungshof festgestellte Gefährdung des Steuervollzugs wird sich vermutlich durch den Wechsel zur „Belegvorhaltepflicht"[2331] verstärken, da sich mangels Prüfung der Belege weniger Unstimmigkeiten, die eine Nachprüfung erfordern, ergeben werden. Dies ist problematisch, da Belege in vielen Fällen zur Prüfung der Tatbestandsmerkmale einer steuerlichen Norm gesichtet und geprüft werden müssen.[2332]

2325 Deutscher Bundestag, Drucksache 17/8429 vom 17.01.2012 (Unterrichtung durch den Bundesrechnungshof), S. 13; *Haunhorst*, DStR 2010, 2105, 2108.

2326 Deutscher Bundestag, Drucksache 17/8429 vom 17.01.2012 (Unterrichtung durch den Bundesrechnungshof), S. 14.

2327 *Ahrendt*, NJW 2017, 537, 539.

2328 *Ahrendt*, NJW 2017, 537, 539 (abgesehen von der Zufallsauswahl).

2329 *Kirchhof*, DStR 2018, 497, 503.

2330 *Ahrendt*, NJW 2017, 537, 539.

2331 Zum eigentlich verfehlten Begriff siehe Kapitel 4 B I „Belegvorhaltung statt Belegvorlage".

2332 Dies auch andeutend: *Ahrendt*, NJW 2017, 537, 539.

Im Ergebnis wird damit durch das elektronische Veranlagungssystem in der derzeitigen Form das Ergebnis verstärkt, dass eine Gleich- und Gesetzmäßigkeit der Besteuerung kaum mehr möglich ist, da erhebliche Fehler in Steuererklärungen, insbesondere von Steuerlaien, nicht mehr erkannt werden. Beratene Steuerpflichtige werden unter Umständen benachteiligt, da in den von Steuerberatern erstellten Steuererklärungen weniger Fehler sind und Steuerberater eher in der Lage sind, Angaben im Freitextfeld zu abweichenden Rechtsauffassungen zu machen.[2333]

5. *Gefährdung des Steuervollzugs im elektronischen Veranlagungsverfahren*

Das mögliche Nichterkennen von Fehlern durch das derzeitige Risikomanagementsystem bedeutet jedoch nicht, dass ein elektronisches Veranlagungssystem generell im Widerspruch zu einem gesetzmäßigen und gleichmäßigen Steuervollzug steht. Im Gegenteil bietet ein elektronisches Veranlagungssystem erhebliche Vorteile hierfür, da Überprüfungen einheitlich ausgestaltet werden können und Ressourcen für detaillierte Überprüfungen unabhängig von der Größe der Unternehmen je nach sachlichem Prüfbedürfnis dort eingesetzt werden können, wo sie für eine gesetzmäßige Besteuerung benötigt werden.[2334]

Der Kern eines verfassungskonformen elektronischen Veranlagungssystems ist jedoch ein funktionierendes Risikomanagementsystem. Hierbei darf das Recht nicht durch die Software bestimmt werden, sondern die Gesetze müssen die Software bestimmen. Anderenfalls müsste die Software im Gesetzgebungsverfahren beschlossen werden.[2335] Kirchhof bezeichnet die derzeitige Entwicklung als Lockerung des Gesetzesvorbehaltes und Unterwerfung unter den Computervorbehalt.[2336] Gegenwärtig entsteht der Eindruck, dass das Recht durch die Software und eine möglichst effiziente Umsetzung seitens der Finanzverwaltung bestimmt wird. Die technische Umsetzung hat Vorrang vor dem geltenden Recht, was der gesetzmäßigen Steuerfestsetzung widerspricht. Als Beispiele hierfür seien genannt:

2333 *Tipke*, BB 2009, 636, 640.

2334 *Beckmann*, S. 22 und S. 37.

2335 *Pezzer*, in: Brandt, Mitverantwortung von Bürger und Staat, S. 71 f. und 77; dies auch kritisierend: *Richter/Welling*, FR 2013, 406, 408.

2336 *Kirchhof*, DStR 2018, 497, 498; hierzu auch Bedenken äußernd: *Haunhorst*, DStR 2010, 2105, 2108; *Ruß/Ismer/Margolf*, DStR 2019, 409, 413.

- Eine Pflicht zur Übersendung der Belege besteht nicht mehr, da diese im Risikomanagementsystem nicht geprüft werden können; dies geschieht zulasten des Vertrauensschutzes und steht im Gegensatz zu den derzeitigen Änderungsvorschriften der Abgabenordnung, die darauf basieren, dass der Finanzverwaltung sämtliche Unterlagen zur Prüfung vorliegen (siehe nur § 173 AO).[2337]
- Das Finanzamt nutzt das Freitextfeld und führt im Steuererklärungsformular entgegen den bestehenden Mitwirkungspflichten aus, dass hierin abweichende Verwaltungsauffassungen anzugeben sind, um hiermit kritische Fälle von unkritischen Fällen zu unterscheiden, da das Risikomanagementsystem solche ohne expliziten Hinweis nicht erkennen kann.[2338] Es handelt sich angesichts der Angabe im Steuererklärungsformular, nach Ansicht der Finanzverwaltung, wohl um ein Instrument vergleichbar einem Disclosure Statement in den USA, obwohl das eigentliche Ziel die Gewährung rechtlichen Gehörs für den Steuerpflichtigen ist.
- Eine qualifizierte elektronische Signatur ist bei elektronischen Steuererklärungen nicht mehr erforderlich, obwohl sich hieraus erhebliche verfahrensrechtliche und steuerstrafrechtliche Fragen im Zusammenhang mit der Zurechnung der Erklärungsdaten ergeben.[2339]
- Um möglichst viele Daten für das Risikomanagementsystem zu sammeln, wurde eine erheblich über die gesetzlichen Vorgaben hinausgehende E-Bilanz-Taxonomie geschaffen.[2340]

Gesetze sind darauf ausgelegt, in einer möglichst allgemeinen Fassung möglichst viele Einzelfälle zu erfassen, sodass eine Auslegung in vielen Fällen erforderlich ist.[2341] Hinzu kommt, dass die Gesetzesformulierungen für Programmierer kaum verständlich sind. Es liegt auf der Hand, dass dies zu Schwierigkeiten bei

---

2337 Siehe hierzu auch Kapitel 4 B II „Auswirkungen bei fehlender Belegvorlage im Rahmen der Steuererklärung".

2338 Siehe hierzu auch Kapitel 5 A und B „Gesetzliche Grundlagen des Freitextfelds" und „Angabe von abweichenden Verwaltungsauffassungen im Freitextfeld durch den Steuerpflichtigen".

2339 *Groß/Möslein,* in: Pelka/Petersen, Beck'sches Steuerberater-Handbuch 2019/2020, Rz. 148 zu I „Elektronische Steuerkommunikation"; *Pezzer,* in: Brandt, Mitverantwortung von Bürger und Staat, S. 77; siehe hierzu auch Kapitel 2 C V „Straf- und bußgeldrechtliche Zurechnung der Angaben im Sinne von § 370 Abs. 1 Nr. 1 AO".

2340 Siehe Kapitel 3 A II „Pflicht zur Übermittlung der E-Bilanz".

2341 *Kirchhof,* DStR 2018, 497, 498 und 501.

der Programmierung des Risikomanagementsystems führen kann, da hier zwei Welten verbunden werden müssen.[2342] Die menschlichen Überlegungen müssen in Computerprogramme umgesetzt werden.[2343] Der Aussage Kämmerers, dass Steuerberater im Hinblick auf die technische Entwicklung nur noch in komplizierten Sachverhalten nötig sind und im Übrigen durch Legal Tech ersetzt werden können[2344], kann damit nur beschränkt zugestimmt werden, da auch „einfaches" Steuerrecht, beispielsweise bei Arbeitnehmerveranlagungen, eine Auslegung und Subsumtion der Gesetze sowie eine Anwendung auf diverse Einzelfälle erfordert. Die Vielzahl an Einzelfällen kann nach dem heutigen Stand der Technik kaum im Rahmen einer Programmierung eines Computerprogramms erfasst werden.[2345]

Insbesondere bei Schlüssigkeitsprüfungen geraten Computerprogramme an ihre Grenzen. Einzelne Kennziffern in den Steuererklärungen können anhand ihrer Höhe auf Plausibilität überprüft und mit anderen Kennziffern abgeglichen werden. „Eine Schlüssigkeitsprüfung „innerhalb der Angaben einer Kennziffer" dürfte hingegen ausgeschlossen sein. Computerprogramme geraten auch an ihre Grenzen, wenn für eine Schlüssigkeitsprüfung die summarische Prüfung eines Steuertatbestandes erforderlich ist.[2346] Hinzu kommt, dass die Finanzverwaltung derzeit eine reine Zahlenanalyse durchführt, aber keine Subsumtion.[2347] Hierfür wäre der Einsatz künstlicher Intelligenz erforderlich. Subsumtion geht auf Wertungsentscheidungen zurück, wobei die derzeitigen Möglichkeiten der künstlichen Intelligenz jedoch kaum weiterhelfen, da die Datenbeziehungen abstrahiert werden müssten mit Hilfe von Erfahrungswissen, Wertung sowie Einschätzungs- und Abwägungsvermögen.[2348] Haunhorst bezeichnet die

---

2342 *Pezzer*, in: Brandt, Mitverantwortung von Bürger und Staat, S. 77 f.; so auch: *Burr*, BB 2018, 476, 477.

2343 *Ruß/Ismer/Margolf*, DStR 2019, 409, 412.

2344 *Kämmerer*, in: Mann/Kämmerer/Kilian/Ring/Stein, Der Steuerberater als Organ der Steuerrechtspflege, S. 23 f.

2345 *Burr*, BB 2018, 476, 477.

2346 *Haunhorst*, DStR 2010, 2105, 2108.

2347 So zumindest noch im Jahr 2006: Vgl. Deutscher Bundestag, Drucksache 17/8429 vom 17.01.2012 (Unterrichtung durch den Bundesrechnungshof), S. 3 sowie Deutscher Bundestag, Drucksache 17/77 vom 07.12.2009 (Unterrichtung durch den Bundesrechnungshof), S. 13; eine entsprechende KI als Utopie bezeichnend: *Ruß/Ismer/Margolf*, DStR 2019, 409, 418; Einzelfallentscheidungen durch Computer ablehenend: *Kirchhof*, DStR 2018, 497, 503; *Martini/Nink*, NVwZ 2017, 681, 682.

2348 *Burr*, BB 2018, 476, 478.

Subsumtion als menschliche Aufgabe, die nicht von einem Computer übernommen werden kann.[2349] Maier erläutert, dass die kontinuierliche Pflege und Überprüfung selbstlernender Systeme insbesondere zu Beginn zu einem erheblichen Mehraufwand für die Finanzverwaltung führen würde.[2350] Der Anwendung von künstlicher Intelligenz sind derzeit auch rechtlich Grenzen gesetzt, da Prüfparameter dokumentiert werden müssen, damit diese gerichtlich geprüft werden können.[2351] Im Hinblick auf die Gleichmäßigkeit der Besteuerung müssen die Parameter zumindest soweit nachvollzogen werden können, dass Vergleichsgruppen zwischen den Steuerpflichtigen gebildet werden können.[2352]

Der Steuervollzug ist damit in einem elektronischen Veranlagungssystem gefährdet, insbesondere bei nicht beratenen Steuerpflichtigen, da das Risikomanagementsystem eine Vielzahl von Fehlern nicht erkennt und Steuerpflichtige ihrer gewachsenen Verantwortung kaum nachkommen können.[2353] Es ist daher zu prüfen, in welcher Weise das elektronische Veranlagungssystem ausgestaltet werden kann, um mit erfüllbaren und verhältnismäßigen Mitwirkungsbeiträgen einen gesetzmäßigen Steuervollzug zu erreichen. Des Weiteren ist zu prüfen, inwieweit die Einzelfallgerechtigkeit aufgegeben werden darf, um eine technische Automatisierbarkeit im Risikomanagementsystem zu erreichen.[2354]

III. Elektronisches Veranlagungsverfahren als faktisches Selbstveranlagungssystem

1. *Zulässigkeit eines Selbstveranlagungssystems*

Die erhebliche Verlagerung von Pflichten und Verantwortlichkeiten in einem elektronischen Veranlagungssystem auf den Steuerpflichtigen und dessen Berater führt zu der Frage, ob in Deutschland nicht schon derzeit ein faktisches Selbstveranlagungssystem besteht. So führen Deckers und Fiethen aus, dass der Gegensatz zwischen hoheitlicher Steuerveranlagung und Selbstveranlagung nur noch künstlich sei, da auch in einem Selbstveranlagungssystem eine

---

2349 *Haunhorst*, DStR 2010, 2105, 2108; so auch: *Burr*, BB 2018, 476, 478.

2350 *Maier*, JZ 12/2017, 614, 616.

2351 *Steinhauff*, AO-StB 2018, 295, 296; ebenfalls ausführend, dass maschinell lernende Systeme keine ausreichenden rechtsmethodischen Begründungen liefern: *Drüen*, in: Hübschmann/Hepp/Spitaler, Kommentar AO, Rz. 184 zu § 88 AO.

2352 *Maier*, JZ 12/2017, 614, 617.

2353 So auch: *Deckers/Fiethen*, FR 2015, 913, 914 f.

2354 Diese Frage auch stellend im Hinblick auf das materielle Steuerrecht: *Burr*, BB 2018, 476, 478.

vollautomatische Veranlagung erfolgt und bei Auffälligkeiten Risikohinweise zur (im Falle eines Selbstveranlagungssystems) nachträglichen Bearbeitung ausgegeben werden.[2355] Aufgrund der in der Praxis eingeschränkten Kontrolle durch die Finanzverwaltung wird vermehrt von einer faktischen Selbstveranlagung oder einer „Quasi-Selbstveranlagung" gesprochen.[2356] Insbesondere bei Arbeitnehmerveranlagungen besteht damit in weiten Teilen kein umfassendes hoheitliches Besteuerungsverfahren mehr.[2357] De facto besteht dies derzeit auch schon im Bereich der Umsatzsteuer und Lohnsteuer (Steueranmeldungsverfahren).[2358] Richter und Welling sprechen bei einer Selbstberechnung der Steuer durch den Steuerpflichtigen, beispielsweise im Rahmen der Voranmeldungen, nicht mehr von einer Mitwirkungspflicht, sondern von einer Vorausgehenspflicht.[2359] Die Umsetzung eines generellen Selbstveranlagungssystems wäre die logische Fortentwicklung einer Steigerung der Effizienz und Verlagerung der Ressourcen der Finanzverwaltung weg von der Veranlagungstätigkeit und hin zur Prüfungstätigkeit.[2360]

Die Diskussion um ein Selbstveranlagungssystem ist nicht neu und einem solchen wird insbesondere von der steuerberatenden Seite mit Befürchtungen begegnet.[2361] Dagegen wird auch heute noch eingewandt, dass ein faktisches Selbstveranlagungssystem zu einer Übertragung der Verantwortlichkeiten von der Finanzbehörde auf den Steuerpflichtigen führt.[2362] Insbesondere müsste der Steuerpflichtige bei einer Selbstveranlagung auch den Betrag der Steuerlast ausrechnen, was zu einer Übertragung der Verantwortung führen würde.

2355 *Deckers/Fiethen*, FR 2015, 913, 919.

2356 *Beuchert*, Anzeigepflichten, S. 234; *Kaeser*, in: Mellinghoff, DStJG 38 (2015), 193, 211; *Keilen*, StB 2015, 440, 442; *Lanwehr*, Faktische Selbstveranlagung und Fehlerkorrektur im Besteuerungsverfahren von Arbeitnehmern, S. 48; *Nagel*, Selbstveranlagung im britischen und amerikanischen Steuerrecht, S. 5 f.; *Preißer/Wind*, S. 54; *Seer*, SteuerStud 8/2010, 369, 371; *Seer*, StuW 4/2015, 315, 322.

2357 *Lanwehr*, Faktische Selbstveranlagung und Fehlerkorrektur im Besteuerungsverfahren von Arbeitnehmern, S. 237, 239.

2358 *DWS-Symposium*, DStR-KR 2015, 1, 1 (nach Seer); *Geißler*, Der Unternehmer im Sinne des Steuerstaats, S. 57 f.; *Nagel*, Selbstveranlagung im britischen und amerikanischen Steuerrecht, S. 4.

2359 *Richter/Welling*, FR 2015, 297, 299.

2360 *Ahrens/Nagel*, FR 2002, 261, 267 (nach Seer und Eckhoff); *Seer*, FR 2012, 1000, 1003 f.

2361 Siehe schon *Niemann*, in: Steuerberater-Jahrbuch 1966/67, 499, 499 ff.

2362 *Ahrens/Nagel*, FR 2002, 261, 267 (nach Vertretern der Beraterschaft); siehe auch zur Verantwortung für die Steuerberechnung: *Frizen*, S. 310 f.

Der Steuerpflichtige wird damit faktisch zum „Hilfsbeamten"[2363] oder „Agenten der Finanzverwaltung"[2364]. Weiter ist der Übergang der Verantwortung durch größere Kontroll- und Strafmöglichkeiten flankiert, sodass die Freiheitsrechte der Steuerpflichtigen gefährdet sind.[2365] Es ist ein Unterschied, ob die Bescheide ohne Prüfung durch einen Sachbearbeiter mangels offenkundiger Zweifel ergehen oder schon von Gesetzes wegen.[2366] Des Weiteren würde sich der Aufwand, der sich aus der Selbstberechnung der Steuer in einem sehr schwierigen Steuersystem, wie es in Deutschland existiert, ergibt, erheblich erhöhen, sodass es zu einer erheblichen Mehrbelastung der Wirtschaft kommen würde.[2367]

Neben der Verantwortung für die Steuerberechnung trägt der Steuerpflichtige in einem Selbstveranlagungssystem auch die Verantwortung für die Rechtsanwendung. Eckhoff führt aus, dass dem Steuerpflichtigen nicht die Verantwortung für die Rechtsanwendung übertragen werden könne. Dies wäre nur bei einer erheblichen Steuervereinfachung und einer Bindungswirkung von Verwaltungsanweisungen und Richtlinien auch für den Steuerpflichtigen denkbar. Der Untersuchungsgrundsatz wäre in einen Verifikationsgrundsatz zu wandeln.[2368] Kontrollmitteilungen müssten erheblich ausgeweitet werden.[2369] Die Steuerberaterschaft befürchtet, dass zur Vermeidung von Strafzuschlägen o.Ä. in einem Selbstveranlagungssystem immer von der ungünstigsten Lösung ausgegangen wird.[2370]

Seer führt hierzu aus, dass eine Selbstveranlagung nicht zwingend eine Selbstberechnung der Steuer erfordere. Diese könne auch erst automatisiert im Steuerbescheid, der automatisch basierend auf den Angaben in der Erklärung ergeht, errechnet werden. Der Steuerpflichtige trage außerdem auch bisher bereits die Verantwortung für die Richtigkeit und Vollständigkeit der Erklärung nach § 150 Abs. 2 AO. Jedoch müssten die Verantwortlichkeiten in einem Selbstveranlagungssystem in der Abgabenordnung klar geregelt werden.[2371] Eine Selbstveranlagung bedeutet jedoch nicht zwingend eine Abkehr von einer hoheitlichen

2363 *Ahrens/Nagel*, FR 2002, 261, 267 (nach Vertretern der Beraterschaft); siehe auch zur Verantwortung für die Steuerberechnung: *Frizen*, S. 310 f.
2364 *Ahrens/Nagel*, FR 2002, 261, 262 (nach Eckhoff).
2365 *Ahrens/Nagel*, FR 2002, 261, 262 (nach Eckhoff).
2366 *Steinhauff*, AO-StB 2018, 295, 295.
2367 *Nagel*, Selbstveranlagung im britischen und amerikanischen Steuerrecht, S. 2.
2368 *Ahrens/Nagel*, FR 2002, 261, 263 (nach Eckhoff); so auch: *Frizen*, S. 310 f.
2369 *Frizen*, S. 310 f.
2370 *Ahrens/Nagel*, FR 2002, 261, 267 (nach Vertretern der Beraterschaft).
2371 *Seer*, FR 2012, 1000, 1003 f.

Veranlagung[2372]; die Letztverantwortung durch Verifikation kann (und muss) auch in einem Selbstveranlagungssystem bei der Finanzverwaltung liegen.[2373] Seer sieht hierin eine Entwicklung zu einer kontrollierenden Selbstregulierung des Steuervollzugs, nach der die Besteuerung von der Gesellschaft ausgeht und die Finanzverwaltung eine Kontrollfunktion hat.[2374]

Diese reine Kontrollfunktion der Finanzverwaltung war schon bisher Realität, da keine 100%ige Überprüfung aller Steuererklärungen erfolgen kann.[2375] Der Steuerpflichtige übernimmt faktisch schon die Rechtsanwendung. Die Eintragungen in der Steuererklärung erfordern eine Subsumtion und keine reine Angabe von Tatsachen und stellen im Ergebnis einen „Subsumtionsvorschlag" dar. Dadurch, dass nicht alle Steuererklärungen vollumfänglich geprüft werden, werden falsche Rechtsanwendungen in vielen Fällen nicht erkannt, sodass es sich faktisch um Selbstveranlagungen handelt[2376]; verstärkt wird dieser Effekt durch die fehlende Pflicht zur Einreichung von Belegen und die Unmöglichkeit vieler Steuerpflichtiger, auf abweichende Rechtsauffassungen hinzuweisen. Das Instrument des Verwaltungsaktes ist damit in diesen Bereichen überholt, da die Finanzverwaltung nur noch kontrolliert; hier kann dieser auch durch eine Steueranmeldung ersetzt werden.[2377] Auch zusätzliche strafrechtliche Gefahren ergeben sich nicht, da bereits derzeit strafrechtliche Gefahren drohen, wenn eine von der Verwaltungsansicht abweichende Rechtsauffassung und auch die dahinterstehenden Tatsachen nicht offengelegt werden.[2378]

Im Übrigen ist hierzu auch anzumerken, dass es keinen Unterschied macht, ob der Steuerpflichtige nur die Einkünfte berechnet oder auch die Steuerlast, da dies technisch unproblematisch mit jedem Steuerprogramm möglich und auch bereits in ELSTER integriert ist.[2379] Die tatsächlichen Schwierigkeiten in einem Selbstveranlagungssystem bestehen darin, dass der Steuerpflichtige die Einkünfte ermitteln muss; dies ist aber unverändert zur bisherigen Rechtslage.

2372 So aber *Nagel*, Selbstveranlagung im britischen und amerikanischen Steuerrecht, S. 250.

2373 *DWS-Symposium*, DStR-KR 2015, 1, 1 (nach Seer); so auch: *Ahrens/Nagel*, FR 2002, 261, 262.

2374 *Richter/Welling*, FR 2013, 406, 412 (nach Seer); *Seer*, FR 2012, 1000, 1003 f.

2375 *Halldorn*, S. 2 und 47.

2376 *Seer*, StuW 4/2015, 315, 322.

2377 *Seer*, in: FS Kirchhof, 1765, 1771.

2378 *Seer*, StuW 4/2015, 315, 323; so auch: *Seer*, GmbHR 2014, 505, 507.

2379 *Seer*, StuW 4/2015, 315, 322.

2. *Mitwirkungspflichten in einem Selbstveranlagungssystem*

Wichtig ist jedoch, die entsprechenden verfahrensrechtlichen Konsequenzen aus einer Selbstveranlagung zu ziehen. Der Steuervollzug muss in einem verfassungsrechtlichen Dreieck bestehend aus Gesetzmäßigkeit, Rechtsanwendungsgleichheit und der Berücksichtigung der Freiheitsgrundrechte erfolgen.[2380] Es muss unter Berücksichtigung von § 85 AO ein größtmöglicher Ausgleich zwischen den knappen Ressourcen und der Gewährung der Gleichmäßigkeit der Besteuerung gefunden werden.[2381] Besonders intensive Eingriffe, die nicht vermieden werden können, müssen durch Befreiungs-, Übergangs- oder Kompensationsregelungen abgemildert werden.[2382] Der gleich- und gesetzmäßige Steuervollzug ist conditio sine qua non für die Funktionsfähigkeit des Steuerstaates. Der Gesetzgeber muss daher dafür sorgen, dass die Belastung des Steuerpflichtigen das unabdingbare Maß nicht übersteigt.[2383] Mit dem Verhältnismäßigkeitsgrundsatz einher gehen auch entsprechende Anforderungen an Transparenz, individuellen Rechtsschutz und aufsichtsrechtliche Kontrolle.[2384]

Es wurde bereits gezeigt, dass einzelne Pflichten des elektronischen Veranlagungsverfahrens (z.B. die E-Bilanz-Taxonomie sowie die scheinbare Offenlegungspflicht von abweichenden Verwaltungsauffassungen) nicht vom derzeitigen Wortlaut des § 90 AO gedeckt sind. Auch in einer Gesamtbetrachtung zeigt sich, dass die Rechtsposition des Steuerpflichtigen und des Steuerberaters im elektronischen Veranlagungsverfahren vernachlässigt wird. Die Regelungen fördern insbesondere die Effizienz auf Seiten der Finanzverwaltung. Obwohl die Steuerpflichtigen und insbesondere die Steuerberater erhebliche Pflichten und Obliegenheiten im elektronischen Veranlagungsverfahren haben, wurde die Verfahrensteilhabe durch Verfahrensrechte in keiner Weise angepasst.[2385] Obwohl das elektronische Veranlagungsverfahren, wie dargelegt, zu einem erheblichen Verlust der Rechtssicherheit durch die spätere Änderung mittels der nicht zugunsten der Steuerpflichtigen angepassten Änderungsvorschriften führt, sind verbindliche Auskünfte noch immer kostenpflichtig. Der Steuerpflichtige geht also ein erhebliches strafrechtliches und durch die Zinszahlung auch finanzielles Risiko ein, wenn ohne vorherige verbindliche Auskunft

2380 *Seer*, in: Tipke/Kruse, Kommentar AO, Rz. 26 zu § 85 AO.

2381 *Seer*, Verständigungen in Steuerverfahren, S. 234.

2382 *Huster/Rux*, in: Epping/Hillgruber, BeckOK GG, Rz. 197 zu Art. 20 GG.

2383 *Drüen*, Die Indienstnahme Privater für den Vollzug von Steuergesetzen, S. 264 ff.

2384 BVerfG, Beschluss vom 18.12.2018, 1 BvR 142/15, BVerfGE 150, 244, Rz. 90.

2385 *Seer*, DStZ 2016/16, 605, 607.

eine günstige Rechtsauffassung vertreten wird und später eine Änderung erfolgt. Tipke führt aus, dass es unangemessen sei, Steuerlaien zu einem steuerlichen Selbststudium zu veranlassen.[2386] Dass von Steuerlaien nicht erwartet werden kann, Verwaltungsauffassungen überhaupt zu kennen, sie also in fast jedem Fall eine kostenpflichtige verbindliche Auskunft beantragen müssten, führt zu einem weiteren Widerspruch im derzeitigen elektronischen Veranlagungsverfahren. Daher fordert Seer in einem kontrollierenden Selbstregulierungsverfahren auch Bürgerbüros, Hotlines und eine Betreuung durch die Finanzverwaltung, insbesondere für Gründer, sodass die Mitwirkungspflichten erfüllt werden können.[2387] Des Weiteren führt die Einschränkung der Transparenz im Hinblick auf das Risikomanagementsystem zu einer mangelnden Überprüfbarkeit und zu einer Einschränkung des Rechtsschutzes.[2388] Die Steuerpflichtigen werden durch die neuen Pflichten, Obliegenheiten und Verantwortlichkeiten überfordert, während bei behördlicher Überbelastung Sachverhaltsermittlungen zulasten der Gesetzmäßigkeit der Besteuerung eingeschränkt werden dürfen.[2389] Angesichts dieser Auswirkungen sind die Auffassungen, dass eine Selbstveranlagung zu einer verwaltungskonformen Steuererklärung und damit zu einer Abkehr von der Gesetzmäßigkeit der Besteuerung führt, nachvollziehbar. In einem Selbstveranlagungssystem sind damit kostenlose verbindliche Auskünfte zur Abklärung von Rechtsfragen unabdingbar.[2390] Zudem sollte man auch den Steuerpflichtigen an der Vereinfachung des Verfahrens teilhaben lassen. Die elektronisch an die Finanzverwaltung übermittelten Daten müssen vollumfänglich auch vom Steuerpflichtigen abgerufen werden können. Zudem können weitere Verknüpfungen in die elektronische Steuererklärung integriert werden,

---

2386 *Tipke*, BB 2009, 636, 6640.

2387 *Seer*, DStR 2008, 1553, 1556; *Seer*, in: Tipke/Kruse, Kommentar AO, Rz. 29 zu § 85 AO; so auch: *Hamann/Härtl/Kurz/Ludwig/Schmieder*, Elektronische Betriebsprüfung, S. 57 f. (Hausbesuche für Gründer); zur Umsetzung in Großbritannien und den USA: *Nagel*, Selbstveranlagung im britischen und amerikanischen Steuerrecht, S. 102 ff., 237 ff. und 252.

2388 Siehe hierzu im Detail Kapitel 7 C I 1 „Veröffentlichung der Kriterien und Überprüfung des Risikomanagementsystems".

2389 *Felix/Streck*, Stbg 1980/4, 78, 80.

2390 *Preißer/Wind*, S. 81; *Seer*, DStZ 2016/16, 605, 611; *Seer*, FR 2012, 1000, 1005 f.; *Seer*, in: Tipke/Kruse, Kommentar AO, Rz. 29 zu § 85 AO; *Seer*, in: Jahrbuch des Bundesverbands der Steuerberater 2016, 55, 62 f.; auch den Ausbau der verbindlichen Auskünfte befürwortend: *Riedlinger*, BB 2016, Heft 11, 1.

beispielsweise zum Online-Banking, um eine automatisierte Datenübernahme zu ermöglichen.

Hinzu kommt ein Haftungsungleichgewicht, da Amtsträger nach § 32 AO einer Haftungsbeschränkung unterliegen.[2391] Wenn der Steuerpflichtige selbst faktisch die Steuerveranlagung übernimmt und die Finanzverwaltung nur eine Verifikation der Daten vornimmt, muss für den Steuerpflichtigen derselbe Sanktionenmaßstab gelten wie für die Finanzverwaltung. Das Problem, dass beispielsweise von Dritten elektronisch übermittelte Daten nicht korrekt oder Verwaltungsauffassungen nicht klar definiert sind, wird anderenfalls auf den Bürger abgewälzt, den straf- und bußgeldrechtliche Risiken treffen, obwohl ein entsprechendes Nichterkennen seitens der Verwaltung im Festsetzungsverfahren zu keinen Sanktionen führt. Ebenso muss der Steuerpflichtige mit einer langen Zeit der Rechtsunsicherheit rechnen, wenn keine Belege eingereicht werden und keine vollumfängliche Prüfung vor der Steuerfestsetzung erfolgt, da es zu einer erheblichen Ausweitung der „neuen Tatsachen“ im Sinne des § 173 AO kommt.[2392] Auch Gefahren und Sanktionen für Steuerberater wurden erheblich erhöht, beispielsweise im Rahmen der elektronischen Übermittlung und der Vollmachtsdatenbank. In einem kooperativen und verhältnismäßigen Besteuerungsverfahren ist es erforderlich, dass auch für Steuerpflichtige und Steuerberater eine Haftungsbegrenzung greift. Dies gilt insbesondere im elektronischen Veranlagungsverfahren, in dem der Steuerberater erheblich zu einer Gleich- und Gesetzmäßigkeit der Besteuerung beiträgt. Der Deutsche Steuerberaterverband spricht davon, dass der Steuerberater hier immer mehr zum Garanten der Richtigkeit der Steuererklärung wird, sodass analog zum Amtsträger auch eine entsprechende Haftungsbegrenzung eingeführt werden muss.[2393]

Ein Selbstveranlagungssystem ist damit logische Folge des elektronischen Veranlagungssystems. Dies erfordert jedoch zwingend ein ausgefeiltes Risikomanagementsystem und eine entsprechende Förderung der steuerlichen Beratung, da die Steuerberater die Hauptlast des funktionierenden Steuervollzugs

---

2391 Stellungnahme DStV vom 14.03.2016 S 03/16 zum Gesetzentwurf der Bundesregierung zur Modernisierung des Besteuerungsverfahrens; ebenfalls von einem Haftungsungleichgewicht zwischen Staat und Bürger sprechend: *Peters*, FR 2015, 1026, 1019; *Richter/Welling*, FR 2015, 1014, 1020.

2392 *Kaeser*, in: Mellinghoff, DStJG 38 (2015), 193, 211.

2393 Stellungnahme DStV vom 14.03.2016 S 03/16 zum Gesetzentwurf der Bundesregierung zur Modernisierung des Besteuerungsverfahrens; zur strafrechtlichen Garantenstellung siehe auch nachfolgend Kapitel 7 B II „Die Organstellung des Steuerberaters im Kontext des elektronischen Veranlagungsverfahren“.

tragen.[2394] Die derzeitige Besteuerungssituation ist ein verkapptes Selbstveranlagungssystem, in dem die Verantwortlichkeiten zwar auf dem Papier bei der Finanzverwaltung liegen, faktisch jedoch auf die Steuerpflichtigen und deren Berater übertragen werden.

3. Realisierbarkeit eines Selbstveranlagungssystems

Eine generelle Abkehr vom Selbstveranlagungssystem ist mit dieser Kritik jedoch nicht verbunden. Da bereits derzeit ein faktisches Selbstveranlagungssystem besteht und angesichts des Massenverfahrens in der Finanzverwaltung keine vollumfängliche Prüfung erfolgen kann, ist dies ohnehin nicht möglich. An einer Selbstveranlagung mit einer Verifikation durch die Finanzverwaltung führt kein Weg vorbei. Zu prüfen ist jedoch, wie ein solches System unter Wahrung der Verhältnismäßigkeit umgesetzt werden kann.

Eine Möglichkeit ist, dass das materielle Recht entsprechend in der Weise angepasst werden muss, dass es einer digitalisierten Kontrolle zugänglich ist, was in vielen Fällen eine erhebliche Steuervereinfachung durch Typisierungen, Abschreibungen und widerlegbare Vermutungen erfordert.[2395] Auch der nicht steuerrechtskundige Steuerpflichtige muss seinen Erklärungspflichten sachgerecht genügen können und sich keinen straf- oder bußgeldrechtlichen Gefahren aussetzen müssen. So wäre beispielsweise eine Besteuerung nach personenbezogenen Daten (z.B. Alter, Familienstand, Kinder) für den Steuerpflichtigen verständlich und die Steuererklärung wäre verlässlich abzugeben.[2396] Programmierer müssen aus dem Gesetz die Richtigkeit ableiten und entsprechend umsetzen können.[2397] Das deutsche Steuerrecht in seiner allgemeingültigen Formulierung so zu vereinfachen, dass dies auch durch einen Steuerlaien korrekt

---

2394 *Seer*, in: Brandt, Mitverantwortung von Bürger und Staat, S. 116; *Seer*, StuW 4/2015, 315, 323; so auch: *Seer*, GmbHR 2014, 505, 507; siehe hierzu im Detail nachfolgend in Kapitel 7 C IV „Förderung der steuerlichen Beratung".

2395 Deutscher Bundestag, Drucksache 17/8429 vom 17.01.2012 (Unterrichtung durch den Bundesrechnungshof), S. 15; *Kirchhof*, DStR 2018, 497, 501; *Lanwehr*, Faktische Selbstveranlagung und Fehlerkorrektur im Besteuerungsverfahren von Arbeitnehmern, S. 78 f.; *Ruß/Ismer/Margolf*, DStR 2019, 409, 414; dies schon vor dem elektronischen Veranlagungsverfahren im Hinblick auf die Begrenzung des Ermittlungsaufwandes und die Erfüllbarkeit für die Steuerpflichtigen fordernd: *Seer*, in: FS Brzezinskiemu, 456, 467; siehe auch: *Frizen*, S. 153; *Geißler*, Der Unternehmer im Sinne des Steuerstaats, S. 73; *Halldorn*, S. 232; *Nehls/Scheffler*, DStR 2015, 910, 911.

2396 BVerG, Beschluss vom 10.11.1998, 2 BvR 1057/91, BVerfGE 99, 216, Rz. 94.

2397 *Kirchhof*, DStR 2018, 497, 504.

umgesetzt werden kann, ist jedoch kaum realisierbar.[2398] Eine reine Besteuerung basierend auf den personenbezogenen Daten würde dem aktuellen Besteuerungssystem, welches im Gesetzeswortlaut möglichst viele Einzelfälle erfassen und missbräuchliche Fälle verhindern soll, zuwiderlaufen. Auch die Einzelfallgerechtigkeit, die verfassungsrechtlichen Grundsätze und die politische Lenkung müssen bei der Ausgestaltung des materiellen Rechts beachtet werden, sodass der Steuervereinfachung Grenzen gesetzt sind.[2399]

Tipke führt daher aus, dass es im elektronischen Steuervollzug umso erforderlicher ist, Steuerberater einzusetzen, um die Steuergesetze richtig anzuwenden.[2400] Inwieweit Steuerberater vom Staat hierfür in Anspruch genommen werden können und inwieweit dies mit der Stellung des Steuerberaters in Deutschland vereinbar ist, wird im Folgenden erläutert.

B. Die Funktion des Steuerberaters im elektronischen Veranlagungsverfahren

I. Zulässigkeit der Inanspruchnahme des Steuerberaters durch den Staat

1. Zulässigkeit und Erfordernis der Inanspruchnahme Privater im Steuerverfahren

Aufgrund der erheblichen Pflichtenverlagerung im elektronischen Veranlagungsverfahren auf Steuerberater ist fraglich, ob es sich hier um eine Inanspruchnahme Privater handelt und inwieweit diese zulässig ist. Eine Inanspruchnahme Privater liegt immer dann vor, wenn die Aufgaben nicht ohnehin erbracht werden müssten, sondern es zu einer zusätzlichen Belastung der Bürger kommt.[2401] Es ist jedoch zu beachten, dass, auch wenn viele Kennziffern bereits unternehmensintern vorliegen, die Weitergabe an die Finanzverwaltung nach einem bestimmten Schema oder in bestimmten Kennziffern ebenfalls zu Zusatzaufwand führt, da dieses Schema nicht mit den betriebswirtschaftlich

---

2398 *Pezzer*, in: Brandt, Mitverantwortung von Bürger und Staat, S. 71; *Tipke*, BB 2009, 636, 641.

2399 *Reinemund*, in: Brandt, Europäische Perspektiven im Steuerrecht; Steuergerechtigkeit und Steuervereinfachung, S. 219.

2400 *Tipke*, BB 2009, 636, 641; so auch: *Seer*, DStR 2008, 1553, 1560; so auch bereits allgemein zur Bedeutung des Steuerberaters für den Steuervollzug: *Seer*, in: Widmann, DStJG 31 (2008), 7, 34; *Thiel*, in: Tipke, Steuerberatung und Rechtsstaat, S. 16.

2401 *Halldorn*, S. 24.

notwendigen Informationen übereinstimmt.[2402] Als Beispiel hierfür sei die E-Bilanz genannt, die durch die sehr detaillierte und von anderen gesetzlichen Gliederungsschemata abweichende Taxonomie zu erheblichem Umstellungs- und Abstimmungsaufwand führt. Weiter kann die Erfassung der Vollmachten in der Vollmachtsdatenbank durch Steuerberater hierunter subsumiert werden. Auch durch die Identifikationserfordernisse und die Doppelarbeiten im Rahmen von elektronischen Steuererklärungen kommt es zu zusätzlichen Belastungen. Es ist zu beachten, dass kleinere Unternehmen im Regelfall stärker von der Übernahme der Aufgaben belastet sind, da die Fixkosten (z.B. für zusätzliches Personal oder EDV-Ausstattung) im Verhältnis zur Unternehmensgröße höher sind; es kommt damit zu einer relativen Benachteiligung, da im Regelfall Unternehmen aller Größen dieselben Aufgaben übernehmen müssen.[2403] Auch bei Steuerberaterkanzleien kann man davon ausgehen, dass eine Übertragung von Aufgaben im Regelfall nachteilig für kleinere Kanzleien ist, da diese keine Spezialabteilung haben, die sich beispielsweise ausschließlich mit der E-Bilanz beschäftigt und Synergieeffekte für eine Vielzahl von Mandanten schafft.

Art. 108 GG regelt die Gesetzgebungs- und Verwaltungskompetenzen im Bereich der Finanzverwaltung. Inwieweit sich hieraus ein Verbot der Privatisierung der Steuerverwaltung ableitet, ist umstritten, wird jedoch überwiegend abgelehnt, da Art. 108 GG keine Regelung zur Inanspruchnahme Privater enthält.[2404] Auch wenn der staatliche Akt nicht entfallen darf, darf der Staat zur Verfolgung gesetz- und gleichmäßiger Besteuerung Private in Anspruch nehmen. Hierbei kommt es jedoch nicht zu einer Selbstregulierung, da die Letztverantwortung weiterhin beim Staat liegt (siehe auch § 85 AO).[2405] Eine Übertragung von Aufgaben auf Private ist damit möglich, wenn ein Mindestmaß an staatlicher Aktivität im Hinblick auf die Letztverantwortung beibehalten wird.[2406]

Insbesondere sollen Private staatliche Aufgaben erfüllen, wenn eine besondere Sachnähe oder besondere Fähigkeiten vorliegen, die es ermöglichen, dass die Aufgaben effizienter erledigt werden können.[2407] Durch eine Inanspruchnahme

---

2402 *Halldorn*, S. 26.

2403 *Geißler*, Der Unternehmer im Sinne des Steuerstaats, S. 20; *Halldorn*, S. 2, 300, 41 f.

2404 *Drüen*, Die Indienstnahme Privater für den Vollzug von Steuergesetzen, S. 170 und 242 f. sowie 394; *Drüen*, in: Widmann, DStJG 31 (2008), 167, 169 f.; *Reiter*, S. 250 f.; *Schwarz*, in: Maunz/Dürig, Kommentar GG, Rz. 39 zu Art. 108 GG.

2405 *Drüen*, Die Indienstnahme Privater für den Vollzug von Steuergesetzen, S. 171 und S. 371.

2406 *Reiter*, S. 251 f.

2407 *Drüen*, Die Indienstnahme Privater für den Vollzug von Steuergesetzen, S. 201 f.; *Reiter*, S. 375.

Privater kann damit auch im Steuerverfahren die Verfahrenseffizienz erheblich gesteigert werden. Dies zeigt auch die Entwicklung zu einem kooperativen Besteuerungsverfahren. Die Ausweitung der Verantwortung der Steuerpflichtigen wird daher unter diesen Gesichtspunkten befürwortet.[2408]

Des Weiteren wäre ein Steuervollzug ohne Mitwirkung der Privaten nicht möglich.[2409] In Deutschland gilt eine Besteuerung abhängig von individuellen Parametern, beispielsweise dem Einkommen. Grundlegendes Prinzip ist das Leistungsfähigkeitsprinzip. Eine solche individuelle Besteuerung resultiert zwangsläufig in der Notwendigkeit der Inanspruchnahme Privater für den Steuervollzug.[2410] Die Kriterien für die Bemessung der Steuer liegen zum Großteil in der Sphäre des Steuerpflichtigen. Drüen bezeichnet die notwendige Kenntnis dieser Kriterien des Privatbereichs als „Urproblem der Besteuerung“[2411].

Ein Beispiel für die Inanspruchnahme Privater, die auch mit einer Änderung der Zuständigkeiten verbunden ist, ist die Steueranmeldung. Die Finanzverwaltung übernimmt in diesem Fall nicht die Steuerfestsetzung als solche, sondern nur die Kontrolle.[2412] Hierdurch wird die finanzbehördliche Alleinverantwortung in Frage gestellt; es kommt zu einer gesetzlich vorgesehenen Funktionsvermischung von öffentlichem und privatem Verfahren. Zulässig ist dies nur, wenn die Letztverantwortung bei der Finanzverwaltung bleibt, es also eine realistische Entdeckungswahrscheinlichkeit von Fehlern gibt.[2413] Nur in dieser Weise kann die faktische Selbstveranlagung, wie sie bereits momentan auch außerhalb der Steueranmeldungen existiert[2414], umgesetzt werden.

Die Indienstnahme Privater erfolgt durch einen Hoheitsakt, durch den der Private zur Erfüllung öffentlicher Aufgaben herangezogen wird. Der Indienstgenommene ist vergleichbar mit einem Verwaltungshelfer. Der Staat muss die Direktionsmacht behalten. Der Verwaltungshelfer selbst hat keine eigenen hoheitlichen Befugnisse, sondern handelt nach Weisung der Behörde. Er ist

---

2408 *Reiter*, S. 375.

2409 *Drüen*, in: Widmann, DStJG 31 (2008), 167, 170 f.

2410 *Drüen*, in: Widmann, DStJG 31 (2008), 167, 171 f.; so auch für den Steuervollzug (für die Anzeigepflichten von Steuergestaltungen aber ablehnend): *Debus*, DStR 2017, 2520, 2523.

2411 *Drüen*, Die Indienstnahme Privater für den Vollzug von Steuergesetzen, S. 267 f.

2412 *Behringer*, CB 2018, 257, 257; *Drüen*, Die Indienstnahme Privater für den Vollzug von Steuergesetzen, S. 256.

2413 *Drüen*, Die Indienstnahme Privater für den Vollzug von Steuergesetzen, S. 256 f.

2414 Siehe Kapitel 7 A III „Elektronisches Veranlagungsverfahren als faktisches Selbstveranlagungssystem“.

also ein unselbständiges Werkzeug ohne öffentlich-rechtliche Handlungsbefugnisse.[2415] Der Verwaltungshelfer ist zwar aus Sicht des Staates ein Instrument zur Erfüllung staatlicher Aufgaben, aus seiner eigenen Sicht handelt er jedoch unternehmerisch als Grundrechtsträger.[2416] Grundsätzlich erfordert eine Aufgabenübertragung in diesem Sinne keine gesetzliche Grundlage, sofern es zu keiner Änderung von Verantwortlichkeiten kommt. Wenn eine faktische Zuständigkeitsverlagerung auf Dauer erfolgt, wird teilweise eine gesetzliche Grundlage gefordert, da es sich nicht mehr um reine Vollzugsmaßnahmen handelt, sondern eine Änderung der Verantwortungsstruktur beinhaltet. Dies ist insbesondere bei einer umfassenden Übertragung von Aufgaben der Fall.[2417] Für die punktuelle Übertragung von Teilaufgaben oder bei rein vorbereitenden oder unterstützenden Hilfstätigkeiten ohne eigene Entscheidungsbefugnisse und Verantwortungen ist dies hingegen nicht erforderlich.[2418]

2. *Zulässigkeit der Inanspruchnahme des Steuerberaters im Steuerverfahren*

Fraglich ist, ob die Pflichten und Obliegenheiten für Steuerberater im elektronischen Veranlagungsverfahren zu einer Übertragung von staatlichen Aufgaben führen. Wie dargestellt, ist der Steuerberater Organ der Rechtspflege und trägt mit seiner Tätigkeit erheblich zur Gesetz- und Gleichmäßigkeit der Besteuerung bei. Die Rechtspflege ist auch eine Staatsaufgabe. Dies bedeutet jedoch nicht, dass die Rechtspflege eine rein staatliche Aufgabe ist. Der Rechtsanwalt handelt grundrechtsgeprägt und privatautonom im Interesse seiner Mandanten, ist also gerade fern vom Staat tätig und fördert trotzdem die Rechtspflege.[2419] Die Tätigkeit

---

2415 *Hidien*, in: Hidien/Jürgens, Rz. 418 zu § 1; *Ibler*, in: Maunz/Dürig, Kommentar GG, Rz. 120 zu Art. 86 GG; *Kämmerer*, in: Mann/Kämmerer/Kilian/Ring/Stein, Der Steuerberater als Organ der Steuerrechtspflege, S. 19; *Schmitz*, in: Stelkens/Bonk, Kommentar VwVfG, Rz. 251 zu § 1 VwVfG; *Sellmann*, NVwZ 2008, 817, 818.

2416 *Kämmerer*, in: Mann/Kämmerer/Kilian/Ring/Stein, Der Steuerberater als Organ der Steuerrechtspflege, S. 19.

2417 *Sellmann*, NVwZ 2008, 817, 819 f.

2418 *Sellmann*, NVwZ 2008, 817, 819 f. und 822 f. (insbesondere Datenverarbeitung oder Datenspeicherung); kritisch hierzu und zur Abrenzung zu Beliehenen bei der Übertragung von Verantwortungen: *Kämmerer*, in: Mann/Kämmerer/Kilian/Ring/Stein, Der Steuerberater als Organ der Steuerrechtspflege, S. 19; *Schmitz*, in: Stelkens/Bonk, Kommentar VwVfG, Rz. 251 zu § 1 VwVfG.

2419 *Kämmerer*, in: Mann/Kämmerer/Kilian/Ring/Stein, Der Steuerberater als Organ der Steuerrechtspflege, S. 20.

des Steuerberaters ist hiermit vergleichbar. Er wird nicht als Verwaltungshelfer oder Beliehener tätig. Es mangelt hierzu schon an einer Rechtsbeziehung durch Vertrag oder Verwaltungsakt mit dem Staat oder den Finanzbehörden; der Steuerberater hat nur einen Vertrag mit seinem Mandanten abgeschlossen. Dass mittelbar auch das Interesse des Staates gefördert wird, reicht für eine Verwaltungshilfe nicht aus.[2420] Zudem ist der Steuerberater aufgrund seiner Unabhängigkeit gerade nicht gegenüber dem Staat weisungsgebunden. Damit kann hier nicht von einem Werkzeug des Staates gesprochen werden.[2421]

Auch dass der Staat die Gesetz- und Gleichmäßigkeit im Steuervollzug ohne entsprechende Mitwirkung der Steuerberater kaum erreichen kann, führt nicht dazu, dass Steuerberater staatliche Organe sind und entsprechende staatliche Aufgaben wahrnehmen.[2422] Dies liegt, wie oben dargestellt, gerade in der Natur eines Besteuerungssystems nach der Leistungsfähigkeit. Der Staat bedient sich mittelbar der Steuerpflichtigen und auch der Steuerberater, diese sind jedoch keine Werkzeuge des Staates. Insbesondere kommt es auch nicht zu einer Übertragung von Verantwortlichkeiten, da der Staat weiter die Letztverantwortung trägt. Steuerberater übernehmen damit unmittelbar keine staatlichen Aufgaben im Rahmen des elektronischen Veranlagungsverfahrens. Sie tragen jedoch durch die Erfüllung ihrer Pflichten und Obliegenheiten mittelbar auch zur Erfüllung der staatlichen Aufgabe, der Sicherstellung einer funktionierenden Steuerrechtspflege und eines funktionierenden Steuervollzugs, bei. Eine darüberhinausgehende Inanspruchnahme des Steuerberaters zur unmittelbaren Erfüllung staatlicher Aufgaben wäre mit seiner Stellung, die im Folgenden noch im Detail dargestellt wird, nicht vereinbar und würde das Vertrauensverhältnis zwischen Steuerberater und Mandant erheblich beeinträchtigen.[2423]

2420 *Kämmerer,* in: Mann/Kämmerer/Kilian/Ring/Stein, Der Steuerberater als Organ der Steuerrechtspflege, S. 22.

2421 *Kämmerer,* in: Mann/Kämmerer/Kilian/Ring/Stein, Der Steuerberater als Organ der Steuerrechtspflege, S. 24.

2422 *Kämmerer,* in: Mann/Kämmerer/Kilian/Ring/Stein, Der Steuerberater als Organ der Steuerrechtspflege, S. 23 f.

2423 Siehe zu Beschränkungen des Vertrauensverhältnisses durch die Inanspruchnahme Privater: *Behringer,* CB 2018, 257, 260 f.

II. Die Organstellung des Steuerberaters im Kontext des elektronischen Veranlagungsverfahrens

1. Die Organstellung des Steuerberaters

Gemäß § 32 Abs. 2 StBerG sind Steuerberater ein unabhängiges Organ der Steuerrechtspflege und üben einen freien Beruf aus.[2424] Als Organ ist der Steuerberater jedoch kein verlängerter Arm der Finanzverwaltung. Der Steuerberater ist aufgrund seiner Unabhängigkeit frei von staatlicher Einflussnahme und sachfremden Einflüssen.[2425] Der Steuerberater steht damit als unabhängiges Organ zwischen den Interessen seines Mandanten, welche durch Gestaltungsberatung vertreten werden, und einer vorsichtigen Steuerberatung zur gesetzmäßigen Steuerfestsetzung.[2426]

Die Stellung des Steuerberaters ist ähnlich zu der eines Rechtsanwalts.[2427] § 1 BRAO bestimmt, dass der Rechtsanwalt ein unabhängiges Organ der Rechtspflege ist. Auch der Rechtsanwalt ist an Recht und Gesetz gebunden und zur Wahrheit verpflichtet.[2428] Ebenso ist der Rechtsanwalt sowohl gegenüber dem Mandanten als auch gegenüber dem Staat unabhängig (eingeschränkt beispielsweise durch die Notwendigkeit der Zulassung und die Berufsausübungsregelungen).[2429] Zweck der Unabhängigkeit vom Staat ist es, dem Bürger aus Gründen der Chancen- und Waffengleichheit einen Partner zur Seite zu stellen, der seine Interessen vertritt und damit Gerechtigkeit herstellt.[2430] Hierdurch kann das Rechtsstaatsprinzip nach Art. 103 Abs. 1 GG gesichert werden.[2431] Durch

---

2424 So auch schon BVerfG, Beschluss vom 04.07.1989, 1 BvR 1460/85, 1 BvR 1239/87, BVerfGE 80, 269, Rz. 42.

2425 *Ring*, DStR-Beih 2019, 54, 55 und 60; *Sieja*, DStR 2012, 991, 992; *Thiel*, in: Tipke, Steuerberatung und Rechtsstaat, S. 16; *Willerscheid*, DStR 2018, 635, 636.

2426 *Seer*, DStR 2008, 1553, 1553 f.

2427 BVerfG, Beschluss vom 04.07.1989, 1 BvR 1460/85, 1 BvR 1239/87, BVerfGE 80, 269, Rz. 42; *Kuhls*, in: Kuhls/Meurers/Maxl/Schäfer/Goez, Kommentar StBerG, Rz. 4 zu § 32 StBerG; *Raschke*, NStZ 2012, 606, 610; *Ring*, in: Mann/Kämmerer/Kilian/Ring/Stein, Der Steuerberater als Organ der Steuerrechtspflege, S. 26 f.

2428 *Brüggemann*, in: Feuerich/Weyland, Kommentar BRAO, Rz. 13 zu § 1 BRAO.

2429 *Brüggemann*, in: Feuerich/Weyland, Kommentar BRAO, Rz. 2 und 14 zu § 1 BRAO; *Römermann*, in: Römermann, BeckOK BORA, Rz. 6 ff. zu § 1 BORA; *Schneider*, Der Rechtsanwalt, ein unabhängiges Organ der Rechtspflege, S. 94 ff.; Zweifel hierzu äußernd: *Stürner/Bormann*, NJW 2004, 1481, 1489.

2430 *Brüggemann*, in: Feuerich/Weyland, Kommentar BRAO, Rz. 2 und 15 zu § 1 BRAO; *Schneider*, Der Rechtsanwalt, ein unabhängiges Organ der Rechtspflege, S. 80; *Stalf*, Steuerumgehung als Mittel der Steuerberatung?, S. 28.

2431 *Schneider*, Der Rechtsanwalt, ein unabhängiges Organ der Rechtspflege, S. 80.

diese Beratung nimmt der Rechtsanwalt auch öffentliche Aufgaben in Form der Rechtspflege an der Seite der Gerichte und der Staatsanwaltschaft wahr.[2432] Die Organstellung darf die Interessenvertretung im Sinne des Mandanten nicht überlagern.[2433] Aufgrund dessen ist die Begrifflichkeit der „Organstellung" mit der Unabhängigkeit vom Staat vereinbar, da dies lediglich die besondere Rechtsstellung für eine funktionierende Rechtspflege und damit für den Erhalt des Rechtsstaats verdeutlicht.[2434] Dies wird auch dadurch deutlich, dass der Rechtsanwalt „Organ der Rechtspflege" und nicht der Justiz ist; diese Organstellung dient dazu, dass alle Beteiligten rechtliches Gehör erhalten und damit das Recht gewahrt werden kann.[2435] Die Begrifflichkeit in der BRAO „Rechtsanwalt als Organ der Rechtspflege" wird jedoch auch kritisiert, da dies auf eine hohe staatliche Bindung des einzelnen Rechtsanwalts hindeutet; besser sollte von der Gesamtheit der „Rechtsanwaltschaft als Organ der Rechtspflege" oder von einem „Mitgestalter der Rechtspflege" gesprochen werden.[2436] Diese begrifflichen Auslegungsprobleme wurden bei der Neugestaltung des StBerG im Hinblick auf die Organstellung des Steuerberaters erkannt. Hier ist nun zumindest im Plural formuliert: „Steuerberater und Steuerbevollmächtigte sind ein unabhängiges Organ der Steuerrechtspflege." (§ 32 Abs. 2 S. 1 StBerG). Hieraus kann man schlussfolgern, dass die Steuerberaterschaft als Ganzes als Organ begriffen werden soll und hieraus keine Bindung des einzelnen Steuerberaters resultiert. Da es aber keine Institution der Steuerberaterschaft gibt (abgesehen von den Kammern, die aber selbst keine Berufsträger sind), könnte dies nur ideell ausgelegt werden, sodass im Ergebnis auch der einzelne Steuerberater als Organ der Steuerrechtspflege zu betrachten ist.[2437]

Der Steuerberater ist Interessenvertreter des Mandanten; öffentliche Interessen werden nur mittelbar verfolgt, indem der Steuerberater den Mandaten auf seine Pflichten hinweist und ihn anhält, diesen nachzukommen. Hierbei ist auch zu beachten, dass der Steuerberater im Gegensatz zum Wirtschaftsprüfer (§ 43 Abs. 1 S. 2 WPO) seinen Beruf nicht unparteiisch ausüben muss.[2438] Er ist im

2432 *Brüggemann*, in: Feuerich/Weyland, Kommentar BRAO, Rz. 6 f. zu § 1 BRAO.

2433 *Ring*, DStR-Beih 2019, 54, 55.

2434 *Brüggemann*, in: Feuerich/Weyland, Kommentar BRAO, Rz. 15 zu § 1 BRAO.

2435 *Brüggemann*, in: Feuerich/Weyland, Kommentar BRAO, Rz. 3 zu § 1 BRAO.

2436 *Kilian*, DStR-Beih 2019, 38, 47; ebenfalls den Organbegriff beim Steuerberater kritisierend: *Rüping*, in: FS Kohlmann, 499, 512.

2437 *Kämmerer*, in: Mann/Kämmerer/Kilian/Ring/Stein, Der Steuerberater als Organ der Steuerrechtspflege, S. 21.

2438 *Ring*, in: Mann/Kämmerer/Kilian/Ring/Stein, Der Steuerberater als Organ der Steuerrechtspflege, S. 28.

Gegenteil gerade dazu verpflichtet, seinem Mandanten den günstigsten Weg zu empfehlen. Formulierungen wie „Mittler zwischen dem Steuerpflichtigen und der Finanzbehörde", „Diener zweier Herren" oder „fremd bezahlte Lastesel des Fiskus" sind daher missverständlich.[2439] Der Steuerberater erhält seinen Auftrag vom Steuerpflichtigen; eine Verpflichtung gegenüber dem Staat liegt nicht vor. Er ist verpflichtet, den bestmöglichen Weg für den Mandanten zu empfehlen und kann daher kein „Mittler" zwischen Mandanten und Finanzverwaltung sein. Man könnte also eher von einem Organ des Steuerpflichtigen sprechen. Hieraus lässt sich jedoch die Verwendung des Begriffs „Organ der Steuerrechtspflege" in § 32 Abs. 2 StBerG nicht rechtfertigen, da der Steuerpflichtige selbst keiner Gemeinwohlbindung unterliegt.[2440]

Etwas anderes folgt auch nicht daraus, dass Steuerberater mittlerweile häufig als Tax-Compliance-Manager auftreten und an einem innerbetrieblichen Kontrollsystem mitwirken.[2441] Auch hier tritt der Steuerberater nicht als verlängerter Arm der Finanzverwaltung auf, da sich ein solches innerbetriebliches Kontrollsystem nur nach der Gesetzmäßigkeit der Besteuerung richtet, jedoch nicht nach der Verwaltungsauffassung. Abweichungen von der Verwaltungsauffassung können zwar zu Risiken im innerbetrieblichen Kontrollsystem führen, jedoch ist es auch hier zulässig, davon abzuweichen.[2442]

Nichtsdestotrotz drohen dem Steuerberater bei Beteiligung an Verstößen gegen die gesetzlichen Vorschriften straf- und berufsrechtliche Konsequenzen und unter Umständen auch zivilrechtliche Haftungsgefahren.[2443] Hierdurch wird er faktisch dazu angehalten, entsprechende Gesetzesverstöße, zumindest wenn diese erkennbar waren, zu vermeiden. Eine Weisung des Mandanten, die rechtswidrig ist, darf der Steuerberater nicht befolgen.[2444] Kriminelles Handeln

---

2439 *Kämmerer*, in: Mann/Kämmerer/Kilian/Ring/Stein, Der Steuerberater als Organ der Steuerrechtspflege, S. 23; *Ring*, in: Mann/Kämmerer/Kilian/Ring/Stein, Der Steuerberater als Organ der Steuerrechtspflege, S. 29 f.; siehe im Detail zur historischen Entwicklung *Thiel*, in: Tipke, Steuerberatung und Rechtsstaat, S. 16 sowie Kapitel 1 C I „Historische Entwicklung der Rolle des Steuerberaters".

2440 *Kämmerer*, in: Mann/Kämmerer/Kilian/Ring/Stein, Der Steuerberater als Organ der Steuerrechtspflege, S. 23.

2441 Siehe zur indiziellen Wirkung AEAO Nr. 2.6 S. 6 zu § 153 AO.

2442 *Konken*, BBK 2019/4, 182, 186 f.

2443 *Sieja*, DStR 2012, 991, 992; siehe Kapitel 1 C V „Pflichten des Steuerberaters aus strafrechtlicher Sicht".

2444 *Willerscheid*, DStR 2018, 635, 636.

steht im Widerspruch zur Tätigkeit des Steuerberaters.[2445] Sofern der Steuerberater eine Gefahr für die Rechtspflege darstellt, kann dieser aus dem Beruf ausgeschlossen werden.[2446] Der Steuerberater ist damit auch der Rechtspflege als wichtigem Gemeingut verpflichtet. Nichtsdestotrotz ist, solange sich der Steuerberater nicht im verbotenen Bereich bewegt, die Organstellung der Interessenvertretung untergeordnet.[2447] Der von Seer angesprochene „Mittelweg zwischen aktiver Gestaltungsberatung und Vorsicht“[2448] bezieht sich damit nur darauf, dass Gesetze eingehalten werden müssen – in diesem Rahmen sind auch Steuergestaltungen zulässig. Selbst Gesetzeslücken können, sofern die Schwelle zum verbotenen Handeln nicht überschritten wird, ausgenutzt werden; teilweise müssen diese sogar ausgenutzt werden im Rahmen der bestmöglichen Interessenvertretung.[2449] Nichtsdestotrotz erfüllt der Steuerberater durch seine Tätigkeit wichtige Aufgaben für die Gemeinschaft, da er trotz Vorrang der Mandanteninteressen zu einer gesetzmäßigen Besteuerung beiträgt.[2450]

Die Organstellung nach § 32 Abs. 2 StBerG ist damit funktional auszulegen. Der Steuerberater ist weder ein staatliches Organ noch ein staatliches Instrument.[2451] Die Organstellung verdeutlicht die hohe persönliche berufsspezifische Leistung im Sinne der Rechtspflege als Gemeingut, die Vorrang vor dem wirtschaftlichen Zweck hat. Die gesamte geschäftsmäßige Steuerberatung wird als Organismus verstanden, der als freier und unabhängiger Beruf der Steuerrechtspflege dient. Hiermit ergänzt sie die staatliche Rechtspflege, ohne selbst verstaatlicht zu werden.[2452] Steuerberater sind damit, wie Rechtsanwälte, „Träger von Funktionen zur Wahrung des Rechts“[2453] und deshalb „gleichberechtigte

---

2445 *Pestke*, Datev Magazin 01/2019, 8, 10; *Steinhauff*, AO-StB 2019, 288, 289; siehe hierzu auch im Detail: *Hommerich*, DStR 2008, 1161, 1165.

2446 BGH, Urteil vom 06.08.1993, StbSt(R) 1/93, BGHSt 39, 281, Leitsatz 2 und Rz. 34 (im vorliegenden Fall vorliegend wegen der Veruntreuung von Mandantengeldern).

2447 *Ring*, in: Mann/Kämmerer/Kilian/Ring/Stein, Der Steuerberater als Organ der Steuerrechtspflege, S. 27.

2448 *Seer*, DStR 2008, 1553, 1554.

2449 Siehe hierzu Kapitel 1 C III 2 „Interessenvertretung“.

2450 *Pelka*, in: Tipke, Steuerberatung und Rechtsstaat, S. 117; *Steinhauff*, AO-StB 2019, 288, 289; *Thiel*, in: Tipke, Steuerberatung und Rechtsstaat, S. 12.

2451 Siehe Kapitel 7 B I 2 „Zulässigkeit der Inanspruchnahme des Steuerberaters im Steuerverfahren“.

2452 *Kämmerer*, in: Mann/Kämmerer/Kilian/Ring/Stein, Der Steuerberater als Organ der Steuerrechtspflege, S. 24.

2453 *Kämmerer*, in: Mann/Kämmerer/Kilian/Ring/Stein, Der Steuerberater als Organ der Steuerrechtspflege, S. 23 f.

Organe der Rechtspflege“[2454]. Durch die Organstellung kann sich der Steuerpflichtige auf Basis souveräner Gleichheit gegenüber dem Staat vertreten lassen. Auf der anderen Seite folgen jedoch aus der Organstellung auch Pflichten und Beschränkungen für Steuerberater, beispielsweise durch die Berufsausübungsregelungen und die Einhaltung des geltenden Rechts.[2455] Eine funktionierende Steuerrechtspflege definiert damit die Außengrenzen der Zulässigkeit der Tätigkeit des Steuerberaters. Innerhalb dieser Grenzen ist der Steuerberater jedoch zivilrechtlich verpflichtet, die Interessen seines Mandanten bestmöglich zu vertreten. Hierbei ist der Begriff der Rechtspflege aber nicht gleichzusetzen mit der Auffassung der Finanzverwaltung. Die Grenzen werden ausschließlich durch eine gleich- und gesetzmäßige Besteuerung bestimmt. Eine Verifikation der Angaben des Steuerpflichtigen durch den Steuerberater kann damit nur insoweit erfolgen, als er die Zulässigkeit unter Berücksichtigung der gesetzlichen Vorschriften prüft. Die Verwaltungsauffassung ist für Steuerpflichtige und auch für Steuerberater nicht verbindlich.[2456]

Hanßen führte, allerdings noch vor Einfügung der Organstellung des Steuerberaters ins StBerG, aus, dass den Steuerberater keine weitergehenden Pflichten als den Steuerpflichtigen treffen. Er nehme nur an der Steuerrechtspflege teil, da er das geltende Recht anwendet und dem Mandanten erläutert; quasi übernehme der Steuerberater eine Vermittlungsfunktion.[2457] Dem kann so nicht uneingeschränkt zugestimmt werden. Zwar ist der Steuerberater grundsätzlich nur Bevollmächtigter seines Mandanten, sodass ihn in weiten Teilen nur die ihm per Vertrag übertragenen Pflichten des Steuerpflichtigen treffen. Jedoch hat er beispielsweise als Datenübermittler und bei der Pflege der Vollmachten im Rahmen der Vollmachtsdatenbank weitergehende Pflichten.[2458] Hinzu kommen die Berufspflichten, die deutlich weitergehende Fachkenntnisse erfordern als dies nach § 150 Abs. 2 AO für den Steuerpflichtigen erforderlich ist. Gerade hierdurch trägt der Steuerberater erheblich zu einer funktionierenden Rechtspflege bei, auch wenn er selbst unmittelbar keine staatlichen Aufgaben wahrnimmt.

2454 *Kämmerer,* in: Mann/Kämmerer/Kilian/Ring/Stein, Der Steuerberater als Organ der Steuerrechtspflege, S. 23 f.

2455 *Ring,* in: Mann/Kämmerer/Kilian/Ring/Stein, Der Steuerberater als Organ der Steuerrechtspflege, S. 30.

2456 *Drüen,* in: Tipke/Kruse, Kommentar AO, Rz. 80 zu § 4 AO.

2457 *Hanßen*, S. 98 f.

2458 Siehe Kapitel 2 C IV sowie 6 C „Pflichten und Obliegenheiten für Steuerberater im Rahmen der elektronischen Datenübermittlung“ und „Pflege der Vollmachtsdatenbank“.

Teilweise wird in der Literatur diskutiert, ob der Steuerberater vergleichbar mit einem Strafverteidiger ist, der rein auf die Interessenvertretung seines Mandanten gerichtet ist.[2459] Im Gegensatz zum Strafverteidiger hat jedoch der Steuerberater darauf hinzuwirken, dass die Steuererklärung richtig und vollständig ist, sodass sich bereits die Aufgabenstellung grundlegend unterscheidet. Im Steuerverfahren ist der Steuerpflichtige nicht berechtigt, zu schweigen oder die Unwahrheit zu sagen, sodass sich auch die Pflichten unterscheiden.[2460]

Trotzdem unverständlich ist die Differenzierung von Steuerberatern und Rechtsanwälten im Falle von Durchsuchungen. Auch bei Unverdächtigen, d.h., wenn keine Anhaltspunkte für eine eigene Täterschaft oder Teilnehmerschaft existieren[2461], sind Durchsuchungen zur Beschlagnahme von Gegenständen zulässig, wenn Anhaltspunkte vorliegen, dass sich in den zu durchsuchenden Räumen Beweismittel befinden (§ 103 Abs. 1 S. 1 StPO).[2462] Damit ist auch eine Durchsuchung beim steuerlichen Berater, selbst wenn dieser nicht selbst beschuldigt ist, unter Umständen möglich. Ein Zeugnisverweigerungsrecht, wie es dem Steuerberater nach § 53 Abs. 1 S. 1 Nr. 3 StPO zusteht, führt nicht zur generellen Unzulässigkeit der Durchsuchung. In diesen Fällen ist aber § 160a StPO zu beachten. Nach § 160a Abs. 1 StPO ist eine Ermittlungsmaßnahme, die sich gegen Geistliche, Verteidiger, Abgeordnete, Rechtsanwälte und Kammerbeistände richtet und voraussichtlich Erkenntnisse bringt, die der Verschwiegenheitspflicht unterliegen, unzulässig. Voraussetzung ist, dass der Berufsgeheimnisträger nicht selbst Beschuldigter ist.[2463] Dieses absolute Verbot

---

2459 Eine Stellung vergleichbar einem Strafverteidiger befürwortend: Felix/Streck, Stbg 1980, 78, 85.

2460 *Hanßen*, S. 98 f.; *Heerspink*, in: Kohlmann, Kommentar Steuerstrafrecht, Rz. 773 zu § 392 AO.

2461 *Rüping*, DStR 2006, 1249, 1251.

2462 *Jehke*, in: Pfirrmann/Rosenke/Wagner, BeckOK AO, Rz. 101 ff. zu § 399 AO; *Rüping*, DStR 2006, 1249, 1252.

2463 *Griesbaum*, in: Hannich, Karlsruher Kommentar zur Strafprozessordnung, Rz. 3 und 7 zu § 160a StPO; *Jehke*, in: Pfirrmann/Rosenke/Wagner, BeckOK AO, Rz. 108 zu § 399 AO; *Sackreuther*, in: Graf, BeckOK StPO, Rz. 5 und 8 zu § 160a StPO; zur neueren Rechtsprechung und Anwendung von § 160a StPO im Verhältnis zu § 97 StPO: BVerfG, Beschluss vom 27.06.2018, 2 BvR 1405/17, 2 BvR 1780/17, NJW 2018, 2385, Rz. 73 ff.; LG Saarbrücken, Beschluss vom 12.03.2013, NStZ-RR 2013, 183, 183; *Greven*, in: Hannich, Karlsruher Kommentar zur Strafprozessordnung, Rz. 14a zu § 97 StPO; *Hilgers-Klautzsch*, in: Kohlmann, Kommentar Steuerstrafrecht, Rz. 938 ff. zu § 385 AO; *Kölbel*, in: Knauer/Kudlich/Schneider, Münchener Kommentar StPO, Rz. 12 zu § 160a StPO.

gilt gemäß dem Gesetzeswortlaut nicht für Steuerberater. Für ihn gilt ein relatives Beweiserhebungs- und -verwertungsverbot nach § 160a Abs. 2 StPO, also eine Abwägung der Maßnahmen unter Berücksichtigung des Verhältnismäßigkeitsgrundsatzes. Im Rahmen des relativen Beweiserhebungs- und Beweisverwertungsverbotes ist im Einzelfall festzustellen, ob das öffentliche Interesse an einer wirksamen Strafverfolgung gegenüber dem individuellen Interesse der Geheimhaltung überwiegt.[2464] Im Rahmen einer Durchsuchung einer Steuerkanzlei wurde eine Unverhältnismäßigkeit unter Umständen angenommen, wenn vorab kein Herausgabeverlangen nach § 95 StPO an die Steuerkanzlei gerichtet wurde.[2465] Im Normalfall wird jedoch im Falle einer Steuerhinterziehung das überwiegende öffentliche Interesse an der Strafverfolgung und damit die Zulässigkeit der Ermittlungsmaßnahme angenommen, da es sich um einen Fall der mittleren Kriminalität handelt, der den Rechtsfrieden erheblich stört, da die Strafrahmenobergrenze über 2 Jahren liegt.[2466]

Das Bundesverfassungsgericht hält die Differenzierung für unbedenklich: „Einem anwaltlichen Beratungsverhältnis ist – anders als dies etwa bei Steuerberatern der Fall ist – bei generalisierender Betrachtung die Option der Strafverteidigung immanent.“[2467] Unter Berücksichtigung von § 392 AO ist diese Unterscheidung nicht nachvollziehbar und belastet das Vertrauensverhältnis zwischen Steuerberater und Mandant, obwohl die rechtliche Stellung des Steuerberaters, wie dargestellt, der des Rechtsanwalts entspricht.[2468] Auch ein Steuerberater kann, insbesondere im Hinblick auf eine Steuerhinterziehung, in den strafrechtlich relevanten Bereich geraten. Das anwaltliche und steuerliche Beratungsgeheimnis wird ungleich behandelt, was einen Verstoß gegen Art. 3 Abs. 1 GG darstellt.[2469] Hinzu kommt, dass die Abgrenzung in der Praxis

2464 *Griesbaum*, in: Hannich, Karlsruher Kommentar zur Strafprozessordnung, Rz. 12, 14 und 16 zu § 160a StPO; *Kölbel*, in: Knauer/Kudlich/Schneider, Münchener Kommentar StPO, Rz. 17 zu § 160a StPO; *Sackreuther*, in: Graf, BeckOK StPO, Rz. 14 f. zu § 160a StPO.

2465 LG Saarbrücken, Beschluss vom 12.03.2013, 2 Qs 15/13, Juris, Orientierungssatz und Rz. 12; *Hilgers-Klautzsch*, in: Kohlmann, Kommentar Steuerstrafrecht, Rz. 985 zu § 385 AO.

2466 *Jehke*, in: Pfirrmann/Rosenke/Wagner, BeckOK AO, Rz. 107 zu § 399 AO.

2467 BVerfG, Beschluss vom 12.10.2011, 2 BvR 236/08 u.a., BVerfGE 129, 208, Rz. 262.

2468 *Ehrenberg*, Die Verschwiegenheit der Angehörigen rechtsberatender, steuerberatender und wirtschaftsprüfender Berufe, S. 255; ebenfalls die Vernachlässigung des Vertrauensverhältnisses des Steuerberaters in diesem Zusammenhang kritisierend: *Ende*, DStR 2009, 2556, 2557 und 2559.

2469 *Mann*, DStR 2016, 2012, 2016.

schwierig wird, wenn Rechtsanwälte steuerlich beraten, wozu sie nach § 3 Abs 1 Nr. 1 StBerG berechtigt sind. In diesen Zweifelsfällen stellt die Differenzierung einen Verstoß gegen das strafrechtliche Bestimmtheitsgebot gemäß Art. 20 Abs. 3 GG dar.[2470] Eine Doppelqualifikation könnte im Zweifel sogar nachteilig wirken.[2471]

Das Vertrauensverhältnis zwischen Steuerberater und Mandanten wird damit durch die erweiterte Möglichkeit von Durchsuchungen wegen der Nichtanwendbarkeit von § 160a Abs. 1 StPO erheblich eingeschränkt. Die Handlungsmacht der Finanzverwaltung wird hierdurch erheblich gestärkt.[2472] Dies gilt umso mehr im Hinblick auf die mittlerweile mögliche digitale Durchsuchung, bei der die Steuerfahndung Zugriff auf die elektronischen Daten hat. Diese können deutlich leichter durchsucht werden. Auch die Gefahr von Zufallsfunden wächst. Um etwaigen Verletzungen der Verschwiegenheitspflicht vorzubeugen, muss der Steuerberater bereits vorab für eine genaue Trennung der Daten, je nachdem ob diese beschlagnahmefrei sind oder nicht, sorgen.[2473] Es sollte sich auch im Strafverfahren zeigen, dass das Vertrauensverhältnis zwischen Steuerberater und Mandant sowie die Stellung des Steuerberaters als Partner des Steuerpflichtigen eine übergeordnete Rolle spielen.[2474] Dem von Mann geschaffenen zutreffenden Bild des Steuerberaters als „Berufsgeheimnisträger zweiter Klasse“[2475] muss entgegengewirkt werden.

2470 *Mann,* DStR 2016, 2012, 2016.

2471 Diese Gefahr ausführend: *Raschke*, NStZ 2012, 606, 608.

2472 *Krüger*, Steuerberatung und Gerechtigkeit, S. 368 f.

2473 BVerfG, Beschluss vom 12.04.2005, 2 BvR 1027/02, BVerfGE 113, 29, Rz. 115 ff.; *Joecks,* in: Joecks/Jäger/Randt, Kommentar Steuerstrafrecht, Rz. 65 zu § 399 AO; *Heuel/Beyer,* AO-StB 2011, 245, 245 und 248; *Mack,* in: Brandt, Europäische Perspektiven im Steuerrecht; Steuergerechtigkeit und Steuervereinfachung, S. 280; *Strunk,* Steuern und Electronic Business, S. 338; zur Problematik der Verschwiegenheit und der Datentrennung im Kontext der Außenprüfung siehe: *Rüping,* in: FS Kohlmann, 499, 504 f.

2474 So auch andeutend: BVerfG, Beschluss vom 12.04.2005, 2 BvR 1027/02, BVerfGE 113, 29, Rz. 89 ff.; *Heuel/Beyer*, AO-StB 2011, 245, 245.

2475 *Mann,* DStR 2016, 2012, 2016.

2. *Auswirkungen der Organstellung auf die Rolle des Steuerberaters im Veranlagungsverfahren*

Es ist damit festzuhalten, dass der Steuerberater grundsätzlich nicht gegen die Ziele der Finanzverwaltung arbeitet, sondern als Partner[2476], ebenso wie die Finanzverwaltung zu einer gesetz- und gleichmäßigen Besteuerung beiträgt. Hierfür ist die Mitwirkung der Steuerberater auch zwingend erforderlich, da die Massenverwaltung nicht darauf ausgelegt ist, jeden Steuerfall umfassend zu prüfen. Es muss damit ein Vertrauensvorschuss gewährt werden, um sämtliche Steuerfälle abarbeiten zu können.[2477] Ohne die Organstellung der Steuerberater und die daraus folgende Beachtung der Steuergesetze, wodurch insbesondere in komplizierten Steuerfällen der Finanzverwaltung bereits ein Großteil der Arbeit abgenommen wird, wären die Verfahrensmassen nicht zu bewältigen.[2478] Die steuerliche Beratung führt damit zu einer doppelten Verifikation bei der Steuerfestsetzung. Der Steuerpflichtige übergibt dem Steuerberater die Belege und Informationen, die dieser für die Erstellung der Steuererklärung benötigt. Dieser überträgt die entsprechenden Werte. Dies ist jedoch nicht die Schwierigkeit der Tätigkeiten des Steuerberaters. Der Steuerberater muss erkennen, in welchen Fällen ein Ansatz möglicherweise nicht den Steuergesetzen entspricht, oder beratend in der Weise tätig werden, dass Hinweise erteilt werden, welche Sachverhalte sich steuermindernd auswirken können. Er muss daher, vergleichbar mit der Finanzverwaltung, aus der Vielzahl der Informationen die kritischen Vorgänge herausfiltern.[2479] Hierbei muss er auch Zweifeln nachgehen, beispielsweise wenn Angaben unplausibel erscheinen oder ergänzende Unterlagen zum Nachweis vom Mandanten nicht vorgelegt werden können.[2480]

2476 So *Seer*, DStR 2008, 1553, 1554; jedoch ist zu beachten, dass der Steuerberater vorrangig Partner des Steuerpflichtigen ist und nur in diesem Rahmen auch Partner für die Finanzverwaltung ist.

2477 Siehe hierzu Kapitel 1 B I „Allgemeine Mitwirkung des Beteiligten bei der Sachverhaltsermittlung".

2478 *Seer*, in: Tipke, Steuerberatung und Rechtsstaat, S. 36; *Tipke*, in: Brandt, Mitverantwortung von Bürger und Staat, S. 46.

2479 *Pelka*, in: Tipke, Steuerberatung und Rechtsstaat, S. 117.

2480 BGH, Urteil vom 01.07.1971, VII ZR 295/69, Juris, Orientierungssatz 1 und Rz. 23 ff.; OLG Köln, Urteil vom 09.06.1993, 13 U 22/93, Juris, Leitsatz und Rz. 3; *Kilian*, in: v. Westphalen/Thüsing, Vertragsrecht und AgB-Klauselwerke, Rz. 11 und 28 zu „Steuerberater"; *Menkel*, DStR 2010, 2477, 2478 f.; *Mutschler*, Vom „Soldaten Adolf Hitlers" zum unabhängigen Organ, S. 131 f.; *Zugehör*, Grundsätze der zivilrechtlichen Haftung, Rz. 26.

Mit dieser Tätigkeit übernimmt der Steuerberater bereits eine erste Verifikation der Angaben des Steuerpflichtigen. Die Finanzverwaltung übernimmt im Anschluss eine zweite Verifikation, in der neben der Prüfung der Übereinstimmung mit den gesetzlichen Vorschriften insbesondere überprüft wird, ob die Verwaltungsauffassung von den Angaben in der Steuererklärung abweicht. Sofern der Steuerberater abweichende Rechtsauffassungen explizit im Freitextfeld angibt, kann die Finanzverwaltung damit sofort potenzielle Prüfungsschwerpunkte erkennen. Derzeit müssen die abweichenden Rechtsauffassungen nicht explizit im Freitextfeld angegeben werden, sodass die Erkennbarkeit seitens des Risikomanagements erschwert wird.[2481] Wenn man jedoch den Steuerberatern im Gegenzug einen entsprechenden Vertrauensvorschuss gewährt[2482] und die Zeichenlänge im Freitextfeld nicht mehr begrenzt, kann eine explizite Verpflichtung zur Angabe umstrittener Rechtsauffassungen im Freitextfeld (und nicht nur anhand der Belege oder eingereichten Anlagen) auch in der Praxis umgesetzt werden (vergleichbar einem Disclosure Statement). In dieser Weise übernimmt der Steuerberater auch einen Teil der zweiten Verifikationsebene; er sorgt zumindest für eine Aussteuerung aus dem maschinellen Verfahren in Zweifelsfällen. Mögliche Abweichungen von der Verwaltungsauffassung müssen jedoch von der Finanzverwaltung erkannt werden, da keine Bindungswirkung für den Steuerpflichtigen oder den Steuerberater besteht. Hier muss auch die Grenze gezogen werden im Hinblick auf ein kooperatives Besteuerungsverfahren. Anderenfalls setzt sich der Steuerberater in Widerspruch zu seiner Stellung als Interessenvertreter des Mandanten, was auch das Vertrauensverhältnis zwischen Steuerberater und Mandant belastet. Es ist gerade das Ziel des Steuerberaters, die Steuerlast so gering wie möglich zu halten. Auf das Erkennen von hiermit im Widerspruch stehenden abweichenden Verwaltungsauffassungen muss das Risikomanagementsystem ausgerichtet sein, was durch die Zufallsauswahl ständig verifiziert und weiterentwickelt werden muss. Die Verantwortung für das Risikomanagementsystem hat die Finanzverwaltung. Die Finanzbeamten müssen anschließend nur noch die ausgesteuerten Fälle überprüfen und eine Entscheidung treffen. Wenn man dies weiterdenkt, führt der Steuerberater eine dritte Verifikation im Rahmen der Bescheidprüfung durch. Hier prüft er wiederum, ob die Steuerfestsetzung durch die Finanzverwaltung gesetzmäßig erfolgt

2481 Siehe hierzu Kapitel 5 C „Angabe von abweichenden Verwaltungsauffassungen im Freitextfeld durch den Steuerberater".

2482 Siehe hierzu Kapitel 7 C I 2 „Berücksichtigung des Steuerberaters als positiven Faktor im Risikomanagementsystem".

ist, und kann seinem Mandanten ggf. ein Rechtsbehelfsverfahren empfehlen. Hier werden auch etwaige fingierte Daten gemäß § 150 Abs. 7 S. 2 AO geprüft. Auch hierbei erfüllt der Steuerberater wieder wichtige Gemeinwohlaufgaben im Bereich der Steuerrechtspflege, da die gesetzmäßige Steuerfestsetzung gesichert werden kann und der Steuerpflichtige einen entsprechenden Partner zur Durchsetzung seiner Rechte hat.

Die Auslagerung von Pflichten der Finanzverwaltung im elektronischen Veranlagungsverfahren auf den Steuerberater steht damit nicht im grundsätzlichen Gegensatz zu seiner Rechtsstellung. Dass die Finanzverwaltung auf die Mitwirkung des Steuerberaters angewiesen ist, führt nicht dazu, dass dieser als verlängerter Arm der Finanzverwaltung zu betrachten ist und sich weg vom Partner des Steuerpflichtigen hin zum Partner der Finanzverwaltung bewegt.[2483] Da der Steuerberater zur gesetzmäßigen Steuerberatung verpflichtet ist, ist der Steuerberater wohl, neben einer erheblichen Steuervereinfachung, das beste Mittel, um zu einer gesetz- und gleichmäßigen Besteuerung beizutragen. Nichtsdestotrotz liegt es in der Natur der Sache, dass Finanzverwaltung und Steuerberater auch unterschiedliche Ziele mit ihrer Arbeit verfolgen[2484], da der Steuerberater, innerhalb der dargestellten Grenzen, Interessenvertreter des Mandanten ist. Zu Schwierigkeiten kommt es in den Fällen, in denen mehrere Auslegungen einer Rechtsnorm möglich sind. Steuerberater haben die Pflicht, den sichersten und bestmöglichen Weg für ihre Mandanten zu finden.[2485] Dies ist im Regelfall damit verbunden, die Steuerlast möglichst zu senken. Hierbei ist der Steuerberater nicht an die Verwaltungsauffassung gebunden, sodass dieser im Zweifel die Auffassung vertreten muss, die am besten für seinen Mandanten ist, auch wenn diese von der Verwaltungsauffassung abweicht. In diesen Fällen findet die „Verifikation“ durch den Steuerberater ihre Grenzen, da dieser auch von den Richtlinien und Verwaltungsanweisungen abweichende Rechtsansichten vertreten darf. Die Problematik wurde erkannt und es wird versucht, dem mit einer ausdrücklichen Offenlegung abweichender Verwaltungsansichten im Freitextfeld

---

2483 Insoweit noch *Felix/Streck*, Stbg 1980/4, 78, 82 und 85, die ausführten, dass die Finanzverwaltung nicht auf den Steuerberater angewiesen ist und er daher mehr auf die Seite des Mandanten rücken muss, um das Vertrauensverhältnis zum Mandanten zu schützen; ebenso Befürchtungen aus der Inpflichtnahme im Rahmen des kooperativen Besteuerungsverfahrens zur Rolle als Partner des Mandanten äußernd: *Spindler*, in: FS Streck, 417, 423.

2484 *Pelka*, in: Tipke, Steuerberatung und Rechtsstaat, S. 117; *Stalf*, Steuerumgehung als Mittel der Steuerberatung?, S. 28.

2485 Siehe Kapitel 1 C III 2 „Interessenvertretung“.

entgegenzuwirken. Aufgrund dessen wird auch von der Steuerberaterkammer die Befürchtung geäußert, dass in einem Selbstveranlagungssystem, wie beispielsweise in den USA, eine Tendenz erkennbar ist, die Steuern verwaltungskonform und nicht gesetzeskonform zu erklären, da abweichende Rechtsansichten mit erheblichen Risiken verbunden sind.[2486] Dies würde zu einem Widerspruch zur Stellung des Steuerberaters als unabhängiges Organ der Steuerrechtspflege führen und diesen zu einem „Handlanger der Finanzverwaltung" machen.[2487] Auch Kirchhof führt aus, dass Steuerberatungsprogramme entwickelt werden, die am Risikomanagementsystem ausgerichtet sind und zu einem programmkonformen Erklären führen sollen.[2488]

Tatsächlich deutet die derzeitige Entwicklung hierauf hin. Nicht nur das Freitextfeld wird genutzt, um eine scheinbare Pflicht zur ausdrücklichen Offenlegung abweichender Verwaltungsauffassungen zu begründen. Durch die Anzeigepflicht von grenzüberschreitenden Steuergestaltungen gemäß § 138d Abs. 1 AO, bei der Steuerberater quasi als Informanten für die Finanzverwaltung tätig werden, um Steuerschlupflöcher frühzeitig zu erkennen, deutet auf eine stärkere staatliche Einflussnahme auf die Tätigkeit des Steuerberaters hin.[2489] Hinzu kommt der fehlende Schutz vor staatlichen Maßnahmen bei Durchsuchungen beim Steuerberater durch die Nichtanwendung des § 160a Abs. 1 StPO. Da elektronische Durchsuchungen einen erheblichen Informationsgewinn bedeuten, wird das Vertrauensverhältnis zwischen Steuerberater und Mandant weiter zugunsten der Finanzverwaltung aufgeweicht. Auch wenn die Unabhängigkeit des Steuerberaters weiterhin gewährleistet bleibt, da andere Ansichten – unter Umständen mit umfassender Meldung und Offenlegung – vertreten werden können, ist doch fraglich, ob diese Regelungen dem Verständnis des Steuerberaters als Partner des Steuerpflichtigen für eine seinen Interessen entsprechende Steuerberatung noch entsprechen.

Des Weiteren wird in der Literatur teilweise ausgeführt, dass das Risikomanagementsystem die Unabhängigkeit des Steuerberaters gefährdet. Dieses richtet sich nach den Interessen des Staates; zudem sind die Funktionsweise

---

2486 Siehe Kapitel 7 A III „Elektronisches Veranlagungsverfahren als faktisches Selbstveranlagungssystem".

2487 *Bundessteuerberaterkammer*, DStR-KR 2015, 2, 2.

2488 *Kirchhof*, DStR 2018, 497, 503.

2489 *Behringer*, CB 2018, 257, 261; *Beuchert*, Anzeigepflichten, S. 177; *Debus*, DStR 2017, 2520, 2523; *Heilgeist*, DStR 2016, 189, 192; *Hey*, Anzeigepflicht für Steuergestaltungen, S. 9.; *Pestke*, BB 2017, I.

und die Kriterien nicht öffentlich. Steuerberater, die ihre Mandanteninteressen bestmöglich verfolgen, wozu sie verpflichtet sind, werden unter Umständen in eine ungünstige Risikoklasse eingestuft, da sie der Verwaltungsauffassung nicht folgen. Krüger bezeichnet dies als „Einschränkung der Mandantenrechte zur Erwirkung einer gerechten Steuererhebung“[2490]. Hiermit geht die Funktion des Steuerberaters als Interessenvertreter und Bindeglied zum Steuerpflichtigen verloren.[2491] Auch in dieser Kritik zeigt sich die Befürchtung, dass in einem Selbstveranlagungssystem eine Tendenz zum verwaltungskonformen Erklären erfolgt, um eine niedrige Risikoklasse zu erreichen. Die tatsächliche Beratung im Mandanteninteresse bleibt unter Umständen auf der Strecke. Problematisch ist hier nicht das Risikomanagementsystem an sich, sondern dass die Ausgestaltung allein im fiskalischen Interesse der Finanzverwaltung liegt und zudem nur eingeschränkt überprüfbar ist.[2492]

Dementsprechend kann der Steuerberater die Verifikation durch den Staat wegen seiner fehlenden Bindung an die Rechtsauffassung des Staates, seiner vorrangigen Interessenvertretung des Mandanten und seiner Unabhängigkeit in keinem Fall ersetzen. Er kann nur eine gesetzmäßige Steuerfestsetzung leisten. Ein wirksamer Steuervollzug erfordert daher, auch bei Mitwirkung eines Steuerberaters, eine wirksame Verifikation durch die Finanzverwaltung. Erhöhte Haftungsgefahren und strafrechtliche Gefahren für Steuerberater dürfen damit nicht dazu führen, dass die gewissenhafte Berufsausübung faktisch unmöglich gemacht wird, die Unabhängigkeit vom Staat verloren geht und der Steuerberater zu verwaltungskonformem Handeln „animiert“ wird, um notwendige Verifikationen zu senken.

III. Prüfung einer strafrechtlichen Garantenstellung des Steuerberaters

1. Anwendung von § 13 StGB bei der Steuerhinterziehung gemäß § 370 Abs. 1 Nr. 1 AO

Ausgehend von der Verantwortung des Steuerberaters für die Gesetzmäßigkeit der Besteuerung ist außerdem zu prüfen, ob der Steuerberater zum Garanten für

2490 *Krüger*, Steuerberatung und Gerechtigkeit, S. 370.

2491 *Krüger*, Steuerberatung und Gerechtigkeit, S. 369 f.

2492 Zu Lösungsmöglichkeiten siehe nachfolgend Kapitel 7 C „Vorschläge zur Umsetzung eines effizienten elektronischen Veranlagungsverfahrens unter Berücksichtigung der steuerlichen Beratung“.

die Richtigkeit der Steuererklärung im strafrechtlichen Sinne wird. Im Falle einer Garantenstellung kann der Straftatbestand des § 370 Abs. 1 Nr. 1 AO in Verbindung mit § 13 StGB als unechtes Unterlassungsdelikt erfüllt werden. Hiernach ist strafbar, wer es unterlässt, den tatbestandlichen Erfolg des § 370 Abs. 1 Nr. 1 AO abzuwenden; ein bloßes Dulden kann damit den Straftatbestand erfüllen.[2493] Eine solche Garantenpflicht des Steuerberaters wurde bisher in der Literatur verneint.[2494] Auf etwaige Änderungen durch das elektronische Veranlagungsverfahren, beispielsweise durch Übernahme von Compliance-Maßnahmen bei der Bearbeitung der E-Bilanz, wurde jedoch bisher nicht im Detail eingegangen.

Nach § 13 StGB ist derjenige strafbar, der es unterlässt, einen Erfolg abzuwenden, der zum Tatbestand eines Strafgesetzes gehört, wenn er rechtlich dafür einzustehen hat, dass der Erfolg nicht eintritt und wenn das Unterlassen der Verwirklichung des gesetzlichen Tatbestandes durch ein Tun entspricht (sog. Entsprechungsklausel[2495]). Erfolg im Sinne des § 370 Abs. 1 Nr. 1 AO i.V.m. § 13 StGB ist die Steuerverkürzung oder der ungerechtfertigt erlangte Steuervorteil. Eine Strafbarkeit in diesem Sinne ist daher denkbar, wenn eine Berichtigung unrichtiger Angaben unterbleibt und es dadurch zu einer unrichtigen Steuerfestsetzung und einer Steuerverkürzung kommt.[2496] Insbesondere hat die Strafbarkeit durch Unterlassen nach § 13 StGB damit Bedeutung, wenn der Täter eine dritte Person nicht an der Abgabe falscher Erklärungen hindert.[2497] Wenn bereits eine Handlungspflicht nach § 370 Abs. 1 Nr. 2 AO (ggf. in Verbindung mit § 153 AO) besteht, hat eine mögliche Pflicht nach § 370 Abs. 1 Nr. 1 AO in Verbindung mit § 13 StGB keine Bedeutung mehr.[2498]

Teilweise wird ausgeführt, dass § 13 StGB keine Anwendung finden kann, da mit § 153 AO eine Spezialnorm existiert.[2499] Durch eine Anwendung des § 13

2493 *Müller*, AO-StB 2015, 16, 18; *Ransiek*, in: Kohlmann, Kommentar Steuerstrafrecht, Rz. 84 f. zu § 370 AO.

2494 *Beyer*, NWB 2016, 1304, 1314; *Ibold*, in: Pfirrmann/Rosenke/Wagner, BeckOK AO, Rz. 173 zu § 370 AO; *Krumm*, in: Tipke/Kruse, Kommentar AO, Rz. 69 zu § 370 AO; *Ransiek*, in: Kohlmann, Kommentar Steuerstrafrecht, Rz. 189 zu § 370 AO; *Schaaf*, AO-StB 2012, 349, 350; *Seer*, in: Tipke/Kruse, Kommentar AO, Rz. 5 zu § 153 AO.

2495 *Heuchemer*, in: Heintschel-Heinegg, BeckOK StGB, Rz. 92 zu § 13 StGB.

2496 *Ransiek*, in: Kohlmann, Kommentar Steuerstrafrecht, Rz. 84 f. zu § 370 AO.

2497 *Ransiek*, in: Kohlmann, Kommentar Steuerstrafrecht, Rz. 223 zu § 370 AO; *Reichling/Lange*, NStZ 2014, 311, 312 f.

2498 *Ransiek*, in: Kohlmann, Kommentar Steuerstrafrecht, Rz. 223 zu § 370 AO.

2499 *El Mourabit*, NWB 2016, 3407, 3411; *Podewils*, FR 2013, 481, 489; *Podewils/Hellinger*, DStZ 2013/18, 662, 664.

StGB würden die speziell geregelten steuerlichen Pflichten ausgehebelt werden; das Strafrecht würde damit die steuerlichen Pflichten erweitern, anstatt sie nur abzusichern.[2500] Die Rechtsprechung hält jedoch eine Handlungspflicht im Zusammenhang mit § 370 Abs. 1 Nr. 1 AO, die aus § 13 StGB abgeleitet wird, für möglich. So führt der Bundesgerichtshof aus, dass sich Offenbarungspflichten sowohl aus gesetzlich festgelegten steuerlichen Erklärungspflichten als auch aus allgemeinen Garantenpflichten ergeben können.[2501] Auch in der Literatur wird teilweise ausgeführt, dass der Straftatbestand des § 370 Abs. 1 Nr. 1 AO auch durch Unterlassen erfüllt werden könne, wenn der Täter eine Garantenstellung nach § 13 StGB hat. Jäger führt hierzu aus, dass ein Wille des Gesetzgebers, § 13 StGB hier nicht anzuwenden, nicht erkennbar sei.[2502] Rein von der Gesetzessystematik her wird § 13 StGB nicht von der Anwendung im Zusammenhang mit § 370 Abs. 1 Nr. 1 AO ausgeschlossen. Zwar enthält § 370 Abs. 1 Nr. 2 AO einen expliziten echten Unterlassenstatbestand, der wiederum entsprechende steuerliche Erklärungspflichten (z.B. zur Abgabe der Steuererklärung oder zur Berichtigung nach § 153 AO) voraussetzt. Nach § 369 Abs. 2 AO gelten aber die allgemeinen Vorschriften des StGB, wenn die Steuergesetze nichts anderes bestimmen. § 13 StGB wird nicht explizit ausgeschlossen. Es zeigt sich auch, dass § 370 Abs. 1 Nr. 2 AO, da dieser nur einen bestimmten Personenkreis umfasst, nicht sämtliche Fälle des § 13 StGB umfasst. § 13 StGB hat gerade den Zweck, ein Unterlassen einem Tun gleichzustellen.[2503] § 370 Abs. 1 Nr. 1 AO ist im Gegensatz zu § 370 Abs. 1 Nr. 2 AO kein Sonderdelikt und erfasst damit einen größeren

---

2500 *Gotzens*, in: Wannemacher, Steuerstrafrecht, Rz. 2602; *Heuel*, in: Kohlmann, Kommentar Steuerstrafrecht, Rz. 47 f. zu § 378 AO; *Krumm*, in: Tipke/Kruse, Kommentar AO, Rz. 59 zu § 370 AO; *Ransiek*, in: Kohlmann, Kommentar Steuerstrafrecht, Rz. 225 zu § 370 AO; *Schmitz/Wulf*, in: Joecks/Miebach, Münchener Kommentar StGB, Rz. 338 zu § 370 AO; so im Ergebnis auch: *Reichling/Lange*, NStZ 2014, 311, 313; *Seer*, Ad Legendum 4/2015, 292, 294 (Sperrwirkung des § 370 Abs. 1 Nr. 2 AO für § 13 StGB); *Seer*, SteuerStud 1/2016, 1, 4 f.

2501 BGH, Urteil vom 23.10.2018, 1 StR 454/17, BGHSt 63, 282, Rz. 19; so auch: BGH, Urteil vom 09.05.2017, 1 StR 265/16, Juris, Rz. 75 ff.; BGH, Urteil vom 09.04.2013, 1 StR 586/12, BGHSt 58, 218, Rz. 52; BGH, Urteil vom 19.12.1997, 5 StR 569/96, BGHSt 43, 381, Rz. 59.

2502 *Jäger*, in: Klein, Kommentar AO, Rz. 41a zu § 370 AO; so auch: *Joecks*, in: Joecks/Jäger/Randt, Kommentar Steuerstrafrecht, Rz. 237 zu § 370 AO; *Peters*, in: Hübschmann/Hepp/Spitaler, Kommentar AO, Rz. 142 zu § 370 AO; *Ransiek*, JuS 2010, 490, 491.

2503 *Bosch*, in: Schönke/Schröder, Kommentar StGB, Rz. 2 zu § 13 StGB.

Täterkreis. Es ist damit ausgehend vom Sinn und Zweck des Gesetzes erforderlich, auch etwaige Personen mit Garantenpflichten, die nicht unter § 370 Abs.1 Nr. 2 AO fallen, jedoch eine Steuerverkürzung nicht vermeiden, unter den Straftatbestand einer Steuerhinterziehung zu stellen.

2. *Allgemeine Garantenpflichten basierend auf der beruflichen Stellung des Steuerberaters*

Wenn man § 13 StGB im Kontext des § 370 Abs. 1 Nr. 1 AO anwendet, ist zu prüfen, ob der Steuerberater eine Garantenstellung hat. Voraussetzung für eine solche ist, dass der Täter rechtlich dafür einzustehen hat, dass der Erfolg nicht eintritt; es muss also eine Rechtspflicht zur Erfolgsabwendung bestehen.[2504] Eine Garantenstellung wird dann begründet, wenn tatsächlich Pflichten übernommen werden. Hinzukommen muss außerdem ein Vertrauensverhältnis, aus dem heraus besondere Schutzpflichten übertragen werden.[2505] Sofern einer Person eine besondere Schutz-/Obhutspflicht für ein Rechtsgut zugewiesen ist, spricht man von einem Beschützergaranten.[2506] Sofern eine Verantwortung im Hinblick auf eine Gefahrenquelle vorliegt, liegt ein Überwachungsgarant vor.[2507] Ein Fall des Überwachungsgaranten ist die Garantenstellung aus Ingerenz, bei der die Gefahrenquelle aus einem gefährdenden Vorverhalten resultiert.[2508]

Aus der bloßen beruflichen Stellung des Steuerberaters ergibt sich keine Garantenstellung. Der Steuerberater muss nicht dafür einstehen, dass der Erfolg nicht eintritt.[2509] Der Steuerberatungsvertrag als privatrechtlicher Vertrag genügt grundsätzlich nicht für die Begründung einer Garantenstellung, da sich der Steuerberater hier nur gegenüber seinem Mandanten verpflichtet.[2510] Nichts

---

2504 *Ransiek*, in: Kohlmann, Kommentar Steuerstrafrecht, Rz. 84 f. zu § 370 AO.

2505 BGH, Urteil vom 17.07.2009, 5 StR 394/08, BGHSt 54, 44, Rz. 25; *Heuel*, in: Kohlmann, Kommentar Steuerstrafrecht, Rz. 47 f. zu § 378 AO.

2506 *Heuchemer*, in: Heintschel-Heinegg, BeckOK StGB, Rz. 36 zu § 13 StGB; *Heuel*, in: Kohlmann, Kommentar Steuerstrafrecht, Rz. 47 f. zu § 378 AO; *Kraft/Winkler*, CCZ 2009, 29, 30.

2507 *Heuchemer*, in: Heintschel-Heinegg, BeckOK StGB, Rz. 37 zu § 13 StGB; *Heuel*, in: Kohlmann, Kommentar Steuerstrafrecht, Rz. 47 f. zu § 378 AO.

2508 *Heuchemer*, in: Heintschel-Heinegg, BeckOK StGB, Rz. 37 zu § 13 StGB AO; *Heuel*, in: Kohlmann, Kommentar Steuerstrafrecht, Rz. 47 f. zu § 378 AO; *Krumm*, in: Tipke/Kruse, Kommentar AO, Rz. 68 zu § 370 AO; siehe zu den Voraussetzungen im Detail Kapitel 2 C IV 1 „Zurverfügungstellung der Daten nach § 87d Abs. 3 AO".

2509 BGH, Beschluss vom 20.12.1995, 5 StR, 412/95, Juris, Rz. 49.

2510 *Bosch*, in: Schönke/Schröder, Kommentar StGB, Rz. 59 zu § 13 StGB; *Heuel*, in: Kohlmann, Kommentar Steuerstrafrecht, Rz. 47 f. zu § 378 AO; *Sieja*, DStR 2012, 991, 993.

anderes folgt aus der Organstellung des Steuerberaters, die schon aus strafrechtlicher Sicht nicht hinreichend bestimmt im Sinne des Art. 103 Abs. 2 GG ist. Des Weiteren ist diese, wie dargestellt, nicht mit einer Tätigkeit als Helfer der Finanzverwaltung verbunden.[2511] Insbesondere würde eine Garantenstellung auch zu einer Pflichtenkollision mit der Verschwiegenheitspflicht des Beraters nach § 203 Abs. 1 Nr. 3 StGB führen, da der Steuerberater unter Umständen verpflichtet wäre, gegen den Willen des Mandanten entsprechende Informationen an die Finanzverwaltung weiterzugeben.[2512] Der Steuerberater ist gerade nur zur Aufklärung gegenüber dem Mandanten verpflichtet, aber nicht gegenüber dem Finanzamt.[2513] Des Weiteren würde eine Garantenstellung im Widerspruch zur Unabhängigkeit des Steuerberaters stehen, der gerade frei von sachfremden Einflüssen sein soll.[2514] Der Steuerberater ist weder Beschützergarant für den staatlichen Steueranspruch noch Überwachungsgarant für seinen Mandanten, der ohnehin selbst auch nicht dem staatlichen Steueranspruch verpflichtet ist.[2515] Der Steuerberater ist damit ausgehend von seinem Pflichtenkreis und seiner Funktion nicht verpflichtet, Straftaten seines Mandanten anzuzeigen.[2516]

2511 BGH, Urteil vom 20.12.1995, 5 StR 412/95, Juris, Rz. 49; *Beyer*, NWB 2016, 1304, 1314; *Heuel*, in: Kohlmann, Kommentar Steuerstrafrecht, Rz. 47 f. zu § 378 AO; *Ibold*, in: Pfirrmann/Rosenke/Wagner, BeckOK AO, Rz. 173 zu § 370 AO; *Krumm*, in: Tipke/Kruse, Kommentar AO, Rz. 69 zu § 370 AO; *Ransiek*, in: Kohlmann, Kommentar Steuerstrafrecht, Rz. 189 zu § 370 AO; *Reichling/Lange*, NStZ 2014, 311, 312 f.; *Ring*, DStR-Beih 2019, 54, 55; *Schaaf*, AO-StB 2012, 349, 350; *Seer*, in: Tipke/Kruse, Kommentar AO, Rz. 5 zu § 153 AO; *Weckerle*, in: Mellinghoff, DStJG 38 (2015), 171, 186; siehe allgemein zur Interpretation der Organstellung auch Kapitel 7 B II „Die Organstellung des Steuerberaters im Kontext des elektronischen Veranlagungsverfahrens".

2512 *Heuel*, in: Kohlmann, Kommentar Steuerstrafrecht, Rz. 44 zu § 378 AO; *Schmitz/Wulf*, in: Joecks/Miebach, Münchener Kommentar StGB, Rz. 357 ff. zu § 370 AO; *Weckerle*, in: Mellinghoff, DStJG 38 (2015), 171, 186.

2513 *Heuel*, in: Kohlmann, Kommentar Steuerstrafrecht, Rz. 44 zu § 378 AO.

2514 *Schaaf*, AO-StB 2012, 349, 350.

2515 *Schmitz/Wulf*, in: Joecks/Miebach, Münchener Kommentar StGB, Rz. 357 ff. zu § 370 AO.

2516 *Schwedhelm*, DStR 2006, 1017, 1023.

3. *Vergleichbarkeit des Steuerberaters mit einem Compliance Officer und etwaige Auswirkungen für die Garantenpflichten*

Zuletzt wurde eine Garantenstellung vermehrt im Zusammenhang mit dem Compliance Officer diskutiert. Da auch die Tax Compliance immer mehr an Bedeutung gewinnt und der Steuerberater in diesem Rahmen erhebliche Aufgaben übernehmen kann, ist fraglich, ob die Ausführungen zur Garantenstellung eines Compliance Officers auf einen Steuerberater übertragen werden können und sich infolgedessen eine Garantenstellung ergeben kann. Der Compliance Officer soll Rechtsverstöße im Unternehmen verhindern. Er ist damit Garant nach § 13 Abs. 1 StGB.[2517] Diese grundsätzliche Einordnung wurde vom BGH in einem obiter dictum bestätigt; er betont jedoch, dass es genau auf die Aufgabenübertragung und den Zuständigkeitsbereich ankomme.[2518] Ransiek führt aus, dass es entscheidend sei, dass Rechtsverstöße beanstandet und unterbunden werden sollen. Eine reine Prozessoptimierung mit der Verhinderung von Pflichtverstößen genüge nicht. Hinzu kommt, dass die entsprechenden Pflichten tatsächlich übernommen werden und dass ein entsprechendes Vertrauensverhältnis bestehen müsse.[2519] Des Weiteren müssen entsprechende Vollmachten o.Ä. existieren, sodass der Compliance Officer überhaupt in der Lage ist, Täter im Sinne des § 13 StGB zu sein.[2520] Hierbei darf sich der Compliance Officer nicht vor offensichtlichen Fehlern verschließen.[2521] Sofern die Geschäftsleiter von den Weisungen des Compliance Officers abweichen, kann er dies nicht verhindern, sodass dies nicht zulasten des Compliance Officers wirken kann.[2522] So führt auch Rübenstahl kritisierend aus, dass der Compliance Officer im Regelfall über keine selbständige Verbots-, Weisungs- und Anordnungskompetenz verfüge. Er berichte meist nur über mögliche Verstöße und sei zudem im Rahmen des Arbeitsvertrages weisungsgebunden, sodass er die Straftat überhaupt nicht vermeiden kann und eine Anwendung von § 13 StGB ausscheidet.[2523] Weiter

---

2517 *Knierim,* in: Wabnitz/Janovsky/Schmitt, Handbuch Wirtschafts- und Steuerstrafrecht, Rz. 67 zu Kapitel 5 „Compliance"; *Ransiek*, AG 2010, 147, 147; *Ransiek*, in: Kohlmann, Kommentar Steuerstrafrecht, Rz. 223 zu § 370 AO; *Reichling/Lange*, NStZ 2014, 311, 312 f.

2518 BGH, Urteil vom 17.07.2009, 5 StR 394/08, BGHSt 54, 44, Rz. 27 ff.

2519 *Ransiek*, AG 2010, 147, 148; so auch: *Bürkle*, CCZ 2010, 4, 5.

2520 *Ransiek*, AG 2010, 147, 150 und 152.

2521 *Bürkle*, CCZ 2010, 4, 9.

2522 *Bürkle*, CCZ 2010, 4, 6.

2523 *Rübenstahl*, NZG 2009, 1341, 1342 f.; so auch: *Kraft/Winkler*, CCZ 2009, 29, 32.

wird ausgeführt, dass der Compliance Officer nur dem Unternehmen verpflichtet ist und damit weder Beschützer- noch Überwachungsgarant für außenstehende Dritte sein kann. Etwas anderes gilt nur, wenn das Unternehmen selbst eine Garantenstellung wegen der Verantwortung für eine Gefahrenquelle hat, die auf den Compliance Officer übertragen wird (z.B. für das Verhalten von Mitarbeitern).[2524] Auch die Wirkung einer Anwendung des § 13 StGB auf Compliance Officer wird kritisiert. Zum einen werden Unternehmen mit umfangreichen Compliance-Maßnahmen hierdurch unter Umständen schlechter gestellt.[2525] Zum anderen erfolgt eine Verlagerung der Kriminalprävention in die Unternehmen. Der Compliance-Beauftragte fungiert als Hilfsbeamter der Staatsanwaltschaft.[2526] Es wird, angesichts des obiter dictums des BGH, trotzdem empfohlen, entsprechende fehlende Entscheidungsmöglichkeiten des Compliance Officers im Vertrag festzuhalten, die Zuständigkeiten genau zu konkretisieren und Formulierungen zu vermeiden, die darauf hindeuten, dass der Compliance Officer für die Einhaltung der rechtlichen Bestimmungen sorgt.[2527]

Des Weiteren wird im Hinblick auf die Steuerhinterziehung angeführt, dass steuerstrafrechtlich relevante Handlungspflichten nicht vertraglich auf einen Compliance Officer übertragen werden können, da hierdurch die Mitwirkungspflichten ausgeweitet werden (analog bereits zur ablehnenden Auffassung zur Anwendbarkeit von § 13 StGB auf die Steuerhinterziehung).[2528] Hiergegen wird eingewandt, dass die Geschäftsführung eine Garantenstellung zur Verhinderung von Straftaten aus dem Unternehmen heraus hat, die auch auf fachlich vorgebildete Personen übertragen werden kann, wodurch der Compliance Officer eine Garantenstellung einnimmt. Dieser ist auch nicht fachlich weisungsgebunden, da dies eine wirksame Compliance ausschließen würde.[2529]

Fraglich ist, ob man die Rechtsprechung zum Compliance-Officer auch auf Steuerberater anwenden kann. Steuerberater werden immer mehr in die Pflicht genommen und mittlerweile als Träger eines Wächteramtes verstanden, der auch die Tax Compliance übernimmt.[2530] Dies folgt umso mehr aus der Änderung des

---

2524 *Krumm*, in: Tipke/Kruse, Kommentar AO, Rz. 70 zu § 370 AO; *Mosbacher/Dierlamm*, NStZ 2010, 268, 269.

2525 *Ransiek*, AG 2010, 147, 148.

2526 *Bürkle*, CCZ 2010, 4, 4 und 12.

2527 *Kraft/Winkler*, CCZ 2009, 29, 33.

2528 *Krumm*, in: Tipke/Kruse, Kommentar AO, Rz. 70 zu § 370 AO.

2529 *Krieger/Günther*, NZA 2010, 367, 369 f.; so auch: *Dann/Mengel*, NJW 2010, 3265, 3267.

2530 *Salditt*, in: Tipke, Steuerberatung und Rechtsstaat, S. 81.

AEAO, nach dem das Vorhandensein eines innerbetrieblichen Kontrollsystems, also eines Tax-Compliance-Systems, ein Indiz gegen Vorsatz und Fahrlässigkeit sein kann und damit straf- und/oder bußgeldrechtliche Auswirkungen ausschließen kann.[2531]

Um die Frage einer möglichen Garantenstellung im Zusammenhang mit der Steuerhinterziehung beantworten zu können, muss zunächst der Schutzzweck des § 370 AO bestimmt werden. Das geschützte Rechtsgut ist die Sicherung des staatlichen Steueranspruchs, d.h. des öffentlichen Interesses am rechtzeitigen und vollständigen Aufkommen jeder einzelnen Steuerart.[2532] Hiervon werden bestehende Steueransprüche und unberechtigte Steuerauszahlungen erfasst; richtigerweise ist damit das Vermögen des Staates das geschützte Rechtsgut.[2533] Der Steueranspruch richtet sich nach der Gleichmäßigkeit der Besteuerung und der Funktionsfähigkeit des Steuerstaates.[2534] Ibold führt aus, dass das öffentliche Interesse am Steueraufkommen in seiner Gesamtheit (nicht bezogen auf jede einzelne Steuerart) geschützt werden soll.[2535] Weiter bezeichnet Ibold die Rechtzeitigkeit der Steuerfestsetzung nicht als Schutzzweck als solchen, sondern als eine Gefährdungslage.[2536] Die Erfüllung der Mitwirkungspflichten als solche ist nicht Schutzzweck der Norm, sondern Voraussetzung für das tatbestandsmäßige Verhalten.[2537] Der Schutzzweck der Norm ist also die Sicherung des Steueraufkommens des Staates unter Berücksichtigung der Gleich- und Gesetzmäßigkeit der Besteuerung.

Unter Berücksichtigung dessen ist zu prüfen, ob der Steuerberater für diesen Schutzzweck einzustehen hat und auch tatsächlich den Erfolg des § 370 AO,

2531 AEAO Nr. 2.6 S. 6 zu § 153 AO; kann keine Auswirkungen für das Strafrecht haben, auch dort wird einem Tax Compliance System aber Bedeutung beigemessen; siehe hierzu im Detail Kapitel 3 E I 1 „Verpflichtung des Steuerberaters zur Tax-Compliance-Beratung“.

2532 *Hadamitzky/Senge*, in: Erbs/Kohlhaas, Kommentar Strafrechtliche Nebengesetze, Rz. 2 zu § 370 AO; *Jäger*, in: Klein, Kommentar AO, Rz. 2 zu § 370 AO; *Ransiek*, in: Kohlmann, Kommentar Steuerstrafrecht, Rz. 54 f. zu § 370 AO.

2533 *Krumm*, in: Tipke/Kruse, Kommentar AO, Rz. 1 zu § 370 AO; *Schmitz/Wulf*, in: Joecks/Miebach, Münchener Kommentar StGB, Rz. 6 zu § 370 AO.

2534 *Krumm*, in: Tipke/Kruse, Kommentar AO, Rz. 1 zu § 370 AO.

2535 *Ibold*, in: Pfirrmann/Rosenke/Wagner, BeckOK AO, Rz. 13 f. zu § 370 AO; ebenfalls einen Bezug auf die einzelnen Steuerarten ablehnend: *Joecks*, in: Joecks/Jäger/Randt, Kommentar Steuerstrafrecht, Rz. 29 zu § 370 AO.

2536 *Ibold*, in: Pfirrmann/Rosenke/Wagner, BeckOK AO, Rz. 13 f. zu § 370 AO.

2537 *Jäger*, in: Klein, Kommentar AO, Rz. 2 zu § 370 AO.

also die Gefahr einer Steuerverkürzung, abwenden kann. In Betracht kommt hier insbesondere eine Schutzpflicht für die funktionierende Rechtspflege. Die Pflichten des Steuerberaters resultieren hingegen, zumindest zivilrechtlich, aus dem Auftrag seines Mandanten, der ihn im Regelfall nicht beauftragt, um im Interesse des Fiskus überwacht zu werden.[2538] Der Steuerberater schützt gerade nicht den staatlichen Steueranspruch, da er selbst unmittelbar keine staatlichen Aufgaben wahrnimmt.[2539] Auch der Steuerpflichtige ist nicht Garant des staatlichen Steueranspruchs, sodass eine entsprechende Garantenstellung auch nicht vom Steuerberater übernommen werden kann.[2540]

Nichtsdestotrotz ist der Steuerberater jedoch der funktionierenden Rechtspflege verpflichtet. Die Übernahme steuerlicher Pflichten durch den Steuerberater wird von der Rechtsprechung für möglich gehalten.[2541] Unter Berücksichtigung dessen, dass es sich bei der Erstellung der Steuererklärung mittlerweile wegen des Verzichts auf das Unterschriftserfordernis vielfach um vertretbare Handlungen handelt, kann der Steuerberater eine erhebliche Anzahl weiterer Pflichten übernehmen. Die Auffassung, dass der Steuerberater dem Steuerpflichtigen bei der Pflichterfüllung hilft, aber diese nicht übernimmt[2542], kann daher nicht mehr allgemeingültig sein. Die Regelung des § 370 Abs. 1 Nr. 2 AO i.V.m. § 153 AO ist damit unzureichend im Hinblick auf den Zweck von § 13 StGB, da Dritte, die Pflichten übernommen haben, in vielen Fällen nicht vom Wortlaut des § 370 Abs. 1 Nr. 2 AO umfasst sind.

Für eine Garantenstellung nach § 13 StGB ist neben der Übernahme der Pflichten erforderlich, dass der Steuerberater die Steuerverkürzung abwenden kann. Der Steuerberater ist zwar weisungsgebunden gegenüber dem Mandanten, die Weisungsgebundenheit endet jedoch dort, wo sich der Steuerberater in den strafbaren Bereich begeben würde. Er ist damit vergleichbar mit einem Compliance Officer, der ebenfalls zwar grundsätzlich nur einen Vertrag mit dem Unternehmen hat, jedoch fachlich in seiner Berufsausübung frei ist. Auch wenn der Mandant den Steuerberater im Regelfall nicht direkt damit beauftragt, ihn vor möglichen Gesetzesverstößen zu schützen, so ist dies doch mittelbar der Zweck,

---

2538 *Salditt*, in: Tipke, Steuerberatung und Rechtsstaat, S. 81.

2539 *Gotzens*, in: Wannemacher, Steuerstrafrecht, Rz. 2649.

2540 *Haas*, in: GS Joecks 2018, S. 451; *Schmitz/Wulf*, in: Joecks/Miebach, Münchener Kommentar StGB, Rz. 360 zu § 370 AO.

2541 BayObLG, Urteil vom 24.09.1958, 1 St 626/56, BayObLGSt 1958, 232, 234 f.; so auch: *Heuel*, in: Kohlmann, Kommentar Steuerstrafrecht, Rz. 113 zu § 378 AO.

2542 *Joecks*, Praxis des Steuerstrafrechts, S. 51.

da im Rahmen der Pflichten des Steuerberaters der sicherste Weg gewählt werden muss und der Mandant vor strafrechtlichen Gefahren zu schützen ist.[2543] Hierzu kann unter Umständen auch der Aufbau eines Tax-Compliance-Systems zählen[2544], was wiederum den Steuerberater vergleichbar mit einem Compliance Officer macht. Eine solche Rechtsanwendung hätte erhebliche Auswirkungen auf die Stellung des Steuerberaters. Zwar ist der Steuerberater auch derzeit verpflichtet, das Mandat niederzulegen, sofern er von einer in der Erklärung enthaltenen Steuerhinterziehung weiß und er hieran mitwirkt.[2545] Derzeit besteht jedoch keine Pflicht zur Niederlegung des Mandats und insbesondere auch keine Pflicht zur Information der Finanzverwaltung, wenn der Steuerberater nachträglich Fehler feststellt.

Fraglich ist, ob tatsächlich die Pflicht zur Verschwiegenheit nach § 57 Abs. 1 StBerG und die Strafbarkeit nach § 203 Abs. 1 Nr. 3 StGB einer Offenlegung nachgeordnet sind. Teilweise wird bereits aus der Pflichtenkollision geschlussfolgert, dass die Gefahrabwendung für den Steuerberater unmöglich ist, da beide Handlungspflichten nicht gleichzeitig erfüllt werden können.[2546] Nach anderer Ansicht führt die Verschwiegenheitspflicht nicht zu einer Unmöglichkeit der Gefahrabwendung, da dies die Anwendbarkeit von § 13 StGB bereits von vornherein ausschließen würde. Hier wird nur auf eine tatsächliche Unmöglichkeit abgestellt.[2547] Ausgehend von der Stellung des Steuerberaters, der in erster Linie Interessenvertreter des Mandanten ist und nur mittelbar die Rechtspflege durch seine Tätigkeit fördert, kann von ihm grundsätzlich nicht verlangt werden, dass er gegen den Willen des Mandanten Angaben gegenüber der Finanzbehörde macht. Der Steuerberater ist damit in diesem Fall tatsächlich nicht in der Lage, die Gefahr abzuwenden, sodass § 13 StGB keine Anwendung findet. Die Letztverantwortung hat immer der Mandant.[2548]

4. *Garantenstellung aus Ingerenz*

Weiter wird ausgeführt, dass den Steuerberater bei gefährdendem Vorverhalten, durch welches die Position des Fiskus verschlechtert wurde, eine

2543 Siehe Kapitel 1 C III 2 „Interessenvertretung“.

2544 AEAO Nr. 2.6 S. 6 zu § 153 AO.

2545 *Janz*, StB 2019, 67, 70.

2546 *Freund*, in: Joecks/Miebach, Münchener Kommentar StGB, Rz. 197 zu § 13 StGB.

2547 *Gaede*, in: Kindhäuser/Neumann/Paeffgen, Kommentar Strafgesetzbuch, Rz. 12 zu § 13 StGB.

2548 *Konken*, BBK 2019/4, 182, 187.

Ingerenzgarantenstellung treffen könne.[2549] Haas führt hierzu aus, dass insbesondere im Bereich der Umsatzsteuer-voranmeldungen, die mittlerweile auch von anderen Personen als dem Steuerpflichtigen selbst abgegeben werden können, Garantenpflichten aus Ingerenz denkbar sind, wenn der Steuerberater einen eigenen Fehler erkennt, der die Gefahr einer Steuerverkürzung birgt.[2550] Unter Berücksichtigung dessen, dass auch andere Steuererklärungen mittlerweile vertretbare Handlungen sind[2551], kann dies beispielsweise auch auf die eigenverantwortliche Erstellung der Einkommensteuererklärung übertragen werden. Auch Timpe führt hierzu aus, dass bei nicht höchstpersönlich abzugebenden Steuererklärungen eine Pflicht zur Berichtigung falscher Steuererklärungen infolge der Übernahme der Pflichten durch den Steuerberater entstehen kann. Der Steuerpflichtige vertraut auf die Übernahme der Pflichten durch den Steuerberater.[2552]

Der Steuerberater muss für eine Garantenstellung aus Ingerenz selbst die Steuerverkürzung verursacht haben.[2553] Dies ist insbesondere dann der Fall, wenn der Steuerpflichtige richtige Angaben gegenüber dem Steuerberater macht, dieser jedoch falsche Angaben gegenüber dem Finanzamt macht; hierbei soll eine fahrlässige Begehung ausreichen.[2554] Hier liegt die Risikoerhöhung im Verantwortungsbereich des Steuerberaters.[2555] Gleiches gilt, wenn der Steuerberater den Mandanten falsch berät und der Mandant deshalb eine unrichtige oder unvollständige Steuererklärung abgegeben hat.[2556] In diesem Fall muss daher, wenn der Mandant nicht selbst berichtigt, der Berater berichtigen, um

---

2549 *Harms*, StbG 1/2005, 12, 14; *Jäger*, in: Klein, Kommentar AO, Rz. 41a zu § 370 AO; *Joecks*, in: Joecks/Jäger/Randt, Kommentar Steuerstrafrecht, Rz. 238 zu § 370 AO; zur Ingerenzgarantenstellung siehe auch: BGH, Urteil vom 09.05.2017, 1 StR 265/16, Juris, Rz. 77 ff.

2550 *Haas*, in: GS Joecks 2018, S. 451; ebenfalls Garantenpflichten bei eigenen Erklärungen annehmend: *Heuel*, in: Kohlmann, Kommentar Steuerstrafrecht, Rz. 47 f. zu § 378 AO; dies ebenfalls ansprechend: *Ransiek*, in: Kohlmann, Kommentar Steuerstrafrecht, Rz. 226 zu § 370 AO (der jedoch ausführt, dass dies wegen des Unterschriftserfordernisses ein Ausnahmefall ist).

2551 Siehe Kapitel 2 C VI „Strafrechtliche Pflichten des Steuerberaters im Zusammenhang mit § 370 Abs. 1 Nr. 2 AO".

2552 *Timpe*, HRRSt 6/2018, 243, 250 f.

2553 *Jäger*, in: Klein, Kommentar AO, Rz. 61a zu § 370 AO; so auch: *Dörn*, DStR 1994, 555, 557.

2554 *Jäger*, in: Klein, Kommentar AO, Rz. 65 zu § 370 AO.

2555 *Harms*, StbG 1/2005, 12, 14; *Jaeger*, in: Klein, Kommentar AO, Rz. 65 zu § 370 AO; *Rätke*, in: Klein, Kommentar AO, Rz. 6 zu § 153 AO.

2556 *Timpe*, HRRSt 6/2018, 243, 249.

die Gefahr einer Steuerhinterziehung zu vermeiden.[2557] Unstrittig sind die Fälle, in denen der Steuerberater bei der Bearbeitung keinen Fehler gemacht hat und die Fehlerhaftigkeit erst im Nachhinein feststellt; hier scheidet eine Garantenstellung aus Ingerenz aus, da es schon am pflichtwidrigen Vorverhalten fehlt. Gleiches gilt, wenn der Fehler erst der Finanzbehörde unterlaufen ist.[2558]

Die Garantenstellung aus Ingerenz hat Vorrang vor einem etwaigen Schutz des Vertrauensverhältnisses zwischen Steuerberater und Mandant. Nur eine Berichtigungspflicht in dieser Weise kann dem Vertrauensvorschuss bei steuerlicher Beratung und der darauf basierenden geringeren Verifikation gerecht werden.[2559] Ansonsten kommt es zu Gefahren für den tatsächlichen Steuervollzug, da Steuerpflichtige im Regelfall nur unrichtige Tatsachen erkennen können und nur diesbezüglich zur Berichtigung nach § 153 AO verpflichtet sind. Der Steuerpflichtige ist jedoch kaum in der Lage, die Verantwortung für die rechtliche Beurteilung zu übernehmen.[2560] Bei selbst verursachten Fehlern muss damit der Steuerberater im Zweifel auch gegen den Willen des Mandanten den Fehler berichtigen. Anderenfalls kommt es zu Strafbarkeitslücken.

Des Weiteren besteht auch bei Fehlern des Steuerpflichtigen die Pflicht des Steuerberaters, den Mandanten auf den Fehler und die Berichtigungspflicht nach § 153 AO hinzuweisen. Sofern kein Hinweis erfolgt, kann auch eine Strafbarkeit nach § 370 Abs. 1 Nr. 1 AO i.V.m. § 13 StGB des Steuerberaters vorliegen, da in diesem Fall nicht zwangsläufig von einer Pflichtenkollision ausgegangen werden kann.

2557 *Harms*, StbG 1/2005, 12, 14.

2558 *Krumm*, in: Tipke/Kruse, Kommentar AO, Rz. 69 zu § 370 AO.

2559 Siehe zum Vertrauensvorschuss nachfolgend Kapitel 7 C I 2 „Berücksichtigung des Steuerberaters als positiven Faktor im Risikomanagementsystem".

2560 Siehe zum Erfordernis einer klaren Verantwortungsstruktur bei steuerlicher Beratung nachfolgend Kapitel 7 C II 2 „Neugestaltung der „Freizeichnung Online" bei elektronischer Übermittlung".

C. Vorschläge zur Umsetzung eines effizienten elektronischen Veranlagungsverfahrens unter Berücksichtigung der steuerlichen Beratung

I. Risikomanagementsystem

1. Veröffentlichung der Kriterien und Überprüfung des Risikomanagementsystems

Die genauen Kriterien des Risikomanagementsystems werden nach § 88 Abs. 5 S. 4 AO nicht veröffentlicht, außer es würde die Gleich- und Gesetzmäßigkeit der Besteuerung nicht gefährden, hätte also keine nachteiligen Auswirkungen auf die Aufgabenerfüllung der Finanzverwaltung.[2561] Eine entsprechende Regelung enthält § 156 Abs. 2 S. 3 AO für Weisungen, bei denen wegen der Geringfügigkeit der Steuerauswirkung von einer Steuerfestsetzung abgesehen werden darf. Hierdurch soll sichergestellt werden, dass die Gesetzmäßigkeit der Besteuerung erhalten bleibt und kein Steuerpflichtiger wissentlich durch Ausnutzung der Grenzen des Risikomanagements eine unentdeckte Steuerhinterziehung begehen kann.[2562] Die Geheimhaltung ist weiter erforderlich wegen der im Risikomanagementsystem hinterlegten Nichtaufgriffsgrenzen. Es wird befürchtet, dass bei Bekanntwerden der Kriterien des Risikomanagementsystems die Filtergrenzen in der Praxis zu Pauschalen werden, die von den Steuerpflichtigen immer angesetzt werden, was einen Verstoß gegen den Vorbehalt des Gesetzes darstellt.[2563] Ahrendt führt aus, dass die Fortgeltung des geschriebenen Rechts auf der Geheimhaltung des faktisch vollzogenen Rechts basiere.[2564]

Die Geheimhaltung der Kriterien des Risikomanagementsystems ist jedoch auch problematisch, da die Risikokriterien gerichtlich überprüfbar sein müssen und der Rechtsschutz der Steuerpflichtigen durch eine Geheimhaltung unter Umständen beeinträchtigt wird.[2565] Wie oben[2566] gezeigt wurde, ist die Ausgestaltung des Risikomanagementsystems an den strengen Vorgaben des Verifikationsprinzipes zu messen. Um festzustellen, ob der gleich- und gesetzmäßige

---

2561 *Krömker/Nöcker*, AO-StB 2017, 305, 306.

2562 *Rohner*, Rechtsprobleme der elektronischen Veranlagung, S. 49; *Steinhauff*, AO-StB 2018, 295, 296.

2563 *Deckers/Fiethen*, FR 2015, 913, 920; *Münch*, DStR 2013, 2150, 2152.

2564 *Ahrendt*, NJW 2017, 537, 540.

2565 *Steinhauff*, AO-StB 2018, 295, 296.

2566 Siehe Kapitel 7 A II „Risikomanagementsystem im Kontext des Amtsermittlungsgrundsatzes".

Steuervollzug gewährleistet und ob das Risikomanagementsystem unter Berücksichtigung willkürfreier Kriterien ausgestaltet ist, muss eine gewisse Transparenz vorhanden sein.[2567] Hinzu kommt, dass eine Intransparenz zu höherem Widerstand führt; eine Veröffentlichung der Kriterien kann auch die Steuermoral erhöhen.[2568] So könnte beispielsweise eine Verwendung von „sonstigen Werbungskosten" anstatt einer direkten Zuordnung zu Arbeitsmitteln, Steuerberatungskosten o.Ä. zu einer Aussteuerung im elektronischen Verfahren mit einer zwingenden Nachprüfung führen. Hierdurch würden Steuerpflichtige und Steuerberater angehalten werden, eine genauere Zuordnung der entstandenen Kosten vorzunehmen, was wiederum die Funktionsweise des Risikomanagements erleichtern würde, welches genauer analysieren kann, bei welchen Kostenarten üblicherweise Fehler enthalten sind, und einen genaueren Abgleich mit Richtwerten vornehmen kann.

Zu prüfen ist, ob die Steuerpflichtigen ein Recht auf Auskunft zu ihrer Risikoklasse und damit zu den Kriterien des Risikomanagementsystems haben. Im Besteuerungsverfahren besteht kein explizites Recht auf Akteneinsicht.[2569] Gemäß § 364 AO besteht aber im Einspruchsverfahren ein Auskunftsrecht (was nicht mit einem Recht auf Akteneinsicht gleichzusetzen ist[2570]) hinsichtlich der Unterlagen der Besteuerung. Der Begriff der Unterlagen der Besteuerung ist weiter als der Begriff der Besteuerungsgrundlagen in § 157 Abs. 2 AO und § 199 Abs. 1 AO. Hierzu gehören alle Schriftstücke und Daten, die geeignet sind, die Sachaufklärung bzw. das Ergebnis des Einspruchsverfahrens zu beeinflussen (z.B. Bewertungs-/Schätzungsunterlagen, Berechnungsmitteilungen, Kontrollmitteilungen).[2571] Ungeklärt ist, ob hierzu auch Prüfhinweise im Rahmen des Risikomanagements gehören. Nach Münch ist die Kenntnis der Prüfhinweise erforderlich für eine effektive Verteidigung im Rechtsbehelfsverfahren.[2572]

2567 *Ruß/Ismer/Margolf*, DStR 2019, 409, 413; *Seer*, in: Tipke/Kruse, Kommentar AO, Rz. 69 zu § 88 AO.

2568 *Seer*, in: Tipke/Kruse, Kommentar AO, Rz. 58 zu § 88 AO.

2569 *Birnbaum*, in: Pfirrmann/Rosenke/Wagner, BeckOK AO, vor § 364 AO; Entscheidung nach pflichtgemäßem Ermessen siehe *Birnbaum*, in: Pfirrmann/Rosenke/Wagner, BeckOK AO, Rz. 27 ff. zu § 364 AO; *Münch*, DStR 2013, 2150, 2152.

2570 *Birnbaum*, in: Pfirrmann/Rosenke/Wagner, BeckOK AO, Rz. 40 zu § 364 AO; *Loschelder*, AO-StB 2003, 126, 128; *Seer*, in: Tipke/Kruse, Kommentar AO, Rz. 8 zu § 364 AO.

2571 *Loschelder*, AO-StB 2003, 126, 127; *Münch*, DStR 2013, 2150, 2150; *Seer*, in: Tipke/Kruse, Kommentar AO, Rz. 5 zu § 364 AO.

2572 *Münch*, DStR 2013, 2150, 2153.

Wenn man auf die oben genannte Definition abstellt, müsste es aber geeignet sein, die Sachaufklärung oder das Ergebnis des Einspruchsverfahrens zu beeinflussen. Es muss also nachgewiesen werden, dass sich hieraus eine Auswirkung auf die Steuerlast, ggf. durch bestimmte verfahrensrechtliche Auswirkungen, ergibt. Dies kann zum Beispiel aus dem unterschiedlichen Abschluss der Willensbildung im Fall einer vollautomatisierten Steuerfestsetzung resultieren, was Auswirkungen auf eine Änderung nach § 173 AO hat. Des Weiteren können sich Änderungssperren nach § 173 AO ergeben, wenn Risikohinweise nicht beachtet werden.[2573] Nach dem Sinn und Zweck von § 364 AO muss daher in diesen Fällen eine Auskunft zu den Risikohinweisen erfolgen, um einen effektiven Rechtsschutz im Rechtsbehelfsverfahren zu erreichen.[2574] Es unterbleibt jedoch eine Auskunft, wenn diese die ordnungsgemäße Aufgabenerfüllung durch die Behörde oder die öffentliche Sicherheit bzw. Ordnung gefährden oder dem Wohl des Bundes Nachteile bereiten würde.[2575] Dies bedarf einer schlüssigen Begründung im Einzelfall.

Spätestens beim Finanzgericht gerät die Geheimhaltung der Risikoparameter an ihre Grenzen.[2576] Die Geheimhaltung nach § 88 Abs. 4 S. 4 AO ist ein konditionierter Geheimnisvorbehalt, der nur gültig ist, sofern die Gleich- und Gesetzmäßigkeit der Besteuerung durch eine Offenlegung ernsthaft gefährdet wäre.[2577] Die Mitteilung der Risikoparameter kann zur Gewährung effektiven Rechtsschutzes erforderlich sein. Eine Geheimhaltung widerspricht in diesem Fall Art. 19 Abs. 4 GG.[2578] Der Vollzug der Steuergesetze durch die Finanzverwaltung muss durch die Gerichte überprüfbar sein, um beispielsweise eine Ungleichbehandlung von Steuerpflichtigen sowie Vollzugsdefizite zu erkennen und zu bekämpfen.[2579] Die Gerichte können ein In-Camera-Verfahren (§ 86 Abs. 3 FGO) veranlassen, wenn nur dem Gericht entscheidungserhebliche Informationen vorgelegt werden sollen. Voraussetzung hierfür ist nach § 86 Abs. 2 FGO, dass das Bekanntwerden dem Wohl des Bundes Nachteile bereiten würde

---

2573 *Münch*, DStR 2013, 2150, 2152; siehe auch Kapitel 6 B I 3 b „Zinszahlungen infolge einer Änderungsmöglichkeit des Finanzamtes bei fehlerhafter Festsetzung zugunsten des Steuerpflichtigen nach § 173 Abs. 1 Nr. 1 AO oder § 175b Abs. 1 AO".

2574 *Münch*, DStR 2013, 2150, 2153.

2575 *Birnbaum*, in: Pfirrmann/Rosenke/Wagner, BeckOK AO, Rz. 30 zu § 364 AO.

2576 *Preißer/Wind*, S. 17.

2577 *Krumm*, in: Tipke/Kruse, Kommentar AO, Rz. 14 zu § 86 FGO; *Seer*, in: Tipke/Kruse, Kommentar AO, Rz. 58 zu § 88 AO.

2578 *Preißer/Wind*, S. 65.

2579 *Trossen*, FR 2015, 1021, 1023.

oder die Vorgänge nach ihrem Wesen geheim gehalten werden müssen. Hierbei muss das Allgemeininteresse an der steuerlichen Verfahrensgerechtigkeit, die durch die Geheimhaltung gesichert werden soll, gegen die Individualinteressen des Einzelnen an der Mitteilung der Risikoparameter abgewogen werden. Es ist ein strenger Maßstab anzulegen; es bedarf einer schlüssigen Begründung, wieso bei Offenbarung das Wohl des Bundes gefährdet ist.[2580] Die Geheimhaltung der Kriterien des Risikomanagementsystems wurde als expliziter Fall in § 86 Abs. 2 S. 2 FGO aufgenommen.[2581] Bei einem In-Camera-Verfahren ist die Akteneinsicht der Beteiligten nach § 86 Abs. 3 S. 7 FGO ausgeschlossen.[2582] Hierdurch wird sowohl dem Gedanken des effektiven Rechtsschutzes als auch dem Geheimnisschutz Rechnung getragen.[2583] Der Bundesfinanzhof muss also nach § 86 Abs. 3 FGO im Einzelfall entscheiden, ob die Gleich- und Gesetzmäßigkeit der Besteuerung durch die Veröffentlichung der Risikoparameter im konkreten Fall gefährdet ist. Münch führt hierzu aus, dass das Interesse, die eigene Risikoklasse zu erfahren, wohl immer hinter dem schützenswerten Interesse der Gleich- und Gesetzmäßigkeit der Besteuerung durch Geheimhaltung zurückbleibt.[2584] Es ist jedoch hier im Einzelfall zu prüfen. Ein berechtigtes Interesse kann beispielsweise vorliegen, wenn ein Ermittlungsfehler der Finanzverwaltung Auswirkung auf die Steuerfestsetzung hätte.[2585] Daraus folgt, dass es in Einzelfällen zu einer Veröffentlichung der Risikoparameter kommen wird. Es kann sich damit wiederum ein Herrschaftswissen größerer Kanzleien entwickeln.[2586]

2580 *Krumm*, in: Tipke/Kruse, Kommentar AO, Rz. 11 zu § 86 FGO; *Preißer/Wind*, S. 17.

2581 *Helbich*, DStR 2017, 574, 478 f.; *Marx*, Ubg 6/2016, 358, 362.

2582 *Jesse*, Einspruch und Klage im Steuerrecht, Rz. 60 zu C; *Krumm*, in: Tipke/Kruse, Kommentar AO, Rz. 23 zu § 86 FGO.

2583 *Krumm*, in: Tipke/Kruse, Kommentar AO, Rz. 23 zu § 86 FGO; siehe hierzu auch: *Richter/Welling*, FR 2015, 1014, 1016 f. (befürwortend Drüen und Trossen); *Steinhauff*, AO-StB 2018, 295, 296; *Trossen*, FR 2015, 1021, 1023 f.

2584 *Münch*, DStR 2013, 2150, 2152; zweifelnd hierzu: *Groß/Möslein*, in: Pelka/Petersen, Beck'sches Steuerberater-Handbuch 2019/2020, Rz. 138 zu I „Elektronische Steuerkommunikation".

2585 Für einen Ermittlungsfehler ist insbesondere entscheidend, welche Prüfhinweise vom Risiko-managementsystem gegeben wurden, siehe BFH, Urteil vom 14.01.2020, VIII R 4/17, NJW 2020, 1902, Leitsatz – dies übertragend auf Ermittlungsfehler i.S.d. § 173 AO: *Frotscher*, Stbg 11/20, M1, M1.

2586 *Seer*, in: Tipke/Kruse, Kommentar AO, Rz. 58 zu § 88 AO; so auch: *Preißer/Wind*, S. 76; *Seer*, DStZ 2016/16, 605, 608.

Der Steuerberater ist als Organ der Steuerrechtspflege nach wie vor an die Steuergesetze gebunden und darf nicht hiervon abweichen, sodass auch bei Kenntnis der Filter des Risikomanagementsystems im Bereich der steuerlichen Beratung die gesetzmäßige Steuerfestsetzung nicht gefährdet ist. Nichtsdestotrotz muss die Finanzverwaltung entsprechende Prüfmechanismen in das Risikomanagementsystem integrieren, die erkennen, wenn bestimmte Nichtaufgriffsgrenzen kontinuierlich ausgenutzt werden, um eine Aussteuerung vorzunehmen.[2587] So könnte beispielsweise ein mehrfaches geringes Unterschreiten von Nichtaufgriffsgrenzen technisch erkannt und ausgesteuert werden.

Weiter wird kritisiert, dass durch das Risikomanagementsystem der Vorrang des Gesetzes unterlaufen wird.[2588] Aufgrund der Geheimhaltung der Kriterien ist dies kaum überprüfbar.[2589] Das von der Exekutive geschaffene „code law" gewinnt an Bedeutung, was bis zu einer eigenen Rechtssetzung durch die Exekutive führen kann, da durch die Programmierung des Risikomanagementsystems das tatsächlich vollzogene Recht bestimmt wird. Die softwaretechnische Umsetzbarkeit sowie die Inanspruchnahme von Ressourcen wird zu einem entscheidenden Faktor dafür, ob eine gesetzmäßige Besteuerung erfolgt oder nicht.[2590] Die Exekutive wird damit zu einer Entscheidung über die Anwendbarkeit der Gesetze ermächtigt, was im Konflikt zur Gewaltenteilung steht.[2591] Hiermit ist nicht zwingend eine Kritik am Risikomanagement als solches verbunden, sondern an der fehlenden Überprüfbarkeit. Faktisch hat die Finanzverwaltung ein Instrument an der Hand, mit dem erhebliche Beschränkungen des geschriebenen Rechts erreicht werden können, ohne dass die genaue Ausgestaltung geprüft wird, da die Kriterien geheim gehalten werden. Diese fehlende Überprüfbarkeit führt berechtigterweise zu Zweifeln an der Einhaltung des Rechtsstaatsprinzips und der Gewaltenteilung.[2592]

Teilweise wird auch kritisiert, dass die Inhalte des Risikomanagementsystems an der Verwaltungsauffassung ausgerichtet werden, obwohl diese keine

---

2587 *Deckers/Fiethen*, FR 2015, 913, 915.

2588 *Ahrendt*, NJW 2017, 537, 538; *Baldauf*, DStR 2016, 833, 837; *Deckers/Fiethen*, FR 2015, 913, 914; *Steinhauff*, AO-StB 2018, 295, 295.

2589 *Ahrendt*, NJW 2017, 537, 538.

2590 *Ahrendt*, NJW 2017, 537, 540; *Haunhorst*, DStR 2010, 2105, 2109; *Maier*, JZ 12/2017, 614, 618.

2591 *Ahrendt*, NJW 2017, 537, 538; *Baldauf*, DStR 2016, 833, 837.

2592 *Ahrendt*, NJW 2017, 537, 538; *Riedlinger*, BB 2016, Heft 11, 1; zur großen Bedeutung der Finanzverwaltung für die Gesetzgebung siehe auch schon: *Pezzer*, in: Brandt, Mitverantwortung von Bürger und Staat, S. 67 f.

Gesetzesbindung hat.[2593] Dies ist jedoch zulässig. Die Finanzverwaltung hat nach § 88 AO den Verifikationsauftrag und ist beispielsweise an BMF-Schreiben gebunden. Damit müssen von der Verwaltungsauffassung abweichende Meinungen vom Risikomanagementsystem erkannt werden. Dem Steuerpflichtigen steht in diesem Fall der Rechtsweg offen. Es kommt hierdurch nicht zu einem Widerspruch zum Vorbehalt des Gesetzes.

Weiter ist zu beachten, dass die Ergebnisse des Risikomanagementsystems unter Umständen Anhaltspunkte für eine Steuerstraftat ergeben können. Bedeutung hat dies zum Beispiel nach § 10 BPO im Rahmen einer Außenprüfung. Unplausibilitäten bei der Verprobung, die bereits bei einer summarischen Risikoprüfung auftreten können, können tatsächliche Anhaltspunkte für eine Straftat darstellen, beispielsweise erhebliche Auffälligkeiten beim Abgleich der Umsätze oder Kontensalden. Es reichen hierfür Anhaltspunkte aus; die Straftat muss nicht tatsächlich vorliegen; dies wird erst anschließend im Strafverfahren geprüft.[2594] In diesem Fall ist der Steuerpflichtige entsprechend darauf hinzuweisen, da im Strafverfahren andere Rechte und Pflichten gelten. Ohne Offenlegung der Kriterien des Risikomanagementsystems kann der Steuerpflichtige nicht prüfen, ob sich ggf. hieraus schon Anhaltspunkte für eine Steuerstraftat ergeben und er entsprechende Auskunftsverweigerungsrechte hat oder Beweisverwertungsverbote vorliegen.

Des Weiteren wird kritisiert, dass die Geheimhaltung der Kriterien des Risikomanagementsystems nicht mit dem Recht auf informationelle Selbstbestimmung vereinbar ist. Das Recht auf informationelle Selbstbestimmung wurde aus dem allgemeinen Persönlichkeitsrecht entwickelt und dient dem Schutz des Einzelnen gegen unbegrenzte Speicherung, Verwendung und Weitergabe der persönlichen Daten. Das Recht auf informationelle Selbstbestimmung muss im Rahmen einer automatisierten Datenverarbeitung besonders geschützt werden, da erheblich mehr Daten gespeichert und in Sekundenschnelle abrufbar sind.[2595] Jedoch müssen Einschränkungen des Rechts auf informationelle Selbstbestimmung hingenommen werden, wenn dies dem überwiegenden Allgemeininteresse dient. Es darf daher keine Datensammlung zu unbestimmten Zwecken erfolgen; Aufgaben und Zweck müssen klar bestimmt sein, um das Verwaltungshandeln

---

2593 *Ruß/Ismer/Margolf*, DStR 2019, 409, 412.

2594 *Webel/Wähnert*, NWB 2014/44, 3324, 3330 ff.

2595 BVerfG, Urteil vom 15.12.1983, BvR 209/83, BVerfGE 65, 1, Rz. 147; *Beckmann*, S. 28; *Seer*, in: Hey, DStJG 42 (2019), 247, 248.

zu binden.[2596] Das Risikomanagementsystem selbst ist mit dem Recht auf informationelle Selbstbestimmung vereinbar, da es Aufgabe der Finanzverwaltung ist, die Angaben in der Steuererklärung zu verifizieren und damit die Gesetz- und Gleichmäßigkeit der Besteuerung sicherzustellen.[2597] Jedoch erfordert das Grundrecht auch eine Transparenz der Risikokriterien, da der Steuerpflichtige den Zweck der Verarbeitung kennen muss und er wissen muss, was die Behörde wann über ihn weiß. Einschränkungen sind nur in begründeten Fällen zulässig.[2598] Hierfür müssen gesetzliche Ausschlusstatbestände geschaffen werden, in denen die verschiedenen Interessen gegeneinander abgewogen werden.[2599] Es kann damit im Rahmen des elektronischen Veranlagungsverfahren nicht nur ein gläserner Steuerbürger geschaffen werden, sondern auch die Finanzverwaltung muss zumindest zum Teil „gläsern" werden, um zu zeigen, über welche Daten sie verfügt und wie diese verwendet werden.[2600]

Die vollständige Geheimhaltung der Kriterien des Risikomanagements ist damit in der Praxis nicht zielführend und nicht verfassungsgemäß. Es ist auf der anderen Seite jedoch auch nicht sinnvoll, sämtliche Kriterien mit genauen Größenangaben im Vorhinein offenzulegen. Die Befürchtung, dass in diesem Fall eine Ausrichtung an den entsprechenden Nichtaufgriffsgrenzen erfolgt, ist nachvollziehbar. Es spricht jedoch nichts dagegen, die Grundsätze des Risikomanagementsystems offenzulegen, d.h. zu erläutern, nach welchen Kriterien die Auswahl erfolgt und in welchen Fällen eine Zufallsauswahl erfolgt.[2601] Dies wird auch in anderen Ländern, beispielsweise in Großbritannien und Italien, entsprechend so praktiziert.[2602] Auch können Details des Risikomanagementsystems,

---

2596 BVerfG, Beschluss vom 13.06.2007, BvR 1550/03, BVerfGE 118, 168, Rz. 97; BVerfG, Urteil vom 15.12.1983, BvR 209/83, BVerfGE 65, 1, Rz. 155; *Munz,* in: v. Westphalen, Vertragsrecht und AgB-Klauselwerke, Rz. 1 zu Datenschutzklauseln; *Seer*, DStR 2008, 1553, 1557 f.; *Seer*, in: FS Kirchhof, 1765, 1776.

2597 *Mann*, DStR 2009, 506, 507.

2598 *Mann*, DStR 2009, 506, 507; *Seer,* in: Hey, DStjG 42 (2019), 247, 250; grundlegend: *Munz,* in: v. Westphalen, Vertragsrecht und AgB-Klauselwerke, Rz. 1 zu Datenschutzklauseln; *Seer*, DStR 2008, 1553, 1558; *Simitis*, NJW 1990, 2713, 2717.

2599 BVerfG, Beschluss vom 10.03.2008, 1 BvR 2388/03, BVerfGE 120, 351, Rz. 74.

2600 *Seer,* in: Hey, DStJG 42 (2019), 247, 285.

2601 Auch eine Veröffentlichung der Grundsätze nicht ablehnend: *Richter/Welling*, FR 2015, 1014, 1016 (nach Buchwald); ebenfalls eine ex-post-Bekanntgabe befürwortend: *Marx*, Ubg 6/2016, 358, 362.

2602 *Haller*, Nutzung von E-Bilanz Datensätzen im Risikomanagement der Finanzverwaltung, S. 23 ff.

beispielsweise welche Risikokriterien im konkreten Fall berücksichtigt wurden, im Nachhinein veröffentlicht werden. Eine vollständige Geheimhaltung des Risikomanagementsystems entspricht auch nicht § 88 Abs. 5 S. 4 AO, gemäß dem ausdrücklich nur eine Geheimhaltung zulässig ist, wenn die Gleich- oder Gesetzmäßigkeit der Besteuerung gefährdet ist.[2603] Wenn dies nicht der Fall ist, entspricht es dem Grundsatz der guten Verwaltung (Art. 41 der EU-Grundrechtecharta) und dem Rechtsstaatsprinzip, die Kriterien offenzulegen.[2604] Derzeit bewahrheitet sich aber die Befürchtung[2605], dass die Finanzverwaltung § 88 Abs. 5 S. 4 AO sehr weit versteht und die Funktionsweise des Risikomanagementsystems kaum offenlegt, geschweige denn im Einzelfall Auskünfte zur Risikoklasse erteilt.

Der Steuerbescheid enthält derzeit keinen Hinweis darauf, ob es sich um einen vollständig automationsgestützten Erlass handelt oder ob eine Aussteuerung durch das Risikomanagementsystem erfolgt ist. In der Literatur wird ausgeführt, dass dies nicht erforderlich ist.[2606] Ein ausdrücklicher Hinweis auf dem Bescheid ist jedoch erforderlich. So kann es Auswirkungen auf den Abschluss der Willensbildung und etwaige Ermittlungsfehler der Finanzverwaltung nach § 173 AO haben.[2607] Durch eine entsprechende Dokumentation könnte die Finanzverwaltung auch auswerten, wie viele Fälle durch Zufallsauswahl ausgewählt werden, welche Risikohinweise greifen und wo nachgebessert werden muss.

Es ist im Rahmen einer Verifikationsverwaltung zwingend erforderlich, die Funktionsweise des Risikomanagementsystems regelmäßig zu verifizieren und zu dokumentieren, sodass die Kriterien der Gesetz- und Gleichmäßigkeit der Besteuerung dem tatsächlichen Steuervollzug nicht widersprechen und die Einhaltung des Rechtsstaatsprinzipes und des Willkürverbots überprüft werden kann. Eine entsprechende regelmäßige Überprüfung, beispielsweise durch den Bundesrechnungshof, sollte gesetzlich festgehalten werden.[2608] Die Ergebnisse

---

2603 *Marx*, Ubg 6/2016, 358, 358.

2604 *Seer*, DStZ 2016/16, 605, 608; *Seer*, in: Tipke/Kruse, Kommentar AO, Rz. 58 zu § 88 AO.

2605 *Seer*, in: Jahrbuch des Bundesverbands der Steuerberater 2016, 55, 65; *Seer*, in: Widmann, DStJG 31 (2008), 7, 35; *Seer*, StuW 4/2015, 315, 325.

2606 *Rüsken*, in: Klein, Kommentar AO, Rz. 59 zu § 155 AO; *Seer*, in: Tipke/Kruse, Kommentar AO, Rz. 50 zu § 150 AO.

2607 Siehe Kapitel 5 D II 1 „Zinszahlungen infolge einer späteren Änderung nach § 173 Abs. 1 Nr. 1 AO“ sowie 4 B II 1 „Zinszahlungen infolge einer Änderungsmöglichkeit nach § 173 Abs. 1 Nr. 1 AO oder § 173a AO bei fehlerhaften Steuerbescheiden zugunsten des Steuerpflichtigen“.

2608 *Marx*, Ubg 6/2016, 358, 363.

müssen öffentlich zugänglich sein. Im Hinblick hierauf kann auf die Vorschläge von Bündnis 90 / Die Grünen im Gesetzgebungsprozess verwiesen werden, die nicht in das Gesetz aufgenommen wurden. Sie forderten eine jährliche Prüfung des Risikomanagementsystems mit Veröffentlichung der Ergebnisse. Weiter sollte die Zufallsauswahl auf mindestens 25% festgelegt werden, um das Risikomanagementsystem hierüber zu verifizieren. Sämtliche Prüfergebnisse müssen dokumentiert werden. Die geheimen Komponenten sind auf ein Minimum zu reduzieren. Sofern eine Prüfempfehlung abgelehnt wird, ist dies zu begründen und zu dokumentieren. Weiter muss das Risikomanagementsystem durch eine unabhängige Prüfinstanz regelmäßig geprüft werden.[2609] Ebenso fordern Martini und Nink eine „Algorithmen-Prüfstelle“[2610]. Diese Vorschläge führen sicherlich nicht zu einer Erhöhung der Effizienz, sind jedoch zur Gewährleistung der Gleich- und Gesetzmäßigkeit der Besteuerung und zur Vermeidung struktureller Vollzugsdefizite zwingend erforderlich. Der Turnus der Prüfung kann ggf. etwas verlängert werden, um die Effizienzvorteile zu erhalten.

In dieser Weise kann auch ein Austausch mit der Fachöffentlichkeit, unter anderem den Steuerberatern, hinsichtlich der geeigneten Kriterien des Risikomanagementsystems erfolgen.[2611] Ein erhöhtes Mitspracherecht führt im Regelfall auch zu einer besseren Akzeptanz des Verfahrens.[2612] Das Risikomanagementsystem steckt noch in den Kinderschuhen und steht auf den ersten Blick, zumindest theoretisch, im Widerspruch zum herkömmlichen Amtsermittlungsgrundsatz. Es sollte von Anfang an eine rechtskonforme und damit auch rechtssichere Lösung gefunden werden, die der Gleichmäßigkeit der Besteuerung nicht entgegensteht und trotzdem ein effizientes Veranlagungsverfahren, an dem nicht nur die Finanzverwaltung, sondern auch die Steuerpflichtigen und Steuerberater interessiert sind, gewährleistet. Hierfür müssen die Kriterien des Risikomanagementsystems nachvollziehbar und widerspruchsfrei bestimmt werden.[2613] Die Mitwirkungspflichten sind auch Mitwirkungsrechte.

2609 Deutscher Bundestag, Drucksache 18/8436 vom 11.05.2016 (Entschließungsantrag), S. 2; *Preißer/Wind*, S. 74.

2610 *Martini/Nink*, NVwZ 2017, 681, 682.

2611 *Marx*, Ubg 6/2016, 358, 362; *Seer*, in: Jahrbuch des Bundesverbands der Steuerberater 2016, 55, 65; *Seer*, in: Tipke/Kruse, Kommentar AO, Rz. 58 und 70 zu § 88 AO; *Seer*, in: Widmann, DStJG 31 (2008), 7, 35; *Seer*, StuW 4/2015, 315, 325; *Seewald*, in: Brandt, Europäische Perspektiven im Steuerrecht; Steuergerechtigkeit und Steuervereinfachung, S. 185; *Spindler*, in: FS Streck, 417, 423.

2612 *Haller*, Nutzung von E-Bilanz Datensätzen im Risikomanagement der Finanzverwaltung, S. 27.

2613 *Preißer/Wind*, S. 71.

Die Mitwirkungspflichten werden, wie dargestellt, erhöht, um ein funktionierendes Risikomanagementsystem zu erreichen. Auf der anderen Seite wird dem Steuerpflichtigen jedoch das Recht auf Verfahrensteilhabe teilweise genommen, indem er nur in sehr aufwändiger Weise eine Auskunft darüber erhält, wieso sein Steuerfall im Detail geprüft wird und ob die Finanzverwaltung ihre Ermittlungspflichten verletzt hat.[2614]

2. Berücksichtigung des Steuerberaters als positiven Faktor im Risikomanagementsystem

Weiter ist ausgehend von der Rolle des Steuerberaters im elektronischen Veranlagungsverfahren zu prüfen, inwieweit dieser ein zu berücksichtigendes Kriterium im Risikomanagementsystem darstellen sollte.

Wie bereits dargestellt stellt der Steuerberater eine erhebliche Stütze auf dem Weg zu einem gleich- und gesetzmäßigen Steuervollzug dar. Daher ist den Steuererklärungen, die von Steuerberatern erstellt werden, ein höherer Vertrauensvorschuss zu gewähren.[2615] Tipke bejaht diesen Vertrauensvorschuss und bezeichnet die Steuerberater als Garanten gesetzmäßiger und gleichmäßiger Besteuerung.[2616] Ebenso führt Seer aus, dass die Konsultation des Steuerberaters wegen seiner Organstellung das Kontrollbedürfnis vermindert, sodass ein Vertrauensvorschuss gerechtfertigt ist.[2617] Durch eine Berücksichtigung des Steuerberaters als positives Kriterium im Risikomanagementsystem kann auch ein Anreiz zur Inanspruchnahme steuerlicher Beratung[2618] sowie ein Anreiz zu ordnungsgemäßer Steuerberatung[2619] geschaffen werden, was wiederum zu einer Erhöhung der Gleich- und Gesetzmäßigkeit im Steuervollzug führt.

Hingegen führt Härtl aus, dass es in einem Risikomanagementsystem zielführend wäre, dass der Steuerberater eine Erklärung dahingehend abgibt, ob die

2614 Kritisierend hierzu: *Baldauf*, DStR 2016, 833, 835.

2615 Siehe hierzu Kapitel 7 A I „Verantwortlichkeiten im Rahmen der §§ 88 ff. AO"; so auch: Rizen, S. 312.

2616 *Tipke*, BB 2009, 636, 641.

2617 *Seer*, DStR 2008, 1553, 1555; *Seer*, in: Brandt, Mitverantwortung von Bürger und Staat, S. 114 f.

2618 *Seer*, in: Brandt, Mitverantwortung von Bürger und Staat, S. 114 f.; *Seer*, in: Widmann, DStJG 31 (2008), 7, 35 f.; *Seewald*, in: Brandt, Europäische Perspektiven im Steuerrecht; Steuergerechtigkeit und Steuervereinfachung, S. 185.

2619 Siehe zur Notwendigkeit von Anreizen für eine gesetzesmäßige Steuerberatung ohne Pflichtverletzungen: *Hommerich*, DStR 2008, 1161, 1165.

geführten Bücher und Aufzeichnungen ordnungsgemäß sind und dass er dies entsprechend überprüft hat. In diesem Fall könnte man einen Vertrauensvorschuss gewähren und nur einzelne Stichproben vornehmen. Sofern der Steuerberater diese Bestätigung nicht vornimmt, wäre entsprechend mit einer größeren Betriebsprüfungswahrscheinlichkeit zu rechnen.[2620] In eine ähnliche Richtung argumentiert auch Salditt, der ausführt, dass die Rolle des Steuerberaters genau zu untersuchen sei. So habe ein Steuerberater, der eigene Prüfungen durchgeführt hat, ein Gewicht für die Richtigkeit der Steuererklärung; ein Steuerberater, der jedoch nur Mitteilungen des Mandanten in die Formulare einträgt und nicht überprüft (was ohnehin der eigenverantwortlichen Berufsausübung widerspricht), dürfe jedoch keinen erhöhten Vertrauensvorschuss genießen.[2621] Der Zweck einer solchen Bestätigung ist jedoch nicht ersichtlich. Zum einen ist der Steuerberater schon aus zivil- und berufsrechtlichen Gründen und zur Vermeidung negativer strafrechtlicher Auswirkungen gezwungen, die erhaltenen Unterlagen und Informationen zu prüfen und Zweifeln nachzugehen. Er darf nicht an Steuererklärungen, die gegen das Gesetz verstoßen, mitwirken. Auch darf er die Angaben des Mandanten nicht ungeprüft übernehmen. Er muss außerdem von der Belehrungsbedürftigkeit des Steuerpflichtigen ausgehen, auch wenn dies über den reinen Übermittlungsauftrag hinausgeht.[2622] Eine nochmalige Bestätigung dessen ist daher nicht erforderlich und würde den Steuerberater auf dem Papier weiter in Richtung eines „Hilfsbeamten" der Finanzverwaltung, der eine Vorabkontrolle übernimmt, verschieben. Zudem ist der Steuerberater nicht an die Finanzverwaltungsansicht gebunden, sodass er die notwendige Verifikation nach § 88 AO überhaupt nicht vornehmen und er hierzu auch nicht verpflichtet werden kann. Der Vertrauensvorschuss muss daher unabhängig von einer solchen Bestätigung für Steuererklärungen, die von Steuerberatern erstellt werden, gelten. Nichtsdestotrotz ersetzt dies nicht die Verifikation der Finanzverwaltung.

Auf der anderen Seite kann durch die Einbeziehung der Steuerberater im Risikomanagementsystem jedoch eine Verschiebung des Risikofaktors abhängig vom individuellen Steuerberater eintreten. Es kann, wie für den Steuerpflichtigen, auch für den Steuerberater eine entsprechende Steuervita mandantenübergreifend basierend auf den von ihm bearbeiteten Fällen erstellt werden.

2620 *Hamann/Härtl/Kurz/Ludwig/Schmieder*, Elektronische Betriebsprüfung, S. 33.

2621 *Salditt*, in: Tipke, Steuerberatung und Rechtsstaat, S. 79 f.

2622 *Schröder*, Anmerkung zu OLG Hamburg, Urteil vom 23.05.2017, 9 U 51/14, DStR 2018, 2498, 2499; siehe auch Kapitel 2 C I „Zulässigkeit des Auftrags zur elektronischen Datenübermittlung durch den Steuerberater".

Seer schlägt hierzu vor, jedem Steuerberater eine entsprechende Nummer zur Identifikation zu erteilen.[2623] In dieser Weise kann der Steuerberater einen sehr hohen Vertrauensvorschuss haben, es werden aber auf der anderen Seite auch Steuerberater, die gegen ihre Pflichten verstoßen, herausgefiltert, die ihren Vertrauensvorschuss verlieren. Der gewährte Vertrauensvorschuss wird in dieser Weise verifiziert.[2624]

Diese mögliche Analyse der Tätigkeit des Steuerberaters und Einbeziehung im Risikomanagementsystem wird in der Literatur kritisiert. Wenn der Steuerberater als positiver Faktor im Risikomanagementsystem berücksichtigt wird, ist zu befürchten, dass über entsprechende Analysen dieser positive Faktor überprüft und je nach „Berufsausübungsprofil“ des Steuerberaters auch in einen negativen Faktor umschlagen kann.[2625] Krüger bezeichnet dies als Erfassung in Risiko-Clustern analog zu den Mandanten des Steuerberaters.[2626] Sofern der Steuerberater beispielsweise Steuergestaltungsmöglichkeiten ausnutzt oder weniger mit der Finanzverwaltung kooperiert, könnte sich dies negativ im Risikomanagementsystem auswirken. Dies könnte in die Berufsausübungsfreiheit nach Art. 12 GG eingreifen, da der Steuerberater, um negative Auswirkungen im Rahmen des Risikomanagementsystems zu vermeiden, sein Handeln hiernach ausrichten müsste.[2627] Weiter wird ausgeführt, dass eine Differenzierung zwischen zuverlässigen und unzuverlässigen Steuerberatern im Risikomanagementsystem durch Erstellung eines Berufsausübungsprofils einen Verstoß gegen das Recht auf informationelle Selbstbestimmung der Steuerberater darstellt, da es schon an einer gesetzlichen Ermächtigungsgrundlage fehlt.[2628]

Hinzu kommt, dass der Steuerberater weisungsgebunden gegenüber dem Mandanten ist und teilweise keine Kenntnis von etwaigen Fehlern in den Angaben des Mandanten hat, sodass die Risikoeinschätzung des Steuerberaters auch abhängig von dessen Mandanten ist und damit negative Faktoren entstehen

2623 So auch in den USA: *Seer*, Besteuerungsverfahren: Rechtsvergleich Deutschland – USA, S. 42; dies auch befürwortend: *Fr*((„r“ also italic))*izen*, S. 312.

2624 *Seer*, in: Brandt, Mitverantwortung von Bürger und Staat, S. 114 f.; *Seer*, in: Steuerberater-Jahrbuch 2004/2005, S. 78; so auch in den USA: *Nagel*, Selbstveranlagung im britischen und amerikanischen Steuerrecht, S. 26.

2625 *Mann*, DStR 2009, 506, 507 f.

2626 *Krüger*, Steuerberatung und Gerechtigkeit, S. 369.

2627 *Baldauf*, DStR 2016, 833, 836 f.; so auch: *Groß/Möslein*, in: Pelka/Petersen, Beck'sches Steuerberater-Handbuch 2019/2020, Rz. 139 zu I „Elektronische Steuerkommunikation“.

2628 *Mann*, DStR 2009, 506, 507 f.

können, obwohl der Steuerberater diese nicht zu verschulden hat.[2629] So kann eine Ermittlung wegen Steuerhinterziehung des Mandanten zu einer negativen Einordnung des Steuerberaters führen, selbst wenn dieser persönlich keine Straftat begeht und ggf. nicht einmal Kenntnis von den Ermittlungen hat.[2630] Weiter ist zu berücksichtigen, dass die Finanzverwaltung derzeit in der Steuererklärung im Regelfall nur den Namen der Gesellschaft oder Sozietät sieht, hier aber eine erhebliche Anzahl von möglichen Steuerberatern tatsächlich bearbeiten kann. Innerhalb der Gesellschaft kann auch ein unterschiedliches Berufsausübungsprofil von verschiedenen Steuerberatern bestehen.[2631] Faktisch könnte es hierdurch zu einer Berufsaufsicht der Steuerberater durch die Finanzverwaltung kommen. Der Steuerberater darf zwar jede Ansicht vertreten und jede Gestaltungsmöglichkeit nutzen, jedoch kann die Finanzverwaltung hierauf mit einer Negativberücksichtigung im Rahmen des Risikomanagementsystems reagieren und damit faktisch nicht verwaltungskonformes Verhalten sanktionieren.[2632] Eine negative Berücksichtigung im Risikomanagementsystem kann durch längere Bearbeitungszeiten sowie vermehrte Nachfragen und damit einen höheren Aufwand zu einem erheblichen Wettbewerbsnachteil des Steuerberaters führen.

Die Verifikation der Steuerberater im Rahmen des Risikomanagements ist jedoch erforderlich.[2633] Unter Geltung des Verifikationsprinzips muss jeder Steuerfall der theoretischen Möglichkeit unterliegen, geprüft zu werden. Damit dürfen von Steuerberatern erstellte Steuererklärungen nicht von vornherein von der Zufallsauswahl ausgeschlossen werden, sondern können hierüber in jedem Fall ausgewählt werden. Auch sollte der positive Risikofaktor nicht so weit gehen, dass von Steuerberatern erstellte Steuererklärungen im Risikomanagementsystem faktisch nie ausgesteuert werden. Auch in Steuererklärungen von Steuerberatern können Fehler enthalten sein. Hinzu kommt, dass Steuerberater nicht an die Verwaltungsauffassung gebunden sind.[2634] Es ist daher teilweise eine Einsicht in Belege erforderlich, um abweichende Auffassungen zu erkennen. Diese Aufgabe kann das Risikomanagementsystem in seiner derzeitigen technischen Ausgestaltung nicht erfüllen.

2629 *Baldauf*, DStR 2016, 833, 836 f.; *Mann*, DStR 2009, 506, 508.

2630 *Krüger*, Steuerberatung und Gerechtigkeit, S. 369.

2631 *Mann*, DStR 2009, 506, 508.

2632 *Mann*, DStR 2009, 506, 508.

2633 *Seer*, in: Brandt, Mitverantwortung von Bürger und Staat, S. 114 f.; *Seer*, in: Steuerberater-Jahrbuch 2004/2005, S. 78.

2634 Siehe Kapitel 5 B II 1 und 5 D II 2 „Straf- und bußgeldrechtliche Auswirkungen" und „Straf- und bußgeldrechtliche Auswirkungen".

Jedoch darf eine negative Steuervita eines Steuerberaters niemals dazu führen, dass hieraus ein negativer Faktor im Risikomanagementsystem resultiert. Die Inanspruchnahme steuerlicher Beratung führt zu einem Vertrauensvorschuss, der wegfällt, wenn der Steuerberater sich in der Vergangenheit als unzuverlässig gezeigt hat. Da die Steuererklärung weiterhin nach § 150 Abs. 2 AO nach bestem Wissen und Gewissen des Steuerpflichtigen zu erstellen ist und der Steuerpflichtige die vom Steuerberater übermittelten Daten auch entsprechend prüfen muss, kann es jedoch nicht ungünstiger sein, steuerliche Beratung in Anspruch zu nehmen als keine steuerliche Beratung in Anspruch zu nehmen – so unvertrauenswürdig der Steuerberater auch sein mag. Es kann damit durch eine negative Steuervita des Steuerberaters nur zu einem Wegfall des durch ihn im Normalfall verursachten „Positivfaktors" kommen. Hierbei darf es nur zu seinen Lasten gewertet werden, wenn tatsächlich Fehler vom Steuerberater gemacht werden, die dem geltenden Recht widersprechen und auch keine Offenlegung erfolgt. Auch fehlende Abstimmungen oder Verprobungen, zu denen der Steuerberater verpflichtet ist, können sich zu Lasten des Steuerberaters auswirken. Allein Abweichungen von der Verwaltungssicht können nicht zu einer negativen Berücksichtigung führen. Da die Finanzverwaltung im Regelfall nicht weiß, welche Auskünfte und Unterlagen der Steuerberater vom Mandanten erhalten und inwieweit er seine Pflichten erfüllt hat, wird eine negative Berücksichtigung Ausnahmefällen vorbehalten bleiben, in denen sich der Steuerberater tatsächlich strafbar gemacht oder offensichtlich gegen seine Pflichten verstoßen hat. Damit ist die Steuervita des Steuerberaters, die im Rahmen des Risikomanagementsystems Berücksichtigung finden darf, deutlich enger zu fassen als die des Steuerpflichtigen, da der Steuerberater beispielsweise hinsichtlich einer Kooperation mit der Finanzverwaltung oder bezüglich Offenlegungen, soweit diese nicht gesetzlich erforderlich sind, überhaupt keine Handlungsfreiheit hat. Die Mitwirkung von Steuerberatern kann damit zwar Erleichterungen durch einen Vertrauensvorschuss bewirken, hat jedoch keine Beweis- oder Beurkundungsfunktion, da die Letztverantwortung nicht vom Steuerberater übernommen werden kann.[2635]

Um zu überprüfen, welche Kriterien die Finanzverwaltung im Risikomanagementsystem nutzt und in welcher Form der Steuerberater einbezogen wird, ist zwingend eine Offenlegung der zugrunde liegenden Kriterien erforderlich.[2636]

2635 *Kämmerer*, in: Mann/Kämmerer/Kilian/Ring/Stein, Der Steuerberater als Organ der Steuerrechtspflege, S. 22.

2636 So auch: *Spindler*, in: FS Streck, 417, 423.

Des Weiteren sollten der Zweck der Berücksichtigung der steuerlichen Beratung im Risikomanagementsystem und die Risikokriterien zumindest in Grundsätzen gesetzlich festgelegt werden[2637], beispielsweise dass eine Senkung des Vertrauensvorschusses für steuerliche Berater nur bei tatsächlichen Verstößen gegen gesetzliche Regelungen (z.B. gegen die Berufspflichten oder gegen die Steuergesetze) ohne Offenlegung zulässig ist. Bei Verstößen muss ein Rechtsschutz für den Steuerberater gegeben sein. Sofern diese Grundsätze eingehalten werden, besteht auch kein Widerspruch zur Berufsfreiheit oder zum Recht auf informationelle Selbstbestimmung, da Steuerberater ohnehin zur gesetzmäßigen Steuerberatung verpflichtet sind.[2638]

II. Neugestaltung des elektronischen Steuererklärungsformulars

1. Überarbeitung der Inhalte der elektronischen Steuererklärung und Aufnahme von Erläuterungen

Um dem strukturellen Vollzugsdefizit entgegenzuwirken, müssen die Formulare mehr Details abfragen, um sicherzustellen, dass die Sachverhalte vollständig dargestellt werden und dass das Risikomanagementsystem Auffälligkeiten erkennen kann.[2639] So werden mittlerweile bereits bei Handwerkerleistungen und haushaltsnahen Dienstleistungen die Rechnungsanteile für Arbeitskosten und Materialkosten sowie nicht abziehbare Anteile separat abgefragt. Hierdurch können Auffälligkeiten, beispielsweise ein fehlender nicht abzugsfähiger Anteil, erkannt und ausgesteuert werden. Ebenso wäre es beispielsweise bei Vermietungseinkünften sinnvoll, Zuführungen zur Instandhaltungsrücklage bzw. Entnahmen hieraus separat abzufragen. Auch hier könnte bei fehlenden Angaben eine Aussteuerung zur Prüfung erfolgen. Die elektronische Steuererklärung bietet für eine detaillierte Abfrage deutlich mehr Möglichkeiten als die amtlichen Vordrucke, da die Untergliederung faktisch unbegrenzt möglich ist. Durch eine konkrete Abfrage können auch Sachverhalte, bei denen die Auffassung der Finanzverwaltung typischerweise von Literaturauffassungen oder der

---

2637 *Baldauf*, DStR 2016, 833, 837; *Mann*, DStR 2009, 506, 508.

2638 Berufsausübungsregeln sind vereinbar mit Art. 12 GG gemäß *Ruffert*, in: Epping/Hillgruber, BeckOK GG, Rz. 110 zu Art. 12 GG.

2639 Ebenfalls die Bedeutung der Formulare für die Sicherstellung des Steuervollzugs im elektronischen Veranlagungsverfahren ansprechend, da die Programme der Finanzverwaltung nicht subsumieren können und die Formulare die Lücken schließen müssen, die zwischen Steuergesetzen und Bürgern bestehen: *Ortwald*, Steuererklärungspflicht und Verfahrensleistungsfähigkeit, S. 272 und 340 f.

Rechtsprechung abweicht, ausgesteuert werden (z.B. hinsichtlich der Aufteilung von Steuerberatungskosten oder bei Berufsbekleidung); eine Angabepflicht zu abweichenden Verwaltungsauffassungen erübrigt sich damit.

Des Weiteren bietet die elektronische Steuererklärung die Möglichkeit, erheblich mehr Erläuterungen aufzunehmen und diese direkt mit den entsprechenden Kennziffern zu verknüpfen. Die Steuererklärungen enthalten in vielen Fällen unbestimmte und konkretisierende Rechtsbegriffe, die ein Steuerlaie nicht verstehen kann.[2640] Die Digitalisierung hat hierbei den Vorteil, dass diese nicht zwingend auf dem Formular gedruckt werden müssen, sondern auch zu der jeweiligen Kennziffer in der elektronischen Steuererklärung angezeigt werden können. Hiermit können Hilfestellungen gegeben werden, z.B. zu zulässigen und unzulässigen Werbungskosten, zur Aufteilung bei teilweise privat veranlassten Reisekosten etc.. Komplexere Vorschriften, wie beispielsweise die Berechnung der nicht abziehbaren Schuldzinsen nach § 4 Abs. 4a EStG, müssen mit Berechnungsschemata hinterlegt werden. Auch in dieser Weise kann eine Steuervereinfachung durchgeführt werden, ohne Änderung des materiellen Rechts.[2641] So führt auch der Bundesrechnungshof aus, dass komplexe Steuervorschriften im Steuererklärungsvordruck detailliert abgefragt werden müssen, sodass dies verständlich dargestellt wird und eine richtige Beantwortung möglich ist. Es muss sichergestellt werden, dass alle Informationen die erforderlich sind, um eine steuerliche Subsumtion vorzunehmen, technisch abgefragt werden. Anderenfalls muss das Risikomanagementsystem eine umfassendere Prüfung vornehmen und mehr Fälle aussteuern.[2642] Die Erläuterungen müssen im Zusammenspiel mit dem Risikomanagementsystem evaluiert werden: Sofern eine Stichprobenprüfung einen Fehler in der Steuererklärung erkennt, der Fall aber vom Risikomanagementsystem nicht ausgesteuert wurde, muss geprüft werden, ob der Fehler mit entsprechenden Erläuterungen verhindert werden kann.

Weiter sollten in den Erläuterungen auch Hinweise zu umstrittenen Rechtsfragen aufgenommen werden, beispielsweise Verlinkungen zu BFH-Urteilen oder BMF-Schreiben zu den jeweiligen Kennziffern, sodass abweichende Rechtsauffassungen erkannt werden können.[2643] Um entsprechende Hinweise

---

2640 *Tipke*, BB 2009, 636, 637.

2641 *Reinemund*, in: Brandt, Europäische Perspektiven im Steuerrecht; Steuergerechtigkeit und Steuervereinfachung, S. 214.

2642 Deutscher Bundestag, Drucksache 17/8429 vom 17.01.2012 (Unterrichtung durch den Bundesrechnungshof), S. 4 und 15.

2643 Ebenfalls die Erkennbarkeit der Verwaltungsauffassung bejahend: *Riedlinger*, BB 2016, Heft 11, 1.

auf abweichende Rechtsauffassungen im Freitextfeld machen zu können, müssen die Zeichen unbegrenzt sein und das Beifügen von Anlagen ermöglicht werden. So können Medienbrüche vermieden werden und Steuerpflichtige und Steuerberater können dazu angehalten werden, die Hinweise tatsächlich im Freitextfeld und nicht nur in Begleitschreiben aufzunehmen und so eine Aussteuerung durch die Finanzverwaltung zu erleichtern. Ein weiterer Vorteil für die steuerliche Beratung und die Problematik der strafrechtlichen Zurechnung der Angaben ist, dass die Ausführungen und Anlagen in diesem Fall Teil der Steuererklärung sind und damit vom Steuerpflichtigen zusammen mit der Steuererklärung freigegeben werden können.[2644]

Es ist jedoch zu beachten, dass Steuerpflichtige, die die elektronische Übermittlung nicht nutzen können oder wollen, nicht benachteiligt werden. Auch diese müssen daher entsprechenden Zugang zu den Erläuterungen haben, beispielsweise durch umfangreichere Anleitungen[2645]. Alternativ müssen öffentliche Terminals zur Verfügung gestellt werden, bei denen die Hard- und Software kostenlos zur Verfügung steht und auch technische Hilfestellung geleistet wird. In diesem Fall könnte auch auf die Härtefallregelungen verzichtet werden, soweit die unzumutbare Härte darauf beruht, dass die technischen Einrichtungen bzw. das Know-How nicht vorhanden sind.[2646] Sofern jedoch eine elektronische Übermittlung aus anderen Gründen nicht möglich ist, beispielsweise da die Sachverhalte im Einzelfall im elektronischen Formular nicht abgebildet werden können, müssen weiterhin Ausnahmen von der elektronischen Übermittlung, z.B. in Form von Härtefallregelungen, Anwendung finden.

Weiter ist derzeit nicht nachvollziehbar, wieso der Ausdruck der elektronischen Steuererklärung von den amtlichen Vordrucken abweicht. Es werden bei der elektronischen Steuererklärung nur noch die werthaltigen Positionen gedruckt.[2647] Dies führt in der steuerlichen Beratung zu erheblichem Mehraufwand, da nun sowohl die elektronische Steuererklärung vom Steuerpflichtigen geprüft werden muss[2648] als auch die amtlichen Vordrucke, um ein grobes Verschulden und damit eine Änderungssperre nach § 173 Abs. 1 Nr. 2 AO zu

---

2644 Hierzu nachfolgend Kapitel 7 C II 2 „Neugestaltung der „Freizeichnung Online“ bei elektronischer Übermittlung“.

2645 *Rohner*, Rechtsprobleme der elektronischen Veranlagung, S. 55 f.

2646 *Lankes*, Rechtliche Grenzen elektronischer Datenübermittlungspflichten am Beispiel des Elster-Verfahrens, S. 83 f.

2647 *Kußmaul/Ruiner*, StB 2008, 238, 241.

2648 Siehe Kapitel 2 C IV 1 „Zurverfügungstellung der Daten nach § 87d Abs. 3 AO“.

vermeiden.[2649] Weiterer Aufwand entsteht durch die separate Prüfung und Abstimmung der E-Bilanz. Diese muss, wie die EÜR, in die Steuererklärung integriert werden. Wenn sich hieraus direkt Verknüpfungen zu den Kennziffern in der Steuererklärung ergeben und keine doppelten Eintragungen erfolgen müssen, wird die Akzeptanz für die E-Bilanz sowohl bei den Steuerpflichtigen als auch bei den Steuerberatern erheblich steigen. Dies würde zwar unter Umständen weitere Taxonomiepositionen erfordern, jedoch würden die Doppel- und Abstimmarbeiten zwischen Handelsbilanz, E-Bilanz und Steuererklärungen entfallen, sodass auch die erforderlichen Taxonomiepositionen für den Steuerpflichtigen nachvollziehbar sind.[2650] Sofern sich ein direkter Zusammenhang zwischen den E-Bilanz-Positionen und den Positionen in der Steuererklärung ergibt und die Angaben auch steuerlich erheblich sind, ist die Abfrage von der Mitwirkungspflicht gedeckt, wodurch sich auch die verfassungsrechtlichen Probleme der E-Bilanz lösen lassen.[2651] Auf der anderen Seite muss die E-Bilanz auch an den Steuerpflichtigen zurückübertragen und eingespielt werden können, beispielsweise nach Änderungen der Außenprüfung.[2652] Auch dies würde die Akzeptanz erheblich steigern, da es Kapitalanpassungen erleichtert und die E-Bilanz so auch zu einer Erhöhung der Effizienz auf Seiten der Steuerpflichtigen und der Steuerberater führt.

2. Neugestaltung der „Freizeichnung Online" bei elektronischer Übermittlung

Es ist nicht nachvollziehbar, dass nun auf die Unterschrift auf der elektronischen Steuererklärung verzichtet wird, obwohl die Steuererklärung nach § 150 Abs. 2 AO wahrheitsgemäß und nach bestem Wissen und Gewissen zu erstellen ist und die Informationen über die steuerlich erheblichen Tatsachen im Regelfall nur der Steuerpflichtige hat. Die eigenhändige Unterschrift dient der Übernahme der Verantwortung für die Vollständigkeit und Richtigkeit der Erklärung durch den Steuerpflichtigen. Dieser soll sich dessen auch bewusst sein.[2653] Es ist nachvollziehbar, dass zur Vermeidung von Medienbrüchen keine Originalunterschrift auf der Erklärung mehr gefordert wird. In der Praxis wird jedoch, insbesondere

---

2649 Siehe Kapitel 2 C IV 2 „Zurverfügungstellung der Formulare".

2650 *Kowallik*, in: Bongaerts/Neubeck, S. 597 (erfordert ca. 310 neue Taxonomiepositionen).

2651 Siehe hierzu Kapitel 3 A II „Pflicht zur Übermittlung der E-Bilanz".

2652 *Preißer/Wind*, S. 81.

2653 BFH, Urteil vom 14.01.1998, X R 84/95, BStBl. II 1999, 203, Rz. 17; *Beyer*, NWB 2016, 1304, 1308; *Seer*, Besteuerungsverfahren: Rechtsvergleich USA - Deutschland, S. 53.

in der steuerlichen Beratung, noch immer eine Unterschrift eingeholt, da der Steuerberater die elektronische Steuererklärung nach § 87d Abs. 3 AO zur Prüfung weiterleiten muss und des Weiteren die Zurechnung zum Steuerpflichtigen aus strafrechtlichen Gründen sichergestellt werden muss. Die DATEV hat hierzu ein vom Steuerpflichtigen zu unterzeichnendes Freizeichnungsdokument geschaffen.[2654] Damit entstehen auf Seiten der Steuerberaters durch den Verzicht auf das Unterschriftserfordernis keine Erleichterungen.[2655]

Zur Vermeidung dieses Medienbruchs hat die DATEV bereits „Freizeichnung Online" eingeführt. Hier gibt der Mandant aber nur die elektronischen Daten im Sinne von § 87d Abs. 3 AO frei. Sofern weitere Belege mitgesandt werden, wird dies hiermit nicht freigegeben. Es sind damit zusätzliche Freigaben zum Nachweis der Zurechnung der Anlagen zum Steuerpflichtigen erforderlich. Auch hieran zeigt sich, dass es unbedingt erforderlich ist, ein unbegrenztes Freitextfeld in der Steuererklärung sowie das Beifügen von Anlagen zu ermöglichen, sodass die umfassende Steuererklärung mit Anlagen in den elektronischen Daten enthalten ist.

Unter Berücksichtigung dessen, dass der Steuerpflichtige die Steuererklärung nach bestem Wissen und Gewissen zu erstellen hat (§ 150 Abs. 2 AO) und nur dieser eine umfassende Kenntnis zu den zugrunde liegenden Sachverhalten hat, muss dieser die Verantwortung für die richtigen Tatsachen haben. Der Steuerberater kann nur für die richtige Subsumtion der mitgeteilten Tatsachen einstehen.[2656] Diesem Verantwortungsverhältnis wird nur eine ausdrückliche Freigabe seitens des Steuerpflichtigen gerecht, welches auch ein Unterschriftserfordernis vorsehen sollte, zumindest in den Fällen, in denen der Datenübermittler vom Steuerpflichtigen abweicht. Die Unterschrift kann elektronisch erfolgen. Diese Freigabeerklärung sollte das Verantwortungsverhältnis abbilden, d.h., dass der Steuerpflichtige die Richtigkeit und Vollständigkeit der mitgeteilten Tatsachen bestätigt, da er die Richtigkeit der Angaben in der Steuererklärung, soweit diese eine Subsumtion erfordern, kaum bestätigen kann.[2657] Hierbei könnte die Finanzverwaltung mit der DATEV und anderen Softwareanbietern zusammenarbeiten,

2654 Siehe Kapitel 2 C V 3 „Auswirkungen einer Bestätigung des Mandanten zur Vollständigkeit und Richtigkeit".

2655 https://www.dstv.de/interessenvertretung/aktivitaeten/tb-132-15-me-modernisierung-des-besteurungs-verfahrens2, zuletzt abgerufen am: 07.02.2021, 13:00 Uhr.

2656 *Tipke*, BB 2009, 636, 639.

2657 *Tipke*, BB 2009, 636, 637.

um ein effizientes und trotzdem sicheres Verfahren zu finden, beispielsweise im Rahmen der „Freizeichnung Online".

3. Vermeidung von Medienbrüchen durch Anfügen von Belegen

Belege müssen elektronisch der Steuererklärung beigefügt werden können. Auch wenn fast keine Vorlagepflicht von Belegen besteht, ist es zur Vermeidung strafrechtlicher Auswirkungen und zur Vermeidung von Zinszahlungen wegen späterer Änderungen der Steuerbescheide in vielen Fällen erforderlich oder zumindest empfehlenswert, Belege beizufügen. In vielen Fällen müssen die Inhalte des Beleges für die Subsumtion ausgewertet werden, beispielsweise bei der Aufteilung von Steuerberatungskosten. In einem System der Besteuerung nach der individuellen Leistungsfähigkeit kommt damit den Belegen eine erhebliche Schnittstellenfunktion zu.[2658] Ein Verzicht auf die Belege durch die Finanzverwaltung steht im Widerspruch zum Verifikationsprinzip, da eine Prüfung der Angaben in der Steuererklärung ohne Belege kaum möglich ist. Sofern freiwillig Belege beigefügt werden, kommt es derzeit zu Medienbrüchen, die wiederum den Aufwand für den Steuerpflichtigen und den Steuerberater erhöhen.[2659] Es muss sichergestellt werden, dass auch elektronische Dokumente des Steuerpflichtigen vom Finanzamt entgegengenommen werden[2660]; bestenfalls sollte eine Übermittlung der Belege mit der Steuererklärung erfolgen. Hier kann eine Belegverknüpfung mit den entsprechenden Kennziffern der Steuererklärung erfolgen, was die Verifikation seitens der Finanzverwaltung erheblich vereinfachen würde und damit zu einer weiteren Steigerung der Effizienz beitragen kann.

Vom IdW wurde aufgrund der mangelnden Prüfbarkeit der Belege ausgeführt, dass eine Beifügung von Belegen stets zu einer Aussteuerung aus dem maschinellen Verfahren führen sollte, sodass ein Amtsträger entscheidet, ob diese in den Belegen zusätzlich enthaltenen Informationen steuerlich erheblich und zu beachten sind.[2661] Dies würde die angestrebte Effizienz des elektronischen Veranlagungsverfahrens erheblich behindern. Durch eine elektronische

---

2658 *Ahrendt*, NJW 2017, 537, 539.

2659 *Kußmaul/Ruiner*, StB 2008, 238, 240 und 243.

2660 *Rohner*, Rechtsprobleme der elektronischen Veranlagung, S. 153; ebenfalls eine umfassende Modernisierung aller Anlagen zur Steuererklärung befürwortend: *Preißer/Wind*, S. 81; *Seer*, FR 2012, 1000, 1004.

2661 IdW-Stellungnahme vom 02.02.2015, S. 8, abgerufen unter https://www.idw.de/blob/ 42128/2bc075440b04e97af15560fd3b8bf07d/down-modernisierung-des-besteuerungsverfahrens-data.pdf am 21.11.2020, 8:34 Uhr.

Beifügung von Belegen und eine Zuordnung zur entsprechenden Kennziffer könnten bestimmte Kennziffern mit Belegen, bei denen typischerweise Fehler passieren, ausgesteuert werden (z.B. hinsichtlich der vollumfänglichen Berücksichtigung von Steuerberatungskosten). Dies muss regelmäßig über eine Zufallsauswahl geprüft und verifiziert werden.

Auf der anderen Seite wird ausgeführt, dass gescannte Belege die Möglichkeiten der Manipulation erhöhen. Aus diesem Grund sei die Übermittlung der Daten von Dritten (wie dies beispielsweise schon von Versicherungen, Arbeitgebern und teilweise auch gemeinnützigen Gesellschaften hinsichtlich erhaltener Spenden praktiziert wird) die sinnvollste Lösung.[2662] Die Datenübermittlung von Dritten ist sicherlich ein sinnvolles Verifikationsinstrument, kann jedoch die Belegübersendung nicht ersetzen. In vielen Fällen werden Rechnungen nur noch per E-Mail versandt oder online bereitgestellt. Auch die Außenprüfungen erfolgen mittlerweile in vielen Fällen anhand digitaler Belege. Sofern sich Zweifel ergeben, können die Originalbelege angefordert werden. Daher ist die digitale Belegvorlage entgegen diesen Zweifeln ein sinnvoller Weg. Insbesondere im Vergleich zum derzeitigen Verzicht auf die Belegvorlage ergibt sich hieraus kein Nachteil für die Verifikation, sondern ein Vorteil.

Des Weiteren werden auch derzeit seitens der Finanzverwaltung noch erhebliche Belege angefordert.[2663] Eine nachträgliche Beleganforderung führt wiederum zu erhöhtem Aufwand und Verzögerungen im Verfahren, resultierend in einem Widerspruch zur angestrebten Effizienz im Veranlagungsverfahren. Zudem ist für einen Großteil der Steuerpflichtigen eine Belegaufbewahrungspflicht nicht gesetzlich geregelt. Hier besteht dringend Klarstellungsbedarf.[2664] Riedlinger beschreibt in diesem Zusammenhang die Gefahr, dass der Steuerpflichtige zum Archiv des Finanzamts werde. Wenn das Finanzamt sich gegen Belege entscheidet, können diese nicht nachträglich angefordert werden.[2665] Sinnvoll wäre es, neben der Möglichkeit zur direkten elektronischen Anknüpfung der Belege an die Steuererklärung, klare Empfehlungen zur Belegeinreichung bei der jeweiligen Kennziffer in der elektronischen Steuererklärung zu integrieren. Diese sollten in den Fällen erfolgen, bei denen typischerweise Belege zur Überprüfung der Angaben in der Steuererklärung benötigt werden (z.B. Steuerberatungskosten, Bewirtungen). Das Risikomanagementsystem kann

---

2662 *Kußmaul/Ruiner*, StB 2008, 238, 240.

2663 Siehe Kapitel 4 B I „Belegvorhaltung statt Belegvorlage".

2664 *Richter/Welling*, FR 2015, 1014, 1018 f.

2665 *Riedlinger*, BB 2016, Heft 11, 1.

auch entsprechend so programmiert werden, dass eine Aussteuerung erfolgt, wenn Belege trotz Empfehlung zur Belegvorlage nicht beigefügt sind.

Mit dem Projekt NACHDiGAL wurde nun ein erster Schritt zur digitalen Belegübersendung getan. Mit dem Projekt RABE sollen Belege auch mit den elektronischen Steuererklärungen verknüpft werden, was zu begrüßen ist und welches insoweit dringend umgesetzt werden sollte.[2666]

III. Beschleunigung des Verfahrens

1. Anpassung der Korrekturvorschriften von Steuerbescheiden

Sofern die Finanzverwaltung keine genaue Prüfung im Rahmen der Veranlagungsarbeiten vornimmt und daher Fehler in der Steuererklärung nicht erkennt, kann später eine Änderung nach § 173 Abs. 1 Nr. 1 AO bei neuen Tatsachen zuungunsten des Steuerpflichtigen erfolgen, wenn kein Ermittlungsfehler vorliegt. Weiter wurde mit § 175b AO eine separate Änderungsvorschrift für Änderungen der elektronisch von Dritten gemeldeten Daten eingeführt. Die Finanzverwaltung steigert damit die eigene Effizienz zulasten des Vertrauensschutzes und der Rechtssicherheit des Steuerpflichtigen.[2667] Des Weiteren ist infolge der Abschaffung der Pflicht zur Einreichung von Belegen in deutlich mehr Fällen eine Änderung nach § 173 Abs. 1 Nr. 1 AO möglich, da sämtliche Belege neue Beweismittel darstellen und sich nur selten Ermittlungsfehler der Finanzverwaltung ergeben, die zudem mangels Veröffentlichung der Risikokriterien kaum nachweisbar sind.[2668] Selbst wenn Belege beigefügt oder abweichende Rechtsansichten mitgeteilt werden, kann nachträglich unter Umständen noch eine Änderung nach § 173 Abs. 1 Nr. 1 AO erfolgen, wenn kein Eintrag ins Freitextfeld erfolgt und die Tatsachen oder Beweismittel mangels Aussteuerung aus dem maschinellen Verfahren nachträglich bekannt werden.[2669] Die Finanzverwaltung plant, selbst wenn Belege an die Steuererklärung angehängt werden

---

2666 *Reimann*, StB 2019, 381, 390; zu den sich ergebenden Problematiken der Korrekturvorschriften in der derzeit geplanten Ausgestaltung des Projektes „RABE" siehe nachfolgend Kapitel 7 C III 1 „Anpassung der Korrekturvorschriften von Steuerbescheiden".

2667 So auch: *Kirchhof*, DStR 2018, 497, 503.

2668 Siehe Kapitel 4 B II 1 „Zinszahlungen infolge einer Änderungsmöglichkeit nach § 173 Abs. 1 Nr. 1 AO oder § 173a AO bei fehlerhaften Steuerbescheiden zugunsten des Steuerpflichtigen".

2669 Siehe Kapitel 5 D II 1 „Zinszahlungen infolge einer späteren Änderung nach § 173 Abs. 1 Nr. 1 AO".

können (Projekt „RABE"), dass die Finanzverwaltung entscheiden kann, welche Belege tatsächlich abgerufen werden und dass nur die von der Finanzverwaltung abgerufenen Belege als aktenkundig gelten.[2670] Durch eine vorbehaltlose Steuerfestsetzung wird der Eindruck geschaffen, dass der Sachverhalt abschließend geprüft ist, jedoch ist später in einer Vielzahl von Fällen noch eine Änderung möglich. Es besteht kaum noch Rechtssicherheit für den Steuerpflichtigen.[2671] Eine solch lange Phase der Rechtsunsicherheit steht im Gegensatz zu dem Prinzip zeitnaher Besteuerung.[2672]

Es zeigt sich daher, dass in einer erheblichen Anzahl von Fällen deutlich weitergehende Änderungsmöglichkeiten zuungunsten des Steuerpflichtigen als bisher bestehen. Die Änderungsvorschriften basieren auf dem Amtsermittlungsgrundsatz und der Annahme, dass eingereichte Unterlagen von Finanzbeamten gesichtet werden. Der Bestandsschutz läuft aber ins Leere, wenn keine Belege mehr eingereicht werden oder keine Prüfung abweichender Eintragungen zu elektronisch gemeldeten Daten durch einen Amtsträger erfolgt, sodass die Korrekturvorschriften zwingend angepasst werden müssen.[2673]

Es gab bereits Forderungen nach einer Aufnahme von neuen Änderungsvorschriften für vollautomatisch erlassene Steuerbescheide. So war ein neuer § 172a AO angedacht. § 172a AO sollte eine spezielle Änderungsvorschrift für automationsgestützt erlassene Steuerbescheide sein. Hiernach sollten Angaben, die bis zur Bekanntgabe der Steuerfestsetzung vom Steuerpflichtigen gemacht, aber nicht berücksichtigt wurden, innerhalb eines Jahres nach Bekanntgabe des Steuerbescheides noch berücksichtigt werden können.[2674] Weiter wurde gefordert, dass bei einer vollautomatischen Veranlagung die Hinweis- und Beratungspflicht der Finanzbehörde nach § 89 Abs. 1 AO nicht gilt und dass entsprechende Erläuterungen zu Abweichungen nach § 121 AO nicht in einen vollautomatisch erlassenen Steuerbescheid aufgenommen werden müssen.[2675] Hiermit sollte bewusst hingenommen werden, zunächst falsche Steuerbescheide zu erlassen,

---

2670 *Reimann*, StB 2019, 381, 390.

2671 *Lanwehr*, Faktische Selbstveranlagung und Fehlerkorrektur im Besteuerungsverfahren von Arbeitnehmern, S. 151.

2672 *Seer*, DStR 2008, 1553, 1560.

2673 *Brandt*, in: Brandt, Europäische Perspektiven im Steuerrecht; Steuergerechtigkeit und Steuervereinfachung, S. 298; *Richter/Welling*, FR 2015, 1014, 1015.

2674 Siehe hierzu *Deutschland*, Diskussionsentwurf „Modernisierung des Besteuerungsverfahrens", DStR-Beih 2014, 149, 156.

2675 *Deutschland*, Diskussionsentwurf „Modernisierung des Besteuerungsverfahrens", DStR-Beih 2014, 149, 156.

obwohl eine Prüfung und korrekte Veranlagung mit den eingereichten Unterlagen und Informationen möglich wäre.[2676] Auch die Schutzmechanismen für den Steuerpflichtigen nach § 89 Abs. 1 AO und § 121 AO sollten zugunsten der Funktionsweise des effizienten elektronischen Veranlagungsverfahrens, aber zulasten der Rechtssicherheit für den Steuerpflichtigen und zulasten der Gleichmäßigkeit und Gesetzmäßigkeit der Besteuerung erheblich eingeschränkt werden. Mangels Begründung auf dem Steuerbescheid würde die Bescheidprüfung erheblich erschwert werden. Hierdurch ist auch die Waffengleichheit im Verfahren gefährdet. Ohne Begründung kann der Steuerpflichtige kaum entscheiden, ob er gegen den Bescheid weiter vorgeht oder nicht.[2677] Umfangreiche Nachfragen stehen wiederum im Widerspruch zu der angestrebten Effizienz des Verfahrens. Aufgrund dieser Erwägungen hat der Entwurf zurecht in der Literatur Kritik erfahren.[2678]

Die angestrebten Änderungen wurden nicht umgesetzt. Eine spezielle Korrekturvorschrift für vollautomatische Steuerbescheide (§ 172a AO-Entwurf) existiert derzeit nicht. Auch in § 89 Abs. 1 AO wurde nicht aufgenommen, dass die Beratungs- und Auskunftspflicht für Fälle vollautomatischer Veranlagungen nicht gilt. Auch § 121 AO wurde nicht geändert. Zwar enthält § 121 Abs. 2 Nr. 3 AO bereits seit Jahrzehnten eine Regelung, nach der keine Begründung erforderlich ist, wenn die Finanzbehörde Verwaltungsakte mit Hilfe automatischer Einrichtungen erlässt und die Begründung nach den Umständen des Einzelfalls nicht geboten ist. Dies betrifft jedoch nur Fälle, in denen keine individuelle Behandlung erforderlich ist und die Sach- und Rechtslage bekannt ist. Auf Steuerbescheide trifft dies, da diese vom Einzelfall abhängig sind und die Besteuerungsgrundlagen im Einzelfall nach § 157 Abs. 2 AO angegeben werden müssen, nicht zu, sodass hier eine Begründung bei Abweichungen, sofern die Sach- und Rechtslage nicht bereits bekannt ist (siehe hierzu § 121 Abs. 2 Nr. 1 und 2 AO), stets erforderlich ist.[2679] Dass die Vorschläge nicht Teil des Gesetzes

---

2676 IdW-Stellungnahme vom 02.02.2015, S. 8, abgerufen unter https://www.idw.de/blob/ 42128/2bc075440b04e97af15560fd3b8bf07d/down-modernisierung-des-besteuerungsverfahrens-data.pdf am 21.11.2020, 8:34 Uhr.

2677 Stellungnahme des DStV S 02/15, S. 27.

2678 IdW-Stellungnahme vom 02.02.2015, S. 8, abgerufen unter https://www.idw.de/blob/ 42128/2bc075440b04e97af15560fd3b8bf07d/down-modernisierung-des-besteuerungsverfahrens-data.pdf am 21.11.2020, 8:34 Uhr; Stellungnahme des DStV S 02/15, S. 27.

2679 *Füssenich*, in: Pfirrmann/Rosenke/Wagner, BeckOK AO, Rz. 53 zu § 121 AO; *Seer*, in: Tipke/Kruse, Kommentar AO, Rz. 19 f. zu § 121 AO; *Vorbeck*, in: Koenig, Kommentar AO, Rz. 16 zu § 121 AO.

geworden sind, ist zu begrüßen. Diese würden zu einer weiteren Einschränkung der Rechte der Steuerpflichtigen und Steuerberater im elektronischen Veranlagungsverfahren führen und zu einem erheblichen Verlust von Rechtssicherheit.[2680] Die Vorschläge missachten, dass der vollautomatische Erlass von Steuerbescheiden nicht mit einer Abschaffung des Verifikationsprinzipes und der Fürsorgepflichten der Finanzverwaltung verbunden ist. Es handelt sich hier nur um eine Nutzung der technischen Möglichkeiten für die Verifikation der Angaben des Steuerpflichtigen, soweit dies möglich ist. Sofern keine Zweifel an den Angaben bestehen, erfolgt eine erklärungsgemäße Veranlagung. Dies war auch früher bei der Bearbeitung durch einen Amtsträger so, wenn dieser keine Zweifel hatte. Nichtsdestotrotz muss in einem elektronischen Veranlagungssystem gerade sichergestellt werden, dass eine Verifikation der Angaben durch Aussteuerung aus dem maschinellen Verfahren erfolgt und dass auch etwaige Fehler des Steuerpflichtigen, bei denen eine Fürsorgepflicht nach § 89 Abs. 1 AO greift, erkannt werden.

Die angedachten Möglichkeiten gehen in die falsche Richtung. Insbesondere ist auch der Plan im Projekt „RABE", dass die Finanzverwaltung über das Bekanntwerden von Belegen entscheiden kann, entschieden abzulehnen. Die Änderungsvorschriften dürfen nicht in der Weise abgeändert werden, dass dem Steuerpflichtigen weder Rechtssicherheit noch Effizienz verbleibt. Dies würde nicht nur zu einer mangelnden Akzeptanz hinsichtlich des elektronischen Veranlagungsverfahrens führen, sondern auch zu der bereits mehrfach befürchteten verwaltungskonformen Steuererklärung, um spätere Änderungen zu vermeiden. Dies bedeutet wiederum einen erheblichen Verlust der Gesetz- und Gleichmäßigkeit der Besteuerung und einen Verstoß gegen den Vorrang des Gesetzes. Die Finanzverwaltung könnte in dieser Weise faktisch das Steuerrecht bestimmen, zumindest insoweit, als dass die Mehrheit der Steuerpflichtigen der Verwaltungsauffassung folgt, um Nachteile einer späteren Änderung (z.B. Zinszahlungen) zu vermeiden.

Die Aufweichung der Verifikation der Finanzverwaltung zulasten des Vertrauensschutzes für den Steuerpflichtigen ist der falsche Weg. Die Effizienz des Steuerverfahrens infolge der Digitalisierung muss allen Beteiligten zugutekommen. So sollte das Besteuerungsverfahren reformiert werden, um den Steuerpflichtigen Steuerplanungssicherheit zu geben und das Verfahren zu beschleunigen.[2681]

2680 Einen umfassenden Nachprüfungsvorbehalt ebenfalls kritisierend: *Ortwald*, Steuererklärungspflicht und Verfahrensleistungsfähigkeit, S. 400.

2681 *Seer*, in: Tipke, Steuerberatung und Rechtsstaat, S. 49.

So wird beispielsweise vorgeschlagen, wie im Steueranmeldungsverfahren stets automatisiert eine Steuerfestsetzung unter Vorbehalt der Nachprüfung vorzunehmen, wobei der Vorbehalt nach 2 Jahren entfallen sollte. In Erstattungsfällen erfordert die Steuerfestsetzung eine Zustimmung der Finanzverwaltung.[2682] Weiter sollten die Festsetzungsfristen entsprechend verkürzt werden.[2683] Dies muss mit einer Verkürzung der Fristen für Außenprüfungen und entsprechenden Maßnahmen zur Sicherstellung der Mitwirkung des Steuerpflichtigen in der Außenprüfung verbunden werden.[2684]

Des Weiteren wird vorgeschlagen, den Vorbehalt der Nachprüfung nicht generell auszudehnen, sondern inhaltlich auf ungeprüfte Sachverhalte zu beschränken. Hierbei müssten die Prüfkriterien des Risikomanagements veröffentlicht werden, die genauen Beträge müssen jedoch nicht mitgeteilt werden, um dem Zweck der Geheimhaltung zum Erhalt der Gesetz- und Gleichmäßigkeit der Besteuerung und zur Vermeidung von Missbrauch nicht zuwiderzulaufen.[2685] Hierdurch kann die Rechtssicherheit im Vergleich zur vollumfassenden Veranlagung unter Vorbehalt der Nachprüfung zum Teil erhalten bleiben. Die Effizienz wird durch eine vollautomatische Veranlagung risikoarmer Fälle gesteigert.[2686] Durch eine Ausrichtung an den Risikoklassen der Finanzverwaltung ist der Umfang der Nachprüfung abhängig von der tatsächlichen Verifikationsintensität.[2687] Problematisch an dieser Lösung ist, dass der Steuerpflichtige und der Steuerberater zu einer verwaltungskonformen Steuererklärung angehalten werden, um möglichst viel Rechtssicherheit und wenig Nachprüfungsvorbehalte zu erreichen. Weiter wird ausgeführt, dass steuerlich nicht beratene Steuerpflichtige hierdurch benachteiligt werden, da diese sich auch noch mit den Kriterien des Risikomanagements beschäftigen müssten, um mehr Rechtssicherheit zu

2682 *Seer*, FR 2012, 1000, 1003 f.; *Seer*, in: Tipke, Steuerberatung und Rechtsstaat, S. 46 f.; *Seer*, in: Widmann, DStJG 31 (2008), 7, 32 f.

2683 *Ahrens/Nagel*, FR 2002, 261, 262 (nach Eckhoff); *Keilen*, StB 2015, 440, 442; *Richter/Welling*, FR 2015, 1014, 1016; *Schwaab*, FR 2020, 946, 946.

2684 Siehe hierzu Kapitel 7 C III 2 „Zeitnahe Außenprüfung".

2685 *Münch*, DStR 2013, 2150, 2156; zur Geheimhaltung der Kriterien des Risikomanagementsystems siehe Kapitel 7 C I 1 „Veröffentlichung der Kriterien und Überprüfung des Risikomanagementsystems".

2686 *Lanwehr*, Faktische Selbstveranlagung und Fehlerkorrektur im Besteuerungsverfahren von Arbeitnehmern, S. 292 f.

2687 *Lanwehr*, Faktische Selbstveranlagung und Fehlerkorrektur im Besteuerungsverfahren von Arbeitnehmern, S. 305.

erhalten.[2688] Diese Kritik ist abzulehnen. Steuererklärungen von steuerlichen Beratern haben einen Vertrauensvorschuss aufgrund der Stellung der Steuerberater und deren berufsrechtlichen Pflichten. Dementsprechend ist die Ungleichbehandlung sachlich gerechtfertigt. Bei Steuerlaien spricht die Vermutung gegen eine Richtigkeit der Erklärung, sodass auch eine umfassendere Verifikation erforderlich ist.

Es ist damit zielführend, die nicht im Einklang mit dem elektronischen Veranlagungsverfahren stehende Änderungsvorschrift des § 173 AO zu ersetzen. § 173 AO sollte explizit auf Fälle beschränkt werden, bei denen die Tatsachen oder Beweismittel nach der Bescheidbekanntgabe bekannt werden. Es muss weiterhin, entgegen dem Projekt RABE, so bleiben, dass alle mit der Steuererklärung eingereichten Informationen und Dokumente als bekannt gelten, unabhängig von einer tatsächlichen Kenntnisnahme durch die Finanzverwaltung und einem tatsächlichen Belegabruf. Zusätzlich sollten die Bescheide einen sachlich beschränkten Nachprüfungsvorbehalt, basierend auf dem Risikomanagementsystem, erhalten. § 164 AO ist entsprechend anzupassen. Der Bescheid ergeht in diesem Fall unter dem Vorbehalt der Nachprüfung hinsichtlich der Punkte, die vom Risikomanagementsystem ausgesteuert werden und noch nicht von einem Amtsträger geprüft wurden. Dies wäre auch in ein Selbstveranlagungssystem integrierbar, in dem der Steuerpflichtige die Steuererklärung abgibt und automatisch basierend hierauf ein Steuerbescheid ergeht. Der Nachprüfungsvorbehalt sollte auf 2 Jahre begrenzt werden. Innerhalb dieser zwei Jahre werden die Risikohinweise von der Finanzverwaltung geprüft und ggf. Änderungsbescheide erlassen. Hierfür können freiwerdende Ressourcen durch den Entfall der Veranlagungstätigkeiten genutzt werden.[2689] Dies geht in die Richtung einer veranlagungsbegleitenden Prüfung, wie sie bereits gefordert wird[2690], da dies erheblich zur Effizienz und Rechtssicherheit im Besteuerungsverfahren beiträgt, ohne jedoch die Verantwortlichkeiten und die Hoheitlichkeit des Besteuerungsverfahrens

---

2688 *Lanwehr*, Faktische Selbstveranlagung und Fehlerkorrektur im Besteuerungsverfahren von Arbeitnehmern, S. 289.

2689 Ebenfalls in diese Richtung denkend: *Seer*, in: Brandt, Mitverantwortung von Bürger und Staat, S. 104.

2690 *Birkemeyer/Blaufus/Keck/Reineke/Trenn*, DStR 2019, 178, 181; *Hermenau*, FR 2011, 120, 121 f.; *Meussen*, FR 2011, 114, 117; *Seer*, in: Brandt, Mitverantwortung von Bürger und Staat, S. 110; *Seer*, in: Tipke/Kruse, Kommentar AO, Rz. 16 vor §§ 193-203 AO; Seer, SteuerStud 8/2010, 369, 374; siehe hierzu auch: *Hardeck*, Reputative Risiken bei aggressiver Steuerplanung, S. 252 ff.; *Schwaab*, FR 2020, 946, 946; *Seer*, FR 2012, 1000, 1001 f. (auch zu Kritik wegen der Verantwortlichkeiten).

in Frage zu stellen. Nach wie vor erfolgt die Verifikation seitens der Finanzverwaltung nach Abgabe der Steuererklärung, wobei das Veranlagungsverfahren jedoch zeitlich ausgeweitet wird. Sofern erhebliche Auffälligkeiten vorliegen, kann wie bisher eine (zeitnahe) Außenprüfung angeordnet werden.[2691] Hierdurch entfallen die Problematiken hinsichtlich der Frage, wann die Willensbildung abgeschlossen ist und wann damit „neue Tatsachen" vorliegen, da § 173 AO nur noch gilt, wenn Tatsachen und Beweismittel nach Bescheidbekanntgabe vorliegen – also nicht mit der Steuererklärung eingereicht werden. Verbunden mit einem unbegrenzten Freitextfeld und der Möglichkeit, elektronische Belege mit der Steuererklärung zu verbinden, können so Medienbrüche vermieden, die Effizienz gesteigert und die Rechtssicherheit nur unter Berücksichtigung sachlicher Gesichtspunkte beschränkt werden, wobei dem Verlust an Rechtssicherheit durch die nur zweijährige Änderungsfrist entgegengewirkt wird.

Ebenso ist die Änderungsvorschrift des § 175b AO anzupassen. Es ergibt sich derzeit das zweckfremde Ergebnis, dass bei Daten von Dritten, die zuungunsten des Steuerpflichtigen abweichen, eine spätere Änderung innerhalb der regulären Festsetzungsfrist nach § 175b Abs. 2 AO möglich ist, wenn der Steuerpflichtige die elektronischen Daten ohne Überprüfung übernimmt. Sofern hingegen abweichende Angaben in der Steuererklärung gemacht werden, muss sich der Steuerpflichtige für eine Änderung nach Ablauf der Einspruchsfrist an den Dritten wenden, um eine Änderung nach § 175b Abs. 1 AO zu erreichen. § 175b Abs. 2 AO ist in diesem Fall wegen der abweichenden Angaben bei wortlautgetreuer Auslegung nicht anwendbar.[2692] Dies ist nicht zielführend und in der Praxis auch ineffizient. Der Verweis auf § 150 Abs. 7 S. 2 AO ist zu entfernen; es ist nur auf unrichtige nach § 93c AO übermittelte Daten abzustellen, die in die Steuerfestsetzung eingegangen sind – unabhängig davon, ob der Steuerpflichtige abweichende Angaben gemacht hat oder ob § 150 Abs. 7 S. 2 AO anwendbar ist. Zudem sollte die Stellung der Vorschrift geändert werden, da dies auf einen Grundlagenbescheid hindeutet, der gerade nicht vorliegt. Von den elektronisch von Dritten übermittelten Daten abweichende Angaben in der Steuererklärung müssen immer zu einer Aussteuerung aus dem maschinellen Verfahren und zu einer Überprüfung durch einen Amtsträger führen. Hier liegen Zweifel vor, die eine Verifikation zwingend erforderlich machen. Dies sollte auch gesetzlich in § 155 Abs. 4 S. 3 AO geregelt werden.

2691 Siehe hierzu nachfolgend Kapitel 7 C III 2 „Zeitnahe Außenprüfung".

2692 Siehe hierzu Kapitel 6 B I 4 a „Steuermehrbelastung bei Festsetzung der elektronischen Daten, die sich zuungunsten des Steuerpflichtigen auswirken".

Weiter ist in einem elektronischen Veranlagungsverfahren insbesondere die Verzinsung von Steuernachforderungen nach § 233a ff. AO problematisch. Wie umfassend dargestellt, führt eine nachträgliche Änderung des Steuerbescheides zulasten des Steuerpflichtigen zu einem Zinsrisiko für den Steuerpflichtigen. Einschränkungen der Verifikation bei der Steuerveranlagung führen damit zu einer Zinszahlung auf Steuernachzahlungen wegen späteren Änderungen. Die Verzinsung muss an das Marktniveau angepasst werden, um die erheblichen Zinsnachteile, die derzeit durch eine spätere Änderung des Steuerbescheides entstehen, zu vermeiden.[2693] Weiter sollte die Verzinsung für Änderungen wegen des risikomanagementbasierten Nachprüfungsvorbehalts ausgeschlossen sein bzw. der Zinslauf erst nach Ablauf der zwei Jahre beginnen. Hiermit kann auch den Befürchtungen begegnet werden, dass ein solches Veranlagungssystem zu einem verwaltungskonformen Erklären zur Vermeidung von Zinsnachteilen durch spätere Änderungen des Bescheides führt.

2. *Zeitnahe Außenprüfung*

Eng mit der Beschleunigung des Verfahrens und den Änderungsmöglichkeiten von Steuerbescheiden ist die Außenprüfung verbunden. Durch die freiwerdenden Ressourcen bei der Veranlagung und die Möglichkeiten der elektronischen Außenprüfung kann eine schnellere Prüfungstätigkeit erfolgen, sodass auch die Ablaufhemmung bei Außenprüfungen zeitlich begrenzt werden sollte, um eine Höchstdauer für Betriebsprüfungen gesetzlich zu manifestieren.[2694] Mit Hilfe der digitalen Außenprüfung können große Datenmengen seitens der Finanzverwaltung analysiert werden, sodass die einzelne Belegprüfung nicht mehr im Vordergrund der Außenprüfung steht.[2695] Diese Effizienzvorteile für die Finanzverwaltung müssen im Interesse aller genutzt werden. Die zeitliche Begrenzung müsste, um Missbrauch zu verhindern, verbunden werden mit entsprechenden Ausnahmen im Falle einer Verursachung der Verzögerung durch

2693 *Seer*, in: Tipke, Steuerberatung und Rechtsstaat, S. 46 f.; ebenfalls zu einer Reform der Verzinsung: *Hey*, DB Nr. 27-28, M5, M5; *Krömker/Nöcker*, AO-StB 2017, 305, 309; *Richter/Welling*, FR 2015, 1014, 1016.

2694 *Keilen*, StB 2015, 440, 442; *Richter/Welling*, FR 2015, 1014, 1016; *Schwaab*, FR 2020, 946, 946; *Seer*, FR 2012, 1000, 1005; *Seer*, in: Tipke, Steuerberatung und Rechtsstaat, S. 46 f.; *Seer*, in: Widmann, DStJG 31 (2008), 7, 32 f.; *Strunk*, Steuern und Electronic Business, S. 306 f.

2695 *Seer*, in: Tipke/Kruse, Kommentar AO, Rz. 8 zu § 199 AO; siehe hierzu auch: *Becker/Danielmeyer/Neubert/Unger*, DStR 2016, 2983, 2989.

den Steuerpflichtigen sowie einer klaren Regelung der Voraussetzungen des Verzögerungsgeldes nach § 146 Abs. 2c AO.

So kann, trotz des Verlustes an Rechtssicherheit durch weitergehende Änderungsmöglichkeiten von Steuerbescheiden, durch eine kürzere Frist für Außenprüfungen die Rechtssicherheit umgekehrt wieder erhöht werden.[2696] Zudem können die praktischen Schwierigkeiten bei einer Außenprüfung, die Jahre später stattfindet, wie erschwerte Sachverhaltsaufklärung[2697], erhöhter Rekonstruktionsaufwand durch Mitarbeiterfluktuation[2698] und die erschwerte Beschaffung von Belegen durch Austausch von EDV-Anlagen[2699], vermindert werden. Auch das Zinsrisiko wird durch eine zeitnahe Außenprüfung vermindert.[2700] Hierdurch kann die Effizienz auch auf Seiten des Steuerpflichtigen und der Steuerberater gesteigert werden.

Derzeit soll die zeitnahe Außenprüfung insbesondere in Fällen genutzt werden, in denen der Steuerpflichtige einen positiven Compliance-Faktor hat oder umgekehrt in den Fällen, in denen zeitnah eine Sanktionierung von Fehlverhalten erfolgen soll. Es handelt sich um eine Ermessensentscheidung, wobei kein Rechtsanspruch auf eine zeitnahe Außenprüfung besteht.[2701] In der Praxis wird derzeit meist nur für Groß- und Konzernbetriebe die Möglichkeit der zeitnahen Außenprüfung genutzt.[2702]

Mit dem Risikomanagementsystem hat die Finanzverwaltung das Werkzeug zur Verfügung, um risikoorientiert Fälle der Außenprüfung auszuwählen und damit für eine zielgerichtete und damit auch effiziente Nachprüfung zu sorgen. § 3 BPO muss entsprechend hierauf angepasst und am Maßstab eines sachlichen

---

2696 *Hannig*, in: Pfirrmann/Rosenke/Wagner, BeckOK AO, Rz. 83 zu § 194 AO; *Seer*, in: Tipke/Kruse, Kommentar AO, Rz. 8 zu § 203 AO und Rz. 16 vor §§ 193-203 AO und Rz. 25 zu § 194 AO.

2697 *Hannig*, in: Pfirrmann/Rosenke/Wagner, BeckOK AO, Rz. 20 zu § 193 AO und Rz. 81 zu § 194 AO.

2698 *Seer*, in: Tipke/Kruse, Kommentar AO, Rz. 25 zu § 194 AO.

2699 FM Nordrhein-Westfalen, Erlass vom 10.12.2012, StEK AO 1977 § 193 Nr. 58; *Hardeck*, Reputative Risiken bei aggressiver Steuerplanung, S. 244 f.; kritisierend hierzu wegen den langen Aufbewahrungspflichten: *Mack*, in: Streck/Mack/Schwedhelm, Tax Compliance, S. 36.

2700 *Hardeck*, Reputative Risiken bei aggressiver Steuerplanung, S. 244 f.; *Seer*, in: Tipke/Kruse, Kommentar AO, Rz. 16 vor §§ 193-203 AO und Rz. 25 zu § 194 AO.

2701 FM Nordrhein-Westfalen, Erlass vom 10.12.2012, StEK AO 1977 § 193 Nr. 58.

2702 *Seer*, in: Tipke/Kruse, Kommentar AO, Rz. 26 zu § 194 AO.

Kontrollbedürfnisses ausgerichtet werden.[2703] Auch hierfür gilt, dass die Prüfungsauswahl entsprechend nachvollziehbar dokumentiert und geprüft werden muss.[2704] Durch die digitale Außenprüfung kann die Fallauswahl mit der tatsächlichen Fehleranzahl verprobt und die Prüfungsauswahl ständig verifiziert und weiterentwickelt werden.[2705] Auch können Unternehmen mit Tax-Compliance-Systemen Erleichterungen im Rahmen der Prüfungsauswahl und der Durchführung der Prüfung erhalten. Für die Kriterien des Tax-Compliance-Systems kann ein Verifikationssystem durch Steuerberater eingerichtet werden.[2706] Durch diese am tatsächlichen Kontrollbedürfnis ausgerichtete Außenprüfung kann auch der Problematik von anschlussgeprüften Unternehmen und einer zeitnahen Außenprüfung, die zwangsläufig mit einer Verkürzung der Prüfungszeiträume verbunden wäre, begegnet werden, da erheblich weniger dauergeprüfte Unternehmen vorhanden sind.[2707]

IV. Förderung der steuerlichen Beratung

1. Verpflichtung zur Inanspruchnahme steuerlicher Beratung

Wie dargestellt ist der Steuerberater ein erheblicher Faktor, um in einem elektronischen Veranlagungssystem den tatsächlichen Steuervollzug sicherzustellen. Steuerlaien können die gestiegenen Anforderungen kaum erfüllen, sodass ihnen auch kein Vertrauensvorschuss zu gewähren ist. Das Risikomanagementsystem kann Fehler in Steuererklärungen von Laien kaum erkennen. Im Ergebnis muss, sofern nicht nur Pauschalen angesetzt werden, bei fehlender steuerlicher Beratung stets eine Prüfung durch einen Amtsträger erfolgen, da die Erfahrung in diesem Fall gegen die Richtigkeit der Erklärung spricht. Seer führt hierzu aus, dass die fehlende Pflicht zur Inanspruchnahme eines Steuerberaters in Kombination mit der begrenzten Abzugsfähigkeit der Kosten für die Erstellung der Steuererklärung ein strukturelles Vollzugshindernis darstellt, welches die Verfassungsmäßigkeit der Bestätigung zu den wahrheitsgemäßen Angaben in der Steuererklärung nach § 150 Abs. 2 AO in Frage stellt.[2708] Der Steuerpflichtige

---

2703 *Ahrens/Nagel*, FR 2002, 261, 264; *Hamann/Härtl/Kurz/Ludwig/Schmieder*, Elektronische Betriebsprüfung, S. 57 f.; *Seer*, StuW 4/2015, 315, 330.

2704 Siehe hierzu zum Risikomanagementsystem Kapitel 7 C I 1 „Veröffentlichung der Kriterien und Überprüfung des Risikomanagementsystems".

2705 *Hamann/Härtl/Kurz/Ludwig/Schmieder*, Elektronische Betriebsprüfung, S. 97.

2706 *Schwaab*, FR 2020, 946, 946.

2707 *Seer*, in: Tipke/Kruse, Kommentar AO, Rz. 26 zu § 194 AO.

2708 *Seer*, in: Tipke/Kruse, Kommentar AO, Rz. 46 zu § 150 AO.

muss durch die erforderliche Subsumtion in der Steuererklärung etwas faktisch Unmögliches bestätigen. Meist ist dabei die Mithilfe eines Steuerberaters zwangsläufig.[2709] Die Kosten hierfür kann der Steuerpflichtige jedoch noch nicht einmal vollumfänglich geltend machen.

Aufgrund des dargestellten Wandels zum kooperativen Besteuerungsverfahren und der veränderten Pflichten- und Verantwortungsstrukturen sollte eine Pflicht zur Inanspruchnahme steuerlicher Beratung neu überdacht werden. Sofern ausschließlich Pauschbeträge vom Steuerpflichtigen geltend gemacht werden und sämtliche weitere Beträge elektronisch übermittelt werden, könnte die Erstellung der Steuererklärung durch den Steuerpflichtigen selbst erfolgen. Hierbei sollte explizit eine Bestätigung der elektronisch übermittelten Daten in der elektronischen Steuererklärung aufgenommen werden. In diesem Fall muss der Steuerpflichtige nur die elektronisch gemeldeten Daten bestätigen; die Pauschbeträge stehen ihm gesetzlich zu. In allen anderen Fällen wäre eine Pflicht zur Inanspruchnahme steuerlicher Beratung (ob durch Steuerberater oder andere dazu befugte Personen, auch Lohnsteuerhilfevereine) zu befürworten.[2710] Hierdurch könnte die Gleich- und Gesetzmäßigkeit der Besteuerung im tatsächlichen Steuervollzug erheblich erhöht werden; des Weiteren verringert sich das Verifikationsbedürfnis auf Seiten der Finanzverwaltung[2711], wodurch wiederum die Effizienz gesteigert und die freiwerdenden Ressourcen gezielt bei den vom Risikomanagementsystem ausgesteuerten Fällen eingesetzt werden können. Seer führt hierzu aus, dass im Gegenzug die Steuerberater einer stärkeren Kontrolle unterliegen und Verstöße durch zivil- und berufsrechtliche Maßnahmen sanktioniert werden müssen.[2712] Wie dargestellt hat der Steuerberater bereits umfangreiche zivilrechtliche und berufsrechtliche Pflichten. Wichtig ist, dass auch für andere zur steuerlichen Beratung befugte Personen entsprechende Pflichten gelten (siehe z.B. § 26 StBerG für Lohnsteuerhilfevereine). Es ist außerdem erforderlich, dass der Vertrauensvorschuss den von Steuerberatern erstellten Steuererklärungen nicht unbegrenzt gewährt, sondern entsprechend kontrolliert und verifiziert wird.[2713]

2709 *Seer,* in: Tipke/Kruse, Kommentar AO, Rz. 44 zu § 150 AO; so auch: *Tipke,* in: Brandt, Mitverantwortung von Bürger und Staat, S. 43.

2710 So auch: *Seer,* Besteuerungsverfahren: Rechtsvergleich USA – Deutschland, Rz. 148 f.; auch eine Konsultationspflicht bejahend: *Frizen,* S. 290.

2711 *Seer,* in: Steuerberater-Jahrbuch 2004/2005, S. 77; *Seer,* in: Widmann, DStJG 31 (2008), 7, 35.

2712 *Seer,* Besteuerungsverfahren: Rechtsvergleich USA – Deutschland, Rz. 148 f.

2713 Siehe Kapitel 7 C I 2 „Berücksichtigung des Steuerberaters als positiven Faktor im Risikomanagementsystem".

Kirchhof führt aus, dass, sofern der Steuerpflichtige nicht mehr in der Lage ist, Steuererklärungen abzugeben und damit eine steuerliche Beratung verpflichtend ist, der Steuerberater die Steuererklärung auch strafrechtlich voll verantworten müsste. Eine Verantwortung von Tatsachen durch den Steuerpflichtigen und von rechtlichen Schlussfolgerungen durch den Berater[2714] führe zu Lücken in der Verantwortung und stelle damit das Deklarationsprinzip in Frage.[2715] Dies wurde kritisiert, da der Steuerpflichtige gegenüber dem Berater Einkünfte verschweigen kann, sodass diesem keine Verantwortung hierfür auferlegt werden kann.[2716] Der Steuerberater ist auch kein Überwachungsorgan hinsichtlich des Mandanten, er muss lediglich Zweifeln nachgehen. Die Aussage wäre ggf. dergestalt anzupassen, dass der Steuerberater die Verantwortung dafür trägt, dass steuererhebliche Unterlagen und Informationen beim Steuerpflichtigen angefordert werden und er sich hieraus ergebenden Zweifeln nachgeht. Dies entspricht ohnehin bereits seiner Pflicht zur Sachverhaltsaufklärung.[2717] Sofern der Steuerpflichtige aber bewusst oder versehentlich Informationen verschweigt, kann dies nicht zu Lasten des Steuerberaters wirken. Gerade hierfür ist noch eine Verifikation durch die Finanzverwaltung erforderlich, die hierfür auch andere Mittel (beispielsweise im Rahmen der Steuerfahndung oder durch Kontrollmitteilungen) hat.

Eckhoff führt hingegen aus, dass eine Pflicht zur Konsultation von Steuerberatern vom Staat entsprechend auszugleichen sei, was zu teuer ist. Er spricht stattdessen eine Beibehaltung des „alten Verfahrens" für unberatene Steuerpflichtige an, d.h. keine Selbstveranlagung, sondern eine personelle Veranlagung mit entsprechenden Fürsorgepflichten der Finanzverwaltung.[2718] Diese Überlegung geht in die bereits oben angesprochene Richtung, sämtliche Steuererklärungen von Steuerlaien einer Prüfung durch einen Amtsträger zu unterziehen, da der Vertrauensvorschuss hier (was sachlich begründet ist) niedriger ist. Hiermit kann zwar, zulasten der Effizienz der Finanzverwaltung, die Verifikation und damit der tatsächliche Steuervollzug sichergestellt werden. Es ändert jedoch nichts daran, dass vom Steuerpflichtigen faktisch etwas Unmögliches verlangt

---

2714 So in Kapitel 7 C II 2 „Neugestaltung der „Freizeichnung Online" bei elektronischer Übermittlung" dargestellt.

2715 *Kirchhof*, in: Fischer, DStJG 21 (1998), 9, 21.

2716 *Frizen*, S. 312 f.

2717 Siehe Kapitel 1 C III 3 „Sachverhaltsaufklärung".

2718 So *Ahrens/Nagel*, FR 2002, 261, 263 (nach Eckhoff); *Lanwehr*, Faktische Selbstveranlagung und Fehlerkorrektur im Besteuerungsverfahren von Arbeitnehmern, S. 79.

wird. Es kann zwar im Rahmen des Ausmaßes des Verifikationserfordernisses zwischen steuerlich beratenen und nicht steuerlich beratenen Steuerpflichtigen unterschieden werden, nicht jedoch bei den Pflichten im Rahmen der Abgabe der Steuererklärung (beispielsweise hinsichtlich der erforderlichen Subsumtion in der Steuererklärung und der Angabe abweichender Rechtsauffassungen).

Sofern keine Pflicht zur Inanspruchnahme von Steuerberatern besteht, müssen damit die Hilfestellungen für Unternehmer erheblich ausgebaut werden. Neben den bereits aufgeführten Möglichkeiten der Erläuterungen und Hinweise in der elektronischen Steuererklärung[2719] übernimmt beispielsweise in den USA die Bundesfinanzverwaltung die Aufgabe eines Service-Unternehmens, welches Hilfestellungen für den Steuerpflichtigen zur Erfüllung seiner steuerlichen Pflichten unmittelbar nach der Gründung anbietet.[2720] So wird eine Beratungsmöglichkeit geschaffen für diejenigen, die den Beratermarkt, beispielsweise wegen der nicht vollumfänglichen Absetzbarkeit der Kosten, nicht akzeptieren oder sich keine entsprechende Beratung leisten können.[2721] Außerdem muss eine umfassende, vereinfachte und kostenlose verbindliche Auskunft eingeführt werden, sodass man im Vorhinein die steuerlichen Folgen des Handelns einschätzen kann. Auch Steuerlaien müssen tatsächlich die Möglichkeit haben und erfüllen können, eine solche verbindliche Auskunft einzuholen – die Antragstellung muss also vereinfacht werden. Derzeit geht die Finanzverwaltung dazu über, verbindliche Auskünfte mangels besonderem steuerlichen Interesse abzulehnen, wenn die Sachverhalte keine schwierig zu lösenden steuerlichen Fragen aufwerfen.[2722] Dies deckt sich nicht mit dem Sinn und Zweck der verbindlichen Auskunft und auch nicht mit dem Begriff des „besonderen steuerlichen Interesses", welcher lediglich Bagatellfälle ausschließen möchte.[2723] In einem kooperativen Besteuerungsverfahren muss sichergestellt werden, dass alle Beteiligten die erforderlichen Auskünfte erhalten, um sich auf die steuerlichen Auswirkungen

---

2719 Siehe Kapitel 7 C II 1 „Überarbeitung der Inhalte der elektronischen Steuererklärung und Aufnahme von Erläuterungen".

2720 *Seer*, Besteuerungsverfahren: Rechtsvergleich USA – Deutschland, Rz. 142; siehe hierzu zu Vorschlägen für Deutschland auch: *Seer*, DStR 2008, 1553, 1556; *Seer*, in: Tipke/Kruse, Kommentar AO, Rz. 29 zu § 85 AO.

2721 *Tipke*, BB 2009, 636, 640.

2722 Siehe hierzu: Verfügung vom Bayerischen Landesamt für Steuern vom 05.08.2005, StED S. 615.

2723 *Kobor*, in: Pfirrmann/Rosenke/Wagner, BeckOK AO, Rz. 30.2 zu § 89 AO; *Rätke*, in: Klein, Kommentar AO, Rz. 19 zu § 89 AO; *Seer*, in: Tipke/Kruse, Kommentar AO, Rz. 23 und 32 zu § 89 AO.

ihrer Entscheidungen einstellen zu können und auch Rechtssicherheit zu erhalten und korrekte Steuererklärungen abgeben zu können. Was schwierige Rechtsfragen sind und was nicht, kann dafür nicht ausschlaggebend sein, da es zum einen subjektiv ist und zum anderen für Steuerlaien wiederum faktisch bedeuten würde, einen Experten hinzuziehen zu müssen.

2. Steuermindernde Berücksichtigung von Steuerberatungskosten

In Anbetracht dessen, dass Steuerberater erheblich zur Effizienz des elektronischen Veranlagungsverfahrens beitragen und den tatsächlichen Steuervollzug gewährleisten, ist es ein Widerspruch in sich, dass die Steuerberatungskosten nicht vollständig steuerlich geltend gemacht werden können. In der Literatur wird dies als negativer Konsultationsanreiz[2724] bezeichnet, der die Funktionsweise des elektronischen Veranlagungssystems und die Bedeutung des Steuerberaters für den Steuervollzug[2725] konterkariert. Der Gesetzgeber sendet an die Steuerlaien ein falsches Signal[2726] und mindert dadurch die Fälle der Inanspruchnahme steuerlicher Beratung, obwohl eigentlich das Gegenteil geboten wäre. Tipke zweifelt auch an, ob die Nichtberücksichtigung privater Steuerberatungskosten das subjektive Nettoprinzip verletzt, da Steuerlaien sich unter Berücksichtigung des § 150 AO in vielen Fällen der Steuerberatung nicht entziehen können. Es handelt sich damit um nicht disponibles Einkommen, welches in die Bemessungsgrundlage einzubeziehen ist.[2727] Daher wird vielfach in der Literatur gefordert, dass die Steuerberatungskosten (wieder) vollumfänglich als Sonderausgaben abzugsfähig sein müssen.[2728]

2724 *Seer*, DStR 2008, 1553, 1560; *Seer*, in: Widmann, DStJG 31 (2008), 7, 35; *Tipke*, BB 2009, 636, 640.

2725 *Tipke*, BB 2009, 636, 638.

2726 *Tipke*, in: Brandt, Mitverantwortung von Bürger und Staat, S. 43.

2727 *Seer*, in: Tipke/Kruse, Kommentar AO, Rz. 44 zu § 150 AO; *Tipke*, BB 2009, 636, 637; siehe hierzu auch BVerfG, Beschluss vom 14.10.2008, 1 BvR 2310/06, BVerfGE 122, 39, Leitsatz 1; hiergegen BFH, Urteil vom 04.02.2010, X R 10/08, BStBl. II 2010, 617, Rz. 37 ff. – insbesondere wegen des Verweises darauf, dass nur eine Möglichkeit besteht, sich durch einen Steuerberater vertreten zu lassen und dass § 150 Abs. 2 AO nur auf das beste Wissen und Gewissen abstellt.

2728 *Keilen*, StB 2015, 440, 441; *Nehls/Scheffler*, DStR 2015, 910, 912; *Seewald*, in: Brandt, Europäische Perspektiven im Steuerrecht; Steuergerechtigkeit und Steuervereinfachung, S. 185; *Tipke*, BB 2009, 636, 638; *Tipke*, in: Brandt, Mitverantwortung von Bürger und Staat, S. 43.

Einen Schritt weiter geht Seer, der in Zusammenhang mit der verpflichtenden Inanspruchnahme steuerlicher Beratung ausführt, dass die Steuerberatungskosten von der Steuerschuld abgezogen werden müssen. Hierbei könnte ein Höchstbetrag abhängig vom durchschnittlichen Aufwand für die Steuererklärung festgelegt werden.[2729] Dem stimmt auch Tipke zu und führt aus, dass die Finanzierung durch die erhebliche Kosteneinsparung der Finanzverwaltung in der Verifikation erfolgen kann.[2730] Betroffen sind hier insbesondere die Erstellung von Einkommensteuererklärungen[2731] und Erklärungen zur gesonderten und einheitlichen Feststellung[2732], soweit kein direkter Bezug zur Einkunftserzielung (z.B. in Form der einkünftebezogenen Anlagen, beispielsweise Anlage N) besteht. Die Abrechnung erfolgt im Regelfall abhängig vom Gegenstandswert nach § 24 StBVV. Die Daten zum Gegenstandswert ergeben sich aus der Einkommensteuererklärung und liegen damit sowohl dem Steuerpflichtigen als auch dem Finanzamt vor. Es wäre damit möglich, automatisiert die gesetzlichen Mittelgebühren nach § 24 StBVV für die Erstellung der Steuererklärungen zu ermitteln und diesen Betrag als Höchstbetrag beim Abzug von der Steuerschuld zu berücksichtigen. Weitere Kosten für steuerliche Beratung können (wie bisher) nur im Rahmen der Einkünfteermittlung als Betriebsausgaben oder Werbungskosten abgezogen werden, wenn ein direkter Bezug zur Einkunftserzielung vorliegt, was entsprechend nachgewiesen werden muss. Eine Erhöhung des Aufwandes ist hiermit nicht verbunden, da ohnehin bereits derzeit eine Aufteilung der Steuerberatungskosten in einkünftebezogene und nicht einkünftebezogene Kosten erfolgen muss und der Höchstbetrag basierend auf der StBVV automatisiert ermittelt werden kann.

Zumindest wenn die Inanspruchnahme steuerlicher Beratung verpflichtend ist, müssen die Steuerberatungskosten für eine Vereinbarkeit mit dem subjektiven Nettoprinzip wieder abziehbar sein, da es sich in diesem Fall unstrittig um nicht disponibles Einkommen handeln würde. Im Ergebnis ist eine Abwägung zweier Möglichkeiten vorzunehmen. Die erste Möglichkeit ist die Beibehaltung der freiwilligen Inanspruchnahme von Steuerberatern verbunden mit einem

---

2729 *Seer*, Besteuerungsverfahren: Rechtsvergleich USA – Deutschland, Rz. 148 f.; *Seer*, in: Steuerberater-Jahrbuch 2004/2005, S. 78; *Seer*, in: Tipke, Steuerberatung und Rechtsstaat, S. 39.

2730 *Tipke*, BB 2009, 636, 640.

2731 BFH, Urteil vom 04.02.2010, X R 10/08, BStBl. II 2010, 617, Leitsatz 1.

2732 Zur Nichtberücksichtigung der Kosten für das Ausfüllen des Vordrucks der gesonderten und einheitlichen Feststellung siehe BFH, Urteil vom 06.04.1995, VIII R 10/94, BFH/NV 1996, 22, Leitsatz 1 und Rz. 15.

höheren Verifikationserfordernis und der daraus folgenden personellen Veranlagung aller nicht beratenen Steuerpflichtigen mit entsprechenden Beratungs- und Serviceangeboten. Die zweite Möglichkeit ist die Pflicht zur Inanspruchnahme eines Steuerberaters mit Berücksichtigung der Steuerberatungskosten als Sonderausgaben oder als begrenzten Abzug auf die Steuerlast. In dieser Weise kann auch eine umfassende automatische Veranlagung mit einem sachlich begrenzten Nachprüfungsvorbehalt[2733] etabliert werden, wodurch erhebliche Ressourcen der Finanzverwaltung eingespart werden können.

3. Anpassung der StBVV

Es ist zu beachten, dass die erweiterten Pflichten des Steuerberaters im elektronischen Veranlagungsverfahren und die erhöhten Risiken, beispielsweise durch Bußgeldtatbestände, bisher keine Berücksichtigung in der StBVV gefunden haben.

So hat beispielsweise die doppelte Prüfung der amtlichen Vordrucke und der elektronischen Daten[2734] einen erhöhten Aufwand zur Folge, der nicht in der StBVV berücksichtigt wurde.[2735] Eine Abrechnung von zwei Steuererklärungen ist nach § 12 Abs. 2 StBVV nicht möglich, da es sich um dieselbe Angelegenheit handelt. Es kann derzeit nur ein erhöhter Rahmensatz angesetzt oder in einer Vergütungsvereinbarung eine abweichende Regelung getroffen werden.[2736] Dass die elektronische Steuererklärung den Aufwand und damit die Kosten erhöht, ist für den Steuerpflichtigen jedoch wohl schwer nachzuvollziehen. Auch vor diesem Hintergrund ist dringend eine Vereinheitlichung von elektronischer Steuererklärung und amtlichen Vordrucken geboten.[2737]

Auch die technische Übermittlung der elektronischen Steuererklärung, die nicht nur Identifikationspflichten hinsichtlich des Mandanten, Prüfungen der übermittelten Daten und Aktualisierungspflichten hinsichtlich der Software für den Steuerberater umfasst[2738], sondern auch Kosten für die technische

---

2733 Siehe Kapitel 7 C III 1 „Anpassung der Korrekturvorschriften von Steuerbescheiden".

2734 Siehe Kapitel 2 C IV „Pflichten und Obliegenheiten für Steuerberater im Rahmen der elektronischen Datenübermittlung".

2735 *Wacker*, DStR 2013, 2025, 2028.

2736 *Wacker*, DStR 2013, 2025, 2028; zur Vergütungsvereinbarung siehe: *Lotz*, DStR 2009, 1716, 1716 ff.

2737 Siehe Kapitel 7 C II 1 „Überarbeitung der Inhalte der elektronischen Steuererklärung und Aufnahme von Erläuterungen".

2738 Siehe Kapitel 2 C IV „Pflichten und Obliegenheiten für Steuerberater im Rahmen der elektronischen Datenübermittlung".

Übermittlung (z.B. der DATEV) verursacht, ist von der Auslagenpauschale des § 16 StBVV umfasst.[2739] Damit ist im Regelfall, zumindest wenn der Aufwand einer Einzelaufzeichnung aller Auslagen vermieden werden soll, keine separate Abrechnung der hiermit im Zusammenhang stehenden Aufwendungen nach der StBVV möglich. Die Übermittlungskosten sollten daher separat abgerechnet werden können mit einem entsprechenden Aufschlag für die in diesem Zusammenhang entstehenden Pflichten des Steuerberaters als Datenübermittler. Als Beispiel können die Gebühren für die Erzeugung elektronischer Dokumente durch Notare dienen, welche für die Erzeugung strukturierter Daten (beispielsweise XML) eine 0,3-Gebühr, jedoch höchstens 250 EUR, erhalten.[2740]

Auch für die E-Bilanz enthält die StBVV keinen separaten Vergütungstatbestand.[2741] Eine Abrechnung ist derzeit über eine Erhöhung des Rahmensatzes oder den separaten Abschluss einer Vergütungsvereinbarung möglich.[2742] Nur wenn die Buchhaltung vom Mandanten vorgenommen wird und der Steuerberater hieraus die E-Bilanz ableitet, ist für die Abstimmarbeiten eine separate Abrechnung nach § 33 Abs. 7 StBVV oder § 35 Abs. 3 StBVV möglich.[2743] Auch hierfür sollte eine entsprechende separate Gebühr für die Aufbereitung und Übermittlung der E-Bilanz in Anlehnung an die Regelungen für Notare erfolgen. Abstimmarbeiten im Rahmen der E-Bilanz müssen ausdrücklich separat abrechenbar sein, solange die Daten noch nicht in die Steuererklärungen integriert sind.

V. Zivilstrafen statt Kriminalstrafen

Flankiert wird die Erweiterung der Pflichten im elektronischen Veranlagungsverfahren von zusätzlichen strafrechtlichen Gefahren für den Steuerpflichtigen und auch den Steuerberater. Auch wenn § 370 AO nicht im Hinblick auf das elektronische Veranlagungsverfahren erweitert wurde, so ergeben sich doch, wie umfassend dargestellt wurde, in der täglichen Praxis zusätzliche Gefahren.

Ein Besteuerungsverfahren, welches den Steuerpflichtigen mit der Drohung eines Strafverfahrens zu einer größeren Kooperation anhalten möchte, ist hiermit nicht vereinbar.[2744] Fehler bei der Berufsausübung dürfen keine strafrechtlichen

2739 *Wacker*, DStR 2013, 2025, 2028.

2740 Nr. 22114 der Anlage 1 (Kostenverzeichnis) zum GNotKG; zur Übertragbarkeit auf Steuerberater siehe auch: *Gläser/Danner*, DStR 2014, 2198, 2200.

2741 *Gläser/Danner*, DStR 2014, 2198, 2199.

2742 *Gläser/Danner*, DStR 2014, 2198, 2199.

2743 *Gläser/Danner*, DStR 2014, 2198, 2199.

2744 *Kirchhof*, DStR 2018, 497, 501.

Konsequenzen nach sich ziehen, insbesondere in einem kooperativen Besteuerungsverfahren. Das Strafverfahren kann keine Defizite im Besteuerungsverfahren kompensieren; ansonsten würde die Ausnahme des Strafrechts zur Regelung.[2745] Es kommt in der Praxis zu einer Kriminalisierung des Steuervollzugs, beispielsweise auch dadurch, dass Mehrergebnisse akzeptiert werden, um ein Steuerstrafverfahren zu vermeiden. Ein selbstregulierender Steuervollzug muss jedoch außerhalb der steuerstrafrechtlichen Sanktionen erfolgen.[2746] Es wird von einem Damoklesschwert des Steuerstrafverfahrens gesprochen.[2747] Das Risiko, dass mit Hilfe des Risikomanagementsystems nicht alle Fehler erkannt werden können und es damit zu Vollzugsdefiziten kommt, liegt bei der Finanzverwaltung und kann daher nicht in erhöhten Strafbarkeitsrisiken für den Steuerpflichtigen oder den Steuerberater resultieren.[2748] Dies würde zu einer Schieflage der Risiken von Steuerpflichtigem und Steuerberater sowie der Finanzverwaltung auf der anderen Seite führen. Kirchhof führt hieraus schlussfolgernd aus, dass zwei Steuerprogramme der Finanzverwaltung für die Steuerermittlung entwickelt werden müssten. Im Rahmen der Steuerermittlung müsse die Steuerberechnung basierend auf dem Gesetz erfolgen; hiervon getrennt müsse eine Steuerberechnung basierend auf ergänzender Gesetzesinterpretation erfolgen. Im Gegensatz hierzu müssen die Steuerprogramme im Steuerstrafverfahren die besondere Rechtsstellung des Beschuldigten berücksichtigen, die Verwertbarkeit der Informationen beachten und die Begrenzung der Strafbarkeit durch das Erfordernis der Bestimmtheit des Strafgesetzes nach Art. 103 Abs. 2 GG bedenken.[2749] Des Weiteren wird angeführt, dass eine Kleinhinterziehung nicht in gleichem Maße nach § 370 AO bestraft werden kann.[2750]

Die Frage ist also, wie man den Steuerpflichtigen und den Steuerberater dazu anhält, mitzuwirken (beispielsweise durch Überprüfung der elektronisch von Dritten übermittelten Daten, durch Hinweise auf strittige Rechtsansichten und durch entsprechende Überprüfungen und Identifikationen im Rahmen der elektronischen Datenübermittlung) und damit den tatsächlichen gesetzmäßigen Steuervollzug gewährleistet, ohne aber uferlose strafrechtliche Gefahren in Aussicht zu stellen. In Anlehnung an das Besteuerungsverfahren in den USA und in

2745 *Frizen*, S. 294.
2746 *Kirchhof*, DStR 2018, 497, 502.
2747 *Seer*, StuW 4/2015, 315, 330.
2748 *Erb*, DB 2017/26, 1469, 1472.
2749 *Kirchhof*, DStR 2018, 497, 502.
2750 *Streck*, BB 1984, 2205, 2209.

Großbritannien werden hier insbesondere Zuschläge zur Steuer für eine unterlassene Angabe oder für die fahrlässige Missachtung steuerlicher Vorschriften vorgeschlagen. Hierbei handelt es sich um Zivilstrafen, die außerhalb des Strafverfahrens festgesetzt werden.[2751] Hierdurch wird der vernünftig handelnde Homo oeconomicus versuchen, die Strafzuschläge zu vermeiden, sodass er im Ergebnis zur Erfüllung seiner steuerlichen Pflichten angehalten wird, jedoch ohne die erhebliche Gefahr einer strafrechtlichen Verfolgung.[2752] Die Steuerhinterziehung muss schweren Fällen von Steuerhinterziehung vorbehalten bleiben.[2753] Hier könnte man beispielsweise eine entsprechende Betrugs-/Bereicherungsabsicht aufnehmen.[2754] Dies würde auch die Abgrenzung zwischen bedingtem Vorsatz und Leichtfertigkeit erheblich erleichtern.

Im Rahmen der Regelung der Zuschläge sollte explizit definiert werden, welche Fälle betroffen sind, beispielsweise wo genau strittige Rechtsauffassungen dargestellt werden müssen und welche Auffassungen zugrunde zu legen sind.[2755] Verbunden mit einer Pflicht zur Inanspruchnahme steuerlicher Beratung kann hierdurch zu einer Gesetzmäßigkeit im Steuervollzug und zu einer Verringerung des Verifikationsbedürfnisses seitens der Finanzverwaltung erheblich beigetragen werden, ohne das Verfahren unter das Damoklesschwert eines Strafverfahrens zu stellen.

D. Zwischenergebnis

Es zeigt sich, dass sich das strukturelle Vollzugsdefizit im elektronischen Veranlagungsverfahren durch automatische Veranlagungen und den Verzicht auf eine Belegvorlage im Rahmen der Steuererklärung verstärkt. Faktisch führt das elektronische Veranlagungsverfahren zu einer Selbstveranlagung, insbesondere da das Risikomanagementsystem nur eine eingeschränkte Prüfung übernimmt.

2751 *Ahrens/Nagel*, FR 2002, 261, 265; *Nagel*, Selbstveranlagung im britischen und amerikanischen Steuerrecht, S. 178 und 251; *Seer*, Besteuerungsverfahren: Rechtsvergleich USA - Deutschland, S. 90 ff.

2752 *Frizen*, S. 291 f.

2753 *Ahrens/Nagel*, FR 2002, 261, 265; *Seer*, Besteuerungsverfahren: Rechtsvergleich USA - Deutschland, S. 140.

2754 *Seer*, StuW 4/2015, 315, 330.

2755 So z.B. in den USA: Offenlegung, wenn keine realistische Möglichkeit besteht, dass die Auffassung vom Gericht bestätigt wird – siehe: *Nagel*, Selbstveranlagung im britischen und amerikanischen Steuerrecht, S. 72 f.; *Seer*, Besteuerungsverfahren: Rechtsvergleich USA - Deutschland, S. 101.

Dem soll durch eine Pflichtenverlagerung auf die Steuerpflichtigen und deren Steuerberater entgegengewirkt werden, der nicht beratene Steuerpflichtige jedoch kaum nachkommen können. Steuerberater sind damit in einem elektronischen Veranlagungsverfahren umso erforderlicher zur Sicherstellung einer gesetzmäßigen Besteuerung. Hinzu kommt, dass die Fürsorgepflicht der Finanzverwaltung (§ 89 Abs. 1 AO) im elektronischen Veranlagungsverfahren eingeschränkt ist, sodass der Steuerpflichtige umso mehr einen Partner zur Vertretung seiner Interessen benötigt.

Der Steuerberater ist jedoch auch in einem elektronischen Veranlagungsverfahren in erster Linie Interessenvertreter des Mandanten. Er trägt zwar mittelbar zur Gesetzmäßigkeit der Besteuerung bei und übernimmt im Rahmen seiner Arbeit auch eine erste Verifikation, kann jedoch die Letztverantwortung, die bei der Finanzverwaltung liegt, nicht übernehmen. Er ist damit kein Verwaltungshelfer des Staates und ihn treffen ausgehend von seiner Stellung auch keine strafrechtlichen Garantenpflichten (außer bei eigenen Fehlern des Steuerberaters, die zu einer Garantenstellung aus Ingerenz führen).

Die zusätzlichen Pflichten (z.B. Pflichten für Datenübermittler, scheinbare Pflicht zum Hinweis auf abweichende Verwaltungsauffassungen) und Bußgeldvorschriften (z.B. für Datenübermittler und im Rahmen der Vollmachtsdatenbank) und auch die eingeschränkten Rechte des Steuerberaters im Strafverfahren stehen im Widerspruch zu dieser Funktion des Steuerberaters und sind für ein gesetzmäßiges elektronisches Veranlagungsverfahren auch nicht erforderlich. Stattdessen ist eine Anpassung des Verfahrens zum Nutzen aller erforderlich:

- Die Kriterien des Risikomanagementsystems müssen in Grundzügen veröffentlicht und regelmäßig geprüft werden, um sicherzustellen, dass die Gleich- und Gesetzmäßigkeit der Besteuerung auch im Steuervollzug gewährleistet ist und der Steuerpflichtige entsprechenden Rechtsschutz hat. Das Risikomanagementsystem sollte einen Vertrauensvorschuss für von Steuerberatern erstellte Steuererklärungen vorsehen, welcher jedoch anhand der Steuervita des Steuerberaters regelmäßig überprüft werden muss. Diese Überprüfung darf nicht am verwaltungskonformen Handeln ausgelegt werden, sondern nur an Pflichtverstößen des Beraters.
- Zur Vermeidung eines strukturellen Vollzugsdefizits im elektronischen Veranlagungsverfahren sollte eine Pflicht zur Inanspruchnahme steuerlicher Beratung bei über den Pauschbeträgen hinausgehenden Ansätzen in der Steuererklärung erfolgen. Hiermit kann auch eine Pflicht zum Hinweis auf abweichende Rechtsauffassungen im Freitextfeld verbunden werden, wenn konkretisiert wird, welche Rechtsauffassungen zugrundegelegt werden.

Hiermit verbunden ist eine vollständige Berücksichtigung der Steuerberatungskosten als Sonderausgaben oder begrenzten Abzug auf die Steuerlast. Alternativ müssen erheblich umfangreichere Erläuterungen, auch zu strittigen Rechtsauffassungen, in die Steuererklärung aufgenommen werden, kostenfreie und umfassende verbindliche Auskünfte ermöglicht, Fragen-Hotlines eingerichtet sowie eine personelle Veranlagung aller von Steuerlaien erstellten Steuererklärungen sichergestellt werden.

- Die Abläufe des elektronischen Verfahrens müssen effizient für alle Beteiligten gestaltet werden. Die amtlichen Vordrucke und die elektronische Steuererklärung müssen aneinander angeglichen werden; weiter müssen die Positionen der E-Bilanz (soweit diese für die Besteuerung erforderlich sind und hiermit der Steuerpflichtige nicht faktisch eine Einordnung in das Risikomanagementsystem der Finanzverwaltung vornimmt) in die Steuererklärung integriert werden. Das Freitextfeld muss unbegrenzt sein und es müssen Anlagen beigefügt werden können. Weiter ist zum Nachweis der Tatherrschaft ein Freigabemechanismus von elektronischen Steuererklärungen bei steuerlicher Vertretung erforderlich, beispielsweise mittels einer digitalen Freigabeerklärung, in der der Steuerpflichtige die Richtigkeit und Vollständigkeit der Tatsachen bestätigt.
- Der Verzicht auf eine Belegvorlage führt momentan zu einem Verlust der Rechtssicherheit des Steuerpflichtigen, da eine Verifikation der Angaben allein anhand der Steuererklärung kaum möglich ist. Belege müssen der Kennziffer der elektronischen Steuererklärung direkt in digitaler Form beigefügt werden können, sodass das Risikomanagementsystem hierauf programmiert werden und ggf. zweifelhafte Fälle aussteuern kann. Basierend hierauf müssen auch die Korrekturvorschriften angepasst werden. In einem elektronischen Veranlagungssystem sollte der Bescheid automatisiert basierend auf der Steuererklärung ergehen. Der Anwendungsbereich des § 173 AO muss auf Belege, die nach Bescheidbekanntgabe eingereicht werden, beschränkt werden. Für Prüfpunkte, die vom Risikomanagementsystem erkannt werden, muss ein beschränkter Nachprüfungsvorbehalt für die Dauer von 2 Jahren gewährt werden, um eine „veranlagungsbegleitende" Nachprüfung zu ermöglichen. Die Verzinsung von Steuernachforderungen ist auf das Marktzinsniveau anzupassen, um verwaltungskonformem Erklären vorzubeugen. Weiter ist eine zeitnahe Außenprüfung mit entsprechender Verkürzung der allgemeinen Verjährungsfrist und der Ablaufhemmung für Außenprüfungen erforderlich, wobei die Auswahl der zu prüfenden Fälle in der BpO am sachlichen Risikobedürfnis basierend auf dem Risikomanagementsystem ausgerichtet sein muss.

E. Ausblick

Es zeigt sich, dass das elektronische Veranlagungsverfahren viele Vorteile bringen kann. Ein sachgerechtes und objektives Risikomanagementsystem basierend auf den elektronischen Daten ist zur Bewältigung der Fallzahlen und zur Sicherstellung einer gesetz- und gleichmäßigen Prüfungsauswahl zwingend erforderlich. In der derzeitigen Ausgestaltung kommen jedoch die Vorteile des elektronischen Veranlagungsverfahrens überwiegend der Finanzverwaltung zugute.[2756] Die technischen Möglichkeiten werden über die gesetzmäßige Steuerfestsetzung, das Verifikationsprinzip und das Prinzip der Rechtssicherheit gestellt. Verantwortlichkeiten werden verlagert. Insbesondere für Steuerberater ergibt sich aktuell ein Mehraufwand durch die Notwendigkeit von doppelten Abgleichen (z.B. in der elektronischen Steuererklärung und der E-Bilanz) sowie durch Pflichten im Zusammenhang mit der Erfassung der Vollmachten in der Vollmachtsdatenbank und der Identifikation des Steuerpflichtigen bei der Datenübermittlung seitens des Steuerberaters. Auch der Verzicht auf das Unterschriftserfordernis in der Steuererklärung mag zwar „einfach" zur Umsetzung des elektronischen Veranlagungsverfahrens sein, erfordert jedoch weitere Nachweise zur Tatherrschaft des Steuerpflichtigen bei Erstellung der Steuererklärung durch einen Steuerberater. Die neuen Pflichten und Obliegenheiten zeigen sich nicht nur im Veranlagungsverfahren. Wenn man weiterdenkt, ist beispielsweise auch zur Vermeidung von Nachteilen in einer elektronischen Durchsuchung eine vorherige Datentrennung durch den Steuerberater in beschlagnahmefreie und nicht beschlagnahmefreie Unterlagen erforderlich, die wegen der schnellen und umfassenden Durchsuchung der elektronischen Daten erheblich an Bedeutung gewinnt.[2757]

Auch wenn die Verantwortlichkeiten im Rahmen des Verifikationsprinzips gemäß §§ 88 ff. AO weiterhin bei der Finanzverwaltung liegen, bleiben im Rahmen des Risikomanagementsystems Fehler in der Steuererklärung, die nur durch Subsumtion oder Belegeinsicht erkannt werden können, in vielen Fällen

2756 *Krömker/Nöcker*, AO-StB 2017, 305, 309; *Nöcker*, AO-StB 2020, 16, 20; *Seer*, StuW 4/2015, 315, 316; *Seewald*, in: Brandt, Europäische Perspektiven im Steuerrecht; Steuergerechtigkeit und Steuervereinfachung, S. 185.

2757 *Drüen*, in: Tipke/Kruse, Kommentar AO, Rz. 71a zu § 147 AO; *Heuel/Beyer*, AO-StB 2011, 245, 248; *Hilgers-Klautzsch*, in: Kohlmann, Kommentar Steuerstrafrecht, Rz. 993 zu § 385 AO; *Mack*, in: Brandt, Europäische Perspektiven im Steuerrecht; Steuergerechtigkeit und Steuervereinfachung, S. 280; *Polka/Jansen*, BC 2014, 93, 94; *Strunk*, Steuern und Electronic Business, S. 338; AO.

unentdeckt. Faktisch verschieben sich damit die Verantwortlichkeiten mehr zum Steuerpflichtigen, der dieser Verantwortung jedoch als Steuerlaie kaum nachkommen kann, und zum Steuerberater. Einem aus der fehlenden Subsumtionsmöglichkeit des Risikomanagementsystems entstehenden Vollzugsdefizit soll mit einer scheinbaren Angabepflicht zu abweichenden Verwaltungsauffassungen im Freitextfeld entgegengewirkt werden. Es ergibt sich aber das paradoxe Ergebnis, dass Steuererklärungen von Steuerberatern häufiger wegen Einträgen im Freitextfeld ausgesteuert werden als Steuererklärungen von Steuerlaien, die mangels Kenntnis abweichender Rechtsauffassungen keine Einträge im Freitextfeld machen (können). Die strafrechtlichen Vorschriften wurden nicht angepasst und auch nicht konkretisiert, sodass weiter das Damoklesschwert einer strafrechtlichen Verfolgung die Abgabe der Steuererklärung überschattet – ob durch den Nichthinweis auf abweichende Verwaltungsauffassungen oder den Nichtabgleich der elektronisch von Dritten gemeldeten Daten. Auch durch die fehlende Beifügung von Belegen können sich strafrechtliche Auswirkungen ergeben, beispielsweise wenn hierin abweichende Verwaltungsauffassungen erkennbar wären. Ergänzt werden die strafrechtlichen Gefahren durch neu geschaffene Bußgeldvorschriften. Schon bisher wurde die Arbeit der Steuerberater aufgrund des Pflichtenkanons aus zivilrechtlichen und berufsrechtlichen Pflichten sowie strafrechtlichen Gefahren als Gratwanderung bezeichnet.[2758] In der Literatur wird der Idealberater einem Roboter mit überhöhtem Pflichtenumfang und fehlendem Schutz gleichgestellt.[2759] Dieses Ergebnis zeigt sich umso mehr im elektronischen Veranlagungsverfahren.

Des Weiteren wurden die Änderungsvorschriften für Steuerbescheide nicht ausreichend angepasst. Wenn keine Unterlagen mit der Steuererklärung eingereicht werden, sind faktisch alle Tatsachen neu im Sinne von § 173 AO. Ein Ermittlungsfehler der Finanzverwaltung kann kaum noch angenommen werden unter Berücksichtigung der Neuregelung des § 88 AO, insbesondere da die Risikohinweise des Risikomanagementsystems nicht veröffentlicht werden. Die Effizienz der Finanzverwaltung wurde gesteigert, aber zulasten der Rechtssicherheit für die Steuerpflichtigen. Die scheinbaren Vereinfachungen können damit in der Praxis nur unter Inkaufnahme erheblicher Haftungsgefahren von Steuerberatern genutzt werden; die angestrebte Effizienz verkehrt sich in ihr Gegenteil. Es handelt sich um eine Hybridlösung, die im ersten Schritt die Umsetzbarkeit und Vorteile seitens der Finanzverwaltung beachtet, jedoch die Auswirkungen

2758 *Marx*, DStR 1993, 1901, 1901; *Sieja*, DStR 2012, 991, 991.
2759 *Alvermann*, Stbg 2008, 356, 361.

für Steuerpflichtige und Steuerberater nicht im Detail berücksichtigt. Ein einheitliches Konzept unter Berücksichtigung der straf- und abgabenrechtlichen Vorschriften zum Nutzen aller ist nicht erkennbar.[2760]

Es bleibt scheinbar unbeachtet, dass sowohl die Finanzverwaltung als auch die Steuerberater im Grundsatz dasselbe Ziel haben. Dies besteht in der Sicherstellung einer gleich- und gesetzmäßigen Besteuerung im Steuervollzug und einem effizienten Besteuerungsverfahren. Ein kooperatives Steuersystem muss an den gemeinsamen Interessen orientiert sein.[2761] Der Steuerberater ist zwar Interessenvertreter seines Mandanten, jedoch auch Organ der Steuerrechtspflege. Er übernimmt zwar keine staatlichen Aufgaben, darf jedoch nur innerhalb der gesetzlichen Vorschriften beraten. Ohne die Unterstützung der Steuerberater wäre der Steuervollzug in einem elektronischen Veranlagungsverfahren schlichtweg nicht denkbar, da die für die Abgabe der Steuererklärung notwendige Subsumtion im derzeitigen Steuerrecht in vielen Fällen unmöglich für Steuerlaien ist. Es wäre eine umfassende Prüfung aller Steuererklärungen seitens der Finanzverwaltung zur Sicherstellung der Gleich- und Gesetzmäßigkeit im Steuervollzug erforderlich. Auf dem Steuerberater liegt damit die Hauptlast einer erfolgreichen Umsetzung des elektronischen Veranlagungsverfahrens.[2762] Es ist daher unnötig und kontraproduktiv, die ohnehin bereits durch erhebliche Gefahren infolge von Haftungen, berufsrechtlichen Sanktionen und strafrechtlichen Auswirkungen geprägte Arbeit der Steuerberater durch weitere Pflichten und Bußgeldvorschriften zu erschweren. Eine zunehmende Sanktionierung führt nicht zu einer Akzeptanz des elektronischen Veranlagungsverfahrens.[2763]

Die Finanzverwaltung sollte sich die Fachkenntnisse und die berufsrechtlichen Pflichten des Steuerberaters zunutze machen und durch eine Förderung der steuerlichen Beratung das Verifikationsbedürfnis senken und die vorhandenen Ressourcen effektiv dort einsetzen, wo sie benötigt werden. Der begrenzte Abzug von Steuerberatungskosten ist vor diesem Hintergrund unverständlich und konterkariert die steuerliche Beratung. Die Auffassung, dass der Steuerberater Zweifeln nicht nachgehen muss und damit auch keinen Vertrauensvorschuss

---

2760 *Brandt,* in: Brandt, Europäische Perspektiven im Steuerrecht; Steuergerechtigkeit und Steuervereinfachung, S. 292.

2761 *Hardeck*, Reputative Risiken bei aggressiver Steuerplanung, S. 241.

2762 *Preißer/Wind*, S. 11.

2763 https://www.dstv.de/interessenvertretung/aktivitaeten/tb-127-15-ro-bln-steuergespraeche-modernisiertes-besteuerungsverfahren; zuletzt abgerufen am 07.02.2021, 13:00 Uhr.

genießen kann[2764], ist überholt. Auch Steuerberater nutzen vermehrt die Möglichkeiten der Digitalisierung, sodass auch sie weitere Möglichkeiten der Verifizierung von Angaben des Steuerpflichtigen haben. So können beispielsweise schon bei der Jahresabschlusserstellung Prüfmechanismen wie der Chi-Quadrat-Test oder die Benford-Analyse und eine umfassende Kassenminusprüfung eingesetzt werden. Bei Zweifeln an der Richtigkeit sind Steuerberater zu weiteren Nachforschungen verpflichtet.[2765] Kirchhof führt aus, dass durch die Möglichkeiten der Digitalisierung nicht mehr nur eine Stichprobenprüfung, sondern eine Vollprüfung durchgeführt wird. Der Berater ist daher oft in einer Rolle, der alles wissen und vor allen Risiken warnen muss. Kirchhof führt aus, dass es fraglich sei, ob man dem in der Praxis genügen kann.[2766] Steuerberater können damit ebenfalls im Rahmen der Digitalisierung die Möglichkeiten nutzen und damit die Fehlerwahrscheinlichkeit der Steuererklärung senken. Neue Verantwortungen erfordern jedoch auch, dass beispielsweise entsprechende Vorteile im Rahmen des Risikomanagementsystems[2767], durch eine Anerkennung des Vertrauensverhältnisses zwischen Steuerberater und Mandant und eine klare Abgrenzung zwischen Beratung und Verifikation[2768] sowie durch eine Förderung der steuerlichen Beratung „zurückgegeben" werden.

Hierbei ist zu beachten, dass Steuerberater in keinem Fall die Verifikation durch die Finanzverwaltung übernehmen können. Dies würde der Stellung des Steuerberaters als unabhängiges Organ der Steuerrechtspflege zuwiderlaufen. Die Vorstellung vom Beruf des Steuerberaters, insbesondere dessen Unabhängigkeit und Verschwiegenheit, darf in keinem Fall gefährdet sein. So ist beispielsweise auch auf eine strenge Abgrenzung der Software der Steuerberatung gegenüber der Software der Finanzverwaltung zu achten.[2769] Der Steuerberater hat die oberste Aufgabe, ein Partner für seinen Mandanten im Hinblick auf die Abgabe einer gesetzeskonformen Steuererklärung zu sein und in diesem Rahmen seine Interessen zu vertreten. Der Steuerberater kann mittelbar die Steuerrechtspflege und den Steuervollzug fördern. Auch wenn der Steuerberater mehr und mehr

2764 *Felix/Streck*, Stbg 1980/4, 78, 85, die ausführen, dass der Steuerberater keine Prüfung der Angaben des Mandanten vornehmen muss, sodass sich kein verstärkter Wahrheitsanspruch durch eine steuerliche Beratung ergibt.

2765 *Hamann/Härtl/Kurz/Ludwig/Schmieder*, Elektronische Betriebsprüfung S. 31-33, 97, 111 und 115 ff.

2766 *Kirchhof*, DStR 2018, 497, 503.

2767 *Hamann/Härtl/Kurz/Ludwig/Schmieder*, Elektronische Betriebsprüfung, S. 97.

2768 *Kirchhof*, DStR 2018, 497, 503 f.

2769 *Heilgeist*, DStR 2016, 189, 192; *Langhein*, AO-StB 2020, 25, 27.

zur Compliance-Instanz wird, so ist er jedoch nicht an die Finanzamtsauffassung gebunden, sondern nur an das Gesetz. Eine Verifikation der Finanzverwaltung mit Hilfe des Risikomanagementsystems und einer ergänzenden Zufallsauswahl ist daher zwingend erforderlich. Das geschaffene System aus Daten von Dritten, Daten der elektronischen Steuererklärung und der E-Bilanz (angepasst auf ein erforderliches Maß) kombiniert mit den Möglichkeiten der elektronischen Außenprüfung und Durchsuchung bietet eine optimale Basis für den Aufbau eines funktionierenden Risikomanagementsystems und einen effizienten und gesetzmäßigen Steuervollzug. Voraussetzung hierfür ist jedoch auch, dass das Risikomanagementsystem regelmäßig geprüft und fortentwickelt wird und dass die grundlegenden Kriterien für alle nachvollziehbar offengelegt werden. Ein Ausrichten an einer von der Finanzverwaltung abweichenden Auffassung kann nicht zulasten des Steuerpflichtigen oder des Steuerberaters ausgelegt werden, solange diese vertretbar ist. Nur in dieser Weise kann sichergestellt werden, dass sich die Befürchtungen, dass ein faktisches Selbstveranlagungssystem zu einem verwaltungskonformen Erklären anhält, nicht bewahrheiten.

Die Pläne der Finanzverwaltung zur Fortentwicklung des elektronischen Besteuerungsverfahrens gehen in die richtige Richtung. Insbesondere sind die elektronische Beifügung von Belegen (RABE) sowie die elektronische Bescheidbekanntgabe (DIVA)[2770] zur Vermeidung von Medienbrüchen Schritte, die Aufwand für alle Beteiligten ersparen.

Die Änderungen greifen jedoch zu kurz. Erforderlich ist eine umfassende Reform mit einer Anpassung der Inhalte von elektronischer Steuererklärung und amtlichen Vordrucken sowie Integration der E-Bilanz, einer elektronischen Freigabe der der Steuererklärung zugrunde gelegten Tatsachen durch den Steuerpflichtigen und einer direkten Verknüpfung der Belege mit der jeweiligen Kennziffer in der Steuererklärung. Hinzukommen muss eine automatisierte Steuerveranlagung, verbunden mit einer Einschränkung des Anwendungsbereiches von § 173 AO und einem beschränkten Nachprüfungsvorbehalt für vom Risikomanagementsystem ausgesteuerte Sachverhalte, der jedoch auf höchstens

---

2770 Siehe hierzu und auch zur Entwicklung der elektronischen Bescheidbekanntgabe: *Füssenich,* in: Pfirrmann/Rosenke/Wagner, BeckOK AO, Rz. 1 zu § 122a AO; *Ortwald*, DStR 2017, 477, 477 f.; *Preißer/Wind*, S. 21; *Seer,* in: Tipke/Kruse, Kommentar AO, Rz. 4 und 7 zu § 157 AO; zu Bekanntgabefragestellungen siehe auch: FG Köln, Urteil 13.12.2017, 2 K 837/17, EFG 2018, 1012; *Krömker/Nöcker*, AO-StB 2017, 305, 308; *Rosenke,* in: Pfirrmann/Rosenke/Wagner, BeckOK AO, Rz. 76 zu § 157 AO und *Füssenich,* in: Pfirrmann/Rosenke/Wagner, BeckOK AO, Rz. 242 zu § 122 AO.

2 Jahre begrenzt werden sollte. Die Verzinsung von Steuerforderungen muss an den Marktzins angepasst werden. Sofern keine erhebliche Steuervereinfachung und ein Ausbau der Service-Angebote erfolgt, muss eine verpflichtende steuerliche Beratung bei Angaben in der Steuererklärung, die über Pauschbeträge hinausgehen, eingeführt werden, verbunden mit einem Abzug der Steuerberatungskosten von der Steuerlast innerhalb der Höchstbeträge, die sich an der StBVV orientieren. In dieser Weise können auch zeitnahe und zeitlich begrenzte Außenprüfungen durch freiwerdende Ressourcen umgesetzt werden.

Für ein gesetz- und gleichmäßiges elektronisches Besteuerungssystem ist eine Kooperation von Finanzverwaltung, Steuerpflichtigem und Steuerberater zwingend erforderlich.[2771] Es bleibt, mit einem Zitat von Peter Sereinigg, einem österreichischen Unternehmensberater, abzuschließen: „Kooperationen scheitern meist nicht am mangelnden Willen zur Zusammenarbeit, sondern an der Unfähigkeit, eigene Schwächen zu erkennen und ergänzende fremde Stärken zuzulassen."[2772] So ist auch im elektronischen Veranlagungsverfahren eine Verbindung der Stärken aller Beteiligten erforderlich: Der Steuerpflichtige hat die Verantwortung für die Mitteilung der Tatsachen, der Steuerberater für eine gesetzmäßige Steuererklärung basierend auf den mitgeteilten Tatsachen und die Finanzverwaltung hat die Letztverantwortung durch eine Verifikation der Angaben. Diese Verantwortlichkeiten dürfen nicht vermischt werden. Weder der Steuerpflichtige noch der Steuerberater sind verantwortlich für eine Verifikation der Angaben basierend auf den Verwaltungsauffassungen und eine Aussteuerung des Falles durch das Risikomanagementsystem. Dies muss Aufgabe der Finanzverwaltung bleiben. Ein solches Kooperationsverhältnis gepaart mit einem Einlassen auf ein vollständiges elektronisches Besteuerungsverfahren und einer entsprechenden Anpassung der gesetzlichen Vorschriften wird neben der Förderung der Gesetz- und Gleichmäßigkeit der Besteuerung auch die Effizienz und infolgedessen die Akzeptanz in der Gesellschaft steigern.

2771 *Hamann/Härtl/Kurz/Ludwig/Schmieder*, Elektronische Betriebsprüfung, S. 60 und 97.

2772 https://www.aphorismen.de/suche?text=Kooperation; zuletzt abgerufen am 28.11.2020, 17:10 Uhr.

Zusammenfassende Thesen

A. Elektronische Übermittlung von Steuererklärungen und Steueranmeldungen

Die elektronische Steuererklärung stellt mangels Unterschriftserfordernis keine höchstpersönliche Pflicht mehr dar.

Der Steuerberater hat dem Mandanten die elektronischen Daten nach § 87d Abs. 3 AO zur Durchsicht zur Verfügung zu stellen; auch wenn die AO selbst keine Rechtsfolgen an einen Verstoß knüpft, können ansonsten zivilrechtliche Haftungsgefahren, berufsrechtliche Auswirkungen und eine strafrechtliche Verantwortung wegen einer Garantenstellung aus Ingerenz drohen.

Der Steuerberater hat eine Obliegenheit zur Übersendung der Formulare der Steuererklärung an den Mandanten oder Abfrage aller dort enthaltenen Sachverhalte, um eine Haftung gegenüber dem Mandanten für den Steuerschaden mangels Änderungsmöglichkeit nach § 173 Abs. 1 Nr. 2 AO, für Zinsfestsetzungen wegen Änderungen nach § 173 Abs. 1 Nr. 1 AO sowie bußgeldrechtliche Auswirkungen zu vermeiden.

Die Hybridlösung der elektronischen Steuererklärung, die nicht mit den amtlichen Vordrucken übereinstimmt, resultiert in erhöhtem Arbeitsaufwand und zusätzlichen Haftungsgefahren für Steuerberater und ist daher durch eine einheitliche elektronische Steuererklärung mit Erläuterungen zu ersetzen.

Der Steuerberater haftet als Datenübermittler nach § 72a Abs. 2 Nr. 1 AO für Steuerverkürzungen infolge fehlerhafter elektronischer Übermittlung; dies muss einschränkend ausgelegt werden, sodass eine Haftung nur dann in Betracht kommt, wenn die Übermittlungsfehler wegen fehlender Softwareaktualisierung des Steuerberaters auftreten.

Der Steuerberater haftet als Datenübermittler nach § 72a Abs. 2 Nr. 2 AO bei fehlender Identifizierung des Mandanten als Auftragnehmer für Steuerverkürzungen; dies gilt nach dem Gesetzeswortlaut unabhängig von einer Kausalität zwischen fehlender Identifizierung und Steuerverkürzung.

Es besteht kein Anscheinsbeweis, dass bei einer vom Steuerberater übermittelten elektronischen Steuererklärung die Tatherrschaft beim Steuerpflichtigen liegt.

Zur Dokumentation der Tatherrschaft und Regelung der Verantwortlichkeiten sollte eine digitale Freizeichnung der Steuererklärung mit allen Anlagen und Begleitschreiben durch den Steuerpflichtigen gesetzlich geregelt werden.

Der Steuerberater handelt im Regelfall nicht in eigener Verantwortung, sodass auch im Rahmen der elektronischen Steuererklärung keine Steuerhinterziehung durch Unterlassen gemäß § 370 Abs. 1 Nr. 2 AO i.V.m. § 14 Abs. 2 Nr. 2 StGB durch den Steuerberater in Betracht kommt.

Der Steuerberater hat auch im Falle einer unrichtigen oder unvollständigen elektronischen Steuererklärung grundsätzlich keine Berichtigungspflicht nach § 153 AO.

B. Erstellung und Übermittlung der E-Bilanz

Die derzeitige Ausgestaltung der E-Bilanz stellt eine Hybridlösung dar, bei der mögliche Vorteile für Steuerpflichtige und Steuerberater durch Rückübertragungen elektronischer Daten nach Außenprüfungen oder Integration der E-Bilanz-Daten in die Steuererklärungsdatensätze noch nicht umgesetzt sind.

Die derzeitige E-Bilanz-Taxonomie stellt eine Überschreitung der Ermächtigungsnorm dar, da die materiell-rechtlichen Pflichten erweitert werden und dies nicht durch die Mitwirkungspflichten des § 90 AO und auch nicht durch § 5b EStG oder § 51 Abs. 4 Nr. 1b EStG gedeckt ist.

Durch die detaillierte Taxonomie der E-Bilanz sollen Steuerpflichtige und Steuerberater faktisch eine Einordnung in eine Risikoklasse vornehmen, z.B. durch Entscheidung über Aufwendungen, die das „übliche Maß“ überschreiten.

Mangels gesetzlicher Grundlage für die E-Bilanz-Taxonomie können derzeit keine negativen Folgen aus einer Nichtübermittlung resultieren; etwas anderes gilt, wenn der Steuerpflichtige explizit aufgefordert wird, bestimmte steuerlich erhebliche Positionen der E-Bilanz mitzuteilen und er dieser Pflicht nicht nachkommt.

Auch wenn eine gesetzliche Grundlage für die E-Bilanz-Taxonomie geschaffen wird, muss bei der Härtefallregelung im Zusammenhang mit der E-Bilanz der hohe Umstellungsaufwand und die Komplexität der Taxonomie berücksichtigt werden; dies gilt auch bei steuerlicher Vertretung, da der Umstellungsaufwand im Ergebnis den Steuerpflichtigen trifft.

Auch hinsichtlich der E-Bilanz muss ein Freizeichnungsmechanismus zur Dokumentation der Tatherrschaft geschaffen werden; alternativ muss eine Integration in die Steuererklärung erfolgen.

Um zu erreichen, dass Steuerpflichtige und deren Berater freiwillig Daten der E-Bilanz übermitteln, muss klargestellt werden, welche Vorteile sich hieraus ergeben (z.B. Verringerung der Betriebsprüfungswahrscheinlichkeit oder Einschränkung der Änderungsmöglichkeiten von Bescheiden).

Wegen der individuellen Beschaffenheit der Buchführung sowie der Verschiedenartigkeit der Unternehmen müssen Auffangpositionen beibehalten und genutzt werden dürfen.

C. Aufbewahrung und Vorlage von Belegen

Für eine Vielzahl von Steuerpflichtigen besteht keine Aufbewahrungspflicht, sodass der Begriff der Belegvorhaltepflicht verfehlt ist; es können sich jedoch Nachteile im Rahmen der freien Beweiswürdigung oder der objektiven Beweislast ergeben.

Sofern keine Belege vorgelegt werden, kann später, wenn die Finanzverwaltung einen Sachverhalt unter Berücksichtigung der Belege anders rechtlich beurteilt, eine Änderung des Steuerbescheides zuungunsten des Steuerpflichtigen gemäß § 173 Abs. 1 Nr. 1 AO erfolgen.

Ohne Belege ist eine Verifikation der Angaben in der Steuererklärung durch die Finanzverwaltung kaum möglich; Ermittlungsfehler, die eine Änderung nach § 173 Abs. 1 Nr. 1 AO ausschließen, können nur dann vorliegen, sofern die Finanzbehörde den Fehler bei Durchsicht der Steuererklärung erkennen konnte.

Eine Haftung des Steuerberaters für den Zinsschaden infolge einer späteren Änderung gemäß § 173 Abs. 1 Nr. 1 AO, der aus der Nichtbeifügung von Belegen resultiert, liegt im Regelfall nicht vor, da keine Pflicht des Steuerberaters zur Beifügung von Belegen besteht.

Nur im Falle von abweichenden Rechtsansichten oder möglichen bereits vorliegenden Steuerstraftaten oder Steuerordnungswidrigkeiten ist der Steuerberater verpflichtet, im Rahmen der Interessenvertretung den sichersten Weg und damit die umfassende Belegvorlage zu empfehlen.

D. Notwendige Inhalte des Freitextfelds

Aus den Mitwirkungspflichten im Besteuerungsverfahren nach § 90 ff. AO ergibt sich keine Angabepflicht hinsichtlich abweichender Verwaltungsauffassungen im Freitextfeld, sofern die zugrunde gelegten Rechtsansichten vertretbar sind.

Die explizite Frage im Mantelbogen nach abweichenden Verwaltungsauffassungen ist nicht erforderlich für die Festsetzung des materiellrechtlichen Steueranspruchs und muss daher nicht richtig beantwortet werden.

Die Nichtangabe abweichender Verwaltungsauffassungen erfüllt, wegen des strafrechtlichen Bestimmtheitsgebotes, mangels entsprechender Pflicht gemäß § 90 AO nicht den objektiven Tatbestand einer Steuerhinterziehung gemäß § 370

Abs. 1 Nr. 1 AO; etwas anderes gilt, wenn die zugrundegelegten Auffassungen nicht vertretbar sind bzw. den allgemeinen Rechtssätzen widersprechen.

Im Zusammenhang mit der Nichtoffenlegung abweichender Rechtsansichten ergibt sich insbesondere für Steuerberater ein erhöhtes strafrechtliches bzw. bußgeldrechtliches Risiko, da von diesen eine umfassende Rechtskenntnis erwartet wird und damit auch eher ein (bedingter) Vorsatz oder eine Leichtfertigkeit bei nicht erfolgter Offenlegung vorliegen kann.

Die Offenlegung abweichender Ansichten zur Vermeidung straf- und bußgeldrechtlicher Auswirkungen der §§ 370, 378 AO erfordert nicht zwingend eine Erläuterung im Freitextfeld, sondern kann auch durch erkennbare Angabe in der Kennziffer, in einem Begleitschreiben oder durch Beifügung von Belegen erfolgen.

Sofern eine automatische Veranlagung erfolgt und die Belege nach Entscheidung über eine Aussteuerung aus dem automatischen Verfahren bei der Finanzverwaltung eingehen, sind dies neue Tatsachen und können zu einer späteren Änderung des Steuerbescheides nach § 173 Abs. 1 Nr. 1 AO führen, wenn die Finanzverwaltung basierend auf den Belegen zu einem anderen steuerlichen Ergebnis kommt; dem kann entgegengewirkt werden, wenn im Freitextfeld auf die Belege verwiesen wird, da hierdurch eine Aussteuerung aus dem automatischen Verfahren erfolgt und die Belege damit nicht nachträglich bekannt werden.

E. Prüfung der von Dritten elektronisch übermittelten Daten

Im Zusammenspiel von § 150 Abs. 2 AO und § 150 Abs. 7 S. 2 AO besteht eine faktische Pflicht für den Steuerpflichtigen, die von Dritten nach § 93c AO an die Finanzverwaltung elektronisch übermittelten Daten zu prüfen, wenn er die Daten übernimmt oder keine Eintragungen vornimmt.

Basierend auf der Pflicht zur Sachverhaltsermittlung muss der Steuerberater die von Dritten elektronisch übermittelten Daten prüfen oder sich eine Bestätigung diesbezüglich vom Mandanten einholen.

Bei Abweichung von den elektronisch gemeldeten Daten in der Steuererklärung reicht bereits eine abweichende Angabe in der entsprechenden Kennziffer aus und führt zu einer zwingenden personellen Bearbeitung durch die Finanzverwaltung.

Die Änderungsvorschrift des § 175b AO führt in Verbindung mit der Ablaufhemmung des § 171 Abs. 10a AO zu einer erheblichen Ausweitung der Änderungsmöglichkeiten für Bescheide bei falschen elektronischen Daten.

Bei falschen elektronischen Daten zuungunsten des Steuerpflichtigen ist später verschuldensunabhängig eine Änderung nach § 175b Abs. 2 AO möglich, sodass Haftungsgefahren deutlich vermindert werden. Bei falschen elektronischen Daten zugunsten des Steuerpflichtigen ist später, nach einer Übermittlung der geänderten Daten durch den Dritten, eine Änderung nach § 175b Abs. 1 AO innerhalb verlängerter Festsetzungsfrist möglich, sodass ein erheblicher Zinsschaden droht.

Im Falle eines Ansatzes der elektronischen Daten im Bescheid trotz abweichender Daten in der Steuererklärung kann, wenn kein Einspruch eingelegt wird, eine spätere Änderung nur im Falle einer geänderten Meldung des Dritten nach § 175b Abs. 1 AO innerhalb verlängerter Festsetzungsfrist nach § 171 Abs. 10a AO erfolgen; eine Änderung zugunsten des Steuerpflichtigen ist damit schwieriger, wenn die Abweichung bereits erkannt und in der Steuererklärung kenntlich gemacht wurde, da § 175b Abs. 2 AO nicht anwendbar ist.

Bei fehlender Überprüfung der elektronischen Daten liegt im Regelfall kein Vorsatz vor; es kann jedoch leichtfertiges Handeln und damit eine leichtfertige Steuerverkürzung vorliegen, wenn es sich nicht um einmalige Versehen handelt. Durch die Fiktion des § 150 Abs. 7 S. 2 AO kann bei fehlerhaften elektronischen Daten zugunsten des Steuerpflichtigen eine Steuerhinterziehung durch Unterlassen einer Berichtigung eintreten, sofern der Steuerpflichtige keine Angaben in der Steuererklärung hierzu gemacht hat und die Abweichung nach Erhalt des Bescheides erkennt.

Neben der standardisierten Vollmacht muss bei Erklärungen zur einheitlichen und gesonderten Feststellung eine separate Vollmacht vom Steuerberater eingeholt werden.

Die Angabe in der standardisierten Vollmacht, dass alle bisher gegenüber dem Bevollmächtigten erteilten Vollmachten erlöschen, führt dazu, dass ggf. andere Vollmachten neu eingeholt werden müssen; der Aufwand für die Berater steigt.

Der Bußgeldtatbestand des § 383b AO muss so ausgelegt werden, dass einzelne Organisationsfehler im Hinblick auf die Vollmachtsdatenbank keine Leichtfertigkeit in diesem Sinne begründen.

F. Die Rolle des Steuerberaters im elektronischen Veranlagungsverfahren der Zukunft

Im elektronischen Veranlagungsverfahren verstärkt sich das strukturelle Vollzugsdefizit, dem mittels einer Pflichtenverlagerung auf die Steuerpflichtigen und deren Steuerberater entgegengewirkt werden soll.

Der Steuerberater ist keine Compliance-Instanz für Zwecke der Finanzverwaltung und kann keine staatlichen Aufgaben, wie die Verifikation der Angaben in der Steuererklärung und E-Bilanz, übernehmen. Er trägt jedoch durch eine gesetzmäßige Beratung mittelbar zur Gesetzmäßigkeit der Besteuerung bei.

Der Steuerberater hat keine strafrechtliche Garantenstellung; etwas anderes gilt nur bei eigenen Fehlern des Steuerberaters (Garantenstellung aus Ingerenz).

Die neuen Pflichten und Bußgeldvorschriften für Datenübermittler sowie im Bereich der Vollmachtsdatenbank sind im Hinblick auf Steuerberater nicht erforderlich für ein gesetzmäßiges elektronisches Veranlagungsverfahren, da die Identifizierung, Freigabe sowie ordnungsgemäße elektronische Übermittlung und Erfassung der Vollmachten schon durch das Geldwäschegesetz, berufsrechtliche Vorschriften und zivilrechtliche Haftungsgefahren abgesichert werden.

Um Effizienzvorteile für Steuerpflichtige und Steuerberater zu erreichen, müssen die amtlichen Vordrucke und die elektronische Steuererklärung angepasst sowie die notwendigen Positionen der E-Bilanz in die Steuererklärung integriert werden.

Auch die elektronische Steuererklärung erfordert einen Freigabemechanismus durch den Steuerpflichtigen bei steuerlicher Vertretung (vergleichbar mit der früheren Unterschrift), beispielsweise mittels einer digitalen Freigabeerklärung, in der der Steuerpflichtige die Richtigkeit und Vollständigkeit der Tatsachen bestätigt.

Belege müssen der Kennziffer der elektronischen Steuererklärung direkt beigefügt werden können, sodass das Risikomanagementsystem hierauf programmiert werden und ggf. zweifelhafte Fälle aussteuern kann.

Es ist sachlich gerechtfertigt, dass von Steuerberatern erstellte Steuererklärungen einen Vertrauensvorschuss bei der Verifikation durch die Finanzverwaltung erhalten; für eine gesetzmäßige Steuerfestsetzung ist aber im Zusammenhang damit eine Berichtigungspflicht des Steuerberaters gemäß § 153 AO bei eigenen Fehlern bei der Rechtsanwendung und eine Überprüfung des Vertrauensvorschusses zwingend erforderlich. Hierbei darf die zu berücksichtigende Steuervita eines Steuerberaters nur bei offensichtlichen Pflichtverstößen des Steuerberaters (und nicht dessen Mandanten) zu einer Verringerung des Positivfaktors führen.

Die Kriterien des Risikomanagementsystems müssen veröffentlicht, geprüft und mit der Fachöffentlichkeit diskutiert werden, um sicherzustellen, dass die Gleich- und Gesetzmäßigkeit der Besteuerung auch im Steuervollzug gewährleistet ist und der Steuerpflichtige und auch der Steuerberater entsprechenden Rechtsschutz hat.

Die Änderungsvorschrift des § 173 AO muss auf Belege, die nach Bescheidbekanntgabe eingereicht werden, beschränkt werden; für Prüfpunkte, die vom

Risikomanagementsystem erkannt werden, muss ein beschränkter Nachprüfungsvorbehalt für die Dauer von 2 Jahren gewährt werden, um eine „veranlagungsbegleitende“ Nachprüfung zu ermöglichen und die Ressourcen gezielt dort einzusetzen.

Die Verzinsung von Steuernachforderungen ist auf das Marktzinsniveau anzupassen, um verwaltungskonformem Erklären vorzubeugen.

Es ist eine zeitnahe Außenprüfung mit entsprechender Verkürzung der allgemeinen Verjährungsfrist und der Ablaufhemmung für Außenprüfungen erforderlich, wobei die Auswahl der zu prüfenden Fälle am sachlichen Risikobedürfnis basierend auf dem Risikomanagementsystem ausgerichtet sein muss.

Sofern keine Pflicht zur steuerlichen Beratung besteht, müssen erheblich umfangreichere Erläuterungen, auch zu strittigen Rechtsauffassungen, in die Steuererklärung aufgenommen werden, kostenfreie und umfassende verbindliche Auskünfte ermöglicht, Fragen-Hotlines eingerichtet sowie eine personelle Veranlagung aller von Steuerlaien erstellten Steuererklärungen sichergestellt werden.

Literaturverzeichnis

Ahrendt, Christian: Alte Zöpfe neu geflochten – Das materielle Recht in der Hand von Programmierern, NJW 2017, 537 – 540.

Ahrens, Susanne / Nagel, Sibylle: Selbstveranlagung, ein Instrument zur Verwaltungsvereinfachung und zur Steigerung der Effizienz der Steuerverwaltung? – Vortrags- und Diskussionsveranstaltung vom 4.12.2001 in der Bundesfinanzakademie des Bundesfinanzministeriums in Brühl anläßlich ihres 50jährigen Bestehens, FR 2002, 261 – 269.

Aichberger, Thomas / Schwartz, Tobias: Tax Compliance – Der Vorstand im Fokus? (Teil II), DStR 2015, 1758 – 1764.

Alber, Matthias u.a. (Hrsg.): Beck'sches Steuer- und Bilanzrechtslexikon, Verlag C.H.Beck, Edition 54, München 2021 (zit.: *Bearbeiter*, in: Beck'sches Steuer- und Bilanzrechtslexikon, Rz. …).

Alvermann, Jörg: Die Ausuferung der Beraterhaftung – Risiken und Verteidigungsstrategien, Stbg 2008, 356 – 361.

Arndt, Hans-Wolfgang: Praktibilität und Effizienz, Dr. Peter Deubner Verlag, 1. Auflage, Köln 1983 (zit.: *Arndt*, Praktibilität und Effizienz, S. …).

Auer-Reinsdorff, Astrid / Conrad, Isabell (Hrsg.): Handbuch IT- und Datenschutzrecht, Verlag C.H.Beck, 3. Auflage, München 2019 (zit.: *Bearbeiter*, in: Auer-Reinsdorff/Conrad, Rz. …).

Ax, Rolf / Große, Thomas / Melchior, Jürgen / Lotz, Anja / Ziegler, Christian: Abgabenordnung und Finanzgerichtsordnung, Schäffer-Poeschel Verlag, 21.Auflage, Stuttgart 2017 (zit.: *Ax/Große/Melchior/Lotz/Ziegler*, Rz. …).

Bachmann, Carmen / Gebhardt, Johannes / Richter, Konrad / Risse, Robert: Wie beeinflusst die Digitalisierung das Machtgefüge zwischen Steuerpflichtigem und Finanzverwaltung? Unterschiedliche Einschätzung von Beratung, Industrie und Finanzverwaltung, DStR 2019, 1879 – 1886.

Baldauf, Sina: Gesetz zur Modernisierung des Besteuerungsverfahrens – Kritische Betrachtung des Regierungsentwurfs, DStR 2016, 833 – 839.

Basar, Eren / Hiéramente, Mayeul: Datenbeschlagnahme in Wirtschaftsstrafverfahren und die Frage der Datenlöschung, NStZ 2018, 681 – 687.

Baum, Michael: Modernisierung des Besteuerungsverfahrens, Teil 1: Untersuchungsgrundsatz, Risikomanagement, Steuererklärungen und „vollautomatische" Bescheide, NWB 2016, 2636 – 2645.

Baum, Michael: Modernisierung des Besteuerungsverfahrens, Teil 2: Steuererklärungsfristen, Fristverlängerung und Verspätungszuschlag, NWB 2016, 2706 – 2715.

Baum, Michael: Modernisierung des Besteuerungsverfahrens, Teil 3: Neuerungen bei der elektronischen Kommunikation im Besteuerungsverfahren, NWB 2016, 2778 – 2861.

Baum, Michael: Modernisierung des Besteuerungsverfahrens, Teil 4: Neuerungen bei der elektronischen Übermittlung steuerrelevanter Daten durch Dritte, NWB 2016, 2852 – 2861.

Baum, Michael: Modernisierung des Besteuerungsverfahrens, Teil 5: Neuerungen bei Vollmachten zur Vertretung im Besteuerungsverfahren und bei den amtlichen Vollmachtformularen, NWB 2016, 2934 – 2945.

Baum, Michael: Steuerumgehungsgesetz vom Bundestag mit Änderungen verabschiedet, NWB 2017, 1425 – 1426.

Baumbach, Adolf / Hopt, Klaus J. (Begr./Hrsg.): Kommentar Handelsgesetzbuch, Verlag C.H.Beck, 40. Auflage, München 2021 (zit.: *Bearbeiter,* in: Baumbach/ Hopt, Kommentar HGB, Rz. ...).

Beck-Dede, Klaus: E-Bilanz und Kontenplan – der Schlüssel zu einer effizienten Umsetzung, BC 2012, 250 – 256.

Becker, Arno / Danielmeyer, Gregor / Neubert, Thomas / Unger, Veit: „Digitale Offensive“ der Finanzverwaltung: Die Schnittstellen-Verprobung (SSV), DStR 2016, 2983 – 2989.

Becker, Enno: Zur Rechtsprechung, StuW 1933, Bd. 1, Sp. 681 – 698

Beckmann, Christian: E-Government im Besteuerungsverfahren am Beispiel der E-Bilanz, Eine verfassungs- und datenschutzrechtliche Analyse, Peter Lang Verlag, 1. Auflage, Frankfurt am Main 2016 (zit.: *Beckmann*, S. ...).

Behringer, Stefan: IKS als Tax Compliance Management System gemäß IDW PW 980, BBK 2017/18, 875 – 885.

Behringer, Stefan: Privatisierung des Rechtsstaats durch Compliance? CB 2018, 257 – 261.

Bergan, Maik / Martin, Sascha: Die elektronische Bilanz, DStR 2010, 1755 – 1759.

Beste, Marc-Oliver: Die E-Bilanz im Erstjahr – „Alles halb so schlimm“, BBK 2013, 530 – 531.

Beste, Marc-Oliver / Herrmann, Heike: Die E-Bilanz – Praxiserfahrungen – Handlungsempfehlungen und Strategieansätze zur Umsetzung, NWB 2013, 1836 – 1843.

Beuchert, Tobias: Anzeigepflichten bei Steuergestaltungsmodellen, Verlag Dr. Otto Schmidt, 1. Auflage, Köln 2012 (zit.: *Beuchert*, Anzeigepflichten, S. ...).

Beyer, Dirk: Abgabe elektronischer Steuererklärungen – Wen trifft die strafrechtliche Verantwortung? Besonderheiten für Berater und deren Mitarbeiter, NWB 2016, 1304 – 1315.

Beyer, Dirk: Abgabe elektronischer Steuererklärungen – Wen trifft die strafrechtliche Verantwortung? Herausforderungen für Steuerpflichtige und Unternehmen, NWB 2016, 1508 – 1517.

Beyer, Dirk: USt-Voranmeldungen 2017: Erweiterte Erklärungspflichten? DB 2017/38, 2196 – 2197.

Beyer, Dirk: Neues Freizeichnungsdokument bei elektronischen Steuererklärungen: Straf- und bußgeldrechtliche Risiken für Mandanten? NWB 2018, 499 – 503.

Beyer, Dirk: Strafbarkeitsschwellen für Steuerberater bei berufstypischem Handeln, NWB 2018, 1625 – 1629.

Beyer, Dirk: Auswirkungen der Erklärungsfiktion des § 150 Abs. 7 S. 2 AO im Steuerstrafrecht bei Mitteilungen Dritter gem. § 93c AO, NZWiSt 2018, 359 – 362.

Bilsdorfer, Peter: Die Entwicklung des Steuerstraf- und Steuerordnungswidrigkeitenrechts, NJW 2018, 1443 – 1447.

Bilsdorfer, Peter: Die Entwicklung des Steuerstraf- und Steuerordnungswidrigkeitenrechts, NJW 2020, 1488 – 1492.

Birkemeyer, Ellen / Blaufus, Kay / Keck, Serjoscha / Reineke, Jakob / Trenn, Ilko: Kooperative Tax Compliance-Programme: Ein internationaler Vergleich (Teil II), DStR 2019, 178 – 181.

Blechschmitt, Lisa: Strafverfolgung im digitalen Zeitalter: Auswirkungen des stetigen Datenaustauschs auf das strafrechtliche Ermittlungsverfahren, MMR 2018, 361 – 366.

Bleschick, Sascha: Überprüfung elektronischer Daten im Besteuerungsverfahren durch die Außenprüfung: Aktuelle Rechtsentwicklungen, Grenzen und Rechtsschutzmöglichkeiten (Teil I), DStR 2018, 1050 – 1058.

Bleschick, Sascha: Anmerkung zum BFH-Urteil vom 13.02.2019, XI R 42/17, EStB 2019, 353 – 354.

Bongaerts, Dirk / Neubeck, Guido (Hrsg.): E-Bilanz Erläuterungen und Anleitungen zur Taxonomie, Stollfuß Medien, 4. Auflage, Bonn 2015 (zit.: *Bearbeiter*, in: Bongaerts/Neubeck, S. …).

Borchers, Rolf: Steuerhinterziehung nur bei notwendiger Teilnahme und Irrtum des Finanzbeamten?, wistra 1987, 86 – 89.

Bornheim, Wolfgang: Wie Steuerberater zu Steuerstraftätern werden können – Steuerstrafrechtliche Risiken der Beratung und ihre Vermeidung, AO-StB 2001, 28 – 32.

Brandt, Jürgen (Hrsg.): 4. Deutscher Finanzgerichtstag 2007: Mitverantwortung von Bürger und Staat für ein gerechtes Steuerrecht, Richard Boorberg Verlag, 1. Auflage, Köln 2007 (zit.: *Bearbeiter*, in: Brandt, Mitverantwortung von Bürger und Staat, S. …).

Brandt, Jürgen (Hrsg.): 8. und 9. Deutscher Finanzgerichtstag 2011/2012: Europäische Perspektiven im Steuerrecht; Steuergerechtigkeit und Steuerverwaltung, Richard Boorberg Verlag, 1. Auflage, Nehren 2013 (zit.: *Bearbeiter*, in: Brandt, Europäische Perspektiven im Steuerrecht; Steuergerechtigkeit und Steuerverwaltung, S. …).

Braun-Binder, Nadja: Vollautomatisierte Verwaltungsverfahren im allgemeinen Verwaltungsverfahrensrecht? Der Gesetzesentwurf zur Modernisierung des Besteuerungsverfahrens als Vorbild für vollautomatisierte Verwaltungsverfahren nach dem VwVfG, NVwZ 2016, 960 – 965.

Brüggemann, Sebastian / Rein, Christian: Reform des § 203 StGB – Erleichterungen für die Nutzung einer modernen IT durch Steuerberater, DStR 2017, 2572 – 2576.

Bruschke, Gerhard: Gesetz zur Modernisierung des Besteuerungsverfahrens – Änderungen im Verfahrensrecht, SteuK 2016, 355 – 358.

Bruschke, Gerhard: Neue Tatsachen und Beweismittel im Steuerrecht – Berichtigung nach § 173 AO?, StB 2017, 334 – 339.

Bruschke, Gerhard: Der Anwendungsbereich des § 175b AO, StB 2019, 272 – 274.

BStBK: BStBK setzt sich für Vollmachtsdatenbank ein, DStR-KR 2013, 38 – 38.

Buchwald, Angelika / Bernhardt, Frank / Welsch, Viktoria: Gemeinsames Vorhaben von Bund und Ländern zur „Modernisierung des Besteuerungsverfahrens", FR 2015, 1010 – 2014.

Bundessteuerberaterkammer: BStBK veröffentlicht Thesenpapier zur Selbstveranlagung, DStR-KR 2015, 2 – 2.

Bürkle, Jürgen: Grenzen der strafrechtlichen Garantenstellung des Compliance-Officers, CCZ 2010, 4 – 12.

Burlein, Henning: Die E-Bilanz im Spiegel von Politik, Rechtsprechung und praktischer Umsetzung – Aktueller Überblick, BBK 2012, 690 – 697.

Burr, Marcel: Die Entwicklung von Legal Robots am Beispiel der grunderwerbsteuerlichen Konzernklausel, BB 2018, 476 – 483.

Buse, Johannes W.: Die abgekürzte Außenprüfung – Folgen und Besonderheiten, AO-StB 2013, 90 – 96.

Busse, Alexander: Mandatsvertragsverletzungen durch den Steuerberater aus berufsrechtlicher Sicht, DStR 2010, 2652 – 2658.

Cirener, Gabriele / Radtke Henning / Rissing-van Saan, Ruth / Rönnau, Thomas / Schluckebier, Wilhelm (Hrsg.): Leipziger Kommentar Strafgesetzbuch, Verlag De Gruyter Recht, Berlin, 13. Auflage, 2021 (zit.: *Bearbeiter*, in: Cirener/Radtke/Rissing-van Saan/Rönnau/Schluckebier, Leipziger Kommentar StGB, Rz. …).

Costa, Martin / Treybal, Matthias: E-Bilanz: Ein Leitfaden zur Einführung ab 2012, BBK Sonderausgabe September 2012, 1 – 19.

Dann, Matthias / Mengel, Anja: Tanz auf einem Pulverfass – oder: Wie gefährlich leben Compliance-Beauftragte?, NJW 2010, 3265 – 3269.

Debus, Jacqueline: Anzeigepflicht für Steuergestaltungen – Die (verfassungs-) rechtlichen Rahmenbedingungen in Deutschland, DStR 2017, 2520 – 2526.

Deckers, Sebastian / Fiethen, Lars: E-Steuer – Die Finanzverwaltung im elektronischen Zeitalter: Pflichten zur elektronischen Übermittlung, MMR 2013, 158 – 162.

Deckers, Sebastian / Fiethen, Lars: Finanzverwaltung 2.0 – Schlaglichter, Entwicklungslinien und Trends, FR 2015, 913 – 921.

Dehler, Manfred / Kalina-Kerschbaum, Claudia: Überarbeitete Grundsätze für die Erstellung von Jahresabschlüssen – Anmerkungen zur Verlautbarung der Bundessteuerberaterkammer, DStR 2010, 942 – 945.

Deutschland: Diskussionsentwurf „Modernisierung des Besteuerungsverfahrens“, DStR-Beih 2014, 149 – 164.

Deutschländer, André: Fristenfalle: Die komprimierte Steuererklärung bei der Antragsveranlagung, NWB 2017, 3836 – 3840.

Dicke, Hartmut: Erfahrungsbericht über das beleglose Einreichen elektronischer Steuererklärungen – oder: Wie sich die Idee einer Verwaltungsvereinfachung in ihr Gegenteil verkehrt, Stbg 2018, 365 – 367.

Diller, Martin: Fallstricke in der Berufs-Haftpflichtversicherung der Steuerberater, DStR 2016, 2305 – 2312.

Doll, Ralph / Walter, Jan: Digitalisierung der Finanzverwaltung und Steuerfunktion – Wohin geht die Reise? Beck.digitax 1/2020, 2 – 6.

Dörn, Harald: Steuerhinterziehung und Steuerrecht, wistra 1992/7, 241 – 247.

Dörn, Harald: Der Steuerberater an der Grenze zum Steuerstraf- oder Steuerordnungswidrigkeitenverfahren, DStR 1993, 374 – 379.

Dörn, Harald: Fragen des Steuerstraf- und Steuerordnungswidrigkeitenrechts bei Beauftragung eines Steuerberaters, DStZ 1993/15-16, 478 – 487.

Dörn, Harald: Der Steuerberater an der Grenz zum Steuerstraf- oder Steuerordnungswidrigkeitenverfahren – Nachträgliches Erkennen oder Erkennenmüssen unrichtiger Angaben, DStR 1994, 555 – 560.

Dreßler, Günter: Neuerungen bei Außenprüfungen und Steuerberatungen, FR 2015, 1070 - 1082.

Drüen, Klaus-Dieter: Inanspruchnahme Dritter für den Steuervollzug, in: Steuervollzug im Rechtsstaat, 32. Jahrestagung der Steuerjuristischen Gesellschaft e.V. am 10. und 11. September 2007, hrsg. v. Widmann Werner, Verlag Dr. Otto Schmidt, Köln 2008 (zit.: *Drüen,* in: Widmann, DStJG 31 (2008), 167 - 201).

Drüen, Klaus-Dieter: Der Aufbruch zu einer neuen Steuerkultur? DStR 2010, 2 – 7.

Drüen, Klaus-Dieter: Kooperation im Besteuerungsverfahren, FR 2011, 101 - 113.

Drüen, Klaus-Dieter: Modelle und Rechtsfragen zeitnaher Betriebsprüfung, IFSt-Schrift 2011, Nr. 469.

Drüen, Klaus-Dieter: Die Indienstnahme Privater für den Vollzug von Steuergesetzen, Verlag Mohr Siebeck, 1. Auflage, Tübingen 2012 (zit.: *Drüen*, Die Indienstnahme Privater für den Vollzug von Steuergesetzen, S. …).

Drüen, Klaus-Dieter: Rechtsrahmen und Rechtsfragen der multilateralen Betriebsprüfung, DStR-Beih 2013, 82 – 88.

Drüen, Klaus-Dieter / Hechtner, Frank: Rechts- und Sicherheitsfragen der elektronischen Umsatzsteuer-Voranmeldung im Projekt „ELSTER", DStR 2006, 821 - 828.

Durst, Diana: Strafrechtliche Auswirkungen steuerlicher Erklärungspflichten, kösdi 4/2019, 21201 – 21209.

DWS-Symposium: „Selbstveranlagung – Wegfall des Amtsermittlungsgrundsatzes", DStR-KR, 2015, 1 – 2.

Eckert, Ludwig (Begr.): Kommentar Steuerberatervergütungsverordnung, Verlag C.H.Beck, 6. Auflage, München 2017 (zit.: *Bearbeiter,* in: Eckert, Kommentar StBVV, Rz. …).

Eckhoff, Rolf: Vom konfrontativen zum kooperativen Steuerstaat, StuW 2/1996, 107 - 122.

Ehlers, Harald: Notwendige Haftungsprävention für Steuerberater (Teil I), DStR 2008, 578 – 584.

Ehlers, Harald: Ein Plädoyer für die begrenzte Haftung der Steuerberater, DStR 2010, 2154 – 2160.

Ehlers, Harald: Tax Compliance – Neue Beratungsfelder bei Betreuung kleiner und mittlerer Unternehmen, NWB 2018, 1535 – 1543.

Ehrenberg, Marc Anton: Die Verschwiegenheit der Angehörigen rechtsberatender, steuerberatender und wirtschaftsprüfender Berufe, Nomos Verlagsgesellschaft, 1. Auflage, Baden-Baden 2012 (zit.: *Ehrenberg*, Die Verschwiegenheit der Angehörigen rechtsberatender, steuerberatender und wirtschaftsprüfender Berufe, S. …).

Eichhorn, Michael: Für und Wider der sog. Vollmachtsdatenbank, Replik zum Aufsatz von Vinken, DStR 2012, 1205, DStR 2012, 2354 – 2355.

Eichhorn, Michael: Zum „Berechtigungsmanagement" für die „vorausgefüllte Steuererklärung", DStR 2013, 2722 – 2724.

El Mourabit, Francis B.: Zum Risiko einer Strafbarkeit von Steuerberatern bei Unterlassen der Anzeige unrichtiger Erklärungen, NWB 2016, 3407 - 3411.

Ende, Claudia: Verstärkter Schutz von Berufsgeheimnisträgern – auch für Steuerberater!, DStR 2009, 2556 – 2559.

Epping, Volker / Hillgruber, Christian (Hrsg.): Beck'scher Online-Kommentar GG, Verlag C.H.Beck, 50. Edition, München 2022 (zit.: *Bearbeiter,* in: Epping/Hillgruber, BeckOK GG, Rz. …).

Erb, Hilmar: USt-Voranmeldungen 2017: „Neue" Offenlegungspflichten im automatisierten Besteuerungsverfahren? DB 2017/26, 1469 – 1472.

Erbs, Georg / Kohlhaas, Max (Begr./Hrsg.): Beck'scher Kurz-Kommentar Strafrechtliche Nebengesetze, Verlag C.H.Beck, 238. Ergänzungslieferung, München 2021 (zit.: *Bearbeiter,* in: Erbs/Kohlhaas, Kommentar Strafrechtliche Nebengesetze, Rz. …).

Esser, Robert / Rübenstahl, Markus / Saliger, Frank / Tsambikakis, Michael (Hrsg.): Kommentar Wirtschaftsstrafrecht, Verlag Otto Schmidt, 1. Auflage, Köln 2017 (zit.: *Bearbeiter,* in: Esser/Rübenstahl/Saliger/Tsambikakis, Kommentar Wirtschaftsstrafrecht, Rz. …).

Esskandari, Manzur / Schmitt, Nicole: Haftungsgefahr: Strafbefreiende Selbstanzeige für den Mandanten, NWB 2012, 2573 – 2576.

Felix, Günther / Streck, Michael: Der steuerberatende Beruf zwischen aktueller Bürgervertretung und unzumutbaren Fiskalpflichten im Steuerrecht, Stbg 1980/4, 78 – 86.

Feuerich, Wilhelm E. / Weyland, Dag (Begr./Hrsg.): Kommentar Bundesrechtsanwaltsordnung, Verlag C.H.Beck, 10. Auflage, München 2020 (zit.: *Bearbeiter,* in: Feuerich/Weyland, Kommentar BRAO, Rz. …).

Fiala, Johannes: Die Handakte des Steuerberaters, Wirtschaftsprüfers und Rechtsanwalts (Teil II), DStR 1998, 736 – 740.

Fischer, Carola / Kalina-Kerschbaum, Claudia: Anmerkungen zum Entwurf des BMF-Schreibens zur E-Bilanz, DStR 2010, 2114 – 2117.

Fischer, Carola / Schwab, Hartmut: Tax Compliance in KMU: Hinweise der Bundessteuerberaterkammer für ein steuerliches innerbetriebliches Kontrollsystem, DStR 2018, 2040 – 2044.

Fissenewert, Peter: Das Risiko des Steuerberaters hinsichtlich des Vertretens eigener (abweichender) Rechtsansichten bei der Abgabe von Steuererklärungen, DStR 1992, 1488 – 1492.

Flore, Ingo / Tsambikakis, Michael (Hrsg.): Kommentar Steuerstrafrecht, Carl Heymanns Verlag, 2. Auflage, Köln 2016 (zit.: *Bearbeiter*, in: Flore/Tsambikakis, Kommentar Steuerstrafrecht, Rz. …).

Formularbuch Recht und Steuern, Verlag C.H. Beck, 9. Auflage, München Stand 01.05.2020 (zit.: *Bearbeiter*, in: Formularbuch Recht und Steuern, F. …).

Frizen, Friederike: Das Deklarationsprinzip im Einkommensteuerrecht, Europäische Hochschulschriften Bank 4912, Peter Lang Verlag, 1. Auflage, Frankfurt am Main 2009 (zit.: *Frizen*, S. …).

Frotscher, Gerrit: Das Risikomanagementsystem – ein „Eigentor" der Finanzverwaltung?, Stbg 11/20, M1 – M1.

Fuldner, Ulrike: Die Haftung des Steuerberaters – Strategien zur Vermeidung der Schadensersatzhaftung, StB 2006, 383 – 389.

Gassner, Kathi / Seith, Sebastian (Hrsg.): Handkommentar Ordnungswidrigkeitengesetz, Nomos Verlag, 2. Auflage, Baden-Baden 2020 (zit.: *Bearbeiter*, in: Gassner/Seith, Kommentar OWiG, Rz. …).

Geberth, Georg / Burlein, Henning: E-Bilanz, Das Einführungsschreiben, die Taxonomie, und der FAQ sind veröffentlicht, DStR 2011, 2013 – 2018.

Gebhardt, Thomas: Steuerstrafrechtliche Überlegungen zur Einreichung von Steuererklärungen nach dem EDÜ-Authentifizierungsverfahren der DATEV (ELSTER II), AO-StB 2008, 11 – 14.

Gebhardt, Thomas: Schätzung bei Steuererklärung auf Papier – Löst die nicht elektronisch eingereichte Steuererklärung eine dreijährige Anlaufhemmung aus?, AO-StB 2012, 246 – 248.

Gebhardt, Thomas: Die vorausgefüllte Steuererklärung – „Fluch oder Segen?", EStB 2014, 113 – 117.

Gebhardt, Thomas: Praxisfragen zu einer Berichtigungspflicht nach § 153 AO von Bescheinigungen und elektronischen Daten bei der Einkommensteuererklärung, AO-StB 2021, 32 – 35.

Gehrlein, Markus: Die Rechtsprechung des IX. Zivilsenats des BGH zur Steuerberaterhaftung in den Jahren 2016 und 2017, DStR 2018, 487 – 495.

Gehrlein, Markus: Anwalts- und Steuerberaterhaftung, Deutscher Fachverlag Recht und Wirtschaft, 5. Auflage, Frankfurt am Main 2019 (zit.: *Gehrlein*, Anwalts- und Steuerberaterhaftung, Rz. …).

Geißler, Catrin: Berufsrecht der Steuerberater, NWB-Infocenter, Stand November 2018

Geißler, Oliver: Der Unternehmer im Sinne des Steuerstaats, Richard Boorberg Verlag, 1. Auflage, Jena 2001 (zit.: *Geißler*, Der Unternehmer im Sinne des Steuerstaats, S. …).

Geserich, Stephan: Anmerkung BFH Urteil vom 16.01.2018, VI R 41/16, jurisPR-SteuerR 17/2018, Anm. 1.

Gierschmann, Albert: Steuerzuwiderhandlungen „zum Vorteil eines anderen", DStZ 1937, 225 – 228.

Gläser, Sven / Danner, Michael: Steuerberatervergütung für Leistungen im Zusammenhang mit der E-Bilanz, DStR 2014, 2198 – 2200.

Goette, Wulf / Habersack, Mathias (Hrsg.): Münchener Kommentar zum Aktiengesetz, Verlag C.H. Beck / Verlag Franz Vahlen, 5. Auflage, München 2019 (zit.: *Bearbeiter*, in: Goette/Habersack, Münchener Kommentar AktG, Rz. …).

Goldshteyn, Michael / Purer, Boris: Zur Verfassungskonformität des Mindestumfangs der E-Bilanz, StBP 2011, 185 – 189.

Gosch, Dietmar: Kommentar Körperschaftsteuergesetz, Verlag C.H.Beck, 4. Auflage, München 2020 (zit.: *Bearbeiter*, in: Gosch, Kommentar KStG, Rz. …).

Gotzens, Markus / Heinsius, Detlev: Die strafrechtliche Grauzone der steuerlichen Beratung, Stbg 2000/5, 209 – 220.

Gräber, Fritz (Begr.): Kommentar Finanzgerichtsordnung, Verlag C.H.Beck, 9. Auflage, München 2019 (zit.: *Bearbeiter*, in: Gräber, Kommentar FGO, Rz. …).

Graf, Jürgen (Hrsg.): Beck'scher Online-Kommentar StPO, Verlag C.H.Beck, 42. Edition, München 2022 (zit.: *Bearbeiter*, in: Graf, BeckOK StPO, Rz. …).

Graf, Jürgen (Hrsg.): Beck'scher Online-Kommentar OWiG, Verlag C.H.Beck, 33. Edition, München 2022 (zit.: *Bearbeiter*, in: Graf, BeckOK OWiG, Rz. …).

Graf, Jürgen Peter / Jäger, Markus / Wittig, Petra (Hrsg.): Kurz-Kommentar Wirtschafts- und Steuerstrafrecht, Verlag C.H.Beck, 2. Auflage, München 2017 (zit.: *Bearbeiter*, in: Graf/Jäger/Wittig, Kommentar Wirtschafts- und Steuerstrafrecht, Rz. …).

Gräfe, Jürgen / Wollweber, Markus / Schmeer, Andreas (Hrsg.): Steuerberaterhaftung, NWB Verlag, 7. Auflage, Herne 2021 (zit.: *Bearbeiter*, in: Gräfe/Wollweber/Schmeer, Rz. …).

Graw, Christian / Loose, Matthias: Das Merkmal der Rechtserheblichkeit neuer Tatsachen i.S.d. § 173 AO, AO-StB 2008, 336 – 341.

Grottel, Bernd / Schmidt, Stefan / Schubert, Wolfgang J. / Störk, Ulrich (Hrsg.): Beck'scher Bilanzkommentar, Verlag C.H.Beck, 12. Auflage, München 2020 (zit.: *Bearbeiter*, in: Grottel/Schmidt/Schubert/Störk, Beck'scher Bilanzkommentar, Rz. …).

Grürmann, Harald / Wanagas, Susanne: Die gesetzliche Pflicht zur Fortbildung für Steuerberater und die Fortbildungsempfehlungen der Bundessteuerberaterkammer, DStR 2010, 1400 – 1403.

Günter, Karl-Heinz: Verfahrensrechtliche Bedenken gegen das Authentifizierungsverfahren der DATEV (ELSTER II), AO-StB 2008, 78 – 79.

Günther, Tim: Digitalisierung in der Steuerberatung Legal Tech als berufsrechtliche Herausforderung?!, NWB 2017, 3365 – 3370.

Gutenberg, Markus / Giesen, Ulrich: Digitalisierung: Revolution in der Steuerberatung? Eine Betrachtung zu Chancen und Risiken, NWB-Beilage 2/2017, 1 – 36.

Haack, Hansjörg: Steuerliche und handelsrechtliche Aufzeichnungspflichten, NWB 2014/10, 694 – 700.

Haas, Peter: Strafbarkeit der Nichtabgabe von Steuererklärungen, in: Gedächtnisschrift für Wolfgang Joecks, hrsg. v. Dünkel, Frieder / Fahl, Christian / Hardtke, Frank / Harrendorf, Stefan / Regge, Jürgen / Sowada, Christoph, Verlag C.H.Beck, München 2018, S. 447 – 466 (zit.: *Haas*, in: GS Joecks 2018, S. …).

Halldorn, Sven: Der Unternehmer als Erfüllungsgehilfe des Staates, Verlag Duncker & Humblot, 1. Auflage, Berlin 1997 (zit.: *Halldorn*, S. …).

Haller, Stefanie: Nutzung von E-Bilanz Datensätzen im Risikomanagement der Finanzverwaltung – potentielle Ausgestaltung und Implikationen, Friedrich-Alexander-Universität, 1. Auflage, Erlangen/Nürnberg 2018 (zit.: *Haller*, Nutzung von E-Bilanz Datensätzen im Risikomanagement der Finanzverwaltung, S. …).

Hamann, Franz / Härtl, Willi / Kurz, Bernhard / Ludwig, Olaf / Schmieder, Peter: Elektronische Betriebsprüfung: Neue Herausforderungen für Wirtschaftsprüfung und Steuerberatung, Erich Schmidt Verlag, 1. Auflage, Berlin 2011 (zit.: *Hamann/Härtl/Kurz/Ludwig/Schmieder*, Elektronische Betriebsprüfung: Neue Herausforderungen für Wirtschaftsprüfung und Steuerberatung, S. …).

Handel, Timo: Tax Compliance – Voraussetzungen und Enthaftung nach IDW PS 980, DStR 2017, 1945 – 1949.

Hannich, Rolf (Hrsg.): Karlsruher Kommentar zur Strafprozessordnung, Verlag C.H.Beck, 8. Auflage, München 2019 (zit.: *Bearbeiter*, in: Hannich, Karlsruher Kommentar zur Strafprozessordnung, Rz. …).

Hanßen, Klaus: Steuerhinterziehung und leichtfertige Steuerverkürzung (§§ 370, 378 AO) durch Abweichen von der höchstrichterlichen Finanzrechtsprechung – insbesondere durch Steuerberater?, Peter Lang Verlag, 1. Auflage, Frankfurt am Main 1984 (zit.: *Hanßen*, S. …).

Hardeck, Inga: Reputative Risiken bei aggressiver Steuerplanung – Empirische Evidenz und internationale Bezüge, DWS-Verlag, 1. Auflage, Berlin 2013 (zit.: *Hardeck,* Reputative Risiken bei aggressiver Steuerplanung, S. …).

Harms, Monika: Steuerliche Beratung im Dunstkreis des Steuerstrafrechts, Stbg 1/2005, 12 – 19.

Hartwich, Kurt: Die Haftung des Vertreters im Steuerrecht, Steuer und Wirtschaft 1939, Teil 1, Sp. 609 – 618.

Hau, Wolfgang / Poseck, Roman (Hrsg.): Beck'scher Online-Kommentar BGB, Verlag C.H.Beck, 61. Edition, München 2022 (zit.: *Bearbeiter,* in: Hau/Poseck, BeckOK BGB, Rz. …).

Haunhorst, Sabine: Risikomanagement in der Finanzverwaltung – ein Fall für die Finanzgerichte?, DStR 2010, 2105 – 2110.

Heilgeist, Klaus: Steuerberater – ein Beruf mit Zukunft?, DStR 2016, 189 – 192.

Heinsen, Oliver / Adrian, Gerrit: E-Bilanz – Grundlegende Fragen zum Anwendungsbereich, DStR 2010, 2591 – 2594.

Heintschel-Heinegg, Bernd von (Hrsg.): Beck'scher Online-Kommentar StGB, Verlag C.H.Beck, 52. Edition, München 2022 (zit.: *Bearbeiter,* in: Heintschel-Heinegg, BeckOK StGB, Rz. …).

Helbich, Julius: Rechtsfragen der „automatisierten" Ermessensausübung im Steuerrecht, DStR 2017, 574 – 579.

Hellmann, Uwe: Steuerhinterziehung im „digitalisierten Besteuerungsverfahren", in: Gedächtnisschrift für Wolfgang Joecks, hrsg. v. Dünkel Frieder / Fahl Christian / Hardtke Frank / Harrendorf Stefan / Regge Jürgen / Sowada Christoph, Verlag C.H.Beck, München 2018, S. 483 – 496 (zit.: *Hellmann,* in: GS Joecks 2018, S. …).

Henß, Olaf: Obliegenheit und Pflicht im Bürgerlichen Recht, Peter Lang Verlag, 1. Auflage, Frankfurt am Main 1988 (zit.: *Henß,* Obliegenheit und Pflicht im Bürgerlichen Recht, S. …).

Henselmann, Klaus / Haller, Stefanie: Potentielle Risikofaktoren in der E-Bilanz-Taxonomie für die Erhöhung der Betriebsprüfungswahrscheinlichkeit, DStR 2018, 1033 – 1039.

Henze: Stammtischgespräche über Steuern, DStZ 1937, 1103 – 1104.

Herbertz, Lara Valerie: Ist die Steuerhinterziehung ein Betrug?, HRRSt 7/2012, 318 – 330.

Hermenau, Cora-Jeanette: Rechtsstaatlichkeit und zeitnahe Betriebsprüfung – ein Widerspruch?, FR 2011, 120 – 122.

Herrfurth, Jörg: Die Einführung der E-Bilanz im Unternehmen – Problemfelder und Praxishinweise zur betrieblichen Umsetzung, BC 2011, 436 – 440.

Herrfurth, Jörg: Die E-Bilanz – Update zum Status quo, StuB 2012, 672 – 677.

Herrmann, Carl / Heuer, Gerhard / Raupach, Arndt: Kommentar zum Einkommen- und Körperschaftsteuergesetz, Verlag Dr. Otto Schmidt, 309. Lieferung, Köln 2022 (zit.: *Bearbeiter*, in: Herrmann/Heuer/Raupach, Kommentar EStG, Rz. …).

Herzig, Norbert: Tax Accounting zwischen BilMoG und E-Bilanz, DStR 2010, 1900 – 1908.

Herzog, Felix / Achtelik, Olaf (Hrsg.): Kommentar Geldwäschegesetz, Verlag C.H.Beck, 4. Auflage, München 2020 (zit.: *Bearbeiter*, in: Herzog/Achtelik, Kommentar GWG, Rz. …).

Heuel, Carsten: Haftung für Steuerberatung: Eine rechtsvergleichende Untersuchung zum deutschen und US-amerikanischen Recht, Peter Lang Europäischer Verlag der Wissenschaften, 1. Auflage, Frankfurt am Main 2007 (zit.: *Heuel*, Haftung für Steuerberatung, S. …).

Heuel, Ingo / Beyer, Dirk: Sicherheit der elektronischen Daten bei der Durchsuchung einer Steuerkanzlei, AO-StB 2011, 245 – 251.

Heuel, Ingo / Harink, Sarah: Steuerhinterziehung im Zeitalter elektronischer Steuererklärungen – Welche Auswirkungen hat das BestVerfModG auf das Steuerstrafrecht? AO-StB 2020, 49 – 61.

Heuermann, Bernd / Brandis, Peter: Blümich, Kommentar EStG, KStG, GewStG, Verlag Franz Vahlen, 160. Ergänzungslieferung, München 2021 (zit.: *Bearbeiter*, in: Blümich, Kommentar EStG, Rz. …).

Hey, Johanna: Modernes Besteuerungsverfahren – mehr als „E", DB Nr. 27-28, M5 – M5.

Hey, Johanna: Gutachten zur Verfassungsmäßigkeit der Einführung einer allgemeinen Anzeigepflicht für Steuergestaltungen im Auftrag der Bundessteuerberaterkammer, Februar 2018 (zit.: *Hey*, Anzeigepflicht für Steuergestaltungen, S. …).

Hidien, Jürgen W. / Jürgens, Andreas (Hrsg.): Die Besteuerung der öffentlichen Hand, Verlag C.H.Beck, 1. Auflage, München 2017 (zit.: *Bearbeiter*, in: Hidien/Jürgens, Rz. …).

Hinz, Bogdan: Hybride Gestaltungen und strukturelles Vollzugsdefizit – Anspruch und Grenzen der Administrierbarkeit, IStR 2020, 397 – 402.

Höft, Roland / Danelsing, Walter / Grams, Harald / Rook, Kersten (Hrsg.): Schätzung von Besteuerungsgrundlagen, Schäffer-Pöschel-Verlag, 1. Auflage, Stuttgart 2014 (zit.: *Bearbeiter,* in: Höft/Danelsing/Grams/Rook, S. ...).

Hommerich, Christoph: Ethik des steuerberatenden Berufs als Freier Beruf, DStR 2008, 1161 – 1167.

https://www.aphorismen.de/suche?text=Kooperation; zuletzt abgerufen am 28.11.2020, 17:10 Uhr.

https://www.bstbk.de/downloads/bstbk/steuerrecht-und-rechnungslegung/broschueren-und-flyer/BStBK_Broschuere_Tax-Complience_BStBK_ZDH_2019_web.pdf, zuletzt abge-rufen am 01.06.2020, 09:50 Uhr.

https://www.bundesfinanzministerium.de/Monatsberichte/2018/08/Inhalte/Kapitel-3-Analysen/3-4-Das-Projekt-E-Bilanz.html; zuletzt abgerufen am 30.05.2020 um 19:00 Uhr.

https://www.dstv.de/interessenvertretung/aktivitaeten/tb-127-15-ro-bln-steuergespraeche-modernisiertes-besteuerungsverfahren; zuletzt abgerufen am 07.02.2021, 13:00 Uhr.

https://www.dstv.de/interessenvertretung/aktivitaeten/tb-132-15-me-modernisierung-des-besteuerungsverfahrens2; zuletzt abgerufen am 07.02.2021, 13:00 Uhr.

https://www.elster.de/elsterweb/softwareprodukt; zuletzt abgerufen am 25.04.2020, 08:13 Uhr.

http://www.esteuer.de/#finanzantrag; zuletzt abgerufen am 19.12.2020, 08:41 Uhr.

http://www.esteuer.de/download/FAQ_Version_2020-01.pdf; zuletzt abgerufen am 30.05. 2020, 18:30 Uhr.

http:// www.este uer.de/ downl oad/ FAQ_ 2020-02.pdf; zuletzt abgerufen am 21.03.2021, 14:48 Uhr.

https://www.finanzamt.bayern.de/Muenchen/Kontakt/E-Mail-Kommunikation/default.php?f=Muenchen&c=n&d=x&t=x; zuletzt abgerufen am 13.05.2021, 12:41 Uhr.

https://www.formulare-bfinv.de/ffw/form/display.do?%24context=0980346BE39005777966; zuletzt abgerufen am 02.02.2020, 11:40 Uhr.

https://www.formulare-bfinv.de/ffw/form/display.do?%24context=3858D9840A897BAF2047; zuletzt abgeru-fen am 19.12.2020, 16:53 Uhr.

https://www.idw.de/blob/42128/2bc075440b04e97af15560fd3b8bf07d/down-modernisierung-des-besteuerungsverfahrens-data.pdf; zuletzt abgerufen am 21.11.2020, 8:34 Uhr.

https://www.steuerberaterkammer-muenchen.de/de/aktuelles/pressemitteilungen_und_fachnachrichten/archiv/september_2015/nutzung_des_standard_vollmachtsformulars_bei_der_vollmachtsdatenbank/index_ger.html; zuletzt abgerufen am 30.05.2020, 19:15 Uhr.

Huber, Erich / Seer, Roman: Steuerverwaltung im 21. Jahrhundert: Risikomanagement und Compliance, StuW 4/2007, 355 – 371.

Hübschmann, Walter / Hepp, Ernst / Spitaler, Armin (Hrsg.): Kommentar Abgabenordnung Finanzgerichtsordnung, Otto Schmidt Verlag, 263. Ergänzungslieferung, Köln 2021 (zit.: *Bearbeiter*, in: Hübschmann/Hepp/Spitaler, Kommentar AO, Rz. …).

Jakob, Wolfgang: Abgabenordnung: Steuerverwaltungsverfahren und finanzgerichtliches Verfahren, Verlag C.H.Beck, 5. Auflage, München 2010 (zit.: *Jakob*, Abgabenordnung, Rz. …).

Jansen, Arne / Polka, Tobias: Auffangpositionen in der E-Bilanz – Freud oder Leid? DStR 2011, 1821 – 1824.

Jansen, Arne / Polka, Tobias: Die E-Bilanz von A bis Z, Verlag DasHöfer, 4. Auflage, Hamburg Dezember 2016 (zit.: *Jansen/Polka*, S. …).

Janz, Dennis: Beihilfe zur Umsatzsteuerhinterziehung durch Steuerberater (Finanzgericht Berlin-Brandenburg, Urteil vom 6.3.2018 – 9 K 9306/12), StB 2019, 67 – 71.

Jesse, Lenhard: Anzeige- und Berichtigungspflichten nach § 153 AO, BB 2011, 1431 – 1443.

Jesse, Lenhard: Einspruch und Klage im Steuerrecht, Verlag C.H.Beck, 4. Auflage, München 2017 (zit.: *Jesse*, Einspruch und Klage im Steuerrecht, Rz. …).

Joecks, Wolfgang: Praxis des Steuerstrafrechts, Springer-Verlag, 1. Auflage, Berlin / Heidelberg 1998 (zit.: *Joecks*, Praxis des Steuerstrafrechts, S. …).

Joecks, Wolfgang / Jäger, Markus / Randt, Karsten (Hrsg.): Kommentar Steuerstrafrecht, Verlag C.H.Beck, 8. Auflage, München 2015 (zit.: *Bearbeiter*, in: Joecks/Jäger/Randt, Kommentar Steuerstrafrecht, Rz. …).

Joecks, Wolfgang / Miebach, Klaus (Hrsg.): Münchener Kommentar zum StGB, Band 1, Verlag C.H.Beck, 4. Auflage, München 2020 (zit.: *Bearbeiter*, in: Joecks/Miebach, Münchener Kommentar StGB, Rz. …).

Joecks, Wolfgang / Miebach, Klaus (Hrsg.): Münchener Kommentar zum StGB, Band 3, Verlag C.H.Beck, 4. Auflage, München 2021 (zit.: *Bearbeiter*, in: Joecks/Miebach, Münchener Kommentar StGB, Rz. …).

Joecks, Wolfgang / Miebach, Klaus (Hrsg.): Münchener Kommentar zum StGB, Band 4, Verlag C.H.Beck, 4. Auflage, München 2021 (zit.: *Bearbeiter*, in: Joecks/Miebach, Münchener Kommentar StGB, Rz. …).

Joecks, Wolfgang / Miebach, Klaus (Hrsg.): Münchener Kommentar zum StGB, Band 7, Verlag C.H.Beck, 3. Auflage, München 2019 (zit.: *Bearbeiter*, in: Joecks/Miebach, Münchener Kommentar StGB, Rz. …).

Kaeser, Christian: Steuerstrafrechtliche Verantwortung im Unternehmen und selbstregulierende Tax Compliance, in: Steuerstrafrecht an der Schnittstelle zum Steuerrecht, 39. Jahrestagung der Deutschen Steuerjuristischen Gesellschaft e.V., Bremen, 22. und 23. September 2014, hrsg. v. Mellinghoff Rudolf, Verlag Dr. Otto Schmidt, Köln 2015 (zit.: *Kaeser*, in: Mellinghoff, DStJG 38 (2015), 193 – 212)

Kaluza, Daniel / Baum, Michael: Korrektur von Steuerbescheiden im Zeitalter elektronischer Steuererklärungen – Elektronische Steuererklärung und Bestandskraft, NWB 2013/34, 2728 – 2738.

Kamchen, Sven: Nachholbedarf kleiner und mittlerer Unternehmen in Sachen Compliance – Schritte zur Umsetzung eines maßgeschneiderten Tax Compliance Systems, NWB 2017/51, 3954 – 3961.

Karla, Benedikt: Zur Rechtsgrundlage der E-Bilanz – Schlusspunkt der Diskussion oder neue Zweifelsfragen?, Ubg 2012, 753 – 760.

Keilen, Benedikt: Tagesseminar: E-Government und Steuern: Auswirkungen auf die Steuerberatung, StB 2015, 440 – 444.

Kessler, Wolfgang / Kröner, Michael / Köhler, Stefan (Hrsg.): Konzernsteuerrecht, Verlag C.H.Beck, 3. Auflage, München 2018 (zit.: *Bearbeiter*, in: Kessler/Kröner/Köhler, Konzernsteuerrecht, Rz. …).

Kilian, Matthias: Die Fortbildungspflicht der Steuerberater, DStR 2017, 219 – 224.

Kilian, Matthias: Der Rechtsanwalt als Organ der Rechtspflege – eine Spurensuche, DStR-Beih 2019, 38 – 47.

Kindhäuser, Urs / Neumann, Ulfrid / Paeffgen, Hans-Ullrich (Hrsg.): Kommentar Strafgesetzbuch, Nomos Verlag, 5. Auflage, 2017 (zit.: *Bearbeiter*, in: Kindhäuser/Neumann/Paeffgen, Kommentar Strafgesetzbuch, Rz. …).

Kirchhof, Gregor / Kulosa, Egmont / Ratschow, Eckart (Hrsg.): Beck'scher Online-Kommentar EStG, Verlag C.H.Beck, 12. Edition, München 2022 (zit.: *Bearbeiter*, in: Kirchhof/Kulosa/Ratschow, BeckOK EStG, Rz. …).

Kirchhof, Paul: Steuergleichheit durch Steuervereinfachung, in: Veröffentlichungen der Deutschen Steuerjuristischen Gesellschaft e.V., DStJG Band 21, hrsg. v. Fischer Peter, Verlag Dr. Otto Schmidt, Köln 1998 (zit.: *Kirchhof*, in: Fischer, DStJG 21 (1998), 9 – 28).

Kirchhof, Paul: Die steuerrechtliche Bedeutung der Digitalisierung für Unternehmen und Unternehmensberater, DStR 2018, 497 – 504.

Kirsch, Hanno: Freiwillige Inhalte der E-Bilanz – Schwerpunkte und möglicher Nutzen der freiwilligen Berichterstattung, StuB 2012, 825 – 831.

Kleemann, Roland: Mit vorausgefüllter Steuererklärung und Vollmachtsdatenbank fit für die Zukunft, DStR 2013, 2721 – 2722.

Klein, Evelyn / Wißborn, Jan-Peter: Die E-Bilanz aus Sicht der Finanzverwaltung, StuB 2010, Beilage vom 12.11.2010, 4 – 8.

Klein, Franz (Begr..): Kommentar AO, Verlag C.H.Beck, 15. Auflage, München 2020 (zit.: *Bearbeiter*, in: Klein, Kommentar AO, Rz. …).

Klein, Guido: Die Auswirkungen der unterschiedlichen Beweislast im Steuerrecht und im Strafrecht, Verlag Dr. Otto Schmidt KG, 1. Auflage, Köln 1989 (zit.: *Klein*, Die Auswirkungen der unterschiedlichen Beweislast, S. …).

Kling, Philipp: XBRL-Monitoring – welche Perspektiven schafft die E-Bilanz? BC 2013, 453 – 457.

Knauer, Christoph / Kudlich, Hans / Schneider, Hartmut (Hrsg.): Münchener Kommentar zur StPO, Verlag C.H.Beck, 1. Auflage, München 2014 (zit.: *Bearbeiter*, in: Knauer/Kudlich/Schneider, Münchener Kommentar StPO, Rz. …).

Koch, Sebastian: Die E-Bilanz ist da! Finales Anwendungsschreiben des BMF zur Veröffentlichung der Taxonomie, NWB 2011, 3598 – 3605.

Koenig, Ulrich (Hrsg.): Kommentar Abgabenordnung, Verlag C.H.Beck, 4. Auflage, München 2021 (zit.: *Bearbeiter*, in: Koenig, Kommentar AO, Rz. …).

Kohlmann, Günter (Hrsg.): Kommentar Steuerstrafrecht, Verlag Dr. Otto Schmidt, 74. Lieferung, Köln 2022 (zit.: *Bearbeiter*, in: Kohlmann, Kommentar Steuerstrafrecht, Rz. …).

Kolbe, Sebastian / Schumann, Jan Christoph: § 5b EStG – Das Anwendungsschreiben zur E-Bilanz, SteuK 2011, 522 – 526.

Kolbe, Stefan: Bildung einer Rückstellung für Aufbewahrungskosten von Mandantenunterlagen des Steuerberaters, StuB 2019, 812 – 816.

Konken, Linda: Tax Compliance bei kleinen und mittelständischen Unternehmen – Hinweise der Bundessteuerberaterkammer, BBK 2019/4, 182 – 187.

Koslowski, Günter: Kommentar Steuerberatungsgesetz, Verlag C.H.Beck, 7. Auflage, München 2015 (zit.: *Koslowski*, Kommentar StBerG, Rz. …).

Kossow, Bernd: Rückstellungen für die Aufbewahrung von Geschäftsunterlagen ausgewählter Freiberufler und Berufsgesellschaften, StuB 2007, 681 – 686.

Kowallik, Andreas: Das Risikomanagementsystem der Finanzverwaltung für Gewinneinkünfte: Überblick, Gestaltungsmöglichkeiten und potenzielle Konfliktfelder aus der E-Bilanz, IWB 2014/11, 406 – 414.

KPMG: E-Bilanz: Erläuterung von Taxonomiepositionen, Umsetzung und Handlungsspielräume, Beispiele zum Mapping, Verlag Dr. Otto Schmidt, 1. Auflage, Köln 2012 (zit.: *KPMG*, E-Bilanz, S. …).

Kraft, Oliver / Winkler, Klaus: Zur Garantenstellung des Compliance-Officers – Unterlassungsstrafbarkeit durch Organisationsmangel? CCZ 2009, 29 – 33.

Krause, Daniel: Besonderheiten der Beweislast bei der Feststellung von Steuerdelikten im finanzgerichtlichen Verfahren – Zur Unanwendbarkeit steuerlicher Beweisvermutungen und zum Erfordernis der umfassenden Aufklärung subjektiver Umstände, DStR 1998, 553 – 558.

Krekeler, Wilhelm: Der steuerliche Berater als Betroffener, Praxis Steuerstrafrecht 6/2002, 129 – 135.

Krieger, Steffen / Günther, Jens: Die arbeitsrechtliche Stellung des Compliance Officers – Gestaltung einer Compliance-Organisation unter Berücksichtigung der Vorgaben im BGH-Urteil vom 17.7.2009, NZA 2010, 367 – 373.

Krömker, Ulrich / Nöcker, Gregor: Modernisierung des Besteuerungsverfahrens Überblick über wichtige Änderungen, AO-StB 2017, 305 – 309.

Krüger, Frank: Steuerberatung und Gerechtigkeit, Eine wirtschaftshistorische Untersuchung zur Entwicklung finanzpolitischer Ordnungsvorstellungen seit dem 19. Jahrhundert und ihrer Bedeutung für das Rollenverständnis der Steuerberater, Shaker Verlag, 1. Auflage, Aachen 2014 (zit.: *Krüger*, Steuerberatung und Gerechtigkeit, S. …).

Kuhls, C. / Meurers, Th. / Maxl, P. / Schäfer, H. / Goez, Chr. (Hrsg.): Kommentar Steuerberatungsgesetz, NWB Verlag, 1. Auflage, Herne/Berlin 1995 (zit.: *Bearbeiter*, in: Kuhls/Meurers/Maxl/Schäfer/Goez, Kommentar StBerG, Rz. …).

Kumlehn, Matthias: Erfahrungsbericht: Aus der Praxis – für die Praxis: Einführung der E-Bilanz: Zusammenwirken von Systemsoftware und Steuerberater, BC 2013, 406 – 410.

Kummert, Irina: Steuermoral? Ein Plädoyer für mehr Sachlichkeit, FR 2018, 425 – 427.

Kußmaul, Heinz / Ruiner, Christoph: ELSTER – Das Elektronische Steuererklärungssystem, StB 2008, 238 – 243.

Kußmaul, Heinz / Weiler, Dennis: Die E-Bilanz aus Sicht der Wissenschaft, BBK 2010, 17 – 20.

Kußmaul, Heinz / Weiler, Dennis: Die neuen Regelungen zur elektronischen Bilanz – Darstellung und kritische Würdigung der Neuregelung in § 5b EStG und § 60 EStDV, StuB 2010, 607 – 610.

Lackner, Karl / Kühl, Kristian (Hrsg.): Kommentar Strafgesetzbuch, Verlag C.H.Beck, 29. Auflage, München 2018 (zit.: *Bearbeiter*, in: Lackner/Kühl, Kommentar StGB, Rz. …).

Langenkämpfer, Bernd: Elektronische Veranlagung, NWB-Infocenter, Stand September 2018.

Langhein, Bernd: Sichere elektronische Nutzung vom beA an das Finanzamt – Verpflichtung des Finanzamts zur passiven Nutzung seines beBPO, AO-StB 2020, 25 – 27.

Lankes, Tatjana: Rechtliche Grenzen elektronischer Datenübermittlungspflichten am Beispiel des Elster-Verfahrens, Freie Universität Berlin, 1. Auflage, Berlin 2011 (zit.: *Lankes*, Rechtliche Grenzen elektronischer Datenübermittlungspflichten am Beispiel des Elster-Verfahrens, S. …).

Lanwehr, Christine: Faktische Selbstveranlagung und Fehlerkorrektur im Besteuerungsverfahren von Arbeitnehmern, Herbert Utz Verlag, 1. Auflage, München 2016 (zit.: *Lanwehr*, Faktische Selbstveranlagung und Fehlerkorrektur im Besteuerungsverfahren von Arbeitnehmern, S. …).

Laumen, Hans-Willi: Beweisführungs- und Beweislastprobleme bei der zivilrechtlichen Haftung von Steuerberatern (Teil I), DStR 2015, 2514 – 2520.

Laumen, Hans-Willi: Beweisführungs- und Beweislastprobleme bei der zivilrechtlichen Haftung von Steuerberatern (Teil II), DStR 2015, 2570 – 2576.

Leitner, Werner / Rosenau, Henning (Hrsg.): Kommentar Wirtschafts- und Steuerstrafrecht, Nomos Verlag, 1. Auflage, Baden-Baden 2017 (zit.: *Bearbeiter*, in: Leitner/Rosenau, Kommentar Wirtschafts- und Steuerstrafrecht, Rz. …).

Ley, Ursula: Besteuerung und Automatisation, DStR 2019, 72 – 77.

Lewandowski, Martin / Ackermann, Ralf: Elektronische Kommunikation mit dem Finanzamt, DStR 2014, 1646 – 1654.

Linnemann, Nils: Besteht eine Pflicht zur Ausnutzung von (vermeintlichen) Gesetzeslücken?, StB 2019, 139 – 146.

Lion, Max: Die Steuerberatung, ihre Bedeutung, ihre Aufgaben und ihr Strafrecht, in: Besteht eine Pflicht zur Ausnutzung von (vermeintlichen) Gesetzeslücken?, in: Steuerstrafrecht und Steuerstrafverfahren, Vorträge der 6. Reichssteuerwoche der Verwaltungs-Akademie Berlin, J. Bensheimer, Mannheim/Berlin/Leipzig 1931 (zit.: *Lion*, in: Bensheimer, Steuerstrafrecht und Steuerstrafverfahren, 49 – 82).

Loschelder, Friedrich: Die Beweislast im finanzgerichtlichen Verfahren: Ein Leitfaden zur Risikoverteilung bei der Sachverhaltsaufklärung, AO-StB 2003, 25 – 28.

Loschelder, Friedrich: Die Mitteilung der Besteuerungsgrundlagen im Einspruchsverfahren: Ein berechtigter Blick in die Karten des Finanzamtes, AO-StB 2003, 126 – 128.

Lotz, Thorsten: Die Vergütung von Steuerberatern Praktische Hinweise zur Gestaltung von Vergütungsvereinbarungen, DStR 2009, 1716 – 1724.

Louis, Jürgen: Strafrechtliche Konsequenzen bei Falsch- und Nichtbuchungen, Teil 3: Bilanz-, Urkunden- und Steuerdelikte, BC 2002, 230 – 234.

Ludwig, Stephan / Breimann, Hendrik / Kusch, Sabine: Ausgestaltung eines steuerlichen Kontrollsystems im Sinne des IDW-Praxishinweises zu PS 980 – BMF-Schreiben v. 23.5.2016 zu § 153 AO, DStR 2016, 2240 – 2244.

Maassen, Kurt: Das Recht der Steuerberatung, Fachverlag für Wirtschafts- und Steuerrecht Schäffer & Co. GmbH, 1. Auflage, Stuttgart 1963 (zit.: *Maassen*, Das Recht der Steuerberatung, S. …).

Madauß, Norbert: Steuerstrafrechtliche Einzelaspekte der Berichtigung nach § 153 AO, NZWiSt 2016, 343 – 349.

Maier, Moritz: Verfassungsrechtliche Aspekte der Digitalisierung des Besteuerungsverfahrens, JZ 12/2017, 614 – 619.

Mann, Thomas: Der Steuerberater als Compliance-Faktor?, DStR 2009, 506 – 508.

Mann, Thomas: Steuerberater als „Berufsgeheimnisträger zweiter Klasse, DStR 2016, 2012 – 2016.

Mann, Thomas: Qualitätssicherung und Fortbildungspflicht bei Steuerberatern – systematisierende Überlegungen, DStR-Beih 2016, 36 – 40.

Mann, Thomas / Kämmerer, Axel / Kilian, Matthias / Ring, Gerhard / Stein, Holger (Hrsg.): Der Steuerberater als Organ der Steuerrechtspflege, DWS Steuerberater Medien GmbH, Berlin 2019 (zit.: *Bearbeiter*, in: Mann/Kämmerer/Kilian/Ring/Stein, Der Steuerberater als Organ der Steuerrechtspflege, S. …).

Martini, Mario / Nink, David: Wenn Maschinen entscheiden… Persönlichkeitsschutz im vollautomatisierten Verwaltungsverfahren, NVwZ 2017, 681 – 682.

Martini, Ruben: Die zivilrechtliche Haftung von Steuerberatern, AO-StB 2016, 140 – 144.

Marx, Franz Jürgen: Der Einsatz von Risikomanagementsystemen nach § 88 Abs. 5 AO als Kernelement der Modernisierung des Besteuerungsverfahrens, Ubg 6/2016, 358 – 363.

Marx, Franz Jürgen: Formelle Maßgeblichkeit bei Rückstellungen nach Inkrafttreten des BilMoG, StuB 2020, 169 – 175.

Marx, Thomas: Steuerstrafrechtliche und bußgeldrechtliche Verantwortung des Steuerberaters, DStR 1993, 1901 – 1903.

Matt, Holger / Renzikowski, Joachim (Hrsg.): Kommentar Strafgesetzbuch, Verlag Franz Vahlen, 2. Auflage, München 2020 (zit.: *Bearbeiter*, in: Matt/Renzikowski, Kommentar StGB, Rz. …).

Maunz, Theodor / Dürig, Günter (Begr.): Kommentar Grundgesetz, Verlag C.H.Beck, 95. Lieferung, München Oktober 2021 (zit.: *Bearbeiter*, in: Maunz/Dürig, Kommentar GG, Rz. …).

Meixner, Rafael: Fehlerhafte Kassen-/Buchführung und Schätzungsbescheide – ein Fall der Steuerberaterhaftung?, DStR 2018, 2352 – 2356.

Menkel, Andreas: Haftung des Steuerberaters für Rat und Auskunft außerhalb des Mandats, DStR 2010, 2477 – 2480.

Meussen, Gerard: Horizontaal toezicht, eine neue Kooperationsform im Besteuerungsverfahren in den Niederlanden, FR 2011, 114 – 117.

Meyering, Stephan / Gröne, Matthias: Rückstellungen für die Kosten der Aufbewahrung von Mandantenakten und Handakten bei WP oder StB, FR 2020, 158 – 163.

Micker, Lars / Pohl, Carsten (Hrsg.): Beck'scher Online-Kommentar KStG, Verlag C.H.Beck, 12. Edition, München 2022 (zit.: *Bearbeiter*, in: Micker/Pohl, BeckOK KStG, Rz. …).

Mitsch, Wolfgang (Hrsg.): Karlsruher Kommentar zum Gesetz über Ordnungswidrigkeiten, Verlag C.H.Beck, 5. Auflage, München 2018 (zit.: *Bearbeiter*, in: Mitsch, Karlsruher Kommentar zum OWiG, Rz. …).

Mosbacher, Andreas / Dierlamm, Alfred: Betriebsangehöriger als Überwachungsgarant, NStZ 2010, 268 – 270.

Müller, Arnold: Straflose Vorbereitungshandlung oder strafbarer Hinterziehungsversuch? AO-StB 2005, 28 – 32.

Müller, Arnold: Beratungsfehler und ihre Folgen (Teil 1): Definition und Beispiele aus der Rechtsprechung, AO-StB 2012, 272 – 279.

Müller, Arnold: Beihilfe zur Steuerhinterziehung: Gefahr für beratende Berufe und Mitarbeiter von Kreditinstituten? AO-StB 2015, 16 – 22.

Müller, Arnold: Die steuerstrafrechtliche Verantwortung der beratenden Berufe: Gefahren für Berater nicht nur bei positivem Tun sondern auch bei strafwürdigem Unterlassen, AO-StB 2015, 139 – 146.

Müller, Marion A.R.: Das Glück des Steuerberaters im Haftungsprozess, NWB 2019/13, 905 – 907.

Müller-Franken, Sebastian: Maßvolles Verwalten – Effiziente Verwaltung im System exekutiver Handlungsmaßstäbe am Beispiel des maßvollen Gesetzesvollzugs im Steuerrecht, Verlag Mohr Siebeck, 1. Auflage, Tübingen 2004 (zit.: *Müller-Franken*, S. …).

Münch, Lukas: Finanzbehördliches Risikomanagement im Rahmen der Einkommensteuerveranlagung, DStR 2013, 212 – 215.

Münch, Lukas: Außergerichtlicher Rechtsschutz bei Korrekturen gemäß § 129 AO und § 173 AO nach faktischer Selbstveranlagung, DStR 2013, 2150 – 2156.

Musil, Andreas / Burchard, Daniel / Hechtner, Frank: Verfahrensrechtliche Fragen der elektronischen Steuererklärung im Rahmen des Projektes ELSTER, DStR 2007, 2290 – 2298.

Mutschler, Helge: Vom „Soldaten Adolf Hitlers“ zum unabhängigen Organ der Steuerrechtspflege, Richard Boorberg Verlag, 1. Auflage, Hannover 2005 (zit.: *Mutschler*, Vom „Soldaten Adolf Hitlers“ zum unabhängigen Organ, S. …).

Nacke, Alois: Haftung für Steuerschulden, Verlag Otto Schmidt, 4. Auflage, Köln 2017 (zit.: *Nacke*, S. …, Rz. …).

Nagel, Christian / Maltseva, Natalya: E-Bilanz: Was jetzt zu tun ist – Handlungsempfehlungen für den Mittelstand, BBK 2012, 1120 – 1142.

Nagel, Sibylle: Selbstveranlagung im britischen und amerikanischen Steuerrecht, Peter Lang Europäischer Verlag der Wissenschaften, 1. Auflage, Frankfurt am Main 2003 (zit.: *Nagel*, Selbstveranlagung im britischen und amerikanischen Steuerrecht, S. …).

Nehls, Daniela / Scheffler, Wolfram: Anwendungsbereich der rheinland-pfälzischen Modellüberlegungen zur Selbstveranlagung bei der Einkommensteuer, DStR 2015, 910 – 915.

Nettersheim, Achim: E-Bilanz und Risikomanagement, EStB 2014, 274 – 275.

Neubert, Thomas: Die digitalen Methoden der modernen Betriebsprüfung, AO-StB 2018, 291 – 294.

Neufang, Bernd / Neufang, Mirko: Die Zukunft der Steuerberater, StB 2012, 107 – 116.

Neuling, Christian-Alexander: Berichtigung von Steuererklärungen im Unternehmen: Anwendungserlass zu § 153 AO, DStR 2016, 1652 – 1659.

Nickert, Cornelius / Nickert, Anne / Lienhard, Frank: Die Haftung des Steuerberaters, Verlag Springer Gabler, 2. Auflage, Wiesbaden 2016 (zit.: *Nickert/ Nickert/Lienhard*, Die Haftung des Steuerberaters, S. …).

Niebling, Jürgen (Hrsg.): AnwaltKommentar AgB-Recht, Deutscher AnwaltVerlag, 3. Auflage, Bonn 2017 (zit.: *Bearbeiter*, in: Niebling, AnwaltKommentar AgB-Recht, Rz. …).

Niemann, Ursula: Bericht über die Podiumsdiskussion: Selbstberechnung – Selbstveranlagung, in: Steuerberater-Jahrbuch 1966/67, hrsg. v. Thoma Gerhard / Zacharias Otto Heinrich / Niemann Ursula, Verlag Dr. Otto Schmidt, Köln 1967 (zit.: *Niemann,* in: Steuerberater-Jahrbuch 1966/67, 499 – 504).

Nieskens, Hans: Steuerbürger oder doch lieber Steuerpflichtiger? UR 2009, 408 – 409.

Nöcker Gregor: 101 Jahre Abgabenordnung – was nun?, AO-StB 2020, 16 – 20.

Nöcker, Gregor: § 93c AO – die Bereitstellung von eDaten und ihre Folgen, AO-StB 2020, 261 – 265.

Nöcker, Gregor: Prüfungspflichten trotz Bereitstellung von eDaten, AO-StB 2021, 35 – 36.

NWB, Vollmachtsdatenbank 2.0, NWB 2017/34, 2569 – 2570.

Obenhaus, Nils / Zimmermann, Anita: Die Handakten des Steuerberaters – wie sie zu ordnen und zu führen sind, Stbg 10/20, 418 – 424.

Ortwald, Dominik: Elektronischer Steuerbescheid per einfacher E-Mail? Eine kritische Aufarbeitung im Nachgang zu FG Köln v. 16.9.2015 – 2 K 2040/12, DStR 2017, 477 – 482.

Ortwald, Dominik: Steuererklärungspflicht und Verfahrensleistungsfähigkeit, Peter Lang Verlag, 1. Auflage, Bochum 2021 (zit.: *Ortwald,* Steuererklärungspflicht und Verfahrensleistungsfähigkeit, S. …).

Oser, Peter / Wirtz, Holger: Rückstellungsreport 2018: Darstellung ausgewählter Rückstellungssachverhalte, StuB 2019, 97 – 102.

Passarge, Malte: Grundzüge eines nachhaltigen Compliance-Programms – Was jeder Steuerberater zum Thema Compliance wissen sollte, DStR 2010, 1675 – 1680.

Pelka, Jürgen / Petersen, Karl (Hrsg.): Beck'sches Steuerberater-Handbuch 2019/2020, Verlag C.H.Beck, 17. Auflage, München 2019 (zit.: *Bearbeiter,* in: Pelka/Petersen, Beck'sches Steuerberater-Handbuch 2019/2020, Rz. …).

Pestke, Axel: Anzeigepflicht für Steuergestaltungsmodelle: Steuerberater als Spürnasen der Finanzverwaltung? BB 2017, I.

Pestke, Axel: Anständig bleiben – Berufsethik des Steuerberaters, Datev Magazin 01/2019, 8 – 10.

Peter, Frank: Der Steuerberater als Strafverteidiger; zugleich Anmerkung zu OLG Hamm vom 2.8.2016 – 4 RVs 78/16, StB 2017, 106 – 110.

Peters, Norman: Modernisierung des Besteuerungsverfahrens – Nachjustierungsbedarf hinsichtlich der Risiko- und Lastenverteilung, FR 2015, 1026 – 1029.

Pfirrmann, Volker / Rosenke, Torsten / Wagner, Klaus J. (Hrsg.): Beck'scher Online-Kommentar AO, Verlag C.H.Beck, 19. Edition, München 2022 (zit.: *Bearbeiter,* in: Pfirrmann/Rosenke/Wagner, BeckOK AO, Rz. …).

Podewils, Felix: Cum-ex-Geschäfte („Dividendenstripping“) weiterhin im Focus – steuerliche und strafrechtliche Implikationen, FR 2013, 481 – 490.

Podewils, Felix / Hellinger, Axel: Strafrechtliche Risiken für steuerliche Berater, DStZ 2013/18, 662 – 667.

Polka, Tobias / Jansen, Arne: Der Praktiker-Tipp: E-Bilanz: Empfehlungen zur Kontenzuordnung des Unternehmens in Zusammenarbeit mit dem Steuerberater, BC 2013, 511 – 516.

Polka, Tobias / Jansen, Arne: Der Praktiker-Tipp: Aktuelle Entwicklungen bei der elektronischen Außenprüfung und Verhaltensempfehlungen, BC 2014, 93 – 101.

Preißer, Michael / Wind, Till Kristian: Modernisierung des Besteuerungsverfahrens, Haufe – Lexware GmbH & Co. KG, 1. Auflage, Freiburg 2017 (zit.: *Preißer/Wind*, S. …).

Prinz, Ulrich / Kanzler, Hans-Joachim (Hrsg.): Handbuch Bilanzsteuerrecht, NWB Verlag, 3. Auflage, Herne 2018 (zit.: *Bearbeiter,* in: Prinz/Kanzler, Handbuch Bilanzsteuerrecht, S. …).

Prowatke, Roswitha / Stang, Jennifer: Haftung des Steuerberaters i.Z.m. einer Steuerhinterziehung seines Mandanten, StB 2017, 300 – 305.

Prütting, Hanns / Wegen, Gerhard / Weinreich, Gerd (Hrsg.): Kommentar BGB, Luchterhand Verlag, 16. Auflage, Hürth 2021 (zit.: *Bearbeiter,* in: Prütting/Wegen/Weinreich, Kommentar BGB, Rz. …).

Puhl, Thomas: Besteuerungsverfahren und Verfassung (Teil I), DStR 1991, 1141 – 1145.

Ransiek Andreas: Zur strafrechtlichen Verantwortung des Compliance Officers, AG 2010, 147 – 153.

Ransiek, Andreas: Das unechte Unterlassensdelikt, JuS 2010, 490 – 497.

Ransiek, Andreas / Hüls, Silke: Zum Eventualvorsatz bei der Steuerhinterzeihung, NStZ 2011, 678 – 681.

Raschke, Andreas: Strafverteidigung als „privilegiertes" Berufsbild – „privilegum" oder „a minore ad maius"?, NStZ 2012, 606 – 611.

Rehbock, Michael: Steuerliche Taxonomie und weitere Problembereiche der E-Bilanz, StB 2011, 435 – 439.

Reichling, Tilman / Lange, Moritz: Der Täterkreis der Steuerhinterziehung durch Unterlassen – zugleich Bespr. BGH, Urt. v. 9.4.2013 – 1 StR 586/12, NStZ 2014, 311 – 314.

Reinhardt, Fritz: Konzessionszwang auf dem Gebiete der Steuerberatung, DStZ 1936, 18 – 19.

Reinhardt, Fritz: Zur Eröffnung der Reichsfinanzschule Ilmenau, DStZ 1936, 513 (553) – 524 (564).

Reinhardt, Fritz: Innere Maßnahmen der Reichsfinanzverwaltung, DStZ 1936, 1167 (1207) – 1180 (1220).

Reinhardt, Fritz: Neuerungen auf dem Gebiet der Steuerberatung, DStZ 1937, 217 – 221.

Reinhardt, Fritz: Schlußvortrag auf der Fachwissenschaftlichen Tagung der Betriebsprüfer in München am 23. September 1937, DStZ 1937, 989 – 1000.

Reinhardt, Fritz: Sorgfaltspflicht der Steuerberater und der Helfer in Steuersachen, DStZ 1943, 41 – 41.

Reinhardt, Fritz: Der Beruf als Steuerberater, DStZ 1943, 337 – 341.

Reimann, Philip: Auswirkungen der Digitalisierung auf die Kommunikation und Datenübergabe zwischen Mandant, Kanzlei und Finanzverwaltung – Teil II, StB 2019, 381 – 391.

Reiter, Stefan: Zwischen Verantwortungszuschreibung und Ungleichbehandlung – Voraussetzungen und Grenzen der privatnützigen Inanspruchnahme Privater durch den Staat, Nomos Verlag, 1. Auflage, Regensburg 2017 (zit.: *Reiter*, S. …).

Richter, Andreas / Welling, Berthold: Tagungs- und Diskussionsbericht zum 46. Berliner Steuergespräch „Elektronisches Steuerverfahren", FR 2013, 406 – 412.

Richter, Andreas / Welling, Berthold: Tagungs- und Diskussionsbericht zum 53. Berliner Steuergespräch „Tax Compliance und Steuerstrafrecht", FR 2015, 297 – 307.

Richter, Andreas / Welling, Berthold: Tagungs- und Diskussionsbericht zum 56. Berliner Steuergespräch „Die Reform der Abgabenordnung" am 21.9.2015, FR 2015, 1014 – 1020.

Richter, Lutz / Kruczynski, Magdalena: Die Auswirkungen der Einführung der E-Bilanz due Klein- und Kleinstbetriebe – eine empirische Analyse, DStR 2012, 919 – 923.

Riedlinger, Raoul: Modernisierung des Besteuerungsverfahrens – weitere Erleichterungen für Steuerpflichtige und deren Berater notwendig, BB 2016, Heft 11, 1.

Ring, Gerhard: Der Steuerberater, ein „unabhängiges Organ der Steuerrechtspflege" – Zur Unabhängigkeit des Steuerberaters, DStR-Beih 2019, 54 – 60.

Risse, Robert: Zeitnahe Betriebsprüfung, FR 2011, 117 – 120.

Rohner, Roger: Rechtsprobleme der elektronischen Steuerveranlagung, Schulthess Juristische Medien AG, 1. Auflage, Zürich 2008 (zit.: *Rohner*, Rechtsprobleme der elektronischen Veranlagung, S. …).

Rolletschke, Stefan: Steuerlicher Berater als Täter einer leichtfertigen Steuerverkürzung – Eine Anmerkung zum Urteil des BFH vom 19.12.2002 – IV R 37/01, wistra 2003, 312, wistra 2/2004, 49 – 52.

Rolletschke, Stefan: Steuerstrafrecht, Verlag Franz Vahlen, 4. Auflage, München 2012 (zit.: *Rolletschke*, Steuerstrafrecht, Rz. …).

Rolletschke, Stefan / Roth, David: Die Selbstanzeige, Verlag C.H.Beck, 1. Auflage, München 2015 (zit.: *Rolletschke/Roth*, Die Selbstanzeige, Rz. …).

Rolletschke, Stefan: Auswirkungen der elektronischen Datenübermittlung (§ 93c AO) auf die Strafbarkeit nach § 370 Abs. 1 Nr. 2 AO, NZWiSt 2018, 185 – 190.

Rolletschke, Stefan: Die steuerstrafrechtlichen Aspekte der elektronischen Steuererklärung, in: Gedächtnisschrift für Wolfgang Joecks, hrsg. v. Dünkel Frieder / Fahl Christian / Hardtke Frank / Harrendorf Stefan / Regge Jürgen / Sowada Christoph, Verlag C.H.Beck, München 2018, S. 571 – 586 (zit.: *Rolletschke*, in: GS Joecks 2018, S. …).

Römermann, Volker (Hrsg.:): Beck'scher Online-Kommentar BORA, Verlag C.H.Beck, 35. Edition, München 2022 (zit.: *Bearbeiter*, in: Römermann, BeckOK BORA, Rz. …).

Rose, Gerd: Steuerberatung und Wissenschaft, StbJb 1969/70, 31 ff..

Rose, Gerd: Kleine Philosophie der Steuerberatung, Der Steuerberater 1972, 3/23, 41 – 46.

Rose, Gerd: Die Betriebswirtschaftliche Steuerlehre als Steuerberatungswissenschaft, in: Steuerberaterkongressreport 1977, hrsg. v. der Bundessteuerberaterkammer und dem Deutschen wissenschaftlichen Steuerinstitut der Steuerberat und Steuerbevollmächtigten, C.H. Beck, München 1977 (zit.: *Rose*, in: Steuerberaterkongressreport 1977, 191 – 211).

Roßnagel, Alexander: Qualifizierte elektronische Signatur mit Einschränkungen für das Besteuerungsverfahren, K&R 2003, 379 – 385.

Roth, Hans-Peter: Der Regierungsentwurf zur Modernisierung des Besteuerungsverfahrens, SteuK 2016, 78 – 81.

Rübenstahl, Markus: Zur „regelmäßigen" Garantenstellung des Compliance Officers, NZG 2009, 1341 – 1344.

Rudel, Meinhard: Praxis der Steuerberatungsbetriebe: Organisationsstruktur, Mandanten und Leistungsprogramm, Erich Schmidt Verlag, 1. Auflage, Berlin 1979 (zit..: *Rudel*, Praxis der Steuerberatungsbetriebe, S. …).

Rüping, Hinrich: Der Steuerberater als „Organ der Steuerrechtspflege" im System staatlicher Kontrollen, in: Festschrift für Günter Kohlmann zum 70. Geburtstag, hrsg. v. Hirsch, Hans Joachim / Wolter, Jürgen / Brauns, Uwe, Verlag Dr. Otto Schmidt, 1. Auflage, Köln 2003, S. 499 - 516 (zit.: *Rüping*, in: FS Kohlmann, S. …).

Rüping, Hinrich: Steuerberatung, Steuerhinterziehung und Durchsuchung, DStR 2006, 1249 – 1256.

Rüsch, Gary: Elektronische Finanzverwaltung in der Unternehmenspraxis, GmbHR 2016, R241 – R242.

Rust, Hubertus / Hülshoff, Markus / Kolbe, Sebastian: E-Bilanz: Anforderung der Finanzverwaltung an den Datensatz nach § 5b EStG, BB 2011, 747 – 753.

Ruß, Julia / Ismer, Roland / Margolf, Juliane: Digitalisierung des Steuerrechts: Eine Herausforderung für die Ausgestaltung von materiellen Steuergesetzen, DStR 2019, 409 – 418.

Säcker, Franz Jürgen / Rixecker, Roland / Oetker, Hartmut / Limperg, Bettina (Hrsg.): Münchener Kommentar zum Bürgerlichen Gesetzbuch, Band 2, Verlag C.H.Beck, 8. Auflage, München 2019 (zit.: *Bearbeiter*, in: Säcker/Rixecker/Oetker/Limperg, Münchener Kommentar BGB, Rz. …).

Säcker, Franz Jürgen / Rixecker, Roland / Oetker, Hartmut / Limperg, Bettina (Hrsg.): Münchener Kommentar zum Bürgerlichen Gesetzbuch, Band 5, Verlag C.H.Beck, 8. Auflage, München 2020 (zit.: *Bearbeiter*, in: Säcker/Rixecker/Oetker/Limperg, Münchener Kommentar BGB, Rz. …).

Säcker, Franz Jürgen / Rixecker, Roland / Oetker, Hartmut / Limperg, Bettina (Hrsg.): Münchener Kommentar zum Bürgerlichen Gesetzbuch, Band 6, Verlag C.H.Beck, 8. Auflage, München 2020 (zit.: *Bearbeiter*, in: Säcker/Rixecker/Oetker/Limperg, Münchener Kommentar BGB, Rz. …).

Saenger, Ingo (Hrsg.): Kommentar Zivilprozessordnung, Nomos, 9. Auflage, Münster 2021 (zit.: *Bearbeiter*, in: Saenger, Kommentar ZPO, Rz. …).

Scaraggi-Kreitmeyer, Annamaria: Die Identifizierung der Mandanten und weitere Kundensorgfaltspflichten der Steuerberater und Steuerbevollmächtigten nach dem neuen Geldwäschegesetz, DStR 2018, 1388 – 1392.

Schaaf, Joachim: Die mögliche strafrechtliche Verantwortlichkeit des steuerlichen Beraters: Das Spannungsfeld zwischen Berufspflichten und steuerstrafrechtlichen Vorwürfen, AO-StB 2012, 349 – 351.

Schäfer, Gabriele: Online-Fachinfos zur E-Bilanz, BC 2012, 18 – 23.

Schalburg, Martin: Hinweise zur Einkommensteuererklärung 2019 – Erläuterungen den Änderungen in den Erklärungsvordrucken, Stbg 4/20, 150 – 163.

Scheel, Thomas / Brehm, Bernhard / Holzner, Stefan: Abgabenordnung, Finanzgerichtsordnung, Band 2, Erich Fleischer Verlag, 17. Auflage, Bremen 2018 (zit.: *Scheel/Brehm/Holzner*, S. …).

Schelling, Daniela: Elektronische Steuererklärung (ELSTER) und Steuerhinterziehung nach § 370 AO, PStR 5/2008, 114 – 115.

Schmid, Marc / Ntamadaki, Maria: Die abweichende Rechtsauffassung in der Steuererklärung und ihre steuerstrafrechtliche Relevanz in der Betriebsprüfung – Offenbarungspflicht und Anfangsverdacht, DStR 2019, 1713 – 1722.

Schmidt, Karsten / Ebke, Werner F. (Hrsg.): Münchener Kommentar zum Handelsgesetzbuch, Band 4, Verlag C.H.Beck, 4. Auflage, München 2020 (zit.: *Bearbeiter*, in: Schmidt/Ebke, Münchener Kommentar HGB, Rz. …).

Schmidt, Ludwig (Begr.): Kommentar zum Einkommensteuergesetz, Verlag C.H.Beck, 40. Auflage, München 2021 (zit.: *Bearbeiter,* in: Schmidt, Kommentar EStG, Rz. …).

Schmidt, Reimer: Die Obliegenheiten, Verlag „Versicherungswirtschaft", 1. Auflage, Karsruhe 1953 (zit.: *Schmidt,* Die Obliegenheiten, S. …).

Schmitt, Georg: Abgrenzungsprobleme bei der Zuordnung von Steuerberatungskosten, NWB 2008/9, 731 – 736.

Schmitz, Roland: § 150 Abs. 7 S. 2 AO und seine Auswirkungen auf das Steuerstrafrecht, in: Gedächtnisschrift für Wolfgang Joecks, hrsg. v. Dünkel Frieder / Fahl Christian / Hardtke Frank / Harrendorf Stefan / Regge Jürgen / Sowada Christoph, Verlag C.H.Beck, München 2018, S. 615 – 630 (zit.: *Schmitz,* in: GS Joecks 2018, S. …).

Schneider, Rolf: Der Rechtsanwalt, ein unabhängiges Organ der Rechtspflege, Verlag Duncker & Humblot, 1. Auflage, Berlin 1976 (zit.: *Schneider*, Der Rechtsanwalt, ein unabhängiges Organ der Rechtspflege, S. …).

Schneider, Stefan: Grobe Fahrlässigkeit durch fehlende Angaben in der mittels ELSTER-Formular eingereichten elektronischen Steuererklärung, NWB 2013, 1864 – 1865.

Schönke, Adolf / Schröder, Horst (Hrsg.): Kommentar Strafgesetzbuch, Verlag C.H.Beck, 30. Auflage, München 2019 (zit.: *Bearbeiter,* in: Schönke/Schröder, Kommentar StGB, Rz. …).

Schramm, Wibke: Interessenkonflikte bei Wirtschaftsprüfern, Steuerberatern und Rechtsanwälten unter dem besonderen Aspekt der beruflichen Verschwiegenheit (Teil II), DStR 2003, 1364 – 1368.

Schroen, Oliver Christian: Besteuerung von „Bitcoin & Co." verfassungswidrig? Existiert ein strukturelles Vollzugsdefizit im regulären Besteuerungsverfahren?, NWB 2019/28, 2084 – 2090.

Schulz, Michael / Bach, Volker: Geschäftsmodellinnovationen in Steuerkanzleien als Folge des § 5b EStG, DStR 2013, 1619 – 1623.

Schulz, Reiner: Das finanzbehördliche Mitwirkungsverlangen nach der Abgabenordnung – Qualifizierung und Rechtsfolgen, Peter Lang Verlag, 1. Auflage, Frankfurt am Main 2010 (zit.: *Schulz,* Das finanzbehördliche Mitwirkungsverlangen, S. …).

Schulze, Mirko: Handkommentar Bürgerliches Gesetzbuch, Nomos Verlag, 11. Auflage, Baden-Baden 2021 (zit.: *Bearbeiter,* in: Schulze, Kommentar BGB, Rz. …).

Schumann, Jan Chr.: § 5b EStG: Aktueller Sachstand zum Start der E-Bilanz – Allgemeine Verfahrensgrundsätze und Weiterentwicklungen, EStB 2012, 454 – 456.

Schumann, Jan Chr.: E-Bilanz-Update: Neuerungen durch die Taxonomie 6.0 und weitere Entwicklungen, EStB 2016, 294 – 298.

Schumann, Jan Chr.: Häufig gestellte Fragen bei der E-Bilanz (FAQ-Dokument), EStB 2016, 413 – 414.

Schwaab, Hartmut: Die begleitende Kontrolle (Horizontal Mentoring), ein Statement, FR 2020, 946 – 947.

Schwarz, Bernhard / Pahlke, Armin (Hrsg.): Kommentar zur Abgabenordnung / Finanzgerichtsordnung, Haufe Lexware, Freiburg, Stand 2021 (zit.: *Bearbeiter,* in: Schwarz/Pahlke, Kommentar AO, Rz. …).

Schwedhelm, Rolf: Strafrechtliche Risiken steuerlicher Beratung, DStR 2006, 1017 – 1024.

Seebeck, Andreas / Vetter, Julia: Der „Digitale Finanzbericht" – XBRL in der Kreditwürdigkeitsprüfung, IRZ 2018, 379 – 384.

Seer, Roman: Möglichkeiten und Grenzen eines „maßvollen" Gesetzesvollzugs durch die Finanzverwaltung, FR 1997, 553 – 562.

Seer, Roman: Verständigungen in Steuerverfahren, Verlag Dr. Otto Schmidt, 1. Auflage, Köln 1996 (zit.: *Seer*, Verständigungen in Steuerverfahren, S. …).

Seer, Roman: Besteuerungsverfahren: Rechtsvergleich USA-Deutschland, Verlag Recht und Wirtschaft, 1. Auflage, Heidelberg 2002 (zit.: *Seer*, Besteuerungsverfahren: Rechtsvergleich USA-Deutschland, S. …).

Seer, Roman: Reform der Steuerveranlagung, in Steuerberater-Jahrbuch 2004/2005, hrsg. v. Herzig, Norbert / Günkel, Manfred / Niemann Ursula, Verlag Dr. Otto Schmidt, Köln 2005, S. 53 – 78 (zit.: *Seer,* in: Steuerberater-Jahrbuch 2004/2005, S. …).

Seer, Roman: Die Rolle des Steuerberaters in einer elektronischen Finanzverwaltung, DStR 2008, 1553 – 1560.

Seer, Roman: Der Vollzug von Steuergesetzen unter den Bedingungen einer Massenverwaltung, in: Steuervollzug im Rechtsstaat, 32. Jahrestagung der Steuerjuristischen Gesellschaft e.V. am 10. und 11. September 2007, hrsg. v. Widmann Werner, Verlag Dr. Otto Schmidt, Köln 2008 (zit.: *Seer,* in: Widmann, DStJG 31 (2008), 7 – 36).

Seer, Roman: Der Untersuchungsgrundsatz im heutigen Besteuerungsverfahren, SteuerStud 8/2010, 369 – 374.

Seer, Roman: Tax Compliance und Außenprüfung, in: Festschrift für Michael Streck zum 70. Geburtstag, hrsg. v. Binnewies, Burkhard / Spatscheck Rainer, Verlag Dr. Otto Schmidt, 1. Auflage, Köln 2011, S. 403 – 415 (zit.: *Seer*, in: FS Streck, S. …).

Seer, Roman: Besteuerungsverfahren im 21. Jahrhundert, FR 2012, 1000 – 1008.

Seer, Roman: Besteuerungsverfahren, in Festschrift für Paul Kirchhof zum 70. Geburtstag, Leitgedanken des Rechts, hrsg. v. Kube, Hanno / Morgenthaler, Gerd / Mellinghoff, Rudolf / Palm, Ulrich / Puhl, Thomas / Seiler, Christian, Verlag C. F. Müller, Heidelberg 2013, S. 1765 – 1777 (zit.: *Seer,* in: FS Kirchhof, S. …).

Seer, Roman: Die unternehmensteuerlichen Pläne der Bundesregierung, GmbHR 2014, 505 – 512.

Seer, Roman: Die Steuerhinterziehung nach § 370 AO, Ad Legendum 4/2015, 292 – 300.

Seer, Roman: Modernisierung des Besteuerungsverfahrens, Gedanken zum Referentenentwurf zur Modernisierung des Besteuerungsverfahrens, StuW 4/2015, 315 – 330.

Seer, Roman: Das Delikt der Steuerhinterziehung im Kernbereich des Steuerstrafrechts, SteuerStud 1/2016, 1 – 15.

Seer, Roman: Reformentwurf der Bundesregierung zur Modernisierung des Besteuerungsverfahrens – Ein weiterer Schritt in die kontrollierte Selbstregulierung des Steuervollzugs, DStZ 2016/16, 605 – 612.

Seer, Roman: Modernisierung des Besteuerungsverfahrens aus Sicht der Steuerberater und Steuerabteilungen, in: Jahrbuch des Bundesverbands der Steuerberater 2016, hrsg. v. Lüdicke, Jochen, NWB Verlag, Herne 2017 (zit.: *Seer,* in: Jahrbuch des Bundesverbands der Steuerberater 2016, 55 – 78).

Seer, Roman: Datenschutz und Datenaustausch Digitalisierung im Steuerrecht, in: Digitalisierung im Steuerrecht, 43. Jahrestagung der Steuerjuristischen Gesellschaft e.V. am 17. und 18. September 2018, hrsg. v. Hey Johanna, Verlag Dr. Otto Schmidt, Köln 2019 (zit.: *Seer,* in: Hey, DStJG 42 (2019), 247 – 286).

Seer, Roman: Vereinfachung des Steuerrechts – Postulat des Rechts oder nur steuerpolitisches Lippenbekenntnis?, in: Festschrift Brzezinskiemu, hrsg. v. Jagellionen-Universität-Krakau 2019, S. 456 – 474 (zit.: *Seer,* in: FS Brzezinskiemu, S. …).

Seer, Roman / Krumm, Marcel: Die Kriminalisierung der Cum-/Ex-Geschäfte als Herausforderung für den Rechtsstaat (Teil 2), DStR 2013, 1814 – 1818.

Seifert, Michael: Steuerberatungskosten und Abzugsfähigkeit, StuB 2007/17, 638 – 638.

Sellmann, Christian: Privatisierung mit oder ohne gesetzliche Ermächtigung, NVwZ 2008, 817 – 823.

Senger, Eike Alexander: Die Reform der Finanzverwaltung in der Bundesrepublik Deutschland, VS Verlag für Sozialwissenschaften, 1. Auflage, Wiesbaden 2009 (zit.: *Senger,* Die Reform der Finanzverwaltung in der Bundesrepublik Deutschland, S. …).

Sieja, Marius: Strafrechtliche Beteiligung des steuerlichen Beraters an Steuerdelikten und Sicherungsinstrumente in der Steuerberatungspraxis, DStR 2012, 991 – 996.

Simitis, Spiros / Fuckner, Gerhard: Informationelle Selbstbestimmung und „staatliches Geheimhaltungsinteresse", NJW 1990, 2713 – 2717.

Simon, Eberhard / Wagner, Andreas (Hrsg.): Steuerstrafrecht, Schäffer-Poeschel Verlag, 4. Auflage, Stuttgart 2015 (zit.: *Bearbeiter,* in: Simon/Wagner, S. …).

Sixdorf, Franziska: Konsiliarische Steuerberatung – eine empirische Untersuchung, StB 2008, 452 – 457.

Sontheimer, Jürgen: Steuerhinterziehung bei steuerrechtlichen Streit- und Zweifelsfragen, DStR 2014, 357 – 360.

Sopp, Karina / Kruczynski, Magdalena / Richter, Lutz: Stärken und Schwächen der E-Bilanz im internationalen Kontext – Ein Vergleich der deutschen und österreichischen Regelungen mit Gestaltungsempfehlungen, DStR 2013, 605 – 611.

Späth, Wolfgang: Die zivilrechtliche Haftung des Steuerberaters, Stollfuß Verlag, 4. Auflage, Bonn 1994 (zit.: *Späth,* Die zivilrechtliche Haftung des Steuerberaters, S. …).

Spatscheck, Rainer / Wimmer, Lea: Wichtige Ansätze bei der Beihilfe zur Steuerhinterziehung, AO-StB 2017, 121 – 124.

Spindler, Gerald / Stilz, Eberhard (Hrsg.): Kommentar zum Aktiengesetz, Verlag C.H.Beck, 4. Auflage, München 2019 (zit.: *Bearbeiter,* in: Spindler/Stilz, Kommentar AktG, Rz. …).

Spindler, Wolfgang: Der Anwalt als „Organ der Steuerrechtspflege" und Interessenvertreter, in: Festschrift für Michael Streck zum 70. Geburtstag, hrsg. v. Binnewies, Burkhard / Spatscheck Rainer, Verlag Dr. Otto Schmidt, 1. Auflage, Köln 2011, S. 417 – 424 (zit.: *Spindler*, in: FS Streck, S. …).

Spitaler, Armin / Thoma, Gerhard u.a. in: Tagungsbericht der Bizonalen Arbeitsgemeinschaft der Steuerberater und Helfer in Steuersachen in Köln, FR 1948, 99 – 104.

Spohr, Werner: Das Recht der Steuerberatung, Verlag von Georg Stilke, 1. Auflage, Berlin 1937 (zit.: *Spohr,* Recht der Steuerberatung, S. …).

Stalf Jörg, Steuerumgehung als Mittel der Steuerberatung? Eine Untersuchung der berufsrechtlichen und steuerstrafrechtlichen Zulässigkeit der Steuerumgehung als Mittel der Steuergestaltungsberatung durch den Steuerberater, Freie Universität Berlin, 1. Auflage, Berlin 1996 (zit.: *Stalf,* Steuerumgehung als Mittel der Steuerberatung?, S. …).

Steinhauff, Dieter: Abgabe elektronischer Steuererklärungen – Wen trifft die strafrechtliche Verantwortung? AO-StB 2016, 176 – 177.

Steinhauff, Dieter: Grundfragen des Besteuerungsverfahrens, AO-StB 2018, 295 – 297.

Steinhauff, Dieter: Besteht eine Pflicht zur Ausnutzung von (vermeintlichen) Gesetzeslücken?, AO-StB 2019, 288 – 290.

Stelkens, Paul / Bonk, Heinz Joachim (Begr.): Kommentar Verwaltungsverfahrensgesetz, Verlag C.H.Beck, 9. Auflage, München 2018 (zit.: *Bearbeiter,* in: Stelkens/Bonk, Kommentar VwVfG, Rz. …).

Sterzinger, Ruth: Versuchte Steuerhinterziehung durch Eintrag von Steuerberatungskosten im Steuererklärungsvordruck als Kosten der Berufsausbildung?, NZWiSt 2012, 286 – 290.

Streck, Michael: Der Steuerhinterzieher als Mandant, BB 1984, 2205 – 2210.

Streck, Michael / Binnewies, Burkhard: Tax Compliance, DStR 2009, 229 – 234.

Streck, Michael / Mack, Alexandra / Schwedhelm, Rolf (Hrsg.): Tax Compliance: Risikominimierung durch Pflichtenbefolgung und Rechteverfolgung, Verlag Dr Otto Schmidt, 3. Auflage, Köln 2019 (zit.: *Bearbeiter,* in: Streck/Mack/Schwedhelm, Tax Compliance, S. …).

Strunk, Günther: Steuern und Elektronic Business – Möglichkeiten und Grenzen der Steuergestaltung, Hermann Luchterhand Verlag, 2. Auflage, München 2003 (zit.: *Strunk,* Steuern und Electronic Business, S. …).

Stürner, Rolf / Bormann, Jens: Der Anwalt – vom freien Beruf zum dienstleistenden Gewerbe? Kritische Gedanken zur Deregulierung des Berufsrechts und zur Aushöhlung der anwaltlichen Unabhängigkeit, NJW 2004, 1481 – 1492.

Szarafin, Magdalena: XBRL – hier steckt das Potenzial, BC 2011, 453 – 456.

Taupitz, Jochen: Die Standesordnungen der freien Berufe, Verlag Walter de Gruyter & Co., 1. Auflage, Berlin 1991 (zit.: *Taupitz,* Die Standesordnungen der freien Berufe, S. …).

Thoma, Gerhard: Zur Frage der Unabhängigkeit des Steuerberaters, FR 1949, 207 – 208.

Thoma, Gerhard: Neue Gesetze und ihre Bedeutung für die Steuerpraxis, in: Steuerberater-Jahrbuch 1971/72, hrsg. v. Thoma Gerhard / Zacharias Otto Heinrich / Niemann Ursula, Verlag Dr. Otto Schmidt, Köln 1972 (zit.: *Thoma,* in: Steuerberater-Jahrbuch 1971/72, 59 – 71).

Thurow, Christian: E-Bilanz: Entwürfe zu Branchentaxonomien, BC 2011, 278 – 279.

Timpe, Gerhard: Die Steuerhinterziehung durch Unterlassen (§ 370 Abs. 1 Nr. 2 AO), HRRSt 6/2018, 243 – 251.

Tipke, Klaus: Steuerberatung tut not - auch verfassungsrechtlich, BB 2009, 636 – 641.

Tipke, Klaus (Hrsg.): Steuerberatung und Rechtsstaat – Symposium für Jürgen Pelka zum 65. Geburtstag, Verlag C.H.Beck, 1. Auflage, München 2010 (zit.: *Bearbeiter*, in: Tipke, Steuerberatung und Rechtsstaat, S. …).

Tipke, Klaus / Kruse, Heinz Wilhelm (Hrsg.): Kommentar zur AO und FGO inklusive Steuerstrafrecht, Verlag Dr. Otto Schmidt KG, 169. Lieferung, Köln 2022 (zit.: *Bearbeiter*, in: Tipke/Kruse, Kommentar AO, Rz. …).

Tipke, Klaus / Lang, Joachim (Hrsg.): Steuerrecht, Verlag Dr. Otto Schmidt, 24. Auflage, Köln 2021 (zit.: *Bearbeiter*, in: Tipke/Lang, Rz. …).

Tormöhlen, Helmut: Berichtigungserklärung nach § 153 AO: Unter welchen Voraussetzungen besteht die „Schadensminderungspflicht" des Steuerpflichtigen?, AO-StB 2010, 141 – 144.

Tormöhlen, Helmut: Neues zum Strafprozessrecht mit steuerstrafrechtlichem Bezug: Auswirkungen der Änderungsgesetze zur StPO auf das Steuerstrafverfahren, AO-StB 2018, 348 – 353.

Trossen, Nils: Die Auswirkungen der Modernisierung des steuerlichen Verfahrensrechts auf den gerichtlichen Rechtsschutz, FR 2015, 1021 – 1025.

Trossen, Nils: Das qualifizierte Freitextfeld (§ 150 Abs. 7 S. 1 und 2 AO) - Zukünftige Praxisprobleme und offene Fragen, AO-StB 2017, 309 – 316.

Ueberfeldt, Anne: Die Pflicht des Steuerberaters zur eigenverantwortlichen Berufsausübung, DStR 2016, 1574 – 1576.

Uhländer, Christoph: Finanzamt 2010 als Service- oder Vollzugscenter? Modernisierung der Finanzverwaltung in Theorie und Praxis, AO-StB 2005, 234 – 237.

Urban, Johannes: Die Beweislast im Steuerrecht – Grundsätze, Ausnahmen und Beweislastumkehr im Finanzgerichtsprozess, NWB 2017/22, 1657 – 1669.

Vetten, Alexander: Steuermodernisierungsgesetz – eine Praxisanalyse, NWB 2016/41, 3105 – 3113.

Vetten, Alexander: Steuermodernisierungsgesetz – ein zweiter Blick, NWB 2016/42, 3187 – 3194.

Vinken, Horst: Vollmachtsdatenbank und vorausgefüllte Steuererklärung, DStR 2012, 1205 – 1208.

Vinken, Horst: Vollmachtsdatenbank und vorausgefüllte Steuererklärung, DStR-KR 2012, 29 – 29.

Vinken, Horst: Elektronisches Steuerverfahren, FR 2013, 403 – 405.

Vinken, Horst: Die Vollmachtsdatenbank – zur Nutzung der vorausgefüllten Steuererklärung, DStR-KR 2013, 45 – 46.

Viskorf, Stephan / Haag, Maximilian: Bericht zum 6. Münchner Unternehmenssteuerforum: „Die E-Bilanz kommt 2012“, Beihefter zu DStR 48/2011, 102 - 107.

Von Frantzki, Harald: Verantwortlichkeit in Unternehmen im Lichte von Tax Compliance, in: Gedächtnisschrift für Wolfgang Joecks, hrsg. v. Dünkel Frieder / Fahl Christian / Hardtke Frank / Harrendorf Stefan / Regge Jürgen / Sowada Christoph, Verlag C.H.Beck, München 2018, S. 417 – 432 (zit.: *von Frantzki,* in: GS Joecks 2018, S. …).

Von Wedelstädt, Alexander: Verfahrensrechtliche Probleme bei der Anwendung des ELSTER-Verfahrens, AO-StB 2015, 99 - 103.

Wabnitz, Bernd / Janovky, Thomas / Schmitt, Lothar (Hrsg.): Handbuch Wirtschafts- und Steuerstrafrecht, Verlag C.H.Beck, 5. Auflage, München 2020 (zit.: *Bearbeiter,* in: Wabnitz/Janovky/Schmitt, Handbuch Wirtschafts- und Steuerstrafrecht, Rz. …).

Wacker, Gottfried: Die elektronische Steuererklärung als Haftungs- und Gebührenfalle für den Steuerberater, DStR 2013, 2025 – 2028.

Waclawik, Erich: Das Mitverschulden des Mandanten bei beschränktem Mandat des steuerlichen Beraters, DStR 2019, 2713 – 2720.

Wannemacher & Partner (Hrsg.): Handbuch Steuerstrafrecht, 6. Auflage, München 2013 (zit.: *Bearbeiter,* in: Wannemacher, Steuerstrafrecht, Rz. …).

Waschk, Michael: Die zivilrechtliche Haftung des Steuerberaters und die Möglichkeiten der Haftungsbeschränkung, SteuK 2012, 92 – 94.

Webel, Karsten / Wähnert, Andreas: Der Verdacht einer Steuerstraftat während der Außenprüfung: § 10 BpO im Kontext der Digitalisierung, NWB 2014/44, 3324 - 3334.

Weber, May: Die Zusage im Umsatzsteuerrecht, Peter Lang Verlag, 1. Auflage, Bochum 2018 (zit.: *Weber,* Die Zusage im Umsatzsteuerrecht, S. …).

Weber, Sebastian: Die Mitwirkungspflichten nach der Abgabenordnung und die Verantwortung des Steuerpflichtigen für die Sachaufklärung, Inaugural-Dissertation, Münster 1992 (zit.: *Weber,* Die Mitwirkungspflichten, S. …).

Weckerle, Thomas: Steuerstrafrechtliche Verantwortung des Beraters, in: Steuerstrafrecht an der Schnittstelle zum Steuerrecht, 39. Jahrestagung der Deutschen Steuerjuristischen Gesellschaft e.V., Bremen, 22. und 23. September 2014, hrsg. v. Mellinghoff Rudolf, Verlag Dr. Otto Schmidt, Köln 2015 (zit.: *Weckerle,* in: Mellinghoff, DStJG 38 (2015), 171 – 192)

Weiler, Heinrich: Honorar für Steuerbilanzen, DStR 2011, 380 – 383.

Wenk, Marc Oliver / Jagosch, Christian / Straßer, Frank: Die E-Bilanz – Ein Projekt mit Fallstricken, DStR 2011, 586 – 590.

Wenzel, Henning: Die Beihilfe zur Steuerhinterziehung durch Berater, NWB 2011, 3449 – 3456.

Wenzel, Henning: Keine Beihilfe zur Steuerhinterziehung durch Authentifizierung, NWB 2012, 905 – 909.

Wessing, Jürgen: Strafbarkeitsgefährdungen für Berater, NJW 2003, 2265 – 2271.

Westphalen, Friedrich Graf von / Thüsing, Gregor (Hrsg.): Vertragsrecht und AGB-Klauselwerke, Verlag C.H.Beck, 46. Ergänzungslieferung, München Oktober 2020 (zit.: *Bearbeiter*, in: v. Westphalen/Thüsing, Vertragsrecht und AGB-Klauselwerke, Rz. ...).

Weyand, Raimund: Was weiß das Finanzamt vom Steuerzahler?, WRS Verlag Wirtschaft, Recht und Steuern, 6. Auflage, Planegg 1996 (zit.: *Weyand*, Was weiß das Finanzamt vom Steuerzahler?, S. ...).

Wild, Katharina: Risikomanagement im digitalisierten Besteuerungsverfahren – Teil 2, Steueranwaltsmagazin 2/2019, 43 – 49.

Willerscheid, Katharina: Die Vollmachtsdatenbank – Ein weiterer Schritt für Steuerberater zur elektronischen Kommunikation mit der Finanzverwaltung, NWB 2014/5, 297 – 300.

Willerscheid, Katharina: Die Pflicht des Steuerberaters zur unabhängigen Berufsausübung, DStR 2018, 635 – 640.

Winnefeld, Robert (Hrsg.): Bilanz-Handbuch, Verlag C.H.Beck, 5. Auflage, München 2015 (zit.: *Bearbeiter*, in: Winnefeld, Bilanz-Handbuch, Rz. ...).

Wissenschaftlicher Arbeitskreis des DWS-Instituts: Mössner, Jörg Manfred / Fläming, Christian / Grürmann, Harald / Pezzer, Heinz-Jürgen / Scheffler, Wolfram: Verfahrensrechtliche Probleme der elektronischen Steuererklärung, DStR 2006, 1588 – 1591.

Wissenschaftlicher Arbeitskreis „Steuerrecht" des DWS-Instituts: Seer, Roman / Grürmann, Harald / Pezzer, Heinz-Jürgen / Reimer, Ekkehart / Scheffler, Wolfram / Schwab, Hartmut: Pflichtenkollision des Berufsgeheimnisträgers in der Außenprüfung, DStR-Beih 2012, 123 – 132.

Wittkowski, Ansas / Knopf, Frederic: E-Bilanz als aktuelle Herausforderung an das unternehmerische Rechnungswesen, BC 2011, 255 – 261.

Wittkowski, Ansas / Knopf, Frederic: Brennpunkte der E-Bilanz: Was bereitet bei der E-Bilanz-Umstellung besondere Schwierigkeiten, und wie ist darauf zu reagieren?, BC 2011, 441 – 447.

Wittmann, Rolf: Mitwirkungspflicht und Aufklärungspflicht in der AO – Reduktion der Mitwirkungspflicht durch finanzbehördliches Verhalten, StuW 1/1987, 35 – 50.

Wolf, Walter F. / Lindacher, Walter F. / Pfeiffer, Thomas (Hrsg.): Kommentar AgB-Recht, Verlag C.H.Beck, 7. Auflage, München 2020 (zit.: *Bearbeiter,* in: Wolf/Lindacher/Pfeiffer, Kommentar AgB-Recht, Rz. …).

Wolter, Jürgen: Kommentar StGB, Carl Heymanns Verlag, 9. Auflage, Köln 2016 (zit.: *Bearbeiter,* in: Wolter, Kommentar StGB, Rz. …).

Wulf, Martin: Steuerliche und strafrechtliche Bedeutung von § 153 AO, in: Festschrift für Erich Samson zum 70. Geburtstag, hrsg. v. Joecks Wolfgang / Ostendorf Heribert / Rönnau Thomas / Rotsch Thomas / Schmitz Roland, Verlag C.F. Müller, Hamburg 2010, S. 619 - 640 (zit. *Wulf,* in: FS Samson, S. …).

Zacharias, Otto Heinrich: Steuer und Steuerberater, Der Steuerberater 1966, 6, 81 – 84.

Zapf, Hellmut: Beweislast und Beweisführungslast im Steuerprozess, Inaugural-Dissertation, Würzburg 1976 (zit.: *Zapf,* S. …).

Zaumseil, Peter: Die Modernisierung des Besteuerungsverfahrens, NJW 2016, 2769 – 2774.

Zöller, Richard (Hrsg.): Kommentar Zivilprozessordnung, Verlag Dr. Otto Schmidt KG, 34. Auflage, Köln 2022 (zit.: *Bearbeiter,* in: Zöller, Kommentar ZPO, Rz. …).

Zugehör, Horst: Schwerpunkte der zivilrechtlichen Steuerberaterhaftung (Teil II), DStR 2001, 1663 – 1668.

Zugehör, Horst: Grundsätze der zivilrechtlichen Haftung der Rechtsanwälte, Steuerberater und Wirtschaftsprüfer, ZAP Verlag, 1. Auflage, Münster 2009 (zit.: *Zugehör,* Grundsätze der zivilrechtlichen Haftung, Rz. …).

Zugehör, Horst: Das beschränkte Mandat des Rechtsanwalts und des steuerlichen Beraters, DStR 2010, 2595 – 2599.

Zugmaier, Oliver / Nöcker, Gregor (Hrsg.): Kommentar zur Abgabenordnung, NWB, Stand 2021 (zit.: *Bearbeiter,* in: Zugmaier/Nöcker, AO-Kommentar, Rz. …).

www.ingramcontent.com/pod-product-compliance
Ingram Content Group UK Ltd.
Pitfield, Milton Keynes, MK11 3LW, UK
UKHW021826290926
8980IPUK00004B/275

9 783631 903704